KU-204-745

ЯЗЫК . СЕМИОТИКА . КУЛЬТУРА

Ю. М. ЛОТМАН

ПИСЬМА

1940—1993

СОСТАВЛЕНИЕ, ПОДГОТОВКА ТЕКСТА,
ВСТУПИТЕЛЬНАЯ СТАТЬЯ И КОММЕНТАРИИ
Б. Ф. ЕГОРОВА

Школа
«ЯЗЫКИ РУССКОЙ КУЛЬТУРЫ»
Москва 1997

ББК 71.1
Л 80

Издание осуществлено при финансовой поддержке
Российского гуманитарного научного фонда
(РГНФ)
проект 96-04-16119

Лотман Ю. М.

Л 80 Письма. – М.: Школа «Языки русской культуры», 1997. – 800 с.

ISBN 5-88766-036-8

Книга включает 732 письма замечательного литературоведа, культуролога, семиотика, историка Юрия Михайловича Лотмана (1922—1993). Эти письма посылались родным, друзьям, коллегам и ученикам в течение полустолетия: от предвоенных, с 1940 года, писем из армии до предсмертных посланий ближним. Главные темы: научные идеи, отзывы, критика; кафедральный и семейный быт; отдельные социально-политические высказывания. В письмах ярко проявляются оригинальность мышления и остроумие автора, его уникальные человеческие качества. Письма сгруппированы по адресатам. Наиболее крупные комплекты: Б. Ф. Егорову, коллеге и товарищу (свыше 200), семейные (около 100), Ф. С. Сонкиной, университетской сокурснице (около 100), другим сокурсникам (около 50), академику В. Н. Топорову, проф. Вяч. Вс. Иванову, проф. Б. А. Успенскому и др. Письма эти — ценнейший материал для всех, интересующихся гуманитарной культурой нашей страны.

ББК 71.1

Except the Publishing House (fax: 095 246-20-20, E-mail: lrc@koshelev.msk.su) the Danish bookseller firm G·E·C GAD (fax: 45 86 20 9102, E-mail: slavic@gad.dk) has an exclusive right on selling this book outside Russia.

Право на продажу этой книги за пределами России, кроме издательства Школа «Языки русской культуры», имеет только датская книготорговая фирма G·E·C GAD.

ISBN 5-88766-036-8

СОДЕРЖАНИЕ

Б. Ф. Егоров. О письмах Ю. М. Лотмана 7

ПИСЬМА Ю. М. ЛОТМАНА

«Дорогому семейству» (№№ 1—30) 15

Сестре (Л. М. Лотман) (№№ 31—93)..................... 39

Довоенным сокурсницам (№№ 94—114) 91

М. К. Азадовскому (№№ 115—116) 107

Б. Ф. Егорову (№№ 117—371) 111

Ф. С. Сонкиной (№№ 372—464) 367

М. В. Колокольниковой (№№ 465—473) 451

Б. А. Успенскому (№№ 474—652) 463

Вяч. Вс. Иванову (№№ 653—683) 645

В. Н. Топорову (№№ 684—703)..............................671

В. С. Баевскому (№№ 704—725) 693

Л. Л. Фиалковой (№№ 726—732) 711

Указатель имен (*Б. Ф. Егоров*)..723

Хронологический указатель (*Л. Ю. Аронова*) 777

Список сокращений 785

Рисунки Ю. М. Лотмана 789

О письмах Ю. М. Лотмана

Люди бывают талантливы по-разному: одни — в очень узкой сфере, другие — одновременно в нескольких областях. Ю. М. Лотман (в дальнейшем сокращенно: Ю. М.) был чрезвычайно широким в спектре своих талантов. Его культурологические и литературоведческие труды достаточно известны, о них можно не распространяться. Менее известна, но тоже знакома относительно большому кругу гуманитариев и всех, интересующихся русской культурой, его преподавательская и лекторская работа (последняя — особенно, благодаря телевизионным циклам его лекций); преподавательская известна, конечно, более узкому контингенту слушателей и зрителей, а очень-очень жаль: Ю. М. великолепно сочетал эрудицию с артистизмом, действовал импровизационностью изложения, часто додумывая идеи на ходу, прямо на лекции; присутствовавшие наблюдали сам творческий процесс ученого.

Совсем уже мало известны его художественные импровизации, артистически поставленные шарады (в виде сцен). Его стихи. Его рассказы о войне. Его оригинальные кулинарные выдумки.

То же можно сказать и о письмах: ведь их знают лишь получавшие и их близкие. А почти каждое письмо Ю. М. — талантливое произведение. И, как правило, — ярко многожанровое. Здесь и глубокие научные рассуждения (иногда — конспекты статей и даже целых диссертаций!), и полемика, и описания быта и настроений, лирические излияния, отчет о кафедральных и издательских делах, о поездках; серьезный фундамент смешивается с юмором, с иронией... Даже в предсмертные месяцы, когда он сознательно прощался с жизнью, писал друзьям возвышенные слова и завещательные просьбы, он мог разрядиться остроумной шуткой, поиронизировать над своими недугами...

Публикация отдельных писем Ю. М. и небольших их комплектов началась уже вскоре после его кончины. Но в таком объеме, как это осуществлено в нашем томе, письма Ю. М. публикуются впервые.

Когда выдающийся человек уходит из жизни, он уносит с собой целые миры знаний, идей, чувств. Значительная часть этих миров невосстановима, она исчезает вместе с их владельцем. Но какие-то частицы сохраняются в памяти и записях окружавших его; поэтому так важны публикации дневников и мемуаров ближних, записей докладов и лекций, осуществленных учениками и коллегами. Юридически, фактически наиболее точны и достоверны тексты самого автора. Из них наиболее значительное — труды, предназначавшиеся для обнародования. Однако иногда не менее значительны черновики и не вошедшее в печатные книги и статьи.

А еще важно и личное, сокровенное, может быть, совершенно не предназначавшееся для печати: письма, дневники, мемуарные записи, рисунки. В них раскрываются глубинные черты личности, иногда тайные, неожиданные. Эти черты могут в совершенно новых ракурсах осветить печатное и публичное. Если применительно к представителям точных и естествоведческих наук еще можно говорить о принципиальном отделении личности исследователя от изучаемого объекта и от описания этого объекта, то о гуманитариях подобное сказать невозможно: всегда личность будет проникать в соответствующий текст, всегда будет освещать объект неповторимо уникальными лучами индивидуального подхода.

Поэтому так важно знать не только печатные или рукописные тексты, подготовлявшиеся для обнародования, но и то, что стоит за ними, — неповторимую личность автора. Особенно если этот автор — не массовое явление, а яркий уникум.

Существуют разные взгляды на сокровенное, интимное в жизни и творчестве выдающихся людей, да и сами они по-разному относились к этой проблеме. Пушкин считал, что далеко не все в наследии гения следует передавать потомкам. Неизвестно, говорили ли на эту тему супруги, но Наталья Николаевна, сохранив, слава Богу, письма Пушкина к себе (но все ли сохранила?), уничтожила свои письма. И сколько таких сознательных ликвидаций мы знаем в истории! Н. Г. Чернышевский чрезвычайно бережно сохранял дневники Н. А. Добролюбова: например, есть там дырочка от шила или иголки, обведенная кружком (чернилами), а рядом соседствует надпись Чернышевского, что эта дырочка — не добролюбовская, а его: он прошивал листы дневника и сделал лишний прокол; но, тем не менее, Чернышевский варварски вырвал и уничтожил несколько листов добролюбовского дневника с интимными записями.

Таким цензурным или косметическим воззрениям противостоит точка зрения философа «общего дела» Н. Ф. Федорова, считавшего, что нужно сохранять для потомков каждый созданный человеком предмет и каждую бумажку с любым текстом. Понимая, что практически подобное невозможно осуществить — люди не обладают столь обширными помещениями, — я однако склоняюсь именно к федоровскому идеалу. Нам не дано знать, что нужно будет потомкам из нашего наследия, — и следует максимально облегчить им работу, обеспечив свободу выбора, максимально сохранить им наши материалы.

Я отвергаю также предостережение, что далеко не все из личной жизни выдающихся людей должно раскрываться публично, что будет проявляться нездоровый интерес низменной публики к сложному и негативному в характере и поступках человека и т. п. Это напоминает мне опасения и запреты советских руководителей: упаси боже, если о наших недостатках узнают за рубежом и проч., и проч. Примитивные и нездоровые интересы не остановить запретами, при запретах подобный интерес лишь будет подогреваться и обрастать фантастическими домыслами, мифами. Считаю, что история должна знать все, что только можно, о людях прошлого. Ничего нельзя скрывать от истории, другое дело, что пока живы люди, о которых наш автор мог выразиться отнюдь не в розовых тонах, — следует воздержаться от полной публикации соответствующих текстов.

Круг интимных, не предназначавшихся для печати произведений был до 1917 года достаточно велик в русской интеллигентской культуре: очень многие писали дневники и воспоминания, не говоря уже об обилии писем и объемах самих писем (например, некоторые письма В. Г. Белинского объемом в 30—40—50 страниц — целые философско-психологические трактаты). Распространение телефонов значительно сократило объем и количество писем, но еще больше сократили объемы всех интимных текстов ГПУ-шные, НКВД-шные, КГБ-шные акции: стало опасно фиксировать мысли и сведения, они могли повредить автору и его ближним при арестах.

Вообще стало опасно переписываться: по обратным адресам могли привлечь к следствию еще целые когорты совершенно ни в чем не повинных людей. Известный ленинградский академический ученый-африканист Д. А. Ольдерогге признавался мне, что один его друг, начиная с 1930-х годов, систематически сжигает все получаемые им письма, даже новогодние поздравительные открытки...

В послесталинское время и писем стало больше, и даже к дневникам и воспоминаниям люди вернулись, но опыт предшествующих лет висел над душами, и далеко не все в дневниках и письмах освещалось.

Ю. М. Лотман, целиком посвятивший себя науке и преподаванию, дневников не вел, мемуаров не писал, лишь незадолго до кончины продиктовал интереснейшие фрагменты из воспоминаний (см. Лотм. сб. 1). А памятью он обладал гениальной: провоевавший на передовой все четыре года страшной Отечественной войны, помнил день за днем — прямо как в мозговом дневнике! — события тех лет, вплоть до названия всех сел и деревень. Писем он тоже не любил, отвечал нерегулярно, чаще всего — глубокой ночью, под утро, когда глаза слипаются, а голова уже отказывается работать в научном направлении. На столе его возвышалась необъятная гора писем и бандеролей, требующих ответа. Ю. М. часто наугад — то из низов, то из середины, то сверху горы — брал что-то присланное и отвечал, отвечал... Приходилось отвечать письменно, так как телефон ему поставили лишь в середине восьмидесятых годов, а с заграницей и тогда не было автоматической связи и письма преобладали над телефонными разговорами.

Поэтому чем богато рукописное наследие Лотмана, помимо текстов научных книг и статей, — это письмами. Я знаю по крайней мере четыре крупных комплекта писем. Наверное, реально их значительно больше — и задача родных и друзей ученого выявить и сохранить оставшиеся тексты: пока это будет относительно «закрытым» достоянием частных и государственных архивов, а затем, надеюсь, мы доживем до полного собрания сочинений Лотмана, включающего в себя и письма.

Хронологически самые ранние комплекты — это письма к родным, т. е. к родителям и сестрам (около 150; ныне хранятся у сестры — Л. М. Лотман и у племянницы — Н. Ю. Образцовой), и к О. Н. Гречиной и ее подругам, сокурсницам по Ленинградскому университету (около 20). Первые письма датированы 1940-м годом, когда Ю. М. был призван в армию, и содержат ценные сведения о предвоенной армейской жизни на Украине и в Грузии, о круге чтения и даже о серьезных филологических акциях (на Украине — сбор фольклора, в Грузии — изучение местного языка). Затем следует большой массив писем военных лет, где очень много материала о солдатском быте, о психологических трудностях «оккупантской» жизни в Германии. И всюду в военных письмах — опять же о круге чтения, о штудировании французского и немецкого языков (Ю. М. даже выступил в качестве стихийного переводчика, когда нужно было помочь не знающим немецкого бывшим французским военнопленным добиться у немецкой администрации возможности вернуться на родину). Затем, после демобилизации в 1946 году, эти письма прекращаются (Ю. М. демобилизовался и вернулся учиться в Ленинградский университет) и возобновляются после 1950 года, в связи с переездом Ю. М. в Тарту.

Более подробно освещают тартуский период жизни Ю. М. следующие три комплекта, письма к друзьям: ко мне (1958—1993, 250 писем), к послевоенной сокурснице по ЛГУ Ф. С. Сонкиной (1968—1993; всего 200 писем, из них публикуется около половины), к московскому семиотику и лингвисту Б. А. Успенскому (1964—1993, около 180 писем).

Менее обширны комплекты писем к коллегам по семиотике (В. В. Иванову — около 40 писем; В. Н. Топорову — 20) и к литературоведам (В. С. Баевскому — 22 письма; Л. Л. Фиалковой — 7). Затем следуют еще менее крупные собрания писем (см. Содержание).

Мой комплект — самый большой из известных. Он содержит множество тем и сюжетов. Прежде всего — это кафедральные дела, подготовка к выпуску «Трудов по русской и славянской филологии» и «Семиотики», организация и проведение научных конференций. Но главные темы и сюжеты писем — деяния самого Ю. М., его научные и философско-житейские воззрения, работа над книгами и статьями, отношение к коллегам, зигзаги настроения, состояние здоровья, мужественная борьба с недугами. Все это — незаменимый материал для понимания личности ученого. Некоторые письма Ю. М. представляют собой замечательный комментарий к идеям его научных работ, например, письмо от октября 1966 г. как дополнение к книге о Пушкине.

В письмах к Ф. С. Сонкиной затронуты почти все те же темы, разве что меньше чисто кафедральных сведений. Зато в них больше описания чувств, настроений, различных душевных состояний.

Главные темы писем к Б. А. Успенскому — личные и совместные научные планы и их реализация, семиотические проблемы и конференции, однако много и вненаучных аспектов: заботливое внимание к младшему товарищу, обсуждение медицинских проблем, своих и адресата, и проблем, связанных с подраставшими детьми, опять же — и своими, и адресата, и т. д.

Вообще каждый комплект писем имеет свою специфику, он предлагает читателю не только сводку фактов, но и определенную установку автора, говоря философски — определенную интенцию, направленность именно на данного адресата. Ю. М. как бы настраивается на беседу с ним, предполагая именно его восприятие и возможные ответы, поэтому содержание, тональность, стиль писем к Ф. С. Сонкиной отличаются от соответствующих компонентов писем ко мне, а письма ко мне не похожи на письма к Б. А. Успенскому и т. д. (не касаюсь здесь колебаний и непохожестей внутри одного комплекта — они тоже существенны). И в то же время, при всех вариантах, за письмами стоит целостный инвариант, единый автор, с типологически именно ему одному присущими чертами.

Считаю чрезвычайно важным подробное комментирование писем Ю. М. Ведь многие факты и намеки в них требуют расшифровки, а люди, знающие эти факты и намеки, — немногочисленны и, увы, не вечны. Поэтому важно уже сейчас выяснять обстоятельства и события, вынесенные за скобки, и сообщать о них читателям.

Особая область комментирования — эзопов язык. Несмотря на абсолютную честность Ю. М. и бесстрашную открытость его характеристик, все же опасность перлюстрации висела над нашей перепиской в советские годы, и все, что касается социально-политического фона тех лет, или вообще выносилось за пределы писем, или излагалось намеками. Для исследователей писем Ю. М. эзопов язык — интересная и обширная тема. Как и вообще стиль писем Ю. М. Он ведь не совсем адекватен стилю его научных публикаций: он более живой, раскованный, более индивидуальный (в смысле не только личностно лотмановского, но и, как говорилось, отличающегося при общении с тем или другим адресатом); в нем много художественно-публицистических вкраплений, отсутствующих в научных текстах, больше переходов и оттенков, от логической основы до веселых каламбуров и фантазий.

В заключение — несколько технических объяснений.

Все описки и опечатки автора писем исправляются без оговорок.

Все конъектуры составителя, т<о> е<сть> все добавления пропущенных слов, сокращенных частей слова и т. п., приводятся в угловых скобках: <>. Наиболее важные слова и фразы, зачеркнутые Ю. М., восстанавливаются в квадратных скобках: [].

Примечания помещаются непосредственно после каждого письма, нуждающегося в пояснениях. Список сокращений приводится в конце книги.

Большинство публикуемых писем находится в домашних архивах адресатов, если же письма извлекаются из государственных архивохранилищ, то это специально оговаривается в примечаниях.

Упоминаемые автором лица лишь изредка комментируются (главным образом, когда приводятся имена без фамилий и прозвища), а краткие сведения о них даются в Указателе имен. Выделенные в нем полужирным шрифтом фамилии означают, что это адресаты публикуемых писем и сведения о них находятся в предисловиях к соответствующим разделам.

Если дата письма Ю. М. находится в конце текста или вообще отсутствует, то она приводится в угловых скобках в начале письма в правом верхнем углу; при отсутствии авторской даты или при ее неполноте в примечании объясняется наша датировка. Если место создания письма автором не указывается, но оно может быть определено из содержания, то оно приводится сверху в угловых скобках; Тарту не обозначается, за исключением написаний самого Ю. М.

Если единственными источниками датировки оказываются почтовые штемпели на конвертах и открытках, то числа определяются следующим образом: 1) если есть штемпель места отправления, то предполагается, что текст создан в день отправления письма или за день до того; 2) если есть штемпель места получения, то учитывается средний срок прохождения писем в послевоенное время (например, Тарту—Ленинград и Тарту—Москва около 4 дней); добавляем еще сутки и считаем, что, скажем, если московский штемпель получения — «6.02...», то письмо отправлено из Тарту «около 1 февраля...».

Много народу участвовало в подготовке этого тома к его выходу в свет. Помимо естественной и глубокой благодарности работникам издательства, Гуманитарному фонду (РГНФ), адресатам, предоставившим письма, я хотел бы отметить большую помощь, которую оказали составителю в поисках источников цитат В. Н. Альфонсов, В. С. Баевский, В. Э. Вацуро, В. М. Маркович, А. Г. Мец, А. И. Рубашкин, и в переводах французских фраз — Е. В. Баевская.

Б. Ф. Егоров,
27 марта 1997 года

ПИСЬМА Ю. М. ЛОТМАНА

Комментарии Б. Ф. Егорова

«ДОРОГОМУ СЕМЕЙСТВУ»

Ю. М. *вырос в Ленинграде в дружной семье, погруженной в отечественную и мировую культуру. Отец, Михаил Львович (1883—1942; не перенес блокадной зимы), — юрисконсульт ленинградских издательств, мать, Александра Самойловна (1889—1963), — зубной врач. Их старшая дочь Инна (род. 1915; в замужестве — Образцова) — музыковед и композитор; она подписывалась «Ина», поэтому и другие члены семьи в письмах называли ее так. Средняя, Лидия (см. раздел писем Ю. М. к ней), — литературовед. Младшая, Виктория (род. 1919), — врач-кардиолог, во время Отечественной войны мобилизованная на фронт, работник госпиталя, после войны — вначале врач в Институте скорой помощи, затем — кардиолог в больнице Академии наук. Ее домашнее имя — Ляля.*

Ю. М. был самым младшим ребенком, любимым сыном и братом. По инициативе отца постоянными были походы в Эрмитаж и Русский музей, домашние спектакли, по инициативе Инны Михайловны — музыкальные вечера. Дети учились в близкой к дому Петершуле, известной школе, где в 1920-х — начале 1930-х гг. преподавание еще велось, как до революции, на немецком языке. А семья жила в знаменитом доме (Невский пр., 18), где в XIX веке помещалась кондитерская Вольфа и Беранжера: здесь Пушкин встретился со своим секундантом Данзасом и отправился на трагическую дуэль.

Переписка Ю. М. с родными велась, естественно, при разлуке: во время службы Ю. М. в армии (1940—1946) и после его отъезда в 1950 г. на преподавательскую работу в Тарту (Эстония). Несколько писем Ю. М. лично к матери (1949 г.) связаны с ее поездкой на курорты

Так как Л. М. Лотман была наставницей Ю. М. — студента в области филологии, — да к тому же она, находясь в эвакуации в Поволжье в 1942—1944 гг., а после войны выйдя замуж, жила отдельно от родных, то Ю. М. писал к ней, главным образом, отдельно, почему эти письма и выделены в особый раздел.

К сожалению, основная часть писем к родным, находящаяся у И. М. и Н. Ю. Образцовых, оказалась недоступной; публикуются лишь письма, любезно предоставленные составителю тома Л. М. и В. М. Лотман.

1

22.6.42.

Добрый день, дорогое семейство!

Пишу вам, хотя писать, собственно говоря, не о чем. Я по-прежнему жив, здоров и чувствую себя отлично. На нашем участке, после ожесточенных боев, все спокойно. Купаюсь в <...>[1]. Итак, год войны. Торжественный день, и в голове всякие мысли по этому поводу. Такие и сякие. Происходящее под Севастополем очень знаменательно: немцы теряют драгоценное для них летнее время на операции местного значения, а из этого я делаю вывод, что они не собираются вообще предпринимать в этом году общего наступления, а стремятся создать прочную оборону на случай II-го фронта[2]. Так это или нет, покажет время. Хорошо было бы кончить до зимы. Собираюсь поступать в партию. Вот и все про меня, а про вас я совсем ничего не знаю. Письма очень редки и по-спартански лаконичны. Дорогие девочки! Я прекрасно сознаю те трудности, кот<орые> стоят перед вами. Но это будет недолго, и надо любыми средствами перетерпеть это время. Держитесь вместе и сохраняйте бодрость.

Не огорчайтесь, если вещи (какие угодно) пропадут. Не придавайте этому никакого значения[3].

[1] Военная цензура обычно тщательно выскабливала или заливала черной краской все географические названия, которые считались военной тайной. По длине выскобленного слова можно предположить, что это или «Дон», или «Донец».

[2] Увы, 2-й фронт западные союзники открыли лишь два года спустя, а немцы зато неделю спустя начали на южных фронтах наступление, приведшее их к Сталинграду и Кавказским горам.

[3] Окончание письма не сохранилось.

2

21.VIII.44 г.

Здравствуй, Ляля!

Давно не писал тебе писем, давно и не получал от тебя ничего. Только позавчера получил твое письмо, но эти несколько дней был так занят, что написать не мог.

Мы все еще стоим на отдыхе — недалеко от тех мест, где когда-то отдыхала Лида[1]. Занимаюсь я понемножку и чтением, и зубрежкой французского. Однако вы все преувеличиваете значение этих занятий. Занимаюсь я в основном затем, чтоб «время проводить»[2].

Я себе представляю место, в кот<ором> ты находишься, но слабо представл<яю> твою должность, а это ведь не секрет[3].

Ляля, ты извини меня за краткость, но я совершенно не умею писать писем. Остается только надеяться, что когда-нибудь встретимся и договорим все недоговоренное.

Твой Юрий

P. S. Приветы Вере и Дебе[4].

[1] Намек на г. Друскининкай (Литва).

[2] Косвенный намек на пушкинские «Наброски к замыслу о Фаусте» (1825), где Смерть, в ответ на упрек в плутовстве, говорит Фаусту: «Ведь мы играем не из денег, // А только б вечность проводить!»

[3] В. М. Лотман работала в госпитале на Ленинградском фронте в чине старшего лейтенанта.

[4] Подруги В. М. Лотман Вера Александровна Шафрановская (в то время, как и В. М., военврач) и Дебора Михайловна Крупп (инженер).

3

20/IX—44 г.

Salvate amici carissimi![1]

Наконец собрался написать Вам «большое» письмо. За прошедший промежуток времени событий произошло очень много. Начну с того, что чугунка перенесла меня из Белоруссии на родину Бойтманов[2]. Ехали мы большим крюком, и чуть было не попал в родной город, но, не доезжая его, повернул. Сейчас мы пробиваемся к берегам нашего родного моря. Переезд наш прошел благополучно и сопровождался рядом интересных встреч. Наиболее знаменательные были след<ующие>. В одном пункте к нам на эшелон подсели бывшие руководители одного из крупнейших соединений белорусских партизан. Только из разговоров с ними можно себе представить действительный размер партизанского движения, кот<орое> действительно принимало формы не только гверильи, а организованной войны. Партизаны имели регулярную авиасвязь с нашим командованием, получали от него задачи. Много любопытного сообщили они об способах добычи оружия партизанами, о партизанском быте. Интересно между прочим то, что, как они говорили, самым надежным для партизан народом были белорусские раскольники, как их здесь называют, «староверы». Среди них не оказалось буквально ни одного предателя.

Другой интересной встречей оказалась встреча с научным сотрудником Виленского университета, доцентом этнографии. Его специальность — сбор и изучение белорусского песенного фольклора, с упором на его музыкальную сторону. Он был очень рад поговорить на фольклорные темы, т<ак> к<ак>, по его словам, он уже более 3-х лет ни с кем не говорил об этом (при немцах все научные сотрудники скрывались, т<ак> к<ак> те насильно привлекали их к сотрудничеству, а за отказ расстреливали). Он эти три года проработал помощником аптекаря, а когда за три недели до ухода немцев его выдали, он вынужден был искать убежища в лесу у партизан, где и записал много интересных песен, кое-какие из кот<орых> он мне читал. Подход к фолькл<орным> песням с музыкальной стороны очень правилен. Я уже давно пришел к убеждению, что запис<ывать> песни без мотива все равно, что сдирать кожу с живого существа. Однако мне бросилась в глаза совершенно другая постановка вопроса, чем у нас. Фольклор для него больше связ<ан> с этнографией, даже археологией — меньше с литературой и лингвистикой, кот <орая> для него вообще terra incognita[3]. Так, напр<имер>, он сообщил интересную вещь, что тематика песен белорусских раскольников близко подходит к олонецкой, когда же я его спросил, есть ли общее в говорах, он мне не мог ответить. Зато должное внимание отдается вопросу интонаций. Он был очень обрадован тем, что я знаю Азадовского, и сказал, что имена Гиппиуса, Азадовского, бр<атьев> Соколовых, Томашевского и др. пользуются у них большим авторитетом. Но тут раздался гудок, и я поехал вперед, а он остался разыскивать дочку, потерянную во время оккупации.

На днях я получил несколько Ваших писем, в кот<орых> было много для меня интересного. Перво-наперво большое спасибо за адрес Нёмы[4]. Я уже и не чаял его живым. Мне очень приятно, что в Университете еще кое-кто о мне помнит, и я прошу передать Марье Семеновне[5] мой привет.

У нас ясная сухая осень.

Ну, пока все.

Крепко целую, Ваш Ю. Л<отман>

P. S. Лида, если ты хочешь узнать про ребят из моей бывшей группы, то можно спросить у Люси Алексеевой[6] (дочь или внучка проф. Алексеева) — она училась в нашей 5-ой русской группе.

Письмо хранится в архиве М. К. Азадовского (РГБ, ф. 542, карт. 66, № 13. Л. 6—6 об). Видимо, Л. М. Лотман передала это семейное письмо известному фольклористу, которого могли заинтересовать сведения о фольклоре и фольклористах, и письмо осталось у него (см. еще письма Ю. М. к М. К. Азадовскому).

[1] Здравствуйте, дражайшие друзья! (*лат.*)

[2] Ю. М. пытается (и успешно!), не называя местностей, в обход цензуры, сообщить родным о своих маршрутах. Упоминая близких к семье Ю. М. латышей Бойтманов, он указывает, что его часть продвигалась к Ленинграду, затем свернула в Латвию и «пробивается» к Балтийскому морю.

[3] неизвестная земля (*лат.*)

[4] Нёма — Наум Берман, школьный товарищ Ю. М.

[5] Марья Семеновна Лев, диспетчер филологического факультета ЛГУ.

[6] Люся Алексеева — Любовь Васильевна, дочь академика В. М. Алексеева, известного китаиста.

4

18.XI.44.

Здравствуй, Ляля!

Отвечаю на твое письмо от 30.X. Прежде всего не могу не отметить как отрадный факт довольно регулярную работу почты — 18 дней — срок ничтожный. Дерзаю надеяться, что не далее как 5 декабря это письмо будет уже в твоих руках. Завтра наш праздник — День артиллерии. Этот день мы собираемся справить по всем правилам — с весьма большим шумом.

В отношении «чтива» у меня плоховато. Скрепя сердце читаю скучные книги — полит<ическую> экономию и пр. Упорно, скучно и довольно безуспешно зубрю французские слова. Однако в перспективе перед нами большой портовый город[1], в котором постараюсь пополнить свои книжные запасы.

Погода у нас долгое время стояла гнусная — грязь, но сейчас небольшой морозец, подсушило, погода — отличная.

Нового про себя ничего сообщить не могу. У меня все без изменений. Я здоров, настроение неплохое.

Жму руку, твой Юрий

P. S. Мои поклоны Дебе, Вере[2] и всем общим знакомым.

[1] Возможно, Рига.
[2] См. примеч. 4 к п. 2.

5

31.III.45 г.

Здравствуй, Ляля!

Решил первым прервать паузу в нашей переписке. С моей стороны причина паузы — лень. Мы уже с неделю в обороне, и времени достаточно, но когда времени много (пущусь в парадоксы), то его гораздо меньше, чем когда его мало. После сего туманного вступления перехожу к обычному жив-здоров. Да, я действительно жив-здоров, несмотря на только что перенесенную прививку — два кубометра, т<о> е<сть> куб. сант<иметра> весьма взрывчатой смеси, гарантирующей от всех страданий: от поноса до плохого настроения. У нас весна уже в полном разгаре. Скворцы поют, цветы цветут и прочие «ут» и «ют». Мне посчастливилось на одной из полок одного частного книгохранилища найти первый том Гейне в таком же издании, как наше домашнее. Я его сейчас с удовольствием читаю и даже иногда, да простит Бог мя грешного, пробую переводить. Не знаю, писал ли я тебе или нет, но один том лирич<еских> стихов Гейне я нашел еще на Днестре в 41 г. и после этого носил его в противогазе до самого Кавказа, вынеся из всех окружений. В заключение он по нелепой случайности погиб. Так что встреча была все равно что с старым другом. Для меня за каждым стихотворением тянется целая борода воспоминаний. Этим закругляю. Передай приветы Дебе и Вере.

P. S. Одновременно с этим письмом я написал письмо домой. Если тебе его доведется читать, не обижайся на аналогичность — фантазия хромает.

Юрий

6

5.IV.45.

Здравствуй, Ляля!

Только что получил твое письмо от 20.III. Как видишь, твои письма ко мне идут быстрее, чем мои к тебе. Ты нарисовала такую страшную картину моего существования, что даже меня испугало. На самом деле, что говорится, «не так страшен черт». Что ж касается настоящего момента, то я сижу в весьма удобной комнате, за столом, после бани. На столе лежат книги — чем не рай? После твоего письма я смутно начал вспоминать какую-то тетю Олю, притом у меня в памяти вырисовывается высокая женщина, не то с белой шалью на голове, не то с очень белыми седыми волосами, но очень-очень смутно. Что же касается до прочих Лазаревичей[1], то я их совсем не помню.

Ну, вот пока и все. Жму руку. Юрий

P. S. Приветы Дебе и Вере.

[1] В. М. Лотман дружила с семьей Ольги Моисеевны Лазаревич.

7

18.4.45.

Здравствуй, Ляля!

Сегодня получил твое письмо от 5.IV. Как видишь, оно дошло очень быстро. У меня новость — меня наградили за бои у Одера орденом Красной звезды. Кроме того, у меня уже болтаются две медали — «За отвагу» и «За боевые заслуги». Медаль «За оборону Кавказа» должен получить скоро. К новостям у меня относится еще и то, что я уже вижу, как союзники по ночам бомбят Берлин. Вспышки, взрывы и прожектора хорошо видны за 60 км. В свободное время — читаю. Книжку Чехова, кот<орую> мне выслала Ина, я получил, а книжку, кот<орую> выслала Лида, я не получил. Досадно, но, видимо, она затерялась. Про себя больше писать нечего — в отнош<ении> погоды — весна, а в отнош<ении> здоровья — так я за всю войну почти ничем не болел.

Я очень рад, что Вера теперь вместе с тобой — все-таки не так скучно. Кланяйся ей от меня. Также самые низкие поклоны от меня Дебе.

Ну, собственно и все. Жму руку. Юрий

P. S. Извиняюсь за огромный конверт, но другого нет под рукой.

8

19.4.45 г.

Здравствуй, Ляля!

В сегодняшнем письме вкладываю свою фотомордию — плод любительских опытов моего друга. Как видишь, он достиг в этом деле значительного совершенства. Что говорится, «себя, как в зеркале, я вижу, но это зеркало мне льстит»[1]. Одну такую же карточку я выслал маме, еще одну вышлю Ине и Лиде. Я специально не посылаю в одном письме, т<ак> к<ак> так больше вероятности, <что> дойдет. Этим, собственно, <и исчерпывается?> все, что я хотел тебе <написать?>[2].

Жму руку. Юрий

[1] Цитата из стих. А. С. Пушкина «Кипренскому» (1827).
[2] Край письма оторван.

9

11.V.45 г.

Здравствуй, Ляля!

Поздравляю тебя с победой. Не буду останавливаться на своих чувствах, т<ак> к<ак> ты их, наверное, отлично представляешь. Однако, как ни хочется домой, но по ходу событий видно, что это будет не особенно скоро. Я себя чувствую очень хорошо, и настроение бодрое. У нас май в полном цвету. Мы стоим в сосновом лесу и оборудуем свой лагерь, переходим на мирную армейскую жизнь. В одном немецком журнале за 1940 г. мне попала очень интересная, в свете сегодняшних событий, фотография: Кейтель — тогда еще генерал-полковник — в Компьенском лесу диктует Франции акт о безоговорочной капитуляции. Могу тебе доложить, что выражение лица у него гораздо бодрее, чем на фотографиях из наших газет, где он подписывает акт о капитуляции Германии, — отлились коту мышиные слезки.

Меня очень интересуют твои ближайшие перспективы: думаешь ты оставаться на этом месте или собираешься сменить «мечи на орала»?

Передай от меня приветы Дебе и Вере. Я очень тронут тем, что они меня еще помнят.

А пока жму руку. Юрий

10

5.VI.45 г.

Здравствуй, Ляля!

Заранее предупреждаю, что никаких новостей в этом письме не будет, т<ак> к<ак> все у меня идет по-старому. Я живу сейчас неплохо (если не считать постоянной скуки). Погода у нас отличная: солнце, луна, звезды и все такое прочее. О скором свидании пока, видимо, даже и думать не надо, и я тебя попрошу как-либо поделикатнее приучить к этой мысли маму. Это, собственно говоря, единственное, что более или менее является новостью. Не помню, писал ли я тебе, что в период боев по расширению плацдарма за Одером (я сам только сейчас узнал) меня наградили Орденом Отечественной войны II степени. Таким образом, у меня имеются, если подвести итог этой войны, два ордена (второй — Кр<асная> звезда) и три медали — «За отвагу», «За боев<ые> засл<уги>» и «За оборону Кавказа». Германия надоела до «нема спасу». Глядя на здешний асфальт, я с тоской вспоминаю прежде столько раз руганную грязь Белоруссии и Украины и уже вполне подготовлен для декламаций à la Чацкий про дым отечества[1].

Книг мало, но и те, кот<орые> есть, читать неохота. Только не составь себе превратного мнения о том, дескать, я хандрю или что-либо такое, но просто очень сонное и равнодушное настроение.

Вот пока и все. Привет Вере и Дебе. Юрий

P. S. Ты собираешься демобилизоваться или так же, как и я?

[1] Намек на крылатую фразу Чацкого из «Горя от ума» А. С. Грибоедова (д. 1, явл. 7): «И дым отечества нам сладок и приятен».

11

10.VI.45 г.

Здравствуй, Ляля!

Я живу по-прежнему и рассчит<ываю> так же «по-прежнему» жить еще очень значительный промежуток времени. Конечно, это очень нелегко, но ничего не поделаешь.

В это письмо я вклад<ываю> записку, кот<орую> очень прошу поскорее передать Лиде. Я хочу, чтобы об этой записке мама ничего не знала бы. Вы с Иной, конечно, если интересуетесь, можете прочесть. Прошу как-либо помягче подготовить маму к мысли, что пока меня ждать не следует. Территориально — я на старом месте, где, наверное, и пробуду еще очень долго. Физически и морально чувствую себя хорошо. Вполне здоров, если не считать Heimweh[1].

Германия опостылела, несмотря на ее красивые ландшафты. Не глядели б мои очи на нее. Действ<ительно>, точно сказано у Мицкевича, что только тот оценит отчизну, кто ее утратит[2].

Ну, пока и все. Крепко жму руки. Юрий

P. S. Поскорее передай записку Лиде.

[1] тоска по родине (*нем.*).

[2] Заветная мысль А. Мицкевича, выражавшаяся в стихах и прозе. См., например, начало поэмы «Пан Тадеуш» (1834).

12

25.VI.45 г.

Здравствуй, Ляля!

Сегодня получил твое письмо. Отвечаю сразу, хотя никаких событий нет. У меня все хорошо. Я справился с «проклятою хандрой» и чувствую себя сейчас довольно бодро, но просьба книг, переданная мной через тебя Лиде, остается в силе. На скорое свидание пока рассчит<ывать> не приходится.

Я сейчас работаю декоратором в нашем ансамбле самодеятельности. Работа интересная, и свободного времени много. Еще раз повторяю свои две основные просьбы: 1) подготовить маму к тому, что мне еще некоторое время придется побыть здесь и 2) книг, книг и еще раз книг. На подбор (меня интересуют более специальные, а не беллетр<истика>) я целиком полагаюсь на Лиду. Прислать обратно я их не смогу, но обещаю их хранить. Когда-нибудь я же все-таки вернусь!

Меня очень радует, что Деба и Вера меня не забывают — передай им от меня приветы. В письмо я вкладываю нашу любительскую фотографию дворца Фридриха Великого в Потсдаме (под Берлином).

Ну, пока все. Жму руку. Юрий

13

4.VIII.45 г.

Здравствуй, Ляля!

Посылаю тебе в этом письме карточку (вторую пошлю домой). Прежде всего я рассчитываю, что ты оценишь мастерство моего приятеля, снимавшего меня. У меня все без изменений. Настроение у меня хорошее. Понемногу занимаюсь, хотя сильно разленился. На днях в Л<енингра>д должен приехать из госпиталя мой лучший друг Алексей Егоров. Он обязательно должен зайти ко мне домой. Если ты его увидишь, то всячески его протежирую — это очень хороший человек. В отпуск мне (по крайней мере, на первых порах), видимо, не удастся съездить, т<ак> к<ак> у нас это вообще трудно. Потому лучше не волновать маму простыми разговорами по этому поводу, если же что-либо получится, то я, конечно, сообщу, хотя еще раз говорю, что шансов мало.

Читала ли ты стихи Дудина? Мне прислала Оля Гречина сборничек его стихов (среди др<угих> книг). Сборник наз<ывается> «Костер на перепутье» и очень мне понравился. Если ты не читала — прочти обязательно. В журнале «Знамя» № 4 есть критич<еский> разбор этих стихов, и критик с важностью осла ругает лучшие стихотворения, хваля самые слабые[1].

В остальном все по-старому. Жму руку. Юрий

P. S. Приветы Вере и Дебе.

[1] Имеется в виду статья Л. Тимофеева «Среди стихов (Статья третья)», посвященная ленинградским поэтам (вся статья — с. 140—143; о сб. М. Дудина «Костер на перекрестке» — Ю. М. называет его неточно — с. 141—142). Ю. М., очевидно, не знал, что рецензент — уже достаточно именитый литературовед, автор трудов по теории литературы (см. примеч. 2 к п. 26); тем более, Ю. М. не мог предполагать, что этот ученый станет одним из активных борцов с семиотикой, структурализмом, «тартуской школой»...

14

<Ленинград.> 4.IX.49.

Здравствуй, мама!

Прости, что мы, твои дети, такие свинтусы, что не пишем тебе. У нас все в порядке. Мы с Лялей чувствуем себя хорошо и питаемся очень хорошо. Наташа выросла и стала большим человеком, хотя писается без перерыва (я ее лихо пеленаю, купаю, качаю и только что не кормлю). Ина и Юра выглядят хорошо. Никаких особых новостей у нас нет. Погода уже холодная, и ты на обратном пути будь очень осторожна — простудиться сейчас с юга — пара пустяков, а это будет очень обидно.

Еще раз прошу телеграммой сообщить № поезда. Лида, Эрик и Лорочка чувствуют себя хорошо. У них все в порядке.

Во время твоего отсутствия Валя ведет себя очень хорошо. Вот и все наши дела.

Крепко целую. Юрий

В письме упоминаются члены семей сестер Ю. М. Инны (муж Ю. Н. Образцов и дочь Наталья) и Лидии (муж Э. Э. Найдич и дочь Лариса). Валя — домработница.

15

<Ленинград.> 10.IX.<1949 г.>

Здравствуй, мама!

Все наши домашние дела тебе описала Ляля. К этому я могу только добавить, что у нас все в порядке. Я стараюсь кормить Лялю как можно лучше.

Как твои дела? Как погода? Какие фрукты есть у вас, была ли ты на месте дуэли Лермонтова? Напиши обо всем подробнее. Будь здорова.

Крепко целую. Юрий

P. S. Привет от Ины, Юры и Наташи. Ина тебе напишет отдельно.
P. S. P. S. Твои помидоры зреют.

16

<Ленинград.> 19.IX.49.

Здравствуй, мама!

Ты нам очень мало пишешь, и мы беспокоимся. Как ты проводишь время, какая погода, чем питаешься? Нужны ли тебе деньги? Если надо, то сообщи, мы вышлем. У нас сейчас с деньгами хорошо. Пиши подробнее вообще о твоих делах.

У нас все в порядке. Мы все живы-здоровы. Я готовлю обеды, и мы с Лялей питаемся очень хорошо. Нам всего хватает. Инина Наташа быстро растет — уже похожа на человека. Ей тут надарили всяких подарков. У Лиды тоже все в порядке. Погоды у нас стоят ясные. Все время было очень тепло, лучше, чем летом, и только сейчас начинаются холода. По утрам заморозки. Фруктов у нас много, и они дешевы. Я их регулярно покупаю, и мы варим кисели или так едим. Вот и вся наша жизнь. Еще раз напоминаю тебе о том, что мы можем, если нужно, выслать тебе денег. Ни в чем не отказывай себе.

Крепко целую. Юрий. Приветы от Ляли, Лиды, Ины с дочкой, Юры и Эрика.

17

<Ленинград. 27 сентября 1949 г.>

Здравствуй, дорогой мопс![1]

Ты нас очень обрадовала и огорчила своим письмом. Обрадовала, т<ак> к<ак> было очень приятно получить от тебя весточку и особенно твою карточку. Огорчила тем, что у вас плохие погоды и ты собираешься приехать. Ни в коем случае этого не делай. Этим ты меня огорчишь сверх всякой меры. Кроме того, будет очень обидно, если ты уедешь, а там погоды установятся. Даже и без солнечных дней можно отдохнуть, а ленинградского тумана еще успеешь надышаться.

Еще раз прошу сидеть и не рыпаться до окончания путевки. Когда будешь уезжать, обязательно телеграммой сообщи № поезда и в дороге одевайся теплее: при перемене климата очень легко, не дай Бог, простудиться, а у нас уже прохладно.

Целую. Юрий

27.IX.49.

[1] Отец семьи М. Л. Лотман любил давать своим ближним прозвища; жену он называл Мопсом. Ю. М., желая сохранить в доме дух отца, тоже называет ее, свою маму, Мопсом.

18

<7 сентября 1950 г.>

Здравствуйте, дорогие мама, Ляля, Ина и Лида!

Я уже обосновался на новом месте и очень доволен[1]. Встретили нас[2] очень хорошо. Сразу же дали машину для того, чтобы привезти вещи с вокзала (характерная деталь: ни за что не могли заставить шофера взять 5 рубл. чаевых). Сейчас живем временно в студенческом общежитии, каждый в отдельной комнатке (я — в изоляторе), и комендантша — очень милая женщина, которая страшно боится какого-то «злого доктора», говорит, что в крайнем случае скажет, что здесь находится «больной педагог».

Начальство очень приветливо. Все эстонцы. Я занимаю должность старшего преподавателя и веду курсы древней русской литературы, XVIII в., XIX в., советской литературы, фольклора и теории литературы — это программа 2-х лет.

Сейчас я читаю древнюю лит<ературу> (еще не читал) для V курса (здесь 6 курсов: 4 первых — 6-ой — 10 классы нашей школы, 5 и 6 — программа учительского института), аудитория — смешанная (эстонцы и русские) и начало XIX в. для 6 курса — ауд<итория> чисто русская (называется громко «аудитория», а на самом деле человек 15—20 девушек различного возраста, кажется, есть толковые).

С 5 курсом будет труднее — и народу больше, и придется потрудиться, чтобы наладить контакт с эстонской частью аудитории.

Программа не очень сжата — древняя и XVIII в. по 34 часа, XIX, советская — и того больше. Очень прошу срочно выслать мне бандеролью учебник Соколова по фольклору (он стоит у Лиды на полке — налево от Пушкина), «Теорию литературы» Томашевского — книга в переплете из папки в моем шкафу на второй полке снизу в первом ряду. Если шкаф закрыт — ключи в моем ящике бюро. Попросите Лиду или Зару срочно поискать в городе учебник теории литературы Тимофеева. Столь же срочно надо выслать пачку писчей бумаги или тетрадей — здесь их нет. Все это бандеролью по адресу: г. Тарту, Эстонская ССР, Сальме 1а, Учительский институт, Канцелярия, для Лотмана Ю. М., преподавателя.

Получили ли Вы мою телеграмму? Сегодня я попытался звонить по телефону, но ни у Капралова[3], ни у Минны к телефону никто не подошел. Т<ак> к<ак> с деньгами у меня не очень густо, то пока от звонков воздерживаюсь. (Денег высылать не надо — мне до получки должно хватить — у меня осталось 130 рублей, а дней через 10 нам, вероятно, дадут деньги). Я трачу 15 рублей в день (иногда 12—13) и живу прекрасно. Питаюсь сравнительно дешево (обед 5,50—6 <руб.>) и очень вкусно в кафе со странным названием Ко-Ко-Ко-Ко. Городок очень милый, очень чисто и красиво, как в театре. Надо будет, чтобы вы летом приехали. Заниматься здесь можно. Библиотека весьма приличная — вполне достаточная для подготовки аспирантских минимумов. Ну, вот и все.

Крепко целую. Юрий

7.IX.50. (Пошлю завтра утром, т<о> е<сть> 8.IX.)

P. S. Высылаю копию диплома. Бандероли шлите на институт, а письма — по адресу: г. Тарту Эст. ССР, Главный почтамт, до востребования.

P. S. P. S. Вышлите также Кольцова в из<дании> Малой серии «Библиотеки поэта» (стоит у меня на полке!).

7 сент<ября> 1950.

[1] Ю. М., наверное, самый выдающийся и перспективный молодой ученый первых послевоенных лет, не был оставлен в аспирантуре ЛГУ из-за «пятого пункта» (национальность), несмотря на усиленные хлопоты профессуры, особенно — Н. И. Мордовченко, руководителя дипломной работы Ю. М. и тогдашнего зав. кафедрой русской литературы. Однако дали ему так называемый «свободный диплом», т<о> е<сть> выпускник не посылался насильно на определенное место, а волен был сам распоряжаться своей судьбой. Сокурсница Ю. М. Ольга Зайчикова, получившая назначение в Тартуский учительский институт, узнала, что там требуется еще один преподаватель русской литературы, сообщила Ю. М., и он таким образом впервые приехал в Тарту (подробнее об этих месяцах жизни Ю. М. см. Лотм. сб. 1, с. 35—36, 39—40).

[2] Ю. М. приехал в Тарту вместе с О. Зайчиковой.

[3] Капралов — сосед Л. М. Лотман (у нее не было телефона).

19

<10 сентября 1950 г.>

Здравствуйте, мама, Ляля, Ина, Лида и Юра Образцовцы!

У меня полный порядок. Я читаю лекции, получается пока (тьфу, не сглазить) ничего. Сегодня был в бане. Бани здесь отличные. Вообще здесь очень хорошо, на лето вы обязательно ко мне приедете. Только еще не знаю, куда, т<ак> к<ак> живу пока все еще в изоляторе общежития. Здесь очень хорошо и уютно. Мне регулярно моют пол, а утром и вечером приносят в комнату чай, но постоянно жить здесь нельзя. Пока что директор ищет.

Спросите Лиду, пусть она посоветуется с людьми знающими. Не мог бы университет мне дать какое-либо (хотя бы и липовое) направление? Тогда я мог бы получить подъемные и т. д. А то и деньги есть, и директор хочет выплатить, а юридических возможностей нет. Но, вероятнее всего, это не удастся (получить из университета справку), ну и шут с ней. А в остальном пока прекрасно.

Сейчас заради минимума читаю страшенную плешь — книгу К. Аксакова о Ломоносове[1].

Ну, пока — привет. Маму целую особенно. Ваш Юрий

P. S. Ляля, пиши мне подробно о вашей и твоей жизни. Юрий. 10.IX.50.

P. S. P. S. Эрику, Ларисе, Анне Исаевне и бабушке[2] 1000 приветов. Наташе столько же.

[1] Магистерская диссертация К. С. Аксакова «Ломоносов в истории русской литературы и русского языка» (М., 1846). Ю. М. тогда не понимал серьезного содержания и исторического значения этой книги.

[2] Анна Исаевна и бабушка — свекровь Л. М. Лотман и мать свекрови (см. примеч. 3 к п. 44).

20

<11 сентября 1950 г.>

Здравствуйте, мама, Ляля и Ина и Юра Обр<азцов>!

У меня полный порядок. Все хорошо. Я читаю лекции в институте и один месяц буду замещать лектора в университете, а если это пройдет хорошо — в будущем полугодии буду читать в университете спецкурс по Радищеву.

Ваших писем я еще не получал и не стал бы вас беспокоить, если бы мне не была нужна кое-какая помощь. Я Лиде писал о высылке (срочно) мне книг. К тем добавьте с моей полки Полежаева в Малой серии «Библиотеки поэта» и брошюрку Мордовченко о Белинском[1], которая стоит у меня на полке в шкафу (вторая полка сверху). Это первое. Второе. Я слегка прожрался, и мне до получки не хватит рублей 50. Но это еще не такая беда (я мог бы их тут подзанять), но дело в том, что здесь (хотя очень тепло), но идут бесконечные дожди и без макинтоша здесь невозможно. Не говоря уже о том, что неохота мокнуть, так можно окончательно испортить костюм. Или купите мне по моему росту плащ, или вышлите деньги — рублей 150 (деньги я очень скоро смогу вернуть). Если будете покупать, то плохого не берите, т<ак> к<ак> здесь все одеваются довольно прилично, а мое положение меня обязывает держать нос кверху.

Простите, что занимаю вас пустяками.

Привет, жду ваших писем. Юрий

P. S. Деньги высылайте на Глав<ный> Почтамт до востребования, книги и др. — на институт, письма — на Почтамт.

11.IX.50.

[1] *Мордовченко Н. И.* В. Г. Белинский. 1811—1848. Очерк литературно-критической деятельности. Л., 1948.

21

15.IX.50.

Здравствуйте, дорогие мама, Ляля, Ина и Юра Обр<азцов> (+ Наташа)!

Сегодня получил Лялины бандероли и очень ей благодарен. Большое спасибо за все и особенно за тетради — теперь я ими обеспечен. Я вчера звонил Юре Левину в основном не за тем, чтобы чего-либо просить, а потому, главным образом, что беспокоился о Лидиных делах в связи со статьей в «Лит<ературной> газете» об их институте[1]. Но, кажется, все в порядке. Как ваши дела? Лялька, твои? — пишите подробнее.

У меня — лучше и представить нельзя. Читаю лекции вовсю, а теперь два раза в неделю и в университете (сегодня это было утверждено официально) — я уже 2 часа читал. Это пока временно — на месяц, но в следующем полугодии, вероятно, буду в университете читать спецкурс по Радищеву (пока пусть Лидка об этом не очень там в среде профессоров треплет, т<ак> к<ак>, может, и сорвется). Денег это даст не очень много, но честь и к тому же очень интересно.

Лекции пока (тьфу, тьфу) идут хорошо. Почти не заикаюсь, вероятно, потому, что хорошо отдыхаю. Сплю очень много. (Живу пока еще временно в общежитии, но в хорошей отдельной комнатке.)

Готовлю минимум по Ломоносову. Книги здесь есть. Вообще библиотека прекрасная, и я в ней сижу не как-нибудь, а за столом с надписью: «Õppejõududele» (ыпэйыудуделе), что обозначает «для профессорско-преподават<ельского> сост<ава>».

Относятся ко мне очень хорошо (и студенты, и начальство). В ин<ститу>те у меня 2 русских группы и одна эстонская. Читаю я им сразу три программы (теорию лит<ературы>, древнюю русск<ую> лит<ературу> и XIX в.) а в универ<ситете> — четвертую.

Я просил через Юру Левина передать, чтоб вы мне переслали (с помощью Лиды) что-либо о Лермонтове. (Сам текст Лермонтова не надо, не надо и биографию Бродского[2] — я ее сначала просил у Лиды, но сейчас уже достал — если она послала — не беда, если нет — хорошо).

У Лидки на полке стоит книжечка «Белинский о Лермон<тове>» — спросите ее — нельзя ли (я потом перешлю обратно).

Кроме того — «Полежаева» — в Малой серии «Библ<иотеки> поэта» — с моей полки и немного денег — я их скоро верну. Я должен на днях получить, но сейчас уже кончаются. Я трачу 15 рубл. в день (живу здесь сегодня ровно 11 дней, из 200 бывших у меня в кармане 50 ушло по мелочам (25 на починку часов, 25 — разошлось) — следов<ательно>, на еду 15 рубл. ровно в день. Потом, когда я устроюсь окончат<ельно> и можно будет покупать кое-какие продукты и готовить самому — будет дешевле, но сейчас, пока питаюсь в кафе (очень хорошо и вкусно) — дешевле не получается (6 рубл. обед и по 4 р. 50 к. — завтрак и ужин).

В отношении макинтоша — пока, пожалуй, можно обождать — уже два (вернее, 1,5) дня нет дождей, и я, как цыган, готов шубу продать.

Я очень доволен, что поехал; конечно, потом будет скучно, но сейчас скучать нет времени — каждый день читаю 4 (а иногда и 6 — 2 университетские) лекции, а их надо подготовить. Остатки времени занимает Ломоносов.

Все же ложусь не позже 11.30, встаю в 8.30 — самый здоровый образ жизни. (Вообще здесь тихо и спится очень здорово. В 11 уже не усидишь за столом.)

Всех целую. Ваш Юрий

[1] Имеется в виду анонимная (редакционная?) статья «Мнимое благополучие. О работе Пушкинского Дома Академии наук СССР» («Литературная газета», 1950, 7 сентября, № 79); в ней критикуются лишь именитые ученые: директор Н. Ф. Бельчиков, Н. К. Пиксанов, В. А. Десницкий, В. С. Спиридонов. Статья вымученная, видимо, написанная по заданию, до глубины лицемерная (какое могло быть благополучие после погромов, арестов сотрудников, запрещений трудов?!).

[2] *Бродский Н. Л.* М. Ю. Лермонтов. Биография. Т. 1. 1814—1832. М., 1945.

22

17.IX.<1950 г.>[1]

Привет, дорогое семейство!

Сегодня получил письмо от Лиды и две бандероли, кот<орые> выслала Ляля. Сердечно благодарен. Теперь я литературой о Лермонтове обеспечен (то, что вы прислали + то, что достал здесь). Если еще ничего не выслали — не надо. Если да — спасибо. Использую и верну.

Еще один деловой вопрос. Я, впав в панику по поводу истощения своих ресурсов (денежных), просил поддержки, но не успели кончиться мои деньги, как я уже получил получку и, следовательно, в деньгах более не нуждаюсь. Более того. Мои денежные дела таковы: я буду получать на руки в месяц чуть менее 1000 и, вероятно, от 300 до 150 рублей прирабатывать в университете. Посему регулярно два раза в месяц буду переводить на мамино имя по 200 рубл. — один раз 17-го, один раз 3-го, на 600 рубл., кот<орые> мне останутся, здесь можно жить, как сыр в масле.

Сегодня мою лекцию в университете (неожиданно для меня) слушал здешний зав. кафедрой[2]. Я очень трусил, но прошло хорошо, и он будет говорить с начальством, чтобы мне разрешили читать в этом полугодии в универс<итете> спецкурс по Радищеву. Денег это даст пустяки (рубл. 160 в месяц), но чести много и, главное, очень интересно, а подготовки мне для этого курса не надо никакой.

Вообще здесь отлично. Жду ваших писем. Обеспечились ли вы дровами? Выполняет ли там Образцов свою роль представителя сильного пола?

Привет Наташеньке!

На 7 ноябр<я> я обязат<ельно> приеду[3]. Пишу коротко, т<ак> к<ак> дел много. Всех целую, маму особенно. Юрий

[1] Датируется по связи с предыдущими и последующими письмами.

[2] В 1950—1954 гг. кафедрой русской литературы ТГУ заведовал Б. В. Правдин.

[3] 7—8 ноября — выходные дни (в честь Октябрьской революции), и в то же время 7 ноября — день рождения Л. М. Лотман.

23

<22 сентября 1950 г.>

Здравствуйте, дорогие мама, Ляля, Ина, Юра и Наташа!

Дела мои идут отлично, дожди кончились, и погода прекрасная. Лидины деньги я получил, но сейчас мог бы вполне без них обойтись — и не знаю — отсылать их обратно или нет, пока их не трачу.

Лекции у меня идут хорошо, хотя подготовка отнимает много времени. Ни по Лермонтову, ни каких-либо других книг пока не надо — здесь все есть.

Читаю я одновременно, как уже писал, и в ин<ститу>те и в университете (там временно) — и там, и там довольны.

Меня беспокоят ваши дела — вы не пишете. Как подготовка к зиме (дрова) — надеюсь, что о сем позаботится мужская половина в лице Образцова, каково здоровье мамы и Наташи — двух самых маленьких. Как Лялькины дела (жду подробного отчета)?

Держит ли Ина Вальку[1] или уже кто-либо иной возбуждает ее негодование; как Инины музыкальные дела?

Все сие меня интересует, и я жду подробного письма.

С приветом и поцелуями Ваш Юрий
22.IX.50.

P. S. Получили ли вы мои гроши?

[1] Валька — домработница.

24

<26 сентября 1950 г.>

Здравствуйте, дорогие мои!

Сегодня получил вашу посылку. Очень тронут, и мне, право, неудобно за все хлопоты, которые я вам доставляю. Пальто меня прямо спасет — оно мне было очень нужно. Теперь я больше ни в чем не нуждаюсь.

Живу я отлично (без преувеличения). Пока директор «организовывает» мне комнату, я проживаю в квартире Шаныгина[1] — нашего университетского аспиранта (оконч<ил> в прошл<ом> году), теперь преподающего в университете Тарту. У него большая квартира на одного, он очень милый человек, и мы живем единым «мужским колхозом». Сами готовим, покупая продукты на рынке. Сие много дешевле, вкуснее и питательнее.

Лекции идут хорошо. Постепенно втягиваюсь. Атмосфера в ин<ститу>те очень хорошая. Я был у Лялиных знакомых (вернее, у знакомых ее знакомых) — встретили меня радушно, но практич<ески> я ни в чем не нуждаюсь, а в порядке знакомства — это люди хорошие, но совершенно иного круга интересов.

Как ваши дела?

Лялька! Что в вашем ин<ститу>те, что с Мефодием[2], директором и пр.? Пусть Лидка подробнее напишет об их институтских делах.

Книжки Эрику скоро с благодарностью возвращу.

Привет всем.

Маму целую много раз, еще раз спасибо за пальто.

Ваш Юрий
26.IX.50.

[1] А. М. Шаныгин, защитивший в ЛГУ как раз осенью 1950 г. кандидатскую диссертацию «Писатель-демократ шестидесятых годов Н. А. Благовещенский», как будто бы укрепился в ТГУ, куда он был прислан по распределению по окончании аспирантуры ЛГУ. Но он оказался неспособным быть вузовским лектором: скучно читал лекции по своим записям, от слова до слова; студенты начали бушевать, и он был вынужден вернуться в Ленинград (работал потом на кафедре русского языка для иностранцев в ЛГУ).

[2] Мефодий — прозвище главврача Института скорой помощи в Ленинграде.

25

29.IX.50.

Здравствуйте, мама, докторчик[1] и остальные родичи!

Сегодня получил Лялину бандероль с конспектами и копией ответа[2].

Очень благодарен вам всем за хлопоты (Лиде и Марку[3], в частности), однако прошу вас, особенно маму, не огорчаться — дело ясное и, по всей вероятности, ждать осложнений не следует. Ляленька, извини за все хлопоты, что я тебе причинил. О материале, о кот<ором> ты просила узнать, я спрашивал — здесь есть только драп на осеннее пальто — рубл<ей> 300 (с чем-то) метр. Признаться, я замотался (особенно первые дни были крутые) и не очень хорошо помню, о каком сорте материала ты просила — напиши, я узнаю.

Нам стало известно, что у вас затруднения с маслом. Сегодня мы с Олей[4] послали в Л<енингра>д на адрес Олиных родичей посылку. Вам должны занести 3 кг масла. Лопайте — не стесняйтесь. Потребуется, еще вышлю.

Работаю я, как лошадь, и порядком устаю. Вот и все мои новости. Видали ли вы «Совет богов»[5] — хорошая картина, мне очень понравилась. Как здоровье мамы, каковы новые успехи Наташи? Я замышляю ей с Лариской прислать к Новому году ящик игрушек. Поспел ли тигр к юбилею Томаша?[6] Как здоровье Ник<олая> Ив<анови>ча?[7] Все сие меня интересует. Ляля, дисс<ертацию> отдашь печатать, как только я вышлю на сие средства (я скоро должен получить) — пока обожди. Поздравляю тебя с напечатанием статьи[8]. Ну, пока все.

Зайцам[9] как-нибудь напишу отдельно. Передай привет. Лидка могла бы чиркануть, хотя бы о том — вовремя ли прибыл тигр.

Ну, все. Целую. Ваш Юрий

[1] Докторчик — так Ю. М. шутливо называл В. М. Лотман.

[2] Очевидно, речь идет о неудачной попытке Ю. М. поступить в заочную аспирантуру ЛГУ. В дальнейшем и кандидатские экзамены сдавать, и диссертацию защищать он будет как человек «со стороны».

[3] Марк — М. Г. Качурин, сокурсник Ю. М.

[4] Оля — Зайчикова (см. примеч. 1 и 2 к п. 18).

[5] Популярный немецкий (ГДР) фильм (1950 г. выпуска).

[6] О 60-летии Б. В. Томашевского и о подарке («тигр») см. примеч. 2 к п. 44.

[7] Н. И. Мордовченко тогда тяжело заболел (в январе 1951 г. он скончался).

[8] Речь идет о медицинской статье В. М. Лотман.

[9] Зайцы — так Ю. М. называл семью Л. М. Лотман.

26

14.X.50. Тарту.

Здравствуйте, мама и Ляля!

Ляля, получил твое письмо, в кот<ором>ты говоришь о необходимости справок[1]. Я их уже выслал (мне Лида говорила о них по телефону). Получили ли вы их? Получили ли деньги, кот<орые> я выслал? Из твоего письма это неясно.

Книги (Тимофеева)[2] пока не высылайте. Приеду — сам заберу. Зайди к Эрику, если не трудно, попроси, чтобы он осуществил то, что я напишу в прилагаемой записочке Лиде и ему.

У меня все в порядке, чувствую себя отлично и жирею — ты меня не узнаешь. Занимаюсь мало (для минимума). Что касается лекций — понемногу приучаюсь халтурить. Если не трудно и будут деньги — выкупи 6-ой том Некрасова[3], если же нет — шут с ним. Он никуда не денется; приеду, сам сделаю. По какому поводу вызывали в военно-учетн<ый> стол? Напиши, как ваши домашние дела — что делают Ина и Юра. Я немного зол — Инка хоть раз могла бы привет, что ли, передать. Ну, да Бог ей судья.

Будьте здоровы. Юрий

P. S. Мама! Не хандри, скоро приеду.

17.X.

Письмо написал, но не отправил. Вчера получил Тимофеева и Тредиаковского[4]. Большое спасибо. Получили ли вы мои справки и 150 р., кот<орые> я выслал в начале месяца? На днях вышлю еще. Вот и все.

Привет. Юрий

Пусть Эрик ускорит высылку книги Беркова «Лом<нос>ов и лит<ературная> полемика его времени». Иначе сдача сорвется.

[1] См. примеч. 2 к п. 25.

[2] Л. И. Тимофеев — автор самых апробированных в советское время вузовских учебников по теории литературы («Основы теории литературы», М., 1940 — первое издание, потом много раз исправлявшееся и дополнявшееся применительно к идеологии данного времени; издание 5-е вышло в 1976 г.).

[3] Имеется в виду выходившее по подписке «Полное собрание сочинений и писем» Н. А. Некрасова в 12 томах; т. 6 — М., 1950.

[4] *Тредиаковский В. К.* Стихотворения. Л., 1935 (Большая серия «Библиотеки поэта»).

26а

<17 октября 1950 г.>

Привет, Зайцы!

1. Выяснилось, что мне «забыли» послать требование в Публ<ич>ку на кн<игу> Беркова П. Н. «Ломоносов и литер<атурная> полемика его времени», Л., 1935 г. — Мне это зарез. Сегодня они послали. Эрик — валяюсь в ногах, сделай все возможное и невозможное, чтобы книга сия — maximum — к числу 24-му была у меня. Иначе я пропал и минимум провалю. Это основная книга.

2. Лида. Там вышла книжка Б. Кафенгауза «Посошков, жизнь и дея-т<ельность>», Изд. АН СССР[1]. 10 или 13 р<ублей>. Купи. Я приеду и отдам.

Деловая часть вся — напиши мне: говорила ли ты с Ник<олаем> Ив<ановичем>[2] и до чего договорилась. Ну и все. Всем привет.

Юрий

Ларисе — особые.

Как здоровье бабушки — 100.000 поклонов ей и Анне Исаевне.

17.X.

Лида! Я в странном положении — ты до сих пор не сообщила, выяснила ли ты что-либо о моем 2-ом минимуме — «Бел<инский> и XVIII в.», выслала ли Лаврецкого[3]. Я даже не знаю, когда мне приезжать сдавать экзамен. Юра писал, что они сами не знают. Но это черт знает что. Должны же они понимать, что приезжать из другого города и тратить 150 рубл. на дорогу нельзя, не зная ничего определенного. Я должен заранее договориться с администрацией. Как здоровье Ник<олая> Ив<ановича>? Передавай ему привет.

[1] *Кафенгауз Б. Б.* И. Т. Посошков (Русский публицист эпохи Петра I). Жизнь и деятельность. М.—Л., 1950.

[2] См. примеч. 7 к п. 25.

[3] У А. Лаврецкого тогда вышли две книги о Белинском: «Белинский, Чернышевский, Добролюбов в борьбе за реализм» (М., 1941) и «В. Г. Белинский» (М., 1948).

27

8.XII.50.

Здравствуйте, мамочка, Ляля и супруги Образцовы со чадом!

Давно не получал от вас писем, да и давненько сам не писал. У меня все в порядке. Дела идут хорошо. Самочувствие бодрое. Вкалываю, на чем свет стоит и одновременно, по мере возможностей, готовлю философию. (Книги я все получил, большое Ляле спасибо, мне даже неловко, что я ей доставляю столько хлопот.) Кстати, получили ли вы 3 кг масла, кот<орые> я вам послал; как там у вас с продуктами (я могу выслать еще всякой ветчины)? Признаться, соскучился без ваших писем — что дома, как здоровье вас всех.

Лялька, напиши (это по секрету), кому что прислать к Новому году (я буду высылать все равно, так чтобы прислать то, что нужнее). Здесь дешевые валенки и туфли: какой № мамы? твой? и пр. Принесла ли Зара собаку, кот<орую> я купил для Ларисы к Новому году, постараюсь выслать еще игрушек для нее и Натки.

Каковы Наткины успехи? Что Образцовы? Зайцы-черти не пишут. Как-нибудь соберусь с силами и отправлю им цидульку.

Ляля, я уже очень давно выслал вам справку для заочной аспирантуры. Получили ли вы ее, отправили ли туда (Лида должна была это сделать) и где протокол моего экзамена — спроси обо всем Лиду. Я беспокоюсь — мне это сейчас нужно знать для сдачи следующего минимума.

Как твои дела — совсем заели знакомые-больные? А? И я, старый хрен, тебе тетку навязал — до сих пор каюсь по утрам.

Как здоровье Анны Исаевны и бабушки? Привет им, всем зайцам, а Лорке особый. Не знаешь, как дела у Ник<олая> Ивановича? Пусть Лидка ему кланяется.

Ну, кажется, все. Всем привет. Целую маму.

Юрий

28

9.V.<1951 г.>[1]

Здравствуйте, дорогие мама и Ляля!

Чувствую, что жестоко, хотя абсолютно невольно обидел вас. Кто же мог подумать, что Блюм (парень, с которым я передавал ключ) удерет, ничего не узнав. Я его специально просил расспросить и поговорить, но он, пес, отложил все на последний день и потом выполнял поручения на 3-ей скорости. Я же виноват только тем, что пишу редко, но, во-первых, еще ни одного письма без ответа не оставил, а во-вторых — очень занят (кроме шуток, до полного вылезания очей). Я очень тронут тем, что вы пытались послать мне пироги, но это лишние хлопоты. В конце мая (следов<ательно>, сравнительно скоро) я смогу приехать на дней 5 — не ручаюсь, но вероятно. Ты, Ляля, напрасно думаешь, что я не интересуюсь вашими делами или интересуюсь чисто утилитарно. Обижаться на меня не следует, я просто замотался.

Теперь об подарке для Ины — мне ничего достать не удалось — я вам завтра вышлю 100 р. — мою долю в Инкином подарке. Только проследите, чтобы она сшила, а не так бросила.

Ты пишешь, Лялька, что ходишь с гриппом, — ну и дура. Если свалишься — больным твоим будет от этого не легче.

Завтра я, вероятно, буду Лиде звонить — расспрошу о ее делах.

Теперь о лете — в Эльве я был, но там дачи дорогие (по 1000 рубл. за лето), и я не решился нанять, не зная планов и намерений Ины.

Маме о путевке попробую, но не ручаюсь (у меня отложены маме на отдых 500 рубл., если не достану — вышлю их вам). Я смогу отдыхать только с 20 июля по 1 сент<ября> — месяц и 10 дней. В это время мне, вероятно, придется доделывать диссертацию, частично, вероятно, отдохну (дней 12) здесь в Тарту. Но сие все еще туманно.

Целую всех и очень прошу не сердиться.

Брат, сын Юрий

[1] Датируется по упоминанию диссертации: в течение всего 1951 г. Ю. М. работал над ней.

29

25.VI.<1962 г.?>[1]

Дорогие Ляля и мама!

Вчера писал вам, сегодня опять пишу, опять накоротке. По-прежнему мечусь и вкалываю, как черт. Зато погода у нас отличная и вообще самочувствие неплохое. Беспокоюсь только о ваших делах — давно уже нет писем.

Как Ина?

Обо всем подробнее напишите. Я посылаю Инке письмо — передайте. Как Наташа? Ляля, Лиде передай, чтобы она Жирмунцу[2] обождала бы передавать — я сегодня вечером настрочу сопроводительное письмо, где объясню связь между главами.

Ну, пока все, очень тороплюсь — бегу на лекцию.

Целую всех, маму особенно.

С приветом Юрий

P. S. Зайцам 1000000 приветов. Как Лидкины дела? Ю.

[1] Год определяется приблизительно: В. М. Жирмунскому Ю. М. мог передать в те годы или докторскую диссертацию о русской литературе начала XIX в., или подготовлявшуюся книгу «Лекции по структуральной поэтике. Вып. 1 (Введение, теория стиха)» (выйдет в 1964 г.) — скорее эту вторую, учитывая давние стиховедческие интересы и труды академика.

[2] Жирмунец — студенческое прозвище В. М. Жирмунского.

30

<Лето 1976 г.>[1]

Дорогая Лялюша!

Чего уж тут поделаешь, и поскольку дурень умом богатеет[2], то будем надеяться, что и Грише опыт пойдет на пользу. Пока нельзя сказать, чтобы он был убит — он обладает хорошей психотерапевтической способностью отвлекаться от неприятного. До сентября пусть отдыхает, а там будем начинать сначала.

Посылаю тебе книги для Наташи Бугровой[3]. Будь здорова по возможности. Береги себя по возможности же.

Целую тебя. Твой Юрий

P. S. Книжки все очень редкие — если что-либо у нее есть уже — верни. Нужны ли ей мой «Анализ поэтического текста»[4] и «Поэты 1800—1810 гг.»[5] в Большой серии «Библиотеки поэта»?

[1] Датировано предположительно Л. М. Лотман по сообщению о неудачной попытке сына Ю. М. Григория поступить в художественный вуз (в них были большие конкурсы и немалую роль играли протекции) и по упоминанию приехавшей Н. Бугровой.

[2] Эту пословицу Ю. М. привел в своих «Не-мемуарах», вложив ее в уста А. В. Западову (Лотм. сб. 1, с. 36).

[3] Н. Бугрова — приятельница семьи Лотманов, бывшая ленинградка, преподаватель Сорбонны.

[4] «Анализ поэтического текста» издан в Ленинграде в 1972 г.

[5] Ю. М. неточен; книга называется «Поэты 1790—1810-х годов» (Л., 1971).

СЕСТРЕ (Л. М. ЛОТМАН)

Лидия Михайловна Лотман *(род. 1917) — известный литературовед, специалист в области истории русской литературы средней трети XIX века. В 1939 г. она окончила филологический факультет ЛГУ, затем училась в аспирантуре ИРЛИ. В блокадную ленинградскую зиму 1941/42 года работала воспитательницей в детдоме, с которым эвакуировалась в Куйбышевскую обл.; в конце 1943 г. вернулась в аспирантуру ИРЛИ (институт тогда находился в эвакуации в Казани), которую окончила уже в Ленинграде, успешно защитив в 1946 г. кандидатскую диссертацию и став с тех пор научным сотрудником ИРЛИ. В 1974 г. она защитила докторскую диссертацию.*

Как старшая сестра и как единственный филолог в семье она много способствовала духовному воспитанию и развитию Ю. М., и именно она помогла брату выбрать профессию.

Отрывки из нескольких публикуемых ниже писем были впервые напечатаны адресатом в переводе на французский язык и с подробными комментариями в парижском альманахе-сборнике «Théorie-Littérature-Enseignement» (Automne 1995, No 13, p. 45—72): Lotman Lidia. Une liasse de lettres (dans une situation «d'explosion»). Данный том посвящен памяти Ю. М. С незначительными изменениями эта статья вышла на русском языке: Лотман Лидия. Пачка писем в обстановке «взрыва» // «Нева», 1996, № 10, с. 182—199. Кроме того, три письма (№ № 2, 10, 11, ниже публикуемые; № 2 — с незначительными купюрами) опубликованы адресатом в мемуарном очерке: Лотман Л. М. Мои воспоминания о брате Юрии Михайловиче Лотмане. Детские и юношеские годы // Лотм. сб. 1, с. 128—150 (письма опубликованы: с. 140—142).

31

Кутаис, 23.XII. <1940 г.>

Дорогая Лида!

Сегодня получил твое с Лялей письмо от 12.XII и папино от 15-го — оба вместе. Очень благодарен тебе, что ты урвала минуту и написала мне.

Как твой minimum?[1] Как понравилась Г.П.У'су[2] твоя статья?

Мы ходим по улицам и горланим во всю глотку песни <...>. Наибольшей популярностью пользуется песня «Чапаев» (фольклорная?). Содержание ее забавно, привожу его полностью:

Командир герой, герой Чапаев,
Он все время впереди,
Он командовал своим отрядом,
Веселил своих ребят (или — бойцов, свои полки).
Все ребята едут, веселятся,
Все на родину спешат.
Лишь один, один боец не весел,
Он был круглый сирота,
Буйну голову свою повесил
На гнедого он коня
Знал бы, знал бы, знал бы, не поехал
Я на родину свою
(Кабы знал, что нужно воротиться
Мне на родину свою),
Лучше было б умереть мне
В чистом поле в том бою,
В чистом поле, в поле, на просторе
Под ракитовым кустом (под зеленою сосной).
Нет папаши, нет родной мамаши,
Нету дома никого,
Только жинка, жинка молодая
С краснофлотцем жить пошла.

Ребус я отгадал (Грушкин нас уморил)[3]. У нас, между прочим, есть парень (чех) Грушка. Данта советую купить[4] (деньги проходят, а искусство остается).

Письма от Оли и Иры[5] полны похвалами моей филологич<еской> сестре.

Ну все. Привет. Желаю успехов.

Целую МАМУ!

[1] Имеется в виду кандидатский минимум — комплекс экзаменов, которые должны были сдавать аспиранты.

[2] Ю. М. так каламбурно называет В. В. Гиппиуса, научного руководителя Лидии Михайловны (в дальнейшем сокращенно: Л. М.). Он заказал своей

ученице статью для академической «Истории русской литературы» и затем одобрил ее. Это статья «Драматургия тридцатых-сороковых годов <XIX в.>», опубликованная уже после войны в т. VII (М.—Л., 1955).

[3] Ребус для брата сочинила сама Л. М. А. И. Грушкин любил длинно и витиевато говорить на заседаниях в ИРЛИ.

[4] Перед войной дважды выходил «Ад» Данте в переводе М. Л. Лозинского (Л., 1939 и М., 1940). Вероятно, речь идет об одной из этих книг.

[5] Оля — О. Н. Гречина, Ира — И. Н. Евсеева-Сидорова.

32

31.12.42.

Здравствуй, Лида!

Итак, поздравляю тебя с Новым военным годом. Твои письма, где ты сообщала о переменах, происшедших в твоей жизни, я получил, но просто было некогда отвечать. Искренне тебя поздравляю.

Этот Новый год я встречаю в исключительно приподнятом настроении. Мы наступаем! Не думай, что я пишу неискренне. Для человека, пережившего два года больших отступлений, прошедшего пешком от Днестра до Кавказа, наступление необходимо, как воздух. Не знаю, ошибаюсь я или нет, но мне кажется, что песенка немцев спета и, хотя военное счастье еще может колебаться много раз, это уже агония — «он бездну видит пред собою и гибнет, гибнет наконец»[1]. Осматривая себя в этой войне, я могу упрекнуть себя очень во многом. Я растерял все знания, полученные мной до войны, и живу, пережевывая крохи прошлого. Я очень черств на восприятие — могу смотреть на самые душераздирающие сцены, и они не задевают меня (извиняюсь, если выражаюсь темно и коряво — отвык; постарайся понять). Кроме того, я иногда (и довольно часто) — здесь так много перечеркнуто, т<ак> к<ак> мне трудно выразиться — крал, лгал, даже перед самим собой[2]. Иногда проявлял трусость, но иногда был и очень храбр. Храбрость у меня чаще всего базировалась на неверии в то, что меня в самом деле (так же как и других) могут убить или ранить, иногда на стремлении сделать так, чтобы вышло «красиво» (я никогда этого не думал, а здесь я просто пытаюсь словами выразить мгновенные и подсознательные чувства — получается плоско и грубо). Весь наигранный скепсис, кот<орый> я прежде считал первым признаком интеллигентности, с меня слетел, и я (с удивлением) обнаружил, что отношусь ко всему — и сейчас тоже — не только не скептически, а напротив, очень доверчиво и даже наивно. Цинизм считаю безнравственностью. Теперь, подводя некоторый итог, я могу гордиться только одним: я никогда не сомневался в победе. Ни когда я лежал в полыни под перекрестным пулеметным обстрелом, ни выбираясь один ночами из окружения — никогда я не сомневался в окончательной победе (также как человек никогда не может поверить, что его всерьез могут убить). У меня большой грех (я его изживаю — практическая никчемность — с этим я уже почти справился). Добавлю ко всему этому, что у меня почти всегда веселое настроение и что я очень хорошо (без хвастовства) умею переносить физические лишения и трудности. Ну вот я и разразился очень длинным, очень бестолковым письмом — хоть поздно, а вступленье есть[3].

P. S. Твое географич<еское> чутье тебя не обмануло. <...> Жду писем. Твой брат Юрий

P. S. P. S. Перечел второй раз свою бестолковую «исповедь» — Боже, какая чушь. Ну да будет так.

[1] Неточная цитата из стих. А. С. Пушкина «Наполеон» (1821).

[2] Ю. М. здесь и далее с юным максимализмом чрезмерно преувеличивал свои недостатки; насколько известно из его военных рассказов, кражи голодных солдат его взвода заключались в несанкционированных «реквизициях» колхозной живности или в случайном воровстве из неохраняемого вагона, как думалось, ящика водки и ящика консервов (потом оказалось, что это — бутылки с горючей смесью и противотанковые гранаты без ручек). Ю. М. с гордостью подчеркивал, что его полк не участвовал в грабежах и мародерстве во время оккупации Германии).

[3] Цитата из пушкинского «Евгения Онегина» (заключительная строка гл. 7).

33

22.V.43.

Здравствуй, Лида!

Недавно получил твое письмо и не знаю, где ты сейчас — в Казани или в Куйбышеве. Пока пишу по старому адресу. Я живу по-старому, т<о> е<сть> здоров и чувствую себя хорошо. Сейчас я командир отделения. Мне часто вспоминается лето в Бимлюке[1], т<ак> к<ак> сейчас нам приходится действовать ~ в этом районе, а со временем, возможно, попадем и туда. Сейчас на фронте затишье, но чувствуется приближение решающих летних боев. В свободные минуты я пытаюсь заниматься языками, но сильно разленился, и получается это у меня слабо. Тебе очень советую (если имею на это право) ехать в Казань.

Твой Юрий

Мой адрес: Полевая почта 39413-Г, Лотману. <...>

[1] В поселке Бимлюке близ Анапы за несколько лет до войны отдыхало семейство Лотманов. Ю. М. в письмах, подлежащих военной цензуре, все же пытается косвенно сообщать родным местопребывание своей части.

34

20.VII.43 г.

Здравствуй, Лида!

Вот уже более месяца не имею от тебя писем, и это меня сильно беспокоит. Живу я сейчас очень спокойно, т<ак> к<ак> мы занимаем оборону, на таком мирном участке, что и стрелять приходится только по щитам. Мы загораем под южным солнцем, купаемся в море и скоро позабудем, что такое война. Читаю я мало. За последнее время я прочел Барбюса «Огонь», «Ясность» и «Письма с фронта». По-моему, многое там преувеличено. Конечно, трудно судить о плотности огня в позиционной войне, не пережив ее, но, напр<имер>, описание рева 75 мм орудий звучит странно — мы их называем мухобойками.

Сейчас я читаю «Чрево Парижа» Золя. Вот все обо мне. Писать письма я окончат<ельно> разучился. Жду писем от тебя, собираешься ли ты в Казань? <...>

Твой Юрий

35

15.VIII.43 г.

Здравствуй, Лида!!

Пишу это письмо тебе, как Татьяна Онегину, «при вдохновительной луне» и при гораздо менее вдохновительных комарах. Вредные сии насекомые составляют, на мой взгляд, характерную особенность климата кубанского. Прибавь к этому ветер, бумагу из рук моих вырывающий, и ты, наверное, поймешь, что почерк мой не может быть особенно четким, а изложение — плавным. Вот уже кончается III лето войны. Теперь уже можно с уверенностью сказать, что переломный момент наступил. До сих пор происходили только колич<ественные> изменения у фрицев. Теперь произошел качественный скачок. Помнишь, в ноябре прошлого года, во время ожесточенных боев за Орджоникидзе, я тебе писал, что немец атакует, но у меня (и у многих других) чувство, что хребет у него треснул и это его последние усилия.

Теперь хребет у него поломался. Конечно, на войне как на войне, и много может еще измениться, но дело, по-моему, несомненно идет под уклон, к финишу. Кончаю. Луна ушла в тучу, и стало темно как в самоварной трубе.<...>

Мой адрес: Полевая почта 39413-Г.

36

19.VIII. 43 г.

Здравствуй, Лида!

Не знаю, где ты сейчас находишься — в Кошках или в Казани, но пишу по старому адресу. <...> Настроение у меня сейчас замечательное, чувство напряженного ожидания, предшеств<ующее> летним боям, сменилось чувством глубокой радости. Это лето мы устояли! Перелом в войне был заметен еще ранее, но сейчас он уже несомненен. Другим радостным событием является движение народа в Италии — первая ласточка европейской революции. До сих пор только ставились вопросы — теперь они начинают разрешаться. Про себя мне писать нечего. У нас сейчас «ни мир, ни война» — охрана побережья. Far niente[1] — мой закон[2], жирею, сплю etc., etc.

Жду твоих писем.

[1] Ничегонеделание (*итал*).
[2] Цитата из «Евгения Онегина» (гл.1, строфа LV).

37

30.XII.43 г.

Здравствуй, Лида!

Пишу тебе это письмо в последнюю ночь 43 г. За этот год очень многое произошло. Только, прежде чем писать, хочу сделать маленькую оговорку. В предыдущем письме я тебе нагородил много чуши. Дело просто в том, что я сейчас сам не могу точно определить своего настроения, и оно меняется у меня семь раз на неделе. Пресловутый же пессимизм, про кот<орый> я тебе писал, не знаю сам, искренний ли он или надутый. Иногда мне кажется, что все это ерунда, иногда же я действительно думаю так, как писал в предыдущем письме. Сейчас я решил последить за собой и разобраться в своих мыслях (до сих пор я этого по лени не делал, и у меня в голове настоящая окрошка). Позже, когда немного уясню себе, что же все-таки у меня под черепом, напишу тебе подробно, а пока прошу все мои доморощенные потуги не принимать во внимание, словно я их и не писал (сама пойми, что если человек ни с кем в течение 3-х лет не говорил по душам, а потом, наконец, собрался, то он может такого наморозить, что небо с овчинку покажется).

Я только думаю, что у здорового и (пока что) молодого человека искреннего пессимизма быть не может, и, след<овательно>, если на меня иногда и находит, то это просто под влиянием посторонних причин (чаще всего скуки). Конечно, солдату полезнее всего находиться в гуще событий, там он больше заботится о делах насущных и меньше всего о рефлексии. Я уже тебе писал о небольшой библиотеке, попавшей в мои лапы (как жаль, что такие книги обречены на гибель — тут очень много книг, кот<орые> для тебя были бы настоящий клад). Единственное, что у меня не вызывает никаких сомнений — это правильность моего выбора специальности. Я не знаю, как сложатся обстоятельства в дальнейшем и смогу ли я продолжать свое образов<ание>, но если такая возможность представится, то единственной интер<есующей> меня областью будет истор<ия> литературы (межд<у> пр<очим>, древнерусск<ая> лит<ература> — это, по-моему, ужасно интересно). Но, конечно, обстоятельства — это очень неприятная вещь, именно своей неизбежностью. Еще два вопроса.

1. Какая разница между фр<анцузскими> словами:

un fleuve и une rivière?[1]

2. Можно ли человека в чем-либо убедить при помощи доказательств, и, след<овательно>, возможно ли воспитание и самовосп<итание>.

Дело в том, что у меня, хоть я себя и убеждаю в обрат<ном>, есть чувство, что человека ни в чем изменить невозможно и что человек не меняется вообще.

Ну и все, остаюсь твой Юрий

P. S. <...> Лида! Когда я тебе пишу письма, я горожу всякую чушь, что в голову придет, и потом никогда не перечит<ываю> их.

[1] река, впадающая в море... река, впадающая в другую реку (*фр.*).

38

15.I.44 г.

Здравствуй, Лида!

Твое новогоднее письмо с открыткой получил (правда, к новому году по ст<арому> стилю, — но это не беда). Ты, наверное, думаешь обо мне так: «Наверное, книги все перечел, и опять, идол, захандрил!» Напрасно. Я и не думаю хандрить, да еще, признаться, и некоторый книжный фонд есть (напр<имер>, статьи Добролюбова — II тома[1], письма Марата[2] и пр.). Чувствую я себя весьма бодро. Занимаюсь зубрежкой французского. На днях одолел монолог Трибулэ над трупом короля[3], хотя смаку во фр<анцузских> стихах Гюго не чувствую (не чувствую в них даже просто стиха). Несколько затрудняет отсутствие бумаги, но кое-как выкручиваюсь. Также зубрю и фр<анцузские> спряжения. Недавно вздумал заниматься записями фолькл<орных> песен. Записал штук шесть украинских (очень хороших) и «Ваньку Ключника». Однако запис<ывать> песню только на бумагу — это снимать с нее кожу, чтобы набить чучело и выдавать его за живое существо. Отрывать слова песен от их чудесных мотивов значит убивать их. А среди мотивов есть прямо замечательные.

Я все время думаю о законах историч<еского> процесса и все время обнаруж<иваю> свое полное невежество в вопросах истории. Старался несколько восполнить пробелы читкой курса политэкономии и кое-каких материалов по средней зап<адной> истории.

Но все это очень поверхностно и в общих чертах. Сожалею, что раньше этим серьезно не занимался.

В мои руки попадали книги и по физике, и по др. наукам, но только вопросы, затр<агивающие> историю или истор<ию> культ<уры> с какой-либо стороны, читаются мной с увлечением и безо всякой натяжки. Поэтому я думаю, что мой выбор профессии был верным и не изменится, коли будет возможность. <...>

Ты сама знаешь, какой я мастер писать письма. Вообще, хорошо писателю писать эпистолярный роман — с одной стороны листа письмо, с другой ответ. А если от старости все зубы выпадут, и Бог знает, сколько воды утечет, прежде чем письмо, уже потерявшее смысл, дойдет к адресату? Это может быть сюжетом для маленькой комедии[4] или [большой] лирич<еской> трагед<ии> (смотря как к этому подойти).

Ну я уже начинаю городить чушь.

Жму руку. Твой Юрий

[1] Наверное, 2-й том «Полного собрания сочинений» Н. А. Добролюбова (Л., 1935).

[2] *Марат Ж. П.* Письма. 1776—1793. М., 1923.

[3] Монолог из драмы В. Гюго «Король забавляется» (1832).

[4] Перефразирование реплики Тригорина из 1-го действия чеховской драмы «Чайка» (1896): «Сюжет для небольшого рассказа».

39

23.I.44 г.

Здравствуй, Лида!

Только что получил твое письмо от 6.I. Если б ты знала, сколько удовольствия мне доставляют твои письма! Вести с Ленинградского фронта поднимают мое настр<оение> на 100°. У меня точно гора с плеч свалилась, а то я уже привык жить с ощущением человека, к затылку которого приставлен заряженный пистолет[1]. В такое время даже несколько досадно находиться в тылу (а мы все учимся, учимся, хотя эту мудрость освоили еще в 1940 г.). Только что (сейчас ночь) я кончил «Обрыв» Гончарова («Обыкн<овенную> ист<орию>» я прочел еще раньше) и прихожу к убеждению, что Гончаров один из первостепеннейших русск<их> писателей, а по характеру близок к Флоберу. Меня сильно интересует русск<ая> история (и литер<атура>) начала XIX в. По-моему, эта эпоха замечательна тем, что в этот период начинает пробуждаться диалектическое мышление, кот<орое> бессознательно (зачастую) — вернее, неосознанно — проявл<ялось> во всех сферах жизни и в первую голову в искусстве. Именно тем и отлич<ается>, напр<имер>, «Онегин» от предыдущей лит<ературы>, что автор понимает жизнь как развитие. Не говоря уже о Баратынском, Лермонтове и Тютчеве, характерно, что с этой поры развивается музыка в России — это самое диалектич<еское> из всех искусств. (Может быть, все это глупо или пошло, но я потерял критерии и прошу ответить.) В отнош<ении> «Doppelgänger»'а[2] я сам знаю, что перевод очень плох[3]. Дело было так:

сидел я ночью и дежурил (как сейчас), и мне внезапно припомнилось это стих<отворение>. Оно меня так поразило, что я себе сразу же представил зрительно эту картину, а перевод вышел между прочим, с натяжками, и я только утром, прочтя его, увидал, как он слаб. Вообще я сейчас читаю, зубрю французский, вспоминаю латынь, даже собираю украинские (прелестные) песни: все затем, чтоб не хандрить. А корни хандры след<ующие>: вынужденное безделие — полное отсутств<ие> полезного (след<овательно>, интер<есного>) труда, сознание, что через 30 лет стукнет уже не 50, а 52 года, и пр<очие> общие места.

Таким образом, я пока играюсь в разные забавы — на фронте тем лучше, что нет времени ни для забав, ни для хандры — и этим успешно одолеваю сию «холерину». Т<ак> к<ак> бумага кончается, то кончаю и я. <...>

Твой Юрий

[1] 14 января 1944 г. началось наступление советских войск с целью прорыва ленинградской блокады, 27 января она была ликвидирована. Ю. М. очень волновался за судьбу ближних, остававшихся в осажденном городе.

[2] «Двойник» (*нем.*)

[3] Имеется в виду стихотворение Г. Гейне из цикла «Опять на родине» (1823—1824). Оно не имеет авторского заглавия, «Двойником» оно названо в некоторых русских переводах и, самое главное, в романсе Ф. Шуберта: этот романс, как сообщает Л. М., пели в семье Лотманов, и Ю. М. знал немецкий текст наизусть. Письмо с переводом Ю. М. не сохранилось.

40

8.II.44 г.

Здравствуй, Лида!

Твое письмо с видом Казанского кремля я получил и очень тебе за него благодарен. Если бы ты знала, что для меня значат твои письма, то ты бы меня (это, конечно, не упрек — я знаю, как ты занята) чаще ими баловала. Ученик Рембрандта, написавший картинку «Христос перед Каиафой», — она и сейчас у меня перед глазами — звался Хонтхорст[1]. Я недавно прочел книгу Освальда Шпенглера «Закат Европы». Если отбросить «идеалистич<ескую> шелуху» и ницшеановские прусские идеи, то там есть кое-что интересное. Можно сделать вывод, что та стадия, которой достигло человеческое мышление в своем развитии бессознательно для людей, проникает во все сферы жизни, и что если между, напр<имер>, Эйнштейном и Эвклидом связь только генетическая, то, скажем, между тем же Эйнштейном, Роденом и Блоком гораздо более глубокая, хотя и подсознательная связь. Однако у Шпенглера это все так вывернуто наизнанку, что честной материалистич<еской> душе даже читать странно. Кроме того, он возмутителен своим вольным обращением с фактами. Хотя он и прикрывает это блестящим изложением, но все же создается впечатление, что он сознательно обманывает читателя, заговаривая ему зубы всяческими парадоксами.

Французские занятия мои продолжаются. Я прочел «Le roi s'amuse»[2] и выучил наизусть два трескучих и напыщенных монолога Трибулэ. Вообще мне Гюго (особенно драмы) очень не нравится. То ли дело «Обрыв» Гончарова — вот эту книгу можно действительно прочесть с большим удовольствием. У Гончарова какая-то особенная честность в изложении. Недавно также прочел два романа Келлермана «Туннель» и «Город Анатоль». «Туннель» — дрянь, а «Город Анатоль» очень приличная книга. Ты советуешь мне прочесть Макаренко, но я читаю вообще все, что попадает мне под руки, только попадает-то маловато. Ну, я, кажется, заболтался. <...>

Твой Юрий

[1] Картина находится в Эрмитаже. Ю. М. с детства хорошо знал этот музей.
[2] «Король забавляется» (*фр.*).

41

1.III.44 г.

Здравствуй, Лида!

Итак, моя хандра окончилась у ворот Гиреева ханства[1]. Чувствую я себя отлично, настр<оение> бодрое, только от тебя что-то писем давно нет. Во время последнего переезда со мной произошел забавный случай, кот<орый> я тебе от нечего делать — сейчас ночное дежурство — хочу описать. Степные хуторки не могли вместить двигающихся войск, и поэтому найти хатку, не забитую «доверху» солдатами, чтобы переночевать, было очень трудно. Мы шатались по селу и после долгих напрасных поисков обнаружили дом с надписью «не входить — тиф!» Наведя справки, у соседей, мы узнали, что в доме этом никто не болен, а просто хозяйка его, жена бежавшего с немцами полицейского, не хочет пускать бойцов к себе. После короткого совещания мы взяли носилки, я лег на них, притворившись больным, а трое других понесли их. Стучимся в дверь. — Нельзя! Здесь тиф! — Нам его и нужно. Здесь будет инфекционный изолятор. Вот вам тифозный, а сейчас притащим еще человек 5. Хозяйка так и охнула: ой, божечки, да что ж это и т. д. В результате всего хозяйка, испугавшись мнимо-тифозных, убежала ночевать к соседке, а мы преспокойно, всем взводом, проспали в ее хате.

Но я, кажется, заболтался.

Дорогая Лида! Надеюсь, что скоро смогу писать тебе на ленинградский адрес. Все. Жму руку.

Твой Юрий

[1] Опять иносказание: Ю. М. намекает, что находится вблизи Крыма. Имя хана Гирея, конечно, ассоциировалось с поэмой Пушкина «Бахчисарайский фонтан» (1823).

42

15.III.44 г.

Здравствуй, Лида!

В виде вступления сообщу тебе, что уже больше месяца не получаю писем ни от кого, но, т<ак> к<ак> знаю, что это из-за почты (вернее, по вине обстоятельств, от почты тоже не зависящих), то не особенно беспокоюсь. Я живу, как и прежде, вернее как обычно. Мне в руки попала сильно истрепанная книжка статей Тургенева, ранее мной не читанная.

Статьи ничего, но ужасно отдают Карамзиновщиной (от Карамзинова[1] Достоевского).

Сегодня ночью со мной произошла интересная история: я проснулся и долго не мог сообразить, где же я нахожусь (мне сначала показалось, что дома на кровати), и только через некоторое время я все вспомнил и сообразил, что я в землянке. Занятия мои в основном старые: помаленьку читаю, зубрю французский. Сегодня, воспользовавшись теплым днем, мы устроили баню — обрадовавшись, я намылил голову и — все мыло там и осталось — воду брали прямо из Сиваша, и она, как оказалось, не мылится. Ну, я заболтался.

Жму руку. Юрий

[1] На самом деле персонажа из романа Ф. М. Достоевского «Бесы» (1871) звали Кармазинов. В этом образе романист сатирически утрированно представил некоторые реальные недостатки Тургенева как человека и писателя (эгоистичность, желание рисоваться и т. п.).

43

30.III.44 г.

Здравствуй, Лида!

Только что получил твое письмо от 16.II.44 г. Прежде всего, твое стих<отворение> мне очень понравилось. Очень прошу прислать второе. У меня опять некоторые локальные перемены. Сейчас я тебе не могу сообщить подробно, но позднее напишу. Прошу только не беспокоиться, если некоторое время писем не будет.

В отношении трудов Гука над Пушкиным, то там, по-моему, очень многое само прет в глаза[1]. Даже простое выражение:

Шоссе Россию здесь и тут,
Соединив, пересекут[2], —

было, на мой взгляд, для человека XVIII <в.> невозможно и бессмысленно. Кстати о Пушкине. Я недавно прочел у Тургенева, что Баратынский, разбирая бумаги покойного Пушкина, воскликнул, что его более всего поражает богатство мыслей: «Пушкин — мыслитель, кто бы мог подумать»[3]. Это сильно повредило Баратынскому в моих глазах (ужасная для него потеря). Современники видели в Пушкине только Моцарта (по выражению Тургенева, сладкопоющего соловья[4]). Только Леве-Веймар в статье, по-моему, очень умной, посвященной смерти Пушкина[5], назвал его ученым (вернее историком) не менее глубоким, чем поэт. Статью эту, помещенную в «Journal des Dèbats», я нашел в приложении к книге Щеголева[6] вместе с рядом других весьма интересных материалов.

Ну, все. Крепко жму руку. Твой Юрий

[1] Вероятно, речь идет об устных высказываниях Г. А. Гуковского, т<ак> к<ак> первый его труд о Пушкине («Пушкин и русские романтики») выйдет лишь в 1946 г.

[2] Цитата из «Евгения Онегина» (гл. 7, строфа XXXIII).

[3] Тургенев неточно изложил в своей речи при открытии памятника Пушкину в Москве (1880) фразу из письма Баратынского к жене (февраль 1840 г.); поэт писал: «Все последние пьесы его отличаются, чем бы ты думала? Силою и глубиною!»

[4] В той же речи. Но у Тургенева: «сладкопевца, соловья».

[5] L<oeve>-V<eimars>. Pouchkine // «Journal des Dèbats», 2 mars 1837.

[6] *Щеголев П.* Е. Дуэль и смерть Пушкина. Исследования и материалы. Пг., 1916. С. 249—255.

44

9.XII.50.

Здравствуй, Лидка со зайцами![1]

Почто не пишешь? Забыла старого брата, тартуского затворника? У меня нового ничего нет. Вкалываю ужасно много и более ничего не успеваю. Как твои дела? Какие новые флюиды? Что в ин<ститу>те? Кто одерживает верх? Кстати, поспел ли мой тигр к юбилею Томаша и каков был эффект (я нахожу, что он внешностью весьма походил на юбиляра — песочно-веснушчатого цвета)[2]? Как здоровье Анны Исаевны — передай ей, бабушке и Ларисе мои приветы и наилучшие пожелания — и Николая Ивановича — передай и ему мой поклон[3].

Собирается ли выйти в свет «Радищевский сборник»?[4] Передай (à propos de[5] Издательство Лен. ун-та) привет Юре Левину и Минне, как их дела[6]. Я как-нибудь (ужо разгружусь немножко) чиркану им письмецо.

Лида, прошу и это надо сделать сразу — к ближайшей субботе понадобится — напиши мне основную библиографию к теме: «Положит<ельный> герой в творчестве Островского» (разумеется, твой Островский) — мне это надо для моего семинара в университете (для одной студентки). Здесь разумеются: 1) Катерина. 2) Образы артистов.

3) Разные прочие (вроде в «Горячем сердце», «Доходном месте» и др.). Что, кроме Добролюбова, можно посоветовать (и вообще основную литературу по Островскому)? Сделай это скорее.

Как дела зайца? Что нового у него? Ну, вопросов еще масса, а времени больше нет. Привет всем.

P. S. Что у нас дома — они мне редко стали писать, как здоровье мамы и Ляли? Кстати, что можно подарить Ляле (уже близко) хорошего? Туфли? — как №? или материала на костюм, но я в них не разбираюсь, тут есть какой-то за 109 рубл., но хороший он или дрянь — не пойму.

Напиши свои соображения.

Юрий

P. S. P. S. Пришли Миннин адрес.

[1] «Зайцами» Ю. М. называл семью Л. М. Ниже речь, видимо, идет о делах Э. Э. Найдича.

[2] Речь идет о 60-летии Б. В. Томашевского. В Тарту жила художница-прикладница, изготовлявшая на продажу изумительно изящные фигурки зверей; Л. М., желая преподнести оригинальный подарок, попросила сделать тигра, и Ю. М. заказал, купил и переслал игрушку Л. М.; по ее сообщению, юбиляр и стеснялся подарка, и, видимо, очень был доволен, а его жена И. Н. Медведева сказала, что тигр очень похож на Бориса Викторовича.

[3] Анна Исаевна — Найдич, свекровь Л. М.; бабушка — Л. Б. Вайншток, мать свекрови; Лариса — Найдич, дочь Л. М.; Николай Иванович Мордовченко.

[4] Имеется в виду сб. «Радищев» в издательстве ЛГУ, вышедший в конце 1950 г. (подписан в печать 28 ноября). Там опубликована статья Ю. М. «Из истории литературно-общественной борьбы 80-х гг. XVIII века (А. Н. Радищев и А. М. Кутузов)».

[5] кстати о (*фр.*).

[6] Спрашивая о сб. «Радищев», Ю. М. вспомнил работавшего тогда в издательстве ЛГУ Ю. Д. Левина и его жену М. И. Дикман.

45

<Декабрь 1956 г.>[1]

Дорогая Лида!

Поздравляю с Новым годом тебя, Лорочку, Эрика, Анну Исаевну и бабушку. Большое спасибо за посылку и выписки. Я очень, очень тронут, спасибо Лорке за шоколад (дети — да и мы, грешные — ели его с огромным удовольствием). Я тебе не ответил сразу, ибо замотался в доску. Суди сама:

1) 15 янв<аря> надо сдавать Мерзлякова в «Биб<лиотеку> поэта» — гроб, ничего не готово, а отсрочек не дают.

2) Вероятно, в Тарту будут печатать мою книжку о Кайсарове (12 листов, вместо гонорара — шиш, но и на том спасибо). Пришлось срочно ее дорабатывать.

3) Надо было сдать в Уч<еные> зап<иски> статью о Карамзине — 3 листа — тоже срочно.

+ к этому — лекции, зачеты, жена, дети малые (аж целых двое). Как из всего выпутаюсь, ведает лишь милосердный Аллах!

Твои выписки меня прямо спасли. Без них бы погиб.

Ну, целую всех. Желаю наилучшего Нового года.

В начале января приеду, но когда — кто знает.

Привет тебе и Лорке от Зары и детей, Юрий

[1] Датируется по содержанию. В течение всего следующего года (книга сдана в набор 17 декабря 1957 г.) велась редакционная работа над подготовленным Ю. М. однотомником: *Мерзляков А. Ф.* Стихотворения (Бол. серия «Библиотеки поэта»). Л., 1958. Монография Ю. М. «А. С. Кайсаров и литературно-общественная борьба его времени» (Тарту, 1958) тоже готовилась в следующем году (сдана в набор 8 июля 1957 г.). То же можно сказать и о статье: *Лотман Ю.* Эволюция мировоззрения Карамзина (1789—1803) // Уч. зап. ТГУ, в 51, 1957.

46

<2 апреля 1964 г.>

Дорогая Лида!

У меня есть к тебе большущая просьба. Я получил письмо от Бориса Шпарберга о том, что Миша себя очень плохо ведет и очень терзает Лялю. Через некоторое время я получил письмо от Линны Бреннер о том, что в результате пребывания Миши в Ленинграде здоровье Ляли сильно ухудшилось[1]. Меня это <u>очень</u> огорчает, конечно, нужно нечто срочное предпринять. Но, с другой стороны, срывать Мишку второй раз за полгода и снова переводить в новую школу (в старую в Тарту — нельзя, т<ак> к<ак> одной из главных причин его посылки в Л<енингра>д были очень нехорошие отношения его со школой и учительницей; возвращение сейчас будет для него очень большим унижением) можно лишь в качестве крайней меры.

Поэтому я очень прошу тебя выяснить, каково объективное положение дел и в какой мере, действительно, ухудшение Лялиного самочувствия (а что с ней? меня это очень волнует!) связано с Мишей. Для этого:

1) <u>Очень прошу ни Ляле, ни Ине ни словом, ни намеком ничего не говорить</u> (это их лишь огорчит и может только усложнить вопрос).

2) Прошу тебя показать это письмо Юре Образцову — он ближе знает положение дел и на его объективность я полагаюсь. Обсудите это дело с ним и отпишите мне. Речь ведь идет лишь о пребывании до конца учебного года. Нельзя ли Ляле объяснить, что она не должна брать на себя никакой ответственности в связи с Мишей — он просто должен жить на

Невском — я очень хочу, чтобы он сам за свои дела отвечал. Пусть получает двойки — меня это нисколько не огорчит. Я очень беспокоюсь о здоровье Ляли, и если хоть 1/10 из того, что пишут Борис и Линна, верно — немедленно Мишу заберу.

Очень прошу это дело тебя и Юру провернуть с максимальной тактичностью.

У нас все в порядке — крутимся, Леша за весну уже второй раз болеет довольно тяжелым гриппом. Тетя Маня[2] была в психиатрической, сейчас снова дома — не так страшно, ничего.

Я такая свинья, что не поздравил Лорку с 17-летием, передай ей мои горячие Kuß und Gruß'ы[3].

Антошу[4] поцелуй, привет А<нне> И<саевне>.

Юрий
Тарту. 2.IV.64.

[1] Миша — Лотман, сын Ю. М.; Ляля — Виктория Лотман, сестра Ю. М. Хотя Миша и в Ленинграде не отличался благонравным поведением, но друзья В. М. Лотман сильно преувеличили ухудшение ее состояния.

[2] Тетя Маня — М. Е. Минц, тетка жены Ю. М., проживавшая тогда в Тарту в семье Лотманов. К концу жизни она страдала психическими расстройствами.

[3] поцелуй и привет (*нем.*).

[4] Антон — Лотман, сын Л. М.

47

<Май 1967 г.>[1]

Дорогая Лидуша!

Сердечно поздравляю тебя, Лорку и Леву. Опять мальчишка — просто жуть. Очень приятно, что он Михаил Львович. Бог даст — будет в прадеда. А мы — бабы-деды, с чем и поздравляю. Радуюсь за тебя, но и не без жути думаю о всех бытовых прелестях, которые снова на тебя свалятся. Но что сделаешь: видно, одно без другого не продается. Дай вам всем Бог всякого (как в справке в зап<исной> книжке Ильфа «того-сего»).

Мы загнаны и замотаны, «як собаци». Дурацкая статья в «Известиях», написанная восторженной дамой, может нам сильно повредить[2]. Ну да ну их всех туда-сюда.

Напиши, что́ Лорка и всяческие подробности. Теперь уж тебя в Тарту не скоро вытащишь...

Ты не сердись на мою неаккуратность в письмах — я так и не ответил тебе на новогоднюю посылку — а она была замечательная: всем именно то, что нужно, в самую центру.

Дети наши растут, но пока мы от этого особой радости не видим — значит, все еще в будущем (в «будующем», как я писывал некогда).

Целую тебя крепко. Зара спит, замотавшись в доску, но и во сне передает тебе горячие и нежные приветы. Известие о рождении произвело в кругах мальчишек и Натки[3] ажиотаж.

Постарайся быть здоровой — передай Лорке и Антоше поцелуи, а Леве — привет. Юрий

[1] Датируется по содержанию: внук Л. М. Михаил Палатник родился 30 апреля 1967 г. «Лорка и Лева» — его родители.

[2] Имеется в виду статья Э. Максимовой «Иди со мной» («Известия», 1967, 18 апреля), восторженный очерк личности и деятельности Ю. М. Он же опасался, что такая статья лишь усилит идеологические гонения партийно-советского начальства на самого Ю. М. и на его кафедру.

[3] Натка — Н. Ю. Образцова, племянница Ю. М., жившая тогда в Тарту.

48

<Начало ноября 1967 г.>[1]

Дорогая Лидуша!

Мы сердечно поздравляем и целуем тебя — будь здорова и счастлива, насколько можно в этом не очень приспособленном для данных целей мире. И да будут здоровы наши дети и внуки!!!

Мы отлично съездили в Чехословакию (см. альбом «Прага»): читали лекции в двух университетах Чехии и двух Словакии. Впечатлений очень много — и интересных. Не выберешься ли на три-четыре дня в Тарту? Пообщались бы...

Мне очень жаль, что не могу приехать на твой юбилей: из-за долгого отсутствия я сейчас не могу пропускать ни одного дня, а ехать всего на два дня в переполненных праздничных автобусах мне не по силам.

Мы работаем, как каторжные (Леша пошел в эстонско-английскую школу, и Зара каждый день с ним готовит уроки по-эстонски. Это занимает гораздо больше времени), но ничего не успеваем.

Очень хочется повидаться. Нежно тебя целую. Зара и дети шлют приветы.

Юрий

P. S. Целуй всех по нисходящей линии: Лору — Антошу — Мишу. Леве — приветы.

[1] Датируется по содержанию: в октябре 1967 г. Ю. М. и З. Г. Минц были в Чехословакии; 7 ноября 1967 г. Л. М. отмечала свой 50-летний юбилей; Леша Лотман пошел в школу осенью 1967 г.

49

<5 ноября 1968 г.>

Дорогая Лидуша!

Мы так и не знаем: приедешь ли ты? Кроме записки Амусину, я писал тебе осенью два больших письма, но ответа не получил.

У нас «смутно в возду́хе, ужасно в ухе»[1].

После Нового года я приеду в Л<енингра>д дня на три инкогнито специально контактовать на почве Фета: тогда обо всем поговорим[2]. Как твои Антоша, Лора, Миша, Лева?

Целую тебя крепко! Желаю тебе по случаю славного юбилея всех благ, здоровья и душевного покоя.

Зара и дети шлют тебе приветы.

Целую. Твой Юрий
5.XI.68.

[1] Ю. М. очень любил для характеристики «смутного времени» цитировать эти две строки из стих. В. К. Тредиаковского «Описание грозы, бывшия в Гаге» (1726 или 1727).

[2] Л. М. тогда, подготовив статью о Фете для академической «Истории русской поэзии» (т. 2, Л., 1969), начала уже работать над книгой, которую удастся напечатать лишь в США, в переводе на английский язык: Afanacy Fet. Boston: Twayne, 1976.

50

<Декабрь 1968 г.>[1]

Дорогая Лидуша!

Мы с Зарой (см. об<орот>) поздравляем тебя и всю твою семью с Новым (1969!) годом. Будь здорова и не ломай ребра[2] (правда ребро ломит — см. апокриф о Соломоне и Китоврасе).

Целую, Юрий

[1] Датируется по содержанию.

[2] Л. М., упав на льду, сломала ребро. Согласно легенде, Китоврас, ходивший всегда по прямой линии и потому разрушавший дома, попадавшиеся ему на пути, был тронут мольбой вдовы и, чтобы не сломать, изогнулся у угла дома, обошел его, но сломал об угол ребро. Ю. М. неточен: Китоврас заключил эпизод репликой «Мягкое слово ломает кость», о правде не было речи.

51

<Апрель(?) 1972 г.>[1]

Дорогая Лидуша!

Как ты живешь и что вообще делается? Мы живы... <u>Колоссальная просьба</u>: нельзя ли попросить Фридлендера написать отзыв на автореферат П. Рейфмана? Очень меня одолжит.

Целую тебя и твоих. Зара и дети шлют приветы.

[1] Датируется по содержанию: в апреле 1972 г. рассылался автореферат докторской диссертации П. С. Рейфмана «Отражение общественно-литературной борьбы на страницах русской периодики 1860-х годов». Г. М. Фридлендер уклонился от отзыва.

52

28.XII.72.

Дорогая Лида!

От души поздравляем тебя и всех твоих с Новым годом и желаем всем вам всяческих благ. Я уже дома и чувствую себя прилично, хотя и не до конца (некоторая квелость пока осталась). Зарка изощряется и всячески блюдет мою диету (до 31.XII я на бюллетене). Я был очень растроган твоим приездом — большое спасибо. Извини, что тогда я был, м<ожет> б<ыть>, сух и прервал тебя: у меня тогда очень быстро и как-то вдруг кончались от разговора силы, и я себя чувствовал как пустая шелуха[1]. Сроду такого не бывало. Обнимаем тебя и целуем.

Зара, Ю. Лотман

[1] Ю. М. тогда болел тяжелой формой желтухи. Л. М. и В. М. Лотман приезжали в Тарту навестить его в больнице.

53

<12 июля 1973 г.>

Дорогая Лидуша!

Как твои дела? Как Антон? Проявляются ли у него уже склонности? Какие? О наших делах тебе напишет Зара. Посылаю тебе оттиск (это временно — потом вышлю весь том). О Громове: он скотина — не просто полемизирует, а при каждом удобном (а иногда и совсем некстати) случае пишет про Зару и про тартуские издания не просто глупости, а доносы в прозе с гадкими намеками[1]. Я этого жанра «терпеть ненавижу». Пускай для следующего доноса хоть в библиотеке посидит. А что касается слезных просьб[2], то я старый воробей, меня на эту манеру не укупишь — при встрече говорить задушевным тоном и крутить пуговицу à la Яша Билинкис, а при случае черкануть нечто доносительное, с тем чтобы при следующей встрече с надрывом или задушевно (по характеру) говорить: «Разве, если бы я мог писать, как я хочу… Вы же знаете… и проч<ее>». Пошли они все. Я никогда не ввязываюсь в полемики, не отвечаю на доносы ученых коллег, но иметь с ними дела не хочу, а посылать книгу — это вступать в отношения. Есть столько прекрасных людей, с которыми не успеваешь словом перемолвиться, что тратить время (а выслать книгу у нас — это раз пять зайти в издательскую группу, расход времени и немалый) — просто грех. Ничего не имею против того, чтобы Громов и дальше жил в том стиле, который он сам себе избрал, и писал так, как ему хочется, чтобы потомки его читали, но никакого дела с ним иметь не хочу. Ну, да шут с ним. Поговорим о более приятных вещах, например, об Ахалцыке[3]... Передай Илье Захаровичу[4] (при случае), что его племянница очень милая и умненькая девочка, луч света на ихтиозавро-мастодонтском фоне наших младших курсов. Надеюсь осенью заехать в Питер — поговорим... Обнимаю тебя и целую. Лору и Антошу + Мишу — также.

12.VII.78. Юрий

[1] Ю. М. в раздражении преувеличивает нравственное «падение» П. П. Громова, однако основания для резких оценок были: Громов, видимо, считавший себя монополистом в исследовании Вл. Соловьева и не переносивший даже малейшей критики в свой адрес, очень грубо полемизировал с вполне корректными несогласиями с ним З. Г. Минц в одной из ее статей о раннем Блоке, добавив к этому и другие полемические пассажи в книге: *Громов П.* А. Блок, его предшественники и современники. М.—Л., 1966 (повторено во 2-м изд. книги: Л., 1986). З. Г. Минц весьма деликатно ответила оппоненту во вступительной статье к подготовленному ею изданию: *Соловьев Вл.* Стихотворения и шуточные пьесы (Л., 1974, с. 26—27).

[2] П. П. Громов, узнав о выходе в свет «Блоковского сборника. II» (Тарту, 1972), просил Л. М. достать через ее тартуских родственников этот том. Ю. М. резко отказал.

[3] Печальная шутка. Имеется в виду следующий эпизод из пушкинского «Путешествия в Арзрум» (1836): «...я встретил армянского попа, ехавшего в Ахалцык из Эривани. “Что нового в Эривани?” — спросил я его. — “В Эривани чума, — отвечал он; — а что слыхать об Ахалцыке?” — “В Ахалцыке чума”, — отвечал я ему. Обменявшись сими приятными известиями, мы расстались» (гл. 2).

[4] Илья Захарович — Серман.

54

<Январь 1974 г.[1]>

Дорогая Лида!

Поздравляем тебя, Лору, Антошу, Мишеньку и Леву с Новым годом, и да будете вы все в нем здравы и благополучны!!!

Большое спасибо за книгу[2] — прочел ее, ибо как раз под Новый год подхватил гнусный грипп, который в четыре дня вымотал меня как хорошая двухнедельная хвороба. Лежа читал. Твоя статья очень хороша. Пишу это совершенно искренне и в доказательство скажу, чего, на мой взгляд, ей не хватает. Но до этого — общее. Статья очень хорошая, по-моему, лучшая в сборнике. Похвала не очень большая, поскольку в сборнике много такого, что демонстрирует полное неумение сказать о самом тексте что-либо, кроме пересказа. <...>

О статье Смирнова не говорю — она интересна, но «слишком структурна» — в ней нет ничего неожиданного, хотя по уровню профессиональности она далеко выдается по сравнению с другими. По-настоящему мне понравились лишь две статьи — твоя (лучше всех) и Максимова.

Прочтя твою статью, видишь в тексте то, что в нем не видал до нее. А ведь это самое главное (видит Бог, что я сужу не с лавочки определенной методики, хотя странно читать у Сермана или Левина — людей, прошедших дай Бог какую школу, — такие рассуждения о стихе, будто Томашевский и Жирмунский еще не родились, а Тынянов им недоступен. Но все же — дело в другом — неталантливо, скучно, топтание на месте и размазывание того, что каждому, кто прочтет, очевидно). Твой анализ — живой и свежий, не сып<л>ет на текст пыль, а стирает ее с него.

Что́, мне кажется, надо было бы добавить, чтобы получилась монография об одном стихотворении на 5+: ты прекрасно «сняла» средний уровень текста — лексико-композиционный, а поскольку он доминирует — сказала все главное. Но все же есть еще что сказать на более низких уровнях — фонологическом и метрико-ритмическом, и хотелось бы, чтобы под анализ был подведен столь же точно сделанный уровень биологического, метрико-ритмического и грамматического разбора. Он дал бы кое-где подтверждения основного построения, а местами — интересные несовпадения.

Но есть и другой уровень — более высокий. Текст имеет не только свою мысль, но и свою мифологию. Ведь стоит назвать пару:

«голубь — ворон»,

как неизбежно возникает целый миф. В тексте все время разные голуби: условно-поэтический (сердце, как голубь) и реально-бытовой (сидели голуби нахохлившись рядком...), предельно реальный (как у импрессионистов или в мгновенной фотографии: ворон на бадье). Но стоило им оказаться вместе, как они еще сделались и персонажами мифа (в частности, мифа о потопе, где они символизируют надежду и отчаянье, ср. стихотворение Беранже, которое Фет, конечно, знал, хотя бы по переводу Курочкина[3], но важнее — самый текст мифа).

Не случайно эта пара повторяется в конце, но в новой и очень интересной комбинации: голубь-сердце представлен в последней строфе просто сердцем, а ворон — явная метафора — не уточнено, чего.

Эти попутные мысли пришли мне при чтении твоего анализа — этим же и отличается хороший анализ, что начинаешь думать вслед за автором, перебивая и дополняя его, а не бредешь в тоске в тучах пыли, поднятой фразами из школьного сочинения.

Вот на какое длинное рассуждение меня спровоцировала твоя статья. Не сердись за Левина и Сермана — я к ним очень хорошо относшусь, но меня сердит, когда люди, равняясь на уровень кое-кого, позволяют себе душевную лень. Ведь в семинаре у Гуковского Серман бы не доложил такой работы, а еще переделал бы ее пять раз. Ну, да ладно.

Приезжал ли Ревзин в Ленинград, и подошла ли к нему Лариса[4] (с ним было договорено, и он был готов с ней беседовать)? Как ее алеманская[5] просодия?

Мы живем, хотя и не без некоторой унылости, вызванной усталостью и вредным для здоровья климатом[6].

Все оды пишем, пишем.
А похвалы ни им и ни себе не слышим...[7]

Но, как говорил покойный Н. И. Конрад, приветствуя покойного Жирмунца[8], —

Hurra! Wir leben![9]

На сей мажорной ноте позволь закончить новогоднее поздравление.

Зара, Миша, Гриша, Алеша и Кэрри[10] от сердец и душ своих приветствуют тебя и всех твоих и желают в Новом году свершения желаний, а пуще всего — здоровья. Да будет по сему.

Целую тебя нежно. Будь бодра и не унывай.

Юрий

[1] Датируется по содержанию: книга, о которой идет речь (см. примеч. 2), вышла в декабре 1973 г.

[2] Книга — сб. ИРЛИ «Поэтический строй русской лирики» (Л., 1973). Ее редактор Г. М. Фридлендер решил дать монографические анализы отдельных стих. классиков русской поэзии, от Ломоносова до Н. Тихонова, и поручить 24 литературоведам проанализировать по одному стих. одного из 24 поэтов. Ю. М. упоминает ниже статьи Л. М. о стих. А. Фета «Не спрашивай, над чем задумываюсь я...», И. П. Смирнова — о стих. Б. Пастернака «Метель», Д. Е. Максимова — о стих. А. Блока «Двойник», И. З. Сермана — о стих. К. Батюшкова «Мои пенаты», Ю. Д. Левина — о стих. М. Михайлова «Пятеро».

[3] Имеется в виду стих. П. Ж. Беранже «Голубь и ворон потопа».

[4] Л. Э. Найдич писала тогда диссертацию о фонетике швейцарского диалекта немецкого языка; Ю. М. просил выдающегося лингвиста И. И. Ревзина проконсультировать племянницу.

[5] Шутка. Allemagne — Германия (*фр.*)

[6] Пушкинская крылатая фраза из «Евгения Онегина» «Но вреден север для меня» всегда обозначала суровые политические тучи в стране.

[7] Из стих. И. И. Дмитриева «Чужой толк» (1794).

[8] Речь идет о юбилейном чествовании В. М. Жирмунского.

[9] Ура! Мы живем! (*нем.*)

[10] Кэрри — собака в семье Лотманов.

55

<3 мая 1974 г.>

Дорогая Лидуша!

Спасибо за сборник[1] — я его еще не прочел полностью — лишь статьи твою, Сермана и Фомичева. <...> Статья И<льи> З<ахаровича> хорошая и интересная (передай ему открытку с моей благодарностью). Твоя мне очень понравилась — не повторяет того, что ты прежде писала, и открывает очень существенную проблему. Для меня она связалась с тем, над чем ты, вероятно, не думала, — поздним Пушкиным, Чаадаевым и той литературой, которая в 1830-е гг. ставила проблему «Россия и Европа». Думаю, что из твоей статьи, как ты и пишешь в конце ее, могут вырасти работы по самым коренным проблемам русской культуры XIX в. Думаю лишь, что сопоставления с Достоевским и другими явлениями иных жанров и принципиально иного типа конструирования художественного мира несколько смазывают то, что, являясь одним из центральных фактов литературы как таковой, мир Островского мог выразить себя только как сценический, а не какой-либо другой (например, романный или публицистический, — Добролюбов, например, в отличие от Григорьева, принципиально игнорировал эту особенность; отказываясь видеть на сцене что-либо кроме «реального» отражения жизни, он упускал, что в превращении жизни в пьесу уже целая концепция и концепция иная, чем в превращении жизни в роман, что не отменяет, что «романный» и «сценический» облики мира могут активно друг на друга влиять). Вообще интересно было бы разобраться: в какой мере и чем необходим театр для романа и роман для театра. Случайно ли, что традиционная пара «проза — поэзия» (которая при наличии стихотворной и декламационной драмы включает в себя театр как составную подгруппу) заменилась в середине XIX в. в России парой «роман — театр». Но ведь понятия «поэтический мир», «сценический мир» или, скажем, «кино - мир» имеют каждый свое отношение к трансформируемому ими миру реальности и совсем не автоматически заменяют друг друга. И то, что вопросы национального характера и антитезы Запад—Россия получили наиболее значительное выражение как театрально реализованные, — вероятно, не случайно.

То, что твоя статья вызывает так много мыслей, — связано с широтой поставленных в ней вопросов и большим числом «выходов». В этом и достоинство ее.

Что писать о себе — в общем все благополучно, а о «в частности» — писать не хочется.

Обнимаю тебя и детей.

Зара шлет сердечные приветы — у нее новостей нет (диссертационных).

Будь здорова и бодра, а мы стараемся быть и теми, и этими.

Юрий
3.V.74.

P. S. Передай открытки Серману и Фридлендеру. Малышеву скажи, что я рукопись подарю ПД, когда появится посвященная ей статья А. Ф. Белоусова (моего ученика, работающего над темой «Фольклор и старообрядческая литература»). Статья уже в типографии[2].

P. S. P. S. Я не смог купить последний «Пушкинский временник»[3]. Если можно — купи: он дешевый. Если нет — попроси у Вацуры или Мих. Пала для меня.

[1] Сб. «А. Н. Островский и литературно-театральное движение XIX—XX веков» (Л., 1974). Ниже упоминаются статьи Л. М. «Островский и литературное движение 1850—1860-х годов», И. З. Сермана «Островский и Николай Полевой (Истоки купеческой темы в драматургии Островского)» С. А. Фомичева «“Горе от ума” в наследии Островского».

[2] Речь идет о статье: *Белоусов А. Ф.* «Колыбельная» из Причудья // Уч. зап. ТГУ, в. 358, 1975 (Труды... XXIV). Старообрядческую рукопись, легшую в основу этой статьи, Ю. М. получил в г. Муствеэ; в дальнейшем она была передана в ИРЛИ.

[3] Имеется в виду «Временник Пушкинской комиссии. 1971» (Л., 1973). Следующий том выйдет лишь в конце 1974 г.

56

<Закарпатье. 18 июля 1974 г.>

Дорогая Лидуша!

Пишу тебе из Закарпатья, куда забросил нас бродячий жребий — Миша с женой, кот<орая> к осени ждет ребенка, в Таллине, Гришка на музейной практике в Москве, а мы (т<о> е<сть> я, Зара и Леша) на месяц уехали к нашему знакомому (и бывшему студенту) на месяц в гости в Малые Карпаты. Здесь очень хорошо, тихо (пограничная зона, никого чужих не пускают, поэтому почти безлюдно — ни приезжих, ни туристов). Жаль лишь, что погоды неровные — то жара, то грозы, переходящие в небольшие потопы. Зато очень красиво. Я уже немного пришел в себя, а то к концу года почувствовал себя на исходе (не только физически, но и интеллектуально; почувствовал какую-то прежде неизвестную мне тупость мысли: так себя должен почувствовать колодец, привыкший, что он по мере вычерпывания автоматически наполняется, и вдруг обнаруживший, что он пуст). С перепугу и решил месяц отдохнуть по-настоящему. До сих пор условия были идеальные, правда, в будущем будет, кажется, несколько похуже (нас уплотнили, и стало несколько беспокойнее), но все же очень хорошо.

Как проводишь лето ты? Я 9-10 авг<уста> буду в Л<енингра>де. Встретимся и поговорим. Удалось ли тебе что-либо сделать с Громовым? Я очень этого опасаюсь. Он ведь яростно настроен против З<ары>. Нельзя ли его уговорить, чтобы он отказался? Очень прошу попытаться нажать через Минну. Вообще, попробуй развернуться — дело сурьезное. То, что послали именно ему, видимо, не случайно. Уже второй раз посылают с полным пониманием дела самым гадам. Видимо, кто-то хочет получить определенный отзыв, чтобы развернуться. Посоветуйся еще с Борфедом и Тамарченками. Последние, кажется, его друзья, но и к нам всегда проявляли живые знаки расположения[1].

Что дети? Прости за неприятную комиссию. До встречи в Питере.

18.VII.74. Твой Ю. Лотман

[1] ВАК послал П. П. Громову на отзыв докторскую диссертацию З. Г. Минц, но он отказался рецензировать, вернул рукопись.

57

<Закарпатье. Июль 1974 г.>[1]

Дорогая Лидуша!

Спасибо за письмо и хлопоты. Мы живем ничего: все время льют дожди*, Зара вчера вывихнула палец, упав, поскользнувшись в грязи и луже, но сама его себе вправила (!). Приветы всем твоим. Перешли письмо Б. Ф. Егорову — я забыл дома его адрес.

Целую тебя, Зара шлет нежные приветы.

Ю. Л.

[1] Датируется по содержанию: письмо к Б. Ф. Егорову датировано 18 июля 1974 г., Л. М. с сопроводительной запиской переслала его.

58

<Первая половина сентября 1974 г.>[1]

Дорогая Лидуша!

Большая просьба — сию статью передай — срочно! — Юре Левину для сборника в честь Мих-Пала (я уже и так безбожно опоздал!). Но одна просьба: в последнюю минуту меня пронзила мысль — нет ли такого сопоставления, как в заметке № 1, в комментариях Эйхенбаума к полному собр<анию> соч<инений> Лермонтова (Academia). Этого издания нет в Тарту. Посмотри — если что-либо не <?> в этом роде имеется, то первую заметку сними. И еще — в Тарту нет нового издания Тургенева — если оно у тебя есть дома, то не откажи модернизировать сноску на стр. 33.

---

* Но все говорят, что в августе (!!!) погода будет отличной. К сожалению, в августе мы будем уже далеко. (*Примечание Ю. М. Лотмана.*)

Целую тебя и твоих.
В воскресенье 29/IX я буду в Питере.

Твой Юрий

[1] Датируется по указанию на статью для сб. в честь М. П. Алексеева («Михаила»); единственная статья Ю. М. в сборниках в честь М. П. Алексеева, где есть цитата из Тургенева, — «К вопросу об источниковедческом значении высказываний иностранцев о России», опубликованная в сб. «Сравнительное изучение литератур. Сборник статей к 80-летию академика М. П. Алексеева» (Л., 1976). Воскресенье 29 сентября было в 1974 г., когда и началась подготовка сборника. Летом 1974 г. Ю. М. был в Закарпатье и Москве, т. е. не мог работать над статьей. «Заметка № 1», видимо, была снята: статья Ю. М. единая, без нумерации разделов.

59

<Март 1975 г.>[1]

Дорогие Лида и Лора!

Поздравляем вас с 8-м марта. Будьте здоровы и благополучны. Лорка! Большое (огромное) спасибо за гигантский труд по просмотру мутоновского кино-дерьмо-перевода. Я твой должник по гроб.

Пишите о себе, хоть изредка.

Обнимаю и целую. Юрий

P. S. На картинке Лора, Антоша и Миша![2]

[1] По сообщению Л. М., Л. Э. Найдич редактировала перевод на английский язык книги Ю. М. «Семиотика кино и проблемы киноэстетики» (Таллин, 1973), содержавший массу ошибок и неточностей. Ю. М. ошибается: книга вышла год спустя в издательстве не Мутон, а К. Проффера в американском штате Мичиган: «Semiotics of Cinéma» (Ann Arbor, 1976).

[2] На поздравительной открытке — три детских профиля.

60

<Август — начало сентября 1975 г.>[1]

Дорогая Лидуша!

Еще раз поздравляю Антона — мы так и не надумали пока никакого подарка, но не нужно думать, что решили зажать, — просто сейчас в Тарту хоть шаром покати.

Сегодня кончил книгу для «Просвещения» (Коммент<арий> к «Онегину») — 20 п. л. Вацуре спасибо огромное — книга мне очень нужна[2].

Фридлендер пусть пишет, но надо найти что-то еще[3]. Это может иметь решающее значение.

Целую тебя. Приветы и поцелуи детям.

Юрий

[1] Датируется по содержанию: Антон Лотман поступил в медицинский институт.

[2] Неясно, о чем идет речь: «Временник Пушкинской комиссии. 1972» (Л., 1974) или, может быть, книга В. Э. Вацуры (в соавторстве с М. И. Гиллельсоном) «Новонайденный автограф Пушкина» (М.—Л., 1968)?

[3] Имеются в виду отзывы о диссертации З. Г. Минц.

61

<Октябрь—ноябрь 1975 г.>[1]

Дорогая Лидуша!

Я послал через Иру Паперно тебе новый том — там одна статья о Хлестакове — посмотри. Интересно твое мнение.

Как Антон? Он меня очень интересует, и я хотел бы иметь возможность с ним потолковать «за жизнь». Лорочку и Мишу целую.

Твой Юрий

Зара шлет приветы. Мы все здоровы,

[1] Датируется по содержанию: упомянуты Уч. зап. ТГУ, в. 369, 1975 (Труды... XXVI), которые вышли в октябре или ноябре 1975 г. (том подписан к печати 25 сентября). Здесь две статьи Ю. М.: «О Хлестакове» и совместно с И. А. Паперно, «Вяземский — переводчик “Негодования”».

62

<Январь 1976 г.>[1]

Дорогая Лидуша!

Поздравляю тебя, Лору, Антошу, Мишу и Леву с Новым годом. Зара и я шлем вам самые сердечные пожелания здоровья и всяких благ.

Сообщаю адрес изд<ательства>[2] TWAYNE: Twayne Publishers. A Division of G. K. Hall & Co. 70 Lincoln Street, Boston, Massachusetts 02111.

Прилагаю проспект, где я не нашел твоей книги, — думаю, что ты имеешь полное право запросить у них формальное объяснение. У Миши родилась дочь ≈ 4 кг весом. Мы ее еще не видали. Звать Сашей (Александрой). Я на Новый год заболел тяжелейшим гриппом, из которого только вылезаю. Помнишь, два года назад, когда мы были у Плоткина, он отказался влиять на рецензента Зары, но обещал активно вступить, когда работа будет отрецензирована и возвращена в ВАК (через своего друга Храпченко). Нельзя ли сейчас ему об этом напомнить? Рецензент написал уже отзыв (в основном положит<ельный>, но с «замечания ми»[3], рецензент — Машбиц-Веров). Сейчас было бы хорошо, если бы кто-либо смог ускорить дело. Провентилируй.

Целую тебя. Зара уехала в Таллин. Будь здорова.

Юрий

[1] Датируется по содержанию: внучка Ю. М. Александра родилась в декабре 1975 г., в то же время Ю. М. говорит о Новом годе как о прошедшем (заболел гриппом «на Новый год»).

[2] В этом издательстве в 1976 г. выйдет на английском языке книга Л. М. «Афанасий Фет».

[3] Рецензия была не очень «положительной»: мастодонт марксизма, которого не сломили даже сталинские репрессии, И. М. Машбиц-Веров написал громадный отзыв (35 стр. машинописи), в котором утверждал, что в диссертации З. Г. Минц много нового фактического материала, но осмысление его неудовлетворительное; это беда всего послевоенного поколения литературоведов, которые не владеют марксистской методологией, и т. д. См. еще п. 63 и письма Ю. М. к Б. Ф. Егорову 1975—1976 гг.

63

<Июнь 1976 г.>[1]

Дорогая Лида!

Сожалею, что тебе попался дефектный экземпляр записок, и сегодня же высылаю тебе новый. О ваших делах — домашних и пушкинодомских — я имею некоторое общее представление от различных путешественников, иногда нас посещающих. Мы тоже живем ничего. Вот только Зара угодила в больницу с воспалением желчного пузыря — при ее кротости это даже удивительно. Был приступ с острыми болями, боялись даже, что придется оперировать, но, кажется, все обошлось: сейчас она отсыпается от домашних идиллий в больнице и даже пишет чего-то научного. Кстати об ее делах: ее вызывали в ВАК, поскольку предшествующий рецензент — старый дурак, державший работу 3 года, написал отзыв на 35 стр., из которых нельзя понять, «за» он или «против»[2]. Она ответила так, что Филин жал ей ручку и поздравлял с блестящим выступлением, после чего отправили на новую рецензию — Кирпотину. Как бы ему намекнуть, чтобы он не держал еще три года? Кто бы мог это сделать? Вообще же атмосфера в ВАКе была неожиданно благожелательная.

Я за эти месяцы (с Нового года) отмахал книгу в 25 листов — комментарий к «Евгению Онегину» для «Просвещения»[3]. Теперь ее подготовляю к сдаче. Вообще мы живем благополучно. У Миши было распределение: его направили в школу в Таллин. Была заявка из Института информации в Таллине же, но его не отпустили, хотя обещали разрешить совместительство. Жить ему в Таллине негде, но, надеюсь, все устроится. Гриша готовится в институт. Рисует он ничего и по специальности, м<ожет> б<ыть>, и пройдет, но другие предметы внушают такое же опасение, как и здоровье папы. Внучки составляют отраду моей неожиданно наступившей старости.

Как твои дела и дети? Мне очень симпатичен и интересен Антоша, и я очень жалею, что мы с ним мало встречаемся. Хоть бы он выкроил недельку пообщаться, пока я жив — потом могут возникнуть некоторые трудности чисто технического плана. Как Лорка и Миша?

«Хаим! ты на меня сердишься?»[4] — что-то твоя последняя открытка была суховата. Не сердись, душа моя. Сердцевидец, зрящий во внутренняя сердца моего, видит, сколь я кроток и незлоблив и какие длинные и частые в душе своей веду с тобой беседы — а вот писать не умею.

Обнимаю тебя и целую. Будь здорова et me ama[5].

Юрий

[1] Датируется по содержанию: М. Ю. Лотман окончил ТГУ в 1976 г.
[2] Это И. М. Машбиц-Веров; см. п. 62.
[3] Ю. М. трудился над книгой еще в 1975 г.: см. п. 60.
[4] Шутка; цитата из еврейского анекдота.
[5] и люби меня (*лат.*).

64

<Июнь 1976 г.>[1]

Дорогая Лидуша!

Спасибо за письмо и за сведения о рукописи «Писем русск<ого> путеш<ественника>» с пометами Вяземского[2].

Я в суматохе — все же мне уж трудно в один день приехать и уехать, быв две ночи в дороге, — забыл расспросить тебя о Лорке. Как ее дела? Это меня живо интересует. М<ожет> б<ыть>, она сама мне напишет?

У нас конец года и связанная с ним ужасная неразбериха и гонка. Устал я, как пес. Мишка кончил ун<иверсите>т, Григорий готовится к вступит<ельным> экз<аменам>. Такова наша жизнь.

Очень прошу тебя передать прилагаемые при сем книги Амусину, если тебе это не трудно.

Целую тебя и твоих.

Юрий

P. S. Зара постепенно приходит в себя. Шлет всем приветы.

[1] Датируется по содержанию: М. Ю. Лотман окончил ТГУ.
[2] Сведений об этой рукописи не удалось обнаружить: в изданной Ю. М. в академической серии «Литературные памятники» книге: *Карамзин Н. М.* Письма русского путешественника (Л., 1984), — отмечено, что рукописей книги не сохранилось.

65

<2 августа 1976 г.>

Дорогая Лидуша!

Большое спасибо за книги — я их получил. Это именно то, что мне очень нужно. Особенно мне интересна книга Л. Г. Кислягиной[1], поскольку я 1) Во-первых, вообще интересуюсь Карамзиным; 2) Готовлю для «Памятников» «Письма русского путешественника»; 3) Журнал «Вопросы истории СССР» предложил рецензию на эту книгу. Но вот беда — книга плоховата. Она не настолько плоха, чтобы писать разгромную статью, и настолько неинтересна, что ничего содержательного и позитивного также не скажешь. Думаю отказаться. Но все равно за книгу (как и за другие) — большое спасибо.

Меня очень встревожили известия о твоей болезни. Чего это ты, мать моя? Отпиши подробнее, а то я все — с чужих слов и в пересказах, и от этого еще тревожнее. Откуда это полиартрит и астма? В какой форме? — Отпиши подробнее.

Наши дела ты знаешь: Гришка не прошел по конкурсу, хотя, на мой взгляд, сейчас рисует изрядно. Но мест было всего три, и 9 чел<овек> на место. Кроме того, одно из трех мест было негласно резервировано для дочери одного известного художника. Итак... Но, к счастью, он не очень упал духом и собирается пытаться дальше.

Мы с Зарой устали, как собаки. Зара, вместо отдыха, укатила в Москву — ей по плану надо руководить архивной практикой студентов. Я же сижу и пытаюсь работать: мне надо к осени доработать комментарий к «Онегину» для «Просвещения» — интересно делать очень. Погода отвратительная.

Леша увлечен верховой ездой, получил 2-й разряд и добивается 1-го. Я смотрел — недурно берет сложные препятствия. Чтобы не болтаться, поступил работать на конную базу конюхом (60 руб. в месяц) — убирает навоз и счастлив. Таковы наши дела. Вообще же — живем, ничего...

Целую тебя и обнимаю, приветы всем твоим. Будь здорова!

2.VIII.76. Всегда твой Ю. Лотман

[1] *Кислягина Л. Г.* Формирование общественно-политических взглядов Н. М. Карамзина (1785—1803). М., 1976. Рец. Ю. М. на эту книгу: «История СССР», 1977, № 5.

66

<Конец 1976 — начало 1977 г.>

Дорогая Лида!

От души поздравляем тебя, Лору, Антошу, Мишу и Леву с Новым годом. И да будет ваша жизнь в 1977 г., как этот натюрморт: свежа, вкусна, питательна (обильна витаминами) и разнообразна. Будьте вы все здоровы и благополучны.

Спасибо за Лоркину статью — прочел с большим интересом, хотя материя и далекая от меня[1]. Молодец Лорка! В статье приятна точность и четкость мысли, выраженной ясно и современно. Видны и знания фактического материала.

Пиши мне. Кстати, спроси Пини, на какую статью ему нужна справка (пусть скажет точное название). Статью для «Временника», кот<орую> он просил от имени МП, я ему выслал[2].

Мы живем в суете и не очень весело. Хорошо лишь за работой.

Обнимаю тебя.

Зара и Леша шлют всем вам самые сердечные новогодние приветы.

Твой Юрий

P. S. Спасибо за данные о Ф. Орлове[3].

[1] Очевидно, статья Л. Э. Найдич «Фонологическая структура односложного слова в швейцарских диалектах немецкого языка», опубликованная в сб. «Лингвистическая карта Швейцарии» (Л., 1974).

[2] Скорее всего — статья Ю. М. «Три заметки к пушкинским текстам» («Временник Пушкинской комиссии. 1974». Л., 1977).

[3] Данные о Ф. Ф. Орлове нужны были Ю. М. для его доклада (см. п. 68) и статьи «Повесть о капитане Копейкине (реконструкция замысла и идейно-композиционная функция)» («Семиотика 11», Тарту, 1979).

67

<Декабрь 1977 г.>[1]

Дорогая Лида!

Что мы имеем на этой открытке? На этой открытке мы имеем меня и Машу с Сашей, которые приветствуют тебя, Антона, Лорку и Леву с Новым годом. Остальные члены моей семьи заняты тем же.

«Но под шумным дождем, но при ветре ночном», как говорил Жуковский[2], их не видно. От души желаем всем вам всего самого лучшего, Ты произвела на Сашу и Машу неизгладимое впечатление и теперь для них «tädi Lyda» (т<о> е<сть> «тетя Лида») — нарицательное имя для всех ленинградских родственников. Маша говорит, что ее посетили «две тети Лиды» (т<о> е<сть> ты и Ляля).

Слушай, я тут сделал ляп — выручай! Я написал Вацуре, что его статья во «Временнике» прекрасна, а публикация Мацкевича, видимо, липа[3]. Он, кажется, обиделся — даже не ответил. А между тем я хочу чтобы он рецензировал мою книгу — биографию Пушкина (10 п. л.) для «Просвещения». Да и вообще жаль, если он злится — человек хороший и умный, так чего же из-за ерунды ссориться. Помири нас, если он действительно надулся.

Ляле пишу отдельно. Обнимаю вас всех. Зара шлет самые теплые новогодние пожелания.

У вас там грипп — смотрите не болейте. Мы живы, хотя и устали, как собаки. Целую. Юрий

[1] Датируется по содержанию: Ю. М. поздравляет с Новым годом и упоминает как недавно вышедший «Временник...» (см. примеч. 3).

[2] Цитата из баллады В. А. Жуковского «Замок Смальгольм» (1822).

[3] Имеется в виду «Временник Пушкинской комиссии. 1974» (Л., 1977). Там статьи В. Э. Вацуры «“Великий меланхолик” в “Путешествии из Москвы в Петербург”» и Н. И. Мацкевича «Из неизданных воспоминаний о Пушкине его племянника...». По сообщению В. Э. Вацуры, он полностью согласился с доказательствами Ю. М. относительно подделки воспоминаний и позднее сообщил об этом Ю. М., т<о> е<сть> он нисколько не обиделся. Статью Мацкевича рекомендовал к печати М. П. Алексеев, поэтому «молодые» пушкинисты не протестовали против публикации.

68

<21 февраля 1979 г.>

Дорогая Лидуша!

Спасибо за твое доброе письмо. Твое мнение, конечно, пристрастно, но все равно приятнее, когда лишнего хвалят, чем когда в меру ругают[1]. Нельзя ли купить экз<емпляров> 10 (или хоть 5) этого «Временника»? Я просил Вацуро, но ответа не получил — спроси его. Очень хотелось бы (я не получил даже авторского экз<емпляра>, который мне прежде всегда высылали, — за что немилость?). Будут ли оттиски?

«Медный всадник» мне, конечно, нужен[2] (вообще давайте и веревочку!!!)[3]. Получила ли ты бандероль? Семиотику 10 могу прислать лишь одну, и то с трудом, а «Устную речь»[4] послал, и Лорке могу выслать еще один экз<емпляр>.

Для Зайцевой:

Доклад «От „Русского Пелама“ к „Повести о капитане Копейкине“ (пушкинские замыслы в творчестве Гоголя)». Прочтен на Пушкинской конференции 1978 г.[5]

Доклад же «Пушкин и какая-то там традиция», ей-Богу, не помню, читал ли я когда и где. Хоть режь!

Аннотацию первого доклада прилагаю.

Мы живем, как всегда. Леша съездил в лыжный поход на Урал — теперь учится. Я прожил два дня у Миши и Пирет, радуясь на девчонок — очень милы.

Обнимаю тебя, всему выводку приветы и поклоны. Зара кланяется.

Твой Ю. Лотман
21.II.79.

Аннотация:

В докладе рассматривается значение темы «разбойник-джентльмен» в творчестве Пушкина и развитие ее в замысле «Русского Пелама». Анализируются данные о судьбе реального прототипа этого образа Ф. Ф. Орлова. Высказывается предположение, что Пушкин, оставив этот замысел, поделился им с Гоголем и что сюжет «Русского Пелама» лег в основу «Мертвых душ». Образ «джентльмена-разбойника» при этом разделился на Чичикова и капитана Копейкина. Прослеживается дальнейшая судьба этого образа в творчестве Достоевского.

[1] Речь идет о статье Ю. М. «К проблеме работы с недостоверными источниками» («Временник Пушкинской комиссии. 1975». Л., 1979).

[2] Имеется в виду издание «Медного всадника» Пушкина в серии «Литературные памятники», подготовленное Н. В. Измайловым (Л., 1978).

[3] Намек на известную реплику Осипа: «...давай и веревочку! и веревочка в дороге пригодится...» («Ревизор» Гоголя, д. 4, явл. X).

[4] Уч. зап. ТГУ, в. 422, 1978 (заглавие тома: «Семантика номинации и семиотика устной речи. Лингвистическая семантика и семиотика. 1»). Там статья Ю. М.: «Устная речь в историко-культурной перспективе».

[5] См. примеч. 3 к п. 66.

69

<14 марта 1979 г.>

Дорогая Лидуша!

Сердечно поздравляю тебя и Антона с его Днем рождения[1]. Зара и парни, разумеется, также шлют поздравления. Мы живем ни шатко — ни валко. Недавно я был в Москве, воевал в «Науке» за сохранение в «Письмах русского путешественника» стилистически значимых элементов графики. Ну уж и «Наука» — как пелось в солдатской песне не слишком печатного свойства: «Вот вам, девушки, наука!..» Доложу тебе, что там пахнет чем угодно, но не наукой. Кстати, Гришунин <...> искренне полагает, что славянизмы — это орфографические ошибки, и с ученым видом, от лица «научной текстологии» заявляет, что «наша задача исправить орфографические ошибки Карамзина»; видимо, все остальные задачи он уже решил <...>. Он заявил: «Мы должны заботиться о том, чтобы наши школьники учились правильно писать, а не о незначительной кучке филологов»[2]. Представляешь: школьники будут учиться писать по «Памятникам», которые и продают только в магазинах «Березка» для иностранцев — попробуй купи их в Академкниге! Но мы продолжаем воительствовать.

Я работаю много и стараюсь не скисать: работа — опиум для народа. Сим наркотиком себя и поддерживаю.

Вообще по песне:

Очень, братцы, чижало,
Прямо скажем, не легко,
А между прочим ничаво[3]!

Мы здоровы настолько, насколько это возможно в нашем возрасте — лодочка течет, но не тонет, тут болит, там щемит, а в целом — тянем.

Поклоны и поцелуи всей твоей орде. На Невский пишу отдельно[4].

14.III.79. Целую. Юрий

Не думай, что у меня настроение кислое или дела неважны — в письмах всегда получается перекос в какую-либо сторону: вообще же я «молод и свеж».

Кстати, вчера, проводя практические занятия по началу XIX в., я получил прекрасный текстологический пример того, что означает смена заглавных букв на строчные, столь милая сердцу Гришунина. Читаем Баратынского:

Пред Промыслом оправданным ты ниц
Падешь с признательным смиреньем...[5]

В культурной «Библиотеке Поэта» «Промысел», разумеется, с маленькой буквы. Спрашиваю: «Что такое промысел?» — и получаю дружный ответ: «род ремесла» (примеры: «частные промыслы», «отхожие промыслы»). Перед ними и следует падать ниц. Так-то...

[1] Не ошибся ли Ю. М.? День рождения сына Л. М. Антона будет еще не так скоро — 9 апреля; а 13 марта — день рождения дочери Л. М. Ларисы.

[2] О длительной борьбе Ю. М. при издании Карамзина в серии «Литературные памятники» за сохранение авторской орфографии и пунктуации (главным его оппонентом выступал московский текстолог А. Л. Гришунин) см. письма Ю. М. к Б. Ф. Егорову 1979 г. В результате был найден компромисс.

[3] Ю. М. очень любил цитировать эту солдатскую песню.

[4] На Невском проспекте в Ленинграде жили другие две сестры Ю. М.

[5] Из стих. Е. А. Баратынского «Осень» (1837). Ю. М. пользовался изданием книг Баратынского в «Библиотеке поэта»: или — «Полное собрание стихотворений» (Большая серия, 2-е изд., 1957), или — «Стихотворения и поэмы» (Малая серия, 3-е изд., 1958).

70

<Весна 1979 г.>[1]

Дорогая Лидуша!

Спасибо за твое письмо. Я рад, что тебе понравились мордашки наших девочек. Сейчас они 5 дней — всем домом — гостят у нас. Нам это большая радость. Саша и Маша очень милы, нежны и самостоятельны. Очень смешная новая персона — Бекки. Она миниатюрная с ярко-синими глазами и носом пуговкой.

В остальном наша жизнь выглядит менее радужно — я устал как

<тут помещен рисунок двух собак>

(Читается: как собака в собачьей степени)

Зара не лучше, а даже хуже, замотана так, что смотреть на нее жалко. У Гришки все не ладится с работой — жуть.

Ну, а вообще как живем? Вообще живем хорошо, если отсчитывать не от того, как хотелось бы, а от того, как еще могло бы быть. Все же мы устали, но относительно здоровы, дети здоровы — и слава Богу!

Как твое стадо? Что ты будешь делать летом? Пиши. Очень хочу вырваться в Питер — привести в порядок родительскую могилу.

Прошу тебя прилагаемую статью передать Вацуре или Мих. Палу для «Временника».

Обнимаю тебя. Юрий

P. S. Я занялся Данте, занимаюсь итальянским языком. Очень интересно.

[1] Датируется по содержанию: в конце п. явно имеется в виду статья Ю. М. «К проблеме "Данте и Пушкин"»// Временник Пушкинской комиссии. 1977. Л., 1980. Сб. готовился в 1979 г.; вопрос Ю. М. о лете означает, что п. относится к весне 1979 г.

71

<Конец лета — осень 1979 г.>[1]

Дорогая Лидуша!

Вслед за Алешей посылаем вам наших девчонок. Прошу любить и жаловать. У нас все в порядке. Только мы собрались отдохнуть, как на нас рухнули корректуры моей книги «Комментарий к "Онегину"» для «Просвещения». Работы до черта — Зара совсем зашилась. Ляля мне пишет, что ты тоже какую-то корректуру держала все лето. Чего?

Сейчас я занят новым для меня, но очень же интересным делом: пишу учебник по русской литературе (от начала до Гоголя) для эстонской школы (если появится, то в эстонском переводе)[2]. Весьма забавно. В качестве побочного продукта занялся Лермонтовым — я его совсем плохо знаю. Собираюсь в этом году читать спецкурс странного типа: две параллельных монографии — «Карамзин» и «Лермонтов». Никаких прямых сопоставлений или антитез, но в целом должна возникнуть интересная картина типологического сравнения (тем, кто не чувствует Карамзина, параллель покажется натянутой, но у нее есть глубокие основания). А в качестве итога два рубежа: для Пушкина (до и после) и узел для дальнейшего движения к Толстому и Достоевскому.

О твоих детях мне подробно написала Ляля.

Целую тебя. Юрий

[1] Датируется по содержанию: корректура «Комментария...», который выйдет в свет в 1980 г., шла именно в 1979 г., а сообщение о конце лета и подготовке к учебному году ограничивает датировку концом лета — осенью.

[2] Vene kirjandus. Õpik IX kl. Tallinn, 1982.

72

<Москва. 12 октября 1979 г.>

Дорогая Лидуша!

Я сейчас в Москве — «повышаю свою квалификацию». Ко дню твоего рождения я хочу приехать в Ленинград и пробыть там дней десять, чтобы поработать (БорФед уговорил меня также прочесть несколько лекций в Герценовском на ФПК). В промежутке я еще хочу съездить на 2-3 дня на Украину — повидать своего старого друга по армии, который чахнет там в глуши.

Лето мы провели с внучками, которые очень милы и все разные. Маша и Саша до сих пор помнят, как ты с ними играла. Хорошо бы было тебя затянуть в Тарту.

Я — представь себе — занялся Лермонтовым! В этом году читаю два параллельных спецкурса: о Карамзине и о Лермонтове. Хочется, чтобы они внутренне (типологически*) сопоставились. Есть кое о чем по этому поводу с тобой поговорить.

Как чады и домочадцы? Целую тебя и всех твоих.

Будь здорова. Юрий
12.X.79.

73

17.XII.80.

Дорогая Лидуша!

Большое спасибо за открытку. Книги пусть будут у тебя, приеду — заберу. У меня тоже для тебя кое-что есть. Надеюсь после Нового года побывать в Питере. Тогда съездим вместе к Лоре (целуй ее!) посмот-

* Сейчас это слово употребляют безо всякого смысла для прикрытия теоретической беспомощности. (*Примечание Ю. М. Лотмана.*)

реть на дитя. Хорошо бы было затащить тебя в Тарту, ты бы и на нашу новенькую поглядела. Девочки в Таллине очень милы. Мне страшно жаль, что наши малыши растут «заочно». Ты не видишь наших — мы твоих. Этот возраст — лучший. Потом люди только теряют. Обнимаю тебя и целую. Будь здорова и бодра. Зара и дети шлют тебе приветы.

Юрий

74

<8 марта 1981 г.>

Милая Лидуша!

Поздравляю тебя и Лорку с 8-м марта, будьте здоровы. Спасибо за Пиндара[1] — я его получил. Разговор с тобой мне много раскрыл в Тютчеве — мне это очень нужно, т<ак> к<ак> я сейчас с большим напряжением (трудно, хотя и интересно) читаю спецкурс о Тютчеве. В след<ующий> раз поговорим еще.

Целую тебя.

Твой Юрий
8.III.81.

[1] *Пиндар, Вакхилид.* Оды. Фрагменты. М., 1980 (Серия «Литературные памятники»).

75

<20 июня 1981 г.>

Дорогая Лидуша!

Имею к тебе небольшую просьбу: нельзя ли вставить в мою заметку об Иисусе[1] в сноску 29 (к абзацу, начинающемуся со слов «Введение такого персонажа, как раб-христианин...») следующее: «Замена образа Христа рабом-рассказчиком глубоко не случайна: к началу 1830-х гг. Пушкин уже неоднократно использовал прием введения наивного повествователя. И в повести о восстании Черниговского полка, и в «Истории села Горюхина», и в «Капитанской дочке» этот прием одновременно позволял обойти цензурные трудности (а тема Христа была столь же запретной, с точки зрения духовной цензуры, сколь декабристская или пугачевская с позиций цензуры светской) и контрастнее выделить идейную сторону замысла. Однако введение рассказчика означало отказ от драматической формы и переход к повествовательной. Первым шагом в этом направлении, вероятно, было, как мне любезно заметил В. Э. Вацуро, обращение к образу Агасфера (отрывок «В еврейской хижине лампада...»).

Набросок стихотворного повествования о казни Христа (1826 г.) — первый шаг от драматического замысла к повести».

Будь добра — вставь этот отрывок. Это для меня важно.

Как ты (что с путевкой и, вообще, летом), как Антон и пр.?

Посылаю тебе для передачи Лидии Яковлевне <Гинзбург> фото ее с Романом Осиповичем <Якобсоном> и Борисом Андреевичем <Успенским>. Ей, вероятно, будет интересно. Вообще мне надо было бы с ней объясниться. Между нами пробежала некая, совершенно непонятная, кошка. <...> В общем все дело пустое, и мне жаль, что из-за него между нами возникла холодность. Впрочем, как ей угодно.

Обнимаю тебя и целую. Твой Юрий
20.VI.81.

[1] Имеется в виду статья Ю. М. «Опыт реконструкции пушкинского сюжета об Иисусе» («Временник Пушкинской комиссии. 1979». М., 1982). Предлагаемую Ю. М. добавку к примеч. 29 удалось вставить в корректуре.

76

<7 августа 1981 г.>

Дорогая Лидуша!

Сердечно поздравляю тебя с окончанием Антоном института (передай и ему мои и Зарины поздравления). Прости, что делаем это с таким опозданием: как всегда, всякие заторы, завалы, нездоровья + мое обычное отвращение к письмам. Но это все объясняет, а не извиняет. Антон молодец — теперь в семье еще один врач. Как говорил Белинский, завидую внукам и правнукам нашим[1]. Как ты и Ляля провели отпуск? Дали ли тебе все-таки путевку или, сволочи, заначили?

Наши дела — в обычном виде: Леша съездил в экспедицию в Среднюю Азию в пустыню. Вернулся, привезя мне тюбетейку, худой, как из плена, стриженный наголо, с огромным фонарем под глазом (защищал честь девушек из экспедиции от галантности местных парней), но очень довольный. У Сильви[2] ножка практически полностью выправилась, Гришка снова держал экзамены в Таллинский художественный ин<ститу>т, и на сей раз ему не хватило 1/2 балла. Так что жизнь бьет ключом. Мы с Зарой помаленьку прихварываем, но тянем. Лето уже кончается, а сказать, что отдохнули, так еще и не начинали (пользуясь стилем некоторых литераторов, как говорил корифей всех наук).

Я только то и успел, что сделал для Макогона комментарий к «Письмам русского путешественника» (3 п. л.)[3] и помаленьку готовлю материал к спецкурсу «Литературные кружки и салоны XVIII — нач. XIX вв.», кот<орый> хочу прочесть на будущий год. Подготовка состоит в том, что читаю литературу по французским салонам XVII — XVIII вв. — материал этот мне известен совсем плохо. Вообще же курс только приблизительно будет покрываться этим названием: хотелось бы прочесть об изменении понятия «литературная жизнь», с подробным освещением отношений «писатель—читатель», форм создания и реализации текста (импровизация, устное исполнение, формы публикации, роль игр, альбомов, борьба между углами треугольника: официальность — салонность — публичность и «все такое прочее»). Но что получится, неизвестно.

Таков «краткий отчет» о наших делах.

Что ты? Что делаешь, что пишешь, как себя чувствуешь? Удалось ли отдохнуть?

Как Лора, Антон и Миша?

Зара шлет тебе и твоим сердечные приветы.

Сейчас мы с Мишей, Пирет и девчонками в Эльве[4]. Погода и быт весьма посредственны, но девчонки прелестны и утешают нашу старость. Бекки по характеру и темпераменту — вылитая баба Саша[5]. Но вообще все очень милы. Леша с семьей и собакой уехал на 10 дней к родственникам по женской линии. Зара собирается в конце августа в Питер. Когда я выберусь — не знаю.

Ну, целую. Твой Юрий
7.VIII.81.

[1] Намек на известную фразу В. Г. Белинского из рец. «Месяцеслов на (високосный) 1840 год...»: «Завидуем внукам и правнукам нашим, которым суждено видеть Россию в 1940-м году...»

[2] Сильви — Сильвия, внучка Ю. М., старшая дочь Алексея Лотмана.

[3] Г. П. Макогоненко (в просторечии — Макогон) издал «Сочинения» Н. М. Карамзина в 2-х томах (Л., 1984). В 1-м томе помещены обширные комментарии Ю. М. к «Письмам русского путешественника».

[4] Эльва — дачный поселок близ Тарту.

[5] Бекки — Ребекка, внучка Ю. М., третья дочь Михаила Лотмана. Баба Саша — Александра Самойловна Лотман, мать Ю. М.

77

<29 марта 1982 г.>

Дорогая Лида!

Большое спасибо за письмо. Я и сам очень хочу приехать на Макогонов юбилей. Но вот беда: 7—8 апреля меня посылают в командировку в Воронеж. Отвертеться невозможно. Там торжественная сессия в честь нашего ун<иверсите>та (Воронежский ун<иверсите>т — наша дочерняя организация, он возник в 1918 г. из эвакуированной части Юрьевского ун<иверсите>та), и я включен с докладом. Делегация: ректор, я и еще один член без речей. Так что удрать невозможно. Не знаю, что и делать. Если удастся 10-го самолетом из Воронежа — прилечу, если нет — с огорчением пошлю телеграмму. Объясни это жене Макогона.

О нашей жизни тебе расскажет Зара. Пиши о себе и семействе. Действительно, грустно, что Макогону 70 лет, но таков неизъяснимый закон природы, как говорил Городничий[1].

Целую тебя. Твой Юрий
29.III.82.

[1] Имеется в виду реплика Городничего: «Да, таков уже неизъяснимый закон судеб...» («Ревизор» Гоголя, д. 1, явл. I).

78

<1 июня 1982 г.>

Дорогая Лидуша!

Как ты и твои? Мы все в порядке.

Прежде всего о деревне, где скучал Евгений[1]. Это, действительно, довольно милый уголок: час с минутами езды от Тарту (3—4 автобуса в день) и 15 мин. ходьбы. Домик прочный и в хорошем состоянии — три больших комнаты, светлых и теплых (зимних, печки, одна с лежанкой, можно сделать газ с баллонами, но пока не дошли руки), сад — яблони — огород. До деревни — 1,5 км полей, прямо за домом лес — заказник: лоси, кабаны, которые, как все говорят, будут копать нашу картошку, и лисы, главные претенденты на ближайших кур. Дом не нуждается в ремонте, но требует уборки основательной. По огороду и саду весной масса работы. Но — успокой Лялю — меня до нее абсолютно не допускают: Леша и Кая все делают сами (Гришка там еще даже ни разу не был). И делают с большим удовольствием и хорошими результатами. Мне очень хочется, чтобы вы все там пожили. В первую очередь надеюсь на Антона — вот бы он плюнул на все переживания и, как Онегин, удалился бы в сельское уединение (в 1,5 км Чудское озеро — купанье! и в огороде своя баня!!!) Думаю, что он хорошо бы отдохнул. Лариса, боюсь, со своей кибиткой кочевой, слишком тяжела на подъем — на нее надежд больших нет. Относительно тебя же есть такой план: в сентябре должна состояться защита сына Л. С. Сидякова по творчеству Лескова 1870-х гг.[2]. Тебя просят согласиться быть оппонентом. Сентябрь в Тарту — лучшее время — тут бы мы тебя и затащили. Соглашайся, ась?! Только отвечай быстро, оппонентов в июне надо утвердить. Вернулась бы через Таллин и посмотрела мишкиных девок — тоже приятно.

В остальном мы благополучны в среднем смысле этого слова: работы масса, устали, как собаки, но живы и иногда бываем веселы.

P. S. Только что получил приглашение на «Алексеевские чтения». Странно, что мне не предложили принять участие. Я бы приехал ради памяти Михаила.

Ну, да Бог с ними. Целую тебя и твоих.

Твой Юрий

Зара сейчас на экзамене — шлет приветы.
1.VI.82.

[1] Намек на начало гл. 2 «Евгения Онегина»: «Деревня, где скучал Евгений, // Была прелестный уголок». Ю. М. купил дачу у поселка Калласте.

[2] Защита кандидатской диссертации Ю. Л. Сидякова «Публицистика Н. С. Лескова 1870-х годов», из-за ее «религиозного» содержания, смогла окончательно состояться лишь на заре «перестройки» в стране, в 1987 г. И в первоначальном варианте 1982 г., и во «вторичном», 1987 г., Л. М. не была оппонентом (ими были С. А. Рейсер, И. В. Столярова и Г. В. Краснов).

79

Тарту, 4.VI. 82.

Дорогая Лидуша!

Зара тебе не ответила, т<ак> к<ак> пыталась достать для твоего Березкина книгу[1] — безуспешно. Вообще мы никак не можем влиять на ту сволочь, которая ведает рассылкой книг, — эта отвратительная баба распустила сплетни[2], которые лишили нас абсолютно возможности контролировать, кому она посылает. Пусть твой Березкин, ссылаясь на пушкинодомские чины, пишет проректору Вальтеру Хаамеру (всякая ссылка на меня лишь испортит дело!). Тебе для коллеги я выделю один из трех имеющихся у меня личных: Зара все уже раздала. Нужна ли твоей коллеге моя биография Пушкина — это могу даже с автографом.

Антона поздравляю с расстройством свадьбы, хоть ему, вероятно, и тяжело — пусть приезжает к нам (по формуле Твардовского «уехать за границу от любви, как бывший граф» — граф бывший и граница бывшая...). Целую тебя и твоих. Зара шлет приветы. Твой Юрий. Адрес: Тарту, Юликооли 18. Тарт<уский> гос<ударственный> ун<иверсите>т, проректору...

[1] Л. М. просила прислать, очевидно, или сб. «Единство и изменчивость историко-литературного процесса» (Уч. зап. ТГУ, в. 604, 1982), или «Семиотику 15» (1932). Вероятнее всего — первую книгу (там есть статья З. Г. Минц, а в «Семиотике 15» — нет).

[2] Труды кафедры русской литературы ТГУ приобрели тогда уже громадную популярность; выпускаемые малыми, меньше 1000 экз., тиражами, они стали предметом спекуляции, и, вероятно, сотрудники отдела распространения ТГУ вошли в сговор с какими-то книжными «жучками», ибо стали плохо выполняться заявки ученых; попытки сотрудников кафедры и самого Ю. М. контролировать рассылку книг привели к воровскому приему «держи вора!» — начали распространяться сплетни, что члены кафедры потому так интересуются, что спекулируют изданиями ТГУ...

80

<5 августа 1982 г.>

Дорогая Лида!

Вот и август начался, а мы все крутимся и еще не отдыхали. Я с большим удовольствием прочел твою статью о Тургеневе и Достоевском[1]. Генеалогия формулы о «гордом человеке» поразительна и бесспорна. Вообще отношения Достоевского и Тургенева становятся на почву, очень многое проясняющую. Мы часто, исходя из наших нынешних критериев, забываем о той поистине центральной роли, которую играл Тургенев в литературе XIX в. (вообще я его очень люблю и очень рад тому, что, в противовес нынешним стремлениям недооценивать его творчество, ты в ряде работ подчеркиваешь центральность его места). Весной, руководя одной дурой-дипломанткой (которая так ничего и не написала), я внимательно прочел твои комментарии в тургеневских томах[2] и получил огромное удовольствие. Искренне позавидовал классу работы, сейчас уже почти исчезнувшей культуры филологического труда.

Новый дом обживаем. Конечно, не «белая дача»[3], но внучкам будет вспоминаться, как она нам. Лешка упоенно трудится по сельскому хозяйству. Вопреки Чехову, — или по нему, — с удовольствием едим свой крыжовник[4], свою клубнику и овощи. Жаль — комарья миллионы. Главная радость — ни дачных хозяев, ни соседей — простор!

Очень хотелось бы залучить к нам Антона, хоть на пару дней. Вообще мне хотелось бы больше сдружить его с моими парнями — все же кузены («кузи»).

В 20-х числах августа мы приедем в Питер — мне надо заниматься в архиве Пушдома.

Пишу из Тарту, где дела. Зара на даче. Целую тебя.

5.VIII.82. Твой Юрий

[1] Статья Л. М. «Тургенев, Достоевский и литературная полемика 1845 г.» (сб. «И. С. Тургенев. Вопросы биографии и творчества». Л., 1982).

[2] Л. М. — автор комментариев к академическому «Полному собранию сочинений» И. С. Тургенева: в т. V, VII, X первого изд. (1963—1965) и, затем, 2-го.

[3] «Белая дача» — в Сестрорецке, ее снимали родители Ю. М. и Л. М.

[4] Намек на рассказ А. П. Чехова «Крыжовник».

81

28.VIII.83.

Дорогая Лидуша!

Спасибо тебе за твоих детей — они нам очень скрасили существование. А то мы остались в конце лета как забытый Фирс из «Вишневого сада». С ними очень приятно — они славные. Лора расскажет тебе о нашей жизни.

Лешка родственничек твоего Антоши: укатил сразу после экзаменов на надувных лодках по Карелии. Зара квохчет.

Присылаю тебе Машу и Сашу. Маша (не здесь, а вообще) бывает похожа на тебя.

Спасибо за книги.

Зара шлет приветы.

Целую. Юрий

82

<Берлин,> 10.X.83 г.

Дорогая Лидуша!

Приветы тебе «с чадами и домочадцами». Мы в Берлине уже неделю. Отсыпаемся и ходим по музеям (античный отдел очень хорош, есть прекрасная выставка искусства эпохи Дюрера и Кранаха к юбилею Лютера). Но главное — переводим дух от семейных радостей. Обнимаем и целуем тебя и твоих всех.

Зара, Юрий

83

<23 июля 1984 г.>

Дорогая Лида!

Только что прочел с удовольствием рецензию Лихачева[1], и вот мое мнение: очень рад, что она появилась, она мила и доброжелательна, но всей глубины твоей работы он не понял. Я недавно перечел подряд некоторые твои работы и еще раз убедился в их первоклассной значительности, глубине и богатстве. Это очень долговечные работы, и их значение еще будет раскрываться. Как говорила Цветаева, «как драгоценным винам — придет черед»[2]. То, что ты не отдала себя в рабство ни одному «методу», а относишься к ним, как мастер к инструментам, — берешь когда нужно и «сгодится» и всегда можешь <u>выбрать</u> нужный тебе метод, т<о> е<сть> то, что ты, по отношению к методу, свободна, придает работам гибкость и ненавязчивость, которую (навязчивость) я так болезненно чувствуй в некоторых своих работах. Прости, что пишу im hochromantischen Stile[3]. Но иногда нужно и так. Ведь и у Heine не всегда ирония.

Наше короткое бессмертие состоит в том, чтобы нас читали и через 25 лет (дольше в филологии — удел лишь единичных гениев) и помнили внуки. Думаю, что из моих работ приблизительно 1/3 этот срок проживет (а если удастся доделать то, что сейчас задумано, — работу по теории развития культуры, то право на четверть века будет упрочено).

Твоим работам, написанным в последние 20—15 лет, когда ты достигла, на мой взгляд, полной зрелости, этот срок обеспечен.

Очень интересно получается с внуками — для них деды реальность. Вот мои сыновья папу никогда не видали, но он для них реален, а для их девочек он уже будет мифологический предок. Так и с нами будет. У китайцев в семейных храмах висели таблички, отмечающие пять поколений. Когда появлялось шестое, то первое снимали, и на стенах храма все равно оставалось пять — объем памяти. У нас короче — три.

Грустно, но и интересно следить — уже нельзя читать Гуковского, кроме самых ранних работ, ушло многое из Томашевского, увядает Бахтин... Но, как говорил Пушкин, «не сетуйте — таков судеб закон!»[4].

Прости за «философическое» письмо. Будь здорова!

Целую тебя. Твой Юрий
28.VII.84.

[1] Впервые рец. Д. С. Лихачева опубликована: «Вопросы литературы», 1974, № 10. Но читал ее Ю. М. явно по новому изданию: *Лихачев Д. С.* Литература — реальность — литература. Л., 1984. Рец. называется «Литература как общественное поведение. О книге Л. М. Лотман “Реализм русской литературы 60-х годов XIX века” <Л., 1974>». В «Вопросах литературы» рец. называлась «Литература как общественное явление».

[2] Имеются в виду заключительные строки стих. М. И. Цветаевой «Моим стихам, написанным так рано...» (1913): «Моим стихам, как драгоценным винам, // Настанет свой черед».

[3] в высокоромантическом стиле (*нем.*).

[4] Неточная цитата из стих. А. С. Пушкина «Была пора: наш праздник молодой...» (1836). В подлиннике не «судеб», а «судьбы».

84

<Дебрецен,> 26.X.84.

Дорогая Лида!

Пишу тебе из Дебрецена с конференции по Тургеневу, где тебя несколько раз поминали с кафедры и много раз расспрашивали меня о твоем здоровье. Мы путешествуем по Венгрии и наслаждаемся хорошей погодой и благожелательной атмосферой, но как вспомнишь о куче ждущих нас дел — !

Целую тебя и твоих. Зара тоже. Твой Юрий

85

<Одесса. Конец сентября — начало октября 1985 г.>[1]

Дорогая Лидуша!

Пишу тебе, представь себе, из Одессы, куда меня пригласили читать лекции в ун<иверсите>те о Пушкине и по семиотике культуры.

Согласился я потому, что выдохся до ручки. Дело в том, что изд<ательство> «Книга» заказало мне книгу — биографию Карамзина (20 а. л.)[2] а сроки уже год как истекли, истекла и пролонгация. Они все терпели Но вдруг (прямо как у Достоевского) ушли старого директора на пенсию. Он был зануда, но знающий человек. А назначили, как положено молодого, энергичного, но, говорят, невежду и мерзавца. Редакторы взмолились, и я должен был за лето написать эти проклятые 20 листов. Как писал Саша Черный, «проклиная чернильницу и чернильницы мать»[3]

Чтобы как-то оправиться, решил «отличиться из дома». И вот я в Одессе и как-то сразу попал в тот пласт жизни, который жив по маминым рассказам. Помнишь «Фонтан слез» — об одесском оползне. — Снова оползни: университетская библиотека провалилась, а в нашей гостинице не работает ресторан, т<ак> к<ак> опустилось здание на 4 пальца. А Фонтан (он же «фонтон») — сейчас предмет разговоров всех одесситов: там хотят бульдозерами сносить сады. Еду в такси, называю адрес: ул. Фрунзе. Шофер: «А, так вам на Молдаванку...»

Все замыкается...

А главное мое занятие — сплю, наслаждаюсь тишиной в закрытом номере гостиницы.

Очень захотелось поговорить с тобой — ты меня поймешь. Вообщ<е же> я здесь до 10.X. Десятого утром вылетаю в Батум, где будет одна дурацкая конференция, на которой мне надо быть.

Хотел в октябре побывать в Ленинграде, но не знаю, как получится. А нельзя ли заманить тебя в Тарту? Тоже «отличиться из дома» и перевести дух? Было бы хорошо.

Целую тебя и всех твоих. Юрий

P. S. Петя Заборов выпустил маленькую книжку: «Письма Асси черкешенки конца XVII — нач<ала> XVIII в.»[4], кот<орую> купил французский посол в Константинополе, и из рабыни она в Париже стала одной из интереснейших дам и писательниц. Я ею давно интересуюсь и занимаюсь. Пущай Петя пришлет мне, не скупится. Я ему тоже коечто пришлю.

Еще раз целую.

[1] Датируется по содержанию: именно в это время Ю. М. был в Одессе.
[2] Книга Ю. М. «Сотворение Карамзина» (М., 1987).
[3] Из стих. Саши Черного «Переутомление» (1908).
[4] Ю. М. неточен. Книга, вышедшая в серии «Литературные памятники» называется: *Аиссе*. Письма к госпоже Каландрини (Л., 1985).

86

<Март—апрель 1986 г.>[1]

Дорогая Лида!

Лорке: 1) одна Семиотика (№ 19),
2) Две немецких книжки — это ей к прошедшему Дню рождения.

Тебе: Семиотика (№ 19).
Даме: 1) Семиотика,
2) Рижский пушкинский сб<орник>[2],
3) Тыняновский сб<орник> № 2[3],
4) Ты дашь Карамзина[4].

Целую. Юрий

[1] Датируется по указанию на прошедший день рождения Л. Э. Найдич (13 марта) и на вышедшую в свет «Семиотику 19» (Тарту, 1986). Остальные книги (кроме Карамзина) вышли в свет в начале 1986 г.

[2] Точное название сб.: «Пушкин и русская литература» (Рига, 1986). Там статья Ю. М. «Замысел стихотворения о последнем дне Помпеи».

[3] Имеется в виду «Тыняновский сб. Вторые тыняновские чтения» (Рига, 1986). Там статья Ю. М. «Архаисты-просветители».

[4] Это не книга Ю. М. «Сотворение Карамзина», которая выйдет в конце 1987 г. , а «Письма русского путешественника» Карамзина (М., 1984), подготовленная Ю. М. в соавторстве с Б. А. Успенским и Н. А. Марченко.

Дама, которой предназначались последние книги, — Анн-Мари Шлейфер, преподавательница из Цюриха.

87

<Мюнхен.> 23.II.89.

Дорогая Лидуша!

Hurra! Wir sind schon in München[1].

Я не расстался с надеждами собрать кое-какие материалы по 1790<-м> гг., кот<орые> могли бы кое-что добавить к биографии Карамзина. Мы с Зарой начали обживать библиотеки. Я до сих пор не могу оправиться от грустного тона твоего последнего телефонного разговора. Ужасно хочется чем-то ободрить тебя. Ведь я по призванию Вас<илий> Теркин!

Целую тебя и всех твоих.

Ю.

[1] Ура! Мы уже в Мюнхене (*нем.*).

88

<Мюнхен. 13 марта 1989 г.>

Дорогая Лидуша!

Мы уже в Мюнхене немного обжились. Фонд, премию кот<орого> (им. Гумбольдта) я получил, снял нам отдельную квартиру — правда, за наш счет и дорогую (квартиры очень дороги), но удобную, из 2-х комнат. Мюнхен город скучноватый (перестроен в нач<але> XIX в. королем Людовиком в скучном псевдо-класс<ическом> стиле, разрушен американскими самолетами в 1943—1945 гг. и вновь отстроен). Старины почти нет. Это хорошо для занятий. В Италии заниматься невозможно — ходишь по улицам, пока ноги не отвалятся — и все мало, а здесь сиди себе спокойно в библиотеке и работай. Правда, книги не все имеются из тех, что нужны. Я довольно бойко, хотя и, вероятно, весьма неправильно болтаю по-немецки. Главное же дело — Зарина операция, кот<орую> постепенно (с большими трудностями — финансового порядка) все же организуем[1]. Рентген показал, что операция абсолютно необходима. Ее здесь не считают тяжелой, даже учитывая Зарин диабет, но все же страшновато.

У студентов здесь каникулы длиннее, чем занятия. Поэтому еще не начинал лекций. Завтра мы с Зарой едем на 8 дней на лингвистич<еcкую> конферен<цию> в Париж. Оформляя во франц<узском> консульстве визу, я убедился, что наши бюрократы — просто дети по сравнению с французами.

Я часто думаю о тебе и о всех наших. С болью отзывается наш последний телефонный разговор. Друг мой, одиночество — неизбежная судьба всякого мыслящего существа — fastidium est quies[2], как говорил пушкинский Мефистофель[3]. Я по своей философии — стоик (или стараюсь им быть), стараюсь принимать жизнь как она есть, тем более, что ее осталось не так уж много. Мой стоицизм не распространяется лишь на жизнь и здоровье детей. Здесь я втайне трепещу, но стараюсь скрывать это и себя самого не распускать. Здесь сказывается военный опыт — не позволять себе думать о том, о чем думать бесполезно, и не давать ходу воображению:

> ...счастлив, кто словом правит
> И держит мысль на привязи свою[4].

Что же до меня лично, то я уже давно понял, что ничего страшного нет, кроме утраты близких людей.

Прости за печальную философию. Вообще же мы не грустим, хотя и не особо радуемся.

В Мюнхене прекрасный музей (Пинакотека). Замечательный Рембрандт, интересный и неожиданный Рубенс (прекрасный «страшный суд» — вихрь тел, закрученных в космическую спираль), очень интересные средневековые (XIV — XV вв.) немцы.

Не грусти, перечти письмо Пушкина Плетневу по поводу смерти Дельвига[4].

Целую тебя и всех твоих. Зара шлет приветы из соседней комнаты.

Твой Ю.
13.III.89.

[1] Операция не состоялась: см. п. 90.

[2] пресыщение есть покой (лат.).

[3] Из отрывка «Сцена из Фауста» (1825).

[4] Неточная цитата из поэмы А. С. Пушкина «Домик в Коломне» (1830). В подлиннике: «Тогда блажен, кто крепко словом правит // И держит мысль на привязи свою» (строфа XII).

[5] Имеется в виду письмо Пушкина к П. А. Плетневу от 21 января 1831 г. После описания потрясения, грусти по получении известия о смерти ближайшего друга Пушкин заканчивает: «Баратынский болен с огорчения. Меня не так-то легко с ног свалить. Будь здоров — и постараемся быть живы».

89

<Мюнхен.> 3.IV.89.

Дорогая Лидуша!

Пишу тебе опять из Мюнхена (получила ли ты предыдущие письма? Я не получаю ни от кого ничего и ужасно мне не хватает ваших писем, Etiam[1] — пишите, хотя и некогда). Я тебе, кажется, писал о Париже? Всего 8 дней — из них 4 занятых лекциями — ничтожно мало. Но все же достаточно, чтобы «заболеть Парижем». Мюнхен очень аккуратен, добропорядочен и скучноват. Библиотеки закрывают рано, книги приходят долго, т<ак> к<ак> хранилища разбросаны по городу. Кроме того, на все церковные праздники библиотеки опять закрыты. Студенты же, по-моему, не учатся вообще: с Нового года у них Ferien[2], кот<орые> кончаются только в конце апреля, а 1 мая — опять праздники.

Мы живем в центре, в двух шагах от ун<иверсите>та и гос<ударственной> библиотеки, но на очень тихой и чинной уличке в католич<еском> квартале: рядом Hochschule[3] иезуитов, еще что-то в этом роде, по улице ходят очень чинные, хотя и одетые в рваные джинсы и всякую дребедень — по моде — мальчики и девочки.

В конце апреля у меня лекции в Гамбурге, потом в Бонне и т. д. Мы с Зарой занимаемся (она комментариями к Мережковскому[4], я — разными пушкинскими сюжетами) и потихоньку лечимся (я — зубы, а Зара еще не начала).

Как ты и твои? Ляле я звонил, узнавал об операции Ины. Надеюсь, что все будет благополучно.

В Мюнхене прекрасные музеи — Пинакотека, не столь богатая, как Эрмитаж, но не хуже Ватиканской Пинакотеки. Удивительный Рембрандт, неожиданная вещь Рубенса — страшный суд: вихрь тел, закрученных спиралью, диагонально пересекающей огромное полотно. Прекрасное немецкое готическое искусство. Оно же очень интересно представлено в другом музее — городском. В музеях народ всегда есть — но не толпа, смотреть не мешают. В субботу и воскресенье вход бесплатный.

Сердечные приветы всем твоим: Лоре, Антоше, Юлии, Мише, Саше[5], Леве.

Зара шлет приветы — она вычитывает мою статейку, кот<орая> срочно должна быть сдана.

Целую тебя сердечно. Всегда твой Юрий

[1] Тоже, еще (*лат.*).
[2] каникулы (*нем.*).
[3] высшая школа, университет (*нем.*).
[4] См. примеч. 2 к п. 90.
[5] Юлия — жена Антона Лотмана; Миша и Саша — внуки Л. М., дети Л. Э. Найдич и Л. Н. Палатника.

90

<Гамбург.> 30.IV.89.

Дорогая Лидуша!

Пишу тебе из Гамбурга, где читал лекции по Пушкину в университете. У нас все в порядке. С Зариной операцией дело движется: кажется, собираются в начале июня. Страшновато, но, видимо, неизбежно[1]. Я себя чувствую хорошо, хотя немного скучаю: никак не налаживается ритм работы — многих книг нет под рукой. Какие книги нужны Лорке? Пусть напишет. Живем мы уединенно, до сих пор только раз выбрались в кино. Я хоть хожу по музеям (и в Мюнх<ене>, и в Гамбурге хорошие музеи) или немного езжу по стране, а Зара сидит не поднимая головы над комментарием к Мережковскому[2]. Стоило ехать! Но каждый везет с собой свой характер. Правда, постоянные боли в ноге ограничивают ее передвижение.

Целую тебя и твоих. Ю.

[1] Операция коленной чашечки у З. Г. Минц в Германии не состоялась из-за неожиданной тяжелой болезни Ю. М., потребовавшей многомесячного ухода за ним. Операция проведена осенью 1990 г. в Бергамо (Италия); ее последствия оказались трагическими: З. Г. Минц скончалась от инсульта 25 октября.
[2] З. Г. Минц подготовила к изданию трилогию Д. С. Мережковского «Христос и Антихрист» (М., 1989—1990), вышедшую в 4-х томах.

91

<Мюнхен. 1 мая 1989 г.>

Дорогая Лидуша!

К счастью, не успел запечатать, когда получил твое письмо. Спасибо. Относительно «Истории» Карамзина, есть очень хорошая чешская антология «Истории» в двух тт. Очень хорошо составлена. Наверное, в Институте есть — посмотри.

Спасибо за оценку статьи — это для меня важно, т<ак> к<ак> относится к наиболее занимающим меня сейчас темам.

Я в тревоге. Я в свое время не дал статью Фридлендеру (сознательно), а он в Москве сказал мне, что что-то сделал с какой-то моей старой статьей и включил ее[1]. Он ссылался на то, что ты посмотрела и одобрила. Взгляни, хоть в корректуре, а то стыда не оберусь.

Целую тебя.

1.V.89.

[1] Речь идет о статье Ю. М. «Политическое мышление Радищева и Карамзина и опыт Французской революции», опубликованной Г. М. Фридлендером в сб. «Великая Французская революция и русская литература» (Л., 1990). Первоначальный вариант статьи, называвшейся «Отражение этики и тактики революционной борьбы в русской литературе конца XVIII века», — в сб.: Уч. зап. ТГУ, в. 167, 1965 (Труды... VIII). Л. М., действительно, санкционировала «исправления» редактора и дважды потом читала корректуру.

92

<Мюнхен. Июль 1989 г.>[1]

Дорогие Лидуша, Лора, Антоша, Юля и Левочка!

Пишу вам не для того, чтобы сообщить вам что-нибудь новое: все новое вы или же уже знаете, или узнаете раньше, чем получите это письмо. Поэтому просто хочу вас всех обнять перед операцией (которая оценивается врачами как относительно нетяжелая) и от души пожелать вам всего самого хорошего. Настроение у меня хорошее, честное слово (подтвердить это может Зара, которая не соврет). Будущее, хотя и рисуется в реальных красках, т<о> е<сть> в виде длительного и трудоемкого самовоспитания, и требует больших усилий по восстановлению того, что удастся восстановить, не вызывает у меня пессимизма. Врачебная этика в Германии исключает право врача из любых соображений утаивать от больного возможные перспективы. В случае со мной это, безусловно, правильно. В применении ко мне это дало самые лучшие результаты. Возможность тяжелых перспектив только увеличивает мою волю в борьбе за компенсацию. Кстати, Зара под мою диктовку (писать я пока не могу) в настоящее время не только пишет это письмо, но и записывает материалы к статье о возможностях совершенно иных путей развития культуры, чем те, которые реализовались в истории. Тема, может быть, бредовая, но если что-нибудь получится, она может дать весьма интересные результаты.

Зара все время со мной и ведет себя как настоящий мужественный друг. Следующее письмо я надеюсь написать уже после операции. Обнимаю вас всех и целую.

P. S. Из экономии своих сил прошу это письмо показать Ляле – Ине — Наташе, а у них взять на прочтение письмо, направленное им Очень вас всех люблю, и, как писал Пушкин, «гляжу вперед я бе боязни»[2].

Целую. Ю. Лотман

[1] Письмо написано под диктовку Зарой Г. Минц (рукой Ю. М. — лиш подпись «Ю. Лотман») перед операцией, бывшей в июле 1989 г. (немецки врачи вырезали у Ю. М. почку).

[2] Из стих. А. С. Пушкина «Стансы» (1826).

93

<Мюнхен. Осень 1989 г.>[1]

Дорогая Лидуша!

Все еще пишу тебе «через Зару»: сам писанием еще не овладел хотя в разных направлениях восстановления прогрессирую довольн быстро, а пока дойдет письмо, — будем надеяться, спрогрессирую ещ больше. Сейчас же я заново учусь читать. Вообще, ум, память, речь меня не пострадали нисколько, а вот искусство чтения и письма задетс и их придется восстанавливать довольно длительными упражнениями Забавная трудность еще и в том, что вся техника восстановления речи письма на занятиях с больными здесь, естественно, ориентирована н немцев, а у немцев нем<ецкий> язык — родной — базируется на пра вое полушарие. У нас же немецкая речь как неродная подразумевае активизацию левого полушария (грубо говоря — «сознательного»). По этому механизмы восстановления чтения здесь совершенно другие. Мо бедный мозг — как первоклассник, которого привели в 10-ый класс!

Ну, хватит про мозги. Спасибо, что хоть существуют. Я много зани маюсь тем, что, оказывается, очень нужно, но на что у меня никогда н было времени: не читаю, не пишу, а, во-первых, сплю и, во-вторых, ду маю. Ни для того, ни для другого у меня прежде не было времени, а то, и другое, как оказалось, очень интересно и приятно, приносит мног удовольствия. Поэтому настроение у меня почти всегда хорошее (за эт спасибо и Заре). Вообще даже несколько странно: положение у мен незавидное, а настроение — очень завидное. Перспектива того, что, пе реваля за середину жизни, придется переучиваться основам техник умственной работы, как-то не пугает. Тут мою бодрость очень поддержи вает Зара, которая готова взять на себя трудности, возникающие у челове ка, которому в 67 лет многому приходится учиться тому, что умеют дети

Ну, хватит про это. Напиши о себе. Я думаю, что мою книгу Карамзине[2] ты оценила слишком высоко: это книга лишь о первы десятилетиях его, а окончание лишь набросано. Но сейчас это все ушл от меня далеко, и даже не могу представить себе, чем и как буду заниматься, когда выберусь из этой ямы. Но — трудности рождают предприимчивость, как считали в XVIII в., или, как по-русски говорят, не было бы счастья, да несчастье помогло. Целую всех. Ю. Лотман

P. S. Юра стал заметно бодрее физически, но с чтением еще плохо. Зара.

[1] Датируется приблизительно, по связи с письмами Ю. М. из Мюнхена к другим адресатам. Письмо написано рукой З. Г. Минц под диктовку, рукой Ю. М. лишь подпись «Ю. Лотман».

[2] Книга: *Лотман Ю. М.* Сотворение Карамзина. М., 1987.

ДОВОЕННЫМ СОКУРСНИЦАМ

(О. Н. Гречиной, А. Н. Матвеевой, Л. В. Алексеевой)

Ю. М. поступил на филологический факультет ЛГУ в 1939 г. Дружная 5-я группа отделения русского языка и литературы поредела в 1940 г., когда начался призыв юношей в армию. Отъезд Ю. М., тогда уже неформального лидера, частично компенсировался перепиской с ним актива группы, посылавшего товарищу не только письма, но и бандероли с книгами. Ответные письма Ю. М. первых армейских месяцев, за исключением одного отрывка, не сохранились, в самые тяжелые годы Отечественной войны (1941—1944) связь оборвалась вообще, а в конце войны сокурсницы через Л. М. Лотман получили фронтовой адрес Ю. М., и переписка возобновилась.

Прерванная в период послевоенной учебы Ю. М. в ЛГУ (1946—1950), переписка снова возникла, когда он переехал в Тарту, — переписка, главным образом, с О. Н. Гречиной, наиболее близкой Ю. М. по своим научным интересам.

***Ольга Николаевна Гречина** (род. 1922) — ленинградка, дочь врача, поступила в ЛГУ в 1939 г., в блокадные годы работала контролером на военном заводе, затем воспитателем в детском интернате; в 1944 г. вернулась в университет, который закончила в 1947 г., поступила в аспирантуру на кафедру фольклора (дмссертация «Песни партизан Великой Отечественной войны» защищена в 1952 г.). По окончании аспирантуры была оставлена на кафедре советской литературы (кафедра фольклора была уже ликвидирована). Невыносимая научная и человеческая обстановка на кафедре, сложившаяся в последующие годы, заставила О. Н. Гречину в 1964 г. уволиться «по собственному желанию». В дальнейшем она преподавала русский язык иностранным студентам и стажерам в Политехническом институте и ЛГПИ им. А. И. Герцена. Продолжала заниматься научной работой в области русского фольклора (всего у нее более 20 печатных трудов). В 1981 г. вышла на пенсию; пишет и публикует воспоминания о детстве и ленинградской блокаде.*

***Анна Николаевна Матвеева** (род. 1922) — родом из Ярославской обл., поступила в ЛГУ в 1939 г., окончила в 1948 г. (в военные годы находилась в эвакуации). По окончании ЛГУ работала в школе, затем в Псковской областной библиотеке; в настоящее время — научный сотрудник Псковского Древлехранилища.*

***Любовь Васильевна Алексеева** (род. 1921; в быту — «Люся») — дочь известного китаиста академика В. М. Алексеева, тоже поступила в ЛГУ в 1939 г. и закончила в 1947 г. (в военные годы — медсестра в госпитале, эвакуированном в Казахстан). По окончании ЛГУ работала в БАН и в библиотеке ИРЛИ, с 1953 по 1979 гг. — экскурсовод Городского экскурсионного бюро; ныне — пенсионерка.*

94

26.II.45 г.

Здравствуй, Аня!

Сегодня получил твое письмо от 13.II.45 г. Ты пишешь, что н ожидала, что я буду тебе отвечать. Это меня огорчает. Неужели ты об мне такого плохого мнения? Поздравляю тебя (правда, с большим опоз данием) с Днем Рождения. Мне, замечу в скобках, через два дня тож будет 23 года. Как уже много!

Люся и Ольга мне уже давно не писали. Но обижаться не прихо дится, т<ак> к<ак> у них сейчас экзамены и дел у них, наверное, п самое горло. Сестра мне прислала из Ленинграда по почте № «Лен<ин градской> правды», посвященный награждению Ленинграда ордено Ленина. Среди всего прочего там была статья «В Ленинградском уни верситете», где опис<ан> митинг в нашей alma mater[1]. Среди других те говорилось и о выступлении на митинге студентки филолог<ическо го> факультета Л. Алексеевой[2].

Читать мне сейчас нечего. Я с большим трудом, преодолевая сво лень, зубрю французские слова и при помощи словаря читаю рома Ж. Занд «Жанна».

Больше у меня новостей никаких нет. Очень извиняюсь, если письм мои скучны, но в этом виновато мое проклятое неумение их писать.

Жму руку. Жду ответа. Юрий

[1] Восходящее к средневековой Европе почтительное наименование сту дентами своего университета; буквальное значение: «кормящая мать» (*лат.*)

[2] В «Ленинградской правде» (27 января 1945 г., № 21) были опублико ваны: указ Президиума Верховного Совета СССР «О награждении город Ленинграда орденом Ленина» и статья-репортаж «Оправдаем высокую на граду. В Ленинградском университете», где рассказано о митинге, посвя щенном награждению, и о выступлении студентки филологического факуль тета Алексеевой (без инициалов).

95

24.III.45 г.

Здравствуй, Аня!

С небольшим опозданием отвечаю на твое письмо от 13.III.45 г Опоздание произошло не по моей вине — я был очень занят, т<ак> к<ак> у нас шли довольно упорные бои. Сейчас все спокойно, и пользуюсь этим, чтобы расплатиться со всеми долгами по письмам.

Погода у нас стоит чудесная — совершенная весна. Снега уже не и в помине, вербы распускаются и т. д. Мы наслаждаемся весной атишьем, моемся, стрижемся, бреемся, даже начинаем франтить. Ты пишешь, что университетские ребята не получают моих писем (кажется, даже не получили моего письма, где я их благодарил за книги). Это меня очень огорчает, но не особенно удивляет, т<ак> к<ак> письма довольно часто теряются. Я от них тоже ничего не получаю уже сравнительно давно; если они дуются на меня и не пишут, так это очень нехорошо с их стороны, т<ак> к<ак>, во-первых, я им стараюсь писать почаще и, во-вторых, часто мне стоит больших трудов вырвать минуты для письма. Сейчас я им пишу на адрес Люси, т<ак> к<ак> Олин адрес я (каюсь, грешный человек) утерял. У меня недавно было горе — ранило моего лучшего друга и земляка, с кот<орым> вместе в одном вагоне выехали из Ленинграда в 1940 г., все время были в одном отделении, вместе прошли пешком от Днестра до Кавказа. Признаться, я, даже при самых больших утратах, сначала не чувствую почти никакого горя, и только позже в душе появляется какое-то ощущение пустоты.

Я сижу сейчас на балконе полуразбитого немецкого домика на подступах к большому городу N. Сейчас замечательный весенний вечер. Тишина. На днях мне посчастливилось найти том лирич<еских> стихотв<орений> Г. Гейне в оригинале, и я их читаю с большим удовольствием — это один из немногих немецких поэтов, кот<орых> я сравнительно хорошо понимаю без словаря. Стихи очень хорошие.

Это, собственно говоря, и все мои новости. Этим кончаю.

Жму руку. Юрий.

P. S. Аня, напиши Оле, Люсе и др., что я им регулярно пишу (вот и сейчас одновременно отправляю письмо).

P. S. P. S. В письмо я вклад<ываю> пару конвертов, т<ак> к<ак> там у вас, наверное, дефицит.

Еще жму руку. Юрий

96

17.4.45.

Здравствуйте, Оля и Аня!

Пишу вам одно письмо, т<ак> к<ак> сейчас очень некогда. Письмо Ани я получил уже с неделю, но все не было времени ответить. Про себя могу сообщить, что я по-прежнему жив-здоров, нахожусь на берегу одной большой речки[1] и каждую ночь вижу, как союзники бомбят Берлин, — зарево, взрывы и прожектора. Бои у нас довольно основательные. В последних боях меня наградили орденом Красной звезды. В свободное время с упорством идиота зубрю французские слова. Успех слабый — одно вызубрю, другое забуду. С чтением дело продвигается лучше. Роман «Cecile» А. Дюма[2] я уже прочел и сейчас перехожу к друго му. Словарь у меня есть. Вот и все, что я могу сообщить о себе. Люс мне пишет, что мои письма, как и прежде, упорно не доходят до Ольг Николаевны. Не знаю, что и предпринять. Вообще я думаю, что почт создана Богом затем, чтобы человек сознавал свою ничтожность пере лицом внешних обстоятельств.

Меня очень интересуют подробности вашей жизни. Прошу пере дать мои приветы всем старым знакомым и т. д. и т. п. Особенн Азадовскому и Беатриссе Яковл<евне>[3]. Кончаю.

Жму руки.

P. S. Извиняюсь за краткость, т<ак> к<ак> пишу в весьма инте ресных условиях.

[1] См. пп. 4 и 5: речь идет об Одере.
[2] Малоизвестный роман А. Дюма-отца «Сесиль» (1844).
[3] Хаскина, преподавательница французского языка в ЛГУ.

97

21.4.45.

Здравствуйте, Оля и Люся!

Как видите, я пишу с примерной регулярностью, но, т<ак> к<ак времени очень мало, принужден писать вам обеим одно совместно письмо. Надеюсь, что вы на это не обидитесь. Мы уже перемахнули з Одер и идем по кратчайшему направлению на Берлин.

В это письмо я вложил фотокарточку. Снимался я еще во врем обороны, на вост<очном> берегу Одера, но отправить все не было време ни. «Себя как в зеркале я вижу, но это зеркало мне льстит»[1]. Да, он безусловно льстит, это зеркало, т<ак> к<ак> мой приятель, кот<орый специализируется на этом ремесле, долго крутил мою голову в поиска такого положения, при котором нос не закрывал бы всего лица. Ему некоторой степени удалось разрешить эту задачу.

Я, наконец, прочел «Cecile» Дюма — самый скучный изо всех ег романов. Слава Богу, на 300-ой странице автор благополучно уморил героя и героиню, а я, грешный, принялся зубрить встретившиеся в время чтения неизвестные слова.

Вот и все мои новости. Ваши новости, конечно, гораздо интересне Поэтому с нетерпением жду ответа. Приветы всем нашим.

Жму руки. Юрий

[1] Цитата из стих. А. С. Пушкина «Кипренскому» (1827).

98

25.4.45 г.

Здравствуй, Оля!

Прежде всего хочу тебя поблагодарить за книги, кот<орые> я вчера получил. Дорогая Оля, меня очень трогает твое внимание, но мне очень совестно за те заботы, а также и за материальные расходы (наверное, очень существенные), связанные с посылкой и покупкой книг. Особенно меня тронули «Ученые записки». Сейчас, когда война идет к концу, все чаще в голову лезут воспоминания, кот<орые> настойчиво гнал прочь пять лет подряд. (Шутка ли, уже пять лет!) Когда я читал статью Проппа[1], мне даже вспоминались интонации его голоса. Очень ли он изменился? Кланяйся ему от меня. Статья его затрагивает очень интересные проблемы. Других статей я пока не читал, но при первой же возможности обязательно прочту. Книга Ибсена мне пришлась очень «ко двору». Я давно уже не читал книг такого рода, если не считать романа К. Гамсуна, который ты мне выслала прежде. Что касается книги Стендаля, то я боюсь, что она мне будет трудновата. Я недавно прочел один роман Дюма и сейчас взялся за другой.

Вообще еще раз благодарю за книги. Жалко только, что читать мне сейчас почти нет времени, так что этих книг мне хватит очень надолго.

Я сейчас нахожусь совсем близко от Берлина. Сейчас замечательная весенняя ночь; пахнет жасмином. Недалеко горит город, освещая полнеба. Это коротко об окружающей меня обстановке.

Получили ли вы с Люсей письмо, кот<орое> я вам писал (обеим вместе), то письмо я писал как раз в день форсирования и прорыва через Одер. Было очень некогда, и поэтому я написал вам обеим вместе. В то письмо я вложил фотокарточку. Если встанем где-нибудь опять на отдых, я постараюсь сняться и вышлю еще одно изображение огромного носа на фоне германского пейзажа. Льщу себя надеждой, что это письмо окажется счастливее предыдущих и дойдет до тебя без особых происшествий.

А пока жму руку. Юрий

P. S. В письмо я вклад<ываю> бумаги и конверт для ответа, т<ак> к<ак>, возможно, у вас в отнош<ении> этого затруд<нительно>.

[1] Речь идет о статье В. Я. Проппа «Мотив чудесного рождения» («Уч. зап. ЛГУ», № 81, серия филологических наук, в. 12, 1941).

99

10.V.45 г.

Здравствуй, Аня!

Очень тебе благодарен за твое «внеочередное» письмо. Прежде всего поздравляю тебя с победой. Ты себе представляешь, какая это для меня радость — наверное, такая же, как и для тебя и для вообще все людей. Конечно, о возвращении домой пока еще думать рано (хотя очень бы хотелось) и вообще «грядущего волнуемое море»[1] сулит то, чт оно сулит обычно, но однако у меня настроение удивительно бодрое настоящее майское. Сегодня, подойдя к кусту сирени, я нашел сразу цветочков с 6—5 лепестками — это перст всевышнего, предвещающи мне удачу и «все такое прочее»[2]. Свои французские занятия я пок забросил, т<ак> к<ак> сейчас у нас свободного времени абсолютно нет — устраиваемся на мирный лад — роем блиндажи выше человеческог роста и вообще оборудуем свой лагерь по всем правилам науки и тех ники. Этим пока заканчиваю свою писульку.

Еще раз поздравляю с победой. Жму руку.

Юрий

[1] Цитата из стих. А. С. Пушкина «Элегия» (1830).
[2] Из стих. Р. Бернса «Честная бедность» (1795) в переводе С. Маршака

100

21.V.45.

Здравствуй, Оля!

Пишу это письмо, хотя сам не знаю, что в нем буду писать. Новог ничего у меня нет. В сие письмо вклад<ываю> свою фотокарточку Сейчас я читаю твоего Стендаля — подвигается, но туговато. У нас уж настоящее лето, и я впал в безнадежную лень. Вообще боюсь, что случае, если удастся вернуться к учению, будет очень трудно, т<ак> к<ак> безнадежно разленился во всех отношениях, отвык думать вообще в моральном отношении настоящее растение, нечто среднее межд грибом и дубиной стоеросовой. Сим пока и кончаю.

Жму руку. Юрий

101

22.V.45 г.

Здравствуй, Оля!

Сегодня получил две твоих открытки — одна от 9.IV, другая о 23.IV (около двух месяцев). Сначала очень был обрадован, но, когда про чел, то содержание первой открытки меня глубоко опечалило. Оказывает ся, ты все еще не получаешь моих писем. Дорогая Оля! Не знаю, постиг нет ли и это письмо столь печальная участь, но, по крайней мере, говорю тебе (я думаю, у тебя нет оснований мне не верить), что еще ни одног воего письма я не оставил без ответа, не говоря уже о том, что довольно асто пишу тебе, не дожидаясь твоих писем. Два раза высылал тебе вои фотокарточки (получила ты их или нет?).

Милая Оля! Если бы ты знала, какое у меня сейчас депрессивное астроение, ты бы, честное слово, не писала бы мне таких резких (тем олее, незаслуженно) открыток. Мне и так сейчас небо кажется черного вета.

Новостей у меня никаких нет, все по-старому. Методически, не еже чем два раза в месяц (как раз сейчас) на меня нападает такая андра, что я на стены лажу. Когда была война, то повседневная опасность отвлекала, а сейчас всецело занят довольно грустным занятием — овырянием в себе самом, а это, знаешь, такой предмет, что, сколько ни овыряй, ничего хорошего не выковыряешь.

Вот, собственно говоря, и все. Жму руку. Без вины виноватый!

Юрий

102

22.VII.45 г.

Здравствуй, Оля!

Сегодня получил сразу два твоих письма — одно от 1/VII (с приписками Ани и Люси) и второе от 3/VII. Прежде всего поздравляю тебя с удачной сдачей п<олит>экономии.

Перехожу к ответам на анкету, кот<орую> ты мне прислала:

1) Первый вопрос. Что за литература для чтения есть у меня и что я делаю ежедневно для «бессмертия».

Ответ. Литература у меня только та, что ты прислала мне + несколько книг, присланных из дома (в том числе немецко-русск<ий> словарь) + несколько приобретенных мной еще в 42—43 гг. книг, кот<орые> я с тех пор неизменно таскаю с собой (это несколько франц<узских> романов, грамматика фр<анцузского> языка и франц<узско>-русский словарь, Лермонтов и Гейне (по-немецки). Что я делаю для «бессмертия» — всю войну я в любой обстановке урывал время для занятий французским языком и добился того, что хотя и почти не продвинулся вперед, но не забыл того, чего знал. За войну прочел 2 фр<анцузских> романа: «L'homme qui rit»[1] и «Cecile» А. Дюма. В последнее время для бессмертия не делаю ничего, т<ак> к<ак> приблизительно месяц после окончания войны был посвящен самой черной хандре, а сейчас сильно занят — работаю в клубе: делаю доклады, пишу плакаты и, главное — лень-матушка. Однако в ближайшее время надеюсь сесть опять за языки. Книг, Оля, очень прошу, мне пока не высылай, т<ак> к<ак> сейчас переходное время, меняется адрес и т. д.

2) Что читал из новейшей, сов<етской> лит<ературы> и люблю л
К. Симонова.

Ответ. Читал слишком мало, чтобы составить свое мнение. По не которым попавшим мне стихам — нравится Симонов, Дудин (я чита только сборник, кот<орый> ты мне прислала[2]), Б. Пастернак. В газет «Британский союзник», издаваемой на русском языке британским минист<ерством> информации для русских солдат, мне попала инте ресная статья: английский профессор разбирал переводы Шекспира изданные Б. Пастернаком с 41 по 44 гг. Отзывы очень положительны и сильно меня заинтересовали[3].

3) Нравится ли мне «Сын» Антокольского[4]?

Ответ. Меня очень тронула твоя забота, но сами стихи нравятся н очень, хотя там и есть строчки очень хорошие[5].

[1] «Человек, который смеется» — роман В. Гюго (1869).

[2] См. примеч. к п. 13.

[3] *Ренн К. Л.* Шекспир в переводах Пастернака // «Британский союз ник», 1945, 3 июля, № 22, с. 8.

[4] Поэма П. Антокольского «Сын» впервые была издана в Москве в 1943 г и потом неоднократно переиздавалась.

[5] Конец письма не сохранился.

103

17.IX.45 г.

Здравствуй, Оля!

Все еще нахожусь в состоянии жертвы почтовых беспорядков — писем более 2-х месяцев ни от кого нет. Получилась какая-то путаница с адресами, и писать теперь мне нужно по старому адресу — 30691-Г. (Я эт повторяю уже в 4-ом письме, т<ак> к<ак> не знаю, получаешь ты и или нет — ответов от тебя нет). Долгое отсутствие всех и всячески писем порождает мрачные мысли, чему способствуют, как это и должн быть, дожди, плохая погода и т. д.

Занятия мои подвигаются, хотя и очень неравномерно. По мер сил борюсь с ленью и апатией. Борьба эта требует такого же постоянно го напряжения, как в 41—42 гг. борьба со вшами (сравнение хотя и грубое, но очень верное).

Французская книжка, кот<орую> ты мне прислала, читается срав нительно легко. На каждой странице не более 2—3 (в среднем) незна комых слов. В этих случаях меня выручает словарь — он очень полный хотя и портативный (изд<ание> 1918 г., Языкова). Я к нему испыты ваю нечто вроде нежности и таскаю его везде с собой (он у меня с 44 г. я его взял в белорусском городке под Пинском в церкви, на кот<орой> у нас был передовой наблюдательный пункт — сокращенно П. Н. П.)

Ты мне очень мало пишешь о самой интересной для меня вещи — воей работе. Только вскользь сообщила, что работаешь над Короленко. Мне было бы очень интересно узнать подробности, твои мысли и т. д.

Я очень грешен тем, что давно не писал Ане Матвеевой. Обязатель-о напишу ей в самое же ближайшее время. Правда, это молчание по-ти отбивает всякую охоту писать письма, да и времени у меня сейчас чень мало: до обеда я как командир отделения провожу занятия и т. д., а осле обеда работаю в клубе декоратором. В промежутке стараюсь за-иматься. Это, конечно, к лучшему, что мой день весь занят, т<ак> <ак> иначе пришлось бы пустые промежутки заполнять размышле-иями, а это не всегда бывает весело. Ну, пока, кончаю, с нетерпением жду писем.

Жму руку. Юрий

104

8.III.71.

Дорогая Оля!

Спасибо тебе за твое доброе письмо — мне было хорошо и как-то рустно, когда я его прочел. Спасибо...

Дочки у тебя чудесные — Маша, видимо, более тургеневская, а Катя — модерн, очень похожа на моих студенток и моего среднего ына-десятиклассника. Только он настоящий двоечник (собирается быть художником, но мне кажется, что ему более всего подходило бы родить-ся сыном падишаха, чтобы не заботиться о мелочах, а заниматься серьез-ным делом, например, слоновой охотой). Уж доскажу о своих детях: старший (Миша) — студент II курса, кажется, неглупый, но немного омный. У него сейчас беда — серьезно заболел сердцем и лежит в больнице. Младший — (Лёша, IV класс эстонской школы с англ<ий-ским> уклоном) — серьезный малый, хочет быть археологом, одевает каждый чулок по 45 мин., рассуждает очень умно, но не реализует свою мудрость в действии.

То, что ты говоришь о страшилках, очень интересно, думаю, что Пропп (том «Трудов» памяти которого у нас лежит в типографии[1]) был прав[2]. Могу предложить себя в качестве ашуга по этому жанру: я рас-сказывал все детство моих детей им бесконечные детективно-крими-нальные импровизации с уклоном в устрашение.

За то, что ты пишешь о моей книге, — спасибо[3] (я все время, как видишь, благодарю и кланяюсь), даже если 50% скинуть за счет друже-ского отношения. К книге Б. А. Успенского ты несправедлива — это очень хорошая книга и уж, конечно, лучше моей[4]. Говорю это не изо всяких скромностей (алея и потупив очи), а по глубокому убеждению. Это очевидно. Просто моя книга популярнее (это ей не в минус — такие тоже нужны, но через 10 лет будут читать не мою, а его книгу).

*

Будь здорова, извини, что пишу на машинке — мне так проще когда хочу спать, а спать хочу я всегда.

Сердечно жму тебе руку, приветы дочкам, поздравляю всех с 8 марта

Твой Ю. Лотман

P. S. Обрати внимание на мой адрес. Ю. Л.

[1] Семиотика 5. Том выйдет в конце 1971 г.

[2] Содержание диалога Ю. М. с О. Н. Гречиной с учетом мнения В. Я. Проп па не удалось восстановить.

[3] *Лотман Ю. М.* Структура художественного текста. М., 1970.

[4] *Успенский Б. А.* Поэтика композиции. Структура художественного тек ста и типология композиционной формы. М., 1970. Обе книги вышли издательстве «Искусство» в новой серии «Семиотические исследования п теории искусства»; партийно-идеологическое начальство после этих кни ликвидировало серию, разогнало редакцию; с этого времени началось долго срочное гонение на семиотиков, пока академик М. Б. Храпченко не придума возможности найти «марксистскую семиотику»; конечно, настоящие ученые не примкнули к его знамени. Следует еще подчеркнуть, что Ю. М. совершен но необъективно принижает значение своей книги, «спасая» честь коллеги.

105

<3—11 февраля 1972 г.>

Дорогая Оля!

Прости, что отвечаю так поздно, — большое спасибо за новогодни привет и очень милую группу — «Правы ли структуралисты?». Фигур ки — не только смешные, но и веселые, и это составляет приятно разнообразие в том смешном, но невеселом мире, который угодно был сотворить Господу. Прости, что пишу на машинке, — это не от официаль ности, а от усталости (когда я очень уж устаю, мне на машинке легче).

Мы выпустили том «Трудов» памяти Проппа[1] — на днях теб вышлю экз<емпляр>. Приветы твоим дочерям — желаю тебе и и всего доброго в этом, уже давно родившемся, но пока еще все же «но вом», году.

Передай мои приветы Марку и другим Качуриным — я свинья не могу выбраться написать ему письмо, в чем и приношу сердечно покаяние.

Зара сейчас в Питере двигает науку, и я — сам баба, сам мужик

С сердечным приветом. Твой Ю. Лотман
3.II.72.

Письмо не могло быть отправлено, поскольку у меня куда-то дело твой адрес, а на конвертах ты сокращаешь название улицы, видимо, по лагая, что каждый расшифрует, что означает «Шепет» (м<ожет> б<ыть> им. Шпета?)[2].

По счастью сегодня прибыла бандероль, где адрес случайно написан полностью.

Поскольку Зара в Ленинграде, я вскрыл письмо на ее имя от тебя — книги я вышлю — тебе подарок с надписанием, а кому-то там — наложенным платежом (не уверен, что достану 3 экз<емпляра> — тираж уже почти разошелся).

С приветами тебе и всем твоим. Ю. Лотман
11.II.72.

[1] Семиотика 5 (Тарту, 1971).
[2] О. Н. Гречина живет в Петербурге на ул. Шепетовской.

106

<11—12 января 1973 г.>[1]

Дорогая Оля!

Одна заметка вслед вчерашнему письму: я хотел бы обратить внимание Маши на статью Маргариты Ивановны Лекомцевой «К анализу смысловой стороны искусства аборигенов Грут-Айленда» (сб. «Ранние формы искусства», «Искусство», М., 1972).

Эта прекрасная статья может считаться образцом точности и глубины в семиотическом анализе изобразительного искусства (к сожалению, именно в искусствознании «семиотикой» часто называют гуманитарную болтовню, пересыпанную модными терминами). Там не очень много прямых высказываний по детскому рисунку (хотя они имеются), но есть ряд важных принципов, которые можно применить к этой проблеме.

Гриша продолжает учиться в техникуме (художественном), на втором курсе, и, хотя пьет кровь из родителей всеми способами (правда, и мы из него), но в живописи делает некоторые успехи (при этом успел длинными волосами и грязными руками восстановить против себя всех воспитателей, которых я отлично понимаю — сам бы патлы ободрал, да соотношение физической силы не в мою пользу).

Будь здорова. Юрий

[1] Датируется по почтовому штемпелю г. Тарту: 12.01.73.

107

<22 ноября 1976 г.>

Дорогая Оля!

Я был рад получить твое письмо, хотя оно плод сплошных недоразумений. Буду отвечать на них по порядку.

Недоразумение первое: тебе кто-то сказал, что я напечатал на ротапринте комментарий к Е<вгению> О<негину>. Это ошибка. Я напечатал на ротапринте брошюрку в 7 п. л. — резюме спецкурса по Е<вгению> О<негину>[1]. Я долго и тщетно пытался достать для тебя экземпляр (после твоего письма; отчасти этим вызвана задержка ответа), но — увы! — все распродано (тираж был 500 экз<емпляров>), а у меня осталось 2 экз<емпляра>, за кот<орые> я держусь, как утопленник за веревку. Но главное, что по интересующим тебя вопросам там нет ни слова

Однако я действительно написал комментарий к Е<вгению> О<негину> на 20 п. л., но не для ротапринта, а для издательства «Просвещение», куда его и сдал. Когда выйдет — Аллах ведает, обещают в 1977 г. а как оно будет в действительности, я не знаю[2].

Недоразумение второе: ни на каком ФПК я не собирался читат лекций (не приглашали, да к тому же я занят, устал, как собака, и весьм плохо себя чувствую).

Но я собираюсь побывать в Питере после Нового года — тогда с охотой прочту твою статью (поскольку свой комментарий я уже сдал, т могу это сделать, не опасаясь непроизвольного со своей стороны плагиата, — а то иногда бывает: прочтешь, забудешь, а потом кажется, что сам выдумал).

Как твои дела? Пиши и не сердись, что плохо отвечаю — совсем зашиваюсь.

Искренне твой Ю. Лотман
22.XI.76.

P. S. Приветы от Зары.

[1] *Лотман Ю.* Роман в стихах Пушкина «Евгений Онегин». Спецкурс. Вводные лекции в изучение текста. Тарту, 1975.

[2] Книга выйдет лишь в 1980 г. Ее название: «Роман А. С. Пушкин “Евгений Онегин”. Комментарий. Пособие для учителя».

108

<30 декабря 1977 г.>

Дорогая Оля!

Сердечно поздравляю тебя и твоих близких с Новым годом. Зар также шлет самые теплые новогодние пожелания. Очень заинтригова твоей статьей[1]. Моя книга сдана в производство — обещают в 1978 г выход[2].

Надеюсь, что 1978 г. порадует тебя и в другом отношении. Ка опытный дед считаю события этого рода важными и приятными. У на в этом отношении тоже кое-что наклевывается. Итак: en avant![3]

Сердечно твой Ю. Лотман
30.XII.77.

[1] О. Н. Гречина сообщила о своей статье «О фольклоризме “Евгения Онеги-.”». Она уже печаталась в сб. «Русский фольклор», т. 18 (Л., 1978).
[2] См. примеч. 2 к п. 107.
[3] вперед! (*фр.*).

109

10.I.79.

Дорогая Оля!

Прочел твою статью. Общее впечатление очень хорошее[1]. Возра-ений у меня нет, но есть ряд дополнений и попутных замечаний. Об гом надо писать подробно. Сейчас я еду в Москву. Когда вернусь в арту, напишу подробное письмо. Большое спасибо. Еще раз желаю тебе твоим счастья и здоровья в Новом году.

Твой Ю. Лотман

[1] См. примеч. 1 к п. 108.

110

1.V.85.

Дорогая Оля!

Поздравляю тебя с майскими праздниками и Победой[1]. Все же это стается. Что касается до Вл<адимира> Яковлевича, то я всячески раз-еляю твой пафос — всегда любил его и люблю. Но поднять мой архив-ый завал (я не выбрасываю писем, и их скопилось десятки картонов) изически невозможно (я очень сейчас устаю, замучен недоимками по аботе etc.). Писать мемуары не умею. Вот если будет сб<орник> в есть В<ладимира> Я<ковлевича> — я готов[2].

Обнимаю тебя. Твой Ю. Лотман

[1] См. примеч. 1 к п. 112.
[2] К 90-летию В. Я. Проппа предполагался сборник статей, посвященных его кизни и творчеству, в том числе и воспоминания о нем. Но даже к столетию ченого (1996) не удалось выпустить сборника, хотя в журналах и сборниках ышло много статей о нем («Русская литература», «Russian Studies», «Живая тарина», «Кунсткамера»). А Ю. М. незадолго до кончины продиктовал секре-арю Т. Д. Кузовкиной цикл статей, среди которых был такой очерк (мемуары анализ одновременно): «Азадовский и Пропп: два подхода» (Лотм. сб. 1).

111

<17 февраля 1986 г.>

Боже мой, милая Оля, какое несчастье! Всей душой я разделяю твое оре[1]. Представляю эти ужасные по своей неожиданности минуты, и мороз дерет по коже. Это вечный вопрос, который для нас уже не отвле ченность: для себя хочется внезапного, мгновенного ухода. И, с это точки зрения, твоему мужу можно только завидовать. Такого и себе б хотел. Но для остающихся — как жестоко! Все же долгая болезнь по готавливает и примиряет с неизбежностью конца. В сущности, посл того, что мы пережили, сорок послевоенных лет нам просто подарен (потому и промелькнули так быстро, все даровое быстро уходит из рук Очень мне больна твоя боль, друг мой. И все же до последней минут надо жить жизнью, а не смертью, хотя она неизбежна и уже рядом Жить жизнью, чтобы уберечь себя от внутреннего развала, помогать др гим и оставить внукам воспоминание, на которое они смогут в трудну минуту опереться.

Относительно встречи с Машей[2], я, конечно, всегда с радостью г тов. Сейчас я болен (какой-то нудный, тянущийся с осени грипп + мо аритмия, кот<орая> в посл<еднее> время стала «мерцательной» — ме цаю себе помаленьку). Но через некоторое время надеюсь оправиться, тогда — к твоим и Машиным услугам.

Обнимаю тебя. Твой Юрий
17.II.86. Тарту.

[1] Скоропостижно скончался муж О. Н. Гречиной Владимир Иванович Ос рин (1918—1986), доцент Политехнического института, физик-теоретик.

[2] Маша — Мария Владимировна Осорина (род. 1950), дочь О. Н. Греч ной, доцент кафедры психологии ЛГУ, специалист в области детской псих логии.

112

<6 мая 1987 г.>

Дорогая Оля!

Поздравляю тебя с Победой[1]. Прости за мое свинское «неотвеч ние» на твои (+ Ани Матвеевой и Двоси[2], — всем им приветы, есл увидишь) письма. Конечно, я мог бы извиняться, ссылаясь на занятост и проч. И это было бы даже совершенно верно, т<ак> к<ак>, хотя си уже очень мало, работаю я как старая боевая лошадь и каждый ден доползаю до постели полуживой.

А вот зачем это? Так... опиум для народа[3].

Все это, конечно, не извиняет. А причина одна — какая-то муть н душе, которая не дает добраться до чего-то глубокого, без чего настоя щие письма не пишутся. А писать «привет, я еще жив» — руки н подымаются.

Ну, так привет, я еще жив. Я еще действительно жив, хотя это мен порой и удивляет, т<ак> к<ак> за последние два года все мои оставшиес еще военные друзья вымерли. От нашей батареи я остался один и по следний. Это невольно наводит на размышления. Более того, я отн шусь к этому совершенно спокойно и даже с некоторым любопытством. Дети выросли, чего еще.

Ну, хватит обо мне.

Ты молодец, ты пишешь веселые письма, хотя цену этого веселья мне объяснять не надо. Я и сам так стараюсь (это мое письмо — первое в жизни «ноющее», надеюсь и последнее, а в армии меня звали Теркиным). Я очень хочу прочесть твои записки[4]. Блокада для меня тема, которой я боюсь касаться, как оторванной руки, и о которой не могу забыть ни на минуту. Моя война была несравненно легче.

Дальше писать не могу — надо бежать на лекцию.

Крепко тебя обнимаю. Ты и не поверишь, как часто я о тебе думаю.

Твой Юрий
6.V.87.

[1] День Победы в Великой Отечественной войне — 9 мая.

[2] Двося — Двойра Львовна Соркина, сокурсница, литературовед.

[3] Ставшее крылатым выражение К. Маркса «Религия — опиум для народа» (из введения к труду «К критике гегелевской философии права», 1844) употреблялось в нашем кругу (главным образом, лишь вторая часть, как и в данном письме) применительно к интенсивному научному творчеству во время морально невыносимого социально-политического состояния Советской страны: работа, как наркотик, как алкоголь, заглушала нравственные страдания.

[4] О. Н. Гречина в 1980-х гг. начала писать воспоминания о юных годах (детство, ленинградская блокада, начало педагогической работы). Часть из них недавно опубликована: «Спасаюсь спасая» («Нева», 1994, №№ 1, 2); «Как это по-русски...» («Нева», 1995, № 8).

113

<19 мая 1987 г.>

Дорогая Оля!

Я тебе написал в минуту усталости и осточертения и зря тебя переполошил. Нет, я не умираю, а даже собираюсь на 20 дней в июне в Финляндию, где, хотя будут и лекции, надеюсь отдохнуть, как дубовый листок, который

оторвался от ветки родимой[1]...

На пенсию я уходить не хочу. Пока для меня лекции одно из главных удовольствий (проклятые удовольствия). Пишу же я не для награды и не для отчета (никогда ни одного слова не написал для них, и сейчас могу сказать: дураком бывал, но душой не кривил никогда и любое свое написанное слово могу показать без стыда). Сейчас же мне кажется, может быть иллюзия, что действительно сейчас кое до чего дозрел. Сейчас главная забота — успеть все сделать. Конечно, vanit vanitatis[2], но все же охота кое-что доделать.

Так что зря я, старый пень, тебя разволновал. Спасибо за добры слова и чувства. Они всегда нужны, а под старость особенно. Будь здорова. Приветы твоим дочерям. Зара шлет поклоны.

Твой Юрий
19.V.87.

[1] Намек на первую строку стих. М. Ю. Лермонтова «Листок» (1841).
[2] суета сует (*лат.*).

114

<5 марта 1988 г.>

Дорогая Оля!

Поздравляю тебя и твоих дочерей с 8 марта и желаю всем ва всего самого доброго, а более всего — здоровья. Очень хочу надеяться н публикацию твоих воспоминаний.

Не могу согласиться с тобой в оценке личности Карамзина (видно я тебя не убедил своей книгой)[1]. Нет, Оля, это был очень хороший, хот и очень разочарованный человек. А вот что касается Эйзенштейна, т очень плохо отношусь к этому деятелю. Он был очень талантлив, но д мозга костей авангардист в худшем смысле, т<о> е<сть> признава художественный прием и был совершенно равнодушен к истине и мо рали. Ничего не знаю чудовищнее «Бежина луга», где сюжет Павлик Морозова развернут с невероятным слащавым цинизмом. Он приня тыняновскую концепцию «утаенной любви» + щеголевскую идею: На талья Николаевна — любовница Николая I. Обе высосаны из пальце плюс желание сделать биографию Пушкина «ентересненькой» А Эйзенштейн прямо перевел это на язык родных осин самого мещан ского пошиба[2].

Ну, да Бог с ним!

Всегда твой Ю. Лотман
5.III.88.

Достала ли мою книгу о Карамзине? Хоть их у меня мало, но, есл нет — подарю, конечно.

[1] *Лотман Ю. М.* Сотворение Карамзина. М., 1987.
[2] В середине 1930-х гг. С. Эйзенштейн снимал фильм о Павлике Морозо ве под названием «Бежин луг»; фильм был признан идеологически несостоя тельным, съемки прекратились. Фильм о Пушкине Эйзенштейн лишь подготав ливал, снять его не успел.

М. К. АЗАДОВСКОМУ

***Марк Константинович Азадовский** (1888—1954) — известный ученый советского времени, фольклорист, этнограф, историк, краевед, литературовед. Он руководил фольклорным сектором ИРЛИ, организовал кафедру фольклора в ЛГУ; в 1949 г., в связи с инспирированными сверху гонениями на «космополитов», был уволен из обоих дорогих ему учреждений; нравственные волнения ускорили его кончину.*

Ю. М. еще до войны, выбирая для занятий узкую область филологической науки, останавливал свое внимание на фольклоре; не забывал он о нем и на фронте, не отказывался от этого предмета как главного и после демобилизации, вернувшись в ЛГУ, — об этом свидетельствуют публикуемые письма и воспоминания Ю. М. «Азадовский и Пропп: два подхода» (Лотм. сб. 1, с. 64—67).

М. К. Азадовский, зная старшую сестру Ю. М. Лидию Михайловну как отличную студентку и аспирантку, видимо, еще до войны обратил внимание и на ее брата; к тому же она передала профессору письмо Ю. М. родным с фронта от 20 сентября 1944 г., где он подробно пишет о беседе с этнографом из Вильнюса, занимавшимся белорусским фольклором. Характерно, что и Ю. М. писал с фронта именно М. К. Азадовскому, единственному из учителей. Как видно из п. 116, профессор тоже писал к Ю. М. — сообщал о благополучной защите кандидатской диссертации Л. М. Лотман.

Вернувшись в Ленинград после шести лет разлуки с родными, в конце 1946 г., Ю. М. готов был немедленно отправиться с визитом к профессору, о чем свидетельствует записка Л. М. Лотман к М. К. Азадовскому: «У нас огромная радость: приехал Юра. Он сразу хотел пойти к Вам, но мы его отговорили, чтобы он сперва умылся, привел себя в христианский вид, выспался и оформил все свои дела в военных организациях, куда он должен предъявиться (он будет демобилизовываться). Так что в эти два дня он обязательно зайдет к Вам, если Вы позволите...»

Однако в дальнейшем Ю. М. остановился на истории русской литературы конца XVIII — начала XIX века, избрав спецсеминар Н. И. Мордовченко. Но интерес к фольклору сохранился у Ю. М. в течение всех его творческих лет.

Публикуемые письма и записка Л. М. Лотман хранятся в РГБ (ф. 542, карт. 66, № 13, л. 1—4); они любезно предоставлены публикатору С. И. Пановым и К. М. Азадовским.

115

31.V.45 г.

Уважаемый Марк Константинович!

Давно уже собирался написать Вам письмо, но все не было времени. Не имея Вашего адреса, я решил вложить эту открытку в письмо Лиде, кот<орая> передаст ее Вам. Открытка эта — любительский снимок дворца Sans Souci в Потсдаме. Фигура под крестиком это я.

Я сравнительно регулярно переписываюсь со своими бывшими соученицами по Университету. Оля Гречина мне сообщила о Вашем возвращении в Ленинград. Она ко мне недавно выслала вып. 12 «Ученых записок ЛГУ», где я с большим удовольствием и интересом прочел Вашу статью «Чернышевский в истории русской фольклористики», статью В. Я. Проппа и др. Ведь уже около 5-и лет я на эту тему ничего не читал! Сейчас я твердо решил (я об этом думал на протяжении всей войны), как только вернусь в Ленинград, обязательно и во что бы то ни стало продолжать учение. Жалко только то, что по ходу событий можно понять, что вернуться скоро не удастся. Пока этим кончаю.

Желаю Вам лучшего здоровья.

Юрий Лотман

116

<3 мая 1946 г.>

Уважаемый Марк Константинович!

Трудно описать Вам, как я был тронут Вашим письмом! Я тоже очень волновался, ожидая сообщения о результате Лидиной защиты диссертации, и мне было очень приятно узнать об ее благополучном исходе, тем более лично от Вас. Я очень признателен Вам за Ваши добрые пожелания относительно моего возвращения, хотя и боюсь, что до этого не так близко, как хотелось бы. Однако я все же надеюсь когда-либо вернуться в Университет. Надежды этой я не терял даже в самые тяжелые дни войны, даже не могу себе представить иначе дальнейшей жизни.

Я стараюсь не терять даром времени и сейчас, но возможности для занятий столь незначительны, что сколь-либо серьезных результатов ожидать не приходится.

Еще в дни войны я сделал многочисленные попытки записывать фольклорные песни (в основном украинские, т<ак> к<ак> всю войну был на Южном и Юго-Зап<адном> фронтах). Большинство из моих записей погибли, однако среди сохранившихся есть одна, кот<орая>, может быть, и представляет некоторый интерес. Это песнь партизан [Ковельской] Волынской обл<асти> (в этом районе их было очень

…ного). Песня записана в селе Поповичи (между Луцком и Ковелем) со слов молодого партизана Николая, фамилия кот<орого> у меня затерлась.

Я записывал русской транскрипцией, изображая только укр<аинское> звонкое фрикативн<ое> «г» как γ. Там, где по-укр<аински> стоят и (но произнос<ят> русское ы), я ставил ы, а где і — и.

Мне очень жаль, что я абсолютный профан в музыке и не смог записать мелодии.

23. IV — 44 г.

Скажи за щö ты пропаjеш
Украjина молода?
Вже нем'ечкы параз'иты
Ныщат' сэла и мэста

Плач и жасх* и с'лöзы л'jуца
Матыр'и ус'их л'удэj
Що пор'изал л'утаj ворог —
Матыр'и ус'их дэтэj.

С катом — γитл'ером, раjх'страхом
Кров' м'ин'истры нашу п'jут'
И на сэлах Украины
Пал'ут', γрабл'ут', л'удэj бjут'

Ск'ил'к'и сэл воны спалылы
Ск'ил'к'и нэ вбывалы нас
Мы пол'ажымо в'ид пул'и
Нэ поклон'имос' для вас

Колыс' для нас жит'jа наjстанэ
Зиjдэ соннце золотэ
Св'ит фашизма нэ п'ивенанэ,
А на в'ик'и пропадэ!

Возможно, тут есть некоторые транскрипц<ионные> ошибки, но мне их сейчас исправить трудно.

Заранее извиняюсь, что отрываю Ваше время, если эта песня не окажется достойной внимания.

Еще раз благодарю за Ваше письмо.

Глубоко Вас уважающий

Ю. Лотман
3.V.46 г.

---

* жасх — ужас. (*Примечание Ю. М. Лотмана.*)

** раjхстрах — ироническое словообраз<ование> из немецкого «das Reich» и русс<кого> «страх». (*Примечание Ю. М. Лотмана.*)

Б. Ф. ЕГОРОВУ

Борис Федорович Егоров *(род. 1926) — коллега и товарищ Ю. М. на протяжении почти полувека. Шапочное знакомство в университетские годы перешло в тартуское время в крепкую дружбу. Б. Ф. Егоров обладает самым большим, из известных до настоящего времени, собранием писем Ю. М. к нему — около 300. Значительная их часть публикуется в настоящем томе. Б. Ф. Егоров в 1948 г. окончил заочное отделение филологического факультета ЛГУ (на стационаре был в институте авиаприборов), в 1952 — аспирантуру; с 1951 г. по семейным обстоятельствам переехал в Тарту (жена, С. А. Николаева, окончив аспирантуру на год раньше, получила назначение в ТГУ), преподавал в ТГУ, в 1954—1960 гг. заведовал кафедрой русской литературы, «принимал» Ю. М. и З. Г. Минц на кафедру, в 1960 г. передал заведование кафедрой Ю. М. (с 1958 г., опять же по семейным обстоятельствам, Б. Ф. Егоров переехал на постоянное жительство в Ленинград).*

В 1962—1968 гг. Б. Ф. Егоров — доцент ЛГУ, в 1968—1978 — профессор, зав. кафедрой русской литературы ЛГПИ, затем — старший научный сотрудник Института истории АН СССР.

В 1962—1971 гг. Б. Ф. Егоров работал зам. главного редактора и и. о. главного редактора «Библиотеки поэта»; с 1971 г. — член редколлегии, с 1978 — зам. председателя редколлегии, с 1991 — председатель редколлегии академической серии «Литературные памятники».

117

<4 августа 1958 г.>

Б. Ф., привет!

а) На Дрыжакову приказ есть[1]!

в) Приемн<ые> дела таковы — 20 из русск<их> школ, 12 из эстонских[2]. С последними (8 человек) я беседовал (Smirnoviga[3]). Языком почти все (кроме двух) владеют порядочно, но вообще публика сероватая — на заочном и конкурс больше и народ интереснее. Спрашивал, почему, мол, на стационар не идут, — нельзя, денег нет! Окончивших русские школы сегодня увижу впервые на консультации. Посмотрим, что за люди. (Устный у них 6-го.) Эстонского собеседования еще не было — ждут Калица. Вот и все — привет вашим. Как Вы — уже домовладелец[4], как кум Тыква у Чипполино[5], или еще нет?

Привет от Зары.

Лотман
4.VIII.58.

Да, еще.

1) Адамс уехал в Питер — я его не зрел.

2) Павел просит характеристику (после получения Вашего письма) — шлите скорее и возвышеннее[6].

3) Сборник отпечатан[7] — задержка была из-за отсутствия бумаги на обложки и того, что Унив<ерситет> не сообщил цены. Ниглас обещает к 17—18 кончить kindlasti[8].

4) Когда будете в Питере, зайдите в контору Ленкниготорговли около Вас<иле-> О<стровского> райкома и спросите Быстрову, что они решили о Кайсарове[9].

[1] Е. Н. Дрыжакова не могла найти работу в Ленинграде, поэтому приезжала преподавать (почасовиком, не в штате) на заочном отделении ТГУ.

[2] Так как в советский период во всех эстонских школах было введено обязательное преподавание русского языка, то потребовалось громадное количество учителей; главными поставщиками этих кадров были отделения русского языка (и литературы) ТГУ и Таллинского пединститута. На нашем отделении, начиная с первого курса, регулярно создавались две группы — из окончивших, соответственно, русские и эстонские средние школы; для последних вводилось усиленное обучение русскому языку. Для эстонской молодежи русское отделение не было престижным, большинство поступающих отличалось слабой подготовкой и шло к нам, боясь не пройти по конкурсу на другие отделения.

[3] со Смирновым (*эст.*).

[4] Из-за отсутствия в 1950-х гг. кооперативного строительства, быстро получить жилье в Ленинграде можно было лишь купив частный дом, что я и сделал летом 1958 г., став домовладельцем в пригороде (Озерки).

[5] Имеется в виду сказка Дж. Родари «Приключения Чипполино».

[6] Товарищ Ю. М. по ЛГУ П. С. Рейфман работал до того времени почасовиком на нашей кафедре; мы с Ю. М. хлопотали о его зачислении в штат; как видно из следующих писем, удалось добиться штатной полставки.

[7] Речь идет о 1-м томе «Трудов по русской и славянской филологии», который мы с помощью ректора Ф. Д. Клемента выпустили к IV международному конгрессу славистов в Москве (сентябрь 1958 г.).

[8] непременно, наверняка (*эст.*).

[9] Монография Ю. М. «А. С. Кайсаров и литературно-общественная борьба его времени» (Тарту, 1958) также, с разрешения ректора, была «вне очереди» выпущена к IV конгрессу славистов. Мы вели переговоры с ленинградским книготоргом о возможности продажи изданий кафедры через книжные магазины России.

118

5.IX.58.

Б. Ф.!

Сообщаю наши дела:

1) Приказ на Адамса, как мне сегодня сообщили в отделе кадров, пошел на подпись к ректору и должен быть сего же дни подписан. Я сообщил Адамсу, но он не без величественности сказал, что уже знает от «своих друзей». До сих пор я его усиленно «охлаждал», особенно боясь, чтобы он не узнал о визите Павла и не взорвался, решив, что мы его надуваем, а за спиной тянем другого[1]. Теперь он, кажется, успокоился. Не поведет ли себя, как дух, выпущенный из бутылки?

2) Павел ректору, кажется, «показался». Сегодня мне в отделе кадров сказали, что приказ оформляется, на подпись пойдет после праздников. Правда, его оформляют лишь преподавателем (старших сейчас нет вакантных), что на полной ставке (с кандидатством и его 10-летним стажем) составит 2300 р. (т<о> е<сть> 1150). Не думаю, чтобы это его сколь-либо значительно огорчило.

Ложка дегтю: Отдел кадров с сообщ<ением>, что «старших» мест нет, позвонил на кафедру, попал на Килька. Когда я вошел на кафедру, Кильк, оторвавшись от шахматной игры со Столовичем и Смирновым, гаркнул, как 250 мм мортира: «А на какое место претендует Рейфман? Преподавательское? Чье?» Пришлось при Смирнове и Столовиче пускаться в длинное объяснение (особенно было приятно то, что я еще не знал об Адамсе, — представляете, если бы сей слух распространился до того, как решение об Адамсе получило огласку?). Я даже не стал Килька ругать — он простодушен до голубизны и все равно ни хрена не поймет.

Кстати — не по этому поводу и не в порядке кляузы — перед Кильком надо поставить вопрос, по-моему, совершенно прямо: или серьезная научная работа, или мы ищем другого лаборанта. Лекций ему больше давать нельзя — надо дать Беззубову, а Кильк пусть подучится (кстати, зайдите в ЛГУ и спросите на кафедре русской лит<ературы> — не советской — о прикреплении Беззубова. Согласится ли Еремин и кафедра, если Дм<итрий> Евг<еньевич> согласится руководить? Я еще не говорил с

Беззубовым, но хочу ему сосватать Леонида Андреева — такую и Д. Е. возьмется).

3) О сборнике[2]. Сижу и его правлю — работы до того, как идти к Пальги, еще масса — сноски не унифицированы, а местами и не в порядке, и еще гора «мелочей».

Кстати, и Вы — праведник оформления — представили статью в таком виде, что впору какому-нибудь расхлябанному Лотману: сноски не унифицированы, и вообще черт знает что: то «СПб.», то «Петербург», то «Птг», то «Петроград», названия журналов то в кавычках, то нет. Все это я выправил, чертыхаясь и матюгаясь, но внутренне торжествуя (кстати, текст у вас очень грязный, что мне тоже доставило злорадное удовольствие)[3]. Есть несколько вопросов, на которые требуются срочные ответы:

1) стр. 6. Зотов говорит о сб<орнике> «Русская запрещенная поэзия». Это не «Русская потаенная литература XIX <в.>»? Если да — надо оговорить в сноске, если нет — дать точные данные о сб<орнике>, кот<орый> имеется в виду.

2) На стр. 15 странное (е...). Если в скобке было бы еще (е... м...), то читателю ясно — это эмоции автора статьи, а так, видимо, опечатка.

3) стр. 16. Любский. Не надо ли Любекский? А может, «Любарский»?[4]

4) стр. 28. Ваша конъектура: «2 замечат<ельных> выговора»; не вернее ли «замечан<ия и> выговора»?

Есть несколько замечаний по существу, но вообще статья очень мне понравилась. Вообще, сборник будет хороший и даже очень. (Приказ о редколлегии уже пришел на кафедру.) Вот, кажется, и все.

Вас здесь никто не ищет, кроме Сельмы, которая жаждет протокола, и Риоли, который осведомлялся о Вас.

Привет всем вашим.

Ю. Лотман

Зара приветствует Вас и всю семью.

[1] Вернувшийся из карагандинских лагерей В. Т. Адамс еще не был реабилитирован, но нам удалось уговорить ректора Ф. Д. Клемента взять его хотя бы на полставки; Адамс этим был одновременно и обрадован, и возмущен: как это его, известного поэта и ученого, ограничивают! А т<ак> к<ак> одновременно мы хлопотали о зачислении П. С. Рейфмана, то Ю. М. опасался, как бы Адамс не подумал, что мы сознательно ограничили его, чтобы вторую половину ставки дать Рейфману.

[2] Окрыленные успехом 1-го тома «Трудов...», мы сразу стали готовить следующий, 2-й том.

[3] Я часто упрекал Ю. М. за плохую техническую подготовку машинописных статей — здесь он «злорадно» берет реванш.

[4] Ирония. А. Любарский — ленинградский беспринципный популяризатор науки, который нашел благоприятную почву в тогдашних эстонских издательствах и газетах, публикуя работы, где «доказывалось» преобладание «русской»

науки в Эстонии и замалчивалась или искажалась деятельность немецких и эстонских ученых. Мы с Ю. М. опубликовали в «Правде» (28 ноября 1954 г.) заметку «Безграмотный комментатор», что на несколько месяцев остановило фальсификатора, но потом все вернулось на круги своя.

119

<11 ноября 1958 г.>

Сэр!

Сидите себе в Питере[1]. Пярль разрешил, слегка скривившись, «до востребования», если не потребуют «верхние» инстанции. А я пока обязался ему за Вас контролировать практику — «осанна!».

Сборник захрясает. Был у Пальги. Он сказал:

1) неясно пока, кто след<ующая> инстанция — «большой» совет или «Лаугастиный»[2].

2) Неясно пока (нет еще из Москвы), как выглядит утвержд<енный> печ<атный> план (есть ли сокращения общего листажа и отдельных сб<орников> или нет).

3) Типографии до января книг из плана 1959 г. не берут. Как только сборник будет готов — задерживает Сергей — скорей гоните ему данные — пойду к ректору умолять, чтобы нас утверждал не Лаугастиный, а другой совет — думаю, что придется выслушивать его молчание.

Ну все.

Привет вашим от наших.

Ю.

11.XI.58.

(В пятн<ицу> — заменю.)

«По грошу в долг и без отдачи»

(Державин).

Партвзносы — уплатили, а прогр<амма> — хрена.

Да, пришло письмо и наша рецензия от Оксмана[3]. Он не в восторге и требует большей конкретности, меньше «лиризма», много конкретных доработок. Придется делать, видно, мне. (Срочно!)

27 у нас филос<офский> семинар — прошу быть как пупочка.

[1] С осени 1958 г. я оказался по семейным обстоятельствам в Питере (мы недолюбливали «Ленинград» и предпочитали устно и письменно употреблять старое название), и мне пришлось значительную часть обязанностей заведующего кафедрой переложить на плечи Ю. М., он героически нес этот груз; в 1960 г. я официально передал заведование Ю. М.

[2] В ТГУ существовала «большая» редколлегия во главе с ректором, а на факультетах были еще свои «малые» редколлегии «ученых записок». На на-

шем факультете таковую возглавлял доц. Э. Лаугасте, убежденный противник творческой молодежи. Он возненавидел нас, активно работавших в своих областях науки и начавших требовать себе отдельных томов «Ученых записок» (до 1958 г. были лишь общефакультетские сборники, выходившие с грехом пополам один раз в два-три года; от кафедры туда можно было дать не более одного-полутора листов). Ссылаясь на подготовку к проведению в Москве IV международного съезда славистов и желая преподнести съезду специальный том нашего отделения русской филологии, мы через голову Лаугасте добились у ректора разрешения на выпуск «своего» тома. Очень бы хотелось и проводить его не через факультетскую, а через «большую» редколлегию, но здесь мы не преуспели, пришлось мучиться с нашим недругом. Успех первого тома позволил нам добиться у ректора согласия на ежегодные выпуски своих томов в серии «Труды по русской и славянской филологии», но их утверждение происходило на факультетской редколлегии, и Лаугасте делал все возможное, чтобы оттягивать эти утверждения, иногда на много недель задерживая апробации, хотя в конце концов сдавался. Однако Лаугасте ни разу не осмелился попросту запретить какой-либо сборник: до этого 20 лет спустя дойдут московские и таллинские цензоры.

[3] Наша с Ю. М. рец. на «Уч. зап. Саратовского ун-та» в честь А. П. Скафтымова. Она выйдет в ж. «Известия АН СССР», СЛЯ, 1959, в. 6.

120

<17 ноября 1958 г.>[1]

Б. Ф.!

1. Оказывается, к 15-му надо было подать план научной работы. Мы несколько задержали — дадим сегодня (т<о> е<сть> 17-го), но Пярль раскипятился[2].

2. Сборник, как сообщил мне Пальги, все же будет утверждаться факультетской редколлегией. Ректор завтра уезжает на неделю в Москву (вновь поползли слухи об отставке[3]. Прочат какого-то монстра московского, по профессии педагогика — мрак!). Давать ли сборник Лаугасте или биться с ректором за «большую редколлегию»? А если давать, то ждать Вас, аль нет?

Жду разъяснений.

Жизнь здесь кипит и пузырится.

Привет вашим.

Лотман

Приезжайте-ка поскорее, а?

Приказ на Павла сегодня должен пойти на подпись. Адамс хворает, но очень любезен.

Всё.

[1] Почтовый штемпель получения письма в Ленинграде — 19 ноября 1958 г.

[2] А. А. Пярль, тогда декан историко-филологического факультета, — один из немногих эстонских коллег, который помогал сотрудникам кафедры русской литературы в их педагогической и научной деятельности. Но он не выносил расхлябанности и опозданий, переносов сроков.

[3] Эстонец по происхождению и ленинградский интеллигент по воспитанию, ректор Ф. Д. Клемент, являясь крупным советским и партийным деятелем, был человеком науки, он сразу сочувственно отнесся к нашей растущей кафедре и очень много сделал для нее и в кадровом отношении, и в поддержке научных изданий. Чем больше разлагалась партийная верхушка, тем более чужим становился для нее аскетически честный коммунист; но окончательно «съели» Клемента лишь в 1971 г., грубо отправив его на пенсию.

121

<2 февраля 1959 г.>

Привет озерковцам!

Дела в Тарту таковы:

1) Сегодня наконец Вы подписали (Б. Егоров Б. Егоров Б. Егоров Б. Егоров Б. Егоров Б. Егоров Б. Егоров) характеристики[1]. Мы их до этого обсудили с курсом. (Задержка вызвана рядом переделок.)

2) Сегодня же я виделся <с> Лаугасте вот так:

<рисунок с надписью:>

Кого люблю — того дарю.

Он сказал, что рецензию пишет Эрингсон («так будет лучше», сказал он доверительно). Вторая будет у Клейса — «а больше нам не надо». Спросил, когда вы будете в Тарту, — я сказал, что 10-го февр<аля>. («К этому времени все будет готово».) Длинный поцелуй в диафрагму.

3) На меня из Грейфсвальда пришел вызов[2]. Я посему был у ректора, — он очень был расположен поболтать, но я — осел, осел, осел! — сухо сказал, что, мол, не хочу у него отнимать времени, и выкатился, не совершив ничего полезного для кафедры.

4) Было заседание по утверждению научн<ых> планов у ректора. Не знаю, как Вы, а я забыл пойти, но сегодня Клейс мне сказал, что ректор говорил о «признании» нашей кафедры Чуковским[3]. У Вас с ним есть нечто общее.

Ну, еще есть всякая мура — ну ее в болото.

Привет всему семейству от моего семейства.

2.II.58. Лотман

[1] Речь идет о характеристиках студентов последнего курса. Ю. М. далее демонстрирует, как именно он за меня подписывался (мы, презирая бюрократические документы, спокойно подписывались друг за друга).

[2] Начиналась европейская известность Ю. М., но разрешающие выезд за границу «органы» уже тогда чинили препятствия и делали Ю.М. «невыездным»; только в некоторые сателлитные страны иногда допускался выезд (например, в Чехословакию).

[3] К. И. Чуковский положительно отозвался о 1-м томе наших «Трудов...» «Общее» имеется в виду у меня не с Чуковским, а с ректором: желание подчеркивать значимость научной продукции, ссылаясь на авторитеты.

122

<Сухуми, 17—18 июля 1959 г.>

Б. Ф.!

Как прием? Сколько уже заявлений и какая публика? Как вообще и что в типографии обещают со сборником? Попросите Павла, буде он живет у нас, или Дину или лично собрать мою корреспонденцию и выслать по адресу: г. Сухуми, Груз. ССР, Главпочтамт, Ю. Лотману, до востребования. Сообщите сей адрес дипломантке Черней и Тунгаль, и пусть пишут. Приветик.

Ю. Лотман

123

24.VII.59.

Б. Ф.!

От Вас ни слуху ни духу. Беспокоюсь, как сборник и прием. Мы блаженствуем — переехали под Сухуми, живем на самом берегу моря и я купаюсь утром, днем, вечером и ночью — рай. Сергей, Вал<ерий> Ив<анови>ч, Кильк и Труммал ушли в горы с ружьем и кастрюлей. Рассчитывают убить медведя. Я не пошел, опасаясь за верность моей супруги, которой местные шоферы такси делают самые лестные предложения. Пишите по авиа — а то письма приедут к следующему лету.

Мне папаша Ерохиной прислал письмо, в котором предлагает дать ей характеристику для обратного приема в Университет. Я колеблюсь. <...>

Зайдите ко мне домой, если не трудно, и разберите корреспонденцию. Если есть срочное — пришлите по авиа. Привет от Зары.

Ю. Лотман

124

<Сухуми, 30—31 июля 1959 г.>

Б. Ф!

Какого дьявола, почему Вы не пишете? Не провалился ли весь Тарту с Университетом, приемом в оный и славянскими славными сборни ками? Или Вы в Тарту нос не кажете? Не видали ли вы мою дипломантку Черней?

Пишите о всех делах и по авиа.

Привет от Зары. 15-го я выезжаю в Москву — пишите на Собиновский[1].

Ю. Лотман

[1] В Собиновском пер. в Москве находилось эстонское постпредство, где были гостиничные комнаты для жителей Эстонии.

125

<30 ноября 1959 г.>

Борис Федорович!

Вчера, получил Ваше письмо об Эйхенбауме — тяжело и грустно[1].

У нас дела в порядке — пока никто Вас не ищет, да и вообще все замерло. Из хороших дел (плохих и нет — есть только полное отсутствие жизни — так, вероятно, в Море бурь на Луне: то холодно, то жарко, а жизни нет): я и Сельма были у ректора — жаловались на то, что к нам до 1/3 приема попадают инязовцы, которых ничего не интересует. После длительного и политичного (но доброжелательного) разговора договорились (джентльменски, т<о> е<сть> без огласки), что: 1) экзамен по эст<онскому> языку у русск<их> филологов будут принимать преп<одаватели> с каф<едры> русск<ого> языка: Ватман и С° (5+ !). 2) Экзамен по иностр<анному> языку будет последним. 3) Полудоговорились о том, чтоб — кроме препод<авателей> в эст<онскую> школу готовить переводчиков с эстонского и на русский. (Небольшую группу, чел<овек> 5.) Об этом надо будет помозговать, что изменить в учебн<ом> плане. (Я думаю — все педагогики, логики — вон, а вместо этого — курс практич<еской> стилистики русского яз<ыка>, эстонс<кого> языка. Из часов лит<ературы> народов СССР читать только эстонскую. Вообще, надо подумать. А вещь была бы хорошая. Брать только с полным знанием 2-х языков, конкурс будет, а отходы — на наше отделение.)

Вообще считаю, что визит был результативный. В конце произошел след<ующий> разговор. Даю в стенограф<ической> записи.

Рект<ор>: А... м-м-м... Егоров совсем уж оторвался?

Я: Что вы! Всеми делами ворочает, но сейчас он готовит том Добролюбова, весь завален корректурами...

Рект<ор>: А какой это том? Чего?

Я: Знаете, существует всесоюзная комиссия по изданию Собр<ания> соч<инений> Добролюбова, и Егоров там участвует — ему поручили том[2]...

Рект<ор>: (удовлетворенно) — М...м...м.

Далее вопрос о моей диссерт<ации>, а затем:

Рект<ор>: А что, можно надеяться, что за вторым томом ваших «Трудов по русск<ой> и сл<авянской>...» последует третий? Или уже все?

Я (привскочив на 3 м<етра>): Ваше превосходительство! Ни боже-мой. Уже готовим и скоро сдаем и даже просим как можно ускорить выпуск.

(Рукопожатия. Немая сцена.)

Вообще же о «сдаем»: я пишу медленно, плохо, нудно, никогда еще так не писал. В промежутках вою на Луну.

Кстати, на Зарину статью о «Материализме и эмп<ириокритицизме>»[3] пришла из Таллина гнусная рецензия — автор — ее однокурсник Саламыков — из таллинских дантистов[4]. Dixi[5]! Она послала текст Павлу: нужно от Анны Владим<ировны> Тамарч<енко> срочно контррецензию.

Зара через 3—4 дня приезжает в Питер.

Все.

Привет всем вашим. Соне особый! Мальчишки шлют приветы Тане. Мишины занятия в школе — источник бесконечного разнообразия ощущений.

Не говорил ли Билинкис чего про народность[6]?

Ю. Лотман

P. S. Вал<ерий> Ив<анович> с боями прописался у меня.

30.XI.59.

[1] 24 ноября 1959 г. скончался Б. М. Эйхенбаум.

[2] Я тогда готовил к печати 1-й том 9-томного Собрания сочинений Н. А. Добролюбова (Москва, издательство «Художественная литература»; том вышел в 1961 г.).

[3] З. Г. Минц отдала в «Труды по философии» ТГУ обширную статью «Второе издание книги В. И. Ленина “Материализм и эмпириокритицизм” и борьба за развитие советской эстетики и литературы в первые годы Советской власти»; рукописи «Трудов по философии» посылались на рецензию в Таллин. Благодаря петербургской «контррецензии» статью все же удалось напечатать («Уч. зап. ТГУ», вып. 89, 1960).

[4] «Дантист» — термин, заимствованный из радикальной публицистики 1860-х гг.: так называли представителей господствующих классов, измывавшихся над крестьянами, вплоть до прямого избиения («удар зубодробительный» — Некрасов). В переносном смысле — представитель жестокой власти.

[5] Сказал; так-то; именно так (*лат*).

[6] Сб. «О русском реализме XIX века и вопросах народности литературы», где была статья Ю. М. «Проблема народности и пути развития литературы преддекабристского периода», готовился в ленинградском отделении издательства «Художественная литература» (Я. С. Билинкис редактировал сб.). Вышел в свет в 1960 г.

126

8.I.60.

Carissime[1]!

Без слез не могу думать о Вашей деловитости, столь, впрочем, высоко ценимой нашим другом и высоким покровителем В. Т. Адамсом! Да и существуют ли черные души, думающие иначе? Возможно, но не верю! А если мне и попало от ректора за что-то по шее, то отношу это к несчастливому стечению планет и клевете недоброжелателей. Короче. Что за фальшивку сматерили* Вы в соавторстве с В. Т. Адамсом[2] (нашим другом и высоким покровителем), находясь между Лафитом и Клико? Сергей сочинил к ней «сопроводиловку», я, в простоте, не читая, подписал — и пошла в ректорат. Впрочем, довольно скоро оттуда вернулась, украшенная восклицательными и вопросительными знаками.

Вы себе запланировали тему доклада «Чеховский юбилей», а Адамс перевел eesti keeles[3]. Ректор вполне резонно осведомился: хотите ли Вы доложить о водевиле «Юбилей» или об организационных трудах, предпринятых Вами ради сей даты. Я лепетал: «Недосмотр, Ваше превосходительство, истинно по неопытности!»** Но мне было столь же резонно заявлено, что, при таком же недосмотре с его стороны, на ротапринт пошла бы явная чепуха.

Своей десницей я Вам закрепил тему: «Чехов и современность». Дерзайте, и да осенит Вас тень Эренбурга[4].

Теперь о сборнике: 31 дек<абря> Кереса не было на месте. Таким образом, 31—2-го я еще читал, Зара читала, Миша, Гриша и няня читали тоже[5] (и именно, кажется, с этого момента Миша получил навсегда отвращение к чтению). Третьего января «Сб<орник>» был у Кереса.

Мы долго трясли друг другу руки, желая head uut aastat[6]. Теперь — ждем. В итоге сборник был сдан не скорее, чем предшествующие.

Но я-то дошел — у меня головные боли, сердцебиения <на полях рисунок: по сердцу бьет молоток> (родичам в Питере не говорите!), и я уже пять дней справляю Дом отдыха на дому — пью валерьянку, сплю с 11—12 час. веч<ера> до 10 час. утра, не занимаюсь. Правда, написал маленькую рецензию для «Воплей»[7]. (Если увидите Рейсера, то скажите, что я, как мы и уговорились, в конце декабря написал рец<ензию> на Брискмана и, лишь только получу от Мильк, вышлю ему для показа Брискману и дальнейшего направления в «Вопли»).

Вышлите данные о выполн<ении> учебн<ой> нагрузки за первое полугодие. С заочниками — чердак. Бродят какие-то рассеянные толпы: тот начал писать что-то с Дрыжаковой, тот не кончил что-то с Рейфманом, тот не может дождаться, этому невтерпеж чем-то разрешиться.

* Возможно здесь смастерили (ред.). (*Примечание Ю. М. Лотмана.*)

** В укор Вам: поскольку бумажка пошла за моей подписью, ректор счел меня и автором текста; я же не вывел его из заблуждения (дружба, сие священное чувство...). (*Примечание Ю. М. Лотмана.*)

Учебные планы великолепно перемешались, так что в этом видна уже не рука человеческая, а сама природа. Привет всем Вашим от всех наших.

Лотман

Спасибо за хорошую марку.

Узнали ли Вы для Беззубова и Сергея[8]? Не ленитесь, сделайте!!!!

[1] Дражайший! (*лат.*).

[2] Речь шла о подготовке к 100-летнему юбилею А. П. Чехова (1960). Очевидно, я и Адамс сочинили программу торжественного заседания университета, не очень заботясь об основательности и точности формулировок. Ректор Ф. Д. Клемент очень чутко относился к таким недочетам и выходил из себя.

[3] на эстонский язык (*эст*).

[4] Имеются в виду крупномасштабные заглавия статей и выступлений И. Эренбурга. Ю. М. с военных лет иронически относился к писателю, не любя его пафосность и взгляд «со стороны» на фронтовую жизнь.

[5] Ирония. Дети Ю. М. учились тогда в начальной школе.

[6] хорошего нового года (*эст.*).

[7] Рец. не удалось обнаружить в «Воплях».

[8] Очевидно, речь идет о прикреплении в ЛГУ В. И. Беззубова и С. Г. Исакова для работы над кандидатскими диссертациями.

127

<9 января 1960 г.>

Бобастик![1]

Сейчас просматриваю и подписываю Ваши билеты (Зарочка состроила по оставленным мне вопросам). И обнаруживаю в них престранные вещи: нет Салтыкова-Щедрина, Чернышевского, Добролюбова и Писарева. Гм!

Салтыкова хватились сами студенты, громко вопя на консультации, что их предупредили слишком поздно. Мы договорились, что в экз<амен> Салтыков не пойдет — они его сдадут Вам на коллоквиуме.

Но вот я сейчас хватился других — завтра экзамен. Спрашивать их или нет — не знаю. Может, уж Вам демократьев сдали когда-либо в прошедшие времена? Хотя сие и странно.

Спрашивать и нельзя — их не было в вопросах для повторения.

Просвети, святый отец, наваждение ли сие диавольское или так и должно.

9.I.60. Лотман

[1] Шутливое использование моего домашнего прозвища.

128

<26 августа 1960 г.>

Бор. Фед.!

Жизнь бьет ключиком!

1) Наш первый курс будет заниматься в вечерние часы, а утром работать на производстве. Предстоит организовать группу производственников, а прочим сократить уч<ебный> план с 28 до 18 часов в неделю.

2) Второй, третий и четвертый курсы с 1 сент<ября> едут в колхоз. На месяц. С каждой группой велено послать преп<одавателя>, а у нас все в разгоне. (Кильк на строительстве, Сергей до 13-го в отпуску — в строю я и Адамс). Я плюну и поеду сам — сразу двух зайцев — и уважение, и уклонюсь от кафедральных дел, ну их в ноздрю. Еще не решил, но, вероятно, так и сделаю.

Завтра запишусь к ректору на прием:

1) поднести «народность»[1].

2) узнать о Беззубове[2].

3) попытать в смысле 1-го курса, хотя и безнадежно.

Написали ли Вы рецензию[3], если да, то почему? Утрясли ли Вы вопрос о рецензии Найдича (?)[4] на наши труды и дни?

Я сейчас «в два дня» соображаю текстологическую статью вокруг наследия декабристов[5]. Напишу залпом и сразу пошлю в «Истор<ический> архив». По поводу курса теории литературы я вдруг струсил и отчасти от него хочу сбежать в колхоз.

Наши все здоровы. Скоро (29-го) — в Тарту.

Привет Вашим — Соне, Тане, Татьяне Алексеевне.

26.VIII.60.

Лотман

[1] См. примеч. 6 к п. 125.

[2] Ректор Ф. Д. Клемент по нашим ходатайствам дал В. И. Беззубову штатное место на кафедре, но отказал в жилье (см. п. 129).

[3] Моя рец. на сб. «О русском реализме...» (см. примеч. 1) будет опубликована в ж. РЛ, 1961, № 3.

[4] Обзорная статья-рец. Э. Э. Найдича (Ю. М., видимо, не был уверен именно в его авторстве) «Труды по русской и славянской филологии Тартуского университета» будет опубликована: РЛ, 1960, № 4.

[5] Такую статью не удалось обнаружить в печати. Возможно, частично Ю. М. использовал ее материалы в статьях «Неизвестные и утраченные исторические труды А. О. Корниловича» (РЛ, 1961, № 2) и «Кто был автором стихотворения “На смерть К. П. Чернова”» (РЛ, 1961, № 3).

129

<17.IX.1960. Тарту>

Б. Ф.!

Привет и пр. У нас жизнь бьет ключом. Меня вернули из колхоза — сейчас там Павел.

Дела:

1) Вам пока выплатили только зарплату (за отпуск еще не было) — 800 с чем-то, т<о> е<сть> 789 р. 69 к. Я перевел Вам 700. На книжке сейчас 191 р. 72 коп. С Вас — 25 р. чл<енских> взносов + 25 р. на похороны Бориса Васильевича (Вы знаете, что он умер?). Итого 50 р. Вернете, когда приедете.

2) Пошла первая корректура сб<орника>. Тройчатка сейчас читается Зарой[1].

3) Наш I курс упахали днем работать. След<овательно>, вм<есто> 28 у них 16 час. в неделю со всеми вытекающими.

4) Срочно надо распределять дипломантов, а я не знаю, кого вы себе облюбовали и вообще что наметили.

Вопросы о журн<алах> XVIII в. и о всякой комментаторской штуке — в след<ующем> письме.

Я начал читать курс теории. Зара и Ленька ходят на все лекции. Жаль, что нет Вас. Блюм снова провалил Лиллеметс. Добрый крошка.

Привет всем вашим.

Ю.

Ишшо дело:

Я был у ректора и договорился о Дм<итрии> Евгеньевиче как руководителе Беззубова, но Дм<итрий> Евг<еньевич>прислал мне письмо (очень дружеское и грустное — видимо, у него что-то тяжело на душе*), в кот<ором> от руководства отказывается — консультировать и давать советы согласен, а официально руководить — нет. Я еще буду ему писать, но хорошо было бы, чтобы и Вы с ним поговорили. Отказ его ставит нас в тяжелое положение. Дм. Евг. пишет, что, по его мнению, руководить могла бы Зара. Это, конечно, невозможно — ее не утвердят. Если же он твердо решил, лучше бы, если бы <u>он</u> написал о Заре ректору, поскольку я передал официальное предложение ректора же. Но думаю, что это имело бы смысл только с точки зрения укрепления авторитета Зары in abstracto. Что касается до руководства, то ее кандидатура, действительно, не подходит. Если же Дм. Евг. упрется, поразведайте через Як<ова> Семеновича о возможной кандидатуре. Бялый? Но он будет вола вертеть. Хорошо бы Павла Громова. Он и театром занимается и пр. Но доцент ли он? И кандидат ли? Вообще помозгуйте.

---

* догадка не для передачи Дм. Евг. (*Примечание Ю. М. Лотмана.*)

Беззубову пока отказали (ректор) в комнате в общежитии, и он с женой и ребенком пребывает на воздусях. Ищет помещение в наем, и тоже нет. Пребывает в понятной мрачности.

У нас тут еще кое-какие события, но все мелочь, лениво плывут, как навоз весной по реке.

Приветик.

[1] Речь идет о 3-м томе «Трудов по русской и славянской филологии» (вышел в конце 1960 г.). «Тройчатка» — статья «Основные этапы развития русского реализма», написанная мною, Ю. М. и З. Г. Минц.

130

21 сентября 1960 г.

Б. Ф!

Договорились ли Вы с Путиловым? Лаугасте продл<ил> срок до Нового года, <u>но — надо это организовать обязательно</u>[1]. Напом<инаю> тему — «Русские богатыри-крестьяне». Если не Путилов, то Жирмунский? Лучше Путилов. (Или К. Чистов?)

Относительно денег Вам за отпуск — еще не узнал (кручусь как белка) — сегодня буду в с<бер>кассе и переведу всю сумму.

Вообще дел нет, а толчеи много.

Когда Вы будете в Тарту?

Приветик всем Вашим.

Ю. Лотман
21.IX.60.

Я за Вас уплатил членские взносы и 35 р. на похороны Бориса Васильевича.

Молитесь, взвеш<ивайте?>, платите!

[1] Не помню, о чем идет речь: о конференции по фольклору или о сборнике; согласно следующему письму, эту тему взяла А. М. Астахова.

131

<26 сентября 1960 г.>

Б. Ф!

I. В «Воскресшем Белинском»[1].

«...как он сам делал в одном из своих похвальных слов».

«Слово благодарственное всепресветлейшей державнейшей великой государыне императрице Елисавете Петровне самодержице Всероссийской, на торжественной инавгурации Санктпетербургского Университета»[*] — неоконченная речь Ломоносова, при жизни не публиковалась (впервые в 1804 г., потом входила в собрания сочинений, в частности в смирдинское «Полное собр<ание> соч<инений> русских авторов», которым, вероятно, пользовался Добролюбов (т. I—III, 1847, тома II—III переизданы в 1850). Хорошо бы проверить по его реестрам! Ломоносов не окончил этой речи, в ряде мест для себя отметив лишь ссылки на риторические фигуры, которые нужно будет добавить в дальнейшем. Например, против слов: «Коль великое, коль безопасное, коль постоянное добро от монаршей щедрости мы получили!» — на полях поставил: «NB. Риторика для изображения радости» (Полн. собр. соч., изд. АН СССР, М.—Л., 1959, т. VIII, стр. 677). Далее характеристика мира: «Что он? не подобие ли ея (Елизаветы. — Ю. Л.) кроткия души? Не обилие ли, произращение разума, питаемого летом ея кротости? Vide Rhet. <Смотри Риторику>, § 242 и протч.» (там же, стр. 679), и далее: «Смотри, как сделать Licentiam Conditionale<m> <условную вольность>» (там же, стр. 679—80).

В комментарии к VIII т. приведены соответств<ующие> §§ из Риторики Ломоносова.

II. Павел передал устно вопрос, который я запомнил так: были ли поздние масонские московские журналы «Вечерняя заря» (1782—1783) и «Покоящийся трудолюбец» (1784—1785) антиновиковскими или новиковскими[2]?

Макогон доказывает, что в 80-е гг. эти журналы издавал Шварц (злокозненный масон!), а Новиков издавал «Московское издание» (1781) и «Прибавление к Московским ведомостям» (1783—84) (добронравный просветитель)[3]. На мой взгляд (и на самом деле!), это все мура: журналы масонские и новиковские — все. Это не антитеза. Издавались «Веч<ерняя> Заря» и «Трудолюбец» силами московск<их> студентов под общей эгидой масонов, в том числе и Новикова.

Кажется, все?

Деньги я Вам перевел еще — получили? Беркову не послал, ибо хотел передать лично (при встрече так и скажите — нечего на меня «мораль наводить»)!

За Астахову — спасибо, скажу Лаугасте.

Кстати, об опечатках в Анастасевиче. Можете сказать Найдичу, что он проверял не по рукописи, конечно, которая в Москве, а по публикации Брискмана, где тоже многое наврано, — у меня есть неточности, но половина моих расхождений с ним — за счет его ошибок (а половина — скромно улыбаясь — за мой счет)[4].

В нашу толстовскую конференцию — еще один доклад (кроме Пугачева) — Маймин, из Пскова (с одного курса со мною, умный малый) — «Пушкин и Толстой»[5].

---

[*] Так наз. «Академический университет», который просуществовал недолго, формально до 1796 г., фактически угас раньше. См. *Д. А. Толстой*. Академический Университет в XVIII столетии. Приложение к тому LI Записок Имп. АН, № 3, СПб., 1885. (*Примечание Ю. М. Лотмана.*)

Я здесь барахтаюсь во взбаламученном море органических остатков, но читаю курс «Теории», где крою напролом. Ленька и Зара ходят на каждую лекцию (хвала Ленькиной незлобивости, я бы ни за что не ходил!), Зара все стенографирует — переверну науку!

Вам не икалось? А то я здесь составлял годовой отчет о работе кафедры за 1959/60 уч<ебный> год.

Очень благодарил Вас, моего друга и высокого покровителя, за то, что подкинули эту работенку мне. Теперь требуют тезисов на общеуниверситетскую конференцию, м..., м..., м... !!! А где взять? Правдин за Вас, кажется, представил (он в отпуску, лечится от пьянства, но бывает в Ülikool[6]'ях), а за меня? А Павел смотался из колхоза в Питер, не задержавшись в Тарту, а евойный доклад в плане, а..., а..., а...???

Прах Вас всех побери! А тут требуют текст лекции для радио, отчеты и планы несть числа, докладчика в Калласте[7], а все в разгоне (даже Кильк в колхозе), тьфу!

Тарту, 26. IX, час ночи.
Приветик!

[1] «Анастасий <«воскресший» по-гречески> Белинский» — так подписал Н. А. Добролюбов публицистическое письмо к Н. И. Гречу (1855), написанное в духе письма Белинского к Гоголю.

Здесь, ниже, а также в пп. 132, 133 Ю. М. отвечает на мои вопросы по поводу комментирования текстов Добролюбова (см. примеч. 2 к п. 9). Я благодарно использовал указания Ю. М.

[2] Разрешение этой проблемы было нужно мне для комментирования статьи Добролюбова «Собеседник любителей российского слова» (1856).

[3] Г. П. Макогоненко в книге «Н. Новиков и русское просвещение XVIII века» (М.—Л., 1951) стремится отделить Новикова от масонов, противопоставить его им.

[4] Очевидно, Э. Э. Найдич говорил об опечатках устно, еще до публикации рец. (см. примеч. 4 к п. 128), где будет сказано лишь о пропуске у Ю. М. одного предложения в тексте Анастасевича (15 слов).

[5] Наша кафедра организовала в ноябре 1960 г. конференцию, посвященную 50-летию со дня смерти Л. Н. Толстого.

[6] Университет (*эст.*).

[7] Калласте — поселок на берегу Чудского озера, жители которого, в основном, русские; очевидно, нужно было читать какую-то просветительскую лекцию.

132

4.X.60. Выбранные места из переписки...

1) «Когда ж о честности высокой говорит —
Каким-то демоном внушаем» — из монолога Репетилова («Горе от ума»).

2) Откуда каламбуры — не знаю, слышу в первый раз.

3) Вал<ерий> Иванович прошел по приказу, руководителем — Дм<итрий> Евг<еньевич>. При случае уговорите его согласиться — я

ему уже писал слезно, Зара — тоже. Изъясните, что нам для кафедры будет большой удар, если для первого нашего аспиранта начнется волынка с отысканием руководителя. Так что пусть страждет «за други своя». Вал<ерий> Иванович после долгих мучений, которые его извели на-нет, нашел комнату (частную, 125 р. в м-ц + его дрова), сегодня в первый раз во все время улыбнулся, а то ходил мрачный, как туча, ведя за руку сияющего Антошу (его некуда девать, и он его повсюду водит за собой).

4) Насчет корректуры Адамс, как всегда, чтой-то плетет: корректура идет и дошла уже до Сергея. Ей-богу, в ноябре выпустим[1] — держись, Европа!

5) В смысле отчета, так это вы (и со с Кильком <рисунок рыбы>) по неопытности явно... Отчета он не нашел у себя, равно как и я без него. А, вытаращив глаза, лишь твердит «nic ne ma!»[2]

6) Толстовская сессия будет — ух! (кроме Пугачева и Билинкиса — из Пскова Женя Маймин — умный паренек с моего курса — с докладом «Толстой и Пушкин»)[3].

7) Я закрутился! <Нарисована густая спираль; в центре — голова Ю. М.>

И ничто спасти меня уже не может[4].

8) Поручения: Купите мне 1 кг сухого рыбьего корма (дафна), а Заре 100^2 шт<ук> дамских закрывающихся заколок, а то она ходит так:

<приведен рисунок>

Спасите крошку.

8а) Мы (т<о> е<сть> я) обратились к Яшину с просьбой написать в наш сб<орник> лит<ературные> мемуары[5].

Данные о V конгр<ессе> я послал, но надежд не питаю[6].

У нас начинаются заочные защиты и вся с ними связанная муть.

9) Чем объясняет Ямпол отсутствие корректуры? Меня это огорчает[7].

Без Вас в Тарту скучно и грустно. Я читаю курс лекций по теории литературы, который мне очень нравится. По этому поводу я начинаю считать сам себя демократом[8]. Привет Вашим.

Ю.

[1] Речь идет о III томе «Трудов...» кафедры.

[2] ничего нет! (*польск.*).

[3] См. примеч. 5 к п. 131.

[4] Цитата из какой-то драмы П. В. Кукольника.

[5] В 1960 г. в Тарту, с выступлением в университете, приезжала группа русских писателей; среди них был и А. Я. Яшин, которого тогда громила партийная печать, обвиняя в клевете на советскую действительность (за великолепный рассказ «Рычаги»). Мы познакомились с ним, выражали сочувствие, предлагали поселиться на какое-то время в Тарту. А позднее, как видно, Ю. М. еще обратил-

ся к нему с просьбой о мемуарах: мы хотели оживить наши ученые записки, обильно публикуя мемуары и письма современных писателей. К сожалению, Яшин не откликнулся на предложение.

[6] V конгресс славистов состоялся в Софии (Болгария) в сентябре 1963 г. Как и на другие зарубежные конгрессы, Ю. М. не был туда допущен.

[7] В Ленинграде, в Малой серии «Библиотеки поэта», печаталась книга, подготовленная Ю. М.: «Поэты начала XIX века» (выйдет в свет в 1961 г.). И. Г. Ямпольский был тогда зам. главного редактора «Библиотеки поэта».

[8] «Он — демократ» было крылатым выражением в нашем кругу, означавшим, с легким оттенком иронии: «Он — добропорядочный человек».

133

6.X.60.

Б. Ф.!

Жизнь бьет ключом!............м...., м....., м.....!!!................!!! Пярль вернул нам расчет нагрузки — всем кафедрам приказ: повысить нагрузку, экз<амены> — 20 мин., зачет — 15, срезали консультации на заочн<ом>, вычеркнули госэкз<амены> из нагрузки и приемные тоже (..........!!!). В результате — перерасчет. Пришлось Вам добавлять — как и всем. Не зная, чем заменить 100 ч<асов> гос. экз., я дал Вам руководство фольклорной практикой — это дает за две недели 72 часа (практику можно провести или в начале, или в конце летнего отпуска студентов). Но ежели вы против, то заменим чем-либо равнозначным на заочн<ом> о<тделении>. Вообще был денек — всем пересчитывать и добавлять.

«Неможно век носить личин... и т. д.» — «Вельможа» Державина.

Карамзин говорил о популярности романов несколько раз. Наиболее подробно — в статье «О книжной торговле и любви ко чтению в России» («В<естник> Европы», 1802, IX, 57). Зд<есь> читаем: «Любопытный пожелает, может быть, знать, какого роду книги у нас более всего расходятся? Я спрашивал о том у многих книгопродавцев, и все, не задумавшись, отвечали: “романы!”» (Карамзин, Сочинения, изд. А. Смирдина, 1848, т. IV, стр. 547).

Пушкин — думаю, что имеется в виду место из «Е<вгения> О<негина>» (гл. III, строфы IX—XIV).

Вообще, замотался, устал (работаю только ночами, весь день пропадает, а лекции теперь с 8.00) и твердо убежден, что кафедра в ближайшее время процветет под моим бодрым руководством.

Привет от Зары — и от меня — всем Вашим.

Ю. Л.

С Адамсом ругаемся и миримся. Примирился ли Дм<итрий> Евг<еньевич> со своим назначением? Ума́слите и умасти́те.

134

10.XI.60.

Б. Ф.!

Получили ли Вы корректуру? Гоните ее. С беззубовской полставкой дело утрясается. В<олодинь>ка[1] ему безропотно отдал все заочное, но приказа еще нет.

Да, дело: купите мне 2—3 экз<емпляра> Мерзлякова[2] (в Лавке писателя, «Библ<иотека> поэта»), — деньги сразу в Тарту или могу выслать.

Приветик.

Ю. Лотман

[1] Шутливое прозвище В. Т. Адамса (так его называла жена — Л. Ю. Алексеева).

[2] Ю. М. издал в Большой серии «Библиотеки поэта» книгу: *Мерзляков А. Ф.* Стихотворения. Л., 1958.

135

<15 ноября 1960 г.>

Б. Ф.!

Дела таковы:

1) В<алерия> И<вановича> утвердили на 1/2 ставки. Сегодня пришел приказ, и сегодня мы весь день пили (ему 650 как аспир<анту> и 600 р. на полставки).

2) Сегодня пришло утвержд<ение> почасовой на Тамарченок[1]. Утвердили все, ибо: мы дали часов на 200—400 лишних (госэкз<амены> + приемн<ые>), их срезали, и в результате Тамарченкам утвердили то, что мы составляли — Григор<ию> Евс<еевичу> 710 час. на 10.265 р., Анне Вл<адимировне> 711 час. на 11.326 рубл. (прилагаю, передайте). Это очень хорошо, ибо всем срезали, и я торговался с Сильдмяэ, как на ярмарке мой прадед.

3) Фельдбах отдал Беззубову, не икнув, все заочное, т<аким> о<бразом>, В<алерий> И<ванович> будет занят 2 месяца в году — хорошо для работы.

4) Сегодня получили корректуру до конца. Ваш хвост мы проверим сами, чтобы не задерживать, хотя дел невпроворот.

5) Передайте Павлу, что деньги выслал, писать, ей-богу, нет времени, сейчас три ночи. Павке поцелуи от меня и Зары, Дина болеет, и вообще у них в доме наэлектризовано.

6) Альтоа защитил докторскую.

7) Лаугасте ушел на 6 мес<яцев> в декретный отпуск (рожает докторскую). Редактор — Клейс, и мы ему будем сдавать том!

8) У нас вчера был философский сем<инар>, на котором была проверяющая Аулинг (жена Аулинга). Адамс, приняв ее за студентку, понес такое, что я его останавливал пиханием и заушатинами. К счастию, она, кажется, проспала. Теперь Адамс провожает меня на всех моих путях, как в прошлом году Вас.

9) Очень без Вас скучно.

Привет Соне, по которой я тоже очень скучаю, Тане и Т<атьяне> А<лексеевне>.

15.XI.60.

[1] Г. Е. и А. В. Тамарченко, доценты Свердловского университета, в хрущевскую «оттепель» решили бороться с антисемитизмом некоторых коллег, но им продемонстрировали истинный характер тогдашних преобразований: фактически их выгнали из университета, и они вернулись в Ленинград, город юности, где тоже оказались без работы, «запятнанные» свердловской историей. Несколько лет мы давали им возможность заработка и стажных записей в трудовые книжки: хотя они и были почасовиками, работая на заочных сессиях, но нагрузки их приближались к полным штатным ставкам.

136

<До 10 апреля 1961 г.>[1]

Б. Ф.! привет.

1) Что за критик, кот<орый> выписал из «Эмилии Галотти», не знаю — не Погодин ли?

2) Посылаю 12 экз<емпляров>.

Расчет такой:

Мы с Зарой внесли — 35 р. 70 коп.
(1 р. 19 коп. × 30). Сергей + Адамс = 2 р. 50 + 2 р. 50 = 5 р.
С Вас — 10 р.
А доходы с продажи — на

<рисунок с бутылками и закуской>

Не в том смысле, чтобы Вы горько пропили их в Горьком, а вместе (хотя бы я и Вы!!!)

Конверт, кот<орый> Вы прислали, след<ует> озаглавить так: «Вариации на тему “Рококо”, дипломный концерт педучилища им. Чайковского»[2].

Привет Вашим.

У нас все в порядке. Переводить ли Вам 10-го апр<еля> деньги или подождать?

Лотман

[1] 10 апреля определяется по последней фразе письма, 1961 г. — по цене (1р. 19 к.) III тома вышедших тогда «Трудов...» кафедры (денежная реформа).

[2] Очевидно, на конверте было изображено что-то балетное: «педучилище им. Чайковского» — часто употреблявшийся тогда каламбур в связи с «разоблачениями» в Москве и Ленинграде гомосексуалистов среди деятелей культуры.

137

30.VIII/61.

Б. Ф., приветик!

Дела идут. Книга (Славянский, т. IV), прошла последнюю корректуру и была у цензора, ждем сигнала. Книга Сергея — в первой корректуре[1].

Прием — посредственный, но вообще ничего. Были тут разные страсти-мордасти в связи с приемом, но вообще ничего серьезного.

Комитет славистов из всех наших тем удостоил вниманием лишь тему Адамса. Утритесь (я уже)! Адамс стал выше на 1/2 вершка и жалуется на перегрузку. Хочет просить у Виноградова сузить тему, забросив историю латышской рифмы, пренаивно поясняя, что Абен не дал ему необходимых сведений.

Воспоминания о Маяковском — сила[2]! А Вы у О<льги> В<икторовн>ы насчет вдовы Брехта просили, злодей[3]?

Я здесь действую, как игрок на органе с отключенным воздухом, — жму на педали, а звука нет.

У нас серьезная беда: очень больна Дина. Пусть Вас не обманывает трепаческий тон моего письма — я и мы все очень перепуганы. У нее вновь воспаление печени и всякие осложнения. Она героически выносит мучительные процедуры. Напишите ей на наш адрес письмо — передадим, а ей будет приятно.

Тоскую без Вас в Тарту, как влюбленная девица (как влюбленная, так и девица).

Мотаюсь, волнуюсь, а книгу пишу — пахнет Столовичем за десять верст, аж само́му сме́шно[4]. Но для сборника (т. V) еще не начинал, хотя в голове кое-что и есть. С ужасом думаю о том, как Вы покажетесь и еще с поезда завопите: «Скорей, скорей!!!» Адамс пишет для этого тома о природе у Гоголя — наука бьет ключом в Alma mater Dorpatiensis.

Кстати, заменять Вас некем — Зара тоже в отпуску, а для лит<ературо>ведов на V курсе читаете только вы двое (я «Теорию лит<ературы>» — всему курсу). Ну, что-нибудь сотворим: я буду показывать сеансы иллюзионизма. Привет всем вашим. Целую нежно Соню — я ее очень люблю.

Ю. Л.

[1] Книга С. Г. Исакова «Остзейский вопрос в русской печати 1860-х годов» (Тарту, 1961).

[2] Видимо, тогда мы получили интересные воспоминания переводчицы Р. Я. Райт-Ковалевой и художницы Е. В. Семеновой; далеко не все тогда можно было публиковать (например, ценные очерки Е. В. Семеновой о нравственной атмосфере в доме Бриков), но основная часть воспоминаний будет опубликована в 1966 г. — IX т. «Трудов...».

[3] У нас была идея добыть через О. В. Третьякову, знавшую вдову Б. Брехта, какие-либо неопубликованные материалы немецкого писателя; попытка не удалась.

[4] Ю. М. с долей иронии относился не только к Л. Н. Столовичу, но и ко всем нашим философам, считая, что они слишком теоретизируют, игнорируя конкретные факты. А в эти месяцы Ю. М. сам начал свою первую теоретическую книгу, обозначенную как 1 том новой серии ТГУ «Труды по знаковым системам»: «Лекции по структуральной поэтике. Вып. 1. Введение, теория стиха» (книга вышла в 1964 г.).

138

<Осень 1961 г.>[1]

Бор. Фед.!

Не посылал Вам письмо, т<ак> к<ак> еще не было тиража. Сейчас Труммал собирается в Питер — посылаю с ним, он бросит в почтовый ящик.

Пока, так уж и быть, не приезжайте — лекции пока почитает Зара. Но студенты начинают ворчать, и не без основания: Пугачев в прошлом году курс скомкал, в этом году с 17 нояб<ря> по 7 дек<абря> — педпрактика, так что времени на чтение курса почти не остается.

Дел здесь очень много и не все из них приятные. Кое о чем поговорим, когда приедете. Из срочных дел — такие:

1) Григорий Евсеевич так и не сообщил твердо: какие курсы он хочет читать и будет ли он нагружаться на всю железку.

2) Курсы Анны Владимировны распределяем «промеж себю» и местными силами.

3) Спецкурс буду читать я <дан рисунок нагруженного верблюда с лицом Ю. М.>.

4) Для V-го сб<орника> я еще не делал ничего и <u>до Нового года</u> ничего не дам. («Режь меня, бей меня»!!!)[2].

Собираетесь ли Вы на «добролюбовскую» в Нижний? Когда она будет[3]?

Посылаю Вам 2-томники[4] (С Вас их цена + 2 с чем-то партвзноски). Там не без опечаток (в оглавл<ении> я числюсь в компании с Исаковым *В.* (!) Лотманом). Лестно.

Приветы Соне и всем Вашим.

Ю. Л.

[1] 1961 г. определяется по ссылке на готовящийся V том «Трудов...», осень — по предстоящей дате 17 ноября.

[2] В конце концов Ю. М. написал для V тома замечательную (и огромную, почти в 5 п. л.) статью «Истоки "толстовского направления" в русской литературе 1830-х годов».

[3] Всесоюзная конференция к 100-летию со дня смерти Н. А. Добролюбова состоялась в Горьком («Нижнем», как пишет Ю. М.) в ноябре 1961 г., я выступал там с докладом.

[4] Загадочные «двухтомники» не числятся в библиографиях Ю. М. и С. Г. Исакова.

139

<31 декабря 1961 г.>

Поздравляем новым годом свиноматка рекордсменка пятая опоросилась вчера большими затруднениями приплод весом 630 сдан другу Лаугасте = завхоз Юрмихов[1]

[1] Шутливая новогодняя телеграмма о сдаче факультетскому редсовету V-го тома «Трудов...» кафедры — весьма большого объема: 630 машинописных страниц!

140

<18—19 января 1962 г.>

Б. Ф.!

Дела такие: сходите к Макогону и заведите с ним обворожительный разговор о Сергее (дескать, наш ученик и то и сё), и договоритесь. Сергей надеется сдать работу в марте—апреле. Кто бы оппоненты? Берков и Предтеченский? или Рейсер и Предтеченский. Потолкуйте с Рейсером, а Предт<еченского> я беру на себя.

Надо договориться с Макогоном (или Ереминым), чтобы на рецензию послать в Таллин. Если такая договоренность будет, то Сергей бы это сделал прямо из Тарту, сильно сэкономив время.

Но самое главное — закрутить машину, чтобы кафедра поставила в план.

Другие дела пока в порядке.

Тороплюсь и кончаю.

Юр.

А что Вы думаете о сочетании Рейсер — Пугачев?

Редколлегия будет 24—25 (сказал Лаугасте). У Зары лопнул «Блоковский сб<орник>» в Пуш<кинском> Доме, и я ее статью включил в наш том (он возрос на 1,5 листа). Семь бед — один ответ.

Приветик.

141

<17—18 февраля 1962 г.>

БорФед!

Не пишу Вам не по недостатку событий, а по их избытку. Я себя чувствую, как чудак, спускавшийся в бочке с Ниагары.

1) (и самое главн<ое>!) Сборник в типографии[1]! Через 5 дней будет корректура!! Слава Клейсу!!! Дело в том, что Таммеорг зажал сб<орник> и стал проверять листаж, но Клейс еще до того, как я успел что-либо предпринять, по собственной инициативе пошел и пропихнул!!!

2) В Пскове все Вам клан<яю>тся, но с вином был скандал — оно попало как раз директору, и он нашипел на Женю. Женя очень огорчался. Не знаю, как и быть[2].

3) С Павловым трудом волынка еще длится[3].

4) В унив<ерситетской> биб<лиоте>ке открывается фотолаб<оратория>. Хочу через ректора туда упихать Килька.

5) Зара в Питере — уехала умащать тетю Маню елеем и мастиками.

6) <рисунок утонувшего Ю. М. и надпись:> мои дела.

Привет всем Вашим.

Шлите Соне «во глубину сибирских...»[4] мои поцелуи.

Пишите, а то тоска зеленая.

Да! У нас была кафедра, после которой в суженном составе (без Вол<одень>ки — друга и высокого покровителя) прорабатывали Сергея за грубость. Он отреагировал очень хорошо, даже на Павлино пиление. Потом у нас вечером выпили 2 бут<ылки> старки и 1 вина. Пили за Ваше здоровье, уже окосев.

Дина благодарит за кильки и сервис.

Юр.

[1] Речь идет о V томе «Трудов...».

[2] Не вино, а какой-то хороший марочный коньяк. Одна из моих шуток легкомысленной молодости: украсть из подготовленных к званому вечеру бутылок какое-нибудь ценное питие, употребить его в узкой компании, а в бутылку налить соленую воду, подкрашенную соответственно соком или чаем, кофе. К сожалению, такая бутылка досталась на торжественном вечере в начале февраля

после закрытия пушкинской конференции в Пскове директору пединститута (я не был на вечере, должен был уехать раньше). Мне было очень неловко перед Е. А. Майминым, который, естественно, обиделся на меня.

[3] Книга П. С. Рейфмана «Демократическая газета “Современное слово”» (Тарту, 1962).

[4] С. А. Николаева, связанная по работе с химическими заводами Сибири, находилась тогда в командировке в Красноярске.

142

<26—27 февраля 1962 г.>

БорФед!

Черти бы Вас съели!!! Если бы Вы знали, как меня бесит Ваша домашняя медицина[1]. Человек, который помирает из-за того, что не замазал палец йодом (ну их, врачей!), а по народному поверию помазал его мочой (всем очень помогает!), заслуживает, конечно, уважения. В середине XX в. помирать от хронического аппендицита (а один наш сосед, тот, что живет на углу, очень милый человек, у него муж дочери учится в ветеринарном институте, сказал, что это не аппендицит — вот, выкуси!) смеху подобно, от катара, гастрита, гастронома и др. острых и затяжных болезней — тоже, но я знаю слишком много случаев, когда такой смех кончался совсем не смешно.

Ergo: сегодня — именно сегодня же — вызывайте настоящего врача, а не своему знакомому телеграфу двоюродный столб, и, если Вы и впрямь забрюхатили, делайте аборт, пока не поздно. Я знаю, чем кончаются затяжки в подобных случаях, — у самого десять человек детей. Да сообщите, как и чего...

У нас все отлично (как у прекрасной маркизы). Была аттестация лаборантов. Я хоть сам, своей собственной рукой, написал Кильку кислую характеристику, все же себя чувствовал, как

> когда войдешь, бывало, в класс
> и знаешь — сечь начнут сейчас[2].

Но все прошло иначе: Микельсаар, который вел это дело, в высоких тонах воздав должное международному значению научных усилий нашей кафедры (демократ, не Паустовский![3]), спросил меня, какова роль Килька. Я отозвался, мол, скромная. Тут он заявил, что нам надо дать второго лаборанта, чтобы Килька разгрузить от канцелярских дел и бросить его на науку. Я согласился, и ходатайство пошло ректору. План мой таков: берем Тунгал (и тотчас — в заочную аспирантуру). Кильку строго разъясняем, что все его функции он будет по-прежнему выполнять, а Тунгал только для научной работы. Кильк же пусть держит место, пока подрастет Чернов. Такова моя стратегия. Кстати, ваш друг Микельсаар воткнул Вас проводить практич<еские> занятия по материалам XX съезда[4] с V курсом. Как лучше — пойти к нему с объяснением или тихой сапой провести эти занятия нам с Павлом? Я склоняюсь ко второму, а с Вас — 100 гр<амм> за наши труды. Но, если считаете, что нужно скандалить, — я готов.

Павлова брошюра, кажется, уже в типографии или на днях там будет[5]. Во!

Корректур еще нет — начнут поступать с четверга, но я был в типографии и договорился, что к концу апреля вся книга будет уже в тираже[6]. На блоковской конференции — торганем (для покупщиков полного комплекта со скидкой), Кильк наклеит нам футлярчиков...

Мечты, мечты...

На свой день рождения я, кажется, поеду в командировку — надо кого-то послать на практику в Отепя — там наши студенты в школе.

Я этому даже был бы рад — настроение столь поганое, что хочу куда-либо удрать. Совсем бросил работать. Ломоносовская статья лежит брошенная на середине, и не могу себя заставить за нее взяться. Ни-сто-... нило!! Эх, удрать бы...

В<алерий> И<ванович> поехал в Москву, и я его снабдил верительными грамотами к Корнею, нашему высокому другу и покровителю.

На Паустовского не серчайте — как ему знать, может, подарочек от данайцев. На статье ведь не написано так, чтобы было ясно и ему, а на большее писательской квалификации не хватает. Периферия...

Спасибо за газетные статейки — любопытственно.

Привет Вашим, Соню и Таньку целуйте.

Ю. Лотман

[1] Мы с Ю. М. коренным образом расходились в проблемах лечения: он (может быть, благодаря сестре-врачу) принципиально был сторонником «официальной» медицины, в моей же семье было принято лечиться народными средствами и лишь в самых крайних случаях обращаться в поликлинику; я, видимо, обмолвился Ю. М. о сильных болях в животе (был чревоугодником, переедал — ничего страшного), а он трогательно взрывался и требовал вызывать врача. Позднее Ю. М. сам стал скептически относиться к «химии».

[2] Источник не обнаружен.

[3] Очевидно, не надеясь на пропуск в печать какой-то «несоветской» по тем временам статьи (см. в конце письма), мы посылали ее К. Паустовскому, уповая на его положительный отзыв; ответа от него не было.

[4] Явная описка; в октябре 1961 г. был уже XXII съезд КПСС (см. правильное число в следующем письме).

[5] См. примеч. 3 к п. 141.

[6] Имеется в виду V том «Трудов...». Ниже говорится о комплекте всех вышедших томов «Трудов...» в общем футляре.

143

<23 марта 1962 г.>

БорФед!

Даром Вы кипятитесь. Я, конечно, не писал Вам N-ое время, но все Ваши поручения выполнил: за Псковскую экспедицию Вам дополучить не то 25, не то 30 коп. Гоните доверенность (по мелочам не лжесвидетельствую), другое тоже все сделано, включая и занятия по XXII съезду, которые я, «такой-сякой», провожу, при содействии Килька, исполы. О мадамах Лафит, Клико, Бордо и Массандра и г-не Абраме Дюрсо я пока с ректором не говорил — он уезжал, приезжал, не принимал, и я записался на прием лишь на следующей неделе. С корректурами (первой порцией) напутал Кильк. Я просил его передать с Ваттер и строго предупредить, чтобы послала в тот же день, а Кильк передал им через третьи руки и пр.

Тезисов, вероятно, никаких не будет.

Вообще мы здесь крутимся, только поспеваем, и рычать на нас неча.

Приветик.

23.III.62.

Ю. Л.

144

11.IV.62.

БорФед!

Поручения Ваши выполняю, характеристику Дрыжаковой Сергей везет, для Пугачева постараюсь сделать. Теперь такое дело: надо разъяснить Макогону (хорошо бы, сведя его и Сергея за коньяком, но можно и так), что диссертация — антиархиповская (ему, т<о> е<сть>= Бялому, сие должно импонировать). Из этого следует, что посылать ее на рецензию в Пушдом, т<о> е<сть> к Базанову, нельзя[1]. Ergo: хай Макогон на кафедре предложит (а предварительно поговорит сам с Ереминым) в связи с характером темы послать на отзыв не в Пушдом, а в Институт л<итерату>ры в Таллин. Я пишу письмо на сию тему Макогону, но не убежден, что вручать его (письмо Вам передаст Сергей) удобно. Прочтите и решайте — может, лучше все сделать на словах.

Валерий мне показал Ваше письмо — я не разделяю презрения к литературоведению — моя хандра иного свойства. Я все более убеждаюсь в органической глупости (глупость относительная к сложности действительности) homo sapiens. Кстати, вы не правы в оценке «9 дней»[2]. Он вам не понравился, т<ак> к<ак> Вы подошли к нему с неправильным критерием: Вы искали в нем решений вопросов — а там решений нет. Весь его смысл в том, что ни один из вопросов не решается, ни один из спорщиков не побеждает, это не рецепты будущего, а фиксация существующего. Фильм очень хороший.

Вообще зря Вы киснете в Озерках — приезжайте — не на дни, заполненные делом, — а без дела в Тарту.

Привет всем Вашим.

Ю.

P. S. Канадские дела я продвинул — все идет как по маслу. Сергей расскажет подробно[3].

[1] С. Г. Исаков в своей диссертации «Прибалтика в русской литературе 1820-х — 1860-х годов» (1962) отмечал ошибки В. А. Архипова, вульгарного и невежественного литературоведа; еще более «антиархиповская» работа — почти фельетонная статья Г. А. Бялого и А. Г. Дементьева «Архипов полемизирует...» («Новый мир», 1959, № 10). В. Г. Базанов дружил с Архиповым и постоянно его защищал.

[2] Речь идет о фильме «Девять дней одного года» режиссера М. И. Ромма (1962) с А. В. Баталовым в главной роли.

[3] Шутка: см. следующее письмо.

145

<14 апреля 1962 г.>

Вторично поздравляем первым апреля старому стилю ректору не звони кайся грехах несчастный = Зара Минц Саскатун Канадский[1].

[1] Попросив В. А. Коженкова, дядю жены, баяниста Краснознаменного ансамбля песни и пляски Советской армии, путешествовавшего с ансамблем по всему миру, привозить мне заграничные конверты и бланки, я затем использовал их для первоапрельских розыгрышей. На 1 апреля 1962 г. Ю. М. получил якобы из Канады, из университета г. Саскатун лестное предложение издать сборник его статей на английском языке с выплатой гонорара. Настороженный предшествовавшими розыгрышами, Ю. М. заподозрил меня, решил проверить и послал мне в Питер телеграмму приблизительно такого содержания: «Получил предложение издать сборник статей Канаде записался прием ректору ваше мнение». Испугавшись реальности такого визита, я послал срочную телеграмму с раскрытием розыгрыша; Ю. М. ликующе ответил цитатой из «Евгения Онегина»: «Иной простак попадал и сам впросак». Публикуемая телеграмма уже повторно сообщает об удовлетворенности «объекта» шутки.

146

<До 15 апреля 1962 г.>[1]

БорФед!

De profundis[2]! И все прочее!! Зашиваюсь!!! Пишу Вам во время конференции (студенческой). Впечатления о ней — ниже. У нас кашка варится. На конкурс в этом году, видимо, по кафедре пойдем лишь я и Зара. 15 апреля — выборы декана. Посылаю Вам:

1) деньги,

2) с Павлом: a) статью Пести — читайте и разумейте.

b) программы конференции.

Конференция проходит хорошо — гости из Пскова, Горького и Минска. Из Пскова — умный мальчик, ученик Жени Маймина, из Горького — дружина Пугачева, до зубов вооруженная его идеями — о прогрессивности Николая I в 1830-е гг., о слиянии дворянского либерализма и дворянской революционности и др. Из Минска — гуторовщина, такой густой мрак, что с ума сойти[3]. Один доклад — по американской литературе (негры и их полож<ение>). Выяснилось, что автор не знает по-англ<ийски> ни слова. Мудрый деканат поставил доклад на секцию русской литературы!!!

Зашиваюсь с Зариными корректурами. «Старчевского» прокорректировал Вал<ерий> Иванович[4].

Очень грустно, что Вам грустно. Голубчик, всем тяжело и погано, я прямо на стены лажу, в душе — сплошная помойка, но когда рядом случится беда — осознаешь, что роптать грешно: у Виктора Маслова сын 10 лет упал на физкультуре — разрыв печени, мальчик при смерти, а Витька в командировке в Англии и ничего не знает — жена ему не сообщает, он ведь потерял на войне глаз, задет нерв, и, когда волнуется, теряет зрение. Она за него боится. Такой ужас, что не могу об этом думать. Страдать в таких условиях — роскошь. Все это так, но душа болит непереносимо.

С научной работой я зашился — статья о Ломоносове, которую я ненавижу, не пишется[5]. Я устал так, что все время сплю на ходу, температура — 35,5. Очень хотелось бы с Вами потолковать, черти бы Вас съели.

Целую Ваших дам.

Ю. Лотман

Новости

В деканы выдвинут Сийливаск — хорошего мало, но и не очень плохо. Блоковская конференция меня совершенно засыпала делами. Я разослал по ≈ 50 адресам письма и теперь получаю поток ответов с просьбами отвечать, высылать на имя директоров заявки и пр. Я несколько обижен на Д<митрия> Е<вгеньевича>. Почему он, даже не посоветовавшись со мной и не извинившись передо мной, взвалил на меня как на естественную чернорабочую силу всю эту работу? Затем начнутся оргдела еще больше — я умою руки. Мне и своих дел невпроворот, а в Блоковской конференции я заинтересован средне. По крайней мере мог бы меня спросить, есть ли на кафедре кто-либо, кто может вести техн<ическую> сторону, и разумно договориться о разделении функций. Если же все дело будет перевалено на меня — я отойду в сторону и отвечать на все эти письма не буду. Мне письма писать — смерть.

Отвел душу и облегчился. Черт с ним, не передавайте все сие Д<митрию> Е<вгеньевичу> в резких тонах — я ему пишу мягче.

Приветик.

Был разговор с ректором, о кот<ором> Вам расскажет Павел. Я веду борьбу за Тунгель и за второго лаборанта, много трудностей. Тунгель вышла замуж и уже не Тунгель, Иланка Ужв<анская> замуж не вышла и от мерехлюндии срывает диплом. Адамс отказался от Аун, и я «увязываю» их снова. У нас был философ<ский> семинар — один еще за вами — я докладал о структурализме в литерат<уроведении>.

Дел много, все поганые, душу отвести не с кем — ей-богу, я тут сопьюсь — ну его все к Аллаху.

Ишшо раз Приветик.

Вы что, действительно хотите, чтобы я пошел в бухгалтерию с Вашей доверенностью получать 20 коп.? Катитесь вы к..., в бухгалтерии уже давно забыли, не звонят, и приходить шевелить эту муру — стыдно.

[1] 15 апреля определяется отмеченной ниже предстоящей датой, год — по корректурам V тома «Трудов...» (см. примеч. 3).

[2] Из глубины (*лат.*; начало католической молитвы).

[3] Кафедру русской литературы Минского университета возглавлял тогда профессор И. В. Гуторов, скандально прославившийся опубликованием «продолжения» 10-й главы «Евгения Онегина» («Уч. зап. Белорусского ун-та», в. 27, Минск, 1956).

[4] Речь идет о статьях V тома «Трудов...». Моя заметка называлась «А. В. Старчевский о В. Н. Майкове и Н. А. Некрасове».

[5] В 1960-х гг. была опубликована единственная работа Ю. М. о Ломоносове: «Lomonosov Stellung in der Geschichte des russischen gesellschaftlichen Denkens» («Zeitschrift für Slawistik», Berlin, 1965, H. 5). Возможно, именно эту статью и имеет в виду Ю. М.

147

18.IV.62.

Дорогой Борис Федорович!

Письмо Ваше очень резануло по сердцу, хотя отговаривать Вас язык не поворачивается: университет все же лучше, чем Пушдом, хотя тоже помойка[1]. Но здесь уж отличие от Тарту не качественное, а относительное. Все, что можно сказать pro и contra, Вы и сами знаете — молчу как заинтересованное лицо. Кроме того, для Вас это, видимо, неизбежно. Так что не будем разводить элегий, хотя и больно — вообще и в частности, потому что пустеет оазис. Что касается меня, то с Вашим отъездом я переключусь от диалога на внутренний монолог как основную форму художественного выражения.

Мы с Зарой устали, замотались, завалены работой, тонем в мелких дрязгах.

Сб<орник> проходит вторую корректуру — надеюсь выпустить его к Блоковской[2].

Да, голубчики, с Вами-то я не чинюсь и не ряжусь и, следовательно, не обижаюсь, а с Дмитрием Евг<еньевичем> — человеком тонким и политичным — я местничаю и соблюдаю этикет, чего и к себе требую: в присланном Вам<и> ко мне плане конференции нет моего доклада и место для него не предусмотрено. Это после того, как я с Дм<итрием>

Евг<еньевичем> согласовал и уточнил тему. А т<ак> к<ак> это было буквально дня за 3—4 до Вашего с ним свидания, то забыть он не мог. Не могу понять, почему он так поступил, но доклада решительно делать не буду и в сборнике участвовать тоже не буду[3]. К Клементу на днях пойдет Зара — я скоро должен буду пойти по другим вопросам. Мое отсутствие в сб<орни>ке не нанесет удара «тартуской» партии, т<ак> к<ак> В<алерий> Ив<анович> будет в нем участвовать, как и в конференции. Вообще состав докладов, кот<орые> Вы прислали, меня разочаровал. Почему не включено чтение статьи Гуковского? На кой черт Бихтер? Боюсь, чтобы не было много муряги. Тогда не из чего и крыльями хлопать. Ну все, приветик.

Целуйте Ваших дам, больших и малых.

Ю. Л.

[1] Я сообщил об официальном приглашении меня на кафедру русской литературы ЛГУ, и Ю. М. с болью воспринял мой возможный уход из ТГУ.

[2] Речь идет о V томе «Трудов...». Блоковская конференция намечалась (и была проведена) на сентябрь 1962 г.

[3] На самом деле и на конференции Ю. М. выступил (говорил о цыганской теме у Блока), и в «Блоковском сборнике» участвовал (статья в соавторстве с З. Г. Минц).

148

<19—20 апреля 1962 г.>

Бор. Фед.!

Только что получил письмо от Дм<итрия> Евг<еньевича> на высшем политесном уровне — беру все свои отказы в зад (взад) и пишу ему сам. О моем окислении прошу не информировать, тем более, что виноваты Вы — не сообщили в плане ничего о моем докладе.

Целую

Ю. Л.

Корректуру Вашу получил (окончание). Полонская написала замечательно интересно воспоминания. Боюсь, что затруднения с трамвайным сообщением могут воспрепятствовать реализации этого плана[1].

Информируйте о своих делах.

Привет от Зары и тартуанцев, Лили Рихтер и Дины.

[1] «Из литературных воспоминаний» Е. Г. Полонской удалось опубликовать в VI томе «Трудов...» (1963). «Затруднения с трамвайным сообщением» — крылатое выражение в нашем кругу, означающее репрессивные акции сверху; в «Пушкинском временнике», органе академическом, отсутствие заседаний Пушкинской комиссии в первые недели после Октября 1917 г. было презрительно объяснено «трудностями трамвайного движения осенью 1917 г.»

149

<Эльва. 16 июля 1962 г.>

Борфед!

Произошло нечто, повергшее меня в совершенное удручение. Только Вы улетели, как я узнал, что нам на кафедру ректор дал 6, а не просимых 6,5 единиц. Т<о> е<сть>, вопреки нашей с ним точной договоренности, он не дал еще 1/2 ставки на Валерия. Сейчас приказ уже есть, а ректор сломал ногу и вряд ли скоро вернется. Я сочинил повторную просьбу, Сийливаск, кот<орый> как декан хорош, снова поддержал. Все пошло к Микельсаару, но он, боюсь, не имеет реальной власти это перерешать. Плохо, ваше превосходительство! Я очень этим всем расстроен. Не знаю, что теперь и делать. Боюсь, что это результат Вашего разговора с ректором. Не создалось ли у него впечатления, что Вы все равно уходите и Вашу полуставку можно будет передать Валерию? Говорили ли Вы с ним вообще о вопросах замены и о Павле, в частности? Боюсь, что в такой ситуации Ваш уход ударит по кафедре, т<ак> к<ак> в случае, если Вы не уйдете, надеюсь все же для Валерия вырвать 0,5. Если же предложат Ваши 0,5 (в случае Вашего ухода) передать Валерию, то потом для Павла уж наверняка не дадут. Но, с другой стороны, что будет, если Вы не уйдете, а для Валерия не дадут еще полставки? Куда ни кинь, всюду клин.

Посоветуйте, что делать. То есть, единственное, что можно, я и так делаю: бегаю и добиваюсь для Валерия места. Павлу пока ничего не сообщаю.

Несказанно всем этим огорчен.

Шуруйте в смысле приема.

Сердечные приветы Соне.

Ю. Лотман

Смертельно на-до-ело! Ей-богу, плюну и уйду с зав'ства!

P. S. Поскольку «оба хуже», то на Ваши дела это письмо влиять не должно — пусть все идет, как должно. Но вот что мне делать?

16.VII.62. Эльва.

150

Псков. 15.IX.62.

Дорогой Борфедик!

Вы и не знаете, как я жизню жуирую! Сентябрь у меня отгульный. До 11-го я, конечно, промотался по разным самонужнейшим делам. А с 11-го Зара, видя, что ни на какие моря мне все равно не собраться, выгнала меня в Л<енингра>д, хоть отдохнуть от семейных дел и подзаняться. По пути я решил заехать в Михайловское — все-таки стыдно, до сих пор не был.

Доехал я до Пскова. Ну и застрял здесь. Живу в гостинице (в номере наискосок от нашего), плачу 1 р. 80 к. в день за тишину и покой, занимаюсь (пишу свою муру о теории лит<ерату>ры, как нахлестанный), а главное, никуда не бегу, делаю только то, что хочу, и наслаждаюсь полным одиночеством. (Безмерно радуюсь, что не поехал в Горький, — то-то суеты!)

Господи, как хорошо! Я себя чувствую, как рак-отшельник, который 12 лет прожил в муравейнике и даже лихо управлялся по-муравьиному и вдруг попал в родную стихию. Не устаю слушать тишину. За столом сижу и работаю не абы как, а со смаком. На мое счастие в Пскове сейчас знакомых — ни души (поэтому я и задержался — иначе сбежал бы сразу!) — Женя Маймин в Москве, другие тоже где-то. Конечно, через некоторое время нападет хандра и потянет к людям, но сейчас всей душой наслаждаюсь возможностью оглядеться и обдуматься.

Завтра еду в Михайловское — может, и там застряну. В Питер хочу прибыть около 20 сент<ября>. Очень хочется, наконец, закончить мою теоретическую муру и показать Вам.

Перед отъездом у меня был очень хороший разговор с ректором. Все штатные дела разрешились отлично: Валерию — полная ставка, относительно Вас — ждут исхода конкурса, если уйдете — ректор согласен с кандидатурой Павла. («В ту пору лев был сыт...»[1]) Для сборника я еще ничего не делал, для Блоковского'Дмитриевгеньичевского'Зараминцевского — также, для одесского «Руссо...»[2] — также и др. и пр.

Здешние дежурные тетки заинтригованы моей личностью: жилец весь день сидит в номере и пишет. Жаль, что я завтра утром уезжаю, а то я решил уже распустить слух, что я знаменитый писатель (скажем, Чехов или Куприн), пишу роман из жизни древнего Пскова или советской псковской молодежи. Ну, иду спать — приветы Вашим, Соне — поцелуи.

Дина Борисовна — больна, в больнице, напишите ей пару слов, ей тошно и тоскливо.

[1] Эпиграф к 11-ой главе пушкинской «Капитанской дочки»; сочинен автором, хотя приписан якобы А. П. Сумарокову.

[2] Одесский историк В. С. Алексеев-Попов пригласил Ю. М. на конференцию, посвященную 250-летию со дня рождения Ж. Ж. Руссо; она состоялась в Одессе 16—18 июня 1962 г. Ю. М. выступил на ней с докладом «Восприятие идей Руссо в русской литературе конца XVIII — начала XIX вв.» Осенью 1962 г. Ю. М. уже, видимо, намеревался писать на материале доклада статью (она будет опубликована в 1967 г. в сб. ИРЛИ «Эпоха Просвещения. Из истории международных связей русской литературы»).

151

<24—25 октября 1962 г.>

Дорогой Борфед!

Спасибо за Ваши письма и заботы, рад, что дела в университете устроились[1], — приезжайте, выпьем! Поручения Ваши выполнил! — справку посылаю. Но хочу поговорить начистоту — не о тех конкретных упреках, которые, во многом, справедливы, а об упреках вообще. Они не только меня не раздражают, но даже радуют — я в них вижу Вашу — честно скажу, трогательную — заботу обо мне, Заре и тартуских делах вообще. Вы правы. Но и истина должна быть человечна и, скажу, толерантна, тактична. Ваши письма писаны как великопостные послания архиепископа к пастве. Вы призываете меня к покаянию и исчисляете мои грехи. Грехов много. Но, дорогой Борфед, приведу Вам один пример: Вы в свое время на два года разошлись с Дм<итрием> Евг<еньевичем> и не хотели его видеть за то, что он не счел грипп Таньки достаточной причиной для перенесения встречи. А Вы, объясняя ему о том, почему мы не отвечали на письма, забыли, что Гриша попал под машину (кровью была залита вся мостовая), лежал в больнице и мы дней 15 были вообще, как в сумасшедшем доме. Если Вы забыли это, то что мне думать о Вас, если Дм<итрий> Евг<еньевич> «не счел» это достаточной уважительной причиной для «неответов», то сколько лет я имею право, следуя Вашему примеру, обижаться на него? Десять или пятнадцать? Вы сто раз правы, я расхлябан, неаккуратен, являюсь с опозданиями, не отвечаю на письма, не выдерживаю сроков. Но, дорогой мой, это истина, но с Вашей стороны невеликодушно говорить мне эту истину: мне просто несравненно тяжелее (не в высоком моральном, а простом, бытовом смысле) живется, чем Вам. Мы с Зарой тянем воз, которого Вы никогда не тянули, и мы уже сломали себе хребты. Я все чаще с горечью думаю о том, кто же будет воспитывать и тянуть моих детей после того, как я загнусь. Это не риторика. Но Вы правы — этот воз — мое семейное дело, и я не имею права ждать скидок в этом смысле. Но поймите и другое: на кафедре числится 8 чел<овек>, и, кроме плановой штатной работы, на них падает масса неподдающейся учету, но фактически существующей, учебной, и вся общественная работа. Реально же на кафедре существуем я, Зара и Валерий (последние два месяца). С Адамса, Фельдбаха — взятки гладки, Сергей от всего лишнего уклоняется. Вы с Павлом — в Л<енингра>де. А начальству надо годами симулировать способность кафедры исполнять все обряды и толочь всю требуемую воду в ступе. Мы с Зарой на кафедре — как Райкин. Вот, напр<имер>, изд<ание> стенной газ<еты> поручили Павлу (он даже и не знает об этом). Могу я сказать в партбюро, что Рейфману нельзя поручать этого, т<ак> к<ак> он бывает в Тарту наездами? А кто фактически делает дело? Зара! И таких дел набирается по 3—4 часа на каждый день. А у меня 22 часа лекций в неделю и не может быть меньше, т<ак> к<ак> я не хочу, чтобы отделение травой заросло. Иное дело, когда студенты слушают Вас, меня, Билинкиса, Зару, — другое, когда читаем я и Зара, а Павел приезжает, сконцентрировав лекции в месяц, а вы, доведя журналистику до плотности материи на «белых карликах». Что же им — все годы слушать Бахмана и Оленеву? Следовательно, в этом положении я не могу не брать факультативных курсов. Это не чудачество, а элементарное отсутствие правдинского наплевизма, Вам самому неприятного. Но Вы скажете, что я и в идеальных условиях не отвечал бы на письма. Во-первых, сие еще неизвестно — в идеальных условиях я не был. Во-вторых: человек тонет, а Вы ему сурово с сознанием своей добродетели читаете проповедь о вреде курения, ибо он курил и до того, как начал тонуть.

Вообще все это мура и не стоит дискуссий. А говоря честно, мне сейчас очень трудно и одиноко. Было и совсем худо, но сейчас я как-то подобрался в связи с «миром воды» по Киплингу («Маугли», помните?)[2].

Теперь о конкретных делах: доверенность на зарплату Вы оставили Сергею, я, мол, не сделаю, и ошиблись — я-то Вам денежки переводил, а Сергей в кассу не зашел, теперь деньги будут 24 (т<о> е<сть> сегодня). Видимо, он уже получил или получит. Завтра напомню и спрошу. Справку высылаю. О Павлович. Дм<итрий> Евг<еньевич> путает: я ему говорил в Ак<адемии> Худ<ожеств>, когда мы были en trois[3], что решительно настаиваю на печат<ании> эти мемуаров, и он согласился, сказав, что нужно лишь сверить: не совпадают ли с печатными. Мы сверили — не совпадают. Если Дм<итрий> Евг<еньевич> будет жеманничать и дуться — я плюю на это дело и умываю руки. Разводить светский тон мне сейчас нет времени. Дай мне бог в остаток отпущенного мне времени кончить начатые работы — новых уже не начинаю, а «выяснять отношения» будем в следующем воплощении. Или в редкол<легии> «Блока» нормальные отношения — или делайте, что хотите. Тогда я включаю свою статью (Блок и цыгане) и мемуары Павлович в VI том[4], и катись он ко всем. Шаркать ножкой не буду! Но самое смешное в том, что мемуары Павлович, действительно, материал первого класса, вопреки ироническому отношению к ней Долгополова и Пушкинодомских мальчиков. Коллегиальности же, повторяю, я не нарушал. Ей-богу, скучно все это!

Об архиве А<ндрея> Белого. Мы послали телеграмму Дм<итрию> Евг<еньевичу>, но он изволит дуться и ответил так: «Проще вступить переговоры Вам лично, привет. Максимов». (Все это на уровне Адамса! Важно другое — никакого архива Белого нет. Это машинописи его жены (летопись жизни Белого и его библиография), причем первые экземпляры она уже кому-то продала, сама не помнит кому, то ли Ленинке, то ли Пушдому[5]. О 15—10 тыс. и речи идти не может, 500 р. ст<арыми> деньгами — красная цена. Я так полагаю, но надо посмотреть, а не смотрел, как я понимаю, никто. Будете ли Вы в Москве? Речь идет не о том чтобы жидоветь и торговаться (она в нужде, мы ей уже два раза посыла [и] деньги «так»), но, покупая рукописи, надо все же знать, что покупаешь, — чьи это бумаги, автографы или вт<орые> экз<емпляры> машинописи и пр.?

Для сборника работать начинаю — бог даст, и сделаю — что-либо.

Ну, кончаю — сейчас три ночи. Голова не варит.

Привет Вашим.

Ю.

Дм<итрию> Евг<еньевичу> все же напишу примирительно.

[1] С 15 октября 1962 г. меня, после долгих мытарств, приняли в ЛГУ.

[2] Ю. М. имеет в виду враждебное окружение кафедры, которое требует собранности.

[3] втроем (*фр.*).

[4] Затем наступило примирение с Д. Е. Максимовым, и обе статьи вошли в «Блоковский сборник» (1964).

[5] Основная часть архива Андрея Белого была продана в ЦГАЛИ (ныне — РГАЛИ).

152

8.XI.62.

Дорогой Борфедик!

Сердечные приветы и поцелуи!!! Искренне сочувствую Вам в Ваших элегических размышлениях насчет движения в лесу без карты, компаса и сведений о противнике в компании «теплых», но непроверенных ребят[1]. Авось образуется — мой старый лозунг: жизнь сама создает себе атмосферу и биосферу. Правда, у вас там дерьма таскать не перетаскать.

У нас трудно. Вообще тяжело, а сверх того досаждают и комариные укусы: непослушность детей, бытовая мутота, конфликты Зары с Клейсом (при всем моем желании обвинить Зару не могу не признаться, что Клейс в качестве продекана совершенно невозможен. Он люто возненавидел «ленинградских» — в сущности очень хороших — ребят и ест их поедом[2], Зара их защищает — в этом подтекст всех конфликтов Зары и Клейса).

На Павла приказ уже есть — это луч света в темном царстве, хотя, стыдно признаться, я сейчас так натянут, что лишь очень небольшой круг людей мне приятен в неограниченно больших количествах. Павел в больших количествах тяжел, хотя я его и люблю. Но с Вами мне легко, а с ним трудно.

Работать возможности почти не имею, но для VI т<ома> начал коечто делать. Все будет в срок. (11—12 я приезжаю в Питер, звоните, поговорим.) Дина извиняется, что не выслала денег (почта в праздн<ики> закрыта), я привезу их (деньги, а не извинение). Здоровье ее настолько ужасно, что я не могу об этом ни писать, ни думать.

Привет всем Вашим. Соню целую, мальчишки шлют приветы Таньке.

Ю. Лотман

[1] Я писал, что в ТГУ мы сплоченно держали «круговую оборону» кафедры, а в ЛГУ я почувствовал себя, как одиночка в дремучем лесу, где в любой момент из-за дерева тебе могут воткнуть нож в спину (партийные круги факультета люто меня возненавидели: я был для них «структуралист», «жидомасон», совершенно чужой их миру).

[2] В августе 1962 г. я пришел на филфак ЛГУ в день, когда абитуриентам сообщалось, кто прошел по конкурсу; принцип отбора был по анкетам и по звонкам, отнюдь не по реальному культурному потенциалу поступающих; я собрал отвергнутых, затем провел индивидуальные беседы и отобрал несколько толковых юношей и девушек (М. Я. Билинкис, А. Б. Рогинский и др.), которых привез во всегда «недоборный» ТГУ; «ленинградцы» украсили факультет, но они отличались неслыханной для «немецкого» духа ТГУ расхлябанностью, поэтому с самого начала их студенчества возникали тяжелые конфликты с деканатом и с ректоратом (см. следующие письма).

153

10.XII.62.

Дорогой Борфед!

Вполне разделяю Ваше беспокойство о сборнике[1], но дело от этого не двигается. Этот учебный год особенно тяжелый — такого никогда не было, порой я Вам завидую — хоть плюнь да беги.

Со времени моего приезда в Л<енингра>д было много неприятностей — некоторые настолько крупные, что уже не огорчительно, а лестно... Из мелких — постоянные конфликты с Клейсом. Он решительно хочет выжить ленинградских ребят с I курса. Но и ребята хороши — ничего плохого не делают, но пропускают занятия, опаздывают, не ходят на работу. И сколько им ни говоришь — как дети, ничего не понимают. Миша Билинкис тоже шалопай хороший. Толкуешь-толкуешь им, а с них как с гуся вода. Зара только чудом не получила из-за них выговора от Комитета по делам высш<ей> шк<олы> (Таллинск<ого>). Я уже хотел писать Якову Семеновичу. Дело в том, что у Миши уже столько накопилось прегрешений (мелких, но в деканате учтенных), что этак и исключить могут, а они все — как дети.

Относительно сборника дела таковы: я еще не написал, Зара пишет, у Вал<ерия> Ив<ановича> тоже еще не готово. Готово у Павла и Сергея. Их работы вышлю на рецензию. Берков зря на Сергея рычит[2].

Между слов намекните ему, что Сергей получил очень лестн<ое> письмо от ак<адемика> Дружинина и от Оксмана. Это произведет на него впечатление.

Домашние дела затирают. Нам чуть было не дали квартиру[3], но в последнюю минуту очень по-хамски отказали. Дома бесконечная канитель, Дина то болеет, то чуть лучше, но вообще не больно-то хорошо.

Привет Вашим дамам. Зара всех приветствует.

Особо пламенные приветы Татьяне Алексеевне от жены Вашего протеже, румынского подпольщика портного Марка[4].

Ю. Лотман

[1] Речь идет о VI томе «Трудов...». Полагалось сборники из плана будущего года сдавать в готовом виде до 31 декабря; я опасался, что сборник, если его не сдать, будет выброшен из плана.

[2] С. Г. Исаков представил на кафедру русской литературы ЛГУ (в ТГУ тогда не было Ученого совета по защитам по русской литературе) кандидатскую диссертацию (см. примеч. 1 к п. 144) объемом в 998 страниц. Из письма ко мне С. Г. Исакова: «Одним из моих оппонентов был назначен кафедрой П. Н. Берков. Он пришел в ужас и в ярость от объема диссертации и, очень разгневанный, на обсуждении диссертации на кафедре (на котором я, кстати, не присутствовал) в своем выступлении требовал запретить принимать к защите диссертации такого объема, ограничить их размер. Содержанием же диссертации П. Н. был вполне удовлетворен, хотя и не поддержал предложение второго оппонента, проф. А. В. Предтеченского, дать мне сразу же докторскую степень».

[3] Через несколько недель семья Ю. М. все же получила 4-комнатную квартиру (ул. Кастани, 9, кв. 7) — см. следующее письмо.

[4] Действительно, в Тарту оказался на постоянном жительстве колоритный румынский еврей Марк (фамилию его я и тогда не знал), участник подпольного антифашистского движения и большой мастер перелицовывать костюмы.

154

<Начало января 1963 г.>[1]

Дорогой Борфедик!

Со сборником заржавело (подробности редколлегии Вам в стиле réalisme сочными мазками живописнет Сергей). Лаугасте требует сокращений (всего в сб<орнике> получилось 690 стр.). Мои предложения:

Снять:

1) мою статью о Тарутине 15
\+
мою публикацию записок Радищева из «Летописи» 33

48 стр.

2) Статью Павла о Тургеневе	12 стр.
3) 1/2 статьи Сергея, а сохранить публикацию из Языкова, кот<орую> он воткнул в последнюю минуту	50 стр.
4) С лингвистов	25 стр.
	135 стр.

Счет сб<орника> будет — 555 стр. ≈ 22 п. л. Обсудите с Сергее Ген<надиевичем>. Жду Ваших предложений. Вашей статьи трогать н хочу не из подхалимажа, а по сути. Из нее можно выкроить стр. 10 н сокращ<ениях>, но не больше. Публикаций не трогать!!!

Дела личные.

Квартира движется (во вторник будем въезжать!). Покупаю раз ные железки, болты и гайки. С меня дерут три шкуры разные бодры мастера, но дело идет к концу.

Как Ваши дела, что дома?

Приветы и поцелуи дамам!

Ю.

[1] Датируется на основании сведений о VI томе «Трудов...», утверждавшемс на факультетской редколлегии в начале января, и сообщения о получении нс вой квартиры (см. следующее письмо).

[2] Из предлагаемого списка была исключена из тома лишь публикаци Ю. М. (перенесена в VIII том «Трудов...»).

155

24.I.63.

Борфед!

Вопию к Вам — спасибо за договор, но ускорьте оплату положен ных 25% — я сейчас в долгах (12 тыс. старыми деньгами) — кусаı локти. Деньги нужнее воздуха. S.O.S.! Поскорее!

Наш адрес: Кастани, 9, кв. 7 <рукой З. Г. Минц>.

Кстати о воздухе: можно ли в Питере купить озонатор для сорти ра — если да, купите и перешлите, голубчик, посылкой. Это будет пс следний штрих в нашей квартире. Жажду Вас в ней привечать. Приез жайте на пару дней с Танькой (и Соней?), а?!

Ставлю: <рисунок с выпивкой и закуской>.

Вчера была свадьба Сарва и Тани, Сергей напился, как лошадь.

Пишу письмо сие в 4 часа ночи.

Приветик Вашим.

Ю.

Мой адрес: Тарту, Кастани 9, кв. 7 — обновляйте.

156

1.II.63.

Борфедик!

Чего Вы, голубчик, не пишете? Несколько деловых вопросов. Нельзя ли было бы привлечь Светлана Андр<еевича> Семененко к участию в каких-либо переводах? Мне его стихи определенно нравятся, думаю, что он человек талантливый. Если есть время, — почитайте его стихи и выскажите мнение, надеюсь, что со временем он будет серьезным поэтом, а сейчас очень нуждается в деньгах.

Мальчики-первокурсники продолжают доставлять хлопоты. Миша Билинкис получил из Умани липовую телеграмму и уехал. Беда в том, что в серьезность этой телеграммы никто не верит. Рогинский после очень больших неприятностей был направлен работать в библиотеку. Первое, что он сделал там, — самовольно смотался в Таллин и Ленинград. Но больше всего огорчает даже не патологическое легкомыслие этих мальчиков, а их полное равнодушие к науке. Их слегка интересует современная поэзия и — больше ничего. Серьезных научных интересов, потребности подумать и что-либо прочесть — нет. Боюсь, что нет и гражданских интересов.

Сборник сдан Лаугасте. Редколлегия — 5-го февраля (ориентировочно). Чем пахнет в Питере (боюсь за Зощенко[1], если совсем плохо — сообщите)?

Вы мне не ответили на просьбу ускорить высылку 25% по договору за Карамзина[2] (спасибо за договор!). Получили ли Вы это письмо?

Меня душат астрономические цифры долгов, нажитых во время переезда и ремонта новой квартиры. Выручайте!!!

Сейчас снова взялся за книгу. По-моему, очень здорово. Как Ваши дела? За «Блоковский том» я не сяду, не кончив свою книгу[3]. Даже мечтаю пропихнуть ее до «Блоковского тома». Иначе боюсь, что терпение Лаугасте лопнет, тем более что нас и так уже на ученом совете хвалили за наибольший листаж научной продукции — он сидел, точно лимон съел!

Привет Вашим дамам. У нас все в порядке. Наслаждаемся новой квартирой. Дина плоха — все время боли и рвота.

Ю. Лотман

[1] Неясно, о чем речь (Зощенко скончался в 1958 г.). Возможно, имеется в виду статья М. О. Чудаковой о Зощенко, где доказывалось влияние сталинского режима на коррозию мировоззрения и языка писателя; учитывая тогдашнюю политическую обстановку в Эстонии, мы вынуждены были отказаться от публикации этой статьи.

[2] «Библиотека поэта», где я тогда был зам. главного редактора В. Н. Орлова, заключила с Ю. М. договор на издание в Большой серии «Полного собрания стихотворений» Н. М. Карамзина (многострадальная книга выйдет в 1966 г.).

[3] Ю. М. работал над книгой о структуральной поэтике (см. примеч. 4 к п. 137).

157

<Март 1963>[1]

Борфед!

Спасибо за письмо. Все, о чем Вы пишете, очень интересно. Я и сам мечтаю о мотоцикле — люблю технику, опять же и о билетах думать не надо. Расписание тоже вещь не из приятных.

Сборник прошел все инстанции — теперь в Горлите. Мы все же дождались Валерия Ивановича, который дал очень интересную и умную статью «Андреев и Чехов». Это будет лучшее изо всего, что он до сих пор публиковал.

Посылаю рецензию на Кюхельбекера[2] — рецензия вышла злее, чем я хотел. Но что поделаешь? Сильное ухудшение моей печени в последние дни сделало меня таким желчным и раздражительным, что я прямо на людей бросаюсь. Сам знаю, что они не виноваты, но что поделать с желчевиком! Особенно лихо приходится моим семейным — они за все в ответе. Советую и Вам беречь печень — мы уже не молоды, а по нынешней погоде простудить пара пустяков. А потом и сам уж будешь не рад: и внутри все болит, и на людей неповинных тигром бросаешься. Но это все имеет отношение лишь к тону рецензии, по сути — все верно и к печени отношения не имеет. Кстати, я указал лишь основные промахи в комментариях — их надо тщательно просмотреть, там много неотмеченного, что следует исправить.

Остальная часть рукописи весом в 32,5 кг — на Невском, прошу нанять контейнер и доставить в редакцию. Рецензию я написал добросовестнейше — теперь прошу раскошеливаться. Прочтите ее и сообщите мне Ваше мнение. Деньги получил — спасибо. Передайте Яше, что Миля в Тарту всех очаровала — не будь я старый хрен, — отбил бы.

Сердечный привет Вашим дамам — Соне отдельный!

Amen.

Ю. Лотман

У Королевой в «Словаре» Иегова помечен как «церковнославянский» — есть и др. и пр. Вы — редактор, ответственный, придется отвечать!!!

[1] Датируется по упоминанию сдачи VI тома «Трудов...» (именно там была опубликована статья В. И. Беззубова «Чехов и Л. Андреев»).

[2] Речь идет о книге В. К. Кюхельбекера в серии «Литературные памятники» — «Путешествие. Дневник. Статьи». И отрицательная рец. Ю. М., и привлечение в соавторы Н. В. Королевой М. Г. Альтшуллера, и позднейшая история с эмиграцией этого соавтора очень задержали выход книги (тогда эмиграция приводила к изъятию имени человека из всех каталогов, указателей, статей, книг; имя оказывалось под запретом; удалось получить согласие В. Д. Рака, и его имя стало над всеми разделами, подготовленными М. Г. Альтшуллером). Книга вышла лишь в 1979 г., я был ее ответственным редактором.

158

2.IV.63.

Борфед!

Кость Вам в горло в связи с Вашими 1-апрельскими шуточками. То, что я просидел час на телефоне, было бы очень мило, если бы я не был при этом болен. Да и вообще как-то не шутится.

Теперь о деле: ради бога, не расторгайте с Королевой договора. Иначе я вам никогда не буду писать честных рецензий. Все-таки она работала год, много трудилась и, видимо, на эти деньги уже рассчитывала. Не надо заключать договоров абы с кем, а теперь уж тяните до конца.

Приветик.

Ю.

159

<18 апреля 1963 г.>

Дорогой Борфед!

Посылаю Вам тезисы. Простите за задержку — и дел было невпроворот, и настроение сквернейшее.

Слыхал о Вашем ратоборстве с Архиповым[1]. Молодец Вы, даже завидно. Но, вместе с тем, побаиваюсь за Вас, как человек, сидящий в тылу на кухне, за человека, ушедшего на ПНП (передовой набл<юдательный> пункт). Базанов — враг упорный, злобный, способный на гадости с многолетним запасом. Чтоб ему треснуть, да ништо ему — всех нас переживет.

Сборник пока застрял в типографии, а я не знаю, что мудрее — форсировать или нет. По привычке — форсирую. Ваш ротапринтный opus еще без движения[2]. Кстати, за перепечатку машинистке ротапринта принято доплачивать — как Вы на этот счет? Мои тезисы — перепечатайте, если не поздно (хотелось бы, чтобы не было поздно). Все.

Привет Вашим дамам — Соне особый.

P. S. Правдин ушел в отставку, заведует Савватий. Все Сельмы-Ватманы объединились и жрут его.

P. S. P. S. Денег мы все еще не получили................................ (82 слова).

Приветик.

Ю.

18.IV.63.

Ю. Лотман

Художественный метод Гоголя как этап в развитии русского реализма

Тезисы[3]

1. Происхождение художественных принципов Гоголя обычно рассматривается в отношении к русской и мировой романтической традиции. В одних сторонах художественного метода молодого Гоголя исследователи усматривают продолжение, в других — отрицание романтической традиции. Вопрос о других историко-литературных связях применительно к раннему творчеству Гоголя почти не рассмотрен.

2. В статье предполагается рассмотреть объективные и осознанные связи Гоголя с русской и мировой просветительской литературной традицией. Особо будут рассмотрены вопросы: Гоголь и античная традиция (Гомер, Плутарх), природа человека в понимании Гоголя. Автор постарается доказать, что осознание античности Гоголем было определено традицией просветительской мысли XVIII в. В работе предполагается рассмотреть проблему «Гоголь и Гнедич».

3. Особое внимание предполагается уделить отношению Гоголя к русской и мировой традиции романа XVIII в. (сатирический и плутовской роман).

4. В последней части статьи будет рассмотрен вопрос о судьбах гоголевских художественных принципов в историческом развитии русской литературы.

Поскольку тема «Гоголь — гоголевская школа» изучена достаточно полно, автор счел бы целесообразным сосредоточить свое внимание на менее изученной проблеме: гоголевская традиция в творчестве Л. Толстого.

Ю. Лотман

[1] В. А. Архипов, уязвленный критикой Б. Я. Бухштабом его книги о Некрасове («Поэзия труда и борьбы», Ярославль, 1961; фельетонная статья Бухштаба — «Литературоведческая чудасия» // «Литературная газета», 9 декабря 1961 г.; здесь Архипов уличался в подтасовках и ошибках), не поленился специально приехать на защиту Бухштабом докторской диссертации в ЛГУ и выступил с уничижительным пассажем: дескать, диссертант по своим скрупулезным разысканиям достоин присуждения степени доктора каких-нибудь библиографических наук, но никак не филологических. Я внутренне взорвался, попросил слова и еще более уничижительно характеризовал самого Архипова, закончив речь оперной цитатой: «Не довольно ль вертеться, кружиться, не пора ли мужчиною стать?» В свою очередь взорвался покрасневший, как рак, В. Г. Базанов; выйдя на трибуну, он, забыв и о диссертанте, и обо мне, долго оправдывал Архипова. Защита длилась несколько часов, Б. Я. Бухштаб все же получил нужное число бюллетеней, хотя перевес «за» был небольшой. Многие коллеги потом упрекали меня за такое выступление, и, в самом деле, оно чуть мне не стоило места в ЛГУ, но иногда совесть не позволяет делать рациональный расчет...

[2] Заказанная мне в ИРЛИ глава для академической «Истории русского романа» — «Роман 1860-х — начала 1870-х годов о “новых людях”» — была «зарезана» возглавлявшим издание Н. И. Пруцковым, и я тогда смог напечатать ее в виде ротапринтной брошюры в Тарту (1963).

[3] Тезисы статьи для предполагавшегося вначале в «Художественной литературе», а потом в ЛГУ «Гоголевского сборника». Статья не была написана, сборник не был издан.

160

26 <апреля 1963 г.>[1]

Борфед!

Как жаль, что Вас вчера не было: у нас был семинар по структурам. Заседание было посвящено 60-л<етию> Колмогорова. Мы отметили и послали ему телегр<амму>. А математики и не чухнулись. Я делал доклад о проблемах принципиальной возможности порождающих моделей в искусстве.

По-моему, это был самый интересный доклад, который я делал за свою жизнь. Но дело даже не в этом — просто проясняются очень многие перспективы и, как всегда, когда подходишь к действительно большой идее, сразу проясняется многое и в многих, часто неожиданных, сферах. Очень хотелось бы все это вам порассказать. Книжку-то я когда еще напишу. Уже в третий раз дохожу до середины и к этому времени настолько все передумываю, что приходится начинать снова. Сейчас хочу снова все начать снова и изложить все более строго математически. Вообще трудность в том, что неизвестно, на какого читателя рассчитывать. Для квалифицированного (даже) филолога это не будет понятно из-за крох, упавших со стола математики, которые я подобрал, и генерального незнакомства литературоведов с методами структурной лингвистики. Математики же увидят в ней лишь лепет на математические темы и не поймут, по незнанию литературного материала, как много этим объясняется. Так-то!

Как Вы? Как утверждение диссертаций Сергея и Бухштаба? Ваша ротапринтная работа идет в печать[2]. Тираж малый — 300 экз<емпляров>, но больше не дают. Ваш отв<етственный> редактор — Зара Григорьевна Минц. Ей поллитра (для меня).

Приветик Вашим.

Денег я еще не получил. Скучаю.

Ю.

[1] Ю. М. почему-то поставил только число. Полная дата определяется по почтовому штемпелю.

[2] См. примеч. 2 к п. 159.

161

3.V.63. Тарту.

Борфедик, с праздничком!

Мне передано было через Зару, что Вы мне письмо послали — видимо, пока еще едет...

У нас весь год шло crescendo, которое теперь дошло до такого fortissimo, что я не упомню на своем тартуском веку. Должны были переизбират: Мартинсона[1]. В связи с этим накал страстей на медицинском ф<акульте>те резко увеличился. На Ученом совете мед<ицинского> ф<акульте>та Мартинсон и проф. Хийе (стоматолог, помните, высокий мужчин: с густыми бровями) схватились до того, что Хийе тут же умер от разрыва сердца (он уже лежал мертвым в соседней комнате, а Мартинсон продолжал его громить и обвинять в семи смертных грехах). Но этим не закончилось. На другой день мы должны были утверждать Мартинсона на большом Уч<еном> совете, и по голосованию он провалилс: (один за, все остальные — против). Но он, не дождавшись голосования часа за два до начала большого Уч<еного> совета покончил <с> собой (когда шло голосование, это еще не было известно), впрыснув себе 5 гр сулемы. Конец свой он обставил очень импозантно: собрал кафедру заставил ее 1,5 часа ждать, а затем вышел и произнес прощальную речь: «Я себе впрыснул яд...» и т. д. А еще говорим, что бальзаковские страсти существуют только в литературе.

Но, к сожалению, делу, видимо, не конец. Это трагическая дуэль, в которую втянулись люди, бывшие учеными, но и, к сожалению, людьми суетными, мелкими, по сфере, к которой они применили свои силы. Свои страсти, которых хватило бы на большое дело, они разменяли на ссору Ивана Ивановича с Иваном Никифоровичем.

Горации и Куриации на коммунальной кухне делаются склочниками. Здесь бы вздохнуть и молча разойтись. Смерть уже их рассудила Но уже закипает вся помойка, и с шипением выделяются самые отвратительные миазмы.

Кстати, Мартинсон, не тем будь помянут, уходя, оставил в качестве завещания, как упорно говорят, целую кучу доносов. Значит, будут еще и еще ворошить все это дело...

Так мы и живем...

Между тем сборник в типографии, но еще не набирается[2]. Как утверждение Бухштаба? Меня пока ВАК маринует[3]. Не собираетесь ли в Москву? А то бы зайти — узнать, в чем дело?

Сердечный привет Соне.

Мы рассчитываем на Вас в качестве оппонента 2 дипл<омных> работ.

Ю. Лотман

P. S. Вообще, как говорил мой командир взвода в 1941 г.: пожар в ердаке[4] во время наводнения.

[1] Проректор по науке Э. Э. Мартинсон, грубый, высокомерный, недалекий, ыл ненавидим и презираем коллегами, и его провал при переизбрании — закомерное следствие его поступков. Сам Мартинсон не мог не видеть, как к нему тносятся окружающие; к тому же его обуревали какие-то нравственные терзаия, и он сам решил уйти из жизни.

[2] VI том «Трудов...»

[3] Неутверждение ВАКом диссертаций по нескольку месяцев или даже лет ыло тогда обычной практикой: не удовлетворяясь одним своим (так называеым «черным») рецензентом, передавали еще одному и т. д.

[4] «Чердак» здесь, конечно, употреблен вместо «бардака».

162

<Октябрь—ноябрь 1963 г.>[1]

Борфедик!

Посылаю Вам оттиски. Томиков пока нет — надеюсь, что будут ректор вроде обещал). Общее состояние — мура. Карамзина начал, но лохое самочувствие почти не дает работать. Зара тут зачитывается Октябрем». Статья Старикова — «разговор христопродавца с поэтом»[2]. Как идут поиски архива славянофилов на В. О.[3]? Кто завкафствует у ас? VI-й том, кажется, начинает шуметь.

Ваш доклад включен[4] — Сергей об этом пишет подробнее.

Целую.

Ю. Л.

[1] Датируется по упоминанию статьи Старикова (см. примеч. 2).

[2] Речь идет о гнусной заказной статье Д. В. Старикова «Теркин против еркина» («Октябрь», 1963, № 10): партийное руководство страны взъярилось а А. Т. Твардовского за его новую поэму «Теркин на том свете». Ю. М. велиолепно каламбурно использовал название известного стихотворения Пушкиа «Разговор книгопродавца с поэтом» (1824).

[3] Однажды, добираясь поздней ночью из Тарту в Ленинград, я в районе Навы оказался в такси вместе с собирателем и продавцом автографов, рукописей, артин — он сообщил, что может продать письма В. А. Жуковского и славянофилов; я в темноте записал его адрес и телефон на каком-то листке, который потом никак не мог обнаружить; не помогли и мои попытки разыскать этого еловека через знакомых архивистов и коллекционеров. Помню только, что еловек жил на Васильевском острове.

[4] Не помню, о чем речь; возможно — о докладе на 1-й летней школе по торичным моделирующим системам (т<о> е<сть> по семиотике) в Кяэрику под Тарту) в августе 1964 г.

163

28.XII.63.

Б. Ф.!

С новым годом, с Новым счастьем! Я на этот год даже 0,000005 см³ спиртного выпить не могу. Дожил, доложу Вам. Тут приезжал чех — я с ним стакан пива выпил, и к вечеру уже выглядел как жертва Лукреции Борджиа. Меня начинили таким лекарством, что от капли спиртного наступает общее отравление и я начинаю подыхать.

Теперь о делах: вступительную статью к Карамзину я закончил и завтра высылаю ее Вам, тексты и комментарий вышлю через две недели. Пока пусть рецензируют статью. Задыхаемся в блоковских корректурах. Завтра высылаю Лидии Яковлевне[1] — нажмите на нее, чтобы раз-два и без вставок-поправок. А то у нас строго! Сегодня снес Лятти в типографию бутылку ликеру и поздравлял подхалимским голосом с Новым годом. Томики VI-го купили (я везде за Вас расписался), Игорь их рассылает. VII-й еще не собрали. До нового года не сдать — душа из меня вон!

Приветик, не серчайте, а выпейте за мое сиротское здоровье, а я уж за Вас чайку попью.

Юр.

[1] Речь идет о статье Л. Я. Гинзбург для «Блоковского сборника» (1964): «О прозаизмах в лирике Блока».

164

<29—30 декабря 1963 г.>[1]

Борфед! Приветик!!!

Дела:

1) Посылаю Карамзина[2] — вст<упительную> статью, — тексты и комментарии у Мильк — вышлю через неделю, maximum 10 дней. Отдайте пока на рецензию вст<упительную> статью. Но я сделал в нее две вставки (на стр. 17 и 59) и, по глубокому уму, только в 1-м экз<емпляре>. Пусть Ваша машинистка перепечатает эти кусочки и вставьте — это сравнительно просто.

2) Со сборником дела таковы: не готовы статьи моя и Зарина + Валерия, кот<орый> хочет «пропустить», но я его ем и требую, чтобы он дал, хотя бы публикацию.

Лингвисты дали 13,5 п. л.! (3 статьи новая Рейциг и 3 ст<атьи> новый Сигалов). Борьба должна быть с этим такая: все должны дать по 2—3 статьи, потом примем решение, что, в связи с перегрузкой, от одного автора не больше 1 ст<атьи> и одной публикации — и долой[3]!

Вообще, Зара приезжает 13, а Вы — 17—18-го. К этому времени борник будет уже готов.

3) Блоковские корректуры хлынули горлом и задушат меня — осылаю порцию Л<идии> Я<ковлевне> и Дм<итрию> Евг<еньеви-у>. Торопите их!

На Ваш симпозиум 30—31 я приеду[4]. Где Ваши замечания!!?[5] Жду — не дождусь. Гоните их скорее — не тяните душу.

Приветы Вашим.

Ю. Лотман

[1] Датируется по связи с предыдущим письмом, где говорится о посылке автра Карамзина и корректур «Блоковского сборника».

[2] Для «Библиотеки поэта» (см. примеч. 2 к п. 156). См. также предыдущие последующие письма.

[3] Подготавливаемый VII том «Трудов...» вырос до таких размеров (новые реподаватели-лингвисты оказались значительно более творческими, чем тарожилы), что пришлось в дальнейшем разделить «Труды...» на две серии: итературоведческую и лингвистическую, отдать VII том кафедре русского языка пропустить год: наш VIII том был включен уже в план выпуска не 1964, а 965 г.

[4] Речь идет о симпозиуме, организуемом академической Комиссией по ком-лексному изучению искусства, которую возглавлял Б. С. Мейлах, а я был его аместителем. Но симпозиум пришлось перенести на апрель 1964 г., к январю н не был подготовлен.

[5] Ю. М. прислал мне на неофициальный, дружеский отзыв свою книгу о труктуральной поэтике (см. примеч. 4 к п. 137).

165

<24 января 1964 г.>

Дорогой Борфед!

Пишу Вам лежа в постели и, возможно, снова лягу в больницу уже в Тарту; нашим пока не говорите — у них своих дел хватает. Юра Образцов тяжело болен). У Юры что-то с сосудами ног от курения, боят-ся очень тяжелых последствий. Вообще я дохожу и, видимо, скоро дойду.

Теперь о делах: с Карамзиным я зашиваюсь: болезнь путает все карты и планы, но все же скоро окончу. Статья о Карамзине — начата хорошо, но конец я весь должен переделать. Если же бог доведет все кончить, как хочу, — издание будет на все 100. Ей-богу, будет мировая книжка (хочу утереть нос Макогону и — увы — Беркову, кот<орые> делают 2-х тт. Карамзина[1] и, убежден, сделают плохо.)

Спасибо за замечания на книгу[2] — окончив Карамзина, начну ее перерабатывать. Москвичи пока замечаний не прислали. То, что Як<о-ву> Сем<еновичу> не понравилось — меня огорчило. <...>

Сборник собирается медленно и, видимо, раньше середины февраля — не собрать[3] (Павел кончил — везет Вам, Сергей кончил, Зара — кончает, я буду, видимо, писать в больнице). Задумал статью очень хорошую об этике политической борьбы, о неизбежности перехода этики диктатуры в этику цинизма[4] — от Карамз<ина> до Пушкина (Карамзин и фр<анцузская> революция — золотое дно: Карамзин — сторонник Робеспьера, Радищев — его враг!!!). Но как с одной зад<ни>цей на все сучки сесть? Вообще тело разваливается, а голова еще работает. Внутренне очень злюсь на Сенек и Мишек[5] — я для них читаю, может быть свои последние курсы*, а им нудота и скукота — день придут, два промотают.

Сердечные приветы и поцелуи Вашим дамам. По Соне я очень соскучился, а Таньку Вы бы как-нибудь затащили в Тарту!

24.I.64.

Ю. Лотман

[1] В 1964 г. в Москве выйдут 2-томные «Избранные сочинения» Н. М. Карамзина, подготовленные П. Н. Берковым и Г. П. Макогоненко.

[2] Мои замечания на рукопись книги Ю. М. о структуральной поэтике (см. примеч. 5 к п. 164).

[3] Речь о VII томе «Трудов...», который скоро окажется разделенным на два тома (см. примеч. 3 к п. 164).

[4] Эта статья под названием «Отражение этики и тактики революционной борьбы в русской литературе конца XVIII века» выйдет в VIII томе «Трудов...» (1965).

[5] Собирательное обозначение «ленинградской» группы студентов (см. примеч. 2 к п. 152): Рогинского звали Сеня, Билинкиса — Миша.

166

<30—31 января 1964 г.>

Борфед!

Посылаю Вам заявление — рукопись я уже закончил[1] — комментарий у Мильк, и скоро (через неделю) вышлю ее Вам. Вступ<ительную> статью я буду переделывать <u>после</u> рецензии. Ее недостатки сейчас заметны лишь мне, рецензенты все равно потребуют чего-либо, тогда все разом и сделаю. Не давайте на рецензию Макогону — сдует[2]. Он сейчас пишет о Карамзине для 2-х томника прозы[3]. Мне прислали на рецензию (Жданов) его статью о Карамзине для Литэнц<иклопедии> — все сдул, черт, с моих статей. Даже приятно. Кстати, посоветуйте Жданову в авторы статей о Вл. Соловьеве, Ремизове, Тодорском и др. Зару[4] (Поясните, что о Тодорском — она классик, а в Соловьеве — бог).

* Не понимайте буквально — надеюсь еще лет 50 проскрипеть. Корректуры Блок<овско>го тома нас запутали, как змеи Лаокоона. (*Примечание Ю. М. Лотмана*)

В «Молодежке Эстонии» гнусно облаяли Семененко[5]; мы ведем бои с философами за место в расписании.

Я хотел лечь в больницу в Тарту, но место будет лишь 5.II. К этому времени я вопреки Вашим гнусным намекам сделаю рукопись для «Трудов».

Лешка заболел ангиной, и ко мне привязалась. А что за статья о Гоголе в сб<орник> ЛГУ? Я помню, мы говорили о статье о Гоголе в Гослитизд<атовский> сб<орни>к. Почему ЛГУ[6]??

Способ писать мне через Сергея и Павла — нов и изыскан!

Привет Вашим Татьянам по поводу прошедшего праздника!

Ю. Л.

[1] Речь о Карамзине для «Библиотеки поэта» (см. предыдущие и последующие письма). «Заявление» — очевидно, ходатайство о выплате части гонорара (в «Библиотеке поэта» было принято при заключении договора платить 25% гонорара, при одобрении рукописи в редакции выплачивать еще 35%, по выходе книги — оставшиеся 40%).

[2] Недолюбливая крайности концепций Г. П. Макогоненко, Ю. М. несправедливо относился к научной этике ученого.

[3] См. примеч. 1 к п. 165.

[4] Увы, для КЛЭ статьи об этих писателях были написаны московскими авторами.

[5] Появилась хамская, без подписи статья «Через пень-колоду» («Молодежь Эстонии», 1964, 18 января), где стихи С. Семененко, опубликованные в многотиражке ТГУ, обвинялись в аполитичности.

[6] См. примеч. 3 к п. 159.

167

2.II.64.

Борфед!

Заявление я Вам выслал. Скоро вышлю и рукопись — Мильк перепечатает, я вычитаю, — и все будет готово. Не пойму только, зачем такая горячка, если книга в плане 1966 г., да и Вы сами писали, что редакция заинтересована в задержке.

Теперь о Вашем предложении пропустить том[1]. Я понимаю известную целесообразность этого с точки зрения моего здоровья и др. и пр.

С точки зрения интересов тома сама по себе потеря тоже не катастрофическая (это не ирония и не «надрыв», а серьезно). Но посмотрите на том в целом — Зара дает статью небольшую и сравнительно узкую, Вал<ерий> Ив<анови>ч не дает ничего, Адамс — тоже (хоть это только Адамс, но все же его участие придает тому некоторую «полифонию»). Что же будет в томе — вторая половина Вашей статьи, большая статья Павла и большая статья Сергея + огромный лингвистический балласт. Не будет ли том в таком виде известным снижением? Надеюсь, что Вы понимаете, что рассуждение мое не такого типа: «Я участвую — хороший том, я пропускаю — плохой». Но качество тома в значительной степени зависит от разнообразия. Я сейчас уговариваю Вал<ерия> Ив<ановича> что-нибудь дать. Но с ним дело плохо — ему надо срочно диссертацию кончать. Необходимы интересные публикации и сообщения. Одно есть — воспоминания Сергеева — материал интересный (2 неизвестн<ых> письма Горького) и острый. Даете ли Вы что-либо? Публикаций и сообщений я не дам — разве какую-либо мелочь (стр. 2—3 и все неархивное, след<овательно>, неинтересно, есть один хороший замысел: «О чем беседовали А. А. Иванов и Чернышевский?»[2], но нет времени сделать, а тут надо именно сделать). Вывозите — надо хороший материал. Кстати, в этот том Савватий дал нечто материальное — статьи не дал, но дал публикацию большого числа и довольно интересных писем Бодуэна де Куртэнэ.

Таковы мои соображения. Если Вам они кажутся убедительными — напишите, если нет — приезжайте и будем сдавать том — статьи Зары, Павла и Сергея уже в машинописи, лингвисты сдали давно. Состояние же моей статьи таково: я ее начал, надеюсь дней через 5 закончить. Таким образом, речь идет об отсрочке подготовки тома и Вашего приезда ≈ до 10 февраля.

Я получил на Ваше имя письмо от А. Гладкова (автор восп<оминаний> о Мейерхольде в «Тарусских стр<аницах>» и водевиля «Давным-давно» — <фильм> «Гусарская баллада») с просьбой выслать ему VI том (выслал).

Он предлагает главу «Мейерхольд и Маяковский» из книги о Мейерхольде, которая лежит в изд<ательстве> «Искусство», и рукопись записанных бесед с Пастернаком[3]. Я ему ответил дипломатично: в целом приветствовал и приглашал к участию, но предупредил, что этот том уже готов и включить в него можно лишь нечто очень краткое и очень экстренно присланное. А на будущее — будем очень рады. Звал его в Тарту. Видимо, человек интересный. Поступают письма из Лейпцига и разных мест — все требуют VI том.

Блоковский том нас угробит.

Пишите.

Ю. Л.

Здоровье мое выправилось снова — в конце семестра я перетрудился, и был какой-то очень противный 3-х дневный припадок. Я очень пал духом. Сейчас все прошло.

[1] Я предлагал Ю. М., в связи с ухудшением его здоровья, не надрываться и пропустить один том (год), но он упорно отказывался. Помогло разделение трудов томов на серии (см. примеч. 3 к п. 164), почему и произошел перенос нашего тома на 1965 г.

[2] Статью «Беседа А. А. Иванова и Н. Г. Чернышевского» Ю. М. опубликовал позднее в «Воплях» (1966, № 1).

[3] Позднее мы лично познакомились с талантливым писателем А. К. Гладковым, но ни одна его работа так и не была опубликована в Тарту.

168

7.III.64.

Дорогой Борфедик!

Большое спасибо за письмо и за газету. Но мы и сами читаем центральную прессу, а воспитательная работа идет по утвержденному плану. Но вообще Ваши соображения интересны, и мы их учтем.

Теперь о делах. Клемент сказал мне, что ему нужен дополнительный список отзывов о наших «Трудах» — дело в том, что в министерстве один дядя выражал сомнения в их ценности и чаял от этого результатов. Хорошо бы получить от Вас соответствующие письма и получить авторитетные письменные отзывы (М. П. Алексеев, Базанов, Орлов, Бялый и др.). Это надо сделать очень оперативно.

Бор. Фед! Хотите ли быть отв<етственным> редактором моего опуса по структур. теории и войти в редколлегию новой серии «Труды по знаковым системам»[1]? Договоренность с ректором уже есть.

<...>

Привет Вашим.

Корректуру Орлова получил — спасибо ему[2].

[1] Я дал согласие и на редакторство, и на включение в редколлегию.
[2] Для «Блоковского сборника» (1964).

169

14.III.64.

Борфед!

Черти бы съели Вашу Николаеву! Конечно, не Вашу (в смысле — Соню), а мою редакторшу. То, что там мало и плохо о поэзии — я сам сразу сказал, но не понять, что все, что там сказано о Карамзине как мыслителе), абсолютно ново! Сократить эту часть нельзя, если не превращать статью в жвачку. Карамзин именно и интересен как поэт-политик и мыслитель. Собственно поэтические достоинства его не очень-то велики. Но расширить «поэтическую» часть я готов и даже ясно понимаю, как это сделать. Статью я не перечитывал и не помню, в чем состоит ее фрагментарность, — посмотрю. А кто она такая, в какой области специализируется? Доработать рукопись, конечно, согласен.

Теперь о редактировании моего опуса[1]. Мне очень хочется Вас, согласен на правку (сейчас я перечитываю рукопись с Вашей правкой и почти во всех случаях исправляю, кроме редких случаев принципиального несогласия — таких немного). Вообще — сойдемся. Только очень не хочется, чтобы редактирование растянулось, — очень хочу провернуть дело срочно, по принципу: куй железо, пока горячо. Дело в том, что бумаги нет, но Таммеорг по просьбе ректора выискал небольшой резерв. Если я очень протяну — он может растаять, а тогда — жди нового года. Так что валяйте побыстрее. Я пришлю Вам тот экз<емпляр>, который Вы читали, чтобы Вы сразу увидали, что́ исправлено и как.

Теперь о др<угих> делах: об «Уч<еных> зап<исках>». Мы давно сдали, Савватий — недавно, но Лаугасте все тянет — подождем еще недели две, потом будем жать. Получили ли Вы мое письмо с просьбой выслать отзывы о наших сб<орни>ках? Это нужно срочно!!! Корректуры Блоковского тома нас замучили. Скажите Дм<итрию> Евг<еньевичу>, что на этот том у меня и у Зары ушла зима непрерывной тяжелой работы. 60% моей перегрузки связана с ним. Корректуры совершенно задушили.

Если у Вас будет какая-либо работа по переводам по подстрочникам — помяните Семененко — парень совершенно погибает без денег, а стихи пишет очень хорошие.

В Тарту тихо, а на душе невыразимая тоска. Не будь семьи — забросил бы все к чертям.

Я написал Билинкисам жалобу на Мишку. Передайте, что в последние дни он, как и вся их компания, взялся за ум, начал заниматься.

Посмотрим — надолго ли.

Адреса получили. Всем полякам книги уже посланы. Ну, кажется, все — привет Вашим дамам — Соне особый (на всех томах я лихо за Вас расписался).

Ю. Лотман

А. А. Белкин писал мне, что «Вопли» заказали ему рецензию на все шесть томов нашего сб<орни>ка[2]. Это хорошо.

P. S. Лешка болен — когда я пишу это письмо, у него 38,7°.

[1] Выше шла речь о Карамзине для «Библиотеки поэта», здесь же — о книге Ю. М. о структуральной поэтике для издательства ТГУ. Я дал согласие быть ответственным редактором книги.

[2] Этот замысел не был осуществлен.

170

<31 марта 1964 г.>

Рецензия на Минц—Чернова смотри 3 № Октября в сочетании прежними точками об ученых записках вызвала неблагоприятные мнения университете обдумайте сообщите возможность публикации ответа[1] = Лотман

[1] Тревожная телеграмма вызвана следующими событиями. З. Г. Минц и И. А. Чернов опубликовали статью «Удачи и просчеты нового исследования о Блоке» (РЛ, 1963, № 3) — о книге американского ученого Ф. Д. Риива (Reeve), статью объективную и содержательную. Этого не могли перенести сотрудники самого консервативного, самого подоночного тогда ж. «Октябрь»; в нем появилась фельетонно-презрительная статья некоего В. Левина «Лишь бы написали!» с издевками над тартускими авторами: как это они смели отмечать достоинства работы, опубликованной в логове империализма... Я предложил не отвечать на эту гнусность.

171

<2 апреля 1964 г.>

Дорогой Борфед!

Отзывов больше не надо! Хватит с нас отзывов! Отбой. Атака, кажется, отбита. Поступающие отзывы прошу солить, сушить и закатывать впрок.

Лаугасте обещает где-то около 15 назначить редколлегию. Не хотите ли подъехать (только если Вам охота)?

Посмотрели бы мой опус перед сдачей его, и вместе мотнули бы в Питер на Вашу конференцию[1]. Вообще отвели бы душу.

Блоковские корректуры кончаются (мы с Зарой уже́, в смысле кончились). Скромный листаж — 36. Тираж — 1200[2]. Д<митрий> Евг<еньевич> будет ругаться, что мало, а по мне — в самый раз. Всем нужным пошлем, а кашалоты — и хрен с ними. Правда, прикупать придется, а сборничек будет по цене тот ≈ 3 р. Пропокупаешься.

Привет Вашим дамам.

Ю. Лотман
2.IV.64.

[1] См. примеч. 4 к п. 164.
[2] С помощью Д. Е. Максимова, которого очень уважал Ф. Д. Клемент, удалось добиться увеличения тиража до 3000 экземпляров, но это увеличение вряд ли было целесообразно: см. п. 188.

172

<Около 13 апреля 1964 г.>[1]

Приветы! Очень тороплюсь.

Ю. Лотман

P. S. Хотите ли, чтобы я Вас подписал на Эстонскую энциклоп<едию>? Сообщите срочно. Я зарезервировал для Вас 1 экз.

[1] Датируется по почтовому штемпелю Ленинграда (тартуский штемпель не пропечатался): 18.04.64.

173

<Ливадия, 27 апреля 1964 г.>

Дорогой Борфедик!

Сидим в Ливадии и, несмотря на холод, блаженствуем. Вчера езди ли по морю — сегодня великолепный шторм. Давно не было так хоро шо на душе, как сегодня, глядя на море, кипящее как пиво в кружке Как говорил Блок, — «есть еще океан» — не только сплошной Прийма Но и каждодневные заботы зудят: беспокоюсь, как сборник. Что-то н душе не больно спокойно по поводу Тарту и по поводу Вас. Я как-т привык за Вас быть спокойным и считать Вас хорошо укрепленным и удачно расположенным дот'ом. Сейчас у меня все время чувство, чт Вы под огнем. Не в том дело, что Вы не ладите с Орловым или ещ каким-нибудь «овым»[1], а в том, что вся эта волынка доставляет Ва мало радости. Вы же человек «жовиальный» (по терминологии Бабеля) и Вам необходимы положительные эмоции — не то что нашему брату стоику и аскету. Думаю, что Вам надо держаться «академичнее». Бе такой простоты. Потому что не только сволочи, но и бывшие порядоч ные, а ныне такси бэ[2] люди, издержавшие весь ум на хитросплетения и околонаучную лабиринтистику, не понимают, что можно быть просты и умным одновременно (вернее, что только так и можно быть умным) У них психология Адамса, только значительно более опосредованная Но в глубине души они убеждены, что откровенность или прямота воз можны лишь при глупости. А в этом поганом гнезде хуже всего быт смешным. Конечно, не смешон для них тот, кто всю жизнь сосет стары лапоть. Например, занимайся я всю жизнь Мерзляковым, я уже сейча был бы «крупнейший специалист по Мерзлякову», через 10 лет — «нащ маститый знаток Мерзлякова», а еще через 10 лет — и академик, и герой, и мореплаватель, и Плоткин[3]. Чужой хлеб бы не трогал (зачем лезть в Пушкина, или поэтику, или еще куда-то?) и свой бы стерег — о Мерзлякове бы никому писать не давал. Но вот я пишу о Пушкине — эт уже почти неприлично (было прежде, теперь, после смерти Томашевского Пушкин из клетки льва превратился в школьный двор, в котором резвят ся молодые диссертанты), а о структурализме думать — «кель орёр»[4]!

Уважать это академическое мещанство не след. Но оно обязывае не выходить на поле боя, пока еще не выбрал себе оружия по руке («н уверен — не обгоняй!»). Когда кто-либо из нас дает повод академиче ским мещанам злобствовать — это общее поражение. Я думаю, что в сфере «кибернетика и литература» Вы еще не выбрали себе меча п руке.

В Вашем докладе были интересные мысли, а мне лично еще и милые, ибо я еще раз убедился (на кибернетическом материале это осо бенно трогательно), что в творении — всегда творец. <u>Но</u>: 1) лучши Ваши мысли из этого доклада я уже слышал на Вашем докладе в Тар ту[5] — прошел год, надо было продвинуться дальше; 2) на Вашем докла де местами лежала печать некоторой «домотканости». Это — свойственно всем нам, которые вынуждены залезать в новые сферы и учиться на ходу. Это в высшей мере присутствует и в моей книге. Но это плохо, и с этим надо бороться.

На битвы выходя святые,
Да будем чисты меж собой[6]...

Мы с Вами все видимся так мимолетно, что только что и успеваем, так это по<х>лопать друг друга по плечу. А поговорить серьезно — нет времени. Нам чертовски надо учиться — я совершенно в отчаянии от своего невежества. Если бы мне сейчас здоровье, 2 года полной свободы и знание языков в нужном объеме, я бы, кажется, нечто сделал (кабы на цветы да не морозы...).

Еще о делах:

1) Купите (срочно! пока не ушла) в нашем доме[7] (вход с Герцена), в «Старой книге» (отдел — этнография), мне книгу Тэйлора «Первобытная культура». Я пожалел 2 р., а сейчас безумно угрызаюсь — очень мне будет нужна. Деньги верну в Питере сразу.

2) Все же, дав мне в рецензенты Макогона, Вы меня без ножа зарезали. Придется ругаться, а ругаться мне сейчас неохота, т<ак> к<ак> на это я трачу те силы, которые берегу для работы. <...> Неужели же его химеры будут возводиться в закон? Я буду биться как лев. Но беда в том, что Вы (т<о> е<сть> «Б<иблиотека> п<оэта>») навязали мне битву в невыгодных условиях — статья сырая, я сам это знаю. Все ее реальные недостатки я и сам устраню безо всякой рецензии. А вот Макогон, придравшись к этому, будет требовать изменения того, что в ней есть хорошего.

Ладно, подеремся...

С ужасом думаю, что Вы переедете на новую квартиру, — с таким трудом запомнил Ваш адрес.

Приветы Вашим дамам — Соне особые — Крымские — поцелуи.

Ю. Лотман

Мой адрес: Крым, Ливадия, сан<аторий> «Ливадия», корп<ус> 17, к<омната> 13. Ю. Лотману.

27.IV.64.
Ливадия.
Виктория Мих<айловна> всем вам шлет приветы.

<Внизу:> [Ho il libro, ho la rosa.] Это следы моих итальянских занятий, кот<орые> — увы — идут плохо.

[1] Намек на Н. И. Соколова, партийного ортодокса, пытавшегося всюду распространять слухи о моей «несоветскости».

[2] Из ходячего анекдота: кавказец, плохо знающий русский язык, рисует ребус, должный расшифровываться: «так себе».

[3] Крылатый каламбур (переиначивание пушкинских строк) среди питерских филологов; на самом деле после «космополитических» погромов и увольнения Л. А. Плоткина с поста зам. директора ИРЛИ его официальное процветание закончилось, что, впрочем, не мешало ему на посту профессора ЛГУ быть весьма «правильным» советологом.

[4] Крылатое, с легкой руки Гоголя («Мертвые души»), выражение; произнесенное с русским акцентом французское восклицание «Quelle horreur!» — «Какой ужас!» (по-французски выражение более узко: ужас не от страха, а от отвращения).

[5] Имеются в виду мои доклады «Кибернетика и литературоведение» на философском семинаре кафедры русской литературы ТГУ 23 мая 1963 г. и на симпозиуме по комплексному изучению искусства в ленинградском Доме ученых 17 апреля 1964 г.

[6] Источник цитаты не обнаружен.

[7] Имеется в виду питерский отчий дом Лотманов (Невский, 18).

174

<Ливадия, 9—10 мая 1964 г.>

Дорогой Борфедик, привет!

В день Победы приветствую Вас как железного парторга — правую руку железного канцлера Проппа[1]! Наше дело правое — враг будет разбит!

Говоря серьезно, радость, конечно, более чем относительная — таскать Вам не перетаскать, а чего, сами знаете. Но, вместе с тем, это необходимо. Так сказать, живот на алтарь. Хорошо бы Вам Яшу Б<илинкиса> перетащить в университет — это бы очень повысило уровень «среднего поколения», хотя он и враг кибернетики. Шаталова, хоть его и жалко и он очень мил, все же брать нельзя — не тот уровень.

Мы живем такси бэ[2] — погода скверная: холод, дожди все время — только два дня были ясных, хотя и холодных. У Викт<ории> Мих<айловны> был сердечный приступ... Так и отдыхаем. Два раза был у Оксмана, видал мельком Орлова, но говорить и общаться не потянуло. Занимаюсь я мало — сплошная муть! Зара пишет, что все еще бьется с блоковскими корректурами.

Продолжение 10-го мая.

Наконец-то хороший день! Собственно говоря, первый за все время. Сейчас куда-либо смотаемся.

Прежде чем убегать, хочу с Вами поделиться некоторыми мыслями этой ночи. Наш друг Ник<олай> Ив<анович> в результате перестановки фигур на шахматной доске оказывается в очень тяжелом положении. Следовательно, от него можно ожидать всего — говорят, раненый заяц самый опасный зверь. Учтите это и все время помните. Я всегда вспоминаю поговорку XVII в.: «Бежать — ин хвост поджать, а стоять — ин меч поднять».

Но и меч поднимать надо с толком и осмотрительно. Как говорил Даниил Заточник: «Храброго, княже, вборзе добудешь, а умный дорог».

Из меня скоро выработается недурной проповедник — нет, просто я за Вас немного мандражу.

Приветик.

Нижайшие поклоны Вашим дамам, спасибо им за память. Соне поцелуи.

Ю. Лотман
10.V.64. Ливадия.

[1] «Железный канцлер» — так называли немецкого главу правительства К. Аденауэра (вослед Бисмарку); умелое руководство кафедрой русской литературы ЛГУ В. Я. Проппа (немца по происхождению) подтолкнуло коллег на применение этого «звания» к нему. Несмотря на сопротивление правящих партийных кругов, коллеги кафедры избрали меня парторгом.

[2] См. примеч. 2 к п. 173.

175

<Ливадия, 14 мая 1964 г.>

Дорогой Борфед!

Слава богу, курортное сидение кончается... Первый и последний раз в санатории. Погода — отвратительная (говорят, в Крыму в это время такой никогда не бывало — это на наше счастье). Публика подобралась — не Рио-де-Жанейро: мужчины делятся на две группы — одна состоит из тех, кто без перерыва лазит по кустам, как коты — эти бледны, томны и слегка мяукают, — вторая с утра наливается водкой — эти румяны до ультрафиолетового цвета. Про женскую часть могу лишь сказать, что они все время находятся в поисках утюга и гладят свои юбки, бранясь пронзительными голосами. Я весь пропах биточками под томатным соусом и сам стал похож на биточки с макаронами.

Сплошные дожди, туман и холод смертельно надоели.

Но «ко мне пришла» одна идея. Я сейчас жую проблему игры — и в плане, который, думаю, Вам будет интересен. Игра — как семиотическая проблема, с одной стороны, и игра, ее роль в человеческой культуре — от играющих животных до широкой проблемы «игрового поведения». Попадает сюда и Ваш кибернетизированный Аполлошка. Игра в значении «как играют алмазы, как играет река», как писал Пастернак (грубо говоря, это, вероятно, воспроизведение жизни в форме условных ситуаций, дающих множественность возможных кодов-решений там, где жизнь дает лишь единственно возможное). Все это пока сумбурно, но уже чувствуется, что «тепло» — близко к чему-то важному. Думаю, что сама проблема и Вас заинтересует. Я хочу летом обдумать и в августе на симпозиуме это и толкануть.

Из Тарту имею сведения обрывочные и неясные. Что с моей книгой — не знаю. Самочувствие мое хорошо, Викт<ории> Мих<айловны> — средне.

Приветы всем Вашим дамам, Соне — особый.

17-го мы выезжаем в Одессу, а 20-го, видимо, день-два буду в Питере. Звоните.

Ваш Ю. Лотман
Ливадия. 14.V.64.

P. S. Узнайте у Як<ова> Сем<еновича> — оформили ли мне оплату за защиту — я на обратном пути хотел бы получить («престранный случай — поиздержался в дороге...»)[1].

[1] Слова Хлестакова из гоголевского «Ревизора» (д. 3, явл. V).

176

<Начало лета 1964 г.>[1]

Борфедик!

Получили ли Вы книги? Я еще не написал Вашему испанцу[2] — зашиваюсь с корректурами своей книги и всяческим дерьмом. Книга меня очень огорчает — перелистываю с ужасом, — все очень грубо и плохо. Испанцу на симпозиуме выступить трудно — боюсь его приглашать: очень большая перегрузка, мест в Кяярику нет. Если же он готов приехать диким образом и жить где придется, без обязательств, что мы его устроим, хай едет. Душевное тепло, внимание, разговоры — все гарантирую, а место в Кяярику — боюсь обмануть. Пусть пришлет свою работу — потом мы с ним спишемся.

«Карамзина» я переписываю полностью — все переделываю. Передайте Исакович, кот<орая>, кажется, благоговеет перед Макогоном (не передавайте этого ей), что я нашел в его рецензии много полезного и все учту. На самом деле: я не нашел в его реценз<ии> ничего полезного, но статью всю переделываю так, что основные его возражения в самом деле отпадут (просто сокращаю те ее части!).

С Альтшуллером мы поладили, хотя этот том <u>весь</u> был мне обещан и уже давно, я согласен, по своим великолепным душевным качествам, на коллективный труд[3]. Он сочинит заявку, а Вы ее за меня подпишите.

Привет Вашим дамам.

Как Ваши дела? Сообщите в деталях.

Ю.

[1] Датируется по подготовке к летней школе в Кяэрику, по работе Ю. М. над Карамзиным.

[2] Не могу вспомнить, о каком испанце, интересующемся семиотикой, идет речь: кажется, у меня вообще никогда не было испанских знакомых.

[3] Речь о заявке на книгу «Поэты 1790—1810-х годов» для Большой серии «Библиотеки поэта» (книга выйдет в 1971 г.).

177

<4—10 июня 1964 г.>

Борфедик!

Сб<орни>к прошел редколлегию[1]. Лаугасте — как облако в штанах в смысле безукоризненной нежности. Видимо, перед защитой докторской. Дай ему бог дольше не защищать, тогда мы еще и след<ующий> том выпустим без препятствий.

Сб<орни>к я еще не сдал в ректорат — подчищаю мелочи. Блоковский том прошел посл<еднюю> корректуру. За время моего пребыв<ания> в санатории он совершенно вылетел из графиков, и типография хотела его на все лето отложить, но дело уладилось — сообщите Дм<итрию> Евг<еньевичу> все это, прибавив, что мне этот сборник обошелся — всю зиму и весну работы. Заре тоже — сейчас Зара совершенно свалилась, у нее упало давление крови — кружится голова и др., а + ко всему я споил наборщикам 6 бутылок разных ликеров и коньяков — несу на Блоке моральные и материальные убытки.

(Перерыв в 6 дней, полных событий, как американский кинобоевик.) Итоги: Блоковский том прошел второй раз Главлит. Кстати, в Главлите у нас новые люди и несколько новые процедуры (проверяют точное соответствие плану, листажу и пр.). Тираж утвержден в 2500. Славянск<ий> сб<орник> ректор подписал в производство, но, как я сейчас выяснил, Таммеорг, приводя в порядок изд<ательский> план, дезорганизованный внеплановым Блоковским сб<орником>, перенес наш Слав<янский> сб<орни>к в изд<ательский> план 1965 г. (Это будет означать, что мы теряем один год.) Буду биться, как лев, — пока ректор подписал в производство этого года. Что получится — не знаю.

Пока мы вдрызг переругались с кафедрой языка. Но это — мелочи, а меня очень беспокоят Ваши дела. Черканите о результате поездки в Москву (кстати, как имя и отчество Машинского и еще др<угих> демократов, предлагающих мне высокое сотрудничество в «Воплях»?). Белкину спецкурс на буд<ущий> год попробую организовать, но о платной командировке по поводу рецензии мне с ректором неловко говорить[2] — очень все это похоже на золотую рыбку!

Как прошло партбюро? Зара изъяснялась слишком о́бще.

Нужны рецензии на Блоковский том. Альфонсов и Долгополов — кандидаты Дм<итрия> Евг<еньевича> — не вещь (это в какие-нибудь Изв<естия> ОЛЯ). Нужен Чук или Паустовский с очень короткой заметкой в Литгазету. Или Федин? Обдумайте. Пока я написал Чуку письмо, сообщив, что, мол, выходит такая книга, а по выходу — сразу же пошлю на рецензию.

Снимать Ваше имя из редколлегии Блок<овского> сб<орника> и поздно, и не хочу[3]. С земли не сгонят, дальше фронта не пошлют, а мне было бы больно это делать — было бы чувство, что не Вас, а себя спасаем. Семь бед — один ответ, а гореть, так вместе. Ерунда, страшен сон, да милостив бог. Зара тоже против.

Приветы и поцелуи — пишите.

10.VI.64.

Ю. Л.

В общей свалке я не сделал хроники[4], тут не до того — бои местного значения и поиски разведчиков, как писали в 1942 г.

[1] VIII том «Трудов...».

[2] А. А. Белкин, предполагавший писать рецензию в «Вопли» на «Труды...» кафедры, очевидно, просил выхлопотать ему платную, за счет ТГУ, командировку в Тарту (см. п. 169).

[3] Партийное начальство ЛГУ прицепилось к моей фразе на студенческой научной конференции: «Великие поэты XX века — Блок, Маяковский, Цветаева, Пастернак» (как я смел рядом с Маяковским ставить сомнительных, чуть ли не антисоветских поэтов!), меня обругали в парткоме ЛГУ, в «Ленинградской правде» (4 июня 1964 г.), и я, опасаясь, как бы мое имя не повредило «Блоковскому сборнику», предложил его снять из состава редколлегии тома.

[4] В прежних томах «Трудов...» публиковалась хроника научной работы кафедры за предшествующий год.

178

<17 июня 1964 г.>

Дорогой Борфедик!

Жизнь бьет ключом средних размеров (у нас — у Вас, кажется, увесистым). Наш VII—VIII сл<авянский> сб<орни>к прошел все инстанции и уже подписан ректором, НО Таммеорг его перевел в план 1965 г.! Сейчас он меня ласкает и холит, убеждая, что это все то же самое — пойдет в печать сейчас, а в свет — в начале 1965 г. Но для нас это будет означать выпадение года. Правда, наше дело не совсем правое (частично левое). В этом году мы выпускаем «Блок<ов>ский сб<орник>» в 38 п. л. + к нему 10 п. л. моей структуральной книги, за кот<орую> я бьюсь, а Таммеорг ее ласково переносит в план 1965 г., + 20 п. л. «Сл<авянского> сб<орни>ка» = около 70 п. л. — более половины всей печатной продукции Ун<иверсите>та. И все же я завтра еду в Таллин бить пороги в Комитете по делам печати, умоляя добавить бумажки и тиражику, сжалившись над сиротскими нашими лаптишками и зипунишками. Ужо и сжалятся. Поездка моя, пользуясь дипломатическим языком, встречена в кругах Таммеорга крайне сдержанно. Потом я еду в Москву на 3 дня договариваться о летнем симпозиуме (где Ваши тезисы, 10000 чертей!!) и хочу навестить Чука, помахать корректурным экз<емпляром> Блоковск<ого> сб<орни>ка и умолять о рецензии.

Гоните, гоните тезисы! Позволяю Вам, когда на метле полетите в Тарту на структуралистский шабаш, захватить в качестве Фауста Яшу Б<илинкиса>. Мы здесь его соблазним. Более посторонних не берите. Мейлаха я позову позже — он все равно не приедет («как бы чего»), Васюточкин Ваш — все же пижон[1].

Да, мне сообщили, что Яша Б<илинкис> хочет грохнуть по горьковским «Толстовским сб<орника>м»[2] и что Пугачев обеспокоен. Удержите! Это же вода на мельницу Мальцева!!! Я уже писал Яше. Узнайте, кто прав, кто виноват, — и действуйте соответственно. Сообщили ли Вы Яше, что его статью пришлось вынуть[3], все обстоятельства, кот<орые> к этому привели? Я ему не писал об этом в письме, кот<орое> сейчас запечатал, т<ак> к<ак> думал, что он уже давно знает, а сейчас усумнился. Выясните это и объясните ему, что Павел и Зара здесь бились, как львы, но ничего не могли поделать. Привет Соне и дамам.

Ю.
17.VI.64.

Как Ваши дела? Пишите, дьявол Вас побери!

Куду очень просит разыскать ее дочку и узнать — жива ли она и здорова ли и почему уже 2 месяца не пишет домой и на письма не отвечает[4]. Сделайте, будьте добры. Куду очень милая и доброжелательная тетка.

Ю.

[1] Не помню, чем не угодил Ю. М. Г. С. Васюточкин: он уже тогда делал серьезные доклады и писал статьи о количественных методах в стиховедении.

[2] «Грохнуть» — слишком сильно сказано. Я. С. Билинкис опубликовал («Вопли», 1965, № 1) кислую рец. («Так в чем же все-таки наша задача?») на сб. «Л. Н. Толстой. Статьи и материалы», вып. 5, Горький, 1963. Рецензент упрекал авторов сб. в пренебрежении спецификой искусства.

[3] Разбухание наших «Трудов...» привело к запрещению со стороны факультетской редколлегии включать в сборники статьи «варягов», не-сотрудников кафедры.

[4] Дочь Э. Куду — студентка нашего отделения ТГУ, посланная на год на стажировку в ЛГУ (удалось добиться санкции Министерства высшего образования о годовых стажировках в русских университетах эстонских студентов-руссистов, недостаточно хорошо знавших русский язык). Дочь оказалась в Питере жива-здорова.

179

<Эльва. 12 июля 1964 г.>

Борфедик!

Симпозиум будет с 19 по 29 августа. Лишних не приглашайте — места строго лимитированы.

Нахожусь в глубокой тоске — читаю корректуры своей книги и убеждаюсь, что это г... . Незрелая, скверная книга[1], а Вы ее редактор. Скучаю и тошно. Напишите хоть пару слов.

Лотман

Адрес:
Эльва, <ул.> 21 июня, д. 2.

Ю. Лотман
12.VII.64. Эльва[2].

Зара в Ленинграде.

[1] Ю. М. чрезмерно самокритичен: книга приобрела мировую славу, переведена на иностранные языки, тираж ее немедленно разошелся.
[2] Эльва — дачный городок близ Тарту.

180

<Эльва. 11 августа 1964 г.>

Дорогой Борфед!

Ждем Вас в Тарту 19 августа. Вал<ерий> Иванович постарается снять комнату около Кяярику для Ваших. Если это не удастся, то можно вполне разместиться у нас в Эльве.

У нас новостей нет. Погода скверная.

В Эльве я познакомился с одним очень серьезным, хотя и молодым математиком В. А. Успенским (он редактор «Введения в кибернетику» Эшби). Очень хороший и интересный человек. Тезисы печатаются. Моя книжка (коей Вы редактор!) прошла 2-ю корректуру, «Блоковский сб<орник>» появится в августе. А вот очередной том — захряс по поводу бумаги.

У нас все нормально, хотя я и чувствую себя на 3 — 3 с минусом.
Как Вы в Крыму?
Пишите и приезжайте.
Привет Вашим дамам.

Ю. Лотман
Эльва. 11.VIII.64.

181

<15 сентября 1964 г.>

Дорогой Борфед!

Стальные приветики! С огорчением получил Ваше элегическое письмо — вижу, что в Ваших баллонах кончается тартуский кислород. Да и у меня аккумуляторы садятся — хочу от Вас подзарядиться. Отсюда и вывод: надо организовать небольшую научную конференцию по случаю годовщины Лермонтова:[1] Вы читаете доклад «Лермонтов и Ап. Григорьев». Кстати, берите в зубы Дм<итрия> Евг<еньеви>ча с темой «Лерм<онтов> и Блок» (или любой другой, хоть «Лерм<онтов> и Мануйлов») и тащите его в Тарту в середине октября (Зара делает «Лерм<онтов> и Маяковский», Адамс — «Лерм<онтов> в Эстонии» eesti keeles[2], я — «Реализм Лерм<онтова> в свете (анти)семиотических идей» — словом, вся семья в работе. Вот что дать Мише и Тане? (Соне планирую тему «Лерм<онтов> и растворяемость металлов» — «С свинцом в груди лежал недвижим я...».) Как Вы к такой идее?

Я приеду на два дня 23—25 сент<ября> в Питер — оппонировать Арзумановой — и привезу тексты Карамзина. «Блоковск<ий>» и моя книга еще не вышли. Тянут, сволочи!

Целую все Ваше семейство.

(В Кяярику я был замотамшись и, видимо, проявлял недостаточно внимания Вашим дамам, о чем искренне сожалею.) Дине Бор<исовне> чуть-чуть лучше (тьфу, тьфу). Наши будни: Гришка болен гриппом, а Алеша наелся стекла — гадаем: проглотил или нет? Весело.

Ваш Ю.
Тарту. 15.IX.64.

[1] Конференция состоялась в конце октября в Тарту (исполнилось 150 лет со дня рождения Лермонтова) именно с названными докладами, за исключением доклада Д. Е. Максимова (он не мог приехать). Тема для Сони (С. А. Николаевой) — шутка.

[2] на эстонском языке (*эст.*).

182

<13 октября 1964 г.>

Дорогой Борфедик!

Спасибо за письмо. Начинаю с дел:

1) Вызов Вам и Дм<итрию> Евг<еньевичу> выслан на имя ректора (боялся, чтобы Реизов <не> замотал[1]). Уговорите Дм<итрия>

Евг<еньевича> ехать (он включен в программу*). Яше вызов послан ихнему ректору.

2) О Карамзине.

a) Листаж текстов: на днях высылаю Вам дополнение — пьесу Карамзина «Аркадский памятник»[2]. Пьеса писана наполовину прозой, наполовину стихами. Объем — стр. 35—40 машинописи. Извлечь лишь стихи — нельзя без ущерба для понятности. Но ведь «Библ<иотека> поэта» в томе Шаховского и в ряде др<угих> случаев давала смешанные тексты (Морозов в «Пародии» дал ряд прозаических текстов), а В. В. Сиповский в 1917 г. в несостоявшемся академич<еском> издании Карамзина включил эту пьесу в раздел поэзии. Действительно, без нее нельзя будет назвать книгу «Полным собр<анием> стих<отв>рений». Тем более и объем позволяет. Текст и к нему комментарии вышлю очень скоро. Он, ей-богу, для Карамзина важен, и я его не дал лишь опасаясь превысить листаж (не умею считать длину стихотворных текстов).

b) Вступительную статью умоляю не резать. А если уж резать, то пришлите мне и точно скажите, сколько. Вообще лучше бы не резать— на мой взгляд, статья, кажется, удалась. Боюсь портить. Я и так при переработке подошел к ней сурово и самокритично — около 40% текста удалил из соображений стройности.

c) Несколько мелких исправлений в комментарии на днях дошлю редакторше (как ее имя-отчество-фамилиё?)[3].

d) Нельзя ли посчитать, что я рукопись сдал, и выплатить мне гонорерий? Мы скучаем на очередной мели, а так как мель плотная, то и скучаем плотно.

3) Блоковский том и моя книга (!) завтра должны появиться в свет (тираж!!!). Хорошо бы соответственно вспрыснуть, и Дм<итрию> Евг<еньевичу> грех не приезжать. Вам экземпляры — ужо не беспокойтесь — будут. Вообще же я выговорил 30 экз. «Блоковск<ого> сб<орника> для «именитых», но самый скромный список включает 60 (!). А прикупать его накладно — 3 р. томик. Мой — дешевка, 60 или 70 коп. Его (мой) еще сделали несколько меньше форматом, и вышел он, сирота, преубогий.

4) Наш «VIII-й» пошел в типографию. Через месяц ждите корректур. Перечел я Вашу публикацию — материал — 1-ый класс[4], но уж очень Ваш Ап<оллон> матерщинничает! Кстати, там, где у Вас очень сложная зашифровка типа: «пошел в п(...)» или «е(...) ее мать», я, чтобы читатель не мучился в напрасных догадках, убрал «п», «е» и им равные, сохранив в таком виде: «пошел в (...)», «(...) его мать». Надеюсь, что читатели и почитатели Ап<олло>на и так догадаются, что там с матерью следует делать.

---

* Дм<итрий> Евг<еньевич> очень нужен, чтобы закрутить дела по «Бл<оковскому> сб<орнику>» и для завершительного торжеств<енного> визита к ректору. Чтобы все было тип-топ. (*Примечание Ю. М. Лотмана*)

5) Структуральный сб<ор>ник начали собирать. С лабораторией Бориса Успенского — пока еще висит[5].

Дела все.

В Тарту осень, на душе — тоже. Устаем, тетя Маня очень тиранит Зару.

Привет Вашим дамам.

Ю. Лотман
Тарту. 13.X.64.

[1] Человек науки, декан филфака ЛГУ Б. Г. Реизов между тем продал душу советско-партийной власти, вел себя как прислужник партийных подонков и неоднократно притеснял меня, как мог.

[2] В дальнейшем в редакции «Библиотеки поэта» были попытки снять «Аркадский памятник» или сократить прозаическую часть (см. пп. 185, 1874); однако удалось настоять на публикации полного текста.

[3] Редактором книги «Карамзин...» в «Библиотеке поэта» была вначале К. К. Бухмейер, затем — Л. А. Николаева (см. пп. 187, 190).

[4] Я публиковал в VIII томе «Трудов...» письма Ап. Григорьева к Н. Н. Страхову.

[5] Ю. М. замышлял организовать при кафедре русской литературы семиотическую лабораторию, которую возглавил бы Б. А. Успенский; много лет ему не удавалось добиться штатных единиц, лишь в 1980-х гг. такая лаборатория была открыта, ею руководил уже сам Ю. М.

183

<12 ноября 1964 г.>

БорФед!

Дела: 1) В «Kirjastusgrupp»[1] удалось выяснить, что они никакой бандероли Вам не высылали, но т<ак> к<ак> у химиков какая-то отдельная организация, то думаю, что это их штучки.

2) Чуковский явно сдре<й>фил и притворяется больным, как «оный хитрый кардинал», чтобы не писать рецензии[2]. Необходимо срочно действовать. Сообщите адрес Антокольского и организуйте ему «политичное» письмо Дм<итрия> Е<вгеньевича>. Тогда я вышлю книгу — хрен с ними, с 3 р., — для друзей добра не жалко.

3) Моя редакторесса загадочно молчит[3]. Между тем до меня доходят слухи (может быть, это запоздалый отзвук какой-то более ранней стадии?), что статья была на рецензии у Купреяновой и у нее есть замечания по «жанру». «Доколе, о Катилина?!»[4] Доколе меня будут ре- и перерецензировать? Сколько еще фунтов моего прекраснейшего мяса Вам надо, о Шейлок[5] из «Библиотеки поэта»?!

4) Поторопите Рейсера — его книга запланирована[6] на 2-й квартал (7—9 п. л., тираж малый — 200 эк<земпляров>, но, надеюсь, увеличим до 500).

Зара до воскресенья в Л<енингра>де*, а я буду 25-го отчитываться в Пушдоме на комиссии у Городецкого о работе кафедры[6].

Приходите посмотреть обряд гражданской казни.

Приветы дамам.

Ю. Лотман
12.XI.<64>

[1] Издательская группа (*эст.*).

[2] Речь идет о рец. на «Блоковский сборник».

[3] К. К. Бухмейер. См. следующее письмо.

[4] Начало первой речи Цицерона против Катилины: «Доколе же, Катилина, ты будешь пренебрегать нашим терпением?»

[5] Намек на известный монолог Шейлока из драмы Шекспира «Венецианский купец».

[6] Не помню, о чем идет речь, возможно, о подготовлявшемся С. А. Рейсером учебнике по текстологии и палеографии. Издание в ТГУ не состоялось.

[6] Б. П. Городецкий возглавлял комиссию Министерства высшего образования по проверке научной работы кафедр русской литературы провинциальных вузов СССР. Отчет Ю. М. прошел благополучно.

184

<16 ноября 1964 г.>

Дорогой БорФед!

С превеликим огорчением и обливаясь слезами, желчью и ядом, посылаю через Вас свой ответ Ксане Бухмейер на рецензию Купреяновой[1]. Где Вы увидали в этой рецензии «благожелательный тон» и соображения, «с которыми нельзя не согласиться»? Рецензия написана язвительно: там, где говорится о разных «глубоких» и «блестящих мыслях», тут же добавляется, что они в этой статье не к месту и их следует убрать. Начинается рецензия с утверждения, что все новое в статье ново только для ее автора. Но дело даже не в этом: рецензия несправедлива по существу. Купреянова не говорит ни об одном из принципиальных положений, а цепляется к мелочам (вроде рецензии на «Утопию»), и то без понимания дела. Рекомендации ее, вроде совета показать Карамзина как ученика Сумарокова, — смехотворны. Я прямо удивляюсь, как такой серьезный человек и хороший исследователь мог это все написать. Я вижу в этом влияние Пушкинодомского духа (длительное соавторство в «коллективных трудах» по приказу дирекции убивает вкус к живой мысли и порождает самоуверенный «универсализм»). У меня не повернулся бы язык таким докторальным тоном учить Купреянову, как писать статьи о Толстом, даже если бы я при этом не говорил тех благоглупостей, которые содержатся в ее рецензии.

---

* Минуту счастья — лови, лови!!! (*Примечание Ю. М. Лотмана.*)

Вывод: Переделывать статью я отказываюсь. Если письмо мое Бухмейер, на Ваш взгляд, слишком резкое — не отдавайте. Я позже, успокоившись, напишу то же самое в более спокойном тоне. Но поскольку у редакции нет, видимо, сейчас другого пути, кроме как затевать новое рецензирование, разбирательство и т. п., а мне это все бесконечно скучно (я делал статью с любовью и увлечением, а сейчас она мне так опротивела, что не прикоснусь к ней ни за что), то очень прошу просто поручить статью кому-либо другому, если редакция будет настаивать на переделке.

Вообще — хрен со всем этим делом... У нас мура — из-за того, что Савватий и С° наставили двоек, наше отделение на последнем месте, и нас жуют — проверяет большая и нудная комиссия, треплют душу.

Вчера ушел в армию Миша Билинкис[2]. Мне его безумно жалко (хотя прежде я на него злился), и не могу отделаться от глупого чувства: вот отец с матерью доверили мне ребенка, а я не углядел... Очень жаль Милю. Будем уповать, что Мишка хлебнет не полную чару и вынесет из этого себе пользу (пользу можно извлечь и из этого).

Привет Вашим дамам. Приходите на мой отчет в Пушдом для поддержания штанов — боюсь подвохов со стороны Базанова и С°.

Привет.

16.XI.64.

Ю. Лотман

[1] Я не решился передавать написанное в таком тоне письмо Ю. М. редактору К. К. Бухмейер, почему оно и сохранилось в приложении к письму ко мне. Е. Н. Куприянова отличалась схематизмом мышления и некоторой докторальностью тона, что и вызвало гнев Ю. М. Ему удалось в конце концов отстоять свою статью.

[2] М. Я. Билинкис попал в узкую полосу 1960-х гг., когда студентов призывали в армию. Ю. М. очень переживал эту акцию; по рассказу М. Я., Ю. М. пришел в 6 утра на пункт, откуда отправляли новобранцев, простился со своим учеником и подарил ему учебник французского языка, с которым прошагал всю Отечественную войну; М. Я. бережно хранит эту реликвию. В следующих письмах Ю. М. неоднократно будет беспокоиться о состоянии родителей М. Я.

<Письмо к К. Бухмейер>

Уважаемая Ксения Константиновна!

Благодарю Вас за присланный мне отзыв Е. Н. Купреяновой и редакционное заключение. К сожалению, я не могу с ними согласиться. Если некогда, в первом варианте статьи, действительно имела место диспропорция между частью, посвященной мировоззрению Карамзина, и его характеристикой как поэта, то теперь, после той решительной переделки, которой я подверг статью, это полностью лишено оснований.

Как признает сама Е. Н. Купреянова, в статье 28 стр. посвящены характеристике мировоззрения, а 40 — поэзии. Но я уже сократил из первой части более 8 стр. Итак: менее 20 — мировоззрению (1/3) и 40 (2/3) — поэзии. Для такого поэта, как Карамзин, все значение которого как поэта неразрывно связано с его местом в истории русской мысли, это вполне нормальная пропорция. Е. Н. Купреянова советует мне дать характеристику поэзии Карамзина по периодам, а редакция в своем заключении выражает желание, «чтобы в статье был дан общий краткий очерк поэтической деятельности Карамзина в ее хронологическом разрезе». Мне остается лишь пожалеть о том, что Е. Н. Купреянова, без сомнения будучи отвлечена делами важнейшими, не прочла моей статьи. Иного вывода я просто не могу сделать. На стр. 31 у меня написано: «Первый период деятельности Карамзина-поэта приходится на 1787—1788 гг.» После этого следует характеристика этого периода. С 34 стр. начинается анализ поэзии после 1789 — до 1796 гг. (изложение ведется по годам — 1790, 91, 92—3 гг.). С 57 стр. я перехожу к характеристике творчества (поэзии) второй половины 1790-х гг. и далее к стихотворениям начала XIX в. Прочесть мою статью и не заметить всего ее построения, того, что весь смысл моей работы я вижу в документированном анализе эволюции Карамзина как поэта и мыслителя, — мне это кажется странным!

Второе из основных пожеланий рецензента состоит в том, чтобы я показал значение поэзии Карамзина не так, как в моей статье (по мнению Е. Н. Купреяновой, неправильно), а так, как ей представляется верным. Мне предлагают утверждать, что поэтическое новаторство Карамзина «продолжало начатое еще Сумароковым» и не теряло от этого новизны (стр. 4). Я, к сожалению, обладаю, может быть, и недостаточными познаниями в истории поэзии XVIII в., но все же это предположение кажется мне странным. По крайней мере, я не могу присвоить себе смелого тезиса о Карамзине как ученике и продолжателе Сумарокова и предоставляю Е. Н. Купреяновой самой вынести эту гипотезу на суд научной общественности.

Здесь все — недоразумение, которое может возникнуть лишь по недосмотру рецензента. У Сумарокова и других поэтов XVIII в. в песнях и романсах действительно встречались «плохие» рифмы. Но Сумароков считал эти жанры незначительными и поэтому допускающими низкопробную рифму. А то, что, с точки зрения самого Сумарокова эти рифмы были плохими, — факт общеизвестный, им самим засвидетельствованный. Карамзин же считал эти жанры носителями высокой поэзии, а рифмы, традиционно считавшиеся плохими, утверждал как хорошие. Все это в статье показано и рассказано. В связи с этим же вопросом Е. Н. Купреянова считает, что мое объяснение стихотворения «Поэзия» ошибочно. «Карамзин был слишком умен и обладал достаточным тактом», чтобы не считать, что русской поэзии не существует, она только начинается. А почему же все-таки он, перечисляя десятки имен немецких, английских и др. поэтов, не упомянул ни о Ломоносове, ни о Сумарокове — своем учителе, по мнению Е. Н. Купреяновой, — ни об одном русском поэте вообще? Может быть, рецензент объяснит этот факт? Е. Н. Купреянова не верит в то, что Карамзин после возвращения из-за границы считал себя зачинателем нового — подлинно европейского — этапа русской литературы. Но ведь на этот счет существуют точные документальные свидетельства современников. Я не привожу их по недостатку места, но автор рецензии их, конечно, знает. Спорить надо не со мной, а с этими свидетельствами. В момент литературных переломов «умные и тактичные» люди могли считать, что предшествующая литература плоха, просто не существует. В 1801 г. Андрей Тургенев считал, что русской литературы нет, позже Пушкин начал статью под выразительным заглавием «О ничтожности литературы русской». Белинский в «Литературных мечтаниях» утверждал, что у нас нет литературы. Все это были глупые и бестактные люди... (Ведь Пушкин, вероятно, не считал свои произведения 1830-х гг. и, вероятно, и некоторые более ранние, ничтожными, когда писал эту статью. Вот ведь «самонадеянность»!) Кстати, Е. Н. Купреянова считает, что такое толкование стихотворения «Поэзия» принадлежит мне, но оно было предложено более ста лет назад Погодиным и никем с той поры не оспаривалось.

Утверждение о том, что субъективизм масонов восходит к Руссо и масоны являются просветителями, представляется мне ошибочным.

Тут рецензент употребляет, видимо, термины в каком-то необычном значении.

Таким образом, из всех замечаний рецензента остается указание на то, что в статье нет дат жизни Карамзина, и пожелание дать краткую биографическую справку. Это я согласен сделать*.

Все это заставляет меня, к величайшему сожалению, не согласиться с оценкой рецензии как «конструктивной». Если же редакция все же сочтет нужным настаивать на переделке статьи в духе этих указаний, мне остается только пожалеть о том, что я не обладаю необходимой квалификацией для того, чтобы удовлетворить столь высоким требованиям и уступить место достойнейшему.

С искренним уважением

Ю. Лотман

---

* Рецензент еще сообщает мне, что «Утопию» Т. Моора написал Т. Моор, а не Карамзин. Я это знаю и, кажется, не утверждал обратного. Но можно ли доказать, что Карамзин прорецензировал эту книгу «так просто», а мог бы вместо нее поместить отзыв о поваренной книге?

Кстати, рецензия эта давно уже привлекала внимание исследователей (См. Предтеченский, Макогоненко, мои статьи) как материал для суждений о взглядах Карамзина. (*Примечание Ю. М. Лотмана*)

185

<27 декабря 1964 г.>

Дорогой Борфед!

Посылаю Вам начало корректур[1] — жмите! С «Аркадией» — как хотят — сделаю извлечение стихотворных текстов[2]. Вообще мне вся эта волынка так надоела, что сказать нельзя. Но уж пусть и редакторы не взыщут — буду волынить, как могу. Каковы вообще сейчас Ваши отношения с «Библ<иотекой> поэта» и прочие дела — пишите. В самом начале семестра — около 9 февр<аля> — Влад<имир> Андр<еевич> Успенский начнет читать (две недели) курс: «Избр<анные> главы из высшей математики для гуманитаров». Это обдуманный им курс, специально повернутый к нуждам общ<ественных> наук. Думаю, что будет интересно. Не приедете ли? В середине февраля в Тарту приедет вся братия структуралистов на юбилей кабинета ориенталистики. Мы с Игорем хотим воспользоваться и провести одно-двухдневный семинар: «Проблема метаязыка и формализованной записи в литературоведении и фольклористике». Не приедете ли? Пишите о себе. Я очень устал (тут нет прямой связи), Зара уже неделю в Москве — кончает Соловьева — скоро вышлет[3]. Тексты и вст<упительная> статья уже готовы. Каждый вечер дохожу (не говорите на Невском и Лиде, это я несколько сгущаю, на самом деле — жив курилка!). Но завтра — последняя лекция, в январе буду спать. В Пушдоме сессия по XVIII веку и там мой доклад (в конце янв<аря>), но я, вероятно (пока это секрет!), — не приеду. Еще не решил, но очень лень слушать пустопорожние словеса и гонять грибы по тарелке во славу Пушкинского Дома. Еще окончательно не решил, но, видимо, будет так. Сошлюсь на болезнь. Вообще никуда не хочу — ни в Ленинград, ни в Москву. Хочу только тишины, покоя и возможности заниматься.

Желаю Вам счастливого Нового года, хорошего новоселья, а на нем всех благ.

Сердечно поздравляю Ваших дам.

Тарту. 27.XII.64.

Ю. Лотман

[1] Корректуры VIII тома «Трудов...».

[2] См. п. 182.

[3] З. Г. Минц подготовила для Большой серии «Библиотеки поэта» «Стихотворения и шуточные пьесы» В. С. Соловьева (книга выйдет в 1974 г.).

186

<Начало января 1965 г.>[1]

Дорогой Борфедик!

С радостью и грустью получил Ваше письмо. С радостью, ибо Ваше; с грустью, т<ак> к<ак> оно очень устало элегическое, даже не похоже на Вас. Видно, укатывают петербургские горки и овражки...

Сначала о делах, ибо люди мы деловые. Какой-такой хвост?!! ни хвоста, ни головы у меня нет! Ничего не помню! Неужели я (при сем я себя ощупываю), будучи (нет, не могу сказать: в здравом уме и твердой памяти, ибо всем ясно, что давно уже «не будучи»), но будучи в чем-то, отрезал от второй части (!) Вашей (!!) статьи хвост (!!!) для третьей (!!!?). А от этой третьей (хвоста!) хвост потерял!! Неужели? Что же теперь?! Неужели мы будем печатать «Боткин. Ст. 3», а потом «Дополнения. Боткин, статья 3-а»? Неужели все это «неужели» мне действительно не снится, и я его автор? Ради бога, вразумите и не сердитесь: если Вы мне скажете, что я у Вас купил за 1 000 000 рублей алмазы Голконды, я и то спорить не буду — не помню сейчас ничего — склероз спускается на меня, как черный ворон. Не примите это за желание ущемить Ваши авторские права и уклониться от печатанья «Боткин. Ст. 3-й»[2].

Гранки пролежали 2 мес<яца> не в издат<ельской> группе, а в типографии на внутренней корректуре. Изд<ательская> группа сейчас бьется мужественно — рассылает каждые 4—5 дней по 50 экз. «Блоковск<ого> сб<орни>ка» и по 15—20 «Трудов» прежних выпусков. Моя книжка разошлась: ее больше нет в продаже (только в магазинах Таллина и 60 экз. моего личного резерва, за кот<орый> я плачу пенензы из своего кармана). Передайте Рахлину приветик и постращайте его, что если он будет раскачиваться с «Блок<овским> сб<орником>», то и тут проворонит (entre nous[3], Блоковского еще порядочно).

Холшевникову я уже выслал — через Вас! В том же пакете, где были для Мануйлова, был вложен и Холшевникову (возможно, он и есть «уважаемый»? Хотя помнится, что я ему надписал и имя и отчество). Бурсову высылаю, Беркову выслал, за границу высылаем... Вообще я уже на «Бл<оковском> сб<орнике>» издержал рублей 60—70.

Вам экз<емпляр> высылаю завтра — я и не думал его заматывать: просто был чем-то отвлечен. Письмо к Бухмейер я, действительно, заграчил Б. Успенскому — судите о степени моего маразма.

С ректором прямо говорить о фиктивном вызове мне сейчас трудно — у нас с ним несколько похолодели отношения. Была проверка кафедры, и мы поругались на партбюро. Сообщите, что Вы изберете — две недели в нач<але> февраля (с 9-го) — т<о> е<сть> Вл. Успенский с его курсом, или 3—4 дня во вт<орой> половине, т<о> е<сть> семинар по метаязыку. Думаю, что прослушать весь курс Вы все равно не сможете, а лучше я Вам вышлю вызов от имени декана на неделю (включая в нее 3—4 дня на семинар) яко участнику и докладчику, и Вы примете участие в семинаре и сверх этого дня три мы пообщаемся на воле. Сообщите свое решение.

Как Билинкисы? Ободрите их чем-нибудь. Очень за них грустно.

Разъясните им неустанно, что, как ни тяжело Мише, ему, конечно, легче, чем им. Поляки шлют Вам приветы. С Вами хотят познакомиться Викторина Сливовска (автор польск<ой> книги о петрашевцах) и ее муж Ренэ. Они в восторге от «Бл<оковского> сб<орни>ка» и всех тартуских изданий. Мы крутимся. Скоро начнем собирать второй сб<орник>[4].

Здоровье Дины, несмотря на бодрые открытки, так плохо, что даже писать об этом невозможно. Просто она очень мужественно держится. Напишите ей что-нибудь теплое.

Приветы всем Вашим. Соне особый.

Зара всем вам шлет нежные и пламенные...

Ваш Ю. Лотман

Тарту. 6.XII.64. Видите, Ваше письмо дошло за 2 дня.

[1] Несмотря на дату в конце письма 6.XII.64, почтовый штемпель Тарту на конверте — 7.I.65 (Ленинграда — 9.I.65). Скорее всего, Ю. М. ошибся в месяце и годе (т<о> е<сть> реальная дата — 6.I.65); этому предположению способствует фраза в п. 185 от 27 декабря: «Посылаю Вам начало корректур» (VIII тома «Трудов...»), а настоящее письмо тогда является ответом на мои вопросы по поводу полученных корректур.

[2] После сокращения статей VIII тома «Трудов...» куда-то исчезла часть моей 2-й статьи о Боткине, предназначавшаяся уже для следующего тома; я ее дослал, и она появилась в IX томе с подзаголовком «статья 3-я». См. еще разъяснения Ю. М. в п. 187.

[3] между нами (*фр.*).

[4] Имеется в виду второй «Блоковский сборник» (однако он выйдет лишь в 1972 г.).

187

<31 января 1965 г.>

Дорогой Борфед!

Дела таковы:

Вызов Вам высылаю завтра (1.II), Зара завтра же высылает вступительную статью — она задерживала, т<ак> к<ак> в связи с ответом редакции перепланировывает тексты и перепечатывает комментарий. Так или иначе, приехав в Питер 7.II, она *привезет всё*[1]. Теперь о Карамзине — ваши редактрессы мне так плотно отбили желание за него браться, что я буду тянуть елико можно, а начнут пищать — откажусь, не моргнув глазом. Поскольку все мои разъяснения и доказательства «Библиотеке поэта» все равно до лампочки, а единственная их тактика состоит в том, чтобы заставить меня сделать, что хочет:

a) левая нога Орлова,

b) левая нога всех Ксан,

c) левая нога 1001 рецензента, то я противопоставляю этому такую же, мне в высшей мере противную, но вынужденную тактику. Я тяну, тяну подо всеми предлогами. А когда у редакции не будет времени фокусничать и измываться надо мной, съедят, что я дам. Формальные предлоги для затяжек:

1) Я выполнил комментарии по всем правилам тогда существовавшей инструкции. Николаева (мой редактор — Николаева, что ли?) прочла, сделала замечания и дала мне на исправление (замечания вплоть до самых мелких — мол, названия стихотв<орений> не во всех случаях напечатаны с отступом). Я все учел и второй раз перепечатал. И после этого мне (конечно, не извинившись, не объяснив, что, мол, бывает, а как само собой разумеющееся) дают инструкцию, разработанную после того, как я сдал работу, и требуют, чтобы я переделал комментарий и перепечатал его в третий раз, изменил всю систему приведения вариантов, заново пересмотрел все данные (прежде надо было указать последнее прижизненное издание, — а теперь первое, на котором установился текст). Это все большая работа, на которую надо дополнительное время.

2) Мне до сих пор не вернули текст «Аркадского памятника», из которого я должен сделать извлечение поэтических отрывков. Следовательно, я не могу закончить тексты не по своей вине.

Все это — формально, а по сути просто противно работать на барина и выполнять чьи-то руководящие указания. Просто не могу заставить себя сесть за эту работу, на которую противно и стыдно смотреть, как на изнасилованную.

Теперь о сокращениях в «Боткине»[2] — здесь Вы уже вправе изливать то и се. Но, видимо, история этого такова: когда я был в больнице, а Павел и Зара производили последнее решающие сокращение (сняли 1/2 статьи Павла и статью Зары), Павел и произвел это изъятие. Не сердитесь, а как-либо исправьте.

У нас — бедлам: все больны, дела находятся в таком состоянии, что даже и думать о них страшно. Я — злой, как собака.

Зара 7-го будет в Питере, едет за тетей Маней, которая умственно совсем сдала — теперь будет жить в Тарту. Что нового в Питере?

Привет Вашим дамам. Ю. Лотман
31.I.65.

P. S. Для «Библ<иотеки> поэта» мы оба — я и Зара — тяжело больны (мы действительно в противном гриппе, но болеть, конечно, некогда — мотаемся).

[1] См. примеч. 3 к п. 185.
[2] См. примеч. 2 к п. 186.

188

<4 февраля 1965 г.>

Дорогой Борфед!

В дополнение к моему желчно-пессимистич<ескому> письму:

Узнайте в книготорге, берут ли они наконец, черти лыковые, «Блок<овский> сбор<ник>»? А то с распродажей — затишье, разошлось же мало — экземпляров 300—400. Это из 3000[1]! Хорошо бы сделать такое дело: договориться со старостой кружка русской лит<ературы>, чтобы он собрал список студентов, кот<орые> купили бы «Бл<оковский> сб<орник>». А Дм<итрий> Евг<еньевич> пусть кликнет клич по знакомым и тоже составит оптовый список. А мы командируем Асю или Игоря Чернова с тем, чтобы свезти нужное число экз<емпляров> (если их будет хотя бы 40—50) прямо, помимо всех наложенных платежей и книготоргов. Игорь даже согласен просто сесть на кафедре и продавать, если будет гарантия, что купят достаточно много.

Второе — напишите Вы Белкину, почему он не дает в «Вопр<осы> лит<ературы>» рецензии? Уж честнее было бы просто отказаться. Дело в том, что мне писали, что кто-то предлагал в «Вопр<осы> лит<ературы>» рец<ензию> на «Бл<оковский> сб<орник>», но они отказались, сказав, что у них заказана статья по всем выпускам. Я Белкину не пишу, т<ак> к<ак> очень на него обижен — я ему летом объяснил, как это все важно, а он и не почухался[2].

Теперь одно необходимое объяснение: я со своими жалобами на Ксан Бухмейерш и разнообразных рецензентов, видимо, выгляжу желчевиком и брюзгой, но дело совсем в другом: я не собираюсь жить вечно. Поняв это достаточно ясно, я вынужден ограничить свой круг занятий, отказавшись от ряда дел, чтобы кончить начатое. Я не могу себе позволить роскоши писать работы не необходимые или только ради денег. От всего, что не представляется мне важным и интересным, я сейчас отказываюсь наотрез. Это не значит, что я собираюсь скоро умирать. Но я хочу долгое время прожить так, словно умру в конце года. И так я теряю массу времени на вещи, которые сократить не могу (семья, кафедра...). Следовательно, понимая, что со стороны я, наверное, смешон, я не могу тратить время на исполнение прихотей или на то, чтобы быть рукой, исполняющей волю редактора, то есть писать так, как написал бы он, если бы умел. Я могу писать только так, как я считаю нужным. Если «Библ<иотека> поэта» считает, что ей надобно нечто другое, — охотно уступлю место. А как только я убедился, что хорошего Карамзина мне все равно выпустить не дадут, что это халтура ради денег — я потерял к ней всякий интерес.

Вызов (Ваш) Реизову пошел не от имени декана, а проректора (хватай выше). Очень хочется Вас повидать. Как Билинкисы? Утешайте их, если можете.

Мы, теперь уже действительно, в тяжелом гриппе. Зара вчера была совсем плоха — сегодня лучше. Статья по Соловьеву у нее хорошая. Смотрели ли Вы «Revue des études slaves» т. 43 за 1964 г.? Там все наши труды, но с массой ошибок. Зара два раза названа Mine, Вал<ерий> Ив<анович> превращен в даму, Павел в Реймана, а Ваша брошюра о новых людях дана как анонимное издание[3].

Жду Вас на семинар.

Целую Ваших дам.

Ю. Лотман

Тарту. 4.II.64.

[1] Реально — 2500.

[2] О А. А. Белкине см. пп. 169 и 177.

[3] Парижский журнал «Revue des études slaves» ежегодно давал подробные обзоры вышедших трудов по славянской филологии, в том числе и изданий ТГУ.

189

<9 февраля 1965 г.>

Борфед!

Где Вы, чего не откликаетесь? Сердитесь за мою тактику в вопросе с Карамзиным? Бросьте, ну ее — всю эту муру и суету — к чертям!

Сижу ночью и читаю корректуры. На душе — стопудовый камень, безумно тяжело.

Дина очень плоха, ходят упорные слухи об уходе Клемента, которого якобы заменит Ленцман (!), хотят открывать пединститут в Таллине[1] и пр. Но все эти «департаментские» новости — суета и тлен, шут с ними.

Страшно за Дину и за то, что что-то очень натягивается струна в мире вообще. У меня такое чувство, что вот-вот что-то лопнет (в мире или во мне?). Тягостно.

P. S. Приехал Вл. Успенский, читает лекции: он задумал не курс применения матем<атики> в гуманитарн<ых> науках, а краткий обзор того в математике, что нужно гуманитарию. Поэтому в 1-й лекции (пока была только она) — давал исходные и общие понятия. Те, кто ждал, что он сразу расскажет, как при помощи счетной машины можно поймать преступника, ушли разочарованными. Мне же очень нравится.

Получили ли Вы вызов? Приезжайте. Каково Билинкисам? Передайте им приветы.

9.II.65.

Ю. Лотман

P. S. P. S. Сельме какая-то сука с кафедры русского языка шлет гнусные анонимные письма, проповедуя защиту высокой морали.

[1] Ю. М. писал письмо в тяжелом душевном состоянии и нечетко сформулировал мысль: пединститут уже существовал в Таллине, ходили слухи о его преобразовании в университет.

190

<14 февраля 1965 г.>

Дорогой Борфед!

Простите за мрачное письмо — быват. Ваше письмо настраивает меня совершенно иначе по отношению к «Карамзину». И, конечно, не допущу, чтобы из-за меня пострадала Исакович[1]. Вступительную статью вышлю срочно. Но если дамы сии так заинтересованы в быстрейшей сдаче, то чего они сами волынят и выдумывают задержки — в частности, с комментарием: Николаева просмотрела его после рецензии Макогона, внесла некоторые исправления и дала мне на переделку и перепечатку (там были заглавия стихотворений без красной строки), сказав, что все в ажуре, и когда я, исправив, перепечатал, она попросила переделать заново в соответствии с новыми правилами. То, что там много исправлений и независимо от новых правил, — неверно. Только несколько сокращений, из-за которых перепечатывать в третий раз не было бы нужды. Ну, да хрен с ней. История с «Аркадским памятником» меня не удивляет — это очень в стиле Орлова[2]. Но не будем роптать. Статью я сделаю срочно — комментарий не могу, пока Николаева не вышлет мне данных по текстам (тексты у нее), которые я запросил. Итак, задержка не за мной.

Статья обо мне — гениальна и представит крупнейший вклад в советскую (передовую) науку[3]. Как бы намекнуть Жданову, чтобы мне заказали статью о Вас — хоть бы на букву «Э» (был же у Вас невольный псевдоним А. Эгор[4]). Небольшие просьбы[5] в связи с моим некрологом: нельзя ли включить (я бы хотел обязательно включить) следующие статьи:

1) М. А. Дмитриев-Мамонов — поэт, публицист и общественный деятель. Уч. зап. ТГУ. № 78, Труды по русск. и слав. филологии, т. II, Тарту, 1959.

2) Идейная структура «Капитанской дочки». «Пушкинский сборник», Псков. 1962.

Желательно:

1) Die Entwicklungswege des Romans in der Russischen Literatur des 18. Jahrhunderts. — «Studien zur Geschichte der Russischen Literatur des 18. Jahrhunderts». Berlin, 1963.

2) «Слово о Полку Игореве» и литературная традиция XVIII — нач. XIX вв. — Сб.: Слово о П<олку> Игореве — памятник XII века. М.—Л., изд. АН СССР, 1962.

Вполне можно выкинуть: 1) «Некоторые вопр<осы> эстетики Радищева», 2) «Был ли Радищев дворянск<им> революц<ионером>, а на худой конец и 3) «Галинковского».

Сливовские пишут, что сдали в «Slavia orientalis» большую и подробную рецензию на все «Труды», появится в июне—июле[6].

14.II.65.

Не могу дописать — тут меня терзают разные дела (пришли Павел с Ларисой).

Привет.

Ю. Лотман

[1] Заведующей редакцией «Библиотеки поэта» И. В. Исакович грозил выговор за задержку издания Карамзина.

[2] См. примеч. 2 к п. 182.

[3] Шутливая похвала моей статьи о Ю. М. для КЛЭ; ниже он ее назовет «некрологом».

[4] «Невольный псевдоним» — без моего ведома статью «Заметки Мамина-Сибиряка об Эстонии» (газ. «Советская Эстония», 18 ноября 1952 г.) почему-то подписали «А. Эгор». А статью обо мне в КЛЭ заказали не Ю. М., а С. В. Белову (т. 9).

[5] Просьбы Ю. М. редакция КЛЭ удовлетворила лишь частично: из обязательных включили 2), из желательных — 1), зато все три предложения исключить были приняты.

[6] Обзорная статья о наших «Трудах...» Виктории и Ренэ Сливовских опубликована: «Slavia orientalis», 1965, № 2.

191

<4—5 апреля 1965 г.>

Дорогой Борис Федорович!

Ко мне начинают поступать предложения о продаже нашей совместной дачи в Усть-Нарве[1]. Я немножко обижен тем, что Вы приняли это решение, не посоветовавшись со мною, — все же дача наша общая. Но, обдумав, я решил, что Вы рассудили правильно — действительно, хлопот с этой дачей больше, чем пользы. Итак, я решил, что Вы правы, и пересылаю всех желающих приобрести наш общий тихий приют непосредственно к Вам. Надеюсь, что хлопоты по продаже не очень отвлекут Вас и составят приятный и разнообразный досуг.

С сердечным приветом

Ю. Лотман

[1] Одной из моих типичных первоапрельских шуток было вывешивание на официальных ленинградских стендах объявлений каких-либо лестных, выгодных предложений — с указанием адреса «предлагающего». На этот раз Ю. М. дешево продавал хорошую дачу в Усть-Нарве. Ю. М. нашел остроумный выход: отсылать обращающихся ко мне (естественно, он знал, кто повесил объявление).

192

<8—9 апреля 1965 г.>

Борис Федорович!

Ради бога! Приостановите продажу дачи! Я передумал!!! Я решил, что это и есть то место, где я смогу отдохнуть летом. Только там и нигде инде. Там прошли мои лучшие годы. Не продавайте!!!

Умоляю.

Ваш Ю. Лотман

193

<Конец мая 1965 г.>[1]

Дорогой Борфедик!

Замотанность и бесконечная труха какой-то суеты не давали мне времени собраться с мыслями для мало-мальски нормального письма. И сейчас пишу в час ночи, с головной болью и в живописных обстоятельствах, которые Вам обрисует Зара.

Дела:

a) На 1966 г. запланированы:

α) «Горьковский сб<орни>к» à la «Блоковский». Надо сдать его высокой сортностью. А для сего нужны хорошие материалы. Именно материалы, а не статьи. Нужна и изюминка, и перчинка. Обдумайте. Давать жвачку неохота.

β) Очередной том «Трудов» — готовьте статью.

γ) «Труды по знаковым системам», вып. III. — так <?>.

b) «Знаковые системы», вып. II — в типографии.

c) Досылаю именной указатель к Карамзину. Теперь я, кроме изоматериалов, чист. Нельзя ли деньжишки? Поиздержался и большая семья...

Не собираетесь ли в Тарту — отвели бы душу, а то — мрачновато.

Приветы Вашим дамам.

Очень тяжело больна Дина Борисовна. Напишите ей душевное письмо. Все это настолько ужасно, что можно только, как страус, не задумываться и прятать голову.

Пишите.

Ю.

P. S. 6 июня я в Пскове докладаю на Пушк<инской> конф<еренции>.

Назначаю Вам rendez-vous[2] в Пскове 5-го.

[1] Датируется по указанию на будущий 1966 г. и по предстоящему «6 июня».
[2] свидание (*фр.*).

194

<Июнь 1965 г.>[1]

Дорогой БорФедик!

Сначала о делах: деньги Ал<ександру> Исаакиевичу, конечно, снес в первый день. Со сборником пока на мели, но, надеюсь, к августу появится. После 5 июля я приеду на неделю в Питер. Увидимся ли?

Очень странно и глупо получилось при моем отъезде: когда я с такси подъехал к Казанскому[2], Вас там не было, а искать не оставалось времени. В Тарту как-то смутно: Клемент то ли уходит, то ли нет.

Куда Вы летом?

Привет Соне и Тат<ьяне> Алексеевне.

Ю.

Зара Вас целует. Дине очень плохо. Тоска смертная.

[1] Датируется по нахождению п. в пачке 1965 г. и по предстоящему «5 июля».
[2] Очевидно, встреча назначалась у Казанского собора в Ленинграде.

195

<31 августа 1965 г.>

Дорогой Борфедик!

Сии девочки — новая группа «тартуанок»[1]. Поопекайте и ободрите их. Может быть, к ним «прикрепить» кого-либо из старших студентов? Вчера Вы подписали сигнал VIII т. Ждем тиража. Постараюсь приурочить свой приезд к Вашему приезду.

Сердечный привет всем Вашим.

Ю. Лотман
31.VIII.65.

[1] О стажировавшихся в ЛГУ студентах ТГУ см. примеч. 4 к п. 178.

196

<Конец октября 1965 г.>[1]

Глубоко* / не уважаемый Борфед[2]!

Посылаю Вам корректуру, которую прошу отослать через 3 дня после получения. В случае задержки исправления не могут быть учтены. К сожалению, мы вынуждены пойти на эту меру, так как быстрое чтение и возвращение корректуры значительно приблизит дату выхода сборника.

Напоминаем Вам, что в корректуре желательно делать минимальные изменения.

С уважением Ю. Лотман

<На обороте:>

Дорогой Борфед!

Посылаю Вам корректуры — гоните срочнейше!!! Где материалы в очередной том «Трудов по сл<авянской> филологии» и «Знаковых систем»?

Надеюсь сборники вчерне «подбить» к ноябрьским и жду Вас для технического труда и дружеского общения.

У нас грустно: Дина очень больна, держится просто героически — терпит нечеловеческие муки и все время думает о других — все кому-нибудь помогает. Мы с Зарой, как загнанные одры. Душевно и физически подошли к черте. Ну и черт с ней, с чертой (простите за невольный каламбур). Будьте здоровы, целуйте Ваших.

Лотман

[1] Датируется по связи с п. 197 (корректуры и «подбивание» сборников).

[2] Первая часть письма — до фразы «С уважением» — официальный бланк, куда Ю. М. шутливо вписал от руки «Глубоко/не... Борфед!.. Ненужное вычеркнуть»; вторая часть (на обороте) — от руки.

197

<6 ноября 1965 г.>

Дорогой Борфед!

Во-первых — ответы на Ваши вопросы:

1) Статью о Добролюбове отослал сейчас[1].

* Ненужное вычеркнуть. (*Примечание Ю. М. Лотмана*)

а) Надо было организовать перевод — это сделал Игорь, хотя и не сразу — были технические трудности.

b) Попросил Килька посмотреть библиогр<афическую> ссылку на эстонское изд<ание> Добролюбова и отослать. Сейчас он заболел — влез я в его стол — ничего не сделано и не послано. Все сейчас сделал сам и послал.

2) Авторучку занес.

Теперь тартуские дела:

1) Корректуру Вашу занесу завтра. Таблицы все будут на месте[2].

2) После праздников приступаем к сдаче тома[3]. Как только он немного материализуется (полагаю 15—16 <п. л.>) — буду Вас просить приехать — следите за объявлениями.

Были Сливовские, но очень мимолетно — полдня. Зара на праздники приезжает в Питер и будет числа до 12-го. Одновременно с «Славянским» томом сдаем «Знаковый»[4]. Как Вы? На Мейлаха я — гм, гм, гм! — он хочет возглавлять то[5], в чем ничего не понимает (я и сам, грешный, мало понимаю, а он уж и вовсе). Но даже не в этом беда — он хочет быть новатором и боится обжечь нос: я взял статью не потому, что считаю ее хорошей, — она чистое дерьмо и очень-очень нуждается в переделке, а потому, что он ныл бы и скулил, пока я не снял бы о сходстве игры и искусства. А что мне за радость и необходимость кастрировать себя, если можно без этого обойтись?

Бог с ним.

Я для Пугачева (он открывает отдел рецензий в своих сб<орни>ках — идея Юлиана) сочинил рецензию на Шторма. Работал двое суток: сутки читал — сутки писал. Получилось, кажется, живо[6].

В Тарту эпидемии кори, дизентерии и — прости господи, угораздило — чесотки. Ждем сифилис, холеру и моровую язву. Итак, чума есть, а за пиром дело не станет — приезжайте.

Приветики.

Ваших дам целую, Зара шлет приветы. Дина благодарит за память и привет.

6.XI.65.

Ваш Ю. Лотман

[1] Статья для «Эстонской советской энциклопедии» («Eesti nõukogude entsiklopeedia»), т. 1 (вышел в 1968 г.).

[2] Таблицы в корректуре означают, что речь идет о моей статье «Простейшие семиотические системы и типология сюжетов», публикуемой во 2-м томе «Семиотики» («Трудов по знаковым системам»), которая выйдет в том же 1965 г.

[3] Речь идет о IX томе «Трудов...».

[4] Т<о> е<сть> 3-й том «Семиотики» (он выйдет лишь в 1967 г.).

[5] Речь идет об организации Б. С. Мейлахом академической Комиссии по комплексному изучению художественного творчества.

[6] Ю. М. имеет в виду свою полуфельетонную, полунаучную статью «В толпе родственников» («Уч. зап. Горьковского гос. ун-та», вып. 78, 1966) — рец. на книгу Г. Шторма «Потаенный Радищев» (М., 1965).

198

<23 декабря 1965 г.>

Дорогой Борфед!

Не буду писать о переживаниях — сообщу факты: был пожар в университете — сгорел актовый зал, карцер, физический ф-т. Провалилась крыша, и в голую коробку главного здания (центральная часть погибла — ректорское крыло цело) — видно небо. Смотреть на это невозможно. Но уже два дня прошло, и жизнь идет своим чередом, лекции продолжаются. Предвидеть последствия — моральные, материальные — пока невозможно. Кажется, это не может быть повернуто недоброжелателями против ректора, но видеть его тяжело. У нас всех тоже душа наполовину мертва. Доколе, о господи! Ей-богу, на этот год уже довольно! Университет лежит, как обезображенный труп дорогого человека, — проходить мимо него — страшно, зайти невозможно. А мы заходим и выходим, делаем каждодневные дела, заседаем и читаем лекции, а от него пахнет войной — холодным запахом гари в промерзлых полуразрушенных стенах. Но все-таки мы живем. Сегодня был принят сборник![1] Вы снова утверждены отв<етственным> редактором, хотя Лаугасте и кривился. Сегодня же я с очень большим трудом добился, чтобы сборник шел еще не через Таллин. Все это похоже на удачную операцию в 1941 г. Зато семиотический сб<о>р<ник>, видимо, придется пихать уже через Таллин. То-то радости.

Будьте здоровы.

Желаю Вам, Соне, Тане, Татьяне Алексеевне и всем Вашим близким доброго, хорошего Нового Года, здоровья, душевного покоя.

Целую всех Вас

Ю. Лотман

Зара и дети шлют новогодний привет.
23.XII.65.

[1] IX том «Трудов...». Это последний том, проходивший через снисходительную к русским изданиям тартускую цензуру; следующие пойдут через Таллин, а потом наши кафедральные издания будут отсылаться в Москву: партийное руководство Эстонии раскусит, что это за русские издания!

199

<16—17 января 1966 г.>

Дорогой Борфед!

Принимайте позывные с «Маринера»[1]! У нас был очередной аврал — сдаем том по Знак<овым> системам[2] (уже через Таллин) и почти сдали. Жаль, что Вас нет. Томик, кажется, ничего, но устал я смертельно.

Теперь о делах:

1) О Дм<итрии> Евг<еньевиче> не пишу — это долгий разговор, и тложим его до встречи.

2) Приезжаю в Л<енингра>д 9-го утром и привожу найденный ри раскопках в кургане на месте стола покойного Лотмана список дресатов VIII тома. Жду Вашего звонка в Ленинграде.

Статья Яши огорчает[3]. Вот он все знает, все понимает, а нет-нет, да ı выкинет «верояции в сторону». Целуйте Ваших дам.

Ваш Ю.

[1] Шутка. «Маринеры» — американские межпланетные станции для изучения космоса.

[2] 3-й том (см. примеч. 4 к п. 197).

[3] Речь идет о положительной рецензии Я. С. Билинкиса («Толстой, прочитанный сегодня») на книгу В. В. Ермилова «Толстой-романист», М., 1965 «Литературная газета», 11 января 1966 г.). Автор книги издавна отличался весьма сомнительной научной и человеческой нравственностью.

200

<15 марта 1966 г.>

Борфедик!

Посылаю Вам корректуру — прочтите самым срочным образом — я возил ее в Горький, но Вас там, к сожалению, не оказалось. Жаль было очень!

Около 25-го я приеду в Питер на свадьбу Ларисы Найдич(!) — через год, глядишь, я и дедушка!!!

Надеюсь по этому поводу с Вами повидаться. Целуйте Ваших дам. Скоро ли мне приезжать на свадьбу Танюши? Вот погуляем!!

Приветик.

Ю. Л.
15.III.66.

P. S. Борис Усп<ен>ский начинает с завтрашнего дня у нас курс лекций по семиотике.

P. S. P. S. Никаких вставок умоляю не делать — нас и так очень ругают за это.

201

<18 сентября 1966 г.>

Дорогой Борфед!

Вчера подписал сигнал IX-го тома. Знай наших! Есть такая идея: не хотите ли Вы к тиражу подъехать? 1) Мы бы общнулись — все же том вышел; 2) Вы бы сходили к ректору попросить 30 экз. IX-го тома, заодно и 30 экз. «Семиотики», а то мы с Зарой уже у ректора как штат ные просители. Но это все неважно. А важно — пообщаться. Если ж Вам нет времени и возможности, то все сделаем и без Вас. Кяярик вызвало огромный взрыв зависти и недоброжелательства со сторон Аристэ и др. Ну, да бог с ними.

Привет Вашим дамам.

Ваш Ю. Лотман
18.IX.66.

P. S. Заодно бы разослали все нужные посылки книг (недосланны VIII, IX и «Семиотику»).

202

<9 октября 1966 г.>

Дорогой Борфед!

Очень простите за то, что только сейчас отсылаю Вам «Slavi orientalis»[1]. Но даже Вы не можете себе представить, как я сейчас кру чусь, пытаясь закончить хоть основные дела перед поездкой в Чехосло вакию (уезжаю 14-го из Москвы на две недели). Между тем IX-ый том вышел. Игорь ходил к ректору и получил 25 экз. — начнем рассылат по традиционному списку. Оттиски Вам завтра вышлем.

О рецензии[2]. Мне в ней кажется слишком резким лишь выпад н стр. 5, что я Вам и говорил после первого чтения. Остальное — вполн солидно. Других замечаний у меня нет.

Лена Душечкина выдержала экз<амены> в аспирантуру. Игор как бы не забрали в армию! Таковы наши новости. Я уезжаю в Чехо сл<овакию> с больным горлом, гриппом и плохим настроением. Дол жен участвовать в симпозиуме по поэтике в Брно. Посмотрим... Ждем Вас на Карамзинскую, которая начнется 24 ноября[3].

9.X.66. Ю. Лотман

[1] См. примеч. 6 к п. 190.

[2] Вероятно, я посылал Ю. М. черновик моей рец. на только что вышедший Малой серии «Библиотеки поэта» том: Ап. Григорьев. Стихотворения и поэмы (подготовлен Б. О. Костелянцем, М.—Л., 1966). Рец. будет опубликована: «Звез да», 1966, № 12.

[3] Ю. М. организовал в ТГУ научную конференцию к 200-летию со дня рож дения Н. М. Карамзина. Я делал доклад «Ап. Григорьев о Карамзине».

203

<5—6 ноября 1966 г.>

С праздником, дорогой Борис Федорович!

Сегодня послал Вам вызов на Карамзинскую конференцию — ждем. Только что вернулся из Чехословакии. Впечатлений много. В Тарту плохо — ректор по болезни уходит[1]. Плохо, Ваше благородие! Савватий уехал на год в Будапешт, где ему общество составляет Выходцев. Вот наберется-то культуры и жизни...[2]

Приветы всем Вашим.

Ю. Лотман

[1] Слух, слава Богу, не подтвердился; ректора «ушли» лишь в 1971 г.
[2] Каламбур: «Культура и жизнь» — партийная газета (Москва). Савватий — С. В. Смирнов.

204

<4—5 января 1967 г.>

Дорогой Борфед!

Спасибо за рецензии и второй экз<емпляр> статьи (где Анненков?[1]). Спасибо, но:

1) Рецензии для Горьковского сборника[2], который мы сдали 31 декабря, были уже организованы местными усилиями.

2) Статья Ваших студентов[3] в таком виде, по-моему, еще не готова к публикации — это не статья, а интересная заявка на статью.

Утверждение о том, что «горьковский» и «тыняновский» принцип были противоположны — справедливо, но то, что «тыняновский» принцип возобладал и до сих пор обеспечивает «жизнеспособность» «Б<иблиотеки> п<оэта>» — очень спорно. Во-первых, хронологический принцип победил, да и не мог не победить с того момента, как первая серия была закончена, — издания, когда бы они ни вышли, выстроились в хронологический ряд. Да и был ли Тынянов просто врагом хронологии — спорно. Такие исходные хронологически сборники, как «Вирши» и 3-х томник «Тредиаковский—Ломоносов—Сумароков» (он не только имел общую вступительную статью, но и продавался в общей обойме-футляре), вполне вписывались в концепцию истории поэзии, созданную Тыняновым. «Вирши» ни в малой степени не были «внешними» для концепции Тынянова — открытие жизненности традиции русской силлабики отвечало его представлению о том, что в историко-литературном процессе торжествует «младшая линия». Что же касается до Тредиаковского—Ломоносова—Сумарокова, то издание их было программным, а вступительная статья Бонди — целым этапом в движении ОПОЯЗ'а к историзму. Напомню, что издание поэтов XVIII в. в те годы, как и программный том Литнаследства, посвященный XVIII в., с точки зрения Мирского (Святополка) и даже Десницкого, были почти контрреволюцией. Это совсем не была уступка давлению «суворинской традиции» (см. статью Гуковского в Литнаследстве[4]). Видимо, эта борьба определила появление в первых томах двух предисловий — «критического», «марксистского» и академического. Говоря об оппозиции Тынянова к Горькому, не учитывать их общей противоположности «социологам» и РАПП'у — нельзя.

Не говорю о некоторых описках (я еще не смотрел выправленного экз<емпляра>), но среди них есть курьезная: цитата из Тынянова звучит так: «Ломоносов ради Державина, Державин ради Пушкина, Пушкин ради Лермонтова». Между тем здесь пародия библейского текста (Авраам роди — т<о> е<сть> «родил» — Исаака): «Ломоносов роди Державина» и т. д. Но дело не в описках. По-моему, затронута важная тема, высказана интересная идея, но не привлечен необходимый материал, в частности, материал, противоречащий концепции авторов. Кажется, что статья еще не готова к печати. Впрочем, это мое личное мнение — хотел бы знать Ваше подробнее.

Замечу в скобках, что настоящая «Библиотека поэта» принципиально далека от тыняновской. Тынянов совсем не считал, что вступительные статьи или издание в целом должны иллюстрировать его историко-литературную концепцию. Зато принцип «научное предисловие» он, в отличие от Горького, хотевшего видеть очень квалифицированное изложение проверенных фактов и идей, понимал как обязательность именно новой, непроверенной — т<о> е<сть> неизжеванной концепции. Его больше привлекали эпатирующие предисловия Эйхенбаума и Бонди, чем уравновешивающие их — Десницкого и И. Виноградова. Настоящая же «Библиотека поэта», — не прогневайтесь, но это факт, — более всего боится новых точек зрения. Принцип Тынянова был — дать «нового» Державина, «нового» Дениса Давыдова, нынешний — дать привычного, уже знакомого. Даже какому-нибудь Шаховскому — материал сам просится на новый портрет — придают облик, знакомый уже по десяткам статей, начиная от того же Тынянова. Я убежден, что деспотическое вмешательство редактора в концепцию автора статьи, вмешательство, предполагающее, что истина уже известна, ее надо лишь изложить более или менее хорошо, систематическое стремление снять впервые публикуемые тексты, не введенных в обойму авторов — составляет печальную особенность нынешней «Библиотеки поэта» и очень ей вредит.

Простите за горечь этих строк — вопль души.

Будьте здоровы и не сердитесь на меня за критику «Библиотеки».

Ваш Ю. Лотман

P. S. Посмотрел Вашу правку статьи — она устраняет явные погрешности, но сути все же, по-моему, не меняет. Статья слишком тезисная, заявочная и звучит неубедительно.

[1] Моя статья о П. В. Анненкове для XI тома «Трудов...»; я, видимо, ее задерживал, что задерживало и сдачу тома (см. следующее письмо).

[2] «Горьковский сборник» (т. XIII «Трудов...») выйдет в свет в 1968 г.

[3] Не помню, кто именно были авторы статьи.

[4] Программная статья Г. А. Гуковского «За изучение восемнадцатого века» (ЛН, 9—10, М., 1933).

205

<Около 7 января 1967 г.>[1]

Дорогой Борфед!

Пишу, как всегда, впопыхах. Редколлегии пока не было, но X т.[2] не сдан, т<ак> к<ак> нет Вашей статьи. Где она? Гоните скорее. Не обиделись ли Вы на мое мнение о статье Ваших учеников?

Адреса[3]: Мариэтта Омаровна Чудакова: Москва, Д-154, ул. Тухачевского, 26, корп. 2, кв. 58.

Вадим Сергеевич Алексеев-Попов: Одесса, ул. Щепкина, 23, кв. 9.

Большое спасибо Соне и всем Вашим дамам за новогодние приветы — целуйте их за меня.

В статье Зары теперь в силу необходимости появилось полемическое примечание в адрес П. Громова[4]. Оно составлено максимально умеренно. Но будет высшей гадостью, если, после того как Громову позволили гнусно и по тону, и по существу в печати оскорбить Зару, ей не дадут ответить.

Мой Париж, кажется, горит, зато семиотическая лаборатория в Тарту, тьфу, тьфу, — начинает двигаться.

Сердечно Ваш

Ю. Лотман

[1] Датируется по ленинградскому почтовому штемпелю: 9.I.67 (тартуского нет).

[2] X том «Трудов...» окажется лингвистическим, наш же будет XI; я задерживал высылку своей статьи об Анненкове (см. предыдущее п.).

[3] Адреса Ю. М. сообщал, видимо, для отправки вышедших томов «Ученых записок».

[4] В статье «Поэтический идеал молодого Блока» («Блоковский сб.» <1>, Тарту, 1964) З. Г. Минц корректно полемизировала с некоторыми положениями П. П. Громова в его книге «Герой и время» (Л., 1961); Громов, не терпевший возражений, очень грубо ответил ей в новой книге «А. Блок, его предшественники и современники» (М.—Л., 1966). З. Г. Минц, опять же корректно, ответила

ему во вступительной статье к книге: *Соловьев В. С.* Стихотворения и шуточные пьесы. Л., 1974. Суть спора, помимо частностей, заключалась в представлении о духе и плоти у Соловьева: Громов ратовал за превосходство духа над плотью, Минц — за гармонию.

206

<9—10 февраля 1967 г.>[1]

Дорогой Борфед!

Вы напрасно на меня сердитесь за эпистолярную бестолковость. Я не отвечаю Вам потому, что хотел сначала сделать кое-какие вещи, а в письме сообщить, что все готово. Но, видно, не судьба. «Вещи» эти — очередной том «Трудов», который в след<ующем> виде:

1) Вашу статью и дополнения к ней я получил, но в том еще не вложил, т<ак> к<ак> тома, по существу, еще нет. Я срочно, начиная с Вашего отъезда, пишу для него статью на тему «Понятие художественного пространства в прозе Гоголя». Пишу как каторжный, уже написал стр<аниц> этак 50, но все еще далек от конца. Статья, кажется, удается. Не знаю, как будет по выполнению, но по проблеме — это один из самых близких к сущности вопросов. Писать нет времени, нет душевного сосредоточения и совершенно убивает количество несделанных дел.

2) Редколлегии по «Горьковскому тому» еще не было — Лаугасте тянет, и я надеюсь всунуть славянский том на ту же редколлегию (вложу недопечатанный текст своей статьи).

3) С Лихачевым напутали Вы, а не я: он был предупрежден, что Вы ему передадите том, и, благодарив Вас, ожидал, что Вы тут же и вручите. Но Вы (вот Вам наказание за глубокое неверие в мою точность) решили, что я что-то напутал, и не вручили ему ничего. Сейчас уже вручать не надо — я послал ему том из своих запасов (с Вашей подписью) через Лену Душечкину.

4) Книги я — большое спасибо — получил:

a) Гуковского[2],

b) Дневники Половцева[3]. Последнее вызывает у меня некоторое недоумение. Должен ли я за него гроши? Вам? Или это от Петра Андреевича? Разъясните...

5) Присылать ли Вам вызов на Блоковскую конференцию?

6) Белкину том послали.

Таковы сведения, которые имеет сообщить Вам не погибающий, а уже погибший

(с загробным приветиком)

Ю. Лотман

Ей-богу, не знаю, какой сегодня день.

P. S. С Парижем[3], как говорил Тредиаковский:

Смутно в возду́хе,
Ужасно в ухе...

[1] Датируется по почтовому штемпелю Ленинграда: 12.02.67.
[2] Очевидно, книга Г. А. Гуковского «Пушкин и русские романтики» (М., 1965).
[3] «Дневник государственного секретаря А. А. Половцева», т. 1—2 (М., 1966).
[4] Видимо, Ю. М. получил очередное приглашение из Парижа, и в очередной раз его не пустили за рубеж.

207

<23 февраля 1967 г.>

Дорогой Борфед!

Сегодня была довольно «мирная» редколлегия, которая чуть не стоила мне инфаркта. Наш друг Лаугасте собрал на одно заседание все сборники (XI том «Трудов» — наш не X, кот<орый> лингвистический, а XI-ый, «Горьковский»; монографию Вал<ерия> Ив<ановича>, студенческий сб<орник> — всего > 40 п. л.) и устроил спектакль на тему: всю бумагу университета сожрали venelased[1]. Не передаю Вам живописных деталей, а только итоги: «Труды» прошли, хотя и с большим хаем. Книгу Вал<ерия> Ив<ановича> влили в «Труды»[2]. «Горьковский» отложили до мартовской редколлегии, но одновременно приняли категорическое решение убрать всех варягов. Пришлось воевать за Максимова! Но все же в «Трудах» отстоял я всех — и Дм<итрия> Евг<еньевича>, и Альтмана, и Котрелева, и Мандата. Не удалось отстоять Чудакову и Пастернака, хотя я и лег на пузо! Изъяли железной рукой из студенческого сборника Горбаневскую и Мейлаха! В самый разгар драки Аристэ бросил: «Да что мы тут спорим — все равно Лотман сходит к ректору и всего добьется!» Так-то... Таковы наши потери. Ужасно неудобно перед Чудаковой, которая и так на нас дуется. Но ничего сделать нельзя было. Мози еще квакала, что статья Сергея не дает ничего нового, а моя и Ваша статьи растянуты. Но в общей свалке ее никто не слыхал. Валерий Ивано̀вич, который был в первый раз (приглашен как автор монографии), — только головой тряс, а я, вспоминая былое, говорил, что все прошло довольно мило. Действительно — «потери наших войск незначительны»... Но в этой свалке бороться за Ваших двух мальчиков было невозможно. Я голосовал против решения о механическом удалении всех «варягов», но остался в одиночестве и ничего сделать не смог.

Таковы наши дела...

Теперь о Лихачеве. За что он Вас благодарил — не знаю, но получил он одну книгу, уже после разговора с Вами, dixi[3].

Париж, кажется, горит[4] («Я жгу Париж», как сказал Бруно Ясенский).

Приветы дамам.

Ваш сердечно

Ю. Лотман
23.II.67.

P. S. Не собираются ли там Заре заплатить или со мной заключить договорчик[5]? А то чтой-то скучно стало!

[1] русские (*эст.*).
[2] «Леонид Андреев и Московский Художественный театр».
[3] сказал, именно так (*лат.*).
[4] Опять «невыезд»; см. предыдущее п.
[5] В «Библиотеке поэта».

208

<1 апреля 1967 г.>

Приехать завтра не могу пакет вечерним автобусом не высылаю подробности зажина = Лотман[1]

[1] Первоапрельская шутка; см. следующее п.

209

<10 апреля 1967 г.>

Дорогой Борфедик!

И впрямь укатали сивку крутые горки, если Вы к 1 апреля ничего не устроили. Я даже слегка испугался за Ваше здоровье. Правда, меня обрадовало известие о том, что «укатание» связано с диссертацией. Сие есть дело.

Но, наконец, и мы Вас поздравили с 1 апреля! Мы решили, что ни на какой обман Вас не подденешь и что надуть Вас можно только при помощи чистой правды. Вот мы и дали телеграмму, в которой что ни слово — то правда: денег не получали и ничего Вам не высылали. А «подробности зажину» прибавили для вящей ясности и убедительности.

Тезисы студенческой конференции для Вас куплены и отложены — не доходят руки выбраться на почту. Если бы видали, что́ у нас делается: Вавилон перед всем этим вращением — сурово регламентированная казарма (дома, на работе, на моем столе!). Кстати, на моем столе такое, что я от него уезжаю работать в другие города. Недавно был в Пскове (читал лекции и писал книгу — к 1 мая должен в «Искусство» сдать 20 п. л. книги по структуре худож<ественного> текста[1] — из своей книги почти ничего не беру, все переписываю наново — а сейчас написано только листов 5—7). А лекций в неделю — 16, а собраний — тьма, а дети... Зара совсем с ног сбилась и ходит только на руках, от чего очень устает. Но пока мы живы, а следовательно, и бодры, чего и Вам желаем. На Блоковскую будете?

Сердечно целую всех Ваших.

10.IV.67. Ю. Лотман

[1] Книга так и назовется: «Структура художественного текста» (выйдет она лишь в 1970 г.).

210

<4 мая 1967 г.>

Дорогой Борфед!

Вы чего-то не пишете. Замотались с диссертацией или обиделись на 1-апр<ельскую> шутку? Если первое — сочувствую, если второе — то грех Вам.

Приедете ли на «Блоковскую»? Было бы очень хорошо. Мы уж совсем хотели ее отменять: дурацкая статья в «Известиях» взбудоражила умы[1], ждем всяческих следствий и последствий. А тут еще снова возобновились слухи об уходе с осени Клемента. Обещают Пюсса или Пести.

Очень неудобно получилось с Чудаковой — всех «иностранцев» из Горьковского сняли категорически, хотя я бился почти до инфаркта. Приедете — расскажу подробности.

Я смертельно зашиваюсь с книгой для «Искусства». Срок был 1 мая, а у меня не написана и 1/4. С 10 по 12 мая в Москве в ИМЛИ собирают конференцию по типологии. Я сдуру согласился и теперь должен ехать докладать. А в тезисах рядом — Храпченки, Овчаренки и др. — и все с зубодробительными в адрес структурализма и вообще тезисами. Настроен я не воинственно, а уныло: ужасно надоело толковать дуракам, что 2×2 не есть еще научное новаторство.

У меня странное чувство, что Вы на что-то сердитесь, и это меня очень огорчает. Если чем виноват — то без умысла, а в умысле и нет и быть не может, но все равно готов виниться[2].

Не сердитесь — и так невесело.

Сердечно Ваш Ю. Лотман
Тарту. 4.V.67.

Сердечные приветы дамам.

[1] Ю. М. беспокоился, что хвалебная статья о нем Э. Максимовой («Иди за мною» // «Известия», 1967, 18 апреля, № 91) приведет к новому взрыву зависти и ненависти в партийных кругах Эстонии.

[2] Деликатный Ю. М. очень часто воображал, что он чем-то обидел собеседника или корреспондента. Приходилось горячо разубеждать его.

211

<9—10 июня 1967 г.>

Дорогой Борфед!

Большое спасибо за Ап. Григорьева[1]! Как Ваши диссертационные дела? У меня к Вам дело следующего рода. С месяц назад, будучи в Москве, я (и Бор<ис> Андр<еевич> Успенский) встретился с В. Страда. Он сделал нам следующее предложение от имени издательства Эйнауди: итальянское издат<ельство> предлагает нам собрать сборник статей советских исследователей-структуралистов. Они обязуются:

1) Издать сб<орни>к на итальянском языке и затем передать его для публикации в английском и фр<анцузском> переводах.

2) Уплатить гонорар в размере ≈ 100 долларов каждому автору (вне зависимости от объема статьи), каковые деньги они могут:

a) перевести советскими деньгами,
b) сохранить в Италии впредь до туристического посещения,
c) выслать на эту сумму книг по выбору автора.

Издательство желает:

1) чтобы статьи были специально написаны для этого сборника,
2) желательный объем: от 1,5 до 2,5 п. л. Их интересуют проблемные статьи, а не заметки,
3) срок сдачи — не позже конца ноября 1967 г.
4) Издательство осуществляет перевод само и получает в Союзе писателей общее разрешение на передачу сборника, но каждый автор по месту работы получает отдельное разрешение на передачу своей статьи.

Я и Бор<ис> Андр<еевич> Успенский являемся составителями. К участию приглашены ведущие московские структуралисты, я и Зара из Тарту, Вы, Пропп и Лихачев из Ленинграда. Сие письмо и есть официальное приглашение Вас принять участие в сборнике. Если согласны, то сообщите скорее тему (не отказывайтесь, сборник — будем живы — сделаем хороший)[2].

Теперь другое дело. Мы отдадим Вам долг 6 июля. Это не поздно? Если нужно раньше — сообщите.

Где Вы проводите лето? Мы еще не решили.

Еще одно дело. Очень прошу Вас узнать, что же с Зариной книгой в «Библи<отеке> поэта»[3]. По смыслу договора все сроки, в которые можно было предъявлять новые требования, прошли, и книга считается принятой. Нельзя ли ускорить ее оплату? Деньги нужны позарез. Зара терпела-терпела затяжки (Николаева написала, что она занята юбилейными делами и сейчас ей не до Соловьева), а теперь хочет ругаться. Нельзя ли урегулировать мирно?

Будьте здоровы. Устал я, как собака, и абсолютно окосел.

Ваш сердечно

Ю. Лотман

Приветы Вашим дамам.

[1] Вышла подготовленная мною книга: *Григорьев Ап.* Литературная критика. М., 1967.

[2] Кажется, это издание не состоялось из-за медлительности советских инстанций. В 1969 г. в Милане вышел под редакцией Р. Факкани и У. Эко сб. «I sistemi disegni e lo strutturalismo sovietico», где опубликованы переводы наших статей, но не оригинальных, а уже напечатанных в СССР, главным образом, в тартуских «Семиотиках». А сб. под эгидой Эйнауди выйдет лишь в 1973 г. (см. примеч. 4 к п. 261).

[3] Подготовлявшаяся З. Г. Минц для Большой серии «Библиотеки поэта» книга: *Соловьев Вл.* Стихотворения... — еще долго будет мариноваться в редакции (слишком опасным выглядел «идеалистический» поэт и мыслитель!), главный редактор «Библиотеки...» В. Н. Орлов был всегда в таких случаях крайне осторожен; книга выйдет лишь в 1974 г.

212

Тарту, 19.VI.67.

Дорогой Борфед!

Посылать итальянцам то же, что и полякам, — неудобно. Они специально просили, чтобы статья была написана для их издания, и включили это в условия. Кроме того (в порядке уже пожелания) они просили как можно более строго — структурные работы.

Теперь о книге Зары. Ваше сообщение меня очень огорчило: то, что там есть недоделки, что Зара не использовала до конца материалов ИРЛИ, — она знает и по уговору с Николаевой собиралась это доделать в июле.

Но меня изумляет вот что: рецензия Ямпольского была третьей, после двух — первой вполне положительной (А. В. Федорова) и второй — положительной с частными замечаниями, которые Зара или учла, или обоснованно отвела. Я первый раз слышу, чтобы в этой ситуации давали на третьи рецензии. Может быть, это «пиксанизм»[1] с моей стороны, но мне кажется, что дело здесь не только в заботе о качестве книги, но и в скрытом недоброжелательстве Орлова. Это странно совпадает с тем, что моя (с Альтшуллером) заявка, которая еще в марте, казалось, была в принципе обговорена, как-то заглохла, а стороной до меня доходят на этот счет очень странные слухи. Если это все — только моя мнительность, будьте добры — отпишите: если в человеке просыпается необо-снованная подозрительность, то он должен это знать и бороться с собой.

Скажу Вам честно, что затяжка с выплатой гонорара Заре очень сильно подрубает наши летние планы (это, конечно, не отразится на возврате долгов). Пишу в состоянии огорчения и раздражения — много мелких (своих) неприятностей. Хорошо бы повидаться и отвести душу, но, видно, не судьба.

Сердечные приветы дамам,

Ваш Ю. Лотман

[1] Н. К. Пиксанов отличался повышенной подозрительностью к коллегам.

213

<21—22 июня 1967 г.>

Дорогой Борфед!

Когда я писал Вам свое меланхолическое письмо, я не имел перед глазами Вашего — оно куда-то затерялось. Только потом вспомнил, что речь шла об одном юноше (с мамой), кот<орым> нужен приют. Конечно, пусть приезжают — поместим.

Будьте здоровы.

Ю. Лотман

214

<10—11 сентября 1967 г.>

Дорогой Борфед!

Спасибо за письмо. Как Вы отдохнули? Я никак — такого нелепого лета я еще не проводил: не отдыхал совсем, думая хоть несколько выкарабкаться из цейтнота, но ничего не успел, а вымотался до ручки. Теперь о делах:

1) Можно ли с долгом подождать до Нового года? Я получу кое-какие гонорары и отдам. Если нельзя (т<о> е<сть> если Вам хоть в малой степени отсрочка будет неудобна) — сообщите. Мне будет очень неприятно, если Вы из-за меня будете терпеть неудобства.

2) О «Библиотеке поэта». Вообще бы надо было на Биб<лио>течных дам плюнуть и вообще отказаться, но... ужасно нужны деньги. Поэтому я согласен на Ваши условия, но боюсь, что Альтшуллеру будет обидно, если вся вступительная статья мне (хотя очень бы этого хотел). Готов ему пожертвовать весь комментарий, если он хочет (очень не хочу его обижать). Если Вам удобно, поговорите с ним об этом и об условно-

сти разделения на составление и подготовку текста. Это — деловая часть, а эмоциональная такова — сплетни библиотечных дам меня чертовски бесят. Может быть, хватит им жевать все те же пустяки? Я что-то не слыхал, чтобы они упрекали себя или авторов за то, например, что в «Вяземском» Л. Я. Гинзбург и «Поэтах-сатириках» Битнер одно и то же стихотворение напечатано, в одном случае, как Вяземского, в другом — как Горчакова. Таких случаев я мог бы им начесть еще немало. Но ведь гораздо хуже всех этих оплошностей то, что Вл<адимир> Ник<олаевич> и эти самодовольные дамы превратили «Библ<иотеку> поэта» в серое, нудное издание. Ну, скажите сами, какая из книг «Библ<иотеки>» была научным событием? Все усилия редакции направлены на то, чтобы выпускать гладкие, обтекаемые, «не-новые» книги. И не без успеха.

Кстати, не в порядке хвастовства, а самозащиты от «дам» можете им сообщить, что в Англии была большая рецензия на Карамзина[1] — очень положительная (автор — Cross — указал на кое-какие мелочи: одно противоречие между статьей и комментарием и одно стихотворение, которое можно было бы включить в приписываемые и очень положительно оценил всю книгу в целом). Ну, да бог с ними.

Очень рад, что диссертация Ваша идет. Не забудьте пригласить на защиту — обязательно приеду[2].

Хомякова, конечно, можно — дело не в теме[3]. Но нужно, чтобы это было достаточно строго по методу, т<ак> к<ак> цель сборника — демонстрация методов в большей мере, чем получение результатов.

Вот, кажется, и все. О своих делах не пишу, дабы не впадать в минор. Все здоровы. Приветы Вашим дамам. Лешка пошел в англо-эстонскую школу!

Ю. Лотман

P. S. Зара шлет Вам приветы. Ее сделанная с ней подлость (а послать на дополнительную рецензию с тем, чтобы выявить торжественно недоделки, которые, как Зара предупредила Николаеву, ей известны и о которых они договорились, что Зара доделает после[*], — конечно, подлость) настолько отворотила от «Библиотеки», что она хотела забирать рукопись и разрывать договор. Я еле ее уговорил — дамы дамами, Орлов Орловым, а книга будет. Она приедет после 10 ноября и доделает. Но вообще она до сих пор не получила никакого мотивированного объяснения, почему и что надо переделать, а рукопись сдана уже очень давно. Так что по смыслу и букве договора (я не считаю, что, если с ней поступают та́к, то она связана каким-либо джентльменством) рукопись считается принятой и ей могли бы оплатить.

---

[*] И о работе в архиве Стасюлевича, и о допросмотре текста Зара с Николаевой договорилась в смысле: «Еще времени много, доделаете после». (*Примечание Ю. М. Лотмана.*)

Но поднимать этого разговора сейчас не стоит — пусть дамы идут куда хотят — просить у них противно.

Будьте здоровы. Ю. Лотман

P. S. P. S. Простите, что злость на дам выливаю <в> письме в столь энергичной форме, — устал и злюсь.

[1] Данная рец. (А. Кросса?) не обнаружена.

[2] Я защитил докторскую диссертацию на филфаке ЛГУ 14 декабря 1967 г.; Ю. М. приезжал на защиту.

[3] Мы продолжали обсуждать, какую статью мне писать для итальянского сборника (см. примеч. 2 к п. 211; см. также следующие письма).

215

<28 сентября 1967 г.>

Дорогой Борфед!

Первое, о Суперфине — он парень разбросанный, но бесспорно очень способный, а сейчас и нуждающийся. В настоящее время он крупно берется за ум, и он мне клялся, что не подведет[1]. Давайте все же рискнем — он все же принадлежит к незаурядной молодежи.

Январь как срок статьи не может даже и фигурировать: если в начале декабря сборник не будет у итальянцев (а считайте minimum месяц на цензуру и всю редакторскую волынку в АПН) — то он сорван. Эйнауди требует это категорически. Последний срок — середина ноября. Дальше просто невозможно.

У нас бури — в деканы идет Лаугасте, мы бешено бьемся, но боюсь, что без больших надежд, а тут я еще на 17 дней уезжаю в Чехословакию, а ректор возвращается из отпуска после моего отъезда. Хочу ему оставить душераздирающее письмо.

На срок в год — согласен[2] (сейчас я согласен на все, даже на продажу своей плоти на вес — безденежье одолело: престранный случай — поиздержался в дороге[3]).

Вот, кажется, и все дела. Завтра едем...

Я все же за лето мучительно выдоил из себя книгу для «Искусства» на 20 л<истов>, кот<орая> на 1/4 повторяет мои «Лекции по стр<уктуральной> поэт<ике>», а на 3/4 — новая[4]. Но выдохся небывало — последние дни за 8 часов сидения за столом писал 1—2 стр. и ничего, кроме детективов, читать уже не мог. В башке пусто, как в кармане, и это даже создает ложное чувство молодости.

Очень беспокоит меня и Зару Миша: он очень быстро растет (меня уже догнал) и очень плохо учится.

Простите — пишу, как всегда, ночью и в разгар «окончания» всех дел и посему тороплюсь.

Будьте здоровы.

Сердечно целую Ваших дам, если они меня еще помнят.

28.IX.67. Ваш Ю. Лотман

[1] Наверное, речь шла о привлечении Г. Г. Суперфина к каким-либо изданиям «Библиотеки поэта».

[2] Очевидно, срок представления по договору рукописи книги «Поэты 1790—1810-х годов» для Большой серии «Библиотеки поэта».

[3] Известная реплика Хлестакова («Ревизор» Гоголя, д. 3, явл. V).

[4] См. примеч. 1 к п. 209.

216

10.XI.67.

Дорогой Борфед!

С большой радостью узнал о Вашей защите — всегда чувствовал в Вас нечто декабристское[1]. Надеюсь, что Вы не повторите ошибок своих предшественников и не будете на Сенатской площади пассивно ждать; «Аще бог по нас — кто ж на ны!» Завтра вышлю в адрес ученого Совета отзыв от кафедры на автореферат.

Теперь есть такое дело: Павел с 1 дек<абря> уходит в докторантуру на 2 года, и нужен человек, который: а) мог бы его заменить по читаемой эпохе; b) был бы на высоте; с) был бы джентльменом, т<ак> к<ак> это только на два года, а через два года Павел вернется, но по закону уволить принятого нельзя, и Павел может остаться без места. Конечно, через два года... или Адамс, или Фельдбах... (но сейчас принимаемый должен твердо знать условия); d) Мне (в дружественных кругах) было изящно намекнуто, что иудеев уже довольно. На это можно и плюнуть, если кандидат — «суперфин»[2], но учитывать приходится; е) он должен находиться в Тарту[3] (у нас теперь новый декан — Лаугасте — комментарии излишни). Мы боролись, как львы, но... Правда, пока держится прилично. Скажу Вам честно, что, прежде всего, я подумал о Вас. Что касается последнего пункта, то, м<ожет> б<ыть>, ректор для Вас — сразу же на берегу — оговорит льготы?

Подумайте: боязно Вас сбивать с места, да еще при неясном будущем, да еще при том, что поездки Ваши создадут не только деканатские, но и домашние трудности. Подумайте и срочно сообщите. Теперь — на случай, если Вы откажетесь — очень прошу срочно подумать о других кандидатах. Не распространяйте об этом сведений широко, а то нахлынет толпа, которой очень неловко будет отказывать. Ведите переговоры келейно и ничего не обещая. В случае надобности — вызывайте меня телеграммой к Павлу для переговоров по телефону.

Корректуру получил — спасибо.

Пишите срочно. Сердечно Вас целую.

Ю. Лотман

P. S. Очень много впечатлений от Чехосл<овакии>, очень много надо бы порассказать о Тарту, очень хотелось бы посидеть хоть вечерок, но «уши выше лба...». На защиту приеду, если жив буду.

Поклоны и поцелуи Вашим дамам.

Письмо № 2

Только запечатал, как вспомнил еще о делах: с итальянским сборником тянуть дальше 20—25 ноября нельзя. Это срок окончательный, и к нему до́лжно быть в Москве.

Но!!! Я виделся в Чехословакии со Страда: он замышляет новый сборник (первый в серии сборников) по истории русской культуры и очень хочет иметь статью по Страхову, но возьмет и Ап. Гр<игорьева> или Хомякова (м<ожет> б<ыть>, что-либо общее об этой «струе» в критике)[4]. Я ему сразу же назвал Ваше имя, и он с радостью согласился. Сборник будет безупречным по тенденции, и в него будут приглашены ведущие советские ученые. Страда в ближайшее время Вам напишет, и надеюсь, что Вы не откажетесь.

Еще раз приветики.

Пишу Вам, и поэтому «е» получается Ваше невольно, вместо моего «Е»[5].

Ю. Лотман

[1] Шутка: моя защита докторской диссертации была назначена на 14 декабря, якобы день восстания декабристов (на самом-то деле, учитывая разницу стилей, их день приходится на 26 декабря).

[2] Каламбур: используется фамилия нашего студента для обозначения высшей степени качества.

[3] «Находиться в Тарту» — в смысле постоянного проживания; слишком много на кафедре было «гастролеров», постоянно живущих в Питере.

[4] Кажется, и этот сборник не состоялся.

[5] Ю. М. писал обычно «Е» как печатное, четырьмя линиями, а в данном случае он изобразил первую букву в слове «Еще» закругленно, одним росчерком.

217

<20—21 ноября 1967 г.>[1]

Дорогой Борфед!

Пишу Вам на новой (!), своей (!!!) машинке. И я зануворишествовал. Но машинка это не роскошь, а средство передвижения. Я ей рад совершенно детски.

Посылаю Вам невыправленный экз<емпляр> отзыва на Вашу диссертацию. Первый экз<емпляр> отослан ученому секретарю.

Теперь о деле. У меня есть проект предложить на два года полную ставку Юлиану (то-то, молчание!). Завтра буду ему звонить. Если это не пройдет, то будем ориентироваться на Вашу молодежь. Но нужно с ними поговорить — повидать. Для этого следует им приехать в Тарту. Не поговорить ли с Дмитрием Евг<еньевичем> (туманно, мол, говорят, в Тарту..., так если бы, то кого?)? Особенно меня беспокоит морально-человеческая гарантийность. И точная договоренность, что на 2 года. Ибо иначе Павел может остаться без работы.

Как предзащитное самочувствие? Ожидается ли бой или консолидация? Нужно ли готовить кулаки в защиту демократии?

Жду ответа, как соловей лета.

Приветики.

Поклоны Вашим дамам.

Ю. Лотман

[1] Датируется по почтовому штемпелю Ленинграда: 23.11.67 (тартуский отсутствует).

218

<9—10 декабря 1967 г.>

Борфед! Идея!!!

А не согласились бы Вы немедленно брать в Тарту половину ставки? не порывая с Ленинградом, а совместительски??? Тогда другую половину мы дали бы Малевичу, и дело в шляпе[1]!

Срочно обдумайте — договоримся в Ленинграде.

Было бы очень лихо. Вам дали бы нагрузку только на заочном (или иначе — как Вам угодно — условия максимальной благоприятности). Эх, соглашайтесь! Только нужно быстро — Павлова ставка с 4.XII уже «гуляет» — опасно, да и денег жалко.

Приветы Вашим дамам. Простите, что пишу на машинке, — осваиваю агрегат.

1-у<ю> корректуру высылаем[2] — умоляю спешить, том может появиться к новому году, иначе — застрянет.

Сердечно Ваш

Ю. Лотман

Какое число, ей-богу, не знаю, около 9.XII.

P. S. Приезжайте в Тарту — вместе будем охранять лосей — см. конверт.

[1] После долгих поисков и неудач на освободившееся от ушедшего в докторантуру П. С. Рейфмана место был зачислен П. А. Руднев (см. пп. 225—227).

[2] Из XI тома «Трудов...».

219

<Около 22 декабря 1967 г.>[1]

Дорогих докторей, докторесс и докторят поздравляем с Новым годом и желаем всяческих благ, здоровья и душевного покоя.

Лотмана, Лотманессы и Лотманята

[1] Поздравительная (с Новым годом и с защитой диссертации) открытка, имеющая лишь штемпель Ленинграда: 25.12.67; открытка написана до п. 220.

220

<23 декабря 1967 г.>

Дорогой Борфед!

Еще раз поздравляю Вас с защитой. По-моему, все было отлично. Кафедралы все поздравляют: была оформлена пышная телеграмма, но девчонки V-го курса, кот<орых> попросили сходить на телеграф, перепутали адрес, и она вернулась.

Диссертацию Вашу получили — спасибо.

Теперь дело: от Ветловской ни духу, ни слуху[1]. Нет обещанного письма и от Ямпольского.

Я очень сердит. Что это со стороны Ветловской: легкомыслие или незаинтересованность? Мы с ней точно договорились, что в случае, если она передумает, то срочно сообщит. Я жду еще некоторое время, а затем разрываю свои с ней переговоры. Если человек так необязателен и ненадежен до приема, то что будет после?

Очень прошу Вас сообщить мне срочно, хоть телеграммой, положение дел.

Зара — в Л<енингра>де, доделывает Соловьева. Звоните ей на Невский.

Всем привет.

Ваш Ю.

(Простите, что пишу в дамском конверте, — другого нет.)

23.XII.67.

[1] Дав согласие стать преподавателем кафедры, В. Е. Ветловская затем отказалась, не сообщив об этом (см. п. 221).

221

<15 февраля 1968 г.>

Дорогой Борфед!

(Простите за машинопись — я так устал, что на машинке проще — не рискую уснуть над письмом.) Давно Вам не писал и не знаю, с чего начать: бездна всяких пустяков, а серьезного вроде и не так много. Начну с Ветловской — она меня страшно подвела: получив ее согласие, я пошел к ректору и договорился. После этого я получил от нее письмо с дополнительными условиями, без которых она, по ее словам, не могла согласиться. Я снова пошел к ректору и добился согласия на эти дополнительные условия (среди них были такие, как отказ университета от требования прописки и обязательство сначала предоставить место в преподавательском общежитии, а затем и комнату). После всего этого она пропала, перестав отвечать мне на письма, а затем сообщила, что передумала. Перед ректором я вышел дурак-дураком. Сейчас это уже все забылось за грудой мелких неприятностей, которые происходят каждый день и не всегда так уж мелки.

В Москве я встретил Чудакова, который спрашивал о Ваших планах относительно ИМЛИ[1]. Я отговорился незнанием, а он высказывал опасения, как бы дирекция не выкинула до осени какой-либо фортель. Нам выкинули том «Трудов» из плана этого года[2]. Я ругался, да и рукой махнул. Думаю, что мы все же том соберем, а там будем пробивать без плана. Собирать будем весной — сейчас я очень устал и ничего путного написать не могу. Каждодневное общение с Лаугасте, другие удовольствия (среди них такая мелочь — Натка позавчера сломала руку в локте) весьма меня угнели и угнули.

Простите за бессвязное письмо — засыпаю на ходу. Пишите так («без дел»). Приветы Вашим дамам.

Тарту. 15.II.68.

Ваш Ю. Лотман

[1] Сотрудники сектора новой русской литературы ИМЛИ упросили меня дать согласие возглавить сектор; руководство ОЛЯ Академии наук утвердило мою кандидатуру и добилось разрешения на московскую прописку; но я в последний момент, как Подколесин, отказался: очень не хотелось входить в сферу действия столичного партийного литературоведческого начальства.

[2] XV том «Трудов...» (он выйдет лишь в 1970 г.). Его выбросили из плана 1968 г., т<ак> к<ак> в это время печатались XI и XIII (Горьковский) тома.

222

<15—16 февраля 1968 г.>

Дорогой Борфед!

Пишу срочно и коротко. Вы, как я узнал, оппонент у М. Г. Качурина. Я сейчас выслал отзыв на его автореферат. Наша кафедра предлагает дать ему доктора[1]. В самом деле: человек написал первый в советские годы действительно хороший учебник для школы[2]. Вообще же М. Г. человек отличный и на своем педагогическом поприще — полезный и прекрасный деятель. Не хочу оказывать на Вас какого-либо давления, да и диссертации не читал — Вам и книги в руки. Но если Вы сочтете возможным поддержать наше предложение (тогда бы надо заготовить тут же третьего оппонента — кстати, им бы согласился быть я. Вот бы и приехал и прочел бы Вам что-нибудь этакое), было бы очень здорово!

Сердечно Ваш

Ю. Лотман

[1] Замысел Ю. М. не удалось осуществить: тогда М. Г. Качурин защитил лишь кандидатскую диссертацию («Вопросы анализа художественного текста на уроках литературы в 8—9 классах»), хотя оппонентами выступали два доктора наук (кроме меня — Ю. А. Самарин) и достаточно было бы пригласить третьего доктора наук, чтобы провести диссертацию как докторскую; но Ученый совет ЛГПИ не пошел на это, докторскую диссертацию М. Г. Качурин защитил лишь в 1976 г.

[2] М. Г. Качурин в соавторстве с Д. К. Мотольской и М. А. Шнеерсон написал «Русскую литературу для 9 класса», вначале издававшуюся как учебное пособие, а потом как стабильный учебник (книга выдержала около 20 изданий).

223

<1—2 марта 1968 г.>

Дорогой Борфед!

Приехать мне, к сожалению, не удастся — буду в Вильнюсе, где читаю лекции по поэтике. Уже столько раз переносил, что сейчас неудобно. В Коломне не был — Зара говорит, что было интересно.

Посвящение памяти Скафтымова вставлено перед XI т., который прошел 3-ю корректуру и цензуру — ждем сигнала.

Больше пока новостей нет, исключая той, что мне «стукнуло» 46. Гм-гм!!!

Приветы Вашим дамам, спасибо за поздравления.

Ю. Лотман

224

<24—25 апреля 1968 г.>

Дорогой Борфед!

Эк Вы живете — из Варшавы в Самарканд[1]. А в Тарту Вас не заманишь... Очень хотелось бы отвести душу в смысле чайку попить... Но поговорим о делах (самое время для разговоров — без пяти 4 утра).

1) Со студенческими «Тезисами»[2] (очень хорошие! Хвала Суперфину, который очеловечивается постепенно), конечно, Вас не забудем, ибо как можно. Но они еще не вышли — скоро будут.

2) Наш XI том — на сносях. Вот-вот тираж.

3) Наш следующий том черти съели — вместо него вчислили Горьковский сб<орни>к, который уже в корректурах.

4) Летняя школа действительно с 10 по 20 мая, и перенести ее нет возможности — приглашены заграничные гости. Мне самому неудобно. Все же постарайтесь — пообщаемся, а то покрываемся мхом. Вообще мы с Зарой болеем и сдаем — спешите общаться. Кстати о сдаем: вчера у Якова Абрамовича случился инфаркт, и он лежит в больнице в Эльве (там его застигла беда). Утешают, что не очень тяжелый. Спасибо за такое утешение.

5) Просьба. У меня истек в октябре срок договора в Учпедгизе[3]. Мне продлил<и> до 5 мая. Зайдите, когда будете близко, и, если не трудно, спросите этого Крундышева, означает ли это, что именно 5<-го> положь на стол или я имею еще сколько-то льготных. Дело в том, что книга почти готова (и, по-моему, даже удалась), но из-за гибели дел (ему скажите: из-за трудности с русскими машинистками в Тарту) ее еще надо перепечатывать — подождут ли до конца мая? Там уж сдам безусловно. Уговорите его.

Приветы всем Вашим. Падаю спать.

Ю. Лотман

P. S. Утром, убегая на лекцию: забыл! За «итальянский» сб<орни>к[4] плотят гроши (т<о> е<сть> деньги). Срочно шлите в бухгалтерию данные.

Приветы Вашим.

[1] В Варшаве я с женой был по частному приглашению семьи Сливовских, попав в самое пекло студенческих волнений в марте 1968 г., а в Самаркандском ун-те в начале апреля читал спецкурс.

[2] Очевидно, речь идет о «Материалах XXII научной студенческой конференции ТГУ», выходивших под редакцией А. Б. Рогинского и Г. Г. Суперфина.

[3] Ю. М. должен был представить в ленинградское издательство «Просвещение» свою книгу «Анализ поэтического текста. Структура стиха» (книга выйдет в свет лишь в 1972 г.).

[4] Речь идет о миланском сб. «советских» структуралистов (см. примеч. 2 к п. 211).

225

<10—11 июня 1968 г.>

Дорогой Борфед!

С Вашим списком, в основном, согласен[1]. Но в нем много пропусков, видимо, случайных. Например, нет Чуковского и Оксмана. Когда же я составил полный, то получилось — моих — около 40. Поэтому некоторых из предложенного Вами списка я думаю из бесплатных перенести во взаимноплатный (например, Билинкиса, Тамарченок, Холшевникова и Шагиняна)[2]. Кстати, Чуковскому я уже выслал, но ответ пришел почему-то на Вас. Вы чтó, ему тоже высылали, или старец спутал? Пересылаю Вам его письмо, которое, простите, прочел. Конечно, старик шармирует — спал, как убитый, и писал вечером, а не утром[3]. Но все равно приятно.

Спасибо за Плоткина — считаем его премьером[4]. Вторым думаю пригласить Родину — театровед из Москвы: 1) доктор, 2) театровед, 3) очень милый и порядочный человек. Валерий диссертацию кончил, но <u>абсолютно</u> развалился и, к сожалению, не в теории, а на практике: у него необъяснимо отказывают ноги. Мы все очень перепуганы, хотя не подаем ему вида.

У нас тут с Адамсом пассаж в пассаже[5] — но это тема для длинной беседы, а я, как знаете, писать ленив...

Спасибо за хлопоты с Тамарченкой. Руднева пытаюсь устроить в Тарту на работу. Кажется, получается, но это — пока «тс, молчание!». Получил телеграмму от Я<кова> С<еменовича> с просьбой быть оппонентом. Я, конечно, готов сделать все, что ему будет полезно, но очень опасаюсь, что моя непришейкобылехвостость к толстовской тематике слишком очевидна и может только напортить.

Приветы Вашим. Напишите, высылали ли книжку Чуку.

Ваш Ю. Лотман

[1] Список, кому рассылать XI том «Трудов...» (ср. п. 227).

[2] Ректор Ф. Д. Клемент обычно выделял нам за счет ТГУ 25—30 экземпляров наших «Трудов...», которых явно не хватало, и тогда мы докупали необходимое число экземпляров для рассылки видным литературоведам и историкам (иногда и писателям).

[3] К. И. Чуковский прислал восторженное письмо об XI томе, подробно описывая, как он читал его всю ночь.

[4] Ю. М. подбирал оппонентов для защиты диссертации В. И. Беззубова «Л. Андреев и русский реализм начала XX века» (Тарту, 1968). Защита состоялась в ТГУ 11 октября 1968 г., оппонентами были именно Л. А. Плоткин и Т. М. Родина.

[5] Намек на очерк Ф. М. Достоевского «Крокодил. Необыкновенное событие, или Пассаж в Пассаже» (1865).

226

<29 июня 1968 г.>

Дорогой Борфед!

Одновременно пришли Ваша открытка и письмо от Оксмана, в котором он оповещает, что президиум ОЛЯ одобрил Вашу кандидатуру в ИМЛИ[1] (вместе с Петровым и еще кем-то для равновесия).

Боюсь посоветовать что-нибудь «не то», но думаю, что в ИМЛИ — не стоит. Место уж больно такое, и там всякие вещи возможны, придется или туда, или туда — в обоих случаях плохо.

В Герценовский же, думаю, стоит[2] (нельзя ли сохранить 1/2 ставки в унив<ерситете>?). Имея на кафедре Як<ова> Сем<еновича> и со временем подобрав еще пару человек, можно организовать вполне рабочий коллектив.

Жирмунский прислал мне обиженное письмо — до сих пор не получил книги, а там об Ахматовой. Я ему выслал, так что не давайте второго экз<емпляра>. Вообще, пришлите список — кому даны книги[3]. Я завтра кончаю экзамены и составлю списки дли Вас. Пишу на экз<амене> — в одно ухо слушаю о мучениях Бориса и Глеба.

С Рудневым, кажется, получается[4]. Вообще же вся кашка варится своим ходом. Приветы Вашим дамам, а Тане — пожелания успехов[5] (у меня не дурной глаз).

Будьте здоровы.

Ю. Лотман

P. S. Валерий окончил!!! диссертацию.
29.VI.68.

[1] См. примеч. 1 к п. 221.
[2] А в «Герценовский» ЛГПИ согласился, и с осени стал заведовать кафедрой русской литературы.
[3] «Труды... XI». См. п. 227.
[4] Речь идет о приглашении П. А. Руднева (см. п. 227).
[5] Моя дочь Таня кончала школу и намеревалась поступать в ЛГУ (см. п. 229).

227

<Начало июля 1968 г.>[1]

Дорогой Борфед!

Что ж это Вы? Томики получаете, а не рассылаете! Судя по тому, что мне показала Зара, Вы еще почти никому не послали.

Я разослал по следующим адресам:

1. Оксман.
2. Зайончковский.
3. Пугачев.
4. В. В. Иванов.
5. Чуковский.
6. Жирмунский.
7. Маймин.
8. Сидяков (Рига).
9. Якобсон.

10. Тарановский.
11. Майенова.
12. Дрозда (Карлов университет, Прага).
13. Матхаузер (АН ЧССР, Прага).
14. Симмонс (Оксфорд).
15. Университет в Загребе (Флаккер).
16. Университет им. Броуна (США).
17. Витженс (Австрия).
18. «Cahiers du Monde Russe et Sovietique».
19. Ковалева-Райт.
20. Копаничек (Братислава).
21. Орлова (Прага).
22. Паролек (Прага).
23. Университет в Кошице.
24. Университет в Оломоуце.

В список не включены те, кого я считаю лично своими, например, семиотики, хотя рассылка по этим адресам обошлась мне в круглую сумму.

Вам выслано было 5 + 5 + 3 = 13 экз.

Несколько бесплатных рассылок включены по просьбам других участников тома — Сидяков (Сергей, Зара и Павел), Орлова (я, Павел, Валерий и Зара), Копаничек (Валерий, я, Зара), Ковалева-Райт (Павел, Зара). Сергей и так надулся, что я не удовлетворил ряд его кандидатур. Бесплатных экз<емпляров> было 25.

Чем объясняется отсутствие в списке, кот<орый> Вы дали Заре, Лиды Лотман? Означает ли это, что Вы не входите в пай?

Теперь другие дела — Руднев все же, тьфу, тьфу, тьфу!!!, — кажется, будет у нас оформлен. Правда, удовольствия я от этого предвижу минимум: видимо, он настолько разбит и выбит градом злоключений, что работать почти не может, а нам нужен был бы именно работник. А то мы с Зарой, Сергеем и Валерием прямо с ног валимся от перегрузки. Тут мне Бухштаб написал (это между нами, т<ак> к<ак> он это, кажется, по своей инициативе, без ведома Руднева), чтобы ему дать нагрузку полегче: но снять с него — навалить на нас. А и так «трешшит крестьянский пуп». Но, видно, все же придется снова на нас наваливать. Я, признаться, рассчитывал, что Руднев будет работник в доме.

Смерть не хочется быть у Яши оппонентом! Так ли уж это необходимо? А где все присяжные: Бурсов, Бялый, Купреянова и др.? Уж не привлечь ли Краснова? Кстати, о нем похвально отзываются, а я, грешник, сомневался.

Реально ли Пугача в Герценовский[2]? Я его мельком видел в Риге — краше в гроб кладут.

Пишите. Тане всяческих успехов[3]. Приветы дамам.

О, ужас! Я думал, что это письмо давно отправлено, — нашел его в своих бумагах. На Фохта я сердит: он год тянул мне с отзывом, после чего я сам написал отзыв и прислал его ему, а он после этого еще полгода не мог подать[4]. Из-за этого книга уже второй год не попадает в план. Он хороший дядя, но лентяй и выпивоха — никаких слов не держит.

Зара шлет Вам и Вашим приветы.

[1] Датируется по связи с предыдущими письмами (списки для рассылки XI тома «Трудов...»).

[2] В Горьковском ун-те было разгромлено студенческое «диссидентство» (распространение самиздата, тайные кружки), пострадали и преподаватели, связанные с такими студентами; Г. В. Краснов нашел после этого пристанище в Коломенском techinstitute, В. В. Пугачев — в Саратовском экономическом институте.

[3] Моя дочь Таня окончила среднюю школу (см. п. 229).

[4] У. Р. Фохт не отличался аккуратностью; в данном случае речь идет о его рец. на книгу Ю. М. для московского издательства «Искусство» (см. примеч. 1 к п. 209).

228

<12 августа 1968 г.>

Дорогой Борфед!

Не могли бы Вы прислать мне для Клемента ту «Памятку» или «Постановление», о которой Вы мне писали, что, мол, Горьковскому университету дают ставки для лаборатории семиотики?

Кстати о Горьковском ун<иверсите>те: есть ли новости с Пугачом[1]? Получили ли Вы список? Где Ваш? Оттиски вышлю, когда буду в Тарту (я думал, что Кильк их отослал, ан нет!). Мы сейчас на Рижском взморье. Все было отлично, но в последние дни я чуть прихворнул не понять чем.

Как Таня? Приветы дамам.

Сердечно Ваш

Ю. Лотман

12.VIII.68.

[1] См. примеч. 2 к п. 227.

229

<20 августа 1968 г.>

Дорогой Борфед!

Ужасно мы огорчены тем сволочизмом, который сделали с Таней[1]. Ну, Виктор Маслов! Ну, и Шаныгин! Ну, да что и говорить... У нас тут некоторые пригорки и ручейки, которые разъясню при встрече. Теперь о делах: раз уж Мейлаху поднесли, то подпишите и нас. Хрен с ним... (только уж подпишите).

О сборнике[2]. Это серьезный разговор, и хорошо бы его вести не на письме, а при встрече. Но, видно, это не получится. Тогда — в письме. Тема «пространство и время» — сейчас тема слишком модная, и о ней пишут кто во что горазд, в том числе и много дилетантского. Поэтому первым условием создания серьезного сборника является строгий отбор авторов (конечно, желательно было бы некоторое единство позиции, но этого в такие сроки добиться невозможно, — так хоть единство серьезности). Второе — полное невмешательство Мейлаха в содержание статей. Если он начнет приводить, например, меня в соответствие с четвертой главой[3], — то слуга покорный.

Мы уже (и по возрасту, и по этапу науки) не в том положении, чтобы издать сборник было настолько важным, что каким он будет — становилось делом второстепенным. Мейлаховская тенденция состоит в том, чтобы издавать сборники, имитирующие научную актуальность, но во всех отношениях безопасные. Такие сборники очень удобны с точки зрения сегодняшнего дня, но абсолютно теряют смысл при малейшем изменении ситуации, то есть очень скоро. Увеличивать их число не имеет смысла. Я понимаю, что ленинградские сборники не могут быть внешне анти-мейлаховскими (это и не нужно: ни согласие, ни полемика с такой позицией не входят в науку), но известная печать вашей, как составителя, научной позиции на них должна быть.

Моя позиция Вам известна по статьям о Гоголе и др<евне>русской литературе. Но сейчас я хотел бы сделать все гораздо формальнее. У меня есть работа о применении топологических идей к проблеме метаязыка описания культуры, и я ее мог бы для Вас доработать[4]. Но для этого нужно некоторое время — не раньше начала декабря (кстати, у Зары есть статья по пространству в лирике Блока[5]). Возможно, Вам непонятен самый пафос моего письма: я очень боюсь, что тема, действительно актуальная, будет утоплена в «проходных» (или, еще хуже, спекулирующих на актуальности) статьях. Ведь суть именно не в теме (вчера писали о народности, сегодня о времени и пространстве), а в новой методологии. Иначе все теряет смысл. (Кстати, не даете ли Вы что-либо в Тартускую «Семиотику»?) Осенью собирается славянский том[6] — у меня еще и конь не валял<ся>!!!

Вы спрашиваете о Славянском съезде. Я очень хотел там быть, имел персональное приглашение от чехов, и уже было и разрешение. Но...[7]

Так-то.

Пишите на Тарту. (В первую очередь о Таниных делах.)

Приветы дамам.

Ваш Ю. Лотман
20.VIII.68.

P. S. Как у сына Левиных[8]?

Зара шлет приветы!

[1] Дочь Таня, несмотря на отговаривание родителей, решила поступать на английское отделение филфака ЛГУ. Так как это отделение было под особым пристальным контролем соответствующих органов, списки «нужных» абитуриентов всегда составлялись еще до экзаменов; возможно, партийное руководство факультета, питая ко мне самые недобрые чувства, было не прочь еще и наказать недруга — экзаменаторы В. С. Маслов и А. М. Шаныгин легко поставили ей четверки по сочинению и русскому устному — и, несмотря на остальные пятерки, Таня не проходила по конкурсу с 18 баллами (нужно было не менее 19).

[2] Академическая Комиссия комплексного изучения художественного творчества готовила сборник «Ритм, пространство и время в литературе и искусстве» (выйдет в свет в 1974 г.). Ю. М. наивно полагал, что можно было устранить редакторскую волю председателя комиссии Б. С. Мейлаха, который чрезвычайно внимательно следил за идеологической «безопасностью» каждой статьи и поэтому весьма настороженно относился к любому творческому новаторству. Работам Ю.М., конечно, не было ходу в сборники Комиссии.

[3] Имеется в виду «методологическая» сталинская глава из Краткого курса истории партии.

[4] Ю. М. перечисляет следующие свои работы: «Проблема художественного пространства в прозе Гоголя» (XI т. «Трудов...», 1968); «О понятии географического пространства в русских средневековых текстах» (II т. «Семиотики», 1967); «О метаязыке типологических описаний культуры» (Варшава, 1968).

[5] Эта статья будет опубликована в XV томе «Трудов...» (1970).

[6] Речь о XV томе «Трудов...», где будут опубликованы три статьи Ю. М. и два его некролога (о П. Н. Беркове и Х. Раабе).

[7] VI международный конгресс славистов проходил в Праге в августе 1968 г. в страшных условиях советской оккупации Чехословакии.

[8] М. Ю. Левин успешно поступил на математико-механический факультет ЛГУ.

230

<Начало сентября 1968 г.>[1]

Дорогой Борфед.

С Таней все в порядке — она зачислена на заочное. Немного походила и на лекции. Таня на редкость милое и уютное существо: мне было просто физически радостно, что в эти дни она пожила у нас. Спасибо ей.

А мы — живем. Живем, как живет изнасилованная женщина, — без чести, без стыда — *так живет*. Противно шевелиться, противно напоминать себе, что еще жив[2].

Доколе?

Ю.

[1] Датируется по факту зачисления Тани Егоровой на заочное отделение ТГУ (это удалось осуществить благодаря содействию Ю. М. и ректора Ф. Д. Клемента); через год с помощью ректора ЛГПИ А. Д. Боборыкина Тане удалось перевестись на 2-й курс факультета иностранных языков этого института.

[2] Имеются в виду события в Чехословакии (см. примеч. 7 к п. 229).

231

<19 сентября 1968 г.>

Дорогой Борфед!

Обращаюсь к Вам с двумя просьбами:

1) Попросите Бялого — и от моего имени — прислать отзыв на диссертацию В. И. Беззубова. Хорошо бы еще пару отзывов. М<ожет> б<ыть>, Мануйлов? Подумайте. Защита 11 октября.

2) Можно ли было бы поставить защиту Руднева в Герценовском? Или в ЛГУ? Посоветуйтесь с Рейсером и Холшевниковым. Нужны ли в таких случаях переделки и сколь значительные? Он тут совершенно развинтился — нужно ему помочь[1]. Оппонентами могли бы быть Рейсер, Максимов (как блокист) или хоть я из докторов, Холшевников — вторым. Можно ли защищать по Вашей кафедре — как стиховедение, или лучше по кафедре советской литературы как XX век (у него «Метрика Блока»)?

Сборник будем собирать между 25 октября и 5 ноября. В первых числах декабря нужно сдавать: он в плане I квартала 1969 г.

Сердечные приветы Вашим дамам.

19.IX.68. Тарту. Ваш Ю. Лотман

[1] Кандидатская диссертация П. А. Руднева «О стихе А. Блока (Полиметрические композиции. Метр и смысл)», 1968, была провалена на защите в Московском пединституте им. В. И. Ленина, несмотря на авторитетных оппонентов (Б. Я. Бухштаб, М. Л. Гаспаров): она там была признана безыдейной и формалистической. В 1969 г. появилась возможность повторно защититься в Тарту: в ТГУ образовался Ученый совет по защитам в области русской филологии. П. А. Руднев несколько обновил диссертацию, написал новый автореферат («Метрика А. Блока», Тарту, 1969), первым оппонентом согласился выступить академик В. М. Жирмунский (вторым остался М. Л. Гаспаров), и защита прошла весьма успешно (см. п. 237).

232

<29 декабря 1968 г.>

Дорогой Борфед!

Очень долго Вам не писал — не знаю, с чего и начать. Начну с пожеланий Вам счастливого Нового года и всего того, что следует желать: доброго здоровья и других приятных вещей.

Будем надеяться на действенность новогодних пожеланий.

Теперь о делах: в декабре была баталия {декан хотел Вас убрать из редколлегии и нашептал ректору}*; ректор не захотел подписывать приказ об утверждении Вас отв<етственным> редактором «Трудов». Все протекало на фоне почти эсхатологическом, даже в нашем микрокосме: ректор, вступив в резкий конфликт с общественностью университета и парторганизацией по целому ряду макропричин и отношению к ним, решил уходить, но на прощание так хлопнуть дверью, чтобы в университете вылетели все стекла. Сейчас все несколько сгладилось: ректор остается, стекла решено не выбивать, а вынимать постепенно, заменяя непрозрачными. Но приказ на Вас ректор, после моих разъяснений и объяснений, подписал. На следующий срок редколлегия «Трудов» утверждена в таком составе: Егоров — отв<етственный> редактор,

Лотман — зам. отв<етственного> редактора,

Адамс
Рейфман } члены.

Теперь о сборнике: я статью еще не написал. Сергей и Павел — написали, Зара — скоро кончит. Я буду писать в ближайшее время.

Думаю, что Вам имеет смысл приехать в начале января. 30 янв<аря> 70-летие Адамса — не забудьте прислать телеграмму. Я хочу в «Трудах» дать его библиографию. Вот, кажется, и все из микродел.

Целуйте Ваших дам и поздравляйте их с Новым годом.

29.XII.68. Ваш Ю. Лотман

233

<1969—1970>[1]

Дорогой Борфед!

Работая над поэтами 1800—1810-х гг. (Больш<ая> серия), мы с М<арком> Г<ригорьевичем> убедились в том, что «Поэзия 1812 г.» может составить самостоятельную и очень интересную книгу. Это позволило бы разгрузить наш том, который трещит от перебора. И само по себе было бы очень интересно. Такой книги еще не было — дать все стихи 1812—1815 гг., посвященные войне.

Поговорите с Орловым. Если он глянет благосклонно, мы с М<арком> Г<ригорьевичем> сляпаем заявку.

Будьте здоровы.

Ю. Лотман

* { } — обозначает мою реконструкцию, а не документально засвидетельств<ованные> факты. (*Примечание Ю. М. Лотмана.*)

[1] Датируется приблизительно: так как книга «Поэты 1790—1810-х годов» (Ю. М. называет ее неточно) вышла в 1971 г., то предложение могло быть написано не позже, чем за год до публикации. В. Н. Орлов отклонил эту идею составителей.

234

<Январь 1969 г.>[1]

Дорогой Борфед!

Простите, что пишу разноцветно. Это отражает мое пестро-пегое настроение. Как быть со сборником? Я ничего не успел написать и напишу лишь в середине февраля[2]. Зара кончает. Павел и Сергей готовы выложить на стол огромные рукописи и малые рукописочки (у Валерия готова публикация). Решайте — семеро одного не ждут, и я готов, скрепя сердце, пропустить том. Если же немного обождете — тем лучше.

Теперь об Адамсе — не знаю, стоит ли Вам приезжать. Старик совсем сошел с ума: развернул такую бешеную кампанию интриг и рекламы вокруг своего юбилея, что участвовать пропала охота. Конечно, будет театр. Но боюсь за скандальность. Я постараюсь удалиться (возможно, придется принимать участие, чтобы не было демонстрации, но стараться буду на этот день отбыть из Тарту).

Вообще год солнечной активности продолжается. Мы живем (это к слову) в условиях капитального ремонта: в нашем доме сломали пол, и мы видим соседей под ногами. Холод и грязь выше ушей.

А что, если сроком сдачи сборника назначить — окончательно — 15 февраля?

Сердечные приветы Вашим дамам. Зара кланяется.

Ваш Ю. Лотман

[1] Датируется по сообщению о подготовке 70-летнего юбилея В. Т. Адамса, имевшего быть 30 января.

[2] Речь идет о XV томе «Трудов...»; Ю. М. успел написать для него пять небольших статей (см. примеч. 6 к п. 229).

235

<21 марта 1969 г.>

Приезжаю Ленинград пятницу лекции прошу поставить начиная субботы воскресенье могу читать понедельник перерыв пробуду Ленинграде конца недели приветы = Лотман[1]

[1] Коллеги и ректор ЛГПИ пригласили меня возглавить кафедру русской литературы ЛГПИ; с сентября 1968 г. я стал заведующим кафедрой; при ней

существовал ФПК, факультет повышения квалификации преподавателей периферийных пединститутов, и я приглашал на него ведущих литературоведов страны, в том числе и Ю. М., который согласился приехать со спецкурсом и с большим успехом прочитал его.

236

<2—3 апреля 1969 г.>

Борфед!

Приветы! Посылаю заверенный бланк. Можно ли сделать так, чтобы Вы получили деньги[1] и сразу вычли долг (и ту сумму, что я брал сначала, и ту, что потом)? Доверенность могу выслать.

Сердечные приветы.

Ю. Лотман

[1] Очевидно, речь идет о получении гонорара Ю. М. в «Библиотеке поэта».

237

<23 апреля 1969 г.>

Дорогой Борфед!

Спешу Вас уведомить: защита Руднева[1] прошла вчера блестяще. Голосование единодушное, ни одного против, как сказано у Беранже (кажется, в переводе Минаева),

Что редко с Англией случится...

Некоторый луч в некотором царстве. Все же приятно, хотя и царство не зевает.

«Труды», наконец, готовы полностью[2]. Уже на заседание редколлегии Адамс приволок свою библиографию — почти три печатных листа, и 3/4 составляет алфавитный указатель его стихов. Список же ученых трудов его как слависта производит самое невнушительное впечатление. Но все же — лучше печатать. Как-никак — итог жизни. Все бы ничего, но уж как-то слишком тяжко. Видимо — устал.

Приветы Вашим дамам.

Тарту

23.IV.69. Ю. Лотман

[1] См. примеч. 1 к п. 231.
[2] XV том «Трудов...».

238

<10 сентября 1969 г.>

Дорогой Борфед!

Прошу срочно прочесть и отправить Эйнауди через АПН (Ф. Городнинскому)[1]. Очень тороплюсь и посему кончаю.

Сердечные приветы!!!

Вы в отпуск — счастливец, а у меня 24 часа в неделю (своих 20 да 4 за Руднева — он удачник, как в невеселом анекдоте: «Вы будете смеяться... — мать с ума сошла»).

Ю. Лотман
10.IX.69.

Умер Анатолий Правдин — скончался от прободения желудка ночью на улице — нашли лишь утром. На похороны приехала Инна Марковна и очень убивалась — напишите ей пару слов.

[1] АПН — Агентство печати «Новости», организация, через которую мы были обязаны пересылать в Италию (издательство Эйнауди) свои труды: советский ученый не имел права частным образом общаться с иностранными издателями. Ю. М., очевидно, досылал какие-то остатки в миланский сб. (см. примеч. 2 к п. 211), а может быть, уже шла подготовка ко второму сборнику трудов «советских» структуралистов, который выйдет в издательстве Эйнауди в Турине в 1973 г.

239

<16 декабря 1969 г.>

Дорогой Борис Федорович!

Не писал Вам целую вечность — все собирался в Ленинград, надеялся хоть в последние дни декабря почитать у Вас на факультете усовершенствования[1]. Теперь вижу, что ничего не получится (кажется, я подвел Качурина, передайте ему при случае мои извинения — в 1970 г. обязательно, е<сли> б<удем> ж<ивы>, по Толстому, прочту курс).

Сначала дела — пора сдавать сборник (антер ну[2], у меня еще ничего не написано, но сдавать все равно надо). Когда Вы приедете? Хотелось бы сдать том не позже 20 января Лаугасте[3]. У нас — как писал Тредиаковский — «смутно в воздухе, ужасно в ухе». Ректор болен, приступ сердца, Лаугасте свирепствует, — нудно до зелени.

Вообще же как-то не дышится, физическое ощущение нехватки воздуха. Я невероятно устал, но, видимо, это не усталость, а старость (хотя во сне я себя вижу только мальчишкой и в глубине души в старость не верю) или еще что-то.

Ваша статья о Хомякове очень хороша[4]. В нынешнем неграмотном курении вокруг славянофилов трезвый и деловой ее характер как нашатырь под нос московской братии. Но, боже, на каком уровне ведется дискуссия в «Воплях»! Кожинов в теоретической статье уверяет[5], что Улыбышев был декабристом, а Кюхельбекер — членом «Общества соединенных славян». Источники ошибки ясны до трогательности: Улыбышев включен Щипановым по неграмотности в «Избранные философские произведения декабристов», а Кюхельбекер в этом издании расположен рядом (!!!) с «Соединенными славянами». Он пишет, не только не зная элементарных вещей, но и прочесть не может — некогда! Я хотел дать в «Вопли» реплику, но раздумал: я уже раз с Кожиновым спорил — этак решат, что я вовсе пошел по кожной специализации. Вообще же все это — мура, и спорить с ними нет никакой возможности. Беда не в невежестве — у кого его нет, а в полном отсутствии добросовестности мысли, в продажности насквозь. Кошмаром Достоевского были дети-проститутки, а меня убивает проституция новорожденной мысли. Но как-то и это не огорчает по-настоящему — слишком уж частность.

Чего Орлов и Ямпольский против меня[6]? Лично я их никогда не задевал (да и никого лично не задевал, хотя это, наверное, и худо), а к Ямполу даже отношусь с большой симпатией (Орлов, честно говоря, противен). Ямпол, видимо, дуется, что Зара ему не ответила сразу (сейчас уже давно ответила) по поводу его публикации для «Блоковского сборника»[7]. В корне же здесь, видимо, другое — людей искренне оскорбляет непонятность. Наш капитан глубоко оскорблялся, что немцы (уже после войны — немки) говорят по-немецки, то есть так, как он не понимает. Он это воспринимал как личную обиду. Я много раз наблюдал в жизни, как людей обижает чужой язык именно непонятностью. Ямпол и люди его типа так точно обижаются на употребление в статьях лингвистической и семиотической терминологии. Вообще реакция на семиотику — очень интересный и чисто семиотический факт. Мой студент венгр Чирпак рассказывал мне, что, когда он говорил по-венгерски с женой, случайно присутствовавший третий персонаж вдруг со злобой сказал: «А по-человечески говорить вы не можете?» Вот и Ямпол думает: «А по-человечески писать он не может?» — Ей-богу, не могу...

Вообще же все это «пузыри земли». Грустно, Ваше благородие, но совсем по иным причинам.

А за сим поздравляю Вас с семидесятыми годами. В 1570 г. Иван разрушил Новгород. В последующие века тоже были юбилейные даты[8] — не забывайте, планируя литературные юбилеи.

Приветы семейству. Ваш Ю. Лотман
16.XII.69.

Пишу в четвертом часу утра — совсем обалдел, сердце колотится, как овечий хвост, от кофе — простите за бредовость письма.

[1] Речь идет о спецкурсе на ФПК при кафедре русской литературы ЛГПИ (см. примеч. 1 к п. 235) и аналогичном — при кафедре методики преподавания литературы, которым ведал М. Г. Качурин.

[2] Шутливая русификация французского entre nous — между нами.

[3] XVIII том «Трудов...» (выйдет в 1971 г.) Ю. М. пришлось пропустить; он снял свою статью из-за какого-то конфликта с П. С. Рейфманом (см. п. 243).

[4] Имеется в виду моя вступительная статья «Поэзия А. С. Хомякова» к его книге «Стихотворения и драмы» в Большой серии «Библиотеки поэта» (Л., 1969).

[5] В «Воплях» тогда велась дискуссия о славянофилах. Статья В. В. Кожинова — «О главном в наследии славянофилов» («Вопли», 1969, № 10).

[6] Очевидно, было выражено какое-то недовольство вступительной статьей Ю. М. к сборнику «Поэты 1790—1810-х годов» в Большой серии «Библиотеки поэта» (выйдет в свет в 1971 г.).

[7] Непонятно, о какой публикации идет речь; две статьи И. Г. Ямпольского в «Блоковских сборниках» будут напечатаны в 1980-х гг.

[8] Намек Ю. М. непонятен; может быть, рождение В. И. Ленина в 1870 г.?

240

<Весна 1968 или 1970 гг.>[1]

Дорогой Борфед!

Получили ли Вы мое письмо? В тот же день произошло скверное, но давно уже жданное событие — по звонку из Москвы цензура задержала готовый тираж «Трудов». На него наложен запрет (стукнул кто-то или что — еще неизвестно). В тартуской цензуре сами не знают, почему. Пока пытаюсь выяснить, но очень хотел бы с Вами посоветоваться. Тем более, что студенты здесь сдали очень пороховой сборник, который уже печатается на ротапринте — посоветоваться мне не с кем — Зара плохо представляет ситуацию.

Не приехали бы или как-либо иначе контак<т>нуть бы — хоть вызовите меня на телефон. Летняя школа с 10 по 20 (я Вам писал и выслал пригласительный билет, неужели не получили?). 8-го меня не будет в Тарту. Жду распоряжений.

Сердечно Ваш Ю. Лотман

[1] Датировка затруднена: с 10 по 20 (мая) летняя школа по семиотике проходила единственный раз — в 1968 г.; но цензурные гонения на издания кафедры начались лишь с 1970-х гг.

241

<25 мая 1970 г.>

Дорогой Борфед!

Сборник будет готов — так что приезжайте. И пообщаемся... Отзыв на Скатова высылаю завтра почтой[1]. У нас — неопределенность в n-степени.

Приветы дамам.

Ю. Лотман

P. S. Вы так застращали Таню, что она к нам и носа не очень-то кажет. А жаль! Нам она не только не мешает, а наоборот. Мы живем на Бурденко над Рыжовой[2]. Ждем Вас. Зара шлет приветы.

25.V.70.

[1] Докторская диссертация Н. Н. Скатова «Некрасов и русская лирика второй половины XIX — начала XX вв.» (ЛГПИ, 1970) была прислана в ТГУ на внешний отзыв. См. п. 243.

[2] Ю. М. получил новую пятикомнатную квартиру: ул. Бурденко, 63, кв.6.

242

<Конец мая — начало июня 1970 г.>[1]

Дорогой БорФед!

Очень жаль, что не удалось поговорить, — очень хочется. На душе муторно — боюсь, что скоро в Тарту сделается невозможно работать.

«Труды по русс<кой> фил<ологии>» торопимся сдавать[2]. Но еще надо многое сделать. Переезд нас замотал в доску. Таня нам очень помогала — вообще очень славная девочка и хороший человек.

Будьте здоровы. Соне и Т<атьяне> А<лексеевне> — приветы.

Ю. Л.

Наш новый адрес: ул. Бурденко 63, кв. 6.

[1] Датируется по связи с п. 241.

[2] XVIII том «Трудов...». См. также п. 243.

243

<Июнь 1970 г.>[1]

Дорогой Борфед!

Посылаю Вам новый отзыв на Скатова — первый был ближе к истине, ну да...[2] Нет времени даже его вычитать — сделайте сами.

Устал хуже, чем ужасно — подыхаю от усталости.

Спасибо за тезисы — включим.

Сборник прошел редколлегию, но настояли, чтобы Вы числились председателем редколлегии, а я — ответственным редактором (Эланго говорил: «Как же он будет отвечать, если у нас не работает и мы не можем его привлечь к ответственности»). Пришлось кинуть эту кость, так что в списке редколлегии титулованных будет двое.

Я законфликтовал с Павлом и снял свою статью — сборник будет без нее — очень от него устал, от его тяжести.

Обнимаю Вас

подыхающий Ю. Лотман <...>

[1] Датируется по связи с п. 242.
[2] См. примеч. 1 к п. 241. Возможно, первый вариант отзыва был недостаточно положительным.

244

<22 сентября 1970 г.>

Дорогой Борфед!

Спасибо за письмо — действительно, жаль, что мы не успели поговорить — этак и вовсе не успеем. Вот с Юлианом уже не поговоришь! Очень я тяжело переношу его смерть. Был он и «лукавый царедворец», но я его все же очень любил. Много с ним ушло. Грустно. Я с ним говорил месяца полтора назад — был он уже маленький и худенький — даже страшно было. Говорил о смерти и завещании. А я не поддержал разговора из суеверия. Хотел ему написать в письме о его месте в науке — и прособирался. Ведь не верил, что он в самом деле умирает.

Парохода Вы зря убоялись[1] — было не шумно: деловые обсуждения докладов. А корма и каюты были почти все время пустые — так что и для мизантропа имелось уединение.

Два слова о деле: я дослал Альтшуллеру «хвосты»[2]. Теперь книга готова (исключая мелочей, о которых я знаю и доделаю, а редактора не догадаются).

Я считаю, что Дина Климова поступила со мной непорядочно (можете ей это передать, поскольку я полагаю, что совершающие непорядочные поступки должны по крайней мере получать оценку, и открытую). Я сдал в «Б<иблиотеку> п<оэта>» вступительную статью (по-моему, хорошую), на которую было две рецензии: одна, крайне положительная, Сермана, и вторая — злобный донос — Г. Битнер. Стараюсь писать это объективно. Редакционное заключение, написанное, по моим интуитивным данным, под влиянием Ямпольского, но которое я получил за ее подписью, полностью игнорировало рецензию Сермана (будто ее и не было) и повторяло, убрав личные выпады и доносительные намеки, требования Битнер. Я не был согласен с требованиями редакции, но спорить мне было так противно, физически невозможно вести дискуссию на таком уровне, что я согласился просто написать новую статью. И я это сделал: из 3 с лишним п. л. я написал два новых. Но у нас с ней был твердый джентльменский договор: я не спорю и переделываю статью — делаю большую новую работу, которую я мог бы не делать, ибо имел все основания и возможности оспаривать предъявляемые мне дикие обвинения, а редакция, не дожидаясь «доведения» всех мелочей (которые я, конечно, доведу: что за манера смотреть на автора как на мелкого жулика: денежки хапнет, а потом ищи его!), одобрит книгу и оплатит. Договариваясь таким образом, я имел в виду, прежде всего, Альтшуллера, которому деньги были очень нужны. Статью я написал, сдал и получил безусловное обещание в краткий срок оплатить положенные 40%. Но потом последовали более уклончивые обещания, а затем она вдруг стала делать вид, что никакой договоренности не было, и требовать полной и окончательной сдачи всей книги. Мне и здесь было противно напоминать, тем более что я оказывался в позиции человека, выпрашивающего деньги. Теперь вся книга сдана, но я физически не могу иметь с ней дела, отвечать ей на письма, а это, конечно, затрудняет работу.

Сейчас она выдвигает новые требования: снять, якобы из-за объема, публикацию «Зеленой книги» Милонова и Политковского[3]. Это очень интересная публикация: интимный альбом собутыльников-поэтов, пишущих на заказ за бутылку торжественные поздравительные оды от имени всяких младенцев, подносящих их императрицам, и тут же в стихах издевающихся над своими же стихами. Она бесценна для характеристики литературного быта и украшает том. Против нее выступила Битнер, говоря, что мы порочим великого русского поэта Милонова, показывая, что он был пьяницей. Но до нас его порочил некто Пушкин, писавший (см. все собрания сочинений): «Сатирик Милонов пришел однажды к Гнедичу пьяный по своему обыкновению, оборванный и растрепанный и пр.» (см. XII, 159). Дело же в другом: Битнер опубликовала отрывок из этой тетради в «Поэтах-сатириках», но опубликовала плохо, с ошибками и пропусками. Появление нашей публикации ей поэтому неприятно.

Ни в одном разговоре со мной (в частности, в разговоре, который у нас был с Орловым в ее присутствии) о снятии или сокращении «Зеленой книги» речи не шло и таких требований не выдвигалось. Теперь она мне пишет об этом как о давнем требовании, которое необходимо выполнить. Я на это ни за что не пойду. Если же сокращать, то напомню, что преувеличение объема получилось в результате выполнения нами требований редакции: Орлов сначала ряд авторов собирался включить в свой том[4] («Вольное общество»), и в согласованный состав авторов они не вошли. А затем, когда книга была уже готова, он попросил их включить в наш том. Получилось превышение объема.

Вообще же я устал от нее, ее глупых замечаний (она, например, в категорическом тоне предлагает нам указать, что Воейков имел в 1811 г. в виду русские былины, когда ни термина не было, ни тексты не были известны, и все в таком духе).

Простите, что получается что-то жалобное и мелочное. Но ужасно утомительно все это. Ну да ладно! Поговорим о более веселых вещах. Прежде, в таких случаях говорили — «о холере в Одессе», но теперь эта тема, кажется, из разряда веселых выпадает.

Очень хочется узнать подробности об утверждении Яши[5].

Пока писал, пришла Ваша открытка Заре (начал писать — «Соловьеву»). Кто бы мог обработать Базана? У меня с ним приличные отношения, но очень не хочется мне это делать. М<ожет> б<ыть>, через Макогона? Они, кажется, друзья[6].

У Сани Рейфмана и Иры Душечкиной — сын. Так что Павел и Лариса — дед и баба.

Так-то.

Приветы Вашим
22.IX.70.

Ю. Лотман

[1] Имевшие средства организации иногда снимали теплоход для проведения научных конференций (теплоход дней на 10 отправлялся на Ладогу или Онегу); кажется, тогда такую поездку организовал М. Б. Игнатьев, зав. кафедрой кибернетики Ленинградского института авиаприборов.

[2] К сб. «Поэты 1790—1810-х годов» (см. примеч. 6 к п. 239). Ниже Ю. М. справедливо возмущается отрицательной рец. Г. В. Ермаковой-Битнер, но преувеличивает «козни» редактора Д. М. Климовой: позднее (см. п. 246) он сам поймет, что «нарычал лишку».

[3] Ю. М. настоял на полной публикации «Зеленой книги» М. В. Милонова и П. С. Политковского.

[4] Это издание не состоялось.

[5] Незадолго перед этим состоялось утверждение докторской диссертации Я. С. Билинкиса «Лев Толстой и пути искусства в России» (Л., 1968).

[6] Смысл этих просьб неясен.

245

<27 сентября 1970 г.>

Дорогой Борис Федорович!

Редакционная коллегия «Трудов по знаковым системам» напоминает Вам, что крайний срок сдачи тома 1 ноября сего года. В связи с этим просим Вас предоставить рукопись не позднее 15 октября. Считаем своим долгом напомнить Вам, что рукописи, прибывшие в Тарту после этого срока, равно как и рукописи, не оформленные в соответствии с действующими издательскими правилами (более двух поправок на странице, не первый экземпляр, нестандартное оформление сносок, отсутствие сквозной нумерации, плохая вычитка и т. д.), рассматриваться не будут и автоматически в том не включаются. Просим Вас также дать английское название Вашей статьи на отдельном листке. Редколлегия особенно заинтересована в Вашем участии в этом томе и с нетерпением ожидает Вашей статьи.

С уважением
Ваш оргкомитет[1]

Получили ли мое занудное письмо? Очень хочется повидаться. Как было с Яшей? У нас сугубо неопределенно.

27.IX.70.

Ю. Лотман

[1] Текст «Редакционная коллегия... оргкомитет» — официальный бланк, остальной текст написан от руки Ю. М. Речь идет о 5-й «Семиотике» (выйдет в 1971 г.); я в ней не участвовал.

246

<4 октября 1970 г.>

Дорогой Борфед!

Спасибо за открытку. На Дину Климову я нарычал (заочно) лишку, и мне сейчас стыдно (заочно же прошу у нее прощения). Причина — усталость и полоса перманентного безденежья — занятие весьма утомительное. Теперь — со вчерашнего дня — я богат, как Шейлок: книги еще не видал[1], но гонорар уже получил. Посему благодушествую, вчера с Зарой сходили в кино семейно, сегодня раздаем долги. По окончании сей операции зажиточность наша приблизится к исходному нулю (некая малая сумма все же остается), но это уж не так страшно — кредит снова восстановлен.

Другая причина благодушия — закончил или кончаю ряд наиболее срочных и терзавших меня работ и, кажется, вижу берег. Таковы лучи света в некотором царстве.

Наши новости:

1. У Сережки родился сын. Он по этому поводу, зайдя на кафедру, изругал всех, как Собакевич. У Тани Сарв родился второй ребенок — тоже сын. У Сани Рейфмана родился сын. И так далее...

2. Следующие тома («Труды» и «Семиотика») требуется сдать до 1 ноября — иначе автоматически выключаются. А, как Вы знаете, закон смягчают не для нашей кафедры.

3. Кажется, все. Да, в «текущем» томе хочется дать некролог Юлиану[2]. Много с ним ушло. Скоро подойдет очередь и моего поколения. Надо успеть закончить начатые работы.

Читали ли Вы книгу Петра Андреевича[3]? Как интересно!!! Вот бы так написать: факты, факты — и какие! Вообще очень его люблю — в нем есть что-то старомодное, наивное и бесконечно милое.

О лекциях на ФАК'е — второй раз вижу[4]. Сообщите подробности. О деяниях Фохта не знаю ничего. А почему меня должен читать Бурс[5]? Сообщите подробности. Приветы Вашим.

Зара целует и кланяется, я тоже.

4.X.70.

Ваш Ю. Л.

P. S. Молчанову скажите, что диссертацию его получил[6] — смотреть буду после 10-го (3.XI — оппонирую в Саратове Чумакову[7] — работа *очень* хорошая. Вообще он молодец!)

[1] «Структура художественного текста» (М., 1970).

[2] См. примеч. 4 к п. 248.

[3] «Российское самодержавие в конце XIX столетия» (М., 1970).

[4] Не ФАК, а ФПК (см. примеч. 1 к п. 235). «Второй раз вижу» — шутливое переиначивание известного выражения «первый раз слышу».

[5] Вероятно, планировалось дать Б. И. Бурсову на рецензию книгу Карамзина в «Библиотеке поэта».

[6] Кандидатская диссертация В. В. Молчанова (на отзыв) — «Писательский замысел и пути формирования читательского восприятия (К изучению творческой лаборатории писателя)» (Л., 1972). Как говорил Щедрин, «как бы это потемнее выразиться?»

[7] Кандидатская диссертация «Проблемы поэтики Пушкина (лирика, «Каменный гость», «Евгений Онегин»)» (Саратов, 1970).

247

<Май 1971 г.>[1]

Дорогой Борфед!

Очень прошу Вас срочно заверить Вашу рецензию[2] и выслать ее мне — 11 июня защиты!!! Таню не очень информируйте об этой механике — она слишком тесно соприкасается с нашими студентами, а им за кулисы педагогики лазить не след.

Спасибо за связь с Вашими кибернетиками[3] — они мне прислали приглашение, и я приеду — созрели некоторые мысли по общей тематике.

Зашиваюсь и дохну, очень хочется пообщаться.

В добавление к известным Вам XVIII т. послан Лидии Чуковской, Дрозде и Паролеку. Остальным пока — нет — зашиваюсь...

Семейные приветы.

Ваш Ю. Лотман

[1] Датируется по указанию на выход XVIII тома «Трудов...» и на предстоящую дату 11 июня.

[2] Для разнообразия рецензентов студенческих дипломных работ сотрудники кафедры русской литературы ТГУ подписывали некоторые отзывы моим именем, а я должен был для официальности заверять такие отзывы печатью по месту моей работы (в ЛГПИ).

[3] Имеется в виду кафедра кибернетики Ленинградского института авиаприборов (см. примеч. 1 к п. 244).

248

<Сентябрь 1971 г.>[1]

Дорогой Борфед!

Очень грустно, что так все вышло с «Библиотекой»...[2] Прибавить здесь нечего. Остальные 86 слов сказал обер-лейтенант[3]. Но вот дела: как быть с некрологом и библиографией Богаевской[4]. Сейчас уже пришло время решать: пускаем или откладываем в следующий том в ожидании благоприятной погоды. Я снял бы автобиографию и оставил библиографию или все отложил на том. А то том, который сейчас в пяльцах (знаковый), библиографически очень насыщен — надо соблюдать пропорцию, не расширяя справочного отдела в ущерб другим. Вообще же самое время пообщаться.

С Бахтиным получилась неувязка[5] — Таня говорила лишь абстрактно, но не называла дат, сумм и не дала мне адреса Турбина (или высылать по Вашему?). В Пскове же я был без копейки, одолжил у юбиляра 9 р.[6] (еще не отдал — осеннее финансовое недомогание!) и в этих условиях постеснялся начать сбор пожертвований. Сейчас я уже при капитале, но прошу срочно сообщить, сколько и куда.

Диссертация у Риммы Михайловны, кажется, отличная[7].

Приветы всем Вашим. Ю. Лотман

VI том «Семиотики» начинает набираться. В целях сокращения правки в наборе прошу срочно дать все исправления сейчас, чтобы их можно было внести до набора.

[1] Датируется по сообщению: «Очень грустно...» — см. примеч. 2.

[2] Как ни пытался В. Н. Орлов ладить с начальством, идти на компромиссы, все же «Библиотека поэта» была для возглавлявшего тогда издательство «Советский писатель» Н. В. Лесючевского, крайнего партийного ортодокса, костью в горле; Лесючевский добился снятия Орлова с поста главного редактора (особенно «помог» шум, поднятый вокруг вступительных статей Е. Г. Эткинда к тому «Поэты-переводчики» и А. Д. Синявского к «Стихотворениям» Б. Пастернака); несколько месяцев я, как заместитель, исполнял обязанности главного редактора, но я был для руководства «Советского писателя» кандидатурой еще менее подходящей, чем Орлов; без согласования с редколлегией Лесючевский неожиданно назначил главным редактором «Библиотеки поэта» анекдотическую фигуру, путающую в статьях ямб с хореем, фальсификатора науки — Ф. Я. Прийму; я написал Лесючевскому резкое письмо о выходе из редколлегии (за мной последовал И. Г. Ямпольский).

[3] Окончание анекдота о конкурсе на короткий рассказ в 100 слов: в рассказе, получившем первую премию, 86 слов — яростные ругательства.

[4] К. П. Богаевская подготовила для нас некролог Ю. Г. Оксмана и библиографию его работ; Ю. М. колебался, видя тучи вокруг него, но он тогда не знал, что имя Оксмана официально было запрещено упоминать в печати.

[5] Кажется, речь шла о сборе средств для бедствующего М. М. Бахтина, собираемых В. Н. Турбиным.

[6] В Пскове праздновалось 50-летие Е. А. Маймина.

[7] Ю. М. был первым оппонентом на защите кандидатской диссертации Р. М. Лазарчук «Дружеское письмо второй половины XVIII века как явление литературы» (ЛГПИ, 1972). Второй оппонент — И. З. Серман.

249

<1 октября 1971 г.>

Климова кажется не заказала несмотря просьбы мне мою книгу[1] умоляю связаться ней или через лавку писателей отложить мне 50 экз. или любое другое число деньги вышлю немедленно телеграфируйте приветом = Лотман

[1] Вышла наконец подготовленная Ю. М. и М. Г. Альтшуллером книга «Поэты 1790—1810-х годов» (Большая серия «Библиотеки поэта»).

250

<9 ноября 1971 г.>

Дорогой Борфед!

Ждем Вас.

Конференция по Достоевскому начнется 20.XI[1] — 19-го защита Пыльдмяэ[2]. Надеюсь обо всех делах переговорить тогда. Отзыв на Агаеву послан 1.XI[3]. Задержка вызвана тем, что я:

1. Разозлился на ЛГУ — присылают безо всякой предварительной договоренности, как оброчному мужику.

2. Работа очень слабая — мы такие дипломы не допускаем. Сначала хотел даже дать отрицательный отзыв (первая глава — самая слабая и с большим числом глупостей: Белинский — в 1836 г. — революционный демократ. Горький и Белинский — единомышленники, Белинский говорит то же, что и декабристы, а Шевырев — в 1835 г. — «махровый реакционер» — вообще каша).

Но, прочитав остальные главы, убедился, что это неглупая, может быть даже талантливая, но очень провинциальная, безо всякой школы авторша. Пишет так, как пишут самоучки. Носится над текстом в дебрях эстетики, но не без ума. Поэтому я дал отзыв такой, который, несмотря на подробное перечисление недостатков, не закрывает пути для защиты — отмечены положительные стороны и сказано, что «удовлетворяет». Дальше судите сами.

Когда защита Риммы[4]?

Одно важное дело: у меня в этом году кончают несколько отличных девушек. У себя в аспирантуру мы сможем взять лишь одну. Если бы Вы согласились принять хоть единую, сделали бы доброе дело и для нее, и для Вашей кафедры (ей-богу, товар отличный, своих не обманываем!), и для меня.

Издательство «Искусство» расторгло со мной договоры[5] (мотивировка: «открытая защита отвергнутой народом семиотики». Ей-богу, не вру!!! Сохраняю текст для потомства) и приказало не пускать на порог, а я на порог и не рвусь.

Приветы всем Вашим!!! Ваш Ю. Л.
9.XI.71.

«Библиотека поэта» вычла у меня 390 р., хотя корректура была очень умеренная. Это Канун<ник>ова — буду скандалить[6].

[1] Ю. М. и З. Г. Минц организовали в ТГУ конференцию, посвященную 150-летию со дня рождения Достоевского. Я выступил с докладом «Достоевский и Ап. Григорьев».

[2] Замечательный эстонский стиховед Я. Пыльдмяэ написал такую серьезную кандидатскую диссертацию, что Ю. М. настоял на решении Ученого совета ТГУ, чтобы ее защита стала докторской, с тремя оппонентами (Б. Ф. Егоров, В. В. Иванов, Ю. М.). К сожалению, ВАК утвердил диссертацию лишь как кандидатскую.

[3] Речь идет о кандидатской диссертации А. А. Агаевой о Гоголе, защищавшейся в ЛГУ.

[4] См. примеч. 7 к п. 248.

[5] После выхода структуралистских книг Ю. М. и Б. А. Успенского был устроен идеологический разгром издательства «Искусство», и все дальнейшие планы и договоры с этим издательством были похоронены.

[6] В качестве одного из компромиссов, спасающих «Библиотеку поэта» (см. примеч. 2 к п. 248), В. Н. Орлов взял на должность зав. редакцией (сместив с нее И. В. Исакович) какую-то комсомольскую администраторшу, совершенно невежественную в поэзии, В. П. Канунникову. Став правой рукой Лесючевского, она быстро начала разлагать работу редакции; один из способов «прищучивания» неугодных авторов — вычет из гонорара сумм якобы за превышение норм исправлений в корректурах.

251

<7 декабря 1971 г.>

Величайшему сожалению приехать могу только около 25 декабря или втором семестре сейчас никакой возможности приветом = Лотман[1].

[1] Я ждал Ю. М. со спецкурсом на ФПК (см. примеч. 1 к п. 235); приехать он смог лишь во втором семестре.

252

<31 декабря 1971 г.>

Ждем вас утром третьего поездом огромное спасибо новогодние приветы семье = Лотман

253

<Конец 1971 — начало 1972 г.>[1]

Дорогой Борфед!

Пользуюсь оказией, чтобы передать Вам приветики. У нас все, относительно, в норме — после штормового периода проверок[2] — мертвый штиль. Зара Вам расскажет пикантные детали истории со студенч<еским> сборником (цензура или кто-то еще запретил библиографию моих работ, кот<орую> Игорь подготов<ил> к 50-летию[3]! Это что-то совсем новое — даже лестно; этак и в историю литературы попадешь, как лекарь поневоле).

Вообще же все тихо.

Приветы дамам.

Ваш Ю. Лотман

P. S. Как-то сойдет 5-я «Семиотика»?

[1] Датируется по сообщению о предстоящем 50-летии Ю. М. (28 февраля 1972 г.).

[2] К концу 1960-х годов партийное начальство раскусило нашу неблагонадежность, и начались министерские проверки, запреты, официальные реляции об идейных изъянах и проч. Однако настоящие гонения были еще впереди: кагэбэшные обыски, отправка под нож готовых тиражей «Ученых записок» и т. п.

[3] Ученикам и младшим коллегам удалось выпустить книгу: «Quinquagenario. Сборник статей молодых филологов к 50-летию проф. Ю. М. Лотмана», Тарту, 1972. Но библиографию работ юбиляра так и не разрешили тогда напечатать (она впервые появилась 10 лет спустя в сборнике статей к 60-летию Ю. М.).

254

<19—20 января 1972 г.>

Дорогой Борфед!

1. Еще раз спасибо за комиссию[1] — сами все понимаете. NB: Когда (если) будете в Таллине, то имейте в виду, что тем аспирантам по советской не даем, т<ак> к<ак> кафедра по этой спец<иальности>

укомплектована квалифиц<ированными> специалистами (Беззубов и Минц), а по древней — нет[2]. С нас же требуют устройства на кафедре аспирантов.

2. «Nurt» никому не посылал[3].

3. «Уч<еные> зап<иски>» сданы[4], но Эланго говорит, что мы пропустили срок (надо было до Нов<ого> года, а он, мол, когда соглашался на перенос, то имел в виду день-два, а не неделю). Сейчас жмем на Таммеорга. След<овательно>, Ваша помощь не нужна.

4. На днях Павел привезет на Вашу кафедру свою диссерт<ацию> на отзыв[5]. Уж пропустите поскорее, последите, хочу, чтобы защита была до весны. Это важно и кафедре, и Павлу.

Обнимаю. Приветы дамам. <Ю. Л.>

[1] Я посылал с дочерью Таней к предстоящему 50-летию Ю. М. какие-то продукты и напитки.

[2] Ю. М. хочет сказать, что кафедра нуждается в аспирантах, подготавливаемых как специалисты по древнерусской литературе.

[3] В письме от 17 января я запрашивал Ю. М.: «Посылали ли (дарили ли) Вы кому-либо из москвичей № 11 «Nurta», если у Вас было несколько экземпляров (м<ожет> б<ыть>, прислал Фарыно?)?» В этом номере польского журнала за 1971 г. была опубликована моя статья о структуральном анализе стихотворения А. Мицкевича.

[4] Речь идет о XXI томе «Трудов...».

[5] ЛГПИ давал внешний отзыв на докторскую диссертацию П. С. Рейфмана «Отражение общественно-литературной борьбы на страницах русской периодики 1860-х годов» (Тарту, 1972).

255

<30—31 мая 1972 г.>

Дорогой Борфед!

Пишу Вам из больницы, куда попал по поводу аппендицита (ныне уже удаленного) «и лучше выдумать не мог»... Правда, теперь уж скоро домой — завтра обещают швы выдернуть.

Тезисы Ваши прибыли во время всей этой заварухи, и я их еще не читал. На защите Павла я не был по той же причине. Зато был Лаугасте. И тем не менее — единогласно. Должно, произвели впечатление внушительные оппоненты и объем работы. Кроме того, он, кажется, переходит в Таллин (АН) и стал равнодушнее к университетским делам... Вот наши сплетни. Банкет, говорят, был отличный (не только богатый, но и веселый). Сергей напился до изумления, как говорили в XVIII в.

Я нахожусь в одной палате с шестью стариками и, кажется, не выделяюсь на их фоне молодостью — так-то. Быстро все-таки все провернулось.

Что Вы? Что Ваши? Черкните открыточку.
Приветы дамам in corpore и каждой в отдельности

Ваш Ю. Лотман

Кажется,
30.V.72.

256

<16 июня 1972 г.>

Дорогой Борфед!

Имею честь Вам донести, что симпозиум в Ереване отменяется[1]. Вернуть Вам тезисы или оставить их у себя? В остальном мы здоровы.

Приветы. Ваш Ю. Лотман
16.VI.72.

[1] В Ереване намечался симпозиум по семиотике, но обстановка в идеологическом отношении там была еще более деспотическая, чем в Москве, и симпозиум был запрещен.

257

<1 июля 1972 г.>

Борфед, голубчик! Вы что — сердиты на меня?

Вы мне не отвечаете на мои открытки (одну я написал в больнице, прямо после операции) или же на мои открытки отвечаете Заре!?! Бога ради, если я чем-либо неумышленно Вас прогневил, то отпустите мне мою вину — не знаю, в чем она состоит, но готов все равно просить прощения. Для меня наши отношения составляют столь большую и важную часть меня, что я просто не могу от них отказаться. Без шуток и преувеличений — это опасно для жизни!

А м<ожет> б<ыть>, мои открытки где-то теряются — но тогда откуда Вы знаете, что ереванский симпозиум отменен?

Теперь о деле. Только что вышла в издательстве «Мир» книга «Семиотика и искусствометрия» (переводы с английского, немецкого, французского и польского) — тексты Якобсона, Леви-Стросса и др. Есть и балласт. Составители я и Петров, автор вступительной статьи — я. К Вам обратится редактор «Вопросов философии» с предложением о рецензии — не отказывайтесь и сделайте быстро[1]. Я еще не видал книги, но как только получу, вышлю Вам экз<емпляр>, а для убыстрения дела (если Вам некогда все перечитывать) и некоторый на трех страничках реферат.

Простите, что Зара просчиталась, — в ближайшее время вышлем остатнюю сотню.

Сердечно Вас обнимаю — дамам приветы и поклоны.

Ваш Ю. Лотман

[1] Редактор не обратился ко мне с такой просьбой (см. п. 259).

258

<24 августа 1972 г.>

Убедительно прошу согласиться выступить оппонентом диссертации Минц вашего ответа зависит защита буду звонить 25 и 28 августа от 20 до 22 часов сердечным приветом = Лотман[1]

[1] Речь идет о докторской диссертации З. Г. Минц «А. Блок и русская реалистическая литература XIX века» (Тарту, 1972), защищенной в ТГУ 21 ноября 1972 г. Оппонентами были Д. Е. Максимов, Н. Н. Скатов, А. В. Федоров.

259

24.XI.72.

Дорогой Борфед!

У нас некий цикл подходит к завершению: Зара 21 защитила весьма успешно (15 — за, 1 исп<орченный> — не иначе, наш друг Лаугасте), а сегодня прошла большой совет (36 за, 2 против)[1]. Защита была весьма импозантной — простите, пришлось сменить штифт — особенно внушительно прозвучал Ваш отзыв:

Узнал я резкие черты
Неподражаемого слога... —

как говорил старик Пушкин.

Меня отпустили на защиту условно на три часа, но сегодняшний анализ крови показал, что я практически уже здоров, и на след<ующей> неделе, м<ожет> б<ыть>, отпустят домой. Три месяца без одной недели — надоело жутко! Скверно чувствовал я себя только первый месяц (зато — очень скверно), а потом — лежал себе полеживал. Много прочел из того, что за эти годы было непро- и недочитано. Так что — нет худа...

Теперь о делах:

1) Соблаговолите все же изъясниться вразумительно о договоре с политехниками[2], и что они хотят. У меня есть несколько настолько бредовых идей, что из них может получится и что-то серьезное. Но одно

непременное условие: общая часть работы — теоретико-семиотическая (мне трудно излагать в письме идеи этого плана — они «не сокращаются», а очень хотелось бы поговорить с Вами) — не должна рассматриваться как секретная, и я полностью хочу сохранить за собой право публикации результатов в открытой печати. Иначе я в эту игру не играю.

2) Во время защиты Вика мне передала записку Олега (видимо, телеф<онный> разговор с Вами) о конференции кибернетиков под эгидой Берга в Тарту[3]. Я плохо понял, т<ак> к<ак> после почти 3-х месячного лежания, первый раз встав, сразу же обалдел, а тут еще кругом такое «вращение народа», как говорил Зощенко. Мы, конечно, — за такую конференцию, но сейчас дело организации симпозиумов и конференций сознательно затруднено — резко увеличена отчетность (кипы и кипы бумаг) и, главное, их надо планировать за два года и включать в печатный министерский общесоюзный план. Если это дело пробивать, то инициатива должна исходить от Берга или тех, кто может говорить от его имени. Нужно их обращение к ректору с ссылкой, что, поскольку в августе запланирована Летняя школа (утвердили лишь 3 дня)[4], то, м<ожет> б<ыть>, присоединить к ней еще 3 дня на киберн<етику> или обосновать это (проведение в Тарту) характером проводимых исследований, сославшись на семиотические труды.

Приветы Вашим. Я в Л<енингра>д не соберусь (после больницы еще два месяца бюллетень, и, говорят, это, действительно нужно, чтобы прошло без осложнений), а, м<ожет> б<ыть>, Вы — в Тарту? Простите за почерк — пишу лежа.

Ваш Ю. Лотман

P. S. Еще есть дело. Мы сейчас начинаем борьбу за 2-й выпуск «Семиотики и искусствометрии». Не могли бы Ваши политехники (да и Вы отдельно от них) написать в изд<ательство> «Мир» (отдел новой техники), что книги этого рода нужны, и именно для новой техники, ибо издает эта редакция.

Мамардашвили, конечно, обещал, но не заказал Вам рецензию. Я не знаю, что о нем и думать: умный, милый, честный человек, но ни одного своего обещания не выполняет.

Еще раз обнимаю Вас. Ю. Лотман

Получил письмо от Краснова: он описывает страсти, кот<орые> кипят в АН перед выборами, — жуть. Никита П<руцков> серьезно просил МихПала не забыть поздравить его после выборов и пр. «картинки с выставки»[5].

Только что прочел Ваше письмо Заре. Один лишь вопрос: а что, собственно, хотят Игнатьев с братией? Ведь не только же нам деньги платить. И еще: должен ли я получать разрешение у ректора и вообще какова организационно-финансовая ст<орона> дела и отчетность? Чем все должно завершиться? Можно ли брать совместителей и пр. Вообще, «давай все подробности»[6].

[1] Защита докторской диссертации З. Г. Минц (см. п. 258). Мой отзыв был на автореферат.

[2] Ю. М. неправильно называет группу кибернетиков из Ленинградского института авиаприборов «политехниками» (см. примеч. 1 к п. 244). Зав. кафедрой кибернетики М. Б. Игнатьев добился в ректорате своего института денег для заключения договоров с кафедрой Ю. М. и моей на выполнение литературоведческих работ семиотико-структуралистского характера, которые можно было бы использовать в технике (мы назвали это направление «артоникой», по аналогии с бионикой, и несколько лет успешно трудились, пока ректорат не отказал Игнатьеву в средствах).

[3] Это тоже была идея М. Б. Игнатьева, которая не реализовалась из-за относительной пассивности его и круга академика А. И. Берга: в тогдашних идеологических условиях подобную конференцию можно было официально организовать, лишь проявив бешеное упорство и настойчивость.

[4] Речь идет об августе 1973 г. Но реально «школа» состоится лишь в феврале 1974 г.

[5] Н. И. Пруцков хотя и возглавлял сектор новой русской литературы в ИРЛИ, но был весьма примитивным литературоведом; слава Богу, он не был избран академиком.

[6] Цитата из известной песни А. Галича «Красный треугольник».

260

<24—25 марта 1973 г.>

Дорогой Борфед!

1. Ульриха (не фон Гуттена) можете более не беспокоить — картина прояснилась — Тимофеев, чтó и отлично[1].

2. По полученным мной сведениям, Римму Лазарчук экспертная комиссия утвердила, что, обратно, отлично.

3. Чичерина печатать, по-моему, не след[2] — это не мемуары, поскольку в них нет честного воспоминания того, что было, а хитрое подлаживание своей памяти на потребу текущей злобы дня — стыдно за старика. Самое интересное — рассказ о том, как ездили тройкой. О Б. Чичерине — лукавый и тенденциозный подбор фактов — лучше уж просто печатать воспоминания и подлинные документы Б. Чичерина. То же и о наркоме[3]. Все это венчается комическим отстаиванием происхождения от итальянца из свиты Софьи Палеолог и глупой и бестактной полемикой с таким прекрасным знатоком, как С. Б. Веселовский. Чего стоит противопоставление ученому мнению Веселовского аргумента, что академик (!) Майский в брошюре о Чичерине подтвердил происхождение от итальянца. Дело-то не стоит выеденного яйца, но сколько чванства и холопства во всем тоне! Верить нельзя ничему (чего стоит Горький с его рассказами о двух великих людях!). Все писано с оглядкой, чтобы сей-

час (сию минуту) не заругали, а что подумают через сто лет — о том и дела нет (все ведется как обращение к какой-то условной, выдуманной автором молодежи — рабфаковцы 20-х гг. его, что ли, так напугали, что он до сих пор с ними беседует, думая, что «общается с народом»). Злобная запоздалая полемика с формализмом отвратительна, поскольку в начале говорится о пламенной дружбе («сие священное чувство», как говорил Карамзин), а затем друга, человека, видимо, одаренного и совершенно забытого (тут бы и напомнить, воскресить память, выполнить обязанность перед ним, а не Ковалевым), он начинает поливать грязью за «формализм». Эх, господа...

Рукопись его мемуаров не посылаю — приедете на школу — заберете. М<ожет> б<ыть>, я необъективен — с годами надо делаться олимпийцем и «объективироваться», а я — напротив, обливаюсь желчью.

Поклоны Вашим.

Обнимаю Вас,

Ю. Лотман

[1] Тревожившийся за судьбу диссертации З. Г. Минц в ВАКе Ю. М. прогнозировал, какому «черному» рецензенту дадут диссертацию на отзыв; Ульрих Фохт был вхож в ВАК и мог сообщить об имени; успокоение Ю. М. относительно назначения Л. И. Тимофеева было преждевременно, Тимофеев в последние годы жизни очень «законсервировался» и весьма враждебно относился к свежим течениям в науке, особенно — к «тартуской школе».

[2] Ю. М. оказался чрезмерно пристрастным к воспоминаниям А. В. Чичерина, хотя упреки его, несомненно, справедливы. Мемуарист опубликовал позднее свои воспоминания в ж. «Нева».

[3] Речь идет о наркоме иностранных дел СССР Г. В. Чичерине.

261

<Конец марта — начало апреля 1973 г.>[1]

Дорогой Борфед!

Пишу второпях — дел много, и все одно другого хуже. Веду переговоры с Главлитом о «Семиотике», на Летнюю Школу разрешили пригласить 5 (= !!!!!) человек — боремся за изменение решения.

Очень прошу Вас написать рецензию на мою статью[2] — тут тоже дела. Проект прилагаю. Хорошо бы, чтобы подписал и Лихачев. Если надо, я ему текст статьи вышлю, но у меня сейчас один (4 забрало министерство и наложило вето!), я с ним еду в Москву за отзывом к Аниксту.

Бегу на поезд, обнимаю Вас — настроение очень хорошее (без шуток!).

А Альтшуллер молодец — я им[3] прямо отказал в Кяярику и еще разругал их тезисы, а он не обиделся. Кстати, тезисы сначала сократили на 3/4 (пришлось снять и Вашу), а затем запретили — боремся и за это.

Итак — боремся, — а это всегда молодит.

Ваш Ю. Лотман

Посылаю итальянский сб<орник>[4]: один экз<емпляр> Вам, другой Лихачеву. Мы его все же приглашаем на Летнюю Школу — я писал, но повторите устно.

[1] Датируется по связи со следующим письмом.

[2] Начались персональные придирки и запреты статей Ю. М.; какая именно была статья — не помню.

[3] «Им» означает семью: М. Г. Альтшуллера и Е. Н. Дрыжакову.

[4] «Ricerche semiotiche. Nuove tendenze delle scienza umane nell'URSS». Torino, Einaudi, 1973.

262

<18 апреля 1973 г.>

Дорогой Борфед!

Спасибо за отзыв — он получен — и за быструю реакцию на звонок. Фактическое положение дел таково: кибернетическую конференцию проводим, как мы и договорились с Игнатьевым, — в июне[1]. Это и лучше, а то я, за суетой и мельтешением, совсем не имел времени обдумать доклада. Летнюю школу — переносим на будущий год! Борьба была острая, неделю мы провели, как на фронте, но против рожна не попрешь. Если Вы будете в конце апреля в Москве (я делаю доклад в Музее изящных искусств — совместно с Б. А. Успенским), там же будет и Игнатьев, то все сможем обсудить.

Но сейчас есть дело важнейшее и сверх всего срочное: от нервотрепки последнего года + домашние дела — Антон совсем от рук отбился, бросил учиться и пр., — Валерий Иванович совсем сдал, боюсь, что у него серьезное нервное заболевание — с утра на седуксене и элениуме и — не помогает! Надо его срочно (пока еще не поздно!) класть к Миле[2]. Помогите, голубчик!!! Я пишу Миле сам, но и Вы развернитесь (судите, как живем: а ведь не он, по сути, и под обстрелом — его только контузило). Мы же пока — как огурчики («А и крепок татарин — не сломится, / Жиловат, собака, — не порвется!»)[3]. Зара, правда, так устала, что на нее жалко смотреть. Вообще же есть что порассказать.

При случае поторопите Лихачева — я жду, чтобы все материалы собрались до кучи, а дела подпирают.

Как Ваши дамы? — всем приветы!

Всегда Ваш

Ю. Лотман

18.IV.73.

[1] Конференция будет запрещена (см. п. 265). Запретят и Летнюю школу.
[2] М. Н. Бобровская работала врачом в Психоневрологическом институте им. В. М. Бехтерева (Ленинград). См. п. 263.
[3] Из былины об Илье Муромце.

263

<15 мая 1973 г.>

Дорогой Борфед!

Посылаем книги[1]. Билинкисы ничего не сделали и не ответили[2] — Валерия кладем здесь (он плох), а я обижен.

Кому пошлем тома совместно? Шлите список.

15.V.73. Приветы.

P. S. Сообщите адрес и отчество жены Азадовского.

Ю. Лотман

[1] XXI том «Трудов...».
[2] См. примеч. 2 к п. 262.

264

<12 июня 1973 г.>

Напрасны твои усилья замотать юбилейный обед поздравляем по старому стилю и желаем новых побед[1] = Минц Лотман.

[1] Ошибка: см. примеч. 2 к п. 265.

265

<12 июня 1973 г.>[1]

Дорогой Борфед!

Что же Вы, злодей, не прислали мне роскошно оформленного пригласительного билета? Я бы приехал, вот Вам крест! Совершенно не укладывается в голове, что Вам 50[2] (со своим<и> я уже примирился). По опыту скажу Вам, что первые 50 лет самые трудные. Правда, и вторые не без «пригорков и ручейков», но уж третьи, говорят, очень хороши. Отсюда и вывод — надо сохраниться до третьего пятидесятилетия в такой форме, чтобы там уж пожить в свое удовольствие. Шутки в стороны — мне стыдно, что я пропустил за всякой суетою Вашу дату, да уж что поделаешь — приходится отшучиваться.

Посылаю Вам «Камю» (Камю же пить коньяк «Камю», как не покорителю Сорбонны[3] и завсегдатаю парижских кафе? К тому же еще один чудак Камю написал «L'Homme révolté»[4], а поскольку мы принципиально отвергаем эти штучки, то пьем коньяк) и две книжки — одну для работы, другую для коллекции.

Передайте Игнатьеву, что у нас с конференцией — все время натыкается на какой-то подводный камень[5]. Дело, видимо, в том, что на меня и тартускую семиотику был месяца два тому назад очень ядовитый донос в высокие таллинские инстанции (чуть ли не Миши Макарова[6] — с перечислением всех модных «измов» в полном объеме), и начальство боится. Я сегодня говорил по телефону со вторым секретарем ЦК и просил аудиенцию. Он беседовал очень нелюбезно и сказал, что раньше понедельника назвать время приема не может. Как только что-либо обрисуется, я ему сообщу. Было бы хорошо, если бы он (Игнатьев) конкретно известил меня, какие шаги были им предприняты в Москве в последний раз, — мне это было бы важно знать при этом разговоре. (Вообще жутко противно вести разговор, доказывая, что семиотика — это не замаскированный сионизм.)

Клементу сегодня исполнилось 70 лет — поздравьте его письмом — все же он много сделал хорошего. Я ему сегодня снес розы.

Обнимаю Вас от души и жалею, что не был на Вашем 50-летии, и Вы мне отмстите — не приходите на мое 100-летие.

Сердечно Ваш Ю. Лотман

P. S. Приветы и поцелуи Вашим дамам. Зара на лекции, но просила передать Вам дружеские поцелуи.

Продолжение

Написал я Вам дурацкое письмо. Мне невесело, и поэтому шучу я неуклюже. Но на душе у меня ясно — очень странное чувство: годы проходят — и ужасающе быстро — *а мы не стареем.* Пока все идет именно так, как мне и хотелось бы, — не стареть, а потом сразу упасть, как дерево, — старость хуже и беспощаднее смерти. Я все боялся после болезни (от истощения сил был период сонливости и упадка мысли), что голова уже вышла из строя, а сейчас так думается и пишется, как никогда. Если бы еще *таких* пять лет! Постоянные мелкие гадости отнимают время, но совершенно не задевают души — даже самому удивительно. Вообще на душе как ранняя осень — ясно, бодро и ощущение здоровья. Вот только быстро устаю.

Обнимаю Вас, дорогой друг, желаю Вам всего хорошего, что только могу пожелать.

Ю. Лотман

[1] Дата определяется по дню рождения Ф. Д. Клемента.

[2] Отпраздновав свой 50-летний юбилей в 1972 г., Ю. М. при сообщении о моем дне рождения в 1973 г. почему-то решил, что и мне стукнуло 50; его еще спутала Т. П. Мазур (см. п. 266).

[3] И я, и Ю. М. были «невыездные». Но каким-то чудом (видимо, благодаря обкомовскому обязательству А. Д. Боборыкина, ректора ЛГПИ: «За Егорова я ручаюсь головой») одно из многих приглашений в западные университеты было санкционировано нашим начальством, и в декабре 1971 г. я читал лекции в Сорбонне.

[4] Известный «антимарксистский» труд А. Камю «Взбунтовавшийся человек» (1951).

[5] С начала 1970-х гг. таллинское партийное начальство регулярно запрещало любые конференции семиотически-структурального толка.

[6] М. Г. Макаров, молодой философ ТГУ, отличался творческими устремлениями, научной смелостью (его кандидатская диссертация о цели была откровенно антилысенковской), но с годами он все более и более становился борцом за чистоту марксизма и стал невыносимо ортодоксальным.

266

<18—19 июня 1973 г.>

Дорогой Борфед!

Меня попутал не бес, а Тамара Павловна, которая ссылалась на Рейсера и на то, что сама присутствовала на Вашем пятидесятилетии[1]. А я человек доверчивый и поддающийся... Ну, полагаю, беда не велика — коньяк выпьете, а на настоящем 50-летии повторим.

С огорчением прочел в № 5 «Невы» статью Я. Билинкиса[2]. <...> Что это означает: «Приходится встречаться с утверждениями, что никакой особой природы у искусства вовсе и нет, что являет оно собой лишь один из «языков», одну из «знаковых систем» и вполне может быть освоено, даже исчерпано в своем содержании количественными методами, должно поэтому изучаться прежде всего (если не исключительно) с прямым использованием открытий, сделанных в области теории информации, семиотики и т. п.»?

Не говорю уж о том, что эти злокозненные отрицатели специфики искусства тут же изящно сплетены с отрицателями духовности, орудующими «во многих городах Европы и Америки». Это уж такой стиль. Но что означает весь пассаж? Если Я. С. скажут, что он млекопитающее, означает ли это отрицание специфики человека? И кто, когда, где из утверждения, что искусство — знаковая система, делал вывод об «отсутствии специфики», и при чем здесь то, что «искусство в своем содержании может быть исчерпано количественными методами»? И к чему это все вообще — ведь никак к содержанию статейки это не относится. <...>

Вы снова скажете, что я делаюсь нетерпим и исключителен. В этом случае я безусловно убежден в своей правоте. Я. С. идет к пустоте — это чувство у меня постоянно накапливалось при чтении его работ последних лет, и отношение к структурализму здесь — ерунда, не в этом дело. А дело в том, что в его сочинениях катастрофически исчезает честное искание истины, заменяясь плетением словес. Неужели он сам этого не замечает? Неужели он, талантливый человек, опомнится лишь тогда, когда от таланта останется лишь пустое место? Сколько лет он не говорит уже нового слова. Поистине страшно.

Не знаю, правильно и хорошо ли я это написал, но хочу отправить Вам так, как написалось.

Будьте здоровы!

Ваш Ю. Лотман

[1] См. примеч. 2 к п. 265.

[2] Статья Я. С. Билинкиса «Ответственность искусства», где утверждалось, что семиотика и структурализм отрицают специфику и неисчерпаемость искусства. Ю. М. цитирует статью с мелкими неточностями.

267

<30 июня 1973 г.>

Дорогой Борфед!

К сожалению, сообщаю Вам грустную новость — скоропостижно скончался Клемент, лишь на несколько недель пережив свой 70-летний юбилей. Грустно. Хоть он в последние годы ректорства потерялся и как-то засуетился, но много сделал хорошего, и тем да будет помянут. По крайней мере в нашей жизни с ним ушла целая эпоха.

Весь месяц я ходил по начальству. Реальные результаты — симпозиум (игнатьевский) окончательно разрешен. Срок проведения — октябрь или ноябрь.

Имеете ли Вы сведения от Риммы? После шума, поднятого П. А., — никто и ничего не пишет. Я — в полном неведении.

Каковы Ваши летние планы?

Напишите пару строк.

Поклоны Вашим дамам.

Сердечно Ваш Ю. Лотман
30.VI.73.

268

<21—22 сентября 1973 г.>

Дорогой Борфед!

Вызов получил только вчера[1] — приезжать на 4 дня не имеет смысла (в посл<еднюю> пятн<ицу> должен быть на совете — выборы Павла в профессора, а 6-го защита Нинова[2]). Очень прошу перенести лекции на вторую половину октября. Лидии Яковлевне «Сем<иотику>»[3] высылаю, хоть и жаль денег смертельно, — в подарок.

Ю. Лотман

[1] Вызов для чтения спецкурса на ФПК (см. примеч. 1 к п. 235).

[2] А. А. Нинов защищал в ТГУ как докторскую диссертацию, свою книгу «Горький и Бунин». Оппонентами были Г. А. Бялый, Г. В. Краснов, Ю. М.

[3] 6-й том.

269

<24—25 сентября 1973 г.>

Дорогой Борфед!

Ваш вызов везли на волах + в деканате задержали на неделю (сволочи!). Сейчас уехать не могу — в конце недели выборы Павла в профессора — должен быть на большом совете, 6-го защита Нинова, Зара должна ехать в Москву—Питер кончать Соловьева и проч. Прошу перенести на середину октября, когда обязательно приеду.

Лидия Яковлевна пусть не ноет — вышлю ей бесплатно (совсем с этой семиотикой по миру пошел; уже разослал экземпляров 25 — это за свой-то счет без гроша госдотации по 4 с полтиной за том! Прямо как граф Хвостов!). Только пусть обождет — я не могу сразу, все же и детишкам питание следует.

Обнимаю Вас, поклоны дамам!

Девочки Ваши милые — рад, что им понравилось в Тарту — и, кажется, умненькие[1].

З<ара> гриппует и с одра болезни приветствует Вас.

Ваш

Ю. Лотман

[1] Сотрудницы хоздоговорной группы (см. примеч. 2 к п. 259) при кафедре русской литературы ЛГПИ А. М. Штейнгольд, Л. Е. Ляпина, Е. М. Гушанская.

270

<Около 11 декабря 1973 г.>[1]

Дорогой Борфед!

С диссертацией вышла какая-то ерунда — кто-то из Вашего института отослал ее не в Тарту, а в Горький диссертантке, она ее только вчера привезла. В результате я получаю текст диссертации за три дня до защиты! Но это уж Бог с ним — вот известие об отъезде Игнатьева меня оглушило — до марта его не будет? А как же специальный день, выделенный по его требованию на «искусственный интеллект»? И почему он мне не сообщил? И будут ли от его группы тезисы? И — самое важное — перед кем отчитываться в окончании срока по договору и кто будет открывать новый? Он мне весьма определенно обещал некоторое расширение договора, и я на это рассчитывал[2]. Как же теперь — я в некотором недоумении — если у Вас имеются сведенья — сообщите.

Мы живем, как всегда.

Где Ваши тезисы[3]? Скоро пройдут самые последние сроки.

Приветы Вашим.

Сердечно Ваш

Ю. Лотман

[1] Датируется по почтовому штемпелю Ленинграда (тартуский смазан): 14.12.73.

[2] Ю. М. беспокоится по поводу отъезда М. Б. Игнатьева за рубеж, т<ак> к<ак> первоначально семиотико-кибернетический симпозиум намечался на весну 1974 г.; затем его, увы, запретили вообще. О хоздоговоре см. примеч. 2 к п. 259.

[3] Тезисы к симпозиуму; их удалось выпустить в 1974 г.: «Материалы Всесоюзного симпозиума по вторичным моделирующим системам. I (5)».

271

<Декабрь 1973 г.>[1]

Дорогой Борфед!

Посылаю Вам перевод Вашей статьи[2], кот<орая> пришла на адрес «Трудов». Соскучился по Вам смертельно.

Будьте здоровы.

Ваш

Ю. Лотман

[1] Датируется по связи со следующим письмом.

[2] В журнале «Semiotica», издававшемся в Гааге (издательство Mouton, 1974, № 2), была опубликована на английском языке моя статья «Простейшие семиотические системы и типология сюжетов» (из 2-й «Семиотики»). Так как статья была прислана еще в декабре 1973 г., то это была, видимо, еще корректура.

272

<28 декабря 1973 г.>

Дорогой Борфед!

С Новым годом! Посылаю Вам мутоновскую ксерокопию перевода Вашей статьи о карточных гаданиях. Игнатьеву я все выслал. Получил ли он?

Летнюю школу перенесли на 1—5 мая с<ледующего> г<ода>. Скоро вышлю Вам корректуры Вашей статьи в «Семиотике» — быстрее возвращайте. Сб<орник> «Трудов по русск<ой> и сл<авянской> филолог<ии>» с Вашей публикацией прошел цензуру; в феврале, надеюсь, увидит свет.

Для Игнатьева я, кажется, и впрямь смогу сделать кое-что интересное.

Будьте здоровы и благополучны.

Сердечно Ваш

Ю. Лотман
28.XII.73.

273

<Начало января 1974 г.>[1]

Дорогой Борфед!

Спасибо за письмо и новогодние пожелания — еще раз и вам всем, и Вам отдельно желаю всего лучшего. Писатель Вас <Ваш?> соврал — без мысли о счастьи жить нельзя. Это как со смертью — при ее неизбежности невозможно поверить в нее для себя. Со счастьем наоборот — при его невозможности невозможно поверить в то, что я лично не являюсь здесь исключением. И неверие в личную смерть, и вера в личное счастье снимаются лишь одним — усталостью, которая есть переход к концу. Поэтому усталости должно сопротивляться, как энтропии, — зло и до последней минуты. Пишу это, т<ак> к<ак> чувствую, что усталость обступает меня совсем и со всех сторон, как тепло и сон обступают замерзающего в степи.

Поэтому мой лозунг, как К. Либкнехта: trotz alledem[2].

Именно вопреки я и живу: вопреки усталости, старости, уже явной, и проч.

Вопреки мы сдаем сейчас прекрасный сб<орник> тезисов, а 8 февраля начинаем Летнюю школу (пригласит<ельные> билеты — высылаю).

Теперь об Игнатьеве: я на него сердит, он человек необязательный. Твердо обещал <м>не расширить договор и уехал, не сказав об этом Е. И. Перовской, а она отказывается. Не сообщил мне, как же быть с резервированным для него и его сотрудников заседанием? (Мелочь: не заплатил мне за лекции. Дело, конечно, не в деньгах, ибо их все равно нет и не будет, даже от в десять раз больших вливаний, а в том, что он может о таких вещах забывать).

Вообще же трудно, очень трудно.

В Тарту все спокойно — господствует серый цвет; событий, слава Богу, не происходит ни хороших, ни плохих.

А Таня-то — grande-dame! Очень похорошела.

Обнимаю Вас и желаю Вам в 1974 — и последующих годах — быть счастливым.

Ваш Ю. Лотман

[1] Датируется по содержанию письма.
[2] несмотря ни на что, вопреки всему (*нем.*).

274

<3 февраля 1974 г.>

Дорогой Борфед! Ау! Куда Вы пропали?

Фохт передавал мне, что Вы говорили ему, что соскучились по Тарту. Предлагаю Вам отличное лекарство — от острого приступа ностальгии отлично помогает поездка в Тарту, от хронических болей — письмо, от небольших недомоганий — открытки. Советую умело комбинировать эти лекарства в необходимых дозах и ручаюсь, что облегчение наступит незамедлительно.

Я тоже очень по Вам соскучился — даже больше, чем обычно. И, не имея возможности прибегнуть к радикальным лекарствам, ограничиваюсь эпистолярной терапией.

Мы живем без больших новостей: у Зары — ни ответа, ни привета, видимо, новый рецензент пока еще не удосужился благословить ее своим отзывом[1]. Хорошего ждать не приходится. Мы сдали два тома — «Труды» и «Семиотику»[2], они прошли редколлегию, но еще не в типографии. Вообще же — сургуч не держится, как говорил Слепцов[3], а в остальном, прелестная маркиза...

Не могли бы Вы узнать у Марка и других методистов, как дела Роздиной[4], и замолвить словечко — тот текст, который у них, еще не учитывает моих последних замечаний, но вообще постарайтесь от моего и своего имени склонить их к милости и ускорению дела — ей там у себя проходить конкурс. Очень прошу.

Вообще же грустно — вот мы столько лет ждали, чтобы Адамс ушел на пенсию, а теперь, когда он с сентября уходит — жаль его и грустно за кафедру. Все же он человек с лицом, хотя и гримасничающим. Скоро защита Сергея, так что, надеюсь, свидимся. Будете ли Вы на «пароходной» конференции Игнатьева[5]? Я хотел, да не смогу — совпадает с защитами дипломов. Игнатьев только сейчас прислал нам договор — 5 месяцев мои просидели без жалования. Как у Вас? (Не могу не сказать, что всегда с удовольствием вспоминаю Ваших девочек — хорошие они.)

Простите за бессвязное письмо — я что-то не в форме, устал и грущу. Очень прошу поговорить о Роздиной. Приветы Вашим дамам!

Тарту 3.II.74. Ваш Ю. Лотман

[1] Речь идет о «черном» рецензенте ВАКа на докторскую диссертацию З. Г. Минц (см. пп. 258, 259).

[2] XXIV том «Трудов...» и 7-й том «Семиотики».

[3] В. А. Слепцов в романе «Трудное время» (1865) эзоповым языком говорил об усилении полицейской слежки, о перлюстрации писем: дескать, плохой сургуч стали делать, не держится на письме!

[4] См. примеч. 2 к п. 278.

[5] См. примеч. 1 к п. 244. На этот раз в «пароходной» конференции, организованной М. Б. Игнатьевым в июле 1974 г., участвовала вся наша хоздоговорная группа.

275

<14—15 марта 1974 г.>

Дорогой Борфед! Спасибо за предложение, но, честное слово, браться нет желания — нет времени и не хочется разбрасываться. Устал насквозь. Беспокоит Ваше молчание относительно переговоров по Зариным делам. Напишите. Приветы Вашим. Всегда Ваш

Ю. Лотман

276

<16—17 марта 1974 г.>

Дорогой Борфед! Спасибо за книгу[1] — еще не успел прочесть, но, кажется, очень хорошая. Приветы Вашим. Будьте здоровы.

Ваш Ю. Лотман

P. S. Тезисы по симпозиуму все кончились, «Сем<иоти>ку 6» для Бжозы вышлю, но, когда была Смирнова, у меня не было лишней пятерки.

[1] В издательстве ЛГПИ в 1973 г. вышла моя книга «Очерки по истории русской литературной критики середины XIX века».

277

<27—28 марта 1974 г.>

Дорогой Борфед!

Спасибо за разговор с Ф<охтом>. Он выразил полную готовность содействовать. Но поскольку он был все время в перенасыщенном состоянии, то боюсь, что забудет. Очень прошу Вас позвонить ему срочно и еще раз напомнить относительно Машинского*. Вообще дело промедлений не терпит.

Приветы!

Ю. Лотман

[1] Ю. М. предполагал, что У. Р. Фохт может содействовать назначению «черным» рецензентом ВАКа по диссертации З. Г. Минц — С. И. Машинского. Однако у ВАКа были другие соображения: см. пп. 279, 289—292, 296.

278

13.VI.74

Дорогой Борфед!

Вчера отослал Вам и Игнатьеву по экземпляру проекта письма (уложился в три стр<аницы>, но можно и пространнее, если будет потребность). Сегодня получил вторую половину бахтинской статьи — к сожалению, о публикации не может идти речи, поскольку Бахтин сказал мне, что эта же статья входит в его сборник, в данное время находящийся в печати[1]. Очень жаль — статья интересная.

Относительно Роздиной: рецензирующим предприятием я полагал бы Псков, оппонентами — м<ожет> б<ыть>, Вас и Рез или Качурина? Если Ваш резерв израсходован, то, м<ожет> б<ыть>, Яша не откажется, по старой памяти[2]?

Больше ничего придумать не могу.

Сердечные приветы — желаю Вам интересной пароходной конференции.

Приветы дамам. Ваш

Ю. Лотман

P. S. Статью Бахтина — вернуть или можно оставить у себя?

[1] М. М. Бахтин. Вопросы литературы и эстетики. М., 1975.

[2] Кажется, Э. Роздина не довела свою диссертацию до защиты; я не смог найти ее автореферата в ведущих библиотеках страны.

---

* он поймет[1]. (*Примечание Ю. М. Лотмана.*)

279

<Закарпатье. 18 июля 1974 г.>

Дорогой Борфед!

Пишу Вам из Закарпатья, где буду отдыхать до 1 авг<уста>. 9—10 авг<уста> я буду в Питере, хочу повидаться с Вами и с Игнатьевым. Можно ли это организовать?

Еще одно дело: Зару послали на рецензию Громову (есть мнение, что это сознательно, с целью разгром(ов)а, простите за скверный каламбур). Нельзя ли на него подействовать (м<ожет> б<ыть>, через Тамарченок?), чтобы он, если уж не может дать приличного отзыва, отказался бы[1]. Подумайте — дело нешуточное.

В августе я хочу быть в Москве — заниматься. Как Вы? Где летом? Здесь очень хорошо. Зара шлет приветы.

Ваш Ю. Лотман
18.VII.74.

[1] П. П. Громов, враждебно относившийся к трудам З. Г. Минц (и не только к ее!), сам отказался быть «черным» рецензентом ее диссертации.

280

<18 октября 1974 г.>[1]

Дорогой Борфед!

Посылаю Вам свою часть тезисов* — простите за задержку, но, знаете, жена и дети..., по неопытности, ей-богу, по неопытности!

Просмотрите и вставьте, куда следует, буде гожа. Напишите, если не трудно, свое мнение о сем. Как Ваша часть? И Игнатьева[2]?

Поклоны Вашим дамам.

Сердечно Ваш

Ю. Лотман
18.X.

[1] Письмо находится в пачке 1974 г.

[2] Мы втроем написали программную статью, которая так и осталась тогда неопубликованной: «Искусственный интеллект как метамеханизм культуры».

* Игнатьеву — другой экз<емпляр> той же почтой. (*Примечание Ю. М. Лотмана.*)

281

<24 марта 1975 г.>

Корректуры получил[1] исправления учтены первую половину апреля буду Москве готов встретиться там или Ленинграде второй половине апреля очень прошу сильно нажать Игнатьева до сих пор нет аванса университет мне угрожает санкциями приветом = Лотман

[1] Корректуры моей публикации писем Ап. Григорьева в XXIV томе «Трудов...».

282

<11 апреля 1975 г.>

Приеду понедельник один день очень прошу назначить совещание Игнатьевым крайний срок вторник утро привет = Лотман

283

<Начало июля 1975 г.>[1]

Борфед!

Срочно проверьте корректуру!!!

Сообщите, как относительно планов встречи в начале августа? Я на весь июль уезжаю, но корреспонденцию мне будут пересылать.

Приветы дамам.

Ваш Ю. Л.

[1] Датируется по связи с п. 284.

284

<24 июля 1975 г.>

Корректуру получил жду вас Тарту второго-третьего августа еще не писал ничего но надеюсь Игнатьева тащите обязательно приветы всем = Лотман

285

<1 августа 1975 г.>

Дорогой Борфед!

Пишу Вам, еще не получив Вашего письма, о котором мне сообщил Игорь, но уже узнав от него, что Вы не приедете. Не могу скрыть, что огорчен. Воля Ваша: мы с Вами и Игнатьевым твердо договорились о встрече в начале августа. Ради этого я работал весь июль вместо того, чтобы отдыхать (конечно, немного отдохнул, не буду кривить душой, но все же значительно меньше, чем хотелось бы и было бы объективно нужно). Я написал большую часть своего объема[1], перенеся другие важные дела, чтобы успеть к встрече. Еще 18/VII я получил Ваше письмо от 11/VII, в котором Вы сообщали мне, что готовы приехать в Тарту, хотя Вам удобнее было бы в Питере, но «если не по биссектрисе[2], то встретимся в Тарту». Я дал Вам телеграмму, в которой просил приехать в Тарту (я и так мало отдохнул, и делать перед Москвой крюк в Питер очень не хотелось). Отсутствие ответа я истолковал как согласие и отказался от продления еще на неделю путевки в Кяярику, где мы с Зарой отдыхали 6 дней. 31-го я уже ждал Вас в Тарту. И вот Вы не приехали, сообщив об этом письмом, которое я смог бы получить лишь в понедельник (письма сейчас из Питера идут минимум 5 дней), если почта придет до того, как я сяду в московский поезд.

Грех, батенька! От легкомысленного Игнатьева (=Пугачеву!) я этого бы ждал, но не от Вас (не сердитесь на мое ворчание, но если бы Вы мне своевременно сообщили, что встреча может быть только в Питере, я бы приехал). Вообще жаль, если затея с общей книгой сорвется: я уже много понаписал и еще больше напридумал. Хотелось обговорить...

Теперь второе дело: я получил уведомление о решении «Памятников» передать «Путешествие...» Радищева Западову[3], с ссылкой на Ваше выступление о том, что я не возражаю, чтобы моя заявка была аннулирована. Голубчик! Неужели у меня такой склероз, что я говорил об этом с Вами и отказывался (ей-Богу, не помню — в этих строках нет ни яду, ни злобы, ни еще чего-либо змеиного — я действительно не помню! Если я так могу забывать, то дело мое хреновое!). А вот если Вы это говорили со слов Западова, то он Вас надул: у нас с ним такого разговора вообще не было, а был давно беглый и ни к чему не обязывающий разговор, в котором он мне нудил, что у него почти готов текст, и я сказал, что не возражал бы, если бы он сделал текст, я — статью, а комментарий — вместе. Но это все было очень давно (я ведь заявку подавал еще Юлиану), и точных деталей (весь разговор был в коридоре конференции по XVIII в. и имел характер трепа) — не помню. Все это выяснение реального смысла не имеет, поскольку «Наука» все равно со мной договора не заключит, но мне было бы интересно — я ли забыл, произошло ли недоразумение или Западов Вас надул?

Вообще же, если вопрос такой планировался, — ведь не возник же он экспромтом! — то Западов мог бы, подавая заявку, спросить меня письменно, а редколлегия, имея в портфеле мою десятилетнюю заявку тоже обратиться ко мне с официальным запросом. Конечно, все это ерунда но как-то смутно, сам знаю, что дело не стоит выеденного яйца, но какой-то осадок на душе остался.

Еще дело: 27—28 августа в Москве у Берга в комиссии по семиотике будут обсуждаться общие направления работы — дело идет о том чтобы разъяснить важность несвертывания литературоведческой семиотики. Хотелось бы, чтобы Вы и Игнатьев приняли участие, а Игнатьев до заседания поговорил с теми, с кем он связан в комитете по науке. Я ему еще напишу, а Вы его прижмите тоже — довольно ему пугачевствовать.

Вы меняете квартиру — не забудьте прислать адрес. В августе я в Москве, вероятно, у Успенского. Да, не могли бы Вы прозондировать у Фохта: не согласился бы он в ноябре выступить у нас оппонентом у Сидякова по прозе Пушкина (Сидякову лихо, хорошо бы помочь)[4].

Жаль, что не удалось отвести с Вами душу — очень хотелось.

Мы относительно в норме. Поклоны Вашим дамам и мужчинам.

Тарту. 1.VIII.75.

Ваш Ю. Лотман

[1] Ю. М. вместе со мной и М. Б. Игнатьевым замышлял написать совместную книгу о насущных проблемах кибернетики применительно к литературоведению и искусствознанию. Замысел не был осуществлен из-за явной невозможности опубликовать такую книгу при тогдашнем идеологическом климате.

[2] «Биссектриса» — наш с Ю. М. термин; наши долгие ночные прогулки по Тарту заканчивались моим предложением пройти последний раз по биссектрисе между нашими домами; Ю. М. обычно ворчал: «Знаю я эту биссектрису! Она пройдет возле вашего дома!»

[3] Ю. М. ревниво отнесся к передаче издания «Путешествия из Петербурга в Москву» (в серии «Литературные памятники») в руки В. А. Западова, так как в свое время он сам подавал заявку на эту книгу покойному Ю. Г. Оксману; но Ю. М., загруженный до предела договорами с другими издательствами, в разговоре со мной отказался от претензий в пользу В. А. Западова, забыв об этом.

[4] Л. С. Сидяков защитил в ТГУ 27 ноября 1975 г. докторскую диссертацию «Проза и поэзия Пушкина. Соотношение и взаимодействие». Оппонентами выступили Ю. М., Г. П. Макогоненко, В. А. Мануйлов.

286

<6 сентября 1975 г.>[1]

Дорогой Борфед!

Спасибо за открытку и за новый адрес. У нас с началом нового года начались и «дела житейские». Серьезная и грустная новость — у Павла скончалась мать (Любовь Яковлевна), и он очень тяжело это пережил, сдал физически, осунулся. Его даже не обрадовало то, что ВАК его утвердил профессором.

Вышел новый том «Трудов»[2]. Я его еще не видал... На конференции в Москве оказалось, что присутствие Ваше не было обязательно: она прошла совсем формально. Я сделал, кажется, плохой доклад (так мне кажется). Весь сентябрь занимался в Москве — делал комментарий к «Онегину» для «Просвещения».

Поздравляю с новой квартирой. Дамам — поклоны, Кириллу — особый.

Ваш Ю. Лотман
6/VIII.75.

P. S. Прошу очень помочь Льву Сергеевичу. У него сложилось дело так, что оппонентом будет Макогоненко. След<овательно>, Пушдом как рецензент отпадает — остается Ваша кафедра. Порадейте!!! Он будет защищаться у нас в ноябре[3].

[1] Ю. М. явно ошибся, поставив дату 6/VIII и сообщив, что он весь сентябрь занимался в Москве: реально он там был весь август.
[2] XXIV том «Трудов...».
[3] См. примеч. 4 к п. 285.

287

<Конец 1975 — начало 1976 гг.>[1]

Дорогой Борфед!

Спасибо за книжки и приветы. Хочу попросить Вас о следующем: Павел расскажет Вам о наших делах — все относительно ничего, но блохи все время кусаются, это не опасно, но утомительно. Сейчас дело в том, что Игнатьев прислал предложение издавать совместно ЛИАП и ТГУ межведомственный сборник по искусственному интеллекту. Наш проректор Метса задумал устранить меня от этого издания и предложить Игнатьеву сотрудничество с Куллем и Сильдмяэ[2]. С этой целью Кулль посетит Игнатьева в Ленинграде. Надо, чтобы Игнатьев разъяснил, что издание вырастает на базе совместной нашей с ним работы и может существовать лишь при условии, что ответственными редакторами будут Игнатьев от ЛИАП и Лотман от ТГУ, а что ввести в редколлегию еще троих от ТГУ он согласен. Это, конечно, все ерунда. А вот что серьезно: я говорил об этом же издании с ректором и получил согласие, но необходимо, чтобы ЛИАП помог нам бумагой (!!!). Тираж 1000 по 10 п. л. — немного, но у нас в ТГУ этого нет. Вообще мы обеднели. Узнайте это у Игнатьева. И еще — где его гарантийное письмо и новый договор!? Горим!!!

У нас новая внучка Саша — жизнь идет. Как Кирилл?

Обнимаю Вас.

Ю. Лотман

В совершенной запарке — пишу для «Просв<ещения>» Коммент<арий> к «Евг<ению> Онегину» — к марту надо сдать 20 листов. Горю! Но интересно ужасно.

[1] Датируется по связи с п. 289.

[2] Новое руководство ТГУ, видя негативное отношение московских и таллинских партийных инстанций к Ю. М., стремилось всячески ограничить его научную деятельность, и попытка оттеснить его от совместных работ с М. Б. Игнатьевым — одна из таких акций. Вскоре для «своего» профессора (бывшего проректора ТГУ) Ю. Сильдмяэ была открыта лаборатория искусственного интеллекта, предоставлена специальная серия «Ученых записок» и т. д. Ю. М. и М. Б. Игнатьев, конечно, не общались с сотрудниками этой лаборатории.

288

<Февраль—март 1976 г.>[1]

Дорогой Борфед!

XXVI т. «Трудов» с Вашим Ап. Григорьевым и моим Хлестаковым вышел, и я Вам 1 экз<емпляр> выслал. Оттиски также уже получены и будут Вам высланы. Что же касается до остальных экз<емпляров>, то заказывайте наложницей — у меня больше заказов по хамству нашей издательской группы не принимают и мне не продают — дикость, но я не могу ничего сделать — они меня обвиняют чуть ли не в спекуляции нашими томами. Том небольшой, но, по-моему, недурственный.

Я получил, наконец, договор на Карамзина[2]. Но эти господа, видимо, полагают, что подписать договор — больший труд, чем написать книгу: подписание договора длилось три года, а книгу они хотят к 1 сентября. Договор я подпишу, но, конечно, срок абсолютно нереален — к 1 января еще так-сяк.

Кончаю комментарий к «Онегину» для «Просвещения» — за два месяца отпечатал собст<венной> рукой 350 стр.

Устал, как собака, — а тут еще дом — полная чаша, полно детей, как в молодости.

Обнимаю Вас, дамам целую ручки.

Ваш Ю. Л.

Зара шлет поклоны.

P. S. Я подделал Вашу подпись на подносных экз<емплярах> Лихачеву и МихПалу. Для Рейсера Вам вышлю — подпишете и передадите. Ю. Л.

[1] Датируется по содержанию и по связи со следующими письмами.

[2] Договор с издательством «Наука» на издание в серии «Литературные памятники» книги: *Карамзин Н. М.* Письма русского путешественника (соавторы Ю. М. — Б. А. Успенский и Н. А. Марченко). Книга будет многострадальной и выйдет лишь в 1984 г.

289

<19 апреля 1976 г.>

Дорогой Борфед!

Спасибо за письмо, известие о Марке и хорошие слова о Хлестакове. Я за него немного побаивался.

Прошу Вас срочно выяснить одно дело: Игнатьев крутит — сначала назвал одну сумму договора, потом, когда мы ему послали на нее проект, сумму снизил и прислал «протокол несогласия», мы переделали договор в соответствии с новой суммой и послали — с тех пор ни гу-гу! Если он решил не продлевать договор, то в этом нет ничего вызывающего возражений, — надо лишь определенно сообщить. Если же он тянет по легкомыслию, то нельзя ли его подвигнуть на ускорение дела? Кстати: мы с ним пробиваем договорный сборник по искусственному интеллекту и почти уже все организовали (здесь и Вашей группы работы можно будет печатать). Но тут наш проректор по науке хочет заменить меня в качестве редактора (совместно с Игнатьевым) проф<ессором> Сильдмяэ[1]. Вы в курсе научных интересов последнего, и я прошу Вас обсудить с Игнатьевым целесообразность такой замены. Это связано было бы с известным изменением научного профиля предполагаемого издания*.

Теперь относительно Кирпотина — он, по нашим сведениям, хотя еще не получил работы, но решительно отказывается рецензировать — мол, стар и проч.[2]. Боюсь, что начнется самое плохое — футбол. Если У<льрих> Р<ихардович> с ним дружен, м<ожет> б<ыть>, он уговорил бы его все же не отказываться?

А так — мы еще живем. Худо, что у Зары что-то здоровье плошает: обнаружили камни в желчном пузыре, кажется, придется пойти на операцию.

Устал, как собака (кончил книгу в 20 п. л. — коммент<арий> к «Евг<ению> Онегину» для «Просвещения»), и хочется поступить, как Лев Толстой: уйти пешком, куда глаза глядят.

Будьте здоровы и не грустите. Дамам поклоны.

Всегда Ваш

Ю. Лотман
19.IV.76.

[1] См. примеч. 2 к п. 287.

[2] В. Я. Кирпотин отказывался быть «черным» ваковским рецензентом докторской диссертации З. Г. Минц, с трудом согласился.

* Кстати, если Игнатьев все же подпишет договор, мы собираемся в конце мая или начале июня провести в Тарту семинар по договорным работам с участием игнатьевской группы и, м<ожет> б<ыть>, некоторых москвичей. Хорошо бы, если бы и Вы с девицами приехали. (*Примечание Ю. М. Лотмана.*)

290

<6 июля 1976 г.>

Дорогой Борфед!

Спасибо за письмо и заботы. Смею Вас заверить, что у Зары ничего в Чехословакии печатного не появлялось. Это, вероятно, отзвуки того, что в **1966** г. мы были приглашены на симпозиум в Братиславу, на который не позвали никого из ИМЛИ, на что они очень обиделись. Но и там никаких выступлений, которые можно было бы поставить в укор, не было, и, главное, никого из них там не было (от СССР были только Валерий Иванович, я и Зара) — так что все это злостные слухи, которые можно смело опровергать. Можно требовать, чтобы «информатор» назвал, что́, когда и где было ею напечатано[1].

В остальном мы живем, как Вы знаете.

Мне кажется, что Вы суровы к Вашей молодежи. Дух веет, где хочет, и часто мы принимаем за его отсутствие просто непривычные для нас формы. Уже то, что Таня очень тонкое и поэтическое существо, делает ее причастной «духу».

Рад, что Вам пишется. У меня надумано много, но настолько устал, что «заперло». Хочу сделать отдушину на неделю.

Обнимаю Вас

6.VII.76. Ю. Лотман

[1] Наш московский друг У. Р. Фохт разведал в ВАКе, что кто-то из сотрудников ИМЛИ распространял слух, что якобы З. Г. Минц напечатала в Чехословакии антисоветскую статью, и этот слух сильно тормозил утверждение диссертации (ведь ее держали — небывалый срок! — 4 года).

291

<30 июля 1976 г.>

Дорогой Борфед!

Пользуюсь Таней как оказией — наши дела не очень важные. По солдатской песне:

Очень, братцы, чижало,
Прямо скажем, нелегко,
А между прочим ничего…

Гришка не прошел по конкурсу[1] — было 9 чел<овек> на место, а мест всего 3. Кажется, и не все чисто было. Он относительно бодр, мы с Зарой не так чтобы унывать, но устали, как собаки: Зара провозилась с ним месяц после операции (это — вместо отдыха), а я неделю (готовил по истории), но с меня и этого довольно. Сейчас в августе буду кончать «Онегина» и делать Карамзина. Отдыхать не буду совсем (август я — в Тарту, Зара в Москве будет руководить архивной практикой). Настроение середнее.

Теперь о Зариных диссертационных делах. Спасибо за известия. Но нельзя ли — через Фохта — воздействовать на Кирпотина, чтобы он написал быстрее и не поступал, как Машбиц-Веров, который, продержав два года, написал, как он сам считал, положительную рецензию (мол, достойна), но попутно отметил, что, мол, с точки зрения марксизма весьма сомнительно (правда, при этом он заметил, что все литературоведение уже 50 лет уклонялось от марксизма, и как главных мутителей в блоковедении указал Максимова и Орлова; это хоть и прозвучало курьезно, но было достаточно для отсылки на перерецензию). Поскольку Кирпотин слаб глазами, нельзя ли ему помочь в составлении отзыва? Может ли Фохт, якобы от себя, это ему предложить?

Как у Вас сложились отношения с Игнатьевым? Заключил ли он с Вами договор? Меня он морочил, морочил, обещая вот-вот прислать, и ничего не прислал. Правда, был один неприятный эпизод не по его, а, как он мог бы подумать, по моей вине. Ректор[2] (за кулисами Сильдмяэ, который очень ревновал к этому договору, поскольку хочет быть главным специалистом по искусственному интеллекту в Тарту) придрался к тому, что я не уволил Сашу Белоусова, работавшего по договору, хотя жалования тот и не получал, поскольку от Игнатьева не было ни гу-гу. Я позвонил Игнатьеву и попросил позвонить ректору. Разговор у них, кажется, получился неприятный — ректор обхамил Игнатьева, кричал на него. Я вполне понимаю, что тот обиделся, — но я-то здесь ни сном, ни духом не виноват.

Встречали ли Вы его в последнее время и на чем расстались?

Вообще, как говорил Федя Протасов: «Глупо, скучно, стыдно...»[3]

Прилагаю Вам копию из приказа нашего министерства. Одна дура и стерва из Таллинского пединститута стала жаловаться, что им негде печататься, и министерство, не уведомив меня ни словом, превратило «Труды по филологии» в межвузовский сборник и «спустило» приказ, кот<орый> препровождаю к Вам. К счастью, случайно в состав никто из non grata[4] не попал (из чужих только Семенова — помните ли Вы ее? — очень милая и скромная особа). Но вот Вас перевели из председателей редколлегии в члены. Я пытался рыпаться, но мне резко сказали, что вопрос решен (вообще сейчас у меня отношения — хоть вон беги, невольно вспомянешь Федю)[5].

Очень рад был повидать Таню и Славу — они очень милые.

Обнимаю Вас. Приветы дамам.

30/VII.76. Ю. Лотман

[1] Григорий Лотман, художник по призванию, несколько лет безуспешно поступал в художественные вузы.

[2] После ухода Ф. Д. Клемента ТГУ возглавил А. Кооп, таллинский партийный функционер.

[3] Из драмы Л. Н. Толстого «Живой труп» (1900).

[4] неподходящий, недостойный (*лат.*).

[5] Ректор Ф. Д. Клемент.

292

<9—10 сентября 1976 г.>

Дорогой Борфед!

Давно от Вас ничего не было. Мы живем как-то неопределенно. Год еще только начался, а я устал, как собака, и как-то очень внутренне напряжен. Ну да уже чего — живы будем — не помрем. Лучше перейду к делам конкретным:

1) Не могли бы Вы мне одолжить до весны (скажем, до 1 мая) 1000 рубл. (или, м<ожет> б<ыть>, переодолжить у кого-либо третьего?) — мы оборудуем в Таллине квартиру для Миши и Пирет, нужны деньги. Весной точно верну — должен получить гонорар за книгу в «Просвещении». Все это, разумеется, если возможно и нетрудно.

2) После Нового года Анн Мальц должна поехать на ФПК к Вам или в МГУ. В связи с этим хотел бы узнать:

a) Какие у Вас будут лекции?

b) Можно ли ей вообще, считаясь на ФПК, работать над диссертацией в Таллине, где основные архивы по ее теме?

c) Бывают ли на ФПК зачеты и в какой форме?

Сергея и Игоря утвердили. Как бы все-таки воззвать к совести Кирпотина[1] — ведь уже 4 года тянется вся музыка!

Адамс вдруг подряхлел, даже страшно за него.

Я пишу комментарий к «Онегину» и этим утешаюсь — луч света в мутном царстве. Слышно ли что-либо от Игнатьева, как Ваша книга о критике и каковы ее критики?

Поклоны дамам и мужчинам (теперь уже надо добавлять[2]) Вашего дома.

Ваш Ю. Лотман

Зара шлет поклоны.

[1] См. пп. 289, 291.

[2] Моя дочь Таня вышла замуж и родила сына Кирилла.

293

<27 октября 1976 г.>

Дорогой Борфед!

Прежде всего огромное спасибо за деньги — оба перевода получили. О первом Вам не писал, т<ак> к<ак> чаял Вас на Камчатке[1].

Прежде всего, — в субботу и в воскресенье (30, 31) буду в Питере. Очень хотелось бы пообщаться...

Только что закончил для «Просвещения» комментарий к «Евгению Онегину» (20 п. л.), и, кажется, получилось неплохо. Ушло на это — год самого кропотливого труда, накопав кучу забавных мелочей. Но вот другое дело: договор по Карамзину[2] истекает в сентябре (+ два льготных месяца). Я бы в этот срок уложился, но меня, кажется, отпускают на ноябрь — январь в Польшу читать лекции. Отказываться душа не позволяет, бросать на 3/4 сделанную работу по Карамзину тоже жаль — можно ли пролонгировать до марта? Ведь они — сволочи — потратили полтора года (!) на то, чтобы подписать полностью обговоренный договор, а на подготовку книги дали полгода (от февраля до сентября). В марте сдам рукопись совершенно точно! М<ожет> б<ыть>, Лихачеву написать? Или же Вы с ним поговорите?

Кончая «Онегина», дошел до крайней меры усталости. Хочется хоть чуть-чуть передохнуть.

У нас средне. Не раз и не два вспомнишь Федю[3].

Хотел бы Вам показать наших внучек — славные девки, да они в Таллине теперь постоянно — я скучаю. Как Кирилл?

Поклоны Вашим дамам.

Сердечно Ваш
27/X.76.

[1] Я ездил на Камчатку читать спецкурс в Петропавловском пединституте.

[2] Для серии «Литературные памятники», возглавлявшейся Д. С. Лихачевым (см. примеч. 2 к п. 288).

[3] См. примеч. 4 к п. 291.

294

<28 декабря 1976 г>.

Дорогой БорФед!

Да будет Вам Новый 1977 г., как сии пряники печатные! В Новый год пьем за Вас и Ваших, за «биссектрису»[1]. Будьте здоровы, благополучны и — тьфу, тьфу, тьфу! — счастливы.

28/XII 76. Ваши Ю. Лотман, З. Минц

[1] См. примеч. 2 к п. 285.

295

<26.I.77.>

Дорогой Борфед!

Дела наши такие: две недели тому назад я подал заявление с просьбой освободить меня от заведования кафедрой — стало совсем невозможно с нашим новым начальством (устал переносить откровенное хамство; стиль теперь не тот, что при Ф<едоре> Д<митриевиче>). Думаю, что удаление меня у них все равно было обдумано и решено, а мне, чем меньше с ними контактов, тем лучше. О сложностях с кандидатурой нового зава Вам расскажет Зара[1]. Конечно, все это не радует, но да что уж тут, снявши голову, плакать по волосам. Лично я почувствовал облегчение, но важно сохранить кафедру.

Между тем, хотя чувствую я себя неважно, работается хорошо, как никогда. Подбираюсь к большой и серьезной книге о системе культуры. Для этого надо написать небольшую книжечку о культуре XVIII в. (5 листов в плане будущего года) и задуманную вместе с Б. А. Успенским книгу о системе поведения в русской культуре (он до XVII в. — я XVIII — начало XIX в.), листов на 10—15[2]. А еще надо сделать, как Вы знаете, «Письма р<усского> пут<ешественника>» Карамзина и брошюрку «Пушкин-человек» (10 п. л.)[3]. Так что кое-какие дела еще есть.

Я без согласования с Вами ввел Вас в «Подсекцию семиотики культуры» Комиссии по кибернетике АН СССР. Получите приказ. Не сердитесь на самоуправство? Сноситься было некогда.

Труммал от нас ушел в Питер, его обещал пригреть Реизов. К нам берут Ларису Вольперт — подробности сообщит Зара.

Обнимаю Вас и для бодрости и в назидание посылаю открытку.

Приветы дамам. Ваш Ю. Л.

[1] После долгих уговоров кафедру возглавил В. И. Беззубов.

[2] Уже посмертно вышла книга Ю. М. «Беседы о русской культуре. Быт и традиции русского дворянства (XVIII — начало XIX века)», СПб., 1994.

[3] Книга была названа «А. С. Пушкин. Биография писателя» (Л., 1981).

296

<10 апреля 1977 г.>

Дорогой Борфед!

Открытку Вашу от 6.IV.77 получил. Спасибо. Отвечаю на Ваши вопросы:

1) Приеду я, видимо, в конце апреля; начало Вашей книги пришлю до этого или привезу с собою.

2) Наш доклад на V конгрессе, видимо, будет сам себя читать (на то он и искусственный интеллект, пусть сам себя обслуживает)[1]. В конце

апреля будет международное совещание по искусственному интеллект в Репино под Питером, и мой доклад включен в повестку дня, но я туда не поеду — возмущен хамской организацией: от участников тре буют по 25 р. вступительного взноса и по 7 р. 50 к. в день, точна программа до сих пор неизвестна — пусть сами выступают.

3) Сообщите срочно, следует ли гнать Карамзина. Мы можем — при очень большом напряжении — кончить к 10-м числам мая все кроме статьи Б. А. Успенского. Имеет ли смысл вылезать из кожи Есть ли надежды на план этого года? Или лучше, не торопясь, сдат книгу к лету? Сообщите, т<ак> к<ак> масса всякой другой работы.

Теперь о наших делах. Очень просил бы Вас срочно попросить Гри гория Евсеевича снестись с его знакомой относительно Зариных дел (боюсь, что они сознательно водят за нос, стремясь дотянуть до летни отпусков). Если ясного ответа не будет, то я полагаю, что Дм<итрий> Евг<еньевич> может реализовать свою инициативу. Осуществил л Дм<итрий> Серг<еевич> свое предложение поговорить на эту тему Ломидзе? Он сам мне это предлагал.

Я неделю занимался в Москве и набрал много нового материала п Карамзину. Возможно, в конце апреля буду делать на эту тему доклад на группе XVIII в.

В № 3 «Воплей» должна быть наша общая с Б. А. <Успенским> рецензия на «Смеховую культуру» Дм<итрия> Серг<еевича> и Пан ченко — довольно критическая[2]. Посмотрите.

Сердечные поклоны Вашим дамам. Как Кирюша? Мы с Зарой был в Таллине — посмотрели на внучек. Девки — хоть куда: белокурые голубоглазые и очень милые. Старшая (2 года с кусочком) — уже ко кетничает.

Обнимаю Вас.

10/IV.77. Ю. Лотман

[1] Речь идет о каком-то заграничном конгрессе по искусственному интеллек ту, куда, естественно, нас не пустили.

[2] Рецензия «Новые аспекты изучения культуры древней Руси» была в це лом весьма положительной.

297

<Декабрь 1977 — январь 1978 гг.>

Дорогой Борфед!

От души поздравляю Вас и Ваших дам + баронета Cyrille с Новым 1978 (жутко подумать!) годом. Будьте все здоровы и благополучны. А если Новый год выдаст еще хотя бы по 1 килограмму счастья на чело века, то мое ему задание на Вашу семью будет относительно выполнено.

Когда наши с Б. А. <Успенским> лекции у Вас? Только что кончил биографию Пушкина для «Просвещения» (10 п. л.). Первый раз в жизни писал (с увлечением!) популярную брошюру. Вся книга — о Пушкине-человеке (ни творчества, ни «эпохи» нет).

Зара всех вас целует и поздравляет.

Всегда Ваш Ю. Лотман

298

<13 января 1978 г.>

Дорогой Борфед!

Как пишет мой редактор по «Просвещению» Крундышев, — «письмо деловое». Вы мне напомнили в открытке, чтобы Карамзина сдать в конце января, — я и сам помню, и дело вроде бы сделано, все готово. Но вот беда — Ларик Генин. Он мой приятель по университету и очень милый человек, но Обломов и мешок с г... . В карамзинский коллектив он достался мне от покойной Медведевой, которая возлагала на него какие-то надежды[1]. Ему надо сделать простейшую вещь — комментарий к немецкой и швейцарской частям текста, работает он над этим, включая медведевские времена, более десяти лет. Весной прошлого года он мне писал, что уже близится к концу, а в декабре написал, что болеет (неважная электрокардиограмма! — да у меня она всегда неважная, а я и комментарий делаю, и водку пью, и «еще кое-чем занимаюся»). Из письма его я понял, что еще ничего не сделано! Тут я написал ему караул и наказал, чтобы бросил дурака валять и к концу января бы кончил. Очень прошу Вас (засим и письмо) позвонить ему (я телефона его не знаю, но он работает в ГПБ, в отделе романо-германской библиографии, а живет, если через справочное, на ул. Горького) и намекнуть ему поленом по голове, чтобы немедленно высылал все, что сделано, в Москву по адресу Успенского (125315, А-315, Часовая 19/8, кв. 20. Б. А. Успенскому). Я буду в Москве с 21 по 27 янв<аря> — специально приеду сдавать том.

В начале февраля собираюсь побывать в Питере — хорошо бы и пообщаться, как теперь говорят.

Вышла 9-я «Семиотика» — тонюсенькая, чахоточная (сволочи, срезали до 9 [!] печ. л., сославшись на учетно-изд<ательские>!!!). Скоро вышлю Вам книжечку, но если хотите больше одной, то срочно заказывайте в изд<ательскую> группу.

Обнимаю Вас, поклоны дамам. Каков Кирилл? — я к внучкам чрезвычайно привязан, до боли (entre nous[2], к апрелю Миша и Пирет собираются подарить нам третью [-его?]). Так-то...

Ваш Ю. Лотман

13.I.78. С Новым (старым) годом!

[1] И. Н. Медведева предполагала готовить научное издание «Писем русского путешественника» Карамзина.

[2] между нами (*фр.*).

299

<Весна 1978 г.>[1]

Дорогой Бор. Фед.!

Очень прошу взять у В. П. Степанова:

1) Вст<упительную> статью (1 экз.).

2) Комментарии.

3) Приложения.

4) Рецензию.

В Москве Б. А. Успенский даст Вам отзыв И. М. Семенко и добавит к этому текст «Писем р<усского> пут<ешественника>» и «вариантов»; собрал, таким образом, к редколлегии рукопись почти полностью.

Я замотался в доску в жизни материальной, в духовной — есть и хорошее, и плохое.

Обнимаю Вас и всех Ваших. Ваш Ю. Лотман

[1] Датируется по связи с предыдущими и последующими письмами: речь идет о подготовке к печати «Писем русского путешественника» Карамзина для «Литературных памятников»; В. П. Степанов и И. М. Семенко были рецензентами книги.

300

<Апрель 1978 г.>[1]

Дорогой Борфед!

Грех Вам — быть в Таллине и по биссектрисе не заехать в Тарту!.. Тряхнули бы стариной. У нас новостей мало, вот разве что Игорь женился на Анн (атомная бомба кафедрального масштаба). Вообще же веселого мало: у Гали, жены Б. А. Успенского, обнаружили мозговую опухоль, на днях будет операция — живем в страхе и трепете. На этом фоне все прочие неудовольствия кажутся ничтожными. Вообще же грустно. В последнее время меня тревожат эсхатологические предчувствия.

О делах: статью Вашего Шатина из Новокузнецка я прочел. Он способный малый, но статья еще сырая и печатать ее, по-моему, рано. Вводная часть — доказательство того, что метафора и метонимия могут быть «не только в лингвистическом (следовало бы сказать — «естественном» — Ю. Л.) языке, но и в языке любого вида искусства», —

излишня. Тут он ломится в открытую дверь: для тех, кто понимает выражение «язык искусства», это самоочевидно, для тех же, кто с этим не согласен, это слишком частный вопрос. Очень неясна последняя часть, в которой говорится о метонимии. Она не пропорциональна остальному (всего 1,5 стр.) и плохо продумана. Вообще в работе чувствуется недостаточное знакомство с литературой. Я ему напишу подробнее и акцентируя позитивные предложения о дальнейшей доработке.

Лихачев меня подвел: он сам предложил статью, я зарезервировал место, а он отдал на сторону.

Об издании «листовок 1812 г.». Я Тартаковского знаю и готов с ним соавторствовать[2]. Я ему напишу. Надо ли на «Листовки» и Дельвига[3] присылать издательские заявки? Я обдумал идею фототипических изданий и хотел бы сделать такое предложение: в издания этого типа должны были бы входить небольшие, редкие и изящные книги[4]. Следовало бы составить общий план, выбрав для каждого исторического периода «куратора», который бы делал предложения относительно состава текстов, привлекаемых авторов и проч.

Относительно XVIII в. я обдумал примерный план и предлагаю его Вам. Дело в том, что значительная часть смысла этой затеи, как кажется, состоит в том, чтобы книги не связывались со случайностью авторских заявок, а образовывали некую серию, имеющую «идею». Единство в данном случае должно образовываться сочетанием историко-литературной значительности, раритетности, изящества оформления, единством формата и нетривиальностью самого факта переиздания.

Начал печатать список, но не успел — Зара уезжает.

Пришлю в Питер. Приветы.

Ваш

Ю. Лотман

Заказывайте 10 и 11 «Семиотики» — в корректурах. Детали нашей жизни Зара расскажет.

[1] Датируется по содержанию.

[2] Речь шла об издании такой книги в серии «Литературные памятники»; издание не состоялось.

[3] У Ю. М. и у его питерского соавтора В. М. Сергеева был замысел издать в «Литературных памятниках» полное собрание стихотворений, прозы, писем А. А. Дельвига. К сожалению, замысел не был осуществлен.

[4] И в редколлегии «Литературных памятников», и среди активных авторов серии несколько раз возникала идея сделать подсерию фототипических изданий; однако идея каждый конкретный раз гасилась парадоксальными сообщениями руководства издательства «Наука»: после подсчетов получалось, что фототипические издания оказывались значительно более дорогими, чем обычные наборные, поэтому руководству было невыгодно включать эту подсерию в план.

301

26.VIII.78.

Дорогой Борфед!

Давно не имею от Вас вестей и весьма соскучился. Лето для нас было суматошное: Лешка поступил на биофак. Кончилось благополучно — он сдал все на «5» и, кажется (приказа еще нет), зачислен. Но были волнения, т<ак> к<ак> на 50 мест 8 чел<овек> было с подготов<ительных> курсов, 4 со стажем и 32 по так наз<ываемому> «эксперименту» (т<о> е<сть> те, кто имеют в школе ср<едний> балл 4,5 и выше и сдают не 4, а 2 экз<амена>). У Лешки средний школьный балл был чуть выше 4, и он шел по общему конкурсу, где на оставшиеся 6 мест было более 60 чел<овек>. Но, к счастью, он поднажал.

Все лето у нас были три внучки. Очень мило, но очень хлопотно. Ни отдохнуть, ни поработать, кажется, не удалось. Но вообще все приблизительно в норме — живем. Цилевич звал меня в Даугавпилс. Не поеду — устал от суеты, хочу лишь уединения и двух-трех действительно близких людей. Вы в их числе — очень хотелось бы встретиться не на «встречных поездах»: времени осталось немного, жизнь идет к эпилогу, чему я, честно говоря, рад.

Обнимаю Вас, приветы дамам. Ваш Ю. Лотман

Зара шлет поклоны.

302

25.XII.78.

Дорогой Борфед!

Посылаю Вам, как мы говорили, заявки. Нужны ли обоснования? «Записки» Сергея Глинки — исключительно богатый и интересный материал — была бы прекрасная параллель к Жихареву и «Запискам бабушки» Благово, кот<орые> с моего благословения проталкивает Гришунин. Матвей Комаров был бы очень интересен, тем более что М. Плюханова разыскала его (Ваньки Каина) подлинное судебное дело, которое можно было бы дать в приложении, — конфетка!

Зара дает два предложения: «Огненный ангел» Брюсова — роман о средневековье, в котором зашифрованы его отношения с Андреем Белым и Ниной Петровской. У Зары есть ряд соображений, которые повертывают роман очень интересно. Для комментирования можно было бы привлечь Костю Азадовского (немецкие реалии). И. И. Коневской — совершенно забытый поэт, своего рода Веневитинов раннего символизма: всех научил, но рано умер. Зара нашла много неопубликованных его материалов. «Стихи и проза» — название его основного посмертного сборника. Вот, кажется, все[1].

Я, приехав, сразу закрутился: сдавали семиотический ротапринтный сборник, сочинял плановую работу и много еще всякого. У нас было мероприятие: пригласили на кафедру Клейса (он ушел в отставку, и сразу все его забыли, а он — без службы, жена умерла в прошлом году, — хандрит, хотя и сохраняет гвардейскую подтянутость) и устроили вечер воспоминаний (его, конечно). Он оживился, был в ударе, рассказывал массу интересного о своей жизни.

От души желаю Вам и всем Вашим — от Кирилла до самых взрослых — здоровья и всяческих благ и радостей в Новом году. Зара присоединяется.

Искренне Ваш Ю. Лотман

<В письмо вложена открытка:>

С Новым годом!

Опять над полем Куликовым
Взошла и расточилась мгла
И, словно облаком багровым,
Грядущий день заволокла...[2]

Но будем надеяться...

Ваш Ю. Лотман

[1] Из всех этих предложений до настоящего времени осуществлено лишь издание книги, подготовленной А. Л. Гришуниным: «Рассказы бабушки из воспоминаний пяти поколений, записанные и собранные ее внуком Д. Благово» (Л., 1989).

[2] Из известного стихотворения А. Блока.

303

<20—21 февраля 1979 г.>

Дорогой Борфед!

Спасибо за две открытки и ракообразного Кюхельбекера[1]. Кому я должен семь с полтиной? Видимо, Вам — обязательно отдам при встрече (ну и цены, этак исхарчишься, как говорил один псковский кузнец, попав в Москву). Простите! Забыл, что Вы редактор!!! Но все равно жаль Вас разорять на астрономические суммы. Рад, что статья в «устной речи» Вам понравилась[2]. Мы здесь все еще переживаем Ваши стихи Адамсу — первый класс![3]

Теперь о делах:

1. Карамзина мы сдали, но Древлянская сразу же стала крутить носом по поводу орфографии и сказала, что будет решать этот вопрос совместно с Гришуниным (почему с Гришуниным, что за текстолог такой? По-моему, он занимался текстологией Фадеева, а не XVIII в.[4]).

В случае острых разногласий будем требовать новой редколлегии с участием Вас и Лихачева, хотя надеюсь на разумные компромиссы. Если будете в Москве, поговорите при случае с Древлянской об особом статуте языка Карамзина, в котором и графика, и грамматика имеют стилистическое значение. Это необходимо, поскольку она дама без своей позиции и превращает в свои убеждения то, что ей говорят Стерлигов и Гришунин, тем более что последний уверяет ее, что такого же мнения вся редколлегия «Памятников». Если же она будет знать, что Вы и Лихачев совсем не сторонники модернизации «любой ценой» и считаете, что мнение людей, занимавшихся специально этим вопросом (я вожусь с Карамзиным с 1947 г. и, ей-Богу, в нем-то уж понимаю больше, чем Гришунин), должно учитываться, нам будет с ней разговаривать гораздо легче (NB. Вам к сведению: мы модернизировали все в языке, что безусловно не имеет стилистического значения, — убрали «ъ» в конце слов, яти, сменили аго на ого и проч., но сохранили то, что Карамзин считал значимым и менял, работая над вариантами, или же то, что отражало его личное произношение или ненормативное в то время написание. Честное слово, все сто раз нами взвешено и обдумано; жаль ломать это в угоду бюрократии!).

Не грех бы напомнить Стерлигову об оплате.

Кстати, у меня создается впечатление, что они вообще тянут с этой книгой: рукопись лежит у Древлянской с осени (мы брали текст, но статья, комментарии, приложения — всего около 20 п. л. — лежали у нее) — она не прикоснулась. Теперь она говорит, что очень занята и только через несколько недель начнет читать. М<ожет> б<ыть>, перебросить издание в Ленинград?

2. У меня к Вам еще одна, уж извините, просьба. Мой комментарий к «Онегину» лежит в «Просвещении» уже два года, в октябре, когда я был в издательстве, они клялись мне, что в 1979 г. выпустят, а в декабре 1978 — наберут[5]. Разумеется, наврали. Меня сейчас интересует: действительно ли они собираются все же издавать, или же врут, и дело мертвое, во-первых, и прошло ли уже два года с момента одобрения, после чего я имею право требовать остальную часть гонорара, во-вторых. Я попросил Минну Исаевну разузнать об этом у Крундышева, который перестал мне отвечать на письма (это мне «сразу не понравилось»). М<ожет> б<ыть>, попросить Рейсера переговорить с ним начистоту — он, кажется, имеет к нему подход. Разузнайте, если Вам не трудно, у Минны, как там дело, и сообщите мне. Жалко, если книга зарежется — почти год работы.

Что мне делать с Дельвигом? Ничего? Мне была несколько месяцев назад какая-то маловразумительная бумажка с просьбой прислать «проспект»[6]. Я, конечно, его не прислал, а бумажку потерял. Нужен ли какой-то проспект? На всякий случай прилагаю нечто проспектоподобное.

Яше Билинкису передайте, что кафедра по моей характеристике одобрила диссертацию Миши — выписку на днях вышлем. Кстати, я только что подписал и отправил корректуру для «Литературного обозрения»: год назад они затеяли дурацкую дискуссию на тему «что такое филология» или что-то такое же мудрое, сообщили, что участвовать согласился Лихачев, и просили моего согласия. Я сдуру и согласись. Но потом они прислали мне копии статей дискуссии: Яшиной и Федорова (донбасского, молодого — неглупого, но поверхностного — между яшиным и скатовским стилем писания). Я разозлился, как черт, поскольку Яша и тут не удержался, чтобы не кинуть камнем в тех, кто «размывает» и «умерщвляет» то «таинственное и неизъяснимое, которое» и проч. Федоров, по мере сил, туда же. Написал я зло, но пусть пеняет на себя (имен я не назвал)[7]. Вольно же ему в каждой статейке кусать за пятки: даже в некрологе Сереже Владимирову не упустил случая[8]. Прочтите, когда появится...

Конечно, это пузыри земли.

Будьте здоровы, обнимаю Вас.

Сердечно Ваш Ю. Лотман

P. S. Зара прилагает «проспектус» своего.

В Кюхельбекере превосходны опечатки и марочная композиция на конверте.

P. S. P. S. Поклоны Вашим дамам — большим и малым — и Кирюше. Что он? Мы в марте хотим притащить к себе на время внучек.

<Прилагаемая записка:>

Прошу вписать в примечания и приложения фамилию моего соавтора[9]. Кто это? Согласится ли он немного работы в комментариях уделить моей протеже (бывшей студентке) Л. Петиной? Удобно ли предложить это? Как Сергей Глинка[10]?

[1] Каламбур: В. Д. Рак согласился поставить свою фамилию вместо эмигрировавшего в США составителя книги М. Г. Альтшуллера (см. примеч. 2 к п. 157), и таким образом том Кюхельбекера удалось издать.

[2] То ли шутка, то ли описка (вместо предлога «в» нужно «о»). Речь идет об одной из следующих статей Ю. М.: «Устная речь в историко-культурной перспективе» («Уч. зап. ТГУ», в. 422, 1978, серия «Лингвистическая семантика и семиотика», т. 1) или «К функции устной речи в культурном быту пушкинской эпохи» («Уч. зап. ТГУ», в. 481, 1979, та же серия, т. 2).

[3] 30 января 1979 г. в ТГУ отмечалось 80-летие В. Т. Адамса; я читал поздравление в стихах.

[4] Ю. М. несправедлив к А. Л. Гришунину: он — хороший специалист по русской литературе XIX в.; в споре столкнулись две крайности: Ю. М. и Б. А. Успенский — сторонники предельного сохранения орфографии и пунктуации XVIII в., особенно — индивидуальной специфики языка Карамзина, А. Л. Гришунин и редакция «Науки» — апологеты сильной модернизации. Д. С. Лихачев и я придерживались «золотой середины»: конечно, оригинальность языка Карамзина должна быть сохранена, но специалист по языку XVIII в. все равно будет обращаться к текстам того времени, а не к современным изданиям, широкому же читателю, даже с научными интересами, вряд ли нужна консервация орфографии и пунктуации.

[5] Книга Ю. М. выйдет в 1980 г.

[6] См. примеч. 3 к п. 300.

[7] Ю. М. преувеличил «злость» своего участия в дискуссии «Филология: проблемы, методы, задачи». В № 1 «Литературного обозрения» за 1979 г. были опубликованы статьи Я. С. Билинкиса, Д. С. Лихачева, В. В. Федорова; в № 3, наряду с другими, Ю. М. опубликовал статью «Этот трудный текст...», где тревожился по поводу современного состояния филологии и довольно мягко спорил с противниками точных методов в литературоведении.

[8] Речь идет о статье: *Билинкис Я. С., Калмановский Е. С.* «Сергей Владимиров» («Театр», 1974, № 5). «Появится» — очевидно, о статье Ю. М. в «ЛО».

[9] Возможно, речь идет о В. М. Сергееве, соавторе по заявке на издание А. А. Дельвига (см. примеч. 3 к п. 300).

[10] См. п. 302.

304

<22 февраля 1979 г.>

Дорогой БорФед!

С «Коммент<арием>» к Онегину — отбой. Получил письмо от Минны Исаевны — там, кажется, все в порядке. Извините за беспокойство.

Приветы,
22/II.79.

Ваш Ю. Лотман

P. S. Зара считает, что изображение на открытке тоже имеет смысл! Туалет у нас теперь на столе (обеденном)[1].

P. P. S. Состояние и стиль жизни, изображенные на конверте, несколько извиняют мою суетливость[2].

[1] Шутливый каламбур: на открытке — красивый зеркальный туалет на столике, а у Лотманов якобы помойка на обеденном столе.

[2] Изображены два северных оленя, стоящих по колено то ли в воде, то ли в снегу.

305

<Март — начало апреля 1979 г.>[1]

Дорогой Борфед!

Посылаю Вам «Меморандум»[2] и официальное письмо. Имел еще длинную беседу со Стерлиговым. Они трусят ответственности и хотят «попроще». Если редколлегия примет нашу «Записку» за основу и утвердит Гаспарова арбитром в спорных случаях, дело будет решено.

Стерлигов очень просил, чтобы Вы или Дм<итрий> Серг<еевич> «посмотрели» текст «Писем» (хоть начало) в издании XVIII в. Он надеется, что Вы ужаснетесь и благословите модернизацию. Поэтому при случае скажите ему, что Вы просмотрели нами подготовленный текст, — высылать Вам 600 стр. — невозможно.

Поклоны Вашим.

Очень спешу. Ваш

Ю. Лотман

[1] Датируется по связи с предыдущими и последующими письмами, касающимися издания Карамзина.

[2] Объяснительная записка Ю. М. и Б. А. Успенского о принципах издания литературных памятников XVIII в.

306

<6 марта 1979 г.>

Дорогой Борфед!

Какой ляп получился с Кюхлей?[1] Ей-Богу, не помню, как это я описа́лся (или ударение надо переставить? — тоже не помню). А, Зара мне объяснила, вернее, напомнила, извините, с памятью, как с умом, а с умом неважно.

Спасибо за «Болдинские чтения»[2]. Сборник очень хорош. Статья Сидякова хорошая. Вообще, хотя в нем (исследовательски) есть некоторая нудность городецки-измайловского типа, но он много и точно знает по Пушкину и заметно движется вперед. Статьи Меднис и Грехнева хорошие. Кто этот Грехнев? — пишет совсем неглупо. Ваша статья мне очень понравилась — ясная и дельная. Одно частное замечание: на стр. 54 Вы пишете, что Пушкин использует «жанр литературной параллели, вообще довольно редкий в истории русской критики». Это верно именно для критики в узком смысле. В несколько более широком контексте это выглядело иначе: после параллельных биографий Плутарха во французской традиции утвердился жанр параллельных биографических характеристик на функции биографического очерка. Переводы этого типа встречались в журналах XVIII в., однако превращены в традицию они были Карамзиным (ср. параллельные характеристики Петра I и Фридриха в «Письмах р<усского> пут<ешественника>»), кстати, вариация на тему Вольтера, очерки типа «Дидро и Лафатер» в «Вестнике Европы» (перевод с фр<анцузского> и проч.). Эта традиция быстро утвердилась и опошлилась, войдя в форму типичной темы для занятий по прикладной риторике. Именно из-за своей пошлости она редка в «серьезной» романтической критике. Пушкин же, как в Белкине, одевая маску провинциала, важно твердящего зады, обращается к стилизации школьно-карамзинской традиции (комизм в сочетании важности с архаичностью, включенной в маску простодушного дурака). Вообще статьи Пушкина интересно было бы просмотреть в аспекте стилизаций — он даже в серьезных статьях поигрывает, то в серьезного критика, то в историка.

Статья Чумакова хуже, чем его прежние, хотя, конечно, неплохая.

У Альтмана, как всегда, — интересно и субъективно.

Некоторые ляпы:

Альтман произвел Рибопьера в «парикмахеры любвеобильной императрицы» и произвел его фамилию от ее слов: «Ris, beau Pierre»[3]. Это он позаимствовал из каких-то сплетен современников (что-то в таком духе пишет Вигель, хотя у Альтмана какой-то другой источник, мне лень доискиваться точно; Вигель производит его из камердинеров Юсупова, что тут же в подстрочном примечании опроверг Бартенев). На самом деле Рибопьер происходил из древней эльзасско-швейцарской семьи. В Эльзасе до сих пор есть замок Grande Ribaupièrre. Рибопьеры были гугенотами и бежали в Швейцарию. Вольтер познакомил Рибопьера с Юсуповым, и тот привез его в Россию, где тот был принят прямо адъютантом к Потемкину, был другом Дмитриева-Мамонова (фаворита Екатерины II и отца «моего» Д<митриева>-Мамонова), женился на фрейлине Бибиковой, дочери генерал-аншефа, маршала комиссии 1767 г., и геройски погиб в 1791 г. при штурме Измаила. Ничего себе хохотун-парикмахер! Он был величественный человек, красавец и молчун: Екатерина II прозвала его «Dieu du silence»[4].

Сопоставление учителя танцев в «Арапе Петра Великого» — 50-летнего шведа с простреленной ногой — с Дидло явно натянуто. Но дело даже не в очевидной натянутости, а в ошибке или передержке: «Дидло, как и учитель танцев в «Арапе Петра Великого», был швед» (104). Ошибка! Дидло был французом, он только родился в Стокгольме и преподавал в Швеции танцы до переезда в Петербург. Но как жизнь в Петербурге не сделала его русским, а смерть в Киеве — украинцем, рождение в Стокгольме не превратило его в шведа!

Но поскольку у Альтмана сейчас горе и он в положении, когда не до смеха, пусть эти ляпы останутся между нами. Как говорил Пушкин, дружбу сотворил Господь Бог, а литературу мы, грешные.

8-мартовские поздравления Вашим дамам.

Лихачевская pruderie[5] относительно «Ваньки Каина»[6] меня огорчила, хотя я все равно его очень люблю.

Tout à vous[7].

Ю. Лотман
6/III.79.

[1] См. п. 303: Ю. М. вначале решил, что должен расплатиться за полученный том Кюхельбекера; З. Г. Минц разъяснила ему, что это — мой подарок.

[2] Сб. «Болдинские чтения». Горький, 1978.
[3] «Смейся, прекрасный Пьер» (*фр.*).
[4] «Бог молчания» (*фр.*).
[5] чрезмерная стыдливость (*фр.*).
[6] Д. С. Лихачев счел, что «Ванька Каин» для академической серии не годится — слишком явный «ширпотреб» (о замысле Ю. М. издать см. п. 302).
[7] Весь ваш (*фр.*).

307

<29 апреля 1979 г.>

Дорогой Борфед!

Письмо Вам из издательской группы пирамидально![1] Кое-что на эту тему расскажу как-нибудь на досуге, сейчас же не с руки.

Есть у меня к Вам дело: на будущий год, кажется (в таких делах нельзя говорить «гоп», пока не перескочишь), у нас на кафедре будет место. Я хочу перетащить на него Римму Лазарчук[2], но Вал<ерий> Ив<анович> сомневается (ему хочется мужика, да где их взять — такого, чтобы подходил по всем статьям: «черно-белого не выбирайте, “да” и “нет” не говорите, головою не качайте»). Но я искренне считаю, что Римма по всем качествам — профессиональным и человеческим — перевесит любого мужика. Вал<ерий> Ив<анович> будет Вам об этом писать (или уже писал). Поддержите мою рекомендацию.

Как отнесся Лихачев к нашему «Меморандуму»? Он мне прислал письмо, где об этом ни гу-гу. Когда будет решаться вопрос? Стерлигов торопит, да и в самом деле чего же тянуть. Очень прошу, чтобы решалось не на президиуме, а на редколлегии и под председательством Лихачева, а не Самсонова[3].

Еще дело. Хочу сделать Вам гнусное предложение. Знаете ли Вы книжечку: «Полное и обстоятельное собрание подлинных исторических, любопытных, забавных и нравоучительных анекдотов четырех увеселительных шутов Балакирева, д'Акосты, Педрилло и Кульковского в четырех частях. Собрано и в порядок приведено четырьмя увеселительными сочинителями: Никитою Тихорыловым, Гурием Тупорыловым, Варсофонием Острорыловым и Георгием Книжником на иждивение Сергея Шутинского с замечаниями Михаила Смеевского, Михаила Хмурова и Владимира Ежова и иных книжников и грамотеев, СПб., 1869»

Книжечка весьма любопытная в двух отношениях: 1) Собрание анекдотов шутов XVIII в., интересное как источник; 2) Имена, по предпринятой мной дешифровке, раскрываются так: Н. Тихонравов, Ив. Остроглазов (библиограф, сотрудник «Русского Архива»), Геннади (кто такой Тупорылов, пока не выяснил), С. Шубинский, М. Семевский, М. Хмыров и Ефремов, — это забавы архивистов и библиографов.

Книжку я предлагал бы, чтобы издали мы вместе[4], т<ак> к<ак> к ней нужны две послесловные статьи. Одну — типа «Шутовской фольклор XVIII в.» — я написал бы сам, а вот вторую вроде «Забавы ученых архивистов», в которой надо было бы коснуться типов забав и развлечений интеллигента-разночинца XIX в. от семинарских ученостей и «чернокнижия» до цыган, гитарного пения, и на этом фоне дать миролюбивые забавы молодых ученых-библиографов, — эту бы статью мы написали вместе и con amore[5]. А?! Ужасть как хочется. Это были бы и наши забавы...

Соблазнил я Вас или нет?

Формат книжечки такой, что можно было бы и фототипически, да стоит ли связываться — типографски все же проще.

Кстати, я придумал шелишпёра[6], которого держу пока про себя: когда дойдет дело до фототипического Карамзина[7], я им хочу подсунуть не последнее издание, которое не подходит форматом и не имеет титульного листа, что так тревожит Гришунина, а первое (!!!), изданное миниатюрно и отдельным изданием. Тогда типографски будет последнее, а фототипически — первое. И «ныне отпущаеши, Владыко, раба своего»!

А засим приветы и сердечные пожелания отдохнуть на майских. Мы дохнем от усталости не фигурально. Поклоны всем Вашим самые сердечные.

Зара шлет приветы.

29.IV.79. Ю. Лотман

[1] «Пирамидально» — значит, грандиозно (выражение из круга «Современника» 1850-х гг., кажется, придуманное А. В. Дружининым, по аналогии с величиной египетских пирамид).

[2] К сожалению, Р. М. Лазарчук отказалась (см. примеч. 2 к п. 309).

[3] Ю. М. неверно употребляет термин: редколлегия «Литературных памятников» для оперативной работы организовала в Москве в более узком составе своих членов бюро (не «президиум»!), которым руководил А. М. Самсонов, приставленный к редколлегии руководством Академии наук в качестве комиссара, партийного надсмотрщика; малообразованный историк, достигший благодаря связям и «комиссарству» звания академика, Самсонов часто тормозил издание книг, в каком-либо отношении не соответствующих советской идеологии.

[4] Эта идея Ю. М. не была реализована.

[5] с любовью, полюбовно (*итал.*).

[5] «Подпустить шелишпёра» (колючую рыбу) — крылатое выражение XIX в., означающее «тайно, злорадно уколоть».

[6] Чтобы разрешить текстологические споры об издании Карамзина, Ю. М. предложил издать в добавление к обычному набору еще и фототипическое воспроизведение «Писем русского путешественника» Карамзина; замысел не был осуществлен.

308

<14 июня 1979 г.>

Был бы очень рад вашему приезду на слет шестнадцатого[1] приветом = Лотман

[1] Приглашение на слет окончивших отделение русской филологии ТГУ: такие слеты регулярно проводились.

309

22.VI.79.
Тарту.

Дорогой Борис Федорович!

Очень жаль, что Вас не было на слете выпускников, — было неплохо, много Вас вспоминали, было грустновато: умер Вейсблат, умер Балуев, и еще, и еще. Но выпили и поговорили.

Простите, что я не отвечал Вам, — со мной случилась странная вещь: в начале июня я вдруг впал в какую-то полную апатию, мне сделалось на все наплевать и только хотелось спать. Возможно, это была реакция на сильное переутомление: за год я написал в каком-то лихорадочном трансе 12 больших и несколько мелких статей, зарываясь в работу, как в запой. Вдруг весной я почувствовал, что не могу думать ни о чем, касающемся работы, что не хочу никого видеть, а только спать. Я превратился в старую бабу — не мог читать книг, т<ак> к<ак> от первого же «доньдеже» начинал рыдать, как дурак[1].

Я несколько раз пытался Вам написать, но вид машинки или листа бумаги меня повергал в летаргическое состояние. Что же касается до Карамзина, то я ясно почувствовал, что мне совершенно наплевать, какой орфографией он будет напечатан и появится ли он вообще. Честное слово, такого со мной никогда не бывало.

Кончилось это все каким-то тяжелым печеночно-сердечным приступом.

Теперь я, слава Богу, прихожу в нормальный вид, и первое следствие этого то, что судьба Карамзина меня снова интересует и очень. Я полностью согласен с тем, чтобы арбитраж был произведен Евгеньевой, Панченко, Гаспаровым и отв. ред<актор>ом И. Семенко, но умоляю принять наконец решение — книга мне надоела, и одна мысль о том, что с ней надо будет снова возиться, вызывает у меня отвращение.

Прилагаю письмо к Панченке.

Что Вы собираетесь делать летом и где быть? Напишите. У нас — жуткая мура, но писать долго. Приветы Вашим дамам.

Сердечно Ваш Ю. Лотман

P. S. Римма Лазарчук отказалась от нашего приглашения. Она, конечно, много теряла: там ей дают доцентство[2], а у нас лишь через год, там квартира, а здесь лишь обещание ректора (кот<орому> не очень-то можно верить) дать через год. И все же, по-моему, не только для кафедры, но и для нее было бы лучше, если бы она рискнула. Теперь срочно нужен человек. Очень прошу подумать. В ЛГУ есть какой-то почасовик

Иванов. Что это? Подумайте, дело очень срочное. У нас на отделении мура — хуже не придумаешь.

А не хочет дочка Берковского приехать в Тарту[3]?

[1] См. примеч. 1 к п. 609.

[2] Увы, Р. М. Лазарчук предпочла Череповецкий пединститут.

[3] Благодаря хлопотам В. Г. Базанова, уважительно относившегося к Н. Я. Берковскому, дочери последнего М. Н. Виролайнен удалось получить штатное место в ИРЛИ.

310

15.X.79.

Дорогой Борфед!

Я сейчас в Тарту на два дня (приехал на 50-летие Вал<ерия> Ив<ановича>). До этого несколько дней угробил на совершенно бесплодные разговоры с Ознобишиным и издательскими редакторами. Положение странное.

Расскажу по порядку. Во-первых, мы, конечно, не против фототипии (Вы, видимо, меня не поняли). Мы только против того, чтобы фототипическое издание было единственным и заменило типографское[1]. Это невозможно, т<ак> к<ак> отпадает возможность дать варианты, а к тому же жалко и работы, проделанной с текстом: книга принята редколлегией в марте 1977 г., с тех пор мы несколько раз по требованию редакции и издательства переделывали, перепечатывали и исправляли текст. Если всю эту работу признать ненужной, то, ей-Богу, странно, зачем рукопись задержали на два с половиной года? Кроме того, я почти убежден, что разговоры о фототипии — только уловка. Ведь одновременно с решением о фототипическом издании Гришунин, как мне сказал Ознобишин, специально ходил убеждать директора издательства, что такое издание невозможно, и врал, что отдельного издания «Писем» не существует. Когда же я доказал Ознобишину, что такое издание есть (1797—1801 гг., шесть компактных томиков карманного размера и тоненьких — как будто специально для фототипии), Ознобишин пришел в восторг, загорелся идеей фототипич<еского издания> из 6 небольших книжек и очень ругал Гришунина за дезинформацию, то Гришунин стал говорить, что это не последнее издание. Этот аргумент, конечно, фальшив. Ведь требование «последней авторской воли» в фототипии вообще не применимо: ведь и Пушкин продолжал работу над стихотворениями после того, как вышли его «Стихотворения», издаваемые Сидяковым; во всех альманахах будут попадаться отнюдь не последние редакции текстов. Фототипическое издание свидетельствует о культурной значимости данного текста, а это может быть связано и с промежуточной редакцией. Фактом истории русской литературы стало именно издание 1797—1801 гг. — первое полное издание «Писем». Но дело не в этом, а в той энергии, которую развивает Гришунин с целью помешать изданию. Ознобишин мне (и при мне Древлянской) прямо говорил, что именно он настраивает Стерлигова. Вообще Ознобишин, считая, что в Москве пробить сопротивление Гришунина—Стерлигова не удастся, предложил фототипическое издание осуществлять в Москве, а типографское перенести в Ленинград[2]. Я не знаю, будет ли это лучше, вообще я склонен расплеваться и забрать рукопись: до тех пор, пока новую русскую литературу в «Памятниках» курирует такой специалист, как Гришунин, ничего, кроме стыда, ждать от этих изданий не приходится, а зачем же мне на старости лет позориться?

Положение с типографским изданием странное: Гришунин, Стерлигов и Древлянская без конца твердят, что текст слишком архаичен, но до сих пор (после почти трех лет!) никто из них текста не читал. Они лишь заглядывают в 10—15 стр. на выбор. Мы, скрепя сердце, готовы уступить заглавные буквы (хотя, конечно, это вторжение в область карамзинского стиля, ибо согласитесь, что «природа» и «Природа», «революция» и «Революция» — разные вещи; «бог» — это бог языческий, а «Бог» — христианский; конечно, Карамзин был религиозен, что очень стыдно, а Гришунин — нет;[3] так, может быть, заказать Гришунину написать «Письма русского путешественника», а карамзинские уж оставить как есть?). Когда же я спросил Древлянскую, сколько слов и какие вызывают у нее и издательства возражения, если снять вопрос о заглавных буквах, то она сказала, что ей нет времени читать рукопись, пока она не готова. Я все же посадил ее, и мы вместе просмотрели стр<аниц> 50 и убедились, что речь идет о 20—30 словах, не больше (которые, однако, повторяются часто). И что, следовательно, если бы издательство не саботировало издание, вопрос можно было бы давно решить.

И все же дело не так просто. Даже если плюнуть на склочную сторону дела и не тратить сил на войну с гришуниными, то есть вполне серьезный вопрос: «Памятники» в принципе не готовы к воспроизведению русских текстов XVIII в.: существует некоторая традиция для древних текстов и для произведений послепушкинской поры. То, что сочинения XVIII в. — вполне самостоятельная проблема, видимо, ясно не осознается редколлегией. А издательство фанатически стоит на принципе механического перевода всех особенностей текста на современные.

Древлянская мне прямо и упрямо доказывала, что лучше всего подготовку текста выполнит корректор, который расставит запятые по современным нормам и переставит «все буквы как надо» (ее слова). При крайнем самомнении и абсолютном невежестве (Гришунин и Стерлигов требовали замены «одинакие» на «одинаковые» — все равно, что Ленинград на Ленингород; вообще они искренне убеждены, что славянизмы — это орфографические ошибки!) этот принцип сулит совершенное искажение смысла текстов. В XVIII в. графика, орфография, пунктуация — не формальные, отделенные от текста аспекты, а органическая часть смыслового и стилистического целого. Именно по этим вопросам тогда шли самые жаркие споры. Вот мы под давлением издательства и редакции заменили «щастие» на «счастие», а еще в 1828 г. Филимонов, отвечая на споры по этому поводу, писал:

В нем слова и червя в замену «слово» — с
Я букву ща пишу одну… «червь» — ч
Иные пусть ползут червями,
Когда ползти им суждено,
А я останусь со щами…

На этот счет необходимо общее решение. Кстати, Ознобишин также так считает. Спорить с издательскими работниками и впавшим в амбицию Гришуниным бесполезно — рассуждения о стиле и особенностях текстов XVIII в. не могут затронуть их по невежеству: мы им приводим доказательства, аргументы, показываем мнения Панченко и проч. — они просто не слушают, они ведут медленную войну: требовали заглавных букв, мы уступили, теперь выдвигают новые требования и не успокоятся, пока не приведут все в соответствие со школьной орфографией.

Все это напоминает мне коллизию Булгаков — Станиславский, когда на генеральной репетиции говорят: «А теперь поработаем над пьесой!»[4] Скучно и грустно, дорогой Борфед. Чего ради я угробил три года своей, уже уходящей, жизни? Да ну их, все «Памятники» и с Гришуниным. Я кончаю играть в эту игру. Вот я сейчас специально задержусь в Москве до 2-го ноября. А зачем? Ведь Ознобишин сказал мне, что 2-го не редколлегия, а президиум. Окончательного решения снова не будет, а будет тягомотина. И чего мне мызгаться с гришуниными, а затем принимать нитроглицерин, да пропади они пропадом.

Надоело…

Тарту.

Ю. Лотман

P. S. Кстати, захватите 2-го отзывы Гаспарова и Евгеньевой. Я буду требовать, чтобы все они были полностью зачитаны.

P. S. P. S. До сих пор мы разговаривали с глухонемыми: мы пишем меморандумы, которые никто не читает, пишутся рецензии специалистами, с которыми никто не считается, и проч. Я решил написать (вместе с Б. А. У<спенским>, Н. И. Толстым и В. Н. Топоровым) статью о принципах воспроизведения текста в изданиях XVIII века для «Известий ОЛЯ» или другого авторитетного органа, где показать неграмотность ныне существующих принципов[5]. Неприятно, но о «Памятниках» придется говорить довольно резко. Посоветуйтесь об этом с Д. С. Лихачевым. Мне не хочется, хоть косвенно, нападать на него (не получится ли, что и на Вас?), но оставлять нынешнее положение невозможно. Но ведь это будет война с «Наукой», а не «Памятниками», которые виноваты лишь в мягкотелости.

[1] См. примеч. 7 к п. 307.

[2] Так позднее и порешили: издание книги перенесли в Ленинград; фототипическое приложение не состоялось.

[3] Ю. М. глубоко несправедлив к А. Л. Гришунину, примитивизируя его текстологическую позицию; он также не знал о религиозности Гришунина.

[4] М. А. Булгаков приходил в ярость от придирок к тексту его пьес, даже предлагаемых уважаемым им К. С. Станиславским.

[5] Статья, написанная Ю. М. совместно с Н. И. Толстым и Б. А. Успенским: «Некоторые вопросы текстологии и публикации русских литературных памятников XVIII века», — опубликована: «Известия АН СССР», серия литературы и языка, 1981, № 4.

311

<Ноябрь 1979 г.>[1]

Дорогой Борфед!

У нас «горячо». Работает московская министерская комиссия, кот<орая> приехала под лозунгом изучения состояния русского языка, а на деле занялась раскапыванием идеологических грехов нашей кафедры.

Положение очень острое, чем кончится, пока неизвестно.

Следите за рекламой!

Жму руку.

Ваш Ю.

[1] Датируется по связи со следующим письмом.

312

<3 декабря 1979 г.>

Дорогой Борфед!

В предшествующей записке я писал Вам о наших «делах семейных». «Страшен сон, да милостив Бог», как говорят. Сначала все было очень и очень неприятно, недоброжелательство и предвзятость даже не скрывались, но в конце пошли на обоюдный компромисс, и мир в семье, кажется, восстановлен. Но, как поется в «Пиковой даме», «какою ценой! О карты, о карты, о карты...». Вытрепались мы все ужасно. На нашего друга дома Валерия смотреть страшно — он вынес на себе всю тяжесть ссор и мира, а Зара просто свалилась с каким-то странным приступом. Но теперь уже все снова живы и относительно здоровы*.

Во всяком темном царстве есть и лучи — Зару ВАК утвердил в звании профессора — не шутите!

* A propos de <кстати о (*фр.*)> «здоровы»: у Павла настоящий глубокий инфаркт, но самочувствие неплохое и выздоровление, кажется, идет по плану. (*Примечание Ю. М. Лотмана.*)

Получили ли Вы сборничек? Как он Вам? Кстати: автор статьи о Бахтине не Б. М., а М. Л. Гаспаров (Ваша ошибка объяснима: из двух Гаспаровых Вы выбрали подсознательно более задорного — и ошиблись: М. Л. — это огнь под пеплом)[1].

Зара мне ничего толком не сказала о Карамзине, Вы тоже. Где рукопись, принято ли решение об орфографии? Нужно ли мне что-либо делать и каковы дальнейшие шаги? Как вообще проходила редколлегия?

Пишите, мне это все интересно и важно.

Сердечные приветы всем Вашим дамам и Кирюше.

Вообще жизнь бьет ключом.

3.XII.79. Ваш Ю.

[1] Имеется в виду ядовитая статья М. Л. Гаспарова «М. М. Бахтин в русской культуре XX в.», опубликованная в сб. «Вторичные моделирующие системы», Тарту, 1979.

313

<28 декабря 1979 г.>

Дорогие Соня, Борфед, Татьяна Алексеевна!

Поздравляем вас всех, а также Кирюшу и Славу с Новым годом.

Желаем вам в нем всяких благ и радостей, а больше всего — здоровья: чем дальше живем, тем все яснее, что круг действительно нужных и близких людей можно уложить в одну десятку. Вы — в круге. Очень вас любим. О делах не пишу — они противны, и вспоминать о них не хочется.

Обнимаем вас.

28.XII.79. Зара, Ю. Лотман

314

<24 января 1980 г.>

Дорогой Борфед!

Как бы все-таки узнать, где же, наконец, находится рукопись Карамзина? В Москве или в Ленинграде? Когда ее передадут? Кто должен этим заниматься — я или издательство? Очень прошу Вас ответить на эти вопросы. Можно ли назначить редактором в Ленинграде Е. А. Смирнову? Я бы очень просил. Скажите ей, чтобы и она попросила эту рукопись отдать ей. Вы очень неопределенно пишете мне о трудностях, какие стоят в Ленинграде перед прохождением этой книги. Напишите все же подробнее. Все-таки какого черта — книга три года тому назад была одобрена редколлегией «Памятников», все договорные сроки давно истекли (остальные сто слов сказал штабс-капитан, проваливаясь...).

У нас ничего нового — мура. Вообще же кафедра помаленьку разваливается, и это больно... Я не ответил Вашему аспиранту, будучи завален всякой ерундой. Передайте ему, чтобы он, конечно, приезжал на студенческую сессию (научную): она бывает во второй половине марта, но пусть он сейчас же напишет Вал<ерию> Ив<ановичу> письмо, сославшись на разговоры со мной и Вами. Ох, как нужен был бы крепкий зав.-доктор — у Валерия нервы не выдерживают. Вообще очень соскучился по Вам — хотелось бы поговорить о том да о сем — материи накопились.

Поклоны всему Вашему дому.

Ваш Ю. Лотман
24.I.80.

315

<1 февраля 1980 г.>

Дорогой Борфед!

Обращаюсь к Вам с некоторой просьбой: не могли бы Вы одолжить у кого-нибудь (м<ожет> б<ыть>, у Соломона?) для меня до 31/XII 80 г. (срок перестраховочный, вероятно, отдам осенью) 700 р.? У меня есть верные гонорары весной-летом: книга об «Онегине» и кое-что еще, Зара должна получить крупную сумму в «Литнаследстве», так что отдадим наверняка и в срок. Но сейчас нас совершенно измотала невозможность расплатиться с долгами, образовавшимися в результате покупки квартиры у Миши. В Тарту одолжить не удается.

Простите за комиссию

Ю. Л.

<открытка, вложенная в это же письмо:>

Дорогой Борфед!

Посылаю доверенность, надеюсь приехать в начале февраля. Будьте здоровы.

Ю. Лотман
1.II.80.

P. S. Получили ли Вы заявку Зары на Зиновьеву-Аннибал[1]?

[1] Заявка в «Литературные памятники»; издание было одобрено, но З. Г. Минц не успела его осуществить.

316

Тарту. 8.III.80.

Дорогой Борфед!

Сообщаю Вам данные: портрет С. Р. Воронцова писан маслом Ричардом Эвансом и гравирован А. Вегером, приложен к т. IX «Архива кн. Воронцова», М., 1876[1].

Последнее обстоятельство можно не указывать, так же как я не указываю, откуда воспроизводятся или где хранятся гравированные портреты Мирабо и проч. Дело в том, что гравюра не картина — она оттискивается во многих экземплярах и хранится в ряде мест. Убежден, что этот же портрет Воронцова можно найти во многих коллекциях гравюр. Я указывал место хранения только уникально редких гравюр или народных картинок, никогда не упоминавшихся в связи с «Письмами русского путешественника», а между тем, прямо отразившихся в их тексте, т<о> е<сть> бывших в руках или перед глазами Карамзина (картинки со щёглями, портрет Лафатера), поскольку они могут заинтересовать и будущих комментаторов. Портреты же Мирабо и др<угих> тривиальны, и их можно найти в десятках книг. Поэтому я не давал их подробного «адреса», ограничившись обычным в этих случаях указанием на авторов.

Очень интересно было бы узнать, что и как происходило 7 марта на редколлегии. Крайне сожалею, что не мог быть, — действительно, никак не мог: кафедра и так разваливается — Валерий болеет и проч. Впрочем, о деталях Вы, вероятно, знаете от Елены Васильевны.

Сердечные 8-мартовские приветы Вашим дамам.

Простите, что пишу Вам на такой бумаге, — другой нет под руками, а вставать со стула — лень.

Отметил в Москве 58-летие. Пора, пора кончать. Если я не ошибаюсь сам в себе, то нисколько этого не боюсь, а, напротив, жду с нетерпением, хотя ускорять искусственно не собираюсь. Обнимаю Вас.

Ваш Ю. Лотман

[1] Здесь и ниже Ю. М. говорит об иллюстрациях к «Письмам русского путешественника» Карамзина.

317

<16 апреля 1980 г.>

Дорогой Борфед!

Надеюсь, что Вы уже возвратились и что деньги, незаконно мной присвоенные, хотя и без моей вины, получили. Нужно ли выслать еще для оплаты труда Аси Романовны[1] или терпит до моего приезда (надеюсь, в мае)? Сколько? Я получил письмо от Лихачева (по тону очень грустное — у него умер брат; постарался его, насколько это возможно, отвлечь от грустных мыслей), в котором он пишет, что наша с Б. А. статья, вероятно, в «Изв<естиях> ОЛЯ» не пойдет, т<ак> к<ак> ее заблокирует Гришунин[2], и советует передать в «Русскую литературу». Я не считаю это реальным. В «Русской литературе» Прийма, который сейчас совсем распоясался: недавно мне сообщили, что он затребовал уже лежащий в издательстве том «XVIII века» и ищет там крамолы, роя под Панченку. Статьи с моим именем он, конечно, не пропустит. Да, признаюсь, не хочу уступать Гришунину без боя: хочу, по крайней мере, получить от Г. В. Степанова[3] объяснение, почему статья отвергнута. Это может пригодиться, если не мне, то историкам.

У нас все идет отлично, как у того гоголевского эстетика, который «скажет "возвышенное" — и плюнет, скажет "прекрасное" — и плюнет».

Хочется в Питер, хочется в Москву, но грехи не пускают ни туда, ни туда. На днях сдали XV т<ом> «Семиотики», но XI-й все еще не вышел (на выход я подписал его два года тому назад!).

Была у нас открытая лекция Е. В. Петровской. Лекцию она прочитала прекрасную, чем очень меня обрадовала. Вообще впечатление от нее самое хорошее. Был и Котельников, но из разговора с ним у меня создалось впечатление, что он в глубине души серьезно не думает о Тарту, а готовит это как запасной вариант на самый крайний случай[4].

Таковы наши дела. Приветы всем Вашим. Пишите о себе.

Сердечно Ваш Ю. Лотман
16.IV.80.

[1] А. С. Куник была уволена Б. С. Мейлахом из Комиссии по комплексному изучению художественного творчества и вынуждена была до эмиграции зарабатывать на жизнь в качестве машинистки.

[2] Гришунин не «заблокировал», статья появилась (см. примеч. 5 к п. 310).

[3] Г. В. Степанов возглавлял тогда серию литературы и языка «Известий АН СССР».

[4] В. А. Котельников смог получить место в Ленинграде в Институте культуры.

318

9 мая 1980 г.

Дорогой Борфед!

Спасибо за книжки — очень хорошие. Кстати, два мелких замечания по Григорьеву:[1]

1) «Человек будущего» — кажется, намек на маркиза Позу (см. мой оттиск[2], особенно фр<анцузский> перевод его слов).

2) Позор покровительства (стр<аница> 132, стр<ока> 2 снизу и стр<аница> 136, 11 сверху), кажется, из Пушкина:

Дружба

Что дружба? Легкий пыл похмелья,
Обиды вольный разговор,
Обмен тщеславия, безделья
Иль покровительства позор.

(Опубл<иковано> в 1826 г. в альм<анахе> «Урания» и перепеч<атано> во всех прижизн<енных> собр<аниях> стихотв<орений>.)

Но вообще книжка хорошая и хорошо сделана. Я собираюсь для разговоров с Куник приехать в июне. Но когда? Еще одно дело: мы записали Вас оппонентом для двух дипломов по Гоголю и по чему-то семиотическому. Обе девочки хорошие. Но я могу все сделать и сам. Вас не беспокоя. Если Вы предпочтете этот вариант, то им скажите (если они до Вас доберутся — дотошные), что ответ пришлете через кафедру.

Обнимаю Вас и Ваших.

Ю. Лотман

[1] Я послал Ю. М. изданную мною в серии «Литературные памятники» книгу: *Григорьев Ап.* Воспоминания (Л., 1980), Ю. М. сделал к ней два ценных примечания.

[2] Ю. М. прислал мне оттиск своей статьи «Из комментариев к "Путешествию из Петербурга в Москву"» (Сб. «XVIII век», 12, Л., 1977).

319

<30 июня 1980 г.>

<Начало письма не сохранилось.>

Теперь «неделовая» часть:

У нас, как всегда, как говорил Бабель, бордель по полной форме. На кафедре: Валерий подал в отставку, и отставку ректор принял. Кто будет заменять — неизвестно. Валерий предложил Сергея, но Сергей то ли искренне, то ли «как пьяница пред чаркою вина», упирается[1]. Конечно, понять их можно: чарка отнюдь не вина..., хотя и в рифму.

Понять Валерия можно, но не раздражаться на него тоже трудно: он весь последний год находился в состоянии патологической неврастении, отчасти потому, что распускался, хотя, конечно, и реально находился на грани нервной болезни. Работать с ним было невозможно, и кафедру, практически, он развалил; т<о> е<сть> состав кафедры хороший и добросовестный: это оркестр, который может играть и без дирижера.

Но души — общей — сейчас нет. Не только вышли из употребления научные доклады и их обсуждения, но даже собраться «больше трех» поболтать и выпить нельзя, потому что четвертый обязательно будет несовместим с одним из трех. Игорь находится в таком маразме, что я порой боюсь, нормален ли он, — сплошные комплексы, а работы нет. Треть срока докторантуры прошла, а он занят психологическими проблемами. Павел и Лариса держатся хорошо, но Павел все жалуется на сердце... Я и Лариса переходим на кафедру зарубежной литературы («добровольно»)[2]. Все же я — по свойственному мне идиотскому оптимизму — надеюсь, что Сергей примет бразды, а кафедра переживет этот кризис и докажет свою жизнеспособность.

«Внутренние» дела тоже соскучиться не дают. Расскажу лишь одну мелочь: мы сняли на лето хутор в глубинке, в котором никто не живет: хозяйка, старуха 70 лет, переехала в Тарту, а сыновья давно живут в городе. Правда, денег она у Зары не взяла («после договоримся!»), но ключ дала. Далее развертывается картина, которой я в Эстонии не ожидал, да и сейчас не думаю, чтобы она еще несколько лет назад была возможна: достаем с большими трудами грузовик, свозим туда вещи. На другой день сажаю в такси женщин и детей и приезжаю. Во дворе стоят три легковых машины, из дома вываливается толпа пьяных мужиков и чуть не с кулаками лезет на нас, наши вещи выкинуты. В чем дело? Оказывается, что у старухи четыре сына и три из них (все на легковых машинах, морды как тыквы), в обиде, что с ними не согласовали. Они сами здесь не живут (хутор совершенно брошен), но не дадут ущемлять свои права, в деньгах они не нуждаются и никаким профессорам сдавать не собираются — у них довольно денег, чтобы самим снимать «у профессоров». Старуха тут же, совершенно пьяная, лепечет, что знать ничего не знает. Представьте мое положение: перепуганные девчонки ревут, такси мы отпустили, не поняв, в чем дело, еще до скандала. Но кое-как выбрались, сейчас ищем новую дачу... А тут еще все подхватили грипп. Меня он за три дня вымотал так, что сейчас хожу и качаюсь. Но живем...

Как Ваши «киевские» дела?[3] Что-то тревожно...

Отзыв подпишите, т<о> е<сть> заверьте подпись.

Поклоны Вашим дамам всех возрастов, а Кирюше особый.

Сейчас у нас все три девки — луч света в темном царстве.

Ваш Ю. Лотман
30.VI.80.

P. S. Жду счет от Аси.

[1] С. Г. Исаков в конце концов принял руководство кафедрой.

[2] Это была принудительная добровольность: московские и таллинские комиссии по проверке кафедры постоянно упрекали сотрудников за «семейственность»: на кафедре работали две супружеские пары: Лотман—Минц и Рейфман—Вольперт (потом присоединилась еще третья: Чернов—Мальц). Наконец,

Ю. М. и Л. И. Вольперт заставили перейти на кафедру зарубежных литератур, хотя нагрузка и курсы у них остались прежние.

[3] Товарищ моего детства, доцент Киевского автодорожного института, пытался бороться с коррупцией и развратом в институте; начальство поэтому «зарезало» его докторскую диссертацию, выжило из института, с помощью КГБ упрятывало его в психбольницу и т. д.

320

<2 сентября 1980 г.>

Дорогой Борфед!

Сегодня день воспоминаний — 30 лет со дня моей первой лекции (вчера было 30 лет приезда в Тарту). Юбилей довольно грустный, и встретили мы его с Зарой совсем одни.

Не говори с тоской — их нет, но с благодарностию — были[1]... Хватит о лирике. Дела:

1) Сергей, по всей видимости, принимает кафедру. Сегодня был у ректора, и они договорились. Это, по-моему, хорошо. Сергей за эти годы изменился к лучшему, и если не избавился от некоторых своих человеческих недостатков, то, по крайней мере, сам их осознал. А это очень много. Думаю, что он упростит и оздоровит атмосферу на кафедре, которая, под влиянием чудовищной нервности Валерия, стала совершенно неврастенической. Валерий, конечно, прекрасный, тонкий человек, но, к сожалению, нервнобольной (в медицинском смысле слова, а не как укоризна), и работать с ним бывает трудно. Будем надеяться на то, что Сергей сможет соединять деловые и человеческие качества, необходимые на этом посту. По крайней мере, он знает, что такое атмосфера старой кафедры, человек этой атмосферы и будет стараться ее сохранить.

2) Вышел мой «Евгений Онегин»[2]. Уф! Не могу скрыть, что для меня это большое событие. Вообще я довольно равнодушен к вышедшим работам. Пока она в работе, в печати, она болит, за нее трясешься, испытываешь все эмоции — от ненависти до пламенной любви. Но стоит ей появиться, как она как бы умирает, лежит себе дохлая, мне до нее и дела нет (я никогда не делаю того, что надо бы делать и что делают почти все, — исправлений и дополнений на полях вышедших работ). Но об «Онегине» я этого почему-то сказать не могу — он и вышел, а пуповины не оборвал. Как только приеду в Питер и получу экземпляры, — занесу.

3) Как Карамзин? Есть ли надежда на включение в план? Не забыл ли Дм<итрий> Сергеевич, что он отв<етственный> редактор?

Дела семейные:

Лёшина жена ждет через пару недель ребенка — у нее отрицательный резус-фактор. Слегка беспокоимся.

Гриша в очередной раз пытался поступить — теперь в Москве — провалился. Лето было тяжелое — старшая Мишина дочка, моя любимица Машенька, тяжело переболела печенью или желчным пузырем —

20 дней в больнице. Жалко ее было невероятно. Сейчас, кажется, лучше — почти здорова.

Зара устала до обалдения, я до полуобалдения.

Первый раз в жизни встретил новый учебный год без подъема и с глубокой усталостью. Но вообще ощущаю какое-то нервное веселье — хотелось бы некоторые научные вопросы обсудить со Сливовскими.

Задумал писать (и даже начал) книгу о West-Östliche, если не диване, то кушетке[3].

Как Ваш Хомяков[4]?

Если встретите Лену Воронову, то пусть она мне напишет о том, что успела сделать за лето. Кстати, большое спасибо Вам за Лену Петровскую — она очень мила, хотелось бы, чтобы она прижилась на кафедре.

Сердечные приветы и поклоны Вашим дамам. Зара шлет Вам приветы.

Вспоминайте иногда нас и Тарту.

Ваш Ю. Лотман
2.IX.80.

P. S. Как только получу гонорар за «Онегина» — с благодарностью верну долг. Сейчас это, кажется, уже близко. Как сказал поэт, «миг вожделенный настал...»[5].

[1] Из четверостишия В. А. Жуковского «О милых спутниках...».

[2] «Роман А. С. Пушкина “Евгений Онегин”. Комментарий. Пособие для учителя». Л., 1980.

[3] Ю. М. договорился об издании книги о культурных связях России с Западом и Востоком; он условно хотел озаглавить книгу «West-Östlicher Divan» <«Западно-Восточный диван»> по названию цикла стихотворений Гете, но затем замысел рухнул (см. п. 321).

[4] Я тогда начинал почти 10-летнюю борьбу за издание сб. статей А. С. Хомякова. Книга вышла лишь в 1988 г.: *Хомяков А. С.* О старом и новом. М., 1988.

[5] Начало стихотворения Пушкина «Труд» (1830).

321

<26 сентября 1980 г.>

Дорогой Борфед!

Только что приехал из Москвы, где пробыл две недели, и отвечаю на два ожидавших меня Ваших письма. Но прежде всего о том ужасном, что встретило меня в Тарту, — повесился Яков Абрамович. Завтра будут похороны. Вместить это не могу до сих пор. Простой причины назвать нельзя: все последние годы он был окружен заботой — его вторая жена Вайке (дочь Майсте, первой жены Адамса) за ним трогательно ухаживала и выхаживала его. Однако в последние годы здоровье его резко ухудшилось, сердечные недомогания сопровождались депрессиями. Возможно, сыграло роль, что в начале уч<ебного> года его неожиданно перевели на 0,5 ставки, перед ним маячил призрак ненужности, иждивенчества, а в последнее время — без достаточных оснований, — кажется, и страх бездомности (имея свою квартиру, которую он отдал Боре, он переехал к Вайке, а сейчас к ней должны были перевезти разбитую параличом и дементную Майсте; реальной угрозы того, что он станет «лишним», не было — Вайке, кажется, действительно его любила, но ведь реальное вообще играет довольно малую роль в нашей жизни). Вообще же думаю, что причина одна — то чувство беспомощности, даже не чувство, а реальная беспомощность, в которой человек оказывается к старости. Привыкнув к независимости и к тому, чтобы быть опорой, ужасно оказаться вновь малым ребенком, особенно в нашем мире, в котором материальные трудности и нужды поневоле постепенно заглушают сердечные привязанности молодых поколений. Лучше не дожить. Но как оставлять остающихся «однополчан» по возрасту? Не могу представить ничего страшнее момента, когда Вайке вернулась с дежурства из больницы и нашла Якова висящим на чердаке...

Но жизнь, — как шекспировская пьеса, не знает и не терпит единства действия: в те же самые дни — т<о> е<сть> вчера — в нашем доме появилась новая жизнь. Лёшина жена вышла из больницы и принесла нам новую внучку. Опять внучку: видно, если во втором поколении всё мужчины, то в третьем — всё девчонки. Девочка (пока еще безымянная) очень мила. Жизнь продолжается...

Страница кончилась, время — два часа ночи, кончаю. Спасибо за добрые слова об «Онегине». Отзыв Я. Б. меня огорчил, хотя не был неожиданным. Поклоны Вашим дамам. Что Кирилл? Сердечно Ваш

26.IX.80. Ю. Лотман

Теперь о делах, ибо, как писал Пушкин после смерти Дельвига, «нужды жизненные не дремлют». Большое (огромное!) спасибо за воительство за Карамзина и за победу в оном воительстве, ибо включение в план редподготовки 1981 г. есть победа, и немалая. Воображаю удовольствие Стерлигова и Гришунина! Что теперь дальше? Кстати, я сам опрометчиво в редакторы попросил Смирнову, веруя в наши с ней добрые отношения. Однако сейчас я начинаю ее несколько опасаться — в характере ее есть догматизм и слишком большая вера в свою правоту, что в редакторе бывает тяжело. Если можно незаметно и ничем не обижая (например, в случае ее занятости или болезни) ее заменить кем-либо более мягким, было бы хорошо, если нет — тоже ничего страшного: надеюсь и с нею поладить. Асе я деньги уплатил по ее счету и, кажется, с ней в расчете, так что эти 25 р. пусть будут у Вас до встречи. Но на всякий случай при встрече можете спросить у нее, не спутал ли я что-нибудь: у меня твердое впечатление, что я, получив от нее счет, всё ей отослал.

Судьба зятя Д<митрия> С<ергеевича>, кажется, должна была уже решиться[1] — очень тревожно за него, сообщите, как он держится и как чувствует себя. Я его очень люблю и внутренне за него трясусь, хотя реальные наши отношения не близкие — видимся очень редко и только «по делам».

Ваши письма о Хомякове и о «селедке» я получил[2], но не ответил на них, т<ак> к<ак> не выяснил еще — что-то помнится, но «не явственно», как говорил чеховский чиновник. Вообще я только сейчас приступаю к работе: летом делали ремонт, болела старшая внучка. А я нудно тянул из себя учебник для эстонской школы. В сентябре же я плюнул на все и уехал на две недели в Москву (там мы с Б. А. Успенским написали для одного сборника по средним векам статейку о Петре I[3], кажется, забавную). В результате все дела запустил и только сейчас за них принимаюсь. Постараюсь, что могу, вспомнить и из Ваших вопросов.

Только что просмотрел «Северные цветы на 1832 год»[4] — и статья, и комментарий Фризмана огорчают: статья бессодержательна, а комментарий не повернут к тексту, по рецепту: выписать имена собственные и посмотреть, что о них пишут в Брокгаузе-Ефроне. Но сам выход книги приятен.

Очень сочувствую по поводу Тани — и Вам с Соней, и ей[5]. Но ведь сволочи — любят кусать за пятки. Будь Вы сейчас завом в Герценовском, тот же Шатилов, или как его? — и не пикнул бы. И бьют, гады, ниже пояса — по детям. Бедная Танька! Конечно, ждать джентльменства от мафии странно. Ну да защитит, конечно, и без их вшивых льгот — заочная аспирантура ведь почти фикция.

Спасибо за замечания об «Онегине» — я их собираю, м<ожет> б<ыть>, доживу до «исправленного», если не до «расширенного». Уже есть что исправлять. Пистонные пистолеты появились позже. Это были Кухенрейтеры, которыми стрелялся Лермонтов. Онегин и Ленский же стрелялись на Лепажах, которые были кремневыми.

Еще раз приветы.

Ю. Л.

P. S. P. S. Мой West-Östlicher Divan лопнул, не родившись[6]. Издательство восточной литературы предложило мне книгу о восприятии Запада и Востока в русской культуре. Я хорошо все обдумал, и книга вышла бы презабавная. Но сейчас мне дали знать, что «не время...» (?!?). А я, может быть, все равно напишу — надо же и вдове что-нибудь оставить с внучками, число которых растет. Думал включить от древности до Лермонтова включительно (довольно интересно обдумано о Лермонтове и Пушкине), с большим разделом о Петре, который все время меня затягивает.

[1] Зятя Д. С. Лихачева С. С. Зилитинкевича, организатора и руководителя Ленинградского филиала Института океанологии АН СССР, лишили ученых

званий и отправили в тюрьму, придравшись к каким-то пустяковым финансовым упущениям: это была месть партийной своры Д. С. Лихачеву за его независимое поведение и «несоветские» выступления.

[2] Для сб. статей Хомякова мне нужно было прокомментировать угрозу отведать «селедки» (то ли мучить человека жаждой после соленой рыбы, то ли угрожать каким-либо физическим воздействием); так мы с Ю. М. и не смогли расшифровать фразу.

[3] Статья «Отзвуки концепции “Москва — третий Рим” в идеологии Петра Первого (к проблеме средневековой традиции в культуре барокко)» в сб. «Художественный язык средневековья», М., 1982.

[4] Книга издана в серии «Литературные памятники» (М., 1980).

[5] Моей дочери Тане, преподавательнице английского языка в Ленинградском политехническом институте, отказали, сославшись на лимит поступающих, в приеме в заочную аспирантуру на кафедре методики преподавания иностранных языков ЛГПИ.

[6] См. примеч. 3 к п. 320.

322

<17—18 октября 1980 г.>

Дорогой Борфед!

Писал ли я Вам, что получил Вашу книгу[1], а «рейфмановский» экз<емпляр> — передал? Сейчас я книгу прочел — она мне понравилась. В целом — хорошая книга. Особенно удачны главы: «Формы статей у славянофилов», «Диалог и литературная параллель», статья о Ап. Григорьеве и др., «Образ повествователя». Но и в др<угих> главах много интересного (с удовольствием прочел на стр. 27 шило в бок Бурсову[2]). Не очень удачна последняя («довесочная») глава[3], mais[4]... Как говорил некто у Булгакова — «огурчики, понимаю», так что — понимаю. Но общей картины это mais не портит. Очень хотелось бы повидаться и потолковать. У нас родилась (у Леши) девочка. Живем... Поклоны Вашим.

Ю. Лотман

[1] «О мастерстве литературной критики. Жанры. Композиция. Стиль». Л., 1980).

[2] Не называя имен, я рассказал здесь о забавной истории, случившейся в 1951 г. на защите докторской диссертации Б. И. Бурсова «Проблема реализма в эстетике революционных демократов» в ЛГУ, — оппонент В. А. Десницкий, недовольный прямолинейными «принижениями» западноевропейских литератур по сравнению с русской, разыграл такой каламбур: «Бальзак, видите ли, не был связан со своим народом. Гм. С каким же народом он был связан? Неужели с русским?!»

[3] Последнюю главу моей книги — о марксистской критике — меня заставили включить в издательстве «Советский писатель». Я выкрутился тем, что, озаглавив ее «О формах ранней марксистской критики», смог, главным образом, говорить об интересных отличиях Плеханова от Ленина.

[4] но (*фр.*).

323

<Около 2 ноября 1980 г.>[1]

Дорогой Борфед!

Простите, что до сих пор не ответил на Ваши вопросы относительно «селедки» и др. Что-то в памяти вертится, а проверить до сих пор нет никакой возможности — даже не выберусь в библиотеку: то Крундышев донимает доделками по биографии Пушкина, то мучат с учебником по литературному чтению и учебником по русской литературе для эстонских школ, с которыми я — дернул же нечистый! — связался[2]. А тут еще другие «приятности»: с осени было уже двое похорон, и всё близких (сначала Габ, а теперь вдруг неожиданно скончалась мать жены Миши, женщина сравнительно молодая, сделавшаяся нам в последние годы близкой, — только что приехали из Таллина, где все было очень тяжело). Много и всякого другого, да в письме долго писать...

Все же я не оставляю надежды скинуть хоть самые срочные дела и постараться кое-что из Ваших вопросов обдумать (еще не поздно?). Это же и ответ на Ваш вопрос: где дополнительные фотографии? Будут[3]. И скоро. А вот мои вопросы: как Дм<итрий> Сергеевич? Что с его зятем[4] и как он (Д. С.) в этой связи и без этой связи себя чувствует? Я беспокоюсь потому, что не имею никаких сведений. Я ему передавал «Онегина» (через Н. Дробленкову — он был в санатории), и он никак не откликнулся, что на него совсем непохоже. М<ожет> б<ыть>, ему не передали? Меня это беспокоит, главным образом, в том смысле, что не значит ли это, что он нездоров, хотя не скрою, что его мнение мне было бы интересно.

Я получил цидульку из Герценовского за подписью Скатова[5] и еще кого-то с приглашением прочесть лекции «в ноябре или декабре», но я не убежден, что приеду — приглашение какое-то странное: без предварительной договоренности, без разъяснения, кому читать и на какую тему (как бы сквозь зубы, так в гости не зовут...). Вот если бы в декабре можно было бы «по биссектрисе» и Карамзина двинуть, и с Вами пообщаться — я бы приехал. Отпишите, а то мне им надо отвечать.

Вообще поговорить охота смертная...

Поклоны всем Вашим. Все ли здоровы? Как Кирилл?

Зара шлет Вам поклоны и поцелуи.

Ваш Ю. Лотман

[1] Датируется по штемпелю ленинградской почты (тартуского нет): 5.11.80.

[2] См. изданные Ю. М. совместно с В. Н. Невердиновой книги «Учебник-хрестоматия по литературному чтению для IX класса» (Таллин, 1982) и «Книга для учителя. Методические материалы к учебнику-хрестоматии для IX класса» (Таллин, 1984) и учебник самого Ю. М. по русской литературе для эстонских школ: «Vene kirjandus. Õpik IX kl.» (Tallinn, 1982). Дальнейшие переиздания этих книг не указываем.

[3] Для «Писем русского путешественника» Карамзина.

[4] См. примеч. 1 к п. 321.

[5] После моего перехода в Институт истории АН СССР (1978) заведовать кафедрой русской литературы ЛГПИ стал Н. Н. Скатов. Очевидно, Ю. М. было послано приглашение прочитать цикл лекций на ФПК.

324

<17 декабря 1980 г.>

Дорогой Борфед!

1. Посылаю Вам две «Поэтики»[1] и Ганнибала, которого Вы просили[2].

2. Спасибо за «Скандинавскую балладу»[3].

3. Положение с фотографиями таково[4]: две высылаю в пятницу на Ваш адрес + еще одну вышлет Вам же Борис Андреевич. Дело в том, что ее надо перефотографировать в Москве. Я ему уже написал, чтобы это было сделано срочно. Тогда с фотографиями — все.

4. Очень здорово, что Карамзина удалось официально включить в план. Большое Вам спасибо! Это — луч света в некотором царстве, некотором государстве. У меня образовалось несколько (очень коротеньких!) вставок во вступительную статью и примечания. Ждать редактора? Хорошо бы для «дальносрочного планирования» приблизительно представить себе, когда редактор выяснится и мне надо будет подъехать для разговоров с ним в Ленинград[5].

Таковы дела. Живется тяжко. К разным моральностям добавляется, что мы с Зарой все время чувствуем себя плоховато: жизнь уходит, как вода из плохо заткнутой бочки. Все время с грустью подумываю о том, кто будет волочить эту телегу, нагруженную мелковозрастными девчонками, если я из игры выбуду...

Конечно, авось да небось. Нам все кажется, что без нас свет клином сойдется, а у Бога не без милости. Как говорила Анна Ахматова:

И те, с кем нам разлуку Бог послал,
Прекрасно обошлись без нас. И даже
Все к лучшему...[6]

Очень хорошо, что Вы приезжали, — жаль, что кратко. Блоковский сборник IV выходит — тьфу, тьфу, тьфу! Зара подписала его на выход[7]. Постараюсь Вам выслать два, хотя это и трудно. Но один клятвенно обещаю. А Вы не теряйтесь и немедленно заказывайте. Сорничек*[8] мал, да удал. Зара там публикует кучу писем З. Гиппиус к Блоку, и вообще кое-что есть. Моя статья, которую мой лучший друг (второй после Я. Б.) Палиевский выкинул из «Лит<ературного> наследства»[9], мотивируя, что

* Прекрасная опечатка! (*Примечание Ю. М. Лотмана.*)

там «не русский дух, не Русью пахнет». А, между прочим, совсем зря — дух там нормальный, и даже вполне исконный.

Ну, ладно. По ходу письма я как-то развеселился.

Обнимаю Вас!

Соне, Таням, Кирюше — приветы.

Ваш сердечно

Ю. Лотман

P. S. Сергей *хорошо* ведет кафедру.

17/XII 80.

[1] Ю. М., будучи членом редколлегии, каким-то образом получал два экземпляра (поэтому и делился со мною) парижского теоретико-литературного журнала-ежеквартальника «Poétique», выпускавшегося в 1960-х — 1980-х годах под руководством Ц. Тодорова.

[2] Имеется в виду книга: *Леец Г.* Абрам Петрович Ганнибал (Таллин, 1980).

[3] Книга в серии «Литературные памятники»: «Скандинавская баллада» (Л., 1978).

[4] См. примеч. 3 к п. 323.

[5] Вскоре редактором книги Карамзина в ленинградском отделении была назначена Е. А. Смирнова.

[6] Неточная цитата (нужно: «А те...») из шестой «Северной элегии» А. Ахматовой.

[7] В начале 1961 г. вышел «Блоковский сборник» IV (Тарту, 1980). Там опубликованы статьи З. Г. Минц «А. Блок в полемике с Мережковскими» (вскоре статьи З. Г. Минц о Мережковском и Гиппиус будут запрещаться цензурой) и Ю. М. «Блок и народная культура города».

[8] В машинописном подлиннике письма Ю. М. пропустил в слове «Сборничек» букву «б» и надписал ее сверху.

[9] П. В. Палиевский — член редколлегии «Литературного наследства», активный противник методов тартуской школы. Первоначально статья Ю. М. (см. примеч. 7) готовилась для блоковского тома «Литературного наследства».

325

<20 декабря 1980 г.>

Дорогие Соня и БорФёд!

Поздравляем вас и весь ваш Дом с Рождеством и Новым годом. Пусть ваш дом в 1981 г. будет как этот фрегат, и да будет ему ветер попутным.

20/XII 80.

Ваши <З. Минц,> Ю. Лотман

326

<Начало 1981 г.>[1]

Дорогой Борфед!

Высылаю текстологическое пояснение[2], которое срочно перепечатал (добавив и расширив с, к счастью, сохранившегося черновика. Текст я лично давал в руки Древлянской. Или она затеряла <...>, или Гришунин вынул для полемики, да и забыл вложить <...>). Посмотрите.

Таллинское издательство само предложило Сергею включить в библиографию 4 п. л. коротких статей научных коллег. Мы решили дать лимит на 3—5 маш<инописных> стр<аниц> на нос. Москвичи участвуют. М<ожет> б<ыть>, Вы (кроме вступления)?[3] Если Вам удобно, спросите и Дмитрия Сергеевича[4]. Кроме того, передать бы как-нибудь Мише Билинкису и Сене Рогинскому.

Кроме дел, ни о чем не пишу — живы, и слава Богу. Сейчас уже 4.30 утра — падаю носом на машинку.

Ваш Ю. Лотман

[1] Датируется по связи со следующими письмами (подготовка к изданию «Писем русского путешественника» Карамзина).

[2] Для той же книги.

[3] Таллинское издательство «Ээсти раамат» («Эстонская книга») вначале намеревалось издать брошюру — библиографию трудов Ю. М., заказало мне очерк — вступительную заметку; затем решили включить и научные статьи коллег, сделать сб. к 60-летию Ю. М., и я тогда, расширив и вступительную статью, дал еще заметку «О структуре ученых записок». Сб., вышедший в свет в 1982 г., был озаглавлен по-латыни: «Finitis duodecim lustris» (т<о> е<сть> «К завершению двенадцати люстров»; люстр — древнеримская мера времени, пять лет).

[4] Д. С. Лихачев дал в сб. статью «Слово и сад»; М. Я. Билинкис и А. Б. Рогинский в сб. не участвовали.

327

<Середина января 1981 г.>[1]

Дорогой Борфед!

Посылаю Вам два фото для Карамзина, которые вместе с третьим, имеющим поступить к Вам от Б. А. Успенского и изображающим кошмарную зарисовку парижского художника 1790 г. головы Фулона на пике (Карамзин был свидетелем этого зрелища, писал о нем в «Письмах», и я хочу, чтобы такая иллюстрация обязательно была, — это удар по обывательско-литературоведческим представлениям о путешественнике с бутоном в петлице и овечкой на розовой ленточке!), исчерпывают мой долг издательству. Больше иллюстраций не будет. На всякий случай прилагаю пленку, если фотографии начнут браковать за печать.

Прилагаю также две соответствующих аннотации. Как Вы могли заметить, я делаю список иллюстраций не совсем обычным — сопровождаю его комментарием, показывающим неслучайность данных именно иллюстраций, их связь с текстом. Одновременно эти примечания проливают известный свет и на текст. На таком (а не формальном и случайном) принципе подбора и объяснения данного подбора я хотел бы настаивать.

С деловой частью покончено — далее см. поздравительную открытку.

[1] Датируется по связи с предыдущими и последующими письмами и по приложенной к письму открытке: поздравление Татьян (моих тещи и дочери) с Татьяниным днем 25 января.

328

<8 марта 1981 г.>

Дорогой Борфед!

Очень хотелось бы, чтобы Вы приехали в Тарту на семинар 13—15 марта. Думаю, что будет интересно. И вообще бы пообщались.

Теперь о другом: <...> конфиденциально сообщил, что Гришунин надеется каким-либо способом обойти Д<митрия> С<ергеевича> — коечто смягчить, но общий смысл редакционного осуждения спорной статьи сохранить[1]. Он рассчитывает на удаленность и усталость Д<митрия> С<ергеевича>. Я не знаю, как об этом поставить Д. С. в известность: а) не травмируя его; b) не называя прямо источник информации, на что мне право не дано.

Но мне кажется исключительно важным, чтобы статья была опубликована без «закрывающего» резюме, которое может затруднить издание книги, к чему Гришунин и ведет явно дело, желая ее заблокировать и в Ленинграде (действует он при этом и слухами — мол, реставрируют старую орфографию со всеми следующими оттенками). От своего имени Гришунин может хоть матом ругаться, но редакционная «врезка» должна быть нейтральной. Думаю, что очень важно, чтобы Д. С. написал ясно о своей позиции Г. Степанову — устная передача через Кузмина мало действенна: во-первых, при устном пересказе категоричность позиции Д. С. может быть сведена на нет, во-вторых, Кузмин рохля, хотя и человек, кажется, благожелательный, и может вообще что-то промычать <...>.

Я внутренне сопротивляюсь усталости, которая заливает меня, как вода утопающего. Боюсь дожить до минуты, когда станет «все равно». Поддерживает меня спецкурс по Тютчеву, который я читаю с большим напряжением — новый и малоизвестный для меня материал, большая аудитория (такой большой в Тарту никогда не было). Очень трудно, в том числе и физически, еле договариваю два часа (к тому же это вечером после 4-х часов лекций), но именно это и поддерживает форму.

Сердечные приветы с 8-м марта Вашим дамам. Получила ли Таня ответ относительно Кубы и какой?[2]

Приезжайте!

8.III.81. Ваш Ю. Лотман

[1] Статья Ю. М., Н. И. Толстого, Б. А. Успенского «Некоторые вопросы текстологии и публикации русских литературных памятников XVIII века» («Известия АН СССР», серия литературы и языка, 1981, № 4) заканчивалась приложением «От редакции», где все-таки признавалась дискуссионность выдвинутых положений и сообщалось, что при обсуждении проблемы на заседании редколлегии «Литературных памятников» были и другие точки зрения.

[2] Моя дочь Таня в мае 1981 г. уедет с семьей на три года на Кубу (муж получил туда назначение на работу).

329

<7 мая 1981 г.>[1]

Дорогой Борфед!

Я только что получил от Е. А. Смирновой встревожившее меня довольно бестолковое письмо. Она пишет, что возникли трудности, не указывая точно, какие, и срочно вызывает меня в Ленинград. Сейчас приехать я никак не могу. Мне удобнее всего был бы конец мая, т<ак> к<ак> 2-го июня я делаю в Пушдоме на Пушкинской сессии доклад и заранее очистил себе конец мая — начало июня. Но, если дело действительно очень срочное, а Вы, как она пишет, 14-го вечером надолго уезжаете в Череповец, то я готов приехать 14-го утром (могу выехать 13-го в ночь на 14-е). Тогда я мог бы 14-го весь день с Вами и Смирновой работать. Буду пытаться Вам дозвониться, но это очень трудно.

Будьте здоровы!

Сердечно Ваш Ю. Лотман
7.IV.81.

[1] Дата, поставленная Ю. М. в конце письма, отправленного не по почте, а с оказией, — ошибочна: я уезжал читать лекции в Череповец в мае, а не в апреле.

330

10 июня 1981 г.

Дорогой Борфед!

Большое спасибо за письмо, еще большее за статью[1]. Вы спрашиваете, «не мало ли воздали», — satis, domine[2], еще как пере-satis! (пере-, но не обо- !) Я считаю, что Вы пере $\frac{\text{солили}}{\text{satis'или}}$. А я всегда сторонник, чтобы было несколько недо-. Статья меня растрогала (не вру), но я предпочел бы, чтобы было посуше, — ведь будут читать и недоброжелатели, которые охотно истолкуют всё по-своему. Сборник получился, кажется, неплохой. Огорчило меня, что кафедра (наша бывшая!), кроме молодежи (Любы, Маши Плюхановой и Игоря), не дала ничего — огорчило не по честолюбию, а как один из показателей внутреннего застоя кафедры, которая для меня все еще дом родной. Причин «кафедральной болезни» много — общих и частных, — но тем более больно[3]. Это ведь мой дзот*.

Завидую Вашим летним вояжам — мы в Эльве, и работы на лето предвидится больше, чем дней. Если хоть 40% самого необходимого сделаю, то поставлю себе 4+ (на 5 не надеюсь).

Если уж говорить по-латыни (по поговорке: «По-латыни две алтыни, а по-русски семь копеек»), то меня волнует не «гонорис», а «гонорарис кауза»[4]. Оформляет ли Ознобишин договор[5]? Когда прикажете получить-с? Очинно надобно…

От Лены Смирновой я получил странную открытку о том, что сейчас она занимается Некрасовым и Приймой[6], а до меня и Карамзина у нее руки дойдут лишь к сентябрю. Весело…

Между тем Крундышев вошел в раж и редактирует, редактирует, редактирует[7]. Уже и корректура была, а он все редактирует и все новые и новые изменения вносит. Я «лопнул» и написал ему резко, мол, хватит редактировать (я книгу сдал пять лет тому назад!) — пора издавать.

Только что прочел очень интересную книжку о русских былинах, изданную в Лиссабоне на французском языке[8] (во!). Нам бы, да так. Имя автора самое романтическое: Хозе Карлос Гонзалес да Сильва. Не учился ли он где-нибудь в Питере? Уж больно хорошо знает русский язык и русскую научную литературу (даже на Байбурина и Неклюдова в тартуских изданиях сослался, а уж про Топорова—Иванова и говорить нечего — демократ). 16 июля в 11.00 отмечается 90-летие Эрнитса (я тоже со-докладаю). А старик молодцом — нам бы, да так.

Очень хочется сочинить летом нечто о Тютчеве. Уже многое обдумано. Но есть и другие работы.

---

* Конечно, это нормально. Ведь заранее знаешь, что к старости останешься неизбежно со всеми вопросами один на один, и никакая сила не сможет прикрыть и взять часть ответственности. Но все хочется оттянуть это время, спрятавшись за какое-нибудь баловство. И все равно рано или поздно останешься с глазу на глаз с Хозяином. Так-то (*примечание Ю. М. Лотмана*).

Сердечные приветы Вашим дамам. Тане и Кирюше кубинским тоже поклоны[9].

Зара шлет приветы. Она чувствует себя неважно.

Будьте здоровы! Обнимаю, Ваш Ю. Лотман
10.VI.81.

[1] Речь идет о моей статье «К 60-летию Юрия Михайловича Лотмана» для сборника «Finitis duodecim lustris. Сборник статей к 60-летию проф. Ю. М. Лотмана» (Таллин, 1982).

[2] достаточно, господине (*лат.*).

[3] Ю. М. очень любил кафедру, именно поэтому у него, при повышенных требованиях, часто срывались с уст ворчливые и даже негативные интонации.

[4] Каламбур: вместо известной латинской формулы «honoris causa» («по причине заслуг») Ю. М. употребляет сочиненную им формулу «по поводу гонорара».

[5] Д. В. Ознобишин должен был подготовить материалы для заключения в Ленинграде издательского договора с составителями книги Карамзина.

[6] Е. А. Смирнова была издательским редактором академического «Полного собрания сочинений и писем в 15 томах» Н. А. Некрасова, которое начало выходить с 1981 г.; Ф. Я. Приймa возглавлял редколлегию издания.

[7] А. А. Крундышев много лет подготавливал к печати книгу Ю. М. «А. С. Пушкин. Биография писателя» (вышла в свет в декабре 1981 г.).

[8] В библиотеках Петербурга такая книга не обнаружена.

[9] См. примеч. 2 к п. 328.

331

<Около 14 августа 1981 г.>[1]

Дорогой Борфед!

Статью Панченки я получил и с удовольствием прочел. Мог бы ему рассказать кое-что добавочное о скитаниях руки Иоанна. Но дело в том, что Исаков том уже давно сдал и к дополнениям относится сухо[2].

Я не понял: 60% выписываются по старому договору или с учетом той справки о фактическ<ой> работе, кот<орую> я писал для Смирновой?

Как Ваше лето? Очень хотелось бы поговорить.

Поклоны дамам. З<ара> шлет приветы.

[1] Датируется по штемпелю ленинградской почты (тартуского нет): 17.08.81.

[2] Статья А. М. Панченко не обнаружена в тартуских изданиях.

332

<30 августа 1981 г.>

Дорогой Борфед!

Большое спасибо за 60%, кот<орые>, наконец, получил. Теперь для меня забота — изъять у Л. Генина то, что ему переплачено (по букве первоначального договора), и распределить между реальными трудящимися. Но это уже мелочи. От Смирновой никаких известий.

Статью Панченки, к сожалению, вставить в сборник не удалось: Сергей не хочет лишних уламываний издательства, а я вообще в этот сборник не вмешиваюсь. Если Панченко не возражает, то я включил бы его заметку в очередную «Семиотику», кот<орую> надеюсь собирать в феврале—марте[1]. Спросите его при случае.

А вот дело, которое меня поставило в тупик, и я не знаю, как быть. Я прочел работу Михайловской и пришел в чрезвычайное уныние. Конечно, она прочла рукописные материалы Одоевского, но использовать их... У нее нет минимальной исследовательской культуры — Базанов, Григорян и Прийма ее высшие авторитеты (+ винегрет из цитат из Макогоненко, Храпченко, меня и tutti quanti[2]). Историю литературы в логике ее процессов она не понимает совершенно. Все, что я думаю, я изложил ей, по-моему, мягко, но твердо (копию моего письма к ней прилагаю). Что Вы об этом всем думаете[3]?

Вот и лето кончилось. В этом году мы с Зарой его как-то совсем не заметили. Ужасно неохота начинать новый год. Надеюсь в сентябре побывать в Питере (Смирнова обещала все же заняться Карамзиным).

Бог даст, поговорим о том, о сем. Кстати, спасибо за Мирослава — он очень Вас благодарил[4].

Будьте здоровы! Поклоны Вашим дамам. Что с Кубы — как Кирилл кубинизируется[5]?

Сердечно Ваш Ю. Лотман
30.VIII.81.

8-го октября — 50 лет С. Исакову — поздравьте!

[1] См. примеч. 2 к п. 331.
[2] все до одного, все вообще (*итал.*).
[3] Н. М. Михайловская все же защитила в ИМЛИ свою диссертацию «В. Ф. Одоевский — писатель-просветитель» (1985); некоторые замечания Ю. М. она учла.
[4] Моя семья привечала в Питере семью М. Дрозды.
[5] См. примеч. 2 к п. 328.

<Копия письма к Н. М. Михайловской>

Глубокоуважаемая Надежда Михайловна!

Почти весь август посвятил я изучению Вашего фундаментального труда и сейчас могу принять на себя смелость вынести о нем суждение. Не вдаваясь в детали, впечатление мое сводится к следующему: Вы проделали огромную работу, подняли исключительно обширный материал и, в целом ряде случаев, удачно его осмыслили. В этом письме нет смысла перечислять бесспорные достоинства Вашей работы. Поскольку письмо имеет деловой и рабочий характер, уместнее, кажется, остановиться на недостатках, которые, к сожалению, тоже имеют место.

Прежде всего, возражение вызывают два основные концепционные положения Вашей работы: многократно подчеркиваемая связь Одоевского с декабризмом, во-первых, и его причастность к просветительству, во-вторых. Оба положения сами по себе не вызывают возражений — возражения вызывает их интерпретация и, главное, способы доказательства. Начнем с первого. Близость Одоевского к идеям декабристов (биографическая близость его как человека не нуждается в доказательствах, но и не решает дела: и Жуковский, и Дельвиг, и Вяземский, и Баратынский, да и Карамзин, Сперанский и десятки (сотни!) других деятелей той эпохи были близки, знакомы, дружны, родственно связаны с деятелями тайных обществ и, в той или иной мере, находились в курсе их убеждений и планов, но, однако, мы с основанием не включаем их в декабристский лагерь, помня известное правило Декарта, согласно которому понимание требует различения) доказывается, главным образом, сопоставлениями с положениями «Зеленой Книги». Причем сопоставление ведется методом сравнения вырванных цитат из Устава Союза Благоденствия и тех или иных высказываний или идей Одоевского. Этот метод неприемлем в принципе, т<ак> к<ак> игнорирует самую природу «Зеленой книги». Это не Устав как таковой, а первая часть устава, легальное прикрытие нелегальной деятельности. Без этой нелегальной деятельности Союз Благоденствия превратился бы в тривиальное либерально-филантропическое общество. О том, что «Зеленая Книга» — документ, отражающий определенную тактику декабристской конспирации, свидетельствовали сами декабристы. Точный и беспристрастный Якушкин писал: «Устав Союза Благоденствия, известный под названием «Зеленой Книги», я читал при самом его появлении. <...> в самом начале изложения его было сказано, что члены Тайного общества соединились с целью противодействия злонамеренным людям и вместе с тем споспешествовать благим намерениям правительства. В этих словах была уже наполовину ложь, потому что никто из нас не верил в благие намерения правительства»*. В этом и весь вопрос: считал ли Одоевский, что идеалы просвещения, филантропии и проч. невозможны без политической смены и должны подготовить революционную замену самодержавия конституционным правлением или нет? Если считал (чего, разумеется, не было), то сопоставление его с декабристами уместно, если же не считал, то туманные фразы «Зеленой Книги» настолько не специфичны, что пользоваться ими для квалификации идейной позиции невозможно. А кто из писателей тех лет был против просвещения, против помощи бедным, против западных форм жизни? Даже Шишков нигде не высказывался против просвещения, был, как и Карамзин, горячим сторонником грамотности для крестьян. Если сопос-

*И. Д. Якушкин. Записки, статьи, письма. М., 1951, с. 19. (*Примечание Ю. М. Лотмана.*)

тавлять отдельные высказывания, а не документы и идейные системы в целом, то получаются «все кошки серы».

Но еще более удивительно другое: Вы упускаете из виду, что в момент, когда Одоевский выступает на сцену, Союз Благоденствия был уже пройденным этапом, его цели и приемы казались наивными или даже глупыми самим декабристам (Пушкин отказал Чацкому, с его типичными чертами бального агитатора эпохи Союза Благоденствия, в уме). Даже правительство не привлекало к следствию и суду тех, кто участвовал только в Союзе Благоденствия и потом отошел. Вы неизменно оперируете суммарным понятием «декабризм», совершенно не учитывая ни борьбы течений, ни эволюции этого явления. Фактически Вы доказываете не близость Одоевского к «декабризму», а определенное совпадение его воззрений с легальной (т<о> е<сть> служащей прикрытием) частью программы Союза Благоденствия в период, когда сам этот союз сделался давно пройденным этапом. То есть речь идет о судьбах либеральной мысли в последние года перед восстанием 14 декабря и после восстания. Так и надо говорить, это и следует анализировать, сопоставляя путь Одоевского с Вяземским, Баратынским, Чаадаевым, Тютчевым и др., т<о> е<сть> раскрывая общие закономерности этого сложного и интересного процесса. Это, к сожалению, не сделано.

Весьма удивительно то, что, много говоря о «перекличках» и «сближениях» Одоевского и декабристов, Вы полностью игнорируете тот момент, когда это сближение можно исследовать на почве реальных исторических фактов, — участие Одоевского в редактировании «Мнемозины». Позиция Одоевского как создателя этого декабристского альманаха, соотношение взглядов его и Кюхельбекера, полемика вокруг «Мнемозины» полностью Вами обойдены. Даже нет в списке литературы (или, может быть, я не смог найти в довольно сложной системе Вашей библиографии?) лучшей работы о позиции Кюхельбекера-критика — в книге Н. И. Мордовченко «Русская критика первой четверти XIX в.» — и специальной статьи о «Мнемозине» И. В. Гирченко (сб. «Декабристы в Москве», М., 1963). То, что произведения Одоевского рассматриваются вне реального историко-литературного контекста, который заменяется порой уместными, а часто натянутыми «перекличками» с писателями XVIII в., приводит к искаженному пониманию. Так, анализируя литературные воззрения, высказанные Одоевским в опубликованной в «Мнемозине» повести «Следствия сатирической статьи», Вы подводите итог: «Просветитель-реалист, Одоевский был убежден в том, что передовой интеллигенции под силу создание новой литературы» (166). Но ведь комментируемые Вами слова — текстуально связаны с программной для «Мнемозины» статьей Кюхельбекера «О направлении нашей поэзии». Почему же одни и те же тезисы позволяют характеризовать Одоевского как реалиста, а Кюхельбекера как романтика? В чем причины сотрудничества романтика и противника просветительской культуры XVIII в. Кюхельбекера и Одоевского — реалиста и продолжателя этой традиции, по Вашей характеристике? Что совпадало в их взглядах и что не совпадало? Чем вызваны расхождения между Одоевским и Кюхельбекером, сказавшем об Элладии, что это «лица, могущие существовать в одном воображении молодого человека»? Без решения этих вопросов говорить об отношении Одоевского к декабристской традиции конкретно-исторически нельзя, а у Вас эти вопросы не поставлены. Следуя методу сопоставления вырванных фраз, Вы утверждаете, что «суждения Одоевского об отечественной литературе близки А. Бестужеву» (с. 167), но не объясняете причин и смысла полемики между «Полярной звездой» и «Мнемозиной» и персонально против Одоевского направленных слов Бестужева: «Страсть писать теории, опровергаемые на практике, есть одна из примет нашего века, и она заглавными буквами читается в «Мнемозине»*.

Итак, вопрос об отношении Одоевского к декабризму должен быть поставлен конкретно-исторически, учитывая сложность течений, эволюцию этого движения и исторические судьбы его наследия после 1825 г., диалектику его отношения с легально-либеральными учениями, особенно в сложных переплетениях идейной жизни 1840—1860-х гг.

Не менее сложен и второй вопрос — «просветительский». Мне хотелось бы обратить Ваше внимание на то, что термин этот употребляется в очень противоречивых значениях, и Вы являетесь, в значительной мере, жертвой путаницы, царящей в данном вопросе. Ленин, на которого Вы много ссылаетесь, в подцензурной статье имел, на самом деле, в виду Чернышевского, которого не мог назвать и вынужден был назвать Скалдина искусственно. Но совершенно очевидно, что в том значении, в котором может быть назван просветителем Чернышевский, ни Новиков, ни Крылов и многие другие, часто так именуемые, просветителями не являются. Но существовало и более широкое толкование этого термина. По крайней мере, вопрос не может быть сведен к перечислению отдельных, тривиальных признаков типа: сторонник просвещения, гуманист, поклонник науки, защитник женщин и проч. Необходимо раскрыть систему воззрений Одоевского, построить его целостную эволюцию от шеллингианства к позитивизму контовского типа (связь Одоевского с французскими философами-энциклопедистами, которую Вы хотите доказать некоторыми, показавшимися мне неубедительными, сближениями отдельных высказываний, представляется сомнительной; вспомните, что любомудры потому и назывались любомудрами, что слово «философ» казалось им дискредитированным французами XVIII в., и они даже по названию не хотели их напоминать; почему Вы обходите молчанием большое число отрицательных высказываний любомудров об энциклопедистах?), а затем уже говорить о том, может ли быть его мировоззрение в своей целостности сближено с просветительским.

У меня создалось впечатление, что Вы прекрасно знаете корпус текстов Одоевского и чувствуете себя неуверенно за его пределами. Но

---

* А. Бестужев. Взгляд на русскую словесность..., «Полярная звезда», 1825, с. 19. (*Примечание Ю. М. Лотмана.*)

ведь исторически интерпретировать произведения Одоевского вне контекста нельзя. Приведу один лишь пример из числа имеющихся у меня многих: Вы называете «Домашнюю беседу» «органом славянофилов» (стр. 113) и «оплотом славянофильства» (371). Это доказывает, что Вы этой газеты в руках не держали и ничего не читали о ней. Это издание никакого отношения к славянофильской журналистике не имело — его издателем был крайний обскурант В. И. Аскоченский, публиковавший доносы и на демократическую, и на либеральную (в том числе и славянофильскую) прессу. Такие промахи, когда Вы выходите за пределы текста Одоевского, нередки.

Наконец, переклейки кусков привели к тому, что в работе часто нарушается связность и логика изложения.

Это все не означает, что я не вижу в работе положительных сторон: есть очень интересные и убедительные части (напр., анализ «И. Бруно и Аретино»). Однако в настоящем виде я не могу считать работу готовой к защите. Думаю, что в настоящее время у Вас имеются две возможности: или согласиться с моими замечаниями и доработать диссертацию в этом направлении, или же вступить в переговоры с другим оппонентом, поскольку иначе я не смогу не высказать на защите своих сомнений.

Поверьте, дорогая Надежда Михайловна, что я вижу и ценю проделанный Вами большой труд и именно уважение к Вашим исследовательским возможностям заставляет меня говорить с Вами прямо и, может быть, даже несколько сурово: серьезность Вашего труда требует серьезной же и честной оценки, и я счел бы себя недостойным Вашего доверия, если бы стал прибегать к облегченным критериям и формулировкам.

С искренним уважением

Ваш Ю. Лотман
Тарту.
25 августа 1981.

333

<24—25 октября 1981 г.>

Дорогой Борфед!

Спасибо за поздравления. Матрешки уже не выглядят гиперболой[1]. Жуть!

27 ноября Князевская организует в Совете по культуре заседание, посвященное Д<митрию> С<ергеевичу>. Мы с Борисом Андреевичем докладаем. А Вы[2]? Пообщались бы... Юбилей Сергея прошел тепло. Вашу телеграмму торжественно читали. Сергей был растроган, добр и мягок, трогательно говорил о кафедре, которая, между тем, все более превращается в дорогое воспоминание.

Живем в суете, мелочах и, увы, уже болезнях (то я, а теперь Зара все хворает, но не может привыкнуть болеть и, тем более, — лечиться). Из мелочей: биография Пушкина идет, но с некоторыми забавными деталями, которые слишком длинны для письма, — при встрече; литературный словарь, издаваемый теперь КЛЭ, заказал мне несколько статей, в том числе и «Семиотику» — Тимофеев зарубил, сказав, что это то же, что статью «Религия» поручать папе римскому (по-моему, даже лестно!)[3]. В университете кипит жизнь, способная повергнуть в изумление даже бывалого человека. Все это треп, а вот что важно:

В работе над текстом «Писем русского путешественника» Н. А. Марченко и Б. А. Успенский на последних этапах приняли такое участие, что это непременно надо отразить при перезаключении договора. Распределение (реальное) работ такое:

Подготовка текста «Писем» — Лотман, Марченко Нонна Александровна, Успенский Борис Андреевич.

Комментарии — от начала до конца Швейцарии — Генин, Франция и Англия — Лотман.

Статья: Лотман (3 п. л.). Успенский (2 п. л.) (точное распределение у Смирновой).

Статья Карамзина о русской литературе — перевод Ю. Лотмана, подготовка текста и комментарий — Лотман.

Письма Петрова к Карамзину — подготовка текста — Лотман и Успенский, комментарий — Лотман.

Переписка с Лафатером — подготовка текста и комментарий — Лотман.

Варианты к тексту «Писем» — Марченко.

Предисловие к вариантам — Марченко.

«О текстологических принципах передачи текста "Писем"» — Лотман, Успенский.

Некоторая сложность с иллюстрациями. В первом варианте договора И. Н. Медведева заключила договор с С. Б. Вревской, тогда зав. отделом эстампов ГПБ. Однако фотографии, представленные Вревской, техн<ическая> часть все забраковала. Изготовлять новые Вревская, которая тем временем вышла на пенсию и потеряла связь с фотографами, отказалась. Да и подбор меня не удовлетворял. В результате все иллюстрации были заменены теми, которые подобрал я. Я не знаю, действенен ли старый договор: с тех пор масса вещей изменилась, т<ак>, н<апример>, в первом варианте договора со мной (уже после смерти И. Н. Медведевой) Ознобишин записал меня не только автором и составителем, но и редактором издания, специально объясняя мне, в ответ на мои возражения о неудобстве, что это вполне возможно (этот вариант есть у меня). Затем, забыв об этом, он заключил договор на редактирование с И. М. Семенко (я, конечно, не возражал), а потом — снова забыв — с Д. С. Лихачевым. Всю эту историю вопроса не стоит ворошить, но с Вревской я не знаю, как быть: 1. Как бы старушка, очень почтенная и милая, не обиделась. Боюсь, что она уж не помнит, какие материалы давала 10 лет тому назад, и ей может показаться, что это именно ее иллюстрации; 2. Она ставила условием, чтобы ей прислали экземпляр «Писем», и Ознобишин, со свойственным ему легкомыслием, при мне ей сказал: «Ну, Юрий Михайлович Вам выделит из своих...» М<ожет> б<ыть>, при перезаключении договора отметить иллюстрации как Вревской и Лотмана? Деньги я, Бог с ней, да там и пустяки, ей готов уступить, но никаких экземпляров: я сам буду испытывать в них нехватку, а по совести там ее труда нет, поэтому я боюсь ей формально закрепить иллюстрации единолично.

Вообще покойная Ирина Николаевна, не тем будь помянута, очень легкомысленно подобрала себе сотрудников: Ларик Генин очень милый парень (к тому же он только что перенес инфаркт, так что не критикуем «в открытой печати»), НО он хорошо знает немецкую литературу и совершенно не знает и не понимает Карамзина. Поэтому, комментируя Лессинга, Мендельсона или Лафатера, он поясняет их очень верно, но так, что можно перенести из Карамзина в примечание к любому другому автору. Т<о> е<сть> он объясняет их имена, а не текст Карамзина. Сейчас так комментируют почти все — самый бесполезный тип комментария! Так получается, когда комментирует не специалист в данном тексте, а некоторый грамотный филолог вообще. Такой комментарий нужен только читателю, не знающему, кто такие Шиллер и Лессинг. Но к нему «Памятники» все равно не попадают. Поэтому его комментарий я, между нами (об этом не нужно говорить, чтобы Ларик не огорчился), почти полностью переписал (конечно, на основе его текста, так что реальный вклад его очень велик).

На душе у меня так же смутно, как и в макрокосме. Надежды смешиваются с досадой на слишком медленную и для меня слишком позднюю их реализацию, и с опасениями, и еще со многим. С отвращением ежедневно замечаю растущие признаки старости — головные боли (их никогда не было), разлад в требухе и проч. И это тем более обидно, что душа не стареет, сердце не может насытиться и успокоиться, голова работает: я, не соврав, скажу, читаю сейчас свои лучшие в жизни лекции — курс «Литературная жизнь в России XVIII — нач. XIX вв.» (кружки, салоны, литературный быт и проч.). Новый для меня материал (я начал с французских салонов XVII в.), сознание того, что так читаю, м<ожет> б<ыть>, последний раз (если душа не может победить тела — его усталости, болезней, если в ходе лекции не забываешь тела, лекция не может получиться), создают наэлектризованную атмосферу, которую пока удается передать аудитории.

Вообще при господствующей вокруг энтропии все струны души натянуты: никогда так не слушалась музыка, так не ходилось под дождем, как сейчас...

Боже, какой ужас с Дм<итрием> С<ергеевичем>[4] — я вечер плакал, как ребенок, потом написал ему какое-то сумасшедшее письмо. Дай Бог ему сил!

Простите за сумбурное письмо. Приветы Вашим дамам. Как Куба и Кирилл в Кубе[5]? Пишите. Ваш Ю. Лотман

P. S. Зара болеет.

[1] В связи с обилием внуков Ю. М. и рождением очередной внучки я послал поздравительную открытку, на которой был изображен ряд матрешек (кажется, семь).

[2] Т. Б. Князевская к 75-летию Д. С. Лихачева организовала в Московском Доме ученых научную конференцию (27 ноября 1981 г.), на которой выступали Ю. М., Б. А. Успенский и я.

[3] Имеется в виду «Литературный энциклопедический словарь» (выйдет в свет лишь в 1987 г.). Редакция КЛЭ пренебрегла лестным негативным мнением Л. И. Тимофеева: статья «Семиотика» в словаре принадлежит Ю. М.

[4] В Ленинграде погибла (попала под машину) Вера Дмитриевна, дочь Д. С. Лихачева.

[5] Ю. М. и здесь не удержался от каламбура: конечно, надо бы сказать «на Кубе» (см. примеч. 2 к п. 328).

334

<1 ноября 1981 г.>

Дорогой Борфед!

Посылаю Вам к сведению копию сердитого письма, которое я вынужден был послать Е. А. Смирновой. Работать с ней трудно: она ни разу не прислала мне полного и делового списка своих вопросов, а шлет путаные письма в тоне светского трепа, в которые утоплены среди ахов о том, как она дни и ночи сидит над рукописью, вопросы в совершенно хаотическом порядке и в таких неясных формулировках, что приходится ломать голову над тем: что же ей все же нужно? Но окончательно меня рассердило ее последнее письмо (тоже в тоне светской беседы), из которого ясно, что она осаждает вопросами, которых мне не задавала, Ю. Левина, П. Заборова, Н. А. Жирмунскую, Западова, Баскакова и еще легион. Причем часто вопросами пустяковыми, которые в десять минут могла бы решить и сама. Например, чтобы перевести цитату Салтыкова из старого издания на новое, ей надо обращаться к Баскакову. Мне ее жалко: она человек нервный, почти больной, и утверждается, «создавая волну» вокруг своей работы. Но мне-то совсем не приятно, когда, вместо делового обсуждения с редактором, создается «общее собрание», в результате чего вокруг книги возникает совершенно ненужный шум.

Поэтому, как мне ее ни жалко, я вынужден был написать ей суровое письмо с просьбой со всеми вопросами обращаться ко мне. Я ей отвечаю исправно (жаловаться она не может — сама меня все время благодарила за точность и быстроту ответов), есть возможность в срочных случаях вызвать меня к телефону. Старался я писать мягко, хотя и зол.

Спасибо за А. А. Фурсенко — поищу оттиск, если не найду — сделаю ксерокопию[1]. Книжки по русской истории мне, конечно, не помешали бы, а вот институту они, по-моему, лишние: все равно разворуют, да в Ленинграде они и не редкость. Если же хочет дарить государству, так пусть уж нашему университету[2]. Поклоны Вашим.

1.XI.81. Вообще я стал злой, как собака, хотя от природы бобр[3].

Ваш Ю. Лотман

[1] Историк А. А. Фурсенко, узнав, что Ю. М. печатал в Тарту материалы (письма А. М. Кутузова к И. П. Тургеневу и комментарии к ним), подготовленные его покойным родственником В. В. Фурсенко (VI том «Трудов...», 1963), попросил у меня оттиск этой публикации.

[2] А. А. Фурсенко предлагал подарить какие-то лишние книги из его домашней библиотеки.

[3] Из университетского анекдота: студент, сдавая экзамен по чужой шпаргалке, во фразе «человек от природы добр», произнес последнее слово как «бобр».

<Копия письма к Е. А. Смирновой>

Дорогая Елена Александровна!

Сразу же по получении Вашего письма высылаю Вам ответы на вопросы. Правда, прислав мне список из десяти пунктов, Вы не написали, что же от меня, собственно, требуется: перевод текстов, комментарий к ним или проверка правильности написания. Относительно десятого пункта я получил на другой день (т<о> е<сть> сегодня) дополнительную открытку с разъяснением: требуется перевод, но относительно всех других Вы оставили меня в неведении. На всякий случай присылаю и перевод, и комментарий, там, где он нужен или я могу его дать.

Однако не могу не отметить, что некоторые стороны Вашего письма меня огорчили и ставят меня в необходимость войти в объяснения. Вы пишете: «Если бы Вы знали, сколько для Вас сделали — Левин (1-е место), Петя Заборов, я рискнула впрячь даже Жирмунскую, и она неожиданно была очень любезна, тогда как Западова хватило только на 1 раз, а при вторичном обращении он почему-то помянул нечистого. Звонила и в Дом творчества «Комарово» и оттуда выгребала нужные справки. Щедрина Вам перевел на новое изд<ание> В. Н. Баскаков» и проч.

Дорогая Елена Александровна, не было случая, когда я не ответил бы на Ваш вопрос или отказался это сделать*. Только перевод цитаты

* Положа руку на сердце. Вы также не можете меня упрекнуть в том, что я задерживаю ответы на Ваши вопросы: Вы сами знаете, что через день-два после их получения я отправлял Вам с нарочными ответы, которые Вы, как Вы сами писали мне в письмах и телеграммах, получали гораздо быстрее, чем рассчитывали. Итак, обвинять меня в том, что я на какие-либо вопросы не отвечал или задерживал ответы, у Вас нет никаких оснований. (*Примечание Ю. М. Лотмана*).

Щедрина я не смог сделать, т<ак> к<ак> нового издания в Тарту нет. Но ведь для этого не нужно обращаться ни к какому Баскакову, а достаточно Вам, квалифицированному филологу, подойти в библиотеку Пушкинского Дома (два шага!) и взять оба издания — дела на десять минут и быстрее, чем обращаться к Баскакову, если не ставить своей целью поднимать вокруг издания шум, дискредитирующий его авторов.

Я считаю совершенно естественным, что в рукописи в 55 печатных листов набралось несколько десятков вопросов, требующих уточнения. Так бывает всегда, и никакие «жени́»[1] (т<о> е<сть> гениальничающие и небрежные авторы) здесь не повинны. В этом случае редактор составляет полный список всех имеющихся у него вопросов и обращается с ними к авторам.

Дорогая Елена Александровна, я слишком давно Вас знаю как хорошего и близкого мне человека, слишком тепло и с доверием к Вам отношусь, чтобы подозревать с Вашей стороны желание принести какой-либо ущерб мне или редактируемой Вами книге. Но подумайте сами, что Вы делаете: Вы мне пишете очень интересные и радующие меня, но совершенно беспорядочные, хаотические письма, из которых я должен выуживать Ваши вопросы и толковать, что́ именно Вы спрашиваете (вот, например, в последних вопросах Вы ни при одном не подумали указать, откуда извлечены те или иные слова или строки, требующие объяснений (или переводов? или исправлений?) — я должен был перерыть заново весь текст «Писем», убедиться, что там этого нет, потом обратиться к Письмам к Лафатеру и там найти; не проще ли было бы указывать: «В письме к Лафатеру № такой-то то-то неясно»?). Но теперь выясняется самое ужасное: Вы, оказывается, посылаете мне не все свои вопросы, а с частью из них обращаетесь к разным посторонним лицам (пусть это даже милые для меня Ю. Левин и П. Заборов). Кто Вас на это уполномочил? Разве Вы не понимаете, что этим Вы, нарушая редакторскую этику, наносите ущерб и репутации Вашего же издания, и моей как автора, представляя меня некомпетентным или небрежным? Увы, горько, но факт — объективно (конечно, помимо своих намерений, в которых я ни минуты не сомневаюсь) Вы создали вокруг «Писем русского путешественника» атмосферу дискредитации издания.

Я решительно настаиваю, чтобы, если участие Ю. Д. Левина, П. Заборова и Н. А. Жирмунской было так велико, как Вы пишете, т<о> е<сть> если они выполняли авторскую, а не редакторскую работу, чтобы С НИМИ БЫЛИ ЗАКЛЮЧЕНЫ ДОГОВОРА И ИХ ТРУД БЫЛ ОГОВОРЕН И ПОЛУЧИЛ КОМПЕНСАЦИЮ. Про меня еще никогда не говорили, что под моим именем печатаются результаты чужих трудов.

Я с Вами совершенно согласен, что подготовка текста писем Петрова должна идти не только под моим именем. Еще до получения Вашего письма я писал об этом Борису Федоровичу. Теперь для Вас дублирую то окончательное распределение работ, которое должно быть отражено в перезаключенном договоре:

Письма русского путешественника. Подготовка текста Ю. М. Лотмана, Н. А. Марченко, Б. А. Успенского.

Н. А. Марченко. История текста «Писем».

Варианты к тексту (Н. А. Марченко).

Ю. М. Лотман, Б. А. Успенский. «Письма русского путешественника» Карамзина и их место в развитии русской культуры.

Комментарий к «Письмам русского путешественника» (Л. Е. Генин, Ю. М. Лотман).

Н. М. Карамзин. Письмо в «Зритель» о русской литературе (перевод, подготовка текста и комментарий Ю. М. Лотмана).

Н. М. Карамзин. Переписка с Лафатером (подготовка текста и комментарий Ю. М. Лотмана).

А. А. Петров. Письма к Карамзину (подготовка текста Ю. М. Лотмана, Б. А. Успенского, комментарий Ю. М. Лотмана).

Я не могу принять окончательного решения о порядке писем Петрова (прав ли Б. А. или нет). Сдавайте пока так, а к моменту возвращения рукописи я подъеду в архив Пушкинского Дома и взвешу все аргументы.

Я надеюсь, что давность и крепость моей к Вам симпатии дает мне право на это откровенное письмо. Не сердитесь, а вдумайтесь sine ira et studio[2] в то, что я пишу.

Искренне и неизменно Ваш Ю. Лотман
1 ноября 1981.

[1] génie — гений (*фр.*).
[2] без гнева и пристрастия (*лат.*).

335

<4 ноября 1981 г.>

Дорогой Борфед!

Спасибо (Гм! Сказывается время, 2 часа ночи) за большое и теплое письмо. В нем много интересного, а кое-что даже поразительно (например, о карточных игроках). Но, знаете, удивительное вокруг нас: вот Вы излагаете мне доклад Нинова, а я мучительно думаю, что это я уже где-то читал. Да, в статье Л. Флейшмана «О гибели Маяковского как "литературном факте"». Не могу процитировать всю эту, очень содержательную, статью, а вот отрывок: «14 апреля было первым днем Страстной недели (по православному календарю). (В субботу, 19 апреля, Маяковский должен был выступать на антипасхальном вечере*.) 17 апреля состоялись похороны, поразившие друзей Маяковского всенародными масштабами оплакивания поэта <...>, а на следующий день, 18 апреля

* См.: «Литературная газета», 14 апреля 1930; цит. у Катаняна: Маяковский, Лит. хроника, изд. 3, М., 1956, с. 408. (*Примечание Ю. М. Лотмана.*)

(в «Великую пятницу»), произошло обращение Сталина к Булгакову по телефону[*] в ответ на письмо Булгакова от 28 марта»[**]. Далее говорится об отражении этого сцепления событий в биографии Булгакова и сюжете «Мастера и Маргариты», о предсмертной записи Булгакова «Маяковского прочесть как следует», о мотиве вручения револьвера поэту (в черновиках) и проч. О «пилатовской линии».

Вот какие чисто булгаковские чудеса бывают, дорогой Борис Федорович. Вот и разберись, кто же автор доклада! Конечно, может быть, Нинов и своим умом дошел, а hierosolymitana non leguntur[***]. И вообще, не клади плохо, не вводи в искушение.

Смирнову мне сделалось жаль, и я написал ей полное мягкости письмо, но все же повторяю требование, чтобы с вопросами обращалась ко мне, а в случае срочности — вызывала: я здоров сейчас и могу приехать — лучше, чем одалживаться у Западова! Да и наврет еще...

За оборону от Гришунина чувствительно благодарю. Все-таки им неймется. С Гениным пусть остается как есть, — чего уж, он только что инфаркт перенес и вообще.

Был сегодня в типографии: пять (!!!) наших томов: три семиотики (XIII, XIV, XV), Блоковский сб<орник> и том «Трудов» лежат без движения: нет бумаги, краски и еще чего-то. Как любил говорить Бунин: «Вот встал бы из гроба Антон Павлович Чехов и покрыл бы вас по е... м...» (это слова одного московского букиниста, которому предлагали дешево продать книги Чехова, — Бунину они полюбились, и он часто их цитировал. Я тоже). Особенно впечатляет картина: Чехов именно ради этого встал из гроба.

Ну ладно, хватит болтать. Сейчас глубокая ночь — работать надо, а не трепаться.

Зара рядом пишет и шлет Вам и Вашим теплые приветы.

Поклоны дамам.

Сердечно Ваш Ю. Лотман
4.XI.81.

336

<10 апреля 1982 г.>

Дорогой Борфед!

Спасибо за Ваше письмо. Дат, когда издательство возвращало мне рукописи, я не помню[1]. Смог восстановить только то, что биографию Пушкина после последней рецензии (а рецензировали они несколько раз) мне вернули 14 марта 1978 г.

---

[*] Вопросы литературы, 1966, № 9, с. 134—139. (*Примечание Ю. М. Лотмана.*)
[**] См. Slavica Hierosolymitana, vol. IV, 1979, P. 128. (*Примечание Ю. М. Лотмана.*)
[***] «Иеросолимитана» не читается (*лат.*). (*Примечание Ю. М. Лотмана.*)

Но это все абсолютно неважно и, как следует сказать адвокату, никакого отношения к делу не имеет, так как: 1) Все дополнения и переработки (которые ни после одной рецензии не были обширными) — рукописи были в принципе одобрены после первой же рецензии, совершались без нарушения предусмотренных договорами сроков, а издательство не отменяло пункта договора, определяющего срок выхода книг. 2) По точному юридическому смыслу договора, если издательство имело законные основания для задержки выпуска книг, оно должно было заключить дополнительное соглашение, подписанное в частности мной, отменяющее действие пункта, определявшего сроки выхода книг. Поскольку это не было сделано, обязательства, взятые издательством по договору, сохраняют всю юридическую силу.

Простите, что втягиваю Вас во всю эту ерунду.

Вышел еще один томик наших «Трудов по русской и сл<авянской> филологии»[2]. Завтра его вышлю Вам. Томик, кажется, хороший.

Сердечные приветы Вашим дамам.

10.IV.82. Ваш Ю. Лотман

Простите за чисто «юридическое» письмо. — Всю ночь не спал, голова гудит, настроение скверное...

[1] Ю. М. начинал тяжбу с ленинградским отделением издательства «Просвещение» по поводу каких-то материальных ущемлений в связи с выходом его книг «Роман А. С. Пушкина «Евгений Онегин». Комментарий. Пособие для учителя» (1980) и «А. С. Пушкин. Биография писателя. Пособие для учителя» (1981) и просил моего посредничества. В следующем письме он сообщил все нужные даты.

[2] Сб. «Единство и изменчивость историко-литературного процесса. Труды по русской и славянской филологии. Литературоведение». Тарту, 1982. Это первый том «Трудов...» без общей нумерации.

337

<Май 1982 г.>[1]

Данные о прохождении рукописи через издательство «Просвещение».

1. «Комментарий»: срок представления по договору — 1.03.76.
   фактически представлен — 26.04.76.
   вернули на доработку — 20.07.76.
   представлен с доработки — 29.10.76.
   одобрен — 1.12.76.
   утвержден сигнал — 13.08.80.
2. «Биография» — срок представления по договору: 1.08.77.
   дополнительное соглашение перенесло представление на 1.12.77.

представлено — 04.01.78.
возвращено на доработку — 14.03.78.
поступило с доработки — 23.05.78.
вторично на доработку — 23.06.78.
с доработки поступило — 30.09.78.
одобрено — 1.11.78.
на доработку по замечаниям Фомичева (без дополнительного соглашения) — 29.04.80.
вернули с доработки — 8.09.80.
сигнал утвержден — 26.11.81.

Обращаю Ваше внимание на то, что по «Биографии» рукопись была одобрена 1.11.78 и, на основании этого, мне была выплачена часть гонорара. Доработка, производившаяся с 29.04. по 8.09.80, совершалась после формального одобрения рукописи на основании джентльменского соглашения с издательством, без каких-либо изменений в условиях договора, и, следовательно, не может быть основанием для отсрочки выхода. Время выхода должно отсчитываться от даты одобрения (с 1.11.78 по 26.11.81), и, следовательно, издательство просрочило и не выполнило своих обязательств. Доработку в 1980 г. я согласился произвести только потому, что новый директор издательства уже одобренную рукопись дал на рецензию (еще одну) Фомичеву и попросил сделать некоторые добавления, поскольку «рукопись все равно лежит». Это джентльменское соглашение никак не может рассматриваться в качестве юридического основания для отсрочки выхода книги.

Меня очень беспокоит, что ВААП не начинает формального дела[2]. А потом они могут сказать, что сроки прошли. Поэтому очень Вас прошу заставить их дать делу ход, сказав, что в противном случае я вынужден буду обратиться в вышестоящие инстанции.

Простите, что занимаю Вас этой мурой.

Ю. Л.

P. S. Я послал юрисконсульту ВААП заявление с копией этих данных и требованием начать формальное дело.

[1] Датируется по связи с пп. 336, 338.

[2] ВААП — Всесоюзное агентство по охране авторских прав. Это единственная в советское время организация (якобы общественная), способная вести тяжбы частных лиц, авторов, с издательствами (получая, в случае выигрыша дела автором, определенную мзду). Лишь через ВААП можно было получать зарубежные гонорары; при этом с автора удерживали до половины гонорара, да еще и выдавали ему суммы в рублях по фантастически невыгодному валютному курсу.

338

<26—27 мая 1982 г.>

Дорогой Борфед!

Надеюсь, что это письмо Вы получите, несмотря на дачное пребывание. Я задержал Вам ответы, так как надо было достать точные сведения о хронологии прохождения рукописи. Теперь я их имею и прикладываю на отдельном листе[1]. Источник конфиденциальный.

Теперь о Ваших замечаниях по поводу моей статьи[2]. В принципе я с ними согласен, хотя хотел бы отметить следующее:

Противопоставление магии и религии — такая же научная традиция, как и их связывание. Второе имеет хождение среди определенной группы советских этнографов, исходящих из антитезы «разум — невежество». Тогда и религия, и магия попадают в общую категорию «дурмана». Но по целому ряду признаков религия и магия не только отличаются, но и противоположны, причем магия оказывается во многом сродни науке. Не случайно зарождение химии из алхимии и всех опытных наук — из магических манипуляций. Разницу между магией и религией я вижу в том, что, хотя обе они обращаются к чему-то более мощному, чем человек, но религия обращается к *существу*, а магия — к *механизму*. Представления о том, что такое этот механизм, у магии и науки различны, но и та, и другая предполагают, что эта мощная сила автоматически отвечает на действия человека (ученого, инженера, мага), а не ведет с ним игру, обладая свободной волей (между прочим, стоило науке нашего времени вступить на путь признания в Природе не детерминированной и не автоматически управляемой «воли», то есть увидать в ней не объект, а равноправного партнера — к тому же партнера, обладающего бесконечностью во времени и пространстве, — как наука начала приобретать черты религии).

Для меня было существеннее подчеркнуть не то, что объединяет религию и магию (повторяю, такой взгляд возможен), а то, что их разграничивает.

Теперь о практицизме. Вы совершенно правы, что обмен связан с практицизмом и является чертой «западной культуры» (или, по крайней мере, ее модели, созданной русской культурой). Хотел бы только отметить, что противопоставление практицизма знаковости, как кажется, нуждается в оговорках. На какой-то очень ранней стадии, которую мы можем представить себе только умозрительно и которой, может быть, даже никогда не было, поскольку она мыслима лишь до существования звуковой речи, практический обмен совершался без элементов знаковости. Однако в любом известном нам социуме любая форма практического обмена немыслима без знакового сознания. Ведь даже для того, чтобы обменять два предмета («женщина или ваза»), необходимо установить их эквивалентность, т<о> е<сть> ввести их в общую кодирующую систему. Отдельные знаки, например деньги, могут появиться и позже, точно так же как язык начинается не с точного значения отдельных слов, а с понятия кодированности. Любой обмен, т<о> е<сть> приравнивание различного и установление эквивалентностей между фактически разными вещами, подразумевает абстрагирование от их вещности, т<о> е<сть> грамматику. Любой обмен — семиотический акт. Поэтому западный практицизм находится внутри семиотики, но здесь пролегает граница между «практическими» конвенциональными знаками и метафизическими символами, т<о> е<сть> между тем, что я называю магией и религией. Мне следовало, наверное, оговорить разницу между принципом религии и реальными религиозными культами, которые всегда представляют собой амальгаму, включая и религию, и магию, и науку, и традицию бытового опыта.

Получили ли Вы том «Трудов» с заметками о Тютчеве[3]?

Знаете ли Вы, что я сделался земельным собственником? Мы купили в Причудье дом (долги, долги, долги — вот бы содрать с «Просвещения»!). Очень хотелось бы Вас затащить. Леша с женой с увлечением хозяйствуют: пашут, копают, сеют. Дом на краю леса, и нас предупредили, что картошку все равно выкопают кабаны, а если заведем кур, их сожрут лисицы. Леша относится к этой перспективе с энтузиазмом: собирается делать экологические наблюдения, не сходя со двора. По крайней мере, соловьи, дрозды и скворцы кричат без перерыва. Как Ваша посевная?

Приветы Вашим дамам.

Сердечно Ваш Ю. Лотман

P. S. Жаль, что Вы не будете в Резекне[4]. Я с проклятиями (болен, устал, ну их к черту!) все же еду. Надеялся «пообщаться».

[1] См. п. 337.

[2] Кажется, речь идет о статье (совместно с З. Г. Минц) «Литература и мифология» («Труды по знаковым системам. Семиотика», т. 13, Тарту, 1981).

[3] «Заметки по поэтике Тютчева» в новом томе «Трудов...» (см. примеч. 2 к п. 336).

[4] В Резекне (Латвия) регулярно проводились всесоюзные «Тыняновские чтения».

339

<Около 25 июня 1982 г.>[1]

Дорогой Борфед!

Спасибо за вааповские хлопоты[2]. В конечном счете они увенчались компромиссным успехом, который я всегда предпочитаю бескомпромиссному. ВААП отказал мне в иске за «Биографию» и согласился удовлетворить мою просьбу возбудить иск об оплате мне 100% за

«Онегина». Издательство, испугавшись такой перспективы, предложило мне второе издание и Биографии и «Онегина» в 1983 г. с матриц, намекнув о желательности взять иск обратно. Я согласился[3]. Правда, за второе издание они платят только 60%, но за две книги это получается примерно столько же, сколько 100% за одну. Зато без драки, по-семейному. Плюс — в том, что появятся еще раз обе книги и большим тиражом (потиражных они не платят, так что это бескорыстно), минус — при печатаньи с матриц невозможно или очень трудно исправить некоторые ляпсусы первых изданий. Однако я им заявил прямо, что иск заберу только после того, как договор будет у меня в кармане. Так что с этой стороны все в порядке.

Но все это для меня совершенно померкло в свете событий последних дней, которые меня не только выбили из колеи, но повергли в состояние, близкое к болезни, превратив нашу (теперь уж для меня «не нашу») кафедру в нечто, достойное Оленевой и Карла Бахмана. Считаю, что Вам надо это знать.

Дело завязалось из-за сына Руднева Вадима. Это способный молодой парень, стиховед, у которого от похвал, семейного воспитания как «гения с пеленок» закружилась голова. Еще на IV курсе, только взяв тему и не написав ни строчки по ней, он подошел к Вал<ерию> Ив<ановичу> (Валерий был завом) и спросил, можно ли курсовую работу защищать как кандидатскую диссертацию*. Вместо курсовой он тогда подал мне (я был оппонентом) черновую тетрадь, исписанную стилем Зощенко и содержащую вперемешку рассуждения о стихе, размышления о фамилиях членов кафедры (образуют они дактили или хореи) и дневниковые записи о своей жизни. Произошел скандал. Позже он объяснял, что ему хотелось «самовыразиться» и отработать «технику скандала». Вообще же парень, повторяю, способный, но любящий блистать, а не работать.

В прошлом году он окончил университет. В этом он представил кандидатскую диссертацию, представляющую нечто, что иначе как стиховедческой хлестаковщиной назвать нельзя. Это рассуждения об истории русского стиха от XI до XX вв. без каких-либо своих материалов и подсчетов, построенные на априорном изложении гипотез и выборочном привлечении только того материала, который может их подтвердить. Однако его научный руководитель Игорь Чернов искренне считает, что работа должна быть защищена (вернее, в разговорах со мной говорит: «Я и сам вижу, что работа посредственная, но защищают и хуже...», «Вадик такой несчастный, ему надо помочь...» и пр., а в разговорах с другими настаивает на гениальности работы). Я решил проверить свое впечатление: работу читал Баевский и (в выдержках) М. Л. Гаспаров (считаю, что это высший суд). Мнение обоих отрицатель-

---

* Кажется, он спросил иначе: «Может ли он на IV курсе защищать канд<идатскую> дисс<ертацию>?» (уточнение ради экзактности[4] по треб<ованию> Зары). (*Примечание Ю. М. Лотмана.*)

ное. Баевский сказал: «Имитация диссертации». Кроме того, работу читали С. Шахвердов и Миша — оба квалифицированные стиховеды, — и оба сказали, что это мыльный пузырь.

Однако тут с непонятной энергией <...> всех начали порочить: Баевский, как оказалось, завидует Рудневу и «другой партии», Миша и Сережа Шахвердов — «партии Гаспарова» и полны зависти к Вадику Рудневу, Сергей Исаков, который вообще сейчас на кафедре держится выше всех похвал, но осмелился сказать, что у Вадика нет публикаций по диссертации, — оказывается, враг Игоря и тоже завистник. Но в центре всего оказался я. <...>

Тяжело, грустно и, главное, непонятно.

Так живем...

Ваш Ю. Лотман

P. S. Завтра на неделю улетаю в Москву. Весь июль — под Тарту.

P. S. P. S. Вообще без содрогания вспомнить этой сцены не могу <...>

[1] Штемпель тартуской почты смазан (25?), ленинградский — 30.06.82.

[2] См. пп. 336—338.

[3] Издательство «Просвещение» в самом деле в 1983 г. выпустило вторыми изданиями обе книги Ю. М.

[4] Русификация французско-английского слова exact — точный.

340

<15 июля 1982 г.>

Дорогой Борфед!

Трудно выразить, как мне важно было Ваше письмо! Спасибо. Уклоняюсь от пышных сравнений, но Ваше письмо — это важное для меня дело. которое Вы сделали в нужнейшую для меня минуту. Правда, я не сомневался в Вашем понимании и Вашей боли за кафедру и нашем «единовзглядии», но высказанное слово — это гораздо больше, чем подразумеваемое (даже очень твердо и надежно) единодушие. Тем более, что после всей этой истории я был в редком для меня душевном смятении и растерянности. Я себя почувствовал, как человек, который вышел из дому совершенно здоровый и вдруг на середине людного перекрестка ослеп и от неожиданности совершенно не понимает, что ему делать и куда пойти. <...>

Но вообще грустно. А то, что Вы пишете, что «ум, любя простор, теснит»[1], то это все же не к вящей чести ума. Умный ум подразумевает такт, а мне его, видимо, в прошлом совсем не хватало, да и теперь прикупить бы. В раннем (гораздо более хорошем) варианте «Матери» Горького есть такое место: Андрей Находка говорит Павлу Власову, что он со своими идеями, как человек, который одел новую жилетку и ходит, всех толкает: «Посмотрите, мол, какая у меня жилетка! — А чего толкаться — и так тесно!» Толкаться, видимо, все же не надо, даже любя простор. Действительно, тесно. И в этом я, наверное, грешен.

Вашего Белинского я прочел. Вот Вам для последней главы (диалектика случайностей, сквозь которые нечто пробивается неслучайное): конечно, случайность, что московское «Просвещение» Вам, а питерское мне предложило написать биографии школьного типа, но случайно ли мы написали почти одновременно такие книги, где в силу особенностей жанра высказываются очень личные слова о человеческом пути по жизни, благодаря и вопреки ей?

Книга Ваша мне понравилась[2]. Понравилась той свободой, раскованностью, которая наступает только когда тема выношена, отлежалась, со всех сторон обдумалась, т<о> е<сть> когда внутри все готово еще до того, как написана первая строка. Нравятся мне и интонации книги — очень Ваши. Читается живо. Вообще живая вещь. Конечно, самое «такое» — «Итоги». Получилось очень хорошо и, что важно, — не просто «итоги Белинского», а приглашение подумать. Мелкие придирки: на стр. 162 — красные чернила, а не карандаш цензора[3]; на стр. 164 (опечатка?) «несогласно», м<ожет> б<ыть>, надо «негласно»? На стр. 167 — как Гончаров попал в дворяне? По службе? Но это же формальное, а не социо-психологическое дворянство: психологически он чиновник петербургский из купцов. М<ожет> б<ыть>, стоило бы объяснить современному читателю всю невозможность (на грани между скандальным неприличием и героизмом) в ту эпоху девушке путешествовать одной (с. 169). А то современным школьникам понять это трудно.

Еще из придирок: думаю, что фамилии типа Рождественский, Никольский, Успенский — не по церковным праздникам, а по церковным приходам (конечно, это в каком-то смысле одно и то же — у каждой церкви престольный праздник, по которому они и именуются, но все же лучше точнее). Надо бы объяснить значение фамилии Сперанский, раз Вы ее приводите (с. 13). На с. 14, раз уж переводите Суоменлинна, то можно было бы сказать, что Свеаборг — «Шведская крепость».

Хорошо о примирительном периоде. Кстати, на стр. 111 Вы упоминаете диссертацию Прозорова. Кто сей? и хороша ли работа — тема очень интересна. Школьник, конечно, порадуется крупинкам соли, рассыпанным по страницам: поклон Прийме на с. 141, костюмам незнакомцев на Волковом кладбище (с. 160) и др.

Вообще — свежая книга. Это самое главное. Единственное, что в ней мертвого, — обложка. Ужасная!

Вопреки всему, мне живется насыщенно и интересно. Вышли два моих школьных учебника. Один на эстонском языке — русская литература для IX кл<асса>, другой (совместно с В. Н. Невердиновой из Таллина, моей бывшей однокурсницей, очень милой) — тексты и анализы литературного чтения по-русски, тоже для IX кл<асса>[4]. Писал con amore[5] и радуюсь, что вышли. Когда получу экземпляры — вышлю Вам.

Есть разные замыслы — занимаюсь чем-то неопределенным, но очень интересным: сейчас влез в процессы о ведьмах XVI в. (западные). Что получится, еще неясно. Вообще все более делается очевидной ложность «прогрессистской» модели: от невежества средних веков к свету и цивилизации. Между VII и XX вв. есть две вершины одичания: XV—XVI вв. (т<о> е<сть> пресловутый Ренессанс) и XX век, — и есть витки относительного «просветления»: XII—XIII и XVIII—XIX вв. Вы знаете, что до Ренессанса суды Европы не применяли пыток и права подсудимых были относительно гарантированы. Но Ренессанс, религиозные войны, реформации, завоевание Америки, процессы ведьм сопровождались полным бесправием и судебным одичанием. Много и другого любопытного.

Говорил ли я Вам, что осенью мы хотим провести семинар «Семиотика Петербурга и петербургской культуры»? Приезжайте. Семинар узкий, так что приглашайте только хорошо подготовленных и в очень ограниченном числе, если сочтете нужным. Но, конечно, всех, кого действительно сочтете нужным, — зовите[6].

Очень хочется поводить Вас по нашей «усадьбе» (молодец Татьяна Алексеевна, что захотела приехать!). Леша работает усердно и оказался не только теоретиком: косит с мужиками, как Лев Толстой, кормит, поит и обстирывает двух девок — Кая на практике в Армении; вообще молодец.

Зара проходит обследование по поводу диабета у Саши Асташкиной. Вот и все наши новости.

Я охнул, прочитав о ваших беспокойствах по поводу ураганов на далеком острове[7]. Но, слава Богу, все обошлось.

Приветы Соне и Татьяне Алексеевне.

Ваш Ю. Лотман
15.VII.82.

P. S. 24-го Заре исполняется 55 лет.

[1] Я писал Ю. М., опираясь на пушкинскую строку, что трагедия умного человека, помимо других обстоятельств, заключается еще и в невольном «притеснении» окружающих.

[2] Я послал Ю. М. мою книгу «Литературно-критическая деятельность В. Г. Белинского. Пособие для учителя» (М., 1982).

[3] Ю. М. неправ: цензоры XIX в. пользовались и красными чернилами, и красным карандашом.

[4] См. примеч. 2 к п. 323.

[5] с любовью (*итал.*).

[6] Материалы этого семинара потом будут изданы в 18 томе «Семиотики» (1984), озаглавленном: «Семиотика города и городской культуры. Петербург».

[7] См. примеч. 2 к п. 328.

341

<18—19 сентября 1982 г.>

Дорогой Борфёд!

Очень рад был, что удалось с Вами хоть несколько пообщаться. Это письмо пишу второпях и сугубо деловое:

1. Альманах сразу же после Вашего отъезда нашелся — судьба!

2. Не забудьте отзыв на диссертацию Любы[1] (4 экз<емпляра> и печать).

3. Поздравьте Сергея — он к юбилею получил «Знак почета»[2] — я рад искренне и за него, и за укрепление его как зава в глазах начальства.

Елена Александровна меня замучила бестолковой хлопотливостью. Она все хочет сделать как лучше, но делает — хуже нельзя: после всяких проволочек, многократных вопросов, нужно ли мне присылать рукопись, прислала рукопись лишь нескольких страниц, да и то не окончательный вариант. Пишу ей сердитое письмо.

Может ли Соня написать мне инструкцию, что на зиму делать с грядками клубники?

Тревожит здоровье Татьяны Алексеевны...

Обнимаю Вас. Поклоны Вашим дамам.

Ваш Ю. Лотман

P. S. Пишу фломастером — все ручки сперли:

Ручки
Сперли внучки.

[1] Речь идет о кандидатской диссертации Л. Н. Киселевой «Идея национальной самобытности в русской литературе между Тильзитом и Отечественной войной (1807—1812 гг.)» (Тарту, 1982).

[2] Имеется в виду 350-летие ТГУ, считая с открытого шведами университета в 1632 г.

342

<10 октября 1982 г.>

Дорогой Борфед!

Большое спасибо за книгу, а Соне за письмо. Завтра улетаем в Алма-Ату («отец яблок»), а здесь свои яблоки еще не собраны. «Не мала баба хлопоты...»

Посылаю Вам альманах и мой ответ Жмудям (фамилия так и провоцирует на плоские рифмы!). Прочтите...

«Петербургский» семинар, видимо, организуем в конце ноября[1] (е<с-ли> б<удем> ж<ивы>).

Семейные приветы. Ваш всегда

Ю. Лотман
10.X.82.

Хочется работать, но все время растаскивается по кусочкам.

[1] См. примеч. 6 к п. 340.

343

<Апрель—май 1983 г.>[1]

Дорогой Борфед!

Каково съездили? Спасибо за открытку из Ижевска[2]... Очень прошу Вас напомнить Дм<итрию> Серг<еевичу> о его «обещании дать некое «слово» в сборник о семиотике Петербурга[3]. Напр<имер>, нечто на тему: Петербург в культуре России. Можно даже лирически, но срочно. Напомните, что он обещал и я твердо на это рассчитываю.

У нас ничего нового — какая-то непрерывная мура: весь день занят, а чем — на другой день вспомнить невозможно. Работать времени нет, а тут еще весна. Сегодня один новоприлетевший грач посмотрел на меня боком и заорал: «Карраул!» Видимо, он прав.

Сегодня отсылаю конец корректуры Карамзина. При случае проследите, чтобы они учли правку: там есть Екатерина III! Надо внести две фразы в статью, учитывающие новое о Ромме и Карамзине. Место я нашел без перебора.

Приветы Вашим дамам! Зара шлет поклоны.

Ваш Ю. Лотман

P. S. Мы дохнем: ни блинов не ели, ни яиц не красили, и даже Вы с первым апреля не поздравили.

P. S. P. S. Писал ли я Вам о просьбе узнать у Мили Билинкис, нельзя ли к ним положить жену моего аспиранта из Славянска с Украины? Человек очень милый, преподает украинскую литературу, пишет диссертацию на тему «Толстой и фольклор», совершенно доходит в дыре от безвоздушья и безденежья, а тут у жены нервный срыв (кажется, даже психический) — жизнь совсем кончается. Хорошо бы помочь.

P. S. P. S. P. S. Получили ли дрожжи?

[1] Датируется по содержанию: я в конце марта был в Ижевске.

[2] Я ездил в Ижевск не только для прочтения спецкурса, но и для поддержки кафедры и семьи Б. О. Кормана, скоропостижно скончавшегося, потрясенного неожиданным запрещением начальством всесоюзной конференции, организованной Корманом, — за два дня до ее открытия.

[3] В сб. (см. примеч. 6 к п. 340) Д. С. Лихачев дал статью «Заметки к интеллектуальной топографии Петербурга первой четверти XX века (по воспоминаниям)».

344

<25 ноября 1983 г.>

Дорогой БорФед!

Спасибо за лекарства — получили.

Огромная просьба! Караул!!! Мне сейчас ударило в голову, что в комментарии к «Письмам р<усского> п<утешественника>» Карамзина я дал чудовищный ляп, а со Смирновой не связаться, да и по телефону не объяснишь — всё перепутает. Дело в след<ующем>: к письму, где Карамзин ночью едет в Берлин (это в начале) и он боится, что путешественник из Берлина, проскакавший мимо, его друг А^{xxx}, с кот<орым> он страстно желает увидаться в Берлине, — примечание, поясняющее, что это А. М. Кутузов. Далее говорится, что Кутузов не мог вернуться в Россию из-за процесса Радищева. У меня комментария нет, а надо проверить вот что.

Кутузов был нецензурной личностью после процесса Радищева, и упоминание его в тексте, кот<орый> вышел в 1791 г. (процесс в 1790 г.) — смелый акт. Но действие письма происходит весной 1789 г., т<о> е<сть> до процесса. Если в коммент<арии> сказано, чего я боюсь, что Кутузов не мог быть встречным путешественником, т<ак> к<ак> ему путь в Россию был закрыт из-за дела Радищева, то это надо исправить (готов платить любые пени). Надо сказать, что, когда Карамзин писал это и тем более — печатал, он знал, что это не мог быть Кутузов.

Будьте отец родной — посмотрите и примите меры. А то мне на старости лет будет стыдно.

Tout à vous[1] Ю. Лотман
25.XI.83.

P. S. Вашим всем нежные приветы.
P. S. P. S. до сих пор еще свежо на душе от Вашего приезда.

[1] весь ваш (*фр.*).

345

<14 декабря 1983 г.>

Дорогой Борфед!

Посылаю Вам три экз<емпляра> газеты со статьей о Пугачеве[1].

Том с некрологом Корману[2] прошел все инстанции (уф! — сколько этих «уф'ов» уже было, а все стоит волнений и крови!) и сдан в издательскую группу.

Корректуру в «Науку» (Карамзина) отослал, исправив одно слово.
Спасибо Рейсеру с «Прометей» (-ем?). Пишу ему особо.
Поклоны Вашему Дому. Обнимаю Вас.

14.XII.83. Ю. Лотман

[1] К сожалению, я не мог найти источник.

[2] Мой некролог «Памяти Б. О. Кормана» опубликован в сб. «Литература и публицистика. Проблемы взаимодействия. Труды по русской и славянской филологии» (Тарту, 1986).

346

<12 марта 1984 г.>

Дорогой Борфед!

Хочу поделиться с Вами некоторой информацией о наших делах. Последний том «Трудов по русской и сл<авянской> филологии» московский Главлит (почему попало туда?) запретил и приказал весь тираж уничтожить. Мы с Вал<ерием> Ив<ановичем> были на сей счет у ректора. Он нас поразил: он сам недоумевает, прочел весь том и особого криминала не нашел. Его действительно там нет. Уже были и продолжаются на сей счет обсуждения в Эст<онском> ЦК. Исход неясен. Главлит обещал письмо с мотивировкой, но пока его нет и, возможно, не будет, т<ак> к<ак> ничего, к чему можно было бы придраться для такого решения, нет. Если бы речь шла о каких-либо ссылках или именах, то можно было бы требовать перепечатки каких-либо страниц или снятия отдельных статей.

Но, кажется, речь идет о «духе». Мы еще надеемся что-либо отстоять[1], но дело, по словам ректора[2], исходит от Романова[3].

Я думаю, что это начало какой-то акции. Какой — поживем — увидим. У меня на этот счет есть несколько концепций, основанных на исторических аналогиях. Но ведь, как говорил т. Сталин в беседе с немецким писателем Эмилем Людвигом, «исторические аналогии вообще опасны». Воистину опасны...

Обстановка пока неясная. И, хотя солдатское правило гласит: «если обстановка неясная — ложись спать», — я, напротив, весьма интенсивно работаю, вернее, интенсивно думаю: идеи так и кипят. А вот писать не успеваю — быстро устаю, отвлекаюсь. Прелестная весна + авитаминоз вселяют лень и томность. Сплю, как крот, по 8—10 часов в сутки, чего никогда не бывало.

На 8—9 марта мы были в Таллине, и я вполне насладился обществом Мишиных девочек (Лешкиных видел меньше): пристойное занятие для старца, а сколько радости (мне)...

Зара выглядит плохо, да и чувствует себя неважно.

На душе ясность и, одновременно, острое напряжение всех способностей, кот<орое> бывало на войне, когда сомнения в том, состоится ли сейчас немецкое наступление или нет, кончились, ясно, что состоится, и надо «помужествовать с ним», как говорил Языков.

Обнимаю Вас.

Дамам приветы. Соне особенный.

Ваш Ю. Лотман
12.III.84.

[1] Хлопоты не увенчались успехом, тираж был в самом деле уничтожен.

[2] Ректор А. Кооп постепенно начинал понимать, что такое «тартуская школа» и кто такой Ю. М., он иногда был необычно откровенен.

[3] Г. В. Романову, видно, было мало гонений на петербургскую интеллигенцию, особенно — на Д. С. Лихачева, он расширил круг своих козней.

347

<19 апреля 1984 г.>

Дорогой Борфед!

Несколько раз пытался к Вам дозвониться, но все не получалось — то занято, то трубку не берут. А тут, отправляясь в Москву (через несколько часов уезжаю до начала июня в Москву: доклад в цветаевском музее — Вы будете смеяться! — о натюрморте* и подзаняться, да и просто вздохнуть — укатали Сивку крутые овражки!)[1], получил Вашу открытку с перовскими охотниками[2]. Если Вы отождествляете себя с тем, кто рассказывает (хотя по усам это быть бы мне), то я — тот, кто чешет ухо. Вот уже неожиданная новость про Таню[3]. Первое и главное — жалею Вас с Соней: как-то вам будет со Славой-то этим. В былые бы времена я бы его вызвал на дуэль и убил. Помните у Пирогова в воспоминаниях: он лечил у одного помещика дочь, и отец ему рассказал про дружбу былых лет. Он служил с Толстым-Американцем. Однажды пили и играли. Рассказчик повздорил (будучи в гостях у Толстого) с каким-то хлыщом. Назначили на утро в 9 утра дуэль, Толстой должен был быть секундантом. Рассказчик пошел домой, но не мог уснуть, всю ночь ворочался, а в 8 пошел будить Толстого. Лакей говорит: «Барин почивает и будить не велел». Он врывается, трясет Толстого: «Ты что, забыл, а дуэль!» — «Какая еще дуэль — спать хочу!» — «Да вставай, едем стреляться». — «Да с кем стреляться-то? Неужто ты думаешь, что допустил бы тебя стреляться с этим франтиком? Как ты ушел, я его вызвал, в 7 часов мы стрелялись, и дело окончено». Повернулся и уснул. Вот каковы друзья-то были (пересказ мой вольный, по памяти)[4].

* Единственное, что оправдывает мое нахальство, что я сам уже как натюрморт — вполне дохлый — и могу рассказывать по личным воспоминаниям (*примечание Ю. М. Лотмана*).

Все это шутки. А на самом деле очень за вас и Татьяну Алексеевну сердце болит — представляю, как вам всем тревожно, смутно и непонятно. Надежда лишь на толстовское «образуется». Может быть, в конечном итоге будет к лучшему. Но Кирюша, видимо, будет у вас.

О наших делах. Сборник, зарезанный кем-то, где-то стоящим, мы переделали до полной голубизны, и он пошел по инстанциям[5]. Однако, хорошо, что пока университетское начальство не смотрит на этот эпизод как на сигнал для сжирания. Несколько месяцев мы жили в сплошной муре — устали до чрезвычайности. Надо повидаться обязательно: либо Вы к нам, либо уж я к Вам. А то ведь жизнь бежит... Соне спасибо за письма и память.

Обнимаю Вас. Ваш Ю. Лотман
19.IV.84.

[1] Позднее этот доклад «Натюрморт в перспективе семиотики» будет опубликован в сб. «Вещь в искусстве» («Випперовские чтения—84», в. 17), М., 1986.

[2] Известная картина В. Г. Перова «Охотники на привале» (1871).

[3] В семье моей дочери начался разлад, закончившийся потом разводом с ее мужем В. С. Морозовым.

[4] Этот эпизод можно найти в книге: *Пирогов Н. И.* Севастопольские письма и воспоминания. М., 1950, с. 425. Ю. М. рассказывает его с некоторыми неточностями (не было лакея; дуэль состоялась не утром, а предшествующим вечером).

[5] «Зарезанный» цензурой том «Трудов...» под названием «Проблемы типологии русской литературы» («Уч. зап. ТГУ», в. 645, 1984) потом удалось напечатать в сокращенном и «приглаженном» виде в 1985 г.

348

<31 июля 1984 г.>

Дорогой Борфед!

Спасибо за письмо, очень хорошее. То, что статья о SVD Вам понравилась, меня обрадовало[1]. То, что статья получилась, в значительной степени заслуга моего соавтора, молодого человека из Риги Юры Цивьяна (очень милый и знающий киновед, не родственник Т. В. Цивьян). Что же касается параллели с Чарли Чаплиным, то ее предложил я, а он развил, сопоставив (гораздо более интересно и обоснованно) Б. Китона.

Относительно Тын<яновского> сб<орни>ка в целом — сб<орник> прекрасный (конечно, не без балласта), но Мариэтта — молодец. И как автор, и как организатор. Честь ей и слава! Вы правы — сб<орник> получился молодой, а наши «Труды по сл<авянской> филологии», хотя состав авторов молодеет, стареют. Грустный парадокс...

О Тынянове[2]... Сначала о прозе. «Смерть В<азир>-Мухтара» и повести я люблю. «Пушкин» — отступление и, в конечном итоге, падение. И это не только результат болезни. Все поколение в эти десятилетия теряло талант. Что сделалось с такими даровитыми людьми, как

Вс. Иванов! Да и Федин и Леонов начинали неплохо, а во что превратились... Последние романы Федина — графоманство, будто человек никогда и писать не умел. Что сделал сам с собой Шкловский — умственно кастрировал и превратился в бездарность. А ведь был почти гениален. Но — страшно сказать — этот процесс не обошел ни Томашевского, ни Эйхенбаума, ни Виноградова. Пухлые тома, которые Виноградов пек в последние годы жизни, — печальный памятник научного распада.

В научном отношении Тынянов, в определенном смысле, подобен Бахтину: конкретные идеи часто ложные, а концепции предвзятые (Пушкин — Тютчев[3] — выдумка, подогнанная «под идею», «Безымянная любовь»[4] — вершина бездоказательности и ложной выдумки и пр.). Но — общая направленность исключительно плодотворна и оплодотворяюща. Импульс им дан огромный (ведь и Томашевский, когда от критики чужих концепций — а в этом он, великий деструктор, был блестяще силен — ему надо было переходить к позитивным концепциям, и Гуковский питались его импульсами). Вообще он все же был гениален, хотя, согласен, во многом неприятен.

А вот о Пикассо я с Вами полностью согласен[5]. Пикассо-кубиста я не люблю и не понимаю. Даже «Герника» оставляет меня совершенно холодным. Это интеллектуальный алкоголизм. Но это все же небесполезно. Когда Пикассо «переписывает» Рубенса или Гойю (я не видал этих работ), он не создает произведения искусства, а меняет наше зрение. Я и Хлебникова эмоционально не воспринимаю. Но после Хлебникова и после Пикассо тип нашего восприятия сделался иным.

На «Семейство Холмских» Бегичева я давно точу зубы и даже хотел писать об этом[6]. Делает ли его кто-либо для «Памятников»? Если нет, то давайте подготовим вместе издание. Было бы лихо. Конечно, если кто-либо уже трудится, то исполать ему.

Боюсь, что Вы так и не выкупили на складе 2—3-х обещанных мне Карамзиных. Жаль, если пропало. Мне они очень-очень нужны.

На Таню & С° Вы ворчите совершенно напрасно: я был очень рад их повидать (т<о> е<сть> Таню, конечно, кот<орую> я очень люблю, хотя сейчас не совсем понимаю; но мне ее просто приятно видеть). Мне вот как раз нравится простота: взяли и приехали. Во мне есть нечто от провинциала (я вообще по типу эмоций — провинциал): люблю неожиданных гостей (конечно, своих, близких). Чужие и получужие меня сейчас тяготят. Новые знакомства и сближения для меня почти невозможны. Но тот небольшой круг, кот<орый> есть мой круг (а в него входят: мы + Вы + Б. А. Успенский и все наши дети) мне хочется видеть всегда и безо всяких предупреждений.

А о случае с Л. С. С., то и тут надо быть снисходительным, хотя нудник он невыносимый. Ведь мы его действительно звали завтракать[7]. А он ужасно скучает в своей Риге и жаждет общений.

Вообще будем снисходительны, т<ак> к<ак> все мы нуждаемся в снисхождении.

Кстати, проанализируем случай с Л. С. С.-м, вернее, с Вами в данном случае: Вы проявили тактичность (в отличие от Л. С.) и не пришли к нам завтракать. В результате мы потеряли возможность (очень теперь редкую) поговорить или просто побыть вместе часа два. А время-то идет к концу! Так что и умеренность хороша в меру. Я сейчас часто думаю о смерти и органически — всем существом, а не умом — не могу понять страха перед ней. Чувство космического бытия и относительность личного мне, при абсолютном моем атеизме, дано так же естественно, как зрение, чихание или дыхание. Страха нет. Понимаю страх перед унижением, дементностью, склерозом и не понимаю перед отсутствием. Это тем более странно, что вообще-то я, скорее, трус. Правда, не кажи гоп! — м<ожет> б<ыть, еще перед реальной смертью и испугаюсь.

От души Вас обнимаю.

Дамам — нижайшие поклоны.

Зара шлет приветы.

31.VII.84. Ваш Ю. Лотман

P. S. Сижу в деревне и с невыразимым наслаждением плотничаю (дорвался!): превратил кладовку в комнату и почти сделал летнюю комнату в сарае — не хватило материалов. Делаю внучкам качели, скамейки и др. и пр. Сейчас с нами все пять — огромная радость. Зара варит варенье из собственных ягод, я — обеды из овощей со своего огорода. Живем, как старосветские помещики. А еще у нас живет черный трехмесячный козлик (Леше выдали в Зоосаду на лето растить). Он пьет молоко из бутылочки с соской, но бодается очень здорово. С Джери (нашим псом) у них постоянные игры-драки. Идиллия.

Пирет (Мишина жена) ждет осенью четвертого ребенка...

«Садов» пока не делаю[8], т<ак> к<ак> не делаю «умственного» ничего. Из принципа.

P. S. P. S. Задержал отправку письма до поездки в Тарту. Сейчас иду отправлять.

По поводу «ломай-ломай»[9] и Вашего нынешнего консерватизма обязательно прочтите в VII-м томе 8-томного Блока конец стр. 388[10]. Это прямой Вам ответ.

P. S. P. S. P. S. У меня обнаружили грыжу. В конце августа, вероятно, буду оперироваться. Но это пока секрет от Зары и сестер, чтобы никому не портить конец лета. Дело пустяковое, а волноваться будут.

Еще раз сердечные приветы Соне и Татьяне Алексеевне + Тане, если она в Питере.

[1] Речь идет о статье Ю. М. (совместно с Ю. Г. Цивьяном) «SVD: жанр мелодрамы и история» («Первые Тыняновские чтения», Рига, 1984).

[2] Я ворчал, что нарочитая изломанность, вычурность Тынянова — писателя и ученого мне неприятна, хотя я и понимаю его талант.

[3] Имеется в виду статья «Пушкин и Тютчев» (1923), в которой Тынянов пытался доказать далекость и чуждость Тютчева Пушкину.

[4] «Безымянная любовь» — так Ю. М., по заглавию статьи Тынянова, называет гипотезу о тайной любви Пушкина к жене Карамзина. Высказанные здесь мысли Ю. М. изложил в статье «Биография — живое лицо», которая будет опубликована в ж. «Новый мир» (1985, № 2).

[5] Я говорил, что мне чужды эксперименты Пикассо, а его «кубистическое» переписывание знаменитых картин классиков просто неприятно.

[6] Я сообщил Ю. М. о своем открытии: какой кладезь тем и сюжетов был роман Д. Н. Бегичева «Семейство Холмских» (1832) для писателей 1840-х гг., особенно для Гоголя и Гончарова.

[7] На сетования Ю. М., что я мало захожу к нему, будучи в Тарту, я в оправдание заметил, что его и так осаждают гости (и привел пример, как один коллега, которого я в гостинице утром звал идти в буфет, сказал: «Нет, я пойду завтракать к Ю. М.», и мне было совестно значительно увеличивать «гостевую» нагрузку семьи Лотманов).

[8] Для издания в серии «Литературные памятники» книги: *Делиль Жак*, Сады (Л., 1987) Ю. М. будет готовить публикацию (с комментариями) перевода А. Ф. Воейкова и статью «“Сады” Делиля в переводе Воейкова и их место в русской литературе».

[9] Будущий профессор ЛГУ Я. В. Дурдин в начале 1920-х гг. читал во Владивостоке во вновь открытом университете курс лекций; он рассказывал, что китайцы, обильно проживавшие тогда на Дальнем Востоке, прозвали русских, взрывающих памятники и храмы, — «ломай-ломай!».

[10] Имеется в виду следующее место из дневника А. А. Блока от 24 декабря 1920 г. (по поводу пьесы А. С. Неверова «Захарова смерть»): «...совесть побуждает человека искать лучшего и помогает ему порой отказываться от старого, уютного, милого, но *умирающего* — в пользу нового, сначала неуютного и немилого, но обещающего свежую жизнь.

Обратно: под игом насилия человеческая совесть умолкает; тогда человек замыкается в старом; чем наглей насилие, тем прочнее замыкается человек в старом».

Любопытно, что Ю. М. соглашается с Блоком, что совесть — двигатель прогресса; с моей же точки зрения, совесть лишь регулирует нравственность человека, а тяга человека к новому или старому зависит от более сложного внутреннего состояния, не ограничивающегося совестью и насилием.

349

<7 октября 1984 г.>

Дорогой Борфед!

Спасибо за Ваше большое письмо и за подробный отзыв о «Семиотике»[1] и семиосфере. Я настолько привык к тому, что никто ничего не читает и пишем мы как бы в пустоту, что прочел Ваше письмо с радостным изумлением. Воистину «нам сочувствие дается, как нам дается Благодать».

Пишу Вам из Москвы — через два часа мы с Зарой отбываем на 30 дней в Венгрию. Как писал Ломоносов, «в пучине след его дымится», так за нами дымятся несделанные, недоделанные и брошенные дела. Пришлось просто хвост обрубить — иначе не уедешь!

Наши дела:

1) У Миши родился сын! (Первый наш внук + 5 внучек.) Комментарии излишни.

2) В Тарту идет комиссия, результатов которой мы еще не знаем, но предвестия смутные. Были на лекциях моих и Зары — хвалили, в бумагах обнаружили полный хаос, что напишут — неизвестно.

3) Домашние дела в полном разбросе: Леша проходит практику в деревне, Кая (молодец!) будет весь месяц с двумя девочками + Гриша + Джери + 1/2 ставки лаборанта + V курс и диплом. Но на нее можно положиться. А Зару надо было оторвать и дать ей перевести дыхание — совсем дошла.

Ну, пора кончать.

Обнимаю Вас — Соне, Татьяне Алексеевне и Тане приветы сердечные.

Кирилл у Вас?

7.X.84.

Ваш Ю. Лотман

[1] Имеется в виду 17-й том «Семиотики...» (1984), где опубликована статья Ю. М. «О семиосфере».

350

16.I.85.

Дорогой Борфёд!

Во первых строках моего письма извещаю Вас, что защита Ларисы Фиалковой (моей асп<ирантки> с темой «Гоголевская традиция в русской фантастич<еской> прозе нач<ала> XX века»), быть оппонентом коей Вы любезно (хотя и со скрипом) согласились (помните, в Москве?), назначена ориентировочно на 9 апреля[1]. Где Ваша тютчевская девица[2]? Я уже планировал ее на то же заседание, но сейчас явно не успеть.

Мы все гриппуем по очереди. С «Трудами» и «Семиотикой» непрерывные придирки. Красовские и Бируковы заедают, хоть в петлю[3].

Приветы Вашим дамам, Соне особый, Зара всех целует.

Ваш Ю. Лотман

Со старым Вас Новым годом! Так замотался, что в этом году не поздравил никого.

[1] Защита состоялась даже раньше, 2 апреля. Я оппонировал.

[2] Речь идет о моей аспирантке М. А. Чернышевой. Ее диссертация «Эволюция отношений человека с миром в лирике Тютчева» защищалась в Тарту

(оппоненты — Ю. М. и Л. М. Щемелева) значительно позже, в 1987 г.

[3] Намек на свирепую цензуру: упоминаются педантичные и глупые цензоры Пушкинской эпохи.

351

<Июнь—июль 1985 г.>[1]

Дорогой Борфёд!

Спасибо за карточку заказа. Обязательно закажу эту книжку, хотя и не очень надеюсь на что-либо особенно интересное: вероятность написания на такую тему расхожей книжки сейчас весьма велика, а трудность сказать что-либо действительно новое — огромна. Но вдруг...

Посылаю Вам экземпляры (два) своей статьи «по поводу» книги Абрамович — одна для Вас, другая, при случае, для нее (у меня ее адреса нет!)[2]. Посмотрите — писал con amore[3], вернее, con желчь и волнение духов жизненных. Целомудренный «Новый мир» статью отверг: во-первых, зав. отд<елом> критики Литвинов считает, что о гомосексуализме писать неприлично — ведь гимназистки читают! — а во-вторых, сам «Новый мир» почти в каждом томе дает любительские сенсационные статьи, то открывая загадку Грибоедова, то разоблачая тайны. «Слова о полку Игореве»[4].

А я все злюсь. И по одному «злобному» поводу хочу и Вам то ли пожаловаться, то ли побраниться. Купил я «Размышления» Марка Антония[5]. Стал читать. Я был заранее настроен благожелательно, ибо, во-первых, очень люблю Марка Антония и, во-вторых, слышал похвальные отзывы об А. Гаврилове, молодом светоче науки.

Я не могу судить о качестве перевода, но знаю, что предшествующие переводы были удобопонятными, а этот во многих местах совершенно невнятен, косноязычен. Сознательно неразборчивый синтаксис, выдумывание новых русских слов. Мне это кажется эстетством современного эллиниста, которому текст труден, и он думает, что и для современников автора он был так же темен. Но это между прочим. Главное же статья («Марк Аврелий в России»). На стр. 124 читаем: «В 1744 г. Елизавета Петровна в сопровождении сына и его 15-летней невесты Софии-Августы, которая еще не успела стать Екатериной Алексеевной»! Но даже школьники знают, что Петр III не был сыном (замужней лишь тайно, а официально девицы) Елизаветы, что сыновей у нее не было вообще.

На стр. 125: «Софья-Августа, хоть и выучилась уже символу веры по-русски и по-украински...» Никакого «символа веры по-русски и по-украински» не было. Как у католиков символ веры читался по-латыни, так в восточной церкви — по-церковнославянски.

На стр. 128 Барков назван автором «Девической <u>пирушки</u>». На самом деле сборник его назывался «Девическая игрушка». И это автор мог бы найти в той же статье из «Русского биографического словаря», откуда он почерпнул все сведения о Баркове. Но в том-то и дело, что небрежность и некий «игровой тон», на который часто списывают просто плохую работу, составляет для автора некоторую принципиальную позицию. Так написана вся статья.

Но дело не в отдельных неточностях, хотя они весьма раздражают.

Проблема стоицизма в России — большая и очень важная. Стоицизм как философия безрелигиозного героизма, с одной стороны, противостоял просветительской этике разумного эгоизма и наслаждения, а с другой, религиозной этике. В этом отношении исключительно важен рост интереса к стоикам и их этике (конечно, упрощенной) по мере отхода деятелей Французской революции от материализма и Энциклопедии. Энциклопедист и жирондист Кондорсе, скрываясь в подполье от Робеспьера, накануне самоубийства, пишет самое оптимистическое произведение XVIII в., проникнутое верой в право человека на счастье[6], но Робеспьер, Сен-Жюст, «последние якобинцы» прериаля[7] — стоики. Но стоическая философия влияет и на Шиллера, и на Канта. В России она делается философией подвига и способности «шествовать смерти во сретение» (Радищев). Это весьма серьезно. А А. Гаврилов разменивает проблему на забавные анекдоты, какие, мол, эти люди XVIII в. были дураки, ничего-то они не понимали. То ли дело я! Он не знает материала! И наскоро черпает его из именных указателей... Честное слово, не знает: обилие сносок — камуфляж, все они почерпнуты из справочников и самых доступных источников! А надо понимать внутреннюю логику процесса. Не зная материала, он навязывает ему внешнюю готовую схему: рационалисты Марка Аврелия воспринимали анекдотически — лишь для прославления царей, а противостояли им мистики. Тут в ход идет все: прямые натяжки (например, сторонниками Марка Аврелия объявляются Гамалия и А. М. Кутузов, хотя никаких прямых данных об этом нет*), мистиком и антирационалистом называется Радищев. При этом идет разговор об оценке Марка Аврелия в «Песне исторической» Радищева, что связывается с масонской традицией. А между тем все, что в «Песне исторической» сказано о Марке Аврелии, — стихотворный, но почти дословный, перевод из Монтескье.

Все это огорчительно, т<ак> к<ак> Гаврилов, кажется, действительно знающий человек, но полагающий, что если он знает «античный» аспект, то «русский» можно и по именным указателям, чуть приправив модной идеей и некоторой бойкостью.

Простите, что расписался.

Сердечные приветы Соне и всем Вашим.

Сегодня начинаю отпуск — дел столько, что даже список составлять страшно, а хочется лишь спать.

Сие письмо — первый акт отпуска!

---

* Анекдотически звучит сноска 80 на стр. 132 о Гамалии: «Стоические мотивы нетрудно обнаружить по указателю к его письмам». (*Примечание Ю. М. Лотмана.*)

Грише осенью будем делать операцию мозга. Страшно... Но пока пугаться нет времени — надо получить направление в Москву на операцию. А существует негласный, но строгий запрет направлять в Москву с периферии. Ништо им!

Обнимаю Вас. Ваш Ю. Лотман

P. S. У нас гостит Б. А. Успенский с женой Таней.

P. S. P. S. Какой ужас в Эрмитаже! Горько и очень зловеще[8].

P. S. P. S. P. S. Что вытворил Панченко — слухи разные[9].

[1] Датируется по содержанию и по связям с последующими письмами.

[2] Ю. М. написал статью-рецензию по поводу книги С. А. Абрамович «Пушкин в 1836 году. Предыстория последней дуэли» (Л., 1984). «По поводу» он заключил в кавычки, т<ак> к<ак> статья выходит за рамки рецензии, в ней осуждается фантазирование в литературоведении, чему противопоставляется анализируемая книга, построенная на строгих фактах. Статья Ю. М. называлась «О дуэли Пушкина без “тайн” и “загадок”. Исследование, а не расследование»; опубликована: ж. «Таллин», 1985, № 3.

[3] с любовью (*итал.*).

[4] Имеется в виду статья В. Мещерякова «Загадка Грибоедова», где годом рождения драматурга объявляется 1790-й («Новый мир», 1984, № 12), и А. Никитина «Испытание “Словом...”» — с разными домыслами (1984, № 5—7).

[5] Вышедшая в серии «Литературные памятники» книга: *Марк Аврелий Антонин*. Размышления (Л., 1985). Ю. М. неточно пишет: «Антоний».

[6] Имеется в виду предсмертный труд Ж. А. Кондорсе «Очерк исторической картины прогресса человеческого разума» (1794).

[7] Прериаль — 9-й месяц французского республиканского календаря, введенного в 1793 г. (20/21 мая — 18/19 июня). Ю. М. имеет в виду руководителей народного восстания в Париже (май 1795 г.) против контрреволюционного Конвента; восстание было подавлено, руководители казнены.

[8] Ю. М. узнал о страшном вандализме в Эрмитаже: литовский юноша, желая выразить политический протест против «советской оккупации» его родины, облил кислотой знаменитую «Данаю» Рембрандта.

[9] Имеется в виду конфликт А. М. Панченко с руководством филологического факультета ЛГУ: на заседании Ученого совета факультета Панченко взорвался, грубо выразился; слухи сильно раздули этот эпизод.

352

<11—12 июня 1985 г.>

Дорогой Борфед!

Как я Вам, кажется, имел уже честь сообщать, я тружусь для издательства «Книга» над странной книгой «Карамзин — автор Карамзина» (название условное)[1]. Суть в анализе произведений Карамзина, написанных от первого лица, восстановлении отношения между Dichtung und Wahrheit[2], реальной биографией и литературной мифологией. Поскольку реальная биография Карамзина, как это ни поразительно, почти не известна (например, о заграничном путешествии, кроме «Писем русского путешественника», мы не имеем почти ничего, а «Письма» — источник литературно мистифицированный), то реконструкция делается увлекательной, а иногда и совершенно неожиданной.

Такова увертюра моего письма. А затем следуют две просьбы:

1. Для издательства нужен рецензент.

2. Для издательства нужен (как мне сказали, таков их «обычай») автор вступительной напутствующей небольшой статьи.

Не согласились бы Вы совместить эти функции[3]?

Это дело будущего, т<ак> к<ак> из положенных мне 20 п. л. я написал лишь 10. Но, т<ак> к<ак> все сроки истекли, то редакторша милостиво разрешила мне сдать эти 10 и «как бы» принять рукопись. Т<ак> к<ак> рукопись, с одной стороны, как бы принята, а с другой, как бы и не написана, я мог бы Вам сейчас прислать эти 10 листов, чтобы Вы их на досуге почитывали, пока я буду пописывать. Это избавит Вас от спешки. Рукопись я надеюсь сдать в конце сентября.

Мне совестно наваливать на Вас сей груз, но выпустить совместную книжечку было бы приятно. Впрочем, пролистайте, если не понравится — откажитесь, я, честное слово, не буду в обиде.

Этой книге я придаю известное значение: работать над Карамзиным я начал в 1947 г., когда вообще эта тема была не в чести: даже Гуковский называл Карамзина консервативным сентименталистом, постепенно перешедшим в лагерь реакции. Только Н. И. Мордовченко писал о положительной роли Карамзина, Макогоненко даже доказывал, что «карамзинского периода» вовсе и не было[4]. Этой книгой я хочу подвести для себя итог сделанному и закончить (для себя же) эту тему с тем, чтобы в оставшиеся годы успеть кончить другие начатые замыслы.

Но издательство поставило условием, чтобы книга была «литературной» (в договоре даже стоит выражение «художественная проза», черти бы их драли!). А мне «художественность», как слону фокстрот.

Очень боюсь, что получится пошло и плохо, именно так, как я не терплю в других. Поэтому мне нужен реальный и привыкший к моему «нормальному» стилю рецензент. Опять же Вы...

Другим рецензентом будет Б. А. Успенский.

Такие дела....

Получили ли Вы мое предшествующее письмо — злое — и статью для Вас и Абрамович?

Как Вы? Что Вы?

Сердечные приветы Вашим, Соне особый.

Зара шлет приветы.

Ваш Ю. Лотман

P. S. У нас несколько дней гостит Б<орис> А<ндреевич>. Вот и Вы бы заехали.

[1] Ю. М. начинал работу над книгой «Сотворение Карамзина» (М., 1987), точнее — подытоживал свои многолетние занятия Карамзиным (в дарственной надписи на книге он напишет, в частности: «... эту книгу, над которой я работал 40 лет и сейчас бы написал все совершенно иначе, — не судите, но благословите»).

[2] Поэзия и правда (*нем.*). Намек на известную автобиографическую книгу Гете «Поэзия и правда» (1811—1832).

[3] Я согласился быть и рецензентом, и автором вступительной статьи. Т<ак> к<ак> внутреннюю рецензию потребовалось выслать срочно, то за меня ее написал сам Ю. М. (моя лишь подпись), а вступительную заметку «Биография души» я позднее уже честно сочинил.

[4] Имеется в виду статья Г. П. Макогоненко «Был ли карамзинский период в истории русской литературы?» (РЛ, 1960, № 4).

353

<2 августа 1985 г.>

Дорогой Борфед!

Спасибо за открытку, фотографии (смеющаяся троица очень смешна — как карикатура Домье!)[1] и книгу А. Ф. Возного[2]. Книга очень интересная, и виден автор, сумевший сохранить какую-то милую наивность. Обязательно пошлю ему биографию Пушкина (а то он, судя по надписи, считает меня исследователем Блока). Вообще прочел с огромным интересом.

Видимо, я огорчил Вас своим письмом о Марке Аврелии и Гаврилове[3]. Простите, совсем этого не хотел. Все это пустяки — «душевных наших мук не стоит мир», как писал Пушкин[4]. Что же касается моего вхождения в редколлегию и пр., то, по-моему, это было бы лишнее. Во-первых, у меня такое чувство, что Дм<итрий> Серг<еевич>, несмотря на наши очень добрые и взаимно-искренние отношения, этого не хотел бы (иначе бы он это предложил)[5]. Но главное не это, а то, что «во-вторых». Во-вторых же то, что я твердо решил, чтобы успеть до потери работоспособности докончить начатое и задуманное, не отвлекаться. К тому же я вообще редактор плохой. Когда-нибудь, что-нибудь интересное мне отрецензировать могу, но браться за новый большой воз боюсь.

Кстати о «Памятниках»: я сейчас прервал работу над биографией Карамзина и написал для «Садов» статью о переводе Воейкова и подготовил текст. Остался лишь комментарий, но он будет ничтожно мал, т<ак> к<ак> все реалии оригинала, видимо, будут комментировать другие, меня же касается лишь комментарий к переводу Воейкова[6]. А это немного.

За счет того, что комментарий будет меньше запланированного, я несколько превысил объем статьи (всего 23 стр. на машинке, но без подклеек и вставок). Статья, кажется, вопреки моим собственным ожиданиям получилась интересной (по крайней мере мне так кажется).

Вчера весь день складывал с Лешкой дрова и писал статью. Оба дела закончил.

Как Вам хулиганская рецензия на Абрамович[7]? Если не трудно, передайте ей экземпляр.

У нас дожди, надоело до смерти, как и многое другое...

Обнимаю Вас, поклоны сердечные Соне и всему Дому.

Ваш Ю. Лотман
2.VIII.85.

Плохо, что мы редко видимся, плохо и жаль. Времени-то уже мало осталось...

P. S. Что там натворил Панченко[8]? До меня доходят самые разные слухи. Хотелось бы знать правду.

[1] Ю. М., я, проф. В. Г. Березина на заседании Ученого совета филологического факультета ЛГУ (часть фотографии опубликована: «Ю. М. Лотман и тартуско-московская семиотическая школа», М., 1994, после с. 484).

[2] Книга А. Ф. Возного «Петрашевцы и царская тайная полиция» (Киев, 1985). Автор — талантливый историк политического сыска и провокаторства, зав. кафедрой в Высшей школе МВД в Киеве; он попытался бороться с коррупцией, взяточничеством, безнравственностью, воцарившимися в его родном вузе, но всесильное руководство, при поддержке вышестоящих инстанций, нагло оклеветало честного человека, «зарезало» его докторскую диссертацию, выжило из школы; затем пострадавший работал в киевском ОБХСС и безуспешно пытался бороться с коррупцией и хищениями в высших эшелонах украинской партийной власти (в моей справке об А. Ф. Возном в «Лотмановском сборнике», 1, М., 1995, с.75, ошибочно указана последовательность двух служб ученого). Ю. М. сразу, по тексту книги, понял человеческую чистоту А. Ф. Возного, который, не выдержав унижений, очень рано ушел из жизни.

[3] См. примеч. 5 к п. 351.

[4] Из стих. Пушкина 1825 г. «19 октября».

[5] Имеются в виду «Литературные памятники». Инициатива приглашения была моя, а Д. С. Лихачев очень одобрительно к ней отнесся; но так как предложил я, то я сам и написал к Ю. М.

[6] См. примеч. 8 к п. 348.

[7] Чрезмерно сильная оценка в самом деле живой и раскованной рецензии на книгу С. Л. Абрамович (см. примеч. 2 к п. 351).

[8] См. примеч. 8 к п. 351.

354

<11 августа 1985 г.>

Дорогой Борфёд!

А вот еще комиссия, даже две.

1) Посылаю статью, текст, комментарий «Садов» Воейкова. Статья несколько больше, но комментарий значительно меньше данного объема. Статью сокращать нельзя — она и так сжата[1]. Или брать так, или отвергнуть полностью. Мне она кажется удачной, но кто же судья в

своих делах (обычно мне на этой стадии не нравятся мои писания). Кому надо передать — не знаю. Вам виднее.

2) Книга для Вашего киевского «петрашевца»[2] (я забыл его имя и отчество, и посему надпись несколько абстрактная).

Kuß und Gruß[3].

11.VIII.85. Ваш Ю. Лотман

[1] См. примеч. 8 к п. 348. Статья была напечатана полностью.
[2] См. примеч. 2 к п. 353.
[3] Поцелуй и привет (*нем.*).

355

<Август—сентябрь 1985 г.>[1]

Дорогой Борфед!

Посылаю Вам рецензию на свою книгу. Убедительно прошу срочно заверить подпись и отослать по адресу: 125047, Москва, ул. Горького, 50, изд. «Книга», Тамаре Владимировне Громовой[2]. Срочность нужна потому, что в издательстве сменилась вся головка, насажали с<укиных> сынов (энергичных) и они соответственно проявляют свою энергию. Громова меня предупреждает, что задержка на самый незначительный срок может погубить книгу и причинить ей (Громовой) неприятности. Так уж извините за комиссию. Пришлось отбросить скромность. Особенно стыдно за последнюю страницу, но в договоре обозначено, что книга должна быть литературно-художественным произведением. Всего-то. Итак, даем литературу и художественность. Ноблесс оближ[3]...

А потом я дам Вам и вправду прочесть: Вы ведь согласились писать вводную?

Два Ваши письма получил и разделяю Ваши опасения и колебания. Вы ведь всегда во сне видели вольного барана[4]. А я строевой — хожу только в эскадроне. Хочу и умереть на кафедре. Боюсь за Вас двух вещей: 1. Заскучаете; 2. Ведь эти самые с<укины> сыны чтут главным образом чины, а не знания и способности. Сложив венец, как король Лир, не почувствуете ли Вы постепенное охлаждение издателей и другой сволочи? Конечно, на сволочь можно и наплевать, но ведь, написав книгу, хочется ее и напечатать. Все же подумайте еще и не торопитесь.

Но свобода, свобода...

Я, со своей стороны, тоже приближаюсь к *своей* свободе. Моя свобода — свобода от иллюзий. Когда все мыльные пузыри лопаются — остается свобода, и у меня за последние годы идет окончательная и смелая очистка души от мыльных пузырей. К окончательной черте надо иметь помещение чистое. Убедившись, что учеников у меня нет, что моя лаборатория, которой я так добивался и которая казалась такой важной, — мыльный пузырь[5], как и многое другое, пережив ряд тяжелых разочарований, я неожиданно для себя почувствовал бодрость, а не уныние, и даже какое-то чувство начала, а не конца. И свободы. Ведь никто нас обмануть не может, обманываем мы только сами себя. И от этого, при самых, казалось бы, сильных увлечениях, в глубине живет чувство: «А не притворяешься ли ты?» Разочарование освобождает от притворства, от боязни сказать самому себе правду. Т<о> е<сть> дает свободу.

Итак, у каждого свобода на свой манер.

А Вас я очень люблю. Без разочарований.

Обнимаю Вас.

Ваш Ю. Лотман

[1] Датируется по содержанию.

[2] См. примеч. 3 к п. 352.

[3] Дворянское звание обязывает (*фр.* Noblesse oblige).

[4] Я делился с Ю. М. намерением не дожидаясь 60-летия и пенсии уйти со службы, стать вольным человеком.

[5] В тяжелые душевные минуты Ю. М. был склонен резко и несправедливо отзываться о своем кафедральном окружении.

356

<3 ноября 1985 г.>

Дорогой Борфед!

Посылаю Вам приглашение для участия в работе семиотической секции Конференции по методологии наук, кот<орая> имеет быть в Киеве в 1986 г. (октябрь). Я сопредседатель секции, и думаю, что состав будет интересный[1]. Надо выслать тезисы по правилам и адресу, кот<орый> Вы найдете в прилагаемых бумагах.

Приезжайте в Киев (по биссектрисе)[2].

Ни о чем другом пока не пишу: Гриша и Зара в Москве — ждем операции и трепанации[3].

Приветы Соне и двум Таням. Обнимаю Вас.

Ваш Ю. Лотман

3.XI.85.

[1] Доклад Ю. М. «Три функции текста» тезисно опубликован: «Анализ знаковых систем. История логики и методологии науки. Тезисы докладов IX Всесоюзного совещания...» Харьков, октябрь 1986 г. Киев, 1986.

[2] О «биссектрисе» см. примеч. 2 к п. 285.

[3] См. п. 357.

357

<6 января 1986 г.>

Дорогой Борфёд!

Поется: «Новый год — порядки новые...» Однако все еще старые: Борис Андреевич имел неосторожность затронуть в одной рецензии одно дерьмо. Рецензия, конечно, не вышла (вынули из журнала, уже после последней корректуры), а против него поднялось ополчение[1]. Кляузы в лучшем стиле лучших времен — расскажу при встрече (впрочем, Дмитрий Сергеевич в курсе дела).

Сейчас срочно надо хорошую рецензию на уже вышедшую его книгу, и я прошу Вас подписать, заверив подпись, прилагаемый проект[2]. Я не могу от своего имени, т<ак> к<ак> числюсь на обороте титула рецензентом.

Кончаю — тороплюсь передать с отъезжающей Еленой Георгиевной Григорьевой.

С Гришей нехорошо: послеоперационное улучшение фактически оказалось временным, м<ожет> б<ыть>, потребуется еще одна операция.

Поклоны всем Вашим.

Обнимаю Вас. Ю. Лотман
6.I.86.

Рецензию можно выслать Б. А. домой.

[1] Б. А. Успенский написал для ж. «Вопросы языкознания» отрицательную рецензию на посредственную книгу А. И. Горшкова «Теоретические основы истории русского литературного языка» (М., 1983). Автор книги оказался не лыком шит, у него были связи в ЦК КПСС; рецензию вынули из печатавшегося номера. В противовес партийное начальство приказало руководству филологического факультета МГУ «ударить» по недавно вышедшей книге Б. А. Успенского «Из истории русского литературного языка XVIII — начала XIX века. Языковая программа Карамзина и ее исторические корни» (М., 1985), но уже начиналась «перестройка», на филфаке отказались устраивать погром, тогда погромное «обсуждение» книги организовали на кафедре истории СССР периода феодализма.

[2] Я послал рецензию на книгу Б. А. Успенского как литературовед и один из руководителей «Литературных памятников», где в 1984 г. вышла книга Н. М. Карамзина «Письма русского путешественника», подготовленная Ю. М. и Б. А. Успенским. Но связи А. И. Горшкова с могущественными партийными боссами были, видимо, так сильны, что рецензию нигде не удалось опубликовать, более того, эти боссы не поленились выяснять мою личность: меня вызвал к себе В. А. Шишкин, директор Института истории СССР (ленинградского филиала) РАН (я тогда там служил) и смущенно-удивленно рассказал, что в обкоме КПСС расспрашивали у него обо мне и о Б. А. Успенском, о котором он понятия не имел; обкомовцы настаивали, чтобы я официально отрекся от своей положительной рецензии; слава Богу, в начинающейся либерализации обстановки в стране можно было пренебречь этими указаниями.

358

<18 февраля 1986 г.>

Дорогой Борфёд!

Посылаю Вам скелет рецензии для «Просвещения». Решился на сей шаг только по предложению Сони[1]. Делайте с ним, что пожелаете. Вообще же мне хотелось бы, чтобы Вы (когда-нибудь после, когда формалистика с рецензией отойдет и у Вас будет просвет, чтобы прочесть con amore[2]) посмотрели сию книгу. Кажется, там есть кое-что новое, а кое-что по-новому зазвучало от соположения. Вообще собирал и писал книгу для заработка («таков я в наготе своего цинизма», как говорил Пушкин[3]), а получилось нечто не лишенное смысла, некоторый итог работ за ряд лет.

Некто сказал, что ни одно доброе дело не остается безнаказанным. Вот и Вы когда-то выразили готовность написать вступительное слово к моей книге о Карамзине в издательстве «Книга» (такой у них обычай, чтобы книги кто-то «вводил»)[4]. Они это запомнили. Сейчас я был в Москве и к своему изумлению узнал, что книга, которую я считал похороненной, движется. Уже художник сделал очень милое оформление. Мне предложили еще дописать 1,5 листа, на что я со скрипом согласился. А теперь они хотят (пока не очень срочно) и от Вас 0,5 листа. Очень стыдно садиться Вам на шею, но назвался груздем... и т. д.

Я как-то сильно сдал физически за последние месяцы. Спокойно смотрю на приближающийся другой берег переправы.

Соне и Тане нежные приветы, особенно же Татьяне Алексеевне, величие которой нам всем пример и назидание[5].

Всегда Ваш Ю. Лотман
18.II.86.

[1] С. А. Николаева предложила Ю. М., в свете трудностей прохождения его рукописи в издательстве «Просвещение» и в свете близкого знакомства Ю. М. со всеми опасениями и колебаниями руководства, написать за меня рецензию, как бы гарантирующую идейную «проходимость» книги, — Ю. М. и совершил эту акцию, я подписал, рецензия помогла, книга вышла в свет: *Лотман Ю. М.* В школе поэтического слова: Пушкин, Лермонтов, Гоголь. Книга для учителя. М., 1988.

[2] с любовью (*итал.*).

[3] Неточная цитата из письма Пушкина к брату Льву от января—февраля 1824 г.

[4] См. примеч. 3 к п. 352.

[5] Т. А. Николаевой, моей теще, мужественно боровшейся со смертельным недугом.

359

<10 мая 1986 г.>

Дорогой Борфед!

Письмо сугубо деловое, пишу по пунктам:

1. Пересылаю Вам с Зарой белую замазку для машинки, которую Сергей передал для Вас из Финляндии.

2. Статью о Кирове, конечно, с удовольствием примем, но, увы, объем не более одного печатного листа[1]. Это требование нам «спущено», мать их так, но выскочить из него мы не можем.

3. Место в Кяярику зарезервируем, но надо, чтобы Вы сообщили, что точно приедете, — места в обрез.

4. На Ломоносовскую конференцию ждем Вас с радостью и вожделением[2].

5. Я получил от Ознобишина выписку из протокола о решении издавать «Евгения Онегина», где значится: «Издание готовят Я. Л. Левкович и Р. В. Иезуитова. Отв. ред. Ю. М. Лотман». Но в заявке, которую я подавал и которая была согласована с Левкович и Иезуитовой, значилось так: подготовка текста Левкович и Иезуитовой, статья, комментарий и общая редакция Ю. М. Лотмана. Иезуитова только выговорила себе комментарий к X-й главе. Я полагаю, что после того как я прокомментировал весь роман и много понаписал об Онегине, я имею моральное право на такое распределение. Кроме того, заявка и идея двухтомного издания, своего рода онегинской энциклопедии, принадлежат также мне. Можно ли получить объяснение, почему так перераспределили роли? Если это действительно так, а не ошибка в формулировке, то я буду писать Д<митрию> С<ергеевичу> формальный протест[3].

Теперь, после торжественной части, — человеческая. Устал я, как собака, и начинаю раздражаться мелочами (вроде этой же заявки), что дурной признак. Пытаюсь сдерживать себя, но получается плоховато. Работы — воз, что спереди, что сзади. Срочно должен писать отзыв на диссертацию Фарыно[4], и еще, и еще, и еще. Кончил книгу о Карамзине (переделку после редакторской правки; о моих сражениях с редакторами Вам расскажет Зара). Вообще же, как писал Хлестаков, «хочется, душа Тряпичкин, заняться чем-то возвышенным».

Обнимаю Вас — кончаю, навалились гости и Зара скоро уезжает.

Нежные приветы Соне.

Ваш Ю. Лотман
10.V.86.

P. S. 28.V—1.VI Тыняновские чтения. Планируете ли Вы отмечать свой юбилей[5]? Вообще у меня и Зары в Резекне доклады, но если да, то я, конечно, плюну на Резекне и приеду в Питер. Сообщите.

[1] Моя статья «С. М. Киров как литературный критик» будет опубликована: «Уч. зап. ТГУ», в. 781, 1987.

[2] Ломоносовская конференция состоится в Тарту 28—29 ноября 1986 г. Ю. М. на ней выступит с докладом «Ломоносов и некоторые вопросы своеобразия русской культуры XVIII века»; я — «Ломоносовский юбилей 1865 г.». См. сб.: М. В. Ломоносов и русская культура. Тезисы докладов конференции, посвященной 275-летию со дня рождения М. В. Ломоносова. Тарту, 1986.

[3] Д. В. Ознобишин, не отличавшийся аккуратностью, не разобравшись в деталях, наскоро составил конспект протокола заседания редколлегии «Литературных памятников», где не обозначил Ю. М. как автора статьи и комментариев, оставив ему лишь титул ответственного редактора. К сожалению, издание не состоялось из-за наступившей полосы болезней Ю. М.

[4] Е. Фарыно защищал докторскую диссертацию в Варшаве по своей книге: Мифологизм и теологизм Цветаевой // «Wiener Slawistischer Almanach», Sonderband 18. Wien, 1985.

[5] Имеется в виду мое 60-летие, которое я не «отмечал» публично.

360

<20—21 октября 1986 г.>

Дорогой Борфед!

Спасибо за рецензию[1]. Рецензия интересная, темпераментная и острая. Очень прошу в ней ничего не менять. Пишу это затем, чтобы Вы не восприняли мои дальнейшие рассуждения как желание откорригировать оценки. Я гораздо большее значение, чем мнению читателей, придаю нашей с Вами договоренности pro domo sua[2]. Итак, пишу лично для Вас.

Я не могу с Вами согласиться в оценке «жизнестроительства» (я, кажется, этого слова не употреблял?) Пушкина[3]. И поскольку Вам и мне этот аспект книги кажется важным, необходимо объясниться. Конечно, плохо, если по поводу книги следует объясняться, — значит, в ней сказано неясно. Эту вину готов взять на себя. Но и Вы, мне кажется, поняли и отвергли не мою мысль, а свое (не полностью адекватное) ее понимание. Прежде всего, Вы отождествляете представление о сознательности жизненной установки с рационалистическим планом, методически претворяемым в жизнь. А речь идет совсем о другом — о сознательно волевом импульсе, который может быть столь же иррационален, как и любая психологическая установка.

Один из смыслов замысла моей книги в том, чтобы написать биографию не как сумму внешних фактов (что и когда случилось), а как внутреннее психологическое единство, обусловленное единством личности, в том числе ее воли, интеллекта, самосознания. Я хотел показать, что как мифологический царь Адрас к чему ни прикасался, все обращал в золото[4], Пушкин все, к чему ни касался, превращал в творчество, в искусство (в этом и трагедия — Адрас умер от голода, пища становилась золотом). Пушкин — я убежден и старался это показать как в этой биографии, так и в других работах — видит в жизни черты искусства (ср. у Баратынского:

И жизни даровать, о лира,
Твое согласье захотел... —

и тут же: «поэтического мира огромный очерк я узрел»[5] — представление о поэзии жизни не выдумка, а реальное мироощущение и Пушкина, и Баратынского). А любое художественное создание — борьба замысла и исполнения, логического и внелогического. Не станете же Вы отрицать, что в создании художественного произведения принимает участие замысел от крайне осознанных формул до спонтанных импульсов? Внешние обстоятельства вторгаются и оказывают «возмущающее» (иногда стимулирующее внутренне подготовленную самим же замыслом эволюцию его) воздействие. Так, Микель Анджело, получив от сеньории кусок мрамора, видит, что, вопреки его замыслу, фигуру можно будет сделать лишь сидячей. Жизнь — тот твердый, гранитный материал, который хочет остаться бесформенным куском, сопротивляется ваятелю, грозит убить его, обрушившись на него. А Пушкин — скульптор, торжествующий над материалом и подчиняющий его себе. Посмотрите сами: ему как бы всю жизнь «везет»: ссылки, преследования, безденежье, запреты... и как приходится говорить студентам? «Пушкин был сослан на юг. Это оказалось исключительно кстати, чтобы спонтанно созревавший в нем романтизм получил оформление». Пушкин сослан в Михайловское (он в отчаянии, оборваны все планы и связи, Вяземский совершенно серьезно пишет, что русская деревня зимой — та же крепость и что Пушкин сопьется). А мы говорим (и верно): «Пребывание в Михайловском было счастливым обстоятельством для оформления пушкинского историзма и народности, здесь ему открылся фольклор».

Представьте себя на его месте в Болдинскую осень: перед свадьбой он попал в мышеловку карантинов, не знает, жива ли невеста, т<ак> к<ак> в Москве эпидемия, не знает, будет ли свадьба вообще (денег нет и ссоры с будущей тещей), сам на переднем краю холеры. А все как будто ему опять повезло.

Стремление не поддаваться обстоятельствам было одним из постоянных пушкинских импульсов. Вот он лежит с разорванными кишками и раздробленным тазом. Боль, видимо, невероятная, но на слова Даля: «Не стыдись боли своей, стоная, тебе будет легче», — отвечает поразительно: «Смешно же, чтобы этот вздор меня пересилил, не хочу...» И это когда он почти не может говорить от боли. Аренд говорил, что он был в тридцати сражениях и никогда не видел ничего подобного.

Вы поняли дело так, словно борьба и торжество в борьбе с обстоятельствами снимает трагичность, и пишете, что биография Пушкина трагична. Кто же с этим (с трагичностью биографии) спорит? Но бывают трагедии силы и трагедии слабости.

Щеголев со товарищи много вреда наделали: следуя в русле либеральных штампов начала века, они создали миф «поэт и царь» и представили Пушкина замученным интеллигентом. Эти идеи прочно въелись, и все (кроме Абрамович с ее прекрасной книгой[6]) идут по этому легкому пути. И не случайно конец моей книги вызвал наибольшие возражения. Вы это приводите как доказательство правоты оппонентов, а, на мой взгляд, лучше всех Пушкина понял не исследователь, а поэт — Булат Окуджава. В его стихотворении «Александру Сергеевичу хорошо, ему прекрасно...» больше понимания личности Пушкина, чем во многих академических трудах, и я полностью разделяю пафос его последних строк:

Ему было за что умирать
У Черной речки...

У моей позиции есть и вненаучный пафос: много лет я слышу жалобы разных лиц на обстоятельства. Сколько молодых писателей давали понять, что если бы не цензурные трудности, не издательские препоны, то они показали бы себя. А убери эти трудности — и выясняется, что и сказать-то нечего. Я всегда считал ссылку на обстоятельства недостойной. Обстоятельства могут сломать и уничтожить большого человека, но они не могут стать *определяющей логикой* его жизни. Все равно важнейшим остается *внутренняя* трагедия, а не пассивный переход от одного «обстоятельства» к другому. Юный Шуберт заражается сифилисом (случайно!) и погибает. Но не сифилис, а «Неоконченная симфония» — трагический ответ души на «обстоятельства» — становится фактом его внутренней биографии. Я же хотел сделать именно опыт того, что никогда, смею думать, не делалось применительно к Пушкину, — показать *внутреннюю* логику его пути. А «романтическое жизнестроительство» здесь совершенно побочный термин, который лишь затемняет сущность дела. Видимо, замысел мне не очень удался.

Но думаю, что именно это и имел в виду Блок, говоря о «легком имени Пушкин»[7] и противопоставляя его угрюмым мучителям и мученикам.

Пушкин мне видится победителем, счастливцем, а не мучеником.

Ну, хватит, теперь о другом.

Перечтите, что он пишет о Грибоедове: «Приехав в Грузию, женился на той, которую любил... Не знаю ничего завиднее последних годов бурной его жизни. Самая смерть, постигшая его посреди смелого, неравного боя, не имела для Грибоедова ничего ужасного, ничего томительного. Она была мгновенна и прекрасна»[8]. Ведь это его программа для себя, его идеальный план. А Вы говорите, что плана не было. И царь, и все обстоятельства вынуждали его *не драться*, а он вышел — один, как Давид на Голиафа, — и *победил*!

Увлеченные Щеголевым, этого (его, пушкинского торжества в момент дуэли — наперекор всему и всем!) не поняли ни Цветаева, ни Ахматова (которая, прости мне Господи мои прегрешения! — Пушкина вообще не понимала), а понял Пастернак, кот<орый> писал, что, по мнению пушкинистов, Пушкин должен был жениться на Щеголеве и жить до 90 лет. А он избрал жениться «на той, которую любил», и смерть «посреди смелого, неравного боя» (это уже не Пастернак, а я от себя). Это у Пастернака не о Пушкине, но очень хорошо освещает его (Пушкина) последнюю трагедию:

Дай мне подняться над смертью позорной.
С ночи одень меня в тальник и лед.
Утром спусти с мочажины озерной.
Целься, все кончено!
Бей меня влет!

(«Рослый стрелок, осторожный охотник...»)

В Харькове, где была конференция по методологии науки, было мало интересного. Зато до этого я семь дней был в Норвегии. Трудно вообразить что-либо более прекрасное, чем тамошняя природа (день поездки по морю и по фиордам — одно из самых сильных впечатлений жизни). День был пасмурный с прояснениями, черные горы, закругленные ледником, как большие в трещинах хлебы, стеной выходящие из свинцовой воды и стеной без берега уходящие в какую-то бездонность, падающие с этих стен водопады, многокилометровый, сужающийся фьёрд*, переходящий в ущелье. А по стенам этим то здесь, то там деревянные (в Норвегии сыро, и с давних пор стремятся строить из дерева) домики. Сочетание мрачности величественной природы и такой уютности и чистоты крошечных пригодных для жилья мест, как и сочетание мужественности и доверчивой доброжелательности жителей, — поражает. Как они широко и по-детски улыбаются!

В научном (славистическом) отношении — типично для Запада: не очень творчески, но очень информированно (прямо противоположно нашему: очень творчески, но плохо информированно). Приятно поразило, что у всех коллег дома видел тартуские издания или ксерокопии с них — читают.

Вот, кажется, и наши новости. Приветы Соне, Тане и Кириллу.

Обнимаю Вас.

Ваш Ю. Л.

Б. А. Успенский передавал мне какие-то слухи о романе Вашем с Пушдомом[9]: Боюсь сглазить, но не вздумайте отказываться. Это было бы просто преступно.

[1] К 65-летию Ю. М. я хотел опубликовать в РЛ статью-рецензию на его обе книги о Пушкине, «Биографию» и «Комментарий к “Евгению Онегину”», но

* Я большую часть недели был в Бергене — западная Норвегия, а там говорят не «фиорд» и не «фьерд», а «ф» и после какой-то один диффузный гласный. Воспроизвести не берусь. (*Примечание Ю. М. Лотмана.*)

предварительно послал рукопись к Ю. М. на «апробацию», и его письмо — отклик на этот предварительный текст. Редакция журнала отдала мою статью на рецензию члену редколлегии Г. М. Фридлендеру, который счел ее недостаточно марксистской и предложил свое соавторство (сделает добавления и исправления). Я решительно отказался, статья тем самым была «зарезана». После кончины Ю. М. главный редактор РЛ Н. Н. Скатов предложил мне опубликовать в журнале, памяти Ю. М., какие-либо материалы о нем — и я дал эту «зарезанную» статью и данный ответ Ю. М. (см. РЛ, 1994, № 1).

[2] Для себя, для своих (*лат.*).

[3] Точно такого слова Ю. М. не употреблял, но одна из главных идей его биографической книги о Пушкине — именно «жизнестроительство»; подытоживая свой труд, Ю. М. в конце книги называет Пушкина «гениальным мастером жизни».

[4] На самом деле греческие мифы приписывают способность все превращать в золото фригийскому царю Мидасу.

[5] Цитата из стих. Е. А. Баратынского «В дни безграничных увлечений...» (1832).

[6] См. примеч. 2 к п. 351.

[7] Неточная цитата из речи Блока «О назначении поэта» (1921). В подлиннике не «легкое», а «веселое».

[8] Из «Путешествия в Арзерум во время похода 1829 года» (1836).

[9] Некоторые московские литературоведы (в данном случае к ним присоединился и Ю. М.) уговаривали меня, в связи с распространявшимися слухами о моей кандидатуре на пост директора ИРЛИ, не отказываться в случае приглашения. На самом-то деле меня не пригласили, да я бы и сам ни за что не согласился на такую официальную должность — хотел быть свободным.

361

<30 марта 1988 г.>

Дорогой Борфед!

Посылаю Вам ксерокопию некролога Якобсона Б. М. Эйхенбауму[1].

Что же касается до фотографий, то я их так хорошо «отложил», что найти не могу[2]. Кстати, все они, именно те, что у меня, есть в кабинете русской литературы ЛГУ на стенке и у Лидии Михайловны.

В связи со стихами Марка Качурина можно (и хорошо бы) дать и портрет Мордовченко[3].

Поклоны Вашим.

Как всегда зашивающийся Ваш Ю. Лотман
30.III.88.

P. S. Осповат Вам выслал еще 1 экз. Карамзина[4]. Получили?

[1] Статья-некролог Р. О. Якобсона «Б. М. Эйхенбаум (4 октября 1886 — 24 ноября 1959)» опубликована в «International Journal of Slavic Linguistics and Poetics», 1963, t. VI.

[2] Подготавливая статью (совместно с К. М. Азадовским) «О низкопоклонстве и космополитизме» (будет опубликована: «Звезда», 1989, № 6), я просил у Ю. М. имевшиеся у него фотографии наших университетских учителей, подвергавшихся в сороковых годах травле в качестве «космополитов».

[3] М. Г. Качурин сочинил (устно, тогда было опасно записывать) в 1949 г. стихотворение о благородном и мужественном поведении Н. И. Мордовченко во время «космополитического» погрома в ЛГУ (оно опубликовано в статье, указанной в примеч. 2); по издательски-типографским причинам редакция «Звезды» не включила в статью фотографии.

[4] Имеется в виду книга Ю. М. «Сотворение Карамзина» (М., 1987).

362

<21 сентября 1988 г.>

Дорогой Борфед!

Прочтите прилагаемый «проспектус» и вникните. Надеюсь, что Вы не откажетесь от участия: дело доброе, хотя против честной критики теоретически не восстанет никто, но практически — все, кого зацепит за хвост. А зацеплять придется многих. Но что делать:

С молоду было пито-граблено,
Под старость надо душа спасать,

как говаривал Вася Буслаев[1]. Итак, надеюсь на согласие и поддержку. М<ожет> б<ыть>, приеду в Питер, чтобы обхаживать на сей предмет Дм<итрия> Сергеевича[2].

Другое дело — не менее важное.

Летом исполнилось 30 лет (!) со дня выхода 1 тома «Трудов по русск<ой> и сл<авянской> филологии». Хочу сделать открытое заседание редколлегии (и юбилейное, и деловое — итоги). Очень жду Вас. Без вас это просто невозможно. Да и слушайте, надо же встречаться. Этак и помрем...

Третье. Я, кажется, еду на 11 мес<яцев> (!) в ФРГ — получил какую-то «Гумбольдтовскую премию»[3]. Вот такие дела. Звоните (пишите — «лишки вычеркнуть») мне и Осповату.

В задуманной редколлегии выбиваем 4 штатных места (Осповат, Рогинский, Зорин, Тоддес). В этом тоже один из смыслов. Если удастся, будет славно. Вообще я этим делом загорелся, хотя тону в делах и дерьме. В Германию (отчасти) еду из-за Зары. Ей угрожает возможность потери ног. Кажется, надо делать (хоть и боюсь) операцию тазобедренного сустава[4]. У нас это невозможно: ни врачей, ни хороших материалов (сустав, кажется, титановый). Летом мучительно писал книгу по семиотике культуры[5]. Хотел ее сделать итоговой — итоговости не получилось, но устал, как собака.

Обнимаю Вас, Соне и Тане самые теплые приветы. М<ожет> б<ыть>, и Соня с Вами приедет? Время юбилейной редколлегии — начало—середина октября.

Ваш Ю. Лотман
21.IX.88. Москва.

Пушкиноведение сегодня (проспект журнала)

Цель журнала: аналитический обзор и максимально полная информация о современной пушкинистике — отечественной и зарубежной. В настоящее время критическая оценка новых, количественно все увеличивающихся, работ о Пушкине и его эпохе осуществляется только выборочно. К сожалению, рецензии и отклики не всегда отражают объективное значение тех или иных исследований. Распространена практика «организации» рецензий и оценок по групповым и ведомственным соображениям. Совершенно вне анализа остается поток массовой, популярной литературы — беллетристической, краеведческой и т. д. В результате девальвируются научные критерии, что приводит к понижению уровня пушкинистики, забвению достижений советской науки о Пушкине эпохи Б. В. Томашевского, Г. А. Гуковского, Ю. Г. Оксмана и других выдающихся ученых.

Новый журнал призван дать не только максимально полный, но и предельно объективный анализ текущей литературы о Пушкине и его эпохе. Оценка каждой работы подразумевает соотнесение ее с уровнем лучших достижений предшествующей научной традиции. В журнале предполагается помещать как большие критические статьи, так и обзоры, рецензии, заметки, уточнения, а также — в особом разделе — мелкие, но существенные текстологические и историко-литературные наблюдения.

Журнал рассчитан и <на> специалистов-исследователей, и на широкий круг заинтересованных читателей. Поэтому журнал имеет в виду, с одной стороны, ориентировать читателя в текущей пушкинистике, а с другой — привлекать его внимание отдельными, тщательно подготовленными публикациями новых источников, портретами выдающихся пушкинистов прошлого, разнообразием информации о положении дел в зарубежном научном мире. Полемические выступления, принятые к публикации, должны строго отвечать нормам и приличиям научной дискуссии.

К участию в журнале привлекаются наиболее авторитетные ученые, представляющие различные научные школы и специализации. Кроме того, на базе журнала предполагается выращивание и собирание молодых пушкиноведческих сил, потребность в которых сейчас столь остро ощущается.

Примерная структура журнала:

Статьи.
Обзоры-рецензии.
Историко-литературные заметки.
Трибуна.

Перечисленные разделы не могут, разумеется, исчерпать все содержание журнала, структура отдельных номеров которого будет варьироваться в зависимости от поступления материалов.

Периодичность выхода журнала — четыре (или шесть) раз в год. Планируемый объем — 12—15 л.

Сейчас ведутся переговоры о том, чтобы журнал выходил под эгидой Советского фонда культуры.

Предполагаемая редколлегия журнала:
Д. С. Лихачев (гл. редактор).
Ю. М. Лотман (первый зам. гл. редактора).
Б. Ф. Егоров (зам. гл. редактора).
А. П. Чудаков (зам. гл. редактора).
В. Э. Вацуро.
М. Л. Гаспаров.
А. Л. Зорин.
О. И. Карпухин (представитель фонда культуры).
А. Л. Осповат (отв. секретарь).
Л. С. Сидяков.
А. Б. Рогинский.
Е. Д. Тоддес.
Б. А. Успенский.
С. А. Фомичев.
Н. Я. Эйдельман.

[1] Из новгородской былины о Василии Буслаеве.

[2] Замысел Ю. М. не был осуществлен из-за его отъезда в Германию и тяжелой болезни.

[3] Ю. М. пробыл в Мюнхене, благодаря полученной премии, почти весь следующий год (см. его письма из Германии 1989 г.).

[4] См. примеч. 2 к п. 364.

[5] Ю. М. начал тогда работу над книгой, которая получит название «Культура и взрыв» (М., 1992).

363

Мюнхен. 30 марта 1989 г.

Дорогой Борфед!

Сообщаю Вам последние новости о своей жизни. Вы первый, с кем делюсь ими, и прошу пока держать все в тайне: я влюбился в 22-летнюю японку, женился на ней и получил приглашение на постоянное место заведующего Институтом славистики в Сингапурском университете. Начинаю новую жизнь. Прилагаю фотографию себя на свадьбе.

Свой сингапурский адрес я Вам сообщу потом, а пока — свой немецкий: BRD, 8000, München 22, Kaulbach str. 22*, Ju. Lotman.

Я записался на концентрированные курсы восточных языков, а пока мы с Нокамурой Ли (так зовут мою жену) — она специалистка по

* Два раза 22 — не ошибка! (*Примечание Ю. М. Лотмана.*)

сравнительной мифологии — начали большую совместную работу, которая меня поглощает полностью.

Жду от Вас вестей. Пишите.

Всегда Ваш

Ю. Лотман[1]

[1] Письмо — первоапрельская шутка, посланная из Мюнхена. Получив Гумбольдтовскую премию, Ю. М. мог бы почти целый 1989 г. заниматься научной работой в Германии, и он интенсивно начал осуществлять творческие планы. В мажорном настроении он и послал это письмо. Увы, научная деятельность Ю. М. в Германии била недолгой: в мае с ним случился сильный инсульт; сгусток крови из пораженной раком почки (об этой страшной болезни никто еще не знал) достиг мозга и явился причиной недуга. Немецкие врачи спасли Ю. М. от смерти, затем вырезали почку, даровали ему еще 4 года жизни.

364

<Мюнхен. 3 сентября 1989 г.>

Дорогой Борфед!

Большое спасибо за Ваше письмо. Я до него не знал, куда мысленно Вас помещать: то ли Вы все еще в Америке, то ли еще в каких-то других путешествиях[1]. Напишите подробнее о своих странствиях, а еще больше — о том, что Вы делаете сейчас, что делается в Питере (конкретно и в более общем смысле).

Вы знаете, что мне не повезло. Моя заграничная командировка фактически провалилась из-за болезни. Эта же болезнь совершенно перестроила все планы: одной из причин, когда я соглашался на командировку — слишком долгую, — была необходимость операции для Зары (у нее — артроз, необходима операция сустава). Получилось же все очень глупо: я с 22 мая в больнице и, видимо, еще буду недели две. Операция Зары передвинулась на неопределенное время — все неясно[2]. Как видите, даже это письмо она пишет под мою диктовку[*3].

Хотя рассказывать о здоровье скучно, но поскольку о нем в Питере и в Москве ходят самые разные слухи, лучше уж я сам Вас коротко извещу о положении дел. У меня обнаружили рак почки[**] (ранняя стадия), и я перенес блестяще проведенную операцию. Это все быстро заживает. Однако, в связи с этим или нет, еще до обнаружения опухоли я перенес тромбоз сосудов головного мозга (микро-). В результате у меня *не* пострадали интеллект и речь, но — говорят, временно — пропала способность чтения и есть затруднения в письме (очень незначительные). Болтать и думать могу, а читать приходится учиться, как ребенку. Правда, и в речи есть некоторые (слушателям практически незаметные) затруднения. Я сейчас учусь преодолевать эти трудности, а насколько удастся — видит Бог. Сейчас я переживаю нечто схожее с тем крыловским львенком, которого учитель — Орел — обучил вить гнезда[4]: дело в том, что упражнения в чтении я прохожу с милой учительницей—немкой, по-немецки, и таким образом тренирую левое полушарие в то время, как основные затруднения, видимо, в правом: затруднения с собственными именами*** (вообще трудности очень выборочные и дают интересный материал для самонаблюдений); особенно любопытны были самые первые дни, когда полушария, видимо, работали на разных режимах. Например, понимая, что это — особенность моего мышления и даже связывая это с особенностями функционирования полушарий, я все же прожил определенное время в сфере мышления, в которой время было заменено пространством. В практическом быту я прекрасно понимал, что такое время, но одновременно жил в мире, в котором я сам и все люди, которые когда либо пересекались с моей жизнью (люди, о которых я только читал или слышал, в этот мир не попадали), существовали одновременно и *вне времени*, как бы высвечиваемые в разных частях одного пространства. Например, отец был одновременно во всех возрастах и существовал сейчас. То же — и о всех других людях. Я мог, постаравшись, отыскать и увидеть события, которые я, казалось, абсолютно забыл. В этом мире ничто не исчезало, а только уходило в область неясного зрения и вновь выходило из нее****.

Сейчас я уже мыслю как «нормальный» человек, но еще помню и то сознание. Правда, и тогда это было не единственное, а *одно из двух* возможных типов пространства, и я мог передвигаться из одного в другое.

Зара сразу почувствовала интересность такого типа мышления и хотела зафиксировать подробно мои «видения» — просила меня диктовать ей. Я немного пытался, но не смог***** ... меня останавливало интересное чувство запрещенности. Не умом (значит, это не какое-то внешнее влияние), а чем-то неформулируемым я часто чувствовал запрет. Мне казалось, что этого делать нельзя (мне и сейчас кажется, что я делаю что-то бесстыдное или запрещенное, и из-за этого я сейчас взбесился и поссорился с Зарой)******; но вообще это сознание уже ушло (оно забывается так быстро, как забываются сны).

Такие дела, дорогой Борфед. Как видите, я попутешествовал. Пока до Вас дойдет это письмо, я надеюсь продвинуться в «курсах чтения и письма» в объеме второго класса.

Пишите. Мы с Зарой пробудем здесь до конца ноября или до первых чисел декабря. Сердечные приветы Соне. Я ее очень часто вспоминал во время болезни. Приветы Вашей молодежи: Тане и Кириллу.

Ваш Ю. Лотман
3.IX.89. Мюнхен.

Обнимаю и целую вас. Пожалуйста, пишите и другим накажите: Юра очень страдает, не получая писем от друзей.

Зара

Примечания писца

*У Юры была полная потеря возможности читать, теперь он прочесть кусок текста (по-русски и по-немецки) может, но до нормы еще ох как далеко! — Зара.

** Так называемая гипернефрома, которая, кажется, не успела прорвать оболочку, в кот<орой> была, так что есть надежда, что метастаз не будет.

*** По-моему, это научная фантастика в стиле В. В. Иванова[5].

**** Это было очень интересно, но и страшно. Это *не было* бредом: Юра, действительно, все это держал под контролем сознания и объяснял. Но и тот мир для него был *сенсорно* осязаемой реальностью (он его видел).

***** У меня все же есть ряд записей.

****** О, да!

[1] В январе—мае 1989 г. я преподавал в Вашингтоне.

[2] Одной из целей поездки в Германию была операция ноги у З. Г. Минц (нужно было вставить искусственную коленную чашечку). В связи с болезнью Ю. М. операцию пришлось отложить; она была проведена год спустя в г. Бергамо (Италия), и последствия операции оказались роковыми: тромб, проникнув в мозг, мгновенно лишил З. Г. Минц жизни.

[3] Письмо написано рукой З. Г. Минц под диктовку Ю. М. Примечания, обозначенные звездочками, также принадлежат ей.

[4] Басня И. А. Крылова «Воспитание Льва» (1811).

[5] Вяч. Вс. Иванов много занимался лингвистическими последствиями при нарушениях психики, афазией речи и т. п.

365

<21 августа 1990 г.>[1]

Дорогой Борфед!

Пишу Вам письмо в обстоятельствах грустных и трагических, но вместе с тем в каком-то возвышенном настроении. Валерий Иванович болен, и боюсь, что очень серьезно. У него рак легкого и, кажется, далеко зашедший[2]. Задето ли второе легкое, я еще не знаю, говорят разное. Мы с Зарой вчера были у него дома (он был на короткое время отпущен домой).

Все случилось как-то неожиданно. Он болел уже довольно давно, но тартуские костоправы определили хроническое воспаление легких, а также радикулит, и лечили от этого. Еще всего дней 20 назад мы с Зарой встречались с ним в Англии на съезде славистов, и если в таком деле может быть что-то хорошее, так это то, что накануне диагноза состоялась эта поездка: он проехал от Лондона до Эдинбурга, провел полторы недели в обществе прекрасных людей — исследователей Л. Андреева... Валерий как был, так и сейчас остается большим человеком: он очень похудел, боли сильные, но оживляется, когда к нему приходят, охотно говорит, не погружается в свое состояние, хотя ясно его понимает. Алла убита.

И все-таки, при всем ужасе, ощущение от всего — трагически высокое. Гомер писал после гибели Гектора, что красивый юноша всюду красив, а я скажу, что высокий человек — всегда высок... А теперь — контраст. К нам приехали на несколько дней все внуки — Лешины и Мишины (родители заняты); 8 + 1 (грудная Алинка, которая сейчас тоже у нас) человек от 14 лет до 0,5 года. Жизнь идет, и для <нас> в этом есть нечто возвышающее. Это все дает подлинные масштабы тому, что происходит вокруг нас: событиям наполовину крупным и историческим, наполовину мелочным и склочным. Об этих вещах не пишу, хотя в них много важного и интересного.

Обнимаю Вас. Соне приветы.

21.VIII.90. Ваш Ю. Лотман

[1] Письмо под диктовку написано рукою З. Г. Минц. Последние строки от слова «Обнимаю...» — рукою Ю. М.

[2] В. И. Беззубов скончается 9 марта 1991 г. Об отношении Ю. М. к нему см. еще пп. 430 и 431.

366

<Лето 1992 г.>[1]

Дорогой Борфед!

Всю жизнь снаряды перелетали через меня, а теперь — пристрелялись. Один за другим попадают в десятку[2]. Это письмо (кажется, я Вам уже об этом сообщал, и если да, то извините за повторы) пишу Вам из больницы (вернее, не пишу, а диктую). К счастью, микроинсульт, который я перенес, действительно «микро», но что-то в мозгу все-таки зацепило. В результате опять (уже в который раз) учусь читать с помощью моих милых коллег, в частности, той самой Влады, которой диктую это письмо (если бы я Вас не предупредил, то Вы с изумлением бы решили, что у меня в конце жизни почерк стал удобочитаемым). Вот, дорогой Борфед: всю жизнь откладывал «главную работу», считая, что для нее еще незрел, а теперь, кажется, перезрел.

Очень понимаю Ваши тревоги о Кирилле. Сам тоже все время с тревогой думаю о будущих судьбах моих многочисленных внучек-внуков. Боюсь! Больно уж не «обустроенным» (пользуюсь странным словом одного известного Вам литератора)[3] мир мы им оставляем. Впрочем, выражение, наверное, правильное, потому что приставка «об-» отчетливо снижающая (ср.: «оплеванный», «обделанный»)*.

О будущем не хочется думать и в большом, и в личном смысле. Очень хочется успеть докончить начатую работу, но похоже, что я пожадничал, как герой толстовского «Много ли человеку земли нужно?». Как ни странно, я все-таки с самого начала был заряжен таким запасом

* Мой секретарь возражает против такой интерпретации приставки об-. (*Примечание Ю. М. Лотмана.*)

идиотского оптимизма, что до сих пор его не исчерпал. Правда, я не верю, что мой сын Гриша будет адмиралом и откроет еще один северный полюс, но в целом история человечества, как мне кажется, сделалась скучнее, а это очень хороший признак. Чем больше скучного, чем меньше героического, тем меньше крови. Крови мы уже нагляделись, а внуки пускай лучше скучают.

Обнимаю Вас. Соне целую руку. Пишите, ибо хотя сейчас переписка и затруднена[4], но с того света писать еще труднее.

Господь Вас, Соню, детей храни[5].

Сердечно Ваш

Ю. Лотман

[1] Датируется по содержанию и по записи на конверте моей рукой (письмо прислано с оказией). П. написано под диктовку секретарем Ю. М. В. Гехтман. Последние строки (от слова «Господь...») и подпись — рукой Ю. М.

[2] Десятка — центр круглой мишени для стрельбы.

[3] Намек на статью А. И. Солженицына «Как нам обустроить Россию». Последующие полушутливые рассуждения свидетельствуют о весьма сдержанном, если не сказать больше, отношении Ю. М. к этой статье.

[4] Эстония приобрела всего несколько месяцев назад государственную самостоятельность, и письма из Тарту и в Тарту (за границу!) стали идти значительно дольше.

[5] Уникальный для Ю. М. случай религиозного пожелания. Всю сознательную жизнь ученого серьезно занимаясь проблемами христианства, Ю. М. внутренне, духовно и душевно, остался атеистом, в отличие от З. Г. Минц, незадолго до кончины принявшей православие.

367

<3 декабря 1992 г.>

Дорогой Борфед!

Получил Ваше письмо от 26.X.92. Большое спасибо. Извините, что диктую[1], — правая рука недужит, и почерк стал совсем непонятным. С большим интересом прочел о Ваших нынешних замыслах, дай Вам Бог их выполнить! Тарту Вы теперь бы не узнали: почти совсем другие люди выдвинулись, а наши знакомые стареют и умирают один за другим. Кстати (тьфу!-тьфу!-тьфу!), Адамс жив и неплохо обихожен: он прописал у себя старую подругу Лейды, женщину еще вполне крепкую, завещал ей свою дачу, и она его трогательно обихаживает (сведения мои не самые свежие — я почти месяц его не видал, но, по слухам, там все в порядке). А главное — он сохранил свою личность. Я, например, погружаюсь в маразм, из сохранившихся в живых стариков большинство — маразматики, а Адамс (тьфу!-тьфу!-тьфу!) как был, так и есть. Даже поумнел, избавившись от некоторых загибов былых лет. Не сглазить бы! Он говорит, что хочет дожить до того, чтобы открыть следующий Эстонский Писательский съезд[2]. Я пытаюсь работать, хотя ясно осознаю утраты, которые после последнего инсульта понесли мои мозги (но, как говорил Жуковский: «Не говори с тоской — их нет, но с благодарностию — были»). Второй том в наборе, а мы с Таней делаем сборник статей для издательства «Александра», управляемого супругами Белобровцевыми[3]. Положение издательства, как вообще русских изданий в Эстонии, тяжелое, но барахтаемся!

Лекций я читаю мало — 2 часа в неделю, да и что это за чтение — самому противно: научные мемуары маразматика.

Вы пишете о нервной реакции Якова Семеновича на возвращение старых названий[4]. Вот видите, он в душе семиотик, хотя всегда клялся в презрении к семиотике: придает значение названиям. А по мне это всё «пузыри земли». Человеку дано большое утешение — потерять самое дорогое, и тогда уже ничего не страшно. Пусть называют хоть Тарарабумбией![5] Какое мне до этого дело! Вообще наша с Яковом Семеновичем судьба складывается так, что мы всю жизнь меняемся местами: теперь я думаю о вечности, а он — о политике. Передайте ему привет и скажите, что политика обойдется без нас, так же как и мы без нее. У меня есть еще несколько замыслов, которые хотелось бы успеть осуществить, но трудно в конце сменить технику работы: перейти на диктовку вместо письма и на слушание вместо чтения. Но, скажу Вам откровенно, еще 2—3 написанные или ненаписанные статьи по сути дела науки не осчастливят и не обеднят. Главный смысл их — относительный: в том, чтобы сохранить внутреннюю личность до той минуты, пока живет личность биологическая. В былые годы я выражал это так: предположим, Вы оказались в море за много десятков километров от берега. Выплыть нет никакой надежды. Что делать? Барахтаться. Не для того, чтобы спастись, а чтобы сохранить личность до последнего мгновения. Вот я и барахтаюсь. Написанное звучит несколько пессимистически: не придавайте этому большого значения — это увлечение стилем.

Вокруг меня много милых мне людей — родственников и учеников. Это создает другой мотив, который следует прибавить к предшествующим словам. Больше всего меня огорчают перебои в памяти. Это для меня сейчас самое главное. Ночами я не сплю и восстанавливаю день за днем прожитое и Зару. По сути дела, это и есть для меня основное занятие. А вообще, не будем неблагодарны жизни.

Самые сердечные приветы Соне, которую я очень люблю.

Обнимаю Вас сердечно. Всегда Ваш Ю. Лотман

Тарту.

3.XII.92.

[1] Письмо написано Т. Д. Кузовкиной; текст рукою Ю. М. — от слова «Обнимаю...» и до конца.

[2] В. Т. Адамс как старейший открывал предыдущие съезды писателей Эстонии.

[3] Имеются в виду «Избранные статьи в 3-х томах» Ю. М., выходившие в Таллине. Второй том имеет дату «1992».

[4] Я. С. Билинкис решительно не принимал возврата старых названий городов и улиц, в том числе и переименования Ленинграда в Санкт-Петербург. Ю. М. пишет с легкой иронией, но его собственное отношение к переименованиям не было простым: см. п. 450.

[5] Тарарабумбия — словечко Чебутыкина, персонажа чеховской драмы «Три сестры» (1900).

368

<19 февраля 1993 г.>

Дорогой Борфед!

Посылаю Вам сие письмо и одновременно просьбу, которую пишу, как Владимир Мономах сказал в своем завещании, «сидя на костѣхъ». Если бы я начал писать Вам все то сердечное, что я хотел бы сказать Вам уходя, бумаги не хватило бы. Если имеет смысл слово «дружба» в самом высоком и подлинном его значении, то это им можно назвать то, что меня привязывает к Вам (я боюсь писать «любовь», хотя это было бы более точно, но в наших отношениях всегда была сдержанность выражений, основанная на доверии и со-чувствии, т<о> е<сть> единстве чувств, т<о> е<сть> сдержанности выражений).

Уходя, я тревожусь о двух вещах: кафедре и Наташе. Не могу наваливать на Вас «бремя не удобь носимое», но все же прошу не спускать глаз с кафедры (нашей с Вами кафедры), а о Наташе просто болит душа.

Обнимаю Вас и за все благодарю.

Соне сердечные мои поцелуи. Храни Вас Господь!

Ваш Ю. Лотман
Тарту. 19.II.93.

<Приложение к письму от 19.II.1993.>

Дорогие Люба и Игорь!

К вам и Мише как ближайшим ученикам и дорогим мне людям я беру на себя смелость обратиться с загробной просьбой.

Самый дорогой для меня труд — это кафедра, наш с Зарой Григорьевной совместный труд. Мне больно думать, что с моим уходом в наше нестабильное и ненадежное время кафедру может постигнуть развал. Под этим я понимаю, прежде всего, разрушение дружеских связей, которые были основой организации кафедры, ее фундаментом. Поэтому я очень прошу вас, как бы трудно ни было в дальнейшем, сохранить взаимное доверие, толерантность и помнить, что все мы не ангелы и нуждаемся в дружественном и снисходительном отношении. Только это позволит сохранить дух нашей кафедры (как бы в дальнейшем ни перекраивалась организационная структура — речь не об этом). Кафедра принадлежит истории культуры, разрушать ее тяжкий грех.

Прошу вас приложить максимальные усилия для того, чтобы сохранить всех сейчас работающих. Дело не только в том, что каждый из них — частица нашего с Зарой Григорьевной труда. Дело в другом. Нынешний состав кафедры я считаю исключительно удачным, более того — уникальным, разные интересы и таланты (говорю это серьезно все обдумав) удачно дополняют друг друга. В этом смысле индивидуальные различия членов кафедры — счастливое явление.

Во всех принципиально спорных случаях прошу обращаться к Борису Федоровичу Егорову как к авторитетному, дружественному и ориентированному в наших делах арбитру. К высказанному им мнению прошу прислушаться как к моему собственному.

Я ухожу с тревогой за кафедру и с надеждой на ваш кафедральный патриотизм.

Yu. Lotman

Еще одна важная вещь. После меня остается большой архив, который требует приведения в порядок и подготовки к печати научных материалов, содержащихся в нем. Это большая и трудоемкая работа, требующая квалифицированного труда, в том числе технического. Прошу поручить его <его — это труд> Т. Кузовкиной, которую я для этой работы подготовил, снабдив необходимыми устными указаниями. Важно, чтобы эта работа была включена в план ее научно-издательских работ по кафедре семиотики.

Yu. Lotman

369

Тарту.
1.06.93[1].

«Сид в Валенсии лежал
На одре больной и хилый…»
Из «Песни о моем Сиде»[2]

Дорогой Борфед, спасибо за память, открытку и записку. Я как Сид. Этой ночью меня пришибло. Память и язык — всё в порядке, но прихлопнуло равновесие, и я, как Ванька-Встанька, как встану, так и валюсь[3]. Усилиями моих друзей (Люба и К°) призвали моего (лучшего в Тарту и действительно хорошего) лечащего профессора[4]. Он осмотрел со всех сторон ,и если снять культурную медицинскую терминологию, то смысл такой, что ничего особенного. Прописал разные штучки и велел полеживать. Полеживать мне не трудно, потому что я как встану, так и падаю. В общем, смысл такой — где-то небольшой спазм в мозгу, язык и сознание не задеты, так что «много шума из ничего», но я лежу, окруженный моими друзьями, и Гриша тут около вертится.

Теперь о делах. Насчет «русского текста», то я или моя тень с удовольствием рады участвовать[5]. Представьте эффект: в редакционном списке — «тень Ю. Лотмана». Если тень самодержца могла Гришку Отрепьева усыновить[6], а тень отца Гамлета проявляла разнообразную активность, то я тоже позволяю своей тени некоторую вольность (см. также О. Уайльда «Кентервильское привидение»). Вот насчет материальных действий боюсь, что тут будут трудности.

Каждый раз с искренним удовольствием узнаю о новых проявлениях Вашей активной деятельности. Завидую, как принято было говорить, хорошей завистью. Ступеньки пути ad patres[7] пока что совершаю легко и даже весело. Как будет дальше — посмотрим.

Сердечные приветы Вашему zu Haus[8] (написал бы von Haus, но мой von Haus как-то развалился вместе с Зарой и я сижу, окруженный очень мне милыми, но все-таки обломками).

Сердечно и всегда Ваш. Еще раз приветы Соне и Тане.

Ю.

[1] Письмо написано секретарем В. Гехтман под диктовку Ю. М. Начиная от слов «Сердечно и всегда...» Ю. М. писал сам.

[2] В испанском эпосе «Песнь о моем Сиде» отсутствует такое место, нет этих строк и в известных переложениях испанских романсов о Сиде В. А. Жуковского и П. А. Катенина. Закрадывается мысль: уж не сочинил ли это двустишье сам Ю. М.? Он был хорошим мастером экспромтов и розыгрышей.

[3] Строго логически образ является анти-Ванькой-Встанькой: тот, если его положат — встанет, а здесь, наоборот, «как встану, так и валюсь».

[4] Известный тартуский врач М. В. Вигимаа.

[5] Группа молодых петербургских филологов основала «российско-американский журнал» «Русский текст» (начал выходить с 1993 г.) и пригласила Ю. М. войти в редсовет и принять участие в качестве автора.

[6] Намек на строку из пушкинского «Бориса Годунова»: «Тень Грозного меня усыновила».

[7] к праотцам (*лат.*).

[8] Увидев как-то в немецких письмах К. Маркса прощальную семейную формулу: поклон от Дома к Дому (von Haus zu Haus), — мы стали использовать ее в своих заключениях писем.

370

<2 июня 1993 г.>

Дорогой Борфед!

Пишу Вам пару слов, которые Катя Вам любезно передаст. Вот так мы живем: до изобретения почты, как на картине Рериха[1].

Я то оживаю, то подыхаю, но кое-как стараюсь держаться. Очень бы хотелось повидаться (как говорил Вяземский, «брюхом хочется»)[2], но грехи не пущают. Будем радоваться хоть тому, что мы еще есть, а раз есть, есть и надежда встретиться.

Все хорошо, только одиноко уж очень. А так — все слава Богу: даже что-то делаю. И хорошо ли — «то ведают бояре — не нам судить»[3].

Обнимаю Вас и весь Ваш *Дом* — Соню особенно сердечно. Тане мои душевные приветы.

Неизменно Ваш

Ю. Лотман
Тарту.
2. VI. 93.

[1] Имеется в виду картина Н. К. Рериха «Гонец» (1897).

[2] Не ошибся ли Ю. М.? Известна любовь к этому выражению у Пушкина; см., например, его письмо к Ф. Ф. Вигелю от октября—ноября 1823 г.: «Где и что Липранди? Мне брюхом хочется видеть его».

[3] Неточная цитата из пушкинского «Бориса Годунова» (1826); вместо «судить» нужно «чета».

371

<2 июля 1993 г.>

Дорогой Борфед!

Получил два Ваших письма (второе — через Олега Седова). Он был у нас и произвел очень приятное впечатление. Мы с ним договорились об издании (частичном) моих работ[1]. В то, что это осуществится, — я не очень верю, и, честно, безо всякой рисовки, скажу Вам, что меня это сейчас волнует бесконечно меньше, чем волновало бы прежде. Он мне обещал, что в случаях, когда его планы перекрещиваются с моими уже существующими обязательствами в других издательств<ах>, он все утрясет. Это меня волнует: очень не хочется выглядеть человеком, торгующим «распивочно и на вынос» своими работами. Это касается и вопроса перепечатки Фомичевым комментария к «Евгению Онегину»[2]: я не вижу причин (ни этических, ни юридических), по которым я должен был бы отказать Фомичеву. Другое дело, что надо было бы обновить и расширить комментарии. Но для этого у меня нет сейчас сил. Почти непрерывно чувствую не очень сильную боль под ложечкой. Проглочу обезболивающее — и проходит, а потом снова. Здесь мне говорят, что это язва пищевода. Я думаю кое-что другое. Когда мне удаляли почку, в которой была начинающаяся раковая опухоль, то очень симпатичный хирург-немец дал мне гарантированных пять лет. Они проходят. Даю

Вам честное слово, что это меня нисколько не огорчает, только бы не было слишком сильных болей[3]. Гораздо более меня огорчает другое: размышления (особенно ночные) о том, как здесь будут сводить концы с концами те, кто после меня останется. В этом смысле особенно тревожит Наташа. Думаю, думаю, да ничего придумать и не могу. А Наташа, к сожалению, очень капризна... Помню, как я привез ее в Италию[4] и кое-что из ее желаний (все относилось к бесконечным покупкам игрушек для самых разных детей, для себя она ничего не просила) я не мог удовлетворить. Я даже мог ей дать деньги, но была дикая жара, и я не мог таскаться по Риму. Она устроила совершенно детскую трагедию на тему «вынь да положь»: и Рим некрасивый город — Ленинград гораздо красивее, и итальянцы противные, и воняет в Риме, — и так без конца. Только когда Дмитрий Вячеславович Иванов (любезнейший и прелестнейший человек) повел нас по ночному Риму и мы ели одно мороженое за другим, она немножко смягчилась. И это при том, что она действительно очень добрый человек и я ее очень люблю, но выносить капризы бывает трудно. Вот, например, сейчас она смертельно обиделась за то, что Миша не может оформить ей вызов быстрей, чем его здесь — очень медленно — оформляют[5]. (Она когда-то развивала фантастические идеи, что будет зарабатывать стенографисткой, в то время как стенографистки были уже никому не нужны — была повсюду соответствующая техника).

Вообще — грустно.

Пытаюсь работать. Мои милые друзья — ученицы, Таня и Влада (рукой последней написано это письмо[6]), — помогают мне героически. Но сейчас лето, время отпусков. Кроме того, у меня наиболее активное время — ночь, а к утру я все забываю. Одну хорошую и любимую ученицу, Лену Погосян, уже муж увез за границу, того и гляди остальных растащат: прямо хоть заводи монастырь и нанимай какого-нибудь Спорахучиле из «Риголетто» резать «конкурирующие фирмы».

Дорогой Борфед! Мне очень Вас не хватает, это — правда. Хоть бы повидаться раз еще в этой жизни.

Борис Андреевич совершенно пропал. Боюсь, что его замучил его Федя, очень способный, но непутевый. Сейчас Борис Андреевич прошел по конкурсу в какой-то заграничный университет[7]. Но он — подлинный «русский скиталец» (я говорю это без иронии и считаю, что в этом и его основная беда: человек, рожденный для жизни на одном месте — в своем кабинете, и обязательно в России, и чтобы о нем заботились, — стал человеком, который сам вынужден заботиться, не иметь постоянного угла и искать то, чего он по сути дела никогда не найдет, т<о> е<сть> покоя и работы). Тут у нас на этом месте возник спор с моими любимыми друзьями, которые стали мне доказывать, что a^n людей были бы счастливы иметь такие несчастья. Это, конечно, верно. Но ведь понятие несчастья вещь абсолютно субъективная и объективных мерок не имеет.

Я разговорился, а тут отходит очередной транспорт, с которым надо отправлять письмо.

Сердечные приветы всему Вашему Дому.

Обнимаю Вас.
2.07.93.
Тарту.

Ю. Лотман

[1] Речь шла о собрании сочинений Ю. М. в петербургском издательстве «Северо-Запад». Издание не состоялось.

[2] Речь идет о примечаниях Ю. М. к «Евгению Онегину», опубликованных уже посмертно: *Пушкин А. С.* Собрание сочинений в 5-ти т., т. 3. СПб., 1994. В конце тома С. А. Фомичев поместил краткий некролог «Ю. М. Лотман».

[3] В последние месяцы жизни Ю. М. в его организме возник целый комплекс болезней: метастазы от вырезанной раковой почки, сердечные болезни, аденома простаты, время от времени взрывающие мозг микроинсульты. Когда незадолго до кончины ему делали томограмму мозга, который оказался весь «начинен» следами многочисленных микроинсультов, то врачи поражались, как такой человек может жить! А Ю. М. не просто жил, а до самого конца еще и творчески работал.

[4] Приглашенный в Италию в 1991 г., Ю. М. не решался ехать один, будучи уже тяжело больным, и взял с собой как сопровождающую Н. Ю. Образцову.

[5] Когда Эстония стала самостоятельным государством, то бюрократические трудности с оформлением вызова, а затем визы очень замедлили весь процесс получения разрешения на въезд в эту республику.

[6] Письмо под диктовку написано В. Гехтман. От слов «Сердечные приветы...» — рукой самого Ю. М.

[7] Б. А. Успенский прошел по конкурсу на место профессора Неаполитанского университета.

Ф. С. СОНКИНОЙ

***Фаина Семеновна Сонкина** (род. 1928) — сокурсница и товарищ Ю. М., они вместе кончали ЛГУ в 1950 г. Затем она по семейным обстоятельствам переехала в Москву, где работала в Книжной палате заведующей сектором терминологии. С 1990 г. проживает в Канаде. Ее соединяли с Ю. М. не только дружеские, но и научные связи: Ю. М. приобщился к подготовке ценного энциклопедического словаря «Книговедение» (М., 1981), в издании которого Ф. С. Сонкина участвовала в качестве редактора-консультанта; она, в свою очередь, обращаясь к коллегам по Книжной палате и Комитету по делам печати, стремилась помочь Ю. М., пытаясь уменьшить издательские мытарства трудов кафедры русской литературы ТГУ. Домашнее и студенческое имя Ф. С. Сонкиной — Фрина.*

372

Тарту, 28.IV.72.

Дорогая Фрина[1]!

Сердечно поздравляю Вас с праздником[2] и желаю Вам всего самого лучшего. У нас все в порядке. Все полугодие комиссии следуют друг за другом, одна авторитетнее другой. Итог их, кажется, вполне удовлетворительный, если не считать, что я получил серьезный сердечный приступ, из которого, правда, уже выбрался вполне благополучно.

Будьте здоровы (получили ли Вы мою книгу?[3]).

Приветы всем Вашим.

Ваш Юра

[1] Фрина — домашнее имя адресата, распространенное и в среде товарищей.

[2] Праздник 1 Мая.

[3] Изданная в Большой серии «Библиотеки поэта» (Ю. М. совместно с М. Г. Альтшуллером) книга «Поэты 1790—1810-х годов» (Л., 1971).

373

<2 декабря 1972 г.>

Дорогая маха!

Вот я и вышел из больницы[1], сегодня — первый день дома. Здоров абсолютно, сделался толстым, а впереди еще месяц на бюллетене. Так что это все кончилось (отлежал без двух дней три месяца).

Большое спасибо тебе за письмо — ты и представить не можешь, как оно меня согрело. А ночью тумбочка, в которой оно лежало, слегка светилась. Не знаю, как отблагодарить Марину — я настолько растерялся и опешил от неожиданности, что не сказал ей всего теплого, что хотел сказать, а (о, старый, старый академический сухарь!!!) толковал об ее курсовой[2]. Кстати о курсовой: ей нужен сборник «Принципы типологического анализа языков различного строя», М., 1972, и там <u>обе</u> статьи Якобсона. По-моему, ей дали туманную тему. А вот что я бы ей предложил: рассмотреть имитацию детского языка в «Винни-Пухе» Милна (в английском оригинале в сопоставлении с русским пересказом Заходера) — очень милая и интересная тема. Книга имеет явную установку на имитацию не только детского сознания, но и детского языка. Но главное не это, а то, что она — прелестная девочка и сделала для меня столь доброе дело, что отплатить нечем. Поразительно, как сквозь нее видна ты, хотя и глаза, и черты лица другие. Но что-то, горящее в лице изнутри, делает вас изумительно похожими.

Будь здорова, и чтобы никаких бессонниц!

2.XII.72.

Юра

[1] Ю. М. тогда тяжело болел инфекционной желтухой и лежал в клинике ТГУ.

[2] Дочь Ф. С. Сонкиной Марина, тогда студентка 3 курса Института иностранных языков им. М. Тореза в Москве, ездила в Тарту навестить Ю. М. в больнице и передать ему лекарства и письмо.

374

<Около 26 декабря 1973 г.>[1]

Дорогая Фрина!

С Новым Годом! Сердечно поздравляю Вас и желаю всему Вашему семейству (особенно Марине!!!) счастья, благополучия и — прежде всего — здоровья. Мы так редко с Вами видимся и переписываемся, что я от раза к разу забываю — на «вы» или на «ты» следует мне к Вам обращаться. Итак, чтобы Вы меня не обвинили в фамильярности, пишу на «вы».

Если Вас интересуют мои дела, то могу Вас уведомить, что я жив, здоров (сейчас в гриппе, но это — не болезнь, а сезон), все мы относительно благополучны. Гришку пока в армию не взяли — до весны, а там посмотрят, училище просило об отсрочке до окончания, Миша не в лучшей форме по здоровью, хотя оптимистичен, поскольку много занимается и крутит отчаянный роман с очень хорошей девочкой с эстонским именем Пирет (т<о> е<сть> Бригитта). Я тоже не в лучшей форме, хотя романов не кручу, — ужасно устал (а, может быть, просто старею?), часто бываю в глубокой хандре от глупой необходимости делать не то, что хочется, видеть не того, кого хочется, и не видеть тех, без кого трудно и одиноко. Мне кажется, что сейчас я достиг научной зрелости и мог бы сделать что-то действительно хорошее, а не ту смесь муры с поспешностью, из которой на 90% состоит все, что я написал.

Но работать времени нет, а поскольку я ясно понимаю, что судьба, при всей ее щедрости, не может мне отпустить еще много времени, это меня очень огорчает.

Мне очень бы хотелось, чтобы у Вас все было благополучно. Как Марина переносят свое состояние? Поклонитесь ей от меня.

Сердечно Ваш

Ю. Лотман

[1] Датируется по почтовому штемпелю Москвы: 31.12.73.

375

<21 февраля 1974 г.>

Дорогая Фрина!

Поздравляю Вас и Марину с Федором Андреевичем[1]. Радуюсь Вашей радости. И да будет Федя здоров и счастлив на радость всем вам.

Марину от меня поздравьте.

Мой доклад в Пуш. доме[2] и «школа»[3] прошли вполне благополучно, даже хорошо.

У нас зимы не было — дождь, слякоть.

Вчера впервые подморозило и выпал снежок — на улице, как на душе: и черно и бело́.

От души желаю Вам здоровья и всяческих радостей.

Ваш Юра
21.II.74.

[1] Федор Андреевич — только что родившийся сын Марины, дочери Ф. С. Сонкиной.

[2] Доклад был 6 февраля (установлено по дневнику Ф. С. Сонкиной); тему доклада не удалось установить.

[3] Речь идет о «летней» школе по семиотике, много раз переносившейся и состоявшейся, наконец, в ТГУ 8—12 февраля 1974 г. Ю. М. шутил, что она справедливо названа летней: сейчас лето в Австралии.

376

<13—14 марта 1974 г.>

Дорогая Фрина!

Посылаю Вам книги — большое спасибо за Ваши, я их получил и прочел с пользой и удовольствием[1].

У нас новость — Миша женится. Поскольку это произойдет в конце марта, мои планы меняются, и я не смогу поехать в Ереван, на что я очень надеялся — я до зелени в глазах устал и соскучился в Тарту (много всяких гнусностей...) и надеялся отдохнуть душою под милым ереванским небом с милыми для меня людьми. Но уж в первую половину апреля из кожи вылезу, а поеду.

Как Марина и Федя? Страшно интересно, как Марина выглядит в роли мамы, а Вы — бабушки.

Будьте здоровы и благополучны.

Ваш Юра

[1] Ю. М. послал «Историографический сб.» (Саратов, № 1/4, 1973), где опубликована его статья «Н. И. Мордовченко. Заметки о творческой индивидуальности ученого», и «Материалы I Всесоюзного симпозиума по вторичным моделирующим системам» (Тарту, 1974) с его статьей «Динамические механизмы семиотических систем»; получил же он «Ф. П. Толстой. 1783—1873. Каталог выставки» (М., 1973) и какие-то труды А. Л. Чижевского; в те годы вышли в свет две книги Чижевского: «Земное эхо солнечных бурь» (М., 1973) и «Вся жизнь» (М., 1974).

377

<27 мая 1974 г.>

Дорогая Фрина!

Беру на себя смелость напомнить Вам о своем существовании. Я живу вполне благополучно, чувствую себя хорошо, вообще все хорошо, и мои ближние совершенно напрасно тревожатся о моем здоровье — видимо, оно нисколько не хуже, чем у всякого нормального гражданина в моем возрасте. Конечно, все под Богом ходим...

Я устал от бесконечного учебного года, весна какая-то нудная: вот и май прошел (собирался в Ереван, но не получилось, жду известий из «Литературной газеты», м<ожет> б<ыть>, они командируют меня в самом начале июня!), а ни одной грозы еще не было. А я больше всего на свете люблю летний дождь.

О лекарствах не беспокойтесь — Борис Андреевич был так любезен, что уже их мне прислал (я на адресе сразу узнал его руку!) — мне совестно, что он издержал такую кучу денег.

Поскольку в каждом моем письме содержится какая-нибудь просьба, то и на сей раз не хочу уклоняться от традиции: поспрашивайте в киосках журнал «Декоративное искусство» № 4 (1974)[1] и купите сколько можно будет — там моя статья, которую мне хотелось бы иметь.

Приветы Вашим — Марине и Феденьке — особые, Марине по случаю госэкзаменов — ни пуха, ни пера и пусть шлет меня к Воланду, ибо там мое истинное место.

Как всегда Ваш

Ю. Лотман
27.V.74.

[1] Там была опубликована статья Ю. М. «Художественный ансамбль как бытовое пространство».

378

<9 марта 1975 г.>

Дорогая Фрина!

Грустно, что Вы в больнице, тем более если вообразить себе всю скукоту этого заведения, обязательные разговоры с соседями по палате и проч. Однако с другой стороны, если такой ценой удастся получить хотя бы приличное здоровье и нормальное самочувствие, то игра стоит свеч.

Как Вы провели 8 марта (поздравляю Вас с женским праздником и желаю всего, что Вы сами себе желаете)? Посылаю Вам Финляндию — когда будет скучно и неохота читать, побродите по этим картинкам одна или в обществе, которое Вам подберет Ваше воображение. Мы продолжаем жить — малышку увезли в Таллин, Зара месяц будет в Москве. Мы — сплошь мужчины, и только Кэрри[1] оживляет наше общество.

Слыхали ли Вы грустную новость о том, что скончался М. М. Бахтин? Говорят, последние дни он очень страдал. Грустно. Он был последним из стариков. Сейчас в науке как в окружении, когда погиб последний командир и — хочешь не хочешь — приходится брать на себя должности, к которым не готов и с которыми, хорошо это знаешь, не справишься. Одно оправдание — больше некому.

На похороны я не поехал — сильно разболелась нога (старость?) и нет никакой возможности распихать лекции.

Будьте здоровы, здоровы, здоровы и не хандрите!

Все еще будет хорошо.

Неизменно Ваш

Ю. Лотман
9/III — 75 г.

[1] Кэрри — собака в семье Лотманов.

379

<5—6 октября 1976 г.>

Дорогая Фрина!

Беру на себя смелость напомнить Вам о существовании человека, которого Вы, вероятно, уже совсем забыли, а мне бы этого не хотелось и было бы грустно, если бы это было так. Пишу Вам безо всякого дела — просто так. У нас начался учебный год со всей его морокой, собраниями, проверками и мелкими неприятностями. «Онегин» мой движется[1] («роман летел к концу», как сказано в «Мастере и Маргарите»).

Я много сделал, но предстоит еще больше. К ноябрю нужно сдать обязательно.

У нас — золотая осень: ясно и холодно. Но холод не беда — я запасся чудесными черными перчатками, которые греют мне руки. Жаль, что дома их приходится снимать.

Меня приглашают на ноябрь—январь читать лекции в Польшу[2]. Что из этого получится — не знаю. Очень хочу в конце октября побывать в Москве, но удастся ли — сказать трудно. Все же без этого закончить рукопись будет трудно.

А как Вы живете?

Поклоны всем Вашим.

P. S. Рукопись Ефима Абрамовича получил — пишу ему отдельно[3].

Всегда Ваш

Ю. Лотман

Перечел письмо — сумбурно, как у Шкловского, когда он впал в маразм. Извините — пишу ночью и ужасно хочу спать.

[1] Речь идет о книге «Роман А. С. Пушкина “Евгений Онегин”. Комментарий. Пособие для учителя». Книга выйдет в 1980 г. в Ленинграде.
[2] Ю. М. не пустили читать лекции в Польшу.
[3] Рукопись статьи Е. А. Динерштейна о книгоиздательстве И. Д. Сытина.

380

31/X—76.

Дорогая Фрина!

Большое спасибо за письмо — очень рад был получить от Вас весточку и узнать, что у Вас все, относительно, в порядке и все Ваши домашние здоровы и благополучны. Мы тоже все живем потихоньку. Пишу Вам из Ленинграда, куда смог вырваться только на 1 1/2 дня (субботу и воскресенье) — сдать в издательство готовую рукопись книги[1].

У нас сейчас в у<ниверсите>те на почве контроля и проч. совершенно сошли с ума. Я надеялся освободить себе хоть 3—4 дня, чтобы подзаняться и съездить по всяким накопившимся делам, но меня не отпустили. Я крепко со всеми переругался, да с тем и уехал в Питер*.

Я, кажется, писал Вам о возможной командировке в Польшу[2] — здесь тоже все неясно. С 1 ноября я должен был уже в Познани начинать курс лекций, но до сих пор мне ничего положительного не сообщили. Думаю, что это и есть ответ. Скажу Вам совершенно искренне, что меня это не огорчает, скорее даже — наоборот.

Я много работал всю осень, и книга, кажется, получилась недурная. Смешно, но такие вещи очень меня поддерживают. Прекрасно понимая, сколь многое здесь принадлежит самообольщению, я не могу отрешиться от удовольствия, которое мне доставляет работа, когда она спорится. Простите, что все о себе да о себе... Хороших Вам и Вашим близким праздников, всем поклоны, Федю поцелуйте.

Всегда Ваш Ю. Лотман

[1] См. примеч. 1 к п. 379.
[2] См. примеч. 2 к п. 379.

* Перечел и подумал: зачем Вам эти подробности? Но просто я настолько полон пылом ссоры с начальством, что должен был это выпалить, как заряженная пушка. (*Примечание Ю. М. Лотмана.*)

381

<Ленинград. 28 апреля 1977 г.>

Дорогая Фрина!

Поздравляю Вас и Вашу семью с майскими праздниками. Как Вы там?

Я пишу из Ленинграда — приехал делать в Пуш. Доме доклад о Карамзине[1], потом съезжу в Таллин (доклад в Министерстве — предлог, причина: повидать Машу и Сашу — видите, я на старости лет начал бегать за девочками). Живу же я не очень весело: я работаю много, но без той радости, кот<орую> мне всегда доставляли радость <?>. Что-то в часовом механизме души стерлось и шипит и щелкает, как в старых часах. М<ожет> б<ыть>, это — просто усталость от тяжелого года. Правда, стоит мне обрадоваться, как я снова делаюсь молодым. Беда только в том, что причин для радости делается все меньше. Простите за меланхолическое письмо. Пусть оно не портит Вам настроения. Будьте здоровы и благополучны, — берегите себя и чаще радуйтесь — это полезно для здоровья. Поклоны Марине.

Всегда Ваш Юра
28.IV.77.

Пока я писал, и настроение исправилось.

[1] 28 апреля Ю. М. прочел доклад «Карамзин и Французская революция».

382

<1 июня 1977 г.>[1]

Дорогая Фрина!

Сердечно поздравляю Вас с днем рождения и желаю Вам всякого и многого (все очень хорошее!).

У нас больших новостей нет. Заре сделали операцию по удалению камней; операция была длительная и трудная, но прошла хорошо, хотя самочувствие все еще неважное. Она в Ленинграде.

Сыновья почти все в разгоне — Миша с девочками в Таллине. Гриша там же. Дома лишь я, Алеша, Пирет и Кэрри. Лешка окончил учебный год средне, но перенес это легко и срезался на последних конных соревнованиях — это была целая драма. У меня весь июнь каждодневные экзамены, заочники и проч. бурные наслаждения — пожалейте меня (устал, как собака, и как-то духовно скис, даже к ночным занятиям, которые для меня всегда были чем-то вроде подзарядки аккумулятора, принуждаю себя через силу: сижу над книгами тупо — не сплю, не работаю и даже не думаю).

«Комментарий» к «Онегину» на рецензировании[2] (рецензенты — Макогон и один москвич) — переделывать надо будет летом (я уже сам накопал ряд дополнений). Таковы наши дела.

Каковы Ваши?

Сердечные поклоны всей Вашей семье.

Искренне Ваш

Ю. Лотман

1/VI 76.

P. S. У нас — жуткий холод!

[1] Ю. М. явно ошибся, поставив «76»: в том году в октябре Ю. М. только еще заканчивал книгу (см. пп. 379 и 380).

[2] Книгу рецензировали ленинградец Г. П. Макогоненко и москвич Н. И. Громов.

383

<Кяярику. 19 сентября 1977 г.>

Дорогая Фрина!

Предположения мои исполнились: поскольку осенью у меня лекций мало — занят всего 1 день в неделю, мы с Б. А. уехали в Кяэрику[1]. Сидим и занимаемся. Погода отвратительная — холод и дождь, но это не портит нам настроения. В перерывах между занятиями ходим в лес, но из-за холода нет не только грибов, но и клещей[2]. Зато занимаемся много и довольно успешно.

Поскольку этим летом вы побывали в Кяэрику, то можете представить фон, на котором развиваются наши занятия. Если к этому прибавить, что кругом зверские молодые физиономии разных спортсменов разных сборных команд, кот<орые> здесь готовятся ставить рекорды и окружают нас в столовой бодрой чавкающей толпой, то картина будет полная.

Кстати, около 10 октября в Москве планируется семиотич<еская> сессия[3], и я, возможно, на нее приеду, хотя совершенно не уверен, что это удастся.

Будьте здоровы и бодры.

Приветы всем Вашим.

Ваш Ю. Лотман

Кяярику.

19/IX.77.

[1] Кяэрику — спортивная база ТГУ в 40 км от Тарту.

[2] Упоминание о клещах связано с посещением бывшего имения Брюса в Монино под Москвой, где их тогда было множество.

[3] Семиотическая сессия в Институте славяноведения была перенесена на 24—25 сентября.

384

<22 ноября 1978 г.>

Дорогая Фрина!

Очень рад, что Вы съездили хорошо, — надеюсь на благотворное действие Марианских Лазней для Вашего здоровья[1]. Чувствуется ли это еще или Москва все слизала? Хотелось бы поговорить о впечатлениях и многом другом...

Наши дела идут без перемен. Очень много работаю и тем спасаюсь ото всего («опиум для народа»). Очень нужно в Москву (в частн<ости>, для Карамзина), но когда вырвусь, не знаю. Кстати, книга («Семиотика XIII») пошла на рецензию — шепните Агриколянскому, чтобы развернулся[2].

Очень много и нежно думаю о Марине, жаль, что мало доброго могу для нее сделать. Она очень хорошая девочка: проводив Вас в Прагу, зашла ко мне в библиотеку, все рассказала, была очень трогательна. Как Федя? Будьте здоровы и не грустны!

От души желаю Вам всего самого доброго.

Искренне и неизменно Ваш

Ю. Лотман
22/XI.78.

Был в Л<енингра>де и два раза звонил Вам[3], но неудачно — никого не было.

[1] Осенью 1978 г. Ф. С. Сонкина лечилась в Чехословакии.

[2] В. С. Агриколянский хлопотал в Комитете по печати в Москве о разрешении выпуска 13 тома «Семиотики». Отдел ведомственных изданий Комитета якобы не противился, но и не помог, отговариваясь, что это — компетенция «эстонских товарищей»; а «эстонские товарищи» отфутболивали просителей в Москву: дескать, из Москвы потребовали ограничить выпуск ведомственных изданий. 12—14 тома «Семиотики» вышли лишь в 1981 г.

[3] У Ю. М. не было тогда своего телефона, а кроме того, при междугородных переговорах из Тарту тогда была отвратительная слышимость: советские власти приказали соскоблить серебро с клемм, а оголившаяся латунь окислялась, и потому контакты были очень плохие.

385

10/I 80.

Дорогая Фрина!

Получили ли Вы мою новогоднюю открытку, писанную второпях, в кот<орой> я желал Вам и всему Вашему дому доброго здоровья?

На всякий случай повторяю свои пожелания. Мы год кончили благополучно. На Рождество были девочки, а я был дедом-морозом (не узнали!), я украшал елку («и показалося даже на миг...»)[1].

Новый год начался бурно: мне приходится уходить на другую кафедру (теории лит<ературы>)[2]. Жалко покидать то, что создал своими руками и где проработал 30 лет, но я не кисну — даже весело: начинать все сначала, как в молодости (все еще не чувствую себя стариком, даже смешно, а ведь будет 58!). Как Марина? Как сложится мой январь и февр<аль>, совершенно неясно, как неясно с Карамзиным[3], etc., etc., etc.

Будьте здоровы.

Неизменно Ваш Ю. Лотман

Доброго Вам настроения и чтобы голова не болела весь 1980 г.

[1] Намек на известную песню Б. Окуджавы «Прощание с новогодней елкой».

[2] После многочисленных комиссий и проверок, чтобы избежать упреков в «семейственности» на кафедре русской литературы ТГУ (Ю. М. заведовал кафедрой, на которой работала и его жена З. Г. Минц), Ю. М. формально должен был перейти на другую кафедру; была избрана кафедра теории литературы на эстонском отделении факультета; вся нагрузка Ю. М. продолжала оставаться на отделении русской филологии, но пришлось отказаться от заведования кафедрой.

[3] Речь идет о подготовке к изданию книги Н. М. Карамзина «Письма русского путешественника» в серии «Литературные памятники» (составители Ю. М., Б. А. Успенский, Н. А. Марченко). Книга выйдет в Ленинграде в 1984 г. О трудностях с изданием книги подробнее см. в пп. Ю. М. тех лет к Б. Ф. Егорову и Б. А. Успенскому.

386

<23 апреля 1980 г.>

Дорогая Фрина!

Посылаю Вам «Словник»[1], простите, что задержал, — никак не мог быстрее сделать, не было совершенно возможности хотя бы некоторого сосредоточения, без чего поработать над словником было невозможно.

Весна какая-то тяжелая — на душе смутно, настроение весьма среднее, хочется в Москву, да грехи не пускают. А в Москву хочется очень — дел там набралось множество...

Живем средне, но и жаловаться грех. Леша, кажется, женился удачно и доволен. А вот рядом ходят беды: у Жени Маймина у жены обнаружили рак, отняли грудь, а женщина вообще-то молодая — что-то около 50-и. Так... Никто на свете не может даже вообразить, как я устал. По-моему, я даже стал хуже читать лекции, что меня весьма огорчает. Вообще я хожу огорченный, как таллинский конфетный медведь.

На 9 мая вновь собирается наша бригада — под Москвой[2]. Ехать не хочется ужасно — пить водку и вспоминать войну, но поехать, вероятно, придется, иначе опять на пять лет все разобидятся. Постараюсь до или после задержаться в Москве, чтобы хоть часть дел переделать. Если же не удастся — все отложу на конец мая или начало июня.

Отзыв на «Словник» пишу отдельно и официально, т<ак> к<ак>, м<ожет> б<ыть>, придется его где-либо показывать.

Надеюсь, что радикулит в Вашем доме уже прошел, если же еще нет, то желаю больным выздоравливать, а здоровым не болеть.

Поклоны Марине

Неизменно Ваш

Ю. Лотман
23/IV 80.

P. S. Заказывайте срочно XI «Семиотику»!

P. S. P. S. Прочтите внимательно отзыв: пишу ночью и могу наворочать черт знает что.

[1] Рецензия Ю. М. на Словник к словарю «Книговедение» для издательства «Советская энциклопедия», подготовленный Ф. С. Сонкиной.

[2] Ю. М. был дважды (в 1980 и 1985 гг.) на встречах однобатарейцев в Быково под Москвой.

387

<12 июля 1981 г.>

Друг мой!

Я беспокоюсь и все время думаю о тебе и о всех Вас, даже во сне вижу[1]. Мне кажется, что я вместе с тобой задыхаюсь в безвоздушной раскаленной Москве. И все же я хочу сказать тебе маленькую проповедь — не в смысле назидания (не мне тебя назидать), а в смысле ободрения. В таких случаях, как и при тяжелых ранениях, больной не сразу осознает меру потерь и поэтому вначале излишне оптимистичен. Но по мере выздравления, чем лучше делается физическое состояние, тем мрачнее становится настроение. Вот здесь-то необходимо вселить в него веру в полное возвращение в строй, ибо только такая вера даст силу воли на упражнения, мобилизует все ресурсы организма. Но для того, чтобы дать такую веру, надо верить самой, верить, верить и верить. Ходи в церковь, к гадалкам или парасенсам (так, кажется?), но всей душой верь в чудо, и чудо будет. Боже, дай тебе силы!

Но и не забывай о своем состоянии — это тоже необходимо не для тебя. Ездишь ли ты на дачу, хоть два раза в неделю? Уехала ли сестра и как ты справляешься, бедная?

Что на работе?

Мы все здоровы, Леша проходит практику где-то в пустыне в Ср<едней> Азии. Гриша надумал поступать (внезапно) и сдал уже три экз<амена> — все на «5» (вот тебе еще одно истинное чудо!). Но впереди еще вся специальность, а мест всего 2, претендентов же 14. Посмотрим...

Как Марина и дети? Всем приветы самые нежные.

Господь тебя благослови и помоги тебе (интересно, как он посмотрит на эту молитву старого атеиста и скептика?).

Всегда и неизменно твой

Ю. Лотман
12.VII.81.

[1] Речь идет о тяжелом состоянии мужа Ф. С. Сонкиной после сильного инсульта (см. также следующее письмо).

388

<3 августа 1981 г.>

Дорогой мой друг!

От Вас нет и нет писем, а сегодня я получил письмо от Марины, которое меня одновременно и успокоило и встревожило. Успокоило относительно процесса выздоровления Вашего больного. Она пишет, что врачи изумляются тому, как Вы смогли выходить больного, и говорят уже не о 1-ой, а о 2-ой степени инвалидности. Я поговорил со знакомым врачом, и он меня заверил, что 2-ая степень на такой ранней стадии дает надежду на (со временем) полный возврат работоспособности. Но то, что пишет Марина (и то, о чем она не пишет, но я догадываюсь), меня огорчает не фигурально, а буквально до отчаяния и боли в сердце, — это Ваше состояние: выходив больного, Вы можете убить себя. Это ужасно! Особенно же ужасно, что я вынужден быть пассивным этого созерцателем. Это просто физиологически противопоказано моему душевному складу. Чуть ли не впервые в жизни я нахожусь в позе созерцателя гибели человека, которому так дорого дал бы, чтобы помочь <так!>.

Что у нас? Ничего.

Гриша не поступил (не хватило 1/2 балла), но мы были к этому внутренне готовы. Что-то не отдыхается. На душе тяжело и беспокойно. Утешаюсь чтением «Войны и мира» и работой.

Мы все здоровы, дети очень радуют. Кае в сентябре срок — она мужественно переносит свое положение и не только не причиняет хлопот, но сама помогает.

Будьте же здоровы и благополучны.

Марине спасибо за письмо.

Ваш всегда Ю. Лотман
3.VIII.81.

389

5.IX.81.

Друг мой! Я получил лекарство. Спасибо, но я несколько смущен — не наносится ли ущерб тем, кому оно более нужно? Мне это было бы очень неприятно. 24—25 авг<уста> мне было как-то особенно тяжко, и закончилось это сильным печеночным приступом, кот<орый> сейчас уже, слава Богу, полностью прошел, и я чувствую себя очень хорошо. Надеюсь в сентябре побывать в Москве (в октябре мне труднее — будет много лекций, но, в крайнем случае, в октябре). Если Вам попадется (в Доме ученых?) в киоске последн<ий> № Изв<естий> ОЛЯ — очень прошу купить. Там вышла наша с Б. А. и Н. И. статья (с идиотской врезкой!)[1].

Только не надо ради этого бегать и мучить себя — только если случайно попадет. Сегодня пришла вторая корректура биогр<афии> Пушкина[2].

Как там у Вас-то? Все время об этом думаю.

Ваш Ю.

[1] См. примеч. 1 к п. 328.

[2] Книга Ю. М. «А. С. Пушкин. Биография писателя. Пособие для учителя» (Л., 1981).

390

<19 сентября 1981 г.>

Фрина!

Это безбожно — сегодня 19 сентября и ни единого письма, только лекарство без одной строчки. Что случилось? Хуже со здоровьем мужа? Вы больны? Сердиты на меня? За что??? Я ломаю себе голову и ужасно беспокоюсь. Плюнув на постельный режим, бегаю узнавать, нет ли писем, — все напрасно. Я просто не знаю, что делать, и утешаюсь лишь тем, что если бы было что-нибудь ужасное, то Марина не могла бы мне не сообщить...

Я уже почти поправился. Врачи винят меня в нарушении безалкогольной и прочей диеты. Но я знаю, в чем дело — печень не выносит хандры и горя, а т<ак> к<ак> настроение у меня слишком часто бывает скверное, то она и бунтует. Но все это пустяки — я уже практически здоров, с будущей недели начну читать лекции. Все еще надеюсь в октябре побывать в Москве.

Что делается у Вас? Удалось ли устроить больного в Институт?[1] И, главное, как Ваше здоровье? Просто жестоко держать меня в неведении.

Хотелось бы верить, что Вы здоровы, хотя относительно, и что в целом у Вас все идет к лучшему. Но так ли это?

Неизменно Ваш

Ю. Лотман
19.IX.81.

[1] См. примеч. 1 к п. 387.

391

<24 сентября 1981 г.>

Дорогая Фрина!

Вчера отправил отчаянное письмо Марине, а сегодня получил Ваше (первое) письмо и телеграмму. Спасибо. А то я уж очень беспокоился.

У нас пока все без изменений, Кая ходит на последнем взводе, но бодра и мужественна. Я переболел, сейчас здоров, анализы печени все очень хорошие, но от болезни осталась еще слабость — пройду 200 м и сажусь весь в поту. Врачи говорят, что это естественно и будет так еще некоторое время.

Все это отступает на задний план перед ужасом ленинградских новостей: у Дм<итрия> Сергеевича Лихачева одна из двух (лучшая и любимая) дочь попала под машину насмерть.

Скончался Мих. Павл. Алексеев.

Скончался Стеблин-Каменский.

Особенно первое поразило меня каким-то стонущим ужасом. Боже мой... Бедный Дм<итрий> Серг<еевич>.

Между тем, как говорил Пушкин, «нужды жизненные не дремлют», жизнь идет своим жестоко-обыденным чередом.

У нас золотая осень — золото и синева. Это странным образом примиряет.

Будьте здоровы, и дай Бог Вам и Вашим всего самого лучшего. У Марины прошу прощения за нервное письмо.

Ваш

Юра
24.IX.81.

392

<Ленинград. 16 ноября 1981 г.>

Дорогая Фрина!

Пишу Вам из Ленинграда — приехал по «карамзинским» делам[1]. Очень беспокойно, как Вы и у Вас. Особенно беспокоит Ваше здоровье (удается ли лечь в больницу? Когда?). Как проходит излечение Вашего мужа? Имейте в виду, что чем состояние лучше, тем исцеление идет медленнее и иногда будет казаться, что вообще нет прогресса. Это закономерно: не теряйте духа и терпения и вселяйте мужество и уверенность в больного — возможности человеческого организма огромны. Но Боже, сколько это Вам-то стоит!

27 ноября в Москве будет (не знаю, где еще) заседание, посвященное юбилею Дм<итрия> Серг<еевича> Лихачева[2]. Я, Б<орис> Анд<реевич> и Бор<ис> Федор<ович> там будем (в числе чуть ли не 20 других докладчиков) выступать. Хотелось бы очень с Вами повидаться...

Пишу это Вам на почте около Лен<инградского> университета. Помните? На углу Ак<адемии наук> и Невы. На филфак почему-то всегда больно и страшно заходить — я его обхожу, и каждое посещение мне стоит больших трудов.

С Карамзиным — Бог знает что. Это какое-то заклятое издание. Но вообще все в норме. Дети (двух поколений) здоровы. Как Марина? Скучаю по Феде (смешно?).

Неизменно Ваш

Ю. Лотман

16.XI.81.

[1] См. примеч. 3 к п. 385.

[2] Научная конференция, посвященная 75-летию Д. С. Лихачева, состоялась в московском Доме ученых.

393

<28 декабря 1981 г.>

Бедный мой, дорогой друг!

Я получил Ваше письмо от 20/XII. Сердце мое облилось кровью от горя и сочувствия[1]. Оказывается, это не метафора и иногда сердце, чувствуешь, как обливается кровью. Я всем существом ощущаю, как Вам тяжело.

Но, друг мой, будем с доверием относиться к жизни. Ведь она иногда и вознаграждает за терпение и доверие минутами светлой радости, которые стоят годов. Еще много жизни впереди, а следовательно, будут и светлые минуты.

А еще есть и Федя, и Юрочка. Кроме того, я знаю много случаев (действительно, знаю), что человек, побыв пару лет после инсульта на инвалидности, восстанавливает работоспособность. Ведь не руками же, а головой работать. Вспомните Вашу Скайдру — ведь сейчас у нее голова, вероятно (если не считать возрастных черт), такая же, как была бы и без инсульта. А я знаю и гораздо лучшие случаи. Отец Ларисы Вольперт после инсульта в 83 года книгу написал после двух лет полной инвалидности[2].

Будем терпеть и надеяться.

Получили ли Вы биографию Пушкина[3]? Прочли ли? Я надеюсь во второй половине января быть в Москве (сессия в Славяноведении). Безумно жаль Олю Агриколянскую: сколько горя вокруг[4].

Но бодрость, бодрость — будем брать пример с Пушкина.

Я вчера получил обратно свое письмо к Вам — от беспокойства и волнения не написал улицу.

Друг мой, пусть этот год, который начинается так грустно, принесет Вам хоть немного и светлых дней, счастья, радости и здоровья, здоровья, здоровья. Тоже и всем Вашим близким. Марину поцелуйте.

Всегда и неизменно Ваш

Ю. Лотман
28.XII.81.

[1] См. примеч. 1 к п. 387.
[2] Такая печатная книга И. Е. Вольперта неизвестна.
[3] См. примеч. 2 к п. 389.
[4] У О. Агриколянской умер муж.

394

<5 апреля 1982 г.>

Друг мой!

Я прочел внимательно — предисловие составлено очень хорошо: ясно и точно. Существенных замечаний у меня нет. Ты просишь добавить два абзаца — ничего сейчас не могу выдумать: голова не работает от усталости абсолютно. Придумаю и пришлю потом,

Я надеялся побывать в Москве — проездом в Воронеж, куда меня посылают на вшивую юбилейную сессию, посвященную нашему ун<иверсите>ту[1]. Но оказалось, что мы будем из Таллина лететь самолетом, а обратно самолетом же в Питер, прямо на юбилей Макогона — мероприятие грустное: ему 70 лет и его выпирают, а он к этому не привык — грустит и нуждается в утешениях.

Я устал, грустен и зол, но это все временно и «с жиру». Вообще же все в порядке. Очень соскучился по Москве и москвичам (некоторым), но когда смогу приехать — неизвестно. Очень хотелось бы поговорить — в письме не выговаривается.

От души желаю здоровья и бодрости — вопреки всему. Марине и детям мои сердечные приветы.

Прости за меланхолический тон письма. Это оттого, что пишу ночью, оттого, что лечу самолетом и проч.

Неизменно преданный

Ю. Лотман
5.IV.82.

[1] В советское время юбилеи ТГУ отмечались и по «русской» хронологии (открытие университета при Александре I в 1802 г.), и по «шведской» (открытие шведским королем Густавом-Адольфом в 1632 г.). В данном случае праздновалось 350-летие. В Воронеже сессия была потому, что при приближении фронта первой мировой войны к Тарту университет был эвакуирован в Воронеж, и позднее Воронежский университет использовал научные кадры и материальную: базу ТГУ. Ю. М. был включен в официальную делегацию ТГУ.

395

Тарту, 1.VI.82.

Дорогая Фрина!

Сердечно поздравляю Вас со днем рождения. От души желаю Вам всего самого лучшего — здоровья, покоя, благополучия домашних, чтобы душа не мерзла, сердце грелось, хороших снов и приятных пробуждений.

О себе писать невозможно — все и мало и много. В общих словах у нас все в порядке. Есть приятности — они связаны в основном с новым домом: там привольно, нет в округе до двух км людей, лес, в котором на радость Леши и Джери бегают кабаны и лоси, и из более мелкой живности — комары, соловьи, дрозды, лисицы и пр. Весь лес в подснежниках.

Есть и неприятности: недавно была (первый раз в жизни) почечная колика — привет от старости. Было очень больно, но все прошло и сейчас совершенно здоров. Был на Тыняновской конференции в Резекне. В Москву — разве что в конце июня (в самом-самом), но и то не достоверно. Очень много дел — такой ком, что не подойти даже к нему.

Еще раз всего-всего Вам хорошего.

Ваш Ю. Лотман

396

<5 марта 1983 г.>

Дорогая Фрина!

Спасибо за поздравление — оно пришло точно 28-го[1]. Беспокоюсь о твоем здоровье: писа́ла, что болеешь, а как сейчас? Искренне сочувствую твоим автомобильным страданиям: корень учения горек, но, помни, плоды его сладки.

Посылаю тебе книгу[2].

Я устаю, как собака, в середине дня просто теряю человеческий облик (возраст, видимо...). Голова еще работает хорошо — прямо кипит идеями и замыслами, — а тело — старая кляча — просит отдыха.

Меня страшно терзает неотданный долг (сволочи, задерживают гонорар!), но уповаю в марте вернуть.

Середина 1920-х годов. Лотманы-родители и их дети (слева направо):
Виктория, Юрий, Лидия, Инна

1940 год. Юрий Лотман и Лидия Лотман
(Перед отправкой в армию)

Военврач Виктория Лотман
Ленинград. 1944 год.

О. Н. Гречина
Студентка ЛГУ III курса. 1944 год.

(Надпись на обороте:) *С приветом филологам от доблестного бойца РККА. Лотман. Винница. 11/V-41.*

(Из архива О. Н. Гречиной)

Лидия Лотман
1950-е годы.

Лидия Лотман
1960-е годы.

Ю. М. Лотман и Е. А. Маймин
(вверху)

Б. Ф. Егоров
Зав. кафедрой
русской литературы ТГУ. 1958 год.
(вверху справа)

М. К. Азадовский
1930-е годы.

Душой рвусь в Москву, надеюсь, что в марте смогу приехать, но как, когда — не знаю: дисциплина.

Будь здорова и не болей.

Твой Ю. Лотман
5.III.83.

[1] Ю. М. родился 28 февраля 1922 г.
[2] 15-й том «Семиотики».

397

<12 июня 1983 г.>

Дорогая Фрина!

Простите, что так поздно поздравляю Вас со днем рождения. Приехав в Л<енингра>д, сразу попал на чертово колесо: на другой день — доклад, а затем семь дней, не поднимая головы, делал именной указатель к Карамзину: Нонна Марченко так все спутала, что мне практически пришлось все делать заново[1]. Адова работа! А тут у Миши тяжело заболели все девочки — t° 40°. Мы страшно перепугались (сейчас уже, кажется, — тьфу, тьфу, тьфу — все позади!). Когда это все пронеслось, как какой-то сумасшедший сон, я очнулся в Тарту и — Боже мой! — вспомнил, что сейчас уже 11 июня!

Грустно и стыдно!

Но все равно от души желаю Вам всего самого лучшего, а более всего — здоровья и хорошего отдыха. Он так Вам необходим!

Всегда и неизменно Ваш Ю. Лотман
12.VI.83.

P. S. Сейчас сижу ночью — читаю дипломные работы. На даче еще не был. Страшно подумать, сколько дел накопилось на лето.

P. S. P. S. Нам, кажется, ставят телефон (!!?).

[1] Речь идет об издании для «Литературных памятников» (см. примеч. 3 к п. 588).

398

<10 июля 1984 г.>

Дорогая Фрина!

Большое спасибо за Ваше письмо от 19/VI. Я получил его, как и открытку (вторую!) Марины. И то, и другое с большой задержкой, но получил (Ваше письмо завалялось в канцелярии). А вот первое Маринино письмо (или открытка?) пропало без следа...

Очень рад, что Карамзин Вам нравится. Эта книга мне особенно дорога — целая полоса жизни[1]. Помните походы к Древлянской и др. и пр.? Только что я наконец — с опозданием ровно на год! — кончил статью о русской литературе XVIII в. в сб. «Культура XVIII в.» (МГУ, затея покойного Краснобаева)[2]. Опоздание на год скомпенсировано тем, что объем я превысил на три печ. листа: вместо 90 стр. — 140 да еще с подклейками. Но дальше уж их дело, а я — с плеч долой! Вымотала она меня...

Сейчас, после прекрасных четырех дней на даче (у нас жара тропическая), вернулся в город убрать в кабинете, разобрать курганы книг и обдумать, что дальше делать. А вместо этого сижу, пью чай от жажды и читаю Чехова и детективы.

Прочтите прекрасную книгу С. Л. Абрамович «Пушкин в 1836 г.» — история преддуэльных отношений: просто, ясно и благородно. Все эффектные брехни спокойно отводятся. Я подрядился написать о ней рецензию в «Новый мир», но они могут ее опубликовать не скорее № 6 будущего года[3]. Придется дожить. Радуюсь тому удовольствию, которое Вы получите от этой книги.

Очень хочется верить, что Вы сумеете хоть немного отдохнуть. Тревожно, как Вы и Марина совеститесь с вернувшимся из больницы Андреем[4].

У нас все тихо (как на Шипке — без перемен). Грише медленно делается лучше. Иногда кажется, что акцент следует ставить на «медленно», а иногда — на «лучше». В августе он будет снова в специализированном санатории в Хаапсалу. В прошлом году это мало помогло, но мы надеемся. Я на даче плотничаю — строю летнюю пристройку И ПОЛУЧАЮ ОТ ЭТОГО ОГРОМНОЕ НАСЛАЖДЕНИЕ. Книги вгоняют меня в сон, а к доскам и топору я иду, как на свидание. Самое смешное, что это дело у меня получается совсем неплохо.

У нас живет 3-месячный козел мужского пола. Леше его выдали в зоосаду на выхаживание, т<ак> к<ак> его законная маман кормит грудью какого-то экзотического уникального козленка. Это существо было ростом с котенка — теперь с кошку. Черный. Уже с рожками, как чертенок. Все время норовит бодать Джери, а Джери — ростом с теленка — забирает всю его шею и полголовы в пасть (мол, одумайся, Господь с тобой!), но зубов не сжимает. Воспитывает.

Про всякую университетскую муру не пишу. Муры много, но я ее выкинул до сентября из головы.

Еще раз желаю Вам всего самого лучшего. Марине приветы сердечные и благодарность за открытки.

Неизменно Ваш

Ю. Лотман

10.VII.84.

[1] Наконец вышли в свет «Письма русского путешественника» (см. примеч. 2 к п. 385).

[2] Такая книга не обнаружена; возможно, она не была напечатана.

[3] Редакция «Нового мира» отказалась печатать рецензию Ю. М. после его отказа изъять строки о противоестественных наклонностях Дантеса; после этого Ю. М. опубликовал рецензию в ж. «Таллин» (см. примеч. 2 к п. 351).

[4] Начинались напряженные отношения М. В. Колокольниковой (см. письма Ю. М. к ней) с мужем, приведшие затем к разводу.

399

<16 ноября 1984 г.>

Дорогая Фрина!

Как Вы? Что Вы? В больнице ли? Как проходит лечение и пр. — грустно, скучно и тревожно...

О себе. Был я в Питере, выступал в Доме писателей с лекцией. Народу набилось много. А в первых рядах сидели Лихачев, Ямпольский, Бялый и Максимов. Я даже малость струхнул, но, кажется, ничего. Поскольку было много писателей, которые, избалованные андрониковщиной и эйдельмановщиной[1], думали, вероятно, что я сейчас начну их веселить — шпаги глотать, по канату ходить и байки рассказывать, я разозлился и прочел лекцию зело теоретическую, без примеров (были надуманы всякие забавности, но я их жестко выкинул все — как говорил старшина, «тут не университет, надо головой работать»). Ничего, сделали вид, что поняли. А записки, в основном, такие: «Как Вы относитесь к Наталье Николаевне?», «Как Вы относитесь к Эйдельману и Зильберштейну?» и пр.

На лекции Надя Дробленкова сказала мне ужасную вещь, якобы Наташа (жена Вовки Гельмана) тяжко больна, диагноз какой-то страшный[2]. Не могу и не хочу верить, надеюсь, что это слухи и страхи.

В Лengизе, в связи с макогоновским двухтомным Карамзиным, где у меня комментарий к «Письмам р<усского> п<утешественника>»[3], мне сказали, что книга Эйдельмана в «Книге»[4] произвела эффект: литературную редакцию разогнали, Мильчина уволили на пенсию (нет худа без добра, хотя не люблю, когда «разгоняют»). Сия история непосредственно касается меня: у меня с «Книгой» (точнее, с уволенной редакторшей Голубевой, кажется) договор, согласно которому я к 1 мая должен сдать книгу о «Письмах р<усского> п<утешественника>»[5] на 20 п. л. Сейчас они ее, конечно, зарежут: Карамзин попал в опалу, они перетрусили и пр. Но не сдавать тоже нельзя — им подыгрывать. Следовательно, надо писать книгу, которая заведомо не пойдет. Рука не пишет. И так устал, как собака, и хочется плюнуть...

С Гришей пока без перемен[6]. Томография (так?) не состоялась — компьютер сломался, надо вызывать наладчика из ФРГ. Состояние его

(Гриши, а не наладчика) прежнее — возможно, микроскопическое улучшение есть, но я его не замечаю.

НО НЕ ДУМАЙТЕ, ЧТО Я СКИС и проч. Вы же знаете, что я сделан на фабрике бодряков. Вообще все неплохо. Как писал Пушкин, «будем живы, будем и веселы»[7].

От души желаю Вам хорошо подлечиться и с новыми силами приступить к плодотворной трудовой деятельности на этой самой ниве. А я уж там пашу денно и нощно.

Сердечно и неизменно Ваш

Ю. Лотман
16.11.84.

[1] Ю. М. очень не любил занимательность и популяризацию в науке, поэтому скептически и иронически относился к соответствующим трудам коллег, хотя и уважал их научные заслуги.

[2] Н. В. Бахтина тяжело болела (лейкемия) и скончалась в декабре 1984 г.

[3] 1-й том «Сочинений» Н. М. Карамзина (Л., 1984), где публиковались комментарии Ю. М. к «Письмам русского путешественника», вышел в издательстве «Художественная литература»; название «Ленгиз» существовало в довоенные времена.

[4] Речь идет о книге Н. Я. Эйдельмана «Последний летописец» (М., 1983), посвященной Карамзину.

[5] Ю. М. неточен: ему заказали книгу вообще о жизни и творчестве Карамзина. Она выйдет в 1987 г. под названием «Сотворение Карамзина».

[6] Сын Ю. М. Григорий, участвуя в реставрации тартуской церкви, упал с высокой лестницы на каменный пол; последствия тяжелого удара с трудом излечивались; неоднократное пребывание в клиниках Тарту и Москвы, операция головного мозга мало помогли.

[7] Неточная цитата из письма Пушкина к П. А. Плетневу от 22 июля 1831 г. (в подлиннике: «... были бы мы живы, будем когда-нибудь и веселы»).

400

<9 марта 1985 г.>

Дорогая Фрина!

Еще раз поздравляю Вас с 8-м марта и от души желаю Вам всего самого лучшего, особенно же здоровья, здоровья и здоровья. А будут эти три вещи — все остальное придет. Итак — ЗДОРОВЬЯ!

Ваше письмо я получил. Спасибо за добрые пожелания. Я, слава Богу, здоров (действительно!), но вообще эта зима вымотала и продолжает выматывать — снова Лешины девочки больны: что-то вирусное с высокой температурой. А я пишу, пишу и пишу (к 1 мая надо в «Книгу» 20 листов, пока написаны два)[1].

Я поставлю Вам диагноз: основа Вашей болезни — усталость, чудовищная и многолетняя. Ведь мы все как добрые лошади — тянем до последнего. Толстой писал своей двоюродной тетушке А. А. Толстой, что она как добрая лошадь (он просил ее похлопотать за кого-то при дворе) — сначала ужаснется новому грузу, а потом вляжет в хомут: «Ну что ж, я готова, сколько там вас насело!»[2] Вот так и мы — вляжем в хомут и готовы. И смолоду воз легко катится, и мы только кричим: «Еще навали, ничего». И вдруг замечаем, что груз тяжелеет, а силы уходят, как вода из ванны.

Но не будем предаваться элегиям, как говорят, «на печального и вошь лезет». Как говорил Пушкин, будем живы — будем и веселы[3]. А живы мы еще будем. Так что — нос кверху!

Статью в «Новом мире», конечно, изуродовали и хорошее название сняли. Новое — бездарное — я придумал сам, лишь бы отвязаться[4]. Вообще мой роман с этой лавочкой закончен. Рецензию на Абрамович печатаю в журнале «Таллин» — помойка, но уж откровенная, так что я никакой ответственности за то, что городят соседние авторы, не несу. Это как в троллейбусе: есть свободное место — сел, приехал — прощевайте! Но их благородиям я еще испеку рака. Я лет пять не читал «Нового мира», помнил только «старый» «новый». Сейчас просмотрел — мать моя, мамочка. Ето чито же такое делается: проза такая, словно не только Толстого или Чехова, но Нестора-летописца еще не было, «литературоведение» — сплошь «загадки» и «открытия». Ужасно хочется написать статью о «загадках» и начать с батюшки Ираклия[5], который, яко же бес, всех попутал. Как подумаю, даже печень пухнет, как у Щедрина. И написал бы лихо, да вот кто напечатает: все только «загадками» и живут, Шерлоки Холмсы, так их...

Вот я и потешился, душу отвел.

Завтра еду на два дня в Таллин — лекции на киностудии, а потом в Ленинград — в ЛГУ заседание памяти Н. И. Мордовченко (помните то заседание и Левку у раздевалки?[6]).

Ну все пока — еще раз будьте здоровы.

Неизменно Ваш

Ю. Лотман
9.III.85.

[1] См. примеч. 5 к п. 399.

[2] Имеется в виду письмо к А. А. Толстой от 30 июля 1873 г. Но речь там идет не о придворных делах, а о голоде в Самарской губернии.

[3] См. примеч. 7 к п. 399.

[4] Речь идет об опубликованной в «Новом мире» (1985, № 2) статье-рецензии Ю. М. «Биография — живое лицо» (о книге А. А. Гастева «Леонардо да Винчи», М., 1984). Редакция журнала отвергла предложенное Ю. М. первоначальное заглавие статьи «Портрет в стиле sfumato».

[5] Имеется в виду И. Л. Андроников. Нелюбовь Ю. М. к «занимательному» литературоведению (см. примеч. 1 к п. 399) выражена в указанной выше (см. примеч. 4) статье Ю. М., где прямо не названы соответствующие материалы «Нового мира» о «загадках», но они явно подразумеваются (см. еще примеч. 4 к п. 351 к Б. Ф. Егорову).

[6] Ю. М. вспоминает аналогичное заседание в ЛГУ 13 декабря 1975 г. «Левка» — Л. А. Дмитриев.

401

<Ленинград. 15 марта 1985 г.>

Дорогая Фрина!

Пишу из Ленинграда. Вчера был доклад на филфаке. Наших никого не было: ни Левки, ни Марка, ни Вовки — вообще никого. Народу было — полный актовый зал. Общий доклад о Н. И. Мордовченко сделала Березина, потом докладывал Маркович о Гоголе — длинно и неудобьпонятно, потом был Борис Федорович о проблеме жизни и смерти у Добролюбова — интересно. А под конец я, грешный. Заключал Мак, который стал стар и трогателен. Была Ваша давнишняя руководительница Нина Вл. Алексеева. Из стариков был только Максимов, но и тот до конца не досидел и меня не слушал (очень извинялся — устал). Сегодня была панихида по Вл. Ник. Орлову (умер 8.III). Я не пошел. Говорят, были все старики: Бялый, Ямпольский и др., но до горести старые. Вообще грустно.

Заглянул я в 138 ауд<иторию> на филфаке (теперь какой-то др<угой> номер) — в самом конце, там, где бывали лекции Мордовченко и где Вы всегда сидели на первой парте в левом ряду (2-й курс!). Какое-то комсомольское собрание. Уловил фразу: «Некоторые студенты по некоторым причинам еще не сдали некоторые экзамены...» Все еще не сдали...

Грустно было узнать целую кучу сплетен о себе. Оказывается, я беспокою массу людей, которым «до меня» в то время, как они меня мало тревожат. Меня огорчило — суетный человек, — когда я узнал, что Я. Билинкис и Н. Скатов недавно в Герценовском ин<ститу>те с кафедры говорили, что мои работы суть явления того же порядка, что и романы Пикуля и творчество Аллы Пугачевой, — для толпы, а подлинная рафинированная культура выше их. Огорчила не сама оценка, а их — и ряда других людей — непонятная мне недоброжелательность.

Ну да Бог с ними. Что говорится, «... а остальное все приложится». К чему приложится? К тому, чтобы Вы были здоровы и, если возможно, веселы.

Вот у нас девочки болеют...

Еще раз желаю Вам всего самого лучшего.

15.III.85. Всегда Ваш Ю. Лотман

402

<Дубулты.> 5.IV.85.

Дорогая Фрина!

Вы ни за что не угадаете, откуда я Вам пишу, — из Дома творчества в Дуб<у>лты. Меня усиленно звали на симпозиум по документальной кинематографии, имеющий здесь состояться, а я отмахивался от этой идеи, как дикой чуши: и времени нет, пишу Карамзина до озверения, и вообще, что мне Гекуба? Но вдруг я сообразил, что если взять с собою машинку и бумагу, то три дня в отдельной комнате, при полной тишине, среди совершенно незнакомых людей — это настолько хорошо и для работы и просто для того, чтобы собраться душевно, отойти от совершенного полубезумия, в котором я нахожусь, как в постоянном климате, что одна лекция и просмотр нескольких фильмов — по сути весьма умеренная плата.

И вот я в Дуб<у>лты (или как там еще пишется). Как здесь тихо — Боже мой. И как хорошо, когда тихо, когда никуда не позовут и никто не оторвет! Мне странно здесь — меня никто не терзает и не дергает. Я совершенно один со своей работой (дома — телефон, прибор, который изобрел совсем не Эдисон, а святейшая инквизиция для самых утонченных пыток, и другие изобретения садизма).

Сегодня я все же вышел прогуляться по берегу полузамерзшего моря, вспоминая «иные берега, иные волны». И это прекрасно: мерзлый песок, крики чаек, воспоминания и — ни души, только какая-то собака гоняет чаек.

Сейчас ночь — сижу и стучу на машинке, под которую я подложил летнее одеяло, т<ак> к<ак> боюсь обеспокоить соседей — инстинкт «не мешать» вбит в меня до гроба.

Будьте здоровы — это самое главное. На скатовых <...> и Я. С. Билинкиса не сердитесь (я получил Ваше письмо — трогательное, но и ужасно смешное. Можно ли так близко принимать к сердцу эту ерунду?). Я написал Вам тогда в сердцах — сначала было обидно, но уже через пару дней стало только смешно.

P. S. Давно ли Вы читали Тютчева? Помните ли «Я встретил Вас — и все былое»? Еще раз будьте здоровы. Всегда Ваш

Ю. Лотман

403

<17 августа 1985 г.>

Дорогая Фрина!

Наконец-то хоть весточка от Вас! Писать не зная куда я не мог — звонил в Москву, квартира не отвечает. С горя позвонил в Палату (авось вдруг!) — напал на Динера, который мне изумленно, как разумный человек сумасшедшему (что и было вполне мной заслужено): «Да она до сентября в отпуске!» И — никаких писем...

Ну, теперь получил письмо и надеюсь, что мое встретит Вас в Москве.

Что о себе: отдохнуть мне не пришлось: я сдал 0,5 книги о Карамзине Громовой в «Книгу» (это все под секретом!). Она прочла, была очень довольна и разрешила мне со второй половиной немного погодить. И вдруг получаю от нее письмо, что Мильчина окончательно ушли, грядет новое начальство и что к ее возвращению из отпуска (к середине сентября) вся рукопись должна быть у нее! Легко сказать — за месяц 10 печ. л., при том что я устал, как собака, и еле тяну.

Как говорил Саша Черный —

Я похож на родильницу,
Я готов скрежетать...
Проклинаю чернильницу
И чернильницы мать![1]

В данном случае не чернильницы, а пишмашинки, но это сути не меняет. В остальном у нас все в порядке, младшие девочки перенесли коклюш, но сейчас поправляются, да и весь коклюш пробегали на даче по огороду. Дожди, дожди, дожди, но смородины масса. А я — в городе... Наши хирурги направление Грише дать отказались (не ждал!), но по Вашему совету я достал его через Союз писателей. Даже т. Марков лично, как говорил один таксист, занимался этим делом[2]. Сработают ли эти бумажки, еще не знаем. Возможно, осенью будет операция.

Но вообще все окрашено в относительно бодрые тона: сижу ночью, пишу письмо и даже веселюсь. Вот сейчас взглянул на книгу с выходными данными: Ленинград, «Наука», Ленинградское отделение, — и вдруг сочинил эпиграмму:

Листая книги по привычке,
Я отмечаю правды ради:
Наука, взятая в кавычки,
Есть и в Москве, и в Ленинграде.

Ваше письмо меня несколько успокоило. Но все же немного тревожно: как сложится с «заслуженным отдыхом», как Федя и Юрочка перенесли лето и пр.? Надеюсь, как всегда по своему оптимизму, на хорошее. От души желаю Вам и всем Вашим всего самого замечательного.

Всегда Ваш

Ю. Лотман
17.VIII.85.

[1] Из стихотворения Саши Черного «Переутомление» (1908).

[2] Почему-то провинциальным врачам запретили давать направления в столичные клиники. Ю. М. смог достать направление в Московский институт неврологии для помещения туда сына Гриши (ему предстояла сложная операция мозга) через правление Союза писателей СССР. О болезни Гриши см. пп. 398 и 399.

404

<Таллин. 25 сентября 1985 г.>

Дорогая Фрина!

Пишу Вам из Таллина перед вылетом в Одессу[1]. Планы мои на октябрь несколько изменились: я хотел из Одессы (т<о> е<сть> около 10-го) прилететь в Москву. Но тут выяснилось, что с 11 по 18 в Батуми конференция Совета по сознанию, и мне надо там быть, чтобы договориться о договорах (простите тавтологию — пишу второпях) для лаборатории. А заодно и докладнуть. Так что в Москве я окажусь около 20-го октября.

Карамзина я окончил, послал, и его, кажется, уже приняли[2]. Вообще Громова относится ко мне даже с большим почтением, чем Крундышев. Искренне изумлен. С Карамзиным получилось так: первая часть книги, которую писал con amore[3], вышла неплохо. А вот вторая, по-моему, несет след мучений, которые она мне принесла. Вымотался я, как не знаю кто. И в Одессу ехать дал согласие, отчасти надеясь там отдышаться.

Очень тревожусь за Вас, Марину, даже во сне видел, что Вы жалуетесь на головные боли.

Пусть не будет сон в руку.

Будьте здоровы. Надо ехать на аэродром.

Всегда Ваш

Ю. Лотман
Таллин.
25.IX.85.

[1] Ю. М. читал в Одесском университете лекции (см. следующее письмо).
[2] Речь идет о будущей книге «Сотворение Карамзина» (М., 1987).
[3] с любовью (*итал.*)

405

<Одесса. 4 октября 1985 г.>

Дорогая Фрина!

Пишу Вам из Одессы, где уже неделю читаю лекции по Пушкину и о семиотике культуры. Я приехал почти дохлый и первые дни только спал. Сказать честно, и сейчас все время спать хочу. К концу лета я дошел до такого края, на каком еще не бывал. Но кончил книгу... Теперь отхожу. Лекций немало, но они не очень утомляют. Главное — отрыв от всего. А теперь еще и погода хорошая, тепло.

Что ж вам еще, друзья, друзья?
Благословенные края, —

как писал об Одессе Пушкин[1]. Правда, ни устриц, ни беспошлинных вин и других прелестей пушкинской Одессы нет. Но и на том спасибо. Сначала меня поместили в lux'e, но надо было или слушать храп ежедневно меняющихся дюжих командировочных (lux двухместный почему-то), или платить за два места 11 р. в день. Наконец я сделал <так!> в общежитие. Отдельная комната, именуемая «гостиница для гостей». Утром — горячая вода в душе (душ без крючков на двери — одной рукой моешься, другой держишь дверь), вечером — холодная. В середине дня — засуха. Всюду пованивает (тараканы есть, но меньше, чем в lux'e). Но вообще тихо, уютно. Живу и благодарен. Я ведь и в землянке с удовольствием живал. Вообще почти то, что Мастер получил в награду: слушаю тишину и наслаждаюсь покоем. Правда, там ему было сказано: «А вечером к тебе придут те, кого ты любишь...» Этого нет, нет и свечей и ночного колпака. Но спасибо и за то, что есть. 10/X лечу в Батуми на конференцию.

Почти все время думаю о Вас, о Марине. Думаю о том, как Вам тяжело и как в этих тяжестях обнаруживается красота Вашей души.

Будьте здоровы и не забывайте всегда Вашего

Ю. Лотмана
4.X.85.

[1] Неточная цитата из «Отрывков из путешествия Онегина». Первая строка у Пушкина: «Чего ж вам более, друзья?»

406

<20 января 1986 г.>

Дорогая Фрина!

Только сегодня ночью закончил подготовку рукописи для «Просвещения» (уф! 570 стр.) и сейчас несу на почту. Хотя в оформлении мне очень много помогли Зара и мои сотрудницы (вся вычитка, сверка цитат и пр.), но все равно устал, как собака. Даже сон пропал, чего со мной не бывало.

Книга, представьте, вышла интересная. Когда я сложил свои историко-лит<ературные> статьи вместе (три очень принципиальных я написал специально, но все же 4/5 тома из старых работ), то оказалось, что они все связаны единством замысла и концепции и сами сложились именно в книгу, а не в сборн<ик> статей. Даже интересно. Сейчас не хочется думать о том, что, вероятно, не издадут: изд. «Просвещение» (Москва) поганое, и я уже предвкушаю рассуждения на тему «учителям это непонятно», «зачем им сверхпрограммный материал» и т. д.[1]

Ну, да все равно — с плеч долой!

Я понял, что дал Марине плохую тему[2]. Ей надо написать подруге в Австралию, чтобы та ей слала детские и юношеские книжки, и начать писать небольшие (для начала) информационные рецензии в детские (не для детей, а для «детских литературоведов») и библиогр<афические> журналы. К ней привыкнут, и она постепенно станет единственным в этой области специалистом. Ведь австралийской детской лит<ерату>ры никто у нас не знает. Она будет вне конкуренции. И самой интересно. А начинать с простых коротеньких информаций.

Передайте ей эту идею.

У нас все по-старому, т<о> е<сть> гриппуем и устаем. Гриша тоже вернулся на круги своя, только дрожь не крупная, как было, а мелкая. Но постоянная. Настроение у него соответственное.

Но: 1) зима хорошая и дрова есть,
2) внучки относительно здоровы и радуют,
3) книгу посылаю сейчас,
4) в начале февраля надеюсь быть в Москве.

Так что хорошего достаточно, и надо уметь его ценить.
Будьте здоровы и не забывайте Вашего

Ю. Лотмана
20.I.86.

[1] Книга все же была издана. Это сб. статей Ю. М.: «Пушкин. Лермонтов. Гоголь. В школе поэтического слова. Книга для учителя». М., 1988.

[2] Ю. М. давал несколько тем для кандидатской диссертации М. В. Колокольниковой (см. письма к ней).

407

<23 февраля 1986 г.>

Дорогой друг!

Я прочел Ваше письмо, проникнутое такой глубокой печалью, и мне, естественно, грустно. А еще более грустно, что за печалью сквозит горечь, а за горечью — некоторое недоверие. Это мне больно, т<ак> к<ак> на доверии стоит все, весь мир, который без него превращается в кучу кирпичей. Выразился замысловато, но проще как-то не сказать. Вернемся из психологических туманностей на простую, грустную и милую землю. Начнем с погоды. Сегодня, 23-го февраля, она прекрасна, холод — 18°, мороз, солнце, и я, выйдя на улицу, почувствовал вдруг радость, радость, что живу и дышу (не в переносном, а прямом смысле: у меня только кончается противный грипп, привезенный из Москвы, в ходе которого мне все время горло и все пространство, чем люди говорят и дышат, залепляло чем-то настолько омерзительным, что я буквально задыхался и, при моей брезгливости, содрогался непрерывно от отвращения к самому себе. А сейчас — дышу, дышу. Прекрасно и радостно!). Вообще у Зигфрида на лопатке было одно уязвимое место (когда он купался в крови дракона, на плечо упал дубовый листок). Туда и попала стрела[1]. Жизнь нас бьет в главное уязвимое место — отучает радоваться. Тогда мы и погибаем. Усталость вытесняет радость. А надо сопротивляться, бороться за радость и не забывать, как мы, неблагодарные, часто делаем, что радость вокруг нас.

Вчера я стоял у гроба очень хорошего человека, внезапно умершего от астмы. И вдруг мне не просто пришли в голову, а стали ясно-очевидными странные мысли: а может быть, и никакой смерти нет вовсе, молекулы уйдут к молекулам (земля к земле, как поется), а вдруг выскочит маленький огненный шарик, который еще «я», задрыгает лучами от радости и облегчения и, ликуя, вольется в огромный огонь (или что-то вроде, волноподобное), и уже будет не «я», растворится. И это будет такая бесконечная радость. А если просто абсолютный конец и «земля в землю внидешь», то и это принимаю с радостью. И с бесконечной, неисчерпаемой благодарностью за всю радость, которую жизнь давала и еще дает.

Значит, душа еще не состарилась!

От души и Вам желаю радости (в том числе «покоя и воли»[2], здоровья и сил).

Хочу устроить так, чтобы в марте приехать, но удастся ли — не знаю. Все это сейчас сложно.

Не грустите!

Неизменно Ваш

Ю. Лотман

23.II.86.

P. S. Спасибо за поздравления[3]. Марине приветы.

[1] Зигфрид — герой нем. эпоса («Песнь о Нибелунгах», ок. 1200).

[2] Намек на известную строку «На свете счастья нет, но есть покой и воля» из пушкинского отрывка «Пора, мой друг, пора!..» (1836).

[3] Поздравления с днем рождения Ю. М. 28 февраля.

408

<20 марта 1987 г.>

Дорогая Фрина!

Спасибо за открытку. Я несколько раз пытался связаться с Вами по телефону, да все не удавалось — то ли аппарат шалит, то ли еще что... Беспокоюсь о Вашем здоровье. Марина, конечно, вся в волнениях. Вы тоже, однако я, как Панглосс, твердо уверен, что «все к лучшему в этом лучшем из миров»[1] (каковы остальные?). Не надо ничего загадывать и заранее примерять — жизнь сама сложится, и каждый вопрос решается, каждое решение принимать надо, когда оно встанет практически, и тогда все «образуется». М<ожет> б<ыть>, Вы еще покатаетесь на лыжах среди вековых кедров на другой стороне шарика[2]. Не от нас зависит, так чего же нам волноваться? Пока надо не забывать ценить то, что есть, и радоваться существующим радостям. Как переносят «переходный период» Федя и Юра? Вот это важно. Вообще мыслями я все время с Вами.

Что же до «академических» слухов, то это ерунда[3].

> То академик, то герой, то мореплаватель, то плотник[4] ...

Из всего набора претендую лишь на плотника, т<ак> к<ак> действительно очень люблю запах свежей древесины (вот привез же из Норвегии пилу!), стружек и мечтаю обзавестись полным набором столярных инструментов и верстаком. В 4-м классе у нас было столярное дело. Я его очень любил, но получалось у меня неважно, и это до сих пор мое неудовлетворенное честолюбие. Конечно, как говорит грубоватая, но очень верная поговорка Ваших украинских земляков: «Зарекалась свинья дерьмо исты, а глядь — еще добрый ковтюх лэжить». Как же упустить такое счастье?

Простите, что разболтался. Я здоров, устал от массы работы, часто бестолковой. Но ведь это не новость. Скучаю, но это тоже не новость. Следовательно, новостей нет. Когда в Москву — не знаю. Мне хотелось бы пожелать Марине доброго пути, поэтому держите меня в курсе ее дел.

Искренне и неизменно

Ваш Ю. Лотман
20.III.87.

[1] Намек на иронический образ из философской повести Вольтера «Кандид, или Оптимизм» (1759).

[2] Решался вопрос об эмиграции дочери Марины в Канаду, и Ю. М. предполагал, что и Ф. С. Сонкина последует за ней.

[3] Речь идет о выборах Ю. М. в академики АН СССР. И слухи, и реальные попытки коллег, к сожалению, кончались ничем: слишком не любили Ю. М. официальные «научные» круги.

[4] Из стихотворения Пушкина «Стансы» (1826).

409

12.VII.87.

Дорогая Фрина!

Я не смогу подъехать[1]. Сейчас выяснилось, что с 20 июля по 4 августа мне надо будет быть в Будапеште на VII Межд<ународном> конгрессе по Просвещению XVIII в. До этого на меня навалилась бездна работы. Разогнав всех, сижу за машинкой. Тишина и пустота в квартире — вот мой отдых. Как Вы? От души желаю Вам хорошо (возможно) отдохнуть, полностью отключиться. Вышла XX «Семиотика», но издевательства надо мной продолжаются, Карамзин должен появиться в авг<усте>—сент<ябре>[2]. Думаю о Вас и о Марине, дай ей Бог удачи.

Ваш Ю.

[1] Речь идет о проводах Марины (см. примеч. 2 к п. 408).
[2] «Сотворение Карамзина» (см. примеч. 2 к п. 404).

410

<6 августа 1987 г.>

Добрый день, дорогая Фрина!

Вот я и в Тарту, в родном болоте, которое я люблю и в котором мне так хорошо квакается. Летели два часа. Правда, вместе с приездом—отъездом—ожиданием самолета и др. получается полдня. Хорошо, что быстро и без ночных мучений в душном вагоне. Хорошо, да не очень: за ночь в поезде успеваешь переключиться из одного пространства, с его мыслями, заботами и делами, в другое. А так все смешивается. Правда, для «переключения» время есть: сижу один в квартире и убираю свой кабинет, что я всегда делаю перед началом моего спасения — новой работы.

Долг я отправил Вам вчера, и надеюсь, что Вы его получите одновременно с этим письмом. Вы, конечно, скажете, что это ерунда и с ним можно было и обождать. Но мне удобнее освобождаться именно от ерунды, чтобы не загружать голову, а память направлять на то, что оторвать от моей души уже нельзя.

Душа рвется сесть за работу (все уже обдумано), но до этого еще надо разделаться с мелочами — уборкой стола и комнаты (2 дня), съездить в Таллин сдать заграничн<ый> паспорт и еще разной муры на неделю.

Я хочу послать Марине мою фотокарточку (я ее — Марину, а не фотокарточку — очень люблю и помню все — и как мы с ней занимались вопросами детской игры, и как она в Тарту приезжала). Но как это сделать? М<ожет> б<ыть>, лучше обождать Вашей поездки?

Как Вы? Болят ли пятки?

Всегда и неизменно Ваш Ю. Лотман
6.VIII.87.

411

<8 ноября 1987 г.>

Дорогая Фрина!

Посылаю Вам фото для Марины. Рад, что у нее так все хорошо устроилось. Вообще она молодец, и только больно думать, сколько лет ее здесь притесняли и сколько она натерпелась.

Очень меня тревожат Ваши болезни. М<ожет> б<ыть>, рентген поможет?

Мне предстоит поездка в Италию. Сначала какие-то официальные мероприятия в Палермо (Сицилия; надеюсь, что меня не украдет мафья, ибо ценность я представляю минимальную и принять меня за дочь мультимиллиардера трудно), а потом 11 дней турне с лекциями по всей Италии от Рима до Милана.

Пустили Дуньку в Европу!

Лекции, конечно, по-русски, что меня смущает. Между тем я — для отдыха — занимаюсь итальянским яз<ыком> и имею от этого много удовольствия — легкий язык, хотя весь состоит из исключений и неправильностей.

У нас ранняя зима.

Будьте здоровы. Ваш всегда

Ю. Лотман
8.XI.87.

412

<17—18 ноября 1987 г.>

Дорогая Фрина!

Пишу письмо — дозвониться до Вас не смог. Вы изумились, что я забыл Ваш индекс. Да я скоро забуду свое имя! По сравнению с моей нынешней жизнью сумасшедший дом — санаторий. Я 24/XI должен делать доклад в АН ЭССР, где меня прокатят на вороных в член-корр'ы. Вы не можете представить, до какой степени это мне безразлично. Мне хочется спать, а не быть дурацким членом (слово-то какое!) дурацких заведений. Мне хочется иметь свободное время, думать, работать и быть спокойным. Ничего этого нет и не будет уже. Мне хочется видеть тех, кого хочется, и не видеть тех, кого не хочется. И это невозможно. А осталось уже немного. Так можно ли беспокоиться о том, как меня назовут в некрологе? Пошли они все... И все же выступить там надо, а на другой день — 25-го — надо быть в Питере и ругаться с Фомичевым по поводу издания академического Пушкина, которого они изгадят безо всякого сомнения. А в ночь на 26-е надо выехать в Москву, где я буду бегать как угорелый — «оформляться» (тоже словечко!), ибо 29 вылетаю в Италию почти на месяц (до 24.XII). Пока еще не могу этому радоваться, т<ак> к<ак>: 1) не верю, 2) так устал и зол, что вообще радоваться не способен. Сейчас я отчитываю лекции за декабрь (по 6 часов в день), барахтаюсь в разных срочных делах, делаю доклады (у нас была интересная конференция, хотя Эйдельман, Манн и Вяч. Вс. Иванов не приехали). Тезисы прилагаю. Я делал доклад не на темы тезисов, а важную для меня вещь — «Пушкин и христианство» (1830-е гг.). С удовольствием занимаюсь одним — итальянским языком, кот<орый> вдруг пошел легко и приятно.

В Москве я непременно Вам позвоню и надеюсь хоть на краткую встречу, если Бог поможет.

Всегда и неизменно Ваш Ю. Лотман

P. S. Получили ли фото? Марине и Вашему мужу — поклоны.

413

<1 августа 1988 г.>

Дорогая Фрина!

Спасибо за лекарство — я его получил (и за чай тоже — сейчас сижу, печатаю и пью). Только вчера получил Ваше письмо (сколько шло!). До самых глубоких печенок понимаю выраженные там чувства. Конечно, пройдет время и все, что было <u>там</u>, станет казаться лучше и лучше. Хорошо море с берега, а берег с корабля. Так и Вы теперь обречены «под небом Африки моей вздыхать о сумрачной России»[1] (а под небом России об Африке, т<о> е<сть> Марине и детях). Я здоров. Будьте здоровы и Вы. Боже, как хочется повидаться! Пишу как каторжный, но мало производительно. Англичанин торопит[2].

Лекарства ем, как лошадь. Всегда и неизменно Ваш Ю. Л.
1.VIII.88.

(Башня в натуре — невместимая красота!)[3]

[1] Идет речь об эмиграции дочери Ф. С. Сонкиной Марины (см. примеч. 2 к п. 408). Цитата из пушкинского «Евгения Онегина» (гл. 1, строфа L).

[2] Возможно, речь идет о будущей книге: Lotman Yuri M. Universe of Mind. A Semiotic Theory of Culture. London—New York, 1990. Эта книга в 1996 г. вышла на русском языке в издательстве «Школа “Языки русской культуры”»: *Лотман Ю. М.* Внутри мыслящих миров: Человек — текст — семиосфера — история.

[3] На итальянской открытке с данным письмом — Пизанская башня.

414

<19 августа 1988 г.>[1]

Фрина! что ж это? Телефон не отвечает (знаю, на даче!), индекс я спутал и мои письма не доходят, писем от тебя нет. Как Робинзон на острове! Лето все такое нескладное... Книгу для англичанина вчерне кончил и не могу понять, что получилось (вышла меньше, чем я думал, — 15 листов, а хотел 25)[2]. Использовал ряд уже опубликованных статей, но кое-что и написал. Сейчас в мерехлюндии, хотя чувствую себя нормально (по своим нынешним, сильно упрощенным, нормам). Огромное спасибо за лекарство. Но как долго его надо принимать? У меня уже кисло во рту и даже в носу и ушах! Все мои перспективы в тумане. Все же надеюсь около 10 сентября на четыре дня полететь в Болонью (разумеется, через Москву).

Что Вы и как Вы, как выглядит Канада с дистанции уже пробежавшего времени? Немного лучше?

У нас резко наступил холод. Лето, видимо, все. Осени не хочется до чертиков (видите, я не Пушкин), работы впереди столько, что даже считать ее не хочется. И нет радости в душе — душа не отдыхает. А ведь если уеду в Германию на время «стипендии»[3], то, конечно, сразу затоскую. Вообще 11 месяцев слишком много (м<ожет> б<ыть>, еще родное министерство — тьфу, не министерство, а КОБРА — комитет образования и еще чего-то, сокращение бюрократии обернулось расширением штатов и полнейшей неразберихой — сократит, хотя это его не касается — все оплачивают немцы), но я надеюсь разделить на две порции. Конечно, это было бы настоящим подарком лет 20 назад, когда я начинал пахать свою борозду, а не сейчас, когда дай Бог ее допахать до конца. Но все же хочется учиться. Надоело учить, хочется спокойно учиться, хочется подштопать свое вопиющее невежество. Был бы молод, конечно, начал бы с языков (очень нужны древние), но сейчас хоть почитать книжки.

Ну, Бог с ним, уже и ночь кончается, спокойной Вам ночи!

Все же пиши иногда!

Всегда и неизменно Ю. Лотман
19/VII

[1] Год определяется по почтовому штемпелю г. Тарту.

[2] См. примеч. 2 к п. 413.

[3] Ю. М. получил немецкую стипендию им. Гумбольдта и мог почти весь следующий 1989 г. жить в Германии: см. пп. 415—424.

415

<Мюнхен. 20 февраля 1989 г.>

Письмо второе

Не успел еще бросить первое письмо, как захотелось продолжить болтовню. Только что из библиотеки (университетской): большие пробелы, но работать можно. Более всего, однако, на меня подействовали аудитории — запах аудиторий. Он всегда меня волнует, как Булгакова запах сцены. Еще в студенческие годы на меня он действовал, как труба на старую боевую лошадь. И сейчас он меня взволновал.

У нас дождь — серый, но теплый. Хожу по улицам, но пока без особого «настроения» — вживаюсь. На «свою» квартиру переедем лишь 1-го марта, а пока в гостях у декана. Очень мило, заботливо, но своего стола нет, а след<овательно>, и нет работы.

Но это все пустяки.

Я вдруг заговорил по-немецки. Чудо! Вспомнил весь детский багаж.

Говорю неправильно (вероятно), но бойко и свободно. Но эстонский из головы пропал — вчера в музее встретил коллегу из нашего ун<иверсите>та и со стыдом и трудом еле выдавил несколько фраз, все время переходя на немецкий. Он смотрел на меня, как на идиота.

Вот и все новости.

Будьте здоровы и бодры. Ваш Ю. Лотман
20.II.89.

416

<Мюнхен.> 28.II.89.

Здравствуй, друг мой!

Пишу тебе, сидя в чит<альном> зале гос<ударственной> библиотеки Мюнхена. Кое-какие книги здесь есть, но вот беда — приносят через день-два и не то, что надо. Чертыхаюсь и проклинаю.

Вообще мы еще <не> устроились. Только завтра переедем на свою постоянную квартиру и получим адрес. Тогда же узнаю, как с письмами до востребования. В середине марта на десять дней я уеду в Париж (звучит-то как — пустили дуньку в Европу) на конференцию по лингвистике. Удалось показать Зару врачам — результат малоутешительный: только операцию и как можно скорее. Но для этого нужны большие деньги, кои мы пытаемся изыскать.

Погода отвратительная, и Мюнхен, по погоде, навевает тоску. Вообще же отношение к нам теплое: сегодня коллеги меня собираются чествовать[1] (вот уж нелегкая догадала — я сейчас вообще чужих переношу с трудом). По-немецки болтаю лихо, но, вероятно, чудовищно.

Душою все время в Тарту и в Москве. Видимо, я уже стар для длительных путешествий, и все тянет домой. Наверное, когда втянусь в работу, станет лучше.

Как ты там? Поклоны Вилю.

Всегда и неизменно Ю. Лотман

[1] 28 февраля — день рождения Ю. М.

417

<Мюнхен. 10 марта 1989 г.>

Дорогая Фрина!

Мы теперь живем по адресу: München, Kaulbach Str. 22, но писать по нему не надо — через пять дней мы на 10 дней выезжаем в Париж на лингв<истическую> конференцию, а потом адрес может измениться. Возможно, лучше писать до востребования, но я еще не узнал, как это делается. Прости — все еще не могу «обосноваться», А вести из Москвы очень нужны, и без твоих писем скучно и тяжко.

Мюнхен не очень интересный город. Но это и лучше: в Италии все время хочется куда-то пойти, просто бродить — каждый камень говорит душе. А здесь бездушно, следовательно, ничто не отвлекает от работы. Правда, в библиотеках большие пробелы, да и вообще лень напала — спится и спится. Чувствую себя неплохо, только немного одышка мучает (умеренно, не тревожься).

У вас уже, наверное, Пасха пройдет, пока мое письмо дойдет. Посылаю тебе открытку с прекрасной картины Рембрандта из Мюнхенской Пинакотеки. Все думается о Москве и о Тарту. Опоздал я лет на 25 путешествовать.

Желаю тебе огромную кучу всякого счастья, здоровья и всего-всего.

Твой Ю. Лотман
10.III.89.

P. S. Поклоны Вилю.

418

<Мюнхен. 30 марта 1989 г.>

Дорогая Фрина!

Вот я и съездил в Париж... Был там всего 8 дней (из них 4 — лекции). Лекции прошли хорошо. Того же, что обычно связывают с Парижем (Лувр, Версаль и проч.), почти не видал — идет подготовка к 200-летию Фр<анцузской> революции, и все закрыто — и Лувр, и др<угие> музеи, и даже Версаль. Зато исходил пешком в свою волю — принципиально не пользовался ни метро, ни автобусами. Вот бы я тебя поводил по Парижу — Монмартру, Люксембургскому саду, наб<ережным> Сены!.. Чуть ли не самое большое впечатление от Парижа — книжные магазины. Боже мой! Сколько их, какие книги XVIII в.! Если бы я пожил (лет 30 назад) здесь лет пять, я действительно стал бы ученым человеком, а не тем недоучкой, кот<орый> знает кое-что из кое-чего. Любую книгу на любую тему можно найти, если порыться в бесчисленных антикварных лавках. А в магазине Сорбонны — вся мировая философия, новейшие издания. Но дорого! Я просадился, спустив все свои франки и чуть не продав штаны.

Теперь я вновь в Мюнхене и скучаю без твоих писем. Мой адрес: BRD, 8000, München 22, Postlagernd, Ju. Lotman.

Сие до востребования, т<ак> к<ак> я бываю в разъездах, а письма здесь держат только неделю. Но все же и домашний адрес:

8000, München 22, Kaulbach Str. 22 (2 раза 22 — не ошибка). Ju. Lotman.

Погода у нас чудесная — пишу в парке. Пытаюсь заниматься.

Приветы Вилю. Вечно и неизменно

твой Ю. Лотман
30.III.89.

419

Мюнхен. 6.IV.89.

Дорогая Фрина!

До сих пор еще не имею от тебя ни строчки. Грустно. Наша жизнь в Мюнхене входит в обычную рутину: занимаемся, пишем и понемногу скучаем. Студенты все не могут собраться начать семестр — все каникулы и праздники. Самое важное и тревожное для меня то, что с операцией для Зары все еще не получается. Решиться на операцию страшно (будет ли хуже или лучше, никто сказать не может), но пока главное в финансовой стороне дела. Операция, как и вся медицина здесь, очень дорога́ (вот я привожу в порядок зубы, а стоимость этого приблизительно равна цене небольшого автомобиля — прекрасно понимаю муки Марины по этому поводу). Вопрос этот никак решиться не может. А я, честно сказать, если бы не эта операция (ведь Заре грозит полная неподвижность, да и сейчас она ужасно страдает от болей), я бы ни за что не согласился сидеть 10 мес<яцев> в Мюнхене.

Я занимаюсь, но время как-то уходит, как вода между пальцев. Ничего серьезного пока не написал.

Прости, что письмо вышло меланхолическое. Вообще я живу неплохо, только не привык жить мало работая, а здесь все никак не могу войти в ритм. Да и вообще все чужое, душа тянется в свой угол. Это, видно, от старости. Обещаю, что больше грустных писем писать не буду — стыдно.

Целую тебя

Юра

Приветы Вилю.

420

<Гамбург. 30 апреля 1989 г.>

Дорогой мой друг!

Я просто вне себя от беспокойства — до сих пор не имею от тебя ни строчки. Не знаю, что и подумать. Неужели проклятая почта? Или что-нибудь, упаси Боже, случилось у вас? Об этом стараюсь не думать, но все равно все время думаю: что? с кем? с тобой? с Вилем? На почту хожу ежедневно, и все тот же милый мальчик мне с сочувствием отвечает: «Nein, schon nicht»[1].

Пишу тебе из Гамбурга, где читал лекции по Пушкину. Прочлось ничего. Смешно, но я уже потихоньку начинаю считать, сколько осталось до возвращения, — домой тянет, особенно «в минуты роковые», как сказал Тютчев. Работа не очень ладится — то той, то другой из нужных книг не хватает.

В июне Заре назначили операцию — боязно, как все пройдет. У нас холодная весна; не только дождь, но и снег порой. Зато в Гамбурге я насладился некоторым подобием белых ночей (вернее, еще не белых, а их предчувствия — того «балтийского», «ленинградского» освещения, которое я так люблю). В Мюнхене вечер сразу переходит в ночь.

Ну ладно, пишу тебе всякую ерунду, а что у тебя там — не знаю. М<ожет> б<ыть>, тебе совсем не до белых ночей.

С беспокойством обнимаю тебя

Твой Ю. Лотман
30.IV.89.
Гамбург.

P. S. М<ожет> б<ыть>, некоторые письма пропали, т<ак> к<ак> я писал: дом 20—24, а, кажется, надо 22—24? Можешь ли узнать на почте?

[1] Нет, еще нет (*нем.*).

421

<Мюнхен. 5 мая 1989 г.>

Боже мой! Письма! Сразу два!!!

Словно солнце в душе выглянуло! Слава Богу! А то я уже чего-чего не напередумал. Все-таки тяжко бросать письма в ящик, как в космическую черную дыру.

Я получил письма от 11 и 15 апр<еля> (второе с пометой «№ 2»). Это первые письма, которые я получил. Пришли ли они одновременно, сказать трудно, т<ак> к<ак> до этого я ходил на почту каждый день, но 26—29. IV читал лекции в Гамбурге, там простудился (было солнечно и красиво, но ужасно холодно) и, приехав, проболел 5 дней. Только сегодня пошел опять на почту и сразу получил два. Спасибо. У тебя, бедненькой, болит голова, болят ноги. Грустно... А я с 15 мая по конец месяца снова в разъездах (Констанц, Бонн — лекции), так что снова без писем.

Что я путал № дома, я и сам заметил, но ты удивляешься, что письма все равно доходят. А письма у нас умные: идут пешочком и неизвестно с кем под ручку, как говорила Анна Ахматова, но если уж решат дойти, то дойдут, хоть и совсем без адреса, подумаешь, дом спутал.

Марина тебя зовет насовсем. Не мучь себя — не решай, пусть все сделается само. А что до нас, то мы ведь всегда вместе, всегда и везде, а Бог даст, и у Марины повидаемся, как в Москве. Пускай жизнь сама решает свои задачи.

У Зары операция назначена на середину июля. Страшно.

Пиши, целую нежно.

Так из всех твоих подруг самая бодрая Леля Ч<ернявская>? Здорово и симпатично. Значит, не тому хорошо, кому хорошо, а кому Бог дал душевные силы.

Твой Ю.

5.V.89. Пиши по Postlagernd[1], все равно я бываю в разъездах.

Домашний адрес — для телеграмм.

Все-таки как чудесно, что письма пришли. И день сегодня прекрасный. Апрель был отвратительный.

[1] До востребования (*нем.*).

422

<Мюнхен.> 9.V.89.

Здравствуй, дорогой мой друг!

Сегодня получил твое третье письмо от 20/IV (на домашний адрес) с приснопамятной гостиницей «Украина». Вообще мы с тобой украинские патриоты. Сегодня 9.V, и я в Германии, и погода, как в 1945, — всю душу переворачивает. Боже, как быстро все пролетело, и как тогда казалось все ясно. А еще день, когда я вновь вошел в аудиторию филфака и все началось. (Помнишь «Жизель» и Уланову?[1]) Вот чудо — прошлое не проходит, оно все внутри вечно, как книга на полке. Стоит снять и открыть...

Завтра уезжаю читать лекции в Констанц — на самой швейцарской границе.

Прости, что взбудоражил Марину, но уж очень волновался.

Ну, надо кончать. Обнимаю тебя

Твой Юра

[1] В конце 1947 г. Ю. М. пригласил Ф. С. Сонкину на балет «Жизель» с Г. Улановой в Мариинский театр.

423

<Мюнхен. 17—18 сентября 1989 г.>

Дорогие Марина и Фрина!

Огромное спасибо за Ваше письмо. Я его давно ждал. Писать Вам я не мог, т<ак> к<ак> в результате болезни у меня были трудности с письмом (и сейчас пишу, как видите, плоховато, а читать только учусь — это с моей-то профессией!). Я долго (с мая) болею, хотя теперь уже приближается выход из больницы. Заболел я в день, когда получил последнее письмо Фрины — не успел прочесть, а потом оно затерялось. Так что я до сих пор не знал, в [Ленинграде] Москве Вы или в Америке[1]. Коротко обо мне. У меня была операция рака. Но хотя звучит страшно, но на самом деле не так плохо. Опухоль была в самом начале, и врач (а в Германии они принципиально говорят правду) обещает еще 10 лет жизни и смерть не от рака. Рак обнаружили случайно, когда искали причины сердечных неурядиц. У меня было нечто вроде небольшого инфаркта мозга [в результате], кусочек попал в мозг.

1) Ум не пострадал нисколько.

2) Речь тоже не пострадала.

3) Физическое здоровье тоже почти обошлось.

Последствия.

1) Учусь читать!!! Могу читать, пока пишу, но книгу читаю мучительно. Врачи обещают восстановление, но в какой степени — пока неизвестно.

Все это произошло так, что я оказался в Германии практически один. Зара буквально спасла меня.

Теперь я поправляюсь. Пишите мне о себе.

Ваш Ю. Лотман

P. S. Я все же работаю. Читаю с помощью Зары письма и книги и даже диктую научные материалы.

Постепенно возвращаюсь к жизни.

Ю. Л.

[1] Летом 1989 г. Ф. С. Сонкина переехала к дочери в Канаду.

424

<Мюнхен. 8—9 октября 1989 г.>

Милая Фрина!

Вот я и вышел из больницы. Опухоль мне вырезали и гарантируют 10 лет спокойной жизни. Но вот с глазами (вернее, со зрительной частью мозга) — хуже. Зрение ухудшилось, но это пустяк, а вот главное, что писать я могу, а чтение восстанавливается с большим трудом (интеллект, к счастью, не пострадал). Я вынужден новую книгу диктовать Заре, и она, как верный друг, пишет все под диктовку: работа медленная и очень трудная. Но все же работа, а это мое главное счастье. Вообще же все неплохо и гораздо лучше, чем могло бы быть.

Я бодр и тружусь. Я очень тебя целую. Пиши мне. До ноября я в Саксонии[1] — потом дома.

[1] Ю. М. или забыл, что Мюнхен находится не в Саксонии, а в Баварии, или просто так обозначает Германию в целом (страна саксов).

425

<21 ноября 1990 г.>

Фрина, Фрина!

Поплачь и помолись обо мне: Зара скончалась через 5 дней после вполне благополучной операции. Причину выяснить не удалось — тромб. Мы привезли тело из Италии и схоронили в Тарту.

Тяжело.

А я всегда был убежден, что я первый...

Тут обо мне заботятся (Леша, сестра, Наташа). С этой стороны не беспокойся.

А об остальном — что говорить.

Все время все перебираю в памяти...

Помолись за меня, поцелуй Марину.

Твой
Юра
21.XI.90.

Зара скончалась 25.X.

426

<8 декабря 1990 г.>

Милая Фрина!

Я получил твои два письма, получила ли ты мое? Спасибо за твои письма — нужно ли писать, что́ они для меня. Пиши, друг мой! Хоть письма идут ужасающе медленно, но уже чувство того, что идут, — радость и облегчение. Вот так все случилось. А я был совершенно уверен, что уйду первым, и готовил к этой мысли Зару. Себя-то не подготовил. Друг мой, спасибо за то, что ты готова принести мне такую жертву. Но это невозможно — материальной заботой я обеспечен — Леша и Кая, а с января Миша переходит в университет. А внутреннюю — я должен и могу пережить лишь сам и один. Да и подумай (мы не дети и не должны бояться действительности): ты принесешь эту великую жертву (жертвуя не только собой, но и Мариной и Федей), а я вдруг возьму и умру (чего бояться слов). Странно подумать, что тут с тобой одной будет. Нет, смотреть надо вперед, а не назад. Надо врастать в новую почву, и ты еще много можешь дать Марине и Феде. Ведь — как я горько и сильно в этом убедился! — [что] мы не можем объективно оценить силу наших связей. Как мы чувствуем свои связи с телом лишь когда отрежут кусок, так и близкие люди; ты и твои Марина и Федя — одно тело, ты не можешь оценить силу связи, не отрезая. Нет, такой жертвы я не могу принять, и она не принесет радости никому. Память нашей нежной дружбы — наше богатство. Будем же его беречь.

Не погружайся в прошлое — это ошибочный путь. Тебя Бог не обошел самым важным талантом — силой жизни (знаю, что это трудно и утомительно). Но я верю в твою силу, в то, что ты еще можешь радоваться и приносить радость.

Верю в твои силы, желаю — Боже, сколько всего хорошего я тебе желаю!

Марину нежно обнимаю, Феде и Вилю — дружеские приветы.

Всем — счастья и здоровья в Новом Году!

Всегда твой Ю. Лотман
8.XII.90.

427

<31 декабря 1990 г.>

С Новым Годом, дорогая Фрина! С Новым Годом, душа моя, поздравляю тебя и всю твою семью — Марину, Виля, Федю и отсутствующего

Юру, по которому, чувствую я, ты тоскуешь! Да хранит вас Бог и все канадские святые.

Ты мне сделала новогодний подарок: я получил сегодня (30 декабря) твое письмо, конечно, без даты (!), но по канадской печати — от 17 декабря. Рекорд! Сразу две радости: и письмо быстро шло, и прибыло в канун. Письмо твое печально, и я от души желаю тебе в новом году здоровья, душевного покоя и всего хорошего, что этот мир может дать.

Что сказать тебе о себе. Если честно — то тяжело, больно и, как писал Тютчев в горькое для него время, — «не живется». Но человек — странное животное: в это самое, тяжкое до невыносимости, время я надиктовал (так быстрее) небольшую — в 8 печатных листов, но очень важную для меня (объективно, м<ожет> б<ыть>, бред) книжку, где суммировал все постепенно вызревавшие мысли о том, что такое история вообще и почему на всем ее протяжении голодные и окруженные опасностями люди отдавали свои небольшие силы такому бесполезному делу, как искусство[1].

Меня опекают: вот на праздники приехали из Таллина три внучки, итак, тут сейчас 3 + 4 = 7 внуков, чем не старый дед.

Но фон, на котором развертывается жизнь, — мрачен и тревожен... Вчера не кончил — продолжаю сегодня, в Новый Год.

У нас мрачно — ничего нет, от продуктов до зарубежных конвертов, этот последний. Вернее, все есть, но все нужно «доставать». Но это — черт с ним, тяжелее — мрачные прогнозы. Конечно, мы не то видали, но Баратынский писал:

Были бури, непогоды,
Да младые были годы[2]...

Но если уж цитировать, то солдатскую песню, записанную Львом Толстым:

Очень, братцы, чижало,
Прямо скажем — не легко,
А между прочим ничаво!

Так что — «ничаво», будем бодры, ибо уныние грех, говорит Писание, а остальное уж как получится.

Нежно, от всего сердца желаю Тебе и твоим всего самого лучшего!

Тарту.

31.XII.1990.

Ю. Лотман

[1] Речь идет о первом варианте книги Ю. М. «Культура и взрыв», которая первоначально была отдана в ленинградское отделение издательства «Совет-

ский писатель», но из-за развала последнего в расширенном и исправленном виде вышла в свет в Москве (издательство «Гнозис») в 1992 г.

[2] Начало стихотворения Е. А. Баратынского (без заглавия, 1839).

428

<21 января 1991 г.>

Милая Фрина!

Представляю себе, как ты волнуешься в своем «прекрасном далеке» о наших делах. Когда это письмо на черепахах и улитках доедет до тебя, многое уже прояснится. А сейчас никто не может предсказать событий даже завтрашнего дня. Но, как сказано в «Ревизоре» Гоголя, «уповая на милосердие Божие за пару соленых огурцов»[1], ожидаем лучшего. Как я рад, что ты и твоя семья находятся в безопасности.

А между тем я обсудил с очень милой редакторшей свою небольшую, но очень (для меня, по крайней мере) важную книжку[2]. Сейчас у меня сидит Миша, который перебирается в Тарту — будет работать в университете и значительное время жить в Тарту. Так что я не один. Кая трогательно обо мне печется. В это неопределенное и беспокойное время за детей (особенно за мужиков) приходится опасаться.

Я получил твое письмо от 1.I.91. Так что сакральные 25 дней все же требуются. Итак, мое письмо ты, возможно, если повезет, будешь читать в середине февраля...

Пиши подробно о себе, о Марине, ее кинозанятиях и вообще обо всем, что тебя занимает, особенно о здоровье твоем и Виля, которому прошу передать приветы.

Больше, прости, писать не о чем. 17 мая 1942 г. мы на украинском фронте (около Славянска) были отрезаны прорвавшимися немецкими танками и оказались совсем изолированными. Телефонный провод связывал нас лишь с соседней батареей, также отрезанной. Вот мы и ободряли друг друга тем, что аукались. Так и мы с тобой будем аукаться и тем ободрять один другого.

Обнимаю тебя нежно, дорогой мой друг.

Сердечные приветы и самые добрые пожелания Марине и твоим мужчинам, будьте все здоровы!

21.I.91.

Всегда Твой

Ю. Лотман

[1] Неточная цитата из записки Городничего к жене («Ревизор», д. 8, явл. II).

[2] В Тарту тогда приезжала для работы с Ю. М. над книгой «Культура и взрыв» редактор ленинградского издательства «Советский писатель» Е. М. Гушанская (см. примеч. 1 к п. 427).

429

<9 февраля 1991 г.>

Милая Фрина!

Получил твое письмо с двумя открытками — твоей и Марины. Марине передай мою самую сердечную благодарность. Письма пришли быстро — 8-го февраля, а отправлено 24.I. Это не так уж много.

У нас пока все спокойно, если не предъявлять к этому слову слишком больших требований, особенно в смысле прогнозов. Но ведь информативность и предсказуемость противоположны.

Леша на десять дней уехал в Швецию на конференцию по проблемам охраны природы и загрязнения среды. А чтобы мне не было скучно, Кая и дети переехали ко мне. Вообще Кая меня трогательно опекает. Кроме того, Миша, как я, кажется, писал, перешел работать в университет и, хотя и он, и вся его семья продолжают жить в Таллине, на 3 дня регулярно приезжает в Тарту. Так что меня не бросают.

Спасибо за открытки — хоть небольшой кусочек реальности о твоей жизни. А то я вынужден сочинять себе что-то вроде смеси из романов Брет Гарта и фильмов про индейцев или одного польского фильма о том, как польская эмигрантка вышла в Канаде замуж за молодого француза и сколь трагически это завершилось. Так что ты там на французов не заглядывайся.

Письмо твое полно печали, хотя ты изо всех сил (видимо, чтобы не тревожить меня) стараешься писать бодро. Друг мой, скрывать от меня свои настроения не нужно. Во-первых, все равно не скроешь, а во-вторых, отведешь душу и легче будет.

Со мною то, чего никогда не бывало, — боюсь лекций, которые были для меня всегда одной из главных радостей жизни. Объективные основания — нарушение памяти на собственные имена и исключительная замедленность чтения, которая исключает возможность заглядывать на лекции в конспекты. Но пока я все же способен маскировать эти недостатки, особенно когда по ходу лекции о них забываю сам.

В смысле же способности к научному мышлению голова пока работает.

У нас морозы — было даже до 20°, теперь — 10—12° и погода хорошая. Но я умудрился простудить зуб и, хотя он уже прошел, из осторожности сижу дома. Во вторник (сейчас суббота?) пойду на лекцию. Видишь, как я подробно болтаю о себе, — пиши и ты так — мне все интересно и важно.

Будь здорова и бодра, памятуя очень точную поговорку «на печального и вошь лезет», а высокие истины учат нас, что уныние — грех.

Сердечные приветы Марине и твоим мужчинам!

Всегда Твой
Ю. Лотман

Тарту.
9.II.91.

Спасибо тебе и Марине за поздравления со днем рождения!!!

430

<10 марта 1991 г.>[1]

Милая Фрина!

Уже много дней от тебя нет писем. Я очень беспокоюсь. Что с тобой? Была бы ты здорова, это самое главное...

У меня все в порядке. Работаю, читаю лекции. Живу половину недели один (вот и сейчас — один в темном доме, лишь одна комната (та, в которой я сейчас) освещена). На вторую половину недели приезжает Миша, и тогда мы — два мужика — вместе. Но не беспокойся — воевать с бытом мне помогает приходящая старуха (моего возраста).

Очень все время беспокоюсь о тебе, как ты там «врастаешь». Вся надежда на Марину, о которой я думаю с нежностью и надеюсь на ее поддержку тебе — и моральную, и бытовую.

У нас все благополучно, хотя и не без трудностей, которые ты можешь легко вообразить. Но ведь материальные трудности легко переносить, душевные — труднее.

Однако я работаю. Написал небольшую книжку, которая мне кажется важной[2]. Если напечатаю — пришлю тебе. На днях вышлю сборник статей о Тютчеве под моей редакцией и со статьей. Там прекрасные статьи В. Н. Топорова и М. Л. Гаспарова[3]. Вообще, надеюсь, сборник тебя порадует.

У нас горе — вчера скончался от рака легких Валерий Иванович Беззубов. Это был прекрасный и талантливый человек, крупный ученый, смелый человек (это я ценю в мужчине даже выше научных достоинств). Удалось достать ему новейшие немецкие и итальянские лекарства. Они сначала дали прямо сказочные результаты: он воскрес, начал читать лекции. Но через полгода — резкий спад, и в четыре дня его не стало.

Кончаю: завтра утром лекция (видишь, еще читаю — пока буду читать — буду жить); но читать делается физически трудно. Кроме того, мой микроскопический метастаз в мозг проявился в том, что я читаю очень медленно, хотя вопреки прогнозам немцев улучшение, хоть и медленное, продолжается — плыву как торпедированный, но все еще на плаву держащийся корабль).

Господи, будь только ты жива, здорова и благополучна!

Марину нежно целую (старость и расстояние дают на это право).

Сердечные приветы твоим мужчинам.

Тарту,
Эстония.

[1] Датируется по сообщению о смерти В. И. Беззубова, который скончался 9 марта 1991 г.

[2] «Культура и взрыв». См. примеч. 1 к п. 427.

[3] «Тютчевский сборник» (Таллин, 1990) с большой статьей Ю. М. «Поэтический мир Тютчева». В. Н. Топорову принадлежит там статья «Заметки о поэзии Тютчева (Еще раз о связях с немецким романтизмом и шеллингианством)», М. Л. Гаспарову — статья «Композиция пейзажа у Тютчева» и публикация переводов тютчевских стихотворений на немецкий язык М. Е. Грабарь-Пассек.

431

<Около 14 марта 1991 г.>[1]

Мой дорогой, несравненный друг!

Спасибо за письмо от 25 февраля. Я его получил вчера — оно меня несколько успокоило, а то мне казалось, что слишком долго нет от тебя известий, и я уже надумал разных ужасов — ночные мысли тяжелые. Твое письмо меня несколько успокоило, хотя я и знаю, что ты нарочно сгущаешь все хорошее и старательно обходишь все трудные вопросы, которые тебя терзают или даже просто утомляют. Но я коэффициенты на это ввожу сам.

У нас по-всякому. Самое удивительное — это то, что я не молодею, а даже совсем наоборот. Самая тяжелая новость последних дней — вчера похоронили Валерия Ивановича Беззубова. Он был из самых первых моих учеников (кончил университет в 1953 году), а потом — близким и надежным другом, опорой кафедры. Когда по памятным тебе обстоятельствам мне пришлось сдать кафедру, я передал ее ему, и это было хорошо. У него был рак легких. Положение уже было безнадежное, когда удалось получить немецкие и итальянские лекарства. Он вдруг ожил, прямо как в сказке, читал лекции, писал статьи. Правда, немцы предупреждали, что такой взлет лишь на два (максимум — три) года. Но у него протянулось лишь шесть месяцев. Но хоть скончался вдруг, неожиданно для себя самого, все свершилось в три дня.

Я продолжаю работать, а в конце мая даже думаю съездить на несколько дней с докладами в Швецию и Финляндию. Очень зовут в Италию летом, но я не поеду, т<ак> к<ак> нет сил, совсем не хочется — после кончины Зары Италия слишком тяжела. Да и что я там забыл? Правда, зовут в Аквиля на конференцию. А Аквиля — просто сказка: маленький город в горах, в 5 часах езды на машине на юго-восток от Рима. Там сейчас снег, узкие средневековые улочки, по которым гоняют на мотоциклах местные парни. Девицы серьезно ходят в церковь — собор XIV века — и выходят оттуда строго опустив глаза, а парни гоняют вокруг собора на мотоциклах, потом сажают на мотоциклы девиц, у которых сразу же меняется выражение лиц. Горная идиллия. Организатор конференции — мой приятель — аббат, иезуит, специалист по средним векам и мистической философии, очень милый человек, профессор.

Но я не поеду в Аквиля...

Я работаю. Диктую статьи, мне читают и сам я — хотя и медленно, но прогресс, кажется, еще не остановился. Тяжелее всего по ночам: три дня в неделю в Тарту ночует Миша, а четыре дня я один (хотя не всегда; часто приезжают из Таллина Саша и Бекки). Одному неуютно, но я, представь, начинаю к этому привыкать.

День рождения, который ты так тепло помянула в письме, — спасибо, прошел хорошо, т<о> е<сть> тихо. Я всех просил не приходить и пробыл его один.

У нас стоят хорошие дни — небольшой холод — от —5 до 0° — ясно, синее небо. Об общей обстановке ты все сама знаешь.

Хорошо ли на новой квартире? Стараюсь ее вообразить. Есть ли у тебя <u>твоя</u> комната?

Будь здорова и бодра, пиши мне. Марине нежные приветы, а твоим мужчинам — поклоны и добрые пожелания.

P. S. Прости опечатки: писать я могу, а читать мне все же тяжело.
Обнимаю тебя

Ю. Лотман

[1] Датируется по сообщению о похоронах В. И. Беззубова (см. п. 430).

432

<20 марта 1991 г.>

Милый друг!

Только что услыхал по радио известие о сильном сокращении штатов в канадском радио и очень встревожился за Марину. Надеюсь, что пока это письмо дойдет до тебя, а твой ответ возвратится ко мне, все решится наилучшим образом и какие-нибудь новые волнения заставят позабыть об этих. И все же я очень беспокоюсь о вас, о Марине и всей душой чувствую ваши волнения.

У нас новостей нет. Идет Блоковская конференция — первая без Зары. А я в гриппе, сижу дома, чихаю и соплю — занятие не способствующее оптимизму. Все же я дополз вчера до зала заседания и сделал доклад в духе моих нынешних идей — нечто глобальное. Когда-то Андрей Тургенев — гениальный юноша, обещавший России величину масштаба Пушкина и умерший едва перевалив за 20 лет, — написал на себя эпиграмму:

Иные говорят: «Мой Бог, как он умен»,
Другие думают: «Не спятил ли уж он?»

Таково у меня впечатление от моего доклада. Андрей Тургенев — моя давняя любовь: я начал им заниматься в 1950 г. (Боже, как давно это было.)

Наша обстановка такова: спокойно, вопросы еды волнуют больше, чем вопросы политики (возможно, в этом часть замысла). Голода нет (кроме пенсионеров, которые голодают), но его ожидают. Все по карточкам, кроме молока и хлеба. Но этим нас не удивишь — все мое детство прошло в очередях, и карточки я увидел гораздо раньше, чем паспорт. Но что интересно: настроение не мрачное, хотя какое-то бестолковое.

Я много работаю — две мои книги в производстве в ленинградских издательствах[1], и если слово «бумага» не исчезнет из нашего обихода, то, м<ожет> б<ыть>, и выйдут. Работать мне так же легко, как безногому танцевать, — однако работаю и даже получаю от этого удовольствие.

Я трещу о себе, потому что волнуюсь за тебя и вас всех, особенно за Марину. Напиши мне, ничего не скрывая и не украшая.

Как вам в вашей новой квартире?

Марине — мои нежные приветы, мужчинам — поклоны и самые добрые пожелания. Есть ли новости от Юрочки — я знаю, что это твоя рана, хоть ты стараешься об этом не думать и не говорить.

Всегда и неизменно твой Юра
Тарту,
20.III.91.

[1] В ленинградском отделении издательства «Искусство» находилась книга Ю. М. «Беседы о русской культуре. Быт и традиции русского дворянства (XVIII — начало XIX века)»; в связи с финансовыми трудностями она вышла уже после кончины Ю. М., в 1994 г. Первоначально в ленинградском отделении издательства «Советский писатель» должна была выйти и книга «Культура и взрыв» (см. примеч. 1 к п. 427).

433

<7—10 апреля 1991 г.>[1]

Милая, милая Фрина!

Нет слов, чтобы передать, как я беспокоюсь, не коснулось ли штатное сокращение Марины и всех связанных с этим вопросов. Письма идут медленно, а мысли летят быстро. Что там у тебя? Все же хочется думать, что вы все здоровы, тревоги обойдутся и ты сохраняешь бодрость. Переехали ли ты с Вилем в отдельное помещение или продолжаете жить вместе?

Что тебе сказать о себе? Развал идет полным ходом: товары не исчезают, а исчезли, появились коммерческие магазины продуктов с астрономическими ценами. Я заглянул — увидел, что другие тоже заходят не покупать, а посмотреть. НО ЭТО ВСЕ АБСОЛЮТНАЯ ЕРУН-

Ю. М. Лотман, В. С. Баевский
Тарту. 14 октября 1980 года.

Ю. М. Лотман на даче
в Колькья (Эстония)
1980 год.

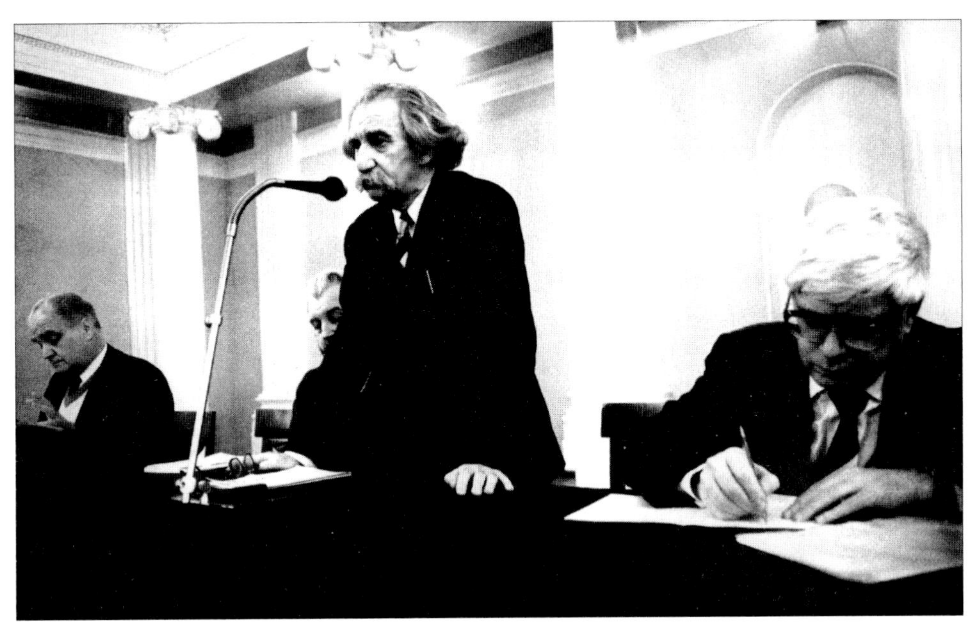

Слева направо: Вяч. Вс. Иванов, С. Г. Исаков, Ю. М. Лотман, В. С. Баевский
Ломоносовская конференция. Тарту. Ноябрь 1986 года.

Вяч. Вс. Иванов, В. Н. Топоров

В. Н. Топоров, Г. А. Лесскис
Кяэрику. 1-ая летняя школа. Август 1964 года.

В. А. Успенский (стоит)
и Б. А. Успенский

Вяч. Вс. Иванов

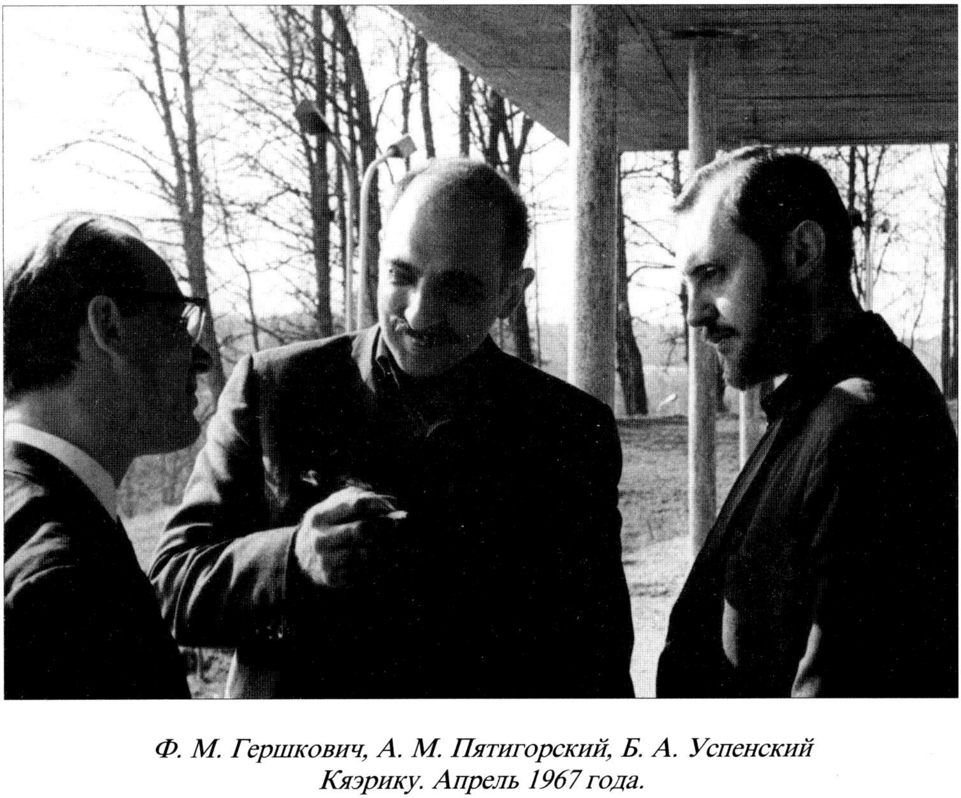

Ф. М. Гершкович, А. М. Пятигорский, Б. А. Успенский
Кяэрику. Апрель 1967 года.

Фаина Семеновна Сонкина
Москва.1967 год.

Марина Виленовна Сонкина
(Колокольникова)
Москва. 1970 год.

ДА — НАСТОЯЩЕГО ГОЛОДА ПОКА НЕТ (кроме, конечно, пенсионеров и одиноких стариков!), а жить на уровне голода мы, пережившие войну, умеем. Гораздо труднее работа: я читаю лекции всего шесть часов в неделю, но устаю ужасно. Трудно работать с таким замедленным чтением. Но все же работаю. Сейчас завершаю труд над большой книгой, посвященной бытовой жизни XVIII — нач. XIX века[2].

Пиши мне о себе, о Марине. Пиши любую ерунду — ведь важно не только что́ пишешь, важен почерк и живая весточка.

Друг мой, будь здорова и бодра. Ведь бодрость — это основное, чем мы можем помочь нашим близким.

И всегда помни, что я о тебе всегда помню.

Пишу тебе в день Православного рождества <Пасхи>, и да будет Бог с тобой и твоими.

А я, кажется, последний вокруг меня скептик (в душе нет, а следовать моде стыдно). Может быть, мне простится за искренность и за то, что ни на что не надеюсь.

И все же да будет Бог с тобой и твоими.

Целую, Юра
Тарту

[1] Почтовый штемпель Тарту — 10 апреля; Пасха в 1991 г. была 7 апреля.
[2] Речь идет, вероятно, о каких-то доделках к книге, указанной в примеч. 1 к п. 432.

434

<27 апреля 1991 г.>

Милая, дорогая Фрина!

Наконец получил от тебя письмо с твоим новым адресом и с рассказом о ваших делах. Более всего меня тревожило и тревожит нынешнее положение Марины. Очень жду ее приезда — возможности услышать живую речь о вас всех, хоть по телефону. Как ты себя чувствуешь на новой квартире, как это отражается на ваших финансах, А ГЛАВНОЕ, КАК ТВОЕ ЗДОРОВЬЕ И НАСТРОЕНИЕ? Пиши мне обо всем правду, не украшая ничего. Ведь я все равно чувствую, когда ты закругляешь углы, «чтобы не волновать меня», и только еще больше беспокоюсь. А так — отведешь душу — и легче будет. Чем я еще могу тебе помочь, кроме этого?

Мы живы — это главная новость. Положение полуперестроечное, полублокадное…

Дети растут (в смысле — внуки), и они — главная радость. Я много работаю — на днях окончательно сдал книгу в «Искусство»[1]. Но она выйдет не раньше 1993 г. Доживу ли? Но, знаешь, это меня совершенно не волнует: после того как книга написана, я теряю к ней чувства и могу спокойно отдавать ее в чужие руки, как Руссо — великий педагог — своих реальных детей. А вот брошюрка, которой я самонадеянно придаю большое значение, появится, если Господь благословит труды меня, нечестивого, еще в этом году — к зиме[2]. Но ведь автору свойственно переоценивать значение работ. Ведь и курица, когда снесет яйцо, кудахчет, искренне думая, что произвела великое нечто. Если ты тут улыбнулась, представив себе меня кудахчущего. Вообще я все же человек сталинской эпохи, и мне все кажется — не умом, а шкурой — что ты там беззащитная: брошена в когти капитализма, и я — искренне очень за тебя и твоих боюсь. Все это, конечно, «родимые пятна» тогочего. Вообще я стал чувствителен: все время беспокоюсь о тебе и ночами плачу о Заре.

Друг мой дорогой! Будь здорова, благополучна во внуках — том и этом. Марину нежно целую, Вилю дружески жму руку. Как он?

Всегда твой Юра
27.IV.91.

У нас лежит снег — ночью все бело, днем на солнце тает.

[1] См. примеч. к пп. 432 и 433.

[2] Так Ю. М., вероятно, называет небольшую книгу «Культура и взрыв»; но пройдет еще полтора года до ее выхода. (см. примеч. 1 к п. 427).

435

<19 мая 1991 г.>

Милая Фрина!

Пишу тебе кратко — что-то с правой рукой, кажется, ночью продуло, поэтому писать не очень удобно. По той же причине написал Марине кратко, но с большим удовольствием отвечу на все ее вопросы. 26.V. еду с лекциями (вместе с Мишей и одной преподавательницей, Любой Киселевой) в Стокгольм — Хельсинки. Числа 6-го VI надеюсь быть в Тарту. Настроение у меня смутное: я сейчас, впервые в жизни, в обстановке абсолютного одиночества. Тем людям — очень милым, включая моих детей — я по сути совершенно не нужен. А я всю жизнь был не только нужным, но и необходимым. Переход был слишком резким.

Прости, мой милый друг, что я немного поныл. Вообще это неблагодарность по отношению к жизни, которая так много дала.

Обнимаю тебя, приветы всем твоим.

Твой
Ю. Лотман
19.V.91.

436

<Стокгольм.> 2.VI.91.

Милая Фрина!

Пишу тебе из Стокхольма — делаю попытку лекций поближе к дому — Стокхольм — Хельсинки. Вообще же поездки уже не для меня — все грустно.

Как ты? Как Марина — все думаю о вас и с болью все время думаю о Заре.

Целую тебя нежно (каков почерк, а?).

437

Тарту. 20.VII.91.

Фрина, дорогой мой друг, после того как ты сообщила мне приятное известие о том, что счастливо завершились вопросы гражданства, ты пропала. Целый век не имею от тебя никаких известий. Я безумно волнуюсь, стараюсь выдумывать разные вполне благополучные причины твоего молчания, но с каждым днем верю в них сам все меньше и меньше. Ради Бога, сообщи мне, что с тобой и со всеми твоими.

О себе писать нечего. Я жив, хоть и не скажу, что здоров. Но это все вечные пустяки. Я тороплюсь кончить книгу, потому что думаю, что эту книгу надо обязательно успеть[1]. Ведь всегда кажется, что все до сих пор были еще незрелые, а что только эта последняя будет НАСТОЯЩАЯ. Это, конечно, иллюзия, и все, что мы пишем, торопясь и кудахча, как курица, снесшая яйцо, не имеет особого значения, и мир прекрасно (или, что вероятнее, непрекрасно) проживет без наших вдохновений.

Как бы я хотел верить в Бога, чтобы было кому молиться за твое благополучие.

Обнимаю тебя крепко. Отзовись, отзовись, отзовись!

Твой Юра

Это как на фронте: кричишь в телефон: «Волга, Волга!» — а Волга молчит. Но там можно было побежать по линии и починить кабель. А здесь что?

[1] См. пп. 438, 442.

438

<8—9 августа 1991 г.>

Мой милый, мой дорогой друг!

Наконец сегодня — 8/VIII — получил твое письмо от 20 июля. Все с нами нечистый шутки шутит! Письма по почте теряет почта или еще кто-то. Я не получаю твоих писем, волнуюсь, схожу с ума, стараюсь себя уверить, что ты здорова и просто уехала в какой-нибудь летний круиз «вокруг света на парусном судне», а ты просто сидишь дома под кондиционером (кстати, выяснилось ли, сколько он пожирает?).

Но с письмами явно какая-то ерунда. Ты пишешь, что в прошлом письме ошибочно назвала какого-то соседа Феди пуэрто-американцем, когда он вовсе пуэрториканец. Но, друг мой, я такого письма вовсе не получал и почему Федя сотрудничает (или соседствует) с каким-то пуэрто-мексико-африко-американцем, представления не имею.

Тут был перерыв на 3 часа. Не переписка, а скачки с препятствиями.

Книжка, которую я посылал тебе, видимо, пропала бесследно. Вообще какая-то доколумбовская ситуация.

Я кончил книгу. Она состоит из двух частей: первая теоретическая, посвященная внутренним механизмам культуры. В некоторых кардинальных вопросах пересматривает самые основы структурного подхода, но не так, как это делают французы, и — уж не так, как это делают доморощенные критики, а по-тартуски. Вторая часть — историко-культурная, охватывающая суммарно русский материал XVIII века. Задача — слепить эти два куска органично[1].

В конце августа я с Наташей (племянницей) должен на 5 дней поехать в Венецию на конференцию. Очень не хочется никуда, а в Италию, в нескольких местах от Бергамо — места смерти Зары, — тем более. Но надо хоть немного взбодрить Наташу — она совсем в унынии, а если меня не будет, то ее уж никто не повезет.

В середине писания этого письма у меня была большая радость — прибежали Сильвия, Элен и Мартик и весело слопали весь пирог с вареньем, который приготовила милая лаборантка, которой я диктую. Как писал Пушкин, «а нам то и любо!»[2] (что слопали).

Сейчас у тебя ночь (пока писал — верно, утро) и, наверное, не так жарко. Хочется верить, что ты здорова и что в эту минуту у тебя все благополучно. Бедная Марина все еще возится со своими подопечными? Как ее кинопланы? Я получил ее милое письмо, когда от тебя исчезли все вести. Это совершенно как на войне, когда нет связи, все провода перебиты и не знаешь, есть ли на том конце живой человек: «Брест, Брест, я Береза!» Так вот: «Монреаль, Монреаль, я Морковка*, тебя слышу с перебоями, проверь связь!»

Я понимаю, что и тебе, и Марине грустно, что Федя делается, становится взрослым и самостоятельным. Не огорчайтесь — он, конечно, хочет почувствовать себя взрослым. Но очень мало кто из мужчин в глубине действительно к этому стремится — очень многие, как только им делается хуже, возвращаются душой в родное гнездо. Если Федю

* Оба кодовые названия должны быть на одну букву, вот я и Морковка, если ты Монреаль! (*Примечание Ю. М. Лотмана.*)

тянет из дома, то, следовательно, ему хорошо, он не чувствует себя слабым, и этому надо, хоть и жаль, что он вырос, радоваться.

Пока были всякие перерывы в писании этого письма, стемнело. Я совсем один в большой квартире, и так каждую ночь. Миша на своей даче, Леша на конференции. Вообще он нашел себе работу по вкусу — зам. директора по науке в зоостанции на берегу моря и почти в 9 часах езды от Тарту. Сейчас он переезжает туда, Кая и дети еще зиму будут в Тарту, а потом тоже уедут. Видишь, и у меня разлуки, но ведь нельзя же мешать молодым жить, как хотят. Всем сердцем обнимаю тебя и твоих.

Юра

P. S. Тебе со мной было бы сейчас скучно — я совсем разучился быть веселым. А ведь умел...

9.VIII.91.
Тарту.

[1] Один из промежуточных вариантов книги «Культура и взрыв».
[2] Точно такая цитата у Пушкина отсутствует.

439

<27—28 августа 1991 г.>

Друг мой!

Мы пережили три подлинно исторических дня[1]. Правда, в Тарту все было тихо. Но три ночи я провел у радио, слушая иностранные передачи последних известий (московские и таллинские были захвачены) и одновременно прислушиваясь к ночной тишине, с минуты на минуту ожидая грохота танковой колонны[2]. Но было — как на войне — весело. Чувство, что нарыв прорвался, — чувство облегчения. «Будет буря — мы поспорим и помужествуем с ней!»[3]

Я живу один — Леша перешел на работу в научную зоостанцию в далекой глубинке, Миша был в «летней резиденции» со своей семьей. Но в эти дни Кая с детьми перешла ко мне, мы собрались вместе, как собираются вместе во время войны. Детям в этой обстановке было очень весело. И мне пахнуло молодостью...

Когда я пишу эти строки, радио передает похоронную музыку по погибшим в Москве во время попытки переворота. Трое молодых людей. А мне страшно больно не за них, а за себя — как бы хотелось сейчас быть молодым, участвовать во всем не мыслями, а руками!

У меня все время сердце болит за тебя — мне кажется почему-то, что ты больна и что это от меня скрывают. Завтра я еду на пять дней в Италию: хочу немного показать ее Наташе. Ведь когда я умру, ее никто не свозит, а ей это будет событие на всю жизнь. Кроме того, съезжу с внутренней болью в Бергамо, где скончалась Зара. Я написал одну статью, и мне вместо гонорара оплачивают поездку в Венецию. Еду с тяжелым чувством, хотя, м<ожет> б<ыть>, там будет и хорошо. В октябре зовут в Прагу. Я там не был после «пражской весны» — было стыдно. Теперь можно. Но боюсь — надо читать лекции, а я заметно (пока, кажется, только для меня) глупею. Кстати о «глупении»: ты знаешь, что у меня бывали нелады с орфографией — сейчас это превращается в катастрофу — признак деградации. Представляю, как тебе, с твоей идеальной грамотностью, смешно и противно читать мои письма.

Но я пишу все о пустяках — главное же то, что мне что-то очень страшно за тебя, за твое здоровье — душа болит.

Получил от Марины милое письмо, но уже сообщал тебе об этом. Сердечные приветы твоим мужчинам. Не грусти, что дети взрослеют и делаются самостоятельными, — это нормально.

Целую тебя.

Юра

[1] Речь идет о консервативном «коммунистическом» путче 19—21 августа, организованном в Москве так называемым ГКЧП («Государственный комитет по чрезвычайному положению»), пытавшимся отменить перестройку в СССР и вернуть страну к прежнему режиму. Путч провалился.

[2] 20 августа Эстония объявила о выходе из СССР, и если бы путчисты в Москве победили, то можно было бы реально ожидать ввода советских войск в Эстонию.

[3] Цитата из стихотворения Н. М. Языкова «Пловец» (1829).

440

<Конец августа — начало сентября 1991 г.>[1]

Милый друг!

Мы пережили несколько тревожных дней — была попытка путча и военного переворота. Организован он был бездарно и быстро лопнул. Но я — старая боевая кляча — уже готовился вступить в бой и совершать подвиги. Но в Тарту все прошло до смешного тихо — путч лопнул прежде, чем до нас докатился. Студенты ездили в Москву и там геройствовали. Я же не собрался по старости. Мое время уже прошло. В этом грустно признаться, но это так.

И все же мне, как старой боевой кобыле, пахнуло веселым воздухом драки, хотя, конечно, хорошо, что она закончилась так быстро и с минимальной кровью.

Праздник кончился — начались будни. А будни обещают быть трудными. У нас в маленькой Эстонии вопросов тоже хоть отбавляй. Но я не хочу тебя беспокоить мелочами — общий баланс все же положительный. Это в общих делах. Мое же собственное настроение, признаюсь, кислое: все, что было прежде легко и давалось, как из бездонной бочки, — новые идеи, лекции, которые можно было читать по 6 часов в день, не уставая, — делается трудным. И все же я диктую книгу, читаю лекции без конспектов, только по памяти (дефект зрительных способностей), и даже организую новую кафедру — теории. У нас вообще время новых людей, которых я не всегда понимаю (на этом месте у нас потух свет, продолжаю после двух часов перерыва).

Как твое «к прогулкам в одиночестве пристрастье»?[2] А у нас холодно и идут дожди. В былое время я любил такую погоду, т<ак> к<ак> противоставлял ей внутренний напор — любил гулять под дождем (БЕЖАТЬ ПОД ГРОЗОЙ). Теперь мне это слишком грустно.

Вот пока все. Приветы Марине и твоим мужчинам.

Твой Ю.

[1] Датируется по содержанию и по связи с п. 439.
2 Цитата из «Арбатского романса» Б. Ш. Окуджавы.

441

<20 сентября 1991 г.>

Милая, милая Фрина!

Что это мы сами себя мучаем, выдумываем страхи и волнения, если письмо какая-нибудь Амелфа Тимофеевна выбросит в не предназначенное для того заведение. Затвердим себе раз и навсегда, что войны нет и все, что могло случиться с нами, уже случилось. Так что остается ждать только хорошего. Еще запомни, что твой друг — человек сумасшедший (тоже мне новость, что он спустя пять дней после твоего письма может вдруг решить, что писем нет уже месяц, а сам, написав письмо, может забыть его отправить). Вот и сейчас: я был 10 дней в Италии и в Венеции, написал тебе большое «итальянское» письмо, да там и потерял — должно быть, в Риме в какой-нибудь урне валяется.

Но по порядку: у меня в одном итальянском сборнике вышла статья. Вместо гонорара они предложили приглашение в Венецию и Рим. Мне очень не хотелось — Италия для меня теперь связана с Зариной кончиной. Но я согласился, чтобы растрясти Наташу, которая тут совершенно скисла. Ведь когда я умру, ее уже никто не свозит... Мы поехали. В Венеции было ужасно грустно от воспоминаний, но я верно сделал, что поехал, — душа как-то «отпустила». В Риме была жуткая жара, выходить можно было только ночью. Я устал, как собака, от жары и капризов. При перелете из почти африканской жары в наши края — температура 0 — -2° ночью — я простудился и теперь источаю сопли. Таков был римский круиз на самолете. Но в целом хорошо, что решился, — по большому счету это было нужно, нужно именно мне.

На обратном пути я сделал в Московском университете доклад (вернее, двухчасовую лекцию), которая прошла в битком набитой аудитории отменно. Для меня это важно не по соображениям само- и честолюбия, а поскольку я впервые излагал совсем новую и, смею обольщаться надеждой, важную, итоговую для всей моей предыдущей деятельности концепцию. Присутствовали Борис Андреевич, Вяч. Вс. Иванов, Мелетинский и др. Кажется, убедил... Обнимаю тебя! Спасибо за фотографии. Очень хорошие.

Всегда твой

Юра
20.IX.91.

442

<18—19 ноября 1991 г.>

Мой дорогой, мой единственный, мой далекий друг!

Я долго не писал тебе, т<ак> к<ак> был в разъездах — ездил читать лекции в Прагу. Т<ак> к<ак> трое суток в поезде — для меня слишком тяжко, а самолеты теперь подорожали до безумия, я рискнул поехать один (это же был своего рода опыт). Все прошло как нельзя лучше. Правда, первые сутки были не очень удачными: меня поместили в отвратительной гостинице почти за городом, где забыли включить отопление, а буфет не работал из-за болезни какой-то дамы. Но через сутки я переехал к друзьям, и дальше все было отлично. В Праге я читал лекции в большом количестве. Это тоже был эксперимент «на выживание». Могу похвастаться — прошел он удачно. А ведь читать приходилось в смешанной аудитории, где 50% — студенты, не очень свободно знающие русский язык, и 50% — ученые высшей квалификации. К тому же, как ты знаешь, способность чтения у меня пострадала. Поэтому все приходится делать по памяти — работа не слишком легкая. В свободное время я, отказавшись от помощи спутников, с меланхолическим грустным удовольствием бродил по милой Праге, где я бывал в 1966 и 1967 гг. Оказалось, что я все помню, но все сжалось в какое-то единое время. Вообще я сейчас живу в памяти больше и с большей внутренней интенсивностью, чем в настоящем. Оно дальше от меня и мало меня интересует.

Книгу я кончаю — т<о> е<сть> уже несколько раз объявлял, что кончил — все, амба! — но как та украинская чушка, которая зарекалась кое-что исты, принимаюсь еще и пишу новые главки. «Пишу» — это метафора — диктую двум милым помощницам по очереди. А поскольку я забываю, что написано, а что нет, получается каша, мне самому весьма противная.

У нас все издательские дела движутся через пень в колоду: государственные издательства лопаются, а частные проявляют много энергии, но полное неумение работать. Планов много, но книги почти не выходят. Процветает лишь большое число мошенников, которые второпях очень плохо переиздают (или просто воспроизводят наугад) разные книги 20-х гг. и сбывают их по фантастическим ценам. Рынок все поглощает, т<ак> к<ак> господствует типично русское представление — есть нечего, будем покупать книги. Вот чехи покупать книги перестали. (Тут мне пришлось прервать письмо на два дня — продолжаю.) В данную минуту я зол, потому что мне больно: топлю ванну и схватился рукой (старый дурак!) за уголь, спрятавшийся в золе, — сжег те самые кончики пальцев, которыми сейчас бью, сжав зубы, по машинке, — не герой, а дурак! Но все люди вокруг злы по другим причинам: люди — странные животные, когда им нечего кусать — начинают кусать друг друга. Голода пока нет, но все его ждут и заранее звереют (про запас). Как я рад, что ты избавлена от этих переживаний. А у меня сестры в Питере, в котором от переименований еды не прибавилось, зато прибавилось коррупции.

> Вы бы ребенку (т<о> е<сть> тебе) теперь показали
> Светлую сторону — рад показать.
>
> (Некрасов, «Железная дорога», см. дальше.)

А светлая сторона состоит в том, что я кончил книгу. Не ту маленькую, которая застряла в Лен<инградском> — или П<е>т<ер>б<ургском> — «Писателе» (там ранняя редакция, которая еще совсем сырая) и не ту, что застряла где-то в Лен<инградском> или С<анкт->П<етер>б<ургском>, «Искусстве», и <не> тот мой трехтомник, который, как умирающий, шевелится в Таллине[1], а совершенно новую, которая (10 авт. л.) если появится, то будет, как мне кажется, ГЛАВНАЯ КНИГА[2].

Может быть, это бред собачий, но мне сейчас кажется иначе. Ведь и мыльный пузырь, пока не лопнет, блестит. Вот так, как ты любила говорить, «то гульба, то пальба»[3]. К счастью, последнее пока метафора.

Карамзину перед смертью захотелось плюнуть на свою «Историю», сесть на парусный корабль и уехать на какие-то далекие острова[4]. Мне тоже хочется. Но чтобы корабль был непременно парусный и подымался и опускался на крутых зеленых волнах. И чтобы, кроме матросов и пьяницы-боцмана, на корабле были бы только мы двое...

Обнимаю твою душу и целую ее, мой дорогой друг.

Сердечный привет Марине, дай ей Бог удачи в ее плаванье.

Мужчинам твоим жму руки.

Всегда твой.

P. S. Перечитывать и исправлять ошибки я не могу по состоянию зрения. Прими так.

[1] О первых двух книгах: см. примеч. 1 к п. 432. Трехтомник — Избранные статьи в 3-х т. Они выйдут в Таллине в 1992—1993 гг.

[2] Имеется в виду расширенный вариант книги «Культура и взрыв» (см. пп. 427—438).

[3] Цитата из «Песенки о Моцарте» Б. Ш. Окуджавы (1969).

[4] См. об этом в книге Ю. М. «Сотворение Карамзина» (М., 1987, с. 313—314).

443

<21 ноября 1991 г.>

Милая Фрина!

Всего несколько дней назад послал тебе письмо и вот пишу снова. Ты же знаешь — я человек бестолковый и «нерегулярный», все делаю в нарушение регулярности. Пишу не потому, что имеется какое-либо дело или новость, а «так просто», захотелось. Просто очень тяжело, скучно и одиноко. В окружающей политике какая-то мура, жулики все равно наверху, только те, кто вчера молился партийности, сейчас выискивают и разоблачают национальных врагов. Но это все ерунда, а не ерунда то, что рвутся экономические связи с Россией, а иных нет и не скоро будут. Экономикой как у нас, так и в России руководят политики-дилетанты. Сейчас пожинаем грустные плоды того, что столько лет уничтожали талантливых специалистов. Ну да Бог с ними.

Книгу я кончил, дописал еще одну главку. Теперь ее печатают и вычитывают. Самое тоскливое для меня время — новую работу начинать невозможно, да и на-до-ело!!! Помнишь фильм «Профессия — репортер», то место, как он застрял с машиной в песке пустыни и, бухнувшись на песок, кричит в небо: «Надоело!»?

Ну, поныл и хватит. Просто я очень соскучился по тебе и утомился одиночеством. Вокруг меня несколько милых молодых учеников, рядом милая Саша, три дня в неделю в Тарту бывает Миша, заходит Кая с милыми внучками — все же я чувствую себя в глубоком одиночестве. Поговорить не с кем.

Опять разнылся, прости. Обратим наши взоры к светлой стороне. Книгу я кончил. Судить о ней сейчас не могу. Но если это не чушь собачья (что очень может быть!), то, возможно, вещь важная.

(Очень поздно — иду спать, завтра допишу.)

Прошли сутки. Продолжаю свое бестолковое письмо,

У нас все благополучно — еда, продукты — все есть, хотя дорого и продолжает еще дорожать. Но это все ерунда. Пришли внучки — иду учить их французскому языку. Это сейчас занимает меня больше, чем научные статьи и политические новости.

Вообще жаловаться — грех. Вот только что я отвечал на такое письмо; я получил оттиск научной статьи, автор которой, молодой (лет 25) лингвист, по неизвестной никому причине — покончил с собой — повесился в лесу. Мать издает его статьи и прислала мне оттиск. Статья хорошая. Его жалко, а о матери страшно и подумать.

Беда в том, что мы страдаем от потерь, но не можем радоваться от того, что какая-то потеря не произошла.

Все мои книги — а их в производстве пять — где-то позастревали. Вообще сейчас у нас так: издательства есть, и с каждым днем их все больше, договоры заключают, даже иногда платят какие-то деньги, которые обесцениваются прежде, чем их положишь в карман. Но книги не выходят. Мы не издаем книги, а играем в издания (может быть, мы не живем, а играем в жизнь?).

Пришли Саша и Элен (Саша — Мишина, Элен — Алешина). Я с ними занимаюсь французским, и потом мы слушаем Окуджаву. И эти занятия доставляют мне больше удовольствия, чем лекции студентам, — состарился, видно! Песни Окуджавы, как казалось бы, потеряли злободневность — все другое, а слушать их без волнения нельзя. Это наш мир. Как у Тютчева: «мир, где жили мы с тобою»[1]:

Она, конечно, пишет мне, но постарели почтальоны,
И все давно переменились адреса…

Помнишь эту песню? Это «В моей душе запечатлен портрет одной прекрасной дамы…».

Вот так…

Но довольно болтать, пиши мне. Целую. Приветы всем твоим. Марине особый.

Юра
21.XI.91.

P. S. Пишу, а читать мне трудно. Посему не исправляю ошибок и опечаток.

[1] Из стихотворения Тютчева «Накануне годовщины 4 августа 1864 г.» (1865).

444

<Около 21 декабря 1991 г.>[1]

С Новым годом, мой дорогой друг, с Новым годом!

Дай тебе и всем твоим Господь счастья и здоровья, веселья и радостей, пусть даже мелких — ведь они-то и делают нашу жизнь выносимой.

Ты знаешь мою бестолковость — мне уже через несколько дней после получения от тебя письма кажется, что прошла целая вечность. Сейчас, кажется, действительно давно нет писем, но, м<ожет> б<ыть>, это только мое ожидательное нетерпение говорит.

Пока это письмо попадет в твои руки (попадет ли?), пройдут оба Новых года — и русский, и западный. Как ты их проведешь? С Мариной? С внуком? А может быть (хоть в воображении), немного и со мной? По крайней мере я (в воображении, увы) жду тебя в гости.

Обо мне не беспокойся — у нас все тихо. Конечно, все безумно дорого, но голода нет. Даже в Питере, где несравненно хуже, чем у нас, настоящего голода — блокадного — нет. Но там очень нервно, у нас же тихо. Конечно, я не эстонец, как ты догадываешься, и лишен прав гражданства активного, но меня уже такие вещи не волнуют. Помнишь «Макбета»?

> «Земля, как и вода, содержит газы —
> И это были пузыри земли…»

Ночью я вижу один и тот же сон: я вскакиваю на ходу в последний вагон поезда, в котором, я знаю, где-то едет Зара… Так что можно ли замечать, что метр березовых дров стоит 350 рублей?

Не пойми меня неверно — действительно, все совсем не плохо, есть даже нечто очень хорошее — жизнь ближе к сути.

Я ВЧЕРА КОНЧИЛ КНИГУ![2] Десять печатных листов, и чувствую себя, как курица, снесшая яйцо. Всякая курица в эту минуту считает, что совершила всемирно-историческое действие. Я тоже так считаю. М<ожет> б<ыть>, это очередной мыльный пузырь, но сейчас мне кажется так.

У нас нежная зима — 5-6 градусов, ясно, иней. На улице чуть скользко — хорошо. Но мое всегдашнее «к прогулкам в одиночестве пристрастье» мне изменило — вдвоем ходить тошно и не с кем, а одному — тоскливо, и память все время уносит так, что, того и гляди, свалишься на льду.

Вчера окончил осенний семестр лекций — все на память: дома хоть медленно, но читаю, а на лекции — только память.

Что у вас в вашем «прекрасном далеке», как говорил Гоголь? Что Марина, как живут твои мужчины — взрослый и юный?

Пиши мне чаще. Ведь это не трудно, и, м<ожет> б<ыть>, из трех писем хоть одно ко мне и дойдет.

Целую тебя через полушарие, с другого конца мира — о, Господи! Будь здорова и бодра. Пиши мне.

Твой Юра

P. S. Сегодня утром беда — сгорели сразу две лампочки — это почти катастрофа. Однако, м<ожет> б<ыть>, получу в Союзе писателей Эстонии.

[1] Определяется по приложенной к письму новогодней открытке, на которой стоит дата: 21.XII.91.

[2] См. пп. 438, 442, 443.

445

<9 января 1992 г.>

Добрый день, мой дорогой друг!

Я получил твое грустное письмо, в котором ты зовешь меня приехать в Канаду «хоть на время, отдохнуть». Боже, как это было бы хорошо. Но, друг мой, сейчас об этом даже мечтать невозможно. Почему? По очень простой и прозаической причине: деньги на билеты (авиа, железнодорожные, пароходные) сейчас у нас взвинтили настолько, а цены все в такой степени и скорости катятся вверх, что мне с моими 9-ю внуками не до самолетов. Кроме того, в последние дни новость — самолетные билеты продают только на валюту, а я, как говорил Кот Бегемот у Булгакова, «не при валюте». Обожди, друг мой, долго это длиться не может — к концу лета, надеюсь, это безумие спадет, тогда подумаем. А пока приходится терпеть.

У нас все довольно терпимо, лучше, чем в Питере. Мы не голодаем, об этом даже и речи не идет. Но все дорожает до смешного и нелепого. Вот у Саши (внучки, дочери Миши, девицы выше меня и очень милой) развалилась обувь — купили ей сапоги, это почти месячная зарплата. В деньгах недостатка нет — я их в магазине не считаю, а, благо продавщицы в Тарту все знакомые, вынимаю «жменю», как говорил наш старшина, и прошу: «сочтите сами, сколько вам нужно».

Вместе с этим письмом посылаю тебе письмо Мельчуку. Прочти, исправь орфографические ошибки — я стал после болезни совсем малограмотным — заклей или нет — как хочешь, созвонись с ним, и пусть Марина это письмо снесет[1]. Мельчук очень хороший и энергичный человек, знакомство с ним приятно. Может быть, что-либо полезное Марине подскажет. И тебе, думаю, будет отдушина — хороший и умный человек и свой.

Крепись, друг мой, не падай духом. Всегда следует думать не о том, как нам плохо, а о том, сколько людей считали бы нашу судьбу счастьем, о котором они не смеют и мечтать. Не будем к судьбе неблагодарны — это очень больно наказывается. Прости, я съехал на мораль...

Помнишь:

Где-нибудь на остановке конечной
Скажем спасибо и этой судьбе...[2]

Будь здорова и бодра! Марине нежные приветы. Твоим мужчинам — дружеские рукопожатия.

Всегда твой

Юра
Тарту.
9.I.92.

[1] М. В. Колокольникова не решилась идти с этим письмом-рекомендацией к И. А. Мельчуку.

[2] Из стихотворения-песни Б. Ш. Окуджавы «Песенка о Моцарте» (1969).

446

<Около 3—9 февраля 1992 г.>[1]

Друг мой!

Посылаю тебе дурацкую газетку с моей дурацкой новогодней статьей, которую из меня силой вытянула дура-корреспондентка. Потом она, даже не почистив стиля устной речи, быстро оттиснула. Кстати, фотография старая (сужу по галстуку — я его давно уже не ношу) — теперь я, по сравнению с этой стареющей обезьяной, — обезьяна уже совсем старая. Да и пора: через три недели 70 (!, Боже мой, сам не верю!) лет.

Живем мы странно: утром зайдешь в магазин — цена такая-то, зайдешь на обратном пути, т<ак> к<ак> пока туда шел — торопился и не купил, — уже в пять раз дороже или же просто пустые полки. Однако не пугайся — ничего похожего на голод у людей среднего заработка нет, только хлопотно. А если запасены дрова и картошка, как у меня, то и хлопот нет.

Погода у нас гнилая — то дождь, то снег. Но туманы очень красивые какой-то болезненной красотой. Приезжающие из Америки туристы говорят, что у нас интересно. Вероятно, так, если вспомнить какого-то поэта-диссидента 60-х гг.:

Я на свет взираю из-под столика,
Вижу ближнее и вижу дальнее —
Чем событье интересней для историка,
Тем оно для современника печальнее[2].

Пришла из школы внучка Саша (Мишина) — десятый класс, всех у них 12. Длинноногая, выше меня, на Кавказе уже давно бы сватали. Пришла веселая — оценок нет, у всех учительниц грипп. Так что у всех свои маленькие радости, все как у людей.

Ну, я разболтался, нужно уходить.

Обнимаю тебя, приветы Марине и твоим мужчинам.

Ю. Лотман
3.III.92.

[1] Хотя Ю. М. поставил мартовскую дату, но и по содержанию, и по почтовому штемпелю г. Тарту (9.02.92) письмо относится к февралю.

[2] Неточная цитата из стихотворения Н. И. Глазкова «Лез всю жизнь в богатыри да гении…».

447

25.II.92. Каракас.

Милая Фрина!

Пишу тебе — не падай в обморок — из Каракаса (Венецуэла). Как я сюда попал? По самым прозаическим причинам. Как говорит Альбер в «Скупом рыцаре», «Безумству что было причиной — скупость». В Каракасе мой день рождения отметили научной конференцией и денежной премией в 1000 долларов. Это меня и соблазнило. У нас инфляция растет по-сумасшедшему: кг масла и мяса доходит на рынке (а в маг<азинах> ничего нет) до 200 р. Миша работает на 3-х службах и еле кормит своих пятерых детей. А всех внуков у меня, как знаешь, семеро[1]. Конечно, «страшен сон, да милостив Бог» — мы не голодаем совсем, даже живем недурно, сестры в Питере тоже перебиваются. Но все же пренебречь премией я не решился. Да и конференция дает мне возможность обсудить некоторые новые идеи.

Я бы не поехал — просто бы не решился, — но организаторы обеспечили билетами и всеми удобствами не только меня, но и Лешу. На этом условии я согласился — в такую дорогу ехать один я бы не смог.

Конференция еще не началась.

Для меня она будет большой проверкой: я приехал с совершенно новыми и, как самоуверенно думаю, — важными идеями.

Что у тебя?

Получаешь ли ты мои письма? Я твои стал получать относительно регулярно с 10—12 дней на дорогу. Получила ли ты письмо с вложенным письмом же для Игоря Мельчука? Может ли оно пригодиться тебе и Марине? В последнем письме ты намекнула на какие-то решительные планы. В чем они?

Знаешь, я со смерти Зары не смотрел в зеркало — не приходилось: бреюсь я перед карманным, а другое висит в темной прихожей. Сейчас глянул в зеркало (здесь ими все стены увешаны) — старик — седой, сгорбленный, весь в старческих морщинах. Что ж, теперь так...

Да и естественно: через несколько дней — 70 лет. Как-то вдруг.

То солдатом был, то студентом — и вдруг 70 лет...

Обнимаю тебя, друг мой, сердечно.

Марине и всем твоим — приветы.

Всегда твой Юра

Обратно лечу в Тарту через Амстердам — Хельсинки 2-го III.

[1] К этому времени у Ю. М. было уже девять внуков.

448

<Каракас. 1 марта 1992 г.>

Милая Фрина!

Пишу тебе второе письмо из Венецуэлы. Доклад прошел очень хорошо и длился (вместе с перерывами для переводов) более двух часов. Это было первое полное изложение моих новых мыслей. Мне было очень полезно так высказать их, хоть для себя.

Жару (не очень большую) и климат я переносил легко — сейчас собираемся в обратный путь, который будет нелегким: два дня с ночевкой в Амстердаме (и пересадкой там), полетом в Хельсинки, пересадкой там на русский (советский) самолет и перелетом в Таллин. Оттуда поездом домой. Конечно, я не решился бы на такой путь, но Алеша меня опекает. Все же теперь я несколько стал храбрее, знаю, что самолет могу перенести. Так что позволяю себе мечтать и о Канаде. Но это очень сложно и по здоровью и по деньгам. М<ожет> б<ыть>, удастся договориться на будущ<ую> зиму на какие-нибудь лекции в США этак на месяц-полтора и тогда на пару недель залететь в Канаду. Но это мечты — запасемся терпением. Чем меньше надежд — тем меньше разочарований.

Очень тебя обнимаю.

Привет Марине, поклоны мужчинам. Всегда твой

Юра
Каракас.
1.III.92.

449

<14 марта 1992 г.>

Милая Фрина!

Вчера отправил тебе письмо второпях, сегодня пишу продолжение. С понедельника (завтра) письмо в Америку будет стоить 40 рублей (!). Но все же норму: два письма в месяц я пока что могу себе позволить. Это не так уж дорого, если считать, что письмо в Ленинград (тоже заграница!) стоит 20 рублей.

Но не будем об этом думать. Как говорил Банко в «Макбете» Шекспира,

Земля, как и вода, содержит газы,
И это были пузыри земли...

Еще раз спасибо за посылку. Все дошло, все исправно и все замечательно. Грустно только думать о твоих хлопотах и тратах. Еще раз большое спасибо.

Относительно твоего решения семейного статуса, то я считаю, что ты имеешь полное право решать так, как тебе это сейчас по душе. Если ты найдешь хоть крошку покоя, то все уже оправдано. Право на это ты заслужила. Одно сознание того, что ты хоть немного спокойнее и наконец получила то, что по-французски передается непереводимым выражением chez-vous (вернее, в данном случае — chez-soi[1]).

Получила ли ты мое письмо с вложенным в него письмом к Мельчуку и может ли оно быть чем-либо полезно тебе и Марине? Мне бы очень этого хотелось.

Сегодня я один — все разъехались — три дня одиночества. Это отдых. Даже близкие и любимые, но взрослые и, следовательно, отчужденные люди утомляют. Нам все хочется, чтобы они были теми, что прежде, т<о> е<сть> детьми. Тогда нам кажется, что и мы все еще те же — то есть молодые. Но они уже не дети. От этого им трудно с нами, а нам с ними. Жить врозь скучно, а вместе — трудно. А когда к этому примешиваются мелкие, но непрерывные уколы бытовых трудностей, нехватка почти всего, раздражение, то незаметно для себя начинаешь погрязать во всякой ерунде.

От своего юбилея (черти бы его побрали) я бежал, но не убежал. Он догнал меня в Тарту и будет отмечаться в университете в конце марта — «Пир во время...», если не чумы, то чего-то напоминающего грипп с соплями и кашлем. Будет научная конференция (я должен важно слушать, выступать мне не положено)[2], потом — концерт — Моцарт (это действительно мило и приятно), потом чай и «по пирожному на брата». Такое роскошное угощение потребовало экстраординарных финансовых затрат.

Друг мой милый, я устал, устал не от чего-нибудь конкретного, а вообще устал. Помнится, на войне я — отнюдь не Геркулес! — удивлялся тому, как быстро восстанавливаются силы и в какой мере неисчерпаем резерв их. Тащишься голодный по глубокому снегу с тяжелым грузом, — сил нет, мороз градусов 20, а с тебя пот льет, кинешься на снег — подыхать буду, а не встану. И уже через несколько минут силы вновь появляются, и опять за дело. Теперь этот источник иссяк.

Ты молодец, я очень хвалю тебя за то, что не бросаешь плаванья. Вообще держись, береги себя — для Марины, для меня. Последняя статья Карла Либкнехта перед тем, как его убили, называлась: «Trotz alledem», т<о> е<сть> «наперекор всему». Это да будет наш лозунг.

Обнимаю и целую

Всегда твой Юра
Тарту.
14.III.92.

[1] у вас... у себя (*фр.*). Эти идиоматические выражения означают «находиться у себя дома».

[2] Научная конференция, посвященная 70-летию Ю. М., состоялась в ТГУ 20 марта.

450

<Санкт-Петербург, апрель 1992 г.>[1]

Милая Фрина!

Пишу тебе не из Тарту, а из бывшего Ленинграда (для нас, все-таки, Ленинграда!). Приехал я на отхожие промыслы — заработать денег лекциями в Доме Писателей. С деньгами поднадули — дали 300 р., что у нас — два раза средне сходить на рынок, а если разогнаться, то и один. Но, против ожидания, лекции прочлись интересно (идеи новой, еще не вышедшей книги). Председательствовал Борфед, пришел Лихачев, с которым мы расцеловались, Левушка, Володя — бывший Гельман[2] — и еще куча наших + мои бывшие студенты... Так что публика была приятная. А потом я походил из Летнему саду — по нашим местам — и потянул прошлое. Оно не уходит из души.

В Питере пробуду еще 2—3 дня. Ехал я сюда настроившись на близкую смерть — боли в желудке и печени я диагнозировал самым мрачным образом. Но очень подробные анализы, кот<орые> мне организовала Ляля, показали, что все во вполне приличном виде. Кроме большого камня, в печени ничего нет. Так что живем дальше!

Мне надо очень много работать, срочно надо сдать три (!) книги (две из них маленькие) и очень хочется одну серьезную работу кончить.

От тебя около двух недель нет писем. С нового места были два — и все! Как ты? Что ты? Была ли Марина у Великого Семиотика?[3]

Пиши мне, иначе я впадаю в тоску.

В Питере дождь, ветер, слякоть, грязь, все голодные и злые, а на улицах продают барахло. А в целом очень хорошо — наш город. Целую тебя нежно. Марине приветы.

Твой Юра

[1] Датируется по содержанию (лекция в Доме писателей).

[2] В студенческие годы В. С. именовался по отцу — Гельман, а затем он взял фамилию матери — Бахтин.

[3] Имеется в виду И. А. Мельчук (см. примеч. 1 к п. 445).

451

<29—30 августа 1992 г.>

Дорогой мой друг!

Получил твое письмо от 25.VII. Нужно ли писать, с какой радостью я его читал (читал сам!), а ответ диктую[1]. Помимо того, что мне было очень важно узнать что-либо о тебе и Марине, сам факт получения письма уже по себе был чем-то вроде незаслуженного подарка. Что сказать тебе о себе? Я потихоньку (уже не в первый раз) вылезаю из очередной ямы. Из последствий болезни пока остались необходимость снова (тоже в который раз) учиться читать и некоторые мелочи, но вообще снаряд пронесло над головой (только чуть-чуть контузило), правда, процесс еще не закончился, с каждым днем все лучше: вчера еще мир был черно-белым, сегодня он уже цветной. Снова (в который раз?) учусь видеть. Может быть, и научусь? Как ты думаешь? (Я позволяю себе эти шутки потому, что знаю, что мы с тобой люди мужественные и любим шутить во всех ситуациях.) Но вообще, действительно, общая тенденция оптимистическая (даже если к этому примешивать немножко глупости). Но представь себе, я даже пытаюсь понемногу продолжать работу. Вот и сейчас диктую своей коллеге и помощнице Тане нечто, что должно изображать квази-научную статью. Меня беспокоят твои трудности, надеюсь, что летом тебе и Марине удастся немного отдохнуть. Сам я пока никаких планов не делаю принципиально (и тут же соврал: есть у меня своя и программа-минимум, и программа-максимум, главный вопрос — до какой черты дойдет реабилитация? Сохранятся ли какие-то возможности продолжать работу или же, что очень нежелательно, она превратится в развлечение больного, никакой объективной ценности не имеющей? Но это уж как Бог решит). Закончу тремя только просьбами: 1. пиши мне; 2. пиши мне; 3. пиши мне.

Обнимаю. Твой всегда и везде — еще раз твой.

Юра

[1] Письмо под диктовку написано Т. Д. Кузовкиной. Рукой Ю. М. — от слов «Твой всегда...» и до конца.

452

<28—29 сентября 1992 г.>

Милая Фрина!

Это письмо я диктую моей любезной помощнице — соавторше[1] (сам писать еще не научился, форма определяет, как известно по Гегелю, содержание).

Большое спасибо за твое письмо. Я все время беспокоюсь о тебе (это не преувеличение) и о том, как тот кораблик, который называется «твоя новая квартира», плывет в этом хаотическом и совсем не добродушном мире. Твои письма мне читают, потому что сам я читать (увы, в который раз) не научился. О себе писать нечего. В общих контурах все благополучно. Например, последняя моя радость — сегодня сквозь очки хорошо вижу вдаль. Очков у меня, как у Крыловской Мартышки (с полдюжины себе достала), и я все время путаюсь в них. (Имею постоянное занятие. «Праздник, который всегда с тобой», как говорил Хемингуэй). Лучше вижу и радуюсь, смех и грех! Хватит обо мне. Как ты там в новом своем жилье? У тебя все новое: жилье новое, новые трудности, и живешь ты в Новом Свете (Америка). Как писал Гейне: das ist die America, das ist der neue Welt[2] а я все в Старом, и все по-старому: по-старому жду твоих писем, по-старому волнуюсь и злюсь, когда их нет, по-старому радуюсь, когда они приходят. Кстати, от каждого письма я имею неоднократную радость: сначала когда получу, потом когда, потеряв, опять найду, и так, как говорится в латинской католической молитве: ad finem seculorem (до конца веков).

Друг мой, я болтаю всякие пустяки так, как надевают броню.

Будь здорова. Обнимаю тебя. Пиши.

Твой, твой, твой

Юра

[1] Письмо — рукой Т. Д. Кузовкиной; рукой Ю. М. — последние четыре слова: «Твой... Юра».

[2] это Америка, это Новый свет (*нем.*).

453

Тарту. 28.XI.92.

Милая Фрина!

Получил твое, как всегда радующее меня, письмо, которое шло всего две недели, так что пришло совершенно тепленькое. Сейчас мы сидим с Таней в комнате[1], за окном качается почти скинувшая листья сирень и сыплется что-то среднее между дождем и снегом. Снежок идет и сразу тает. А мы с Таней работаем (в пределах моих возможностей). Я очень рад твоим успехам на разных курсах — ты, как всегда, молодец! Думаю, что теперь тебе внутренне поспокойнее. Как Марина? Ты что-то мало про нее пишешь, и это меня беспокоит. Надеюсь, что ее трудолюбие и талант помогут перейти через этот рубеж, который, как кажется, во всем мире не из легких... Наташе предстоит тяжелая операция, и я очень за нее беспокоюсь. Позавчера мы с Мишей сделали трудное, но необходимое дело. В Тарту по соседству с нами жили (и живут) две старухи-сестры, одна незамужняя, а другая — одинокая с дочкой, приблизительно моего возраста. Дочка эта недавно скончалась после операции. Старухи остались одни. Позавчера мы с Мишей собрались с духом и посетили старух. Хотя все прошло «мило» — пили чай с тортом, который мы принесли. Но на самом деле — душераздирающе. Я потом, придя, бухнулся на кровать и еле пришел в себя. Вот такие «мелочи жизни». Но все же будем стараться барахтаться, пока силы есть. Я себя чувствую вполне благополучно... Погода у нас какая-то странная: осень как бы кончилась, а зима не началась. Земля мерзнет без снега. Синоптики предсказывают холодную зиму и плохой урожай. Но ведь это у нас всегда... Так что, как говорится в одном невеселом анекдоте, «а вообще как живешь?».

Но не будем падать духом. Как сказано в фильме «Генерал Делла Ровере»: «В эту торжественную минуту обратим наши взоры к его величеству, королю Италии!» (куда же нам еще обращать взоры), так что мы живем как за каменной стеной и не тужим. Но мы действительно не тужим. Ничего. Как-нибудь все переживем, вот только ты будь здорова, не грусти и пиши письма!

Милый друг, обнимаю тебя нежно.

Будь здорова, бодра и, по возможности, весела. Марине приветы сердечные.

Всегда и вечно твой

Ю. Лотман
28.XI.92.

P. S. Вчера день смерти Зары[2]. Мы с Мишей были на могиле.

У нас холод без снега, земля мерзнет, от окон дует — на душе грустно.

А ты не грусти, будь бодра. Целую

Твой Юра.

[1] Письмо под диктовку написано Т. Д. Кузовкиной; последняя часть, от слов «Милый друг...» и до конца, — рукой Ю. М.

[2] Или неправильная дата письма, или Ю. М. ошибся в этой фразе: З. Г. Минц скончалась 25 октября 1990 г.

454

<11 марта 1993 г.>

Милая Фрина!

Получил твое письмо, в котором ты сообщаешь, что моя рекомендация для Марины благополучно достигла вас, но в том же письме ты пишешь о том, что само заведение, в котором работает Марина, прекращает ту часть своей деятельности, с которой именно она связана. Я не понял, означает ли это, что бедная Марина опять без работы. Это меня очень тревожит. То, что я рекомендацию для Марины послал без своего сопроводительного письма, означает только то, что я очень торопился. Все остальные твои предположения лишены всякого смысла: я по-прежнему жду ваших писем и очень беспокоюсь о ваших делах. Пиши мне подробнее и чаще. Видимо, некоторые из писем (и моих, и твоих) теряются в дороге, поэтому не грех в письмах коротко повторять важнейшее из предшествующих. Может быть, стоило бы ставить на письмах номера, но ты знаешь, какой я беспорядочный и неаккуратный — обязательно все перепутаю. Ты жалуешься, что я не пишу о себе. Это по той же причине, по какой (помнишь?) у старого лорда младенец 7 лет не говорил ни слова. Родители измучились, бегая по докторам и посылая его на курорты, а мальчик молчал. Однако однажды утром за завтраком он произнес: «А бифштекс-то жесткий». И когда пребывавшие долгие годы в отчаянии родители воскликнули: «Джон, ты можешь говорить! Почему ты до сих пор молчал?» — он ответил: «А до сих пор все было в порядке». Так и у меня. Если я ничего не пишу о своей жизни, то, значит, у меня все в порядке. У нас, конечно, все очень беспокойно, но, как в солдатской песне, записанной Львом Толстым:

Очень, братцы, чижало,
Прямо скажем, не легко,
А между прочим ничаво.

Радио у меня испортилось, могу ловить только какие-то музыкальные номера из ближней эстонской станции, так что тревожные известия до меня и по этому каналу не доходят. Салтыков-Щедрин, когда известия бывали уж очень тошные и вообще на мир смотреть не хотелось, снимал комнату окнами во двор, распространял слух, что уехал за границу, запирался и ел гречневую кашу. У нас, чтобы использовать этот метод, не хватает только гречневой каши, а в общем все в порядке, не будем унывать, как-нибудь все уляжется. Как говорит французская поговорка, кто переживет, тот увидит. Мне хочется верить, что у Марины тоже все благополучно уляжется и что ты здорова и сохраняешь бодрость духа.

Я продолжаю что-то пытаться делать. Мои милые ученицы-коллеги не бросают меня (вот одна из них — Таня — под диктовку сейчас пишет это письмо)[1]. И мы вместе пытаемся немного работать. Беда только в том, что я потерял уверенность в себе и никак не могу решить, что из того, что я делаю, имеет смысл, а что — маразматические попытки, ну да Бог с ним. А вообще потихоньку существую, и все в порядке. Давай только договоримся, поскольку никогда нет уверенности, что письмо дойдет (по крайней мере, вовремя), в случае, если наступает перерыв, не волноваться и не строить никаких предположений и ждать письма. Звонить в Ленинград Наташе или еще куда-нибудь не имеет смысла — это игра в испорченный телефон.

Обнимаю тебя нежно.
Марине сердечные приветы.
Всегда (и навсегда) твой

Ю. Лотман
11.III.93.

[1] Письмо — рукой Т. Д. Кузовкиной. Последняя часть, от слов «Обнимаю тебя...» и до конца, — рукой Ю. М.

455

<25—26 апреля 1993 г.>[1]

Милая Фрина!

Помнишь, был такой фильм «Шел солдат с фронта и попал опять на фронт». Вот я только вышел из больницы и сейчас снова отправляюсь в больницу. Ты не пугайся, ничего страшного, просто «расстройство всякого устройства». Одно проходит, другое начинается. Но вообще ничего серьезного нет, и поэтому опасаться причин нет. Просто хотят сделать обследование. Такие любопытные врачи. Писать же продолжай на мой обратный адрес, мне будут приносить письма. Я очень беспокоюсь, как дела у тебя и у Марины. И вообще мы еще обязательно должны в этой жизни повидаться, поэтому помирать я не собираюсь.

Обнимаю тебя.

Целую тебя нежно, твой

Юра

[1] Письмо под диктовку написано Т. Д. Кузовкиной; последние пять слов: «Целую... Юра» — рукою Ю. М.

456

<6 мая 1993 г.>

Милая Фрина!

Прости, что так долго не диктовал писем для тебя[1]. Опять провалялся в больнице, даже в двух: одна за другой. Было что-то с печенью и с желудком. Субъективно я был совершенно убежден, что речь идет о раке, и отнесся к этому с полным спокойствием. Однако после многочисленных анализов врачи пришли к выводу (насколько мне удалось по косвенным данным выяснить, это действительно так), что никакого рака у меня нет. Но есть разнообразные хворости в моих истрепанных внутренностях. Самое смешное то, что если я ощущаю где-либо боль, то это, как правило, в той почке, которой у меня давно уже нет. Как видишь, друг мой, отсутствие чего-нибудь может причинять мне более страдания, чем присутствие. В частности, отсутствие дорогих мне людей, из которых, по словам Пушкина:

Иных уж нет, а те далече,
Как Сади некогда сказал[2].

Переходя от стихов к простой и понятной прозе, скажу, что я не только вышел из больницы, но даже возобновил чтение лекций. Правда, с каким качеством, то, как писалось иногда Иваном Грозным, когда ему надо было перечислить неизвестные ему вещи: «Ты, Господи, сам веси».

Вообще у нас раннее лето. Погода переменчива. Дела и настроение — тоже. Если смотреть шире, то все, как когда-то выразился А. Н. Толстой, — «хмурое утро», довольно хмурое и даже противное, но все-таки можно надеяться, что утро.

Письмо печатают под мою диктовку. В принципе я мог бы печатать и сам, но ленюсь. Я вообще сделался ужасно ленив. Ты бы меня абсолютно не узнала. Кстати, на днях мне придется (вот лень-то) фотографироваться для эстонского паспорта. Одну фотографию вышлю тебе. Не пугайся. Как поет Германн в «Пиковой даме»:

Не пугайтесь, не пугайтесь,
Я не стану Вам вредить.

В больнице, в наиболее тяжелое время, я все не мог понять, где я нахожусь. И мне казалось, что я в Канаде. Я изумлялся, почему ты не заходишь.

Сейчас я, кроме двух часов лекций в неделю (так мало, что даже смешно), диктую сразу двум моим милым ученицам два различных замысла, которые тороплюсь закончить.

У нас (не столько в Эстонии, сколько в России) появилось много частных и получастных издательств. Инициатива так и брызжет, но книги не выходят (вернее, очень мало по сравнению с издательским энтузиазмом). Частная инициатива раздувается, но и лопается, как мыльный пузырь. Вообще обстановка какая-то смешная и настолько непохожа на всю предшествующую жизнь, что я себя чувствую, как мастодонт, который случайно забрел в Пассаж. Он и тычется в какие-то прилавки, и даже хочет понять, что происходит вокруг: то ли свадьба молодых мастодонтов, то ли заведение, в котором из мастодонтов делают колбасу, надо ликовать или спасать шкуру — непонятно. Но мне, по известному тебе моему глупому характеру, более хочется ликовать.

Таковы мои дела. Каковы твои?

У нас теперь эстонское начальство играет в свои игры. В Питер ездить трудно и дорого. Надо добиваться разрешения, причем, как правило, неизвестно, у кого и каким способом. Вернее, известно, и очень многим, но всем по-разному. Но это все пустяки. Перемелется, мука будет. Жизнь, в общем, удерживается на вполне терпимом уровне. Если, взглянув на инфляционные цены, не упасть в первую минуту в обморок и вспомнить, что в некоторой пропорции возрастают и зарплаты, то ничего страшного нет. Когда первобытные амфибии обнаружили, что вода ушла, те из них, которые не вымерли, превратились в ящериц, а затем, следуя указаниям Дарвина, постепенно стали человеками. Это, как однажды не очень прилично сострил Александр III, «вселяет надежду». (Такую резолюцию государь наложил на дело о восьмидесятилетнем старике, который лишил чести шестнадцатилетнюю девицу).

Вот, дорогой мой друг. Таковы общие дела, и могу завершить письмо только двумя вещами. Во-первых, сердечно прошу тебя быть здоровой и не унывать, и, во-вторых, пиши мне, ибо мне без твоих писем очень плохо.

Твой
06.05.1993 г.

Обнимаю тебя нежно, мой дорогой друг! Волнуюсь, почему нет писем. М<ожет> б<ыть>, Марина мне напишет.

Всегда твой Ю. Лотман

[1] Письмо под диктовку напечатано на пишущей машинке кем-то из секретарей Ю. М.; его рукой — заключительные строки, от слова «Обнимаю...» и до конца.
[2] Цитата из пушкинского «Евгения Онегина» (глава 8, строфа LI).

457

<13 мая 1993 г.>[1]

Дорогой друг!

Последнее письмо (от 3.V.93) пришло поразительно быстро. Это позволяет надеяться, что и мое письмо дойдет без обычных задержек и не пропадет в пути. Мне тревожно из-за того, как складываются в последнее время служебные и финансовые дела Марины: в последнем письме ты сообщала об этом как-то очень неясно. Если планы Марины посетить с какой-то экскурсией Россию для встречи с Юрочкой реализуются (ты об этом писала, но как-то глухо и неопределенно), то, к сожалению, я с ней повидаться не смогу: граница между Эстонией и Россией очень осложнена и пересечь ее требует таких формальных трудностей, которые делают ее практически закрытой для людей, не обладающих повышенной энергией и очень хорошим здоровьем. Ты мало пишешь о себе, а, между тем, меня интересует все, и большое, и малое.

Что сказать тебе о себе? Я сам не пойму, то ли я работаю, то ли только делаю вид. Вчера я прочитал последнюю в этом году лекцию, Думаю, что это вообще последняя лекция. Очень не хочется читать плохие лекции на той же самой кафедре. Я ловлю себя на том, что на лекции теряю мысль. Вообще то состояние свободы, которое всегда у меня на лекциях было, кажется, уходит. Но в глубине души я еще не изжил надежды, что это временный результат недавно перенесенной болезни и весенней усталости. Но — поживем — увидим. Ведь мы же с тобой с судьбой обходимся так: ничего не просим, ни на что не жалуемся. Расскажи мне подробнее о своем житье-бытье. Напиши подробно просто о каком-нибудь дне, ничем не замечательном, или, наоборот, чем-нибудь замечательном — мне все интересно.

Письмо с фотографиями я получил. Они очень милые, но лучшая коллекция фотографий — это та, что у меня в голове. Вообще мир, который сосредоточен в моей памяти, мне нравится больше того, который я вижу вокруг себя. Но это потому, что в памяти совсем не реальный мир, а тот, который был виден слепыми глазами молодости и в котором она сама отразилась. Вот это и есть самое привлекательное. Как говорил Фауст в Мефистофеле <так!>. «Верни мне молодость мою!». Впрочем, я когда-то, в пятом классе, написал сцену, продолжающую «Фауста». Это сцена в аду, где Фауст варится в котле и уже довольно сильно разварился. К котлу подходит Мефистофель и предлагает Фаусту еще раз провести эксперимент. Длинный монолог искушающего Мефистофеля заключался тем, что Фауст молча лез обратно в котел. Это, конечно, тот детский пессимизм, которым утешают себя мальчики на пороге жизни; что бы мой Фауст сделал теперь, я не знаю. Об этом еще надо подумать.

Ну вот, я разболтался.

Обнимаю тебя. Очень жду писем.

Всегда и неизменно сердечно твой

Ю. Лотман
Тарту
13.V.93.

[1] Письмо под диктовку написано В. Гехтман; последняя часть, от слова «Всегда...» и до конца — рукой Ю. М.

458

<21 мая 1993 г.>

Милая Фрина!

Получил твое письмо от 14 мая. Ты мало пишешь о себе, говоришь, что у тебя все идиллично — и в твоем новом жилье, и в отношениях с Вилем. Но как-то без подробностей, и я боюсь, что ты немножко идеализируешь ситуацию, чтобы не волновать меня. Ты тревожишься о Марине и ее поездке в Россию. Я — тоже. Мне очень бы хотелось ее повидать в случае ее поездки в Россию, но это, к сожалению, видимо, невозможно: люди так привыкли к границе «на замке», что, когда и границы-то нет, готовы повесить замки на первые попавшиеся кусты. А тогда уж и сквозь куст не пройдешь без тысячи формальностей, самых идиотских. А все, что внове, делается особенно усердно. Поэтому от нас в Рио-де-Жанейро проще поехать, чем в Псков. Ну да перемелется — мука будет.

Я пока еще делаю вид, что работаю: мало, плохо, — но кое-как продолжая. Новая беда: мои милые сотрудницы (в частности, та, которая сейчас пишет под мою диктовку)[1], натурально, приходят днем, а мысли как раз ночью (и то через день). Это напоминает ракушки, которые, пока в воде, кажутся ужасно красивыми, а как вытащишь — серые и бесцветные. Точно так же ночные научные мысли — днем почти всегда оказываются ерундой, зато ночные грустные мысли и днем сохраняют свою силу.

Мне очень хотелось бы чем-нибудь помочь Марине. Но просто ума не приложу, что я мог бы для этого сделать. Если какая-нибудь идея у тебя возникнет, то прошу тебя не только тотчас же написать мне, но и даю тебе право распоряжаться моим именем.

У нас жарко, правда, погода неустойчивая. Я очень люблю жару, но сейчас при ней я задыхаюсь. То же самое, когда я пытаюсь быстро ходить: отдавая дань привычке и вкусу, метров 200—300 пройду как можно быстрее, но тотчас мне напоминают, что сроки уже прошли. А сейчас, когда я диктую, где-то играют какую-то современную музыку (я, признаться, в простоте думал, что это движок — совершенно одно и то же), а у меня сердце подстраивается под эти идиотские удары, — неприятно. Ну да это «мелочи жизни», как говаривал мой школьный друг Нёмка, уже довольно давно умерший. А вообще не будем киснуть; как сказал Твардовский:

Пожили, водочки попили,
Будет уж с нас — за глаза[2].

Ну вот, кажется, все. Пиши.
Сердечно и неизменно твой

Юра
21.V.93.
Тарту.

[1] Письмо под диктовку написано В. Гехтман. Последняя часть, от слова «Сердечно...» — рукой Ю. М.
[2] Из стих. А. Т. Твардовского «В случае главной утопии...» (1969).

459

<14 июня 1993 г.>

Милая Фрина!

Как видишь, первый раз дерзаю писать тебе своей рукой. Прогресс! Ну как почерк? Изменился ли? Рука, как видишь, работает, но субъективно я переживаю чувство легкой парализованности.

Прежде всего отчет о моем здоровье: оно в состоянии короткого одеяла: на нос натянешь — пятки вылезут. Но в целом «все хорошо, все хорошо...».

Сейчас у нас холодное, кислое нечто между весной и летом. Я лежу в больнице (не пугайся, для анализов и проверок). Сегодня у меня маленькая стариковская радость: был флюс, но врач сказал, что зуб (из комплекта моих minimum minimorum) рвать не надо, а достаточно что-то пить, глотать и колоть. Удача!

Я все еще думаю, что работаю: диктую статью и редактирую свою книгу. Это по принципу: «идем на дно — настроение бодрое». Но я и вправду стараюсь не киснуть. Я рад, что у тебя с Мариной отношения близкие, у меня, к сожалению, не без сложностей: все мило, хорошо, заботливо, но по сути я абсолютно не нужен. К счастью, у меня есть очень маленький круг учеников и секретарш, что частично восполняет пробелы. Но на самом деле, мне жаловаться на близких нет причин: просто я стал зануда, придирчив, обидчив, чего никогда прежде не было (я не был обидчив, т<ак> к<ак>, как правило, обижал, а не был обижаем). Теперь расстановка меняется, и это естественно. Я с нетерпением жду встречи с Мариной.

Кстати, у меня странная мозговая вещь: я вижу достаточно хорошо (меняется по времени суток), но лица людей в мозговом (а не зрительном) механизме искажаются, так что даже внучек я вынужден порою спрашивать: «кто ты?» Иногда, при полной ясности вида фигур и пейзажей, лица переменяются до неузнаваемости.

Так живем, друг мой... Пиши мне, помни меня, а я всегда чувствую твое присутствие.

Твой Юра

P. S. Марине сердечные приветы.

Тарту, больница, 14.VI.93.

460

<3 июля 1993 г.>

Милая Фрина!

Получил твое письмо, полное тревог и опасений в мой адрес. Дорогой друг, заверяю тебя, что оснований для беспокойства нет (я, если бы не разленился, то мог бы это письмо писать сам, но лень-матушка раньше нас родилась).

Прежде всего пишу о своем здоровье, потому что это тебя беспокоит. Оно совсем не плохое. Зрение хоть медленно, но продолжает улучшаться, и по другим показателям все в общем вполне благополучно. Конечно, все под Богом ходим. Меня беспокоит твое здоровье, особенно известие о глаукоме. Друг мой, не относись к этому легкомысленно. Ты пишешь об успехах Марины в вопросе служебных дел. Это меня глубоко и искренне радует. Дай Бог, чтобы там все развернулось хорошо.

Конечно, по твоим словам, сейчас на нее навалилось слишком много работы. Но ведь мы с тобой знаем, что отсутствие работы тяжелее самой тяжелой работы. У нас эта истина вполне ощутима. Хотя пока что она не коснулась никого из близких мне людей, но тень общего развала все больше нависает. Ну да посмотрим! Одно из самых положительных последствий нашего жизненного опыта состоит в том, что кроме здоровья и самых коренных основ благополучия наших близких, ни о чем больше беспокоиться не следует.

Я продолжаю что-то вроде работы. При содействии моих милых помощниц, из которых одна пишет это письмо[1]. Пиши мне.

Всегда жду вестей от тебя с волнением и нетерпением.

Будь, будь, будь здорова и счастлива, насколько это возможно, а обо мне не беспокойся.

Милая Марина! Нежно Вас целую и желаю Вам всего самого лучшего.

Ю. Лотман
3 июля 93.

[1] Письмо под диктовку написано Т. Д. Кузовкиной; последняя часть, от слов «Всегда жду...» и до конца — рукой Ю. М.

461

16.08.93.

Милая Фрина!

Получил два твоих письма, в которых ты описываешь кусочек летнего отдыха вместе с Мариной. Как всегда, твое письмо доставило мне много радости. Пишу тебе из больницы, где меня распотрошили и отдельные кусочки развесили по стенам и потолку; так что я все время имею удовольствие наблюдать сам себя без помощи зеркала. Признаюсь, что в таком разрезе я сильно проигрываю. Наверное, так себя видит только что пойманная рыба, когда ей показывают ее же в солено-сушеном виде, но врачи уверяют меня, что в конечном итоге все части будут вновь отремонтированы и я приобрету самый банальный человеческий внешний вид. Самое смешное — то, что я все еще пытаюсь что-то выдумывать, в чем мне помогают мои милые ученицы — почерк одной из них ты сейчас наблюдаешь[1]. Врачи очень милы: уверяют, что я молодею и хорошею с каждым днем, так что скоро, может быть, приму участие в модных здесь спортивных соревнованиях.

Голова начинает работать хуже, как сказал когда-то Маяковский:

И лоб мой
Время с размаха
Крушит[2].

Прежде я буквально захлебывался новыми идеями, а теперь приходится ждать дней пять-шесть, но главная причина здесь — трудность чтения: мне самоотверженно помогают, но весь опыт жизни подготовил меня к чтению глазами. Но это не беда — будем живы — приспособимся.

Теперь гораздо больше приходится рассчитывать на память, а это вещь коварная, но жизнь учит считать не то, что потеряно, а то, что осталось: пока еще тут небольшой запас сохранился.

Я очень рад, что у Марины дела, кажется, налаживаются: я всегда считал, что преподавание — ее истинная специальность. Передай ей от меня самые сердечные приветы. Будь здорова.

Обнимаю тебя. Всегда, всегда, всегда твой

Юра

[1] Письмо под диктовку написано Т. Д. Кузовкиной. Последняя часть от слов «Обнимаю тебя» и до конца — рукой Ю. М.

[2] Неточная цитата из стихотворения «Разговор с фининспектором о поэзии» (1926). У Маяковского — не «с размаху», а «с разбегу».

462

<16 сентября 1993 г.>[1]

Милая Фрина!

Спасибо тебе за письмо от 8/IX—93, которое я получил 16/IX. Что писать тебе? У меня новостей никаких нет. Знаешь поговорку: бабья дорога — от печки до порога. Вот и теперь это подлинная моя дорога. Даже на улицу, где наконец полили дожди и наступила та грязная, осенняя осень, которую так любил Пушкин, мне выходить не велено. Подбираюсь до наружной двери, высовываю нос за нее (слава Богу, длинный) и — обратно. Операцию опять отложили на неопределенный срок. Мы с милой докторшей, с которой, кажется, говорим искренне, опять закончили философски, что результата предсказать нельзя и равно философски надо быть готовым к любому исходу. Как помнишь, у Окуджавы:

Судьба, судьбы, судьбе,
Судьбою, о судьбе[2].

Пока что я что-то диктую, но стопроцентно выполняю поучение Пастернака: «пораженье от победы ты сам не должен отличать»[3]. Впрочем, почти то же самое говорили и многие другие (см. Баратынского). Как в том еврейском анекдоте: «а вообще как дела?» А вообще — дела неплохо. Что-то делаю: диктую одновременно одну, бесконечную, как глиста, статью (кажется, кончил), по просьбе моего издателя — мемуарные отрывки и еще какие-то кусочки все время выскакивают, пока еще не очень ясно, куда они пристроятся. Римский философ, создатель молекулярной теории Тит Лукреций Кар придумал теорию эволюции. Согласно ей, сначала в воздухе носились отдельные члены людей и животных: крылья, хвосты, лапы (Гоголь бы добавил обязательно носы). Они сталкивались и склеивались в безобразные огромные живые молекулы. Так образовывались ископаемые чудовища. Но эти живые молекулы не были жизнеспособными и вымирали. До тех пор, пока ценой бесконечных проб и ошибок, результаты которых мы, — говорил философ, — выкапываем из земли, не образовались истинно совершенные формы человека и нынешних зверей. На этом эволюция остановилась, достигнув своей вершины. Очень остроумная теория, и мне она нравится. По крайней мере, она прекрасно подходит для описания моего научного развития; у меня в голове плавают исходные идеи, которые в беспорядке сцепляются, образуя два постоянно меняющихся местами, замкнутых «организма». Один образует язык метода (как говорится), а другой — содержания (о чем говорится). Они постоянно меняются местами: «как» становится «о чем», т<о> е<сть> структура становится содержанием, информацией, и, наоборот, «о чем» становится «как» — то, что было языком, становится содержанием, то, что было содержанием, занимает место языка. А я только успеваю крутить голову то в одну, то в другую сторону. Представь себе кошку, которая сидит на подоконнике и мимо которой то справа налево, то слева направо пролетает ласточка, кошка и крутит головой то туда, то сюда. Вот это и есть то, что я называю научным методом. Интересно, как бы назвала это кошка.

Кончаю и так длинное письмо.

Друг мой, будь здоровой и веселой. А будущее будет таким, каким ему суждено быть. Слава Богу, это не наше дело.

Сердечно и неизменно твой

Юра
16.IX.93.

[1] Письмо под диктовку написано В. Гехтман. Последняя часть от слова «Сердечно...» и до конца — рукой Ю. М.

[2] Из песни Б. Окуджавы «Заезжий музыкант».

[3] Из стихотворения Б. Пастернака «Быть знаменитым некрасиво...» (1956).

463

<2—3 сентября 1993 г.>

Милая Фрина!

Получил твое письмо от 23.VIII.93 г. Письмо пришло очень быстро, так что даже возникла иллюзия того, что расстояние между нами сделалось несколько меньше. Мысль с жадностью ухватилась за эту иллюзию, а то ведь так далеко! Далеко во всем: в пространстве, во времени, в каждодневных впечатлениях. Я все еще лежу в больнице и диктую письмо моей сотруднице Владе Гехтман[1]. У меня приближается срок, когда мне под местным наркозом будут вынимать трубку, торчащую сейчас «из кишок», и окончательно зашивать брюхо. Это будет большой шаг вперед. Сейчас я — как жук на ниточке, но общий наркоз мне категорически противопоказан. Мое душевное состояние лучше всего ты увидишь, если представишь себе кошку, которую за что-то должны наказать и замахнулись, а она сжалась, втянула голову и шею, зажмурила глаза и шипит. Однако в целом все достаточно оптимистично и, как говорил Панглосс, «все к лучшему в этом лучшем из миров»[2], или, как в одной из песен Галича:

Я в пивной сижу, словно Бог,
Даже зубы есть у меня[3].

Последнее — уже не «поэзия, а действительность», по выражению Гете[4].

Хватит обо мне. Ты не пишешь подробности о своей жизни и о том, что сейчас делает Марина. А меня интересуют всякие мелочи. Что касается серьезных сторон моей работы, то здесь мне очень трудно оценить их с минимальной объективностью. Я стараюсь привыкнуть к технике диктования, совершенно противоположной моему предшествующему жизненному опыту. Прежде в течение всей жизни у меня не было ограничений на время суток. Естественным было только такое разделение: днем — лекции (говорю), ночью — читаю и пишу. Голова работает по-разному, но без перерыва. А новые мысли приходят как в процессе говорения, так и в процессе писания. Теперь — распорядок иной: диктую в дневное время, в промежутке между часом и восьмью, ночью сплю или не сплю (без снотворного засыпаю только утром, а принимать снотворное не хочу и не люблю). Как правило, каждую ночь сопротивляюсь и мучаюсь, а под утро все-таки принимаю. В этом случае дрыхну потом до завтрака. Вот так, например, было сегодня. Потом идут «многие» события («событиями» сейчас сделалось все; одна из особенностей моей жизни в том, что «не-событий» вообще, в принципе нет; сесть к столу — событие, лечь, встать, продиктовать письмо, обдумать мысль — все события, и все одинаково тяжело, и в равной мере вызывает усталость). Поскольку я диктую, письмо как бы открыто для обсуждения, и сейчас очень милые и дружественные мне люди сделали мне замечание, что письмо слишком жалобно. Замечание, конечно, справедливое, хотя, может быть, тактичней было бы его не делать. Извини, действительно, я невольно совершаю такую ошибку: ты ведь, кажется, играла на пианино и знаешь, что, когда играешь публично, невольно несколько сильнее нажимаешь на педали, а привычка концертировать на рояле в зале вырабатывает подчеркнутое педалирование. То же самое, когда шепот заменяется письмом, а письмо делается через третьи лица: невольно педалируешь, все становится драматичнее, мелкие неблагозвучия превращаются в трагедии, а когда их в трагических выражениях продиктуешь, они как бы и становятся трагедией. Тон, которым говоришь, вливается в реальность, о которой говоришь, и потом они вспоминаются вместе. А если все это отбросить и постараться вернуться к сути, то, конечно, тяжело (а кто сказал, что должно быть легко?). Но все же хорошо, и спасибо за то, что было, и за то, что еще будет. Поцелуй Марину. Пиши мне.

Всегда и неизменно твой Юра

[1] Последние пять слов написаны рукой Ю. М.
[2] См. примеч. 1 к п. 408.
[3] Из песни А. Галича «Облака плывут, облака...».
[4] См. примеч. 2 к п. 352.

464

1.10.93.

Милая Фрина!

Только что получил твое письмо от 20.09.93. Письмо шло довольно быстро, но потому что сейчас Мишины девочки в разъезде, то лучше пиши мне на Танин адрес. Таня сейчас пишет это письмо[1], она будет регулярно мне доставлять почту. Что написать тебе о моих делах? Они очень неопределенные. В принципе, видимо, надо делать операцию, но врачи не приняли еще окончательного решения, отчасти потому, вероятно, что операция тяжелая, а у нас свирепствуют гриппы, которые и меня не обходят своим вниманием. Насколько я могу судить, врачи оттягивают время в надежде, что организм несколько более укрепится. Несмотря на разные обстоятельства (в том числе и на то, что голова работает хуже), я стараюсь продолжать что-то подобное или не очень подобное научной работе: диктую, а Таня пишет. Не могу судить о том, имеют ли эти писания какую-либо объективную ценность, но меня они поддерживают, и я, пока могу, буду стараться их продолжать. Таким образом, мои дела пребывают в некоторой неопределенности. Каковы твои дела? Пиши мне подробнее о себе, чем занимаешься, что читаешь (я давно уже не читал того нового, что сейчас пишется).

Вообще к моим занятиям сейчас вполне подходит французский эпиграф, поставленный Лермонтовым перед одним из поздних стихотворений (кажется, «Не верь себе, мечтатель молодой»): «Поэты похожи на медведей, которые питаются, обсасывая собственную лапу»[2]. Я хоть и не поэт, но занят тем же самым: обсасываю свою старую научную лапу, а что я оттуда высасываю, я сам не знаю. Чем сейчас занята Марина? И что такое курсы, на которые ты ходишь? Напиши мне об этом подробнее. Вообще пиши больше о себе — не нужно ждать каких-либо «новостей». Когда-то В. Рождественский, когда в конце 20-х годов он еще был поэтом, написал маленькое стихотворение, смысл которого в том, что последние мысли, которые придут к нему перед смертью в голову, вряд ли будут глубокими и важными, а, наверное, пустяковыми, и это даже очень хорошо:

Что мне приснится, что вспомянется
В последнем блеске бытия,
На что душа моя оглянется,
Идя в нездешние края?
На что-нибудь совсем пустячное,
Чего не вспомнишь вот теперь:
Прогулка по саду вчерашняя,
Открытая на солнце дверь.

Мне эти стихи очень нравятся, наверное, потому, что они мне показались очень глубокими, когда я их впервые прочел в седьмом классе.

До свидания. Сердечный привет Марине. Пиши мне о курсах, на которые ты ходишь (это очень хорошо, что ты ходишь на них).

Обнимаю тебя нежно, твой

Юра

[1] Последние пять слов письма — рукой Ю. М.

[2] Неточный пересказ французского эпиграфа к стихотворению «Журналист, читатель и писатель» (1840). В переводе на русский язык у Лермонтова: «Поэты похожи на медведей, сытых тем, что сосут лапу. Неизданное». Конечно, Лермонтов сам сочинил эпиграф.

М. В. КОЛОКОЛЬНИКОВОЙ

Марина Виленовна Колокольникова *(род. 1951) — дочь Ф. С. Сонкиной, сокурсницы Ю. М. по Ленинградскому университету. Окончив в 1975 г. Московский институт иностранных языков им. М. Тореза, она преподавала английский язык в МГУ; с 1987 г. проживает в Канаде, где преподавала в колледжах, работала на радио; в настоящее время «вольный» журналист.*

Своими научными и издательскими планами М. В. Колокольникова делилась с Ю. М., и он давал ей содержательные и перспективные консультации. Если теорией игр ученый серьезно занимался в связи со своими культурологическими и семиотическими интересами и поэтому хорошо ориентировался в проблематике и литературе вопроса, то теорией анекдота он, кажется, никогда основательно не занимался, но тем не менее его «экспромтные» соображения могли бы быть конспектом большой статьи или даже монографии об анекдоте. «Экспромтность» данных писем интересно раскрывает сам творческий процесс ученого: видно зарождение и последующее развитие мысли.

465

<1 июня 1977 г.>

Дорогая Марина!

Во время разговора с Вами я не смог достаточно собрать свои соображения и сказал Вам мало вразумительного. Сейчас я обдумываю, что же я мог и должен был Вам говорить, и мне приходит в голову следующее: для того чтобы определить роль игры в языковом обучении, необходимо указать на некоторые ее черты (имею в виду не общефилософское понятие игры — споры на эту тему сейчас очень широки и даже имеют несколько «модный» характер, особенно в англо- и германоязычной литературе, — а практическое, «рабочее» определение). Я бы обратил Ваше внимание на то, что игра и т<ак> н<азываемые> детские «капризы» имеют дополнительный характер (т<о> е<сть>, при известном сходстве между ними, там, где имеет место игра, невозможны капризы, и наоборот). Можно сказать, что игра связана с желанием ребенка быть не тем, что он есть, исполнять чужую роль, а т<ак> н<азываемые> «капризы» — с нежеланием быть тем, что он есть, исполнять свою роль. «Капризы» и игра — разные средства сопротивления ребенка жестким нормам поведения, которые ему предписывает «взрослый мир». Мы вводим ребенка в готовую социальную структуру, где ему приготовлена уже ячейка, заняв которую, он получает сформулированные нормы поведения: «так нельзя», «этого не делают», «это запрещено», «это стыдно». Первое, что делает ребенок в ответ на это, — начинает шалить, т<о> е<сть> пробует, насколько и до какого предела можно нарушать запреты, второе — играть, создавать себе другой, воображаемый мир, где данных запретов нет вообще: детям «ничего нельзя», а взрослым «все можно»? Так я в игре буду взрослым. Я буду «как будто дикарь», или «как будто Робинзон», или «как будто маленький-маленький», который может пролезть всюду. Я создам вокруг себя уютный мир игры, мой мир.

Мне кажется принципиально важным, чтобы обучение неродному языку совершалось не в том мире, от которого ребенок стремится всеми силами избавиться (мире, где он «должен», где «надо», где он ученик, т<о> е<сть> имеет однозначную роль), а в мире игры. Для этого, мне кажется, очень важно на ранней стадии не учить двуязычию (т<о> е<сть> пользованию каждым словом как имеющим точный перевод), а создавать отдельный замкнутый мир второго языка (эта мысль еретическая — сейчас все помешались на двуязычии, но вспомните, как учились языкам русские дворяне: предметы и понятия для них не имели двух названий — русского и французского, поскольку те предметы, мысли, чувства, с которыми встречались в крестьянской избе, были исключены из аристократического быта и не имели там параллелей, а те, с которыми имели дело в сфере «культурного верха», — не встречались в народной жизни: говорить о крестьянской жизни или о бытовой стороне своего существования по-французски было бы так же нелепо, как писать любовное письмо по-русски).

Конечно, полное владение языком подразумевает способность изъясняться на нем по всем вопросам, но для этого надо сначала создавать замкнутые языковые сферы. Иначе мы получаем не «русский язык» и «иностранный язык», а «русский язык» и «перевод русского языка на иностранный».

Но для того чтобы такая методика сделалась возможной, надо научиться играть, включая в игру язык. Для этого важно, во-первых, изучить «детскую мифологию» раннего возраста — сюжеты и типы игры, далее попытаться выделить те из них, которые наиболее эффективно связываются с языком. Затем разграничить эти связи по возрастам, по психическим складам детей, наметить пути к индивидуализации языковых обучающих игр. Кажется, уместно было бы различать игры с языком (считалки, бессмыслицы, скороговорки и пр.), ролевые игры (игры с распределением ролей, превращающиеся в театральные сцены) и сюжетные игры, имеющие тенденцию превратиться в словесные повествования. Важно отмечать, как игра начинается, как кончается, имеет ли она твердые правила, очень интересны «секретные игры» (игры, подразумевающие «тайну», — «это будет наша тайна»), правила которых открываются не всем. Особая и важная проблема — включение в игру взрослого.

Вообще вопросов здесь масса — все очень интересные. Сейчас для Вас важно войти в их гущу. Более определенный план работы обрисуется позже.

Надеюсь, что у Вас все здоровы, желаю, чтобы Ваше летнее пребывание в садике с Федей было приятным и полезным.

Искренне Ваш

Ю. Лотман
1.VI.77.

P. S. Простите за многочисленные помарки и описки — пишу глубокой ночью, спать хочу ужасно.

P. S. P. S. Посмотрите работы:

M. Shubik. The Uses and Methods of gaming. N.-Y., Elsevier, 1975.

M. Shubik. Games for Society, Business and War: Theory of gaming. N.-Y., Elsevier, 1975.

K. J. Cohen, E. Rhenman. The role of management games in education and research. «Management Science», v. 7, January, 1961.

(Этой работы я не знаю, отобрал по названию, м<ожет> б<ыть>, она Вам и не нужна).

A. U. Eliason. A Closed model approach to business gaming. «Simulation and games», March, 1973. (Эту раб<оту> я тоже не знаю).

466

<24 февраля 1978 г.>

Дорогая Марина!

Простите, что задержал письмо со своими соображениями относительно Вашего реферата, — был очень занят срочной работой, которую только вчера ночью закончил.

Я думаю, что реферат должен был бы состоять из двух частей: вторую и основную могло бы составить в несколько доработанном и «причесанном» виде то, что Вы мне показывали в Москве. А первая часть должна была бы быть преамбулой. В которой надо было бы сказать, как мне кажется, следующее:

Огромное значение игры в современной теории воспитания и обучения (в том числе в эстетическом воспитании и большом числе конкретных дидактических методик) не вызывает сомнений. Особенно велико значение игры именно как средства эстетического воспитания детей, поскольку игра как таковая в психологическом отношении тесно соприкасается с искусством, и если при использовании игры в языковом или другом предметном обучении эстетико-игровые средства используются для усвоения психологически внеположного им научного содержания, то при эстетическом воспитании средствами игры создается особенно выгодное единство метода и объекта обучения. Ребенок вводится в атмосферу творчества. Здесь следует подчеркнуть, что эстетическое воспитание не может быть пассивным: понимание живописи начинается с рисования, понимание поэзии с сочинения или чтения (декламации) стихов, театра — с любительских постановок. Препятствие, которым может явиться разная мера одаренности обучаемых (понимать стихи должны все, а сочинять — не все), снимается игровой ситуацией: игра в поэзию, поэтические или драматические игры доступны всем детям и, одновременно, вводят их в атмосферу активного творчества, необходимую для подлинного воспитания читателя или зрителя.

После этого следовало бы указать, что основным препятствием к разработке как проблемы «игра как средство эстетического воспитания», так и конкретных предложений в этой области является теоретическая неразработанность проблемы игры. Теория игры должна опираться на комплексную разработку с учетом данных общей и детской психологии, семиотики (семиотической теории игр) и широкого изучения многовекового опыта реальных игр различных народов. А это последнее предполагает учет эмпирического материала, собранного этнографами и исследователями различных национальных культур. Весь этот обширный материал не может быть осмыслен без теоретической разработки. Это заставляет автора работы предпослать своему исследованию серьезное рассмотрение теории игры. Без такой базы любое исследование конкретных форм использования игр для эстетического воспитания окажется лишенным объективных основ и будет лишь более или менее удачным набором практических советов. Цель предпринимаемого исследования другая: дать твердые и научные основания, учитывающие данные ряда современных наук, для педагогического использования игры. В разработке теории игры особое внимание предполагается уделить эстетическим проблемам игры и соотношению игрового и художественного поведения.

Поскольку общая теория игр в советской науке почти не разработана, автору работы приходится начинать с определения основных понятий и положений. Основное внимание при этом должно быть уделено детским играм. Автор исследует морфологию и функциональную структуру детской игры, что составляет необходимое условие для изучения в последующих главах эстетического момента в играх и основной главы <так!>, которая будет посвящена роли игры в эстетическом воспитании.

После такого вступления можно дать уже написанную часть.

Общий объем реферата не должен превышать, как кажется, 10—15 стр. машинописи.

Я приеду, если все будет так, как я предполагаю, в Москву в конце марта и с удовольствием прочту черновик Вашего реферата, после чего его можно будет окончательно перепечатывать. Конечно, было бы еще лучше, если бы Вы мне прислали набросок в Тарту, так, чтобы я мог его прочесть здесь и прихватить с собой в Москву.

Надеюсь, что у Вас все здоровы, в особенности Федя.

Передайте сердечные приветы маме.

Ваш

Ю. Лотман
24.II.78.

467

<4 апреля 1978 г.>

Дорогая Марина!

Надеюсь, что Вы уже здоровы.

Посылаю Вам оттиск статьи К. Г. Исупова, который Вам будет полезен. По прочтении прошу мне оттиск прислать обратно. Было бы очень полезно, если бы Вы прочли в Зале диссертаций кандид<атскую> диссертацию Исупова (в особенности — библиографию)[1]. Лет 5—7 тому назад я был у него оппонентом[2]. Если для допуска к диссертации нужно разрешение автора, то адрес его таков: Челябинск, Молодогвардейцев, 70-а, кв. 4, К. Г. Исупову. Я только что написал ему о Вас с просьбой высылать Вам оттиски его статей и автореферат, если у него сохранились экз<empl>

Будьте здоровы. Поклоны всем Вашим. Все ли здоровы?

Сердечно Ваш Ю. Лотман.

P. S. Посмотрите «Декоративное искусство» № 2, 1978, особенно доклад О. М. Фрейденберг[3].

4.IV 78.

[1] «Игра в литературном творчестве и произведении» (Донецк, 1975).
[2] На самом деле Ю. М. оппонировал три года назад.
[3] В том номере был большой раздел под рубрикой «Куклы и культура» (с. 30—44), где опубликованы статьи Ю. М. «Куклы в системе культуры», З. Г. Минц «"Антитеза" Прекрасной Даме» и др., а также доклад О. М. Фрейденберг 1926 г. «Семантика архитектуры вертепного театра».

468

<Начало августа 1978 г.[1]>

Дорогая Марина!

Очень сожалею, что не смог с Вами обсудить Ваш реферат и вообще поговорить. Реферат, по-моему, в общих чертах готов. Желательно, однако, в начале оговорить, что общий план работы отражен в реферате неравномерно. План предусматривает: 1) теоретическое введение; 2) определение природы игр и их классификацию; 3) значение игры для эстетического воспитания. В реферате кратко резюмированы некоторые идеи из первой части, приведен, как пример, один § из второй. Желательно добавить краткое резюме, которое можно было бы представить как аннотацию тр<еть>ей части.

Здесь я посоветовал бы Вам обдумать такие идеи. Эстетич<еское> воспитание имеет несколько взаимосвязанных аспектов: a) воспитание личности, развитие ее индивидуальной полноты, социальной (особенно этической) активности; b) воспитание восприятия искусства (задача, связанная с первой, но не сливающаяся с ней, т<ак> к<ак> эстетич<еский> аспект в первом случае выступает как средство, а во втором как цель); c) воспитание творческой активности. Эти три задачи актуализируются по-разному на разных возрастных этапах и требуют различн<ых> игр. Тут поговорить о роли ритма, о воспитании активности, о взаимном дополнении ролевых и не-ролев<ых> игр и проч.

В конце желательно дать список проработ<анной> литературы (с иностранными источниками — пусть знают!).

В таком, дополненном, виде реферат, полагаю, будет готов к подаче.

Всего Вам лучшего. Не болейте.

Ваш Ю. Лотман

P. S. Посылаю Вам «Дек<оративное> искусство», где кое-что для Вас есть нужного[2]. Потом журнал возвратите маме.

[1] Датируется по почтовому штемпелю города адресата (Москва): 13.08.78.
[2] См. примеч. 3 к п. 467.

469

<1 июля 1981 г.>

Милая Марина!

Большое спасибо за письмо. Рад, что выздоровление идет быстрыми темпами, и твердо надеюсь на все хорошее[1]. Понятно, что мама пугает себя пессимистическими прогнозами (она мне о них говорила и по телефону), тут ее можно только утешать и отвлекать. Ей, конечно, очень тяжело, и силы ее напряжены до предела. Я все время думаю об ее страданиях — мучительно, что ничем помочь не могу.

Я пару раз пытался дозвониться, но никого не было дома или телефон был выключен (не говорите об этом маме — она огорчится). Сейчас я уезжаю на дачу, откуда звонить практически невозможно — вся надежда на Ваши письма (раз в неделю, как договорились, а то у Вас дел и так хватает).

Я в полном порядке, у нас все благополучно.

Большое спасибо Андрею за помощь мне при отъезде — мне было стыдно его утруждать.

Будьте здоровы и, насколько это возможно, благополучны!

Поцелуйте детей.

Искренне Вам преданный

Ю. Лотман
1.VII.81.

P. S. Передайте маме, что я ей напишу завтра.

[1] Речь идет о тяжелом состоянии отца адресата, В. И. Сонкина, после сильного инсульта.

470

<20 октября 1985 г.>

Дорогая Марина!

Беру на себя смелость написать Вам «ненаучное» письмо. Оно будет касаться некоторых впечатлений от встречи с Юрочкой и Федей (!)[1].

Нужно ли Вам писать, что Федю я люблю давно, а Юрочка мне очень понравился, и я его от души полюбил. Дети прелестные, здоровые и, что я всегда люблю в детях, нормальные дети, такие, какими дети должны быть. Я это должен сказать Вам сразу, т<ак> к<ак> дальше хочу поделиться своей тревогой.

Дорогая Марина! Юра здоровый, хорошо развитый, жизнерадостный малыш, но он сейчас глубоко травмирован. И физическая крепость не должна заслонять его очевидной нервной уязвимости и перевозбужденности. И травмирован он не только уходом отца, хотя это его, очевидно, глубоко ранило, так глубоко, как он сознанием, вероятно, сам не понимает, но и предшествующей атмосферой. И если не принять срочных мер, последствия для него (и для тихого, но более понимающего и, м<ожет> б<ыть>, более от этого страдающего Феди) могут быть долговременными и весьма тяжелыми.

Рану детей надо лечить. Это задача, перед которой должны отступить все личные переживания. Как лечить? Знаю, что скажу трудную, почти невозможную вещь: надо успокоиться самой. И не внешне. Притворное спокойствие не поможет. Дети (особенно импульсивный Юра), как собаки, — ловят не слова, а флюиды и токи. Обмануть их нельзя. Юра внутренне чудовищно напряжен. Только тихая, спокойная атмосфера дома может его постепенно разрядить. Иначе детские неврозы могут дать потом тяжелейшие последствия и для характера, и для здоровья. Вам надо пересилить себя. Не бередить себе душу старыми переживаниями и воспоминаниями, а решительно перевернуть страницу. Смотрите на это, если угодно, как на жертву для детей (думаю, что определенное время им лучше не встречаться с отцом и не вспоминать о нем — нет, и все).

Постарайтесь организовать для них приятные (общие для обоих мальчиков и Вас) эмоции, например, читать вечером книжки (Жюль-Верна, Стивенсона, Марка Твена), ходить вместе в театр. Их надо лечить радостно, а для этого Вам надо радоваться самой. Ведь Вы очень богаты! Сколько женщин пожертвовало бы всем, чтобы иметь двух таких мальчиков! Какое хорошее, открытое лицо у Феди! Каких друзей Вы можете в них иметь, если откроете им душу! А наука и ее радости пойдут своим чередом.

Простите за длинное и бестолковое письмо. Пишу волнуясь. Обнимаю Вас.

Ваш Ю. Лотман
20.X.85.

[1] Ю. М. посетил М. В. Колокольникову в Москве после ее развода с мужем.

471

<Мюнхен.>12.IV.89.

Дорогая Марина!

Пишу Вам, представьте, из Мюнхена. Я получил некую научно-литературную премию и до конца ноября буду в Мюнхене (с выездами, конечно). Мой адрес: BRD, 8000, München 22, Kaulbachstr. 22, Ju. Lotman.

Очень рад буду весточке от Вас. Часто и с самым нежным чувством думаю о Вас и о детях (почему-то о Феде особенно; он уже большой, а я все его вижу с флейточкой). Из Москвы вестей нет, и я очень от этого страдаю. Правда, почта оттуда идет месяц и более. Обнимаю Вас, пишите. Всегда Ваш

Ю. Лотман

P. S. Могу ли быть чем-либо полезен?

472

<10 мая 1991 г.>

Милая Марина!

Я начал бы разговор о Вашей теме с рассуждения о неизбежной двойственности отношения к анекдоту со стороны национального и иностранного слушателя (анекдот — жанр принципиально устный, и, записанный, он разделяет все трансформации фольклора при записи — есть рыбы, которые, будучи вынуты из воды, меняют свой цвет — то же самое с записанным фольклором). Двойственность, о которой я сказал, заключается в том, что для русского читателя анекдот — рассказ о исключительном, уникальном событии — особенно ловком поступке, редко смешных словах, странном событии. Слово происходит от греческого «тон анекдотон» (употребляется мн<ожественное> число: «анекдота»)*. Первое значение — из текстологии, где употребляется для впервые употребленных <так!> старинных рукописей. Таким образом, исходное значение: «происшествие, достойное памяти». Двойное значение его определяло двойную возможность истолкования самого слова «анекдот». С одной стороны, оно означает происшествие неожиданное, редкое, противоположное обыденной каждодневности; с другой, странный обычай, нечто удивительное для читателя, но типичное для какого-либо оригинала, т<о> е<сть>, в одном случае, это примечательный факт из нашего поведения странный поступок; в другом — из «их» поведения — странный обычай.

* Греческое «ἀνέχδοτος» точно переводится как «неизданный». (*Примечание Ю. М. Лотмана.*)

Это и определяет двойную природу задуманного Вами сборника, его трудность, но и его интерес. Анекдот одновременно зеркало быта и зеркало юмора, он рассказывает, как люди живут и что им смешно. А норма не воспринимается как смешное. Смешное — это не просто осознающееся как аномальное, но и потерявшее авторитет. Современные школьные стишки (кажется, их называют «страшилками») с гиньольной тематикой и анекдоты черного юмора свидетельствуют о падении авторитета страха — он сам делается смешным. Но тут работает и противоположная тенденция: смех как бы призван заколдовать страхи, обезопасить от них.

Таков непростой психологический фон анекдота. Но в таком свете он рисуется внутреннему слушателю (читателю). Перед иностранцем он предстает как картина чужого быта. Фактически в таком же положении мы, когда реконструируем быт, например, XVIII века по сатирическим сочинениям той поры. Синтез этих двух позиций дает сатирическая литература, напр<имер>, Зощенко, который синтезирует обыденную и отстраненно-изумленную точки зрения. Такова должна быть — в идеале — позиция и читателя анекдотов иностранной жизни: читатель должен, с одной стороны, настолько породниться с чужим, чтобы воспринимать его изнутри как привычное, и, одновременно, сохранять внешнюю точку зрения, тот отстраненный взгляд, без которого смех невозможен.

Понимать чужой юмор столь же трудно, как и его переводить. Но тот, кто достигнет этого, может с основанием сказать, что он проник в тайну чужой культуры.

Милая Марина, боюсь, что Вам мало помогут эти туманные рассуждения. Но, может быть, какие-то импульсы они дадут.

Если у Вас появятся темы для конкретных бесед, помните, что мне всегда большая радость быть для Вас чем-либо полезным.

Сердечно Ваш

Ю. Лотман
Тарту. 10.V.91.

473

<*Июнь 1991 г.*[1]>

Милая Марина!

Получили ли Вы краткое письмо о фольклоре современного анекдота? Это были самые первые мысли на сей счет. После этого письма я уехал на 10 дней в Швецию и Финляндию, поэтому задержал второе (это) письмо. Простите меня великодушно. Продолжим наш разговор. Не помню, писал ли я уже о том, что древнегреческое «анекдота» (мн<ожественное> число) означает «неопубликованное», что скрывает в себе два значения: 1. «новое», еще неизвестное, неопубликованное, и 2. «тайное», неудобное к обнародованию (по политическим, нравственным, религиозным и пр. соображениям). Таким образом, понятие «смешное» — вторично, а первично — «новое», «интересное» и «необычное» для читателя. Потом на понятие «странное» наслоилось «смешное».

Двойной смысл названия отражает двойственную природу жанра анекдота. С одной стороны, анекдот — всегда нечто новое: «Нет ли новых каламбуров?» — спрашивал Пушкина великий князь Михаил Павлович, встретившись с поэтом во время прогулки в дворцовом саду. Каламбур, как и анекдот, — словесные игры: каламбур — игра языком, анекдот — сюжетом. Об Онегине:

> … дней минувших анекдоты
> От Ромула до наших дней
> Хранил он в памяти своей.
>
> («Евгений Онегин», гл. 1, строфа VI)

Однако тот же Пушкин употребляет анекдот в смысле «случай» безо всякой связи со смехом и даже вообще с рассказом: «Самый неприятный анекдот был — то, что сломалось у меня колесо»[2]. В значении «случай» употребляет слово «анекдот» Достоевский.

Однако всегда анекдот — рассказ о чем-то необычном, неожиданном и новом. Это — специфика жанра, роднящая с остротой, каламбуром и отличающая<ся> от традиционных фольклорных жанров, в которых сюжетная повторяемость входит в ритуал: сказку, песню повторяют, анекдот и остроту — нет. Здесь интересная и много объясняющая параллель: роман читают и второй раз — газету никогда. То, что рассказывает о правилах, общих законах жизни, морали и пр., — повторяют, то, что говорит о происшествии, — нет (узнали, и всё). Анекдот — это рассказ, который притворяется происшествием, подлинным случаем.

Двойственная природа анекдота проявляется и в другом. С одной стороны — это один из самых древних жанров фольклора. Все сказки о том, как умный, но слабый (напр<имер>, ребенок) победил глупого великана, — анекдоты. Так, например, весьма архаические легенды о культурном герое (фольклорном создателе разных учений) «трикстере» всегда — архаические анекдоты. Это фольклорный комический герой — плут и обманщик, побеждающий дурака. Так в русской сказке Иван заспорил со змеем, кто громче свистнет (ср. такой же спор между спутниками Воланда в «Мастере и Маргарите»): змей свистнул — с дубов осыпалась листва. «А я свистну, — сказал Иван, — у тебя глаза вылетят, лучше завяжи их!» Глупый змей завязал глаза, а Иван «свистнул его дубиной по башке, змей и подох». Структура сюжета та же, что и в анекдоте.

Но анекдот имеет и принципиально отличную от традиционного фольклора черту: он всегда новость. И как явление современного, злободневного рассказа — он факт городской культуры и впитывает в себя её дух. Он, в интересующем Вас аспекте, противостоит официальности, он ее противоположное отражение — то, что там прославляется, здесь осмеивается. Это как бы «жизнь замечательных людей» наизнанку. Поэтому вспышки активности здесь совпадали со вспышками юбилейной словесности[3]. Отсюда серийность анекдотов.

Однако существует и другой анекдот — прославляющий, анекдот об остроумных (часто смешных и неприличных, но всегда приносящих победу) действиях положительного героя. Таковы анекдоты о Петре I, особенно о Пушкине. Художественную обработку такого анекдота дал Веничка Ерофеев[4]. Сюда же можно отнести анекдоты типа «армянского радио». Это анекдоты, которые смехом вызывают сочувствие, а не обидную насмешку. Смех — гибкое оружие, им и ласкают, и убивают, по французской поговорке.

Все эти переливы смысла есть и в анекдоте. Именно поэтому анекдот образует перевернутую летопись.

Милая Марина! Вот, кажется, все, что сейчас приходит в голову.

Всегда Ваш

Ю. Лотман

[1] Датируется по связи с п. 472.

[2] Неточная цитата из письма А. С. Пушкина к П. А. Вяземскому от 9 ноября 1826 г.

[3] Намек на широкое распространение анекдотов о Ленине во время празднования 100-летия со дня его рождения в 1970 г.

[4] Имеется в виду повесть В. Ерофеева «Москва—Петушки» (1969).

Б. А. УСПЕНСКОМУ

Борис Андреевич Успенский *(род. 1937) вырос в московской семье литераторов (отец — писатель, мать — переводчица с французского), учился в МГУ (1955—1960), в 1963 г. защитил кандидатскую диссертацию, в 1972 г. — докторскую («Книжное произношение в России. Опыт исторического исследования»). С 1977 г. — профессор МГУ; преподавал в качестве визитинг-профессора в Вене, Граце, Гарварде; с 1993 г. — профессор Университета востоковедения в Неаполе.*

Б. А. Успенский всегда отличался универсализмом интересов и штудий, ему принадлежат труды по лингвистике (теория и история), истории русского литературного языка, литературоведению (теория и история), искусствознанию, культурологии, семиотике. Известно около 400 публикаций его научных работ, в том числе около 20 фундаментальных книг, большинство из которых переведено на иностранные языки.

Ученый познакомился с Ю. М. в 1964 г., при подготовке и проведении Первой летней школы по семиотике в Кяэрику, под Тарту, и затем до самой кончины старшего коллеги и товарища плодотворно сотрудничал с ним и в организационном плане (проведение конференций и издание научных сборников), и, особенно, в творческом: труды обоих авторов создавались при тесном научном общении, а целый ряд статей, свыше 20, создан совместно. Научные связи быстро переросли в семейную дружбу, потому переписка столь интенсивна и многотемна.

474

<17 сентября 1964 г.>

Дорогой Борис Андреевич!

Я получил Ваши материалы (планы лаборатории)[1]. Их сейчас перепечатывает наш лаборант. Я думаю, что до возвращения ректора из отпуска и уяснения Вашего статуса их не стоит пускать в ход. Положение, как я уже Вам писал, таково: две единицы из Вычислительного центра (Витсоо и еще кто-то) будут полностью в Вашем распоряжении. Вы будете планировать их научную работу, а по их статусу научная работа будет у них основным занятием, а не добавлением к лекционной нагрузке, как у нас грешных. Таким образом, если к этому прибавить Ваши 1/2 ставки, то ядро лаборатории именно в том виде, кот<орый> ей хотели придать Вы, уже виднеется. С лаборантским местом так: вторую лаборантку кафедры русского языка обвинили в некоторых неблаговидных действиях и хотят уволить. В этом случае ректор обещал 1/2 лаб<орантского> места на лабораторию. Однако похоже, что ее не увольняют. Форсировать это дело и даже часто осведомляться об его разрешении мне не очень удобно. Поживем — увидим. Если пока ничего не дадут, то, когда я избавлюсь от Килька (а к весне я это все равно осуществлю), будем подбирать «общего» лаборанта. Если вокруг этого ядра будут вращаться «беззаконные кометы» — Рятсеп и я, — занимающиеся по своим научным планам и совместно с Вами ведущие лекционную работу, то семиотический центр уже жив и дышит.

Есть еще одна идея: когда ректор будет утверждать план лаборатории, можно будет поднять вопрос об организации ротапринтной серии «Лекции по семиотике и структурной типологии» — серии брошюр для студентов, фиксирующих в кратком виде те курсы, которые мы будем читать.

Теперь об издании трудов Летней школы: в издательском плане, который поехал в Таллин для окончательного утверждения, нам отведен сборник в 12 п. л. (если все петитом, то получится 18 п. л., т<о> е<сть> 396 (≈400) машинописи[2]. Передавайте это всем заинтересованным лицам, и да гонят они скорее свои рукописи.

Такова деловая часть. Пишите о себе (о делах и не о делах). Приветы Гале.

Владимиру Андреевичу и Светлане Марковне передайте сердечные приветы и благодарность за «Физиков». Их письмо я получил через два часа после того, как отправил свое.

Ваш Ю. Лотман
Тарту
17.IX.64.

Зара Григорьевна шлет Вам и Гале поклоны.

[1] Идея Ю. М. и Б. А. Успенского (далее сокращенно: Б. А.) о создании при ТГУ научной лаборатории по семиотике, которую мог бы возглавить Б. А. (получив 1/2 ставки по совместительству с основной работой в Москве), потом еще четверть века не могла осуществиться. Мешали и финансовые трудности ТГУ, и все более растущая подозрительность московского и таллинского (эстонского) начальства по отношению к «идеалистической» науке — семиотике.

[2] Речь идет о «Семиотике 2», которая реально вышла лишь в 1966 г. (на титуле — 1965).

475

<28 октября 1964 г.>

Дорогой Борис Андреевич!

Я получил Ваше письмо, добавки в статью и ряд пакетов со статьями. Большое спасибо. Сборник понемногу собирается. Пока еще нет статьи Пятигорского и двух (одна в 1 лист, другая в 0,5) статей Иванова[1]. Будьте добры, поторопите их. Сборник в издательском плане на 3-й квартал, но я хочу сдать до Нового года. Тогда, если что-либо плановое не будет сдано в срок, возможен и более ранний выход.

На днях вернулся из отпуска ректор. Я сразу же ему напомнил наши разговоры, и бумага в Президиум АН о Вашем совместительстве уже пошла. Теперь ждем ответа (бумагу я написал со всей возможной для меня красноречивостью). Как только разрешение получится, Вам надо будет приехать для практической организации группы, выработки и утверждения конкретных планов и работы. Пока суд да дело, мы организовали «на общественных началах», как теперь принято выражаться, кабинет семиотики. Получили под него маленькую каморку около кафедры. «Общественным лаборантом» там Игорь. Сейчас важно выработать список книг, которые, или микрофильмы которых, следует иметь в кабинете, чтобы приступить к формированию библиотеки. Выпросите у москвичей для кабинета оттисков и попросите включить сию организацию в список, получающий «обязательный экземпляр» оттисков. Особенно попросите Иванова и Топорова — некоторых их статей нет ни у меня, ни в новорожденном кабинете, а для работы требуются. Такова деловая часть. Что Вы поделываете? До Тарту дошел слух, что Вы приступили к чтению курсов в МГУ. Радуюсь за Вас, но не без ревности: не перебьет ли это тартуских Ваших планов?

Как поживает Владимир Андреевич? Меня все время беспокоит его утомляемость. Ему надо обязательно посоветоваться с хорошим (а не «знаменитым»: это совсем разные вещи!) врачом. У него, боюсь, серьезное нервное переутомление. Не помогут ли массированные витаминные уколы? Очень важно, чтобы он серьезно отнесся к своему здоровью. Растолкуйте ему, что, кроме всего прочего, ученому, чтобы что-либо сделать, надо долго жить и долго быть в форме. Длительность в науке — 50% дела. Я его очень люблю и очень за него беспокоюсь. Получили ли Вы мою книжечку[2], которую я выслал Вам на адрес Владимира Андреевича?

Передайте ему и Светлане Марковне сердечные приветы. Кланяйтесь от меня и Зары Григорьевны Гале.

Ваш Ю. Лотман
Тарту
28.X.64.

P. S. У нас обнаружилась голубая верхняя мужская сорочка. Чья она — Ваша или Алекс<андра> Моисеевича? Сообщите для возвращения по принадлежности.

P. S. P. S. Только что получил письмо от Вл. Я. Проппа, кот<орый> обещает упомянуть о наших «Тезисах» в предисловии к итальянскому изданию своей «Морфологии»[3].

[1] См. примеч. 2 к п. 474. В «Семиотике 2» опубликована лишь одна статья В. В. Иванова (в соавторстве с В. Н. Топоровым) — «К описанию некоторых кетских семиотических систем».

[2] Монография Ю. М. «Лекции по структуральной поэтике. Вып. 1 (Введение, теория стиха)». Тарту, 1964 («Семиотика 1»).

[3] В послесловии к итальянскому изданию его книги «Морфология сказки» (Torino, 1966) В. Я. Пропп сочувственно упомянул не «Тезисы», а книгу Ю. М., указанную в примеч. 2.

476

<18 ноября 1964 г.>

Дорогой Борис Андреевич!

Посылаю Вам на рецензию свою статью[1], которую думаю дать в наш сборник (статьи о семиотике игры я не даю — нет времени за нее сесть; вообще это будет моя единственная статья в сб<орни>ке). Я не убежден, что статья удалась, побаиваюсь за ее качество. Напишите, пожалуйста, прямо*.

До сих пор нет статьи Пятигорского!!! Он мне и на письма не отвечает. Относительно Вашего и Ал<ексан>дра Моисеевича приезда надо действовать так: Вы составьте план, а ему ничего не говорите. В урочный час похищайте его, как гусар купеческую дочку, и приезжайте в Тарту. Мы будем с Зарой Григорьевной очень рады.

Московские коллеги прислали статьи, к сожалению, плохо подготовленными к печати: ошибки в машинописи и мелкие недоделки в большом числе. Видимо, около месяца уйдет на редактирование рукописи — этим мы с Игорем (главным образом, Игорь) сейчас и заняты.

* Второй экз<емпляр> я послал на рецензию В. В. Иванову. (*Примечание Ю. М. Лотмана.*)

О Ваших делах пока ничего. Нет ли у Вас знакомого человека в Президиуме АН, кот<орый> мог бы узнать о прохождении нашей бумажки?

Очень ждем Вас в Тарту — не по делам, а так просто (в конце этого месяца — с 25 по 1 — меня в Тарту не будет, лучше в декабре).

Тарту, 18.XI.64.

Ваш Ю. Лотман

P. S. Привет Гале. З. Г. шлет Вам свою книжку по поэтике[2] я Вам на днях вышлю, а «Блоковский сб.»[3] получите, когда приедете в Тарту.

Так-то.

[1] «О проблеме значений во вторичных моделирующих системах». Здесь и далее речь идет о подготовке к печати «Семиотики 2».

[2] Лекции по структуральной поэтике. Вып. 1. Введение, теория стиха. Тарту, 1964.

[3] Блоковский сборник. <1.> Тарту, 1964.

477

<Декабрь 1964 г.>[1]

Дорогой Борис Андреевич!

Из Президиума АН пришел обескураживающий ответ. Вице-през<идент> Федосеев (экономист, что ли)[2] пишет, что на основании § такого-то совместительства запрещены, но они могут разрешить командировку Б. А. Успенского на 3—4 месяца в Тарту для организации группы. Что сие значит, и как Вы к этому относитесь? Прежде чем пойти к ректору, я хочу узнать Ваше отношение к такой командировке. Меня все это крайне огорчает. Что будем делать? Очень не хочется бросать начатое дело.

От Ал<ексан>дра Моисеевича статьи «нет как нет, ну прямо нет как нет!»[3]. Я его сегодня даже во сне видел, и он очень осуждал суетность всех наших писаний. Как обстоит дело наяву?

Получили ли Вы мою статейку, и каково Ваше к ней отношение?

Напишите пару слов.

Привет Гале сердечный.

P. S. А может, согласиться на 2 командировки по 2 месяца или на 4 по одному месяцу с перерывом в 1—2 месяца или что-либо в этом роде?

[1] Датируется по связи с предыдущими и последующими письмами. См. примеч. 1 к п. 474.

[2] Насколько тартуанцы были далеки от московских властей: Ю. М. не знает, кто такой П. Н. Федосеев! Это одна из мрачнейших фигур в послевоенном ЦК КПСС и АН СССР, руководитель идеологической жизни в Академии наук, распорядитель и контролер кадров в гуманитарных отделениях Академии,

псевдофилософ, свято блюдущий «марксистскую» чистоту книг, журналов, конференций.

[3] Из известной песни А. Галича «Красный треугольник».

478

<Конец декабря 1964 г.>[1]

Дорогие Галя и Борис Андреевич!

Сердечно поздравляю Вас с Новым годом и желаю Вам всяческого счастья. Относительно дальнейших шагов сразу после праздников пойду советоваться с ректором. О результатах сразу же сообщу. Большое спасибо за рецензию. Мне очень стыдно, что, по моей склеротической небрежности, в статью попало мое в сварливом тоне написанное письмо редакторессе из «Библиотеки поэта»[2].

Борис Андреевич! У нас зародилась идея использовать всеобщий съезд в феврале на юбилей кабинета[3] для проведения в Тарту семинара по проблеме «Метаязык и формализованные записи текстов в литературоведении и фольклористике». Эту идею выдвинул летом Вл. Ник. Топоров — можно заранее согласовать список текстов. Кажется, можно сделать интересно...

Еще раз желаю Вам всяческого счастья, Гале — успешного продвижения в глубь Африки[4].

Будьте здоровы

Ваш Ю. Лотман

P. S. Сердечное спасибо за помощь Заре Григорьевне.

[1] Датируется по содержанию и по связи с другими письмами.

[2] О спорах и ссорах Ю. М. с редакцией «Библиотеки поэта» по поводу издания «Полного собрания стихотворений» Н. М. Карамзина (Большая серия) см. письма Ю. М. к Б. Ф. Егорову конца 1964 г. Книга выйдет лишь в 1966 г.

[3] Речь идет о кабинете ориенталистики ТГУ, руководимом доц. П. Нурмекундом. 24—28 февраля 1965 г. состоится конференция, посвященная 10-летию кабинета.

[4] Шутка. Г. П. Коршунова преподавала африканские языки в МГУ.

479

<18—19 января 1965 г.>[1]

Дорогой Борис Андреевич!

Был вчера у ректора и переговорил по всем Вашим (т<о> е<сть> нашим) вопросам. Вообще Клемент настроен очень хорошо в отношении всех наших планов. Практически же он предлагает следующее: добиваться разрешения о совместительстве он считает делом очень долгим и почти безнадежным, а предлагает воспользоваться разрешением начальства Академии на Вашу 2—3-месячную командировку, реализовав ее следующим образом: Вы договариваетесь в Ин-те, что будете в Тарту не сплошняком 2—3 месяца, а порциями по 10—12 дней, растянув (получается 8—12 порций) это на два года, но берете бумагу, что Вас командируют в Тарту на 2—3 месяца. Такая командировка значит, что Вы, получая свою зарплату в Ин-те, оформляетесь на этот срок на 0,5 ставки (здесь уже дополнит<тельных> разрешений не нужно) в нашем ун<иверсите>те. Причем, видимо, будет удобно, чтобы юридически Вы оформлены были на весь срок сплошняком (скажем, на март—май 1965 г.), а фактически приезжали бы на короткие сроки, растянув эти месяцы на 2 года. Я излагаю вопрос в стиле «заманиловки». Правда, дорогу оплачивать наш ун<иверсите>т не сможет. А согласится ли Ваш Ин<ститу>т на такую процедуру — отпускать Вас время от времени? Если да, то мы сразу же стряпаем бумажку Вице-пр<езиденту> АН и Вашему директору. Срочно сообщите свое отношение к этому варианту.

Теперь второе дело: во второй полов<ине> февраля, кажется, собираются в Тарту на юбилей каб<инета> ориенталистики Иванов, Топоров, Пятигорский и еще ряд «структуральных коллег». Мы хотели воспользоваться общим съездом и, зазвав еще и Вас, провести 2—3-дневный семинар по проблемам метаязыка и формализов<анной> записи в художественных текстах.

Если: a) Вы относитесь к этому положительно,
b) действительно приедете (если наше дело пойдет, то Вам надо приезжать),
c) коллеги действительно собираются в Тарту, — то хорошо бы предварительно договориться и о программе.

Я писал об этом Топорову, Пятигорскому и Иванову, но ответа пока не получил.

Кстати, во время своего визита к ректору я узнавал об оплате Пятигорскому: не знаю, по чьей вине ему до сих пор не заплатили (аппарата ректорской канцелярии или Нурмекунда — мне было это неудобно выяснять), но сейчас дело обстоит так: оформить сейчас деньги за прошлый год по каким-то финансово-формальн<ым> соображ<ениям> неудобно. Как Ал<ександр> Моис<еевич> отнесется к такому варианту: когда он приедет в феврале на юбилей кабинета, ему будет оформлено якобы за чтение лекций в этом году. О таком варианте говорил ректор, когда я был у него (я ему толковал, как стыдно, что Пят<игорскому> до сих пор не оплатили, и он сочувств<енно> соглашался), но сразу после меня — видимо, по тому же вопросу — зашел Нурмекунд. Может быть, они придумали что-либо лучше. Я еще не знаю, узнав — сообщу.

За сборник «Трудов» Летней школы мы еще не сели — одолели корректуры, Зарина книга, лекции, экзамены и дети. Но на днях —

садимся плотно. Влад<имиру> Андреевичу пишу отдельно — мы его ждем в Тарту к 9 февр<аля>, в универ<ситетской> газете уже была информац<ионная> заметка[2].

Сердечный привет Гале и всем общим знакомым в Москве. Нежные приветы и 1000 проклятий Ал<ександру> Моисеевичу: где его статья? Где статья Мялля? И О. Ф. Волковой? Кто их потерял — он или Зара[3] (которая шлет Вам и Гале приветы)?

Ваш Ю. Лотман

Пока я писал это письмо, произошли новые события:

а) Приехала жена Пятигорского и привезла — ура! — статьи его и Мялля (+ внеплановую рецензию Ревзина).

b) Прибыл ответ В. В. Иванова — он предлагает (по догов<оренности> с В. Н. Топоровым) тексты для семинара: сказки по Афанасьеву (с №№ 50 по 101)[4] и заговоры. Я согласен, но мне хотелось бы что-либо из новой поэзии.

Очень тороплюсь, кончаю письмо.

Ваш Ю. Лотман

[1] Датируется по почтовому штемпелю г. Тарту: 19.01.65.

[2] В феврале 1965 г. В. А. Успенский прочитал в ТГУ интересный спецкурс «Избранные главы из высшей математики для гуманитариев» (главным образом из теории множеств), с учетом интересов занимающихся проблемами структурной лингвистики, структурного литературоведения и общей семиотики.

[3] Здесь и ниже речь идет о подготовке к печати «Семиотики 2».

[4] Во всех научных изданиях «Народных русских сказок», собранных А. Н. Афанасьевым, сказки пронумерованы.

480

<18 октября 1965 г.>

Дорогой Борис Андреевич!

Бью тревогу — никто из москвичей не отвечает на предложение участвовать в 3-м сборнике[1]. А сдать его обязательно надо до 20 декабря. Будьте добры, поговорите с теми «кяярикусцами», которых можете уловить, и сообщите мне результаты разговоров для составления предварительного плана сборника. Пошли корректуры 2-го тома. Скоро дойдет дело и до Ваших. Очень прошу читать внимательно и возвращать быстро.

Нас с Зарой Григорьевной очень волнует положение в семье Владимира Андреевича: как здоровье Володички[2], каковы медицинские прогнозы, как болезнь поддается лечению и как все это переносят Владимир Андреевич и Светлана Марковна? Сообщите, будьте добры.

Сердечный привет Гале и Александру Моисеевичу.

Зара Григорьевна шлет Гале и Вам приветы.

Ваш Ю. Лотман
Тарту.
18.X.65.

[1] «Семиотика 3». Ниже речь идет о «Семиотике 2».
[2] Володичка — сын В. А. и С. М. Успенских.

481

<Ноябрь 1965 г.>[1]

Дорогой Борис Андреевич!

Посылаем Вам вторую (последнюю) корректуру. Убедительно просим Вас вернуть ее как можно скорее (в 3 дня). Очень просим Вас учесть, что к нашему изданию не прилагается список замеченных опечаток, следовательно, их надо устранить в этой корректуре. Допускается только корректорская правка.

Если в Вашей статье были клише, то очень просим проверить соответствие подписи под ними.

Сердечный привет Гале.

Ваш Ю. Лотман

P. S. Ваши письмо и публикацию получил, но еще над ней не думал. Займусь этим после 15-го.

[1] Датируется приблизительно на основании приписки З. Г. Минц: «“Горки” будут на вклейках». Речь идет о вклейках к статье Л. Ф. Жегина «“Иконные горки”. Пространственно-временное единство живописного произведения» («Семиотика 2»). В п. 480 сообщалось о появлении корректур этого тома.

Основной текст письма («Посылаем… подписи под ними») — стандартная машинопись, рассылавшаяся участникам сборника.

482

<30 декабря 1965 г.>

Дорогие Галя и Борис Андреевич!

Мы с Зарой Гр. сердечно поздравляем Вас с Новым годом и желаем Вам счастья и здоровья — Гале овладеть к 5 января 1966 г. языком небольшого народа (102 млн. населения) bau-h-bau*. Вам, Бор<ис> Андр<еевич>, наконец сообщить в Тарту, когда же во втором семестре Вам удобно было бы приехать для чтения <курса> лекций. Или же Вы решили прочесть его, не выезжая из Москвы? Например: «Курс парапсихологических лекций по паралингвистике»?

Теперь уже серьезно: сообщите, когда и насколько Вы согласны приехать и, приблизительно, что читать. Ваша рецензия (с <Т. М.> Николаевой)[1] на паралингв<истический> сб<орни>к произвела на кафедре ин<остранных> яз<ыков> сильное впечатление — хорошо бы эти проблемы в какой-то мере затронуть. Но вообще — предоставляю решение целиком Вам. Я читал первые полгода курс лекций по общей семиотике, но:

1) Ходило очень мало народа (несть пророка...).

2) Успел я очень мало — только основные вводные понятия. Я читал для людей, впервые к этому обратившихся, — Вам, хотя наш курс и задуман как некоторое единство, — думается, следует ориентироваться на слушателя, элементарно подготовленного. Скажем, на хорошего традиционного лингвиста, кое-что слыхавшего краем уха и о семиотических проблемах.

Но сообщите скорее сроки — во втором же полугодии должен у нас читать Пропп[2] — хорошо бы с интервалом. Лучше — где-либо в марте (конце), т<ак> к<ак> у нас был пожар, аудитории в главном здании погибли, и в начале семестра будет «голод» на помещения.

Со сборниками дела таковы: 2-й выходит. Он получается очень хорош («забавным», на языке А. М.). Это меня как-то детски радует как просвет в целом потоке совсем не веселых событий. 3-й мы до Нов<ого> года сдать не успели (были причины) — теперь он пойдет через Таллин. Следовательно, все статьи надо в 2-х экз. Очень прошу проверить и передать всем по цепи — кто прислал в 1-м — пусть срочно шлет и второй.

Будьте здоровы, еще раз желаю Вам всего лучшего.

Ваш Ю. Лотман
Тарту.
30.XII.65.

[1] Рец.: О новых работах по паралингвистике // «Вопросы языкознания» 1965, № 6.

[2] К сожалению, лекции В. Я. Проппа в Тарту не состоялись из-за ухудшения его здоровья.

---

* Место пребывания еще не обнаружено. Видимо, жил в X в. до н. э. на месте нынешнего оз. Чад. Письменных памятников не оставил, исключая хранящихся в музее Бомако двух загадочных консервных банок с рисунками, выполненными в реалистической манере, и манускрипта с непонятной надписью: «План научной работы». Видимо, сборник шаманских заклинаний. (*Примечание Ю. М. Лотмана.*)

483

<6 января 1966 г.>

Дорогой Борис Андреевич!

Я очень безалаберно Вам пишу — причиной крайняя закрученность — мечусь как угорелый. Сборник завтра сдаем (одновременно идут концы корректур 2-го тома, только что сдали очередной том Трудов по слав<янской> фил<ологии>, идут экзамены, заочники и еще много всякого). Но все же сдаем. Сборник получился потоньше и несколько беднее 2-го, но все же есть много интересного.

Во Флоренском я снял отмеченные Вами места и один резкий и не очень справедливый выпад против Возрождения (всего менее 2-х стр. на машинке). Последнее изъятие — не из осторожности, а из внутренних побуждений, о кот<орых> поговорим при встрече.

Ваши слова о том, что Вы сейчас занимаетесь типологией литературы, основанной на характере и типе «точки зрения», — очень заинтересовали. Я сам сейчас чем-то сходным занимаюсь и даже написал две статьи о множественности и единстве (фокусности) точек зрения в произв<едениях> разных типов[1]. Одна из них появится во 2-м т<оме> «Знак<овых> систем», а другая — о множественности точек зрения в «Евгении Онегине» — в очередном томе «Трудов по славянов<едению>. Если Вам они интересны — могу прислать машинопись второй — первую, надеюсь, скоро увидим «в натуре» (тьфу, тьфу, тьфу!).

В 20-е гг. и позже об этом много писали (вокруг этой проблемы ходили все, кто писал о сказе, Бахтин и — в ряде работ — Гуковский. (Это Гуковский, а не Чуковский!)

См., напр<имер>, в его книге «Реализм Гоголя», стр. 199—205.

В Москве я буду в феврале по пути из Горького, где буду оппонировать. Сроки еще точно не знаю.

Сердечный привет Гале, Вл. Андр. и Светлане Марковне, Пятигорскому и всем москвичам, меня помнящим. З. Гр. Вам и Гале шлет приветы.

Ваш Ю. Лотман
6.I.66.

[1] Статьи Ю. М. «О проблеме значений во вторичных моделирующих системах» («Семиотика 2») и «Художественная структура “Евгения Онегина”» (Труды... IX).

484

<Февраль 1966 г.>

Дорогой Борис Андреевич!

Итак, мы оформляем Вас на чтение лекций с 15 по 30 марта. (В середине, если хотите, можно сделать перерыв.) Командировку берите с отметкой «с такого-то», но без (если это возможно) указания, до какого. Т<ак> к<ак> нам легче продлить время оплаты и оплатить дорогу. Финансовая ст<орона> такова: Вы зачисляетесь на срок с 15 на некоторый срок по совместительству на 1/2 ставки. След<овательно>, надо захватить след<ующие> бумажки:

1) Справку о зарплате.
2) "—", что МГУ не возражает.
3) Копии дипломов.
4) Командировку.

Командировку и билеты ун<иверсите>т, кажется, не оплачивает, но соответственно удлиняет срок Вашего совместительства. В справке универ<ситета> не обязательно, чтобы было сказано, что МГУ не возражает против совместительства. Если эта формула их пугает, то достаточно будет «чтения цикла лекций в Тартуском ун<иверсите>те по вопросам...».

Сборники движутся — 2-й скоро должен появиться, 3-й поехал в Таллин, где теперь издательство. Боюсь, что будут затруднения. Очень рад буду Вас повидать в Тарту. Сердечный привет Гале.

Ваш Ю. Лотман
Тарту. II.66.

485

<Конец февраля — начало марта 1966 г.>[1]

Дорогой Борис Андреевич!

Со стыдом берусь затруднить Вас этим новым поручением — приехал Гарик Суперфин и передал, что Игорь и Вы можете каким-то способом организовать книги по «Международной книге»[2]. Посылаю список, хотя абсолютно не представляю, как их сумма соотносится с сакральной цифрой 30 серебренников. Много или мало я написал? Можно ли отдельные № журналов? «Диоген» очень нужен — там статьи Бенвенисте о времени в языке и человеческой практике, Фонади о форме и функции поэтического языка, Хомского об отношении грамматики Пор-Ройяля к современным структ<уралистским> идеям, Мартине о понятии слова, Зоммерфельда о соотнош<ении> социальной и лингв<истической> структуры и др. Вышла ли «Зоосемиотика»?

Вас ждем с 15 марта. Дорогу и командировку унив<ерситет> не оплачивает, но оформляют Вас на реальный срок (с 15 по 30) + еще десять дней (по приказу с 10 марта по 5 апр<еля>) на 0,5 ставки доцента по совместительству.

Сердечный привет Гале, Вл<адимиру> Андр<еевичу> и Св<етлане> Марк<овне>.

[1] Датируется по связи с предыдущими письмами.

[2] В либеральные хрущевские годы при Московском Доме ученых был открыт отдел международной книги для академиков и профессоров нашей страны. Каждый доктор наук мог пользоваться услугами этого отдела и, заплатив 25—30 рублей в год, иметь право выписывать книги и журналы из «капиталистических» стран на сумму приблизительно в 30 долларов. Конечно, далеко не все книги можно было выписать, особенно цензура свирепствовала в гуманитарной области.

486

<16 мая 1966 г.>

Дорогой Борис Андреевич!

Тартуские новости таковы: сборник был задержан отсутствием бумаги, но теперь клянутся, что к концу мая — началу июня появится. Летом школа будет — по всей видимости (пишу так из осторожности, т<ак> к<ак> не все инстанции еще пройдены). Очень много труда стоило устроить так, чтобы не совпала с Конгрессом психологов. Вероятные сроки — с 25 июля по 2 авг<уста>. Как только (а это будет на днях) дело прояснится — срочно сообщу. Я совершенно замордован просроченными работами, З. Гр. тоже. Надеюсь хоть на «Летней школе» душу отвести.

Сердечные приветы Вл<адимиру> Андреевичу и Светлане Марковне, Вашим родителям и Пятигорскому.

Кстати, если школа состоится, то состав «московской группы» приглашенных устанавливайте Вы, яко член Оргкомитета. Желательно, чтобы Группа:

1) Не превышала численно группу «первого созыва».

2) Чтобы вошли те, кто были в первом созыве.

3) Приглашение «новых», думаю, надо производить крайне скупо. Это, конечно, не касается В. В. Иванова, который, так сказать, был — духовно — членом и первой школы. А вот о Жолковском и Щеглове — на Ваше усмотрение (я устраняюсь как человек, вероятно несправедливо, предубежденный). Очень желателен был бы П. Г. Богатырев. А как быть с Чудаковыми? Сии и очень милы и обидятся, если не позвать, но для ряда москвичей здесь есть какое-то *но*, смысл которого мне не до конца ясен. Следует ли с этим считаться — судить опять-таки Вам. Из этого следует одно — о школе должны знать те, кто будут приглашены, и не должны — те, кто не будут (всех позвать невозможно, нежелательно, а обиды возникнут неизбежно). Поэтому очень прошу Вас одного или со старыми кяярикусцами обдумать список (30 чел. — 35), — разумеется, считая «старых» обязательно приглашенными, — и сообщить мне. Простите за щекотливую и хлопотную комиссию.

Надеюсь в конце мая выбраться из вороха нуднейших дел и написать более членораздельно.

Сердечно Ваш Ю. Лотман
16.V.66.

487

<Осень 1966 г.>[1]

Дорогой Борис Андреевич!

Пишу Вам по делам и не по делам.

Деловая часть:

1) Ко мне обратилась редакция Известий АН (язык и литература) с просьбой написать для них рецензию (стр. 7—6 на машинке) на XXII т. Трудов отдела древнерусской лит<ературы> («Взаимодействие литературы и изобразительного искусства в древней Руси»)[2]. Я мог бы написать ее только в соавторстве с Вами. Для этого нужно: a) Ваше согласие; b) договоренность с редакцией.

Если Вы согласны, то не могла бы Галя позвонить в редакцию по тел. Г-6-31-06, Г-5-11-58, спросить А. И. (кажется, Александра Ивановича) Кузьмина и, назвавшись женой Лотмана, осведомиться: a) Получили ли они мою статью к 70-летию Беркова? b) Согласны ли они на наше совместное авторство (сказав, что в противном случае я отказываюсь)? c) Если согласны (а я абсолютно в этом убежден), то уточнить объем и сроки.

2) У нас осталось еще известное количество «Тезисов» и «Семиотик», которые мы заинтересованы скорее распродать. Не могли бы Вы передать Д. М. Сегалу, что я его прошу собирать в Москве заявки и отсылать их мне, если это его не затруднит.

Теперь о не-делах.

1) Юрию Константиновичу наконец делается явно лучше[3]. Вероятно, скоро он уже выйдет из больницы. Он и Маргарита Ивановна нам обоим — Заре Гр. и мне — очень нравятся.

2) Шум, вызванный Аристэ и С°[4], потихоньку смолкает.

Игоря, возможно, загребут в армию, но я буду биться, как лев, и завтра для начала иду к ректору.

3) Веду грандиозную компанию по предоставлению Мурниковым квартиры[5] — бываю в горкоме, горисполкоме, пишу судебному исполнителю и др. Результаты пока нулевые, но зато масса удовольствия. Таковы наши дела.

Сердечный привет Гале и старшему и среднему поколению Успенских. Пишите. Зара шлет Вам и Гале приветы.

Ваш Ю. Лотман

[1] Датируется по сообщаемым ниже фактам: 70-летие П. Н. Беркова было в декабре 1966 г. (статья Ю. М. неизвестна); желание распродать «Тезисы» и «Семиотику» могло появиться после Летней школы.

[2] Такая рец. неизвестна.

[3] Речь идет о больном Ю. К. Лекомцеве и (ниже) о его жене; Ю. М. добился для него возможности лечиться у квалифицированных тартуских врачей.

[4] И. Аристэ, известный эстонский академик-лингвист, «ревновал» к Ю. М. в связи со вниманием к семиотическим штудиям и сборникам лингвистов всего мира; не исключено, что его «иронические» разговоры на грани доно-

сов были связаны и с пожеланием унизить Ю. М. и кафедру русской литературы ТГУ, исходившим со стороны неких ненаучных органов.

[5] Т. Ф. Мурникова, хороший лингвист-диалектолог, была искренне и глубоко верующей христианкой, что выводило из себя университетские партийные круги; ее невыносимо трудные условия быта без своего жилья, конечно, начальство не хотело улучшать (она была подселена в квартиру университетского преподавателя, которому позднее удалось через суд выгнать ее и мужа на улицу; коллеги с трудом добились для нее комнаты в общежитии, с еще бóльшими препятствиями добились квартиры).

488

<6 ноября 1966 г.>

Дорогой Борис Андреевич!

Мы доехали отлично, дома все в порядке, так что — порядок. Отвечаю на Ваши вопросы:

Просить следует организовать в Тартуском университете: «Проблемную лабораторию или исследовательский центр иной организационной структуры по общей семиотике и семиотике вторичных моделирующих систем».

Имя первого — Леонид, отчества никто не знает, следует писать: Л. Н. такому-то, а в обращении: Уважаемый тов. Инициалы второго — М. А.[1] (Матис Адович — понимаете сами, писать адович ↔ раевич неудобно и не следует). По правилам эст<онского> языка и созданным им нормам поведения следует писать:

«Уваж<аемый> тов<арищ> <М. А.> такой-то».

Ректор пока остается прежний (он уходит добровольно, по болезни, но это не так скоро — писать следует ему и скорее).

Адреса точные мне неизвестны, но вполне будет достаточно:

1) Таллин, ЦК КП Эст. ССР, секретарю Л. Н. Ленцману.

2) Таллин, Комитет по делам высшего и среднего образования при Совете министров ЭССР (можно позвонить в Мин<истерство> высш<его> образ<ования> и спросить) — я не могу узнать, т<ак> к<ак> не успел до праздников, а сейчас все закрыто.

Дела Игоря пока неясны — все прояснится 9-го или 10-го. Послал Вам и Марг<арите> Ивановне приглаш<ение> на Карамзинскую конференцию, а М. И. — еще и вызов на имя директора. Большое спасибо за трогательно теплый прием в Москве. Сердечные приветы Гале, Густаве Исааковне, Андрею Васильевичу и чете «аэропортовских» Успенских.

Зара шлет всем вам приветы. Сердечно Ваш Ю. Лотман

Тарту. 6.XI.66.

P. S. Отдельным письмом посылаю рецензию Столовича. Она на 3+, т<о> е<сть> именно для этого журнала.

[1] Л. Н. — Ленцман (см. ниже), М. А. — Пести, председатель Комитета...

489

<4 января 1967 г.>

Дорогой Борис Андреевич!

С большим опозданием, но от души поздравляю Густаву Исааковну, Галю, Андрея Васильевича и Вас с Новым годом, от всего своего семейства шлю вам всем наилучшие пожелания.

Дела таковы:

1) Сборник на днях идет в типографию[1].

a) Я добавил небольшую, но плохую (это совершенно искреннее мое убеждение) статью о типологии культуры — посылаю ее Вам на просмотр. Если сочтете, что она не должна печататься, — срочно сообщите, и я ее выну[*].

b) Я прибавил «От редакции» — посылаю также на просмотр. Поскольку там несколько легкомысленных идей, то я даю ее за подписью, чтобы отвечать за них самому.

2) О следующем сборнике я сам ничего толком не знаю. Он должен был быть моей книгой о типологии культуры[2], но я ее еще не начал писать и очень боюсь, что мы упустим случай издать том.

Давайте сделаем так: я во вторую половину января засяду за книгу, а мы будем, не торопясь, подбирать статьи. Что раньше поспеет, то и будет сдано (или вместе — 50 на 50, тем более что отдельные монографии в серии «Уч<еные> зап<иски>» сейчас запрещены. Но книгу надо сдать не позже начала февраля, а осенью другую).

По делам Черкасского я еще не был у ректора. Но у меня есть некоторые сомнения: дело в том, что со времени нашего разговора на кафедру приняли еще двух человек (молодого лингвиста <Б. М.> Гаспарова — не стиховеда и еще чью-то жену) — не знаю, есть ли у них места. Но этой весной на их кафедре будет большой конкурс, и тогда, видимо, кое-кто провалится (Бахман), и, возможно, будут замены. Но вот, кто будет тогда ректором — туманно. Так что это дело не очень ясное.

Что будет с моим Парижем — совсем темно[3]. А мне хочется не в Париж, а спать — мы очень замотались. Сдали сборник кафедральных работ и вообще.

Игорь в армии — написал мне письмо и пропал — не отвечает и не шлет нового адреса (был только временный), а домой не писал ни разу.

Статью о табу он мариновал год и почти не переделал, идет такая, о чем я весьма сожалею[4]. Но сердиться на него не могу, т<ак> к<ак> очень за него беспокоюсь.

Вот пока и все — иду спать: завтра 6 часов лекций (заочн<ики> + V курс) и собрание.

---

[*] Статью не мог найти в куче на столе. Поищу завтра — тогда вышлю. (*Примечание Ю. М. Лотмана.*)

Сердечные приветы всем москвичам — особенно злодею — Пятигорскому, не отвечающему и обещаний не выполняющему. Пускай приезж<ает> в Тарту, и я ему здесь отмщу.

Сердечно Ваш Ю. Лотман
4.I.67.

[1] «Семиотика 3». Статья Ю. М. «К проблеме типологии культуры».
[2] Книга нескоро появится в свет: *Лотман Ю.* Статьи по типологии культуры (Материалы к курсу теории литературы. Вып. 1). Тарту, 1970.
[3] Ю. М. оказался рано в числе «невыездных»; в «социалистические» страны его еще с трудом выпускали, в «капиталистические» же — никоим образом.
[4] Имеется в виду статья И. Чернова «О семиотике запретов» («Семиотика 3»).

490

<Середина января 1967 г.>[1]

Дорогой Борис Андреевич!

Посылаю Вам давно уже должное:

1) Оттиск «Евг<ения> Он<егина>»[2]. Я передал по Вашему требованию подписанный экз<емпляр> Маргарите Ивановне, но т<ак> к<ак> она уехала в Эльву, а Удам сегодня отправляется в Москву, то посылаю Вам еще один экз<емпляр> без надписи — потом вернете или используете по своему усмотрению.

2) Посылаю Вам бумаги Черкасского с резолюцией ректора — пока дело не идет.

3) Рукопись 3-го тома[3] в типографии, надеюсь, что к весне появится. Все Ваши пожелания в смысле разделения сепаратов[4] — учтем. Но сейчас об этом еще рано. В оглавлении статья и текст — разделены.

Я в Москву очень хочу приехать и должен приехать — надо поработать над публикацией рукописей Пастернака для очередного тома — подготовка жены его сына[5]. Но смогу это сделать лишь закончив для очередного же (славянского, а не структурного) тома статью о семиотике пространства у Гоголя[6]. Кажется, получается интересно, но еще более 1/2 работы не сделано. Подыхаю от нехватки времени. Париж — если состоится — то в конце февраля.

Идея! Не хотите ли приехать сейчас сразу в Тарту, а числа 29—1-го мы вместе поедем в Москву, и я пробуду до 7-го? Если согласны — давайте телеграмму, буду встречать. Может, и Мойсеича прихватите? (Это из области маниловских мечтаний — мол, по сторонам моста построим лавки, а в них купцы будут торговать[7]...)

Сердечные приветы Густаве Исааковне, Андрею Васильевичу и Гале.

Сердечно Ваш Ю. Лотман

[1] Датируется на следующих основаниях: 1) п. является продолжением п. 489 («Семиотика 3» уже отправлена в типографию); 2) слова «к весне появится» означают, что п. относится к январю или к февралю; 3) слова «числа 29...» означают, что речь идет о январе.

[2] См. примеч. 1 к п. 483.

[3] «Семиотика 3».

[4] В Эстонии оттиски отдельных статей назывались, по-западному, сепаратами. Б. А. Успенский просил изготовить отдельно комплекты оттисков своей статьи (в соавторстве с А. А. Дороговым и Вяч. Вс. Ивановым) «П. А. Флоренский и его статья "Обратная перспектива"» и текста самой статьи Флоренского. Оба текста — в «Семиотике 3».

[5] Речь идет о будущей статье и публикации: *Лотман Ю. М.* Стихотворения раннего Пастернака и некоторые вопросы структурного изучения текста. Приложение: Первые опыты Бориса Пастернака. Публикация *Е. В. Пастернак* («Семиотика 4»).

[6] Тоже речь идет о будущей статье Ю. М.: «Проблема художественного пространства в прозе Гоголя» (Труды... XI).

[7] См. гл. 2 поэмы Н. В. Гоголя «Мертвые души».

491

<7 февраля 1967 г.>

Дорогие Галя и Борис Андреевич!

Большое спасибо за хлопоты и письмо. Заходить второй раз, видимо, не следует — сейчас в Москву уехал ректор, и он еще будет пихать и толкать это дело, а 10—15 позвоню я.

Лаборатория, надеюсь, будет организована раньше, чем полагает тов. Пести[1]. Вообще письмо Берга нам очень здорово помогло — большое спасибо участникам.

Сборник в типографии, это означает, что через недели две-три его начнут набирать.

Клише для обложки уже сделали, на сей раз с исправлением в греч<еском> слове σημειωτικη)[2].

Я сейчас кончаю большую статью о художественном пространстве у Гоголя[3]. Как получится — не знаю, но писать интересно.

От Игоря сведений мало. Он, видимо, тоскует, но в письмах держится бодро.

Очень жалею, что не вырвался на каникулах в Москву, а Вы в Тарту.

Будьте здоровы. Сердечно Ваш

Ю. Лотман
Тарту. 7.II.67.

Зара шлет Вам приветы.

[1] См. примеч. 1 к п. 488. Ю. М. был слишком оптимистически настроен: лабораторию по семиотике еще долгие годы не удавалось утвердить как штатную.

[2] В «Семиотике 2» на суперобложке в греческом слове была пропущена четвертая буква.

[3] См. примеч. 6 к п. 490.

492

<14 февраля 1967 г.>[1]

Дорогие Борис Андреевич и Александр Моисеевич!

Пишу вам одно общее и деловое письмо. Суть в следующем: дело с лабораторией, возможно, и удастся. Правда, к сожалению, получится более громоздко, чем я думал: возможно, будет не лаборатория по «вторичным» системам, а общая семиотическая лаборатория со вторичной секцией (руководить, видимо, буду я), лингвистической (Рятсепп) и математико-поисковой + вычислители и др. (Кулль). У Рятсеппа будут, видимо, знакомые люди — Витсоо, Каплинский и др., у Кулля — чужие и не всегда приятные. Общее руководство — видимо, обратно я. Есть надежда, что лаборатория начнет работать с 1 января 1968 г. Само собой разумеется, что Ваше общее ближайшее участие заложено в самой ее идее. Какие могут быть организационные формы этого участия? Самой естественной мне представляется совместительство на 0,5 ставки на человека. (Зарплата ст<аршего> научн<ого> сотрудника при стаже от 5 до 10 лет — 230; полставки, соответственно, — 115). Само собой разумеется, что выполнение работы по лаборатории (а это <u>только</u> писание научных работ и научное общение) не будет накладывать никаких формальных обязательств — фиксированное время пребывания в Тарту и т. д.).

Есть еще один вариант — Ал<ександру> Моисеевичу перейти в Тарту на полную ставку, но это мне кажется более трудным для реализации. По этим вопросам я хотел бы <u>срочно</u> знать Ваше мнение. Я планирую, не знаю как удастся, взять также в качестве ст<аршего> научн<ого> сотр<удника> и Маазинга. Но поживем — увидим.

Я только что окончил сравнительно большую (≈ 3 п. л.) статью о пространстве у Гоголя, кот<орую> должен был кончить к 31.XII.66. Так что поздравьте с Новым годом. Статья мне (я ее не перечитывал) была интересной, пока писал, а перечесть не хватает духа.

Париж, кажется, горит: ужасно тянут с оформлением.

Читали ли Вы № 1 «Вопр<осов> лит<ературы>»? Моя статья плоха, но статья Жолковского и Щеглова, по-моему, <u>совсем</u> плоха и, как мне кажется, очень неприятна по тону[2].

Жду срочно ответа. Лучше — телеграммой, т<ак> к<ак> я в зависимости от него буду подавать заявку на штатные места.

Сердечно Ваш

Ю. Лотман
Тарту.
14.I.67.

P. S. Для Энциклопедии напишу с удовольствием[3].

[1] Ю. М. датировал п. январем, но это, видимо, описка: в п. 491 от 7 февраля Ю. М. лишь кончает статью о Гоголе, а здесь говорит об ее окончании; значит, п. относится к февралю.

[2] В журнале под «дискуссионной» рубрикой «Литературоведение и кибернетика» наряду с другими опубликованы статьи Ю. М. «Литературоведение должно быть наукой» и А. Жолковского, Ю. Щеглова «Структурная поэтика — порождающая поэтика».

[3] Для «Философской энциклопедии». См. примеч. 1 к п. 493.

493

<Около 25 мая 1967 г.>[1]

Дорогой Борис Андреевич!

Посылаю Вам «Условность». Библиография (см. 1-й экз<емпляр>), которую я составил, носит совершенно условный характер и только в этом смысле является библиографией к этой статье. Вчера выслал письмо Виноградова и список трудов[2]. Подтвердите получение. У нас — сумасшедший дом, который на этот раз называется началом Блоковской конференции.

Зара и я шлем самые сердечные пожелания Гале — держите нас в курсе дел — мы беспокоимся[3]. От души желаю Вам всего самого лучшего.

Ваш Ю. Лотман.

[1] Датируется по упоминанию статьи Ю. М. и Б. А. Успенского «Условность», которая будет еще дорабатываться, — опубликована в «Философской энциклопедии», т. 5 (М., 1970); Блоковская конференция, проводившаяся в Тарту в предшествовавшие 1970-му годы, — Вторая (Первая была в 1962 г.), она состоялась 25—28 мая 1967 г.

[2] «Письмо Виноградова», судя по п. 495, — составленный Ю. М. черновик письма академика В. В. Виноградова к тартуским властям — о научных заслугах Т. Ф. Мурниковой (см. примеч. 5 к п. 487). Что такое «список трудов» — неясно; возможно, список трудов Т. Ф. Мурниковой для В. В. Виноградова.

[3] Вскоре родится старший сын Б. А. Успенского Иван.

494

<Эльва. 20 сентября 1967 г.>

Дорогой Борис Андреевич!

Пишу Вам накоротке: выбрался отдыхать — на пять дней в Эльву по поводу того, что отпуск кончается, а книга все равно не кончается (хотя я продвинулся довольно сильно).

Сначала о делах: статья Ревзина мне очень нравится, и ее можно, на мой взгляд, печатать.

Зара свою статью пишет вовсю — я на днях тоже сажусь. Лихачеву и Проппу я напомнил о сроках[1]. Таковы мои дела. Как Ваши?

Да, мы (т<о> е<сть> Зара, Вал. Ив. Беззубов и я) едем в Чехословакию, так что около 30-го будем в Москве.

Статью об условности можно попробовать переделать, если дадут срок: до декабря возможности, конечно, нет.

Вот, кажется, и все.

Я пишу Вам из Эльвы, куда мы с Зарой только что приехали. Сидим в ресторане и попиваем сухое винцо в ожидании какой-то еды. Комнату снял на пять дней.

Но уже:

1) чемодан забыл в поезде (я считаю, что Зара, но у нее другое мнение), а в нем: бритва, белье, запас бумаги. Начальник станции уже созвонился с поездом, и в час ночи мне надо будет быть на вокзале — с обратного поезда сбросят мой чемодан.

2) Других происшествий пока нет, но, чаятельно, скоро будет. Большое спасибо Гале за теплое письмо. Я очень рад, если хоть чем-то был полезен. Как Ванюша?[2]

Привет всем Вашим.

Сердечно Ваш Ю. Лотман
Эльва. 20.IX.67.

Зара шлет Гале и Вам приветы.

[1] Речь идет о подготовке статей для итальянского сб.: «I sistemi di segni e lo strutturalismo sovietico». Milano, 1969.

[2] См. примеч. 2 к п. 493.

495

<Эльва. 22.IX.67>

Дорогой Борис Андреевич!

В письме я забыл напомнить Вам о Виноградове. Нельзя ли форсировать? Снова было распределение квартир, и, несмотря на мои хождения, Тат<ьяну> Фил<аретовну> выкинули из очереди[1]. Хорошо бы письмо в университет погрознее. Без этого ничего не получается.

Мы уже определенно едем в Чехословакию, 30-го, вероятно, буду в Москве. (Сообщу точнее.) С лабораторией все затормозилось до октября — возвращения из отпуска ректора.

Статья для итальянцев у меня пишется очень туго. Как у Вас? Когда крайний срок подачи для меня? Лихачеву и Проппу я написал. Получили ли Вы статью Гаспарова (он мне писал, что выслал)[2]?

Приветы Гале и всем Вашим. Сердечно Ваш Ю. Лотман

[1] См. пп. 487 и 493.
[2] См. примеч. 1 к п. 494.

496

<19 ноября 1967 г.>

Дорогой Борис Андреевич!

Пишу Вам на машинке, чтобы Вы восчувствовали, что у меня теперь имеется своя машинка, и разделили мой восторг по этому поводу.

Я совершил поступок, который считаю героическим, — только что, просидев неделю, вдобавок при поганом самочувствии, закончил статью для итальянцев! При перепечатке она, видимо, займет 2 листа. Зара тоже кончает свою. Борис Федорович Егоров пишет мне, что тоже статью закончил — о структуре «Дома с мезонином» Чехова. Лихачев пишет, что статью послал Вам[1]. Получили ли? Интересно ли? Вообще, как это ни удивительно, сборник получается. Своей статьи я не перечитывал, но писать было интересно. Завтра отдаю ее машинистке.

Рецензию на Вашу книгу[2] я уже давно отослал — Вам не послал копии потому, что отзыв чисто официальный (разумеется, полностью положительный). Я прочел Вашу книгу — она мне понравилась до зависти, но для того, чтобы толково написать мнение, — нужно время подумать. Пока его не было.

Теперь об аггеле. Я очень ясно и многократно повторив, продиктовал Вашей тете, и она — что главное — прочла мне свою совершенно верную запись. Так что я считал, что с этим делом все в порядке.

Вопрос очень интересен. Татьяна Филаретовна сказала, что пишется во всех случаях «аггел», но читается всегда — и все грамотные старообрядцы это знают и по контексту отличают безошибочно, — об ангелах небесных — «ангел», а о падшем — «аггел». Очень интересна и потребность дифференциации, и то, что она не отразилась на письме (возможно, что это род табу — нежелание вносить имени дьявола в письменный — более торжественный — текст).

«Семиотика» пока не вышла — обещают в этом месяце. С лабораторией новости ободряющие: я был по этому вопросу у ректора, ректор при мне звонил в Таллин и узнал, что принципиальное разрешение есть, вопрос сейчас застрял в таллинском Госплане, где считают расходы. Возможно, мне придется проехать «пихать» в Таллин. Рятсепп и Кулль пока потихоньку интригуют против меня, распуская слухи о том, что это все не настоящая семиотика. Март Реммель очень этим взволнован, а я думаю, что мудрее всего — на это плюнуть.

У меня к Вам очень большая просьба: я прилагаю к письму две командировки — не могли бы Вы на них поставить у себя печати? Это очень важно для Зары и Беззубова, которые, проезжая через Москву, не закрыли своих командировок.

Последний из деловых вопросов — отношения с АПН. Я не очень хотел бы торопиться с разрывом по двум соображениям:

1) Мое отношение к капиталу в настоящее время, исключая долгов, ограничивается изображением на марке настоящего письма (см.). Думаю, что и другим участникам сборника не повредит — по формуле: «Не продается вдохновенье, Но можно рукопись продать»[3].

2) Издание подобного сборника может вызвать шум (недавно мыслители Пушкинского Дома вынесли официальное решение о том, что все зло — в семиотике и структурализме. Правда, чл.-корр. АН СССР Бушмин в заключительном слове высказал мысль, что недурно бы подослать «к ним» «своего», чтобы он тайком подучился, тогда бы «мы понимали, что они пишут, и критика была бы более сокрушительной»).

В этом случае есть разница между статьями пусть и разрешенными, но изданными по нашей инициативе, и формально заказанным нам по договору АПН сборником[4].

Разумеется, все это не означает, что на их свинства мы не замедлим ответить разрывом. Кстати, если они будут платить «младшим» ниже уговора, то мы тотчас же потребуем «старшим», профессорам и чл.-коррам, максимума, а потом разделим поровну. Вообще держаться будем гордо, но думаю, что пока еще разрывать рано.

Как только сборник будет готов — я готов приехать в Москву для работы над ним. У меня есть идея — с 20 декабря я буду в Вильнюсе читать лекции по семиотике литературы. Приезжайте со сборником — поработаем и пообщаемся. Кажется, мысль хорошая. Затем поедем на Новый год в Тарту, а потом я подъеду в Москву для доработки и встречи с нашим другом[5]. По-моему, план отличный!

Большой привет Гале! Как Ваничка?

Поклоны двум поколениям старших Успенских, особенный Владимиру Андреевичу, если он меня не забыл.

Зара, запихав детей по постелям, села дописывать статью и кланяется Вам без отрыва от производства.

Будьте здоровы. Сердечно Ваш Ю. Лотман
19.XI.67.

P. S. Музей Рублева узнал, что мы печатаем Флоренского, и заказал несколько экз<емпляров>.

P. S. P. S. В словнике 3-го изд<ания> БСЭ по разделу философии есть Флоренский. Это так интересно, что делаю для Вас выписку[6].

[1] Речь идет о статьях для итальянского сб. (см. примеч. 1 к п. 494).

[2] Книга, подготавливаемая для издательства «Искусство»: *Успенский Б. А.* Поэтика композиции. Структура художественного текста и типология композиционной формы. М., 1970.

[3] Из стих. А. С. Пушкина «Разговор книгопродавца с поэтом» (1824).

[4] В советские годы личная пересылка за границу научных (и любых других) работ могла быть только нелегальной; официально же надо было получить акт экспертной комиссии по месту работы автора (в этом акте должна была существовать идиотски анекдотическая фраза о том, что данная работа не содержит никаких новых сведений и открытий), а потом обращаться к услугам обязательного посредника — АПН, которое забирало себе гонорар в валюте, выдавая автору жалкие крохи в рублях, да еще могло сокращать, запрещать, тянуть время. Видимо, с таким хамством и столкнулись составители сб. статей по семиотике для итальянского издательства Бомпиани.

[5] Имеется в виду А. М. Пятигорский.

[6] На отдельном листке Ю. М. сообщает количество знаков, отводимых разным философам: Флоренскому — 950, Бердяеву — 3500, Зеньковскому — 1000, Шестову — 2000 (столько же Ломоносову и Чаадаеву).

497

1.I.68.

Дорогой Борис Андреевич!

Прежде всего поздравляю Галю, Ваню и Вас с Новым годом и желаю Вам всем всего и всяческого! Последняя неделя старого года была такой, что впору и не вспоминать. Зара сидела в Ленинграде и кончала Соловьева[1] (не кончила), а я в Тарту кончал книгу для «Искусства» и 30-го декабря в далеко еще не доведенном до ажура виде послал ее (между прочим, я совсем не убежден, что послал ее по правильному адресу — не очень ли трудно было бы Гале или Вам позвонить им и спросить — получили ли?).

В самый Новый год, когда Зара только что приехала из Ленинграда (ехала через Псков, т<ак> к<ак> других билетов не было), Гришка упал на льду и попал в больницу с сотрясением мозга, где и теперь находится. К счастью (к счастью!), трахнулся он не очень сильно, опасного, кажется, ничего нет, но праздник пропал у всех, а у него еще каникулы.

Таков фон. Теперь об узорах: я получил от Страды телеграмму, что он форсирует дела с издательством, а сам приедет в марте. Как удалось его «форсирование», я не знаю — это Вам известнее. Но я полагаю, что мы сделали все возможное и теперь имеем право заключить договор с поляками[2] (если вся эта ситуация еще не устарела и не возникла новая).

Рукописи статей я своевременно получил и теперь сажусь за их чтение. Постараюсь сделать все быстрее.

Напишите пару слов о том, какова ситуация теперь.

Меня все время беспокоит ощущение, что Вам у нас было неудобно и что Вы уехали быстрее, чем предполагали...

Как только прочту статьи — надо будет договориться о встрече, теперь, видимо, в Москве.

С сердечным приветом Ваш Ю. Лотман

[1] Имеется в виду книга, подготовлявшаяся З. Г. Минц для Большой серии «Библиотеки поэта»: *Соловьев Вл.* Стихотворения и шуточные пьесы. Л., 1974.

[2] Сб. на итальянском языке выйдет в 1969 г. (см. примеч. 1 к п. 494) на польском — лишь в 1975 и 1976 гг.

498

Тарту. 11.II.68.

Дорогой Борис Андреевич!

Простите, что долго не писал, — все это время я провел в состоянии небольшого сумасшедшего дома. Во-первых, в начале января я обнаружил, что в книге, которую я должен был сдать в конце прошлого года в бывш<ий> «Учпедгиз», а ныне «Просвещение»[1], следует заменить 200 машинописных страниц чистой халтуры, вставленной мной в прошлом году перед сдачей, о чем я благополучно забыл. В результате до вчерашнего дня я, подгоняемый угрозами издательства и пропустив все сроки, писал прямо на машинке и написал-таки за три недели около 200 стр. Сейчас Зара повезла рукопись в Ленинград, а я, не успев отдышаться, въехал во второй семестр, в котором у меня 14 часов в неделю.

Приплюсуйте к этому ремонт, который все еще идет и уже достиг критической точки: на днях у нас сломают уборную, которую обещают к апрелю заменить чем-то значительно более усовершенствованным. Надежды на сияющее будущее помогут нам дотерпеть до апреля «так» (из пройденного уже скажу Вам, что в самые крещенские морозы нам сломали стену на лестницу и стену в большой комнате, а также пол и потолок в прихожей. Из большой комнаты мы вынесли 15 ведер строительного мусору, но конца еще не видать. Живем, как в разбомбленном доме. Это будит во мне «все лучшие воспоминанья», и я даже помолодел душою). Стены уже заделали.

Но нет худа без добра. Вся эта ломка имела и положительные последствия — я нашел «Условность»[2]. На днях перепечатаю и вышлю Вам.

Сегодня послал Вам 60 руб. 30 из них — мой долг, который возвращаю с благодарностью и извинением за задержку, 30 же, если Вам это не трудно, то попрошу, когда будете платить за себя в книжном отделе АН, внести за меня[3]. Простите, что затрудняю Вас просьбой.

Относительно перемены имен при схиме Вы, конечно, были правы, а я все перепутал. Имя меняется при пострижении, а не в связи со смертью.

Поэтому никаких перемен, кроме схимы или большой схимы, не бывает. То, о чем я говорил, видимо, связано с другим — обычаем, который, по словам Т. Ф., существует в Причудье, а я, видимо, что-то подобное встречал в источниках: «обманывать смерть», менять у умирающего имя с целью магически-предохранительной. Это перемена не сопровождается обрядами и к церковной системе не относится.

М<ожет> б<ыть>, Вам будет интересен другой случай, о котором мне рассказала Т. Ф.: Алексий, некогда служивший в Печорах и, кажется, в Тарту, а ныне митрополит (если я не спутал, могу уточнить у Т. Ф.), был так наречен в первом постриге в честь Алексея человека божиего. Приняв великую схиму, он был наречен Алексием, но уже в честь другого святого. День ангела — то есть, фактически, имя — у него сменилось, но соблюдена была омонимия называния святого. Это интересно, как крайний случай тенденции к сохранению части имени, и обнажает поэтический принцип отбора имен.

Заходил ли к Вам Гаспаров? Что нового со сборником? Наш друг Витторио[4] прислал мне милое письмо, из которого видно, что сборник движется медленно, а он, кажется, бросает свои издательские труды и принимает кафедру в Венеции. Сердечные приветы всем Вашим — Гале и Ване особые.

Как здоровье Густавы Исааковны?

Сердечно Ваш Ю. Лотман

P. S. Удалось ли Шаумяну поехать в Париж?

P. S. P. S. Простите за странный характер письма — пишу уже почти утром и ужасно хочу спать. Будьте здоровы и пишите. Ю. Лотман

[1] Книга, которая выйдет в 1980 г.: «Роман А. С. Пушкина “Евгений Онегин”. Комментарий».

[2] См. примеч. 1 к п. 493.

[3] См. примеч. 2 к п. 485.

[4] Имеется в виду Витторио Страда, инициатор итальянского сб. статей советских семиотиков.

499

<Середина февраля 1968 г.>[1]

Дорогой Борис Андреевич!

Письмо Ваше + вложения получил и сердечно благодарю. Александра Моисеевича мы таки-да окрутили. После этого я уверовал в то, что Лена Аболдуева вполне свободно может совершать не очень крупные чудеса (исцеление недугов средней тяжести и пр.). Правда, и мне досталось по части чудес. Надеюсь, что это — последняя услуга такого рода, которую я оказываю нашему общему другу.

Спасибо за сообщение о книжном кладе. Обязательно хочу принять участие в его разрытии, но приехать раньше начала марта — не могу:

1) Сейчас Наташа сломала руку.

2) Завтра я на два дня вынужден (очень не хочу, но отказываться поздно) ехать в Ригу.

3) Затем Зара едет на конференцию в Коломну, а затем — я прикачу специально — на три дня — в Москву.

Предисловие я попробую расширить. Наброски вышлю Вам, а Вы сшивайте со своими или выбрасывайте.

Кстати. На Симпозиуме в Братиславе я говорил об условности искусства. Сейчас мне прислали стенограмму, и я пришел в ужас, а переделывать абсолютно нет времени. Не возражали бы Вы, если бы я им послал (под нашими двумя именами) чуть переделанную нашу «Условность»? Ваше отсутствие на Симпозиуме, с их точки зрения, не должно быть препятствием — там зачитывались готовые доклады и от имени отсутствующих. Впрочем, жду Ваших распоряжений.

Сердечные приветы Гале и всем Вашим. В Тарту — Лекомцевы. Невозможно смотреть на Ю. К. без сердечной боли.

[1] Датируется по сведениям из писем Ю. М. к Б. Ф. Егорову: 15 февраля — «Натка позавчера сломала руку в локте» (речь идет о Н. Ю. Образцовой); 1—2 марта — Зара Григорьевна приехала из Коломны.

500

22.II.68.

Дорогой Борис Андреевич!

Посылаю Вам бланки (деньги перевожу телеграфом)[1]. Без указания цены сб. в честь Р. Якобсона[2].

Прошу заказать, если возможно установить цены: R. Blanché. Structures intellectuelles, Paris, Urin, 1967, и еще кое-что по Вашему усмотр<ению>. (У меня нет каталогов, и я не знаю цен.) Если сб. в честь Якобсона нельзя за те 40 рубл. (долл.), кот<орые> я высылаю, то закажите II и III тт.[3] (Первый все равно в спецхране — его мне не выдадут на руки, а сдадут в Биб<лиотеку> — возможно, даже в Таллине), а IV-й — автографы. Итак, II и III тт. Или же вообще что-либо другое.

Предисловие я пишу[4]. В Москве смогу быть лишь в начале марта.

Сердечные приветы всем Вашим.

Ю. Лотман
22.II.68.

[1] См. примеч. 2 к п. 485.

[2] To Honor Roman Jakobson. Essays on the Occasion of his Seventieth Birthday. The Hague — Paris, 1967.

[3] Здесь и ниже речь идет уже о «Избранных сочинениях» самого Якобсона (Selected Writings, v. I—IV, The Hague—Paris, 1966).

[4] Предисловие к итальянскому сб. по семиотике (см. п. 499).

501

<Тарту. 28.II.68.>

Дорогой Борис Андреевич!

Я получил Ваши книгу[1] и оттиск 28 февраля, и это было мне очень милым подарком в не столь уж веселый день моего 46-летия. Большое спасибо! Очень рад, что книга вышла (каждая успевшая появиться книга — это «нечаянная радость»[2] и совершенно не заслуженный нами подарок).

Книгу я еще не прочел, но с удовольствием прочитал приложение. Постараюсь «воздержаться от частых одышек, кашля, сморкания, икания», чтобы «безвременным харканием и плеванием не растлити гласа»[3].

Теперь о делах:

1) Получили ли Вы оттиски? Я их давал Пятигорскому, но он, будучи в свадебном трансе, их забыл. Я выслал почтой.

2) Получили ли Вы добавления в предисловие для итальянцев, и как оно Вам?

3) Получили ли Вы мой бланк для заказов книг? Простите, что Вас этим нагружаю.

В Москву хочу, как три сестры и 10 000 братьев[4]...

Приветы всем Вашим, Ване и Гале особые. Зара благодарит за книги и шлет приветы.

Простите за машинопись — пишу очень сонный и слегка пьяный. В этом виде мне легче на машинке.

Сердечно Ваш Ю. Лотман

[1] *Успенский Б. А.* Архаическая система церковнославянского произношения (Из истории литургического произношения в России). М., 1968.

[2] «Нечаянная радость» — книга стих. А. Блока (М., 1907) и название иконы Богоматери.

[3] Очень неточная цитата из Приложения (с. 152) к книге Б. А. Успенского (см. примеч. 1) — из «Риторики» А. Денисова (1764).

[4] Намек на пьесы А. Чехова «Три сестры» (1900) и Б. Голлера «10000 братьев Бестужевых» (поставлена В. А. Малыщицким в 1975 г. в Ленинграде в Театре-студии ЛИИЖТа и затем в Молодежном театре).

502

<Конец марта 1968 г.>[1]

Дорогой Борис Андреевич!

Еольшое спасибо за письмо, тезисы и ахмановский некролог Вейнрейха[2]. Кстати! не дать ли некролог в «Тезисах» школы, а то «Семиотика» появится еще через год? Сообщите срочно Ваше мнение.

У нас, как всегда, сумасшедший дом — детали Вам опишет Нат<алия> Вениаминовна[3].

Событий у нас пока не было, но, вероятно, будут, как и везде.

Очень надеюсь, что Вы приедете, хоть немного до общего срока.

Сердечные приветы Вам и Гале, а также и всем «взрослым».

С итальянским сборником — чудеса.

Бор<ис> Федорович только что приехал из Польши, где был в самые эти дни, но я его еще не видал.

Сердечно Ваш Ю. Лотман

[1] Датируется по сообщению в последнем информационном абзаце. Я вместе с женой С. А. Николаевой получили частное приглашение от семьи Р. и В. Сливовских, варшавских друзей, выбрали для поездки в Польшу март 1968 г. и заранее оформили визы и купили билеты. Но оказалось, что именно в те дни Варшаву охватили сильные студенческие антикоммунистические волнения, Польша сразу же оказалась «закрытой»; выданные заранее визы и билеты наши власти, однако, не решились аннулировать, и мы проскочили в Варшаву в самое пекло. Впечатлений была масса.

[2] Некролог О. Ахмановой «Уриель Вейнрейх» был все же напечатан в «Семиотике 4» (Тарту, 1969), а не в тезисах докладов «III летняя школа...» (Тарту, 1966).

[3] Наталия Вениаминовна — Охотина.

503

<Июнь 1968 г.>[1]

Дорогой Борис Андреевич!

Я получил Ваше письмо с материалами для Мурниковой[2] и всем прочим. В связи с этим хочу по оказии задать Вам несколько вопросов.

1) Как обстоит дело с обменом письмами между ректором и Конрадом?

Написал ли ректор Конраду, и ответил ли тот ему, и что мне сейчас в этом направлении предпринимать? Написал ли ректору какой-то из знакомых А<лександра> М<оисеевича> физиков (кажется, Леонтович?). Я не могу предпринимать дальнейших шагов, не зная нынешнего состояния. А размазывать нельзя: в июле я хочу уехать до сентября.

2) Я сердит на Никиту Толстого: мурниковское дело он сделал самым худым образом. Тот текст, который он продержал год (а ведь даже текст в точности тот, что я составил), прислан сейчас мне (почему мне?! Ведь если Я передам его ректору и Кябину, убедительность во много раз упадет — мое участие надо маскировать, а не выставлять). Кроме того, на бумаге нет ни печати, заверяющей подпись, ни, хотя бы, заменяющего печать № исходящего. Необходим какой-то формальный признак на бумаге и отправка его из Москвы. С этой целью возвращаю Вам. Но прошу сделать быстро — сейчас решается вопрос о комнате Мурниковым, и промедление может им дорого стоить. Если печать и приходование бумаги потребует слишком много времени, то — минимально — отошлите из Москвы с обратным адресом Виноградова.

Посылаю Вам просимую зоосебеотику, как называет злоязычный Гарик[3] зоосемиотические статьи Себеока[*].

<Б. М.> Гаспаров изложит Вам некоторые проблемы кафедры русского языка (Савватий не подал на конкурс, и престол грозит остаться вакантным. Обсудите этот вопрос — все тонкости он Вам изложит)[4].

Сердечные приветы всем Вашим. Как квартира, как Чили?[5]

Целуйте Ваню — Гале поклоны. Подробнее и скорее напишите об А<лександре> М<оисеевиче>.

Форсируйте подачу своих и «не-своих» (Топоров, В. В. Иванов, Пятигорский, Лекомцевы и др.) статей в IV том «Семиотики».

Сердечно Ваш Ю. Лотман

[1] Датируется по событиям 1966 г. и по указанию на предстоящий июль.

[2] См. примеч. 5 к п. 487 и примеч. 2 к п. 493. Вероятно, вместо В. В. Виноградова письмо-просьбу должен был уже написать Н. И. Толстой.

[3] Гарик — Г. Г. Суперфин.

[4] Несмотря на какие-то подспудные конфликты и переговоры, С. В. Смирнов («Савватий») все же остался заведующим кафедрой русского языка ТГУ.

[5] Владимир А. Успенский получил приглашение читать лекции в Чили, прошел все университетские инстанции, но где-то в верхних этажах власти его кандидатура не была утверждена, и послали другого человека.

504

<12 августа 1968 г.>

Дорогой Борис Андреевич!

Посылаю Вам ссылку на работу о новгородских уменьшительных женских именах XVI—XVII вв. Авось пригодится.

[*] К сожалению, не могу найти. Кажется, взял Игорь, а он на неделю уехал. Буду искать и при первой возможности вышлю. Пришлите на всякий случай крымский адрес — пошлю по авиа. (*Примечание Ю. М. Лотмана.*)

Все хлопоты относительно устройства Ал<ександра> Моисеевича в Тарту, к сожалению, пока результатов не дали. Польша у меня лопнула, и мы уехали на Рижское взморье, где пробудем до конца августа. Подвигается ли Ваша статья — в сентябре сборник сдаем[1].

У меня к Вам просьба: издательство «Искусство» задерживает мне гонорар, на который я весьма рассчитывал, а Гуревич, видимо, в отпуску — на телеграмму не ответил. Будьте добры, позвоните туда бухгалтеру и спросите, в чем дело.

Судя по загадочной открытке без обратного адреса, наш друг Витторио был в Москве[2]. Известно ли в АПН, в связи с этим, что-либо о сборнике? Вы, кажется, собираетесь в Тарту. Когда? Пишите мне на Тартуский адрес.

Сердечный привет всем Вашим. В Чили ли Вл<адимир> Андреевич?[3] Приветы ему. Куда ему все же выслать наши книжечки: в Чили, Конго или на Аэропортовскую? Говорят, в Варшаву едут только Падучева и Жолковский. Так ли это?

Сердечно Ваш Ю. Лотман
12.VIII.68.

[1] «Семиотику 4».
[2] Витторио — Страда (см. примеч. 4 к п. 498, а также примеч. 1 к п. 494 и примеч. 4 к п. 496).
[3] См. примеч. 5 к п. 501.

505

<14 ноября 1968 г.>[1]

15 ноября 15 часов прилетаю в Москву Внуковский аэродром из Таллина транзитом Ереван очень хочу вас повидать жду аэродроме = Лотман

[1] Датируется по почтовому штемпелю Москвы на обороте телеграммы: 14.11.68.

506

<Декабрь 1968 г.>[1]

Дорогие Галя и Борис Андреевич!

Сердечно поздравляем Вас с Новым годом. Желаю Ване и Вам всего самого лучшего. Будьте здоровы и благополучны! У нас больших новостей нет. «Семиотика» в типографии, а я продолжаю находить на своем столе из нее листы. Уже обнаружил 437 и 665. Любопытная может получиться книга!

Б. А.! Когда будете подавать свои заявки, если не трудно, подайте и мои[2]. Целуем Вас. Ваш Ю. Лотман, Зара

P. S. Сердечные приветы и новогодние поздравления Густаве Исааковне и Андрею Васильевичу.

[1] Датируется на том основании, что новогодние поздравления других окружающих это время лет имеют точные даты.
[2] См. примеч. 2 к п. 485.

507

<1968 — начало 1969 гг.>[1]

Дорогой Борис Андреевич!

Посылаю Вам вставку в статью для итальянцев (вступительную). Делайте с ней, что Вам угодно: если покажется дельной, вставляйте, если нет — выкидывайте. Я за эти дни просмотрел кое-что из дискуссий о структурализме во Франции — и там говорят то же, что Кожинов и Палиевский. Поэтому я счел полезным сказать максимально популярно об отношении структурализма к «убивающему» искусство анализу. Если это, по-Вашему, излишне — выбрасывайте.

В статье об условности вставьте (в библиографию) А. Михайлова, «О художественной условности», М., «Мысль», 1966[2]. Книга не ахти, но все же — прямо по теме.

Привет всем Вашим, будьте здоровы.

Ю. Лотман

[1] Датируется по упоминанию итальянского сб. (см. примеч. 1 к п. 494), вышедшего в 1969 г., и статьи «Условность» (см. примеч. 1 к п. 493), вышедшей в 1970 г.
[2] В библиографии к статье «Условность» нет этой книги.

508

<Начало 1969 г.>[1]

Дорогой Борис Андреевич!

Как быть с объемом сборника[2], воистину не знаю! Единственное, что могу предложить (и делаю это без колебаний и безо всяких «надрывов»), это — снять мою статью. Все же она на 3/4 — перепечатка уже опубликовавшихся работ. А давать перепечатки при такой перегрузке вряд ли имеет смысл. По крайней мере, если уж что-нибудь снимать, так в первую очередь — ее.

Я не убежден, что статью Гаспарова можно быстро и безболезненно сократить (статьи Семеки я не знаю), а снимать ее вообще — жаль. Кажется, работа очень хорошая.

Я не имею никакого представления о том, как сложился сборник: получилось ли в какой-либо мере единство, как соотносятся крупный, средний и мелкий исследовательские «планы», выражаясь кино-языком. Следует учесть, что сборник не просто очередной, а в некотором роде программный. На него накинутся. Тартуские сборники с их 500 экз<емплярами> мы вправе делать pro domo sua[3], печатая статьи разной степени зрелости, творческие заявки на будущие работы и пр. Здесь мы должны дать сделанные работы, которые, в определенном отношении, могут считаться образцами. Может быть, стоит пересмотреть сборник с этой точки зрения. Пусть даже кое-что отойдет — можно будет, если в самом деле интересно, напечатать в Тарту. Конечно, не «отходы», а более узкие или проблематичные работы. Вот «итальянский» сборник сложился «кругло». Хотелось, чтобы и этот был на него похож.

Ремонт у нас продолжается, и жизнь бьет ключом по голове.

Ваш Ю. Лотман

4.IV я буду в Москве оппонировать у Софроновой. М<ожет> б<ыть>, и обговорим все дела? Сердечные приветы Гале, Ване и всем Вашим.

Ю. Л.

Зара морально готовится приступить к проблеме дачи.

[1] Датируется по связи с пп. 1969 г. (московский сб., дача).

[2] Идет речь о сб. статей по семиотике для московского издательства «Искусство», не вышедшем из-за несдачи вовремя и из-за идеологического разгрома издательства (см. последующие письма).

[3] для себя, для своего круга (*лат.*).

509

<Конец февраля — начало марта 1969 г.>[1]

Дорогой Борис Андреевич!

Посылаю Вам рукопись Тарабукина на предмет выкройки из нее куска в наш московский сб<орни>к. Моя статья в работе и будет готова через дней 10 («Простр<анство> в др<евне>р<усской> лит<ературе>» + «Гоголь» + вступление; это вступление я сейчас обдумываю, пишу и переписываю, — в Гоголе были большие неточности, хочется их исправить. Вообще, многое я передумал). Зарина статья готова и находится у машинистки. Так что мы не лыняем от работы. Вообще же я обалдел в самом точном смысле этого слова. Голова, как горшок!

Будьте здоровы и пишите. Гале и Ване приветы.

Ваш Ю. Лотман

P. S. Очень рад, что у Гус<тавы> Ис<aаковны> не так серьезно, как боялись. Передайте ей и Гале мои поздравления с 8-м марта.

P. S. P. S. Зара шлет всем приветы.

[1] Датируется по связи с соседними письмами и по упоминанию предстоящего 8 марта.

510

<13 марта 1969 г.>

Дорогой Борис Андреевич!

Поздравляю Вас с прошедшим днем рождения, а Галю — с наступающим. Посылаю Вам в виде маленького подарка сборник текстов русских формалистов, изданный по моему подбору в Праге[1].

Ваши действия относительно «Искусства» полностью одобряю[2]. Но не могу умыть рук лишь по одной причине: в нашем доме по случаю затянувшегося ремонта уже две недели отключены вода и туалет — последнее мы довольствуем по месту службы, а от умывания отвыкли полностью. Морально же я уже их умыл. План действий, я полагаю, если «Искусство» проявит видимые знаки раскаяния, то мы его прощаем и издаем сборник в ём. Если же продолжает свое обычное «в сани не сяду, из саней не вылезу»* — издаем том в Тарту, а для них пока — шиш, а затем, может быть, что-либо подготовим. Но тут возникает ряд трудностей. Главная в том, что моя статья должна была быть на 2/3 перепечаткой тартуских статей, что создает некоторые затруднения для включения ее «обратно» в тартуский сборник. Следовательно, я должен писать новую статью. Но поскольку еще не начали набирать IV том (поломался русский линотип!), то время, видимо, несколько терпит. Далее, в портфеле тартуского сборника уже есть кое-что (публикации, статья Ланглебен и др.). При передаче «искусственного» тома в Тарту, возможно, придется детали состава еще уточнить. Вообще же, я — за.

У нас обычная морока — я, как всегда, набрал лекций и ужасно устаю. У нас повальные ремонты — и на Кастани, и на Хейдемани — грязь и пыль. Ничего найти невозможно, заниматься нет никакой возможности. Вообще же все бодры и здоровы.

* Одно только небольшое уточнение: Вы заблуждаетесь, когда думаете, что не быть местом, где делают книги, — специфика именно «Искусства». Знакомство с АПН и рядом других отечественных издательств заставляет расценивать это как более общее свойство. А после наших общений с Эйнауди ясно, что нигде книги не делаются в издательствах. Остается лишь выяснить, где же их делают! (*Примечание Ю. М. Лотмана.*)

Передал ли Вам Пятигорский Тарабукина, которого ему передала Лена Аболдуева, которой его передал я?

Сердечные приветы Гале, Ване и всем Вашим. Зара кланяется.

Простите за машинопись.

Сердечно Ваш Ю. Лотман
Тарту.
13.III.69.

Я понял нашу основную ошибку: мы считали, что издательство — это место, где рукописи обменивают на книги, а это — место, где, в лучшем случае, их обменивают на гонорары.

[1] Poetika, rytmus, verš. Praha, 1968.

[2] Разгоревшийся конфликт с издательством «Искусство» (которое требовало немедленной сдачи просроченного сб. статей, а Б. А. Успенский и Ю. М. настаивали на пролонгации) вскоре померк в свете разгрома редакции издательства, выпускавшей труды по семиотике. В 1970 г., после выхода книг Ю. М. и Б. А. Успенского (см. примеч. 3 и 4 к п. 104), сотрудники редакции были уволены, а семиотика запрещена как наука.

511

<17—18 марта 1969 г.>[1]

Дорогой Борис Андреевич!

Я получил от Кисунько трагическое письмо по поводу Вашего обращения и копию его письма к Вам. Присылаю Вам копию своего ответа. Я думаю, что разрывать с ними все же не следует — достаточно припугнуть. Даже сейчас у нас есть материала на 2 сб<орни>ка (Тарту и «Искусство» легко выкроятся из уже имеющегося материала). Прошу пролонгировать до 1 мая. Информируйте меня о ходе дел. Я полностью заранее солидаризируюсь со всеми Вашими будущими действиями. Но не заходите в педагогическом пафосе воспитания издательства слишком далеко — все же это из лучших имеющихся сейчас издательств.

Будьте здоровы.

У нас — середне.

Сердечно Ваш Ю. Лотман

P. S. Получил из Парижа известие об избрании меня заочно в разные инстанции Ассоциации семиотики — анекдот[2].

P. S. P. S. Письмо мое в изд<ательство> — сохраните: у меня не осталось копии.

[1] Датируется по почтовому штемпелю Тарту: 18.03.69.

[2] Ничего анекдотического: члены Международной ассоциации семиотики не-

сколько дней ждали в Париже приглашенного Ю. М., которого однако так и не пустили наши власти, и затем заочно избрали его вице-президентом ассоциации.

512

<После 18 марта 1969 г.>[1]

Дорогой Борис Андреевич!

Я еще раз передумал все, что касается конфликта с «Искусством». Не заехали ли мы немного «по своим»? Все же издательство очень дружественное — где Вы найдете таких редакторов, как Гуревич, Лена Новик? Даже в таком прекрасном издании, как «Библиотека поэта», работать неизмеримо труднее, да и книги лежат дольше. Вот Зара сдала уже много лет тому назад Соловьева[2] (книга, честное слово, очень хорошая!), а ее, промучив массой мелочных придирок, многократным перерецензированием, даже не считают нужным уведомить, когда можно ждать выхода. И это — прекрасные люди и отличное издательство. То, что автор выдан издательству <с> головой, развращает даже самые хорошие. Причины здесь не таковы, чтобы можно было надеяться исправить их такими методами. Кроме того, очень боюсь, что внутри издательства этот конфликт ослабит наиболее симпатичную группу и усилит противоположную.

Из письма Кисунько я понял, что они заинтересованы весьма серьезно в серии и готовы сделать все для ускорения выхода Вашей книги. В этих условиях я полагаю, что нет смысла настаивать на расширении конфликта. Если Кисунько даст заверения, что издательство будет выдерживать сроки выхода (не более двух лет с момента сдачи книги — срок реальный, даже большой, и отступать от него не следует, но и сокращения его требовать — значит не проявлять реализма. Таковы условия нашей полиграфии), пролонгирует сроки сдачи сборника хотя бы до 1 мая, то думаю, что мы можем с почетом и развернув знамена отступить. Я глубоко убежден, что побеждает тот, кто имеет мудрость не настаивать на победе.

Боюсь еще одного поворота дела: приглашая людей сотрудничать в сборнике, мы взяли перед ними некоторые обязательства. Так, например, я лично просил В. Н. Топорова, мы с Вами вместе говорили с Вячеславом Всеволодовичем. По себе мы знаем, что написать статью в срок — дело нелегкое. Они это, в отличие, например, от меня, сделали. Не означает ли это, что мы, прежде чем принимать решение о передаче сборника в Тарту, должны с ними посоветоваться? Поймите меня правильно: я очень боюсь, что на этих «пузырях земли»[3] и в бессмысленных победах в войне с издательствами может надорваться нечто очень ценное в человеческих связях — вероятно, главной ценности нашего времени.

Из письма Кисунько у меня сложилось впечатление, что издательство ищет мира, а Вы сами знаете: «Блаженны миротворцы»[4]. Думаю, что стоит попробовать найти компромиссное решение.

Простите, что пишу на машинке.

4-я «Семиотика» пока стоит (сломался линотип), а вообще дела весьма середние. Устал я чертовски, пишу Вам ночью.

Будьте здоровы. Сердечно Ваш Ю. Лотман

(Продолжение утром):

Дорогой Борис Андреевич! Вблизи масштабы смещаются. Представьте себе, что мы обсуждаем это все из 1980-го года, и сразу станет очевидно, что уж из-за этого не стоит вести боев. Я только что получил пренеприятное письмо из издательство «Просвещение». Я сдал им книгу анализов — все разборы Пастернака и Цветаевой требуют снять[5], а письмо составлено так, будто я у них дворник. Но сердиться на них — как на погоду — бесполезно. А в «Искусстве» все же иные люди и иной стиль.

Будем это ценить!

[1] Датируется по связи с п. 511.

[2] См. примеч. 1 к п. 497.

[3] «Пузыри земли» — название цикла стих. А. Блока (1904—1905), восходящее к реплике Банко (драма Шекспира «Макбет», д. 1, сцена 3).

[4] Крылатая фраза из Евангелия (Мф., 5:9).

[5] Речь идет о книге Ю. М. «Анализ поэтического текста» (Л., 1972). Главу о Цветаевой удалось отстоять — она есть в книге.

513

<Начало мая 1969 г.>[1]

Дорогие Галя и Борис Андреевич!

Страшно и стыдно Вам писать — мы еще ничего не сделали с дачей, ни для себя, ни для Вас. У нас столько неприятностей, больших и малых, такой завал во всех делах, что о лете подумать еще не было времени. Самые неприятные вещи не буду перечислять, скажу о наиболее идиллических: 15 мая у меня окончательный срок сдачи в Библиотеку поэта книги — большой серии «Поэты 1790-х — 1810-х гг.», около 40 п. л. (3 — вст. статья, я должен сделать единолично, а остальное — тексты и комментарий — в соавторстве). На 1 мая у меня не было сделано ничего (=!!!!!!!!!!!!). Сейчас написано 1/2 печ. листа и есть план статьи в голове (это очень важно, т<ак> к<ак> я хочу написать относительно содержательную работу об принципах изучения массовой литературы; сборник ведь будет специфический: не только, скажем, Пушкина или Жуковского, но и Гнедича или Мерзлякова в нем не будет, самые крупные поэты — Милонов или Воейков!). На праздниках хотел поработать, но на голову свалилась целая толпа гостей (Сидяковы — трое, Образцовы и пр.). Все люди очень милые, и грех роптать, но планы работы полетели к чертям.

Мишка кончает школу и терзает наше сердце нарочито неблестящими успехами. Луч света — «Семиотика IV» набирается, скоро ждите корректур.

В мае все же вопросами дачи начнем заниматься, боюсь, что поздновато.

Будьте здоровы, приветы всем Вашим! Сердечно Ваш Ю. Лотман

P. S. Только что отослали Вам корректуру. Ради Бога, не задерживайте — сейчас книга пошла быстро, а если задержать — может застрять.

[1] Датируется по связи с соседними письмами и с упоминанием прошедшего 1 мая и наступающего 15-го.

514

<28 июля 1969 г.>

Дорогой Борис Андреевич!

Очень все глупо получилось, страшно досадно!!! Но я и Зара Григорьевна ведь сообщили Вам, что для Вас дача снята. Для себя же смогли снять лишь очень поздно — а Вы тем временем уже сменили вехи. Все же надеюсь повидаться летом — может быть, хоть Вы приедете. У нас места много, хоть танцуй, кругом сеновалы. Потолковали бы...

Теперь о делах. Я не разделяю Вашего пессимизма по поводу «Искусства». Овсянников хоть и вельможа философический, но, говорят, человек порядочный, да и философ квалифицированный — все же ученик Лукача. К тому же наук и свободных художеств покровитель; Зись (Авнер Яковлевич! Вы слыхивали такое имя?), по свидетельству Столовича, — а они приятели, — человек жовиальный, доброжелательный, ленивый и управляемый. В высшей мере дипломат и в качестве такового, по всей вероятности, введен. Но к структурализму благожелателен и — главное, — как считает Леонид Наумович, будет делать то, что мы захотим, закругляя для проходимости. У него, кажется, есть еще одно незаменимое качество: Столович считает, что по лености он не станет писать предисловие сам, а подпишет то, что напишем Вы или я. Конечно, противно, но такую стоимость перронного билета я согласен платить. Разумеется, при условии, что содержание сборников будет определяться нами. При наличии тартуских сборников, в которых разговор идет «без дураков», некоторое количество «дураков» — в пределах популярности, а не пошлости — даже полезно. Ведь очень многие из искренне интересующихся неглупых людей тартуских статей просто не понимают. Иногда давать нечто популярное, разумеется, не сводя к этому основного содержания, не вредно.

Я получил какой-то странный перевод из «Искусства» — около ста тридцати рублей — с сообщением, что это 60% по какому-то договору (кажется, № 68 или 86). Такового договора я у себя не нашел. Если за книгу, то вроде маловато. Если за статьи, которые мы сдали, то тоже маловато, и почему нет Заре? Если же за что-то третье, то за что? Если случайно увидите Лену Новик или Сережу Неклюдова — попросите узнать. Любопытно.

С IV-й «Семиотикой» дела идут, хоть и не очень быстро. Сегодня подписал вторую корректуру. Еще раз перечел весь сборник, — кажется, неплохо. В частности, снова понравились обе Ваши статьи.

Пятигорский продолжает вести себя загадочно: сообщил о приезде, мы ждали — одновременно обещал разным лицам прибыть в Таллин и в Тарту в один и тот же день — и не показался нигде.

У нас новостей нет — только что вернулся из практики со студентами (семинар по быту) из Ленинграда: было очень интересно.

Сердечные приветы Гале и Ване, а также всем Вашим.

От души Ваш Ю. Лотман
28.VII.69.

515

<10 сентября 1969 г.>

Дорогой Борис Андреевич!

Простите за задержку (чувство моей вины резко обострилось в связи с сердитым тоном Вашей телеграммы, которая в переводе на семантический язык звучала: «Отдайте наконец мою корректуру!»). Для нее (задержки) была еще одна причина: Эйнауди прислал только часть — и не очень значительную — корректур (Вас, Егорова, Гаспарова, Сегала обзор по семиотике и Мелетинского и С° обзор по фольклору)[1]. Я и полагал, что следом прибудет остальное, и, любя во всем порядок, решил рассылать сразу. Но, как всегда, охота к порядку до добра не доводит: итальяшка остальную часть не прислал до сих пор, а я, заторможенный всякими делами, затянул отсылку. Придется сменить секретаршу. Конечно, жалко, я к ней привык, но дальше терпеть такой хаос в делах невозможно.

Наш друг и высокий покровитель Александр Моисеевич Пятигорский по непонятной мне причине счел необходимым сообщить своему другу Ф. Городнинскому о прибытии корректур от Эйнауди (полагаю, что по чистой общительности). В результате я получил суровое предупреждение от АПН, чтобы корректуры отправлять только через них. Прошу сие учесть.

С сердечным приступом/приветом*.
10.IX.69.

Ю. Лотман

* Ненужное вычеркнуть. (*Примечание Ю. М. Лотмана.*)

[1] Речь идет об итальянском сб. 1973 г. (см. примеч. 5 к п. 524); не путать его с уже вышедшим сб. 1969 г. (см. примеч. 1 к п. 494).

516

<12 сентября 1969 г.>

Дорогой Борис Андреевич!

Итальянские корректуры Вам и другим москвичам выслал сегодня. Задержал их из-за дикой суматошности жизни. Летом, как Вы знаете, Мишка поступал в университет (поступил к нам на русское отделение, что-то будет...). Гришке делали очень трудную операцию в носу. Было и еще кое-что, включая 10^{10} неоконченных, просроченных и пр. работ и всяческих срочных дел (кстати, хутор мы не купили, а Вы?). Как только вернулся — на меня навалилось 20 (сейчас даже 24) лекционных часа в неделю. Совершенно дохну от усталости. У Зары Гр<игорьевны> тоже 20 часов лекций в неделю — она безумно устает.

Из оптимистических дел — «Семиотика» движется. Сейчас уже печатается тираж. В сентябре (тьфу, тьфу, тьфу!!!) должен выйти. Правда, цена дикая — 4 руб. (сейчас вздорожают все книги).

Я Вам писал о моих сведениях о зисях. Каково сейчас положение? Прошу Вас не поддаваться эмоциям и не очень горячиться в разговорах с «Искусством», хотя это издательство зись-кись[1] мне самому ужасно надоело. Но что делать, коли лучшего нет? В моем последнем письме, ответа на которое я тщетно ждал, был ряд практических вопросов. Соберитесь все же чиркнуть пару слов. Знаю, что у Вас беспокойно и тревожно (самые последние сведения о Вашей жизни имею от некоторой московской дамы, отдыхавшей в Эльве вместе с Райт, фамилии ее, к сожалению, не запомнил). Хотелось бы и более прямых источников. В октябре собираем следующую «Семиотику». Это Вам не Кись и Зисунько. Подумайте о своем участии — что дадите.

У нас беда — скончался <А. Б.> Правдин. Умер он во время запоя от прободения желудка. Поскольку он был в состоянии невменяемости, пропустили момент для простой, в сущности, операции. Впрочем, страшно сказать, но, может быть, это и к лучшему. Умер он ночью на улице. Нашли его лишь утром. Вчера были похороны. Так вот. Отпевали в церкви. Какие хорошие слова молитвы!

Будьте здоровы и пишите. Сердечные приветы Гале и Ване.

Большое спасибо за книгу — очень интересная.

Посылаю Вам данные об одном рукописном словаре собственных имен, который я обнаружил в ГПБ им. Салтыкова-Щедрина в Л<енинграде>. М<ожет> б<ыть>, пригодится.

Сердечно Ваш Ю. Лотман
12.IX.69.

[1] Здесь и ниже Ю. М. каламбурит, используя фамилии Зись и Кисунько.

517

<23 октября 1969 г.>

Дорогой Борис Андреевич!

Посылаю Вам Эйхенбаума[1] — сообщите о поручении. А то, как говорил Акакий Акакиевич, чиновники народ того, ненадежный...[2]

Помнится, в бытность в Москве на пути в Ереван я составлял для «Искусства» разные проспекты, но куда их дел — хоть убей, — не помню. Одна из возможностей, что попросил Вас отослать им. Не приснился ли этот же сон и Вам? Будьте добры, сообщите. А то «Искусство» загадочно молчит.

В Тарту сразу же окружили мя тельцы мнози тучны[3]. Будьте здоровы, благополучны, сообщайте мне о здоровьи Ю<рия> К<онстантиновича> и Риты[4].

Гале и Ване приветы и по[л]целуи*. Зара всех Вас просит приветствовать и благодарит за гостеприимство.

Сердечно Ваш

Ю. Лотман
Тарту.
23.X.69.

[1] К тому времени вышли две книги Б. М. Эйхенбаума — «О поэзии» и «О прозе» (обе — Л., 1969).

[2] Ю. М. неточен. Акакий Акакиевич, герой гоголевской «Шинели», говорит Значительному лицу: «... секретари того... ненадежный народ...»

[3] Цитата из Библии — символ злых недругов (Псалмы, 21:13).

[4] Лекомцевы.

518

<Осень 1969 г.>[1]

Дорогой Б. А.!

Посылаю Вам нашу статью (Вашу рукопись + мои добавления)[2]. «Кончаю, страшно перечесть» — в самом деле, не перечитывал. Переделывайте как угодно, но, умоляю, быстрее! Хочу ее дать в нашу «Семиотику» и послать Кристевой, получив все формальные разрешения.

Где «Условность»?![3]

Приветы Гале и Ване. Жду исправленную рукопись.

Сердечно Ваш Ю. Л.

<u>Очень</u> прошу сообщить хоть два слова, что у Лекомцевых[4], — спрашивать их боюсь, а неизвестность мучительна.

---

* Не пол, а полностью! (*Примечание Ю. М. Лотмана.*)

[1] Датируется по связи с п. 517.
[2] «О семиотическом механизме культуры» (опубликуется в «Семиотике 5»).
[3] См. примеч. 1 к п. 493.
[4] Ю. К. Лекомцев тяжело болел.

519

<Осень 1969 г.>[1]

Дорогой Борис Андреевич!

Письмо Ваше получил — спасибо. Извините, что столько раз требовал «Условность» от Вас, забыв о том, что сам должен был ее выслать. Посылаю все, что у меня есть.

Получили ли Вы оттиски? Сообщите адрес Ахмановой. Поскольку типография не изготовила (только ей!) оттисков, придется презентовать том и извиняться.

Очень грустно в связи с безраб<отицей> Пятигорского.

Приветы, Ю. Лотман

[1] Датируется по связи с предыдущими письмами и с сообщением об О. С. Ахмановой: ее некролог «Уриель Вейнрейх» опубликован в «Семиотике 4», вышедшей в свет осенью 1969 г.

520

<Конец 1969 г.>[1]

Дорогой Борис Андреевич — куда Вы пропали?

Посылаю Вам за-пере-держанную мною «Условность». Просмотрев еще раз рецензию <В. В.> Иванова и еще одну, написанную очень странно, я пришел к выводу, что в самой заметке ничего передел<ывать> не нужно, но что для популярности и «энциклопедичности» формы ей следует придать «введение» (значение термина и история проблемы), что я и сделал в меру своего разумения. Сочинил я и проект библиографии. Очень прошу его просмотреть, лишнее выкинуть, недостающее внести (особенно по части изобразительных искусств и иноязычной библиографии). Статьи из сборников, указанных в разделе «Сборники», я отдельно не вносил. Вообще же библиография составлена тяп-ляп. Придайте ей хоть внешнюю приличность. «Введение» хоть перекроите, хоть вообще изничтожьте. Но, ради Бога, скорее сдайте все Попову — я и так ужасно задержал.

Как Ваши дела? Напишите хоть открытку. Я начинаю вылезать из цейтнота и очень хочу повеситься. Дома все здоровы. Как Ваши? Всем приветы (простите за письмо на машинке — пишу в 5.30 утра и бужу себя машиночным треском).

Сердечно Ваш Ю. Лотман

Утром получил Ваше письмо из Л<енингра>да.

1) Лечите сердце!

2) Оттиски еще не готовы.

3) <Б. М.> Гаспаров Вам книги выслал, а моя — это подарок к Новому Году. Получил ли Вл<адимир> Андр<еевич>?

4) О АПН не горюйте — я готов приехать и стукнуть по столу. Обойдемся отлично и без них. Что-нибудь выдумаем. Напр<имер>, я получу на весь сб<о>р<ник> разрешение в Таллине или еще что-либо. Живы будем — не помрем, а помрем, так не из-за АПН.

Не хандрите.

Ю. Лотман

(У меня всегда — чем хуже дела, тем более лихое настроение. А лихое настроение нам еще пригодится).

[1] Датируется по связи с предыдущими письмами и по упоминанию Нового года.

521

1.I.70

Дорогие Галя и Борис Андреевич!

Сердечно поздравляем Вас с Ваней и всех Ваших близких с Новым годом. Да будет он счастливым и благополучным. Гале наши особые пожелания.

Я заканчиваю статью («Культура и семиотика»)[1] и через пару дней вышлю Б. А. на исправление!

А как «Условность»?[2]

Спасибо за оттиск.

Сердечно Ваш Ю. Лотман

Зара и дети шлют самые сердечные пожелания.

Статью еще не перечитывал, но писать ее мне было интересно.

[1] Очевидно, совместная с Б. А. Успенским статья «О семиотическом механизме культуры» («Семиотика 5»), в тезисной форме опубликованная под названием «Семиотика культуры» в «Материалах V Всесоюзного симпозиума по кибернетике. Тбилиси, 25—29/X 1970 г.». Частично этот труд использован в книге Ю. М. «Статьи по типологии культуфы» (Тарту, 1970).

[2] См. примеч. 1 к п. 493.

522

<12 января 1970 г.>

Дорогой Борис Андреевич!

Сердечно поздравляю Вас и всю Вашу семью со старым — то есть, конечно, настоящим — Новым годом. Пожелания — постоянные: счастливого и нетрудного разрешения всех Ваших ожиданий, здоровья и душевного покоя — всем хорошей работы.

Получили ли Вы мой набросок нашей статьи? Название, я думаю, лучше переменить на что-либо вроде: «Семиотический механизм культуры». Но как Вам она вообще? Ожидаю Вашего мнения с некоторым беспокойством. Где «Условность»? Том — на сносях. Не приедете ли принимать в порядке взаимной услуги? Это — шутка[1]. Я понимаю, как Вам трудно сейчас оставлять Галю, и, при всем желании Вас повидать, всерьез на Ваш приезд не рассчитываю (практической нужды в этом нет никакой).

Простите, что еще не вернул Вам задолженные 40 р. (20 одолженные в Москве + 20 за книгу) — вышлю сразу после 21 янв<аря>.

Как Ваша книга? Я получил корректуру своей[2]. Ничего более забавного я еще не читал в жизни: они набрали целые страницы из другой рукописи, а мои — потеряли. Получилось, клянусь Вам! — очень хорошо. Текст совершенно деавтоматизировался и приобрел приятное разнообразие. Я, как только нападаю на кусок, написанный приличным языком и где можно разобрать что к чему, сразу же на полях пишу: «Безобразие! опять из чужой книги!!!» Но каково тому автору, который читает мои куски в своей книге!? Судя по тексту — книга о Чайковском. Как бы инфаркт не хватил...

Если Вы учтете, что рукописи у меня нет (!), то оцените вполне пикантность ситуации.

У нас — середне. Оттиски высланы. От души желаю Вам всего лучшего.

Ваш Ю. Лотман
Тарту.
12.I.70.

P. S. Вообще же муторно до чрезвычайности.

P. S. Посылаю Вам оглавление 5-го тома. Возможно, еще кое-что добавится (статья В. В. Иванова об Эйзенштейне, А. К. Щеглова[3] об одном сомалийском рассказе и др.). Кое-что под вопросом (Мялль и др.). Расположение некоторых №№ (6, 9, 11) условное. Очень прошу обратить внимание на №№ 13 и 27. Правильно ли я выбрал из Флоренского? Хорошо бы краткую заметку к публикации. Не дадите?

Кстати, не у Вас ли (я привозил, помнится, для «Искусства», или в этом проклятом «Искусстве» — справьтесь, умоляю, у Лены Новик) статья Сыркина (№ 7)? Она у меня намертво затерялась вместе с фотографиями — очень стыдно писать ему о дубликате — хорошо бы найти. Поищите у себя. Остальные почти все работы — реальны и на месте.

Не даст ли что-либо Рита или Ю. К.? Ритина статья, кажется где-то печатается — тогда придется, к сожалению, снять. Спросите ее при случае[4]. Я спрашивал в двух письмах, но не получил ответа. Как вообще у них? Страшно и больно думать[5].

[1] Шутливый намек: 22 февраля у Успенских родится сын Федя.
[2] См. примеч. 3 и 4 к п. 104.
[3] Ошибка Ю. М.: А. К. Жолковского.
[4] Статей А. К. Жолковского и Ю. К. Щеглова, А. Я. Сыркина, Ю. К. Лекомцева в «Семиотике 5» нет; статьи В. В. Иванова, Л. Э. Мялля и М. И. Лекомцевой опубликованы.
[5] Речь идет о тяжелой болезни Ю. К. Лекомцева (см. примеч. 3 к п. 487).

523

<29 января 1970 г.>

Дорогой Борис Андреевич!

Спасибо за письмо. Отвечаю на вопросы.

1. Срок сдачи сборника (не педагогический) таков: все сроки пропущены (издательский план 1969 г.). Следовательно — чем скорее, тем лучше. Практически, видимо, середина февраля — дальше тянуть невозможно.

2. Оглавление 5-го тома имеет предварительный характер. На этой стадии и другие тома выглядели не лучше. В. Н. Топоров даст работу в начале февраля, Вяч. Вс. — обещает к тому же сроку. Я тоже что-нибудь поднапишу. Глядишь, и Вы расщедритесь. Ю. К. Лекомцев обещает (от него я получил письмо, проникнутое каким-то совершенно недоступным человеку спокойным мужеством, безо всякого позирования; очень высокого ранга человек). Так что уровень еще подтянем. А откладывать до лета не имеет смысла: вдруг лета и вовсе не будет? С точки зрения новейших физических теорий это даже очень возможно. Не даст ли Н. И. Толстой что-либо? Спросите[1].

3. Отобранный нами Флоренский у Вас или у меня? Что именно мы отобрали? Черкните, если помните.

4. На вопрос «Как дела» отвечаю — «гм, гм...».

На будущее предлагаю, чтобы сборник был разделен на разделы, у каждого раздела был «куратор», а «Совет кураторов» составлял неофициальную редколлегию сборника. Состав «кураторов»:

1. Семиотика мифа, фольклора и религии — В. Н. Топоров.
2. Семиотика живописи — Б. А. Успенский.
3. Семиотика музыки — Б. М. Гаспаров.
4. Семиотика кино — В. В. Иванов, Ю. М. Лотман.
5. Поэтика — В. В. Иванов.

6. Семиотика культуры — Ю. М. Лотман.
7. Проблемы метрики — М. Л. Гаспаров*.
8. Частотные словари — З. Г. Минц*.
9. Трибуна — Ю. Лотман.
10. Общие проблемы семиотического описания — И. И. Ревзин, А. М. Пятигорский.
11. Публикации — Ю. М. Лотман

Со временем хорошо бы и рецензии. На этот раздел можно было бы посадить Д. М. Сегала?

Как Вам такой план?

Информируйте меня о Ваших делах (в особенности о Галиных). Я с полной готовностью воспринял указание на срок — начало марта[2]. Хочу лишь напомнить (сообщите Гале для увязки сроков), что в конце февраля я уже имел честь родиться и этот день хотел бы быть у своих, а потом — в Вашем распоряжении. Как говорят англичане, традиция превыше всего.

Сердечные приветы Гале, Ванюше и двум старшим поколениям.

Надеюсь, что Ваш грипп уже прошел.

P. S. Меня укатали корректуры «Искусства»[3]. Корректуры страшные, а мое писание — и того пуще. Уж так мерзко, что дальше некуда.

Сердечно Ваш Ю. Лотман
29.I.70.

В предисловии к книге я хотел бы написать: «Автор смеет заверить читателей, что он не такой дурак, как можно подумать, прочтя эту книгу».

[1] Статей Ю. К. Лекомцева и Н. И. Толстого в «Семиотике 5» нет, статьи В. Н. Топорова и В. В. Иванова опубликованы.

[2] Сын Б. А. Успенского Федя родится 22 февраля.

[3] Книга Ю. М. «Структура художественного текста» (М., 1970).

524

<12 марта 1970 г.>

Дорогой Борис Андреевич!

Из слов Лены Аболдуевой заключаю, что Вы, кажется, не получили моего последнего письма. Посему коротко, насколько помню, повторяю его содержание:

1. Сердечно поздравляю Вас и Галю. Как назвали[1]? Ради Бога, не увлекайтесь лечениями и лекарствами — у нас не очень-то приятный

* Необходимость таких разделов подлежит обсуждению (*примечание Ю. М. Лотмана*).

опыт Гришки. Он был, в общем, здоров, просто Зара его недокармливала, а врач — и очень хороший — наговорил бог знает чего, и мы стали давать сильнодействующие гормональные лекарства, последствия которых, возможно, сказываются до сих пор. Вообще мой опыт говорит, что из двух хирургов лучший тот, кто советует воздержаться от операции, а из терапевтов — тот, кто прописывает меньше лекарств. Вообще же не волнуйтесь и не волнуйте Галю — все наладится.

2. Статью нашу о культуре я получил[2]. По-моему, она, кажется, удалась, и я вложил ее в Вашей редакции в сборник. Сборник до сих пор не сдан по единственной причине: жду статью Вяч. Вс. Могу протянуть еще от силы неделю — потом сдаю[3].

3. У нас новостей много, но существенных — никаких. Болеет ректор, поговаривают о замене. Мы очень — просто нечеловечески — устали.

4. Мы меняем квартиру — будем жить на улице Бурденко (напротив Этнографического музея), адрес потом сообщу. Переедем не раньше конца апреля.

Кончаю аннотацию старого письма и начинаю новое. Спасибо за книги — «Летописей» у меня не было, а я давно за ними охочусь. Вторая — была. Могу ее вернуть Вам, но, по жадности, буду рад, если Вы все же не потребуете ее.

Очень соскучился по всем вам. Возможно, в апреле буду на пару дней в Москве, но боюсь писать утвердительно, чтобы не сглазить. Я тут подготовил брошюрку все о той же, уже надоевшей немного типологии культуры[4]. Но с печатаньем (ротапринт) возникли некоторые неожиданные трудности. Там (в брошюре) я собрал кое-какие старые статьи и написал пару новых. Одна из них, кажется, интересна. Сейчас все отложено на неопределенный срок.

Не узнали ли Вы в АПН о корректурах итальянского сборника[5]? Что-то и наш друг Кисунько не оплачивает сборник[6], хотя клялся сделать это в январе. На днях выберусь ему написать — но я сейчас сильно заторможен относительно эпистолярного жанра — писать просто не могу.

Что Лекомцевы? Что Мойсеич? Пишите, не сердитесь на мою неаккуратность — увидимся — потолкуем.

Обнимаю и целую Вас и Галю.

Сердечно Ваш Ю. Лотман
Тарту.
12.III.70.

Вчера впервые прочел «Доски судьбы» Хлебникова. Поразительно.

[1] См. примеч. 2 к п. 523.
[2] См. примеч. 1 к п. 521.

[3] «Семиотика 5». Статья В. В. Иванова там опубликована.
[4] См. примеч. 1 к п. 521.
[5] Ricerche semiotiche. Nuove tendenze delle scienze umane nell'USSR Torino, 1973.
[6] См. примеч. 2 к п. 508.

525

<31 марта 1970 г.>

Дорогой Борис Андреевич!

Что у Вас — очень беспокоюсь. А что не пишу, так тому причин много, а главная — лень и некоторая неопределенность самых различных дел. В апреле надеюсь побывать в Москве — поговорим. А вот что у Вас?

Статью об иконах[1], конечно, получил и давно уже — статья очень хорошая. Но сборник все еще не сдан[2] (не прислал статью Вяч. Вс., да и я затянул техническое оформление сборника). А сейчас это худо — Клемент уходит, да и сроки издательского плана уже истекают.

Напишите хоть пару слов. Очень буду рад. Что у Лекомцевых и вообще у всех?

Обнимаю Вас. Ю. Лотман
31.III.70.

[1] Статья Б. А. Успенского «О семиотике иконы» (Семиотика 5).
[2] «Семиотика 5».

526

<17 июня 1970 г.>

Дорогой Борис Андреевич!

Посылаю Вам «Предложения» по летней школе[1]. Тезисы!!![2]

Пишу Вл. Андреевичу (покажите ему «Предложения»). Очень бы хотелось, чтобы он приехал. О делах лично-домашне-прочих не пишу. М<ожет> б<ыть>, на пару дней выскочу в Москву, так поговорим. У нас все в порядке.

Ваш Ю. Лотман
17.VI.70.

[1] 4-ая Летняя школа по семиотике в Тарту (Кяярику) состоится 17—24 августа 1970 г.
[2] Т<о> е<сть> «поскорее присылайте тезисы доклада».

527

<27 сентября 1970 г.>

Дорогой Борис Андреевич!

Редакционная коллегия «Трудов по знаковым системам» напоминает Вам, что крайний срок сдачи тома 1 ноября сего года. В связи с этим просим Вас предоставить <так!> рукопись не позже 15 октября. Считаем своим долгом напомнить Вам, что рукописи, прибывшие в Тарту после этого срока, равно как и рукописи, не оформленные в соответствии с действующими издательскими правилами (более двух поправок на страницу, не первый экземпляр, нестандартное оформление сносок, отсутствие сквозной нумерации, плохая вычитка и т. д.), рассматриваться не будут и автоматически в том не включаются. Просим Вас также дать английское название Вашей статьи на отдельном листке. Редколлегия особенно заинтересована в Вашем участии в этом томе и с нетерпением ожидает Вашей статьи.

С уважением. Ваш оргкомитет[1].

Одновременно пишу «личное» письмо, где — «все подробности».

Обнимаю Вас. Ю. Лотман
27.IX.70.

[1] Основной текст — от слов «Редакционная коллегия...» до «Ваш оргкомитет» — официальная машинопись под копирку; остальной текст — рукой Ю. М. Речь идет о «Семиотике 6».

528

<Около 27 сентября 1970 г.>[1]

Дорогой Борис Андреевич!

Спасибо за письмо и известия. Рад, что у Феди, кажется, опасения были напрасны. Пишу второпях, поэтому только о делах:

1. Посылаю бумаги. Возможно, при обсуждении следует напирать на выработку экономной и научной методики изучения русского языка эстонцами — как практического выхода трудов лаборатории[2].

2. Том «Семиотики» еще не набирается, но сдан в полном порядке — все сделали в ажуре.

3. Оповестите москвичей, что «Семиотика VI» должна быть сдана к 1 ноября. Поэтому:

а. Статьи присылать срочно.

b. Статьи присылать только в полном порядке относительно оформления — статьи плохо оформленные автоматически отвергаются редакцией.

4. Ожидаю обещанных оттисков для отсылки Себеоку.

У нас горе — скончался Оксман. Старики уходят...

Означает ли снятие Кисунько, что с серией покончено[3]? Узнайте у Лены Новик. О «Семиотике VI» сообщите, пожалуйста, С. Неклюдову с просьбой оповестить: 1. Иванова, 2. Топорова, 3. Ревзина, 4. Пятигорского, 5. Лекомцевых, 6. Вас, 7. Себя и всех мелетинских[4], 8. Ю. Левина, 9. Всех, кого я забыл, по Вашему усмотрению.

Очень прошу Вас просить В. Н. Топорова дать его доклад. Желателен был бы и Велес[5].

Кончается время — приветы всем Вашим.

Ю. Лотман

[1] Датируется по связи с п. 527.

[2] См. примеч. 1 к п. 474.

[3] См. примеч. 2 к п. 510.

[4] Подразумевается: «всех учеников Мелетинского».

[5] В «Семиотике 6» будет опубликована статья В. В. Иванова и В. Н. Топорова «К проблеме достоверности поздних вторичных источников в связи с исследованиями в области мифологии (Данные о Велесе в традициях Северной Руси и вопросы критики письменных текстов)».

529

<29 сентября 1970 г.>

Дорогой Борис Андреевич!

Узнал из письма Ларисы Ильиничны о нездоровье Андрея Васильевича. Очень беспокоюсь — сообщите, как дела. Если он не очень плохо себя чувствует, передайте ему мои самые сердечные пожелания.

Рад был, что у Вани ничего серьезного не оказалось. Что же все-таки было?

Несколько дел:

1. Посылаю Вам письма Эйнауди и (старое) Лихачева — к сведению.

2. Получили ли Вы приглашение в VI-ю «Семиотику»? Очень прошу позвонить Вяч. Вс. (ему и всем другим также разослано) и поторопить; если к 1 ноября не сдадим, том вылетит из плана 1971 г.

3. Есть серьезное дело. Мы думали-думали и решили, что грех нам, что Бахтин так живет. Мы прикинули, что для того, чтобы, если он согласится, снять ему с женой хорошую комнату в Тарту и организовать медицинское и бытовое обслуживание[1], нужно:

a) Инициатива и желание — это у нас есть. И, главное, чувство, что иначе стыдно.

b) Деньги. Это, как мы прикинули, тоже потянем. Хотя очень желательно было бы, если бы несколько москвичей присоединились, добровольно отяготив себя сбором 10 р. в месяц.

с) Его согласие и желание. Вот по этому поводу я и обращаюсь к Вам. Нельзя ли каким-либо образом узнать его отношение к этому проекту? Хорошо бы не очень откладывая — комнату мы уже присмотрели, но в Тарту с этим очень трудно — может уплыть.

Я не знаю, как здоровье Андрея Васильевича, поэтому не могу судить, сможете ли Вы сами съездить. Но нельзя ли узнать, едет ли кто-либо в ближайшее время, или попросить кого-либо съездить к нему? На случай, если Вы поедете не сами, вкладываю письмо Бахтину от меня, хотя дело деликатное, и устный разговор был бы лучше. М<ожет> б<ыть>, Сережа Неклюдов съездил бы?

4. У меня новый аспирант — Саша Белоусов (помните ли?). Очень толковый парень. Он занимается древней и фольклором. Но у нас уже ворчали, что слишком много древников, и я придумал ему современную тему: «Современный старообрядческий фольклор Прибалтики» — он сам из Риги, имеет доступ к материалам этого типа (в том числе и полевым). Поработает и в Причудье. Как Вам эта тема? По-моему, она дает место ряду интересных проблем теоретического типа (он писал курсовую о духовном стихе). Я не могу предложить Вам быть официальным руководителем темы — уже и так нас ругали, что у Душечкиной — чужой (Лихачев). Но согласились бы Вы его консультировать? Я ведь в этом сами знаете, как понимаю.

Очень соскучился по Вам — в Тарту все спокойно и тихо, но я устал — в результате всех дел летом совсем не отдохнул. Настроение какое-то грустное. Очень жаль Оксмана...

Где Ваши оттиски для Себеока — я не отсылаю ему письма, ожидая их.

Сердечно Ваш Ю. Лотман
Тарту.
29.IX.70.

[1] Этот замысел не был осуществлен: М. М. Бахтин отказался переезжать в Тарту.

530

<20—21 октября 1970 г.>[1]

Б. А.!

Вы удивляетесь, что Павел служил в дворцовой церкви. Но Петр пел на клиросе. А вот про Александра из мемуаров его лейб-медика Тарасова. Александр в 1824 г. путешествовал и около Вятки был во время службы в сельской церкви и остался крайне недоволен пением. Когда Тарасов ему вечером перевязывал больную ногу, «его величество меня спросил, доволен ли я был служением литургии в тот день? — Не совсем, — откровенно доложил я его величеству, — особенно нехорошо пели на клиросе причетчики. — Точно так, и я был недоволен, — сказал государь. Берлинский (свитский регент. — Ю. Л.) оправдывается тем, что из здешних причетчиков он решительно не может составить сколь-нибудь приличного хора. Чтоб избежать подобного козлогласования, в бчдущую обедню мы составим свой хор, который, надеюсь, будет несравненно лучше. Ты знаешь церковное пение? — спросил меня государь. — В молодости певал (Тарасов — семинарист. — Ю. Л.), — отвечал я. — Итак, — сказал государь положительно, — будущую обедню хор составлять будут: я, ты и Берлинский»*. В дальнейшем царь неизменно пел всю службу.

Но это еще что! Современники упорно говорили, что в домовой церкви у кн<язя> Голицына, министра и обер-прокурора Синода, но мистика, вольнодумца, колебавшегося между крайним вольтерьянством и поклонением Эккартсгаузену (вдобавок — тонкий придворный, всегда попивал мадеру из плоского флакона, который носил с собой, и имел пристрастие к женщинам в положении), государь и Голицын тайно служили службу. Голицын пел литургию, освящал св<ятые> дары (!!!) и причащал государя, а государь — его. Так-то-с. А все Никон, кобель борзой-с...**

При сем остаюсь Вашего превосходительства преданнейший слуга

Ю. Л.

P. S. Из Тбилиси приглашение — получили вчера[2].

Были ли Вы на московском совещании по кибернетике и интересно ли было?

[1] Датируется по почтовому штемпелю г. Тарту: 21.10.70.
[2] На симпозиум по кибернетике (см. примеч. 1 к п. 521).

531

<Около 22—25 октября 1970 г.>[1]

Дорогой Борис Андреевич!

Спасибо за большое и подробное письмо. Прежде всего о делах:

1. Посылаю Вам список фильмов, срок — после Нового года (сообщу подробнее потом). Вы предлагаете «что-либо легкое и развлекательное» и, чтобы я понял точнее, что Вы под этим понимаете, поясняете — «Сладкая жизнь» Феллини. Я Вас понял и в таком духе и составил список. Но вопреки Вам для отдыха вставил и кое-что «интел-

---

* Имп. Александр I по личным воспоминаниям лейб-хирурга Д. К. Тарасова. <Пг., 1915,> с. 145. (*Примечание Ю. М. Лотмана.*)

** А Вы еще удивляетесь, что в конечном итоге имели место некоторые эксцессы. (*Примечание Ю. М. Лотмана.*)

лектуальное»: «Голдфингера», «451° по Фаренгейту» и «Д<окто>ра Стрейджлава»[2]. Я не видал «Диктатора» Чаплина, и, если Вы не против, добавьте и его. Со знаком (?) — во вторую очередь или в том случае, если не все из перечисленного у них есть. Вообще же список — не закон. Покажите его Кириллу[3] (мои ему приветы!) — пусть посоветует. Возможно, есть какие-нибудь интересные новинки, о которых мы и не слыхивали. В тех случаях, когда я не знал, не звучит ли русское название как-либо иначе, во избежание путаницы писал, как в оригинале.

2. Спасибо за согласие консультировать Сашу Белоусова. Тема, конечно, — сохранение и бытование старого фольклора и его отношение к письменной книжной традиции. Полевая работа его не смущает. Он считает, что с информантами контакт у него будет, — в Риге ему уже приходилось сталкиваться.

3. Ответил ли Вам Лихачев?

4. Известно ли о судьбе моей (по Вашей инициативе писанной) заявки на лабораторию? Видно, «не показалось»?

5. «V Семиотика» еще не в наборе, но скоро будет — я предпринял подлинно героические для этого меры. Геракл и тот передо мной — щенок («Волнуйтесь, подробности письмом»).

6. 30-го (или, что вероятнее, 31) я приеду в Москву и на другой день вылечу в Саратов оппонировать диссертацию и читать лекции. 5-го снова буду на день в Москве.

Книга моя, кажется, вышла. Гм-гм. «Народ зрит божий гнев и кары ждет»[4].

Где Ваша статья в «VI Семиотику»??!! Проклятье! Не могли бы Вы позвонить в институт истории искусств в сектор кино тому дяде, который нам организовывал первый просмотр (забыл имя, отчество и фамилию, но не выдавайте!!!), и спросить его, получили ли они мою статью и какова ее судьба?

Сердечные приветы детям, Гале и обоим старшим поколениям.

А у нас, как говорил Тредиаковский:

Смутно в возду́хе,
Ужасно в ухе[5]...

Сердечные приветы,

Ю. Лотман

P. S. Зара уже 3 недели в Пит<ере> — я пасу своих баранов solo[6].

[1] Датируется по упоминанию предстоящей поездки в Саратов: речь идет об оппонировании кандидатской диссертации Ю. М. Чумакова — защита проходила в Саратовском университете 3 ноября 1970 г.

[2] «Голдфингер» — фильм Г. Хамальта (1964) из обширной серии картин о Джеймсе Бонде; «451° по Фаренгейту» — фильм Ф. Трюффо (1966); «Д<окто>р Стрейджлав» — фильм С. Кубрика (1963). Эти и другие известные западные

фильмы не шли на советском экране для «широкой публики»; Ю. М. с помощью официального ходатайства ТГУ и при поддержке видных московских киноведов добился просмотров для узкой группы семиотиков таких фильмов, имевшихся в подмосковном киноархиве в Белых Столбах.

[3] Кирилл Разлогов, киновед.

[4] Неточная цитата из поэмы А. С. Пушкина «Медный всадник», ч. I.

[5] Из стих. В. К. Тредиаковского «Описание грозы, бывшия в Гаге» (1726—1727).

[6] один (*итал.*).

532

<17 января 1971 г.>

Дорогой Борис Андреевич!

Спасибо за извещение о днях просмотров[1] — приеду числа 24-го. Мне до сих пор стыдно, что я съел Ваши ленинградские лекционные часы[2]. Тем более, что использовал их плохо — курс, кажется, не получился.

Несколько дел:

1. Во втором полугодии я должен получить творческий отпуск. Для этого необходимо научное учреждение, которое согласилось бы стать моим местом стажировки. Порядок такой: некоторое учреждение дает неофициальное согласие, тогда университет обращается с официальным предложением и получает уже формальный ответ. Так вот, таким учреждением, как мне кажется, могла бы стать или Ваша лаборатория, или сектор в Институте славяноведения. Не могли бы Вы созвониться с Вяч. Вс. и спросить, где это можно было бы сделать, не доставляя никому излишних хлопот?

2. Эстонский книготорг продержал в подвале «Блоковский сборник» 6 лет (в то время как тысячи покупателей его искали и не могли найти), а теперь вернул университету 1200 экз. Такое скопление на складе изданий нашей кафедры — даже без какой-либо нашей вины, — может обернуться против будущих публикаций. Я этим очень обеспокоен. Хорошо было бы:

a. Рассказать знакомым, что «Блоковский сборник» вновь появился в продаже и желающие могут обратиться <u>на кафедру</u> (в изд<ательской> группе заявку потеряют!) с просьбой о наложенном платеже.

b. Попросить Гарика[3] от моего имени сходить в московские книжные магазины и предложить им сборник для комиссионной продажи (то есть, кажется, 20% магазину), объяснив, что сборник разойдется наверняка. Ленинградские магазины берут 500 экз. Если бы удалось сдать в московские хотя бы 300, вопрос был бы практически решен.

Сердечные приветы Гале и детям.

Ваш Ю. Лотман
17.I.71.

[1] См. примеч. 2 к п. 531.
[2] Спецкурс в ЛГПИ им. А. И. Герцена, прочитанный Ю. М. вместо неприехавшего Б. А. Успенского.
[3] Гарик — Г. Г. Суперфин.

533

<Первая половина мая 1971 г.>[1]

Дорогой Борис Андреевич!

Я очень хочу в Москву и даже собираюсь приехать. Но здесь имеется некоторая неопределенность (как всегда!) — киношники пригласили меня делать доклад на 25.V, но потом умолкли, ни слуху ни духу. Если же доклад не состоится, то я приеду или в последние дни мая (буквально на два дня!!!) или в середине июня (тоже на два дня). Надеюсь, что у Вас все в порядке. Помните, я просил Вас достать мне через Попова V т. «Философской энцик<лопедии>»? Так я ее купил — отношу это за счет Вашей активности в этом вопросе. Прочел, кажется впервые, «Условность» — совсем недурно!

Сердечные приветы Гале и детям.

Сердечные приветы.

Ваш Ю. Лотман

[1] Датируется по указанию на будущее 25 мая и на выход в свет V тома «Философской энциклопедии» (М., 1970), где опубликована статья Ю. М. и Б. А. Успенского «Условность». Том вышел в конце 1970 г.

534

<Июнь 1971 г.>[1]

Дорогой Борис Андреевич!

Вы на меня сердитесь, что я не пишу, а я как тот ротный, который отражает танковые атаки, но не может найти времени написать донесение в штаб. Сначала дело: посылаю Вам Селищева[2] — только его, а не Ваше вступление, ИБО типография НАБРАЛА ПО ВАШЕЙ СТАРОЙ РУКОПИСИ, А НЕ ПО ДОПОЛНЕННОЙ, КОТОРУЮ МЫ ТУДА ЖЕ ОТНЕСЛИ. СЕЙЧАС ОТДАНО ДЛЯ ПЕРЕБОРКИ.

У нас Гриша поступает в техникум живописи и уже сдал экзамены по графике и акварели. Результаты неизвестны, но конкурс 7,5 чел. на место. Итак: «Сарра, волнуйся, подробности письмом»[3]. Кроме этого еще и много другого. «Семиотика» меня в гроб вгонит.

Пишите и не сердитесь! Ваш Ю. Лотман.

[1] Датируется по указанию на экзамены Г. Лотмана, которые проходили, как следует из п. 536, до 1 июля 1971 г.

[2] Речь идет о публикации статьи А. М. Селищева «Смена фамилий и личных имен» в «Семиотике 5». Статье предшествовала вступительная заметка Б. А. Успенского «Смена имен в России в исторической и семиотической перспективе».

[3] Намек на еврейские анекдоты, где неудачно составленный текст телеграммы заставляет адресата чрезмерно переволноваться. В данном случае шутка имеет реально серьезный и тревожный смысл: родители очень волновались за результаты экзаменов Гриши, который был хорошим художником, но не отличался познаниями в сфере обычных предметов.

535

<Июнь 1971 г.>[1]

Дорогой Борис Андреевич!

Ваше письмо застало меня в разгаре тяжелого гриппа, который за 4 дня вымотал меня как за месяц болезни. Сейчас прихожу в себя. Пусть проверка итальянской статьи будет сделана фундаментально — торопиться явно некуда[2].

Посылаю Вам вторую корректуру[3]. Прошу вернуть срочно и безо всяких добавлений. Ваша корректура по иконе[4] вызвала настоящий взрыв: только лишь ценой огромного напряжения удалось уладить скандал. Всю правку Вашу учли — сняли лишь одну французскую сноску. Но больше уж не надо. А то «Семиотику» положите на мою могилу вместо плиты.

Как у Вас?

У нас Гришка через день сдает химию — решающий экзамен. Очень боюсь.

Сердечно Ваш

Ю. Лотман

Гале и детям приветы.

[1] Датируется по связи с пп. 534 и 536.

[2] Речь идет об итальянском сборнике 1973 г. (см. примеч. 5 к п. 524). Ю. М. принадлежат там «Введение» (совместно с Б. А. Успенским) и статья «Проблема знака...».

[3] Очевидно, статья о Селищеве (см. примеч. 2 к п. 534).

[4] Тоже статья из «Семиотики 5»: «О семиотике иконы».

536

<1 июля 1971 г.>

Дорогой Борис Андреевич!

Не кляните, но благословите. У нас делов было достаточно:

1. Гришка кончил школу.

2. Гришка держал экзамен в художественный техникум, где было 7,5 чел. на место.

3. Гришка поступил в техникум и сдал вполне прилично.

4. Гришка заболел и угодил в больницу на операцию.

5. Операция оказалась нетяжелой, и его скоро выписывают. Лежит в Ленинграде — Зара там же.

6. С «Семиотикой» идет трепка нервов все лето «скрись», как говорят на Украине. Вашей статьи о Селищеве набрали первый вариант[1]. Пришлось всю статью давать в переборку. Вы ее получите уже во второй корректуре. Где текст Селищева?? Отсутствие его задерживает весь сборник. Я бегаю и кусаюсь. Много с ней и других заторов.

Статья Боброва[2] превосходна — очень интересно будет ее делать. Я, возможно, после 15 буду в Москве и заеду к Вам. В начале месяца приедет Мишка и, м<ожет> б<ыть>, будет искать крова — можно ли остановиться у Вас, если Пятигорский, вопреки договоренности, забудет ключи дать Оле[3]? (У Пятигорского ему удобнее всего, т<ак> к<ак> работать он будет в ЦГАЛИ).

Привет Гале и детям.

Ваш Ю. Лотман
1.VII.71.

[1] См. примеч. 2 к п. 534.

[2] Ю. М. и Б. А. Успенский подготовят обширную публикацию (со вступительной статьей и комментариями) лингвистического труда С. Боброва «Происшествие в царстве теней, или Судьбина русского языка» («“Происшествие в царстве теней, или Судьбина русского языка” — неизвестное сочинение Семена Боброва») «Споры о языке в начале XIX в. как факт русской культуры» («Труды XXIV...»).

[3] Оля — О. Лейбман, студентка и сотрудница Лаборатории вычислительной лингвистики МГУ.

537

<Москва. Около 20 августа 1971 г.>[1]

Дорогой Борис Андреевич!

Пишу Вам стоя и на ходу — извините за почерк. Когда панихида и похороны П. Г., еще не знаю. Говорил с Соболевым — тон у него был совершенно иной: он очень холодно сказал, что бухгалтер без санкции Комитета отказывается выплачивать, а санкцию — положит<ельную> или отрицательную — следует ждать недели через две. Я позвонил Севастьянову, и тот повторил, что будут платить, говорил, и Комитет отказать не может[2]. Дело, мол, чисто техническое и ответ будет недели через две. Верить, конечно, нельзя ни тому, ни другому, но 2 недели придется ждать. А потом — уж Вам — еще раз звонить. Чтоб их.

Я во Владимир не еду, чтобы быть на похоронах. Вы будете?

Удобно ли в пропповский том включить срочно некролог[3]? Кто бы написал??

Гале и детям приветы.

Ю. Л.

[1] Датируется по сообщению о кончине П. Г. Богатырева (18 августа 1971 г.).

[2] Вероятно, речь идет о намерении Ю. М. и Б. А. Успенского получить от издательства «Искусство» гонорар за сборник статей по семиотике, не увидевший света по указанию властей. По советским законам авторы, выполнившие условия договора, т<о> е<сть> вовремя сдавшие добротную работу, имеют право на гонорар, независимо от дальнейшей судьбы книги или сборника.

[3] Имеется в виду посвященная В. Я. Проппу «Семиотика 5». Но так как этот том уже был на выходе из типографии (подписан к печати 2-го сентября — после этого вставки уже были невозможны), то П. Г. Богатыреву посвятили «Семиотику 7» («Семиотика 6» уже была подготовлена к 75-летию М. М. Бахтина).

538

<До 27 августа 1971 г.>[1]

Дорогой Борис Андреевич!

Посылаю Вам сведенный и перепечатанный экз<емпляр> «Тезисов». Игорь 9 сент<ября> едет к Марии Львовне — я ему дал первый экз<емпляр>. Он будет в Москве лишь несколько часов и позвонит Вам или Вяч. Вс. Поэтому изменения или санкционирование текста нужны срочно.

V том[2] получил одобрение Горлита (или Главлита?).

С приветом

Ю. Лотман

[1] Датируется по связи с п. 539. И. А. Чернов отправлялся в Варшаву к М. Л. Майеновой. Неясно, какие тезисы отвозил он в Польшу; возможно, это тезисы докладов варшавской конференции 1968 г. (там — статья Ю. М. «О метаязыке типологических описаний культуры»), которые выйдут в свет лишь в 1973 г.

[2] Речь идет о «Семиотике 5».

539

<27 августа 1971 г.>

Дорогой Б. А.!

Игорь через Москву не поедет — их везут через Ленинград[1]. Поэтому я беру на себя смелость не ждать Вашего ответа и возвести его по собственной воле в ранг капуцина[2]. Посылаю Вам два небольших добавления в текст. Текст «Тезисов» не теряйте — пусть лежит у Вас.

Как Галя и дети? Еще раз зову Вас на сентябрь в Тарту.

У нас все в порядке.

Ваш Ю. Лотман

7.VIII.71.

P. S. В сентябре собираем «Богатыревский том»[3]:

1) Что даете Вы?

2) Не могли бы Вы через некоторое время, когда первая боль родственников уляжется, позвонить Косте Богатыреву и спросить, не хочет ли он дать в VII-й т. какую-либо статью П. Г., список неопубликованных работ или краткую биографию? Желателен был бы также портрет (как Проппа). И что-либо другое.

<«Тезисы»>

8.0.2. Существенным механизмом, придающим единство различным уровням и подсистемам культуры, является ее модель самой себя, возникающий на определенном этапе миф культуры о себе. Он выражается в создании автохарактеристик (например, метатекстов типа «Поэтического искусства» Буало, что особенно характерно для эпохи классицизма, ср. нормативные трактаты русского классицизма), которые активно регулируют строительство культуры как целого.

8.0.3. Другим механизмом унификации является ориентированность культуры. Определенная частная семиотическая система получает значение доминирующей, и ее структурные принципы проникают в другие структуры и в культуру в целом. Так можно говорить о культурах, ориентированных на письменность (текст) или на устную речь, на слово и на рисунок. Может существовать культура, ориентированная на культуру или на внекультурную сферу. В первом случае господствующим текстом станет цитата, а все тексты приобретут вторичный характер. Во втором необходимым признаком культурной активности текста будет восприятие его как «нового», первозданного. Ориентированность культуры на математику в эпоху рационализма или (в определенной мере) в начале второй половины XX века может быть сопоставлена с ориентированностью культуры на поэзию в годы романтизма или символизма.

К 3.2.1. Таким образом, доминирование текстов дискретного или недискретного типа может быть связано с определенным этапом развития культуры. Однако следует подчеркнуть, что обе эти тенденции могут быть представлены как синхронно сосуществующие. Напряжение между ними (например, конфликт слова и рисунка) составляет один из наиболее постоянных механизмов культуры как целого. Господство одного из них возможно не как полное подавление противоположного типа, а лишь в форме ориентированности культуры на определенные текстовые структуры как доминирующие.

[1] См. примеч. 1 к п. 538.

[2] Шутка: намек на поездку в католическую Польшу.

[3] «Семиотика 7» (см. примеч. 3 к п. 537).

540

<15 сентября 1971 г.>

Дорогой Борис Андреевич!

1. Получили ли Вы «Тезисы» и удовлетворены ли Вы и другие авторы моей работой по сведению листков воедино? Кажется, я ничего не пропустил. Получилось, кажется, все же интересно, но не очень монолитно[1]. Получили ли Вы мое письмо?

2. Поскольку 19—20 ноября наша кафедра проводит заседание, посвященное юбилею Достоевского: рад передать Вам приглашение прибыть с докладом или без — по Вашему усмотрению. Прошу Вас передать такие же приглашения Вяч<еславу> Вс<еволодовичу> и Владимиру Николаевичу. Вяч. Вс. передайте, что я надеюсь, что он не откажется сделать доклад о Бахтине и Достоевском или любой другой по его выбору. А мы бы с Вами заодно написали бы статью о кино.

3. Не отказали бы Вы в моей просьбе через некоторое время обратиться к Косте Богатыреву от имени редакции «Трудов» со следующими просьбами и вопросами:

a. За разрешением посвятить VII т. памяти Петра Григорьевича.

b. Просьбой дать хорошую фотографию.

c. Поискать что-либо в неопубликованном наследии Петра Григорьевича для публикации в томе его памяти. Если Вы считаете, что мне надо обратиться прямо и официально к семье, — я готов это сделать. Но, находясь далеко, я не могу уловить время, когда боль утраты притупится в Тамаре Юльевне настолько, чтобы возможно было беспокоить ее делами. А слишком ждать тоже нет времени — том надо осенью сдавать.

4. Я считаю, что далее ждать с издательством «Искусство» нет смысла — две недели, о которых говорил Севастьянов, истекли[2]. Не могли бы Вы позвонить им (хоть самому Севастьянову, хоть главбуху) и узнать состояние дел? Если все на той же точке, то мне следует обратиться в Комитет по защите авторских прав в Таллине, а Вам в Москве (или нам вместе — в московский). Мне пояснили, что это еще не подача в суд, что Комитет может сделать издательству выговор, который издательства обычно не любят. Все же надо действовать — ну их в болото.

Как Ваши домашние дела? Приветы Гале и детям.

З<ара> Г<ригорьевна> Вам шлет поклоны — у нас все в полной норме (Лешка болел, но это и есть «полная норма»...). V-й том утвержден Главлитом, ждем тиража. Ноппель болен, увы, кажется, безнадежно, но отказывается от операции. Видели ли Вы кумранский том?[3]

Сердечно Ваш Ю. Лотман
15.IX.71.

P. S. Прислал ли Вам Ст. Жулкевский рецензию на Вашу книгу[4], кажется, в «Slavia Orientalis»? Мне он прислал оттиск.

[1] Очевидно, речь идет о коллективной работе: *Иванов В. В., Лотман Ю. М., Пятигорский А. М., Топоров В. Н., Успенский Б. А.* Тезисы к семиотическому изучению культуры (в применении к славянским текстам) // «Semiotyka i struktura tekstu» (Studia poświęcone VII Międzynarodowemu kongresowi slawistów. Warszawa, 1973). Pod red. M. R. Mayenowej. Wrocław — Warszawa — Kraków — Gdańsk, 1973.

[2] См. примеч. 2 к п. 537.

[3] Сб. «Тексты Кумрана». Вып. 1. М., 1971. Инициатором и подготовителем этого тома был И. Д. Амусин.

[4] Рец. С. Жулкевского на книгу Б. А. Успенского «Поэтика композиции! (М., 1970) опубликована: «Pamiętnik literacki», 1971, No 2 (в переводе на франц. язык: «Semiotica», 1972, No 3).

541

<Конец 1971 г.>[1]

Дорогой Борис Андреевич!

Обижаться на слова директора «Искусства» имеет такой же смысл, как рассматривать его разочарование в семиотике в качестве факта из истории науки. Все же две книги вышли — как говорил Иван Денисович, проглотив кусочек колбасы: «теперь не отнимут», или героиня «Тихона и Маланьи» Л. Толстого, когда муж ее бил за супружескую неверность: «Не выбьешь — в брюхе сидит». Конечно, она была слишком оптимистична, но все же.

А 100% они выплатят — здесь уж закон. Статьи эти мы включим в VI том[2]. Так что не знаю, как волки, но овцы целы и с паршивого волка урвали клок шерсти.

Относительно архива А. Белого — Ваши занятия в нем всячески приветствую, если найдете что-либо стиховедческое или пред-семиотическое, конечно, будем печатать. Работа над движением поэтических переделок Белого очень заманчива, но он переделывал свои стихи не только для последнего сборника, а всю жизнь. Это огромная работа, и исследование ее требует не меньшего труда. Несколько аналогичных примеров есть — Пушкин в 1825 г. «переписал» лицейскую лирику, и то, что мы сейчас читаем в собраниях сочинений с пометами «1815 г.», «1816 г.» и пр. — стихотворения 1825 г.! Редакция академического собр<ания> соч<инений> приняла решение издавать «лицейские стихотворения» два раза двумя отдельными томами. Можно было бы подобрать еще и другие примеры (5 редакций «Маскарада» и 5 редакций «Демона»).

Что же касается до мемуаров — Вам пишет Зара: этот материал ей известен, у нее есть копия.

В Ленинграде я буду с 16 по 20/XII. 21/XII, возможно, буду в Москве — кажется, мой доклад на какой-то сессии, но, возможно, не приеду —

не хочется делать докладов, а хочется работать. Для этого возможностей сейчас мало — ушла домработница — Зара Гр<игорьевна> убирает, а я готовлю обеды. Оба мы это делаем с удовольствием (ничто не доставляет мне такого удовлетворения, как хорошо приготовленные голубцы или жаркое из лося, — у нас продают лосятину — приезжайте отведать!), но времени это занимает много.

План издания для Марии Львовны — прилагаю[3].

Будьте здоровы! Сердечно Вас обнимаю.

Ваш Ю. Лотман

P. S. М<ожет> б<ыть>, что-нибудь Жолковского или Щеглова? Я не люблю их работ, но для объективности?

Это примечание относится к списку, но «по техническим причинам» попало сюда.

Сборник «Семиотики 5» застрял — надеюсь, что после Нового года начнет набираться.

Сердечные приветы и наилучшие пожелания доброго здоровья всем Вашим (всех возрастов).

<Приложение на двух отдельных страницах>

А. А. Зализняк, Вяч. Вс. Иванов, В. Н. Топоров. О возможности структурно-типологического изучения некоторых моделирующих семиотических систем. «Структурно-типологические исследования», М., 1962 — 0,8 п. л.

В. Н. Топоров. От космогонии к истории, «Тезисы 4 Летней школы», расширенный текст (получить у автора) — 1,5 п. л.

С. Ю. Неклюдов. К вопросу о связи пространственно-временных отношений с сюжетной структурой былины, «Тезисы докладов во 2-й ЛШ» — 0,2.

П. Г. Богатырев. Декорации, художественное место и время в народном театре, «Тезисы 3 ЛШ». — 0,3.

А. М. Пятигорский. Некоторые общие замечания относительно рассмотрения текста как разновидности сигнала, «Структурно-тип<ологические> иссл<едования>» — 0,8.

Б. А. Успенский. К системе передачи изображения в русской иконописи, «Труды по знаковым системам» — 2,1 п. л.

М. И. Лекомцев. О соотношении единиц метрической и фонологической систем языка, «Труды по знаковым системам», 4 — 0,8.

Вяч. Вс. Иванов. Структура стихотворения Хлебникова «Меня проносят на слоновых», «Труды по знаковым системам», 3 — 1,5 п. л.

Ю. Лотман. Проблема художественного пространства у Гоголя, «Труды по русской и славянской филологии ТГУ», XI — 3 п. л.*

М. М. Бахтин. Слово в романе, ВЛ, 1965, № 8, — 1 п. л.

О. Г. Карпинская. Научный метод М. Пруста, «Тезисы 3 ЛШ» —0,2.

Или совместно с Ревзиным «Ионеско» по «Тезисам» 2.

М. Я. Билинкис, А. М. Туровский. Об одном герметическом тексте, «Тезисы 3 ЛШ» — 0,3.

З. Минц. Вступительная статья к частотному словарю «Стихов о прекрасной даме» А. Блока (без последнего абзаца), «Труды по зн<аковым> с<истемам>», 3 — 0,9.

Д. М. Сегал, Т. В. Цивьян. К структуре английской поэзии нонсенса, ТЗС, 2 — 0,8.

Ю. Лотман. О семиотике понятий «стыд» и «страх», «Тезисы», 4 — 0,3.

В. Н. Топоров. К реконструкции индоевропейского ритуала или
В. Н. Топоров. «Источник» Батюшкова... обе в ТЗС 4, обе около 2-х п. л.

Итого — около 15 п. л.

Я старался найти среднее решение, которое:

1. Учитывало бы объем.
2. Было представительно относительно круга проблем.
3. Было, в возможной мере, представительно относительно круга авторов.

М<ожет> б<ыть>, из этих соображений, пойдя на известное превышение размера (учитывайте, что при замене моего Гоголя освобождается резерв пространства — не художественного), дать одну статью Ю. И. Левина и Лесскиса из ТЗС 2? См. также P. S. к письму.

Список предлагает состав, а не композицию сборника. Над этим я еще не думал. Необходимо краткое, но выразительное предисловие.

* Вероятно, давать такую большую статью и неприлично, и не имеет смысла по существу. Тогда вместо нее на Ваш выбор «Стихотворения раннего Пастернака» из «Трудов по зн. с<ис>т<емам>» — менее 2-х л. или — еще короче! — «К структуре диалогического текста в поэмах Пушкина (проблема авторских примечаний к тексту)» — сб. «Пушкин и его современники», Ленинградский гос. пединститут им. А. И. Герцена, Уч. зап., т. № 434, Псков, 1970, — 1 п. л. Посмотрите эту статью — она, кажется, не плохая. Присылал ли я ее Вам? Посоветуйтесь с Вяч. Вс. М<ожет> б<ыть>, все же остановиться на ней, хотя в Пастерн<аке> полякам, возможно, интереснее тема. (*Примечание Ю. М. Лотмана.*)

Хорошо даже два — одно от нас, скорее эмоциональное, типа: «Ты лети, мое письмо, прямо милому в окно», и от Марии Львовны — представлять гостей должна хозяйка.

[1] Датируется по связи с п. 537 (см. также примеч. 2 к нему) и по сообщению о задержке «Семиотики 5» (она выйдет в свет в конце декабря 1971 г.).

[2] См. примеч. 2 к п. 537.

[3] Речь идет о подготовке, по инициативе М. Л. Майеновой, сб. статей «советских» семиотиков: «Semiotyka kultury», Warszawa, 1975. Он вышел в несколько измененном по сравнению с приводимым ниже предварительным списком Ю. М.; например, помимо двух статей Ю. М., указанных им в основном списке, в сб. включены еще две его статьи: «О семиотическом механизме культуры» (совместно с Б. А. Успенским) и «О моделирующем значении понятий “конец” и “начало” в художественных текстах».

542

<1971—1972>[1]

Дорогой Борис Андреевич!

Мои сведения несколько более точны, чем Ваши: интересующая нас улица до войны именовалась «ул. Коминтерна» и лишь после войны было восстановлено название «ул. Петра Великого», данное при известных Вам обстоятельствах и известными лицами.

Как Ваши больные? — передайте всем пожелания быстрейшего выздоровления. Передала ли Вам З<ара> Г<ригорьевна> цитату из «Горя от ума» с интересными произношениями «г»[2]?

Корректур пока нет.

Сердечно Ваш

Ю. Лотман

[1] Датируется по содержанию: сведения включены в статьи Ю. М. и Б. А. Успенского «Миф—имя—культура» («Семиотика 6», с. 298); этот том сдан в набор 31 марта 1971 г. и затем два года печатался; на каком этапе авторы вставили сведения в текст статьи — неизвестно.

[2] Очевидно, для будущей статьи Б. А. Успенского «Фонетическая структура одного стихотворения Ломоносова (Историко-филологический этюд)» // Semiotyka i struktura tekstu... Warszawa..., 1973.

543

1.I.72.

Дорогой Борис Андреевич!

Во первых строках имею честь Вас уведомить, что Новый 1972 г. наступил, с чем Вас и поздравляю, присовокупляя при сем приличные случаю пожелания. «Семиотика» вышла!!![1] Θαλαττα! Θαλαττα![2] Томик — хоть куда, правда, не без пригорков и ручейков.

А у нас заседает комиссия и идет проверка научной деятельности, а у Вас воистину ли идет? Подробности комиссии весьма интересны, но, так как она еще не закончена, то с отчетом я и «пожду еще мало». Как у Вас? Кстати, нас недавно знакомили с постановлением, согласно которому все лаборатории должны быть при каком-либо факультете. На основании этого к нашему факультету приписали лабораторию социологии. У меня к Вам просьба: Панов, говорят, разругавшись с Филиным, ушел из Института русск<ого> яз<ыка>. Могли бы Вы ему от моего имени позвонить privatissime[3], расспросить, как он посмотрел бы на кафедру русск<ого> яз<ыка> в ТГУ[4]? Я не имею никаких полномочий, но могу начать переговоры по этому вопросу; но бессмысленно говорить с ректором, не получив предварительного согласия. Еще раз поздравляю Галю, Вас и детей с Новым Годом.

Обнимаю Вас. Ю. Лотман

Зара от души поздравляет Галю и Вас с Новым Годом. Миша к ней присоединяется.

[1] «Семиотика 5».
[2] Море! Море! (*греч.*; радостное восклицание отступающих древнегреческих солдат, увидевших родное море, — «Анабазис» Ксенофонта, IV в. до н. э).
[3] самым частным образом, по секрету (*лат.*).
[4] Это намерение Ю. М. не осуществилось.

544

<12 февраля 1972 г.>

Дорогой Борис Андреевич!

Спасибо за письмо — конечно, все можно: и вариант статьи «Бугристы берега»[1], и в марте доделать «Блоу-ап»[2], поскольку в набор VI т., и то в лучшем случае, пойдет лишь к весне, а для VII-го — времени довольно.

Статья об использовании романтизмом слов, заимствованных из церковно-книжной традиции, постепенно созревает[3]. Она, может быть, примет характер некоторого противопоставленного pendant[4] к Вашему вступлению к Селищеву[5]. Дело в том, что, видимо, параллельно существуют два механизма: когда равновесие семиотической системы нарушено и она переходит в некоторое новое состояние, связи между знаком и обозначаемым разбалтываются и возможно: 1) новое называние старого денотата и 2) старое называние нового денотата (логически еще, конечно, существует новое называние нового и старое — старого). Так возникает, с одной стороны, страсть новых наименований, а с другой —

новых значений (то есть старых слов). Вступление к Селищеву посвящено было культурной функции первого процесса*, эта статья — второго.

Посылаю Вам чешскую рецензию на Вашу книгу[6]. В венгерском журнале «Helikon», 1972, № 2, также есть рецензия на Вашу книгу (там же прорецензированы все наши «Семиотики», моя книга, весь том посвящен Кристевой, тель-келям[7] и подобной ерунде).

Владимир Николаевич (строго между нами!) меня в письме сурово отчитал (его суровость, то есть — мягкая, но бескомпромиссная) за публикацию в *хорошем*, по его мнению, 5-м т. статей субъективных и ненаучных, видимо, имея в виду треп Пятигорского с Мамардашвили[8] (он не уточнял — конкретизация упрека — моя и предположительная). Самое горькое, а мне очень горько, это то, что он безусловно прав. Дело в том, что по стечению обстоятельств сборник оказался в положении единственности. Это придает ему большую значимость, чем мы даже предполагали. А это, видимо, требует гораздо большей строгости к себе. В целом же я крайне огорчен этой ложкой дегтя, огорчен гораздо больше, чем различными шишками, которые сыпятся весьма обильно.

Как Ваша дружба со Звегинцевым и марьяж с факультетом?[9]

Поскольку притча о Магомете и горе остается в силе, то я постараюсь приехать на Вашу защиту.

Лихачев не ответил мне на «Семиотику», а всегда отвечал быстро и восторженно. Боюсь, что он недоволен публикацией Зимина, с которым самую полемику считает неуместной[10]. Я другого мнения.

Будьте здоровы и благополучны!

Приветы Гале, детям (Ване от «Михалыча» — особый) и всем Вашим.

Сердечно Ваш Ю. Лотман
12.II.72.

P. S. Предисловие для поляков — пишу. Страде отпишу сегодня.
P. S. P. S. Оттиск можете оставить у себя — Вам он нужнее.

[1] Статья Б. А. Успенского об этом стих.: «Фонетическая структура одного стихотворения Ломоносова (Историко-филологический этюд)» опубликована в Польше: сб. «Semiotyka i struktura tekstu...» (Warszawa..., 1973).

[2] «Блоу-ап» — фильм М. Антониони (1967). Видимо, предполагалась статья о фильме.

---

* Кстати, натолкнулся на цитату, которая была бы уместна именно в селищевском вступлении. Если мостик между этими проблемами не вынесем за скобки, а введем в текст статьи, то, м<ожет> б<ыть>, использовать в новой — больно хороша? Из зап<исных> книжек Достоевского: «Любовь к России. — Как ее любить, когда она дала такие фамильи Сосунов, Сосунков, надо передел<ыв>ать в Сасунова и Сасункова, чтобы никак не напоминало о сосании, а напротив напоминало бы о честности» (Лит. наследство, т. 83, «Неизданный Достоевский», 1971, с. 367). (*Примечание Ю. М. Лотмана.*)

[3] Кажется, особую статью на эту тему Ю. М. не написал, но соответствующие идеи и факты включены в большую статью (совместно с Б. А. Успенским) «Споры о языке в начале XIX в. как факт русской культуры ("Происшествие в царстве теней, или Судьбина российского языка" — неизвестное сочинение Семена Боброва)» // «Труды... XXIV» (Тарту, 1975).

[4] параллель (*фр.*).

[5] См. примеч. 2 к п. 534.

[6] Рец. не удалось обнаружить.

[7] Имеется в виду парижский элитарный журнал «Tel Quel».

[8] Статья М. К. Мамардашвили и А. М. Пятигорского «Три беседы о метатеории сознания (Краткое введение в теорию виджнянавады»).

[9] Речь идет о переговорах с филологическим факультетом МГУ; но профессором факультета Б. А. Успенский стал лишь в 1977 г.

[10] Ю. М. неточно излагает позицию Д. С. Лихачева.

545

<24 февраля 1972 г.>

Дорогой Борис Андреевич!

Уф! Видит Господь, как мне трудно далось это проклятое предисловие[1]. Не убежден, что все это не ерунда, но я так мучительно доил свои иссохшие мозги, что на лучшее сейчас просто не способен. Посылаю Вам на просмотр и переделку. Стр. 15—16 зарезервированы для характеристики Ваших статей, что предоставляю сделать Вам.

Я еще раз просмотрел оглавление сборника[2] и вижу в нем недостатки:

1) Из оттиска Жулкевского[3] (сборника «Sign. Language. Culture» — там есть оглавление) я узнал, что статья наша с Пятигорским опубликована в этом томе[4]. Следовательно, ее нет никакой надобности перепечатывать здесь. След<овательно> — снять.

2) Я нахожу, что не очень удобно, если будет так много наших (составителей) статей, и прошу снять в разделе «Приложений» мои заметки о начале (и, естественно, — конце) и стыде. След<овательно>, моих остаются «Пространство Гоголя» и наша общая о культуре.

3) Если в результате высвободится место, то я ввел бы Иванова «Меня проносят на слоновых...» и, м<ожет> б<ыть>, Мелетинского с С° — все же лауреат[5].

Посылаю Вам еще один оттиск рецензии на Вашу книгу. Если у Вас есть — верните, нет — оставьте себе.

Приветы Гале и детям.

Я — дошел.

24.II.72. Ваш Ю. Л.

P. S. Я не вычитал машинопись, а писал при полной потере сознательности — просмотрите, ради Бога.

Потерял адрес Страды!
Надпишите и отправьте, если не трудно.

Ю. Л.

[1] Предисловие к итальянскому сб. (см. примеч. 5 к п. 524).

[2] Здесь речь идет уже не об итальянском, а о польском сб. «Semiotyka kultury» (Warszawa, 1975). Все четыре названных Ю. М. его статей опубликованы в сб. в переводе на польский язык.

[3] *S. Żółkiewski.* Deux structuralismes // «Sign. Language. Culture». The Hague—Paris, 1970.

[4] Ю. М. ошибся: этой статьи нет в сб.; он содержит статьи участников двух польских симпозиумов 1965 и 1966 гг., среди них не было Ю. М. и А. М. Пятигорского.

[5] Е. М. Мелетинский получил тогда международную научную премию Питре (Италия). Но в сб. «Semiotyka kultury» нет указанной статьи В. В. Иванова и какой-либо работы Мелетинского.

546

<Конец мая — начало июня 1972 г.>[1]

Дорогой Борис Андреевич!

Спасибо за оперативное подключение к делу Сережи Неклюдова[2]. Я тоже веду себя вполне оперативно: накануне защиты Павла Семеновича меня положили на операционный стол с острым гнойным аппендицитом. Я еще хотел «дотянуть» до дня защиты из соображений кворума, но ничего не вышло. Итак, П. С. защитил единогласно (поскольку Лаугасте был, а меня не было, то теперь уже точно установлено, кто тот злой, который всем кидает черняков), меня выпотрошили, и теперь я зарастаю. Это стимулировало энергичную деятельность организационного характера — потянуло в рабочую стихию.

В Ереван по авиа отослан образец рота-листа, они телеграфом должны сообщить об его пригодности. Сообщите это Сереже.

Поскольку я решил начать себя перевоспитывать, то я теперь дочитываю книги (доложу Вам, занятие...). Сейчас я дочитываю А. Я. Гуревича «Категории средневековой культуры». Книга хорошая, полезная и нужная, к тому же и очень ученая, но, прости Господи, невыразимо скучная. Все время чувство какого-то повторения пройденного, мало внутренней четкости. Ну так вот-с. В этой книжке на стр. 73—74 приведен поразительный пример соединения местоимения и имени собственного в комплекс, являющийся коллективным именем собственным в древнеисландском языке. Тут же ссылка на Кацнельсона как описавшего этот языковой факт. Кажется, все объяснение — «не туды». Но факт изумительно интересен и может дать, кажется, звено в переходе от «языка собств<енных> имен» к «языку нарицательных». Посмотрите! К тому же Вы и скандинавист, так Вам и книги в руки.

Как застали Вы в Москве всю семью? Надеюсь, что все в добром здравии. Гале поклоны, детей целуйте.

Ваш сердечно Ю. Лотман

Числа не помню! — как гоголевский Поприщин.

[1] Письмо написано между защитой докторской диссертации П. С. Рейфмана (май 1972 г.) и п. 547, где сообщается о запрещении конференции в Ереване.
[2] Подготовка тезисов и докладов к конференции в Ереване.

547

<9 июня 1972 г.>

Дорогой Борис Андреевич!

Итак, я уже дома, хотя еще и не вполне в норме: шов не закрылся и сочится, но из больницы я сбежал[1] — ну их к Богу!

А, между тем, Вы как в воду глядели насчет армянского анекдота[2]. Ну их — я очень огорчился и рассердился, а потом решил, что все это к лучшему.

С отпечатанной частью тезисов я думаю поступить так: пришлите ее мне, я кое-что включу в сборники, а остальное отложу в сборник тезисов, который мы начнем собирать к весне будущего года (на следующий год школа в плане и все будет нормально).

Книги Ваши я получил — спасибо.

Наши общие тезисы мне понравились — хочу один § добавить[3] (пришлю его Вам)» и, м<ожет> б<ыть>, втисну их в 6-й т. (или 7-й).

Приветы всем Вашим

9.VI.72. Ю. Лотман

[1] У Ю. М. оперировали гнойный аппендицит (см. п. 546).
[2] В Ереване должен был состояться симпозиум по семиотике, но он был запрещен властями.
[3] Возможно, речь идет о будущей совместной статье «Миф — имя — культура» («Семиотика 6»).

548

<10 июня 1972 г.>

Дорогой Борис Андреевич!

Посылаю Вам вставку на стр. 21 (сноска к абзацу о Петре I)[1]. С собранными тезисами[2] я полагаю поступить так: часть разместить в VI—VIII семиотиках, часть же включить в сборник тезисов 5-й Летней школы, которая будет летом будущего года.

Хочу в конце июня побывать в Москве, но не знаю, смогу ли — как будет заживать живот.

Обнимаю Вас. Ю. Лотман

P. S. Мою статью, которую Вы читали в Тарту, приняли, кажется, в «Вопросы лит<ерату>ры»[3]. Я туда сделал маленькую вставку о типах адресов — это очень интересно. Вообще заняться адресами на почтовых конвертах (будут два типа — петербургский и московский, но и петербургский не будет таким «цифрово-координатным», как можно было бы ожидать). Очень интересны также описания границ поместий в юридических актах. Когда Л. Толстой покупал земли у башкир, то описание границ выглядело так: «От устья речки Конлыелга до сухой березы на волчьей тропе, а от сухой березы прямо на общий сырт, а от общего сырта до лисьих нор». Эта же география собственных имен проявляется в разнообразных маршрутах («дорожники» и пр.). Карта отличается от «дорожников» тем, что вводит пространство между пунктами, отмеченными собственными именами, превращая эти пункты в точки на карте. Между тем, как в таких описаниях маршрутов и границ существуют только знакомые предметы, мир собственных имен, а промежутки между ними — как бы не существуют (ср.: «...прямо через болото на Хлопино, а оттуда на Захарьево, а тут уж всякой мальчишка доведет до Луёвых гор» в «Борисе Годунове»). Вместо пространства — «всякий мальчишка доведет». Показательно, что в современных картах соблюдаются масштабы промежутков между пунктами, обозначенными собственными именами, и не соблюдаются <масштабы> самих этих пунктов — они даются точками вне масштаба. В старых же картах промежутки были условны, внемасштабны, а пункты-имена сохраняли «естественную» размерность.

10.VI.72.

[1] Речь идет о совместной статье «Миф — имя — культура» для «Семиотики 6» (1973).

[2] Тезисы Ереванской конференции (см. примеч. 2 к п. 547).

[3] Такая статья не появилась в «Вопросах литературы».

549

<8 июля 1972 г.>

Дорогой Борис Андреевич!

Написал Вам хорошее большое письмо — настоящий перл эпистолярной прозы — и потерял его где-то на своем столе. Такая досада!!! Пишу Вам то же самое, но сокращенно.

Сударь, я нашел кусок своего первого письма[1] — но второй страницы найти не могу, но и из сохранившейся части ясно, что «соблазны» и др. перечисленные выше статьи надо форсировать. А из этого вытекает желательность Вашего приезда — лучше всего бы около 10 августа (дата поддается перемещению в любую сторону). У нас на даче — благодать и работать можно вполне.

Миша сдал сессию на круглые пятерки — бальзам на душу З<ары> Г<ригорьевны>.

У Гришки 11-го первый экзамен — сочинение (Ух, ух, ух!!!), тут уж не бальзамом пахнет.

Приветы всем Вашим, Гале поклон, детишек целую.

Ваш Ю. Лотман
8.VII.72.

Большущее спасибо за книги — получил исправно. Верну осенью.

Без Вас хочу сказать Вам много...[2]

Сударь!

Стоило нам разлучиться, как дел сразу же обнаружилось куча. Как я Вам говорил, «Семиотика VII» переносится в план 1974 г. (VI «Семиотика» перенесена в план 1973 г.). Но... в 1973 лингвистам запланирован том трудов, который они не хотят (и не могут) использовать. След<овательно>, мы, возможно, получим небольшой томик листов на 15. Использовать этот дар случая под семиотику нельзя — никто не разрешит в условиях бумажных трудностей две семиотики в год, а приобретя сборник в 15 листов, мы можем потерять в 25 (фактически — 39). Поэтому родилась идея сделать этот том метрико-стилистическим, включив его в серию «Трудов по русск<ой> сл<авянской> филологии». Он будет посвящен памяти Томашевского[3]. Это даст возможность все накопившиеся работы по метрике и стилистике перегрузить туда и несколько разгрузить раздувшийся портфель семиотики. Так будут убиты сразу многочисленные зайцы. В частности, я полагаю, что:

1) Бугристы берега...
2) Соблазны
3) Бобров[4]

могут пойти в том Томашевского (томик обещает быть интересным: есть хорошие публикации самого Томашевского и кое-что еще).

[1] Прилагаем этот «кусок» к данному письму: он начинается эпиграфом «Без вас хочу сказать Вам много».

[2] Источник цитаты не обнаружен; возможно, это произведение самого Ю. М. (он любил сочинять подобные эпиграфы), навеянное содержанием стих. А. С. Пушкина «Признание» (1826).

[3] Эта идея не была осуществлена; материалы Б. В. Томашевского и о нем вошли позднее в «Семиотику 9». А идея создания метрико-стилистических томов была воплощена позднее Ярком Пыльдмяэ, под руководством которого (до

его трагической кончины) вышли два сборника «Studia metrica et poetica» (I, 1976; II, 1977).

[4] Из этих замыслов Б. А. Успенского «Соблазны» не были созданы, о «Бугристых берегах» (стих. М. В. Ломоносова) и о С. Боброве см. примеч. 1 и 3 к п. 544).

550

<24 августа 1972 г.>

Дорогой Борис Андреевич!

Ждал Вас все лето и не дождался (из разных мест до нас доходили, к сожалению, ложные вести о том, что Вы уже в пути).

Беспокоюсь, не задымило ли Вас[1] и как Вы провели лето... Я пишу предисловие к Боброву, и самому нравится, как лихо[2]. Лето у нас было хорошее, хотя и, с другой стороны, как говорил герой Бабеля, — «бордель по полной форме...». Схема:

Передали ли Вы «Анализ поэтического текста»[3] Бахтину (у Вас с марта валяется)? Если потерялся — сообщите, вышлю новый (узнайте его адрес).

Дел много — и все «с другой стороны». З<ара> Гр<игорьевна> шлет поклоны. У нее горит диссертация — везде все горит, год такой.

Обнимаю. Ваш Ю. Лотман

Гале и детям — поклоны и приветы.

24.VIII.72.
Как здоровье Володички? Очень беспокоимся.

[1] Летом в Подмосковье свирепствовали лесные пожары; дымная пелена распространилась на сотни километров.

[2] См. примеч. 3 к п. 544.

[3] Книга Ю. М. (Л., 1972).

551

<Октябрь 1972 г.>[1]

Сударь!

Помните ли Вы, что текст нашей статьи о мифе был передан некоему Мамардашвили (ради этого я даже обедал за его счет в Доме журналистов)? Однако поскольку при этом, равно как и при обеде, присутствовал Пятигорский, то очень может быть, что этого вообще не было.

Очень прошу узнать у Мамардашвили (а не у Пятигорского), какова судьба статьи[2].

<...> Итальянцы (буржуазная нация) предлагают мне издать маленькую книжечку (стр. ≈ 120) статей по типологии культуры[3]. Не возражаете ли Вы против включения в нее нашей статьи из V «Семиотики»?

Приветы детям и Гале. Сердечный поклон Володичке и его родителям.

Ваш

+

Дорогой Борис Андреевич!

Поскольку авторы этих писем ссылаются на Вас как на человека, находящегося в курсе их работы, оргкомитет поручает Вам как своему члену оценить целесообразность приглашения этих лиц и сообщить им об этом. Прошу учесть, что сроки Летней школы Министерство сократило с 7 до 4-х дней, так что мы будем, видимо, в цейтноте (что может служить лояльной причиной для отказа).

+/Лотман/

P. S. Рекомендации члена Оргкомитета Пятигорского А. М. во внимание не принимать.

[1] Оба текста, как и не публикуемый шутливый протокол Оргкомитета от 15 октября 1972 г., написаны рукой З. Г. Минц, видимо, под диктовку больного (сильный гепатит) Ю. М.; вместо его подписей поставлены крестики.

[2] Статья Ю. М. и Б. А. Успенского «Миф — имя — культура» так и не была опубликована в «Вопросах философии», она появилась в «Семиотике 6».

[3] Такая книга неизвестна. В 1975 г. в Милане вышла книга Ю. М. и Б. А. Успенского «Tipologia della cultura», но в ней 300 стр.

552

<17 ноября 1972 г.>

Дорогой Борис Андреевич!

(Я уже не заразный и пишу Вам сам, хотя в больнице еще продержат minimum две недели; правда, на защиту З<ары> Г<ригорьевны> — 21 ноября — обещают на 2—3 часа выпустить).

1) Посылаем Вам то, что мои дамы собрали дома из подготовительных материалов к польскому предисловию[1].

2) Собирать тезисы для Летней школы не надо: они были собраны уже в прошлом году, когда был план «ереванской» летней школы. Конечно, если кто-либо из «настоящих» что-либо добавит, то пусть, но массовых сборов организовывать не нужно. Речь шла о том, чтобы Вы написали тезисы. В частн<ости>, я думал бы, что, м<ожет> б<ыть>, стоило бы нам вместе составить программу описания культурной функции собственных имен для какого-либо типа культуры.

3) Я придумал хорошую, как кажется, тему для совместной статьи, кот<орая> продолжила бы «миф — культуру — имя». Но об этом — при встрече.

4) Статья о пространстве у Гоголя (оттиска, кажется, больше нет; З<ара> Г<ригорьевна> еще проверит).

5) Итальянские статьи сверять с подл<инниками> не надо (это уже было сделано), а надо прочесть корректорски (вообще — не обязательно: Эйнауди клянется, что все сделают в лучшем виде, — но ведь «буржуазная нация...». Отсылать не через АПН (Господь Вас упаси), а прямо — там на пакете — адрес.

Если же все-таки нужен русский текст, то он имеется в брошюрке «Статьи по типологии культуры», кот<орая> у Вас имеется.

6) Я получил очень уж меланхолическое письмо от Мойсеевича и очень этим встревожен. Что, в самом деле, все это серьезно? Дайте мне как-нибудь знать.

7) Оле Лейбман — с приветами — передайте, что на ее письмо отвечу, когда выйду из больницы.

8) Изд<ательству> «Галлимар», если у Вас есть с ними контакты, передайте, что статью о сюжете (семиотика сюжета) я начал писать летом и кончил бы в начале сентября, если бы не болезнь[2]. Теперь пусть переводят все остальное, а это я дошлю не позже января.

9) Я сердит на поляков: они жаловались Лихачеву на то, что Тарту высылает плохо оформленные статьи (в особенности на Зару). Но ведь они знают, что времени на перепечатку не было (по причинам, кот<орые> от нас не зависели), и почему не написать нам, а жаловаться Лихачеву? Я оскорблен в такой мере, что готов снять и свою, и Зарину статьи. Я даже написал по этому поводу им ледяное письмо, но Зара, воспользовавшись моей иммобильностью, не отправила (она очень хорошо относится к Пщеловской и не хотела ее огорчать). Передайте Пщоловской, что статью Папаяна, конечно, печатать не надо. Это, действительно, моя ошибка, да и статья, насколько я вижу, перечтя ее, — малоудачная.

М<ожет> б<ыть>, это результат моей печени, но мне это (в контексте генеральски-распекательного письма от Лихачева) очень не по нутру*.

* Зд<есь> есть и комическая сторона: Лихачев не знал о том, кем мне приходится З<ара> Г<ригорьевна>, и написал в духе «вот как молодежь распустилась», а теперь узнал, страшно испугался и уже два раза извинился.... (*Примечание Ю. М. Лотмана.*)

Очень хочется Вас повидать... Гале и детям — приветы самые сердечные.

Мойсеевича от меня обнимите, скажите, чтобы бодрился: «Все проходит», как говорил царь Соломон.

Обнимаю Вас. Ваш Ю. Лотман
17.XI.72.

[1] К сб. «Semiotyka kultury» (Warszawa, 1975).
[2] Кажется, в отдельном виде такая статья не появилась.

553

<2 декабря 1972 г.>

Дорогой Борис Андреевич!

Вот я и дома — отлежал без трех дней три месяца — не так уж дурно! Теперь еще месяц на бюллетене (хочу все же начать читать спецкурс и веду за это борьбу с З<арой> Г<ригорьевной>, которая совершенно дошла и выглядит гораздо хуже, чем я: я толст и вполне близок к тому, чтобы сделаться итальянцем, т<о> е<сть> «буржуазной нацией», — ем, сплю, мозги зажирели). Кстати об этой самой нации: пакет корректур, который я Вам посылаю, помечен как 3-й. А где второй? Кто его читает?

Надо бы как-либо повидаться — у меня имеется идейка относительно одной статьи, продолжающей нашу, впихнутую в 6-й т.[1] Предисловие к Боброву[2] я начал писать перед болезнью и помню, что получалось интересно, но сейчас все забыл, надо вспоминать и вживаться. А если учесть, что в моей комнате, *на моих бумагах* завершалась подготовка Зариной диссертации и месяц занимался науками Миша (что это такое — Вы-то уж знаете!), то предстоят шлиманновские раскопки, а я разленился — двигаться лень и спать хочется.

В январе (или даже конце декабря!) я на пару дней заеду в Москву, но с тем, чтобы потом на более длительный срок затащить Вас к нам, когда я буду уже работоспособен.

Сердечные приветы Гале, детям и двум старшим поколениям (как там все?). Если 6-й т<ом> с нашей статьей все же появится, то я слеплю из папье-маше огромный кукиш и подарю Мамардашвили[3]. Пятигорского все же обнимайте, черт с ним!

Сердечно Ваш Ю. Лотман
2.XII.72.

[1] «Миф — имя — культура» («Семиотика 6»).
[2] См. примеч. 3 к п. 544.
[3] М. К. Мамардашвили все обещал опубликовать статью в «Вопросах философии», но эта затея так и не осуществилась.

554

<Конец 1972 г.>[1]

Дорогой Борис Андреевич!

Посылаю Вам корректуры (включая и Зарину, которую пусть посмотрит та же дама — сообщите, сколько мы ей за все это должны?), кроме Лихачева и Егорова, которые направил авторам.

Агентство АПН не передало им фамилий авторов предисловия, и они наобум поставили меня. Я им уже писал и телеграфировал, что подписей должно быть две. Думаю, что это до них дошло, хотя рассчитывать на их сообразительность особенно не приходится.

Приветы и поклоны Вашим.

Корректуры отправлять следует по адресу: Clara Strada, Via Vittozzi, 9, 10131, Torino, Italia.

Ваш Ю. Лотман

[1] Датируется приблизительно по сообщению о корректурах туринского сб. (см. примеч. 5 к п. 524), который выйдет в свет весной 1973 г.

555

<Январь 1973 г.>[1]

Дорогой Борис Андреевич!

Посылаю Вам два экземпляра корректуры[2], за которые Вам следует благодарить Анн, специально проникавшую в святая святых типографии за ними. Один экземпляр оставляйте себе сразу же «для нужных надобностей», как говорили в XVIII в. Второй, выправив, высылайте мне, а я его Вам потом верну, перенеся правку на свой (то есть типографский) экз<емпляр>.

Большое спасибо за московский отдых — Вам и Гале.

В Тарту все в порядке. Игорь ждал меня с «почти всей» диссертацией утром на вокзале, — точность — вежливость королей.

Требуемую Вам книгу по истории языкознания буду покупать и высылать завтра.

Будьте здоровы!

Гале и детям сердечные приветы.

Ваш Ю. Лотман

P. S. Как «Вопросы философии»[3]?

Кстати, в «Russian Literature» № 3 имеется статья о точке зрения в «Грише» Чехова — нам надо вставить ссылку[4]. Умоляю минимально марать корректуру.

[1] Датируется по сообщению о недавнем возвращении Ю. М. из Москвы (см. п. 553) и о «Вопросах философии» (см. примеч. 2 к п. 551).

[2] «Миф — имя — культура» для «Семиотики 6».

[3] См. примеч. 2 к п. 551 и примеч. 3 к п. 553.

[4] См. примеч. 2 Имеется в виду статья: *Hamburger H.* The Function of the Viewpoint in Čechov's «Grisha» // «Russian Literature», N° 3, 1972. В статье «Миф — имя — культура» («Семиотика 6», с. 290) есть абзац о рассказе Чехова «Гриша», но отсылки к статье Гамбургера нет.

556

<13 февраля 1973 г.>

Дорогой Борис Андреевич!

Посылаю Вам корректуру статьи Ю. Здоровова*, адреса которого у меня нет. По-моему, он работает в том же отделе, где Е. В. Падучева. Возможно, адрес его знает Владимир Андреевич. Сегодня не попал в книжный ларек — буду пытаться завтра. Передали ли Вы наименование французского издательства в Книжный отдел АН? Я уже погрузился в каждодневные дела, и московские научные наши замыслы как-то в голове отодвинулись. С некоторым трепетом после полугодового перерыва приступил к чтению лекций (не разучился ли?). Думаю, что так пьяница, после похмелья, смотрит на поллитровку: «Я-то тебя знаю, а вот ты меня не позабыла?» Но, кажется, ничего, помнит...

Тут неожиданно обнаружилось, что мне следует в ближайшее время сдать на ротапринт брошюру о «Евгении Онегине»[1], а она еще не начата. У Лешки странная прыгающая температура — З<ара> Г<ригорьевна> очень волнуется, а я думаю, что надо градусник разбить.

НО МЫ НАШЛИ (С ПОМОЩЬЮ АДАМСА) ДОМРАБОТНИЦУ!!!

З<ара> Г<ригорьевна>, как путник, увидавший в Сахаре оазис, боится, что это мираж.

Миша окончательно вернулся домой, следовательно, безоблачный период наших отношений закончился.

Вот, кажется, и все наши новости.

Быстрее возвращайте корректуру «Мифа».

Как «Вопросы философии»?

Если будет звонить А. М., спросите, пожалуйста, адрес Овсянникова.

Пишите о себе и своих. Всем сердечные приветы.

Искренне Ваш Ю. Лотман
13.II.73.

[1] *Лотман Ю. М.* Роман в стихах Пушкина «Евгений Онегин». Спецкурс. Вводные лекции в изучение текста. Тарту, 1975.

---

* Никаких исправлений по существу. (*Примечание Ю. М. Лотмана.*)

557

<Февраль—март 1973 г.>[1]

Дорогой Борис Андреевич!

Надеюсь, что корректуру Вы получили и заметили, что все Ваши вставки внесены, — умоляю новых не делать — корректуру сейчас гоним на курьерских. Я замотался и работаю плохо. Больших новостей у нас нет.

Когда точно сессия в Музее изобразительных искусств? 1) Мне нужен вызов; 2) Я не могу 20—21 апреля (у нас методическая конференция, на которой я обязан быть!).

Где машинопись для «Тезисов»[2]? Прошу срочно выслать мне точный список (попросите Вяч. Вс. и, м<ожет> б<ыть>, Татьяну Яковлевну) тех сотрудников Славяноведения и Инст<итута> Азии, кому выслать вызовы. Жолковского и Щеглова все же придется пригласить[3].

В вызове на поляков мне отказали — будем посылать частные.

Я вышлю Вам Зарину корректуру для передачи — при случае — Люцилле.

Обнимаю Вас и детей, Гале сердечные приветы. Все ли здоровы?

Ваш Ю. Лотман

[1] Датируется по сообщению о будущем апреле и о методической конференции, состоявшейся именно в 1973 г. (см. пункт 3 в п. 558).

[2] Очевидно, к V Летней школе (см. примеч. 2 к п. 558).

[3] На V Летнюю школу (см. примеч. 2 к п. 558).

558

<25 марта 1973 г.>

Одним словом, чижало,
Скажем прямо — не легко,
Между прочим ничего...

(Старая солдатская песня)

Дорогой Борис Андреевич!

1. Защита Лены назначена на 4 мая — в тот же день защищает Рафик[1]. Оппонентами будут — Эткинд и Руднев. Лихачев обещал приехать на защиту (мы с Вами на день отлучимся из Летней школы[2]).

2. У нас — сумасшедший дом. Эта инвариантная модель на сей раз манифестируется:

а. Одновременным ожидаемым выходом 6-й «Семиотики», сдачей и ожидаемым выходом тезисов к Летней школе и тезисов к студенческой конференции + подготовкой к школьной олимпиаде, имеющей состояться на днях.

b. Затруднениями с бумагой — все лимиты резко сокращены, а все тезисы (наши и студенческие) перекрыли все старые нормы. Сейчас идет переклейка ротапринтных страниц (морок-а-а-а...), сокращение части тезисов (пришлось пощипать молодежь), и ничего еще не получило окончательной визы — сокращаем и волнуемся...

c. Усилиями Лены Аболдуевой мы сейчас находимся в глубочайшем конфликте с издательской группой, а энергия ее такова, что конфликт неуклонно расширяется, и если через некоторое время узнаете, что мы втянуты, например, в борьбу за престол в Южной Тарумбии, — не изумляйтесь.

3. В остальном — как на Шипке. Спасибо за список — приглашения скоро начнем рассылать — едва лишь управимся с тезисами. Программу конференции XVIII века я получил. Беда в том, что впритык к ней у нас проходит своя методическая (всесоюзная!) конференция, в ней же первая персона — наша кафедра. Но я все же постараюсь хоть на день раньше приехать. А там, как вырезано на клинке XVIII в., хранящемся в оружейном запаснике ГИМ'а — «перво дело — не робь!».

Как Галя и дети?

Обнимаю Вас.

P. S. У меня тут один сконапель кестьён*[3] с издательством «Галлимар», но об этом лень чавой-то писать...

Ваш Ю. Лотман
25.III.73.

[1] Речь идет о защитах кандидатских диссертаций Е. В. Душечкиной (ее научный руководитель Д. С. Лихачев) и Р. А. Папаяна.

[2] Ю. М. еще надеется на проведение 5-й Летней школы в нормальный срок — май 1973 г. — и не знает, что она будет перенесена на февраль 1974 г., опять же волею каких-то верховных властей.

[3] От франц. ce qu'on appelle la question — так называемый вопрос.

559

<2 апреля 1973 г.>

Воеводы не дремали,
Но никак не успевали...

(Пушкин, Сказка про белого бычка)[1]

Дорогой Борис Андреевич!

Следуя Вашей инструкции, отвечаю тотчас же (а честно сказать, на другой день; вчера не отвечал, потому что было 1 апреля и Вы могли меня неправильно понять).

* Прямо-таки истуар <от франц. histoire — история> — Вы будете очень смеяться. Да, получили ли Вы эйнаудиевский (АПН'овский) сборник? Совсем недурно. (*Примечание Ю. М. Лотмана.*)

1. Да, получил. Пять экземпляров[2]. Вместе с Вашими получается: 5 + 12 = 17.

Вообще-то всех участников сборника именно что 17, но Клара Страда писала мне, что нам (составителям) они вышлют по два (мне даже мерещится сумеречным сознанием, что они обещали авторам по два, а нам по четыре, но это, видимо, из области сновидений). М<ожет> б<ыть>, они вычли покойных Проппа и Богатырева, но это им, сволочам-буржуям, не пройдет: и Тамара Юльевна, и вдова Проппа, конечно, по экз<емпляру> должны получить. Конечно, жалко выделять на Мелетинскую кодлу 4 экз<емпляра>, но, кажется, все же придется (совесть, сей неусыпный страж...). Я предлагаю распределить пока всем по одному экземпляру (я посылаю ленинградцам и снабжаю тартусцев — З<ару> Г<ригорьевну> и себя, а Вы — москвичей). Одновременно напоминаем итальянцам о святости обещаний.

2. С «Семиотикой» так — сдали вторую корректуру. Не входя в детали, скажу лишь, что я получил массу удовольствия, но в будущем рассчитываю на большее.

3. Тезисы готовы, но мы перекрыли листаж на 3 листа (66 стр. машинописи). Поскольку до сих пор пришлось выдерживать баталии за самое существование тезисов (их мы выиграли, «но какою ценой, о карты, о карты, о карты!...», как, бывало, певал в таких случаях Томский[3]), то отстоять эти листы будет особенно трудно. Все же еще пытаюсь.

4. Лена автореферат Вам выслала[4].

Вообще же устал я невероятно. Читаю французскую корректуру: переводчик веселый малый. По-моему, он вместо перевода решил издать что-то свое, кажется, какое-то художественное произведение. Но не это составляет мое основное развлечение.

Очень рад, что соблазны Вас еще не оставили[5], — меня уже ничто соблазнить не в силах. Кстати о соблазнах: надо иметь в виду, что наряду с «перевернутыми» значениями типа «прелесть», встречается и перенесение из церковного языка в поэтический с сохранением места в иерархии; таковы, например, «закон», означавшее веру, обычай:

На то ль склонилися монархи
И согласились иерархи,
Чтоб древний наш закон вредить... (Ломоносов)[6];

Своей хозяйственною частью
Не занималася, затем
Что не в отеческом законе
Она воспитана была,
А в благородном пансионе
У эмигрантки Фальбала (Пушкин)[7], —

получивший новое секуляризованное значение еще в XVIII веке, или «вдохновенье», означавшее в церковных текстах божественную благодать и получившее, в отличие от «прелестей», бессознательно-кощунственный смысл в поэзии (напомню, что еще в пушкинскую эпоху цензура вычеркивала в любовной поэзии «божественный» и «небесный» яко кощунственные). Ср. (в «Послании к цензору»):

> Как изумилася поэзия сама,
> Когда ты разрешил по милости чудесной
> Заветные слова «божественный», «небесный»,
> И ими назвалась (для рифмы) красота,
> Не оскорбляя тем уж Господа Христа[8]!

Лихачев на приглашение еще не отвечал, но, возможно, будет. Относительно Марии Львовны — стараемся, но результаты сомнительны[9].

Обнимаю Вас, Гале и детям — приветы. Ваш Ю. Лотман

2.IV.73. Зара с интересом узнала о Ваших усилиях относительно рукописей <А. М.> Добролюбова[10].

[1] Шутка: цитата из пушкинской «Сказки о Золотом Петушке» (1834); сказки про белого бычка у Пушкина нет.
[2] Речь идет об итальянском сб. (см. примеч. 5 к п. 524).
[3] Имеется в виду опера П. И. Чайковского «Пиковая дама» (1890).
[4] *Душечкина Е. В.* Художественная функция чужой речи в киевском летописании. Автореферат диссертации на соискание ученой степени кандидата филологических наук. Тарту, 1973.
[5] Статья о «соблазнах» не была написана.
[6] Неточная цитата из «Оды торжественной... императрице Екатерине Алексеевне, самодержице всероссийской, на преславное ее восшествие на... престол июня 28 дня 1762 года...».
[7] Из поэмы «Граф Нулин» (1825).
[8] Ю. М. неточно называет стих. А. С. Пушкина; надо: «Второе послание цензору» (1824).
[9] Речь идет о Летней школе, которая будет отменена. Трудности с приглашением М. Л. Майеновой были с обеих сторон: советские органы не желали санкционировать приезд ученого из сомнительной в идеологическом отношении Польской Академии наук, а польские власти тоже не жаловали Майенову.
[10] Б. А. Успенский узнал, что в Петербурге в частных руках имеются материалы, связанные с жизнью и творчеством А. М. Добролюбова.

560

<Май—июнь 1973 г.>[1]

Дорогой Борис Андреевич!

Понимаю, что Вам сейчас не до писем, но хоть сообщите новый адрес.

Мы существуем ни шатко, ни валко. «Семиотика» движется, возможно, в июле увидит свет, равно как и моя книжка о кино[2]. Т<ак> что Вы, м<ожет> б<ыть>, захватите их в Варшаву[3]. Я буду в Москве (е<сли> б<удем> ж<ивы>) во второй половине августа, но это, кажется, то самое время, когда Вас не будет. Могли бы Вы в таком случае оставить ключ?

Планы на лето — неясны. Июль буду жить на хуторе Эрнитса (я там еще не был, но был Ал<ександр> Моис<еевич> — он Вам объяснит, как проехать, если Вы, к моей радости, надумаете приехать.

Обнимаю Вас, целую детей, Гале поклоны.

Ваш Ю. Лотман

P. S. Достал «Бутерброды» для Ваших родителей[4].

[1] Датируется по сообщению о предстоящем выходе книг (см. примеч. 2) и о будущем лете.

[2] «Семиотика 6» и книга Ю. М. «Семиотика кино и проблемы киноэстетики» (Таллин, 1973) вышли в августе 1973 г.

[3] На VII Международный съезд славистов, который состоится в Варшаве в августе.

[4] Это сообщение не удалось расшифровать.

561

<20 июля 1973 г.>

Дорогой Борис Андреевич!

Очень рад был получить Ваше письмо, из которого понял:

1. Что Вы переехали на новую квартиру.

2. Что Пятигорский продолжает (или начинает?) выражаться невразумительно. Надеюсь, Вы понимаете, насколько эти новости — особенно вторая — меня потрясли.

Я со своей стороны хочу также сообщить Вам кое-что свеженькое. Как говорится в «Знании—силе», знаете ли Вы, что:

1. В 1799 г. в составе русского флота имелся корабль «София-Магдалина» (реплика от меня: «А?») — источник сведений: Русский биографический словарь, т. «Обезьянин—Очкин», стр. 3.

2. Что среди недошедших сочинений эллинистического (александрийского) поэта Каллимаха по античной мифологии числится трактат «О перемене имен» (реплика от меня: «Э?»).

3. Что у Чехова в повести «Три года» язык приказчиков характеризуется так: «Все они были одеты по моде и имели вид вполне порядочных, воспитанных людей. Говорили они на о, г произносили как латинское g, <...> почти через каждые два слова они употребляли с...» (реплика от меня: «-с?»).

Теперь, когда Вы уже потряслись, сообщу Вам кое-какие новости из домашних мелочей: обе интересующие Вас книги[1] — чуть не написал «вышли». Осторожности и истины ради добавим — почти. Большая («бахтинская») полностью готова, тираж отпечатан, осталось лишь разрешение на выпуск, которое имеет воспоследовать через пару дней. Ее меньшая сестра была менее удачливой: она тоже полностью готова, но забыли в тираже проставить цену и пришлось надпечатывать, затем обнаружили еще одно упущение и будут перепечатывать титульный лист, расплетать тираж и пр. Но поскольку тиража-то того всего 600 экз<емпляров>, то сие обещают к началу августа. Но, Господи, сколько событий и волнений предшествовало всему этому! Что говорится, ни в сказке, ни пером. По крайней мере, как говорил Гоголь, не моим («мое перо тупое, с тонким расчепом...»). Но поскольку «Кириллин день еще не миновал», то и не будем предаваться*.

Спасибо за приглашение приехать к 3-му. Заманчиво, но нереально (Ваничке от меня поздравления). Ключ не оставляйте нигде — заеду к Пятигорскому, а там свяжусь с Вами, благо Ваш новый адрес записан уже в книге по символизму и герметизму гербов того Каде де Гассикура барона дю Руж де Полэн, которого Вы для меня искали в каталогах Отдела книги АН. Я книгу получил, НО — таковы эти французы! — редкое любительское, коллекционное издание, на какой-то бумаге с номерами и проч. — и ОДИН ПЕЧАТНЫЙ ЛИСТ ПРИ БРОШЮРОВКЕ ПРОПУЩЕН = !!! Видно, и Каде де Гассикур барон дю Руж де Полэн расплетал и переброшюровывал. Так уж чего тут.

Гале и детям приветы. З<ара> Г<ригорьевна> Вам кланяется.

20.VII.73. Обнимаю Вас, Ваш Ю. Лотман

P. S. Мы бежали из перенаселенного Валгаметса и поселились на хуторе Эрнитса (17 км от Калласте — тихо и хорошо, хотя, конечно, хутор похож на хозяина). Вчера был первый за лето дождь — все пересохло.

[1] «Семиотика 6» и «Сборник статей по вторичным моделирующим системам» (Тарту, 1973).

562

<25 августа 1973 г.>

Дорогой Борис Андреевич!

Как Вы съездили? Очень хочется знать в подробностях[1]. Были ли книги доставлены адресатам?

Я работал много, успел очень мало. Сейчас засяду за перелицовку статьи для «Вопр<осов> фил<ософии>»[2]. Я не застал Розенцвейга — он (как и мифо-Гусева) — в отпуску. Оставляю ему письмо, которое прошу передать[3].

---

* Кинокнижка моя тоже «на сносях». Как говорил приказчик в той же чеховской повести, «Кроме!». (*Примечание Ю. М. Лотмана.*)

Спасибо за кров.
Гале и мальчикам мои поклоны. Обнимаю Вас,

Ю. Лотман
25.VIII.73.

P. S. Прочтите письмо Розенцвейгу: так ли? Если да, то вложите в конверт и — очень прошу — передайте.

N. B. Пошлете ли Риддеру (Кавалеровичу) «Сем<иотику> 6» Вы или послать мне — сообщите срочно.

[1] См. примеч. 3 к п. 560.
[2] См. примеч. 2 к п. 551 и примеч. 3 к п. 553.
[3] Возможно, письмо об организации в Тарту конференции по кибернетике (см. пункт 4 в п. 563).

563

<Сентябрь—октябрь 1973 г.>[1]

Дорогой Борис Андреевич!

Очень хочется Вас повидать + узнать, что было в Польше, доехали ли книги и до кого и как вообще. Но это — до встречи. С Зарой тоже передайте пару слов.

Теперь дела:

1. Я знаю, что такое «вельшские»[2]. Незачем ума за морем искать и у английцев спрашивать (Ю. Левин спрашивал в Варшаве у Симмонса, тот сейчас в поту ищет разгадку). Надо было бы лишь посмотреть в Срезневского — это «колдовские» от ж<енского> рода от слова «волхв» (прилагательное).

2. Кончайте свою часть Боброва — пора сдавать в печать.

3. Наше министерство утвердило на январь—февраль «Летнюю (?) школу». Надо начинать подготовку, оповестить лиц, которые будут приглашены, чтобы планировали время. НО необходимо не распространять сведений, чтобы не сглазить, не привлечь посторонних и просто праздношатающихся. Исходя из этих соображений я Пятигорскому пишу об этом как о деле еще не решенном. Информируйте Топорова и Вяч. Вс.

4. 9—13 ноября в Тарту конференция с кибернетиками, и я очень рассчитываю на Ваше участие и участие еще кое-кого (хотя бы Мойсеича, Вяч. Вс.; Владимир Ник. тоже летом мне полуобещал). Вообще wir еще leben[3].

Детали этого leben сообщит Вам Зара. Обнимаю Вас.

Ю. Лотман

[1] Датируется по сообщению о минувшем конгрессе славистов (см. примеч. 3 к п. 560).

[2] Это слово было необходимо для комментирования труда С. Боброва (см. примеч. 3 к п. 544): «Труды...XXIV», с. 281. См. еще п. 564.

[3] мы живем (*нем.*).

564

<3 ноября 1973 г.>[1]

Дорогой Борис Андреевич!

Ждем Вас и статью. Кстати, я точно выяснил, что означает «вельшские», — это надо переводить как «галльские»*. Velche (или Welche) — так называл Вольтер древних галлов (видимо, за Цезарем) и кельтов — дофранкское население Галлии. Естественно, что Боян называет так французов. Менее естественно, что никто этого, включая Мих. Пала, не знает. Оссиан и Шекспир здесь к делу не идут.

Прошу Вас — позвоните все же Т. Николаевой и устно ее пригласите. О приезде не сообщил пока (пишу 3-го в 15.00) никто! Я в панике между тем, что никто не приедет, и приедет слишком много не тех. Узнайте у Ревзиных их намерения, позвоните Гусевой, Розенцвейгу и Мелетинскому — буду звонить из Ленинграда, куда выезжаю сегодня (как половцы — неготовыми дорогами, читать неготовый доклад на сессии XVIII века).

Тезисы появятся к началу Школы.

У нас — вонь.

Обнимаю Вас.

Ю. Лотман

[1] Датируется по связи с п. 563, по указанию на предстоящую конференцию по кибернетике (в п. 563: «9—13 ноября») и на число («пишу 3-го»); следует также учесть, что Ю. М. старался ездить в Ленинград к дню рождения сестры Лидии (7 ноября).

---

* См.: Discours aux Velches, Voltaire, Oeuvre completes, t. 67, 1792, p. 203 (под псевдон<имом> Antoine Vadé) и Supplement de discours aux Velches, p. 231, где, в частности: «Le résultat de cette savante conversation fut qu'on devait donner le nom de francs au pillards, le nom de velches aux pillés et aux sots, et celui de français à tous les gens aimables». (*Примечание Ю. М. Лотмана.*)

Результатом этого замысловатого разговора было то, что франками следовало называть грабителей, вельшами — ограбленных и глупцов, а французами — всех приятных людей (*фр.*).

565

<3 января 1974 г.>

Дорогие Галя, Борис Андреевич, Ваня и Федя!

Поздравляем вас всех с Новым годом и от души желаем вам здоровья и всех возможных радостей, как говорил Пушкин — «покоя и воли»[1].

Я на самый Новый год приболел, поэтому поздравляю с опозданием.

Хочется надеяться, что год будет продолжаться не так, как начался. Рука не поворачивается писать о переживаниях и чувствах — поговорим о делах: тезисы Б. А. мы получили (прекрасные!), сборник сегодня сдаем[2] — работы было масса, все — из-за моей болезни — сделали Люба и Анн. Живова поругайте — все пришлось перепечатывать!

Обнимаем вас и целуем.

Скучно без вас. Ваш Ю. Лотман
(от себя и от убежавшей на экз<амен> Зары)

3.I.74.

[1] Цитата из стих. А. С. Пушкина «Пора, мой друг, пора! покоя сердце просит...» (1834).

[2] Материалы Всесоюзного симпозиума по вторичным моделирующим системам. I (5). Тарту, 1974.

566

<Первая половина 1974 г.>[1]

Дорогой Борис Андреевич!

Спасибо за главу из повести — очень здорово. Я не очень понял, что хочет Гусева, — запланировать конференцию в Тарту, а провести в Комарово? На это наши чины не пойдут. План на 1975 г. уже вообще составлен и утвержден — менять его очень трудно. Скажите ей, что у них бюрократия — у нас своя, наша крепче. Получили ли Вы мои два письма (одно через Олю Лейбман)?

План семинаров для Гусевой я вышлю в ближайшее время вместе с текстом для сборника Якобсона[2].

Вот Вам интересный случай: архиепископ Анатолий Могилянский (до пострижения — Августин Мартыновский) писал под литературным псевдонимом Авдий Востоков — в трех различных ипостасях — три имени и все на «А». Вообще псевдонимы в форме личных имен — наша проблема (вернее, выбор псевдонимов).

Чем вызван «отбой» в юбилее Академии?

Гм, гм...

Обнимаю Вас, Галю, детей — приветы Моисеевичу. Как он?

Ваш Ю. Лотман

[1] Датируется по сообщению о составленном на 1975 г. плане и по «привету» А. М. Пятигорскому, который покинет СССР в июле 1974 г.

[2] Неясно, о каком сб. идет речь.

567

<28 апреля 1974 г.>

Дорогой Борис Андреевич!

С «Жени» дело обстоит так: слово это встречается в письмах Петрова к Карамзину. Письма эти хранятся в Тургеневском архиве ПД (Пушкинского Дома) и интересны еще и тем, что представляют рукопись, правленную Карамзиным, который, видимо, после смерти Петрова хотел их опубликовать и подверг правке. Правка Карамзина имеет не только смысловой характер (сняты упоминания о масонстве и масонских действиях, орденское «брат» везде заменено через «друг», в результате письма превратились в апологию дружбы в более литературном и менее специальном значении), но и свидетельствует о его (Карамзина) стилистической норме. Например, выражение: «Оно столько меня обрадовало, что...» Карамзин заменяет на «Оно так меня обрадовало, что...», расставляет яти и проч. «Шакеспер» заменяет на «Шекспир» (иногда: «Шакспир»), «пиэса» на «пиеса».

Карамзин писем Петрова не опубликовал. Видимо, А. И. Тургенев передал их своему секретарю, а в дальнейшем известному доносчику Б. Федорову, который опубликовал выправленные отрывки в альманахе «Памятник отечественных муз», сократив и выправив слог. Затем они были дважды опубликованы в «Русском архиве» — не вполне исправно.

В письме № 3 (от 11 июня 1785 г.) Петров писал: «Будучи великой Жени (подчеркнуто А. А. Петровым), то столько превознесся над малостями, что в трех строках сделал пять ошибок против немецкого языка» (Архив бр. Тургеневых, ед. хр. № 124, л. 288)».

Карамзин не исправил это выражение! Но у Б. Федорова оно опущено. Сделал ли это он сам или так было в копии А. И. Тургенева (или кого-то другого, кто ее готовил) — не знаю.

В письме от 1 августа 1787 г. Петров писал: «Грешно сравнивать натуру Genie с педантскими подражаниями, с натянутыми подделками низких умов» (л. 292), и далее: «Говорят, что Шакеспер (Карамзин исправил на «Шакеспир») был величайший Genie; но я не знаю, для чего его трагедии не так мне нравятся, как Эмилия Галотти» (л. 292 об.). Терминология «жени» восходит, бесспорно, к штюрмерству[1]. Самое выражение «бурный гений» звучало как «Kraftgenie». Рядом с ним тлелось «Originalgenie» — «истинный поэт».

В конце 1770-х гг. Герстенберг издает нашумевшую книгу: «Versuch über Shakespears Werke und Genie» и проч.

Ссылки надо делать на архивный №, поскольку публикации неточны. Пока все — об остальном буду писать позже.

Будьте здоровы!

Сердечные приветы всем Вашим.

28.IV.74. Ю. Лотман

[1] Штюрмерство — немецкое литературное движение конца XVIII в., получившее название «Буря и натиск» (по-немецки «Sturm und Drang»), по так именуемой пьесе Ф. М. Клингера (1776).

568

<24 июня 1974 г.>

Дорогой Борис Андреевич!

Только сегодня относительно прояснились перспективы прохождения сборника[1]. Он сейчас в обработке в издательской группе. О шрифтах и курсивах я договорился. В августе сб<орни>к, очевидно, будет в типографии, но еще не в наборе, так что кое-что посмотреть еще будет возможно. Хорошо бы встретиться в начале августа в Тарту и потом поехать в Москву. Получил открытку от Моисеича — и обрадовался, и сердце заболело[2] . Очень хотим с З<арой> Гр<игорьевной> подскочить на один день в Москву, но удастся ли?

У нас все по-старому. Целуйте детей, поклоны Гале.

Всегда Ваш

24.VI.74.

Ю. Лотман

P. S. Второе письмо очень прошу переслать Розенцвейгу.

[1] См. примеч. 2 к п. 565.

[2] Сообщение об отъезде из СССР. В 1970-х — первой половине 1980-х гг. покинуть страну официально можно было только евреям, получившим визу Израиля (далеко не все уехавшие реально отправлялись в Израиль). Смена гражданства воспринималась советскими властями как «измена родине», человек как бы оказывался политическим преступником, его имя становилось запретным, из общих фондов библиотек изымались его книги, невозможно было ссылаться на его труды в отечественных научных работах и т. п. — поэтому так тяжелы были расставания с коллегами и друзьями, по тем или другим причинам покидавшими страну.

569

<Закарпатье, 18 июля 1974 г.>

Дорогой Борис Андреевич!

Пишу Вам из Закарпатья, куда мы с Зарой и Алешей махнули на месяц от всех дел и удовольствий. К весне я дошел, а последняя встреча с Мойсеичем «тоже не озонировала» настроения. Сейчас отхожу здесь очень хорошо.

В Москве буду после 11 авг<уста>. Можно ли остановиться у Вас? Если да — передайте ключ Оле Лейбман (напишите в Тарту мне открытку с ее телефоном).

Обнимаю Вас, детей и Галю. Зара шлет поклоны.

Ваш всегда Ю. Лотман
18.VII.74.

570

<Москва. Вторая половина августа 1974 г.>[1]

Дорогой Б. А.!

Очень жаль, что уезжаю, не повидавшись еще раз с Вами, — даже как-то на душе тяжко. На прощание хочу отчитаться в делах моих и помышлениях[2].

1) Очень грызу себя, что не обговорил с Вами деталей журнального дела, если оно будет иметь продолжение[3]. Отнеситесь к моим словам внимательно. Боюсь, что после Шаумяна они взбесятся и будут мстить тем, кому нагадить в их власти. Поэтому считаю, что при первых попытках раздувать дело Вам следует идти к ректору и сказать следующее:

a. Вы признаете, что, возможно, поступили опрометчиво, дав согласие без предварительной консультации. Но с кем консультироваться? На факультете среди начальства царит тенденциозное преследование одного научного направления (структурной лингвистики), и у Вас не было никакой уверенности, что в данном случае имя Исаченко не будет использовано лишь как предлог для некорректных ударов вместо научной полемики (Вы и сейчас убеждены, что подоплека такова).

b. Раз Вы уж дали согласие, выходить сейчас было бы глупо и даже политически вредно — могло бы быть раздуто нашими врагами как доказательство иллюзорности разрядки — невозможности сотрудничества в строго научном и объективном журнале.

c. Журнал себя рекомендует с лучшей стороны (покажите №) как строго специальное и объективное издание. Вы полагаете, что Ваше участие будет полезно для пропаганды достижений советской науки.

Если же — на что нет никаких указаний — журнал сойдет с этих позиций, Вы обещаете посоветоваться с ним — следует ли Вам как члену редколлегии воздействовать на него изнутри или целесообразнее выйти.

Подумайте над этим.

2) Книги в библиотеке я продлил.

3) До Володиной не дозвонился — она в то воскресенье, когда я был у Вас, ушла в отпуск.

4) Оставляю бумаги для Гусевой. Передайте ей (бумагу о лаборатории, после ее подписания, пришлите ко мне).

5) Очень прошу не посчитать за труд передать при случае экз<емпляр> тезисов Яглому.

6) Книги я все поставил на их места.

7) Звонил отец А. М. Там дела такие: 2 месяца в Оксфорде (переводчица предоставляет ему там домик), затем два — в Глазго. После этого — циклы лекций в Голландии и ФРГ. Написал две большие работы. Папа А. М. меланхолически заметил: «Как-то это все несерьезно...»[4]

Обнимаю Вас и целую. Жду в Тарту.

Ваш всегда Ю. Лотман

P. S. Да, я прочел Чердынцева — любопытно, но не сногсшибательно — в очень сходном духе я писал на 1 курсе в семинаре Проппа работу о Сокольнике и Илье. Биография и облик Чердынцева интереснее. Все же принять в принципе к печати можно, если Вяч. Вс. или Вл. Ник. отредактируют (там много сносок странных, непроверенных цитат и проч. — мне этим заниматься нет возможности) и напишут краткое — стр. на 3 — предисловие с указанием тех дополнений, которые можно было бы к работе сделать.

P. S. P. S. Не успеваю еще раз позвонить попрощаться с Вашими родителями — передайте им от меня поклон и благодарность.

[1] Датируется по связи с пп. 569 (после Закарпатья Ю. М. приедет в Москву) и 571 (продолжает волноваться по поводу журнала А. В. Исаченко).

[2] Использовано название автобиографической «исповеди» Д. И. Фонвизина «Чистосердечное признание в делах моих и помышлениях» (1792).

[3] Русский лингвист А. В. Исаченко, проживавший в Западной Германии, организовал в 1974 г. международный журнал «Russian Linguistics», в редколлегию которого пригласил ученых разных стран, в том числе из СССР — Б. А. Успенского. Но по тогдашним неписаным советским законам Б. А. должен был, прежде чем давать согласие войти в редколлегию журнала из «капиталистической» страны, получить утверждение партийных органов, поэтому в МГУ поднялся большой шум. Ю. М., вначале думавший, что можно отговориться, потом понял, что дело нешуточное; к этой стадии, вероятно, относится следующая недатированная записка Ю. М.:

«Дорогой Борис Андреевич!

Еще раз хочу сказать Вам, что на мой взгляд, если можно осадить на плитуар в приличной форме, то это лучше сделать. Это не тот повод, да и И., полагаю, поймет — сам нюхал, что чем пахнет. Конечно, если чувство внутренней мерзости протестует, то насиловать себя не следует, но и из пушки по воробьям стрелять не след, а тем более если можно при этом себя опасно ранить.

Главное — не грустите. Мы еще увидим небо с овчинку/в алмазах (ненужное вычеркнуть).

Вашу шубу я не дал Заре — привезу сам. Узоры нашего жития она расскажет.

Целую Вас — поклоны детям и Гале.

Всегда Ваш Ю. Лотман»

Б. А. Успенский назван в числе членов редколлегии журнала лишь в № 1: значит, он сообщил А. В. Исаченко о невозможности дальнейшего присутствия в этом списке.

[4] Речь идет об устройстве на работу недавно уехавшего из СССР А. М. Пятигорского.

571

<Сентябрь 1974 г.>[1]

Дорогой Борис Андреевич!

Пользуюсь Олей, неожиданно появившейся в Тарту, чтобы передать Вам записку. Статья еще не пошла в набор и, вероятно, до конца сентября не пойдет (а м<ожет> б<ыть>, и до конца октября). Это не означает, что все это время следует «кончать» статью, — закругляйте ее скорее[2], и надо приниматься за другие статьи. Сообщите, что у Вас с исаченковским журналом и проч. (беспокоюсь). В Тарту проездом были родители А. М.[3], однако сведения их не превышают уже нам известного. У нас — тихий омут. Я уже успел замотаться. Луч света в темном царстве — Анн и Люба прошли по конкурсу в ст<аршие> преп<одаватели> (вместо ушедших на пенсию Адамса и Т. Ф. Мурниковой). Лаборантский фронт полностью оголен, и я погибаю.

С горя окончил статью — «Бытовое поведение декабриста»[4]. Сначала нравилась, но при втором чтении произвела на меня отвратительное впечатление. Вообще со статьями, как у пушкинского Фауста о Гретхен:

Гляжу, упившись наслажденьем,
С необъяснимым отвращеньем[5]...

Вообще же что-то грустно, Ваше благородие... Кстати, 18-го юбилей П. А. Зайончковского — 70 лет. Поздравьте.

Узнайте у Гусевой — утвержден ли наш план семинаров.

Письмо о лаборатории от Розенцвейга я получил.

Обнимаю Вас сердечно, Гале и детям — поклоны.

Как Ваня в школе?

Наши новости: Мишка еще не папа́, хотя это ожидается со дня на день. Антр ну[6] (в смысле — антр ну и ну!) — Гришка, кажется, влюбился: сидит на диванчике с дочкой Зариной однокурсницы и читает ей стихи — умора. Еще раз Вас обнимаю — Зара шлет поклоны.

Ваш Ю. Лотман

[1] Датируется по связи с п. 570 и по указанию на будущий конец сентября.
[2] Статья о Боброве (см. примеч. 3 к п. 544).
[3] См. примеч. 4 к п. 570.
[4] Лотман Ю. М. Декабрист в повседневной жизни (Бытовое поведение как историко-психологическая категория) // Сб. «Литературное наследие декабристов. Л., 1975.
[5] Неточная цитата из стих. А. С. Пушкина «Сцена из Фауста» (1825).
[6] От фр. entre nous — между нами.

572

<8 ноября 1974 г.>

Дорогой Борис Андреевич!

Только что получил письмо от потсдамского семиотика Клауса Штедтке (ГДР) — Зара его называет «ефрейтор Штедтке», больно уж фамилия, как в стишках военного времени, — а так он вполне приличный (кажется) парень, свободно владеющий и семиотической терминологией, и русским языком. Если Вы не забыли, я назвал его фамилию, когда Frau Wobrak из Verlag der Kunst спросила, кого бы мы могли бы предложить в качестве переводчика. Теперь он мне пишет, что лейпцигское Verlag der Kunst обратилось к нему с предложением курировать переводы нашей серии. Для начала он согласился переводить Вашу и Жегина книгу «Язык живописного произведения». Я беру на себя смелость выразить ему по этому поводу наше удовольствие и дать Ваш адрес, чтобы он мог в спорных случаях перевода обращаться непосредственно к Вам.

Такова деловая часть. С глоссолалиями[1] что-то не идет... А идет что-то другое, странное и непонятное, — для журнала «Diogène», вариации на тему о структуре культуры[2]. Когда приеду в Москву — не знаю. Боюсь, что до середины декабря не буду — ВААП ни мычит, ни телится, а мне без того, что они раскачаются выдать деньги, и приезжать не для чего.

У нас новостей нет — вот только через пару дней Пирет с Машей приезжают. Для этого мы газифицируем ванну и проводим горячую воду в кухню. Сия революция стоит много хлопот и капиталов (в отношении последних мы встали на путь займов и инвестиций, задолжав всем кругом. Зара огорчается, но я стараюсь ее уверить, что когда имеешь долги, чувствуешь себя более молодым. Как Вы, вероятно, помните, в этом был секрет молодости одного из наших общих друзей[3]). Кстати, я вспомнил, где забыл свои калоши! Я получил очень интересную программу научной сессии University of Keele — «Neo-formalist conference», которая состоялась в конце сентября. Кто такой C. R. Pike, подписавший программу, — неужели известный лингвист Пайк? Там был ряд интересных докладов и informal talk[4]. Получили ли Вы программу?

Не сердитесь за элегическую записку, которую я оставил на Вашем столе, — я что-то рассиропился в последний день.

Как Вы и Ваши? Пишите — пишите обязательно.

Поклоны Гале, поцелуи детям.

Зара Вам сердечно кланяется.

Всегда Ваш

Ю. Лотман
8.XI.74.

[1] Неясно, о чем идет речь. Буквально термин означает «магические заклинательные выкрикивания непонятных слов», но в семье Ю. М. глоссолалиями еще назывались шутливые каламбурные стихи.

[2] Такую статью не удалось обнаружить.

[3] Намек на А. М. Пятигорского.

[4] неофициальные беседы (*англ.*). Ю. М. каламбурит: neo-formalist — informal.

573

<Конец 1974 — начало 1975 гг.>[1]

Дорогой Б. А.!

Ссылку на Цявловского вставил.

Посылаю Вам вещмешок, а долг (20 р.) — через пару дней. «Russian Linguistics» № 2 у меня нет и не было. Прошу оставить его для меня у Вас до случая.

Обнимаю Вас, приветы и поцелуи детям, Гале сердечные поклоны и благодарность за гостеприимство.

Ждем Вас.

Ю. Л.

[1] Датируется по фразе о Цявловском. Ю. М. вставил эту ссылку в статью о Боброве (см. примеч. 3 к п. 544): «Труды... XXIV», с. 243, примеч. 172. Данный том подписан к печати 16 мая 1975 г.

574

<Середина 1970-х гг.?>[1]

Сударь!

Черт меня побери !!!
Я только сейчас вдумался в настоящий смысл стихов:

Она по-русски плохо знала,
Журналов наших не читала
И выражалася с трудом
На языке своем родном.
Итак, писала по-французски…
Что делать? повторяю вновь:
Доныне дамская любовь
Не изъяснялася по-русски,
Доныне гордый наш язык
К почтовой прозе не привык[2].

Что они означают? Обычно истолковываются они так: русский язык, по мнению Пушкина, существует лишь как бытовое просторечие и для изъяснения тонких чувств необходимо прибегать к французскому, то есть существует система: $\frac{\text{французский}}{\text{русский}}$.

Но что же тогда означают слова о «гордом языке», который не привык «к почтовой прозе»? Их можно истолковать, как кажется, лишь одним образом: русский язык — это церковный письменный язык, который слишком высок, чтобы его употреблять в бытовых эпистолярных жанрах. Нельзя же писать любовные письма с «абие» и «аще» (как говорил В. Л. Пушкин). Следовательно, речь идет о том, что есть русский язык высокой книжности, но нет русского языка «средней культуры», и возникает парадигма: $\frac{\text{русский}}{\text{французский}}$.

Анн читает ревизию и находит пропущенные Вами опечатки, что вознаграждает ее за тягость чтения. Статья ей нравится. Ваш дачный адрес она потеряла, и я не смогу сообщить Вам время своего приезда (23-е).

З<ара> Г<ригорьевна> шлет Вам поклоны. Обнимаю Вас и детей. Гале сердечные поклоны.

Получил буддологический оттиск[3], а Вы?

[1] Датируется по работе над статьей о С. Боброве (см. примеч. 3 к п. 544).
[2] «Евгений Онегин», гл. 3, строфа XXVI.
[3] Возможно, был получен оттиск статьи уехавшего А. М. Пятигорского.

575

<8 марта 1975 г.>

Дорогой Борис Андреевич!

Грустно было сегодня получить Вашу телеграмму о кончине М. М.[1], хотя давно уже было ясно, что дело идет к тому. Вы не сообщили, когда похороны. Если до 10-го, то я не успею приехать. Передайте мои соболезнования Ляле Мелиховой — ей, наверное, тяжелее нас всех.

С истинным огорчением сообщаю Вам, что вставить Ваш индекс возможности не было никакой[2]. Ваши вставки в комментарии к Боброву вызвали такую бурю, какой еще не бывало, — вообще они с ума посходили (неизвестно лишь, откуда они его для этой цели позаимствовали). Кажется, все же вставки удалось отстоять. Что же касается индекса, то если предложение наше Лихачеву возымеет действие (я получил от него письмо, из коего следует, что:

a) Он получил то, которое было отправлено на «не тот адрес», и, естественно, не получил то, которое было отправлено на «тот», что вполне закономерно, поскольку девочка Галочка, читавшая письма, имеет правильный адрес.

b) Он будет пытаться пробить нашу книжку, хотя и сомневается, поскольку Рыбаков и пр.[3].

c) Он оптимистически смотрит на издание Карамзина[4].

d) Он шлет Вам дубликат того же письма, так что Вы все это и сами знаете), — если вариант с книжкой реализуется, то туда можно будет включить и индекс.

Поздравляю Вас с прошедшим Днем Рождения и прошу принять скромные дары. Галю поздравляю с 8-м марта. Опомнившись от изумления, вызванного идеями известного историка Н. Яковлева[5], я сообразил, что это, конечно, в ближайшей перспективе восходя к бульварной прессе XX годов <так!>, исключительно точно повторяет один классический источник в 1798 г.: аббат Barruel, иезуит, опубликовал в Гамбурге «Mémoires pour servir à l'histoire du jacobinisme», в которых, на основании подложных актов, изготовленных иезуитами в Вене, доказывал, что французскую революцию сделали масоны. Заговор масонов руководил Генеральными Штатами. Масоны прикрывались принадлежностью к различным враждующим клубам и партиям, а на самом деле дружно разрушали монархию, отправили на гильотину короля и готовят ту же участь другим монархам. Но еще в 1792 г. аббат Лефранк опубликовал брошюру «Заговор против королей и католической веры», второе издание которой имело на титуле: «Завеса, приподнятая взорам любопытных, или Секреты революции и разоблаченное масонство». Итак, ничто не ново под луною. Остается лишь написать «Август 1916, или Заговор иезуитов», где раскрыть козни Ватикана.

Вообще же, как сказано у Маяковского:

Тут один сломал себе ногу —
Так вот веселимся,
 чем Бог послал,
Танцуем
 себе
 понемногу[6].

Обнимаю Вас

8.III.75. Ю. Лотман

P. S. Как здоровье Андрея Васильевича? Передайте ему и Густаве Исааковне мои сердечные пожелания: скорого ему выздоровления.

[1] В Москве скончался М. М. Бахтин.

[2] Б. А. Успенский хотел приложить к труду С. Боброва (см. примеч. 3 к п. 544) указатель слов.

[3] Академик Б. А. Рыбаков неодобрительно отзывался о трудах Ю. Л. и Б. А. Успенского.

[4] Издание в «Литературных памятниках» «Писем русского путешественника» Н. М. Карамзина (см. пп. 615, 618, 626 и след.).

[5] *Яковлев Н.* 1 августа 1914. М., 1974. Автор пытается доказывать, что чуть ли не главной политической силой в России предреволюционных лет были масоны.

[6] Неточная цитата из поэмы В. В. Маяковского «Про это», ч. II (1923).

576

22.III.75

Дорогой Борис Андреевич!

С ужасом узнал я, что рукописи Бахтина переданы (или будут переданы?) Кожинову[1]. Я полагаю, что Ляля Мелихова не имеет права так распоряжаться ими, даже получив их по наследству в полное юридическое владение. Рукописи Бахтина не кресло и не сервиз, чтобы ими одаривать кого-либо за какие-либо заслуги перед Бахтиным как человеком. <...> Разве мало, что Бахтина печатали (разворовывали?) при жизни под своими именами Медведев и Волошинов? Неужели это должно продолжаться и после смерти, а все будут смотреть сложа руки? Ляля милый и добрый человек, но распорядилась по-бабьи. Здесь простота хуже воровства, прямым пособником которого (в буквальном смысле!) она окажется.

Пишу это совершенно бескорыстно — лично я полностью от этого дела устранился бы в любой ситуации и (вопреки наивному предложению Зары) описывать рукописей бы не стал: я не Кожинов и не Саша Чудаков — и близко не подойду к делу, вокруг которого начинается толкотня стремящихся «урвать». Но необходимо — и ЭТО МОЖЕТЕ СДЕЛАТЬ ТОЛЬКО ВЫ — разъяснить Ляле, что она, по доброте, делает дело преступное. Рукописи Бахтина — культурная ценность такого масштаба, что распоряжаться ими по своему разумению она просто не имеет права. А надо (или уже надо было? страшно подумать!):

1) Подробно и точно описать все рукописи. Опись опубликовать (у нас или в «Russian Literature»).

2) Только после публикации описи — передавать, но, конечно, не Кожинову, а в такой архив, где сидят приличные люди, — сейчас это РО Ленинской библиотеки или Публичной библиотеки в Ленинграде.

Ни о чем другом сейчас писать не могу. Я понимаю, что Вам трудно об этом говорить с Лялей. Но есть ситуации, когда мы обязаны делать и то, что трудно. Эта — такая.

Всегда Ваш Ю. Лотман

[1] Опасения Ю. М. оказались неосновательными. М. М. Бахтин завещал свой архив трем литературоведам, близким к нему перед его кончиной: С. Г. Бочарову, В. В. Кожинову, Л. С. Мелиховой, — и они сообща сохранили этот архив вне официальных архивохранилищ, которые могли бы ограничивать или даже закрывать доступ к нему специалистов. Помимо отдельных публикаций, на основании этого архива издается собрание сочинений М. М. Бахтина в 7 томах. Недавно вышедший 5-й том (М., 1996) почти целиком построен на архивных публикациях.

577

<Конец апреля 1975 г.>[1]

Дорогой Б. А.!

Жаль, что Вы не сможете приехать в начале мая. Спасибо за корректуры. Мы совершенно упаточились с конференцией и страшно устали от мелких и крупных подлостей. Ну, да что уж...

Несколько деловых вопросов: актуальность операции с участием Н. И. относительно докторской диссертации отпала: автор работы, видимо, окончательно удаляется со своего поста и, следовательно, все мероприятия теряют смысл. Извинитесь перед Н. И. за беспокойство[2]. Однако к лучшему ли новая ситуация — неизвестно. На место Савватия берут из Воронежа Шелякина (проф<ессора>). Это, кажется, неплохой лингвист традиционного типа, но человек исключительной активности, много работавший в ГДР. Он уже утвержден нашим ЦК, где произвел, говорят, самое благоприятное впечатление. Кажется, он по типу научных интересов и тактики близок к Ф. П. Филину*. Его, кажется, знает Никита Ильич — спросите, что это за человек и чего от него можно ожидать.

* Он уже приезжал в Тарту, полон честолюбивых помыслов, он близкий приятель нашего ректора и проч. (*Примечание Ю. М. Лотмана*.)

Посылаю Вам 4 экз<емпляра> «Тезисов»[3] — это все, что могу, ей-Богу.

Обнимаю Вас.

Ваш Ю. Лотман

[1] Датируется по сообщению о будущем начале мая и о смене заведующего кафедрой русского языка, произошедшей в 1975 г. Тогда конференция, от которой устали, — Третья Блоковская (20—24 апреля 1975 г.).

[2] Вероятно, Ю. М. опасался административно-научного «возвышения» зав. кафедрой русского языка ТГУ (до 1975 г.) С. В. Смирнова, посредственного ученого, но зато связанного с разными властными органами и способного вредить кафедре русской литературы; поэтому Ю. М. просил узнать через Н. И. Толстого, насколько сдаваемая в ВАК докторская диссертация С. В. Смирнова соответствует нормальным научным требованиям.

[3] Тезисы I Всесоюзной (III) конференции «Творчество А. А. Блока и русская культура XX века». Тарту, 1975.

578

<4 мая 1975 г.>

Дорогой Борис Андреевич!

С праздником Вас! Правда, у Вас, может, все и совершилось, как ему положено, а у нас в силу нашего недостоинства, отнюдь не воистину[1]. Блоковская прошла интересно — жаль, что Вас не было. Теперь начинается комиссия, которая, конечно, будет еще интереснее.

Я уже Вам писал, что на лингвистическом нашем небосклоне поменялись все знаки Зодиака[2] — новое созвездие, которое, кажется, восходит под знаком Скорпиона, именуется Шелякин (спросите о нем у Никиты Ильича, ибо сей именует себя его близким знакомцем).

Позвоните Вяч. Вс. и спросите, какова судьба справок о несекретности для семиотических авторов, кот<орые> я с ним передал, — из-за этого не можем сдать VIII т.[3].

Ждем Вас к нам. Обнимаю Вас и желаю, чтобы для Вас, хотя бы, — воистину.

Всегда Ваш

Ю. Лотман
4.V.75.

[1] Ю. М. пишет письмо в Светлое Воскресение, в день Пасхи.

[2] См. п. 577.

[3] В советские годы время от времени начальство в целях повышения бдительности начинало требовать, даже в области гуманитарных наук, акты экспертизы на все подготавливаемые к печати статьи и книги: что в данном труде нет ничего секретного, ничего нового и т. п. Проходило какое-то время, и про такие глупые акты забывали.

579

<Май 1975 г.>[1]

Дорогой Б. А.!

Посылаю Вам:
a) Книгу для Кларка.
b) Брошюру для Вас.
c) —"— для Клауса
в мой сб<орни>к (она еще нигде не переводилась!)[2].

Рецензию с зав<еренной> подписью вышлю завтра — ей-Богу, было некогда.

Только что окончилась Блоковская конф<еренция>, кот<орая> прошла насыщенно и интересно, но не без того-сего, а сейчас сразу же начинается большая проверка нашей кафедры, кот<орая>, видимо, задумана как генеральный разгром. Так что моя надежда соскучиться снова оказалась несостоятельной. Просто никакой возможности уподобиться Онегину — все дела и дела. Но то и огорчает, что для дел времени нет, а все — так:

Земля, как и вода, содержит газы,
И это были пузыри Земли[3]...

Будьте здоровы и благополучны! Обнимаю Вас, детей целуйте. Гале мои поклоны.

Ваш Ю. Л.

P. S. Я уже писал Вам, что дело с Савватием абсолютно утратило смысл, сообщите об этом Н. И., да и спросите, если не трудно, кто такой этот новый кандидат (я писал Вам его фамилию, а ныне запамятовал), — говорят про него весьма амбивалентно[4].

[1] Датируется по связи с пп. 577, 578.
[2] Какую именно книгу и брошюру посылал Ю. М., — неясно. Клаус — Штедтке, под редакцией которого будет издан первый большой сб. статей Ю. М. на немецком языке: *Lotman Juri M.* Kunst als Sprache. Leipzig, 1981.
[3] Цитата из трагедии Шекспира «Макбет» (д. 1, явл. 3) в переводе А. И. Кронеберга (1846). А. Блок эту цитату поставил эпиграфом к циклу «Пузыри земли» (1904—1905).
[4] См. п. 577.

580

<30 мая 1975 г.>

Сударь!

Да ведомо будет Вам, что:

1) Пушкин в «Пиковой даме» пишет: «В Москве составилось общество богатых игроков, под председательством славного Чекалинско-

го, проведшего весь свой век за картами» («славный» зд<есь>, конечно, «известный» «пресловутый», а не «милый» — это обычное пушкинское употребление).

2) Будучи в Питере, я говорил по телефону с Дм. С. Лихачевым о сб<орни>ке. Он согласен участвовать и просил пока записать специально широкую тему — «Проблема «текста в тексте» и цитаты в произведениях русского средневековья». Я просил его подумать об авторе для статьи о древнерусской живописи в этом аспекте[1].

3) Панченко готов работать над статьей «Аппликации в русских текстах XVII в.» и говорил очень умно и дельно на эту тему. Он очень интересно упомянул, что к этой же проблеме относится тема эха. Я, ухватившись, сказал, что эхо для рифмы то же, что отражение в воде (зеркале) для живописи — в средневековой литературе выражение идеи естественного происхождения искусства («отражения» как истока живописи и эха как начала рифмы — кажется, это шире, чем средневековье — встречается в античности, ср. у Пушкина: «Эхо, бессонная нимфа...» — и в системе классицизма). Однако в барокко и эхо, и отражение имеют смысл не происхождения, а удвоения, то есть повышения нормы семиотичности — отсюда «carmen echicum»[2], устройство парков с отражениями пейзажей и искусственным эхо (ср. чисто барочную мистическую роль отражения и эха у Гоголя). Вообще тема богатейшая.

4) На защите Игоря[3] Панченко говорил умно и мило, защита прошла с блеском, но вечером Игорь, оступившись (и пьян-то не был!), сломал себе обе кости одной ноги в щиколотке — сейчас в гипсе и будет в нем еще месяц минимум.

5) Ревизии[4] пока не было — посылать Вам корректуру, конечно, не будет возможности[5]. Уж положитесь на мою точность, которая, как жена Цезаря.

6) У нас сегодня шел снег — холодрыга ужасная.

7) Я был два дня в Питере — делал доклад у Игнатьева — ничего[6]. Главное же, что привез костюм З<ары> Г<ригорьевны>, который она в Питере забыла. Это теперь у нас так строятся маршруты — я езжу в дистанции двух недель и собираю ее вещи. Сам же, как известно, ничего не забываю и лишнего не беру.

Вот наши дела — как Ваши?

Как здоровье Густавы Исааковны? Как дети и Галя? Сообщите.

Обнимаю Вас.

Ваш Ю. Лотман
30.V.75.

P. S. Я обещал А. В. Фальк в июне быть в Москве. Можно ли сообщить ей (тел. 448— <...>), что до августа не попаду в Москву?

[1] Здесь и далее Ю. М. намечает создать сб. статей об эхе, аппликациях, «тексте в тексте». Частично этот замысел был воплощен много лет спустя в «Семио-

тике 22» (Тарту, 1988), имеющей подзаголовок «Зеркало. Семиотика зеркальности». Д. С. Лихачев и А. М. Панченко в ней не участвовали.

[2] «эховый» стих (*лат.*).

[3] На защите кандидатской диссертации И. А. Чернова оппонентом выступил А. М. Панченко.

[4] Ревизия — последняя корректура книги или сборника.

[5] Речь о сб. «Труды... XXIV» (см. примеч. 3 к п. 544).

[6] В Ленинградском институте авиаприборов. Тартуские семиотики (и моя группа при кафедре русской литературы ЛГПИ им. А. И. Герцена) научно были тесно связаны с кафедрой кибернетики М. Б. Игнатьева, работали там на хоздоговорах. См. недавнюю публикацию: *Егоров Б. Ф., Игнатьев М. Б., Лотман Ю. М.* Искусственный интеллект как метамеханизм культуры // «Russian Studies», С.-Петербург, 1995, № 4.

581

<8 июня 1975 г.>

Дорогой Б. А.!

Вы куда-то пропали. Что у Вас? Беспокоюсь, как здоровье Густавы Исааковны, сообщите, будьте добры.

Ревизии[1] пока нет, м<ожет> б<ыть>, и не будет, а прямо чистые листы (воображаю Вашу паралингвистику[2] на этом месте!).

При сей верной оказии не могу утаить от Вас, что Мазепа (православный, хотя и не без влияния полонизма и, видимо, не очень-то затронутый воздействием петровской эпохи) был любовником своей крестной дочери и сватался за нее, имея намерение жениться. Родство послужило благовидным предлогом для отказа Кочубея, но, видимо, если бы отец согласился, брак не встретил бы препятствий со стороны духовенства. Правда, в пушкинском замысле «Полтавы» любовь крестного отца к дочери, возможно, выступает как русский вариант «ужасного» романтического сюжета любви брата к сестре и др<угих> инцестных ситуаций. Вообще же неча на Петра валить — все хороши*[3].

Есть одно дело — ВААП, с которым Вы не поддерживаете знакомств, желал бы уплатить Вам небольшую (кажется, действительно небольшую) сумму. Дело в том, что какая-то дурацкая бельгийская шайка издала дурацкий том статей по семиотике (или готовится издать и выслала аванс), разумеется, московско-тартуской[4]. Подбор довольно плохой, ну да шут с ними.

Они прислали в ВААП гонорар, который по пропорции листажа, мной раскинутой, выглядит так:

(Общая сумма мне неизвестна, видимо, небольшая!)

* Прочел Покровского о сибирском расколе и еще раз порадовался на ум и такт Екатерины II (борьба с гарями). (*Примечание Ю. М. Лотмана.*)

1. Б. А. Успенский — 22% от общей суммы.
2. Ю. М. Лотман — 20% "—"
3. Л. Ф. Жегин — 13% "—" имеет получить вдова.
4. М. М. Ланглебен — 12% "—"
5. В. В. Иванов — 8% "—"
6. А. К. Жолковский — 7,5% "—"
7. М. И. Лекомцева — 5% "—"
8. И. И. и О. Г. Ревзины — 4,5% "—" имеет получить Оля.
9. И. Б. Переверзев — 3% "—"
10. В. Н. Топоров — 2% "—"
11. А. А. Зализняк — 2% "—"
12. Ю. К. Щеглов — 1% "—"

Не составило ли бы Вам труда, например, попросить Олю Лейбман приписать адреса поименованных персон (трудность составит только Переверзев; тут можно или позвонить Ю. И. Левину и спросить, или же плюнуть и сообщить, что адрес неизвестен, — я с сим не знаком и никаких обязательств по отношению к нему за собой не чувствую) и направить письмом в ВААП (103104, Москва, Б. Бронная 6-а. Начальнику Управления бухгалтерского учета и расчетов с авторами И. Ф. Пастушкову)?[*] Я бы сделал сам, но у меня нет адресов Жегина, Ланглебен и Щеглова, а отсылать данные частями нет смысла.

Рад сообщить Вам, что «Семиотика VIII» прошла все инстанции. Статью Т. В. Цивьян в последнюю минуту удалось впихнуть. Теперь только типография. Одновременно идут корректуры трех различных сборников и листы ротапринтной брошюры. Так что надежды на, хотя бы относительно, спокойную работу в июне, как всегда, лопнули. Пишу статью для Даниловой о лубке и скоро пошлю ей[5]. Комиссия не кончилась, а, как река Заравшан, ушла в песок.

Кстати, в конце июня я неожиданно должен буду оппонировать в Донецке и, м<ожет> б<ыть>, пролетая через Москву, забегу или хоть ручкой помахаю, так что ходите, задрав голову, и посматривайте на самолеты.

Обнимаю Вас.

Всегда Ваш Ю. Лотман
8.VI.75.

[1] См. примеч. 4 к п. 580.

[2] Шутка: имеется в виду нецензурная брань.

[3] *Покровский Н. Н.* Антифеодальный протест урало-сибирских крестьян-старообрядцев в XVIII в. Новосибирск, 1974. В книге приводятся и анализируется распоряжения Екатерины II, ослабляющие гонения на раскольников, среди которых до середины XVIII в. культивировались «гари», т<о> е<сть> самосожжение.

[*] В ВААП надо послать *только адреса* — «процентную норму» я им уже сообщил. (*Примечание Ю. М. Лотмана.*)

[4] «Travaux sur les systèmes de signes. Ecole de Tartu». Textes choisis et présentés par J. M. Lotman et B. A. Ouspenski. Bruxelles, 1976. Странно, что Ю. М. как бы впервые узнает об этой книге, а в ее подзаголовке сообщается: «Тексты отобраны и подготовлены Ю. М. Лотманом и Б. А. Успенским».

[5] *Лотман Ю. М.* Художественная природа русских народных картинок // Народная гравюра и фольклор в России XVII—XIX веков (К 150-летию со дня рождения Д. А. Ровинского). М., 1976.

582

<7 июля 1975 г.>

Дорогой Борис Андреевич!

С каким-то грустным чувством уехал я из Москвы — уж на очень безотрадный тонус Вы настроились. Друг мой, поверьте, в конечном счете «царство божие внутри нас». Конечно, можно и нужно устраивать свои внешние дела, но нельзя позволять внутренней веселости опускаться ниже некоего критического уровня. Иначе она уже не вернется при самых благоприятных внешних условиях. Да и раз еще есть выбор, значит, уже не так худо, да и без выбора не так худо, да если и так худо, так ведь есть гордость на то, чтобы и тогда быть веселым (я говорю не о той веселости, которая выражается бодрым ржанием, а о веселости души, которая позволяет получать удовольствие от хорошей погоды, игры с детьми и работы мысли (вообще от работы) — вот сейчас с наслаждением колол дрова!). Ей-богу, голубчик, по поговорке «на печального и вошь лезет» — ведь закусают. Между тем я по опыту знаю (я видел, как людей не метафорически съедали вши!), что способностью радоваться можно оборонить себя от укусов сих насекомых (вообще вши мой конек, как и Швейка, я мог бы рассказать Вам целую вшивую Илиаду, но отложим сие до встречи).

Из дел могу сообщить Вам, что «Труды» с Бобровым[1] прошли все инстанции — ждем выхода. Ротапринтные томики[2] я привезу — лень идти на почту.

При сем прилагаю Вам две любопытные выписки.

К нам приехала внучка Маша — чудесная девка!

З<ара> Г<ригорьевна> шлет Вам и семейству поклоны. Я же целую Гале ручки, а Ване и Феде жму их мужские руки.

Обнимаю Вас.

Ю. Лотман
7.VII.75.

[1] См. примеч. 3 к п. 544.

[2] Вероятно, книга: *Лотман Ю. М.* Роман в стихах Пушкина «Евгений Онегин»... Тарту, 1975.

583

<13 ноября 1975 г.>

Дорогой Борис Андреевич!

Вы спрашиваете, правда ли, что они такие сволочи... Такие[1].

Мы с Анн пытаемся что-либо с оттисками еще сделать, но вообще надежды мало.

Спасибо за статью о Тредиаковском[2] — что с ней делать? Просто прочесть или где-либо печатать? С радостью узнал, что Вы закончили статью о Николе[3], — я здесь тоже кое-что закончил и по той же, что и Вы, причине — из-за полного отсутствия времени и совершенной внеплановости.

Кстати, сударь, забыл Вам заметить после Вашего доклада: слово «крестьянин» в значении «смерд» появляется не после Петра I, а в XIV в. Видимо, это означало начало тенденции к ослаблению феодальных отношений (реализовалось обратное, но до XVI в. тенденция была общеевропейская) — земледелец = христианин в зн<ачении> «общенародия»; м<ожет> б<ыть>, тут что-либо иначе, но в любом случае это слово более раннее, чем Вы полагали, если я Вас правильно понял. Если увидите в Москве сб<орник> «Литературное наследие декабристов» с моей статьей[4] — купите, если не трудно, три-четыре экз<емпляра> — я Вам деньги верну, а один томик даже надпишу, по сродной мне широте.

Обнимаю Вас. Гале и детям поклоны.

Ваш Ю. Лотман
13.XI.75.

Письма Марины[5] привезет З<ара> Г<ригорьевна>, кот<орая> приедет через дней 7—10.

[1] Сотрудники Издательской группы ТГУ всячески вредили кафедре русской литературы: задерживали печатание книг, не делали оттисков статей, не высылали наложенным платежом просимые труды и т. д.

[2] «Тредиаковский и история русского литературного языка» (статья будет опубликована: сб. «Венок Тредиаковскому», Волгоград, 1976).

[3] «Культ Николы на Руси в историко-культурном освещении (Специфика восприятия и трансформация исходного образа)» (будет опубликована в «Семиотике 10»).

[4] См. примеч. 4 к п. 571.

[5] *Цветаева Марина*. Письма к Д. Тесковой. Прага, 1969.

584

<7 марта 1976 г.>

Дорогой Борис Андреевич!

Зара расскажет Вам о нашей жизни, которая, в общих чертах, состоит в том, что мы еще дышим (хотя если взглянуть на дело объективно, то этот факт сам по себе доказывает, что и в наши грешные времена возможны чудеса).

Я кончаю (!!!) комментировать основную часть «Онегина» и уже не укладываюсь в листаж[1]. За эти два месяца выдохся абсолютно. Что с Шрейдером? Что с Даниловой? Я буду звонить дня через три. Пребывайте в уповании.

Гриша в Таллине, Гаспаров начудил[2] (Зара объяснит).

Обнимаю Вас, приветы Гале и детям.

Ваш Ю. Лотман
7.III.76.

P. S. Предшествующее письмо Зара привезла обратно. Надеюсь, что это вручит.

[1] Лотман Ю. М. Роман А. С. Пушкина «Евгений Онегин». Комментарий. Пособие для учителя. Книга выйдет еще нескоро: Л., 1980.

[2] Б. М. Гаспаров покинул СССР в 1980 г., но он задолго до отъезда уже вел себя вызывающе по отношению к партийно-советской власти: принципиально отказывался от общественной работы и т. д.

585

<После 7 марта 1976 г.>[1]

Дорогой Борис *Андреевич!*

Только что (вчера) закончил переработку «Онегина» и отправил с З<арой> Г<ригорьевной> в Питер (З<ара> Г<ригорьевна> повезла Гришу + его работы показывать знакомым в Мухинском училище). У нас все относительно благополучно, хотя именно к дню окончания у меня произошло нечто вроде небольшого сердечного приступа, от которого я еще не совсем пришел в себя. Но это пустяки, и в конце месяца я обязательно хочу побывать в Москве, а то «этак и вовсе подохнуть можно». Как Вы? Меня тревожат Ваши головокружения. Как Ваня? И вообще как живете?

Посылаю Вам список участников итальянского сборника[2].

Польша моя ни мычит, ни телится. (О, Мать-энтропия! Думаю, что и Манихейская Мать тут приложила свою руку[3].) Спасибо за оттиск. Принимал ли Ваш соавтор реальное участие в подарке[4]? Получил ли он «Хлестакова»[5], «Боброва»[6] и «Семиотику 7»? Как бы узнать?

Обнимаю Вас сердечно. Приветы Вашим.

Сердечно Ваш Ю. Лотман

[1] Датируется по связи с п. 584 — закончена книга-комментарий к «Евгению Онегину».

[2] Неясно, о чем идет речь. Возможно, о сб. «Strumenti critici». № 42—43. La cultura nella tradizione russa del XIX e XX secolo. Ottobre 1980.

[3] После трудов Н. Винера по кибернетике, оказавших большое влияние на представителей тартуской школы, термины «энтропия» (особенно с акцентом на ее «хаос») и «манихейство» (понимание зла как предумышленно активного) были в большом ходу. Здесь Ю. М. хочет сказать, что проволочки с оформлением его поездки в Польшу объясняются и бюрократическим хаосом, и сознательным запрещением выезда за рубеж «сомнительного» в политическом смысле человека. «Мать» здесь каламбур: используется понятие манихейцев о «матери-жизни» и намекается на нецензурные смыслы, предмет научных исследований адресата письма.

[4] Намек на соавторство А. М. Пятигорского. Оттиск — Personological Classification as a Semiotic Problem // «Semiotica», 1975, No 2. Это перевод статьи Б. А. Успенского и А. М. Пятигорского из «Семиотики 3».

[5] Статья Ю. М. «О Хлестакове» («Труды... XXVI»).

[6] См. примеч. 3 к п. 544.

586

<Таллин. 26 июля 1976 г.>

Дорогой Борис Андреевич!

Пишу Вам в состоянии «абстракции», как говорит Гриша: после приезда в Тарту сразу укатил на курсы для учителей, где читал 6—8 час. в день: литературу XX в. (!) — надо было избавить Зару (поступок из серии «Александр Матросов»). Устал как пес. Потом, приехав в Таллин, 7 дней занимался с Гришей историей. Гришка был очень измотанный (каждый день у них в это время утром бывали экз<амены> по специальности — рисовал), и объяснять ему прогрессивный смысл опричнины, ход русско-турецких войн и все события до XXV съезда <КПСС> включительно было не очень-то легко. Итоги: сейчас экз<аме>ны сданы:

Сочинение — 3*

Устный — 5

История — 4

Специальность — результаты еще не оглашены.

Конкурс — 9 чел<овек> на место. Я очень боюсь, что он не пройдет. Ответ будет известен через три дня. Таковы наши дела.

За это время я сочинил черновик рецензии на Лихачева—Панченко[1]. Его привезет Зара (я сдуру отпечатал в одном экз<емпляре> и боюсь посылать почтой). У меня не было здесь Вашей цитаты о танце — внесите ее в текст или примечания[2]. Вообще, когда Вы сделаете добавки и изменения, хорошо бы перепечатать в 4-х экз<емплярах> minimum (2 для «Воплей», один нам, один — Лихачеву—Панченко).

* Зара готовила по темам типа: «Эволюция мировоззрения Гоголя», а были:

a) «Образ матери».

b) «Образы коммунистов в “Подн<ятой> целине”». (*Примечание Ю. М. Лотмана.*)

За перепечатку и доделку нашей статьи сяду завтра, когда приеду в Тарту. Ей-богу, не было минимальных душевных сил и покоя для доработки. (В Таллине еще дьявольская духота, совершенно нечем дышать).

Дорогой Б. А.!

Мне всегда грустно уезжать от Вас, а в этот раз было почему-то особенно. Чего-то ужасно сосет душу — прямо до ощущения физической боли. Вероятно, это от возраста и погоды. Я Вас очень сильно люблю.

26.VII.76. Ю. Лотман

[1] Статья появится через несколько месяцев: *Лотман Ю. М., Успенский Б. А.* Новые аспекты изучения культуры Древней Руси // «Вопросы литературы», 1977, № 3 (рец. на книгу: *Лихачев Д. С., Панченко А. М.* «Смеховой мир» Древней Руси. Л., 1976).

[2] Очевидно, имеется в виду примеч. 1 на с. 159 указанной рецензии.

587

<Август 1976 г.>[1]

Дорогой Борис Андреевич!

Писал ли я Вам, что Гриша по конкурсу не прошел[2]? Если нет, то пишу. По этому поводу у нас не объявлялся траур — мы слишком устали, чтобы по-настоящему огорчиться, а Гриша — то ли от мужества, то ли от легкомыслия — перенес это относительно спокойно. Гораздо больше он волновался до объявления результатов (что, рационально говоря, и правильно).

Посылаю Вам:

1) Статью —

a) Ваш экз<емпляр> с перенесенной правкой[3]. При перепечатке Вашей вставки я несколько сносок взял в текст в скобках — иначе пришлось бы перенумеровывать все сноски, т<о> е<сть> практически перепечатывать работу, т<ак> к<ак> сейчас очень придираются из-за грязи.

b) Ваш черновик.

2) Рецензию на Лихачева—Панченко[4]: это единственный экз<емпляр> — у меня другого нет. НЕ ТЕРЯЙТЕ!!! Кроите и режьте его, как Вам угодно. Потом — перепечатывайте. Просмотрите на предмет: НЕ ОБИДИТСЯ ЛИ ЛИХАЧЕВ, ибо, как говорил Пушкин, дружбу сотворил Господь, а литературу мы грешные[5].

3) Бема о Достоевском[6].

4) Рукопись для Карла Карловича[7]. Кстати, скажите ему, что у меня имеется собр<ание> соч<инений> Лассаля в двух тт. (СПб., 1906). Готов обменять на что-либо, что меня интересует, а интересует меня все, кроме Лассаля.

Я получил довольно доброжелательные рецензии на «Онегина» (хотя и много глупостей; Макогон, например, пишет, что я унижаю Пушкина утверждением, что имя Евгений имело литературную традицию как имя щеголя, и тем, что указываю, что в 1820 г. реальная погода была не такой, как описал Пушкин)[8]. Весь август буду дорабатывать — дело срочное. Устал как собака и нахожусь в непрерывной меланхолии. Мне все кажется, как Понтию Пилату, что я что-то самое важное с Вами не договорил[9]. Так и буду сидеть на скале и во сне сам с собой договаривать.

Обнимаю Вас. Ване — поздравление ко Дню рождения. Федю целуйте.

Гале — мои поклоны.

Всегда Ваш Ю. Лотман

[1] Датируется по связи с п. 586 (Гриша сдавал экзамены).

[2] В Таллинский художественный институт.

[3] Вероятнее всего, речь идет о совместной статье «Роль дуальных моделей в динамике русской культуры (до конца XVIII века)» // «Труды... XXVIII» (Тарту, 1977).

[4] См. примеч. 1 к п. 586.

[5] «Дружбу сотворил Бог, а литературу состряпали мы, смертные» // «Русская старина», 1879, № 2, с. 326. Реплика Пушкина изложена в статье: *Галахов А. Д.* Мои сношения с Я. И. Ростовцевым.

[6] Вероятно: Bem A. O Dostojevském. Praha, 1972.

[7] Речь идет о московском букинисте.

[8] Имеются в виду внутренние, издательские рец. на рукопись книги Ю. М. (см. примеч. 1 к п. 584).

[9] Намек на концовку романа М. Булгакова «Мастер и Маргарита».

588

<Конец 1976 г.>[1]

Дорогой Борис Андреевич!

Посылаю Вам корректуру — умоляю проверить ее как можно скорее и без каких-либо добавлений — только корректорскую правку!![2] Нас ужасно жрут, каждая вставка оплачивается моей кровью, лимфой, желчью и желудочным соком. Как Ваше здоровье — прошу больше не падать. Срок сдачи Карамзина пролонгирован до конца января 1977 г. К этому времени прошу дать свою часть статьи[3].

Я совсем уходился — кроме лекций, ни одной отрадной минуты ни на кафедре, ни дома. С кафедры твердо решил уходить — нет больше сил заполнять бессмысленные бумаги и проч. В<алерий> Ив<анович> практически потерял глаз — операция не удалась, и зрение фактически пропало. Остался с одним глазом[4]. Так...

Очень соскучился по Вам, но когда смогу вырваться — неизвестно. Поездка в Польшу, видимо, отпадает — все твердо данные мне обещания — простой обман.

Всего Вам лучшего! Будьте здоровы Вы, дети и все Ваши. Скорее возвращайте корректуру — в мой адрес.

Обнимаю Вас. Всегда Ваш Ю. Лотман

P. S. Прочел статью не без интереса — недурно.

[1] Датируется по сообщению о будущем январе 1977 г.
[2] См. примеч. 3 к п. 587.
[3] Имеется в виду книга: *Карамзин Н. М.* Письма русского путешественника. («Литературные памятники».) Л., 1984. Ее подготовили Ю. М. Лотман, Н. А. Марченко, Б. А. Успенский, ответственный редактор — Д. С. Лихачев. Ю. М. и Б. А. Успенскому принадлежат комментарии и две статьи: «Текстологические принципы издания» и «“Письма русского путешественника” Карамзина и их место в развитии русской культуры». Здесь идет речь о второй статье.
[4] Поздним осенним вечером на окраине Тарту на В. И. Беззубова напали хулиганы и сильно повредили один глаз.

589

<Середина декабря 1976 г.>[1]

Дорогой Б. А.!

Ваша телеграмма подняла нас с постели в 7.00 утра! После этого я понял, что единственная возможность выспаться — это отослать Вам корректуру. «Херсонида» с Вами... (см. один из вариантов рукописи статьи о Боброве[2]). Возвращайте скорее, но учтите, что 24—26 нас в Тарту не будет (вообще удовольствие — вставать в 6 утра встречать поезд! Приезжайте лучше на Новый год avec enfants[3] и привозите семью и корректуру[4]!) Прошу отдать тезисы кому следует (Цурикову?).

А заметка анти-Аверинцев Вам для прохлад — я послал ее в Вопли[5].

Поздравляю Вас, Галю и детей с Рождеством. Будьте здоровы и благополучны.

Ваш Ю. Лотман

P. S. Я бьюсь с Хаамером не на жизнь, а на смерть[6]. Картинки в статье Иванова—Топорова (Картинки — 2 печ. листа чистых иллюстр<аций>!) мне выходят боком[7]!

[1] Датируется по упоминанию будущих Нового Года и Рождества и заметки «анти-Аверинцев».
[2] См. примеч. 3 к п. 544.
[3] с детьми (*фр.*).
[4] См. примеч. 3 к п. 587.
[5] *Лотман Ю.* О «воскреснувшей эллинской речи» // «Вопросы литературы», 1977, № 4.
[6] См. примеч. 1 к п. 583.

[7] *Иванов В. В., Топоров В. Н.* Структурно-типологический подход к семантической интерпретации произведений изобразительного искусства в диахроническом аспекте // «Семиотика 8», Тарту, 1977. В книге нет ни одной иллюстрации к данной статье: видимо, издательская группа ТГУ «победила».

590

<25 декабря 1976 г.>

Дорогие Галя, Ваня, Федя и Борис Андреевич!

От души поздравляем вас всех с Новым 1977 (!) годом. Пусть вам всем будет в нем хорошо и спокойно, пусть дети не болеют и хорошо учатся.

О нашей жизни надеюсь, дорогой БА, порассказать при скорой встрече — рассказ будет длинный и смешной, следуя метаязыку А. М. <Пятигорского>.

Так что приезжайте — повеселимся. Ждем вас всех.

Ваши З. Минц, Ю. Лотман
25.XII.76.

591

<20 января 1977 г.>

Дорогой Б. А.!

Мы предполагаем, а Некто располагает. В данном случае Он рассудил за благо уложить меня с перебоями в сердце* в полу-постель. Болтаюсь ни болен, ни здоров. Все же в начале февраля надеюсь попасть в Москву. А Вы долго ли будете в Петербурге? А то с кем же мне животики-то надрывать? Мне было приятно узнать, что тантрист[1] пребывает в состоянии пониженной интеллектуальности: все-таки постоянство — это единственное, что может утешить в этом меняющемся мире.

Посылаю проспект нашей книги[2].

Целую Вас — дамам и детям поклоны и приветы. Сообщите точно сроки пребывания в Питере.

Ваш Ю. Лотман
20.I.77.

[1] Тантрист — исследователь (или проповедник) древнеиндийских религиозных учений (от санскритского «тантра» — учебник). Имеется в виду А. М. Пятигорский.

---

* Из нашего с З<арой> Г<ригорьевной> старого opus'a Glossaria Dorpatientis[3]:

Был сердечником Лотман, в сердце его перебои:
Нынче сердечный в серчах всех перебил он детей... (*Примечание Ю. М. Лотмана.*)

[2] Непонятно, о чем идет речь.
[3] Сочинения Дерптского словаря (*лат.*).

592

<17 февраля 1977 г.>[1]

Дорогой Б. А.!

Как Вы и Ваши? Беспокоюсь. Мы с З<арой> Г<ригорьевной> чуть не окочурились, как влезли в грипп, так вылезти не можем. Как Вы в Питере?

Можно Вас попросить передать эти корректуры авторам (Падучевой, Гринцеру через Татьяну Яковлевну, Оле Ревзиной через Живова, Шрейдер пусть сам к Вам зайдет)?

Всех просите читать быстро, поправки делать минимально, но помнить, что во второй корректуре уже ничего править нельзя.

Простите, кончаю — Лена Аболдуева торопит, а в голове гриппозная вата.

Будьте здоровы. Обнимаю Вас.

Ваш Ю. Лотман
17.II.

[1] Датируется с помощью комплекта упоминаемых авторов: в таком составе они участвовали лишь в «Семиотике 9», а она печаталась в первой половине 1977 г.

593

22.II.77

Сударь!

Вы, конечно, понимаете, что я прикидывался первые 40 лет Вашей жизни[1] овечкой лишь затем, чтобы во вторые скинуть шкуру и предстать перед Вами во всей красе! Где статья о Карамзине!?! Где она, вопрошаю я Вас! Моя часть пишется, кипит, горит, а где же Ваша? Не доводите меня до крайностей, а то знаете, как сказал Петя (для Вас, барин, как говорил старый казак Пушкину, может и Петя, а для меня батюшка государь император Петр Великий)[2] Алеше[3]: «Дружба, брат, дружбой, а уж служба, так именно службой». Я не погляжу на Вас с Нонной Марченко, ежели что[4]. (Переходя от повелительного тона, как Расплюев в «Свадьбе Кречинского»): «Ну, голубчик, ну что Вам стоит, ну что же Вам мою грешную душу губить, с лиходеями-то моими входить в стачку! Ну уж напишите, того... вступительную-то статейку. А? (Плачет. Вытирая слезы, повелительно:) Но это ты уж, брат, брось, это уж тебе, брат, не прорежет, уж взялся за гуж, так и того (падает на колени и рвет на груди рубашку:) Голубчик, жена... дети, внуки... (занавес)»[5].

Итак, когда же статья? Я уполномачиваю Вас жать на Нонну. (Как Вы в обращении с Гусевой натренировамшись, так Вам оно с дамами и способно.)

Перехожу к эпической части письма: мы все чуть не сдохли. Я вывез из Москвы такой грипп, что только после двух недель полного обалдения постепенно вхожу в себя, Зара ходит шатаясь, как тень, и кашляя, как Виолетта из «Травиаты», Лешка тоже свалился с 39,9 (уже поправляется). Поскольку пик температуры совпал со ска́чками, то, естественно, имели место драматические сцены (нам было заявлено, что для мужчины это не препятствие, я же обозвал его в ответ всадником без головы)[6]. Мне все время рисовалась ужасная картина, что я перезаразил Ваших — поэтому Ваше письмо, из которого я с радостью узнал, что все в добром здравии (тьфу, тьфу, тьфу...), меня вдвойне обрадовало. Федю и Вас с Галей от души поздравляю и желаю от души всего возможного и невозможного прекрасного (Вам с приближением 40-летия — также! Виват, crescat, floreat[7]!!!).

Спасибо за ксероксы, квитанции и проч.

Насчет цветной триоди Вы меня потешили[8] — исполать им. А вот я обнаружил у Ростопчина в автобиографии: «Меня учили всем языкам, и я сделался язычник» (цитирую по памяти; это он специально вставил в русский автоперевод — во французском оригинале сего нет). А шишковист Горчаков пишет об одном французском выражении, мол, каково его истинное значение, надо спросить у знахорей (т<о> е<сть> знающих французский язык). А Погодин, посетив в Риме известного полиглота Меццефанто, которого папа за полиглотизм сделал кардиналом (для них это апостольский дар, а не язычество!), сообщает об этом с некоторым изумлением и именует его «язычник, хотя и христианский» (см. его «Год в чужих краях», М., 1844), всего сего имею точные выписки (конечно, зд<есь> все время игра и шутка, но шутки все как-то в одну сторону гнут). Так. что лучше по-басурмански не маракать.

Спасибо за приглашение в Москву, но я на свой юбилей, вероятно, поеду в Питер[9].

У нас все ни шатко, ни валко, но тома идут и, кажется, пока будут идти. Так что готовьте. А то Вы нас, батюшка, совсем обижать стали.

Обнимаю Вас и целую. Еще раз прошу передать Феде и Гале мои поздравления.

Искренне и всегда Ваш Ю. Лотман

P. S. О тантристе[10] не беспокойтесь, он и пол-литра выдует и глазом не моргнет — йог (йог его бабушку). Зара и Леша сугубо поздравляют Федора Борисовича и Вас.

P. S. P. S. У нас оттепель, и в Зариной комнате протекла крыша — это для симметрии, поскольку мой кабинет промерз.

P. S. P. S. P. S. Приближается Великий пост, время покаянное, пишите статью!

[1] Б. А. Успенский родился 1 марта 1937 г.

[2] Ю. М. переиначивает запись А. С. Пушкиным реплики старого казака Д. Пьянова (в материалах к книге «История Пугачева»): «Он для тебя Пугачев <...>, а для меня он был великий государь Петр Федорович».

[3] Петя, Алеша — шутливые наименования Петра I и А. Д. Меншикова.

[4] Речь идет о необходимости скорейшего завершения работы над подготовкой к изданию в «Литературных памятниках» «Писем русского путешественника» Н. М. Карамзина (см. примеч. 3 к п. 588).

[5] Ю. М. сам сочинил этот текст «под Расплюева», героя драмы А. В. Сухово-Кобылина «Свадьба Кречинского» (1855).

[6] Каламбурный намек на роман Т. Майн Рида «Всадник без головы» (1866): Алексей Лотман увлекался конным спортом.

[7] пусть растет, пусть процветает (*лат.*).

[8] Фраза неясна. Триодями тогда занималась сотрудница ИРЛИ Н. В. Понырко.

[9] 28 февраля Ю. М. исполнится 55 лет.

[10] См. примеч. 1 к п. 591.

594

<6 марта 1977 г.>

Дорогой Борис Андреевич!

Книга, кот<орую> я просил бы Вас посмотреть: Иенс Баггесен, Labirinten eller Rejse gjennem Tidskland, Schweiz og Frankrig[1], 1792—93. Особенно желательно — Frankrig. Источник моих сведений: Уч<еные> зап<иски> Военного института иностр. языков, 1948, вып. 5, В. П. Неустроев, Русская классическая и сов<етская> лит<ерату>ра в скандинавских странах.

Есть еще одна очень для меня важная просьба: узнайте у Зализняка, можно ли было бы Мише сдавать в МГУ кандид<атский> minimum по структурной лингвистике. Специальность называется «Математич<еская> и структурная лингвистика», но он хотел бы сдавать именно структурную (к матлингвистике ему не подготовиться, это все же совсем другая дисциплина). Очень бы хотелось ему помочь — речь, конечно, идет о помощи в прикреплении, а не о какой-либо скидке в знаниях (надеюсь, что это и так ясно). Он, кажется, толковый парень и не склонный к жалобам, но в нашем университете перед ним захлопнули все двери. Всякие официальные бумаги с просьбой о прикреплении ему, видимо, дадут в Институте, где он в прошлом году был на договоре.

БорФед еще раз подтвердил, что если мы не сдадим Карамзина в марте — начале апреля, то он вылетит из плана[2]. Это означает, что вся работа пойдет насмарку, — отложится на неопределенный срок. Действительно, очень прошу Вас поторопиться.

У нас все ни шатко, ни валко. Еще не пришел в себя от гриппа, осатанело пишу Карамзина.

Обнимаю Вас. Гале самые нежные приветы ко дню рождения. Пусть ей будет хорошо.

Ваш Ю. Лотман
6.III.77.

Я застрял в статье о Карамзине, как блоха на войне, — пишу уже 40-е стр<аницы> машинописи, а все еще не разделался с введением — анализом того, что и почему Карамзин не включил в «Письма». Но мне интересно, ибо я пустился в свободные фантазии. Знатоки по масонскому заговору à la Яковлев[3] найдут обширную пищу в связи с<о> светом, пролитым на историю французской революции, и посещением Карамзиным и Кутузовым Парижа в 1789—1790 гг.

Пусть Эля спросит Марию Львовну, может ли та ждать ее приезда.

P. S. Как наша рецензия в «Воплях»?[4]

1 Лабиринты, или Путешествие через Германию, Швейцарию и Францию (*дат.*).

2 См. примеч. 3 к п. 588.

3 См. примеч. 5 к п. 575.

4 См. примеч. 1 к п. 586. Ю. М. напрасно опасался, что авторы книги будут недовольны рецензией; сохранилась недатированная записка Ю. М. к Б. А. Успенскому: «Только что получил письмо Лихачева (Вы тоже уже получили?). Рад, что он не сердит на рецензию. Еще более рад, что она ему понравилась».

595

<12 марта 1977 г.>

Дорогой Б<орис> А<ндреевич>!

Поскольку том VIII «Семиотики» «на сносях», надо срочно направить через Гусеву (на бланке или с печатью!!!) такую бумагу:

Проректору ТГУ
Б. Хаамеру.

Поскольку кафедра русской литературы ТГУ официально, в ответ на наши запросы, уведомила нас, что никакого отношения к распространению готовых изданий не имеет, а между тем все попытки индивидуальных заказов не гарантируют ведущим ученым-семиотикам бесперебойного получения изданий ТГУ, между тем как в целом ряде случаев книги присылаются случайным заказчикам, Комиссия по кибернетике АН СССР присылает Вам список ведущих исследователей по данной проблеме и убедительно просит обеспечивать их в первую очередь всеми семиотическими изданиями, выходящими в Вашем университете.

Далее составьте срочно список, включив Д. С. Лихачева, Б. Ф. Егорова (всем указать чины! — пусть этим занимается В. М. Живов!!!).

Я работаю над статьей и хвораю по малости. У нас начинается какая-то новая проверка (московская).

Очень прошу Вас не задерживать статью[1] — дело серьезное: не только книга рискует вылететь из плана, но и в этом случае: А) Нонна не сможет в обозримом будущем защищать[2], В) вся молодежь, остро нуждающаяся в деньгах и на них рассчитывающая, в этом году не получит ничего (многим это очень тяжело!). Не подведите нас всех.

Очень по Вам соскучился. Надеюсь в конце марта приехать.

Обнимаю. Ю. Лотман
12.III.77.

Адрес: Тарту (индекс), Юликооли 18, ТГУ.

Только что Чудаковы и Тоддес прислали мне том Тынянова — здорово[3].

[1] См. примеч. 3 к п. 588.
[2] Н. А. Марченко подготавливала кандидатскую диссертацию.
[3] *Тынянов Ю. Н.* Поэтика. История литературы. Кино. М., 1977.

596

<Конец марта — начало апреля 1977 г.>[1]

Дорогой Б. А.!

Это исключительно странное и унылое занятие — жить в Москве без Вас. Видимо, с этим связаны и последствия: мой доклад прошел сверх-уныло (мне явно не хватало Вашей скептической физиономии для того, чтобы почувствовать полемический задор, и я тянул унылую тягомотину в духе академических коллег, сам засыпая на ходу), в конце меня продуло в Библиотеке и порядочно скрутило. Прибавьте вечер у Оли Ревзиной (очень было мило, но все пили, а Лескис и впрямь нарезался; я же сидел трезвый и унылый, как деталь сюрреалистического пейзажа). Вот какую цепь бедствий вызвали Вы своим странным и провоцирующим бегством в Петербург.

Мы здесь с В. М. Живовым отчаянно функционировали — он Вам расскажет. Прилагаю к сему квитанцию на получение ксерокопии (этажом выше зала № 1), прошу получить и переслать мне (все уже оплачено, только получить, а книгу сдать, сказав, что и др<угие> мои книги тоже можно сдать).

Потрясающая книга Елагина![2] Очень прошу не выкидывать закладки в «Кн<иге> воспоминаний о Пушкине».

Обнимаю Вас. Ваш Ю. Лотман

P. S. Можно ли попросить у Даниловой еще 10 экз.[3]? За эти я Гале заплатил.

Спешу к поезду. Еще раз Вас обнимаю.

P. S. P. S. Нельзя ли и для меня Ахматову[4]? Готов расплачиваться как угодно, даже своим дряхлым телом.

[1] Год определяется по выходу статьи Ю. М. о лубке и тома А. Ахматовой (см. примеч. 3 и 4), месяц — по вечеру у О. Г. Ревзиной (очевидно, памяти И. И. Ревзина, скончавшегося 28 марта 1974 г.).

[2] *Елагин Ю.* Укрощение искусств. Париж, 1956. Эта замечательная и ярко антисоветская книга могла попадать в СССР лишь нелегально.

[3] См. примеч. 4 к п. 581.

[4] *Ахматова Анна.* Стихотворения и поэмы. (Бол<ьшая> серия «Биб<лиотеки> поэта»). Л., 1976. Эта книга, подготовленная В. М. Жирмунским и вышедшая в начале 1977 г., была первым советским относительно полным собранием поэтических текстов Ахматовой.

597

17.IV.<1977 г.>[1]

Дорогой Борис Андреевич!

Спешу Вас нижайше уведомить, что у нас Христос воскресе[2]. А у вас как? Воистину ли? В качестве красного яичка могу Вам сообщить, что вчера подписал ревизию (третью корректуру) «Трудов» с дуальными моделями[3]. Впрочем же мы пребываем в вожделенном здравии и Вашими молитвами, как столбами, подпираемся.

Подписал я также дополнение к договору с бусурманским издательством «Verlag der Kunst» (ГДР) на составление сборника «Die Kunst in der Kunst»[4] (Вы, видимо, тоже подписали?). Этот ди ин дер* вызвал у меня вертижи[5] от злобы — договор, видимо, был подписан ВААП'ом 4 февраля 1975 г. (!!!), о чем они как-то забыли нам сообщить, вероятно, полагая, что в результате их подписи он сам созреет. Теперь надо представлять рукопись in 1. Halbjahr[6] 1977. Это, конечно, дудки (или Große Duden[7], как выражаются по-немецки), дай Бог, если через год сдадим. Об этом хорошо бы Ваапу ваапнуть прямо в глаза. Но а сборничек все же сгрохаем.

Отсюда вывод — Вам надо приезжать в Тарту. Когда соберетесь, захватите — очень прошу — Вашего или библиотечного Карамзина «Письма» 1820 г. — в Тарту не все части этого издания, и З<ара> Г<ригорьевна> с Любой не могут восстановить все щастья, что, как известно, необходимо для Вашего же (щ)счастья.

* Это похоже на какое-то упражнение по грамматике: die-in-der-in-dem-in-des. (*Примечание Ю. М. Лотмана.*)

По поводу сюрреализма — мне и самому противно. Но почему не вызывает отвращения Босх? Вообще об этом следовало бы поговорить. Я сам вырос в чисто средневековом отвращении к человеческой физиологии и долгое время считал идеальной моделью человека бубнового валета, у которого все прилично — везде верх. На западе девушка спокойно говорит своему спутнику в кафе: подождите, я иду пописать (по-французски это вполне цензурное выражение), — а мне легче умереть, чем хоть отдаленно признаться даже знакомым людям, что вообще бываю в уборной и знаю, что это такое.

Кстати, это свойство не личное: заметили ли Вы, что в огромных и роскошных ресторанах или вокзалах уборные маленькие, тесные, их невозможно найти? Архитекторам стыдно проектировать такие непристойные места. Отсюда обратная реакция: художнику кажется, что если он пририсовал своей фигуре две ж... или увешал ее во всех неподобающих местах членами (как в книжечке для Гриши), он уж и революцию в искусстве произвел и вообще «гуляет». Это оборотная сторона православного или пуританского ригоризма. Но в культуре с ренессансной основой скажут: «Ну, член, ну еще член, ну еще один — все?» Там этим не удивишь.

Я это к тому, чтобы не слишком строго судить тех, кто вызывает болезненную, но закономерную реакцию на глубинные явления.

Простите за некоторую скоромность письма — это уж по календарю.

У нас все по-старому. Очень хорошо было бы, если бы Вы раскачались приехать (только в самом конце апреля — начале мая я должен быть в Питере).

Хотел Вам еще что-то написать, но забыл, что. Продолжение следует.

Ваш Ю. Лотман

P. S. Надо составить список участников и чтобы ВААП срочно заключило с ними договоры. В свое время обещали статьи Рита и Оля Ревзина. Я дал статью: «Язык других искусств в языке кино» (3 п. л.), Зара: «Художественная цитата в поэтике русского символизма» — 3 п. л. Объем моей и З<ары> Г<ригорьевны> статей — условно. Если надо будет — сокращайте. Спросите еще: Вяч. Вс., Вл. Ник.; м<ожет> б<ыть> Гаспаров (М. Л.) даст о метрической цитате. Да, еще Гаспаров (Б. М.) застолбил статью: музыкальная цитата в операх Моцарта (изображение музыки в музыке).

Еще спросите В. Живова (как его защита?!)[8]. Да, еще я хотел бы с Вами вместе написать вводную на тему об удвоениях в быту (зеркало и пр.)[9].

[1] Год определяется по корректуре «Трудов...» (см. примеч. 3).
[2] Православная Пасха в 1977 г. была не 17-го, а 10 апреля.

[3] См. примеч. 3 к п. 587.

[4] «Искусство в искусстве» (*нем.*).

[5] От франц. vertige — головокружение.

[6] в первой половине года (*нем.*).

[7] *Большой* Дуден (*нем.*). Каламбур: «Дуден» — известная немецкая книгоиздательская фирма, специализирующаяся на издании больших и малых словарей.

[8] В. М. Живов защищал в МГУ кандидатскую диссертацию «Типологический анализ синтагматического функционирования признаков звонкости» (М., 1977).

[9] Немецкий сб. «Искусство в искусстве», кажется, не состоялся. Но эти идеи были воплощены Ю. М. в «Семиотиках» 14 («Текст в тексте»), 17 («Структура диалога...») и 22 («Зеркало...»).

598

<18 июня 1977 г.>

Дорогой Борис Андреевич!

Я, к сожалению, не смогу приехать в Москву в двадцатых числах — начальство загрузило меня так, что нет ни одного дня перерыва. К тому же, сдав «Онегина»[1] (сдал окончательно!!! — Ей-богу, кажется, ничего получилось, хотя сейчас уже масса дополнений могла бы быть сделана, а делать нельзя — объем, будь он проклят!), я узнал, что биографию Пушкина в 10 печатных листов[2], которую я думал, что должен сдать к 1 декабря, по договору я должен сдать 1 августа. Ась? Для того чтобы я смог в августе приехать к Вам, мне надо значительную часть работы сделать сейчас, хотя я и пролонгировал биографию до октября. Но в июне заняты все дни экзаменами, госэкзаменами и просто дерьмовой суетой, от которой не избавиться (+ удушающая жара, от которой я и Кэрри дохнем, буквально вывалив языки), а в июле — вступительные экзамены у Гришки. В общем, «вы будете смеяться...».

Биографию мне хочется написать, хотя согласился — признаюсь, грешный человек, — ради денег. Дело в том, что это очень трудный жанр: краткая биография (10 п. л.) для школьников (т<о> е<сть> надо писать понятно, и я хочу первый раз в жизни написать понятно!). А писать я хочу о серьезном — о внутренней биографии, о природе личности. Итак: 1) о личности Пушкина, 2) кратко, 3) понятно, — задача практически невыполнимая — это меня и взманило. Даже, если книга не получится вообще и придется ее бросить, потеряв лето, трудность настолько заманчива, что отказаться не хватает духа. А тут еще Карамзин...

Сегодня выслал Вам бандероль с «Семиотикой» 8 (для Вас, Анн и нашего общего друга)[3]. Уведомьте о получении. С интересом прочел «Поэтику» Р. Лахман[4] — все же важные статейки там появляются. Выхода «Семиотики» 9 и «Трудов» ждем. Вообще же вышереченная Рената — странная женщина: во-первых, пишет мне на адрес Игоря

Чернова, а во-вторых, прислала конверт, а письмо вложить забыла. Ох, уж мне эти ученые дамы, как «с улицы Бассейной»[5].

Кстати, сударь, если Вы хотите получить истинное наслаждение, прочтите кн<игу> «Рассказы бабушки. Из воспоминаний пяти поколений», записанные ее внуком Д. Благово, СПб., 1885[6]. Знаете, бывают такие книги, которые давным-давно знаешь по ссылкам и не доходят руки прочесть. Так у меня было с этой. Честное слово, не запомню, когда я читал книгу с таким удовольствием. Быт — как живой. Кстати, там говорится, что если один брат женился, то другому жениться на сестре жены первого Синод не разрешал — считались родными.

Здесь Анн и Игорь развернули бурную деятельность и купили коляску для Юры Лекомцева, завтра отправляют в Москву. Анн молодец. Как послеоперационные дела у Вяч. Вс.? Передайте самые лучшие пожелания.

У Вас ли все по-здорову? Обнимаю Вас и детей, Гале нижайшие поклоны.

Сердечно Ваш Ю. Лотман
18.VI.77.

№ 2

Кстати, сударь, какие странные бывают у немцев песни:

Sie umarmten den Pfahl, kussten den Ofen,
Von Sopucha lagen sie wie vor einem Kreuz
Sie dachten: Sie ist die reine Jungfrau,
Aber Sopucha — ist eine Unreine! —

что, по-нашему, по-питерски, будет так:

Они обнимали столб, целовали печь,
Перед Сопухой (с большой буквы, видимо, имя собственное — какая-то дама!) лежали, как перед крестом.
Они думали, что Сопуха девица,
Однако оказалось, что она шлюха!

Вот какие странные трансформации бывают, когда белорусское поддувало в печи обращается в немецкую девицу!

Приветик!

Кстати (кстати ли?), сударь, не у Вас ли мой Josephe de Maistre — книжечка о нравах русских?[7] Мне она нужна.

Ю. Л.

[1] См. примеч. 1 к п. 584.
[2] *Лотман Ю. М.* А. С. Пушкин. Биография писателя. Пособие для учителя. Л., 1981.
[3] А. М. Пятигорский.

[4] Журнал «Poetica» издавался в Германии, в Мюнхене.

[5] Намек на стих. К. Чуковского «Человек рассеянный...»

[6] Ю. М. тогда не предполагал, что вскоре его оппонент по текстологическим принципам издания Карамзина А. Л. Гришунин в соавторстве с Т. И. Орнатской начнет подготовку «Рассказов бабушки» для серии «Литературные памятники» (книга выйдет в 1989 г.).

[7] De Maistre J. M. Les soirées de St.-Petersbourg. Paris, 1821.

599

<8 февраля 1978 г.>

Дорогой Борис Андреевич!

Ваш рассказ о Ване в письме меня растрогал, а письмо к Деминой и Бернштейну — перл эпистолярной прозы. Были ли продолжения и какие? Книгу — беру, хоть и кусается. С Бобровым согласен, — а вот Вам и моя вставка. Кушайте. Еще бью Вам челом вставкой в Карамзина, которую прошу воткнуть в текст до или после того места, где о «Киронаставлении» Рамзея[1]. Посмотрите — кажется, интересно.

Пеньковский прислал мне статью об именах в «Маскараде»[2]. Замысел интересный, но он мало ориентируется в чисто литературной и бытовой стороне, а с именами без этого того и гляди попадешь впросак. Поскольку сия материя Вас интересует, а его статью Вы, кажется, читали, посылаю Вам копию своего письма к нему (Вы мне Боброва — я Вам Боброва;[3] Вы мне копию письма — и я Вам тоже. Только Ваше поантиреснее будет).

ШЕЛЯКИН И НАША КАФЕДРА ПРИГЛАШАЮТ ВАС В МАРТЕ ЧИТАТЬ КУРС (или курсик, как хотите) ЛЕКЦИЙ. Уж уважьте, батюшка, а потом вместе и в Москву махнем. Это Вам за отказ от председательства!

Сейчас едем на несколько дней в Питер...

Вообще же все попытки соскучиться рассеялись, яко дым.

Обнимаю Вас. Всем поклоны, Гале и детям — особые. Гриша наделал Вам и Ване с Федей Exlibris'ов. Зара шлет поклоны. Ждем Вас.

8.II.78. Ю. Лотман

Добавление:

1) Спасибо за Шедо-Ферроти[4].

2) Лекции Ваши можно (даже лучше) в апреле. Тогда вместе приедем в Тарту.

3) Было ли продолжение Вашей лекции у декана? Какое?

4) Я получил извещение о семиотич<еском> конгрессе в Вене в 1979 г. Что думаете? Нельзя ли через Розенцвейга—Гусеву начать формировать делегацию[5]?

5) Сведите Галю к врачу: думаю, что это крайняя форма нервного истощения и поддается лечению.

[1] Вероятно, имеется в виду примеч. 98 к статье Ю. М. и Б. А. Успенского «“Письма русского путешественника” Карамзина и их место в развитии русской культуры» (см. примеч. 3 к п. 588).

[2] Эта статья не была опубликована в трудах ТГУ.

[3] Упомянутое выше «Киронаставление» Рамзея было переведено на русский язык А. Волковым, а исправлено «по подлиннику С. С. Бобровым» (примеч. 100 к с. 581 статьи Ю. М. и Б. А. Успенского).

[4] Антигерценовские брошюры агента русского правительства барона Ф. И. Фиркса (псевдоним — Д. К. Шедо-Ферроти) печатались в Западной Европе такими большими тиражами, что и в наше время попадаются в букинистических магазинах. Б. А. Успенский купил для Ю. М. одну из таких брошюр.

[5] Ю. М. надеялся, что на Всемирный семиотический конгресс в Вене должны поехать московские и тартуские семиотики. Как бы не так! Делегацию будет формировать придворный академик М. Б. Храпченко, который, увидев международное признание семиотики, стал доказывать, что семиотика может быть марксистской.

600

<25 февраля 1978 г.>

Дорогой Борис Андреевич!

Еще дела: 1) Посылаю Вам данные на книгу, которую прошу заказать мне через Анну Даниловну (Дом Уч<еных>), если там еще есть возможность[1] (не забыли ли Вы заказать то, что я просил?). 2) Вкладываю Вам приглашение на Венский конгресс. Не пора ли через Гусеву начинать думать о советской делегации на конгресс? По-моему, это дело Комиссии по кибернетике, а не ИМЛИ[2].

Большое спасибо за Шедо-Ферроти (мне именно этот том нужен)[3]. Хотелось бы с Вами поговорить о том, о сем. Кларе я книжки отправил (кроме сб<орника> «Вторич<ных> модел<ирующих> систем»[4], которого у меня лишь 2 экз<емпляра> — мой и <u>один</u> резервный). Что я должен был написать жене Виннера? Хоть убей, не помню.

Сейчас еду в Ленинград, чтобы удрать от юбилея и посмотреть те книги, которых нет в Москве. Надеюсь, что тогда комментарий к Карамзину будет как зеркало. Буду вырывать у Генина его часть[5]. Я, как говорил Чичиков, Аким-простота: ищу рукавицы, а они у меня за поясом? — ищу материалы Лионской ложи и списываюсь с Лионскими библиотеками, а они в Таллине (!!!). Их туда привезли из Минска, куда они были завезены немцами. Теперь надо ехать в библиотеку в Таллин и работать.

Пирет уходит в декрет.

Сообщите, когда точно сессия памяти И. И. Ревзина и будут ли Випперовские чтения, когда наш семинар?

Обнимаю Вас и Ваших.

25.II.78. Ю. Лотман

[1] См. примеч. 2 к п. 485.
[2] См. примеч. 5 к п. 599.
[3] См. примеч. 4 к п. 599.
[4] Клара — Страда, имеется в виду «Сборник статей по вторичным моделирующим системам» (Тарту, 1973).
[5] Германскую часть комментариев к Карамзину (см. примеч. 3 к п. 588).

601

<Март — начало апреля 1978 г.>[1]

Милый, дорогой мой
Борис Андреевич!

Всей душой чувствую размеры обрушившегося на вас всех несчастья. Конечно, я совершенно убежден, что в конце концов все будет хорошо и здоровье Гали восстановится полностью. Но сколько еще мук, болезни, трудов и ей, бедной, и вам всем! Ни на минуту не могу перестать думать о Вас. Не собираюсь тратить слова на успокоение и утешение — Вы в этом и не нуждаетесь. Но не могу не напомнить Вам, что настоящее, как бы оно трудно и горько ни было, лишь мост между прошедшим и будущим. Вспомните, сколько хорошего было в прошлом. Уверяю Вас, что в будущем будет еще больше. Я не устаю изумляться, сколько неожиданных радостей дарит нам жизнь. Когда Миша, окончив школу и поступив в университет, вдруг, неожиданно сделавшись из мальчика юношей, приехал к нам в Вальгаметса сообщить, что он стал студентом (я как-то пропустил волноваться в связи с его поступлением и почти не заметил экзаменов: сидел на даче, предоставив все Заре), и тотчас же повернулся и уехал странствовать по дорогам, а я (это было прекрасным солнечным утром) смотрел ему в удаляющуюся спину, я вдруг почувствовал такое счастье, что мне стало, как при вспышке магния, ясно, что все, что было и будет горького, уже искупилось этой минутой (я пишу об этой, а не о какой-нибудь другой потому, что здесь не было никаких экспричин к радости: я не очень беспокоился, он сдавал хорошо, конкурс был небольшой и вообще за полчаса я не придавал всему этому большого значения — чувство счастья было беспричинно и дано как неожиданная благодать). Представьте только Ваню — десятиклассника или студента, представьте на его лице выражение вдохновения, добра или мысли, представьте Федю взрослым за письменным столом и кафедрой, представьте грустное умиление, которое нельзя не испытывать, глядя, как дети перестают быть детьми, влюбляются, страдают. Жизнь неисчерпаемо богата и в своих вечных повторениях таит бесконечную радость.

Как тяжко было Заре, когда я болел печенью, А ведь это сейчас одно из самых интимных наших воспоминаний: сила, с которой в такие минуты чувствуешь взаимную необходимость, даже мне, старому афею, намек на то, что мы не одни, не брошены и не покинуты сами на себя в этом мире. Будем же бодры, и пусть Надежда будет с нами.

Но, переходя к среднему слогу: именно сейчас Вам чрезвычайно важно быть не только нравственно, но и физически в полной форме — Вы сейчас камень во главе угла. Поэтому следите за своим здоровьем, будьте разумно-эгоистичны, принимайте меры к сохранению mens sana in corpore sana[2]. Ешьте витамины. Обязательно высыпайтесь (сейчас можно даже временно привыкнуть к более сильному снотворному: я много раз уже привыкал и отвыкал), питайтесь хорошо и регулярно — Вы сейчас как гладиатор в бою.

Обнимаю Вас и целую. Гале и детям мои сердечные приветы. Ваш Ю.

P. S. Зара уехала в Таллин и что-то не возвращается: не подошел ли срок у Пирет? Видите, какова мистерия жизни.

[1] Датируется по сообщению о тяжелой болезни Г. П. Коршуновой-Успенской (она скончалась 17 апреля).
[2] в здоровом теле здоровый дух (*лат.*).

602

<24 мая 1978 г.>

Дорогой Б. А.!

Прочел статью Вити — очень хорошая и оригинальная, хотя и страдающая недостатками молодости: схематизмом и широтой замаха выводов. Статью будем печатать в «Семиотике». Я написал ему свое мнение (с рядом замечаний) и сейчас напишу второе письмо с продолжением замечаний. Вначале я хотел его просить кое-что смягчить, но теперь мне пришло в голову, что лучше его не насиловать, пусть публикует в том виде, который считает нужным, а я хочу сопроводить статью небольшой заметкой, поскольку его статья спровоцировала меня на кое-какие мысли (кстати, поглядите у него мои письма с заметками: это, в основном, то, что я хочу сказать. Заметка моя будет иметь не полемический, а «развивающий» характер, хотя и с некоторым «сдвигом»)[1].

Изучение истоков курско-орловского диалекта мною было продолжено.

Вам будет, вероятно, интересно узнать, что М. Г<орький> не сам выдумал идею создания русского языка писателями-орловцами[2], а «позаимствовал» ее из воспоминаний Бунина о Толстом, опубликованных в 1926 г. в довольно одиозном, с ортодоксальной точки зрения, органе

«Возрождение» и ныне перепутанных в «Лит<ературном> наследстве». Зд<есь> читаем следующее: говорится, что язык Л. Толстого имеет «особенности языка той сравнительно небольшой местности, самые дальние окружные точки которой суть Курск, Орел, Тула, Рязань и Воронеж. И разве не тем же языком пользовались чуть ли не все крупнейшие русские писатели? По тому, что чуть не все они — наши <...>, замечательная местность, много славных земляков у нас с ним! Жуковский и Толстой — тульские, Тютчев, Лесков, Тургенев, Фет, братья Киреевские, братья Жемчужниковы — орловские, Анна Бунина и Полонский — рязанские, Кольцов, Никитин, Гаршин, Писарев — воронежские... Даже Пушкин с Лермонтовым отчасти наши <...>. Кстати, вообще о языке нашей местности. Конечно, не мешает помнить столь затрепанное замечание Пушкина о языке московских просвирен.

А не лучше ж все-таки был наш язык? Ведь к нам слали из Москвы (для защиты от набегов татар) служилых людей со всех концов России. Не естественно ли, что тут-то и должен был образоваться необыкновенно богатый, богатейший язык? Он, по-моему, и образовался» («Лит<ературное> наследство», т. 84, ч. 1, стр. 397—898).

Думал ли Бунин, что его курско-орловский патриотизм даст такие плоды? Прямо можно писать заметку «К проблеме происхождения идеи...» и проч. А Вам для курса истории литературного языка — просто клад.

Спасибо за корректуры — сегодня получил, завтра снесу[3].

Генин отелился первой частью комментария. На днях обещает остаток. Но сделал весьма добросовестно и даже с пунктуальным педантизмом[4].

Все время думаю о Вас и о Ване с Федей. Рад, что Эля задерживается, — надеюсь с нею повидаться. Как ее статья? Зара шлет Вам сердечные приветы.

Обнимаю Вас. Ваш Ю. Лотман
24.V.78.

P. S. Кулль разразился статьей, содержащей математическую модель соц<иалистического> реализма. Да-с.

[1] Обе статьи будут опубликованы в «Семиотике 13» (1981): *Живов В. М*. Кощунственная поэзия в системе русской культуры конца XVIII — начала XIX века; *Лотман Ю. М*. Несколько слов о статье В. М. Живова.

[2] И. В. Сталин в трудах, объединенных в книгу «Марксизм и вопросы языкознания» (1950), удивил лингвистов открытием невиданного курско-орловского диалекта. Ю. М. и Б. А. Успенский, ища истоки этого «открытия», обратились к докладу А. М. Горького на I Всесоюзном съезде писателей (1934), где говорится о значении русских писателей, выросших на орловщине. Затем, как видно, Ю. М. нашел источник и идей Горького.

[3] Корректуры большой статьи Б. А. Успенского «Культ Николы на Руси...» («Семиотика 10»).

[4] Германист Л. Е. Генин участвовал в комментировании «Писем...» Н. М. Карамзина (см. примеч. 3 к п. 588).

603

<7 июня 1978 г.>

Дорогой Борис Андреевич!

Совсем уж собрался ехать к Вам и даже билет купил, но вдруг разболелось сердце, пришлось сдавать билет и оставаться в Тарту. Теперь надеюсь уж приехать после экзаменов, т<о> е<сть> числа 22-го июня. Очень по Вам соскучился и истосковался. Как Вы там? Написали бы...

Из дел:

1) Прошу передать эти листки Эле — это окончание «Риторики»[1].

2) Дозвонитесь, если не трудно, до Древлянской и передайте, что я приеду в 20-х числах, мол, заболел.

У нас дикая жара.

Я был в Ленинграде на Пушкинской конференции, делал доклад. Интересного там было мало. Справлялся у Борфеда относительно платы за Карамзина — Вы правы, 60% платят после того, как редактор закончит работу над рукописью и передаст в типографию. Генин закончил и прислал комментарий!!! В ЛЮДЕЙ НАДО ВЕРИТЬ! Лешка сдает экзамены выпускные. Таковы наши новости.

Как Вы, как дети, как Зинаида Кузьминична, как Густава Исааковна? Очень беспокоюсь и, насколько позволяет суматошная и сумасшедшая жизнь, все время думаю о Вас.

Почему Витя решил, что я собираюсь в попутной заметке его «разносить»? Мне статья нравится, и замечания мои будут, скорее, «развивающие», а некоторая полемика — вполне корректной[2]. Видал я в Питере одного венгра — у них в Будапештском у<ниверсите>те делается коллективная работа по теме «Piccaro[3] в мировой культуре». Насколько я понял, Piccaro они трактуют широко, как вообще отщепенца. Туда можно и изгоя устроить — ужо допишем.

Зара и парни шлют Вам и детям сердечные приветы и поклоны.

Около 14-го ожидаем в Эльву Машу, Сашу и Бекки с их многоумными родителями.

Обнимаю Вас сердечно.

Эле нижайшие поклоны.

Пусть кланяется от нас Марии Львовне и всем знакомым коллегам в Варшаве.

Ваш Ю. Лотман
7.VI.78.

[1] Статья Ю. М. «Риторика» будет опубликована в «Семиотике 12» (1981) и в итальянском переводе: Enciclopedia, vol. 11, Torino, 1980.

[2] См. примеч. 1 к п. 602.

[3] плут, пройдоха (*исп.*); герой плутовского романа.

604

Эльва, 29.VIII.78

Дорогой Борис Андреевич!

Где Вы и что Вы? Отзовитесь! Очень хотелось бы получить от Вас известие. Как дети? Польша?

Мы провели напряженное лето: Леша поступал, и, т<ак> к<ак> на 50 мест были 8 с подготов<ительных> курсов (вне конкурса), 4 стажника (вне конкурса) и 34 приняли по т<ак> н<азываемому> «эксперименту» (те, кто имеют в школе средний балл 4,5 и выше и сдают не 4, а 2 экзамена — идут по особому конкурсу), то на общий конкурс осталось 6 мест, на которые конкурировало более 60 чел. Но он сдал все экз<амены> на «5» и, видимо, прошел (приказа еще не видали). Зара очень нервничала, я тоже, хотя и меньше. Все лето мы жили с внучками: мило, но хлопотно.

Ни душой, ни телом не отдохнули, да и странно было бы иначе. Как Вы?

Что Мария Львовна и Эля?

Обнимаю Вас. Зара шлет приветы. Ю. Л.

605

<9 сентября 1978 г.>

Дорогой Борис Андреевич!

Несколько раз пытался Вам дозвониться, но все неудачно — то на Часовой не отвечают, то на Тихвинском Вас нет... Поговорив со Светланой, я частично нахожусь в курсе Ваших дел[1].

Все лето я грыз себя за ту настырность, с кот<орой> я лез к Вам с советами. Таков уж мой темперамент...

Очень хочется знать, как Вы съездили и что в Польше. От Светланы я знаю кое-что о внешней стороне событий. Я собираюсь в конце месяца в Москву — поговорим (обещаю советов не давать!).

Древлянская писала мне, что в принципе наше требование полного сохранения Карамзина одобрено, но для такого радикального новаторства нужен консилиум в полном составе, и дело отложено до осени, почему она и всю работу над сборником отложила[2]. Не позвоните ли ей? «Никола» на выходе — летом, конечно, все лежало без движения, но сейчас зашевелились. Прошла последняя ревизия — ждем чистых листов[3].

Я написал Баригу в Цюрих об архиве Лафатера, и сейчас он, кажется, начал там поиски русских материалов XVIII в.[4]. А ну как найдет что-нибудь?

Вообще не грех иногда и открыточку написать.

Обнимаю Вас, Ваш Ю.

[1] На ул. Часовой в Москве — новая квартира Б. А. Успенского, на Тихвинском пер. жили его родители. Светлана Марковна — жена В. А. Успенского.

[2] На самом деле все оказалось значительно сложнее: см. следующие письма, особенно 1980—1981 гг.

[3] См. примеч. 3 к п. 602.

[4] Ю. М. интенсивно занимался И. К. Лафатером в связи с изданием «Писем...» Н. М. Карамзина, который переписывался с Лафатером и описывал посещение его в Цюрихе.

606

<Октябрь 1978 г.>[1]

Habemus papam! Ну, здорово!
Дорогой Борис Андреевич!

Посылаю Вам:

1. Фотоувеличитель — с объективом или нет — не знаю: он был так куплен, и с тех пор его никто не раскрывал.

2. Книги для Маяковсковеда[2]. Объясните ему, что их было раздобыть трудно.

3. Статью по риторике[3], которую, м<ожет> б<ыть>, сей же Маяковсковед не откажется переслать по адресу. Сроки там уже прошли, так, может, почтой — если не «авиа», то, надеюсь, это не будет дорого. Если же дорого, то я компенсирую книгами впредь.

4. Выписки для Вас.

5. Статью для Вити (2 экз<емпляра>)[4] — посмотрите.

6. Книгу для Ю. И. Левина — он умоляет ее вернуть (извинитесь от меня за задержку).

Обнимаю Вас.

У нас, как говорил Тредиаковский:

Смутно в воздухе,
Ужасно в ухе[5].

Ю. Лотман

7. Баратынского Шоу[6] и Хетсо[7]. Чего это Вы за Баратынского? Прошу не умотать сих книг — дороги как память.

9. 50% оттисков нашей статьи в «New Lit<erary> History»[8].

Ну, здорово!

Целуйте мальчиков и себя.

Буду звонить из Питера.

[1] Датируется по времени избрания папы Иоанна-Павла II и по другим событиям 1978 г. (см. примеч. 4, 8). Папа был избран в октябре 1978 г. Habemus papam! — Имеем папу! (*лат.*). Эту фразу произносил, обращаясь к народу с балкона собора Св. Петра, один из избиравших кардиналов.

[2] Неясно, о ком идет речь (может быть, А. М. Пятигорский?).

[3] См. примеч. 1 к п. 603. Очевидно, имеется в виду пересылка рукописи статьи в Италию.

[4] Ответ-добавление Ю. М. к статье В. М. Живова (см. примеч. 1 к п. 602).
[5] См. примеч. 5 к п. 531.
[6] *Shaw J. T.* Baratynskii. A Dictionary of the Rhymes and a Concordance to the Poetry. Madison (Wis.), 1975.
[7] *Хетсо Гейр.* Евгений Баратынский. Жизнь и творчество. Oslo—Bergen—Tromso, 1973.
[8] Статья «О семиотическом механизме культуры» («Семиотика 5»), переведенная на английский язык и напечатанная в журнале: New Literary History. A Journal of Theory and Interpretation. 1978, No 2.

607

<26 февраля 1979 г.>

Дорогой Борис Андреевич!

Спасибо за Ваше письмо, хотя оно и разбередило мне душу — я все время думаю о Вас и мне кажется, что, несмотря на расстояние, чувствую Вас, чувствую Вашу боль своей отдающейся болью. Беда лишь в том, что сделать ничего не могу, *а* мне по моей суетящейся и мельтешащей психике все кажется, что можно и нужно что-то предпринять и что все дело в том, чтобы понять, что именно.

У нас гостили два дня Лена Падучева и Владимир Андреевич, которые ездили в Кяярику на «искусственный интеллект», организуемый профессором Сильдмяэ[1]. Не знаю, как было в Кяэрику, но нам с ними в Тарту было хорошо. Приятно было, что Владимир Андреевич был как-то выведен из своего обычного состояния «за три минуты до катастрофы», был оживлен и блестящ, как всегда в минуты оживления, а Лена, простудившись, выпила водочки и была весела, как бывало. Очень не хватало Вас (я все время вспоминал и молча пил за Вас) — вероятно, этим чувствительным обстоятельством объясняется, что мы не заметили, как выдули две поллитры и бутылочку сухого (как говорил Карамзин, «сие священное чувство...»)[2]. Кстати о Карамзине: высылать мне Кросса не надо — он прислал мне тоже[3]. Не приспело ли время, как вещий Олег, посетить древлянские области на предмет сбора дани?[4] «Бѣ бо акы влъкъ восхищающь и грабящь»[5] — не последовать ли сему восхитительному примеру? (Кстати, я сегодня во сне дрался с Леопольдычем — к чему бы это?)

У меня новость — онегинский комментарий пошел не туда, куда я думал, а в типографию[6]. Что же касается «Семиотики XI»[*] и Блоковского сборника[7], то они, сквозь типографию, видимо, проследовали туда, куда я думал...

Да, «Устную речь»[8] пошлите, кому это может быть интересно: Герде Хюттль-Ворд и Д. Ворду или Пиккио — на Ваше усмотрение.

---

[*] Кстати, X-ую Вам так и не прислали? Спрашиваю не для того, чтобы отобрать экз<емпляр>, а так, для антиресу. (*Примечание Ю. М. Лотмана.*)

Посылаю Вам одну мелочишку для забавы. Кстати, в статье об устной речи я не до конца «дожал» одну деталь: «карта фоска» — это от итальянского fosca (Carta fosca — темная карта, т<о> е<сть> рутировка[9] втемную), но, конечно, осмысляется в языке армейщины (у Гоголя: «истинное армейское выражение»[10]) как французское fosse (ложная, ненадежная) + русский суффикс «ка». Ср. в «Женитьбе» осмысление итальянских слов в сознании русского офицера как французских:

Жевакин (отвечая на вопрос: «На каком языке изъясняются в Сицилии?»): А, натурально, все на французском <...> возьмите нарочно простого тамошнего мужика, который перетаскивает на шее всякую дрянь, попробуйте скажите ему: «дай, братец, хлеба» — не поймет, ейбогу, не поймет; а скажи по-французски: «dateci del pane» или «portate vino» — поймет и побежит и точно принесет (V, 28).

Кстати, самое главное — в конце. Как Вы меня зовете в Москву, когда мы Вас ждем в марте в Тарту? Вы же собирались читать лекции. Я еще не выяснил деталей — Вал<ерий> Ив<анович> то в отсутствии, то в меланхолии, через несколько дней напишу об этом точно. А вот в апреле я именно что приеду в Москву.

Целуйте детей, что Вы о них не пишете? Обратите их внимание на марку.

Обнимаю Вас. Ваш Ю. Лотман
26.II.79.

P. S. Зара Гр<игорьевна> шлет Вам, детям, З<инаиде> Кузьм<иничне> свои поклоны и приветы.

[1] Партийный функционер и администратор Ю. Сильдмяэ (проректор ТГУ по учебной работе), подобно М. Б. Храпченко, увидев перспективность новых направлений в гуманитарных науках, быстро организовал лабораторию искусственного интеллекта, получил штатные ставки, ученые записки, смог организовывать симпозиумы, куда приглашались и настоящие ученые, отечественные и зарубежные.

[2] У Карамзина точно такая фраза не найдена, но она есть у Пушкина (употреблена с иронией) в статье «О прозе» (1822).

[3] Имеется в виду монография: *Cross A. G.* N. M. Karamzin. London—Amsterdam, 1971.

[4] Каламбур: переход от летописного рассказа о походе «вещего» Олега на древлян к фамилии московского редактора «Писем...» Карамзина И. Г. Древлянской и к желанию получить часть гонорара за подготовку «Писем...» (см. примеч. 3 к п. 588).

[5] В «Повести временных лет» эти слова говорят древляне Ольге, объясняя, почему они убили Игоря; «восхищающь» здесь — «расхищающий».

[6] См. примеч. 1 к п. 584.

[7] «Семиотика 11» выйдет в свет поздней осенью 1979 г., «Блоковский сборник III» — чуть раньше, хотя он был подписан к печати еще 31 мая 1978 г.

[8] Статья Ю. М. «Устная речь в историко-культурной перспективе» // Учен. зап. ТГУ, в. 422, 1978.

[9] «Рутировка» — отглагольная форма от сложного карточного термина «руте».
[10] Неточно. Гоголь в п. к Н. Я. Прокоповичу от 26/14 ноября 1842 г., сообщая эти термины, добавляет, что фраза «настоящая армейская».

608

<16 апреля 1979 г.>[1]

Дорогой Борис Андреевич!

Все время о Вас думаю — сегодня даже во сне видал: Вы предлагали мне по какому-то узкому каналу (осенний вечер, отлогие, поросшие жухлой травой берега) плыть из Тарту в Ленинград, я с тоской говорил, что плавать не умею, что, м<ожет> б<ыть>, пойдет пароходик, и вообще отговаривался, не веря сам в то, что говорю, и чувствуя тоску и безнадежность. Чем кончилось, не помню, — утром помнил, но сейчас забыл. Помню только чувство тоски, в котором проснулся.

Сегодня (т<о> е<сть> когда Зара передаст Вам это письмо) день Галиной кончины[2]. Очень хотел бы быть рядом с Вами. Я все время твержу себе Жуковского:

> О милых спутниках, которые наш свет
> Своим сочувствием для нас животворили,
> Не говори с тоской: их нет,
> Но с благодарностию: были[3].

Странно, но в том, чтобы самому о себе говорить чужими словами, есть не то чтобы «разрядка», а что-то себя стабилизирующее. В чтении стихов есть, видимо, что-то общее с молитвой.

Из другой, но ассоциативно связанной области. У нас была студенческая конференция, как всегда, наехали из разных городов, и кое-кто пришел ко мне на лекцию. На первой парте сидит молодой парень с дурацким лицом такого типа, которое бывает у молодых шалопаев-евреев, и чуть не пузыри изо рта пускает. А я вдруг чувствую, что меня совершенно заливает нежность — хоть брось лекцию и беги к нему целоваться. Начинаю сам разбираться, в чем дело, и вдруг вижу, что если снять с него рыжие длинные патлы, то получится подлинный Мойсеич в возрасте верблюжачьего жеребенка. Это, видимо, разговор с Овсян<никовым> меня разбередил. Ведь так день за днем живешь, и кажется, что прекрасно без него обходишься. А на самом деле только тем и занят, что стараешься не вспоминать, чтобы «так спокойнее».

Мы в нормальном сумасшествии — ждем Вас на майские дни. Из другой оперы: у меня к Вам искренняя просьба — если по Вашему настроению Вам, хоть несколько, стеснительно присутствие Зары — скажите ей прямо. Для нас — включая и ее — внешние, «политесные» отношения уже не имеют никакой ценности, а зрим мы на «совершенного жеребца»[4]. Поэтому прямое высказывание такого рода (всегда ведь бывают моменты, когда всякий человек, даже близкий, тяготит) ее не обидит, а, напротив, будет знаком полного человеческого к ней доверия.

Обнимаю Вас и целую. Поцелуйте детей. Зин<аиде> Кузьм<иничне> мои поклоны.

Вечно Ваш Ю. Лотман

[1] Датируется по содержанию (см. примеч. 2).

[2] 17 апреля 1978 г.

[3] Неточное цитирование стих. В. А. Жуковского «Воспоминание» (1821).

[4] Намек на эпизод из древнекитайской книги Ле-Цзы: князь взял, по рекомендации своего конюшего, его ученика, который удивил придворных тем, что назвал отобранного для князя вороного жеребца гнедой кобылой; конюший же возрадовался: его ученик достиг совершенства, видит суть вещей, отметая внешнее («Поэзия и проза Древнего Востока». М., 1973, с. 320—321).

609

<20 июня 1979 г.>

Дорогой Борис Андреевич!

Простите, что долго Вам не писал и не звонил, — со мной была довольно странная штука. После лихорадочной работы весной, работы, имевшей характер «опиума для народа», — я зарывался в нее, отключаясь от всего внешнего и в короткий срок написал несколько больших статей, — на меня вдруг напала с конца мая страшная тоска и апатия. Я не мог себя заставить ни письма написать, ни чем-либо заняться и только лишь хотел спать. Читать я тоже не мог, т<ак> к<ак>, как чеховская старуха, от первого же «доньдеже» чувствовал слезы в горле[1]. Все это закончилось печеночно-сердечным приступом. К счастью, сейчас я уже выкарабкался из этого дурацкого состояния — снова бодр, здрав и весел. Первый раз в жизни со мной была такая штука — это не обычная хандра, которая находит на всякого мыслящего человека регулярно, а чувство какой-то душевной ликвидации.

Жаль, что Вы не приехали на семинар. Он был очень тихий: приезжала Рита и сделала, как всегда, прекрасный доклад. Интересный доклад сделала Маша Плюханова «О гибели Петра Великого в речке Смородине» (по материалам народных баллад, на тему — Петр и мифология воды). Гарик Левинтон и Миша Мейлах были в своем репертуаре.

После 25-го июня я приеду на несколько дней в Москву — двигать Карамзина.

Ротапринтный сборник (тезисы) сдвинулся с места[2].

Обнимаю Вас и целую. Приветы мальчикам и З<инаиде> К<узьминичне>.

20.VI.79

Ваш Ю. Лотман

[1] Имеется в виду Ольга, персонаж чеховской повести «Мужики» (1897), эпизод из гл. 3. Но Ольга — не старуха, а относительно молодая женщина.
[2] Сб. «Вторичные моделирующие системы». Тарту, 1979.

610

<30 декабря 1979 г.>

Дорогой Борис Андреевич!

Сердечно поздравляю Таню, Вас и Зинаиду Кузьминичну (детям пишу отдельно) с Новым годом. Пусть будет все по воле Великого Того, кого я, к сожалению, не знаю. Но поскольку каждому — по вере его, то надеюсь, что Вам будет лучше, и это меня утешает. К вопросу о знании и надежде не могу не процитировать Сашу, кот<орая> спросила Пирет: «Мама, у нас два сердца?» — «Почему ты так думаешь?» — спросила Пирет. «Я не думаю, я надеюсь», — отвечала Саша. Вот и я не думаю, но надеюсь.

Мы ждали Вас к Нов<ому> году, хотя и не очень надеялись. Кстати, где билеты и командировка?

Статью Гусевой высылаю завтра — готова. Сделал ли Витя (per Guseva) письмо в Ком<итет> по дел<ам> печати? Звонили ли Вы Ознобишину на предмет, где Карамзин и что с ним? Сделайте сие все.

Целую Вас. Ю. Лотман
30.XII.79.

611

<Конец 1970-х — начало 1980-х гг.>[1]

Дорогой БА!

Должен убегать. Надеюсь, что прибегу до поезда.

Не забудьте папку для Любы.

Отдала ли Зара Вам деньги за билет?

Обязательно поешьте: 1) в маленькой кастрюльке на плите суп-пюре из шампиньонов (польский), постный на воде; 2) на плите же рыба.

Приветы всем Вашим.

Спасибо, что приехали, — для меня это подлинная реанимация.

Буду звонить об итогах карамзинских дел.

Целую,

Ю.

Ключ не утащите!

[1] Датируется по упоминанию «карамзинских дел» (см. примеч. 3 к п. 588).

612

<10 февраля 1980 г.>

Не довольно ли пьянствовать[1]?

Именно так я вынужден поставить вопрос, дорогой Борис Андреевич, ибо, что говорится, Платон друг, но трезвость — больше. Который раз пытаюсь я дозвониться к Вам, но Вы то на стороне роскошествуете, то дома лыка не вяжете. Положительно, Вы во зло употребляете мое отсутствие и мою снисходительность. Конечно, если присутствие Миши повергло Вас в желание бежать из дому и утопить горе в вине, то я Вас вполне понимаю, но не пора ли взяться за дела? Например, приехать в Тарту (выпили бы, закусили...).

Сначала дела: что с нашей текстологической статьей? Если я не ошибаюсь, то все ее экз<емпляры> находятся у меня. Каким образом Вы ее публикуете в Изв<естиях> ОЛЯ[2], а Ознобишин (наш друг и высокий покровитель) уже в марте ее обсуждает на редколлегии? Конечно, и в наши грешные времена не без чудес, но такого все же до сих пор не слыхивали.

Как семинары и все проч.? Как Витя Живов и его сборники[3]? Как моя любовь Гусева и ее кибернетика? Какова судьба моей статьи, на которую претендуют семь городов (Вл<адимир> Анд<реевич> и Гусева)?

Как видите, все дела состоят из «как». Полагаю, что это и ответ на мои вопросы...

Мы живем отлично — смеемся целый день. Например, Алеша — юная надежда моей старости — обручился со своей однокурсницей, девочкой Каей, которая уже живет у нас. Ждите приглашения на свадьбу... А в остальном, как в стихах и лубочной картинке середины прошлого века:

И пьют гяуры полной чашей
Черкеса пламенную грудь!

На днях я еду в Петербург по Карамзина, чего Вам не желаю[4]. В Москву смогу вынырнуть лишь в конце февраля или начале марта. Хотелось бы знать о Ваших делах (люблю перед сном читать авантюрные романы), но Вы ведь не ответите, а если и ответите, то без чистосердечного раскаянья.

Детей целую и обнимаю, Тане целую ручки, Зинаиде Кузьминичне приветы (приехав, привезу долг).

К Вам же пребываю, впрочем, благосклонным. Несмотря на все.

Ваш Ю. Лотман
10.II.80.

[1] К письму приложена открытка с изображением пира (П. Пикассо. Иллюстрация к «Лисистрате» Аристофана) и с припиской Ю. М.: «Ваше времяпровождение, изображенное тов. Пикассо».

[2] Статья будет опубликована значительно позже. См.: *Лотман Ю. М., Толстой Н. И., Успенский Б. А.* Некоторые вопросы текстологии и публикации русских литературных памятников XVIII века // Изв. АН СССР, СЛЯ, 1981, № 4.

[3] Возможно, речь идет об ожидаемых сборниках по линии Совета Академии наук по кибернетике, но эти сборники не вышли.

[4] См. примеч. 3 к п. 588.

613

<Вторая половина февраля — начало марта 1980 г.>[1]

Дорогой Борис Андреевич!

В дополнение к письму, кот<орое> Вы или получили, или имеете получить в ближайшее время:

1) Посылаю статью для Сб<орника> в честь Марии Львовны[2]. Надеюсь, что статья сможет попасть в сборник вовремя.

2) Зара передаст долг Зи<наиде> Кузьм<иничне>. Моя ей сердечная благодарность.

Когда приеду — не знаю, но очень соскучился по Вам.

Ваш Ю. Лотман

P. S. До середины — конца марта мне нужна Ваша статья в «Семиотику»3 .

Теперь новые адские законы: 1) каждый автор имеет право на одну статью; 2) объем каждой статьи — 1 п. л. и ни копейки больше; 3) оттисков, как говорил архангел, больше не будет[4].

Обратили ли Вы внимание на кн<игу> М. К. Трофимовой «Историко-философские вопросы гностицизма» (М., 1979)?

Дьявольски интересные приложения: «Еванг<елие> от Филиппа», «От Фомы» (уже было опубл<иковано>) и два потрясающих гностических текста. Жаль лишь, что переводчица сообщает, что решила дать «художественный» перевод. Внушает сомнение относительно точности.

Ю. Л.

[1] Датируется по связи с пп. 612 и 614 и по упоминанию предстоящего «середины—конца марта».

[2] Сб. в честь 70-летия М. Л. Майеновой — «Pamiętnik literacki», 1980, No 4.

[3] «Семиотика 15».

4 Намек на Апокалипсис: «Времени уже не будет» (От. 6:10).

614

15 марта <1980 г.>

Дорогой Борис Андреевич!

Улита-то едет, а вот коли-то она будет? Вашего письма до сих пор нет. Гоголь в таких случаях делал приписку: «Вчера говорил с министром почт кн. Голицыным (с которым он и знаком-то не был), и он обещал мне прогнать полтавского почтмейстера в шею. Я еле умолил его пока не предпринимать никаких мер, если это письмо благополучно к Вам дойдет»[1]. А мне «с кем говорить»?

Посылаю Вам статью Маши Плюхановой, кот<орую> (статью, а не Машу) вместе с краткой врезкой «от авторов» прошу, если есть возможность, срочно передать для сб<орни>ка в честь Майеновой[2].

Одновременно посылаю Вам к сведению статью, кот<орую> я дал Панченке в Барокко[3]. Прошу прочесть и вернуть, а не засунуть и забыть. Вите передайте, что ж он такой-сякой? Если он срочно, с поездом, не почтой (а то будет ехать сто лет!), не пришлет мне сборник, то я формирую его из других статей, и тогда — адью!

Где Ваша статья (передайте себе)[4]? К 25 марта я сборник должен сдать в любом случае.

Вообще же хреново. Выл бы волком, да мало толку, как говорит народная мудрость. Толку, действительно, мало.

В мае я буду с докладом в Ленинграде. Приезжайте — карамзимнем... Вообще глагол хороший: перекарамзимовать это дело.

Степанову еще не писал. Собираюсь.

Обнимаю Вас и мальчиков, дамам целую ручки.

Ваш Ю. Лотман

[1] Источник цитаты не найден.

[2] См. примеч. 2 к п. 613.

[3] ИРЛИ совместно с варшавским Институтом литературных исследований готовил три тома сб. «Русско-польские литературные связи»; первый том, посвященный барокко, курировал А. М. Панченко; но последующие бурные политические события в Польше развеяли этот замысел.

[4] Ни В. М. Живов, ни Б. А. Успенский не успели прислать свои статьи для «Семиотики 15», но в ней есть статья Ю. М. и Б. А. Успенского «“Изгой” и “изгойничество” как социально-психологическая позиция...».

615

<17 марта 1980 г.>

Дорогой Борис Андреевич!

Только сегодня получил Ваше письмо. Оно шло десять дней! Это, видимо, следствие того, что Вы наклеили марку с призывом «не злоупотребляйте скоростью» (марку прилагаю). Вероятнее же всего, виной Ваш неразборчивый почерк: учитесь каллиграфии, и Ваши письма будут доходить быстрее.

Характер Вашего письма меня потряс, хотя я из телефонного разговора уже знал его общее содержание, но все же бегал по комнате и произносил разные речи. Но <...> Леопольдыч! Поискать и не найдешь! И что ему за вожжа под хвост попала? Для меня загадка его личная заинтересованность в провале дела (очевидно, что он старается не за страх, а за совесть)[1]. Что же касается секуции, которую устроил Д. С. вашему «изнаночному тезке»[2] (смотрите в потустороннем мире не превратитесь в Стерлигова!), то тут есть и старая дружба: Стерлигов и С°, считая себя великими искусствоведами, а Д. С. «устаревшим», пытались фактически взять в свои руки формирование и состав «Памятников культуры» — любимого детища Д. С. Ему пришлось переводить издание в Питер, чтобы избавиться от них[3].

Но вот как с редакторством[4]? Я, конечно, очень рад, что Д. С. будет лично редактором. Но это будет уже 3-й титульный редактор. Сначала Ознобишин предложил титульное редакторство мне, говоря, что составительство этому не препятствует, и заключил со мной отдельный дополнительный договор. Затем он, забыв, видимо, об этом, заключил договор на редакторство с И. М. Семенко (я скромно спрятал свой договор и просто про себя решил считать его аннулированным де-факто). Но теперь — Д. С.! А как Ирина Михайловна? Вообще этот мир чарует...

Ужасно жаль, что меня не было на этом цирке! Просто смерть как хочется подраться. Я такого не предполагал, думал, что будет серенько. Жаль, что не выслушали мнения о происхождении пения[5]. Думаю, что это многое бы прояснило. Кстати, во французском арго faire chanter в прямом смысле «шантажировать», но шире имеет значение мокрого дела. Так что теория пения там была совсем уместна — обстановка как в ростовской пивной, где, как известно, «собиралася компания блатная».

Я буду во вторую половину мая в Питере (доклад) и буду рад с Вами там покарамзиниться.

До получения Вашего письма я не мог писать Степанову. Сейчас вкладываю проект, который, думаю, надо послать от наших двух имен[6]. У С. О. Шмидта публиковать менее интересно — это надо сохранить как резерв[7].

Проверьте, отправила ли Древлянская Ваш хвост, а то она из любви к Вам его дома переплетет в кожу и положит на ночной столик.

Вообще же если Карамзин выйдет из этого зверинца — будет диво. А тут, между прочим, Макогон переиздает двухтомник, а «Огонек» — «Письма русского путешественника»[8], так что Карамзин вышел в люди. (Как говорила Древлянская, вполне приличный писатель, только вот его причесать надо: прямо не издательство, а парикмахерская!)

«Онегин» проявил какое-то слабое поползновение к движению[9]. Посмотрим.

Ваш Витя меня без ножа режет! Где его статьи? Пусть срочно сообщает: «да» или «нет», шлет тексты или отказывается. 31 марта сдаю сборник. А Вы кончайте исследовать устные формы экспрессивной лексики и переходите на письменные (для Вас могу сделать исключение и, вложив рыбу, протянуть до 15 апреля — НЕ ПОЗЖЕ!!!). Объем — лист[10]. Больше даже на одно и самое короткое из исследуемых Вами слов нельзя!

Обнимаю Вас и целую, детей и дам приветствую.

Сердечно Ваш Ю. Лотман
17.III.80.

P. S. Майорова я достал[11], книгу <к> А. Пен<н>ингтон — пошлю, подписав и Вас.

[1] Речь идет о принципиально различных подходах к текстологии XVIII в.: Ю. М. и Б. А. Успенский настаивали на максимальном сохранении графических и пунктуационных особенностей языка той эпохи, а А. Л. Гришунин считал, что должна быть проведена относительная модернизация.

[2] Стерлигова звали Андрей Борисович.

[3] Между Д. С. Лихачевым и редакцией искусства и эстетики издательства «Наука», которую возглавлял А. Б. Стерлигов, возник ряд конфликтов по поводу издания ежегодника «Памятникм культуры»; стороны не пришли к соглашению, и Д. С. Лихачев перевел издание серии в Ленинград.

[4] Речь идет не об издательском, а об ответственном редакторе книги; Д. С. Лихачев любезно согласился быть таковым в книге Карамзина.

[5] В пении текстов сохранялись традиционные правила, важные и для уточнения графических проблем.

[6] Речь идет о публикации проблемной текстологической статьи: см. примеч. 2 к п. 612. Вначале статья была подписана Ю. М. и Б. А. Успенским, затем был привлечен третий соавтор — Н. И. Толстой. Г. В. Степанов тогда возглавлял филологическую серию «Известий АН СССР».

[7] «Археографический ежегодник», возглавлявшийся С. О. Шмидтом, был избран как «запасной аэродром» в случае неудачи публикации статьи в «Известиях АН СССР».

[8] «Письма русского путешественника» Карамзина в те годы стали многократно переиздаваться (после почти векового перерыва!); известны издания 1980, 1982 (дважды), 1983 гг.

[9] См. примеч. 1 к п. 584.

[10] Речь идет о «Семиотике 13».

[11] *Майоров Г. Г.* Формирование средневековой философии. Латинская патристика. М., 1979.

616

<28 марта 1980 г.>

Дорогой Борис Андреевич!

Смертельно соскучился по Вам, хотя жизнь соскучиться не дает, просто-таки кто-то весьма обеспокоен тем, чтобы мы не встали на порочный путь лорда Байрона и не уподобились всяким там лишним людям. Мы все время находимся в состоянии первого акта «Ревизора» — к нам едет новая комиссия! Вероятно, теперь уже не в составе Вашего друга Бугрова и С°, а посолиднее.

Где Ваша статья? Витя меня держит в радостном напряжении: прислал письмо с извещением, что статью Светланы Толстой не пришлет, и бандероль со статьей Светланы Толстой[1]...

Леша женился. Все было мило. О Ваших делах Вам пишет Люба. Когда встретимся в Питере?

Мы кое-как все живы, хотя не очень здоровы (З<ара> Гр<игорьевна> была в санатории без большой для себя пользы, теперь в С<анкт-> П<етер>б<урге>) и обоняем не фиалки.

Как Ваш Никола[2]?

Где матерщина[3]? А то мне без нее не выразить своих концепций. Гоните ее скорее — я не знаю, давать ли изгоя[4] или ждать матерщины. А от этого зависит, писать ли мне статью (теперь принцип демократический: один абзац — одна статья). А писать и неохота, и времени уже нет: 31.III. сдаем том (вместо Вас <нарисована рыба>, но вместо меня должна быть реальность).

Отзовитесь!

Статьи Постникова — бред! Но печатать будем[5]...

Целую Вас и всех Ваших. Всегда Ваш.

28.III.80. Ю. Лотман

[1] Речь идет о статье С. М. Толстой «Вариативность формальной структуры (Купала и Марена)» для «Семиотики 15».

[2] См. примеч. 5 к п. 624.

[3] Статьи Б. А. Успенского об «экспрессивной фразеологии» будут печататься в Будапеште («Studia slavica Academiae scientiarum Hungaricae», 1983, 1987).

[4] См. примеч. 1 к п. 630.

[5] См. примеч. 1 к п. 644.

617

<14 апреля 1980 г.>

Дорогой Борис Андреевич!

Когда мы съедемся в Питере («В Петербурге мы сойдемся снова...»[1])?

Как со статьей[2]? На «Русскую литературу» рассчитывать не следует!

Дм. Серг. просто наивен. Там сейчас Прийма распоясался и публично обнажил чресла — он меня не пропустит, хоть умри (сейчас он занят зарезанием очередного (уже лежащего в типографии) тома «XVIII века» с целью резекции из него моей статьи о Карамзине (помните публикацию о Петре III?) — и А. М. Панченко, кот<орый> для Пушдома слишком либерал (!?!)[3]. Надо все же пытаться в «Вопр<осы> язык<ознания>». Но мое мнение, что надо бить Гришунина на его территории («в собственном его логове», как выражался вождь народов и лучший друг пожарников), т<о> е<сть> в Известиях ОЛЯ, и я готов вести со Степановым на сей счет переговоры.

Ох, как все надоело (на-до-е-ло!).

Дорогой БА! Даже смех разбирает. Просто необходимо немедленно выпить.

Обнимаю Ваших детей, целую ручки Тане.

Если Франсуаз[4] еще в Москве, то еще раз заверьте ее в моей любви и преданности.

Ваш Ю.
14.IV.80.

«Семиотику XV» сдали, о «Сем<иотике> XI» — ни слуху ни духу[5].

[1] Первая строка стих. без названия О. Э. Мандельштама (1920).

[2] См. примеч. 2 к п. 612 и примеч. 6 к п. 615.

[3] Ю. М. преувеличил «резекцию», хотя Ф. Я. Прийма, в самом деле, «распоясывался»; в сб. «XVIII век. 13» (Л., 1981) будут опубликованы две статьи Ю. М., в том числе и о Карамзине; возможно, была «зарезана» статья А. М. Панченко, но в сб. «XVIII век. 14» (Л., 1983) будет опубликована его статья о «потемкинских деревнях».

[4] Франсуаз Лоэст, французская русистка.

[5] «Семиотика 11» с обозначением «1979» выйдет в мае 1980 г.

618

<10 июля 1980 г.>

Дорогой Борис Андреевич!

Наконец-то я получил Ваше письмо, которое вывело меня из недоумения о том, куда Вы направили свое хожение и как долго оно продлится. Даю отчет Вам о сделанном: с рукописью Карамзина[1] все сделано: она выправлена окончательно, частично перепечатана и должна быть сдана (уже в который раз!) в издательство — по крайней мере, Борфед обещал сам сдать ее 16 июня. Надеюсь, что сдал. Я приезжал в Петербург, сидел с машинисткой и все подготовил, но досидеться до сдачи не мог, и Борфед обещал на этом этапе все сделать сам. Теперь наступает время ожидания. Борфед будет пытаться всунуть рукопись в редподготовку еще этого года, тогда не исключен выход в 1981 г. Однако вероятность этого мала — вернее рассчитывать на редподготовку 1981 г., тогда выход, соответственно, отодвигается.

Что касается статьи у Степанова, то что я об этом думаю — писать не буду: все-таки бумага женского рода и может покраснеть. Но нельзя ли достопочтенному Георгию Владимировичу намекнуть, что ничего страшного не произойдет, если столь же достопочтенный Андрей Леопольдович — муж искушенный в науках и преисполненный добродетелей — ответит в следующем номере, а не в том же? Не ахти какой важный вопрос — текстология XVIII в., — и если читатели до следующего выпуска пробудут в недоумении, как им сие понимать без руководящих указаний предреченного Андрея Леопольдовича, — мир не перевернется[2].

Кстати о...

Свет льется не только из ИМЛИ и его текстологического сектора, в нем же первая персона Андрей Леопольдович. Пушкинский Дом тоже не зевает и вносит свой скромный вклад. Так что Ваш пессимизм абсолютно неуместен и характеризует лишь желчность Вашей натуры. Вот лежат передо мной «Письма русских писателей XVIII века»[3]. Вообще книга содержит много интересного, хотя и вышла несколько ощипанной: Макогоненко мне сообщил, что над ней в последнюю минуту была проведена операция насильственного удаления нескольких писем Сумарокова, содержащих бестактные высказывания насчет употребления Ломоносовым спиртных напитков. Этому можно только радоваться. К счастью, и в других письмах Сумарокова сделаны некоторые исправления. Но особенно интересны замечания «От редактора» о работе над языком публикации. Процитирую это место полностью, чтобы доставить Вам удовольствие:

«Публикация текстов в сборнике «Писем русских писателей XVIII века» не ставит задач лингвистического характера и дипломатически точного воспроизведения рукописных текстов. Письма печатаются в сборнике в переводе на новую орфографию в соответствии с принципами, более или менее общепринятыми (прочитав это «более или менее общепринятое», я заплакал от умиления и живо вспомнил «маловысокохудожественные» произведения у Зощенко!) в современных изданиях разного типа (см., например, «Памятку автору для серии «Библиотека поэта» /а в самом деле, почему бы и не посмотреть, а посмотрев, и процитировать! а?/), в том числе и академических. Поэтому особо оговорим основные, самые общие, связанные с исторической спецификой текстов XVIII в. принципы их передачи в новой орфографии. Они касаются только случаев нейтральных в отношении смысла (чьего?), стилистической системы норм XVIII в. и стиля данного автора. Во всех этих случаях новые орфографические формы последовательно применены, когда в текстах XVIII в. имелось:

1. ерь, еръ (почему на конце ъ? Это когда Тредиаковского переводят на новую орфографию-то), фита, пси и другие устаревшие знаки;

2. формы множественного числа на -ыя, -ия и т. д.;

3. оглушенные фонетические окончания -ово, -ево и др. (кто кого чем оглушил? Видимо, имеется в виду, что если «аго» оглушить кирпичом, то получится «ово»?);

4. графические отражения «аканья» (оказывается, аканье не имеет отношения к «стилю данного автора», особенно в письмах).

5. устаревшие написания типа: естьли, есть ли, сево дни, ийти, толко, щастье и т. п.;

6. при написании заглавных букв».

Далее сообщается, что иноязычные тексты все переводятся на новую орфографию[4]. Сие последнее меня несколько смутило: я не знал, что постановление о переходе на новую орфографию распространяется и на французов и немцев. Очевидно, здесь действует столь глубоко обоснованная Гришуниным забота о том, чтобы французский или немецкий школьник не начал неправильно писать, совратившись под влиянием группы XVIII века Пушкинского Дома.

Что сообщить Вам из других областей: «Онегин» не вышел, и Бог ведает, когда появится[5]. Я на сей счет «отложил пустое попеченье...»[6]. С биографией еще хуже — вертят и крутят[7]. XI том вышел, как я Вам уже писал. Получили ли Вы его? Если нет — смело прибегайте к защите Вити Живого[8], который состоит с нашей издательской группой в столь живых и тесных связях, что они ему даже планы свои сообщают. Он-то получил?

От Никиты Ильича я получил письмо, из которого понял, что я — всегда так со мной! — не на того обиделся — надо было на Вас. Вообще же говоря, надо, видимо, печатать в «Сов<етском> славяноведении». Это, конечно, хуже, чем в ОЛЯ, но лучше, чем с послесловиями ученых мужей.

Что же качается* нашей «личной жизни» (Вы понимаете, что это можно говорить лишь в кавычках, т<ак> к<ак> она не является ни личной, ни жизнью), то ее ни в сказке сказать, а уж пером описывать даже и думать забудьте. Я не перестаю смеяться. Вот например, мы сняли дачу на хуторе за 80 км, перевезли вещи, потом берем такси, сажаем трех внучек, З<ару> Г<ригорьевну>, Джери, Мишу и меня (представьте себе это такси — Джери вырос ростом с теленка!), приезжаем, отпускаем такси, и тут из снятого дома вываливается толпа пьяных и агрессивных мужиков, кричащих, что брат их сдал без их на то согласия и что они (тут переход с эстонского на русский)... всех профессоров, что они сами у всех профессоров снимут, что хочешь, на лето. Попытки объяснить, что я ничего на лето сдавать им не расположен, их не убеждают, девочки и Пирет рыдают, Джери кусает ихних овец, а заодно и единственного дружественного к нам человека во всей этой компании (собака, а понимает!). Как говорил Карамзин, опускаю занавес. Кстати, у Пирет на другой день — День рождения, и, как при этом выясняется, она уже пригласила на этот хутор гостей из Таллина, а отменить съезд гостей нет возможности. Поэтому, еле выбравшись из всей этой передряги с подробностями, достойными капитана Гаттераса, в Тарту, я, Миша и Пирет едем на следующий день туда же, чтобы встречать гостей на открытом воздухе. Гости не приезжают (вернее, приезжают только те, кого можно было остановить в Тарту), и мы всю ночь пируем у костра на открытом воздухе. Пирет все время плачет, т<ак> к<ак> в Тарту тем временем девочки кашляют. Вообще праздник в доме Мармеладовых. Приехав, я сваливаюсь в тяжелом гриппу, от которого только начал избавляться.

Теперь, когда, наконец, дачу пересняли в Эльве и почти переехали (надо было вывозить вещи с хутора и перевозить их в Эльву), установилась осенняя погода: дождь, холод, слякоть.

---

* Сохраняю эту описку, т<ак> к<ак> в ней глубокий смысл. (*Примечание Ю. М. Лотмана.*)

Поскольку я, вероятно, Вас и так уж насмешил, то не буду описывать других наших дел, значительно более смешных.

Приехал ли Ваня? Как он? Поклоны Зин<аиде> Кузьм<иничне>, Федора целую. Тане кланяюсь и целую ручки. З<ара> Г<ригорьевна> шлет всем поклоны.

Скучаю по Вам и всем Вашим.

P. S. Гришка болтается где-то в Москве — хочет пытаться поступить.

Спросите через Олю Седакову у Саши Лазаревича, нужно ли мне подъехать с кем-либо говорить?

10.VII.80. Целую Вас, Ю. Лотман

P. S. P. S. Хотя примеры из «Писем писателей XVIII в.» так и просятся в нашу статью, но умоляю Вас этого не делать: Макогон «муж благъ, трезвъ и постникъ», что в переводе на современную орфографию, столь всеми взыскуемую, пишется так:

Молчи сама,
Ведь эта крыса мне кума[9]...

Ю. Л.

P. S. P. S. P. S. Очень жаль Яна Мейера, кот<орого> я знал мало, но мне он тоже нравился.

P. S. P. S. P. S. P. S. Неча завидовать, что я, вместе с джинсами, Бахтиным и каким-то «ретро» (что это такое? Я всегда считал, что это rectum, т<о> е<сть> прямая кишка) принадлежу «стилю 70-х гг.». Vox populi — vox dei[10].

[1] См. примеч. 3 к п. 588. Рукопись по инициативе Д. С. Лихачева и Б. Ф. Егорова была переведена в ленинградское отделение издательства «Наука», т<ак> к<ак> в Москве у подготовителей книги возникли серьезные разногласия с редакцией эстетики в «Науке» (см. п. 615).

[2] Речь идет о текстологической статье (см. примеч. 2 к п. 612); Ю. М. хотел добиться у возглавлявшего журнал Г. П. Степанова, чтобы полемический ответ А. Л. Гришунина (от имени редакции журнала) не был помещен в том же номере (это настоятельное пожелание не было учтено).

[3] Л., 1980; отв. редактор — Г. П. Макогоненко. Ниже цитируется его текст (с. 42—43 книги).

[4] Ю. М. неточен, утрируя позицию Г. П. Макогоненко: тот лишь говорит об ошибках и разнобое в иностранных вкраплениях у русских писателей и потому о приближении этих текстов к грамматическим нормам.

[5] См. примеч. 1 к п. 584.

[6] Слова Бориса Годунова из известного монолога «Достиг я высшей власти...» («Борис Годунов» Пушкина, сцена «Царские палаты»).

[7] *Лотман Ю. М.* А. С. Пушкин. Биография писателя. Пособие для учителя. Л., 1981.

[8] К этому слову на полях письма примеч. З. Г. Минц: «Тут Юра был оглушен».
[9] Неточная цитата из басни И. А. Крылова «Совет мышей» (1811).
[10] Глас народа — глас божий (*лат.*).

619

<26 августа 1980 г.>

Марь-Иванна, вам письмо...
(Из старинной шотландской баллады)[1]

И в правде Вам письмо, дорогая Марь-Иванна, хоть Вы его и недостойны, ибо престранно себя аттестуете. Как говорят французы:

Жё сонь — персонь, — жё ресонь — реперсонь[2]!

На письма Вы отвечать не изволите, к телефону также никто не подходит... Чем Вы занимались летом, в каком состоянии пребываете, — все мне неизвестно. Уповаю, что у Вас все в порядке, хотя и беспокоюсь несколько.

Мы провели лето, как «сон в летнюю ночь». Главным событием было то, что Машенька тяжело переболела печенью, лежала долго в больнице, сейчас вышла, бедная девочка, бледная и слабенькая и еще не до конца вылеченная. Соответственно и мы отдыхали вокруг нее. Остальное — мелочи: Кая на сносях, а у нее отрицательный резус-фактор, в квартире — ремонт, который Леша делает своими силами с помощью Любы. То, что нас за лето два раза прогоняли с двух дач (один раз «так просто», а другой — хозяин испугался Джери — зверь и вправду вымахал страхолюдный), о таких мелочах не пишу. Были и еще и другие мелкие развлечения.

Но есть и луч света в «некотором царстве, некотором государстве» — ВЫШЕЛ «ЕВГЕНИЙ ОНЕГИН»![3] ВЧЕРА!!! ПОЛУЧИЛ ПОКА ОДИН ЭКЗЕМПЛЯР! Ей-богу, не вру, провалиться мне на этом месте. Хотя Вы и недостойны, но я, так уж и быть, Вам подарю экземплярчик. А кстати, мой друг и высокий покровитель Хаамер благословил Вас XI «Семиотикой» или — о, прозорливец! — разгадал Вашу интригу и отказал? Сообщите, мне это интересно, потому что я собираюсь стать биографом сего знаменитого мужа и тем открыть себе путь в храм бессмертия[4]. Что делает наш друг Гришунин, ныне указом переименованный в ПЕРВОГО ТЕКСТОЛОГА ПО ТВОРЧЕСТВУ АЛЕКСАНДРА БЛОКА? Получили ли Вы мое письмо, в кот<ором> я наставлял Вас печатать в «Славяноведении», и исполнили ли наказ?

(Тут был перерыв в день) — мы съездили в Тарту, где узнали несколько смешных новостей, касающихся нового «Блоковского сборника»[5]. Я просто хохотал до слез. Вот Вы все скучаете, Чайльд-Гарольд Вы этакий, а вот приехали бы к нам — ручаюсь, что скуку как рукой сняло бы!

Между прочим, я очень соскучился (к вопросу о скуке) по Марии Львовне — хотелось бы с ней повидаться и поговорить за семиотику...

Тут, между прочим, Гришка завалил экзамен — отношу это к Вашему нерадению. Очень хотел бы до Сашиной защиты[6] приехать в Москву, чтобы Вас приструнить, но боюсь, что не получится.

Мы тут почти все лето (ибо мы, как я писал уже, несколько раз меняли адрес) — соседи Амусиных, и с ним (третьим бывал, как сказал бы Вами любимый великий государь Петр Алексеевич, Ивашка Хмельницкий) усердно Вас поминали, так что надеюсь, что Вам икалось.

По правде, очень хотелось бы Вас повидать. Что Таня? Что дети? Каково в Вашем большом семействе?

Вообще, написали бы — не треснули.

Обнимаю Вас. Зара шлет поклоны Вам и всем.

Тане целуйте ручки, детей обнимите. Поклоны Густаве Исааковне и Зинаиде Кузьминичне. Надеюсь, что они в добром здравии.

26.VIII.80. Ваш Ю. Лотман

[1] Шутка: Ю. М. любил сочинять такие эпиграфы.

[2] Еще шутка. Как бы с грубым акцентом и с каламбурной выдумкой он произносит небывалую фразу. По-французски она должна выглядеть: je sonne — personne, je resonne — repersonne, т<о> е<сть> «я звоню — никого, еще звоню — опять никого».

[3] См. примеч. 1 к п. 584.

[4] Ирония; Хаамер сознательно задерживал выпуск изданий кафедры русской литературы; «Семиотика 11» вышла после двух лет проволочек, а «Семиотики 12—14», тоже после многомесячного «лежания», вышли, почти одновременно, в 1981 г.

[5] «Блоковский сборник IV» тоже мариновался два года и вышел в 1981 г.

[6] Речь идет о канд. дисс. А. Ф. Белоусова; Б. А. Успенский — оппонент на защите.

620

<29 сентября 1980 г.>

Дорогой Борис Андреевич!

Только два дня как я из Москвы, а уже словно год прошел — так закрутили события. Сначала приятное — Кая вышла из больницы, девочка здорова, очень мила, миниатюрна, имени пока не имеет, но мы уже готовы на эту тему переругаться. Наибольшее спокойствие сохраняют Кая и Леша, но Игорь почему-то был вчера очень озабочен, ссылаясь на общественное мнение. Правда, он был под шафе.

Теперь трагическое — покончил с собой Яков Абрамович Габович. Вы его знали мало, но для нас он был близкий человек. Тривиальных и понятных причин нет. В который раз убеждаешься, что человека, которого знал 30 лет, в сущности, совсем не знал.

Теперь о делах:

1. В Ленинград я написал (позвонить сейчас нельзя — оборвана связь, но на днях позвоню), и Вы, конечно, можете к ним прямо ехать. Адрес: Невский, д. 66/29 (угол Фонтанки у Аничкова моста, если от

Николаевского, т<о> е<сть> Московского, вокзала, лицом к Адмиралтейству, то, перейдя Фонтанку, по правой стороне; вход с Фонтанки, первая подворотня, во дворе первая парадная налево по лестнице, которая одновременно служит, как все лестницы в Петербурге, и уборной (ср. «И из уборной выходил Подобен ветреной Венере»[1], — зри комментарий к «Онегину») на второй этаж, кв. 53), тел.: 310-93-76.

2. а) Добавка в статью: к проблеме «Петр-камень»[2]. Противопоставление: Русь деревянная — Петербург каменный связывается с запрещением во всей России строить каменные дома, кроме Петербурга, — Петербург задуман как гранитный город. Так и остались два лица — гранитный город, твердыня, камень или город на болоте, мираж и сонное мечтанье.

b) Когда Петр принял титул императора, то возник вопрос, как именовать царицу и царевен. Сенат и синод на «конференции» в синодальной крестовой палате в Москве 23 декабря 1721 г. решили: царицу именовать «императрицею, или Цесаревою», а детей «Цесаревнами». Петр утвердил, заменив «Цесареву» на «Императрицу, ее цесаревино величество». В Манифесте это аргументировалось ссылкой на «православных императоров греческих» (см. Соловьев, изд. 4-е, изд. «Общественная польза», кн. IV, т. XVIII, стб. 846).

Приветы всем Вашим. Очень тороплюсь — еду в Таллин на день рождения Маши.

Ваш Ю. Лотман
29.IX.80.

[1] Неточная цитата из «Евгения Онегина» (гл. 1, строфа XXV).

[2] Речь идет о совместной статье «Отзвуки концепции “Москва — Третий Рим” в идеологии Петра Первого (К проблеме средневековой традиции в культуре барокко) // Сб.: Художественный язык Средневековья. М., 1982.

621

<30 сентября 1980 г.>[1]

Дорогой Борис Андреевич!

Посылаю Вам заверенную рецензию. Только что перечел рассказ Васи Морозова (ученика Л. Н. Толстого по яснополянской школе) «Крестины»[2].

Хотя там и не сказано прямо, что баба рожает в избе, но это очевидно из контекста: ясно, что мальчик все видит, следовательно, роды происходят не где-то в другом помещении, откуда мальчишек бы, бесспорно, выгнали, а там, где все находятся (вероятно, детей загоняют на печь, из текста следует, что рассказчик не все видит, но все слышит). Рассказ Васи Морозова интересен еще и тем, что он описывает не единичный случай, а единичный случай как обряд и обычай, употребляя многократные формы и несовершенный вид глаголов: «Только баба забрюхатеет, муж ходит на поденщину, чтобы заработать деньжонок... Заработает, возьмет деньги и поедет в Тулу купить пшеничной муки. Когда уже она скоро родит, то муж идет в кабак за вином и берет полведра или ведро. Потом уже баба рожает»... Страшно люблю рассказ, и не из-за всяких теорий, которые, конечно, руководили Л. Толстым в его оценках, а просто из-за его подлинной поэзии и человечности.

30 руб. высылаю Вам 1-го.

«Блоковский сб<орни>к» с некоторыми потерями (незначительными) разрешили[3].

Девочка здорова, но все еще без имени.

Вообще у нас и так, и сяк — часом с квасом, а порой и с водой. Были с Зарой в Таллине на дне рождения Маши. Зара рассчитала очень точно по часам, чтобы мы приехали прямо к съезду гостей, но ошиблась в днях: мы прибыли без опозданий, но на день позже. Гости нас не дождались, а Миша от огорчения уехал на неделю в колхоз. Девчонки очень милы, и я искренне жалею человечество, которое их не видит.

31.IX.80. Приветы всем Вашим.

Ю. Лотман

[1] Фантастическая дата, поставленная Ю. М. в конце письма, — 31 сентября — расшифровывается, благодаря почтовому штемпелю г. Тарту (01.10.80), как «ночь после 30 сентября».

[2] Вероятнее всего, Ю. М. читал этот рассказ по новейшему изданию: «Творческие работы учеников Толстого в Ясной Поляне» (изд. Т. Г. Виннера, Brown University, Providence, 1974). Это репринты из журнала «Ясная Поляна».

[3] Блоковский сборник IV. Тарту, 1981.

622

<Юрьев. 9 октября 1980 г.>

Почтеннейший!

Не сочли бы Вы уместным вставить в нашу статейку[1] такой экскурс: «Уже в конце XIX в. основной смысл замены названия «Петербург» на «Петроград» воспринимался как отказ от «немецкого» наименования ради «русского». Ср., например, эпиграмму 1880-х гг. по поводу славянофильства петербургских ученых немецкого происхождения:

Москва, умолкни. Stiller! Stiller![2]
Здесь Петербург стал Петроград,
Здесь Гильфердинг, Фрейганг и Миллер
Дела славянские вершат

*(Вересаев, 1929, с. 15)**

* В. Вересаев. В студенческие годы, сб. «Недра», кн. XVI, 1929, с. 15. (*Примечание Ю. М. Лотмана.*)

Однако в XVIII — начале XIX в. замена эта воспринималась иначе. При переводе Санкт-Петербурга (а Петербург воспринимался как некоторый менее официальный, сокращенный вариант того же названия) как «Града Святаго Петра» отнесенность названия к апостолу Петру сохранялась. Но если к слову «Петербург» можно было всегда прибавить сокращенное «Санкт», то к «Петрограду» прибавить «Св.» было невозможно по лингвистическим причинам. Это приводило к тому, что Петроград начал сразу восприниматься как переадресованный императору Петру. Именно так он осмысляется уже в XVIII в.:

Не венценосец ты в Петровом славном граде,
Но варвар и капрал на вахтпараде
(Эпиграмма на Павла I),

От Волги, Дона и Днепра,
От града нашего Петра
(К. Н. Батюшков, Переход через Рейн).

У Пушкина употребляются как однозначные наименования:
«Над омраченным Петроградом...» и «Красуйся, град Петра»[3].

Если бы «град Петра» воспринималось как сокращенное от «град Св. Петра», то образовать от него «Петроград» было бы невозможно».

Как, Ваше благородие, пойдет ли? Хочется сохранить эпиграмму на Ореста Миллера, она хороша, но малоизвестна.

Как у Вас?

Зная Вашу смешливость, я очень жалею, что Вас нет с нами, — Вы бы животик надорвали! Ей-богу — умора!

Всем Вашим поцелуи и поклоны (распределите, что — кому).

Тревожно о здоровье Евгении Исааковны... Отпишите.

А засим остаюсь Вашего благородия всепокорнейший слуга.

Ю. Лотман
Юрьев,
9.X.80.

Девку называют Сильвия — караул!
Нашелся ли Евгений Алексеевич?

[1] См. примеч. 2 к п. 620.

[2] Тише! Тише! (*нем.*).

[3] Цитаты из поэмы А. С. Пушкина «Медный всадник» (1833): из части 1 и Вступления.

623

<Таллин. 26 октября — 1980 г.>

Дорогой Борис Андреевич!

Пишу Вам из Таллина. Мы здесь по весьма грустной причине: у Пирет неожиданно скончалась мать. Диагноз неясен: у нее была астма, но положили в больницу по поводу операции рака легкого. Однако за два дня до операции она неожиданно скончалась не от рака. Пирет в очень тяжелом состоянии. Похороны будут завтра. Настроение у нас соответственное. Пишу же я Вам по практическому поводу. Обдумывая одну работу, которой я бы хотел, не торопясь, заняться, я понял, что книги, которые я пытаюсь купить у Марии (?) Христофоровны, мне были бы практически нужны. Если Вас не затруднит, то позвоните ей и спросите, продал ли чертов зять книги или нет? Если же нет, то <я готов?> платить за книги, изданные в XVIII в., по 30 р., за XIX — 25 р., но т<ак> к<ак> у меня всей суммы в наличности нет, то я просил бы разрешить внести ее в две порции. Скажите ей, что я не торгуюсь, а просто зажат между действительной нуждой в этих книгах и действительной невозможностью выложить всю сумму. Если она на самом деле — как говорит — заинтересована, чтобы книги попали к исследователю, а не спекулянту, то пусть подумает. Простите за неприятную комиссию. Если Вам очень противно вести с ней переговоры, то отправьте ей просто письмо, которое прилагаю. (У меня нет ее адреса.)

Что Вы и что у Вас? Как съездили в Питер? Видали ли Борфеда и что Карамзин?

Поклоны и приветы всем Вашим. Ваш Ю. Лотман
26.X.80.

Просто чертовски хочется в Москву — самое время выпить: и настроение, и погода — все соответствует.

624

<12 декабря 1980 г.>

Дорогой Борис Андреевич!

Борфед только что сообщил мне, что Карамзин окончательно и официально включен в план подготовки 1981 г.[1]. В некотором роде, виктория. В связи с сим весьма прошу поторопить Витю срочно сфотографировать рисунок отрубленной головы Фулона. К фотографии надо приложить «легенду», т<о> е<сть>: «рисунок такого-то, изображающий то-то, хранится там-то» — для списка иллюстраций. Фотографию отправьте непосредственно Борфеду.

Форсируйте публикацию нашей статьи[2]. Какого хрена — пусть печатают. Если Готя-шмотя не хочет, то в «Славяноведении». Но все же позвоните Гуревичу (Саше): пусть ответит Вам ясно, собираются они печатать или нет.

Получили ли Вы две бандероли для Новицы? Сообщите, а то почта-то шалунья, играет всякие игры.

Когда редактор примется за Карамзина, нам, вероятно, придется съехаться в Питере.

Я все время думаю о Вас и Вашей семье. Все время больно за Владимира Андреевича и Володю[3]. Как они? Передайте им, что я душевно никак не могу оторваться от их дома. Все-таки насколько более примиренное и одухотворенное настроение оставляет отпевание в церкви по сравнению с крематорием. Какое-то мрачное язычество, жестокость безо всякой надежды во всем «краматорстве». Как будто мы вновь отброшены в леса и пещеры...

Боюсь спрашивать о здоровье Евгении Исааковны, хотя надеюсь на улучшение.

Как мальчики? Я по ним скучаю.

Был я в Таллине, видал своих девок — весьма хороши.

У нас все тихо. Сильви растет, Леша и Кая тянут изо всех сил, стараясь нас не загружать. Гриша как Гриша...

Блоковский сборник, кажется, выходит[4]. Остальное захрясло. Как Ваши книги (Барсов и Никола)[5]?

Будьте здоровы и бодры.

Детей целую, Тане почтительнейше целую ручки, Зинаиде Кузьминичне мои поклоны.

Обнимаю Вас. Ваш Ю. Лотман
12.XII.80.

P. S. Имели ли место семиотические сатурналии под ауспициями[6] все того же Готи, Ю. Степанова — мужа почтенного и исполненного сведений, и нашего друга Виннера, чтоб его на том свете черти кормили семиотикой культуры!? Если да, то участвовали ли Вы? Кто еще? Что было? Чего не было? — напишите: в этом смеховом мире хочется чего-нибудь серьезного...

[1] «Письма русского путешественника». См. примеч. 3 к п. 588.
[2] См. примеч. 2 к п. 612. Готя-шмотя — Г. В. Степанов.
[3] В ноябре 1980 г. скончалась жена В. А. Успенского Светлана Марковна.
[4] Блоковский сборник IV.
[5] Две книги Б. А. Успенского: «Российская грамматика А. А. Барсова» (М., 1981) и «Филологические разыскания в области славянских древностей (Реликты язычества в восточнославянском культе Николая Мирликийского)» (М., 1982).
[6] От лат. auspitium — наблюдения со стороны высокопоставленной персоны.

625

<28 декабря 1980 г.>

Дорогие Таня и Борис Андреевич!

От души поздравляем вас с Новым годом. Желаю вам здоровья, счастья, хорошего настроения, получить без очереди квартиру из 10^{10}

комнат, издать Николу, отвечать на мои письма, написать историю русского литературного языка в 100 печ. листов и сделать в нее в последней корректуре еще на 100 п. л. вставок.

И вообще всякого благополучия.

Ваших благородий доброжелатели и усердные Богомольцы

Зара, Ю. Лотман
28.XII.80.

Дорогой Борис Андреевич!

Надеюсь, что Вы, по своей любви к истинному Третьему Риму, не откажетесь, отмечая Рождество, мысленно поднять сей полтавский кубок[1]. А матовая гравировка вполне соответствует моему настроению.

[1] Намек на героя Полтавы — Петра I — и на статью о нем (см. примеч. 2 к п. 620).

626

<29 января 1981 г.>

Дорогой Борис Андреевич!

Вот я и в Питере, но душой еще как-то все еще брожу по Москве и около Вашего дома. Петербург встретил меня шквальным ветром, запахом моря и оттепелью. Мне даже казалось, что Невский проспект покачивается, как палуба, — объяснилось это прозаически: Викт<ория> Мих<айлов>на смерила мне давление и обнаружила заметное повышение (Зара, кот<орая> приехала также в С<анкт->П<етер>б<ург> и шлет Вам поклоны, объясняет, что причина якобы <вызвана?> имевшими место в Москве вакхическими возлияниями, но ведь я — смело шлюсь на Ваше свидетельство — и в рот не брал). По крайней мере, идя ночью по Невскому, я пережил несколько поэтических минут, чувствуя город, как огромный корабль. А у меня страсть ко всему плавающему и летающему. Наверное, от этого и пристрастие к Петру.

От болтовни к делу. Статью надо срочно двигать[1], т<ак> к<ак> Гришунин распускает — очень активно — сплетню, что Карамзина хотят печатать по старой орфографии, стараясь придать всему некоторый оттенок. Быстрая публикация статьи обнаружит, что речь идет о научной, а не какой-либо иной проблеме. Следовательно, срочно, прошу Вас, сделайте след<ующее>:

1) отошлите письмо Готе-Шмоте;

2) перепечатайте статью, восстановив отмеченные мной куски Ник<иты> И<льича>;

3) в случае отсутствия ответа (ждать можно 10 дней со дня отправки письма) или ответа неудовлетворительного забирайте статью и двигайте ее в «Славяноведение»;

4) один экз<емпляр> перешлите Бор. Феду — он будет использоваться Степановым (Влад. Ник.[2] из группы XVIII в. — порядочным) как основание для подготовки Сумарокова в «Памятниках». Это, создавая традицию, укрепит и наши бастионы.

Очень прошу Вас энергично взяться за это дело. Речь идет о судьбе Карамзина. Я совершенно убежден, что Гришунин не сложил и не сложит оружия, и наше бездействие позволит ему, представив путем тайных наветов дело в искаженном свете, организовать какую-либо резолюцию сверху, против которой борьба станет невозможной. Ты спишь, Брут!

Я все думаю об одной рецензии. Считаю, что страсть к аббревиатурам — именно непонятным! — была связана с резкой мифологизацией массового сознания эпохи и, следовательно, с тяготением к потреблению собственных имен и их функциональных адекватов. В дореволюционной России все официальные газеты назывались «Ведомости» (Сельские, С<анкт->П<етер>б<ург>ские, Московские, Губернские и проч.). Это не воспринималось как имя собственное. А вот все «Красные гудки», «Красные пахари», «Голоса водника» и «Транспортники» выполняли роль собственных имен. Так же воспринимали такие слова, как «Гукон», «Кубуч» (даю в произносительной форме), «Викжель», «Тэжэ», «Мхат». Мир пестрел собственными именами, и люди чувствовали себя их творцами. Никто не заставлял футуристов называться «Лефовцами», а Хармса и Заболоцкого Обереутами. Я помню как мы с детства *изобретали новые слова*, сокращая и превращая их в собственные имена. «Дмитрий Иванович Жуков» — наш математик — звучало не иначе, чем Дмиж. Во втором случае присутствовал мифологический момент создания слова, и функция «быть собственным именем» как бы удваивалась.

Рецензент ошибается по существу и ошибается тенденциозно, видя в объективном процессе злой умысел. Это встает в тот же ряд, что и злой умысел масонов и других бяк, которые невесть откуда налетели и совратили невинность. Признаюсь, что у меня другой взгляд на историю (этот кусок можно показать Вите — для него и пишу). А м<ожет> б<ыть>, я и не прав — irren ist menschlich[3]...

Займитесь серьезно Готей и иже с ним. Обнимаю Вас и жду в Тарту.

Ваш Ю. Лотман
29.I.81.

P. S. Был у БорФеда — Карамзина двигает.

[1] См. примеч. 2 к п. 612.
[2] Степанова из Пушкинского Дома звать Владимир Петрович.
[3] Человеку свойственно ошибаться (*нем.*).

627

<13 февраля 1981 г.>

Дорогой Борис Андреевич!

Не кажется ли Вам, что наша переписка приобретает монологический характер? Из Москвы в Тарту я в таких случаях адресуюсь к Джери, но в данном случае, как говорил Мандельштам, решительно не к кому обратиться[1]. Прежде всего хочу сообщить Вам небольшую новость. А. Н. Бенуа в своих воспоминаниях пишет: «Санкт-Петербург означает город-космополит, город, поставленный под особое покровительство того святого, который уже один раз осенил идею мирового духовного владычества — это означает “второй” или “третий Рим”» (Александр Бенуа, Мои воспоминания, М., 1980, стр. 12). Как в воду глядел. Вообще идея Петербурга ожила у акмеистов — не случайно сопоставление Петербург — Рим определяет и «имперскую» тему «Камня» Мандельштама («камень» — конечно, и Петербург, и Св. Петр, и Рим, и благородный материал античного ваяния — материал, оживающий под творческой рукой). Я бы советовал использовать эту цитату в конце статьи[2], где была моя вставка о Петербурге-камне у Мандельштама (Вы ее, конечно, выкинули, так восстановите). Вообще мне делается ясно, почему я, связанный гораздо больше с акмеистической, чем с символистской культурой, так интимно переживаю Петра и Петербург. Кстати, все снова обдумывая, я пришел к твердому убеждению, что реформа Петра, реформа 1861 г. и февраль—март 1917 органически связаны. Отрицая одно, надо отрицать и все остальное. Наиболее последовательные противники Петра так и делают...

Кстати, Бенуа очень интересно пишет о неприязни последних царей к Петербургу: «Из всех ошибок “старого” режима России мне представляется наименее простительной его измена Петербургу. Николай II думал, что он вполне выражал свое душевное созвучие с народом, когда высказывал чувство неприязни к Петербургу» (стр. 11—12).

Крушение Петербурга и петербургской культуры в масштабе русской истории равнозначно крушению Новгорода. Видимо, от этого у меня такая тяга к новгородскому элементу в истории России. Когда Зализняк докладывал о берестяных грамотах, у меня прямо в носу щипало — ведь это такой уровень юридической мысли (т<о> е<сть> чувства собственного достоинства, проникшего в быт и гарантированного всем строем жизни), которого в Москве не только не было, но не было даже и сознания его необходимости.

Теперь о делах.

1. Я смутно догадываюсь, почему Вы мне не пишете: Вы не восстановили вставки Н<икиты> И<льича>, не перепечатали статью и не отдали ее в «Славяноведение» (и, вероятно, не отправили письмо Готе-Шмоте). Бог Вам судья... Если интуиция моя меня не обманывает, то могу лишь грустить — сердиться на Вас я не умею и учиться не хочу.

Надеюсь, что у Вас и всех Ваших все в порядке, хотя бы на том уровне, который я оставлял, уезжая в Питер.

Всем привет. Вас, Таню, детей — обнимаю.

Ваш Ю. Лотман
13.II.81.

[1] Неточная цитата из «Четвертой прозы» О. Э. Мандельштама (финал гл. 11).

[2] Речь идет о совместной статье «Отзвук концепции “Москва — третий Рим” в идеологии Петра Первого (К проблеме средневековой традиции в культуре барокко)» // Художественный язык средневековья. М., 1982.

628

<20—21 февраля 1981 г.>[1]

Дорогой Борис Андреевич!

Жаль, что Вы не выбираетесь в Тарту, — мы все же продолжаем ждать и надеяться. Соберусь ли в марте в Москву — не знаю: дела, недуги, да какая-то тяжесть обломовская обуяла.

О делах: я убежден, что Гришунин не оставит нашей статьи[2] без какой-либо гадости. Ответить по существу он ничего не может, а наведет тень на ясный день, дав сопроводиловку, что, мол, «развиваемые авторами положения представляются сомнительными и чему-то противоречат...». В этом случае статью надо снимать. Но этого не следует делать преждевременно. Сейчас надо все подготовить для «Славяноведения», но не снимать в «Известиях». № 4 должен быть готов не позже мая. Если там будет какая-либо гадость, — снимем, если что-либо нейтральное — оставляем.

Позиция, как мне кажется, должна быть такой: «Известия» лучше, чем «Славяноведение». «Славяноведение» без довеска лучше, чем «Известия» с поганым довеском. «Известия» с нейтральным («отписочным», написанным Сашей Гуревичем) довеском = «Славяноведению». При равенстве лучше не менять.

Однако есть еще одна — «фанаберная» — сторона. Мы — три автора — писали <u>лично</u> Готе-Шмоте. Корректно ли, что он нам отвечает телефонным звонком Саши Гуревича — милого парня, но отнюдь не официального лица? Да и не Саше мы писали. Желательно было бы все же получить от него письмо с объяснением, что в статье такого крамольного, что для нее изобретается некий специальный порядок публикации с «отпорой»?

Кстати, вот что надо сделать обязательно: позвонить <u>Вам</u> Лихачеву, спросить, получил ли он как член редколлегии статью на прочтение.

Если нет — срочно выслать ему экземпляр и просить прочесть и высказать свое мнение и нам, и на редколлегии (или в письме Готе). Это тем более необходимо, что он ведь титульный редактор Карамзина. Звонить должны Вы, т<ак> к<ак> из Тарту с плохой слышимостью и постоянными «ваше время истекает» разговора не получится. Можно позвонить и Борфеду — посоветоваться насчет привлечения Лихачева. Это важно: Гришунин боится Лихачева, и если Д. С. твердо встает на нашу сторону (в чем я не уверен, но его мнения все равно не обойти), то подожмет хвост.

О себе не пишу — нечего, да и настроение плохое.

Как у Вас? Что у Владимира Андреевича?

Меня беспокоит здоровье и настроение Густавы Исааковны — передайте ей мои приветы.

Обнимаю Вас. Ю. Лотман

Бенуа меня разочаровал — мемуары скучные и ужасно «сытые» — прямая противоположность мемуарам Андрея Белого. У этого человека не было «органа тревоги». Буквально «не видят и не слышат, / Живут в сем мире, как впотьмах...»[3]. Вообще понять, почему в этой странной серии одно издается, а другое отвергается — невозможно. Поразительно интересен, однако, самый тип «петербургского иностранца» — не европейца (в смысле Чаадаева или Тютчева), а именно иностранца. Думаю, что это очень показательно для духа придворного Петербурга, духа, которому цари лично, начиная с Александра III, старались противостоять, но напрасно, т<ак> к<ак> и для них это была атмосфера единственно родная. Для меня, всю жизнь занимавшегося XVIII — нач<алом> XIX вв., людьми, приезжающими в Петербург из Москвы или поместья, для которых служба — определенный возрастной период, а не воздух (от казенной квартиры, казенных заказов, награждений и жалований до обязательных служб по ведомству того или иного великого князя или княгини), вся эта жизнь служилой богатой петербургской художественной интеллигенции, где, если люди с «итальянской» улицы женятся на девушках из «немецкого» квартала — с Гороховой и пр., — то отец остается католиком, мать протестанткой, в сочетании с привычным бытовым монархизмом (русские люди их шокируют «вольными» разговорами о царствующих особах), — весь этот, повторяю, мир для меня нов, неожидан и интересен тем, что напоминает людей и быт, который я еще, в обломках, застал в раннем детстве.

[1] Датируется по почтовому штемпелю г. Тарту: 21.02.81.
[2] См. примеч. 2 к п. 612.
[3] Из стих. Ф. И. Тютчева «Не то, что мните вы, природа...» (1836).

629

<27 марта 1981 г.>

Дорогой Борис Андреевич!

Мои продолжающиеся попытки соскучиться приводят, как всегда, к самым разрушительным последствиям: как Вы знаете, я упал, сломал себе и вывихнул левую руку в локте. Гипс скоро снимут, но обещают длительные процедуры — там какой-то кусок отломался в суставе и его надо «разрабатывать». Так-то. Жаль, что я в решительный момент выбыл из баталии, но я написал письма Борфеду и Д<митрию> С<ергеевичу> и получил от БФ заверение, что он неустанно напоминает Д. С., чтобы тот бдел. А Вы контактуйте с Сашей, дабы быть в курсе тайн мадридского двора[1]. <...> Леопольдыч еще что-нибудь выкинет — ему вожжа под текстологический хвост попала. Поскольку я явно оказываюсь в положении горы, которая не идет к Магомету, то не сыграть ли Вам роль пророка правоверных, отправившись к горе, т<о> е<сть> не съездить ли в Тарту? А то, по моим сведеньям, Вы стали что-то много о себе понимать. В Иоасафовской летописи в описании ферраро-флорентийского Собора сказано, что толмачи, переводя с латинского, «глаголющи треми языкы, гречьскы, фрязскы и философскы»[2]. Руководствуясь сим вдохновляющим примером, я предложил бы поговорить с Леопольдычем философскы: дескать, мать перемать... Но и Вы достойны философского разговора: обещали приехать, а держитесь индифферентно.

Вышел том «Pamiętnik'ов Literack'их», посвященный Марии Львовне[3], — очень интересный, но все на ихнем схизматском языке. Там, в частности, есть статья Маши Плюхановой о понятии истории в народной легенде, в основном скопческой. Думаю, что Вас может заинтересовать. Кстати о Марии Львовне: она вышла на пенсию — теперь вместо нее Люцилла Пщоловска.

Я все время думаю о М<арии> Л<ьвовне> и персонально, и генерально. Боязнь, что мы с Вами вдруг, потеряв стыд и разум, припремся к ней незваные в гости, меня совершенно с ума сводит. Эта мысль не покидает меня ни днем, ни ночью буквально. Я ведь знаю свой характер: мало заср... свой родной дом — надо и все вокруг.

Как гуревический сборник[4]?

Надеюсь, что Ваша статья сыграла свою провиденциональную роль и сборник лопнул. Вообще я с мистическим трепетом убеждаюсь, что в Вас скрыта некая мощно-таинственная разрушительная сила: стоит Вам к чему-либо приложить руку, и можно быть спокойным: на этом месте 10 лет трава расти не будет. Я серьезно обдумываю вопрос о выдвижении Вас на ответственную работу. Не попробовать ли Вам, для начала, силы в том, чтобы помочь Леопольдычу написать статью о вредности текстологических новаций? Тогда я был бы спокоен: статья превратилась бы в книгу, книга в многотомное издание, а обильные вставки в последней корректуре вообще перенесли бы выход на XXI век.

Я соскучился (все же удалось!)[*] по Вам и Вашему дому. Как Вы все? Написали бы о себе, детях, Тане, Густаве Исааковне и двух Володях. В последний год меня (не умом, а шкурой) пронизывает тютчевское чувство хрупкости бытия — страшно расставаться с близкими людьми и на час, а приходится на месяцы.

> … Кто смеет молвить: до свиданья!
> Чрез бездну двух или трех дней[5]?

Будьте здоровы и пишите. Обнимаю Вас,

25.III.81. Ю. Лотман

[1] А. М. Гуревич был тогда внештатным работником «Известий АН СССР».
[2] Иоасафовская летопись. М., 1957, с. 19. «Фрязскы» — итальянский.
[3] «Pamiętnik literacki, 1980, № 4. Том посвящен 70-летию М. Р. Майеновой.
[4] Имеется в виду сб. «Художественный язык Средневековья» (М., 1982). В нем будут опубликованы две статьи Б. А. Успенского: «Царь и самозванец: самозванчество в России как культурно-исторический феномен» и «Отзвуки концепции "Москва — Третий Рим" в идеологии Петра Первого (К проблеме средневековой традиции в культуре барокко)» (вторая статья — в соавторстве с Ю. М.). Таким образом, опасения Ю. М. («лопнул») не оправдались.
[5] Из стих. Ф. И. Тютчева «Увы, что нашего незнанья...» (1854).

630

<5 апреля 1981 г.>

Дорогой Борис Андреевич!

Посылаю Вам корректуры: нашу и Архипова[1]. Прошу поскорее просмотреть и вернуть с минимальной правкой. «Изгой» неплох, но не закончен (экскурс о палаче, кажется, необязателен и концовки нет). Ну да Господь с ним...

Вы мне не отвечаете — не получаете писем моих, нездоровы или, упаси Господи, еще что-нибудь? Отвечайте, — мне сейчас плохо: дело не в руке, которая все же изводит меня постоянной, хотя и несильной болью, и не в сотне других блошиных укусов, а в постоянной боязни за благополучие Марии Львовны и ее близких[2]. Это делается моим пунктом умопомешательства, мысль о котором буквально не покидает меня ни днем, ни ночью. Уныние грех, но как удержаться от уныния? Сам знаю, что на печального и вошь лезет, но как быть человеку, который не знает и не имеет Бога и привык опираться только на себя, и вдруг осознает, как слабы и настолько устали эти опоры?

---

[*] Но смею заверить, что по всем другим пунктам скуки нет и в помине. Например (entre nous <между нами (*фр.*)>), Кая ждет ребенка!!! (а, ко всему, у нее положительный — т<о> е<сть> плохой резус), ну и все прочее. Не скучаем... (*Примечание Ю. М. Лотмана.*)

В ободрение себе и Вам расскажу одну очень полюбившуюся мне армянскую сказку: идет старуха и несет в руках огонь.

— Куда, бабушка?

— Море зажигать.

— Так ведь не загорится!

— А это уж как Бог изволит.

Конечно, наше дело зажигать море, а там уж как Некто изволит. Но, куда ни кинь, — без Него не обойтись.

Обнимаю Вас, детей, Таню, весь Ваш Дом и Ваших близких.

Сердечно Ваш Ю. Лотман
5.IV.81.

[1] Статьи из «Семиотики 15»: *Лотман Ю. М., Успенский Б. А.* «Изгой» и «изгойничество» как социально-психологическая позиция в русской культуре преимущественно допетровского периода («Свое» и «чужое» в истории русской культуры); *Архипов А.* О происхождении древнерусских хождений.

[2] Намек на политическую нестабильность в Польше.

631

<18 мая 1981 г.>

Дорогой Борис Андреевич!

В дополнение к нашему телефонному разговору: у редакторши возникли некоторые вопросы по Вашей части статьи[1]. Я не все решился разрешить своей властью. А именно:

1. На стр. 2 и 4 (Вашей пагинации) повтор цитаты (кажется, «русский обо всех... и т. д.», цитирую по памяти). Я предложил на стр. 4 ее снять.

2. Стр. 15. В цитате из Дмитриева «разговоры образованного общества» — чья разрядка?

3. Стр. 30. В сноске 140 (вторая снизу строка) ... или <...>?

4. Стр. 39. В сноске 164 Picchio (in press), м<ожет> б<ыть>, уже вышло («за время пути собака могла подрасти»?[2])

5. Стр. 41. В сноске 169 Aquila — журнал или сборник типа «продолжающееся издание»?

6. В той же сноске Picchio Simonelli. Кто такой Simonelli? Имя Пиккио — его соавтор, жена, т<о> е<сть> ставить ли между ними запятую или еще чего-то по нынешним идиотским правилам?

Вот и все.

Вообще все в высшей мере благополучно, что, если верить «Поликратову перстню» Шиллера и проф<ессору> Бусько из Дудинцева, весьма зловещий знак[3].

Обнимаю Вас, приветы Вашим.

Сей чувствительный эмблем знаменует любовь до гробового камня[4].

Ю. Лотман
18.V.81.

Не дата, а чистый формализм: зеркальное отражение. У Гуковского был телефон 16661.

P. S. Ответы на сии вопросы сообщите Елене Александровне Смирновой по адресу: 195027, Ленинград, Шепетовская[5], д. 3, кв. 86.

[1] Речь идет об общей статье: см. примеч. 3 к п. 588. Издание «Писем русского путешественника» Карамзина уже перешло в Ленинградское отделение «Науки».

[2] Из стих. С. Я. Маршака «Багаж» (1926).

[3] Ю. М. использует художественные образы из баллады Ф. Шиллера «Поликратов перстень» (1798) и романа В. Дудинцева «Не хлебом единым» (1956) для подтверждения идеи: чрезмерное благополучие чревато будущими бедами.

[4] У этой строки нарисованы горлица и надгробный камень.

[5] Ю. М. дважды повторил «Шепетовская», затем зачеркнул одно слово и приписал: «Это я заикнулся».

632

<11 августа 1981 г.>

Дорогой Борис Андреевич!

Итак, Ваше распоряжение выполнено и Ира студентка — сделать это было легко и приятно, т<ак> к<ак> она действительно хорошо сдавала[1]. Она производит впечатление очень симпатичной и неглупой девочки.

С радостью убедился, что Вы догнали и перегнали Америку[2] по производству Барсова[3]. Книжка очень интересная. Но, кроме всего, Вы с Барсовым достойны друг друга: только его педантизма хватило написать такую махину, а Вашего — издать. Представляю, как Вас «возлюбили» в издательстве. Но, конечно, книжка прекрасная, и очень хорошо, что ее издали. Карамзин вновь застопорился[4] — редакторша ушла в отпуск, и я буду ею вызван в С<анкт->П<етер>б<ург> только в сентябре (?).

У нас новостей — не то что у Вас — нет никаких. Что за жизнь — стоит только хорошо выпить, как сразу и нитроглицерин глотай! Очень бы хотелось повидаться: не только Вас повидать, но и поговорить о Вашем вояже и промежуточных остановках. Зная Вашу (и свою) инвазивность[5], я очень боюсь, что Вы, незваный-непрошеный, вдруг заявитесь к Марии Львовне. Уж попридержите характер, батюшка, стыдно перед людьми!

Кончаю — Мая Григорьевна опаздывает на поезд[6].

[Дуд]Будьте (а не дудьте) здоровы. Целую Тане ручки, мальчикам скупой мужской привет. Что у Вас дома? Как Густава Исааковна? Как два Володи?

Ваш всегда Ю. Лотман
11.VIII.81.

Сердечные приветы Зинаиде Кузьминичне.

[1] И. В. Владышевская, дочь шурина (брата жены) Б. А. Успенского.

[2] Расхожий политический лозунг той поры.

[3] Книга Б. А. Успенского: см. примеч. 5 к п. 624.

[4] См. примеч. 3 к п. 588 и примеч. 1 к п. 631.

[5] От *фр.* (из *лат.*) invasion — нашествие, наплыв. Речь идет не о бестактном, без приглашения, приезде в Варшаву, а о тревоге Ю. М. в связи с военно-политическими эксцессами в Польше.

[6] Мая Григорьевна Владышевская, мать Иры.

633

28.VIII.81, на Успенье.

Дорогой Борис Андреевич!

Деньги, кот<орые> Вы изволили получить, — за Карамзина[1]. И на «Науку» бывает техника! Здесь надо благодарить Борфеда. А вот доживем ли до книги — неизвестно. Очень хотел бы повидать Вас и поговорить о Ваших путешествиях, но... Дела: 1) Не хочет ли Ваш друг-лингвист снова в Тарту[2]? Сигалов соскучился по Гаспарову[3], и сейчас срочно есть вакансия. Но надо снестись с ним не письмом, а срочно — телефоном или телеграфом, а он должен после 31-го звонить ректору (мимо Шелякина, кот<орый> хочет набрать своей воронежской шпаны). 2) Кто благодетель, подаривший мне (!) немецкое (!!) одеяло (!!!)? За что? 3) Надо ли мне писать Тютчева für Freunde[4]?

Обнимаю Вас. Тане целую ручки, детям, Зин<аиде> Кузьм<иничне>, Густ<аве> Исаак<овне>, В<ладимиру> А<ндреевичу> мои приветы!

[1] См. примеч. 3 к п. 588 и примеч. 1 к п. 631. Когда издание перевели в Ленинград, то я, будучи заместителем председателя редколлегии «Литературных памятников», мог более активно помогать работе над книгой, в том числе и относительно выплаты гонораров составителям.

[2] Речь идет о Юрии Александровиче Романееве. Его переезд в Тарту не состоялся.

[3] Эзопов язык: Б. М. Гаспаров уже эмигрировал из Советского Союза, и собирался уехать П. С. Сигалов, освобождалось место на кафедре русского языка ТГУ.

[4] для друзей (*нем.*). Фраза непонятна; очевидно, речь идет о посылке какой-то работы Ю. М. о Тютчеве за рубеж.

634

<24 сентября 1981 г.>

Дорогой Борис Андреевич!

Хотел писать Вам письмо о своем здоровье (и нездоровье, уже прошедшем) и о делах. Но все это отступает на двадцать второй план перед леденящим ужасом ленинградских вестей: у Дм. Серг. Лихачева попала под машину дочь Вера («удачная») — переходила улицу с мужем. Насмерть. Страшно жить в этом мире неверующему. Но где взять Веру, если Бог не дает? Хочется верить, что в наших страданиях есть смысл и цель. Но какие? Оставаясь человеком невозможно их понять, а ведь быть человеком — наша неизбежная судьба.

Я написал Дм. Серг. сумбурное письмо, что Тот, Кто посылает ему такие испытания, должен возлагать на него большие надежды. Большой крест дается не зря. Не знаю, отправлю ли.

Скончался Мих. Павл. Алексеев, скончался Стеблин-Каменский. Смерти, смерти, смерти. Я был у Мих. Пала в начале лета — у него лежала корректура огромной монографии о связях с Англ<ией> (целый том «Лит<ературного> наследства», 80 п. л.)[1]. Не дожил...

Я здоров, но еще слаб — пройду 200 м и сажусь весь в поту. Врачи говорят, что это нормально.

Карамзин идет себе...

У нас золотая осень — золото в лазури[2], и это, как ни странно, почему-то примиряет и облегчает душу.

Целую Вас и Ваших.

Ю. Лотман
24.IX.81.

[1] «Русско-английские литературные связи (XVIII век — первая половина XIX века)». М., 1982 (ЛН 91).

[2] «Золото в лазури» — сб. стих. Андрея Белого (1904).

635

<7 октября 1981 г.>

Дорогой Борис Андреевич!

Уф! Только что закончил ответы на 1001 вопрос редакторши по комментариям к Карамзину[1]. Это стоило недели нуднейшего труда.

Вы уже знаете, что Кая подарила нам девочку — очень смешную, с большим носом (в кого бы?)[2].

Дело. В январе 1982 г. исполняется 100 лет со дня рождения Флоренского. Я хочу провести в своей группе (!) небольшой семинар. Не хотите ли принять участие? Кого еще? Витю, конечно, а еще кого? Подумайте.

Еще дело. Передайте, если не трудно, Оле Седаковой, чтобы она свою хорошую статью о «Медн<ом> всадн<ике>» сократила до 17—18 стр. (стандартных!) на машинке, и я надеюсь в марте вставить ее в «Семиотику». Статья должна быть у меня в начале февраля[3].

Посылаю Вам приветики из ВААП'а («с добрым утром, тетя Хая»).

В Москву хочется, как 3^3 сестрам[4], но пять внучек — это звучит угрожающе и наталкивает на мысли о бренности.

Приветы всем Вашим.

Как всегда, пишу ночью, клюя носом...

Ваш неизменно Ю. Лотман

7.X.81.

[1] См. примеч. 3 к п. 588.

[2] Внучка Ю. М. Элен.

[3] Очевидно, статья не была подготовлена. В «Семиотике 17» (1984) будет опубликована другая статья О. А. Седаковой: «Шкатулка с Зеркалом. Об одном глубинном мотиве А. А. Ахматовой».

[4] Намек на пьесу А. П. Чехова «Три сестры».

636

<После 7 октября 1981 г.>[1]

Дорогой Борис Андреевич!

Посылаю Вам для дальнейшего продвижения бумаги Топоркова для Авеличева[2]. Виноват — задержал! Но учтите: а) болезнь, б) то, что сижу день и ночь (буквально: сейчас 3.30 утра) за «дотягиванием» комментариев к Карамзину. Ларик Генин только что вышел из реанимации, и мне приходится делать и его, и свою часть и полностью переписывать халтуру Иры Паперно, не тем будь помянута[3].

У нас все тихо (как на Шипке). Леша и Кая деловито и тихо, мало нас загружая, пасут свою двоицу. Еще безымянная девочка страшно смешная: Господь наградил ее носом, уже сейчас напоминающим мой (бедная крошка!). Но надеемся, что он немного сократится под влиянием общественной среды.

Хотел бы в октябре приехать, но...

Кончаю, валюсь спать. Зара все время себя плохо чувствует, а я — как штык!

Поклоны и поцелуи всем Вашим,

Ваш Ю. Лотман

P. S. Не поезжайте в Ленинград:

a) Чтобы нам не разъехаться — я собираюсь в Москву.

b) Я опасаюсь разрушительной силы Вашего воздействия на «*Науку*». Куда еще будем переводить Карамзина? В Нижний Новгород или Тобольск? Умоляю воздержаться от конструктивной активности.

Ю. Л.

[1] Датируется по связи с п. 635 (рождение внучки Элен).

[2] Очевидно, был проект устроить А. Л. Топоркова на работу в издательство МГУ.

[3] Речь идет о комментировании писем Карамзина из Германии и Швейцарии. Возможно, в связи с болезнью Л. Е. Генина, на каком-то этапе работы к комментированию была привлечена И. А. Паперно.

637

<25 октября 1981 г.>

Дорогой Борис Андреевич!

Есть неплохая тема — в русле Ваших интересов, можно было бы и вместе писнуть: профессиональные лгуны (например, охотники), календарные дни лжи (1 апреля), «литература путешествий» как ритуализованная ложь, ложь как обязательная черта «бывалых людей», ложь мемуаристов, известные лгуны александровской эпохи (в тему войдут и литературные лжецы: «хвастливый капитан», барон Мюнхгаузен и др.). Вот для начала: во Франции в средние века был «Орден лгунов», при приеме в который «кандидат на коленях клялся никогда не говорить правды на охоте» (см.: M. Arthur Dinaux, Les Sociétés badines..., Paris, 1868, t. II, p. 29, со ссылкой: m. g. Ladocette, Album pittoresque de La France, La Moselle, «France litteraire», t. IV, 1832, p. 396).

Ложь как форма утопии — создание «перевернутого мира» и проч. Аль чкнем? — как говорил ямщик у Тургенева[1].

В Тарту новостей нет. Что-то ничего интересного на 27.XI не придумывается[2].

В книге «Панорама искусств 3» (М., 1980, с. 160—161) посмотрите замечательное последнее стихотворение Кузмина «Переселенцы». Это предсмертное, дошедшее лишь в памяти друзей. Вообще-то я его не очень люблю (а по правде, знаю лишь «Александрийские песни» и кое-что еще очень малое). Но это важное трагическое стихотворение — «настоящее». Оно овеяно духом и смыслом 30-х гг. Кстати, там же очень живые мемуары о Хармсе и интересные его портреты. Посмотрите.

Будьте здоровы.

25.X.81.

Приветы всему Вашему дому (включая и непригодное к жилью из-за дурного запаха помещение). Ваш Ю. Лотман

Поздравили ли Вы Р. О. Я<кобсона>? 23.X. исполнилось 85 лет.

[1] Имеется в виду роман «Отцы и дети» (1862), гл. XXII.
[2] День рождения В. А. Успенского.

638

<5 ноября 1981 г.>

Дорогой Борис Андреевич!

1. Правы Вы или нет относительно порядка писем Петрова[1], смогу решить, лишь побывав в Ленинграде. Думаю это сделать перед 27-м, чтобы из Питера прямо приехать в Москву на доклад. Пока я Вас закатал в соавторы по подготовке текста Петрова. Борфед пишет, что на редколлегии Гришунин со товарищи рвался снова «посмотреть Карамзина», но был отбит именем Д<митрия> С<ергеевича>[2]. Смотрели ли Вы нашу статью в ОЛЯ?[3] Сильно ли изуродована?

2. Маша Плюханова кончает диссертацию. Пора думать об оппонентах (защита после Нового года — январь-февраль, самое раннее*). Естественный оппонент Вы, т<ак> к<ак>, по сути, только Вы сможете оценить смысл ее, даже в том, что, м<ожет> б<ыть>, Вам не понравится, многие из других возможных оппонентов просто не поймут. Но вот сложность: у Вас номер лингвистический, а милостью ВАК'а мы все с номерами, как породистые собаки. Следовательно, чтобы ВАК не придрался, другой оппонент с литературоведческим № тоже должен быть доктором. Итак, требуется: а) доктор, в) по XVII—XVIII вв., литературовед, д) не дурак, е) способный не упасть в обморок при чтении sub specie semioticae[4]. Панченко? Может быть. Но такое сочетание уже было на защите Саши[5]. Не придумаете ли кого-нибудь другого? Конечно, можно было бы комбинацию попроще: Панченко и Лена Душечкина, но я хотел бы иметь случай вытащить Вас в Тарту, во-первых, и чтобы Вы прочли работу (кажется, хорошую), во-вторых. Право, мы думаем об оппонентах своим аспирантам, как прежде родители подбирали женихов своим взрослым дочерям: у того капитал, но дурак и мерзавец, а тот и умен и хорош, но нечиновен или гол, как сокол, — «комиссия, создатель...»[6]. Но, действительно, еще несколько лет, и порядочного и знающего человека не найдешь в оппоненты — все или Богом убитые, или такие, что как выглянет из-под моста — все отдашь, отпусти только душу на покаяние. Хоть бы Витя защищал докторскую, что ли (скажите ему). А как университетский Кусков, доктор ли, употребляет ли в пищу что-нибудь семиотическое[7] или постится? Есть у меня идея сочетать Вас с Левушкой Дмитриевым. Может быть, так и сделаем? Маша

* Кажется, ошибаюсь, и дело идет об осени 1982 г. (*Примечание Ю. М. Лотмана.*)

его боится — слишком пушкинодомен, но я ведь знаю Левушку: мужь благъ, книжному почитанию прилеженъ и не постничает.

3. Говорили ли Вы с Никитой Ильичем о Киеве? — конечно, номер пустой, но все-таки поговорите. А «вторым сортом» я не поеду, как Ваш немец[8].

Будьте здоровы!

Поклоны Вашим — мужескому и женскому полу.

5.XI.81. Ваш Ю. Лотман

P. S. У меня зреет нечто антибахтинское в продолжение нашей рецензии на «Смеховой мир»[9]. Ох уж мне этот смеховой мир — все смешнее и смешнее, как говаривал батюшка царь Иван Васильевич — как известно, основатель юмористической традиции.

[1] Речь идет о публикации «Письма А. А. Петрова к Карамзину. 1785—1792» в «Дополнениях» к книге Карамзина (см. примеч. 3 к п. 588).

[2] См. примеч. 1 к п. 615.

[3] См. примеч. 2 к п. 586.

[4] под знаком семиотики (*лат.*).

[5] М. Б. Плюханова защищала кандидатскую диссертацию («Изображение исторического лица в литературе переходной эпохи (национальные корни литературной биографии XVIII в.)» в ТГУ 11 июня 1982 г. Оппонентами были А. М. Панченко и Б. А. Успенский. О «Саше» см. примеч. 6 к п. 619.

[6] Из реплики Фамусова («Горе от ума» А. С. Грибоедова, д. 1, явл. 10).

[7] Уже на 1-ой Летней школе по вторичным моделирующим системам в Тарту (Кяярику) в 1964 г. понятие «семиотик» каламбурно истолковывалось как «полупьяница» (по-эстонски joodik — пьяница, а semi — латинская приставка «полу-»); «семиотики» (множ. число) по-эстонски — semiotikud, это слово в звучании можно представить как semioodikud, что уже объяснялось как «семь пьяниц».

[8] Речь идет о IX Международном съезде славистов в Киеве (сентябрь 1983 г.), о включении в состав советской делегации или же о приезде «*гостем*» («вторым сортом»). Кажется, Ю. М., в отличие от Б. А. Успенского, так и не был включен в состав делегации.

[9] См. примеч. 1 к п. 586.

639

<Начало 1982 г.>[1]

Дорогой Борис Андреевич!

Вот от моего недостоинства Вашему благоутробию посылочка: 15-й том «Семиотики». Вы, как автор, имеете право на 5 «наложниц»[2], и требуйте их у стервы Марты Павловны неукоснительно. Равномерно пусть Оля Ревзина требует.

Посылаю Вам экземпляры для Иахима[3], Ведерникова[4] и Ренаты Лахман. Если же оный Иакинф, не стерпя православного духа, сбежал в свою Неметчину, то книги сии пусть будут у Вас для нужной оказии. Для того их не подписую.

Очень жду от Вас чего-нибудь в Петербургский сборник[5]. Уповаю, что не пропустите таковой случай обличить блядословие антихристово. Кстати, я вспомнил, где забыл свои калоши![6] Не напишет ли Ваш Покровский в этот сборник статью вроде: «Старообрядческая легенда об основании Петербурга»? Только крайний реальный срок — 20 марта. Объем — один лист. И Витя тоже что-нибудь скверноматерное о Всешутейшем соборе. И Вам тема: «Экспрессивная лексика в трудах Отца Отечества Всепресветлейшего монарха и августейшего государя императора Петра Великого». Будет несколько однообразно, но выразительно.

А засим остаюся Вашего благородия всепокорнейший слуга

Ю. Лотман

P. S. Том получился несуразный, но следу<ющие> будут лучше.

P. S. P. S. Один экз<емпляр> — Владимиру Андреевичу.

P. S. P. S. P. S. Если Иахим уехал, то эти книги для бусурманов — россианам не давайте.

[1] Датируется по выходу «Семиотики 15».

[2] Так мы называли бандероли с наложенным платежом.

[3] Иахим (ниже он переделан в Иакинфа) — Кляйн.

[4] Ведерников — шутливый перевод фамилии немецкого проф. Эймермахера.

[5] «Семиотика 18», посвященная Петербургу. Статей Н. Н. Покровского, Б. А. Успенского, В. М. Живова там нет.

[6] Из еврейского анекдота (иудей вынужден был объяснить, почему он воскликнул «о!», когда раввин осуждающе упомянул публичный дом).

640

<19 марта 1982 г.>

Дорогой Борис Андреевич!

Очень сожалею, что Ваше, милостивый государь мой, обратное путешествие было столь неблагополучно. Надеюсь, что Вы уже поправились и пребываете в добром здравии. Вообще этот поезд — к сожалению, единственный, которым мы можем попасть в Москву, — удовольствие для самоубийц-любителей. Я почти всегда приезжаю им полубольным.

Спасибо за Ваши замечания. Но в статье в «XVIII» («Реальные мотивы...») действительно (Вы будете смеяться) Совет, а не Сенат. Дело разбиралось в Государственном совете[1].

Теперь о статье о Тредиаковском[2]. Вы готовы были биться об заклад, что я ни с чем не соглашусь, — и ошиблись: со многим из того, что Вы пишете, я согласен. Но у Глинки есть забавный вокальный квартет на слова Кукольника. И там такой припев:

> Четыре голоса: Ты прав! Ты прав!
> Один голос: Но не совсем...

Так вот я, как этот один голос.

Мне кажется, что выводя генетически и сопоставляя типологически русскую интеллигенцию с салонной и щегольской культурой, Вы подметили важную и прежде не отмечавшуюся черту, но увлеклись этой красивой идеей и забыли один аспект. Салонно-щегольское бунтарство действительно имеет такой характер, как Вы отметили, но в нем нет очень важной черты, составляющей самое специфику понятия интеллигенции, того, что Михайловский называл «бесчестной совестью». Если изволите помнить, Михайловский выделял две разновидности интеллигенции. Первая, дворянская («кающийся дворянин», по его же терминологии), которая проникнута чувством вины перед народом («совесть»), но поражена неспособностью к действию («бесчестная»). Ей он противопоставлял шестидесятников, базаровых — «бессовестную честь». Эти ни перед кем не виноваты. Напротив, все виноваты перед ними (как им кажется — добавлю от себя). Они готовы действовать («честь») и свободны от этических ограничений («бессовестная»). Я полагаю, что интеллигенцией может называться только первая разновидность. Да и вообще базаровы не существовали как реальный тип — это был созданный Тургеневым (осознанный) идеал шестидесятников, их маска. В реальной жизни их не было, как не было героев Чернышевского. Все разночинцы — от Глеба Успенского до народовольцев и Гаршина — были, в первую очередь, люди «больной совести». Базаровское хамство в принципе не свойственно интеллигенции, хотя оно и является щегольством sui generis[3]. Интеллигенция — это не только оппозиция, но и чувство вины и перед теми, кто больше страдает («меньшим братом»), и перед теми, кто глупее, необразованнее, и перед теми, кто сильнее*, и проч. Как оппозиционность может быть направлена во все стороны, так и чувство вины может быть ориентировано по-всякому. Оно порождает и желание «слиться с народом», «пострадать», и «каплей литься с массами»[4] (Маяковский), и смириться, как гордый человек[5], — смириться перед историей, властью, народом, традицией, церковью и проч. Именно сочетание оппозиционности ко всему и чувства вины перед всем, бунта против всего и смирения перед всем создает тот специфически русский комплекс, который мы напрасно искали бы на Западе.

Поэтому интеллигенция в России «от двою отци», как сказано в «Повести временных лет» о Святополке Окаянном (с добавлением, что от такого кореня «плод зол бывает») — от щегольства и от новиковского пафоса служения меньшому брату, т<о> е<сть> общественной деятельности. И Вы сужаете вопрос, когда видите в Тредиаковском и Ка-

* И чувство вины сильного перед слабым. (*Примечание Ю. М. Лотмана.*)

рамзине лишь европеизированных модников-щеголей. Тредиаковский до этого вдохнул озонированный воздух (если хотите — веселящий газ) петровской эпохи. Да, да — не морщитесь. Это был воздух революционного времени, о котором потомкам читать страшно, но современники, раз им дохнув, уже на всю жизнь им отравлены. А Карамзин прошел школу Новикова. Поэтому оба они были щеголи, но странные щеголи — щеголи, которые проникнуты были идеей общественного служения, чувством высокой миссии, долга. А служение кому-то всегда подразумевает «отдачу себя», т<о> е<сть> чувство религиозное. Вот мы и добрались: интеллигенция — гибрид щегольства и религиозности, кокетства и жертвы, избранничества и самоотвержения. Подчеркивая какую-либо одну сторону, мы теряем специфику. Именно с этой «обоюдностью» связаны и героические взлеты, и жалкие падения русской интеллигенции на разных витках ее трагической истории.

Не согласен я с тем, что салон типа Рамбулье — не утопия. Вы считаете, что утопия — это то, что претендует на универсальное распространение. Это не всегда так. И «остров любви»[6], и Телемское аббатство[7], конечно, утопии — это образцы того, каким мир должен бы быть, если бы он не был таким, каким он не должен быть, но и не может не быть. Как говорил Карамзин, утопия — «это мечта доброго сердца»[8].

Но ведь Вы знаете: нам, чтобы согласиться в чем-либо, надо сначала поругаться. Возможно, что, подумав, я, как уже неоднократно бывало, с Вами соглашусь. Но пока я, как говорили, «не имел счастья разделить некоторые Ваши суждения». Но вообще мне кажется, что мы близки к тому, чтобы доругаться в этом вопросе до единого мнения.

У нас особых новостей нет. Нашу жизнь Вы видели. Только у Вас могло создаться совершенно ложное представление, якобы юбилейная суета — исключение, а в другие дни мы скучаем, т<о> е<сть> живем более «нормально». Спешу Вас разуверить — в ином роде, но тоже по-сумасшедшему. Сейчас наша главная забота — Сильви. Врачи нашли у нее слишком большой диатез (аллергию) и, фактически, запретили ей всякую еду (!!!), кроме овощно-фруктовой диеты. Вообразите, как это легко организовать в нынешних условиях.

Ну «и так далее», как говорил Хлебников в середине чтения своих стихов.

Поклоны всем Вашим — малым, средним и старым. Обнимаю Вас.

Сердечно Ваш Ю. Лотман
19.III.82.

P. S. С увлечением читаю Вернадского и нахожу у него многие мои мысли (пишу статью о семиотике). Пишет он прекрасно — широко и поэтично. Так может писать лишь геолог, привыкший думать отрезками в миллионы лет. Давно такого не читал.

NB. Читая Вернадского, я был поражен одним его утверждением. Вы знаете, что я однажды на нашем семинаре в Москве (в подвале у Андрющенко)[9] осмелился вслух высказать свое убеждение в том, что текст может существовать (т<о> е<сть> быть социально осознан как текст), если ему предшествовал другой текст, и что любой развитой культуре должна была предшествовать развитая культура. И вот сейчас я обнаружил у Вернадского глубоко обоснованную громадным опытом исследований космической геологии мысль, что жизнь может возникнуть только из живого, т<о> е<сть> если ей предшествует жизнь. Поэтому он считает жизнь и мертвую (косную, как он говорит) материю двумя исконными космическими началами, проявляющимися в разных формах, но взаимно вечно отдельными и вечно контактующими. А я убежден, что мысль тоже нельзя вывести эволюционно из не-мысли (другое дело, что, вероятно, не следует отказывать животным в мысли, и, возможно, жизнь без мысли вообще невозможна). Ведь как к жизни относятся все формы жизнедеятельности от работы бескислородных бактерий до наиболее сложных форм, так и у мысли (у семиозиса) есть простые и сложные формы.

Любопытно, что Вернадский строит свое рассуждение как эмпирик-позитивист, тщательно отгораживаясь от теолого-мистической мысли. Он рассуждает так: наука может основываться лишь на фактах, наблюдаемых или реконструируемых. Момент превращения не-жизни в жизнь нигде во Вселенной не наблюдается и не реконструируется. Углубляясь на миллионы лет, мы все равно находим какие-то формы органической жизни (или следы ее существования) и не-жизнь. А все гипотезы о происхождении жизни — спекуляции, основанные на презумпции, что они должны одна от другой произойти. Я полагаю, что допущение столь же исконного разумного бытия также не предрешает необходимости теологической или противоположной точек зрения. Она лишь отмечает простой факт: мы не можем решить, являются ли излучения звезд семиотическими сигналами или нет, т<ак> к<ак> для нас нет презумпции осмысленности. Только предшествие семиотической сферы делает сообщение сообщением. Только существование разума объясняет существование разума.

[1] Речь идет о статье Ю. М. «Черты реальной политики и позиция Карамзина 1790-х гг. (к генезису исторической концепции Карамзина)» в сб.: «XVIII век. 13». Л., 1981. Ю. М. использовал в статье, приложенной к книге о Карамзине (см. примеч. 3 к п. 588), сообщенный в данной работе эпизод с женитьбой Г. Г. Орлова («XVIII век...», с. 117), который и привлек внимание Б. А. Успенского.

[2] Б. А. Успенский, видимо, присылал Ю. М. рукопись своей статьи «К истории одной эпиграммы Тредиаковского (эпизод языковой полемики середины XVIII в.)», которая будет опубликована в журнале «Russian Linguistics», 1984, № 2.

[3] своего рода (*лат.*).

[4] Неточная цитата из поэмы В. В. Маяковского «Хорошо!» (1927), гл. 15.

[5] «Смирись, гордый человек» — одна из главных формул в речи Ф. М. Достоевского о Пушкине (Москва, 8 июня 1880 г.).

[6] Очевидно, речь идет о романе П. Тальмана «Путешествие на остров Любви» (1663), в переводе В. К. Тредиаковского (1730) названном «Езда в остров Любви».

[7] Утопическое братство в романе Ф. Рабле «Гаргантюа и Пантагрюэль» (1533—1552).

[8] Источник цитаты не найден.

[9] В подвале здания МГУ на Моховой ул. помещалась межфакультетская лаборатория вычислительной лингвистики, которой руководил В. М. Андрющенко.

641

<22 марта 1982 г.>

Письмо № 2

Продолжаю. Щеголь — скептик и насмешник — «животное критикованное, критикуемое и критикующее», интеллигент — верующий, религиозный тип. Даже из атеизма, из скепсиса или из отрицания он делает религию. Т. е. он апостол и проповедник, он жаждет обратить в свою веру*. Религиозный характер русской интеллигенции, которую лучше всего изобразил Тургенев в Михалевиче («Дворянское гнездо»):

Новым чувствам навеки предался,
Как ребенок душою я стал,
И я сжег все, чему поклонялся,
Поклонился всему, что сжигал»**.

Это «новым» и «навеки» и непрерывное свержение идеалов — «выдыбай, Боже!»[1] — с идолопоклонством новым идеалам, вплоть до цитации слов святого, обращающего язычника, — все очень точно.

Отсюда основное занятие русской интеллигенции — разговоры, точно копирующие прения о вере старообрядцев, с той же верой в значение формулы, формулировки, СЛОВА. Поэтому убеждение, что формулы разделяют и соединяют людей, отказ «сесть за стол»[2] с человеком других слов, своеобразный словесный фанатизм, столь типично соединяющийся с душевной мягкостью, отзывчивостью и жертвенностью,

Итак, щегольской элемент + религиозный, вернее, верующий.

Несколько слов о делах:

1. Флора взяла «Онегина»[3] для Апресяна и, кажется, не передала — Апресян был в Тарту и скорбел. Можно ли узнать и стимулировать?

* Щеголь же элитарист и «к себе не пускает». (*Примечание Ю. М. Лотмана.*)

** Парафраз слов, с которыми обратился св. Реми при крещении к Хлодвигу <королю Франков, V век>: «Склони голову, гордый Сикамбр <германское племя>, и сожги все, чему поклонялся, поклонись всему, что сжигал!» (*Примечание Ю. М. Лотмана.*)

2. Я через Флору писал в Болгарию в поддержку Енакиева[4]. Отправила ли она?

3. Кстати о Флоре — по ассоциации вспомнил о Никите Ильиче. Ему наш Госкомиздат должен был отправить на рецензию мою книгу, имеющую мариноваться в Таллине[5]. Получил ли он что-либо?

А вообще как живете?

Я понемногу подыхаю. Еще «кстати»: около 8-го апреля буду проезжать через Москву: с ректором нашим еду в Воронеж (народная рифма: х... догонишь. Учтите при изучении экспрессивной лексики: явно мифологическое — х.., который не может догнать объект coitus'а[6], что явно обнаруживает, что сей объект четвероногое, т<о> е<сть> сука, что инверсирует ситуацию «пся кревь») читать какие-то «юбилейные» лекции — мы все ликуем и юбилействуем[7]. Позвоню.

Вообще с Вашей экспрессивной лексикой грех один.

Будьте здоровы. Приветы Вашим всем, женску и мужеску полу.

Обнимаю Вас. Ваш Ю. Лотман
22.III.82.

[1] Легендарное восклицание киевлян, когда по приказу крестившего народ князя Владимира в Днепр были брошены статуи языческих кумиров.

[2] Принципиальный Белинский любил говорить, что он не сядет за один стол с филистимлянами (библейский образ: филистимляне — заклятые враги древних иудеев).

[3] Имеется в виду книга Ю. М. (см. примеч. 1 к п. 584).

[4] Возможно, речь идет о выдвижении в академики М. Янакиева.

[5] Неясно, о какой книге идет речь.

[6] соития (*лат.*).

[6] В сталинские времена можно было отмечать лишь русское происхождение университета (его организация при Александре I в 1802 г.), но на закате советского периода уже признали открытие шведами Тартуской академии в 1632 г., и эта дата праздновалась и в Тарту, и в Воронеже (где университет был создал в 1918 г. на основе эвакуированного Тартуско-Юрьевского).

642

3.VI.82.

Милый друг,
Коль тебе досуг,
Приезжай ко мне...

Светлейший кн. Г. А. Потемкин-Таврический, из письма к другу.

Дорогой Борис Андреевич, надеюсь, что Вам досуг и Вы приедете не на день, а на более продолжительное время. Если Вы боитесь соскучиться, то напрасно — у нас очень весело. Особенно З<ара> Г<ригорьевна>, забавница, веселит всю кафедру. Мы уже надорвали животики.

Но есть и скучные дела — съездим на наш новый хутор, истопим баньку со свежими березовыми веничками. Конечно, по части алхимии мы от Вас отстали, хотя Ломоносов и говорил, что металлы и минералы сами на двор не придут[1], но от засухи не умрем.

Равномерно ждем и Таню, которая украсит наше общество как опытный ценитель пунша.

Приветы мальчикам и всем Вашим.

Ваш Ю. Лотман

[1] Из книги М. В. Ломоносова «Первые основания металлургии или рудных дел» (1763), гл. 5. Упоминание алхимии связано с тем, что Б. А. Успенский узнал нетрудный способ домашнего получения этилового спирта.

643

<Москва. 5 июля 1982 г.>

Дорогой Борис Андреевич!

Эти книги не смог поставить на место, т<ак> к<ак> читал их ночью перед вылетом. Простите, «Монахов» Карсавина[1] взял до сентября. Надеюсь, что Вам до тех пор не потребуются.

Дорогая Таня!

Нечаянно ногой порвал пододеяльник и как смог зашил. Кажется, худо, но портной я хуже, чем повар.

Обнимаю вас обоих. Пишите.

Ваш Ю. Лотман
Ночью.
5.VII.82.

[1] Скорее всего, книга: *Карсавин Л. П.* Монашество в средние века. СПб., 1912.

644

<Ленинград. 28 августа 1982 г.>

Дорогой Борис Андреевич!

Эту характеристику прошу передать Андрющенке. Хотя бы позвонить ему, что такая у Вас есть, и прочесть по телефону. Это нужно, чтобы человека взяли на работу. Человек хороший. Сижу в Питере и читаю корректуры и ставлю см. 000. Занятие...

Протеже Вл<адимира> Андр<еевича> (он нисколько не виноват, т<ак> к<ак> сразу же предупредил меня, что не рекомендует и ответственности не несет) Постников и Фоменко доставляют мне массу удовольствия. Они переругались. Это еще полбеды. Но, оказывается, в янв<аре> в «Вестнике древней истории» появилась разгромная (и — увы — обоснованная) рецензия на их препринт (≈ тому, что мы публикуем). Я этой рецензии не заметил.

В июне Постников напечатал в «Технике и науке» бойкую и несколько рекламную <статью>. И вот неделю назад (когда том — 15-ый — «Семиотики» с их статьей уже отпечатан!) получаю от Фоменко истерическое письмо о том, чтобы их статью снять, т<ак> к<ак> в ЦК очень недовольны их публикацией и он полностью пересмотрел свои взгляды на исторический процесс. Ничего снять уже нельзя. Посмотрим. Их статья идет с моими возражениями, но сия история и тон мне не нравятся. Более всего неприятно, что «Вестник древней истории» поймал Фоменко на прямых передержках, кот<орые> я не заметил. Такие дела...[1]

Очень хотелось бы Вас повидать и потолковать о том, о сем...

Только что говорил со Смирновой. Сообщила, что за правку с нас грядут большие вычеты[2]. Пхе...

Да, в начале лета скончался Ларик Генин (с Зариного курса и наш соавтор по комментариям Карамзина). Вообще этот комментарий какой-то роковой: начинали И. Н. Медведева (Томашевская) и Ларик. Теперь оба скончались — очередь моя.

Обнимаю Вас и Ваших всех. Ю. Лотман
28.VIII.82.

P. S. Вас не привлекает несколько дней осенью на хуторе «Лотмановка»? А?

[1] Упомянутым авторам принадлежит ротапринтная брошюра: *Постников М. М., Фоменко А. Т.* Новые методики статистического анализа нарративно-цифрового материала древней истории. Предварительная публикация. М., 1980. Авторы выступили с сенсационным перекраиванием всей хронологии античной истории и культуры (Гомер и Фукидид якобы жили в XII веке нашей эры и т. д.). Естественно, последовала аргументированная разгромная рец.: *Голубцова Е. С., Смирин В. М.* О попытке применения «новых методик статистического анализа» к материалу древней истории // «Вестник древней истории», 1982, № 1. Ю. М., не зная об этой рец., принял к печати статью авторов сенсации, являвшуюся в основном перепечаткой брошюры, с некоторыми добавлениями, и опубликовал ее в «Семиотике 15» с «Редакционным примечанием», принадлежащим самому Ю. М. Он, как видно, понял, что вряд ли следовало помещать такую статью, — но было уже поздно. Не удалось обнаружить рекламную статью М. М. Постникова в журналах «Наука и техника» и «Наука и жизнь».

[2] Речь идет о Карамзине: см. примеч. 3 к п. 588.

645

<1982 г.>[1]

Дорогой Борис Андреевич!

Я соврал профессору Сильвано Тальягамбе: я не прочел всю его книгу[2], но действительно прочел в ней две главы, упражняясь в итальянском языке (в прошлом году летом я им занимался — сейчас забросил). Но более всего меня заинтересовала иллюстрация на переплете — строительство Вавилонской башни из Бревиария Гримани. Будьте любезны, расспросите его: что это за Бревиарий, где он хранится и может ли он, проф. Сильвано Тальягамбе, достать мне хорошую репродукцию (дело в том, что знаменитый Памятник Татлина «III Интернационал» — явная копия с Вавилонской башни Брейгеля. Я тут кое в чем копаюсь... Угадайте, в чем?..).

Посылаю Вам — объясните это итальяшке, — рукопись Симонетты, которую она давала мне прочитать (если гг. любопытные будут его интервьюировать). Вот я и возвращаю Симонетте Симонеттово. Напишу я ей по почте, когда она сообщит мне, что получила свои статьи. Остаток пусть он передаст ей, я отдам, когда она в декабре, альбо январе приедет.

«Лит<ературное> наследство» требуйте 3 экз<емпляра>[3] — два мне и один Минц. Деньги ужо отдам («Симонетта — si, монетта — non»[*]).

Если Ваня закурил, то нам пора бы запить...

Для Новицы посылаю «Семиотики» и сб. к моему 60-летию[4], да и еще пусть передаст «Пушкина»[5] Саше Флаккеру в Загребе (а то теперь с бандеролями загребешься...). Мишкину хрестоматию[6] — Новице. Намекните поленом, что недурно было бы рецензию — все молодому человеку ободрение.

Целую Вас и Ваших. Скучаю, как собака.

Ваш Ю. Лотман

[1] Датируется по упоминанию книг 1982 г.: см. примеч. 4 и 6.

[2] *Tagliagambe S.* La mediazione linguistica. Il rapporto pensiero-linguaggio da Leibniz a Hegel. Milano, 1980.

[3] А. Блок. Новые материалы и исследования. Кн. 3. М., 1982 (ЛН 92). В этом томе большое участие принимала З. Г. Минц.

[*] да... нет (*итал.*).

[4] «Finitis duodecim lustris. Сб. статей к 60-летию проф. Ю. М. Лотмана». Таллин, 1982. Новица — Е. С. Новик.

[5] См. примеч. 7 к п. 618.

[6] Учебный материал по анализу поэтических текстов. Составление и примеч. М. Ю. Лотмана. Таллинский пединститут им. Э. Вильде, 1982.

646

<Начало 1983 г.>[1]

Дорогой Борис Андреевич!

Я звонил Вам, но не застал, а тут, как всегда, не соскучишься — Машенька болела (и еще болеет) воспалением легких и др. тому подобное.

Семинар по Петербургу приходится перенести на 11—14 февраля. Обо всем напишу подробнее. Сейчас нет времени.

Обнимаю. Ваш Ю. Лотман

Приезжайте обязательно, а то без экспрессивной лексики не выразить души.

Мы отметим Ваш доклад как мероприятие к 200-летию Жуковского и назовем:

«Невыразимое подвластно ль выраженью...»*[2]

[1] Датируется по фразе о 200-летии В. А. Жуковского: он родился в январе 1783 г.

[2] Строка из стих. Жуковского «Невыразимое» (1818). Ю. М. каламбурно использует ее для характеристики объекта изучения (нецензурная брань), который Ю. М. эвфемистически именует «экспрессивная лексика».

[3] Шутка. По-немецки «невыразимые» (unaussprechlichen) означает «брюки».

647

<Конец февраля — начало марта 1983 г.>[1]

Дорогой Борис Андреевич!

Очень жаль, что Вас и Вити не было на семинаре. Было довольно интересно. А с Вами, конечно, разговор был бы и интереснее, и серьезнее. Вяч. Вс. сделал очень хороший доклад — прямо, как в былые годы. Был ряд частных, но интересных сообщений. Панченко не приехал. Раскрыв папку с Вашим докладом, я с изумлением обнаружил не машинопись, а рукопись довольно чернового вида. Прочесть ее оказалось трудно, и от этого, к величайшему моему сожалению, пришлось отказаться. Если, на что все же хотелось бы надеяться, из этого текста делать статью для «петербургского сборника», то желательно было бы весь тартуско-московский синтез сократить до абзаца, а подробно развить петербургско-московское = литературо-лингвистическое противостояние. А м<ожет> б<ыть>, дадите что-либо совсем другое? Вообще сборник будет не только научно хороший, но и важный[2]. Поддержите, батюшка!

---

* Кстати, не отсюда <ли> «невыразимые»[3]? (*Примечание Ю. М. Лотмана.*)

Теперь о мыслях, связанных с Вашей «экспрессивной» работой. Умение пользоваться лексикой данного типа если современными носителями языка — и это Вам может быть интересно — и не воспринимается в непосредственно сакральной функции, то зато отчетливо выполняет роль «шиболета», знака причастности к некоторому кругу посвященности. В известной Вам балаганной прибаутке:

Шел я по Невскому проспекту
И выразился по-российскому диалехту, —

так же, как и в фразеологизме «выразиться по-русски», некоторая частная лексика приобретает универсальное значение. У Некрасова:

По-русски меня офицер обругал,
Внизу ожидавший в тревоге,
А сверху мне муж по-французски сказал:
«Увидимся, Маша, — в остроге»[3].

Грамматически однородные «по-русски» и «по-французски» означают совершенно различные вещи. Экспрессивная лексика — знак родовой принадлежности не к языку только, а к руссизму. А вот пример из жизни: осенью 1941 г., когда в армии панически боялись и ловили немецких парашютистов и ракетчиков, один парень с нашей батареи забрел в землянку к пехоте. По новенькой амуниции (а его только что перевели к нам из штаба полка) пехоташки его приняли за немца и уже хотели крутить руки и тащить куда следует. Но он не растерялся и пустил их весьма замысловатым матом. Тогда его тут же отпустили со словами: «Ишь как матюгается, значит, не немец!» То есть: говорить по-русски может выучиться и шпион, но матюгаться выучиться нельзя — это природное искусство и, следовательно, не принадлежит сфере языка, а имеет какую-то иную природу. Это сродни тому, как сечевики определяли православие по умению пить горилку. Если непосредственно сакральная функция стерлась, то опознавательная в оппозиции «свой—чужой» сохранилась.

Посылаю Вам автореферат Вилинбахова[4] (он был и сделал интересный доклад) и карточки продающихся книг, о которых я Вам говорил.

Приехав, я застал очень милое письмо Феди (с фотографиями). Передайте ему благодарность.

Вас и всех Ваших целую. З<ара> Г<ригорьевна> шлет поклоны.

Важно, что мат — это не лексика, а нечто иное, обладающее несловесными признаками.

Ю. Лотман

[1] Датируется по сообщению о недавно состоявшемся семинаре о Петербурге (см. п. 646).

[2] См. примеч. 5 к п. 639.

[3] Из поэмы Н. А. Некрасова «Княгиня М. Н. Волконская» (1872), гл. VI.

[4] *Вилинбахов Г. В.* Государственная геральдика России конца XVII — первой четверти XVIII в. (К вопросу формирования идеологии абсолютизма в России). Автореферат диссертации на соискание ученой степени кандидата исторических наук. ЛГУ, 1982.

648

<Около 23 сентября 1983 г.>[1]

Дорогой Борис Андреевич!

Со времени своего приезда из Москвы я все время занят, занят с утра до вечера, а иногда и с вечера до утра. Но чем я занят и был занят? Хоть убейте, вспомнить не мог[у]. Помню, что все время что-то писал (что писал?..), что-то редактировал (что?), читал какие-то корректуры, делал какие-то доклады (даже один в Ленинграде), но что, где и — главное — зачем, хоть убейте, вспомнить не могу. Это не шутка и не Dichtung, а самая что ни на есть* Wahrheit[2], т<ак> сказать, вархайт вархайтовна. Помню только, что было письмо Тани с тезисами, что сии тезисы я лично отдал Игнатьеву в Ленинграде, а что будет дальше — не знаю. Человек он отличающийся той специфической нежностью в голосе и мягкостью манер, которые обычно бывают у взломщиков-«медвежатников». Ему же отдал тезисы Вити. Было письмо от Вас с предупреждением, что в «Просвещении» меня собираются надуть. Оно оказалось пророческим — собираются и, кажется, уже надули (как в известном разговоре: «Как мне хотели в Одессе дать в морду!» — «А почем ты знаешь, что хотели?» — «Ну, не хотели бы, так бы не дали...»): биографию Пушкина издали вторым изданием[3], а дальше было нечто истинно булгаковское: прислали мне договор на подпись, я подписал, — и он (договор) исчез бесследно: подписанный мною экземпляр пошел к ним обратно на подпись и — исчез! Говорят (одни), что он мне был отправлен и не дошел, а другие, что его и вовсе не было, а мне только так показалось. Я склоняюсь к последнему. Слишком уж все было реально — как во сне. О степени нереальности же моего остального существования можете судить по тому, что меня ПОКА ЧТО включили в научную делегацию для поездки в Швецию (как говорил В. Курочкин, кажется, «досвишвеция!).

«Дюжина чортив у пэчэнку!» Ни Вы, ни Владимир Николаевич, ни Вячеслав Всеволодович (даже ОН!), ни, наконец, Витя (!!!) не прислали статьи в петербургский сборник[4]. Та шо вы, смээтэсь, чи шо? Так Вы начинаете свою деятельность в качестве члена (я подчеркиваю это) редколлегии «Трудов по знаковым системам»? Вот Вам первое редакцион-

* Тут у нас с З<арой> Г<ригорьевной> произошли орфографические разногласия. (*Примечание Ю. М. Лотмана.*)

ное поручение: сесть верхом на Владимира Николаевича (не могу отказать себе в удовольствии представить это себе зрительно) и стребовать с него обещанную им (во что же еще верить, если и В. Н. нарушает свои обещания?) статью. За это Вам — первая льгота, как члену редколлегии — будет прошена Ваша собственная статья.

Собираюсь на будущей неделе в Москву.

Вообще же все более убеждаюсь в высокой истине слов Хлестакова: «Прощай, душа Тряпичкин. Я сам по примеру твоему хочу заняться литературой. Скучно, брат, так жить, хочется наконец пищи для души. Вижу: точно, нужно чем-нибудь высоким заняться. Пиши ко мне в Саратовскую губернию...» Хотел эти слова поставить эпиграфом, но так как к письмам эпиграфов не полагается, то ими закончу.

Целую всех Ваших и «лично Вас».

Ваш Ю. Лотман

P. S. В комедии Marivaux «Le jeu de l'amour et du hasard» влюбленные — лакей и субретка — говорят: «Nous nous sommes promis fidelité en depit de toutes les fautes d'orthographie»[5].

Что сие значит?

[1] Датируется по почтовому штемпелю Москвы: 28.09.83.

[2] Поэзия... правда (*нем.*). «Поэзия и правда из моей жизни» — автобиография И. В. Гете (1811—1833).

[3] *Лотман Ю. М.* А. С. Пушкин. Биография писателя. Пособие для учащихся. 2-е изд. Л., 1983.

[4] Из перечисленных авторов лишь В. Н. Топоров участвовал в «Семиотике 18» (ср. примеч. 5 к п. 639).

[5] Мариво. «Игра любви и случая» <1730>... «Мы обещаем быть верными, несмотря на все орфографические ошибки» (*фр.*).

649

<Лето 1984 г.>[1]

Дорогой Борис Андреевич!

Приехал — и окунулся с головой (во что?..). Только день был на хуторе. Но там уж — благодать: 1) Сильви, 2) Элен, 3) Джери, 4) Козленок, 5) Скворчонок, выпавший из гнезда, 6) Четыре цыпленка — недельных — из инкубатора. Все пищат, требуют еды, дерутся и кусают друг друга. Козленок принимает Джери за маму-козу и пытается его сосать, а Джери не может разобраться — это щенок или обед. Козленок мужеск<ого> пола и черный, отдан в аренду. Осенью надо будет взрослого козла транспортировать в Таллин в зоосад. Картина! Проще всего будет лететь на нем верхом, как на шабаш.

[1] Датируется по аналогии с п. 398.

650

<1980-е гг.>[1]

Дорогой Борис Андреевич!

Сию заявку передайте по телефону (только название) Розенцвейгу, а текст срочно Лене Падучевой. Обоих попросите повоевать за нас. Мне бы очень хотелось выбить свою монографию. Тогда бы я ее и действительно написал. О ведьмах и др<угих> фактах интеллектуальной деятельности.

Целую Вас,

Ю. Лотман

[1] Книга, которую Ю. М. предполагал издать через Комиссию по кибернетике, неизвестна. Охотой на ведьм Ю. М. занимался в 1980-х гг.

651

<1980-е гг.>[1]

Дорогой Борис Андреевич!

Вот я и дома! Уже все вошло в свою колею: Элен уже заболела — температура 38,7, и мы вызываем неотложку (воскресенье!). И всякие другие обступившие домашние заботы.

Высылаю Вам Тредиаковского и биографию Пушкина (не помню, для кого, поэтому надпись безликая, можете уточнить Таниным почерком — Ваш слишком отличается от моего).

Симонетте — Соловьева, предисловие, которое я оставил у Вас, + просьба: мне очень нужна книжка: Jean Epois. L'Affaire Corday—Marat, Prélude à la Terreur, 1981, éd. Cercle d'or, 1981.

Я давно занимаюсь историей убийства Марата. Вкладываю для Вас 5 рублей с благодарностью.

В поезде я почти не спал — уснул лишь за час до Тарту — много думалось о всяком, в частности, о Вас. Мне мучительно смотреть на Ваши страдания. Но думаю, что здесь дело не в Ване и ни в чем внешнем, хотя Вам, бесспорно, кажется, что именно во внешнем все причины. Причины в том, как Вы внутренне строите свое отношение к миру. Мне кажется, что Ваше определяющее отношение к миру — сиротство. Вы чувствуете мир так, словно Вы совсем одиноки. Отсюда чувство, что если Вы не сделаете — никто не сделает; если Вы не позаботитесь — никто не позаботится. Вы полны недоверия к жизни и поэтому берете на себя больше, чем человек может взять. А так как весь мир взвалить на себя Вы все равно не можете, то Вы ограничиваете себя Ваней и Федей, но здесь уже хотите быть и стеной, и оградой, и Богом. Вы стремитесь к невозможному, терзаете себя — и, любя, детей.

Я неверующий. Но чем дальше я живу, тем яснее делается моему уму и чувству, что я не один. Чувство соприсутствия у меня бывает совершенно физическое. Вот вчера я сидел в темном купе (все спали) и чувствовал физическую слитность с снеговой равниной, бегущей за окнами. Все равно — пыль ли я атомная и материальная или сгусток информации, включенный в неведомую мне игру мировых структур, или же, наконец, бессмертная душа в руках Отца, или просто щепка, брошенная в весенний ручей, — я все равно не один. И, идя наперекор рутине мира и подчиняясь ей, я включен в нечто, к чему я испытываю доверие. И не боюсь не только смерти, но и жизни.

Конечно, всякий мыслящий человек не может не пронзаться чувством бесконечного одиночества, не переживать минут отчаянья. Но именно минут. Нельзя позволять себе жить в отчаяньи. Это — разрушать себя, не принося никому пользы. Сколько раз я убеждался в том, что стихийный поток жизни находит лучшие выходы и решения, чем те, которые рисуются нам и о которых мы хлопочем.

Вся атмосфера московской жизни настраивает на «хлопотание». Но ведь в жизни, в отличие от шахмат, мы не можем предугадать даже на два хода вперед. Все хлопоты или иллюзорны, или имеют какой-то смысл, если свести жизнь к узко прагматической сфере: «устроить и проч.». Но ведь мы хотим от наших детей совсем иного.

Я думаю, что не стопроцентный, но некоторый laissez passer[2], который позволит Вам выжить, совершенно необходим в Вашей нынешней ситуации.

Простите, что вмешиваюсь и даю советы.

Кстати, я узнал из косвенных источников, что Вячеслав Всеволодович не верит, что я просил Вас передать ему приглашение на семинар памяти Балонова (помните, Вы забыли!), и считает, что это мои козни. Так-то.

Обнимаю Вас. Ю. Лотман

P. S. Передайте Анн то, о чем я просил.

[1] Из названных объектов пересылки точно можно учитывать лишь «биографию Пушкина» (см. примеч. 2 к п. 648; 1-е изд. — 1981); о Тредиаковском была статья Ю. М. в сб. «Проблемы изучения культурного наследия» (1985).

[2] не мешать естественному ходу жизни (фр.).

652

<21 января 1993 г.>

Дорогой Борис Андреевич!

Для того чтобы Вы могли мое письмо прочесть, диктую его моей помощнице и соавтору Лене Погосян, а то почерк мой, к моему величайшему изумлению, не улучшается (вместо «почерка» по своему вкусу можете вставить «характер», «ум» или «здоровье»). Может быть, потом все начнет улучшаться сразу. Надеюсь, что Вы понимаете, как обрадовали своим письмом. Я уж и надежду потерял.

Вообще, видимо, потому, что подхожу к последней черте, мне сейчас больше всего не хватает прошлого (гораздо больше, чем скучного настоящего и будущего, о котором не думаю).

Зато прошлое непрерывно со мною и во мне. В частности, и наше с Вами общее прошлое, когда мы встречались каждый день и вместе работали. Однако, — Вы будете смеяться, — я непрерывно пытаюсь работать, то есть диктую моим милым молодым друзьям разные вещи. Вообще такое «брыкание» необходимо: не знаю, дает ли оно какую-то объективную ценность, но очень поддерживает душевно.

Кругом нас кипят различные издательские проекты, возникающие в разных предприятиях, которые растут, как грибы после дождя. Что из этого реально выйдет, сказать очень трудно, но различные издательские оптимисты предлагают мне переиздать в нескольких томах публиковавшиеся ранее работы[1]. Разрешите ли Вы мне использовать некоторые из наших общих статей?

Написали бы подробнее, чем Вы сейчас заняты, кроме бесед за обедом с коллегами. Какие лекции читаете и читаете ли? Как пишется? Вообще все, что касается Ваших дел и переживаний, меня очень интересует. Если бы мои ночные мысли записывались у меня в голове на магнитофонную ленту, я бы Вам прислал целый ворох длинных разговоров с Вами, которые реально в этой жизни не удастся осуществить.

От питерцев (сестер, племянниц) я практически оторван. Письма теряются на почте, и приходится возвращаться к проверенной манере допетровской эпохи: приветы и записки передаются через гонцов.

Вообще мы настолько стремительно отделились от прошлого, не имея при этом реального настоящего, что не только теоретически, а в каждодневном быту ощущаешь себя в состоянии невесомости и нереальности. Появляются какие-то люди нового типа: милые, очень образованные, очень деятельные, начинающие очень интересные замыслы, но замыслы эти, конечно, не реализуются, а люди, один раз появившись, бесследно растворяются в воздухе. А если появляются, то уже с совершенно другими, тоже очень интересными замыслами. Если Вы посещаете в Мюнхене картинную галерею, то обратите внимание на прекрасную коллекцию Рубенса — в совершенно другом стиле, чем мы привыкли видеть в Эрмитаже. Там, в частности, поразительны сюжеты с летающими по воздуху ангелами и святыми: на огромных полотнах изображаются исключительно телесные, совершенно мясистые дамы, которые, однако, летают по воздуху, и это так блестяще сделано, что совершенно убеждаешься, что тяжелые материальные предметы способны летать и жить в воздухе, не материя превращается в дух, чтобы парить, а дух делается мясистым, естественным, но именно духом. Эффект поразительный. Когда после этого выходишь на улицу, то не удивишься, если камни из-под ног начнут летать. Такое слияние реального и нереального, тяжелого и легкого мне случалось переживать в жизни только на фронте после нескольких дней непрерывного поглощения чистого спирта.

Мы сейчас тоже наглотались какого-то нереального спирта: все недуховно и нетелесно, как бы реально. В этой «как бы жизни» и «как бы бытии» есть даже своя поэзия, но от нее очень устаешь. Для меня то время, когда мы жили, встречаясь каждый день, и была Зара, вещественнее и действительнее, чем та жизнь, в которой я нахожусь сейчас, хотя и эта последняя представляет собой какую-то нереальную, но все-таки жизнь.

Простите, что я зафилософствовался. Пишите мне. Тане целую ручки. Маше и Феде сердечные приветы[2].

Сердечно и всегда Ваш. Жду, жду, жду писем, ибо, как в украинской песне, «на том свете не дадут».

Целую Вас. Неизменно Ваш Ю. Лотман
Тарту. 21.I.93.

NB. Двухсотлетие-то какое! Что же после якобинцев — Бонапарт[3]?

[1] Действительно, таллинское издательство «Александра» выпустило «Избранные статьи» Ю. М. в 3-х томах (1992—1993). Другие возникавшие тогда проекты не осуществились.

[2] Далее до конца Ю. М. писал сам.

[3] Ю. М. имел в виду 200-летие конца Великой Французской революции и примерял исторические события к современности.

ВЯЧ. ВС. ИВАНОВУ

Вячеслав Всеволодович Иванов *(род. 1929) — известный филолог и культуролог, ученый универсальных интересов, исследователь в области лингвистики (теория и история многих языков), литературоведения (теория и история, поэтика, метрика, проблемы перевода), фольклора древних и новых народов, мифологии, искусствознания. Он одним из первых в Советском Союзе стал заниматься структурно-семиотическими аспектами гуманитарных наук, был одним из активных участников первых в нашей стране конференций по этим проблемам: конференции по обработке информации и машинному переводу (МГУ, январь 1961 г.); совещания, посвященного применению математических методов к изучению языка художественной литературы (Горьковский университет, сентябрь 1961 г.); симпозиума по структурному изучению знаковых систем (Институт славяноведения АН СССР, Москва, декабрь 1962 г.).*

Выросший в семье выдающегося русского писателя Вс. Иванова, сын был воспитан в лучших традициях русской интеллигенции, поэтому после реакционного идеологического поворота партийного руководства страны в связи с венгерским антисоветским восстанием 1956 г. он мужественно и открыто (за что и поплатился) противостоял консервативному перекрашиванию нестойких коллег, особенно с началом травли Б. Пастернака за напечатание романа «Доктор Живаго» за рубежом и присуждение Нобелевской премии (1958).

В. В. Иванов окончил филологический факультет МГУ (1951) и был оставлен при университете, но в 1958 г. был изгнан. После нескольких лет относительно случайных «крыш» он в начале 1960-х гг. был принят в Институт славяноведения, где вскоре возглавил сектор структурной типологии славянских языков. В 1978 г. в Вильнюсском университете защитил докторскую диссертацию о глагольных формах в балтийских и славянских языках. После развала СССР возглавил в Москве знаменитую Библиотеку иностранной литературы им. М. И. Рудомино. В настоящее время — профессор университета в США (Калифорния).

Ю. М., знакомясь с трудами отечественных и зарубежных ученых в области семиотики и структурализма и планируя организовать в Тарту симпозиумы и издания трудов по семиотике, в первую очередь вошел в контакт с сотрудниками указанного сектора Института славяноведения, с руководителем сектора. И затем творческие связи продолжались до начала 1990-х гг.

653

<16 августа 1963 г.>

Для определения возможностей необходимо личное присутствие Суперфина всеми документами Тарту[1] случае моего отсутствия пусть обратится доценту Смирнову попробуем сделать все возможное уважением Лотман

[1] Г. Г. Суперфин со школьной скамьи тяготел к научной работе, посещал семинары и конференции в Институте славяноведения, но ему по анкетным данным оказались закрыты пути в московские вузы; В. В. Иванов ходатайствовал поэтому о возможности поступления талантливого юноши в ТГУ; этот замысел был осуществлен год спустя (см. п. 2).

654

Тарту. 31.I.64.

Глубокоуважаемый Вячеслав Всеволодович!

Благодарить меня, к сожалению, за «устройство Г. Суперфина» пока еще нечего: ничего еще не было сделано. На меня он произвел впечатление человека безусловно способного, вероятно, даже талантливого, но глубоко травмированного. Очень хочется ему помочь — пусть напишет мне весной, когда определятся условия приема этого года. Есть все основания полагать, что в этом году, как и в прошлом, будет приниматься группа без обязательного знания эстонского языка — тогда дело за ним: сдаст хорошо — поступит. Конкурсы у нас небольшие, а фокусов не бывает.

Ваше сообщение о структурально-семиотических материалах очень интересно. Издать семиотический сб<орник> (вернее, основать серию в рамках «Ученых записок» по типу наших «Трудов по русской и слав<янской> филологии» — «Труды по изучению знаковых систем») — моя давняя мечта. Благоприятно к этому относится и наш ректор — проф. Ф<едор> Д<митриевич> Клемент — физик, интересующийся и теорией науки, вообще — человек живой и интересный. Но издавать сборник, по тактическим условиям, удобнее будет после летнего симпозиума. Тогда его можно будет безболезненно провести через университетскую редколлегию. Иначе как объяснить, почему университет, при большой нехватке бумаги, издает столько «чужих» работ? До симпозиума можно было бы (и нужно) наметить предварительную тематику и круг обсуждаемых вопросов (я хочу, чтобы он не был перегружен «плановой» работой, чтобы не было сумасшедшей беготни обычных конференций, а было бы время для бесед на свободные темы и даже бесед-прогулок. Для того и место выбирается — не в Тарту, а в лесу, на берегу озера. И, главное, чтобы не было посторонних и можно было бы говорить «по гамбургскому счету»[1]). Но все же список тем, подлежащих обсуждению, и докладов надо выработать. Можно издать и тезисы. Время уже установлено — это последняя декада августа (19—29 <от среды до след<ующей> субботы>, воскресенье — в Тарту, а в понедельник — по домам).

Очень прошу детально и возможно скорее поговорить обо всем этом с А<лександром> М<оисеевичем> Пятигорским, И<сааком> И<осифовичем> Ревзиным и В<ладимиром> Н<иколаевичем> Топоровым. Оргчасть надо осуществлять быстрее.

После проведения симпозиума — он будет называться не симпозиум, а «Летняя школа семиотиков (экстралингвистические знаковые системы)» — можно будет приступить к организации сборника. Такое название необходимо, т<ак> к<ак> мы вынуждены будем ограничить число участников максимальной цифрой 35—40 человек). Нужно иметь формальное объяснение неприглашения людей типа Андреева, с одной стороны, и Мейлаха — с другой[2]. Из них — чел<овек> 5 Ленинград (Кнорозов обязательно), человек 10 — Тарту и 20—25 — Москва и вне Москвы.

Издавая сб<орни>к, мы вынуждены будем ограничиться листажом — не более 25—30 авторск<их> листов, но эти все вопросы будут решаться потом — сейчас еще рано. Сейчас важно успешно провести симпозиум.

Искренне желаю Вам Доброго здоровья.

Ваш Ю. Лотман

Простите, что письмо вышло грязное, — пишу его ночью, уже приняв барбамил. Соображаю плохо.

[1] Термин «гамбургский счет» ввел в обиход гуманитариев В. Б. Шкловский: он узнал, что цирковые борцы «на публику» выступали, заранее разработав эффектные сценарии, но, собираясь в своем кругу, боролись по-честному: важно было знать, кто чего стоит; эта честная борьба и называлась «по гамбурскому счету».

Данное п. Ю. М. ценно тем, что здесь впервые говорится о будущих «Летних школах» и трудах по семиотике и определяются принципы организации и проведения семиотических конференций (ср. п. 688).

[2] Н. Д. Андреев робко и с оговорками относился к «новым методам» в филологических науках, Б. С. Мейлах был крайне осторожен и готов был принять «новые методы», но при этом утопив их в «марксистских» формулировках и объяснениях (см. пп. 684 и 685).

655

<Крым. 3 мая 1964 г.>

Уважаемый Вячеслав Всеволодович!

Не знаю, рассердит ли Вас сообщение, что мы Вас, не спросясь, женили. Нам обязательно нужно было включить в редакцию вновь организуемой серии трудов («Труды по знаковым системам») уч<еных> записок нашего университета одного москвича. Это было важно как оправдание публикации в будущем московских материалов. Времени на размышления не было, и поэтому пришлось без предв<арительной> договоренности инкорпорировать Вас. Реальную нагрузку это будет означать лишь в такой мере, в какой Вам это захочется самому.

Первым выпуском «Трудов» пойдет моя книжка «Лекции по структурной поэтике», второй, как намечается, — будут «Труды» летнего симпозиума. Можно будет, в границах листажа, приобщить кое-что наиболее интересное из тех работ, которые, как Вы писали, у Вас скопились. Вообще установка редакции такая: из тартуских материалов мы не сможем не брать лингвистических работ по целому ряду соображений тактического порядка, но в целом «Труды» нацелены на экстралингвистические семиотические системы. Думаю, что это соответствует и общей потребности (лингвист<ические> мат<ериа>лы все же можно печатать и в других органах). Состав редколлегии «Трудов» такой: Вы, Борис Федорович Егоров (Ленинград), я, доц. Рятсепп (Тарту, лингвист), Вальт (Тарту, философ — не дурак) и Кулль (Тарту — математик).

С искренним уважением Ю. Лотман

P. S. Передайте сердечный привет А. М. Пятигорскому и др<угим> московским коллегам.

Крым. 3.V.64.

656

<12—13 июня 1964 г.>[1]

Дорогой Вячеслав Всеволодович!

Ваши бандероли получил, сейчас занят их чтением и обработкой. 19—20 июля я буду в Москве и очень хотелось бы встретиться с Вами, А. М. Пятигорским и др<угими>. Буду всего два дня.

С уважением Ю. Лотман

[1] Датируется по почтовому штемпелю г. Тарту: 13.06.64.

657

<Эльва. 23 июля 1964 г.>[1]

Вызовы посланы Вам Ревзину Топорову Зализняку Пятигорскому Падучевой Огибенину Сегалу Герасимову Архипову Ланглебен двум Успенским Цивьян Елизаренковой Сыркину Поливанову Шур кому еще Пятигорский списка не прислал телеграфируйте точную цифру москвичей адресу Эльва ул. 21 июня 2 приглашен ли Кнорозов приветом Лотман

[1] Датируется (телеграмма) по почтовому штемпелю Москвы: 23.7.64. Эльва — дачный пригород Тарту.

658

<Эльва. 29 июля 1964 г.>

Дорогой Вячеслав Всеволодович!

Не успели Вы уехать, а я шлю Вам просьбы и поручения по делам нашей «Летней школы».

1) Я, кажется, не дал Вам приглашений на Лекомцеву и Лекомцева. Очень прошу использовать для этой цели два из пустых пригласительных бланков.

2) Мы с Вл<адимиром> Андр<ееви>чем сейчас составили список лиц, уже приглашенных на занятия «школы». Из Москвы уже приглашено 32. Это maximum. Поэтому очень прошу новых людей, кроме крайней необходимости, не приглашать. Боюсь, что иначе будут трудности с размещением. Конечно, если обнаружится ценный и интересный человек, то следует звать.

Простите за чисто деловой характер письма. Сердечный привет Татьяне Эдуардовне и Тамаре Владимировне.

Ваш Ю. Лотман
Эльва. 29.VII.64.

659

<20 октября 1964 г.>

Глубокоуважаемый Вячеслав Всеволодович!

С нетерпением жду Ваших рукописей и рукописей московских коллег. Пятигорский тоже еще не прислал. Сборник утвержден в объеме 10 п. л. (maximum — 12), что при переводе на петит даст 18. Это — потолок. Выход его — третий квартал[1]. Следовательно, сдать надо в <u>декабре</u>. Принимая все это во внимание и следуя своему принципу, согласно которому на каждую книгу надо смотреть как на последнюю в истории человечества, очень прошу высылать материалы быстрее.

Я написал для этого сборника небольшую (стр. 12 на машинке) статейку о проблеме перекодировки в литературоведении (статью об игре я не дам из-за сокращения объема сборника). Мне очень хотелось бы, чтобы Вы нашли время ее просмотреть. Днями вышлю ее Вам. «Блоковский сборник» и моя книжка уже вышли. Высылаю их Вам.

Такова деловая сторона. Не собираетесь ли Вы зимой на пару дней выбраться в Тарту? Было бы очень хорошо. Сердечный привет Вашей супруге, Успенским, Топоровым и Пятигорскому.

Кстати, у меня есть к Вам одна просьба: кажется, организуется какой-то славяноведческий журнал. В него, кажется (еще одно «кажется»!), приглашают на работу чехиста-литературоведа О. Малевича[2]. Если Вы будете иметь какое-либо отношение к организационной стороне дела, то я хотел бы Вас уведомить, что это в высшей мере порядочный, эрудированный, очень приятный человек, к тому же весьма нуждающийся в работе (он кандидат, работал в школе, сейчас без работы). Он был бы хорошим и полезным сотрудником журнала. Я давно его знаю и ничего, кроме самого хорошего, сказать о нем не могу. Все это, разумеется, я говорю, считая, что Вы будете иметь прямое отношение к оргвопросам, не желая вовлечь Вас в дополнительные хлопоты.

Форсируйте присылку рукописей. Ваш Ю. Лотман.
Тарту. 20.X.64.

[1] Речь идет о «Семиотике 2». Ее удалось выпустить объемом в 25 п. л.!

[2] Журнал «Советское славяноведение» стал выходить с 1965 г. О. М. Малевич был тогда без работы, но Ю. М. ошибся: его никто не приглашал сотрудничать в журнале.

660

<30 декабря 1964 г.>

Дорогой Вячеслав Всеволодович!

Сердечно поздравляю Вас с Новым годом и желаю Вам здоровья, душевного покоя и успешной работы. Большое спасибо за рецензию — я еще раз пересмотрю свою статью и, вероятно, кое-что в ней изменю. Как отнесетесь Вы к тому, чтобы приезд Ваш и других московских коллег на юбилей кабинета ориенталистики нашего университета[1] использовать для проведения одно-двухдневного семинара «Проблема метаязыка и формализованной записи в литературоведении и фольклористике»? Летом в Кяярику Вл<адимир> Ник<олаевич> Топоров предлагал взять какой-либо общий список текстов (договорившись заранее) и обсудить различные методы записи. Сердечно желаю Вам всего наилучшего.

Ваш Ю. Лотман Тарту. 30.XII.64.

[1] В феврале 1966 г. (см. примеч. 3 к п. 478).

661

<21 января 1965 г.>

Дорогой Вячеслав Всеволодович!

Спасибо за Ваше письмо. Предполагаемые Вами и В. Н. Топоровым тексты интересны. Можно считать, что по этому пункту мы договорились. Но я лично, как человек фольклором занимающийся мало, был бы корыстно заинтересован в обсуждении возможности применения формализованной записи к новым текстам. Нельзя ли к Вашему предложению прибавить что-либо из поэзии XIX—XX веков? Цветаеву? Или Лермонтова? Блока? Вероятно, удобен был бы Вознесенский. Как Вы к этому относитесь?

Прочтя и обдумав Вашу рецензию, я попытался кое-что уточнить в своей статье (относительно специфики прагматического аспекта перекодировок). Не знаю, получилось ли. Очень хочется надеяться, что Вы, В. Н. Топоров и другие коллеги в феврале приедут в Тарту. Будьте здоровы.

Ваш Ю. Лотман
Тарту. 21.I.65.

662

Тарту. 28.XII.65.

Дорогой Вячеслав Всеволодович!

Сердечно поздравляю Вас и всю Вашу семью с Новым годом. Желаю Вам здоровья, душевного покоя, счастья, если это возможно. Статьи Ваши исправно получил. Сдать 3-й том до Нового года, как ни торопились, — не успели. Это все усложняет. Зато 2-й скоро появится в свет. На днях вышлю Вам, как члену редколлегии, корректурные листы всего тома.

Еще раз желаю Вам здоровья. Ваш Ю. Лотман

663

<4 июня 1966 г.>

Дорогой Вячеслав Всеволодович!

В 20-х числах июля в Кяярику под Тарту состоится 2-я летняя школа. Всем ее участникам — и в первую очередь мне и Заре Григорьевне — доставило бы большую радость, если бы Вы приняли в ней участие. Круг вопросов, который будет обсуждаться, еще не до конца определен. Прилагаю черн<ов>ой проект программы — это наметки того, что мне хотелось бы обсудить. Но, естественно, это только первое и приблизительное предложение, кот<орое> можно переделать или вовсе отбросить. Очень хотелось бы знать Ваше мнение о тех проблемах семиотического изучения художественных текстов (и нехудожественных, но более сложных, чем естеств<енные> языки моделирующих систем).

Сборник наш, после всех мытарств, выходит. Надеюсь, что к 10—12 июня он будет лежать на столе.

В ожидании встречи в Кяярику. Сердечно Ваш Ю. Лотман
Тарту. 4.VI.66.

664

<30 июля 1966 г.>

Дорогой Вячеслав Всеволодович!

Простите, что с таким опозданием отвечаю на Ваши интересные письма. Ваши замечания я постарался учесть при переработке своих предложений по программе в тезисы доклада.

Получили ли Вы «Билет участника»[1]?

Составляя программу школы, Оргкомитет уделил определенное время проблеме «типологии культур». Мы очень рассчитываем на Ваше выступление по этому вопросу.

Среди других проблем, которые Оргкомитет хотел бы предложить вниманию участников школы: «Типология текстов», «Моделирование времени и пространства в семиотических системах», «Личность и коллектив» и, разумеется, проблемы поэтики, фольклора и мифологии.

Помимо занятий, мы хотели бы предложить нескольким ученым выступить с лекциями для участников школы. Выбор тем предоставляется самим лекторам.

Было бы очень хорошо, если бы Вы не отказались прочесть лекцию такого типа.

Надеюсь на скорую встречу в Тарту. Будьте здоровы.

Сердечные привет Вашей семье. Ю. Лотман
Тарту. 30.VII.66.

[1] 2-ую Летнюю школу пришлось перенести на 16—26 августа.

665

<У оз. Пюхаярве, Южная Эстония. 1 августа 1966 г.>

Дорогой Вячеслав Всеволодович!

Только что опустил в ящик письмо Вам и — получил Ваше. Жаль, что приедете 17-го[1], но здесь, видимо, ничего сделать нельзя. Очень прошу Вас сообщить, каким транспортом Вы прибудете из Ленинграда в Тарту: поезд очень неудобен — пересадка и длительное ночное ожидание. Автобусов два*, — если выехать из Ленинграда 16-го в середине

* Автобусы скорые и спальные; для тех, кого не укачивает, очень удобны. (*Примечание Ю. М. Лотмана.*)

дня (кажется, 16.15), то в Тарту будете в 23.30; если же вечером (кажется, 23.40), то на месте окажетесь рано утром. Если бы Вы точно сообщили, чем и когда приезжаете в Тарту, — мы бы Вас встретили.

Теперь о втором вопросе — приглашении Л. И. Богораз. Это было бы вполне возможно, если бы Вы мне написали до рассылки пригласительных билетов. Дело в том, что общее количество мест (50 чел<овек>) жестко определено, и не в наших силах его изменить. Московская «курия» и так уже очень разрослась — 34 челов<ека>. Всякое дальнейшее ее увеличение идет за счет участников из Тарту, которые уже приглашены и отменять приглашения крайне неловко. Но дело не только в этом: в самом начале Оргкомитет постановил, что в Летней школе участвуют только лица, приславшие тезисы (исключение было сделано лишь для П. Г. Богатырева, В. Я. Проппа (не сможет участвовать) и двух-трех исследователей, принимавших участие в 1-й школе и активно сотрудничающих в наших изданиях, — Николаева, Шур-Толстая). Однако и присылка тезисов еще не означала автоматического приглашения: так, например, Лахути, Переверзев, Ковалевская и др. прислали тезисы, которые были отклонены, а сами они не получили приглашения. А. Я. Сыркину было предложено переделать тезисы. Кандидатура каждого из приглашаемых обсуждалась Оргкомитетом.

Я искренне симпатизирую Л. И. Богораз, но включение ее в состав участников вызвало бы большие затруднения у Оргкомитета и возможные обиды со стороны тех, чьи просьбы о приглашении были Оргкомитетом отклонены.

То, что я Вам пишу, не означает решительного отклонения Вашей кандидатуры — я просто хотел, чтобы Вы были в курсе возникающих здесь трудностей. Если же Вы все же решите, что научные и этические выгоды приглашения Л. И. перевешивают возникающие при этом трудности, то очень прошу Вас связаться с Б. А. Успенским — он представляет Оргкомитет в Москве, имеет несколько чистых бланков и полномочия принимать решения. Я полностью полагаюсь на Ваше мнение, и свое решение Вы можете передать ему от своего и моего имени. На всякий случай прилагаю письмо ее директору (к сожалению, ни бланка, ни печати я сейчас организовать не могу — живу в глуши южной Эстонии и в Тарту скоро не поеду).

Ваши сообщения о рукописях Шпета (я ведь давно занимаюсь алхимией!) (о Флоренском мне уже говорил Б. А. Успенский), о Вашей работе по ритмике «Поэмы конца» меня очень заинтересовали — поговорим в Кяярику.

Искренне Ваш Ю. Лотман
1.VIII.66.

[1] Т<о> е<сть> В. В. Иванов приедет на следующий день после начала 2-й Летней школы (см. примеч. 1 к п. 664), а индивидуально добираться до спортивной базы ТГУ Кяэрику (40 км от Тарту) было затруднительно. Но

зато В. В. Иванов приехал вместе с Р. О. Якобсоном: несмотря на немыслимые трудности, удалось добиться разрешения на поездку эмигранта в «закрытую зону», какой тогда была почти вся Эстония.

666

<Около 16 марта 1969 г.>[1]

Дорогой Вячеслав Всеволодович!

Я тоже очень огорчен всей этой историей с издательством «Искусство»[2]. Однако я надеюсь, что все удастся уладить. Думаю, что Борис Андреевич погорячился, сделал то, чего, видимо, не следовало делать. Но и осуждать его у меня не поворачивается язык.

Во-первых, я еще не сдал статьи (я знаю, как трудно было Вам и Владимиру Николаевичу сдать статьи, и вы все же это сделали, а я — нет, хотя, видит Бог, не от лености) и, возможно, отчасти являюсь одной из причин того, что сборник не мог быть сдан и, следовательно, — конфликта.

Во-вторых, и в его позиции есть известная доля обоснованности: мы очень привыкли к тому, что авторы — это те, кто несет все обязательства, а издательство — практически никаких. Издательство «Искусство» — прекрасное, одно из лучших. Но общая обстановка такова, что от издательств вообще не ждут книг — плохие издательства это те, которым и предлагать книги бесполезно, хорошие — такие, которым можно предложить, которые заключат договор и даже выплатят гонорар. Но книг не спрашивают ни с тех, ни с других. Вот сейчас «Искусство» выпустило сборник Мейлаха. Если даже не говорить о тех особенностях, в которых повинны некоторые авторы и составитель, — это отклик на разговоры позавчерашнего дня! Если мы серьезно хотим издавать в этом издательстве серию книг по семиотике, то оно должно понять, что серия имеет смысл только в том случае, если между сдачей рукописи и выходом книги будет обозримое расстояние (не больше двух лет — видите, я не утопист, понимаю все трудности, но в противном случае дело теряет смысл). Я понимаю, что не следует горячиться (помните пушкинское: «когда в глазах такие трагедии, то думать ли о собачьей комедии нашей литературы»[3]), что не следует «бить по своим» и уж, конечно, по Лене Новик — чудному и доброжелательному человеку, но некоторый смысл в том, чтобы напомнить издательству, что обязательства обоюдны, — имеется.

В-третьих, мне органически невозможно отрекаться от близких мне людей, даже когда они и не очень правы (простите, но снова шлюсь на Пушкина, говорившего, что дружбу создал Господь Бог, а литературу — мы, грешные). Поэтому первым моим рефлексом при получении известия о конфликте Б<ориса> А<ндреевича> с издательством было информировать издательство о том, что я полностью разделяю его (т<о> е<сть> Б<ориса> А<ндреевича>) позицию и несу с ним одинаковую ответственность. Однако в том же письме я писал, что не считаю конфликт серьезным и надеюсь на близкое и безболезненное его решение. Думаю, что у нас всех хватит сил не поддаваться настроениям и проявить взаимное снисхождение. Ведь все мы живем по принципу «щелкни кобылу в нос — она махнет хвостом». И если бы Б<орис> А<ндреевич> не упирался носом в нечто малоприятное, думаю, что он не махал бы и хвостом в «Искусстве». Я вот на днях сына побил, а он был виноват немногим больше, чем «Искусство». Конечно, это очень стыдно, но кто бросит камень?

Практически я предложил Кисунько некоторую пролонгацию договора (например, до 1 мая) и заверение, что сборники будут выходить не позже, чем через два года после сдачи. Это даст возможность Б<орису> А<ндреевичу> отступить, «сохранив лицо», издательство ничего не потеряет, а конфликт урегулируется, и дай Бог, чтобы это был самый серьезный конфликт, который нам придется урегулировать. Б<орису> А<ндреевичу> я завтра буду писать еще раз с просьбой пойти навстречу издательству в инициативе примирения.

Статью, конечно, присылайте. Сборник еще не готов, я зашиваюсь по всем швам. Хорошо, если сдадим в мае. Но дело вообще немного терпит: сломался русский линотип в нашей типографии, весь набор на русском языке встал — еще не начинали 4-й «Семиотики». Я огорчался, огорчался да и бросил по причине других причин для огорчений.

Простите за длинное и бестолковое письмо, да еще на машинке: пишу ночью, устал смертельно, а когда я сплю — мне на машинке легче: интерес к процессу печатанья мешает уснуть.

Не сердитесь на Б<ориса> А<ндреевича>. Образуется, как говорил Матвей-камердинер Стиве Облонскому[4].

Сердечно Ваш Ю. Лотман

[1] Датируется по почтовому штемпелю Москвы: 21.03.69.

[2] См. пп. Ю. М. к Б. А. Успенскому той поры (№№ 508—512).

[3] Из п. А. С. Пушкина к кн. П. А. Вяземскому от 3 августа 1831 г. Ю. М. намекает на трагедию Чехословакии, оккупированной советскими войсками в 1968 г.

[4] Эпизод из начальных страниц романа Л. Н. Толстого «Анна Каренина» (1877).

667

16.XII.69.

Дорогой Вячеслав Всеволодович!

Большое спасибо за письмо и рукопись Елены Сергеевны — я все исправно получил. Статьи С. Неклюдова, Д. Сегала и Б. Огибенина жду. Работы А. Я. Сыркина также находятся в портфеле сборника — не знаю, сможем ли обе, но одну опубликуем наверняка. С нетерпением жду Вашей статьи об Эйзенштейне[1].

Получили ли Вы сборник[2]? Теперь уж наверняка был послан. Беспокоюсь, поскольку несколько экземпляров разным адресатам явно не было доставлено, хотя отправил я лично.

С рукописью И. Соловьевой некоторая история: я хотел ее предложить эстонскому издательству для перевода (это дело не получилось). Передавал в издательство В. И. Беззубов, которого срочно (в один день) отправили в Польшу на год. Рукопись, видимо, у него дома. Как только я вырву время, я отправлюсь к его жене и найду. Беспокоиться нет оснований — затеряться она абсолютно не могла.

На днях вышлю Вам марокканские оттиски (некто Симмоно, проф. из Марокко) относительно наскальных рисунков. Он считает, что там имеет место цифровая символика, и, прочтя статьи в «Tel quel», просит совета. Когда посмотрите, пришлите, пожалуйста, назад — я надеюсь в январе над ними посидеть.

Кристева выпустила книгу, которую озаглавила «Σημειωτιχή» (Recherches pour une Sémanalyse)» — денный грабеж нашего титула!

Пользуюсь случаем поздравить Вас с наступающими 70-ми годами. От души желаю Вам всего самого лучшего.

Ваш Ю. Лотман

[1] Речь идет о «Семиотике 5». Елена Сергеевна — Семека. Б. Л. Огибенин в данном томе не участвовал. Об А. Я. Сыркине см. п. 668. В. В. Иванов прислал статью «Об одной параллели к гоголевскому Вию», где лишь кратко упоминается С. Эйзенштейн.

[2] Вышедший сб. «Семиотика 4».

668

<11 января 1970 г.>

Дорогой Вячеслав Всеволодович!

Только что закончил вчерне 5-ю «Семиотику» (сбор и распределение). Получился объемистый сборник. Его состав Вы увидите из прилагаемого оглавления. Сборник получился интересный, ряд работ мне кажутся очень удачными. Однако, к сожалению, отсутствие работ В. Н. Топорова[5], Вашей[2] (ужасная мысль: не присылали ли Вы мне что-либо в этот том? Если бы Вы знали, в <u>каких</u> условиях — пространственных, временных и пр. — мне приходится его готовить, то поняли бы, что на моем столе может затеряться караван верблюдов, сообщите срочно!), Ю. К. Лекомцева и малое участие Б. А. Успенского[3] сказывается — в сборнике маловато «стержневого» материала. Поэтому «стержневые» материалы хотелось бы в него добавить. Резервные места:

1. «Трибуну» можно снять: статья Зимина к семиотике никакого отношения не имеет, как, впрочем, и к моей статье — это сжатое по-

вторение его идей о «Слове» — ее вполне можно отложить до 6-го тома. Перевод из Лемма тоже может подождать.

2. Л. Мялль, возможно, по лености и не даст статьи, хотя клянется (это единственная статья в списке, которой еще нет на моем столе[*]).

3. Статья М. И. Лекомцевой где-то, кажется, печатается. В этом случае ее придется снять (к сожалению)[5].

Все это даст около 5 листов.

Работа над сборником еще только начинается — я не вполне уверен в распределении статей по рубрикам. Работу А. Я. Сыркина «Джагаддева свапначинтамани», которую он переслал мне с ссылкой на Вас, к сожалению, напечатать нет никакой возможности — 165 стр.! Мне и так приходится сократить интереснейший отдел публикаций (Флоренский и Эйхенбаум печатаются в значительно меньшем объеме, чем наличие в редакционном портфеле, от Тарабукина пришлось временно отказаться). Боюсь, что он (А. Я.) будет в обиде, но ничего поделать не могу.

Вы, а затем Е. В. Пастернак, когда уже прошли все корректуры и ничего нельзя было сделать, сообщили мне, что часть опубликованных нами стихов Пастернака — переводы из Рильке[6]. Мне при просмотре имеющегося в Тарту материала по Рильке удалось обнаружить лишь сходство мотивов — прямых переводов я не нашел. У меня есть неясные сведения о переводах или отзвуках из Георга Тракля там же.

Я думаю, что, по крайней мере, следует дать в 5-м т<оме> поправку. Но, может быть, сопоставление с Рильке даст и положительные интересные данные — ведь вся кухня перед глазами. Если он отправлялся от определенного (уже словесно сформулированного, но на другом языке) текста, то характер отбора может дать значительно более интересные вещи, чем все, что я писал. Я с удовольствием включил бы в сборник Вашу статью или, если хотите, что-либо совместное на эту тему. Но в любом случае — сообщите, что́ достоверного на этот счет удалось пока установить. Поскольку сборник будет некоторое время лежать в издательстве, то ее можно было бы вставить несколько позже.

Еще две просьбы: 1) Статья Т. М. Николаевой — хоть убейте — не помню, как ко мне попала. Не затруднит ли Вас осведомиться у нее: не печатается ли статья где-либо в другом месте и предназначала ли ее Т. М. для нашего сборника? Просите ее извинить мой склероз и замотанность[7]. 2) В равной мере не помню, кто прислал публикацию Эйзенштейна, — к ней нужна короткая справка о месте хранения рукописи и страничка введения. Не помните ли Вы[8]?

Я очень устал — сдаю брошюру для ротапринта и издательство «Искусство» прислало корректуру, от которой хочется застрелиться (не могу корить типографию, — то, что я сам понаписал, тоже доводит до

---

[*] Нет, не единственная — у Б. А. Успенского еще наша статья об Условности. (*Примечание Ю. М. Лотмана.*)

желания не быть). Все это протекает на фоне многочисленных «детских» и некоторых вполне «взрослых» неприятностей. Впрочем, первые я переношу гораздо хуже. Ну да Бог с ними.

Вполне согласен с Вами, что «Tel Quel» раздражает («забавы взрослых шалунов»[9], к сожалению, во вполне серьезной ситуации). М<ожет> б<ыть>, в 5-м т<оме> пощелкать их? Правда, пафоса большого не чувствую — слишком все это чужое и ненужное. «Change» у меня только № 4. Это, кажется, интереснее, но и тут что-то царапает[10].

Армяне пока не присылают материалов. Но все время обещают. А я сейчас и не тороплю — совсем закрутился и с этим.

За несколько дней до Нового года меня очень огорчило холодно-вежливое письмо Владимира Николаевича с отказом прислать работы для сборника (виноват, конечно, я — написал ему поздно, приглашая участвовать; но ведь знал же он — или мог предположить — что сборник будет собираться!). Если он на меня сердит, то мне это будет неприятнее многих вполне реальных неприятностей.

Простите за длинное письмо. Когда я уезжал — Ваша теща была в тяжелом состоянии. Боюсь даже спрашивать о ее состоянии. Все же — напишите. Что у Лекомцевых? От них самих толку не добиться — пишут, что «все хорошо!», Игорю, а мне — только новогодние поздравления. У нас — бедлам. Я за всей этой суетой не поздравил Вас с Новым годом. Сердечно желаю Вам всего, что Вы сами желаете. Самые лучшие пожелания всем Вашим близким.

Ваш Ю. Лотман
Тарту. 11.I.70.

P. S. Оглавление, если Вас не затруднит, покажите Б. А. Успенскому.

P. S. P. S. Простите за сумбур — пишу в 4.30 утра — в ушах звон. Всю ночь собирал сборник.

Утренний *P. S.*

1. Происхождение статьи Т. М. Николаевой вспомнил. Но все же спросите — не изменились ли ее планы.

2. Статью Соколика о «Герметической педагогике», видимо, печатать невозможно[11]. Несмотря на что-то странное, до шизофренизма, в статье есть интересная, и даже глубокая, мысль. Но в таком виде она печати, боюсь, не подлежит.

3. Оттиски статей всем авторам разосланы в субботу 10.I. казенной почтой. В конце декабря я посвятил день тому, что в издательской группе выяснял, отправлены ли сотрудникам сектора (и вообще авторам) требуемые ими экз<емпляры>. В настоящее время все уже должны были все получить. Тираж разошелся полностью, но для самого крайнего случая еще резервировано около 10 экз<емпляров>.

Ю. Л.

Сборник совсем неплох. Но если представить, что он, м<ожет> б<ыть>, последний, то он слабоват. А у меня принцип: каждое серьезное дело делать исходя из рабочей гипотезы, что оно последнее.

[1] Ю. М. напрасно волновался: В. Н. Топоров представил большую статью «О структуре некоторых архаических текстов, соотносимых с концепцией “мирового дерева”».

[2] См. примеч. 1 к п. 667.

[3] Возможно, Б. А. Успенский в последний момент прислал большую статью «О семиотике иконы».

[4] Ю. М. странно путает: статья его и Б. А. Успенского об Условности уже несколько лет подготовлялась ими для «Философской энциклопедии» (т. 5, М., 1970), а для «Семиотики 5» ими написана совместная статья «О семиотическом механизме культуры».

[5] Все перечисленные в пунктах 1—3 статьи не были исключены. Видимо, Ю. М. удалось добиться разрешения печатать «Семиотику 5» громадной величины — 40 авторских листов! Это четыре обычных тома!

[6] Речь идет о публикации стих. поэта, подготовленной Е. В. Пастернак («Семиотика 4»), со вступительной статьей Ю. М. «Стихотворения раннего Пастернака...».

[7] Статьи Т. М. Николаевой нет в «Семиотике 5».

[9] Из пушкинского «Евгения Онегина» (гл. 10, строфа XVII).

[10] «Tel Quel» и «Change» — журналы популярного толка, издаваемые в Париже кругами литераторов, близких к французским структуралистам.

[11] Эту фразу не удалось расшифровать.

669

<12 марта 1970 г.>

Дорогой Вячеслав Всеволодович!

С огорчением слышал, что Вы болели. Как теперь? От души желаю Вам быстрой поправки. Умоляю ускорить высылку рукописи — стоит все дело. В остальном сборник уже действительно собран полностью[1].

Ваш Ю. Лотман
12.III.70.

[1] Речь идет о «Семиотике 5» (см. пп. 667 и 668).

670

<18 июня 1970 г.>

Дорогой Вячеслав Всеволодович!

Посылаю Вам «Предложения» по тематике Летней школы. Перенести занятия на сентябрь не удалось: очень прошу сообщить, как отразится на участии в Школе приглашенных сотрудников Вашего сектора совпадение с Конгрессом историков[1]. Умоляю скорее тезисы и соображения по программе.

С сердечным приветом Ю. Лотман
18.VI.70.

Предложения
по программе IV Летней школы
по вторичным моделирующим системам

Оргкомитет IV Летней школы по вторичным моделирующим системам предлагает поставить в центр занятий этого года проблему единства культуры. Вопрос этот предполагает рассмотрение с нескольких сторон:

1. Исходной является предпосылка, что вся деятельность человека по выработке, обмену и хранению информации с помощью знаков обладает известным единством. Отдельные знаковые системы, хотя и представляют имманентно организованные структуры, функционируют лишь в единстве, опираясь друг на друга. Ни одна из знаковых систем не обладает механизмом, который обеспечивал бы ей изолированное функционирование. Из этого вытекает, что наряду с подходом, который позволяет построить серию относительно автономных наук семиотического цикла, допустим и другой, с точки зрения которого все они рассматривают частные аспекты семиотики культуры, науки о функциональной соотнесенности различных знаковых систем.

2. С этой точки зрения особый смысл получат вопросы об иерархическом построении языков культуры, распределении сфер между ними, случаях, когда эти сферы перекрещиваются или только граничат. Необходимо обратить внимание на экстрасистемные условия, вне которых система не может функционировать (например, непонятность устной речи при механическом переводе ее в графическую форму).

3. Интересно было бы определить минимальный набор знаковых систем (культурных языков), необходимый для функционирования культуры как целого, и построить модель наиболее элементарных отношений между ними, модель культуры.

4. Специальному рассмотрению надлежало бы подвергнуть вопрос о соотношении первичных и вторичных культурных языков. Обязательна ли для построения культуры такая двуступенчатость и в чем ее функциональная необходимость? Только ли естественный язык является первичной системой? Какими свойствами должна обладать система, чтобы быть способной выполнить функцию первичной, и какими — вторичной?

5. Более частные разыскания могли бы вестись в следующих направлениях:

а) Описание места той или иной семиотической системы в общем комплексе. Вполне можно было бы представить себе исследования типа: «Место музыки как семиотической системы в общей системе культуры», «Место математики в культуре как семиотическом целом».

б) Описание воздействия той или иной частной семиотической системы на другие, например, «Роль живописи в семиотике поэзии той или иной эпохи», «Роль кино в структуре языка современной культуры». Большой интерес здесь представляют дефектологические случаи функционирования «чистых» семиотических систем: восприятие поэзии слепыми, балета глухими и пр.

в) Исследование неравномерности внутренней организации культуры. Существование культуры как единого организма, видимо, подразумевает наличие внутреннего структурного разнообразия. Рассмотрение явления внутрикультурного полиглотизма и причин его необходимости.

6. Место искусства в общей системе культуры. Проблема необходимости искусства. Доминантность разных типов искусств.

7. Чем обусловлена необходимость противопоставления изобразительных и условных знаков в общей системе культуры? Возможно ли существование культуры без двуязычия этого типа? Какова семиотическая мотивация других типов культурных двуязычий (поэзия — проза, устная словесность — письменность и др.)? Возможна ли моноязычная культура?

8. Проблема типологии культуры. Методы типологических описаний. Отношение культуры к знаку, тексту и семиозису как основание типологической характеристики. Парадигматические и синтагматические культуры. Минимальный набор текстов и минимальный набор функций в понятии культуры.

9. Культура и не-культура. Борьба с культурой как культурная проблема (аналог: проблема забывания как компонент механизма памяти). Культуроборчество и культуртрегерство в истории культуры. Проблема структурного резерва в культуре (варвары для античности, язычники для христианства, невежды для рационалистов, народ для просветителей — область экспансии культуры).

10. Культура — память коллектива. Непрерывность культуры обеспечивает коллективу сознание существования. Возможность изучения культуры как организованной памяти.

11. Проблема эволюции культуры. Чем вызвана необходимость смены языков культуры? Немотивированные перемены семиотических систем (перемены в фонологических системах языков, мода и пр.). Построение модели динамики семиотической системы. Циклические и лавинообразные модели.

[1] Действительно, дни работы 4-й Летней школы (17—24 августа) совпали со временем проведения в Москве XIII международного конгресса историков (16—23 августа).

671

<20 апреля 1973 г.>

Дорогой Вячеслав Всеволодович!

Прилагаю требуемые письма. Очень прошу Вас проглядеть и исправить, добавить и проч. В конце письма в ЦК, кажется, следовало бы дописать пару слов о способности Лотмана руководить лабораторией и его для этого качествах — припишите Вы, у меня рука не поднимается[1].

Ждем Вас 14—16 июня.

Сердечно Ваш Ю. Лотман
30.IV.73.

[1] Ю. М. в течение многих лет безуспешно пытался добиться организации при ТГУ лаборатории по семиотике: в 1960-х гг. он намеревался пригласить к руководству лабораторией Б. А. Успенского, теперь же предлагал эстонскому руководству себя (с помощью писем московских семиотиков в ЦК компартии Эстонии), но пройдет еще 10 лет, пока наконец будет получено разрешение.

672

<27 октября 1973 г.>

Дорогой Вяч<еслав> Вс<еволодович>!

Очень жаль, что так все глупо получилось: мне очень хотелось, чтобы Вы услыхали мой доклад, и хотелось знать Ваше о нем мнение. Жаль, что Вы так сразу ушли, я думал после доклада вообще — не только и не столько о нем — с Вами поговорить. Очень грустно, что мы упускаем возможности человеческого общения, а оно, именно сейчас, не менее важно, чем деловое-научное. Ну да Бог даст, поговорим в Тарту. Будьте здоровы! Будьте бодры.

Сердечно Ваш Ю. Лотман
27.X.73.

673

<12 декабря 1975 г.>

Дорогой Вячеслав Всеволодович!

Спешу сообщить Вам как члену редколлегии «Семиотики», что VII-й том наконец вышел. В нем опубликован ряд, как мне кажется, хороших материалов — Ваша статья о кино, статьи Гуревича, Ю. К. Лекомцева, полные тексты переводов статьи П. Г. Богатырева (которому, как Вы помните, посвящен весь том) о знаках в театральном искусстве (с большим и весьма примечательным послесловием, являющимся фактически самостоятельной работой) и книги Мукаржовского «Эст<е-тическая> функция, норма и ценность».

Вам уже выслано (вернее, должно быть выслано — я не проверял) несколько экз<емпляров> наложенным платежом. Если нужно еще — сообщите срочно, вложив в письмо открытку, надписанную на адрес: «Тарту, университет, издательская группа». В свободную продажу том еще не поступил — видимо, поступит в понедельник. Оттисков пока еще нет, но будут.

Гораздо хуже дело с очередным VIII-м т<омом>. От нас категорически потребовали, в связи с новыми решениями, чтобы объем не превышал 10 печ. листов, а уже подготовленный том был около 30-и. Я не нашел другого выхода*, как разделить его на две части, оставив разделы: «Семиотика культуры» и «Семиотика искусства» и перенеся фольклор, поэтику и публикации в будущий выпуск. Сборник получился совсем неплохой (статьи И. И. Ревзина об индуктивном определении нации, Ваша о семиотической теории карнавала, моя о поэтике бытового поведения в русской культуре XVIII в., Чернова и Золяна о метаязыке описания поведения, Ваша и В. Н. Топорова о диахронном аспекте изобразительных текстов, Б. М. Гаспарова о музыке и еще несколько работ тартуской молодежи).

Но в целом сборник такой тоненький, что без слез (пока еще невидимых миру)[1] я на него смотреть не могу. Обидно ужасно — такой хороший том испоганили (среди публикаций были первоклассные работы молодого Томашевского). Но, Бог даст, доживем и до их выхода.

Посылаю Вам один свой оттиск. Получили ли Вы брошюрку об «Онегине»[2] — я посылал ее Вам?

Не знаете ли Вы что-либо о Лекомцевых[3] — они не отвечают на письма (мы все не отвечаем на письма, Жозеф де Местр считал это национальной чертой русских, но при их здоровье это всегда пугает).

Пользуюсь случаем заранее поздравить Вас и всю Вашу семью с наступающими Рождеством и Новым годом и от души пожелать Вам всего самого лучшего.

Искренне Ваш Ю. Лотман
12.XII.75.

[1] Намек на формулу Н. В. Гоголя из «Мертвых душ» (гл. 7): «сквозь видный миру смех и незримые, неведомые ему слезы».

[2] *Лотман Ю. М.* Роман в стихах Пушкина «Евгений Онегин». Спецкурс. Вводные лекции и изучение текста. Тарту, 1975.

[3] Ю. К. Лекомцев очень тяжело болел.

---

* Резал, как свое живое тело. (*Примечание Ю. М. Лотмана.*)

674

<27 сентября 1976 г.>

Дорогой Вячеслав Всеволодович!

Большое спасибо за «Очерки по истории семиотики» и «Всесвіт»[1]. Я очень рад, что книга вышла, — думаю, что это и хорошо, и важно. Я еще не читал ее внимательно, но просмотрел подробно и с интересом. Не могу не сознаться, что Эйзенштейн мне эмоционально очень чужд, да и кинематограф его мне порой тяжело смотреть. Это не отменяет того, что, на мой взгляд, Вам блестяще удалось показать его место в том общем движении научной мысли 1920-х — 1920-х гг., которое закономерно привело к созданию в России семиотической теории.

Журнал, который Вы мне прислали, выглядит весьма симпатично, и я рад бы его поддержать. Но вот тема, мне предложенная, в настоящее время далека от моих занятий. Кроме того, я сейчас очень занят. М<ожет> б<ыть>, немного позже и на другую тему...

Корректуры VIII т<ома> задержались из-за трудностей верстки Вашей и В<ладимира> Н<иколаевича> статьи (огромное количество иллюстраций!). Теперь надеемся это дело сдвинуть с места[2].

IX-й том уже тоже сдан — там публикации докладов Томашевского в Московском лингв<истическом> кружке и раздел «поэтики». Итак, вместо одного тома в 30—40 п. л. мы получили два 10 + 10 = 20. Маловато, но «хоть шерсти клок».

Сердечные поклоны Светлане и Вашей матушке.

Ваш Ю. Лотман
27.IX.76.

[1] *Иванов В. В.* Очерки по истории семиотики в СССР. М., 1976; *Іванов В. В.* Найдавніші форми людської культури та їх відображення у первісному мистецтві // «Всесвіт», 1976, № 6. «Всесвіт» — киевский ежемесячный журнал типа московской «Иностранной литературы».

[2] В конце концов иллюстрации к статье (*Иванов В. В., Топоров В. Н.* Структурно-типологический подход к семантической интерпретации произведений изобразительного искусства в диахроническом аспекте) были сброшюрованы в отдельную тетрадку объемом в 2 п. л. (32 страницы) и вставлены в том за 6 страниц до статьи.

675

<Конец 1978 г.>[1]

Дорогой Вячеслав Всеволодович!

Сердечно поздравляю Светлану и Вас с Новым годом. Желаю, чтобы он принес Вам все самое хорошее — здоровье, душевный покой, интенсивную работу. Я очень сожалею, что должен был уехать в день Вашего приезда: Борис Андреевич меня вызвал телеграммой для участия в борьбе за орфографию Карамзина (совещание начиналось в 10.00 утра, а поезд из Тарту приходит в 11.00 — приходится выезжать на день раньше). Мы только что сдали ротапринтный сб<орник>, составленный, в основном, из материалов московского симпозиума. Ваша «Память культуры» открывает его. К сожалению, вторая заметка, присланная отдельно, опоздала: сборник был уже заполнен выше лимита и проведен через Совет. Если Вы не возражаете, я включу ее в «Семиотику XIV», кот<орую> будем сдавать в марте. Напоминаю Вам, что Вы обещали туда «Кино в кино». Еще раз желаю Вам и Светлане всего самого лучшего. Зара Гр<игорьевна> присоединяется.

Ваш Ю. Лотман

P. S. Где-то в середине января состоится первое заседание семиотич<еского> семинара, кот<орый> мы хотим посвятить в этом году XVIII в. Приходите!

[1] Датируется по сообщению о сдаче ротапринтного сб., который открывается статьей В. В. Иванова (речь идет о сб. «Вторичные моделирующие системы»; статья будет в печатном тексте названа более узко: «Семиотические и культурологические аналоги фонологизации») и о подготовке к марту «Семиотики 14»; там будет статья В. В. Иванова «Фильм в фильме». Оба сб. выйдут в свет (в 1979 и 1981 гг.).

676

<17—18 марта 1981 г.>[1]

Дорогой Вячеслав Всеволодович!

Очень жаль, что Ваш директор не отпустил ни Вас, ни Риту[2]. Семинар прошел успешно, но, конечно, беднее, чем с Вашим участием. Результаты семинара мы включаем в текущий том «Семиотики» и с удовольствием приняли бы от Вас статью (объем — 1 п. л., срок — до конца апреля) по данной проблеме в любом ее повороте. Корректуру получил. Спасибо. Приветы Светлане. Простите за почерк: упал и сломал руку в локте, пишу только правой и, следовательно, и половина мозга угнетена.

Ваш Ю. Лотман

[1] Датируется по почтовому штемпелю г. Тарту: 18.03.81.
[2] Рита — М. И. Лекомцева.

677

<17 мая 1981 г.>

Дорогой Вячеслав Всеволодович!

Получил и с интересом прочел Вашу статью. Включаем ее в XVI-й («полушарный») сборник[1]. Статья очень плодотворная. Жаль только, что наши сборники теперь так медленно выходят (в корректурах уже лежат XII, XIII, XIV и XV-й — нет бумаги и вообще издательство наше болеет разнообразными болезнями).

Несколько редакторских замечаний по Вашей статье:

1. На стр. 3, 3-я строка снизу ссылка: (Левашов, Поэзия 1978). Если я не ошибаюсь, то надо: «Левашов, Позин»?

2. На стр. 5 ссылка (ср. Симерницкая, 1978), но в списке литературы такой работы нет.

3. На стр. 6 ссылка (Jaynes 1976). В списке литературы нет.

4. На стр. 9: «В качестве примера древней пятизначной системы, где для трех цветов, входящих в основной треугольник, есть по два обозначения, а для трех других из шестизначной системы — только два обозначения». Не надо ли во втором случае: «только по одному»?

5. В списке литературы (№ 1) рядом Ульман и Ельман. Не является ли второй случай опечаткой?

6. На стр. 16 книга Попова, Верещагина и др. названа «Манипуляционные работы». Это, конечно, опечатка и надо «роботы»?

7. Стр. 17. Lucart или Luçart (есть оба написания). Comlètement — это, конечно, complètement?

Некоторые очевидные опечатки в тексте я взял на себя смелость исправить.

Еще раз благодарю Вас за статью. Жаль, что Вы не сопроводили ее парой слов о Вашем здоровье и благополучии, которые меня всегда интересуют. Сердечные приветы Светлане.

Ваш Ю. Лотман
17.V.81.

[1] «Семиотика 16» была посвящена асимметрии мозга и функциональному различию полушарий. Статья В. В. Иванова: «Художественное творчество,. функциональная асимметрия и образные способности человека».

678

<6 октября 1982 г.>

Дорогой Вячеслав Всеволодович!

Посылаю Вам корректуру — верните поскорее. Семинар, вероятно, придется перенести на конец ноября или начало декабря: тут всякие для этого причины.

Вчера блестяще защитил Рома Тименчик[1]. Первым оппонентом была Л. Я. Гинзбург. Мы с ней много и тепло о Вас говорили.

Ваш Ю. Лотман
6.X.82.

[1] Кандидатская диссертация Р. Д. Тименчика: «Художественные принципы предреволюционной поэзии Анны Ахматовой» (Тарту, 1982).

679

<10 апреля 1983 г.>

Дорогой Вячеслав Всеволодович!

Спасибо за приглашения, но приехать в апреле, к сожалению, никак не могу — работа + дисциплина = сиди на месте.

Очень жду статью — все сроки проходят.

Сердечные приветы Светлане.

Ваш Ю. Лотман
10.IV.83.

680

<27 июня 1983 г.>

Дорогой Вячеслав Всеволодович!

Только что я получил пакет с письмом и материалами от руководителя группы «Семиодинамики» в ЛГУ. Письмо это SOS![1] Конечно, все, что я знаю о работе их группы, мне не очень импонирует: много дилетантизма, моды и домодельщины. Однако то, что с ними делают, возмутительно и слишком напоминает то да се. Я думаю, что было бы полезно спокойно и объективно в этом деле разобраться. Полагаю, что это лучше всего может сделать Комиссия по сознанию, указав одновременно на спорность некоторых научных положений и абсурдность идеологических обвинений. Можно ли заинтересовать в этом деле Велихова? Думаю, что оставаться безучастными здесь нельзя — лиха беда начало...

Из положительных известий могу Вам сообщить, что я добился, чтобы членам редколлегии высылали по 5 экз<empляров> «Семиотик», и Вы имеете их получить (16 т<ом> вышел, если не получите, сообщайте мне).

Сердечные поклоны Светлане!

Желаю, чтобы все Ваши планы на лето завершились лучшим для Вас образом.

Ваш Ю. Лотман
27.VI.83.

[1] Ю. М., да и московские академические круги были бессильны тягаться с партийными боссами ЛГУ. История такова. Участники междисциплинарного семинара «Семиодинамика» под руководством проф. Р. Г. Баранцева сдали в печать сб. своих трудов; издательство ЛГУ на основании двух положительных рецензий готово было выпустить книгу в свет, но почему-то рукопись попала на контроль заведующему кафедрой диалектического материализма известному партийному функционеру проф. В. Г. Иванову, который в январе 1983 г. написал громадную разгромную рец., обвинив авторов в «антимарксизме»; работой семинара заинтересовался партком ЛГУ, который особым решением в мае 1983 г. запретил работу семинара, всех участников семинара отстранил от преподавательской работы и т. д. Можно представить, каково бы было Ю. М. и его коллегам по семиотике работать в ЛГУ! Любопытно однако, что в перестроечном 1989 г. партком отменил свое грозное решение. В 1992 г. семинар возобновил свою работу, а в 1994 г. вышла в свет та злополучная книга: «Семиодинамика. Труды семинара».

681

<Сентябрь 1985 г.>[1]

Дорогой Вячеслав Всеволодович!

Посылаю Вам корректуру[2], которую прошу срочно прочесть и выслать в Тарту на имя Зары Григорьевны (я уезжаю в Одессу читать лекции, а оттуда в Батуми, где надеюсь с Вами встретиться). Я еще раз в корректуре перечел Вашу статью, и она снова произвела на меня прекрасное впечатление — очень хорошая работа. К сожалению, абзац с Гумилевым и Иерусалимом придется снять. Не знаю как в Москве, но в Тарту-Таллине Гумилев «местно-чтимый» жупел цензуры. В прошлый раз наш сборник «Трудов по русск<ой> и сл<авянской> филологии» из-за него и Л. Шестова пошел под нож (уничтожили весь уже отпечатанный тираж, были разосланы обязательные экземпляры). Не помогли письма из Пушкинского Дома и демонстрация последней 3-х тт. «Истории литературы», где Гумилеву посвящена глава. Ответ был: «У них так, а у нас так!» И все. Тогда (прошлой зимой) мне это стоило хорошего сердечного припадка. И сейчас нас уже предупредили, что не пойдет. Я не могу докопаться, но тут есть какой-то местный инициатор. Грустно и противно, но плетью обуха не перешибешь.

В середине октября мы сдаем новый том с общей темой «Символ в системе культуры», а в декабре (реально, вероятно, в январе) будем собирать XXII-й том с общей проблемой «Перевернутый и вывернутый мир»[3].

Конечно, и вне этой тематики любое Ваше даяние благо.

Сердечные поклоны Светлане.

Ваш Ю. Лотман

[1] Датируется по сообщению о лекциях в Одессе (Ю. М. читал спецкурс в Одесском университете в конце сентября — начале октября 1985 г.) и о

последующей поездке в Батуми (там с 11 по 18 октября была конференция Совета по сознанию АН СССР).

[2] Статья В. В. Иванова «К семиотическому изучению культурной истории большого города» («Семиотика 19», 1986).

[3] Говорится о «Семиотиках» 21 и 22.

682

<3 ноября 1985 г.>

Дорогой Вячеслав Всеволодович!

Я очень прошу Вас принять участие в планируемой встрече[1]. Аналогичные приглашения Оргкомитет посылает Владимиру Николаевичу, Маргарите Ивановне Лекомцевой, Татьяне Михайловне Николаевой и Татьяне Владимировне Цивьян (перечисляю лишь приглашенных из Вашего сектора). Мы надеемся на то, что все они смогут принять участие. Однако Ваше хотелось бы выделить: я убежден, что без него не будет такого полного и серьезного разговора, который хотелось бы организовать.

К сожалению, киевский соорганизатор семиотической секции А. Б. Пороховский прислал мне ограниченное число инструктивных писем и образцов для перепечатки тезисов. Посылаю Вам комплект для всего сектора.

Кажется, что в Киеве можно организовать серьезный разговор, а для этого «приспе година».

Сердечные приветы Светлане и всему Вашему Дому!

Искренне Ваш Ю. Лотман
3.XI.85. Тарту.

[1] Речь идет о планируемой в Киеве (октябрь 1986 г.) конференции по методологии науки. Ю. М. был сопредседателем секции семиотики.

683

<1—2 декабря 1985 г.>[1]

Дорогой Вячеслав Всеволодович!

С восторгом читаю «Индоевропейцев»[2], кот<орых> получил от Гамкрелидзе. Прекрасная, долговечная работа!

От души желаю Вам успехов. Приветы Светлане.

Искренне Ваш Ю. Лотман

[1] Датируется по почтовому штемпелю г. Тарту: 2.12.85.

[2] *Гамкрелидзе Т. В., Иванов В. В.* Индоевропейский язык и индоевропейцы. Т. 1—2. Тбилиси, 1984.

В. Н. ТОПОРОВУ

Владимир Николаевич Топоров *(род. 1928) — самый универсальный гуманитарный ученый современности. Среди его почти 1500 научных трудов — книги и статьи по языкознанию (славянские языки, санскрит, хеттский, прусский, литовский, латышский, кетский и др., теоретические проблемы лингвистики), литературоведению (русская литература XVIII—XX вв., особенно творчество Ф. М. Достоевского и Анны Ахматовой, связи русских писателей с зарубежными; древневосточная, античная, древнерусская литература; разные аспекты поэтики), фольклористике, религиеведению (буддология, русская духовная культура, религиозный быт), мифологии (древнейшие системы, история конкретных мифов и символов, ритуалы; мифы в соединении с историей, культурологическая судьба «мифических» городов — Вильнюс, Петербург, Москва).*

В. Н. Топоров — москвич, окончил филологический факультет МГУ (1951), защитил кандидатскую диссертацию «Локатив в славянских языках» (МГУ, 1955) и затем никогда больше не писал «официальных» сочинений; всю трудовую жизнь был научным сотрудником Института славяноведения АН СССР; откровенно пренебрежительно относился к казенной, «марксистской» методологии и, хотя постоянно находился под идеологическим подозрением властей, но репрессиям не подвергался; в 1990 г. был избран академиком отечественной Академии наук.

Ученый уже в самые ранние творческие годы активно интересовался новыми методами в гуманитарных науках, прежде всего семиотикой и структурализмом, вместе со своим другом и коллегой В. В. Ивановым участвовал во всех конференциях этого рода в начале 1960-х гг.

Естественно поэтому было и знакомство В. Н. Топорова с Ю. М. и участие в тартуских летних школах и трудах по семиотике. Предлагаемый комплект писем почти целиком посвящен именно тартуским научным делам.

684

Тарту. 12.III.63.

Глубокоуважаемый Владимир Николаевич!

Игорь Чернов показал мне ту часть Вашего письма, которая касается меня. Спасибо за сообщение и приветы. Относительно рецензии[1] я думаю следующее: написать ее все же надо (полагаю, что Ваши опасения в связи с этим несколько преувеличены, да и волков бояться — в лес не ходить). Вот только вопрос, где печатать? Я попробую поговорить в редакции журнала «Русская литература», а Вы не могли бы потолковать в каком-либо из московских математических журналов — может быть, с той публикой будет полегче столковаться, чем с боязливыми литературоведами. Кстати, боятся они, видимо, более всего за свои места в науке, ибо переучиваться лень и труднее, чем рассуждать о форме и содержании. Кстати, еще одна возможность: не согласился бы на такую рецензию журнал «Знание — сила», или это будет недостаточно солидно?

В № 3 «Вопросов языкознания» должна появиться моя статья о различии между языковой и неязыковой, хотя и выраженной средствами языка, структурой (в редакции изменили на «языковой и литературоведческой», что несколько меняет дело)[2]. К сожалению, статья эта, как и мои горьковские тезисы[3], написана давно и сейчас уже мне самому кажется во многом неверной. Но все равно, думаю, будет полезно появление еще одной работы о структуральном литературоведении. Сейчас я коренным образом перерабатываю книгу по структуральной поэтике, которую пишу уже два года. Что-то будет...

Очень хочется повидать Вас в Тарту и потолковать. Надеюсь, что реализовать этот план удастся.

Сердечный привет Вашей милой супруге. Как здоровье Вашей самой молодой дочери? Пишите и не теряйте мой адрес.

Моя жена, которая знает Вас по работам, шлет Вам сердечный поклон.

Ю. Лотман

P. S. Мейлах на симпозиуме мне не дал слова. Умница![4]

Тарту, Кастани 9, кв. 7. Ю. Лотману.

[1] Вероятно, обсуждалась возможность рец. на сб. Института славяноведения «Структурно-типологические исследования» (М., 1962); это первая структуралистская (не считая тезисов) книга, вышедшая в СССР.

[2] Статья в журнале названа «О разграничении лингвистического и литературоведческого понятия структуры».

[3] *Лотман Ю. М.* Проблема сходства искусства и жизни в свете структурального подхода // Тезисы докладов 1-й научной региональной сессии... (Горький, 1962).

[4] Ирония. Б. С. Мейлах, как позднее М. Б. Храпченко, стремившийся облечь марксистскими лозунгами совсем не марксистские новейшие методо-

логические открытия в области кибернетики, структурализма, семиотики, проводил под эгидой комиссий по взаимосвязям литературы, искусства и науки Союза писателей СССР и по комплексному изучению художественного творчества АН СССР (он возглавлял обе комиссии) всесоюзные симпозиумы, на которых выступали многие известные ученые. Но у Б. С. Мейлаха было безошибочное чутье на «чужих», на исследователей, не желавших прикрываться марксистскими фразами, и Ю. М. Лотман был одним из главных таких чужаков.

685

2.IV.63.

Дорогой, глубокоуважаемый Владимир Николаевич!

Простите, что отвечаю не сразу, — я вообще плохой корреспондент, а тут по разным причинам запустил всю переписку.

Ваше письмо меня очень обрадовало — в нем есть нечто, если я не обманываюсь, рисующее не только научный, но и человеческий облик, мне очень понятный и близкий.

Поговорим о научных вопросах: очень интересно, что Вы, совместно с И. И. Ревзиным и В. В. Ивановым, думаете начать работу по структурной поэтике. Это тема, меня весьма занимающая. Я Вам как-нибудь пришлю почитать главы своей рукописи на эту тему.

Наш структурно-семиотический семинар все же, как говорили в XVIII в., экзистирует. Последнее заседание было посвящено проблеме «Произведение искусства — модель действительности» и соотношению проблем модели и знака в этом аспекте.

Следующее заседание будет посвящено теме: «Литературоведческая модель художественного произведения». В этом случае следует, как мне кажется, различать два типа моделей: 1) исследователь моделирует данное литературное произведение для того, чтобы проникнуть в его структуру, и 2) исследователь моделирует произведение для создания нового (например, пародии, восстановления утраченной части текста или даже создания еще одной повести Белкина). В первом случае создание модели, как мне кажется, принципиально возможно всегда. Гораздо сложнее второй случай. И если в определенном типе (фольклор, средневековая лит<ерату>ра, пародия) мы можем создавать алгоритмы для новых художественных произведений (напр<имер>, в пределах восстановления утраченного сюжета или части текста), то для современных произведений искусства, полагаю, это в принципе невозможно. Дело в том, что, если в фольклоре правила художественной структуры даны заранее (как в шахматной игре) и эстетический эффект реализуется в «игре по правилам», то в современном искусстве сами эти правила и представляют основную информацию, передаваемую читателю. Художественный эффект строится примерно так: зритель предполагает, что построение осуществляется по известным ему правилам

X, Y или Z, и просто пытается их приложить. Если это ему удается, — то перед нами произведение низкого художественного качества, в котором все ясно заранее (или т<ак> н<азываемая> «беллетристика»). В большом художественном произведении происходит разрушение, дискредитация привычных автору правил структурного построения и навязывания ему новых правил, впервые осуществленных именно в данном произведении. Это монолог, построенный так, что человек, не понимающий в начале его языка, в конце овладевает этим языком. Таким образом, если фольклорное, средневековое мышление (или мышление пародиста и беллетриста) строится на осуществлении правил и главная информация укладывается в вопрос: «какой вариант мы разыгрываем», то высокое искусство нового времени строится на разрушении правил и отвечает на вопрос: «каковы правила этой новой игры?»

Таковы тезисы моего сообщения на ближайшем семинаре. Игорь Чернов хочет демонстрировать на нем модель стихотворения «Девушка пела в церковном хоре...» (Блока). Как бы это Вас заманить в Тарту? Я послал бумаги на приглашение Вас высокому начальству, но «улита едет, коли-то будет».

Вашего оптимизма относительно торжества точных методов в «мейлаховском варианте» не разделяю. Никакого мейлаховского варианта нет. Это чистая показуха, симуляция исследовательской работы, поставленная по всем правилам большого циркового представления[1].

Условности эпистолярного жанра требуют на этом месте поставить точку. Очень хочется познакомиться с Вами лично.

С глубоким уважением Ю. Лотман

[1] См. примеч. 4 к п. 684.

686

22.IV.63. Тарту.

Дорогой, глубокоуважаемый Владимир Николаевич!

Только что имел беседу с нашим ректором относительно Вашего приглашения в Тарту. Он отнесся к этой идее очень положительно. Университет наш оплатит Вам и дорогу, и командировочные, и лекции. Очень желательно было бы, если бы Вы смогли прочесть нам небольшой цикл лекций по Вашему усмотрению по интересующей Вас теме (общетеоретической или конкретной)[1].

Меня лично Ваш приезд порадовал бы чрезвычайно. Желательное для нас время — вторая половина мая.

Одновременно посылаю официальную бумагу директору Вашего института с просьбой отпустить Вас в Тарту и с высоко-сочувственным отзывом о сб<орнике> «Структурно-типолог<ические> исслед<ования>».

Как только Вы сообщите мне точные сроки, мы сразу же вышлем Вам в Москву командировку.

Сердечный привет Вашей супруге и дочерям, из которых я de visu[2] знаю только младшую.

Ю. Лотман

[1] В. Н. Топоров, постоянно погруженный в научные занятия, даже в молодые годы был очень тяжел на подъем и почти всегда отказывался от научных командировок; исключительными были его последующие приезды на летние школы по семиотике в Тарту.

[2] визуально, зрительно (*лат.*).

687

<9 мая 1963 г.>

Дорогой, глубокоуважаемый Владимир Николаевич!

Получили ли Вы мое письмо? Как отнеслись к идее поездки в Тарту? Получил ли мое письмо Ваш директор? Сообщите скорее, т<ак> к<ак>, если организовывать Ваши лекции в Тарту весною (а затягивать неохота), то надо именно в мае.

Надеюсь, что поездка в Тарту Вас не разочарует.

Сердечный привет Вашей жене. Отзовитесь!

Ю. Лотман
9.V.63.

688

<Конец 1963 г.>[1]

Уважаемый Владимир Николаевич!

Пользуюсь случаем и пересылаю Вам на рецензию с Александром Моисеевичем мою рукопись «Лекций по структуральному стиховедению». Я бы очень просил у Вас (понимаю, как Вам это трудно при Вашей занятости) отзыва для меня «по гамбургскому счету»[2]. Для меня это — условие издания книги. Если книга Вам не понравится по существу — очень прошу это мне прямо написать. Если «по гамбургскому счету» Вам покажется, что книгу можно печатать, то я просил бы, кроме отзыва для меня, написать рецензию для редколлегии.

Я бы очень просил Вас передать потом рукопись и мою просьбу такого же сорта И. И. Ревзину. А. М. Пятигорский передаст Вам, что мы с ним договорились с нашим ректором об организации в Тарту (под Тарту в загородном месте, в лесу у озера) 10-дневного симпозиума семиотиков, на который можно было бы созвать человек 20 (более, думаю, не надо) для серьезного разговора «между собой»[3].

Напишите о своем отношении к этой идее. Очень хочется заманить Вас в Тарту.

Привет самый сердечный Вашей супруге.

Ю. Лотман

P. S. Рукопись мной плохо вычитана и пропущены некоторые цитаты. Заключение (2 стр.) я Вам дошлю днями. Прошу за это все меня извинить.

[1] Датируется по упоминанию подготавливаемой к печати рукописи (*Лотман Ю. М.* Лекции по структуральной поэтике. Вып. 1 (Введение, теория стиха). Тарту, 1964) и разговора с ректором о будущей (в августе 1964 г.) 1-й Летней школе по семиотике.

[2] См. примеч. 1 к п. 654.

[3] Реально на летние школы приезжало по 60—70 человек.

689

<20 сентября 1964 г.>

Дорогой Владимир Николаевич!

Большое спасибо за Ваше доброе письмо.

Положение со сборником сейчас таково: издательский план на будущий год пошел в Таллин на окончательное утверждение. В нем на нашу долю числится сборник в 12 печ. л.[1] В переводе на петит это дает 18 печ. листов или около 400 машинописных стр. через 2 переката. Очень прошу Вас еще раз напомнить авторам технич<еские> условия оформления рукописей:

1) Сноски можно через 1 интервал (это дает экономию места).

2) Нумерация сносок сквозная.

3) Инициалы авторов работ в сносках даются перед фамилией, название статей отделено от фамилии автора запятой и не заключается в кавычки, в кавычки включается название сборника или журнала, название книги дается без кавычек; порядок выходных данных таков: место, издательство, год, стр.; в журналах и газ<етах> год предшествует номеру, в книгах и продолжающихся изданиях типа Ученых записок номер (или том) перед годом.

4) Разрядка дается прерывистой, а курсив — волнистой чертой от руки.

5) Рукопись должна быть тщательно вычитана с учетом требования минимальных исправлений в корректуре.

6) Мы не договорились об одном важном вопросе: будем ли мы давать резюме на одном из западноевропейских и эстонском языках (первое подразумевает второе). Хотелось бы это сделать, но тогда авторы должны:

а) обеспечить текст резюме на одном из европейских языков и на русском, с которого в Тарту будет сделан эстонский перевод;

b) включить текст резюме в объем выделенного авторам листажа.

7) Еще раз напоминаю, что на рецензиях авторы должны сделать пометы о знакомстве, согласии и том, что исправления внесены.

Такова деловая сторона.

Как здоровье Ваших девочек? Очень прошу Вас передать сердечный привет Татьяне Яковлевне и всем кяярикуским «школьникам». Зара Григорьевна шлет Вам приветы. Если бы Вы и Татьяна Яковлевна выкроили бы зимой (или осенью) время приехать в Тарту на пару дней отдохнуть, мы были бы очень рады принять Вас у себя. Вы вполне могли бы остановиться у нас вместе с детьми и, думаю, хорошо бы отдохнули.

С сердечным приветом Ю. Лотман
20.IX.64.

[1] Речь идет о «Семиотике 2». Она будет объемом в 25 п. л.

690

<28 декабря 1965 г.>

Дорогие Татьяна Яковлевна и Владимир Николаевич!

Зара Григорьевна и я сердечно поздравляем Вас с Новым годом и желаем Вам и Вашим детям здоровья, душевного мира, успешной работы.

Второй том «Трудов по знаковым системам» должен появиться буквально на днях, хотя, конечно, «от чаши до уст велик промежуток». Вот с 3-м хуже: как мы ни торопились, но из-за ряда обстоятельств, которые оказались сильнее нас, до Нового года все же не сдали. А после Нового года и порядок новый — все книги идут через новое централизованное издательство в Таллине. Первый результат утраты независимости — приказ все рукописи представлять в 2-х экз<емплярах>. Поэтому покорнейше прошу, если Вы (сообщите и другим коллегам) что-либо прислали в 3-й сб<орни>к в 1 экз<empляре> — срочно дослать второй. Простите, что письмо невольно сбилось на что-то деловое.

Будьте здоровы и не забывайте Тарту и любящих Вас

З. Минц, Ю. Лотман<а>
Тарту. 28.XII.65.

691

<28 сентября 1968 г.>

Дорогой Владимир Николаевич!

Я получил еще летом Вашу план-разработку исследований поэзии XX в. Большое спасибо. Правда, после этого было столько прискорбных событий[1], что сейчас с трудом заставляю себя заниматься этими, как-то очень отодвинувшимися внутренне, проблемами. Но все же дела есть дела. И поэтому у меня к Вам деловое предложение. Я слышал, что собранный Вами и Т. В. Цивьян том Структурно-тип<ологических> исследований окончательно отвергнут[2]. Кое-что (≈ около 10 п. листов — это maximum) наиболее ценного и близкого к литературе и искусству мы могли бы напечатать. Нужно срочно прислать мне. Вопрос решают дни. Я очень жду Вашей статьи и чего-либо от Вяч<еслава> Вс<еволодовича>[3]. Очень досадно сдавать том без Вашего, уже традиционного, сотрудничества. Но все это необходимо сделать самым срочным образом.

Передайте Вяч<еславу> Вс<еволодовичу>, что Кристева мне сообщила о готовящейся публикации «Меня проносят на слоновых» в «Informations»[4] (разумеется, с приветами от меня).

Сердечные поклоны Татьяне Яковлевне. Зара Гр<игорьевна> шлет Вам и Т. Я. свои наилучшие пожелания. Не забывайте нас.

Ваш Ю. Лотман
28.IX.68.

[1] Намек на советскую оккупацию Чехословакии в августе 1968 г.

[2] Дирекция Института славяноведения, зная об отношении «своих» структуралистов к событиям в Чехословакии, стала более активно тормозить и научную деятельность сотрудников, не регламентируемую свыше: том «Структурно-типологические исследования» был изъят из издательства «Наука», где он уже готовился к печати.

[3] Имеется в виду «Семиотика 4». Обилие в ней статей московских коллег (в том числе две больших статьи В. Н. Топорова и одна В. В. Иванова) свидетельствует о быстрой пересылке материалов запрещенного тома в Тарту. Объем «Семиотики 4» — 41 п. л.

[4] Речь идет о статье В. В. Иванова «Структура стихотворения Хлебникова “Меня проносят на слоновых...”» («Семиотика 3»). Французская публикация ее не обнаружена.

692

<25 января 1970 г.>

Дорогой Владимир Николаевич!

Спасибо за письмо и обещание статьи — буду ее ждать. Я совершенно согласен с Вами относительно несовершенства существующего ныне порядка формирования «Семиотик» и связанных с этим неудобств, но вот что делать — не знаю. Я вижу только один выход: разделить сборник на постоянные рубрики с постоянными ответственными лицами, которые согласились бы взять на себя труд вести данный отдел, обеспечивать его преемственность из номера в номер и научный уровень, определяя всю научную стратегию данной рубрики. В определенный срок руководители отделов сдают материалы в редколлегию, которая «увязывает» их в единый том.

Я предложил бы следующих руководителей рубрик[1]:

1. Семиотика мифа, фольклора, религии — В. Н. Топоров.
2. Семиотика культуры — Ю. М. Лотман.
3. Семиотика искусства. Живопись — Б. А. Успенский.
4. Семиотика искусства. Музыка — Б. М. Гаспаров.
5. Семиотика кино — Ю. М. Лотман, В. В. Иванов.
6. Поэтика, структура художественного текста — В. В. Иванов.
7. Общие проблемы семиотического описания — ? м<ожет> б<ыть>, И. И. Ревзин?
8. Трибуна — Ю. Лотман.
9. Публикации и обзоры — Ю. Лотман.

Нужен ли отдел «Метрика»? Игорь Чернов в Тарту и Кристева в Париже считают, что не нужен (а также — частотные словари). Я, со своей стороны, полагаю, что не только нужны, но и необходимы. Каково Ваше мнение? Если такие разделы сделаем, то по метрике можно было бы привлечь М. Л. Гаспарова, а по «частотным» — Зару Григорьевну. Не обязательно, чтобы каждый раздел был представлен в каждом томе.

Я считаю, что фамилия «шефа» отдела должна быть указана в оглавлении или редакционной справке. Он берет на себя первую ответственность, приглашая или отвергая авторов и определяя очередность публикации.

Должность не самая приятная, но, будучи распределена между многими, станет менее тягостной. В спорных случаях работа направляется на чтение кому-либо из ответственных по другим разделам, и если мнение двух руководителей разделов совпадает, — оно считается окончательным.

Все руководители разделов подают материалы в полной готовности (типографски и библиографически оформленные, с двумя рецензиями на каждую статью) не позже 15 сентября каждого года.

Окончательное собирание тома происходит в Тарту.

Если между мной и кем-либо из руководителей отделов возникнет конфликт, то решаться он должен на общем совещании неофициальной редакции (то есть руководителей отделов), для чего я жалую в Москву. За быстрое и точное чтение корректур отвечают авторы. Каково Вам сие новое уложение?

Кстати, не включить ли в раздел «Описания» вместе с Ревзиным и Пятигорского? Он для этого тома готовил рубрику «Метаязык» и аттестовал себя лучшим образом в отношении деятельности и усердия.

Вообще о кандидатурах можно будет договориться, если идея в целом Вам и Вячеславу Всеволодовичу покажется достойной внимания. Покажите ему это письмо. Б. А. Успенскому я напишу сам.

Я не могу объяснить себе, что́ происходит с высланными Вам томами «Семиотики»: я лично проверял по бухгалтерским книгам — Вам были высланы наложенным платежом два раза (меня смущает, что в ведомости они соединены с посылкой Д. Сегалу, который заказывал на сектор, и, может быть, экспедиторша, поленившись, соединила вместе).

Но я сам собственной рукой отослал Вам подписанный экземпляр от имени редколлегии! У меня не было уверенности в Вашем новом адресе, и отослал я его на сектор. Неужели же кто-то похитил? Сейчас издательская группа по моему распоряжению высылает на Ваш домашний адрес из оставшегося НЗ (25 экз<емпляров>) еще один. Сообщите, когда он прибудет, — я просто в отчаянии.

Кяэрику в этом году запланировано на 17—24 августа. Три дня в Тарту (первые), четыре — в Кяэрику. К сожалению, на это же время пришелся в Таллине Конгресс финно-угристов. Можно будет сделать день перерыва для поездки в Таллин. Но, если Вы, или Вячеслав Всеволодович, или другие сотрудники Вашего сектора — «кяярикусцы» хотят принимать более плотное участие в таллинском конгрессе, то придется срочно сдвигать сроки. Тогда прошу меня информировать тотчас же. Кстати, Ю. К. Лекомцев пишет мне о каком-то симпозиуме в Тбилиси. Когда он и кто организаторы? Важно не столкнуться во времени. Да и поехать хотелось бы.

Получили ли Вы оттиски? Были высланы на прошлой неделе.

Сердечные приветы Татьяне Яковлевне. Зара Гр<игорьевна> шлет Вам приветы и свою новую брошюру о Блоке[2].

Сердечно жму Вам руку. Ваш Ю. Лотман
Тарту. 25.I.70.

[1] Ср. аналогичный список в п. 523. Реально же этот замысел не был осуществлен: все-таки основная работа по подготовке трудов по семиотике к изданию продолжала выполняться тартуанцами.

[2] *Минц З. Г.* Лирика Александра Блока (1907—1911). Вып. II. Тарту, 1969.

693

<10 января 1972 г.>

Дорогой Владимир Николаевич!

Большое спасибо за письмо — «грибы» получил[1]. Ваша статья о грибах очень интересна и хорошо подходит к общему фольклорно-мифологическому уклону тома, посвященного П. Г. Богатыреву. Но Вы правы в том, что, как говорил гоголевский квартальный, «предмет, того, игривый...»[2]. На всякий случай пришлите все же (и срочно) статью о Жуковском[3]. Это тем более было бы хорошо, что «мифологический» отдел и так велик и обилен, а «поэтика» — слабовата — сплошные Щеглов и Жолковский.

Не забудьте приложить к статье две (если сложно, то хоть одну!) рецензии и дать статью в максимально окончательном виде. Надеюсь, что V-й том «Семиотики» Вы получите еще до получения этого письма. Какого рода статьи надо в сб<орник> Греймаса?

У нас прошла первая из намеченной длинной серии министерских проверок. Она была в самый Новый год, и я, закрутившись, сбился — кому посылал новогодние поздравления, кому — нет.

На всякий случай прошу не забывать, что я и Зара Григорьевна не только в Новый год, но и всегда желаем Татьяне Яковлевне, Вам и девочкам всего самого хорошего.

Тарту. 10.I.72. Ваш Ю. Лотман

[1] Ю. М. собирал «Семиотику 7», посвященную памяти П. Г. Богатырева. Однако здесь и в следующих тартуских изданиях статья о грибах не была опубликована; возможно, сказался ее «игривый» характер (упоминание фаллической мифологии). Ср.: *Топоров В. Н.* Семантика мифологических представлений о грибах // Balcanica. Лингвистические исследования. М., 1979.

[2] Из повести Н. В. Гоголя «Портрет», ч. 1 (1842).

[3] И такая статья в Тарту не публиковалась. Впоследствии В. Н. Топоров публиковал много работ, относящихся к творчеству В. А. Жуковского; из самых ранних: Из исследований в области поэтики Жуковского... // Slavica Hierosolymitana. Vol. 1. Jerusalem, 1977; К рецепции поэзии Жуковского в начале XX века. Блок — Жуковский: проблема реминисценций // Russian literature, v. 4, 1977. Тезисы второй статьи изданы в Тарту: Тезисы I Всесоюзной (III) конференции «Творчество А. А. Блока и русская культура XX века», 1975.

694

<11 февраля 1972 г.>

Дорогой Владимир Николаевич!

Спасибо за письмо, которое меня обрадовало и огорчило. Бандероль со статьей еще не получил — жду. Времени для замен и уточнений состава VII т<ома> достаточно, поскольку VI (который, е.б.ж., как писал в своем дневнике Лев Толстой[1], будет лучше V-го) еще не набирается и (опять-таки е.б.ж.!) начнет набираться только ближе к весне. VII-й т<ом> подобрался, как мне кажется, очень интересный.

Вообще же год високосный и, как говорит народная мудрость, — на кого Касьян глянет...

Меня очень огорчило Ваше мнение о ненаучности и субъективизме некоторых статей V-го т<ома>[2]. Огорчило не то, что Вы его высказали, а то, что сборник дал основание для него. Виной здесь, конечно, в первую очередь, я сам, вынужденный по условиям работы подбирать и редактировать статьи, находящиеся вне моей научной компетенции. Поскольку и интересы работы, и характер наших отношений подразумевают обстановку полного и безусловного гамбургского счета, я просил бы Вас написать, какие из статей, по Вашему мнению, задеты субъективизмом, о котором Вы пишете, и вообще подробнее все, что Вы думаете о сборнике. Было бы очень хорошо, если бы и Вяч<еслав> Вс<еволодович> сделал бы то же самое. Это важно не только для того, что, сохранившись в редакционном портфеле, такие письма со временем станут фактом истории науки, но и для корректирования дальнейших сборников, если они будут иметь место.

Мне очень хочется «впихнуть» и «грибы», и Жуковского[3], но удастся ли — не знаю. Вообще VII т<ом> еще не затвердел — находится в состоянии горячей магмы, но, как сказал Ломоносов о сыне Рихмана, показывает прекрасную надежду[4].

Сердечные приветы Татьяне Яковлевне и девочкам. Сердечно Ваш Ю. Лотман

P. S. Еще раз повторяю, что очень благодарен Вам за прямое выражение мнения, хотя и очень огорчен несовершенствами вышедшего тома.

Ю. Л.
11.II.72.

[1] е.б.ж. (если будем живы) — любимое выражение Л. Н. Толстого.
[2] Ср. примеч. 7 к п. 544.
[3] См. примеч. 1 и 3 к п. 693.
[4] М. В. Ломоносов в п. к гр. И. И. Шувалову от 26 июля 1753 г. говорил о сыне погибшего проф. Рихмана: «добрую показывал надежду».

695

<4 декабря 1972 г.>

Дорогой Владимир Николаевич!

Вот я и выбрался из больницы и здоров, хотя от трехмесячного лежания несколько ослаб[1]. Постепенно вхожу в норму.

С большим удовольствием перечел в корректуре Вашу и Вяч. Вс. статью о Велесе в северорусской традиции (также как и очень хорошую статью Вяч. Вс. о Бахтине)[2]. Вообще, если том появится (е.б.ж., как говорил Л. Толстой), то, кажется, он будет не хуже предшествующих — интересного много. Кстати, обратили ли Вы, в связи с интересующей Вас в статье о Велесе темой «медведь/молния», внимание на эпизод из «Рыцаря нашего времени» Карамзина? Осмелюсь напомнить Вам его:

«Вдруг из густого лесу выбежал медведь и прямо бросился на Леона. Дядька не мог даже и закричать от ужаса. Двадцать шагов отделяют нашего маленького друга от неизбежной смерти. <...> Грянул страшный гром <...> видит перед собою убитого громом медведя» (Соч. Карамзина, т. III. СПб., 1848, стр. 259).

Интересно, что эпизод этот — автобиографический, или, по крайней мере, Карамзин считал его таковым (видимо, это отражение в памяти каких-то рассказов, слышанных в детстве; любопытна мифологическая основа «бывальщин» — рассказов, которые сами повествователи считают произошедшими в недавнее время <с ними> или с их знакомыми).

Из текста статьи я не понял, считаете ли Вы совпадения «Слова» со свадебной песнью позднейшей вставкой. Если да, то я мог бы Вам возразить одним примером: в прошлом году, оппонируя студенту Байбурину, я заметил, что известное описание русской земли в «Слове о погибели» — почти дословное переложение свадебной песни, исполняемой невестой, покидающей родной дом.

Можно ли в последнем абзаце статьи строчку «или же когда отрицание поддельности...» переформулировать «или же когда все черты и детали дошедшего до нас текста безоговорочно относятся к концу XII века без предварительного...» (далее как у Вас)?[3] Мне хотелось бы избежать слова «поддельность» — оно обросло спорами и действует на Д. С. Лихачева, как красная тряпка, а он многократно реально поддерживал наше издание в трудных ситуациях.

Зара Григорьевна сердечно благодарит Татьяну Яковлевну и Вас за поздравление: она смертельно устала (все свалилось разом: моя болезнь, защита[4], отсутствие домработницы) и, право, более нуждается в бюллетене, чем я.

Сердечно Ваш Ю. Лотман
4.XII.72.

P. S. Детство Карамзина прошло близ Симбирска, действие «Рыцаря нашего времени» — при слиянии Волги и Свияги (то есть — выше Казани) «на луговой стороне» — все в местах Приволжья, кот<орое> Вы связываете с бытованием интересующей Вас легенды.

[1] Ю. М. был болен тяжелой формой гепатита.

[2] Речь идет о статьях в «Семиотике 6».

[3] В окончательном тексте избран третий вариант: «... или же когда утверждение архаичности «Слова» и отнесение его к концу XII века делаются без предварительного выделения разных хронологических слоев» («Семиотика 6», с. 82).

[4] З. Г. Минц 21 ноября 1972 г. защитила в Тарту докторскую диссертацию «А. Блок и русская реалистическая литература XIX века».

696

<30 октября 1976 г.>

Дорогой Владимир Николаевич!

Посылаю Вам корректуру статьи[1] — очень прошу вернуть ее:

1) Срочно.

2) Без каких-либо добавлений, внеся лишь корректурную правку (нам и так очень тяжело воевать с издательством)*.

Как здоровье Татьяны Яковлевны и Ваших девочек? — передайте им мои поклоны. Лучше ли Вячеславу Всеволодовичу? Его письмо меня очень встревожило — и ему прошу передать сердечные пожелания доброго здравия.

Я только что окончательно поставил точку (сегодня везу в Ленинград в издательство) в рукописи книги «Комментарий к "Евгению Онегину"» (20 п. л. по договору, фактически несколько больше)[2]. Получилось, кажется, забавно: мне было приятно работать, отдыхая от семиотики и убедившись, что я еще и без нее могу что-то делать. Оказалось много интересного чисто бытового комментария. Второй раздел книги (первый отдан построчным примечаниям) составляет «Очерк дворянского быта онегинской поры». Если книга когда-либо появится, мне будет очень интересно Ваше мнение.

Сердечно Ваш Ю. Лотман

[1] Совместной с В. В. Ивановым статьи для «Семиотики 8» (см. примеч. 2 к п. 674).

[2] Книга выйдет в 1980 г.

697

<21 марта 1983 г.>

Дорогой Владимир Николаевич!

Беру на себя смелость напомнить Вам о «Петербургском сборнике»[1]. Без Вашей статьи он просто не состоится, и на Вашей совести будет провал хорошего дела, потому что сборный том, в котором будет две-три статьи о семиотике Петербурга, получит совершенно другой и значительно менее осмысленный характер. Очень важно дать цельный том, а без Вас это не получится. Насколько понижается ценность сборника от разнонаправленности, Вы могли убедиться, к сожалению, читая XV-ю «Семиотику» (получили ли Вы ее? Меня уверяли в издательской группе, что в Институт славяноведения всем отправлено, но ведь они «народ того, ненадежный»[2], могут и соврать).

* Корректуры рисунков будут отдельно. (*Примечание Ю. М. Лотмана.*)

Хочется верить, что у Вас в семье все благополучно, — как на фронте зимой устаешь от холода, так душа устала от разных неблагополучий и греется от всякой благополучной новости (у нас, кстати, дома все, тьфу, тьфу, благополучно, а вокруг — скучно, что тоже форма благополучия).

Сердечные приветы Татьяне Яковлевне и Вашим дочерям. З<ара> Г<ригорьевна> шлет всем вам поклоны.

Ваш, пребывающий в надежде на скорейшее получение статьи, Ю. Лотман

Тарту. 21.III.83.

P. S. Диссертацию Ромы Тименчика ВАК утвердил[3].

[1] Статья В. Н. Топорова «Петербург и петербургский текст русской литературы. (Введение в тему)» открывала «Семиотику 18» (1984), целиком посвященную Петербургу.

[2] Неточная цитата из гоголевской «Шинели» (1842).

[3] См. примеч. 1 к п. 678.

698

<7 мая 1983 г.>

Дорогой Владимир Николаевич!

Сегодня получил Вашу статью и сразу же сел ее читать. Только что прочел. Большое спасибо — статья прекрасная[1]. Не обинуясь скажу, что появление ее составит не только научное, но и культурное событие. Я, который связан с Петербургом многими нитями и очень для меня интимно, особенно Вас за нее благодарю. Кроме того, статья очень нужная (именно то, что нужно!) для нашего сборника: она свяжет воедино весь материал. А сборник обещает быть неплохим.

Очень жалею, что Вяч. Вс. не прислал статьи — доклад его на семинаре был исключительно интересным. Однако далее ждать уже невозможно: надо успеть пропустить сборник в мае через утверждение на Уч<еном> Совете (раз в месяц). Иначе сборник рискует выпасть из плана.

Моя поездка в Москву все откладывается, в частности из-за сборника, который обязательно надо сдать «до».

Еще раз спасибо!

Сердечные приветы Татьяне Яковлевне и всему Вашему Дому. З<ара> Г<ригорьевна> шлет сердечные поклоны.

Ваш Ю. Лотман
7.V.83.

[1] См. примеч. 1 к п. 697.

699

<19 июля 1983 г.>

Дорогой Владимир Николаевич!

Вставки получил и делаю попытки их внести — рукопись уже в издательстве[1], а там у нас милые дамы, которые вредят, как могут. Я очень рад, что Вас заинтересовал дневник Андрея Тургенева[2]. Я в 1950-е годы собирался его издать и дал заявку в Памятники (хотел включить и речи в Дружеском литературном обществе, и переписку Андрея Тургенева с Жуковским, Мерзляковым и Кайсаровым). Но тогда Юлиан Гр<игорьевич> Оксман сказал мне, что они не могут издать и Андрея, и Александра. А Александра Тургенева заявил Гиллельсон, очень тогда нуждавшийся в публикациях[3]. И я уступил, сняв свою заявку. После этого я несколько раз пытался уговорить М. П. Алексеева возобновить издание «Тургеневского архива», но он лишь горько-язвительно улыбался, говоря, что это слишком мелко для Пушкинского Дома, который занят обобщающими трудами по актуальным проблемам. Я предлагал, что сам подготовлю такой том, но это было признано невозможным.

Однако мне кажется, что Вы несколько недооцениваете трудности подготовки дневника. Некоторые тетради весьма трудны для чтения (особенно заграничный пражско-венский дневник), а комментирование потребовало бы, думаю, год работы безотрывной. А где взять год, который можно было бы спокойно сидеть в Пушкинском Доме? К тому же мне лично туда сейчас ходить, как спускаться в клоаку (простите за неаппетитное сравнение!). Весной мне потребовалась рукопись «Тени Баркова» Пушкина — меня занимает вопрос знакомства Пушкина с поэтами круга Теофиля де Вио, Сент-Амана, Тристана Лермита, Ле Пти и др. Кое-что удалось найти, но «Тень Баркова» (отсутствующая в академическом издании и даже не упомянутая!) здесь важна, как <бы?> «чувствуется». Не дали! И еще прочли лекцию о том, как высоко надо хранить честь классиков и пр., и пр.

Получили ли Вы «Семиотику 16»? Очень хотелось бы повидаться — соскучился по Вам и Татьяне Яковлевне, сердечные ей приветы.

19.VII.83. Ваш Ю. Лотман

[1] См. примеч. 1 к п. 697.

[2] В. Н. Топоров все последующие годы будет заниматься изучением дневников Андрея Тургенева. Его первое сообщение на эту тему — тезисы «“Дневник» Андрея Ивановича Тургенева — бесценный памятник русской культуры” («Литературный процесс и развитие русской культуры XVIII — XX вв. Тезисы научной конференции». Таллин, 1985); второе — статья «Два дневника (Андрей Тургенев и Исикава Такубоку)» (сб. «Восток—Запад». М., 1989).

[3] М. И. Гиллельсон издал в серии «Литературные памятники» книгу: *Тургенев Александр И.* Хроника русского. Дневники (1825—1826). М.—Л., 1964.

700

<15 декабря 1990 г.>

Дорогой Владимир Николаевич!

Искренне и от души поздравляю Вас с званием академика. Я знаю, что для Вашей души это не столь уже важное событие, но для тех, кто знает Вас и Ваши труды и числит себя в числе Ваших друзей, это событие радостное, ибо бесспорно справедливое. Хочу верить в то, что Вы не сомневаетесь в моей искренности. Я же могу сослаться лишь на мнение покойной Зары Григорьевны, обладавшей таким редким чувством безошибочной справедливости. Она всегда говорила, что в нашем кругу есть лишь два человека, достойных войти и сделающих честь любой академии, — Вы и Михаил Леонович Гаспаров. Дай Вам Бог здоровья и новых трудов.

Что сказать Вам о себе? Мне тяжело. Не могу привыкнуть к мысли о происшедшем, да и привыкну ли? Внутренне лишь об этом и думаю, и все прокручиваю заново весь кинофильм жизни[1]. Занятие очень тяжелое. И, между тем, даже странно, как алкоголик, работаю. За эти тяжкие дни продиктовал (я диктую, а не пишу, что-то с правой рукой) небольшую — всего 7 печ. л. — странную книжку о неизбежности ретроспективного пересоздания прошлого[2] (историк — «пророк, предсказывающий назад»[3]) и о предсказуемости постепенных процессов (история «технического» мира) и принципиальной непредсказуемости взрывных моментов, столь частых в русской истории. Что из этого получится — не знаю, но сейчас некая аутотерапия.

Сердечные поздравления с Рождеством и Новым Годом и пожелания здоровья и счастья Татьяне Яковлевне и дочерям.

Искренне Ваш Ю. Лотман

15.12.90. Простите плохую печать — учусь печатать. Не все же диктовать.

[1] 25 октября 1990 г. скончалась З. Г. Минц.

[2] Будущая книга «Культура и взрыв» (М., 1992).

[3] Слова Б. Л. Пастернака из раннего варианта поэмы «Высокая болезнь» (1924); мысль заимствована у А. Шлегеля (поэт ошибочно говорит о Гегеле).

701

<19 февраля 1992 г.>

Дорогой Владимир Николаевич!

Давно не имею от Вас никакой весточки. А между тем время такое, что очень хочется иногда аукнуться.

Рад ВАМ сообщить, что семиотические издания продолжают существовать даже в этом, не очень надежном мире. Предыдущие два тома, которые было застряли надолго в типографии, пришли в движение, и мы ожидаем их выхода[1]. Весною — конец апреля — первая половина мая — мы надеемся сдать в типографию новый сборник[2]. Ваше участие для нас, как всегда, было бы большой радостью. Разумеется, это же относится и к Татьяне Яковлевне, которой прошу передать мои сердечные приветы. Не знаю, этот том или следующий, но мне бы очень хотелось посвятить одно издание памяти И. Д. Амусина[3]. Но для этого хорошо было бы получить хоть несколько статей по библеистике и кумранистике. Очень хотелось бы получить от Вас для сборника (или же лично для меня в форме письма) Ваши размышления о будущих путях научного развития в широком пространстве семиотики культуры. Я написал и сдал в издательство в Москве небольшую книгу (10 печатных листов) на тему «Quo vadis[4], семиотика?»[5]. Что же касается этого, если его обратить не к семиотике («бедному нашему рифмачеству»[6], по выражению Ломоносова), а вообще к направлению жизни, то я из упрямства сохраняю оптимизм, может быть, потому, что реальных оснований для оптимизма очень мало.

P. S. Сейчас все разъезжаются — кто на время, кто навсегда. И поэтому я не очень представляю себе, кто сейчас в Москве из постоянных сотрудников наших сборников — на предмет информации о подготовке нового тома. Если Вас не затруднит — сообщите мне.

Тарту. 19.02.92.
Сердечно Ваш Ju. Lotman

[1] Речь идет о последних (до настоящего времени) томах: «Семиотика 24» и «Семиотика 25». Подготовленные еще в 1989 г., они вышли в 1992 г.

[2] Увы, этот план Ю. М. не смог осуществить.

[3] Тоже неосуществленный замысел.

[4] Куда идешь (*лат.*). Евангельская фраза (Иоанн, 13: 36), взятая Г. Сенкевичем как заглавие его романа.

[5] Неясное сообщение: такая рукопись не обнаружена; содержание книги «Культура и взрыв» не соответствует данному заглавию.

[6] М. В. Ломоносов в п. к гр. И. И. Шувалову от 19 января 1761 г. говорит об А. П. Сумарокове: «...бедное свое рифмачество выше всего человеческого знания ставит».

702

Тарту. 3.07.92.

Дорогой Владимир Николаевич!

С чувством глубокой и искренней благодарности отвечаю на Ваше письмо от 27.IV.92. Я несколько задержал ответ, потому что пережил довольно тяжелую болезнь, которая чуть не увела меня туда, откуда уже не отвечают. Сейчас потихоньку выбираюсь в более надежное пространство. Но даже это письмо, как Вы видите, вынужден диктовать[1]. Вообще с письмами у нас трудности: посылать их из Тарту чудовищно дорого — это письмо повезет в Москву моя милая помощница, а там уже отправит по почте.

Я полностью разделяю Вашу мысль об организации сборника памяти И. Д. Амусина[2], которого я искренне любил, но для начала активных действий мне надо самому немножко прийти в себя.

Если у Вас есть еще предложения относительно возможных авторов Амусинского сборника — пришлите. Прошу Вас иметь в виду, что предложения Вам принять участие в очередных тартуских изданиях (пока это зависит от меня) вечные и навсегда сохраняют свою актуальность. То же самое относится и к Татьяне Яковлевне, которой прошу передать самые сердечные приветы. Я всегда рад любому известию от Вас.

Сердечно Ваш Ю. Лотман

[1] Письмо продиктовано секретарю Т. Д. Кузовкиной.
[2] См. примеч. 3 к п. 701.

703

26.VIII.93

Дорогой Владимир Николаевич,

Диктую Вам это письмо под свежим впечатлением только что прослушанного мной текста Вашей статьи «Вместо воспоминания»[1], посвященной дорогим нам обоим временам, уже превратившимся в историю. Самое главное, что я хочу Вам выразить, это чувство острой благодарности и какое-то трудно определимое ощущение глубокого личного единства, которое у меня всегда существует по отношению к Вам и которое я сейчас вновь пережил с почти болезненной остротой.

Прежде всего два слова о том, на каком фоне я слушал чтение Вашего текста (сам я сейчас читаю с трудом).

За последнее время я перенес несколько мозговых спазмов, из которых последний (месяца полтора тому назад) был особенно грозный. Честный врач, как только я минимально пришел в себя, на мой вопрос, в каком виде ему рисуются утраты и сохранение способностей моего мозга, ответил, что никакой заранее сформулированной позиции по этому вопросу у него нет, что это придется устанавливать опытом, что кое-что бесспорно будет утеряно безвозвратно, кое-что удастся скомпенсировать за счет параллельных мозговых функций, потенциал которых, по его мнению, еще не до конца исчерпан. Вот я, с помощью моих милых друзей и учеников (точнее, учениц), и пытаюсь определить границы этого «кое-что».

Меня, конечно, тревожит степень неизбежных утрат (особенно в генерационной способности), но здесь, видимо, даже с самой оптимистичной точки зрения кое с чем придется примириться. А так как ретроспективный взгляд всегда обманчиво-оптимистичен, то то, что «было», видимо, представляется в гораздо более розовом свете, чем оно заслуживает. В любом случае приходится более благодарить за то «кое-что», что, кажется, сохранилось, чем говорить о потерях, конечно, объективно очень существенных. Особенно чувствительны трудности в чтении. Что заставляет переходить на технику слушания, для меня совершенно чуждую.

Таков фон, на котором я услышал текст Вашей статьи. Она вызвала у меня не только согласие, но и то чувство глубокой внутренней близости, которое у меня всегда возникало при соприкосновениях с Вашим миром — и научным, и человеческим. Не знаю, долго ли еще я буду *здесь* (в смысле Жуковского)[2], но я не перестаю — и хочу Вам это ясно сказать — благодарить судьбу за нашу с Вами встречу (человеческую и научную). Как статья Ваш текст у меня вызывает также полное согласие. Мы с Вами с самого начала научных пересечений шли по различным дорогам, но мне кажется, что это не отчуждало, а — напротив — каким-то странным образом сближало нас.

Ни о каких будущих моих научных планах я сейчас говорить не могу. Вопросы этого типа появляются у меня в голове, как правило, в конце ночи (ночами я или засыпаю очень поздно, или почти совсем не сплю). Тогда появляются мысли, о которых, как о снах, нельзя самому судить, имеют ли они какое-то объективное значение или только «пленной мысли раздраженье»[3]. Голова как-то странно проясняется, и иногда кажется, что вот-вот поймаешь что-то достаточно серьезное и новое. Но мозг быстро устает. Где-то около семи — начала восьмого утра я засыпаю, и память почти все стирает, как надписи мелом на грифельной доске. И все же... Когда-то у меня был такой разговор: меня спросили, что бы я делал, если бы меня бросили где-нибудь в центре океана без какой бы то ни было надежды добраться до берега. На что я отвечал категорически: «Барахтался бы». Вот это и есть самое точное определение моего нынешнего статуса: мне хочется сохранить внутреннюю силу барахтаться до последней минуты, так и не имея ответа на вопрос Баратынского: «Скажи, твой беспокойный жар — смешной недуг иль Божий дар?» И вот тут, действительно, по Баратынскому: «Сам судия и подсудимый»[4].

В любом случае Ваша статья для меня не только импульс для мыслей, но и большая человеческая радость: я вновь пережил чувство глубокого соответствия Вам и Вашим мыслям, которое для меня всегда было основным итогом чтения Ваших работ.

Я с любовью и благодарностью вспоминаю весь Ваш дом, который для меня продолжает оставаться дорогим и близким, и в особенности прошу напомнить о моей любви Татьяне Яковлевне.

Сердечно и неизменно Ваш Ю. Лотман

[1] Статью В. Н. Топорова «Вместо воспоминания» Ю. М. мог узнать лишь в допечатном (допубликуемом) варианте, она включена в сб. «Ю. М. Лотман и тартуско-московская семиотическая школа» (М., 1994), вышедший уже после кончины Ю. М.

[2] Характерная для В. А. Жуковского строка из переводного (из Шиллера) стих. «Путешественник» (1809): «*Там* не будет вечно *здесь*»; *здесь* — земная жизнь.

[3] Из стих. М. Ю. Лермонтова «Не верь себе» (1839).

[4] Цитаты из стих. Е. А. Баратынского «Рифма» (1841).

В. С. БАЕВСКОМУ

Вадим Соломонович Баевский *(род. 1929) окончил Киевский пединститут им. А. М. Горького (1951) и затем 11 лет учительствовал в средней школе г. Чистяково Донецкой обл.; с 1962 г. преподает в Смоленском пединституте; в 1975 г. защитил в Тарту докторскую диссертацию «Типология стиха русской лирической поэзии».*

Ныне В. С. Баевский — профессор, зав. кафедрой истории и теории литературы Смоленского пединститута, отличный педагог и крупный ученый, специалист в области истории русской поэзии и теоретического стиховедения, автор десятка добротных книг, среди которых особенно выделяется учебное пособие «История русской поэзии. 1730 — 1980. Компендиум» (Смоленск: Русич, 1994), и многих десятков (около 250) научных статей; яркий мемуарист. Среди его опубликованных воспоминаний находится и очерк о Ю. М. — «Elan vital» // «Russian Studies», 1994, I, 1. В том же номере петербургского журнала напечатаны 10 писем к нему (главным образом в отрывках) Ю. М. и З. Г. Минц. С Ю. М. он был знаком еще с середины 1960-х гг.

Настоящая публикация 22 писем Ю. М., в добавление к уже известным, значительно расширяет круг тем и событий, которые связывали адресата с Ю. М., в том числе и драматически конфликтных. Однако все письма пронизаны взаимным уважением и человеческой симпатией, общностью научных интересов.

В. С. Баевский любезно согласился прокомментировать данный комплект писем, и мы с благодарностью включаем в книгу эти комментарии.

704

<21 сентября 1973 г.>

Уважаемый Вадим Соломонович!

Вопреки своей «эпистолофобии»[1] спешу Вам ответить:

1. Оппонентом Вашим я готов быть всегда и везде.

2. Защита у нас, в принципе, конечно, возможна — НО:

a) У нас очень не любят приглашать со стороны более одного оппонента на одну защиту — у университета мало денег, и всегда начинается нытье на тему — если у нас нет специалистов, то почему у нас защита?

b) В настоящее время у нас имеется потенциальный второй оппонент по стиховедению — Яак Пыльдмяэ, но его диссертация — кандидатская, за которую Совет ему присудил докторскую степень, — находится еще (уже второй год) на утверждении в ВАК'е. Полагаю, что до нового года этот вопрос должен, наконец, в ту или иную сторону решиться.

Если у нас будет два оппонента, то третьего пригласить можно легко (Егоров — прекрасно) и защита протечет вполне естественно. Если второго оппонента не будет (наш доктор — П. С. Рейфман — отнюдь не стиховед. Он и сам не возьмется, и для ВАК'а плохо. Зара Григорьевна — еще не утверждена и как оппонент несовместима со мной) — дело хуже. Тогда, может быть, ориентироваться на кафедру Б. Ф. в ЛГПИ?

Конечно, если выяснится, что других вариантов нет или они слишком трудны и ненадежны, то будем пробовать у нас и с одним оппонентом. Вот сейчас у нас предстоит докторская защита Нинова (по Бунину и Горькому с приглашением двоих — Бялого и Краснова), но это вызвало очень большое недовольство, декан даже поговаривал о лишении нас права докторских защит.. Однако все же, — как видите, это возможно. И если не будет более легких путей — пойдем по этому.

С уважением и приветом

Ваш Ю. Лотман
21. IX. 73

[1] В. С. Баевский (далее сокращенно: В. С.) просил Ю. М. ответить «вопреки эпистолофобии» (термин заимствован у Ф. Де Соссюра).

705

<30 сентября 1973 г.>

Дорогой Вадим Соломонович!

Идея пригласить Б. М. Гаспарова в качестве оппонента — прекрасна. Я и сам об этом думал. Да вот в чем беда: Б. М. находится сейчас в Финляндии — преподает в Хельсинкском университете — он командирован еще на год от нашего университета. Возможно, что он и приедет к рождественским каникулам, но ведь до этого времени мы не успеем оформить дела и назначить защиту. А после — только начало лета. Да и то, когда он вернется — неизвестно, а кроме того, при назначении оппонентов на Совете меня сразу же спросят, имеется ли договоренность с оппонентом. Так что, к сожалению, не получается. Если же ориентироваться на будущую осень, то к этому времени, вероятно, будет доктором Яак Пыльдмяэ, что + Б. М. Гаспаров и я даст искомую магическую цифру три. Только вот ждать долго, да и что будет еще до осени. Такие дела...

Конечно, рассуждая здраво, до осени Вы все равно не защитите[1], но если такая возможность все же обнаружится (у Б. Ф. или в ЛГУ — через Холшевникова?), то я готов быть оппонентом или предложить нашу кафедру в качестве рецензирующего предприятия (тогда оппонирование отпадает) — как Вы найдете более удобным и полезным для дела.

Простите, что сообщаю Вам не самые лучшие новости.

Сердечно жму Вашу руку,

Ваш Ю. Лотман
30. IX. 73.

[1] Защита состоится в Тарту лишь 24 января 1975 г. (оппоненты: Б. М. Гаспаров, Б. Ф. Егоров, Ю. М. Лотман). См. ниже.

706

<Начало марта 1974 г.>[1]

Дорогой Вадим Соломонович!

Простите, что не ответил на Ваше предыдущее письмо, — все время как на карусели. Я считаю, что, действительно, самым разумным будет планировать защиту в нашем университете на осенний семестр (ведь скорее организовать защиту невозможно даже при самых благоприятных обстоятельствах: нужно обсудить на кафедре, провести через Совет, получить отзыв рецензирующего предприятия — Вам еще предстоит подумать, кто может выступить в этом качестве, — напечатать автореферат, а для этого — получить предварительные отзывы оппонентов, — одним словом, волынка, которая при самом исключительном стечении всех обстоятельств занимает не менее, чем полгода, а ведь еще бывают задержки самые естественные, например, болезнь оппонентов, занятость рецензентов, которая может задержать обсуждение на нашей кафедре или в рецензирующем предприятии, очередь защит и проч.).

Относительно оппонентов дело обстоит так: Гаспаров хочет остаться на второй срок в Финляндии, но пока разрешения не получил, Пыльдмяэ еще не утвержден. Оба эти обстоятельства прояснятся, думаю, к маю. Раньше ясность в вопросе оппонентов и не нужна — до Совета надо еще обсудить на кафедре, а оппонентов надо иметь лишь к Совету. Здесь важно провести через Совет до конца июня, чтобы летом напечатать и разослать автореферат. Лучше всего, если оппонентами будут Гаспаров, Пыльдмяэ и я. Если же один из них отпадет — то Борис Федорович. Поэтому ЛГПИ как рецензент отпадает. Как у Вас отношения с Гончаровым и Кожиновым? — хорошо бы было, с точки зрения дальнейшего прохождения, отрецензировать у них[2]. Вообще же обдумайте этот вопрос.

Будьте здоровы!

З<ара> Г<ригорьевна> и Миша шлют Вам поклоны. Сердечно Ваш Ю. Лотман

[1] Датируется по связи с последующими письмами.

[2] В. С. так прокомментировал это предложение: «Б. П. Гончаров и В. В. Кожинов представляли стиховедение в ИМЛИ. Гончаров нападал на Ю. М., предъявляя ему демагогические обвинения, и мы с П. А. Рудневым в «Известиях АН» (СЛЯ), 1975, № 5 резко его одернули. Так что рецензента пришлось искать в другом месте. И там без драмы не обошлось».

707

<16 марта 1974 г.>

Дорогой Вадим Соломонович!

Думаю, что дальнейший порядок прохождения диссертации должен быть таков: Вам следует обратиться к ученому секретарю нашего университета (по адресу: Тарту, Юликооли 18, Тартуский государственный университет, ученому секретарю Ирен Марооз) с письмом, к которому следует приложить отношение Вашего ректора к нашему (проф. А. В. Кооп) с просьбой принять диссертацию к защите и заявление от своего имени ему же. В письме Марооз Вам следует написать, что Ваша работа в принципе известна Ю. Лотману, который дал согласие быть оппонентом, что другим оппонентом согласился <быть> (это я беру на себя) Б. М. Гаспаров, что вопрос о третьем оппоненте пока открыт, но что его можно было бы без больших затруднений разрешить, когда диссертация в принципе будет принята к защите. Поскольку Гаспаров сейчас находится в Хельсинки, то защиту можно планировать не ранее сентября 1974 г., но Вы просили бы принять работу сейчас, чтобы можно было бы до лета обсудить ее на кафедре русской литературы, назначить рецензирующее учреждение и напечатать автореферат.

Если вопрос о принятии диссертации к защите в принципе будет решен положительно, Вы готовы приехать для уточнения всех деталей с ней лично на месте.

Перед тем как приехать, Вы пришлите нам один экз<емпляр> диссертации, и мы совместим Ваш приезд и обсуждение работы.

Вот, кажется, и все.

Мы будем рады видеть Вас в Тарту.

С сердечным приветом

Ваш Ю. Лотман
16.III.74

708

<23 марта 1974 г.>

Дорогой Вадим Соломонович!

Наши письма разъехались, но поскольку я понимаю, что Вас беспокоят дела, связанные с Вашей диссертацией, повторяю содержание последнего письма: Вам следует вступить в переговоры с нашим ученым секретарем (приложив отношение от ректора к ректору, но практически решает ученый секретарь) и добиться направления работы на кафедру. При этом Вы можете сослаться на то, что работа в принципе одобрена мной, что я согласен быть оппонентом, что вторым оппонентом согласен быть Гаспаров (при переговорах — не в письме — можно сказать, что Вы надеетесь, что к этому времени будет утвержден Пыльдмяэ и он может быть третьим оппонентом или же третьего оппонента можно пригласить. Вообще-то, если материал — русская поэзия, то третьим оппонентом мог бы быть доктор с нашей кафедры Павел Семенович Рейфман; хотя такой состав и содержит некоторые неудобства, но, в крайнем случае, можно на нем остановиться; П. С. Рейфман — хороший специалист и точный исследователь, он не стиховед, но специализируется в области литературы второй половины XIX в.) После того как работа поступит на нашу кафедру, мы назначаем обсуждение. Этот этап Вас не задержит. Затем — предварительные отзывы оппонентов и печатанье автореферата.

Таковы основные этапы.

С искренним приветом

Ваш Ю. Лотман
23.III.74

Комментарий В. С.: «Ученый секретарь Марооз удивительно доброжелательно ко мне отнеслась и очень даже содействовала продвижению дела защиты. Некоторые неудобства, думаю я, — полное засилие евреев».

709

<9 сентября 1974 г.; телеграмма>

Диссертация утверждена кафедре оппоненты Лотман Гаспаров Для прохождения ученый совет сообщите место рецензирования возможную кандидатуру третьего оппонента Приветом Лотман

710

<20 октября 1974 г.>

Дорогой Вадим Соломонович!

Дела находятся в таком состоянии — Ваша диссертация утверждена кафедрой, Гаспаров дал согласие быть оппонентом — следующий этап состоит в проведении диссертации через Ученый Совет. Это чисто техническое дело и не требует Вашего присутствия. Но затруднение в том, что с осени Совет не может собраться — то декан ездил за границу, то все были в колхозе. В конце этого месяца Совет все же должен быть. Как только оппоненты будут утверждены — можно печатать реферат. Если Вы сможете договориться с рецензирующей организацией, чтобы они практически приступили к рецензированию до того, как Совет вынесет решение о назначении места рецензирования (это чистая формальность), то дело значительно ускорится.

Когда будет рецензия и авторефераты (до печатанья хорошо бы показать текст мне), перед рассылкой их Вам придется приехать с экз<емпляром> диссертации и авторефератами в Тарту и договориться с уч<еным> секр<етарем> о сроках.

С приветом

Ваш Ю. Лотман
Тарту. 20.X.74.

P. S. Я на пять дней сегодня уезжаю в Москву, потом буду в Тарту.

711

<5 ноября 1974 г.>

Дорогой Вадим Соломонович!

Рад сообщить Вам, что Ваша диссертация одобрена Советом факультета к защите. Оппонентами утверждены я, Гаспаров и Б. Ф. Егоров. Прошу Вас получить от Б. Ф. предварительный отзыв. Теперь моя миссия на первом этапе закончена — дальнейшее, т<о> е<сть> выяснение порядка следующих шагов (печатанья автореферата, рассылки его, объявления в газетах, назначения дня защиты и проч.), — Вам решать самому с нашим ученым секретарем Ирен Маарооз[1]. Для этого, видимо, Вам придется приехать в Тарту.

Рецензирование можно уже начинать. Официальную просьбу в институт литературы АН БССР я смогу Вам выслать через неделю.

Вам имеет смысл приехать в Тарту, когда я здесь буду, а я собираюсь между 12 и 25 ноября уехать в командировку.

Вообще же дело сдвинулось с мертвой точки, и теперь скорость его дальнейшего продвижения зависит только от Вас.

С искренним приветом

Ваш Ю. Лотман

P. S. Зара Григорьевна и Миша шлют Вам поклоны.

P. S. P. S. Простите за грязь — пишу ночью, очень устал, сам не могу понять, что пишу.

Тарту. 5/XI 74.

[1] *Комментарий В. С.*: «Я всюду пишу фамилию ученого секретаря так, как Ю. М., а он пишет по-разному. По-моему, она была Маарос». На самом деле ее фамилия писалась Маароос.

712

<8 декабря 1974 г.; телеграмма>

Институт литературы БССР прислал подписью директора Науменко отказ от рецензирования мотивируя отсутствием специалистов тчк прошу срочно уладить дело тчк перенесение места рецензирования нежелательно советую съездить Минск лично приветом Лотман

Комментарий В. С.: «Я ездил в Минск, ничего, конечно, не добился. После того как Институт литературы АН БССР, вопреки обещанию, отказался дать отзыв о моей диссертации, пришлось искать и переутверждать ведущее учреждение».

713

<23 декабря 1974; телеграмма>

Рецензентом утвержден Петрозаводский университет тчк защита назначена 24 января прошу рецензию обеспечить своевременно приветом Лотман

714

<1 января 1977 г.>

Дорогой Вадим Соломонович!

Поздравляю Вас и всю Вашу семью с Новым годом и от души желаю Вам всего самого лучшего. Спасибо за сборник. Зара Григорьевна сердечно присоединяется к моим пожеланиям.

При сей верной оказии хочу Вам сообщить, что я просил передать А. Н. Колмогорову, что отзыв его куда-то девался. Но прежде чем предпринимать решительные демарши, хорошо бы увидеть, в каком состоянии дело сейчас, — м<ожет> б<ыть>, отзыв уже добрел до места назначения? Прошу Вас выяснить и сообщить мне. А за сим остаюсь Ваш покорный слуга Ю. Лотман

1.I.77.

Комментарий В. С.: «Прошло два года со времени защиты, а я еще не утвержден. Вспомнить страшно. В ВАК поступил написанный Б. П. Гончаровым, подписанный Л. И. Тимофеевым уничтожающий отзыв о моей диссертации «Типология стиха русской лирической поэзии». ВАК отправил ее на новый отзыв А. Н. Колмогорову, поскольку она вся основывалась на статистике. Колмогоров работу одобрил, о чем написал мне. А коллега, у которого были знакомые в ВАКе, сообщил мне, что, по его сведениям, отзыва Колмогорова в моем деле нет. В конце концов отзыв появился, меня вызвали в ВАК, я защищал свою диссертацию перед секцией лингвистики и литературоведения ВАКа (не уверен, что ареопаг назывался именно так) и лишь после этого я получил докторскую степень.

О каком сборнике речь — не помню».

715

14/XI 78.

Дорогой Вадим Соломонович!

Простите, Христа ради, что отвечаю Вам так поздно. Дело в том, что Ваше заманчивое предложение все равно пришло слишком поздно: мы в августе сдали XII и XIII тт. «Семиотики» и XII пошел в набор, а XIII на рецензию в Комиздат в Москву (выборочное рецензирование «Ученых зап<исок>» пало на него, как рекрутский билет на Поликушку; еще как пройдет?). Так что в октябре уже все равно ничего добавлять было невозможно. Будущий же том пойдет уже по новым правилам, которые требуют, чтобы тема тома и состав заранее (за два года!) подавались в Москву. Состав я все же надеюсь уточнять по ходу, а вот тему сборника — невозможно. Тема этого сборника будет «текст в тексте» (типа: театр на сцене, кино в кино, цитатность и проч.). Подумайте, не сообразите ли что-либо в этом роде? Большая ли Ваша статья о мифе у Пастернака? Если не очень — пришлите ее мне — может быть, я попытаюсь где-нибудь ее пристроить в Москве.

Вы ничего не пишете о себе, а мне интересно, чем Вы занимаетесь и как живете-можете. Мы «экзистируем». Больше сказать о себе не могу: сделал для «Просвещения» школьную биографию Пушкина (полудля денег, полу- для души) и две больших статьи о современной риторике (одну совместно с Гаспаровым). О них мне интересно было бы Ваше мнение, есть даже лишние экземпляры, но нет времени их собрать и сложить. Пишу учебник для школы по русской литературе, который должен появиться по-эстонски[1], и зашиваюсь. Вот заехали бы, докладик какой-нибудь нам сделали (о том же мифе и о том же Пастернаке) и нас бы послушали...

Поклоны Вашей супруге. З<ара> Г<ригорьевна> шлет приветы.

Сердечно Ваш Ю. Лотман

[1] Vene kirjandus. Õpik IX kl. Tallinn, 1982.

Комментарий В. С.: «Ответ на мое письмо, в котором я спрашивал, нет ли возможности опубликовать мою статью "Миф в поэтическом сознании и лирике Пастернака". Конечно, я не посмел затруднять Ю. М. хлопотами по ее опубликованию в Москве. Я сам обратился к академику Г. В. Степанову, и он напечатал статью в своем журнале «Известия АН» (СЛЯ), 1980, № 2.

«Экзистируем» — аллюзия на Абрама Терца: «Они не живут — они экзистируют» (заключенные в лагере). См.: *Терц А.* Собр. соч. в 2-х т., т. 1. М. СП «Старт», 1992, с. 441.

Книга Ю. М.: «А. С. Пушкин. Биография писателя». Л., 1981.

Статья Ю. М.: Риторика // Труды по знаковым системам. 12. Тарту, 1981. Совместная статья о риторике Ю. М. и Б. М. Гаспарова мне не известна.

Это письмо было лишь частично опубликовано мною в "Russian Studies"».

716

<30 декабря 1979 г.>

Дорогие Эда Моисеевна и Вадим Соломонович!

Сердечно поздравляем вас с Новым годом и желаем вам и вашим близким доброго здоровья и всего самого лучшего. С благодарностью вспоминаю пребывание в Смоленске. Конференция была довольно нелепая (усилиями председателя), но вечер у вас и несколько интересных докладов (в числе их, особенно, Эды Моисеевны) + первая встреча со Смоленском все скрасили. Общее воспоминание очень теплое. Теперь о делах:

1) Высылаю сб. «Вт<оричные> системы»[1] (без подписи, т<ак> к<ак>, если он у Вас уже есть, то прошу вернуть — это из моего крайнего НЗ; если же его у Вас нет — примите в качестве новогоднего дара);

2) Зара Гр. посылает Вам «Блоковский сб.»[2].

3) Должок в сумме 25 р. вышлю в ближайшее время.

Еще раз всего Вам лучшего в 1980 г.

Ваш Ю. Лотман
30/XII 79.

[1] Вторичные моделирующие системы. Тарту, 1979.

[2] Творчество А. А. Блока и русская культура XX века. Блоковский сборник III. Тарту, 1979.

Комментарий В. С.: «По просьбе Комитета по кибернетике при Совете Министров СССР я организовал в Смоленске большую всесоюзную конференцию по семиотике (об этом в моих воспоминаниях: Elan vital // Russian Studies. 1994. I, 1, с. 21—22; Русская филология. Смоленск: Траст-Имаком, 1994, с. 65—67). Доклад жены был посвящен хиазму как риторической фигуре.

717

<23 февраля 1980 г.>

Дорогой Вадим Соломонович!

Большое спасибо за «Талашкино» — прекрасная книга. Простите, что до сих пор не прочел диссертацию Горелик: вот вернусь 3 марта из Москвы и сразу за нее засяду. Срочно заказывайте т. XI «Семиотики» — вчера подписал его на выход. Сердечные поклоны Эде Моисеевне. Зара Гр<игорьевна> шлет вам обоим приветы.

Всегда Ваш

Ю. Лотман
23/II 80.

Комментарий В. С.: «Ю. М. благодарит за альбом, посвященный культурному гнезду, созданному кн. Тенишевой под Смоленском. Моя ученица Л. Л. Горелик, защитившая в Тарту 18 сентября 1981 г. кандидатскую диссертацию «Рифма в истории русской поэзии. “Развитие смыслового фактора”» (первый оппонент — Ю. М.), написала увлекательные воспоминания о знакомстве с Ю. М. в месяцы, предшествовавшие защите, и во время самой защиты: Осень в Тарту // Русская филология. Смоленск: Траст-Имаком, 1994, с. 18—30».

718

<2 октября 1980 г.>

Дорогой Вадим Соломонович!

Большое спасибо за письмо, лестную оценку моей книги и интересные для меня замечания и добавления. Я их учту на маловероятный случай какого-либо нового издания. Отвечу лишь на одно Ваше замечание: почему двойной лорнет — бинокль. Потому, что это точный кальк с французского la lorgnette jumelle, имеющего значение именно театрального бинокля. Если я не ошибаюсь, то по-французски до сих пор для военных призматических биноклей употребляют jumelle, а для театральных — lorgnette. Подобно тому, как «зубчатый» (для кремня) означает в «Евгении Онегине» — имеющий форму зуба, а не в привычном нам значении, «двойной» на современном языке надо было бы перевести «сдвоенный», т<о> е<сть> jumelle. Кажется, слова «бинокль» в русском языке еще не было.

За остальные замечания благодарю.

У нас в доме появился новый человечек — родилась внучка, дочь младшего сына. Очень милая, пока еще не названная никак.

Ждем Вашего приезда.

Сердечные приветы Эде Моисеевне. Зара Григорьевна шлет вам обоим поклоны.

Ваш Ю. Лотман
2.X.80.

Комментарий В. С.: «Несмотря на всю проявленную в этом письме эрудицию, Ю. М. относительно двойного лорнета не прав. С помощью С. А. Фомичева я нашел в современном Пушкину журнале статью «Двойной лорнет», где объяснено, что это за инструмент (даже отдаленно не похожий на театральный бинокль), и привез выписку Ю. М. Не могу сказать, что он был в восторге, но во 2-м издании своего комментария к «Евгению Онегину» заменил свое ошибочное объяснение этой выпиской. См. мою статью «Двойной лорнет» // Временник Пушкинской комиссии. Вып. 20. Л.: Наука, 1986, с. 147—150».

719

7.X.81.

Дорогие Эда Моисеевна и Вадим Соломонович!

Большое спасибо за Ваши письма. Отзыв В. С. прекрасен по точности, мягкости, умению найти нужные, тактичные выражения и одновременно высказать все — sapienti sat[1]. Думаю, что это то, что нужно[2]. У нас был П. А. Руднев — грустный (...но в Петербурге кто не бледен, право...), привез работу Лиды, кажется, очень хорошую.

Зара Гр. шлет вам приветы. Кая благополучно родила дочку (пятая <u>!</u> внучка).

Сердечно Ваш Ю. Лотман

[1] Умный поймет (*лат.*).

[2] *Комментарий В. С.* : «Ю. М. говорит о моем отзыве о работе Вадима Руднева. С моей точки зрения это выглядело так. Исаков, заведовавший кафедрой, попросил меня от имени кафедры высказать свое мнение о работе В. Руднева. Это дипломная, В. Руднев и некоторые сотрудники кафедры претендуют на то, что она может быть рекомендована к защите как диссертация. Я нашел, что текст не тянет и на дипломную.

Работа Лидии Петровны Новинской, по-видимому, — ее диссертация «Стих Тютчева в историко-литературном и теоретическом аспектах» (Тарту, 1982).

Источника цитаты указать не могу. Явно Серебряный век. Цветаева? Блок? Кузмин? Бог его ведает.

Восклицательный знак в конце письма дважды подчеркнут Ю. М.».

720

<26 марта 1982 г.>

Дорогой Вадим Соломонович!

С радостью узнал, что ВАК утвердил Горелик[1]. Finis coronat opus[2]. Поздравляю и Вас как руководителя. Пользуюсь случаем поблагодарить Вас и Эду Моисеевну за поздравление и царский подарок[3].

Очень был бы рад получить от Вас весточку о вашей жизни, о делах Эды Моисеевны[4] и вообще. Мы с З<арой> Г<ригорьевной> прихварываем.

Сердечные приветы Эде Моисеевне. З<ара> Г<ригорьевна> шлет вам обоим поклоны.

26.III 82.

Посылаю Вам «самый красивый эстонский парусник»[5]. Сердечно Ваш Ю. Лотман

P. S. Известия от Петра Александровича грустные.

[1] См. п. 718.

[2] Конец венчает дело (*лат.*).

[3] *Комментарий В. С.*: «Поздравление и подарки были посланы к шестидесятилетию Ю. М.».

[4] *Комментарии В. С.*: «Вопрос о делах Эды Моисеевны относится к мучительному процессу прохождения в ВАКе ее докторской диссертации. Чиновники этого учреждения всячески препятствовали утверждению вопреки требованиям академиков Д. С. Лихачева (официального оппонента) и Г. В. Степанова (председателя специализированного совета)».

[5] *Комментарии В. С.*: «Письмо написано на открытке, изображающей, согласно надписи, "самый красивый эстонский парусник". Ю. М. любил включать в письмо изобразительные и текстовые элементы художественных открыток».

721

<20 февраля 1985 г.>

Глубокоуважаемый Вадим Соломонович!

Вижу, что нам необходимо объясниться. Я, со своей стороны, глубоко сожалею о недоразумении, которое получилось, но в котором, со стороны кафедры русской литературы, можно видеть только стечение обстоятельств. К Вашему приезду все было подготовлено, и имелась специально резервированная для Вас гостевая комната в гост<инице> «Парк». «Накладка» началась с того, что Вы не сообщили, в каком вагоне едете, а аспирантка кафедры Галя Пономарева, встречавшая московский поезд, должна была собрать гостей из разных вагонов. Пока она этим занималась, Вы, к сожалению, уже прошли на кафедру и там попали именно на того человека, на которого не надо было. Бес пошутил. Лаборантка Люда Логинова, с которой Вас свела судьба, милый, но, что говорится, пыльным мешком ударенный человек. Вдобавок, не справляясь с тем, что ей поручают, она обожает вмешиваться в чужое дело и портить его. Вместо того чтобы убедить Вас обождать на кафедре минут 20—40, пока придет Галя, которая знала, куда Вас вести, она повела Вас, не зная ни куда, ни зачем...

Итак, Вас «обидела» (беру в кавычки, т<ак> к<ак> неумышленно) блаженненькая лаборантка. А Вы? Вы обидели, во-первых, меня, который никогда не делал Вам никакого зла и не давал повода подозревать в злых намерениях: уехать из Тарту, не позвонив мне (который, кстати, к организации этого семинара не имел никакого отношения, я даже работаю теперь на другой кафедре), — это, конечно, умышленное нанесение мне ничем мной не заслуженной обиды (раннее время — просто отговорка; представьте, что я так поступил бы в Смоленске?).

Во-вторых, Вы не просто обидели, а довели до болезни Зару Григорьевну, тоже, кажется, никакого зла никогда Вам не причинявшую; три дня она звонила и бегала по больницам, моргам и милициям, волновалась и плакала; уж не говорю о том, что с Галей Пономаревой был настоящий нервный припадок, т<ак> к<ак> всем естественно было подумать, что, если человек приехал к друзьям (как мы до сих пор думали) и вдруг пропал, то с ним что-то случилось. Молодые преподаватели были разосланы по городу, звонили Давиду Самойлову, заседание семинара протекало в нервозной обстановке. Все это, пока мы в результате многочисленных звонков в Ленинград на третий день не узнали... что Вы уехали, т<ак> к<ак> устали (т<о> е<сть> обиделись).

Я считаю, что дал Вам полное и искреннее объяснение неловкостей, которые, с нашей стороны, были причиной этого прискорбного эпизода. Мне остается надеяться, что Вы, со своей стороны, сделаете то же самое.

С уважением

Ю. Лотман
20.II.85.

Комментарий В. С.: «С тяжелым сердцем я перечел и переписал это письмо... В дневнике моем стоит единственная фраза: "Дурацкая поездка в Тарту". Вот как изложена эта история в моих воспоминаниях (В нем каждый вершок был поэт: Записки о Давиде Самойлове. Смоленск, 1992, с. 77—78). От Ю. М. Лотмана и З. Г. Минц я получил приглашение на научный семинар в Тартуский университет. В поезде не оказалось вагона-ресторана, я приехал страшно голодный. Стоял сильный мороз, что необычно для Тарту. Меня не встретили. В гостинице мне сказали, что для меня ничего не забронировано и мест свободных нет. Найти пристанище в другом месте мне тоже не удалось. Я мог бы позвонить или зайти к Ю. М. Лотману, но я почувствовал, что во мне нарастает протест. Прослонявшись часа три, я взял билет на междугородный автобус и уехал. Меня видела лаборантка кафедры, так что устроители семинара знали, что я приехал, но не знали, что я уехал. Поэтому серьезно обеспокоились, стали обзванивать больницы и морги. Позвонили и Самойлову, предположив, что я мог уехать к нему в Пярну. Через несколько дней после моей столь неплодотворной поездки на семинар пришло письмо от Ю. М. Лотмана, который упрекал меня в поспешном отъезде и сообщал, что в гостинице мне был заказан номер люкс и произошло недоразумение. Следом за письмом Ю. М. Лотмана пришло письмо и от Самойлова, где происшествие было прокомментировано только ему одному присущим способом. Сейчас многие не знают балладу А. К. Толстого «Василий Шибанов», некогда необыкновенно популярную. Он спародировал ее начало.

Недавно Баевский из Тарту бежал,
Как некогда Курбский от гнева,
Поскольку не выполнила ритуал
Приёма какая-то дева.
Конечно, Баевский, Вы — доктор наук,
А к Вам прикрепили училку!
Но всё же считаю, достойный мой друг,
Что зря Вы полезли в бутылку.
Пошли б погуляли без всяких затей,
Схлебали б тарелку фасоли.
Наверно, у Лотманов есть для гостей
Чуланчик или антресоли.
Наверно, еще у кого-нибудь есть
Диванчики или лежанки.
А то молодым оказали бы честь:
Легли бы в постель аспирантки.
Не надо, Баевский, из Тарту бежать.
От страха там все оголтели.
Не всё Вам в гостиничных люксах лежать.
Ведь есть и другие постели.

(10 марта 1985)

На письмо Ю. М. я ответил следующим письмом:

«27 февр. 1985. Смоленск.

Дорогой Юрий Михайлович! Вы меня убили сообщением о том, что Вы и Зара Григорьевна так беспокоились по поводу моего отсутствия и что поручили молодым сотрудникам кафедры меня разыскивать. Я был уверен, что как незамеченным приехал в Тарту, так незамеченным и уеду. Меня всего переворачивает от мысли, что я заставил Вас волноваться.

С моей точки зрения поездка выглядела так. Я очень к ней готовился. Мне посчастливилось купить «Собрание стихотворений» Л. Семенова с большим количеством помет его дяди Андрея Петровича. В течение последнего года я нашел кое-какие новые материалы в архивохранилищах Ленинграда и Москвы. Я привез с собой архивные фотографии Л. Семенова и его братьев. Как только я получил командировку, тотчас написал Заре Григорьевне. Не знаю, что я предвкушал с большей радостью — семинар или встречу с Вашей семьей. Я именно полагал, что еду к друзьям. И вез Эдину занятную новую книжку (которую она после моего возвращения послала Вам по почте).

Накануне я не завтракал, так как хотел все московское время использовать для работы. К открытию ЦГАЛИ, к 9, я приехал туда, занимался до отхода таллинского поезда. Вагона-ресторана в нем не оказалось, так что я больше суток не ел. Попутчики попались неудачные: в течение ночи они по одному выходили на каких-то станциях, так что я приехал в Тарту голодный и невыспавшийся.

Хотя в приглашении, которое я получил, написано, что жилье будет распределяться в Университете в 12 часов (и вот почему я не сообщил времени приезда), я прошелся по платформе, потом походил по вокзалу в робкой надежде, что все-таки кто-нибудь встречает. Никого из москвичей и никого из тартусцев не увидел. Решил ждать пять с половиной часов до 12, побродил по городу три часа (на дворе стоял мороз) и решил все-таки наведаться на кафедру. Тут я сошелся с девушкой, у которой были ключи от кафедры. Ключи внушают полное доверие. Она повела меня в гостиницу «Парк». Там администратор сказала (по-русски, я слышал сам, а не в пересказе), что те, для кого места университетом заказаны, уже их заняли, назвала их по своей записи и добавила, что есть одно женское место. Мы пошли в общежитие. Там оказалось, что коменданта нет, она была и ушла (суббота), когда придет и придет ли вообще — неизвестно, распоряжений никаких не оставлено. Предоставляю Вам судить о моих чувствах. Я пошел на вокзал и попытался устроиться в комнатах для транзитных пассажиров на втором этаже, но мест и там не оказалось. Тогда я пошел на автовокзал, взял билет на ближайший автобус, сдал билет на следующий вечер, который купил по приезде, и уехал.

Дорогой Юрий Михайлович, Вы напрасно упрекаете меня в том, что я Вам не позвонил. Я знал, что у Вас есть телефон, но не от Вас, поэтому никогда бы не решился им воспользоваться. Мне легче было к Вам по старой памяти прийти, в блужданиях по городу я неожиданно для себя даже прошел мимо Вашего подъезда. Поколебался. Но я знаю, что Вы с Зарой Григорьевной ночами работаете, Вам предстоит весьма трудный день, и обеспокоить Вас не решился, думая, что если бы мой приезд был принят во внимание, я бы это как-то почувствовал.

Я несколько раз перечел Ваше письмо. Вы не допускаете, что если я так готовился к встрече и в итоге зря прокатился по маршруту Москва — Тарту — Ленинград — Смоленск, то имел для этого основания. Вы считаете, что во всей этой истории есть один виновный — это я. Такой поворот представляется мне неожиданным. В начале своего письма Вы говорите, что нам следует объясниться, — я и объясняюсь. Не оправдываюсь и не обвиняю. По тому, как я был встречен, мне и в голову не пришло, что мое отсутствие вызовет переполох. Я даже допускал, что в суете семинара мое утреннее появление вовсе останется Вам неизвестным, что было бы лучше всего.

Поверьте, я бесконечно огорчен, что принес Заре Григорьевне, Вам и всем другим беспокойство. И мне было бы грустно, если бы Вы хоть на минуту усомнились в моей преданной любви к Заре Григорьевне и к Вам. Это мое чувство, как и чувство бесконечного восхищения, не поколеблет ничто на свете».

Семинар был посвящен теме “Революция 1905 года и русский символизм”. Я подготовил доклад “Судьба Л. Семенова”».

722

<25 марта 1985 г.>

Дорогой Вадим Соломонович!

Простите, что задержал ответ. Вы, конечно, припишете это разным пробежавшим между нами кошкам, но смею Вас заверить, что дело в вещах более простых и, как все простые вещи, более серьезных — болезни З<ары> Г<ригорьевны> (тяжелый и выматывающий грипп), гриппах внучек (тянутся всю зиму) и необходимости в мае сдать книгу в 20 листов при написанных 3-х.

Что же касается «кошек», то думаю, что сие следует предать вечному забвению. Хочу только еще раз разъяснить один момент: номер для Вас в гостинице «Парк» был зарезервирован. И еще утром Галя проверила и напомнила, чтобы держали «номер для профессора Баевского». Но Люда-дурочка (в остальном весьма симпатичное существо, но абсолютная неумелка) вместо того (как я выяснил в результате специального следствия), чтобы сказать: «Вот проф. Баевский, у вас для него номер», сказала: «А вот еще один гость к нам приехал», на что дежурная ей резонно ответила, что мест (новых!) у нее нет, кроме одного в женской комнате. Не могла же дежурная знать, что «новый гость» и «проф. Баевский» — одно лицо! Конечно, Люда виновата (потом она и дальше наделала глупостей. Кстати, я выяснил, что Галя, уходя на вокзал, оставила ей подробную инструкцию, но Люда ее не прочла!), но и Вы, конечно, обиделись и погорячились напрасно.

Finis![1]

Большое спасибо Эде Моисеевне за прекрасную книжку[2]. Я уже по ней учу с внучками французский язык. Кстати, нет ли у Эды Моисеевны лишнего самого начального французского букваря или «первой книжки»? Для той же цели.

С сердечным приветом

Ваш Ю. Лотман
25.III.85.

[1] Конец! (*лат.*).

[2] *Комментарий В. С.*: «Книжка жены: La poesie autour de nous. Moscou: Prosvechtchenie, 1984».

723

<3 июля 1986 г.>

Дорогой Вадим Соломонович!

Я и Зара Григорьевна поздравляем Вас с выходом прекрасной книги и благодарим за ее присылку.

Радуюсь за Давида Самойловича.

Книга соединяет научную точность с человеческой теплотой.

Очень хорошее сочетание.

Поклоны Эде Моисеевне.

Ваш Ю. Лотман
Тарту.
3.VII.86.

Комментарий В. С.: «Написано на обороте фотографии с изображением Тартуского университета. Отклик на мою книгу: Давид Самойлов: Поэт и его поколение. М.: Сов. писатель, 1986».

724

<2 мая 1987 г.>

Дорогие Эда Моисеевна и Вадим Соломонович!

Спасибо за письмо и платки. Вы в полном смысле мне «нос утерли». Но поскольку дарить платки — плохая примета, я произвел их в салфетки.

Зара Григорьевна шлет свои нижайшие поклоны. Еще раз спасибо.

Ваш Ю. Лотман
22. V. 87.

Комментарий В. С.: «Э. М., не подозревая, что дарить платки — дурная примета, ко дню рождения отправила Ю. М. носовые платки, на которых вышила его монограмму».

725

<22 января 1989 г.>[1]

Дорогой Вадим Соломонович!

Ек. А. Мельгунова[2] (см. об<орот>) возвестит Вам, что я вышел из больницы после одной малоинтересной болезни (Honny soit qui mal y pense![3]) и в тот же день получил от Медриша (Волгоград) сообщ<ение>, что у них открывается вакансия докт<ора>, проф<ессора>, зав. кафедры (дают квартиру), и просит моей рекомендации. Я подумал о Вас. Что Вы думаете? При сем прилагаю автореферат прекрасной (действительно!) работы моей аспирантки[4]. Очень прошу о кратком отзыве (личном или от кафедры, как Вам проще!). Сердечные приветы Эде Моисеевне.

З<ара> Г<ригорьевна> шлет поклоны.

Всегда Ваш Ю. Лотман

P. S. У меня вышла книга в «Просвещении» (Пушкин — Лермонтов — Гоголь) — сб<орник> статей[5]. Если будет в Смол<енске>, купите экз<empляров> 10 — деньги верну, ей-богу!

[1] Датируется по штемпелю г. Тарту.

[2] *Комментарий В. С.*: «На обороте художественной открытки воспроизведен портрет Е. А. Мельгуновой работы И. П. Аргунова».

[3] Да будет стыдно тому, кто плохо об этом подумает! *(фр.)*

[4] *Комментарий В. С.*: «Ю. М. просил об отзыве на реферат: *Ронинсон О. А.* Истоки языковой и литературной позиции создателей Козьмы Пруткова. Тарту, 1988. Я, конечно, отзыв написал».

[5] *Комментарий В. С.*: «Книгу «В школе поэтического слова: Пушкин. Лермонтов. Гоголь» (М.: Просвещение, 1988) в Смоленске я не видел и для Ю. М. не купил. Вскоре Ю. М. прислал ее с надписью: «Дорогим Эде Моисеевне и Вадиму Соломоновичу от любящего их Ю. Лотмана. 25.I.89».

Л. Л. ФИАЛКОВОЙ

Лариса Львовна Фиалкова *(род. 1957) — киевлянка, окончила Киевский пединститут (1978). После безуспешных попыток поступить в аспирантуру в Киеве и Москве обратилась с письмом к Ю. М. и послала ему свою дипломную работу «Пространство и время в романе М. Булгакова “Белая гвардия”». Но тогда и в ТГУ, как и в стране в целом, господствовала «целевая» аспирантура: лишь когда какое-либо учреждение посылало человека «от себя», т<о> е<сть> обязывалось взять его затем на работу, он мог рассчитывать на поступление в аспирантуру.*

С помощью Ю. М. Л. Л. Фиалковой удалось в 1980 г. прикрепиться соискателем при кафедре русской литературы Латвийского университета — при согласии Ю. М. быть ее научным руководителем. В 1985 г. она успешно защитила в ТГУ кандидатскую диссертацию «Гоголевская традиция в русской фантастической прозе начала XX века».

При почти открытом киевском антисемитизме даже остепененной Л. Л. Фиалковой можно было рассчитывать лишь на внештатную («почасовую») работу в вузе, и она вместе с семьей в 1991 г. эмигрировала в Израиль, в г. Хайфу, где проживает и ныне, являясь научным сотрудником фольклорной лаборатории при местном университете.

Письма Ю. М. к ученице — замечательный образец ментальности русского профессора: сочетание доброжелательности, деликатности, уважительности к молодому ученому, радости от его успехов — с совершенно бескомпромиссной, суровой критикой методологических недостатков и с сильным желанием постоянно «поднимать планку», предъявлять адресату очень высокие научные требования.

726

<1 февраля 1979 г.>

Уважаемая Лариса Львовна!

Несмотря на то, что я очень занят и не очень здоров, я прочел Вашу дипломную работу сразу. Во-первых, я знаю, что стоит что-нибудь отложить, понадеявшись на «более свободное время», как дело утонет в массе других, и очередь его может не наступить никогда. Во-вторых, все, что касается Булгакова, меня интересует живейшим образом.

Ваша работа производит хорошее впечатление. Ее сильные стороны:

1. Наблюдательность. Вы имеете свежий взгляд и исследовательскую интуицию. Вы, бесспорно, можете творчески думать и создавать интересные концепции. Эта способность встречается нечасто.

2. Чувствуется любовь к Булгакову и осведомленность в его творчестве.

Из этого я делаю вывод, что Вы способны заниматься научной работой и должны к ней стремиться.

Однако в работе имеются и недостатки, типичные для начинающего автора. Чувствуется недостаточность сведений и обращение к наиболее доступным источникам. Историко-литературная часть исследования сделана «на живую нитку»: для комментирования исторической канвы событий Вы привлекаете статьи и монографии 1960—1970-х гг. Это приводит к нарушению историзма. Источники же, современные событиям, использованы недостаточно. Я никогда не занимался ни этой темой, ни этой эпохой, но сразу же мог бы назвать Вам некоторые мемуары, настолько тесно связанные с текстом «Белой гвардии», что знакомство с ними Булгакова делается очевидным. Приведу лишь один пример: мемуары Романа Гуля «Киевская эпопея» («Архив русской революции, издаваемый И. В. Гессеном», т. II (Берлин, 1921). Роман Гуль — эмигрантский писатель, а книга эта — спецхрановская, но получить ее для научной работы над историей взятия Киева Петлюрой, конечно, нетрудно. Человек, пишущий на такую тему, должен знать историю той эпохи, как свою комнату.

Очень сильно ощущается неполнота теоретических знаний. Литература по пространству и времени в искусстве на иностранных языках очень велика, но Вы ее совсем не использовали. Вы часто обращаетесь к авторам работ, не имеющих серьезной ценности, и упускаете классические работы. Так, миф Вы определяете по плохой брошюрке Стеблина-Каменского (я весьма уважаю Стеблина-Каменского как эрудированного скандинависта, но его брошюра о мифе скандально плоха)[1] и не используете определений Леви-Стросса, Элиаде, Проппа.

Совершенно лишние обширные цитаты из Маяковского, Брюсова, Есенина и др. Мысль о том, что все эти авторы опирались на Ветхий и Новый Завет, тривиальна и в доказательстве не нуждается — вся европейская цивилизация опирается на эти источники. Боюсь, что Вы не найдете автора, который бы полемически или апологетически, иронически или серьезно не цитировал бы эти источники*.

А вот тема для Вас первостепенная: Булгаков и пространство у Гоголя, — осталось не упомянутой.

Дело, конечно, не в этих — и других — недостатках, а в том, что Вам надо продолжать работать.

Чем я могу Вам помочь? Организационно — почти ничем. У нас есть только целевая аспирантура, и кафедра могла бы Вас взять, если бы какое-либо киевское (или другой украинское) научное учреждение направило бы Вас к нам, обязуясь потом распределить у себя. У кафедры пока нет права защиты (м<ожет> б<ыть>, будет, но пока нет), следовательно, и прикрепиться нельзя. Но если Вам нужны консультации, советы или товарищеская помощь, я рад буду Вам их оказать в меру своих способностей. Кстати, Вас зря настращали: математика Вам не нужна[3]. Вам нужна лингвистика. Прочесть и понять около десятка основных работ по структурной лингвистике, конечно, может всякий филолог. Придется кое-что почитать по типологии культуры, этнологии и проч. Здесь Вам очень пригодятся Ваши знания языков. И, конечно, придется углублять общую филологическую культуру.

Часто представляется, что дело в том, что «старую филологию» сменяет какая-то «новая семиотика». Нет, дело совсем в другом — в крайне низком уровне наших профессиональных знаний даже в самом традиционном аспекте. Сколько раз приходится читать кандидатские диссертации и сочинения весьма маститых авторов, которые находятся на уровне гимназических сочинений. Хорошая традиционная выучка исторического и филологического исследования — необходимое условие для научного новаторства.

Желаю Вам всего самого лучшего. Сердечно надеюсь на Ваши будущие научные успехи.

Ваш Ю. Лотман 1.II.79.

[1] *Стеблин-Каменский М. И.* Миф. Л., 1976. «Скандальность» книги Ю. М. явно преувеличил.

[2] Во Втором послании Св. апостола Павла к фессалоникийцам: «Если кто не хочет трудиться — тот и не ешь» (3., 10).

[3] Л. Л. Фиалкову уверяли знакомые, что, работая под руководством Ю. М., необходимо обладать серьезной математической подготовкой.

727

<2 октября 1980 г.>

Дорогая Лариса!

Простите, что отвечаю с опозданием, — был в Москве и только вернулся. Очень рад буду принять Вас после того, как Вы сдадите свои

* Напомню, что фраза «Кто не работает — тот не ест» — из Евангелия[2] (*примечание Ю. М. Лотмана*).

рижские экзамены. В указанное Вами время я, вероятно, буду в Тарту, но на всякий случай из Риги позвоните на кафедру русской литературы и спросите, жив ли я, и если «да», то напомните, что Вы едете.

У меня к Вам просьба: вышла моя книга «“Евгений Онегин” Пушкина. Комментарий»[1]. Если она Вам попадется в Киеве, купите для меня несколько (так, пять) экземпляров. Очень мне нужны они!

Жду Вас. Ваш Ю. Лотман
2 октября 1980.

[1] Хотя книга Ю. М., изданная как «Пособие для учителя» (Л.,1980), была выпущена массовым тиражом в 150 тысяч экземпляров, она мгновенно раскупалась, ее было очень трудно достать. Как сообщает Л. Л. Фиалкова, ей удалось купить в Киеве 10 экземпляров.

728

<10 января 1982 г.>

Дорогая Лариса Львовна!

Простите великодушно, что долго Вам не отвечал на письма и бандероли, — не было никакой возможности. Теперь отвечаю на все сразу.

1) Большое спасибо за книгу — получил, надеюсь, что прочту с интересом (по теме интересно, а как по сути — посмотрим. Во всяком случае — спасибо).

2) Программу для сдачи кандидатского минимума высылаю. Экзамен состоит из двух частей: первая делается по общей программе (ее, вероятно, Вы сможете найти в Киеве, в университете). Это московская программа, которая охватывает все от XI в. до 1917 г. Из нее задаются три вопроса; вторая часть соответствует программе, которую я Вам высылаю. Она составлена применительно к теме Вашей диссертации. Из нее также будут заданы три вопроса.

3) Ваши краткие наблюдения над Белым интересны. Конечно, когда Вы дополните знакомство с текстами Белого знанием литературы о нем, да и сами тексты многократно передумаете, эти общие наблюдения оденутся мясом и приобретут бóльшую убедительность. Кстати, посмотрите статью Н. А. Кожевниковой «Заметки о собственных именах в прозе Андрея Белого» в сб.: «Ономастика и грамматика», М., 1981.

4) План диссертации в основе может быть принят. Конечно, судить по плану об исполнении (будущем) трудно. Пока что вижу некоторую опасность в излишней тенденции расширять тему. Так, например, сведения о философской сущности времени—пространства, даже краткие, представляются совершенно излишними. Нового Вы здесь не скажете — пусть этим занимаются профессиональные философы.

Против «Заключения» в таком виде решительно возражаю. Не только потому, что то из перечисленных романож, что я читал, кажется мне литературой очень низкого качества (видеть здесь «гоголевскую традицию» то же самое, что усматривать дантовскую традицию в Бабаевском), но и потому, что сама постановка толкает на критическое эссе вместо научного анализа. А Вас и так заносит в эту сторону.

Кстати, как это Вас угораздило включить в заключение (да еще отдельным пунктом) некоего Селезнева? Научная воспитанность, в частности, заключается в том, чтобы различать то, что надо читать, над чем стоит думать и даже с чем имеет смысл спорить и не соглашаться. Молодые авторы, как правило, рядом цитируют и одинаково серьезно «разбирают» Гуковского и Храпченко, Лессинга и Селезнева. Я не имел удовольствия читать этой статьи данного автора, но то, что я его читал, вполне было для меня достаточно, чтобы уже никогда не желать терять времени на его писания. А даже если Вы собираетесь с ним полемизировать, то не забывайте, что драться с ничтожным и глупым (а в этом случае еще и с грязным) противником легко, но бесславно[1]. Это, кстати, относится и к Вашему обзору. Перехожу к нему.

5) Положительная сторона обзора: Вы прочли ряд статей о Булгакове и обогатили себя знанием их уровня. Это Вам полезно. А что это может дать читателю? Сведения, что за рубежом Булгаковым (кроме Иовановича и отчасти Дравича, которого Вам вычеркнет редактор) занимаются дураки, которые и русского языка-то не знают, а все, что могут сказать, высасывают из пальца? Вы это сами почувствовали в конце, как писатель XVIII в., который, описав деревню Разоренную, утешал читателя, что где-то есть и деревня Благополучная, о которой он расскажет в другой раз. Если в этих работах нет ничего интересного, то они достойны лишь фельетонного обзора, а не серьезной рецензии.

В Вашей рецензии очень интересны Ваши собственные разыскания о датировках «Белой гвардии» и проч., но им не место в рецензии — они уместны в Вашей статье. Так Вы их мельчите, а упрекать других авторов, что они занимались не тем, чем занимаетесь Вы, бессмысленно. Подумайте, было бы ли Вам приятно, если бы все Ваши мысли и разыскания уже были бы высказаны каким-либо Проффером? Так за что же Вы его упрекаете?

Другой недостаток Вашего обзора: авторы никак не сгруппированы. Вы их представляете читателю по принципу: а вот еще один дурак, а вот и другой... Между тем у авторов есть школы, методы, какие-то общие черты, позволяющие выделить группы. Есть методология фрейдистская, есть нео-фрейдистская, есть нео-мифологическая, есть «новая критика», есть разные типы структуралистской. Во всех этих подходах есть оригинальные авторы и эпигоны, есть и просто дураки, которых и в церкви бьют. По некоторым признакам можно выделить «среднюю норму» американского литературоведения (русистики), французского и проч.

Кстати, Вы заблуждаетесь, если думаете, что средняя норма американской литературоведческой русистики много ниже нашей и что им неизвестна массовая (не вошедшая в привычную обойму) советская литература 20-х гг. Хорошие авторы знают ее получше нашего. А уж про европейских исследователей, таких, как А. Флаккер в Хорватии, Дрозда в Праге, Ханзен-Леве в Вене, Страда в Венеции и проч., и проч., и проч., говорить не приходится.

Вывод: я не стал бы публиковать Ваш обзор без дополнений и переработки. Кстати, если уж рецензировать булгаковиану за рубежом, то надо было бы отрецензировать книгу «Неизданный Булгаков» (кажется, так или вроде), изданную в Ан Арбор изд<ательством> «Ардис» (США), кажется, тем же Проффером[2]. Издание плохое, его следовало бы подвергнуть серьезной текстологической критике. Издание рассчитано не на научный интерес, а на сенсацию. От этого пункта и можно было бы начать две линии — интереса к Булгакову как одному из крупнейших писателей XX в. и как к очередной сенсации книжного рынка. Но без перенесения центра на первое — второе теряет смысл, тоже превращаясь в сенсацию наоборот.

Однако боюсь, что такая работа отвлечет Вас от трудов над диссертацией. Стоит ли[3]?

В январе я буду кочевать, поэтому, если Вы сможете посетить наш север, то мне было бы удобнее в середине февраля (в начале семестра).

Искренне Ваш Ю. Лотман
10.I.82.

P. S. С Новым годом!

P. S. P. S. Том «Семиотики» с заметкой Скуратовского (наконец!) вышел[4]. Ему как автору на Ваш адрес (его адреса не оказалось) выслано 5 экз<empляров>. Передайте ему мои новогодние приветы.

P. S. P. S. P. S. Перед самым Новым годом вышли:

1) «Блоковский сборник» IV.

2) Труды по знаковым системам, тт. 12, 13, 14.

Торопитесь заказывать по адресу: Тарту, Университет, Издательская группа.

А еще лучше на каком-либо пышном бланке, Тарту, Юликооли 18, проректору В. Хаамеру.

[1] Ю. М., очевидно, знал скандально известную книгу: *Селезнев Ю.* В мире Достоевского (М., 1980), где бросался в глаза публицистический антисемитизм. Но Селезнев отнюдь не был ничтожным глупцом, как его представлял Ю. М.

[2] Неизданный Булгаков. Под ред. Э. Проффера. Анн Арбор, 1977.

[3] Л. Л. Фиалкова предполагала отдать свой обзор «М. А. Булгаков в зарубежном литературоведении» в журнал «Всесвіт», но после суровой критики Ю. М. отказалась от публикации.

[4] Киевлянин В. Л. Скуратовский опубликовал в «Семиотике 14» интересную «Заметку на полях “Трудов по языкознанию” Ф. де Соссюра» (в тексте «Семиотики» опечатка: «Ю. Скуратовский»).

729

<15 марта 1982 г.>

Дорогая Лариса!

Я писал Дмитрию Сергеевичу Лихачеву о работе «Булгаковский Киев», предлагая ее в «Памятники культуры». Только что получил от него ответ. Прилагаю выписку из письма:

«Киев Булгакова очень интересен, но нам нужен «Памятник» и «новое открытие». Если бы хоть карту Киева 1918 г. представить как открытие? Под каким соусом подать эту статью? Ведь мы все время отбиваем атаки скудоумных теоретиков и «открывателей идей». Мы всем им говорим — только «новый памятник», а тут нарушим это правило! <...> Может быть, дать эти материалы в Известия ОЛЯ? Хороший журнал. Такие материалы они уже печатали по Петербургу Достоевского. Я член редколлегии. Да и выйдет в Изв<естиях> ОЛЯ быстрее.»

Что Вы обо всем этом думаете? Если ориентироваться на «Памятники», то надо найти какой-то новый материал: действительно, карту, или, м<ожет> б<ыть>, в музее города сохранились какие-либо планы улиц, или, наконец, подобрать серию (хорошо бы из какого-либо частного собрания) фотографий, какие-нибудь интерьеры гимназии и проч. Если ориентироваться на Изв<естия> ОЛЯ, то, боюсь, объем надо будет сокращать. Кроме того, у Вас там что-то еще лежит? Конечно, Вас там уже знают, Саша Гуревич, бесспорно, окажет содействие, а рекомендация Дмитрия Сергеевича (с которым Вам, вероятно, стоит связаться, написав ему письмо с указанием, что я Вам сообщил, что он темой заинтересовался) тоже сыграет свою роль. Написать ему надо обязательно, чтобы закрепить дело в его памяти[1].

Вот, кажется, и все. Спасибо за поздравление.

Ваш Ю. Лотман
Тарту, 15.III.82.

P. S. Посоветуйтесь с Мироном Петровским (мои ему приветы).

Все ли еще на меня сердится Скуратовский за опечатки в «Семиотике»[2]? Ему тоже приветы.

Дорогая Лариса![3]

Обращаю Ваше внимание на две статьи в сб<орнике> «Поэтика и стилистика», Саратов, 1980.

1. *А. П. Ауэр*, О структуре щедринского гротеска.
2. *В. В. Смирнов*, Фантастика в гротесках Достоевского.

Не Бог весть что, но все же прочтите.

С приветом Ю. Лотман
15.III.82.

[1] В полном объеме данную работу Л. Л. Фиалковой не удалось опубликовать. Она появилась лишь в очень сокращенном, почти тезисном варианте: *Фиалкова Л. Л.* Пространство и время в романе М. А. Булгакова «Белая гвардия» (к проблеме изучения жанра и композиции произведения) // Жанр и композиция литературного произведения. Петрозаводск, 1986.

[2] См. примеч. 4 к п. 728.

[3] Эта часть письма — на отдельной открытке.

730

<1 мая 1983 г.>

Дорогая Лариса!

Наконец прочел Вашу работу. Прошу извинить меня за задержку, но весна — время тяжелое: я буквально тону в работе, ничего не успеваю и вынужден перед всеми извиняться.

«Во первых строках» хочу сразу же Вам сказать, что Вы сделали очень большой шаг вперед и работа имеет серьезный и профессиональный характер. Если Вы будете продолжать рост в том же темпе, то можно надеяться увидеть со временем в Вас весьма серьезного исследователя.

Глава, в основном, готова. Учтите мои и З<ары> Г<ригорьевны> замечания на полях. Они касаются: a) классификации, b) необходимости последовательно говорить о модельности (кое-где осталось прежнее: «субъективность»).

Классификация, во-первых, построена на нескольких перекрывающих друг друга принципах («сатирическое» может быть и «философским» и др.) и, во-вторых, носит слишком жесткий, нединамический характер (см. мои замечания на обороте стр. 33). Введя возможность раздвоения функций (функция изображения данной функции) и пародирования каждой из них + возможность игры модельностями и «скольжения» модельностей по функциям, Вы получите динамическую, а не статическую систему и гибче «уловите» тексты.

Но вообще, при небольших доработках, главу можно считать готовой и приступать ко второй.

Об Остапе Бендере убедительно[1].

С сердечным приветом Ю. Лотман
1 мая 1983.

[1] Из автокомментария Л. Л. Фиалковой: «В заметке “Об одном литературном предке Остапа Бендера” я отметила, как мне показалось, явное сходство между Остапом и Шабалдаевым, эпизодическим героем рассказа А. Ремизова «Неуемный бубен» («...личность темная и притом турецкий подданный»). Мне, однако, не удалось найти документального подтверждения знакомства Ильфа или Петрова с творчеством Ремизова (на мои запросы и Л. М. Яновская, и Я. С. Лурье ответили отрицательно), поэтому от публикации пришлось отказаться».

Стоит добавить еще, что термин «турецкий подданный» был очень популярен среди одесситов первой трети XX века: когда нужно было совершать какие-то паспортные и конфессиональные махинации, то за сносную сумму денег можно было получить турецкое подданство — так что для этого не нужно было читать Ремизова!

731

<15 июля 1983 г.>

Дорогая Лариса!

Я внимательно прочел присланный Вами набросок главы о пространственно-временном континууме и могу его принять лишь как начальный и весьма предварительный набросок. Из Вашего сопроводительного письма я понял, что Вы и сами им недовольны и поэтому предлагаете вернуться к структуре «по авторам». Я не вижу такой необходимости — просто надо серьезно переработать то, что написано.

Каковы основные недостатки?

Во-первых, — и это самое главное — нет исследования. Вы знаете, что надо написать что-то о хронотопе, — и пишете. Как человек умный и имеющий уже какой-то опыт, Вы делаете при этом некоторые интересные наблюдения. Но никакой подлинной необходимости в такой главе не ощущается. Во-вторых (и это вытекает из первого), Вы принимаете готовые исследовательские штампы («хронотоп», «простр<анственно>-вр<еменной> континуум» и проч.) и их также уже заштампованные применения к гоголевским текстам и, не мудрствуя лукаво, переносите их на свой материал, отмечая, что у Вас (т<о> е<сть> в XX в.) все не совсем так, как у Гоголя.

И, наконец, чувствуется поверхностный, наспех, подход к текстам XX века.

Начнем с того, что Вы не разобрались глубоко в сущности: а зачем, собственно, нужно изучать пространственно-временные структуры и что это дает? Набор цитат из перво-, второ- и пр. источников (в ход пошли и КЛЭ, и Горелов) не заменяет размышления о природе изучаемого явления.

Если бы Вы задумались глубже, то Вы бы заметили, что постановка пространственных и временных моделирований в один ряд сама по себе спорна и принадлежит XX в. (эпохе теории относительности). Для Бахтина как человека модернистской культуры существует, как и для Эйнштейна, тоже модерниста, хронотоп — время как четвертое измерение. Но для Гоголя и — более широко — для средневековой культуры, очень для Гоголя важной, это не так. Пространство гораздо более универсально. Время началось с грехопадения и кончится трубой архангела, а подлинное пространство вечно (пространство платоновских идей, а не тень его в материальном мире).

И в современной семиотике существует два совершенно различных понимания пространства, которые разнообразные популяризаторы, сначала писавшие доносы на подозрительное новшество пространственного анализа (Кожинов и др.), а затем ухватившиеся за модное слово, не отличают. Бахтин идет от идей физики (теории относительности) и рассматривает пространство и время как явления одного ряда (в перспективе это восходит к Канту). Мы же (полагаю, что первыми стали исследовать эту проблему С. Неклюдов и я[1]) исходим из математического (топологического) понятия пространства: пространством в этом смысле называется множество объектов (точек), между которыми существует отношение непрерывности. В этом смысле можно говорить о семантическом пространстве, пространстве окрашенности, этическом пространстве, временно́м пространстве и даже пространстве физического пространства. С этой точки зрения пространство — универсальный язык моделирования. Заметьте, что мы в бытовой речи выражаем временные категории на языке пространства (предыдущий, последующий, время бежит, время остановилось и пр.), а пространственные понятия на временном языке выразить невозможно.

Главная особенность, отличающая изучаемую Вами проблему от Гоголя, в том, что в XX в. пространство и время сделались предметом рефлектирования. Гоголь писал, подчиняясь непосредственному художественному чувству, не выделял категории пространства и времени, а размышлял над добром и злом, грехом и спасением, жизнью живой и жизнью мертвой и пр. А Белый начал с Канта, математики, современной ему теории вещества (химик! см. «Первое свиданье»[2], сын математика и философ), экспериментирует с моделированием (т<о> е<сть> смещением) пространственно-временных категорий. Раздел о XX в. начинать надо с Белого и брать его широко и серьезно, а не слегка заглянув в «Петербург».

И читать надо не только Долгополова[3], из которого новой идеи не выбьешь и палкой, а хотя бы Н. Пустыгину[4]. И нельзя забывать в данной теме, что о Петербурге писал еще Достоевский (был такой писатель). Белый должен дать ключ к проблеме. На его сочинениях станет ясно, что Гоголь делается предметом рефлексии для писателей XX в. К нему обращаются как к предтече, который сдвинул с места пространство (а они, в отличие от Гоголя, сдвигают и время) и тем самым показал, что оно существует (Мицкевич писал, что только больной знает, что такое здоровье, только эмигрант-скиталец — что такое родина[5]; Гоголь потерял то, что для других было так естественно иметь, что они не замечали существования того, что имеют. И, потеряв, открыл себе и другим факт существования). Пространство и время в XX в. категории философские, и обойти эту сторону дела невозможно. Конечно, философия не наша лавочка — мы работаем над текстами. Но это не мешает нам знать, что она существует, и кое-что о ней думать.

Итак, то, что Вы мне прислали, я могу считать лишь первоначальным наброском. Надеюсь, что я не обескуражил, а ободрил Вас к новой и энергичной работе над этой главой.

Что же касается Остапа Бендера, то это интересная заметка. Если ее удастся куда-либо пристроить — двигайте[6].

Желаю Вам успехов. Сердечно Ваш Ю. Лотман
15 июля 1983.

[1] Имеются в виду статьи: *Неклюдов С. Ю.* К вопросу о связи пространственно-временных отношений с сюжетной структурой в русской былине; *Лотман Ю. М.* О моделирующем значении понятий «конца» и «начала» в художественных текстах // Тезисы докладов во второй летней школе... Тарту, 1966.

[2] В автобиографической поэме «Первое свидание» (1921) Андрей Белый рассказывает об увлечении студента химией и физикой.

[3] Имеются в виду статьи и комментарии Л. К. Долгополова к изданному им в серии «Литературные памятники» роману Андрея Белого «Петербург» (1913—1914).

[4] Имеются в виду статьи: *Пустыгина Н. Г.* Цитатность в романе Андрея Белого «Петербург». Статья 1 // Труды... XXVIII. Тарту, 1977; То же. Статья 2 // Труды XXXII. Тарту, 1981.

[5] Намек на первые строки поэмы А. Мицкевича «Пан Тадеуш» (1834).

[6] См. примеч. 1 к п. 730.

732

21.X.86.

Милая Лариса!

Книжку получил — большое спасибо! Статья хотя и маленькая, но дельная и почетная. И в целом сборник посчитали мы интересным; тут ряд тем, меня занимающих[1].

То, что Вы ушли из библиотеки в ин<ститу>т, наверное, к лучшему, как ни трудно быть почасовиком. А вдруг откроется перспектива?

Всего Вам доброго! Ю. Лотман

[1] Речь идет о сб. «Фольклорная традиция в русской литературе» (Волгоград, 1986), где опубликована статья Л. Л. Фиалковой «К проблеме “Гоголь и фольклор”».

УКАЗАТЕЛЬ ИМЕН*

А

Абен Карл (1896—1976), эст. языковед, переводчик, доц. каф. эст. яз. 137

Аболдуева Леэни Алексеевна (с 1978 — Гершкович; род. 1946), студентка отд. рус. яз. и лит. ТГУ (1963—1965 — стационар, 1968—1973 — з. о.); сотрудник изд. группы ТГУ (1966—1973), лаборантка каф. логики (1973—1978); в наст. время — в Вене 499, 510, 524, 558, 592

Абрамович Стелла Лазаревна (1927—1996), литературовед 351—353, 360, 398

Авеличев Александр Константинович, директор изд. МГУ, затем — изд. «Прогресс» 636

Аверинцев Сергей Сергеевич (род. 1937), филолог, чл.-корр. РАН (1987) 589

Агаева Изабелла Исмаиловна, доц. Азербайджанского ун-та 250

Агриколянская (ныне Антанас) Ольга, сотрудница ЛБ, жена В. С. Агриколянского 393

Агриколянский Валерий Сергеевич (1935—1981), ст. науч. сотрудник Всесоюзной книжной палаты (Москва) 384, 393

Адамс Вальмар Теодорович (1899—1993), эст. и рус. поэт, доц. каф. рус. лит. ТГУ (в 1948—1950 ее зав.); в 1951—1954 гг. был незаконно репрессирован 117—118, 120, 126, 128, 132—137, 141, 146, 151, 167, 173, 181, 216, 225, 232, 234, 237, 274, 292, 303, 321, 367, 556, 571

Азадовская Лидия Владимировна (1904—1984), жена М. К. Азадовского 263

Азадовский Константин Маркович (род. 1941), литературовед 302

Азадовский Марк Константинович 3, 96, **115—116**, 263

Акоста д' 307

Аксаков Константин Сергеевич (1817—1860), славянофил, публицист 19

Александр I (1777—1825), император с 1801 530

Александр III (1845—1894), император с 1881 456, 628

Александр Исаакиевич — см. Николаев А. И.

Александр Моисеевич — см. Пятигорский А. М.

Алексеев Василий Михайлович (1881—1951), филолог-китаист, академик 3

* В указатель не включены имена, встречающиеся в примечаниях (за исключением примечаний самого Ю. М. Лотмана). Полужирным шрифтом выделены фамилии адресатов писем и номера адресованных им писем.

Алексеев Михаил Павлович (1896—1981), литературовед, академик 55, 58, 66, 70, 78, 168, 259, 288, 391, 564, 634, 699

Алексеева Лейда Юрьевна (1906—1987), эст. художник, жена В. Т. Адамса 367

Алексеева Любовь Васильевна 3, 94—96, **97**, 98, 102

Алексеева Нина Владимировна (1905—1995), литературовед, жена М. П. Алексеева 401

Алексеев-Попов Вадим Сергеевич (1912—1982), историк, доц. Одесского ун-та 205

Алексий II (Ридигер Алексей Михайлович; род. 1929), патриарх с 1990; с 1964 — архиеп. Таллинский и Эстонский, с 1988 — митрополит Ленинградский и Новгородский 498

Алеша — см. Лотман А. Ю.

Алла — см. Райд А.

Альтман Моисей Семенович (1895—1986), литературовед 207, 306

Ал(ь)тоа Виллем (1898—1975), доц., с 1963 — проф. каф. эст. лит. ТГУ 135

Альтшуллер Марк Григорьевич (род. 1929), оконч. филфак ЛГУ (1952), защитил там же канд. дисс. (1966), преподавал лит-ру в Ленинградском худ. училище им. В. А. Серова; с 1978 — в США, ныне — проф. ун-та в Питсбурге 176, 212, 214, 244, 261

Альфонсов Владимир Николаевич (род. 1930), доц. каф. рус. лит. XX в. ЛГПИ им. А. И. Герцена, с 1996 — доктор филол. н. 177

А. М. — см. Пятигорский А. М.

Амусин Иосиф Давыдович (1912—1984), филолог-гебраист 49, 64, 619, 701—702

Анастасевич 126

Анатолий, архиеп. (Мартыновский Августин Васильевич; 1790—1872) 566

Андреев Леонид Николаевич (1871—1919), писатель 118, 157, 365

Андреев Николай Дмитриевич, языковед 654

Андрей — см. Колокольников А. Г.

Андрей Васильевич — см. Успенский А. В.

Андрей Леопольдович — см. Гришунин А. Л.

Андроников Ираклий Луарсабович (1908—1990), писатель, литературовед 399—400

Андрющенко Владимир Митрофанович, в 1960-х гг. зав. межфакультетской лабораторией вычислительной лингвистики МГУ 640, 643

Аникст Александр Абрамович (1910—1988), литературовед 261

Анн — см. Мальц А.

Анна Даниловна — см. Гейко А. Д.

Анна Исаевна — см. Найдич А. И.

Анненков Павел Васильевич (1813—1887), лит. критик, мемуарист 204

Антокольский Павел Григорьевич (1896—1978), поэт 102, 183

Антон — см. Лотман А. Э.

Аня — см. Матвеева А. Н.

Апресян Юрий Дереникович (род. 1930), оконч. филфак МГУ (1953), лингвист, доктор филол. н. (1984), академик с 1992 641

Аргунов Иван Петрович (1729—1802), художник 725

Арденс Николай Николаевич (наст. фамилия Апостолов; 1890—1974), литературовед

Арендт Николай Федорович (1785—1859), врач-хирург, лейб-медик Николая I 360

Арзуманова Маргарита Арзумановна, литературовед 181

Аристэ Пауль (наст. фамилия Берг; 1905—1990), эст. языковед-полиглот, проф. ТГУ (с 1949), академик АН ЭССР (с 1954), зав. каф. финно-угорских языков ТГУ 201, 207, 487

Архипов А., литературовед144, 159, 630, 657

Аскоченский Виктор Ипатьевич (1813—1879), журналист, мракобес 332

Асси (Аиссе; ум. 1733), фр. писательница 85

Астахова Анна Михайловна (1886—1971), фольклорист 131

Асташкина Александра Васильевна, тартуский врач 340

Ася — см. Чернова А. Ф.

Ася Романовна — см. Куник А. Р.

Аулинг Раймонд (1920—1979), оконч. юр. ф-т ТГУ (1950), аспирантуру ЛГУ (1953), преп. ТГУ; с 1964 — директор ЦГИА ЭССР (Тарту) 135

Аулинг (урожд. Хальясмяэ; род. 1923), оконч. отд. рус. яз. и лит. ТГУ (1951), преп. ТГУ, с 1952 преп. ЭСХА 135

Аун Надежда Александровна (род. 1939), оконч. отд. рус. яз. и лит. ТГУ (1962), затем преп. рус. яз. в Таллине 146

Ауэр Александр Петрович, литературовед 729

Афанасьев Александр Николаевич (1826—1871), литературовед, фольклорист 479

Ахманова Ольга Сергеевна (1908—1991), языковед, проф. МГУ 502, 519

Ахматова Анна Андреевна (1889—1966), поэт 226, 324, 360, 421, 596

Б

Б. А., Борис Андреевич — см. Успенский Б. А.

Бабаевский Семен Петрович (род. 1909), писатель 728

Бабель Исаак Эммануилович (1894—1941), писатель 173, 319, 550

Баггесен Йенс (1764—1826), датский писатель, философ 594

Бадаланова-Покровская Флорентина (род. 1956), болгарская фольклористка, ныне в Англии 641

Баевский Вадим Соломонович 339, **704—725**

Базанов Василий Григорьевич (1911—1981), литературовед, чл.-корр. АН СССР, директор ИРЛИ (1965—1975) 144, 159, 168, 184, 244, 332

Байбурин Альберт Кашфуллович (род. 1947), оконч. отд. рус. яз. и лит. ТГУ (1972), науч. сотрудник Ин-та этнографии РАН; докт. дисс. — 1995 330, 695

Байрон Джордж Ноэль Гордон (1788—1824) 616

Балакирев Иван Александрович (1699 — после 1740), придворный шут 307

Балонов Лев Яковлевич (1917—1983), доктор мед. н., проф., зав. лабораторией функциональной асимметрии мозга человека Ин-та эволюционной физиологии АН СССР 651

Балуев Николай Иванович (род. 1927), оконч. отд. рус. яз. и лит. ТГУ (1958), затем преп. в школах и интернатах 309

Баратынский Евгений Абрамович (1800—1844), поэт 39, 42, 69, 332, 360, 427, 462, 606, 703

Барбюс Анри (1873—1935), фр. писатель 34

Бариг 605

Барков Иван Семенович (ок. 1732—1768), поэт 351, 699

Барсов Иван Алексеевич (1730—1791), языковед 624, 632

Бартенев Петр Иванович (1829—1912), историк, археограф 306

Баскаков Владимир Николаевич (1930—1995), оконч. филфак ЛГУ (1955), канд. филол. н., науч. сотрудник ИРЛИ 334

Батюшков Константин Николаевич (1787—1855), поэт 541, 622

Бахман Карл Иванович (1914—1993), оконч. Сухумский пед. ин-т (1941), с 1946 преп. рус. яз. в ТГУ; канд. филол. н. 151, 339, 489

Бахтин (Гельман) Владимир Соломонович (род. 1923), оконч. филфак ЛГУ в 1950 г., фольклорист 399, 401, 450

Бахтин Михаил Михайлович (1895—1975), литературовед, философ 83, 248, 278, 312, 348, 378, 483, 529, 540—541, 575—576, 618, 368, 695, 731

Бахтина Н. В. 399

Беатрисса Яковлевна — см. Хаскина Б. Я.

Бегичев Дмитрий Никитич (1786—1855), писатель 348

Беззубов Валерий Иванович (1929—1991), оконч. отд. рус. яз. и лит. ТГУ (1955), канд. филол. н. (1968), доц. каф. рус. лит. ТГУ (зав. ею в 1977—1980) 118, 123, 125—126, 128—129, 132, 134—135, 142, 146—147, 149, 151, 153, 157, 164, 167, 180, 188, 207, 225—227, 231, 234, 254, 262—263, 290, 307, 310, 312, 314, 316, 319—320, 339, 346, 365, 430—431, 494, 496, 588, 607, 667

Беззубов Антон Валерьевич — см. Райд Антон

Белинский В. Г. 20—21, 26а, 131, 250, 340

Белкин Абрам Александрович (1907—1970), литературовед; оконч. Московский пед. ин-т им. В. И. Ленина (1930), преп. в вузах Москвы; с 1954 — науч. редактор изд. «Советская энциклопедия» 169, 177, 188, 206

Белобровцев Виталий Иванович (род. 1946), оконч. отд. рус. яз. и лит. ТГУ (1968), затем журналист 367

Белобровцева (урожд. Газер) Ирина Захарьевна (род. 1946), оконч. отд. рус. яз. и лит. ТГУ (1968), затем преп. рус. яз. в школах и пед. ин-те Таллина, канд. филол. н. 367

Белоусов Александр Федорович (род. 1946), оконч. отд. рус. яз. и лит. ТГУ (1970) и аспирантуру ТГУ (1973), канд. филол. н., преп. в Таллинском пед. ин-те, ныне науч. сотрудник ИРЛИ 55, 291, 529—530, 619, 638

Белый Андрей (Борис Николаевич Бугаев; 1880—1934) 151, 302, 541, 628, 728, 731

Бем Альфред Людвигович (1886—1945), литературовед, критик; оконч. СПб. ун-т; с 1919 — в Чехословакии; погиб в застенках КГБ 587

Бенвенист(е) Эмиль (1902—1976), фр. языковед 485

Бенуа Александр Николаевич (1870—1960), художник, историк искусства, мемуарист 627—628

Беранже Пьер Жан (1780—1857), фр. поэт 54, 237

Берг Аксель Иванович (1893—1979), академик (1946), инженер-адмирал 259, 285, 491

Береговская Эда Моисеевна (род. 1929), оконч. Киевский ун-т (1952); с 1962 преп., доц., проф., зав. каф. фр. яз. Смоленского пед. ин-та 716—720, 722—725

Березина Валентина Григорьевна (род. 1915), литературовед, проф. ЛГУ 401

Березкин Александр Михайлович, науч. сотрудник ИРЛИ 79

Берков Павел Наумович (1896—1969), литературовед, книговед, библиограф, проф. ЛГУ, науч. сотрудник ИРЛИ, чл.-корр. АН СССР (1960) 26, 26а, 140, 153, 165, 186, 487

Берковский Наум Яковлевич (1901—1972), литературовед, проф. ЛГПИ 309

Берлинский, регент 530

Берман Наум 3, 458

Бернштейн Самуил Борисович (род. 1911), языковед 599

Бестужев (псевдоним — Марлинский) Александр Александрович (1797—1837), писатель, декабрист 332

Бжоза Халина (род. 1935), проф. эстетики и рус. лит. ун-та им. Коперника (г. Торунь, Польша) 276

Бибикова, фрейлина 306

Билинкис Михаил Яковлевич (род. 1945), учился в ТГУ в 1962—1969 (с перерывом на службу в армии), затем преп. в Костромском пед. ин-те (1971—1979), канд. филол. н.; ныне доц. ЛГУ 153, 156, 165, 169, 184, 186, 303, 326

Билинкис Яков Семенович (род. 1926); оконч. филфак МГУ (1950), аспирантуру ЛГПИ (1953), преп. в ТГУ (1953—1955), затем — в ЛГПИ им. А. И. Герцена, где ныне проф. каф. рус. лит. 53, 125, 129, 132, 151, 153, 157, 165, 169, 174—175, 178, 182, 186, 188—189, 199, 225—227, 244—245, 263, 266, 278, 303, 321, 324, 367, 401—402

Бируков Александр Степанович (1772—1844), цензор 350

Битнер-Ермакова Гали Вильгельмовна, литературовед 214, 244

Бихтер Алексей Михайлович, редактор изд. «Художественная литература» (Ленинград) 147

Благово Дмитрий Дмитриевич (в монашестве Пимен; 1827—1897), литератор 302, 598

Блок Александр Александрович (1880—1921) 40, 173, 181, 229, 231, 324, 348, 353, 360, 619, 661, 685, 692

Блюм Рэм Наумович (1925—1989), оконч. философский ф-т ЛГУ (1950), с 1951 — преп. ТГУ, доц., проф. (докт. дисс. — 1975); активный участник Народного фронта Эстонии 28, 129

Бобров Сергей Павлович (1889—1971), писатель

Бобровская Милица Николаевна (род. 1919), врач, жена Я. С. Билинкиса 157, 184, 186, 188—189, 262—263, 343

Богаевская Ксения Петровна, литературовед 248

Богатырев Константин Петрович (1925—1976), поэт-переводчик, сын П. Г. Богатырева 539—540

Богатырев Петр Григорьевич (1893—1971), фольклорист, театровед 486, 537, 539—541, 559, 665, 673, 693

Богатырева Тамара Юльевна, жена П. Г. Богатырева 540, 559

Богораз Лариса Иосифовна (род. 1929), языковед, канд. филол. н. 665

Бодуэн де Куртенэ Иван Александрович (1845—1929), языковед

Бойко Мариэтта Николаевна, литературовед

Бойтманы, родственники семьи Лотманов 3

Бонапарт — см. Наполеон Бонапарт

Бонди Сергей Михайлович (1891—1983), литературовед, проф. МГУ 204

БорФед, Б. Ф. — см. Егоров Б. Ф.

Босх Хиеронимус (ок. 1460—1516), нидерландский живописец 597

Боткин Василий Петрович (1811/12—1869), писатель, критик 186—187

Бранг Питер, швейцарский славист 605

Брейгель Старший Питер (между 1525 и 1530—1569), нидерландский живописец 645

Бреннер Линна 46

Брехт Бертольд (1898—1956), нем. писатель 137

Брискман Михаил Аркадьевич (1904—1975), литературовед, библиограф 126, 131

Бродский Николай Леонтьевич (1881—1951), литературовед, проф. МГУ 21

Брокгауз Фридрих Арнольд (1772—1823), нем. издатель, типограф 321

Брюсов Валерий Яковлевич (1873—1924) 302, 726

Буало Николя (1636—1711), фр. поэт, теоретик искусства 539

Бугров Борис Семенович, проф. МГУ, специалист по советской лит. 616

Бугрова Наталия, преп. Сорбонны (Париж) 30

Булгаков Михаил Афанасьевич (1891—1940), писатель 310, 322, 335, 415, 445, 726, 728—729

Бунин Иван Алексеевич (1870—1953), писатель 335, 602, 704

Бунина Анна Петровна (1774—1829), поэтесса, переводчица 602

Бурсов Борис Иванович (1905—1997), литературовед, проф. ЛГУ и ЛГПИ им. А. И. Герцена 186, 227, 246, 322

Буслаев Федор Иванович (1818—1897), филолог, искусствовед, академик

Бухмейер Ксения Константиновна (род. 1923), редактор редакции «Библиотека поэта» 182—184, 186—188

Бухштаб Борис Яковлевич (1904—1985), литературовед, проф. Ин-та культуры (Ленинград) 160—161, 227

Бушмин Алексей Сергеевич (1910—1983), литературовед, директор ИРЛИ (1955—1965, 1977—1983), академик (1979) 496

Быстрова, сотрудница Ленкниготорга 117

Бялый Григорий Абрамович (1905—1987), литературовед, проф. ЛГУ 129, 144, 168, 227, 231, 399, 401, 704

В

В. В., Вяч. Вс. — см. Иванов В. В.

Вайке Аллер, врач, жена Я. А. Габовича 321

Вайнрейх Уриель (1926—1967), израильский лингвист 502

Вайншток Л. Б., мать свекрови Л. М. Лотман 19, 26а, 27, 44

Вальт Лембит, док. каф. философии ТГУ 655

Васюточкин Георгий Сергеевич (род. 1937), науч. сотрудник Всесоюзного научно-исследовательского ин-та геофизических методов разведки, стиховед 178

Ватман Леонтина Оттовна (1909—1985), оконч. ЛГПИ им. А. И. Герцена (1938), с 1946 — преп. ТГУ; в 1951—1957 — зав. каф. рус. яз. 125, 159

Ваттер 143

Вацуро Вадим Эразмович (род. 1935), оконч. филфак ЛГУ; с 1962 — науч. сотрудник ИРЛИ (канд. дисс. — 1971) 55, 60, 67—68, 70, 75, 362

Вегер А., гравер 316

Вейсблат Григорий Соломонович (1934—1978), оконч. отд. рус. яз. и лит. ТГУ (1956), поэт, очеркист; таллинский журналист 309

Велихов Евгений Павлович (род. 1935), академик (1974), физик-теоретик 680

Веневитинов Дмитрий Владимирович (1805—1827), поэт 302

Вера (в пп. Ю. М. к родным) — см. Шафрановская В. А.

Вера — см. Лихачева В. Д.

Вересаев (Смидович) Викентий Викентьевич (1867—1945), писатель 622

Верещагин 677

Верн Жюль (1828—1905), фр. писатель 470

Вернадский Владимир Иванович (1863—1945), академик, основатель геохимии, биогеохимии, радиологии 640

Веселовский Александр Николаевич (1838—1906), литературовед, академик 260

Ветловская Валентина Евгеньевна (род. 1940), оконч. филфак ЛГУ (1962) затем аспирантуру; науч. сотрудник ИРЛИ; докт. дисс. — 1996 220—221

Вигель Филипп Филиппович (1786—1856), чиновник, мемуарист 306

Ви(й)тсо Тийт-Рейн, эст. стиховед, проф. ТГУ 474, 492

Вика — см. Каменская В. А.

Вилинбахов Георгий Вадимович (род. 1949), канд. ист. н., зам. директора Эрмитажа, главный специалист по геральдике в России 647

Виль — см. Сонкин В. И.

Виннер Ирена 600

Виннер Томас 600, 624

Виноградов Виктор Владимирович (1894/95—1969), филолог, академик 137, 348, 493, 495, 503

Виноградов Иван Архипович (1902—1936), литературовед, критик 204

Вио Теофиль де (1590—1626), фр. поэт 699

Виппер Борис Робертович (1888—1967), искусствовед 600

Витженс — см. Вытженс

Влада — см. Гехтман В.

Владимир Андреевич — см. Успенский В. А.

Владимир Мономах (1053—1125), великий князь киевский 368

Владимиров Сергей Васильевич (1921—1972), оконч. филфак ЛГУ (1950), театровед, зав. сектором в Ин-те театра, музыки, кинематографии (Ленинград) 303

Владышевская Ирина Васильевна, студентка ТГУ 1980-х гг., дочь шурина Б. А. Успенского 632

Владышевская Мая Григорьевна, мать Ирины 632

Владышевская Татьяна Феодосиевна (род. 1944), доктор искусствоведения, жена Б. А. Успенского 351, 610, 612, 617—619, 624, 627, 629—630, 632—633, 642—643, 648, 651—652

Вознесенский Андрей Андреевич (род. 1933), поэт 661

Воейков Александр Федорович (1779—1839), поэт, переводчик, журналист 244, 353—354, 513

Возный Анатолий Федорович (1932—1987), полковник милиции, историк; до 1965 работал в Управлении милиции г. Киева по борьбе с экономическими преступлениями; затем три года в адъюнктуре Академии МВД в Москве, с 1968 — преп. Высшей школы МВД в Киеве; как начальник каф. оперативной работы пытался бороться со взяточничеством в своем вузе, но был оклеветан, изгнан; его докт. дисс. была «зарезана» 353—354

Волкова Октябрина Федоровна, востоковед, музыковед 479

Володина 570

Володичка — см. Успенский В. В.

Волошинов Валентин Николаевич (1895—1936), литературовед, соавтор М. М. Бахтина 576

Вольперт Илья Евгеньевич (1891—1978), врач, отец Л. И. Вольперт 393

Вольперт Лариса Ильинична (род. 1926), оконч. филфак ЛГУ (1949), доц. Псковского пед. ин-та; доц., проф. ТГУ; докт. дисс. — 1989 190, 244, 295, 319, 393, 529

Вольтер (Мари Франсуа Аруэ; 1694—1778) 306, 564

Ворд Д., языковед 607

Воронова Елена Витальевна, оконч. ЛГПИ им. А. И. Герцена (1978), преп. средней школы 320

Воронцов Семен Романович, гр., (1744—1832), дипломат, посол в Англии (1784—1806) 316

Вревская С. Б. 333

Вытженс (Wytrzens) Гюнтер (1922—1991), русист, проф. Венского ун-та 227

Выходцев Петр Созонтович (1923—1994), литературовед, критик 203

Вяземский Петр Андреевич, кн. (1792—1878), поэт, критик 64, 217, 332, 360, 370

Г

Габович Борис Евгеньевич, врач, директор международной фирмы «Традис» в Таллине, внук Д. Б. и Я. А. Габовичей 321

Габович Дина Борисовна (1915—1965), жена Я. А. Габовича 122, 135, 137, 141, 148, 150, 152—153, 156, 181, 186, 189, 193, 196—197

Габович Яков Абрамович (1914—1980), математик, доц. ЭСХА 224, 320, 323, 620

Гаврилов Александр Константинович (род. 1941), историк-античник, науч. сотрудник Ин-та российской истории РАН; докт. дисс. — 1995 351, 353

Галинковский Яков Андреевич (1777—1815), писатель, переводчик 190

Галич Александр Аркадьевич (1919—1977), драматург, поэт 463

Галя — см. Коршунова Г. П.

Гамалия, Гамалея СеменИванович (1743—1822), писатель, масон 351

Гамкрелидзе Тамаз Валерианович (род. 1929), языковед, академик 683

Гамсун (Педерсен) Кнут (1859—1952), норвежский писатель 98

Ганнибал Абрам Петрович (ок. 1697—1781), воен. инженер, генерал-аншеф, прадед А. С. Пушкина 324

Гарик — см. Суперфин Г. Г.

Гаршин Всеволод Михайлович (1855—1888), писатель 602, 640

Гарт Френсис Брет (Брет Гарт; 1836—1902), американский писатель 429

Гаспаров Борис Михайлович (род. 1940), оконч. филфак Ростовского ун-та (1961) и Московский муз. пед. ин-т им. Гнесиных (1968), с 1966 преп. в ТГУ; доктор филол. н. (1971), проф. каф. рус. яз.; с 1980 в США, ныне проф. Колумбийского ун-та в Нью-Йорке 312, 503, 520, 523, 584, 597, 673, 692, 705—711, 715

Гаспаров Михаил Леонович (род. 1935), филолог, академик РАН (1992) 312, 339, 362, 431, 489, 523, 597, 633, 692, 700

Гегель Георг Вильгельм Фридрих (1770—1831) 452

Гейко Анна Даниловна, сотрудник иностранного отд. Дома ученых (Москва) 600

Гейне Генрих (1797—1856), нем. поэт, публицист 5, 83, 95, 102, 452

Гельман Владимир — см. Бахтин В. С.

Генин Лазарь Ефимович (1922—1982), оконч. филфак ЛГУ (1949), германист; главный библиограф ГПБ 298, 332—333, 335, 600, 602—603, 638, 643

Геннади Григорий Николаевич (1826—1880), библиограф 307

Герасимов Александр Викторович, сотрудник Ин-та востоковедения АН СССР в 1960-х гг., затем эмигрировал в Израиль; ныне в США 657

Гестенберг 567

Гессен И. В. 726

Гете Иоганн Вольфганг (1749—1832) 463

Гехтман Владислава Исаковна (род. 1968), оконч. отд. рус. яз. и лит. ТГУ (1990), секретарь Ю. М., затем науч. сотр. каф. рус. лит. 366, 371, 458, 463

Гиллельсон Максим Исаакович (1915—1987), литературовед 699

Гинзбург Лидия Яковлевна (1902—1990), литературовед 75, 163—164, 214, 268—269, 678

Гиппиус Василий Васильевич (1890—1942), литературовед, проф. ЛГУ 3, 31

Гиппиус Зинаида Николаевна (1869—1945), поэт 324

Гирченко И. В. 332

Гладков Александр Константинович (1912—1976), драматург 167

Глинка Михаил Иванович (1804—1857), композитор 640

Глинка Сергей Николаевич (1776—1847), писатель 302—303

Гнедич Николай Иванович (1784—1833), поэт, переводчик 159, 244, 513

Гоголь Николай Васильевич (1809—1852) 68, 71, 137, 159, 166, 206, 229, 318, 401, 428, 444, 483, 490—492, 509, 541, 545, 552, 561, 580, 607, 614, 725—726, 731

Гойя Франсиско Хозе де (1746—1828), исп. живописец 348

Голицын Александр Николаевич, кн. (1773—1844), обер-прокурор Синода 530

Голубева Ольга Дмитриевна (род. 1921), книговед, библиограф; оконч. ЛГУ (1944); зам. директора ГПБ (1951—1986); докт. филол. н. (1976) 399

Гомер 159, 365

Гонзалес Хозе Карлос да Сильва, фольклорист 330

Гончар Олесь (Александр Терентьевич; род. 1918), украинский писатель

Гончаров Борис Прокопьевич (род. 1934), стиховед; с 1965 — науч. сотрудник ИМЛИ, докт. филол. н. (1979) 706

Гончаров Иван Александрович (1812—1891), писатель 39—40, 340

Горбаневская Наталия Евгеньевна (род. 1936), поэт; с 1976 в Париже 207

Горелик Людмила Львовна, доц. Смоленского пед. ин-та; канд. дисс. в ТГУ (1981) 720

Горелов Анатолий Ефимович (1904—1991), писатель, критик 731

Городецкий Борис Павлович (1896—1974), литературовед, доктор филол. наук 183, 306

Городецкий Сергей Митрофанович (1884—1967), поэт

Городнинский Ф., работник Агентства печати «Новости» 238, 515

Горчаков Александр Михайлович, кн. (1798—1883), рус. дипломат, канцлер 214, 593

Горький Алексей Максимович (1868—1936) 167, 250, 260, 340, 602, 704

Греймас Альжирдас Жюльен (род. 1917), фр. языковед-структуралист 693

Грехнев Всеволод Алексеевич (род. 1938), оконч. филфак Горьковского ун-та (1961), преп. там с 1952; доктор филол. н. (1987), проф. каф. рус. лит. (1990) 306

Гречина Ольга Николаевна 13, 31, 94—95, **96—98**, **100—114**, 115

Грибоедов Александр Сергеевич (1795—1829), писатель, дипломат 351, 360

Григорьев Аполлон Александрович (1822—1864), лит. критик, поэт 55, 181, 211, 216, 288, 318, 322

Григорьева Елена Григорьевна 357

Григорян Камсар Нерсесович (род. 1911), литературовед 332

Гримани 645

Гринцер Павел Александрович (род.1928), индолог, доктор филол. наук, научн. сотрудник ИМЛИ 592

Гриша — см. Лотман Г. Ю.

Гришунин Андрей Леопольдович (род. 1921), литературовед, текстолог, науч. сотрудник ИМЛИ 69, 302—303, 307, 310, 317, 321, 326, 328, 335, 607, 615, 617—619, 626, 628—629, 638

Громов Павел Петрович (1914—1982), критик, литературовед 53, 56 129, 205, 279

Громова Татьяна Владимировна, редактор изд. «Книга» 355, 403—404

Гросс — см. Кросс А.

Грушкин Александр Израилевич (ум. 1942), науч. сотрудник ИРЛИ 31

Гуковский Григорий Александрович (1902—1950), литературовед, проф. ЛГУ 42, 54, 83, 147, 204, 206, 348, 352, 362, 483, 631, 728

Гуль Роман Борисович (1896—1986), писатель, критик; после 1918 в эмиграции 726

Гумилев Николай Степанович (1886—1921), поэт 681

Гуревич Александр Михайлович (род. 1931), литературовед 504, 512, 624, 628—629, 673, 729

Гуревич Арон Яковлевич (род. 1924), историк-медиевист 546

Гусева Евгения Константиновна, ученый секретарь лингвистической секции Совета по кибернетике АН СССР 562, 564, 566, 570—571, 593, 595, 599—600, 610, 612

Густава Исааковна — см. Меклер Г. И.

Гюго Виктор Мари (1802—1885) 40

Д

Давыдов Денис Васильевич (1784—1839), поэт, герой Отечественной войны 1812 г. 204

Даль Владимир Иванович (1801—1872), писатель, лексикограф, врач 360

Даниил Заточник, писатель XIII века 174

Данилова Ирина Евгеньевна, в 1970-х гг. зам. директора Музея изобразительных искусств им. А. С. Пушкина (Москва) 581, 584, 596

Данте Алигьери (1265—1321) 31, 70

Дарвин Чарльз Роберт (1809—1882) 456

Дельвиг Антон Антонович (1798—1831), поэт 88, 300, 303, 321, 332

Демина, языковед 599

Державин Гаврила Романович (1743—1816), поэт 119, 133, 204

Десницкий Василий Алексеевич (1878—1958), литературовед, проф. ЛГПИ им. А. И. Герцена 204

Дидло Шарль Луи (1767—1837), балетмейстер 306

Дидро Дени (1713—1784), фр. философ 306

Дикман Минна Исаевна (1919—1989), литературовед, редактор изд. «Советский писатель» (Ленинград), жена Ю. Д. Левина 18, 44, 56, 303—304

Дина — см. Габович Д. Б.

Динерштейн («Динер») Ефим Абрамович (род. 1923), зав. отд. книговедения Всесоюзной книжной палаты, доктор филол. н. 379, 403

Дм. Евг. — см. Максимов Д. Е.

Дмитриев Иван Иванович (1760—1837), поэт

Дмитриев Лев Александрович (1921—1993), оконч. филфак ЛГУ (1950), затем науч. сотрудник ИРЛИ; доктор филол. н. (1973), чл.-корр. АН СССР (1984) 400—401, 638

Дмитриев-Мамонов Александр Матвеевич (1758—1803), флигель-адъютант Екатерины II 306

Дмитриев-Мамонов Матвей Александрович, гр. (1790—1863), поэт, публицист 190, 306

Добролюбов Александр Михайлович (1876—1945?), поэт 559

Добролюбов Николай Александрович (1836—1861), критик, публицист 38, 44, 55, 125, 127, 131, 197, 401

Долгополов Леонид Константинович (1928—1995), оконч. филфак Саратовского ун-та (1951); науч. сотрудник ИРЛИ (1959—1971), доктор филол. н. (1989) 151, 177, 731

Домье Оноре (1808—1879), фр. художник 353

Достоевский Федор Михайлович (1821—1883) 42, 55, 68, 71, 80, 85, 239, 250, 473, 540, 587, 729, 731

Дравич Анджей (род. 1935), польский русист, в «советской» Польше -«диссидент», сидел в тюрьме; ныне проф. Варшавского ун-та, науч. сотрудник Ин-та славяноведения ПАН 728

Древлянская Ирина Георгиевна (род. 1935), редактор изд.» Наука» (Москва) 303, 310, 326, 398, 603, 615

Дробленкова Надежда Феоктистовна (род. 1926), оконч. филфак ЛГУ (1950) с 1952 науч. сотрудник ИРЛИ, канд. филол. н. (1955) 323, 399

Дрозда Мирослав (1924—1990), чешский русист, с 1964 — проф., затем зав. каф. рус. и советской лит. Карлова ун-та (Прага), изгнан в 1968 г., вернулся в 1989, по болезни отказавшись от зав. каф. в Венском ун-те 227, 247, 332, 728

Дружинин Николай Михайлович (1886—1986), историк, академик 153

Дрыжакова Елена Николаевна (род. 1931), оконч. ЛГПИ (1952), канд. филол. н. (1960), преп. в ТГУ, ЛГПИ им. А. И. Герцена, ЛГУ; с 1978 в США; ныне проф. ун-та в Питсбурге 117, 144

Д. С. — см. Лихачев Д. С.

Дудин Михаил Александрович (1916—1993), поэт 13, 102

Дудинцев Владимир Дмитриевич (род. 1918), писатель 631

Душечкина Елена Владимировна (род. 1941), оконч. отд. рус. яз. и лит. ТГУ (1966) и аспирантуру ТГУ (1971), преп. в Таллинском пед. ин-те, доктор филол. н., ныне проф. ЛГУ 202, 206, 558—559

Душечкина (в замужестве Рейфман) Ирина Владимировна (род. 1950), оконч. отд. рус. яз. и лит. ТГУ (1973), преп. ТГУ; с 1979 — в США 244, 529

Дюма-отец Александр (1802—1870) 96, 98, 102

Дюрер Альбрехт (1471—1528), нем. художник 82

Е

Евгения Исааковна, тетка Б. А. Успенского 622, 624

Евгеньева Анастасия Петровна (1899—1985), языковед, доктор филол. н. 309—310

Евсеева-Сидорова Ирина Николаевна, довоенная сокурсница Ю. М. по ЛГУ; живет в Германии 31

Егоров Алексей, фронтовой друг Ю. М. 13

Егоров Борис Федорович 56—57, 72, **117—371**, 392, 401, 450, 496, 502, 554, 594—595, 603, 618, 623—624, 626, 629, 633, 638, 655, 704—706, 711

Егорова (в замуж. Миллер) Татьяна Борисовна, дочь Б. Ф. Егорова, студентка ТГУ (1968/69) и ЛГПИ (1969—1973), преп. англ. яз. и администратор; с 1989 в США 125, 128, 135, 142, 151—152, 155, 165, 181, 198, 200, 226—230, 241—242, 247—248, 273, 290—291, 321, 324, 328, 330, 347—349, 356, 358, 360, 362, 364, 369—370

Екатерина II (1729—1796), императрица с 1762

Елагин Юрий Борисович (1910—1987), музыкант, мемуарист 596

Елена Васильевна — см. Петровская Е. В.

Еленев (псевдоним — Скалдин) Федор Павлович (1827—1902), публицист 332

Елизавета Петровна (1709—1761/62), императрица с 1741 133, 351

Елизаренкова Татьяна Яковлевна (род. 1929), оконч. филфак МГУ (1951), аспирантуру (канд. дисс. — 1956), до 1958 преп. МГУ, затем сотрудник Ин-та востоковедения АН СССР; доктор филол. н. (1994) 557, 592, 657, 684, 686—700, 702—703

Енакиев — см. Янакиев М.

Еремин Игорь Петрович (1904—1963), оконч. филфак ЛГУ (1924), проф. ЛГУ с 1938, зав. каф. рус. лит. с 1952 г. 118, 140, 144

Ерофеев Венедикт (1933—1993), писатель 473

Ерохина Эрна Васильевна (род. 1934), оконч. отд. рус. яз. и лит. ТГУ (1962), затем библиотекарь в Ленинграде 123

Есенин Сергей Александрович (1895—1925) 726

Ефим Абрамович — см. Динерштейн Е. А.

Ефремов Петр Александрович (1830—1907/8), библиограф 307

Ефрон Илья Абрамович (1847—1917), издатель, типограф 321

Ж

Жданов Владимир Викторович (1911—1981), литературовед 166, 190

Жегин Лев Федорович (1892—1969), искусствовед 572, 581

Жемчужников Алексей Михайлович (1821—1908), поэт 602

Жемчужников Владимир Михайлович (1830—1884), поэт 602

Живов Виктор Маркович (род. 1945), оконч. филфак МГУ; до 1979 — сотрудник лаборатории вычислительной лингвистики МГУ, затем — преп. каф. рус. яз. МГУ; с 1989 — науч. сотрудник Ин-та рус. яз. РАН; доктор. дисс. — 1992 565, 592, 595—597, 602—603, 610, 613—615, 618, 624, 626, 638—639, 647—648

Жирмунская (Сегал) Нина Александровна (1919—1991), оконч. филфак ЛГУ (1941), специалист по фр. и нем. лит., канд. филол. н. (1946), доц. ЛГУ 334

Жирмунский Виктор Максимович (1891—1971), филолог, академик с 1966 29, 54, 130, 226—227

Жихарев Степан Петрович (1788—1860), литератор, драматург, переводчик 302

Жолковский Александр Константинович (род. 1937), литературовед; ныне проф. Южно-Калифорнийского Ун-та в Лос-Анджелесе (США) 486, 492, 504, 522, 541, 557, 581, 693

Жуков Дмитрий Иванович, преп. математики 626

Жуковский Василий Андреевич (1783—1852) 332, 367, 513, 602, 608, 646, 693—694, 699, 703

Жулкевски Стефан (1911—1991), теоретик лит., культуролог, академик ПАН, проф. Варшавского ун-та, редактор журналов; марксист, но пропагандист тартуской науч. школы; с 1968 — в партийной опале 540, 544

З

З. Г. З. Гр. — см. Минц З. Г.

Заболоцкий Николай Алексеевич (1903—1958), поэт 626

Заборов Петр Романович (род. 1931), оконч. филфак ЛГУ (1954); с 1958 — науч. сотрудник ИРЛИ, доктор филол. н. (1976) 85, 334

Завадский Вацлав Юзеф (1899—1978), польский книгоиздатель, библиофил

Зайончковский Петр Андреевич (1904—1984), историк, проф. МГУ 227, 571

Зайцева Валентина Васильевна (род. 1932), библиограф, научн. сотрудник Библиотеки АН 68

Зайчикова Ольга, сокурсница Ю. М. по ЛГУ 25

Зализняк Андрей Анатольевич (род. 1935), языковед, оконч. филфак МГУ (1958), с 1960 науч. сотрудник Ин-та славяноведения, чл.-корр. РАН 541, 581, 594, 627, 657

Занд Жорж — см. Санд Жорж

Западов Владимир Александрович (род. 1930), литературовед, проф. ЛГПИ им. А. И. Герцена 285, 334—335

Зара Григорьевна — см. Минц З. Г.

Заходер Борис Владимирович (род. 1918), поэт, переводчик 373

Звегинцев Владимир Андреевич, языковед, доктор филол. н. (1954) 544

Здоровов Юрий Артемьевич (род. 1943), оконч. МГУ, аспирант Е. В. Падучевой, затем сотрудник Всесоюзного ин-та научно-технической информации, ныне директор изд. «Медиум» 556

Зилитинкевич Сергей Сергеевич (род. 1936), доктор физико-математических наук, геофизик 321

Зильберштейн Илья Самойлович (1905—1988), литературовед, искусствовед 399

Зимин Александр Александрович (1920—1980), историк 544, 668

Зинаида Кузьминична — см. Коршунова З. К.

Зиновьева-Аннибал Лидия Дмитриевна (1865—1907), писатель 315

Зись Авнер Яковлевич (род. 1910), философ 514, 516

Золя Эмиль (1840—1902), фр. писатель 34

Золян Сурен Тигранович, филолог, ныне проф. Ереванского ун-та 673

Зоммерфельд, языковед 495

Зорин Андрей Леонидович, литературовед 362

Зотов Владимир Рафаилович (1821—1896), писатель, журналист 118

Зощенко Михаил Михайлович (1894—1958) 156, 259, 339, 472, 618

И

Иахим, Иакинф — см. Кляйн И.

Ибсен Генрик (1828—1906), норвежский драматург 98

Иван Васильевич Грозный — см. Иоанн IV Грозный

Иванов Александр Андреевич (1806—1858), живописец 167

Иванов Всеволод Вячеславович (1895—1963), писатель 348

Иванов Вячеслав Всеволодович 227, 330, 364, 412, 441, 475, 479, 486, 503, 512, 520, 522—525, 528—529, 538, 540—541, 545, 557, 563, 570, 578, 581, 589, 597—598, 648, 651, **653—683**, 685, 691—692, 694—696, 698

Иванов Дмитрий Вячеславович (род. 1912), сын Вяч. И. Иванова, журналист (Италия) 371

Иванов Михаил Васильевич (род. 1947), оконч. филфак ЛГУ (1970), аспирантуру ИРЛИ (1973), затем доц. каф. прикладной психологии Железнодорожного ин-та в Ленинграде 309

Игнатьев Михаил Борисович (род. 1932), проф. Ленинградского ин-та авиаприборов, зав. каф. кибернетики (современное наименование: каф. вычислительных систем Петербургской Академии аэрокосмического приборостроения) 259, 262, 265, 267, 270, 272—274, 278—282, 285, 287, 289, 291—292, 580, 648

Игорь — см. Чернов И. А.

Иезуитова Людмила Александровна (род. 1931), оконч. филфак ЛГУ (1954), преп., с 1975 доц. каф. рус. лит. ЛГУ 359

Ина, Инна — см. Образцова И. М.

Инна Марковна — см. Правдина И. М.

Иоанн IV Грозный (1530—1584) 239, 456, 638

Иованович 728

Ира — см. Евсеева-Сидорова И. Н.

Ираклий — см. Андроников И. Л.

Исаков Сергей Геннадиевич (род. 1931), оконч. отд. рус. яз. и лит. ТГУ (1954); преп., доц., проф. каф. рус. лит. ТГУ; ее зав. (1980—1992); доктор филол. н. (1974); депутат парламента Эстонии 119, 123, 126, 128, 132, 138, 140—141, 144, 151, 153—155, 160, 162, 165, 167, 207, 227, 232, 234, 236, 246, 255, 274, 292, 319—320, 324, 326, 331—333, 339, 341, 359

Исакович Ирина Владимировна, зав. редакцией «Библиотека поэта» до 1968 г. 176, 190

Исаченко Александр Васильевич (1910—1978), рус. филолог, живший на Западе 570

Исупов Константин Глебович (род. 1946), оконч. филфак Донецкого унта (1970), преп. там, в Челябинском ун-те, в ЛГПИ им. А. И. Герцена, докт. дисс. — 1995; ныне проф. каф. эстетики Российского гос. пед. ун-та им. А. И. Герцена 467

К

Каде де Гассикур барон дю Руж де Полен 561

Кайсаров Андрей Сергеевич (1782—1813), публицист, филолог, проф. Дерптского ун-та 45, 117, 699

Калитц Йоханнес (род. 1921), проф. каф. истории КПСС (в 1969—1983 — зав.) ТГУ 117

Каллимах (310 до н. э. — 240 до н. э.), греческий поэт 561

Каменская Виктория Александровна (род. 1925), оконч. филфак ЛГУ (1949), литературовед, переводчик 259

Камю Альбер (1913—1960), фр. писатель 265

Кант Иммануил (1724—1804), нем. философ 351, 731

Канунн<ик>ова Вера Павловна, партийный работник, назначенный для «укрепления» зав. редакцией «Библиотеки поэта» (1968) 250

Каплинский Яан (род. 1941), эст. поэт 492

Капралов, сосед Л. М. Лотман 18

Карамзин Николай Михайлович (1766—1826) 45, 65, 69, 71—72, 85—87, 91, 93, 114, 133, 156, 162—166, 169, 176, 181—182, 184, 187—190, 193, 202—203, 214, 260, 288, 291, 293, 295—296, 298, 303, 306—307, 309—310, 312, 316, 320—321, 323—324, 327, 330, 332—333, 343—345, 348, 352—353, 358—359, 361, 385, 392, 397—399, 402—404, 409, 442, 567, 575, 588, 593—594, 597—598, 600, 603, 605, 607, 609—612, 615, 617—618, 623—624, 626, 628, 632—636, 638, 640, 675, 695

Карл Карлович, московский букинист 587

Карпинская О. Г. — см. Ревзина О. Г.

Карпухин Олег Иванович, литератор 362

Карсавин Лев Платонович (1882—1952), философ 643

Кафенгауз Бернгард Борисович (1894—?), доктор ист. н. 26а

Кацнельсон Соломон Давидович (1907—1985), языковед 546

Качурин Марк Григорьевич (род. 1923), оконч. филфак ЛГУ (1950), литературовед, методист, проф. ЛГПИ им. А. И. Герцена 25, 105, 222, 233, 239, 274, 278, 289, 361, 401

Кая — см. Лотман К.

Кейтель Вильгельм (1882—1946), нем. генерал-фельдмаршал; повешен как военный преступник 9

Келлерман Бернхард (1879—1951), нем. писатель 40

Кильк Владимир Петрович (1921—1997), оконч. отд. рус. яз. и лит. ТГУ (1953), старший лаборант каф. рус. лит. ТГУ (1957—1969), затем преп. той же каф. до 1973 118, 123, 128, 131—132, 141—143, 197, 228, 474

Киплинг Джозеф Редьярд (1865—1936), англ. писатель 151

Киреевские Иван (1806—1856) и Петр (1808—1856) Васильевичи, славянофилы 602

Кирилл — см. Морозов К. В.

Киров Сергей Миронович (1886—1934), деятель большевистской партии 359

Кирпотин Валерий Яковлевич (1898—1990), литературовед, критик; проф. Лит. ин-та (Москва), зав. каф. рус. лит. (1956—1974) 63, 289, 291—292

Киселева Любовь Николаевна (род. 1950), оконч. отд. рус. яз. и лит. ТГУ (1972), доц., затем проф. каф. рус. лит. ТГУ, зав. каф. с 1992 330, 341, 368—369, 435, 565, 571, 597, 611, 616, 619

Кислягина Лоя Георгиевна, историк 65

Кисунько Василий Григорьевич, в 1960-х гг. зав. редакцией эстетики изд. «Искусство» (Москва) 511—512, 516, 524, 528, 666

Китон Бестер (1896—1966), американский комедийный актер 348

Кларк Джонатан, австралийский филолог 579

Клаус — см. Штедтке К.

Клейс Рихард (1896—1982), доц. ТГУ, филолог-античник 121, 135, 141, 152—153, 302

Клемент Федор Дмитриевич (1903—1973), оконч. физ. ф-т ЛГУ (1934), канд. физ. н. (1943), ректор ТГУ, проф. (1951—1970), член ЦК Компартии Эстонии (1953—1972) 118, 120—121, 125, 141, 147, 149, 162, 168, 189, 198, 202—203, 207, 210, 214, 221, 228, 232, 239, 265, 267, 291, 293, 295, 474, 479, 490—491, 496, 503, 525, 654

Климова Дина Михайловна (род. 1933), редактор серии «Библиотека поэта» 244, 246, 249

Кляйн Иахим, нем. славист 639

Кнорозов Юрий Валентинович (род. 1922), языковед, культуролог, доктор филол. н., науч. сотрудник Ин-та этнографии (СПб.) 654, 657

Князевская Татьяна Борисовна (род. 1924), канд. искусствоведения, ученый секретарь Науч. совета по истории мировой культуры 333

Ковалев Валентин Архипович (род. 1911), литературовед, науч. сотрудник ИРЛИ 260

Ковалева-Райт Рита (Раиса Яковлевна) (1898—1988), переводчик 227

Ковалевская Вера Борисовна, археолог 665

Кожевникова Н. А., языковед 728

Кожинов Вадим Валерианович (род. 1930), литературовед, оконч. филфак МГУ (1954), науч. сотрудник ИМЛИ с 1957, канд. филол. н. (1958) 239, 507, 576, 706, 731

Колмогоров Андрей Николаевич (1903—1987), математик, академик 160, 714

Колокольников Андрей Геннадиевич (род. 1945), математик, муж М. В. Колокольниковой 398, 469—470

Колокольников Федор Андреевич (род. 1974), студент, сын М. В. Колокольниковой 375—377, 380, 392—393, 403, 408, 426—427, 438, 444, 465—466, 470—471

Колокольников Юрий Андреевич (род. 1980), студент, сын М. В. Колокольниковой 393, 403, 408, 427, 432, 457, 470

Колокольникова Марина Виленовна 373—378, 383—388, 390—394, 398, 404—413, 421—423, 425—436, 438—440, 442—451, 453—461, 463—464, **465—473**

Кольцов Алексей Васильевич (1809—1842), поэт 18, 602

Комаров Матвей (1730-е гг.? — 1812?), писатель 302

Коневской Иван (Иван Иванович Ореус; 1877—1901), поэт, критик 302

Кондорсе Жан Антуан Никола́, маркиз (1743—1794), фр. философ 351

Конрад Николай Иосифович (1891—1970), востоковед, академик 54, 503

Кооп Арнольд (1922—1988), партийный деятель, ректор ТГУ с 1970 г., проф. (1972), доктор филол. н. (1986) 291, 346, 707

Копаничек Юрай (род. 1921), проф. Братиславского ун-та (Словакия) 227

Корман Борис Ошерович (1922—1983), доктор филол. наук (1965), зав. каф. рус. лит. Борисоглебского пед. ин-та (1951—1971), затем — Удмуртского гос. ун-та (Ижевск) 345

Корней — см. Чуковский К. И.

Королева Нина Валериановна (род. 1933), оконч. филфак ЛГУ, канд. филол. н.; с 1987 — науч. сотрудник ИМЛИ 157—158

Короленко Владимир Галактионович (1853—1921), писатель, публицист 103

Коршунова Галина Петровна (1937—1978), преп. Ин-та стран Азии и Африки при МГУ, жена Б. А. Успенского 300, 474—485, 487—490, 493—499, 501—503, 506, 508—510, 513—514, 516—518, 521—525, 531—533, 535—537, 539—540, 543—545, 549, 608

Коршунова Зинаида Кузьминична (1911—1996), мать Г. П. Коршуновой 603, 607—610, 612—613, 618—619, 624, 632—633

Котельников Владимир Алексеевич (род. 1947), оконч. Омский пед. ин-т (1970), аспирантуру ЛГПИ им. А. И. Герцена (1980); с 1988 — науч. сотрудник ИРЛИ; доктор филол. н. (1994); ныне зам. директора ИРЛИ 317

Котрелев Николай Всеволодович (род. 1941), ученый секретарь ЛН, литературовед 207

Кранах Лукас Старший (1472—1553), нем. живописец и график 82

Краснобаев 398

Краснов Георгий Васильевич (род. 1921), оконч. Ташкентский пед. ин-т (1943); доктор филол. н., проф. (1969); преп. в Горьковском ун-те; проф. Коломенского пед. ин-та с 1976 227, 259, 704

Красовский Александр Иванович (1776—1857), цензор 350

Кристева Юлия (род. 1935), фр. литературовед-семиотик 518, 544, 667, 691—692

Кросс А., англ. русист, проф. 214, 607

Крундышев Аркадий Александрович (род. 1929), редактор Ленинградского отд. изд. «Просвещение» 224, 298, 303, 323, 330, 404

Крупп Дебора Михайловна, инженер 2, 4, 6—7, 9—10, 12—13

Крылов Иван Андреевич (1768—1844) 332, 452

Куду Ыйе, студентка отд. рус. яз. и лит. ТГУ в 1964 г. 178

Куду Эльза Кристина (1915—1993), оконч. ТГУ (1949), старший библиограф Науч. библиотеки ТГУ (1949—1970) 178

Кузмин Александр Иванович, сотрудник «Известий АН СССР» 487

Кузмин Михаил Александрович (1875—1936), поэт 637

Кузовкина Татьяна Дмитриевна (род. 1965), оконч. отд. рус. яз. и лит. ТГУ (1990), секретарь Ю. М., затем научн. сотрудник кафедр семиотики и рус. лит., магистр (1997) 367—368, 371, 452—454, 464

Кукольник Нестор Васильевич (1809—1868), писатель 640

Кулль Ивар (род. 1928), математик, оконч. ТГУ (1953), аспирантуру (1956), доц. математического ф-та, зав. вычислительным центром ТГУ (1959—1962) 287, 492, 496, 602, 655

Кульковский 307

Куник Ася Романовна, искусствовед; в 1970-х гг. — секретарь Комиссии по комплексному изучению худ. творчества АН СССР, ныне в США 317—318

Купреянова Елизавета Николаевна (1906—1988), литературовед, науч. сотрудник ИРЛИ, доктор филол. наук 183—184, 227

Куприн Александр Иванович (1870—1938), писатель 150

Курбский Андрей Михайлович, кн. (1528—1583), боярин, бежавший в Литву (1564) от гнева Иоанна IV 721

Курочкин Василий Степанович (1831—1875), поэт, журналист 54, 648

Кусков Владимир Владимирович (род. 1920), специалист по древнерусской лит., проф. МГУ 638

Кутузов Алексей Михайлович (1749—1797), писатель, переводчик 344, 351, 594

Кэбин — см. Кябин И. Г.

Кюхельбекер Вильгельм Карлович (1797—1846), поэт, критик, переводчик 239, 303, 332

Кябин Иван Густавович (род. 1905), 1-й секретарь ЦК Компартии Эстонии в 1950—1978 503

Л

Лаврецкий А. 26а

Лазаревич Александр 6, 618

Лазаревич Ольга Моисеевна 6

Лазарчук Римма Михайловна (род. 1940), оконч. Карагандинский пед. ин-т (1963), аспирантуру ЛГПИ им. А. И. Герцена (1970), канд. филол. н., доц. Стерлитамакского пед. ин-та (1970—1976), затем доц. Череповецкого пед. ин-та 248, 250, 260, 267, 307, 309

Ланглебен М. М., филолог, музыковед 510, 581, 657

Лариса Ильинична — см. Вольперт Л. И.

Лассаль Фердинанд (1825—1864), нем. социалист 587

Лаугасте Эдуард (1909—1394), фольклорист, доц. ТГУ с 1944; с 1973 — проф. каф. эст. лит. и фольклора; в 1951—1954, 1967—1971 — декан ист.- филол. ф-та 119—121, 130—131, 135, 139—140, 154, 156, 169, 171, 177, 198, 206—207, 215—216, 221, 239, 255, 259, 546

Лафатер Иоганн Каспар (1741—1801), швейцарский ученый 306, 316, 333—334, 605

Лахман Рената, нем. филолог, семиотик 598, 639

Лахути, востоковед 665

Лев Мария Семеновна, диспетчер филфака ЛГУ 3

Лева — см. Палатник Л. Н.

Левашов О. В. 677

Леве-Веймар, фр. литератор XIX в. 43

Леви-Строс Клод (род. 1908), фр. этнограф, социолог 257

Левин Юрий Давидович (род. 1920), оконч. филфак ЛГУ (1941); историк перевода, специалист по англ.-рус. лит. связям; с 1956 — науч. сотрудник ИРЛИ; докт. дисс. — 1969 21, 44, 54, 58, 334, 528, 563

Левин Юрий Иосифович (род. 1935), математик, доц. Московского строительного ун-та 541, 581, 606

Левинтон Георгий Ахиллович (род. 1948), оконч. филфак ЛГУ (1971); ныне проф. Европейского ун-та в СПб. 609

Левкович Янина Леоновна (род. 1920), оконч. ЛГУ (1946), канд. пед. н. (1953); сотрудник Библиотеки АН СССР (1950—1957); с 1957 — ИРЛИ 359

Лейбман Ольга, сотрудница Лаборатории вычислительной лингвистики при МГУ 536, 552, 566, 569, 571, 581

Лейда — см. Алексеева Л. Ю.

Лекомцев Юрий Константинович (1929—1984), оконч. филфак МГУ (1957), аспирантуру (1960), сотрудник Ин-та востоковедения, доктор филол. н. (1978) 487, 499, 503, 517—518, 522—525, 528, 541, 598, 658, 668, 673, 692

Лекомцева Маргарита Ивановна (род. 1935), оконч. филфак МГУ (1960), канд. филол. н. (1963), сотрудник сектора структурной типологии Ин-та славяноведения АН СССР 106, 487—488, 490, 499, 503, 517—518, 522, 524—525, 528, 581, 597, 609, 658, 668, 673, 676, 682

Лемм 668

Ленцман Леонид Николаевич (род. 1915), секретарь ЦК Компартии Эстонии по идеологии (1951—1971) 189, 488

Леонов Леонид Максимович (1899—1994), писатель 348

Леонтович Михаил Александрович (1903—1981), физик-теоретик, акад. 503

Ленька, Леня — см. Столович Л. Н.

Ле Пти 699

Лермит Тристан 699

Лермонтов Михаил Юрьевич (1814—1841) 15, 21—23, 39, 58, 71—72, 102, 181, 204, 321, 464, 602, 661, 725

Лесков Николай Семенович (1831—1895), писатель 78, 602

Лессинг Готхольд Эфраим (1729—1781), нем. драматург, эстетик 333, 728

Лесскис Георгий Александрович, математик, языковед 541, 596

Лефранк, аббат 575

Либкнехт Карл (1871—1919), нем. социалист 273, 449

Лида — см. Лотман Л. М.

Лидия Яковлевна — см. Гинзбург Л. Я.

Лиллеметс Айно Хейнриховна (род. 1936), студентка отд. рус. яз. и лит. ТГУ (1956—1961), исключена якобы за неуспеваемость, реально — за религиозные убеждения (баптистка) 129

Литвинов Василий (род. 1935), поэт, критик 351

Лихачев Дмитрий Сергеевич (род. 1906), литературовед, историк, текстолог, академик с 1970 83, 206—207, 211, 261—262, 288, 292, 296, 300, 303, 305—307, 310, 317, 320—321, 323, 326, 328, 333, 343, 353, 357, 359, 362, 391—392, 399, 450, 494—496, 529—530, 544, 552, 554, 558, 575, 579, 586—587, 595, 615, 617, 628—629, 634, 638, 695, 729

Лихачева Вера Дмитриевна (1937—1981), искусствовед 391, 634

Логинова (Казарян) Людмила Александровна (род. 1961), оконч. отд. рус. яз. и лит. ТГУ (1983), лаборант каф. рус. лит. ТГУ (1983—1988), ныне журналист 721—722

Ломидзе Георгий Иосифович (род. 1914), партийный деятель, литературовед, доктор филол. н. (1960), чл.-корр. АН СССР (1972) 296

Ломоносов Михаил Васильевич (1711—1765) 19, 21, 26, 26а, 131, 142, 146, 184. 204, 349, 559, 618, 642, 694, 701

Лора — см. Найдич Л. Э.

Лотман Александра Михайловна (род. 1975), внучка Ю. М., ныне студентка ТГУ 62, 67, 70, 72, 81, 287, 383, 431, 443, 445—446, 603, 610

Лотман Александра Самойловна (1889—1963), мать Ю. М., зубной врач 1, 3, 8, 11—13, **14—26**, **27—29**, 31, 44, 76

Лотман Алексей Юрьевич (род. 1960), сын Ю. М., биолог, оконч. ТГУ (1978), ныне — зам. директора заповедника близ Пярну 48, 54, 56, 65—66, 68, 71, 76, 78, 80—81, 104, 166, 169, 181, 214, 301, 320—322, 338, 340, 346, 348—349, 353, 365, 381, 386—387, 395, 400, 425—426, 428, 438—439, 443, 447—448, 540, 556, 569, 593, 604, 612, 616, 619—620, 624, 636

Лотман Алина 365

Лотман Антон Эрикович (род. 1958), сын Л. М. Лотман, оконч. Ленинградский мед. ин-т, врач, ныне живет в Канаде 46—49, 53—54, 59—63, 66—67, 69, 75, 78—81, 89, 92, 262

Лотман Виктория Михайловна (род. 1919), сестра Ю. М., врач-кардиолог **1—13**, 14—16, **18—26**, **27—30**, 31, 44, 46, 67, 71, 76, 78, 89, 92, 173—175, 626

Лотман Григорий Юрьевич (род. 1953), сын Ю. М., художник 30, 54, 56, 63—65, 70, 76, 78, 104, 126, 151, 181, 291, 320, 349, 351, 356—357, 366, 369, 374, 381, 387—388, 398—399, 403, 406, 497, 516, 524, 534—536, 549, 571, 584—587, 598—599, 618—619, 624

Лотман Кая (род. 1960), жена А. Ю. Лотмана, биолог 78, 320—321, 338, 340, 349, 388, 426, 428—429, 438—439, 443, 612, 619—620, 624, 635—636, 719

Лотман Лидия Михайловна 1, 2, **3**, 7—8, 11—12, 14, 16, **18—19**, 20—26, **26а**, **27—29**, **31—93**, 115—116, 185, 227, 361

Лотман Мария-Кристина Михайловна (род. 1974), внучка Ю. М., студентка ТГУ 67, 70, 72, 81, 320—321, 383, 572, 603, 619—621, 646

Лотман Михаил Львович (1883—1942), отец Ю. М., юрисконсульт 31

Лотман Михаил Юрьевич (род. 1952), сын Ю. М., оконч. отд. рус. яз. и лит. ТГУ (1976), филолог, преп. ТГУ 46, 54, 56, 62—64, 68, 76, 104, 125—126, 181, 215, 292, 298, 315, 320, 323, 339, 346, 348—349, 365, 368, 371, 374, 376, 381, 397, 426, 428—431, 435, 438—439, 443, 445—447, 453, 464, 513, 516, 536, 543—544, 549, 553, 556, 571, 594, 601, 612, 618, 621, 645, 706, 711

Лотман Пирет (род. 1952), жена М. Ю. Лотмана, филолог 56, 68, 76, 292, 298, 323, 348, 374, 381, 572, 600—601, 610, 618, 623

Лотман Ребекка Михайловна (род. 1978), внучка Ю. М. 76, 431, 603

Лотман Сильвия (род. 1980), внучка Ю. М., дочь А. Ю. Лотмана 76, 438, 620—622, 624, 649

Лотман Элен (род. 1981), внучка Ю. М., дочь А. Ю. Лотмана 438, 443, 635—636, 649, 651

Лотман Юлия Зиновьевна (род. 1963), жена А. Э. Лотмана 89, 92

Лоэст Франсуаз, славист 617

Л.С.С. — см. Сидяков Л. С.

Лукач Дьёрдь (1885—1971), венгерский философ, литературовед 514

Лукреций Кар (I в. до н. э.), римский поэт и философ 462

Люба — см. Киселева Л. Н.

Любарский Анатолий Владимирович, журналист, фальсификатор истории Эстонии (1950-е гг.) 118

Людвиг Эмиль (1881—1948), нем. писатель 346

Люся — см. Алексеева Л. В.

Лютер Мартин (1483—1546), религиозный реформатор 82

Ляля — см. Лотман В. М.

Лятти, работник типографии в Тарту 163

М

Маазик Сельма Оскаровна (род. 1925), оконч. филфак ЛГУ (1949), преп. рус. яз. в ТГУ (1949—1983) 118, 125, 159, 189

Ма(а)зинг Уку, эст. языковед, культуролог 492

Мааросс Ирене, ученый секретарь ректората ТГУ 707, 711

Магомет (Мухаммед; ок. 570—632), основатель ислама 544

Мазур Тамара Павловна (1933—1989), литературовед 266

Майенова Мария Рената (Мария Львовна; 1910—1988), теоретик лит., переводчик рус. формалистов и структуралистов, проф. Варшавского ун-та (уволена в 1968 г.), проф. Ин-та лит. исследований ПАН 227, 538, 541, 559, 594, 603—604, 613—614, 619, 629—630, 632

Маймин Евгений Александрович (1921—1997), оконч. филфак ЛГУ (1950), проф. Псковского пед. ин-та, в 1970—1980-х гг. зав. каф. рус. лит. 131—132, 141, 146, 150, 227, 248, 386

Майоров Геннадий Георгиевич, философ 615

Майский Иван Михайлович (1884—1975), дипломат, историк, академик с 1946 260

Майсте Хильда (1908—1986), преп. рус. яз. в ЭСХА; бывшая жена В. Т. Адамса (отреклась от него после его ареста в 1951 г.) 321

Макаренко Антон Семенович (1888—1939), педагог, писатель 40

Макаров Михаил Георгиевич (род. 1922), проф. философии ТГУ (1954—1956, 1960—1971 — зав. каф.), затем зав. каф. философии при Ленинградском отд. АН СССР 265

Макогоненко («Макогон») Георгий Пантелеймонович (1912—1986), литературовед, проф. ЛГУ, зав. каф. рус. лит. с 1965 г. 76—77, 131, 140, 144, 165—166, 173, 176, 244, 286, 332, 352, 381, 399, 401, 587, 615, 618

Максимов Дмитрий Евгеньевич (1904—1987), литературовед, проф. ЛГУ, один из организаторов Блоковских конференций в ТГУ 54, 118, 129, 132—133, 146, 148, 150—151, 164, 169, 171, 177, 181—183, 188, 199, 207, 217, 231, 291, 296, 399, 401

Малевич Олег Михайлович (род. 1928), оконч. филфак ЛГУ (1953), литературовед, чехист (богемист), переводчик, канд. филол. н. 218, 259, 659

Малышев Владимир Иванович (1910—1976), литературовед, основатель Древлехранилища при ИРЛИ, доктор филол. наук 55

Мальц Анн Эдуардовна (род. 1941), оконч. отд. рус. яз. и лит. ТГУ (1967), старший лаборант каф. рус. лит. ТГУ (1967—1974), затем — старший преп. 292, 300, 555, 565, 571, 574, 583, 598, 651

Мальцев М. И., пушкинист, вульгаризатор 178

Мамардашвили Мераб Константинович (1930—1990), оконч. философский ф-т МГУ (1954), аспирантуру (1957), работал в ред. философских и политических журналов; докт. дисс. — 1972 259, 544, 551, 553

Мандат Ярослав (род. 1924), преп. ун-та в Брно (Словакия) 207

Мандельштам Осип Эмильевич (1891—1938) 627

Манн Юрий Владимирович (род. 1929), литературовед, проф. РГГУ 412

Мануйлов Виктор Андроникович (1903—1989), литературовед, проф. ЛГУ 181, 186, 231

Маня, тетя — см. Минц М. Е.

Марат Жан Поль (1743—1793), деятель Французской революции 38, 651

Мариво Пьер Карле де Шамблен де (1688—1763), фр. писатель 648

Марина — см. Колокольникова М. В.

Мария Львовна — см. Майенова М. Р.

Мария Семеновна — см. Лев М. С.

Марк — см. Качурин М. Г.

Марк, портной 153

Марк Аврелий (121—180), римский император, философ 351, 353

Марк Твен (Сэмюэл Клеменс; 1835—1910), американский писатель 470

Марков Георгий Мокеевич (1911—1991), писатель 403

Маркович Владимир Маркович (род. 1936), оконч. Казахский пед. ин-т (1959), преп. 1962—1971; с 1972 преп. в ЛГУ; доктор филол. н. (1982), проф. (1985) 401

Марта Павловна, сотрудница изд. группы ТГУ 639

Мартине Андре (род. 1908), фр. языковед 485

Мартинсон Эдуард Эдуардович (1900—1963), проф. ТГУ, зав. каф. биохимии (с 1949), проректор ТГУ по научной работе 161

Мартыновский А. В. — см. Анатолий, архиеп.

Марченко Нонна Александровна, литературовед 333—334, 397, 593, 595

Маслов Виктор Сергеевич (род. 1925), литературовед, доц. ЛГУ 146, 229

Матвеева Анна Николаевна 94—96, 99, 102—103, 112

Матхаузер Зденек (род. 1920), филолог, искусствовед, проф. Карлова ун-та в Праге 227

Мацкевич Н. И. 67

Маша (в пп. к О. Н. Гречиной) — см. Осорина М. В.

Маша — см. Лотман М. М.

Машбиц-Веров Иосиф Маркович (1900—?), критик, литературовед 62—63, 291

Машинский Семен Иосифович (1914—1978), литературовед, с 1960 проф. Литературного ин-та (Москва) 177, 277

Маяковский Владимир Владимирович (1893—1930) 137, 167, 181, 335, 461, 575, 640, 726

М. Г. — см. Альтшуллер М. Г.

Медведев Павел Николаевич (1891/92—1938), литературовед, соавтор М. М. Бахтина 576

Медведева Ирина Николаевна (1903—1973), литературовед 298, 333, 643

Меднис Нина Елисеевна, литературовед, проф. Новосибирского пед. ин-та 306

Медриш Давид Наумович (род. 1926), литературовед, фольклорист, проф. Волгоградского пед. ин-та 725

Мейер Ян (ум. 1980), нидерландский славист 618

Мейерхольд Всеволод Эмильевич (1874—1940), режиссер 167

Мейлах Борис Соломонович (1909—1987), литературовед, науч. сотрудник ИРЛИ, проф. ЛГУ 178, 197, 229, 654, 666, 684

Мейлах Михаил Борисович (род. 1945), литературовед 207, 609

Меклер Густава Исааковна (1905—1988), переводчик, мать Б. А. Успенского 488—490, 498, 506, 509, 560, 575, 580—581, 603, 619, 628—629, 632—633

Мелетинский Елеазар Моисеевич (род. 1918), литературовед. фольклорист, проф., доктор филол. н., директор Ин-та высших гуманитарных исследований РГГУ 441, 515, 528, 545, 559, 564

Мелихова Леонтина Сергеевна, литературовед 575—576

Мельгунов Борис Владимирович (род. 1939), оконч. филфак ЛГУ (1971), науч. сотрудник ИРЛИ

Мельгунова Е. А. 725

Мельчук Игорь Александрович (род. 1932), языковед, с 1966 — науч. сотрудник Ин-та языкознания АН СССР; ныне проф. ун-та в Торонто (Канада) 445, 447, 449—450

Мендельсон Мозес (1729—1786), нем. философ 333

Меншиков Александр Данилович (1673—1729), светлейший князь, сподвижник Петра I 593

Мережковский Дмитрий Сергеевич (1866—1941), писатель 89—90

Мерзляков Алексей Федорович (1778—1830), поэт, переводчик 45, 134, 173, 513, 699

Местр Жозеф Мари де, гр. (1753—1821), фр. публицист 598, 673

Метса Херберт (род. 1931), оконч. юр. ф-т ТГУ (1954); доц. каф. политэкономии ТГУ (1961—1974), затем (до 1981) проректор ТГУ по науч. работе 287

Мефодий 24

Меццефанто (правильно: Меццофанти) Джузеппе (1774—1849), кардинал, проф. Болонского ун-та 593

Микельанджело Буонарроти (1475—1564) 360

Ми(к)кел(ь)саар Энно Лембит (1921—1979), доц. каф. политэкономии ТГУ, ее зав. (1953—1957, 1960—1961); декан ист.-филол. ф-та (1954—1955) 142, 149

Миллер Орест Федорович (1833—1889), фольклорист, историк литературы 622

Милн Ален Александер (1882—1956), английский писатель 373

Милонов Михаил Васильевич (1792—1821), поэт 244, 513

Мильк Елена Антоновна (1906—1984), лаборант каф. рус. яз. ТГУ (1951—1954, 1971—1983), секретарь отдела заочного обучения ТГУ (1955—1971); машинистка, печатавшая труды рус. филологов Тарту 126, 164, 166

Мильчин Аркадий Эммануилович, изд. работник, книговед 399, 403

Миля — см. Бобровская М. Н.

Минаев Дмитрий Дмитриевич (1835—1889), поэт-сатирик 237

Минна Исаевна — см. Дикман М. И.

Минц Зара Григорьевна (1927—1990), оконч. филфак ЛГУ (1949), с 1954 преп. каф. рус. лит. ТГУ; доц., проф. (1976); доктор филол. н. (1972—1976) 18, 27, 47—57, 61—71, 73, 76—82, 84, 87—90, 92—93, 105, 107—108, 113, 117—118, 123—127, 129, 131—133, 135—138, 140—141, 145—148, 150—153, 160—162, 164—167, 169—171, 174, 177—179, 181—183, 185, 187—188, 193—194, 196—198, 201, 205, 209, 211—212, 214—215, 220, 223—224, 227, 229, 232, 234, 239—241, 244, 246, 253—254, 257—259, 262, 265, 269, 274—275, 279, 285, 289—292, 294—297, 300—304, 306—307, 312, 315, 319—320, 323—325, 330—333, 335—336, 343, 346, 348—350, 352, 356, 359, 362, 364—365, 367—369, 378, 381, 406, 416, 419—421, 423—426, 431—432, 434, 436, 438—439, 441, 444, 447, 453, 474—476, 478—480, 482—483, 486—488, 491, 493—494, 496—499, 501, 506, 508—510, 512, 514, 516—517, 521, 523—524, 531, 536, 540—543, 549—550, 552—554, 556—557, 559, 561, 563, 565, 568—569, 571—572, 574, 576, 580, 582, 584—586, 591—593, 597, 599, 601—604, 607—608, 611, 613, 616, 618—619, 621, 625—626, 636, 642, 645, 647, 652, 663, 675, 681, 684, 689—693, 695, 697—698, 700, 704, 706, 711, 714—725, 730

Минц Малка Ефимовна (1898—1968), тетя З. Г. Минц 46, 141, 182, 187

Мирабо Оноре Габриель Рикети, гр. (1749—1791), деятель Французской революции 316

Мирский (Святополк) Дмитрий Петрович, кн. (1890—1939), критик, литературовед 204

Мих. Пал. — см. Алексеев М. П.

Михаил Львович — см. Палатник М. Л.

Михаил Павлович, вел. князь (1798—1849), брат Николая I 474

Михайлов А. 507

Михайловская Надежда Михайловна, литературовед, доктор филол. н. (1985), проф. Челябинского ин-та культуры 332

Михайловский Николай Константинович (1842—1904), публицист, народник 640

Мицкевич Адам (1798—1855), польский поэт 11, 731

Миша — см. Лотман М. Ю.

Мози — см. Моосберг Х.

Молчанов Владимир Владимирович (род. 1939), литературовед, культуролог

Моосберг Хильда (1903—1985), историк, проф. ТГУ, в 1952—1963 зав. каф. истории СССР 207

Моор (Мор) Томас (1478—1535), англ. государственный деятель, писатель 184

Мордовченко Николай Иванович (1904—1951), литературовед, проф. ЛГУ (докт. дисс. — 1948), зав. каф. рус. лит. ЛГУ с 1949 г. 20, 25, 26а, 27, 44, 174, 332, 352, 361, 400—401

Морозов Александр Антонович (1906—1992), литературовед, переводчик 182

Морозов Василий, ученик Л. Н. Толстого 621

Морозов Вячеслав Сергеевич (род. 1940), метеоролог, отец К. В. Морозова 291, 313, 347

Морозов Кирилл Вячеславович (род. 1975), внук Б. Ф. Егорова 286—287, 292, 296—298, 302—303, 312—313, 319, 321, 323, 330, 332, 347, 349, 360, 364, 366

Морозов Павлик (Павел Трофимович; 1918—1932) 114

Моцарт Вольфганг Амадей (1756—1791) 43, 449, 597

Мукаржовский Ян (1891—1975), чешский искусствовед 673

Мурникова Татьяна Филаретовна (1913—1989), старший преп. каф. рус. лит. ТГУ, методист, диалектолог 487, 495—496, 498, 503, 571

Мялль Леннарт Эдуардович, эст. буддолог 479, 522, 668

Н

Найдич Анна Исаевна (1899—1965), педагог-дефектолог, мать Э. Э. Найдича 19, 26а, 27, 44—46

Найдич Лариса Эриковна (род. 1947), языковед, дочь Л. М. Лотман 14, 19, 25, 26а, 27, 44—45, 47—49, 53—54, 59, 61—64, 66—68, 73—74, 76, 78, 81, 86, 90, 92, 200

Найдич Эрик Эзрович (род. 1919), литературовед, доктор филол. н. (1976), науч. сотрудник ГПБ (1948—1989) 14, 16, 19, 24, 26, 26а, 27, 29, 44—45, 128, 131

Наполеон Бонапарт (1769—1821) 652

Ната, Наташа — см. Образцова Н. Ю.

Наталья Николаевна — см. Пушкина Н. Н.

Науменко Георгий Маркович, фольклорист 712

Невердинова Вера Николаевна, доц. Таллинского пед. ин-та 340

Неклюдов Сергей Юрьевич (род. 1941), оконч. филфак МГУ (1965); с 1969 науч. сотрудник ИМЛИ; доктор филол. н. (1986); ныне зам. директора Ин-та высших гуманитарных исследований РГГУ 330, 514, 528—529, 541, 546, 667, 731

Некрасов Николай Алексеевич (1821—1877/78) 26, 330, 442, 647

Нестор-летописец (XI — нач. XII в.), монах Киево-Печерского монастыря 400

Неустроев Владимир Петрович (род. 1911), литературовед-скандинавист, проф. МГУ 594

Н. И. — см. Толстой Н. И.

Ниглас, работник типографии в Тарту 117

Никита П. — см. Пруцков Н. И.

Никитин А., журналист 351

Никитин Иван Саввич (1824—1861), поэт 602

Николаев Александр Исаакиевич (1898—1981), тесть Б. Ф. Егорова 194

Николаева Лилия Андреевна, литературовед, редактор изд. «Советский писатель» (Ленинград) 169, 187, 190, 211—212, 214

Николаева София Александровна (род. 1924), канд. хим. н., преп. ТГУ, ЛГПИ им. А. И. Герцена, жена Б. Ф. Егорова 125, 128, 135, 137—138, 141—142, 148, 150, 152, 155, 157, 159, 161, 165, 169, 173—175, 178, 181, 186, 194, 198, 205, 242, 313, 321, 340—342, 347—353, 356, 358—360, 362, 364—370

Николаева Татьяна Алексеевна (1902—1986), теща Б. Ф. Егорова 128, 135, 153, 166, 194, 198, 242, 313, 340—341, 347—349, 356, 358

Николаева Татьяна Михайловна (род. 1933), оконч. филфак МГУ (1956); с 1960 — науч. сотрудник отдела структурной типологии славянских и балканских яз. Ин-та славяноведения (ныне зав. отделом), доктор филол. н. (1976) 482, 564, 665, 668, 682

Николай I (1796—1855), император с 1825 114, 146

Николай II (1868—1918), император (1894—1917) 627

Николай Иванович — см. Мордовченко Н. И.

Никон (Никита Минов; 1605—1681), патриарх; провел реформы церкви, вызвавшие раскол 530

Нинов Александр Алексеевич (род. 1931), оконч. филфак ЛГУ (1954); с 1970 — науч. сотрудник Ленинградского Ин-та театра, музыки и кинематографии; доктор филол. н. (1973) 268—269, 335

Новик Елена Сергеевна (род. 1941), в 1960-х гг. редактор изд. «Искусство», ныне доктор филол. н., вед. науч. сотрудник Ин-та высших гуманитарных исследований РГГУ 512, 514, 522, 528, 624, 645, 666

Новиков Николай Иванович (1744—1818), писатель, журналист, книгоиздатель 131, 332, 640

Новинская Лидия Петровна (род. 1937), литературовед, доц. Петрозаводского пед. ин-та, жена П. А. Руднева 719

Новица — см. Новик Е. С.

Ноппель Григорий Карпович (1906—1976), зав. издат. группой ТГУ 540

Нурмекунд Пент (1906—1996), востоковед, зав. кабинетом ориенталистики ТГУ 479

О

Образцов Юрий Николаевич (1913—1987), физик-теоретик, доктор физ.-мат. н., муж И. М. Образцовой 14—16, 19—26, 26а, 27, 45, 165, 513

Образцова Инна Михайловна (род. 1915), музыковед, композитор, сестра Ю. М. **1—3**, 7—8, 11, 14—16, **18—25**, 26, **27**, 28—29, 45, 89, 92, 513

Образцова Наталия Юрьевна (род. 1949), литературовед, дочь Ю. Н. и И. М. Образцовых 14—16, 19, 21—23, 25, 27, 29, 47, 92, 221, 368, 371, 425, 438—439, 441, 454, 499, 513

Овсянников Михаил Федорович (род. 1915), философ, в 1960—1970-х гг. проф., зав. каф. эстетики МГУ, зав. сектором эстетики Ин-та философии АН СССР 514, 556, 608

Овчаренко Александр Иванович (1922—1988), литературовед 210

Огибенин Борис Леонидович, языковед, востоковед, культуролог 657, 667

Одоевский Владимир Федорович, кн. (1803 или 1804—1869), писатель, музыкальный критик 332

Ознобишин Дмитрий Владимирович (1916—1990), доктор ист. н., до 1986 ученый секретарь редколлегии серии «Литературные памятники» 310, 330, 333, 359, 610, 612, 615

Оксман Юлиан Григорьевич (1894—1970), литературовед, проф. Саратовского ун-та (1946—1957), науч. сотрудник ИМЛИ (1958—1964), уволен за связь с иностранцами 119, 153, 174, 197, 217, 225—227, 244, 246, 285, 362, 528—529, 699

Окуджава Булат Шалвович (род. 1924), поэт 360, 443, 462

Олег — см. Малевич О. М.

Оленева (урожд. Корпелайнен) София Андреевна (род. 1921), оконч. отд. рус. яз. и лит. ТГУ (1951), преп. рус. яз. в ЭСХА (1952—1956) и ТГУ (1957—1975), старший преп. каф. методики преп. рус. яз. (1975—1983) 151, 339

Оля, Ольга Николаевна — см. Гречина О. Н.

Оля (в пп. Ю. М. к родным) — см. Зайчикова О.

Орлов Владимир Николаевич (1908—1985), литературовед, главный редактор «Библиотеки поэта»(1956—1970), уволен за политические «ошибки» 168, 173—174, 187, 190, 211, 214, 233, 239, 244, 291, 401

Орлов Федор Федорович (1792—1835), офицер, участник войны 1812 г. 66, 68

Орлова Наталья Алексеевна (род. 1930), языковед, русист, преп. Карлова ун-та в Праге 227

Осорина Мария Владимировна (род. 1950), оконч. ЛГУ, канд. психологических н., доц. каф. психологии ЛГУ, дочь О. Н. Гречиной 104, 106, 111

Осповат Александр Львович (род. 1948), оконч. ист. ф-т МГУ (1977), литературовед, ныне проф. Калифорнийского ун-та в Лос-Анджелесе (США) 361—362

Островский Александр Николаевич (1823—1886), драматург 44, 55

Остроглазов Иван Михайлович (1838—1892), библиограф 307

Охотина Наталия Вениаминовна, языковед-африканист 502

П

Павел I (1754—1801), император с 1796 530

Павел Семенович — см. Рейфман П. С.

Павлович Надежда Александровна (1895—1980), поэт 151

Падучева Елена Викторовна (род. 1935), языковед, культуролог; оконч. филфак МГУ (1957), затем науч. сотрудник Всесоюзного (ныне Всероссийского) Ин-та научно-технической информации, доктор филол. н. (1984) 504, 556, 592, 607, 650, 657

Пайк Кеннет, американский лингвист 572

Палатник Александр Львович (род. 1980), внук Л. М. Лотман 89

Палатник Лев Наумович (род. 1944), инженер, муж Л. Э. Найдич 47—49, 54, 62, 66—67, 89, 92

Палатник Михаил Львович (род. 1967), сын Л. Н. Палатника 47-49, 53—54, 59, 61—63, 66—67, 89

Палиевский Петр Васильевич (род. 1932), литературовед, критик, науч. сотрудник ИМЛИ 384, 507

Пальги Даниэль (1899—1988), эст. литературовед, канд. филол. н.; и. о.

директора Ин-та яз. и лит. АН СССР (1947—1950); зав. аспирантурой ТГУ (1953—1959) 118—120

Панов Сергей Игоревич, литературовед 543

Панченко Александр Михайлович (род. 1937), литературовед, оконч. Карлов ун-т в Праге (1958), аспирантуру ИРЛИ, науч. сотрудник ИРЛИ, доктор филол. н., академик (1991) 296, 309—310, 317, 331—332, 351, 353, 580, 586—587, 614, 617, 638, 647

Папаян Рафаэль Ашотович, стиховед, аспирант Ю. М. (1970-е гг.), политзаключенный в СССР, общественный деятель 552, 558

Паперно Ирина, литературовед, оконч. отд. рус. яз. и лит. ТГУ; ныне проф. Калифорнийского ун-та в Беркли (США) 61, 636

Паролек Радегаст (род. 1920), оконч. филфак МГУ (1951), русист, проф. Карлова ун-та в Праге 227, 247

Пастернак Борис Леонидович (1890—1960) 102, 167, 175, 207, 360, 490, 512, 715

Пастернак Елена Владимировна, литературовед 668

Пастушков И. Ф. 581

Паустовский Константин Георгиевич (1892—1968), писатель 142, 177

П. Г. — см. Богатырев П. Г.

Педрилло 307

Пеннингтон Анна, английский славист 615

Пеньковский Александр Борисович, языковед 599

Переверзев Леонид Борисович, искусствовед 581, 665

Перовская Евгения Ивановна (род. 1932), доктор техн. н., кибернетик, коллега М. Б. Игнатьева 273

Пести Матис Адович, эст. партийный деятель 146, 210, 488, 491

Петина Лариса Ильинична (род. 1949), оконч. отд. рус. яз. и лит. ТГУ (1972), с 1973 — в Национальной библиотеке Эстонии (Таллин); канд. филол. н. (1988) 303

Петлюра Симон Васильевич (1879—1926), вождь украинских повстанцев периода гражданской войны 1918—1921 гг. 726

Петр I (1672—1725), царь с 1682 (правил с 1689) 306, 321, 473, 530, 548, 593, 609, 619—620, 622, 626—627, 639

Петр III (1728—1762), император с 1761 351, 617

Петров Александр Андреевич, друг Н. М. Карамзина 333—334, 567

Петров Сергей Митрофанович (1905—1988), литературовед, проф. МГУ, науч. сотрудник ИМЛИ 226—227, 638

Петровская Елена Васильевна (род. 1947), оконч. ЛГПИ им. А. И. Герцена (1969), преп. каф. рус. лит. ТГУ (1980—1981), затем доц. каф. рус. лит. ЛГПИ им. А. И. Герцена 316—317, 320

Петровская Нина Ивановна (1884—1928), писательница 302

Петровский Мирон Семенович, киевский литературовед 729

Пикассо Пабло (1881—1973), фр. живописец 348

Пиксанов Николай Кирьякович (1878—1969), литературовед, член-корр. АН СССР 212

Пикуль Валентин Саввич (1928—1990), писатель 401

Пиккио, итальянский славист 607, 631

Пиндар (ок. 518—442 или 438 до н. э.), древнегреческий поэт-лирик 74

Пини Олег Алексеевич (1912—1979), науч. сотрудник ИРЛИ, ученый секретарь Пушкинской комиссии при ОЛЯ АН СССР 66

Пирет — см. Лотман П.

Пирогов Николай Иванович (1810—1881), врач, публицист 347

Писарев Дмитрий Иванович (1840—1868), публицист, критик 127, 427, 602

Платон (428 или 427 до н. э. — 348 или 347) 612

Плетнев Петр Александрович (1792—1865), поэт, критик, академик 88

Плоткин Лев Абрамович (1905/06—1978), литературовед, критик, проф. ЛГУ 62, 173, 225

Плутарх (ок. 45 — ок. 127), древнегреческий историк 159, 306

Плюханова Мария Борисовна (род. 1953), оконч. филфак Латвийского ун-та (1975), аспирантка каф. рус. лит. ТГУ (1977—1980), канд. филол. наук, преп. каф. рус. лит. ТГУ, ныне в Риме 302, 330, 608, 614, 629, 638

Погодин Михаил Петрович (1800—1875), историк, писатель, журналист 135, 593

Погосян Елена Анатольевна (род. 1963), оконч. отд. рус. яз. и лит. ТГУ (1986), науч. сотрудник лаборатории семиотики ТГУ, магистр 371, 652

Позин Н. В. 677

Покровский Николай Николаевич (род. 1930), историк, археограф, академик РАН 639

Полежаев Александр Иванович (1804—1838), поэт 20—21

Поливанов Михаил Константинович (1930—1992), доктор физико-математических наук, культуролог, издатель 657

Политковский Патрикий Симонович, писатель начала XIX в. 244

Половцев Александр Александрович (1832—1909), государственный деятель 206

Полонская Елизавета Григорьевна (1890—1969), поэт 148

Полонский Яков Петрович (1819—1898), поэт 602

Пономарева Галина Михайловна (род. 1954), оконч. отд. рус. яз. и лит. ТГУ (1980), канд. филол. наук (1986), науч. сотрудник каф. рус. лит. ТГУ 721—722

Понтий Пилат, римский наместник Иудеи в 26—36 гг. 587

Попов Ю. Н., науч. редактор редакции философии изд. «Советская энциклопедия» 520, 533

Пороховский А. Б. 682

Посошков Иван Тихонович (1652—1726), экономист, публицист 26а

Постников Михаил Михайлович (род. 1927), математик 616, 643

Поташенкова Т. Е. — см. Сарв Т. Е.

Потемкин-Таврический Григорий Александрович (1739—1791), государственный военный деятель, генерал-фельдмаршал (1784) 306

Правдин Анатолий Борисович (1927—1969), преп., доц. каф. рус. яз. ТГУ (1956—1963 зав. каф.) 238, 516

Правдин Борис Васильевич (1837—1960), доц. каф. рус. лит. ТГУ (1950—1954 — зав. каф.), отец А. Б. Правдина 131, 159

Правдина Инна Марковна (род. 1927), доц. каф. рус. лит. ТГУ в 1960-х гг., жена А. Б. Правдина 238

Предтеченский Анатолий Васильевич (1893—1966), историк, проф. ЛГУ 140

Приима Федор Яковлевич (1909—1993), литературовед, доктор филол. н., науч. сотрудник ИРЛИ 173, 317, 330, 332, 340, 617

Прозоров Валерий Владимирович (род. 1940), оконч. филфак Саратовского ун-та (1962), преп. там же, проф. (1982), чл.-корр. Академии естественных н. (1992) 340

Пропп Владимир Яковлевич (1895—1970), фольклорист, проф. ЛГУ 98, 104—105, 110, 115, 174, 211, 475, 482, 494—495, 539, 559, 570, 665, 726

Проффер Карл, американский славист 728

Пруцков Никита Иванович (1910—1978), литературовед, науч. сотрудник ИРЛИ 259

Пугачев («Пугач») Владимир Владимирович (род. 1923), историк, проф. Горьковского ун-та, затем Саратовского экономического ин-та 131—132, 138, 140, 144, 146, 178, 197, 227—228, 285, 345

Пугачева Алла Борисовна, эстрадная певица 401

Пустыгина Надежда Григорьевна (род. 1947), лаборантка каф. отд. рус. лит. ТГУ, затем преп. Таллинского пед. ин-та, Нарвской высшей школы 731

Путилов Борис Николаевич (род. 1919), литературовед, фольклорист, доктор филол. н., науч. сотрудник Ин-та этнографии РАН 130

Пушкин Александр Сергеевич (1799—1837) 39, 42, 55, 67—68, 71, 75, 79, 83, 85, 88—90, 92, 114, 131—133, 165, 173, 184, 190, 204, 244, 259, 285, 295, 297, 306, 310, 318, 321, 323, 332—333, 348, 353, 358, 360, 362, 389, 391, 393, 398—400, 405, 412, 414, 420, 432, 438, 456, 462, 473, 513, 541, 556, 559, 565, 571, 574, 579, 581, 587, 593, 596, 598, 602, 622, 645, 648, 650, 666, 699, 715, 725, 727

Пушкин Василий Львович (1766—1830), поэт 574

Пушкина Наталья Николаевна (1812—1863), жена А. С. Пушкина 114, 399

Пщоловска Люцилла (род. 1924), историк и теоретик литературы; науч. сотрудник Ин-та лит. исследований ПАН 552, 557, 629

Пюсс 210

Пярль Андрес (1903—1991), доц. каф. логики и психологии ТГУ (в 1952—1972 — зав. каф.); в 1955—1962 декан ист.-филол. ф-та ТГУ 119—120, 133

Пятигорский Александр Моисеевич (род. 1929), философ; с 1974 — эмигрант 475—477, 479—480, 482—483, 486, 489—490, 492, 499, 501, 503—504, 510, 515, 519, 523—524, 528, 536, 541, 544, 551—553, 556, 561, 563, 566, 568-572, 585, 590—591, 593, 598, 606, 608, 654—655, 657, 659, 688, 692

Пыльдмяэ Яак (1942—1979), оконч. филфак ТГУ (1967), доц. каф. эст. лит. и фольклора; в 1971 защитил дисс., за которую Совет дал ему докт. степень, но Москва утвердила лишь как канд.; крупнейший эст. стиховед 704—706

Р

Радищев Александр Николаевич (1749—1802), писатель, публицист 20—22, 154, 165, 190, 285, 344, 351

Разлогов Кирилл 530

Райкин Аркадий Исаакович, эстрадный артист 151

Райд Алла Оттовна (род. 1931), оконч. отд. рус. яз. и лит. ТГУ (1955), преп. в школе, жена В. И. Беззубова 365

Райд (Беззубов) Антон Валерьевич (род. 1957), сын А. О. Райд 132

Райт — см. Ковалева-Райт Р.

Рамбулье де, маркиза (1588—1665), хозяйка салона в Париже 640

Рамзей Аллан (1686—1758), шотландский поэт 599

Рахлин Геннадий Моисеевич, директор Дома книги в Ленинграде (1970-е гг.) 186

Ревзин Исаак Иосифович (1923—1974), языковед, семиотик, структуралист, доктор филол. н. 54, 479, 523, 528, 541, 564, 581, 599, 654, 657, 673, 685, 688, 692

Ревзина (Карпинская) Ольга Григорьевна, филолог 541, 564, 581, 592, 596—597, 639

Рез Зинаида Яковлевна, литературовед-методист, проф. ЛГПИ им. А. И. Герцена 278

Реизов Борис Георгиевич (1902—1981), литературовед, проф. ЛГУ 182, 188, 295

Рейсер Соломон Абрамович (1905—1989), литературовед, проф. Ин-та культуры в Ленинграде 126, 140, 183, 231, 266, 288, 303, 315, 345

Рейфман (Полищук) Любовь Яковлевна (1898—1975), мать П. С. Рейфмана 286

Рейфман Павел Семенович (род. 1923), оконч. филфак ЛГУ (1949), преп., доц., проф. ТГУ; докт. дисс. — 1972 51, 117—118, 120, 122, 125—126, 129, 131, 135, 141—142, 146, 149—154, 165—167, 178, 187—188, 190, 216—218, 227, 232, 234, 243, 254—255, 268—269, 286—287, 319, 322, 546, 704, 708

Рейфман Семен Павлович (род. 1950), физик, программист, с 1979 в США; сын П. С. Рейфмана 243, 246

Рейциг (Рейцак) Агния Карловна (1927—1974), преп., доц. каф. рус. яз. ТГУ; канд. филол. н. (1963), с 1968 — науч. сотрудник Ин-та яз. и лит. АН ЭССР 164

Рембрандт Харменс ван Рейн (1606—1669) 40, 88—89, 147

Ремизов Алексей Михайлович (1877—1957), писатель 166

Реммель Март (род. 1944), оконч. отд. эстонского яз. и лит. ТГУ (1970), языковед 496

Рерих Николай Константинович (1874—1947) 370

Рибопьер Иван Степанович (ум. 1790), бригадир 306

Риддер (Кавалерович) 562

Рильке Райнер Мария (1875—1926), австрийский поэт 668

Римма — см. Лазарчук Р. М.

Риоли (Реоли) Антс, эст. переводчик с рус. яз. 118

Рита — см. Лекомцева М. И.

Рихман, сын ученого, друга М. В. Ломоносова 694

Рихтер Елизавета Владимировна, этнограф, канд. исторических н. (1961), науч. сотрудник Ин-та истории АН ЭССР 148

Робеспьер Максимильен (1758—1794), деятель Французской революции 165, 351

Рогинский Арсений Борисович (род. 1946), оконч. отд. рус. яз. и лит. ТГУ (1968), в 1970-х гг. преп. вечерней школы, по справке КГБ уволен с работы, в 1981—1985 гг. — в заключении (за издание за рубежом «антисоветских» материалов); ныне науч. руководитель Научно-изд. центра «Мемориал» (Москва) 156, 165, 326, 362

Роден Огюст (1840—1917), фр. скульптор 40

Родина Т. М. 225

Рождественский Всеволод Александрович (1895—1977), поэт 464

Роздина (в замужестве Чирпак) Эльвира Алексеевна (род. 1935), оконч. отд. рус. яз. и лит. ТГУ (1959), затем преп. рус. яз. в вузах Будапешта 274, 278

Розенцвейг Виктор Юльевич (род. 1911), председатель лингвистической секции Совета по кибернетике АН СССР, зав. лабораторией машинного перевода при Московском пед. ин-те иностранных яз.; ныне в США 562, 564, 568, 571, 599, 650

Романеев Юрий Александрович, языковед 633

Романов Григорий Васильевич (род. 1923), член Политбюро ЦК КПСС с 1976 346

Ромм Жильбер 343

Ронинсон О. А., литературовед, аспирантка Ю. М. 725

Ростопчин Федор Васильевич, гр. (1763—1826), в Отечественную войну 1812 — московский генерал-губернатор 593

Рубенс Питер Пауэл (1577—1640), фламандский живописец 88—89, 348, 652

Рублев Андрей (ок. 1360—70 — ок. 1430), иконописец 496

Руднев Вадим Петрович (род. 1958), оконч. отд. рус. яз. и лит. ТГУ (1981), стиховед, журналист 339

Руднев Петр Александрович (1925—1996), доц. ТГУ, затем Петрозаводского пед. ин-та 225-227, 231, 237—238, 339, 558, 719—720

Руссо Жан Жак (1712—1778) 150, 184, 434

Рыбаков Борис Александрович (род. 1908), археолог, историк, академик (1958) 575

Рыжова Клавдия Ивановна, машинистка, печатавшая труды рус. филологов Тарту 241

Рятсеп(п) Хуно (род. 1927), эст. языковед, проф. каф. эст. яз. ТГУ 474, 492, 496, 655

С

Савватий — см. Смирнов С. В.

Саламыков Игорь, науч. сотрудник Ин-та яз. и лит. АН ЭССР 125

Салтыков-Щедрин Михаил Евграфович (1826—1889) 127, 334, 400

Салупере (в девичестве Тунгал) Малле Густавовна (род. 1931), оконч. отд. рус. яз. и лит. ТГУ (1962), аспирантуру каф. рус. лит. (1965); до 1974 — сотрудник отдела внешних сношений ТГУ; с 1974 — сотрудник Исторического архива Эстонии 122, 142, 146

Самойлов (Кауфман) Давид Самойлович (1920—1990), поэт 721, 723

Самсонов Александр Михайлович (1907/8—1992), историк, академик с 1981 г. 307

Санд Жорж (1804—1876) 94

Сарв (урожд. Поташенкова) Татьяна Евсеевна (1942—1991), оконч. отд. рус. яз. и лит. ТГУ (1965); сотрудник каф. методики преподавания рус. яз. (до 1976), затем преподаватель рус. яз. в Австрии 155, 246

Сарв Юхан Хербертович (род. 1938), оконч. отд. рус. яз. и лит. ТГУ (1965), в 1966—1973 — редактор и (с 1971) зав. издательской группы ТГУ, затем сотрудник Научной библиотеки ТГУ 155

Светлана, Светлана Марковна — см. Успенская С. М.

Святополк Окаянный (ок. 980—1019), князь туровский (с 988), киевский (1015—1019) 640

Себеок Томас, американский семиотик 503, 529

Севастьянов Евгений Иванович, директор изд. «Искусство» в 1960-х гг. 537, 540

Сегал Дмитрий Михайлович (род. 1938), языковед, культуролог, ныне проф. Иерусалимского ун-та 487, 515, 523, 541, 667, 692

Седакова Ольга Александровна (род. 1949), литературовед, поэт 618, 635

Седов Олег Викторович, изд. работник в СПб. 371

Селезнев Юрий Иванович, литературовед 728

Селищев Афанасий Матвеевич (1886—1942), языковед, славист, чл.—корр. АН СССР (1929) 534, 537, 544

Сельма — см. Маазик С.

Семевский Михаил Иванович (1837—1892), историк, журналист 307

Семека Елена Сергеевна (род. 1931), буддолог, науч. сотрудник Ин-та востоковедения, ныне в США 508, 667

Семенко Ирина Михайловна (1921—1981), литературовед 299, 309, 333, 615

Семененко Светлан Андреевич (род. 1938), поэт, переводчик; после физического и геолого-почвенного ф-тов ЛГУ (не оконч.) учился в ТГУ, оконч. отд. рус. яз. и лит. (1967), живет и работает в Таллине 156, 166, 169

Семенов Леонид Дмитриевич (1880—1917), поэт, революционер, толстовец, убит бандитами 721

Семенова Ольга Николаевна (род. 1927), таллинский филолог, преп. рус. яз. в вузах, канд. филол. н. 291

Сен-Жюст Луи (1767—1794), деятель Французской революции 351

Сент-Аман Марк Антуан Жирар (1594—1661), фр. поэт 699

Сергеев Михаил Александрович (1888—1965), литературовед, библиограф, этнограф 167

Сергей — см. Исаков С. Г.

Серман Илья Захарович (род. 1913), доктор филол. н., науч. сотрудник ИРЛИ; ныне — проф. ун-та в Иерусалиме (Израиль) 53—55, 244

Сигалов Павел Самойлович (род. 1929), языковед, оконч. аспирантуру ЛГУ (1960), с 1963 преп., доц., проф. каф. рус. яз. ТГУ; доктор филол. н. (1978); в 1982 эмигрировал в США 164, 633

Сидяков Лев Сергеевич (род. 1932), литературовед, оконч. филфак Латвийского ун-та (1954); с 1957 преп., доц., проф. того же ун-та; доктор филол. н. (1978) 78, 227, 285, 306, 310, 362, 513

Сийливаск Карл (род. 1927), историк, доц., проф. (1970) ТГУ, декан ист.-филол. ф-та (1962—1964, 1971—1974) 146, 149

Сильвестрони Симонетта, итальянский русист 645, 651

Сильдмяэ Юло (1922—1991), юрист, историк экономики, доктор экономических н. (1968), проф. (1970); проректор ТГУ по учебной работе (1953—1961); декан юр. ф-та (1961—1974); руководитель лаборатории искусственного интеллекта 135, 287, 289, 291, 607

Симмоно 667

Симмонс Джон (род. 1915), русист, проф. Оксфордского ун-та (Англия) 227, 563

Симонов Константин (Кирилл) Михайлович (1915—1979), поэт, романист, публицист 102

Синявский Андрей Донатович (1925—1997), писатель, литературовед 715

Сиповский Василий Васильевич (1872—1930), литературовед, педагог 182

Скалдин — см. Еленев Ф. П.

Скатов Николай Николаевич (род. 1931), литературовед, оконч. Костромской пед. ин-т (1953), преп. в этом ин-те (до 1962), затем в ЛГПИ им. А. И. Герцена, зав. каф. рус. лит. в 1978—1987 гг., доктор филол. н. (1970), проф. (1972); ныне директор ИРЛИ 241, 243, 323, 401—402

Скафтымов Александр Павлович (1890—1968), литературовед, проф. Саратовского ун-та 223

Скуратовский Вадим Леонтьевич, киевский филолог 728—729

Слепцов Василий Алексеевич (1836—1878), писатель 274

Сливовска Виктория (род. 1931), проф., историк, специалист по польско-рус. связям, науч. сотрудник Ин-та истории ПАН 186, 190, 197, 320

Сливовски Ренэ (род. 1930), русист, переводчик, проф. Варшавского ун-та 186, 190, 197, 320

Смирнов В. В., литературовед 729

Смирнов Игорь Павлович, литературовед, науч. сотрудник ИРЛИ; ныне проф. ун-та в г. Констанц (Германия) 54

Смирнов Савватий Васильевич (род. 1929), языковед, преп., доц., проф. (1979) каф. рус. яз. ТГУ; зав. каф. в 1963—1975, 1979—1981 117—118, 159, 167, 169, 184, 203, 503, 577, 579, 653

Смирнова Елена Александровна (1925—1994), редактор изд. «Наука» (Ленинград) 276, 314, 321, 329—334, 341, 344, 631, 643

Соболев, сотрудник изд. «Искусство» 537

Соколов Борис Матвеевич (1889—1930), фольклорист, этнограф 3

Соколов Николай Иванович (род. 1915), литературовед, проф. ЛГУ 173

Соколов Юрий Матвеевич (1889—1941), фольклорист, литературовед 3

Солженицын Александр Исаевич (род. 1918) 366

Соловьев Владимир Сергеевич (1853—1900), философ, поэт 166, 185, 188, 211, 220, 244, 269, 497, 512

Соловьев Сергей Михайлович (1820—1879), историк, проф. и ректор МГУ, академик, отец В. С. Соловьева 620, 651

Соловьева Ирина Семеновна, театровед 667

Соломон, царь Израильско-Иудейского царства в 935—928 до н. э. 552

Соломон Абрамович — см. Рейсер С. А.

Сонкин Вилен Иосифович (род. 1927), инженер, с 1990 в Канаде 390, 392, 412, 416, 418—420, 426—428, 433—434, 458

Сонкина Фаина Семеновна 372—464

Соня — см. Николаева С. А.

Соркина Двойра Львовна, литературовед 112

Соссюр Фердинанд де (1857—1913), швейцарский языковед 728

Софронова Людмила Александровна, славист 508

Софья Палеолог (ум. 1503), племянница последнего византийского императора Константина XI, жена Иоанна III 260

Сперанский Михаил Михайлович, гр. (1772—1839), государственный деятель 332

Срезневский Измаил Иванович (1812—1880), филолог-славист, этнограф, академик 563

Сталин Иосиф Виссарионович (1879—1953) 335, 346

Станиславский Константин Сергеевич (1883—1938), режиссер, актер, педагог 310

Стариков Дмитрий Викторович (род. 1931), лит. критик 162

Старчевский Адальберт Викентьевич (1818—1901), журналист, издатель 146

Стеблин-Каменский Михаил Иванович (1903—1981), филолог-скандинавист, проф. ЛГУ 391, 634, 726

Стендаль (Анри Мари Вейль; 1783—1842) 98, 100

Степанов Владимир Петрович (род. 1935), литературовед, науч. сотрудник ИРЛИ 299, 626

Степанов Георгий Владимирович (1919—1986), филолог-романист, академик 317, 328, 614—615, 617, 619, 624, 626—629

Степанов Ю. 624

Стерлигов Андрей Борисович (род. 1936), в 1960-х — 1970-х гг. зав. ред. эстетики изд. «Наука» (Москва) 303, 305, 310, 321, 615

Стивенсон Роберт Льюис (1850—1894), английский писатель 470

Столович Леонид Наумович (род. 1929), оконч. философский ф-т ЛГУ (1952), с 1953 — преп., доц., проф. (1966) каф. философии ТГУ; доктор философских н. (1965) 118, 129, 131, 137, 488, 514

Страда Витторио, итал. русист 211, 216, 497—498, 504, 544—545, 728

Страда Клара, итал. русист 554, 559—600

Страхов Николай Николаевич (1828—1896), публицист, критик, философ 216

Сумароков Александр Петрович (1717—1777), поэт, драматург 184, 204, 618, 626

Суперфин Габриэль Гаврилович (род. 1943), литературовед, историк; учился на отд. рус. яз. и лит. ТГУ в 1964—1969, по оконч. работал в архивах Москвы; за помощь А. И. Солженицыну и другим «диссидентам» получил 5 лет тюрьмы (1973) и затем два года ссылки, после 1980 в Тарту (киоскер); в 1983 эмигрировал; ныне архивариус Русского центра в Бремене (Германия) 215—216, 224, 485, 503, 532, 653—654

Сыркин Александр Яковлевич, востоковед, оконч. филфак МГУ, сотрудник Ин-та востоковедения; ныне в Израиле 522, 657, 665, 667—668

Т

Тальягамбе Сильвано, итал. философ 645

Тамара Павловна — см. Мазур Т. П.

Тамара Юльевна — см. Богатырева Т. Ю.

Тамарченко Анна Владимировна (род. 1915), литературовед, театровед; оконч. филфак ЛГУ (1937); после Отечественной войны — доц. Свердловского ун-та (уволена за попытку бороться в ун-те с антисемитизмом); в 1950-х гг. — почасовик каф. рус. лит. ТГУ; в 1961—1978 гг. доц., проф. Ин-та театра, музыки и кинематографии в Ленинграде; ныне в

Бостоне (США) 56, 125, 135, 138, 225, 279

Тамарченко Григорий Евсеевич (род. 1913), литературовед; после фронта доц. Свердловского ун-та, в 1950-х гг. — почасовик каф. рус. лит. ТГУ, затем доц., проф. Новгородского пед. ин-та; доктор филол. н. (1973); с 1978 — проф. Бостон-колледжа (США) 56, 135, 138, 225, 279, 296

Таммеорг Иоханнес (1918—1986), фармаколог; проректор ТГУ по науч. работе (1960—1974), доц. каф. фармации, с 1974 — ее зав. 141, 169, 177—178, 254

Таня (в пп. к Б. Ф. Егорову) — см. Егорова (Миллер) Т. Е.

Таня (в пп. к Б. А. Успенскому) — см. Владышевская Т. Ф.

Тарабукин Н., искусствовед 509—510, 668

Тарановский Кирилл Федорович (1911—1993), югославский, затем американский русист, стиховед 227

Тарасов Д. К., лейб-медик Александра I 530

Тартаковский Андрей Григорьевич, историк 300

Татлин Владимир Евграфович (1885—1953), живописец, график 645

Татьяна Алексеевна — см. Николаева Т. А.

Татьяна Филаретовна, Т. Ф. — см. Мурникова Т. Ф.

Татьяна Эдуардовна, жена Вяч. Вс. Иванова 658—659

Татьяна Яковлевна — см. Елизаренкова Т. Я.

Твардовский Александр Трифонович (1910—1971) 79, 458

Тенишева Мария Клавдиевна, кн. (1867—1928), меценат, художник 717

Терц Абрам — см. Синявский А. Д.

Тименчик Роман Давидович (род. 1945), оконч. филфак Латвийского ун-та (1967), с 1991 проф. Еврейского ун-та в Иерусалиме (Израиль) 678, 697

Тимофеев Леонид Иванович (1903/4—1984), литературовед, проф. МГУ, науч. сотрудник ИМЛИ, чл.-корр. АН СССР 13, 26, 260, 333

Тихонравов Николай Саввич (1832—1993), литературовед, археограф 307

Тоддес Евгений Абрамович, литературовед 362, 395

Тодорский Александр Иванович (1894—1965), военный деятель, публицист 166

Толстая Александра Андреевна (1817—1904), двоюродная тетка Л. Н. Толстого 400

Толстая (Шур) Светлана Михайловна, языковед, этнограф 616, 657, 665

Толстой Алексей Константинович, гр. (1817—1875), поэт 721

Толстой Алексей Николаевич (1882/83—1945), писатель 456

Толстой Дмитрий Андреевич, гр. (1823—1889), государственный деятель 131

Толстой Лев Николаевич (1828—1910) 71, 131—132, 159, 178, 184, 225, 239, 289, 340, 343, 366, 400, 427, 454, 541, 548, 602, 621, 694—695

Толстой Никита Ильич (1923—1996), филолог-славист, академик 310, 389, 503, 523, 577—578, 618, 626—627, 638, 641

Толстой («Американец») Федор Иванович, гр. (1782—1846), участник Отечественной войны 1812 г., офицер 347

Томашевский («Томаш») Борис Викторович (1890—1957), литературовед, текстолог, проф. ЛГУ 3, 25, 44, 54, 83, 173, 348, 362, 549, 674

Топорков Андрей Львович (род. 1958), культуролог, оконч. ЛГПИ им. А. И. Герцена (1980), канд. ист. н. (1986); работал в школе и музеях, с 1989 — науч. сотрудник ИМЛИ 636

Топоров Владимир Николаевич 310, 330, 475, 478—479, 503, 512, 523, 528, 540—541, 563, 570, 581, 589, 597, 648, 654, 657—661, 666, 668, 673—674, 682, **684—703**

Тракль Георг (1887—1914), австрийский поэт 668

Тредиаковский Василий Кириллович (1703—1768), писатель 26, 204, 206, 239, 530, 583, 606, 618, 640, 651

Третьякова Ольга Викторовна, жена писателя С. М. Третьякова 137

Трофимова Марианна Казимировна, востоковед, культуролог 613

Труммал(ь) Альберт Юханович (1920—1983), филолог-романист; оконч. ТГУ (1950); преп., доц. (с 1971) каф. западноевропейских лит. ТГУ; канд. филол. н. (1965); в 1976 уволился из ТГУ и переехал в Ленинград 123, 138, 295

Тунгал(ь) — см. Салупере М. Г.

Турбин Владимир Николаевич (1927—1994), литературовед, критик, доц. МГУ 248

Тургенев Александр Иванович (1784—1845), чиновник, литератор 699

Тургенев Андрей Иванович (1781—1803), писатель 184, 432, 567, 699

Тургенев Иван Сергеевич (1818—1883) 42—43, 58, 80, 84, 154, 602, 637, 640—641

Туровский Алексей М. (род. 1946), оконч. химфак ТГУ, работает в Таллине 541

Тынянов Юрий Николаевич (1894—1943), писатель, литературовед 54, 114, 204, 348, 595

Тэйлор (Тайлор) Эдуард Бернетт (1832—1917), англ. этнограф, культуролог 173

Тютчев Федор Иванович (1803—1873) 39, 74, 328, 330, 332, 338, 348, 402, 420, 430, 443, 602, 628—629, 633

У

Уайльд О. 369

Удам Хальянт (род. 1936), эст. востоковед, переводчик 490

Ужванская (в замужестве Кингс) Илона Иосифовна (род. 1933), оконч. отд. рус. яз. и лит. ТГУ (1962) 146

Уланова Галина Сергеевна (род. 1909/10) 422

Улыбышев Александр Дмитриевич (1794—1858), публицист, музыковед, литератор 239

Ульрих — см. Фохт У. Р.

Успенская Светлана Марковна (1930—1380), искусствовед, жена В. А. Успенского 474—475, 480, 483, 485—486, 605

Успенский Андрей Васильевич (1902—1978), драматург, отец Б. А. и В. А. Успенских 488—490, 506, 529, 560, 575

Успенский Борис Андреевич 75, 104, 182, 186, 200, 211, 262, 285, 296—300, 310, 317, 321, 324, 327, 333—334, 348, 351—352, 357, 360, 362, 371, 377, 382, 389, 392, 441, **474—652**, 657, 665—666, 668—669, 675, 692

Успенский Владимир Андреевич (род. 1930), оконч. мех.-мат. ф-т МГУ (1952), преп. МГУ; докт. дисс. — 1964, проф. — 1967; ныне зав. каф. мат. логики и теории алгоритмов МГУ 180, 185—186, 189, 474—475, 480, 483, 485—486, 496, 504, 520, 526, 556, 607, 612, 624, 628—629, 632—633, 639, 643, 657—659

Успенский Владимир Владимирович (род. 1959), математик, сын С. М. и В. А. Успенских 480, 550—551, 624, 629, 632

Успенский Глеб Иванович (1843—1902), писатель 640

Успенский Иван Борисович (род. 1967), сын Б. А. Успенского 494, 496—498, 501, 503, 508—510, 514, 516—518, 521, 523, 529, 561, 565, 571, 582, 585, 587, 590, 599, 601—602, 618, 645, 651

Успенский Федор Борисович (род. 1970), сын Б. А. Успенского 528, 565, 582, 587, 590, 593, 599, 601—602, 618, 651—652

Ф

Фадеев Александр Александрович (1901—1956), писатель 303

Фальк А. В., жена художника Р. Р. Фалька 580

Фарыно Ежи (род. 1941), русист, теоретик лит., проф. Сельскохозяйственного пед. ин-та в г. Седльце (Польша) 359

Федин Константин Александрович (1892—1977), писатель 177, 348

Федя (в пп. к Ф. С. Сонкиной и М. В. Колокольниковой) — см. Колокольников Ф. А.

Федя (в пп. к Б. А. Успенскому) — см. Успенский Ф. Б.

Федоров Андрей Венедиктович (род. 1906), литературовед, переводчик, проф. ЛГУ 212

Федоров Борис Михайлович (1798—1875), писатель, журналист 567

Федоров Владимир Викторович, литературовед, доц. Донецкого ун-та 303

Федосеев Петр Николаевич (1908—1990), партийный функционер, «философ», академик 477

Феллини Федерико (1920—1996), итал. сценарист и кинорежиссер 531

Фельдбах Йоханнес (Иван Александрович; 1902—1972), преп. рус. яз. и лит. ТГУ 135, 151, 216

Фет Афанасий Афанасьевич (1820—1892) 49, 54, 602

Фиалкова Лариса Львовна 350, **726—732**

Филимонов Владимир Сергеевич (1787—1858), писатель 310

Филин Федот Петрович (1908—1982), языковед, чл.-корр. АН СССР (1962), директор Ин-та рус. яз. АН СССР (с 1968) 63, 543, 577

Флак(к)ер Александр (род. 1924), хорватский литературовед, критик, переводчик 645, 728

Флейшман Лазарь (род. 1944), литературовед, ныне проф. Стэнфордского ун-та (США) 335

Флобер Гюстав (1821—1880), фр. писатель 39

Флора — см. Бадаланова-Покровская Ф.

Флоренский Павел Александрович (1882—1937), религиозный философ 483, 496, 522—523, 635, 665, 668

Фоменко Анатолий Тимофеевич, математик 643

Фомичев Сергей Александрович (род. 1937), с 1969 науч. сотрудник ИРЛИ, зав. отделом пушкиноведения, доктор филол. н. (1986) 55, 337, 362, 371, 412

Фонади, венгерский филолог 485

Фохт Ульрих Рихардович (1902—1979), литературовед, доктор филол. н. (1966), науч. сотрудник ИМЛИ с 1955 г. 227, 246, 260, 274, 277, 285, 289, 291

Франсуаз — см. Лоэст Ф.

Фрейд Зигмунд (1856—1939), австрийский врач и психолог 728

Фрейденберг Ольга Михайловна (1890—1955), филолог-классик, проф. ЛГУ 467

Фридлендер Георгий Михайлович (1915—1995), литературовед, доктор филол. н. (1954), науч. сотрудник ИРЛИ (с 1955), зав. группой Достоевского, академик 51, 55, 60, 91

Фридрих Великий (1712—1786), прусский король с 1740 306

Фризман Леонид Генрихович (род. 1935), литературовед, проф. Харьковского пед. ин-та с 1971 г. 321

Фулон Жозеф Франсуа (1717—1794), фр. администратор, интендант 327, 624

Фултон Роберт (1765—1815), американский изобретатель

Фурсенко Александр Александрович (род. 1927), историк, науч. сотрудник Ин-та российской истории РАН (СПб.), академик-секретарь отд. истории РАН 334

Х

Хаамер Вальтер, сотрудник администрации ТГУ, руководитель Изд. группы 79, 589, 595, 619, 728

Ханзен-Леве 728

Хармс (Ювачев) Даниил Иванович (1906—1942), писатель 637

Хаскина Беатрисса Яковлевна 96

Хемингуэй Эрнест (1899—1961), американский писатель 452

Хетсо Гейр (род. 1937), норвежский русист, проф. ун-та в Осло 606

Хийе Вальтер (1902—1963), проф. ТГУ, зав. каф. стоматологии с 1944 г. 161

Хлебников Велимир (Виктор Владимирович; 1885—1922), поэт 348, 524, 541, 640

Хмыров М. Д. (1830—1872), библиограф 307

Холшевников Владислав Евгеньевич (род. 1910), стиховед, доц. каф. рус. лит. ЛГУ 186, 225, 231, 705

Хомский Аврам Ноэм (род. 1928), американский языковед 485

Хомяков Алексей Степанович (1804—1860), поэт, публицист 214, 216, 239, 320—321

Хонткорст 40

Храпченко Михаил Борисович (1904—1986), партийный функционер, литературовед, академик-секретарь ОЛЯ АН СССР (с 1967 г.) 62, 210, 332, 728

Христос Иисус 75

Хюттль-Ворд Герда, языковед 607

Ц

Цветаева Марина Ивановна (1892—1941), поэт 83, 360, 512, 583, 661

Цезарь Гай Юлий (102 или 100—44 до н. э.), римский император 580

Цивьян Татьяна Владимировна (род. 1937), языковед, культуролог, науч. сотрудник Ин-та славяноведения АН СССР (РАН), доктор филол. н. (1992) 348, 541, 581, 682, 691

Цивьян Юрий, литературовед, ныне проф. Калифорнийского ун-та (Лос-Анджелес, США) 348, 657

Цилевич Леонид Максович (род. 1925), оконч. филфак ЛГУ (1951), затем преп., доц., проф. (1986) Даугавпилского пед. ин-та; ныне в Израиле 301

Цуриков 589

Цявловский Мстислав Александрович (1883—1947), литературовед, текстолог 573

Ч

Чаадаев Петр Яковлевич (1794—1856), философ, публицист 55, 332, 628

Чайковский Петр Ильич (1840—1893) 522

Чапаев Василий Иванович (1887—1919) 31

Чаплин Чарльз Спенсер (1889—1977) 348, 530

Чердынцев 570

Черкасский М. А., тюрколог 490

Черней (урожд. Петрова) Зинаида Ивановна (род. 1926),оконч. заочно отд. рус. яз. и лит. ТГУ (1960), затем учительница в г. Выру, Эстония 122, 124

Чернов Игорь Аполлониевич (род. 1943), оконч. отд. рус. яз. и лит. ТГУ (1966), аспирантуру (1972), преп., доц. каф. рус. лит. (канд. дисс. — 1975); с 1992 — проф., зав. каф. семиотики ТГУ 142, 163, 170, 185, 188, 197, 202, 253, 285, 292, 300, 319, 330, 339, 368, 475—476, 485, 487, 489, 491, 538—539, 555, 580, 598, 620, 668, 673, 684—685, 692

Чернова Агнесса Филипповна (род. 1940); до 1962 студентка филфака ЛГУ; оконч. отд. рус. яз. и лит. ТГУ (1971), затем лаборантка Ин-та театра, музыки и кинематографии в Ленинграде 188, 319, 321

Черный Саша (Александр Михайлович Гликберг; 1880—1932), поэт 85, 403

Чернышевский Николай Гаврилович (1828—1889) 115, 127, 167, 332, 640

Чернышова Маргарита Антоновна, литературовед, канд. филол. наук, ныне науч. сотрудник ИМЛИ 350

Чернявская Ольга Зиновьевна (род. 1927), оконч. филфак ЛГУ (1950), преп. средней школы 421

Чехов Антон Павлович (1860—1904) 80, 126, 150, 157, 335, 400, 555, 561, 609

Чирпак 239

Чистов Кирилл Васильевич (род. 1919), фольклорист, доктор ист. н. (1966), чл.-корр. АН СССР (1981), зав. сектором Ин-та этнографии (с 1961) 130

Чичерин Алексей Владимирович (1899/1900—1989), литературовед, доктор филол. н. (1955); проф., зав. каф. рус. лит. (с 1948) Львовского ун-та 260

Чичерин Георгий Васильевич (1872—1936), советский госуд. деятель 260

Чичерин Борис Николаевич (1828—1904), юрист, историк, философ

Чудаков Александр Павлович (род. 1938), литературовед, оконч. филфак МГУ (1960), с 1964 науч. сотрудник ИМЛИ, доктор филол. н. (1987) 221, 362, 486, 576, 595

Чудакова Мариэтта Омаровна (род. 1937), литературовед, критик, оконч. филфак МГУ (1959), науч. сотрудник ЛБ (1965—1984), проф. Лит. ин-та (с 1984); доктор филол. н. (1980) 205, 207, 210, 348, 486, 595

Чуковская Лидия Корнеевна (1907—1996), писатель, публицист 247

Чуковский («Чук») Корней Иванович (1882—1969), писатель, критик 121, 142, 177—178, 183, 225, 227, 483

Чумаков Юрий Николаевич (род. 1922), литературовед, после ранения на фронте учился в Саратовском мед. ин-те (1942—1944), был политическим заключенным (1944—1949), оконч. филфак Саратовского ун-та (1954), преп. в Саратове, Пржевальске, Новгороде; с 1981 — доц. и проф. (докт. дисс. — 1988) Новосибирского пед. ин-та (ныне — ун-та) 246, 306

Ш

Шагинян Роберт Петрович (род. 1925), оконч. филфак Самаркандского ун-та (1951), затем преп., доц., проф. каф. ист. рус. лит. и теории лит. того же ун-та, доктор филол. н. (1985); с 1996 — в Киеве 225

Шаныгин Александр Михайлович, литературовед, канд. филол. н. 24, 229

Шаталов Станислав Евгеньевич (1927—1988), литературовед, доктор филол. н.; преп. в вузах Самарканда, Арзамаса; науч. сотрудник ИМЛИ 174

Шатилов Сергей Филиппович (род. 1919), методист, проф. ЛГПИ 321

Шатин Юрий Васильевич (род. 1945), литературовед, оконч. филфак ЛГУ (1968), аспирантуру ЛГПИ им. А. И. Герцена (1978), преп. Новокузнецкого пед. ин-та, с 1979 доц., проф. Новосибирского пед. ин-та (ныне ун-та); докт. дисс. — 1993 300

Шаумян Себастиан Константинович, языковед 498, 570

Шафрановская Вера Александровна, врач 2, 4, 6—7, 9—10, 12—13

Шахвердов Сергей Арсеньевич (род. 1947), стиховед; оконч. Московский архитектурно-строительный техникум (1966), з. о. рус. яз. и лит. ТГУ (1974), затем преп. в школе, сотрудник Научной библиотеки ТГУ 339

Шаховской Александр Александрович, кн. (1777—1846), писатель 182, 204

Шварц Иван Григорьевич (ум. 1784), проф. философии МГУ, писатель-мистик 131

Шевырев Степан Петрович (1806—1864), поэт, литературовед, академик 250

Шедо-Ферроти (Федор Иванович Фиркс; 1812—1872), публицист 599—600

Шекспир Уильям (1564—1616) 102, 449, 564, 567

Шелякин Михаил Алексеевич (род. 1927), проф., зав. каф. рус. яз. (с 1975) ТГУ 577—579, 599, 633

Шестов Лев (Лев Исаакович Шварцман; 1866—1938), философ 681

Шибанов Василий, слуга кн. А. М. Курбского, замученный по приказанию Иоанна Грозного 721

Шиллер Иоганн Фридрих (1759—1805), нем. поэт, драматург 333, 351, 631

Шишков Вячеслав Яковлевич (1873—1945), писатель

Шкловский Виктор Борисович (1893—1984), писатель, литературовед, критик 348, 379

Шлейфер Анн-Мари 86

Шмидт Сигурд Оттович (род. 1922), историк, археограф, доктор ист. н. 615

Шоу Йозеф Томас, американский русист 606

Шпарберг Борис Исаевич, друг семьи Лотманов 45

Шпенглер Освальд (1880—1936), нем. философ, культуролог 40

Шпет Густав Густавович (1879—1937), философ 665

Шрейдер Юлий Анатольевич (род. 1927), культуролог, семиотик; канд. физ.-мат. н., доктор философских н. 584, 592

Штедтке Клаус, нем. русист 572, 579

Шторм Теодор (1817—1888), нем. писатель 197

Шуберт Франц (1797—1828), композитор 360

Шубинский Сергей Николаевич (1834—1913), журналист, историк 307

Шур — см. Толстая (Шур) С. М.

Щ

Щеглов Юрий Константинович (род. 1937), литературовед, семиотик 486, 492, 541, 557, 581, 693

Щеголев Павел Елисеевич (1877—1931), литературовед, историк 43, 114, 360

Щипанов Иван Яковлевич (род. 1904), философ, проф. МГУ 239

Э

Эванс Ричард, художник 316

Эвклид 40

Эда Моисеевна — см. Береговская Э. М.

Эдисон Томас Алва (1847—1931), американский изобретатель 402

Эйдельман Натан Яковлевич (1930—1989), историк, писатель 362, 399, 412

Эйзенштейн Сергей Михайлович (1898—1948), режиссер, кинодраматург 114, 522, 667, 674

Эйнауди, итал. издатель 211, 215, 238, 515, 529, 552

Эйнштейн Альберт (1879—1955), физик-теоретик 40, 731

Эйхенбаум Борис Михайлович (1886—1959), литературовед, текстолог, проф. ЛГУ 58, 125, 204, 348, 361, 517, 668

Эккартсгаузен Карл фон (1752—1803), нем. писатель 530

Эланго Александр (род. 1902), с 1944 доц. каф. педагогики ТГУ (в 1951—1963 — зав. каф.) 254

Элиаде Мирче (1907—1986), румынский культуролог 726

Эля — см. Янус Э.

Эренбург Илья Григорьевич (1891—1967), писатель, публицист 126

Эрик — см. Найдич Э. Э.

Эрингсон Линда (род. 1919), эст. историк, доц. ТГУ 121

Эрнитс Виллем (1891—1982), эст. языковед-полиглот, славист, преп. ТГУ 330, 560—561

Эткинд Ефим Григорьевич (род. 1918), оконч. филфак ЛГУ (1941), участник войны; до 1949 преп. в Ленинградском ин-те иностранных яз., затем в Тульском пед. ин-те, в 1952—1974 — доц., затем проф. ЛГПИ им. А. И. Герцена, уволен по политическим мотивам, эмигрировал во Францию, где был проф. Парижского ун-та (ныне эмеритус-проф.) 558

Эшби Уильям Росс (1903—1972), англ. кибернетик 180

Ю

Ю. К. — см. Лекомцев Ю. К.

Юлиан — см. Оксман Ю. Г.

Юлия — см. Лотман Ю. З.

Юсупов Николай Борисович, кн. (1750—1831), государственный деятель 306

Юра (в пп. к Ф. С. Сонкиной и М. В. Колокольниковой) — см. Колокольников Ю. А.

Я

Яглом Исаак Моисеевич (род. 1921), математик 570

Языков Николай Михайлович (1803—1846), поэт 103, 154, 346

Якобсон Роман Осипович (1896—1982), языковед, литературовед, культуролог 75, 227, 257, 361, 373, 500, 566

Яков Абрамович — см. Габович Я. А.

Яков Семенович — см. Билинкис Я. С.

Яковлев Николай Николаевич, советский историк 575, 594

Якушкин Иван Дмитриевич (1794—1897), офицер, декабрист 332

Якушкин Павел Иванович (1822—1872), писатель, фольклорист

Ямпольский («Ямпол») Исаак Григорьевич (1902/3—1992), литературовед, проф. ЛГУ 132, 211, 220, 239, 244, 399, 401

Янакиев Мирослав, болгарский литературовед, стиховед 641

Янус Эльжбета (род. 1935), польский филолог, доктор наук, ныне проф. Вильнюсского ун-та 594, 602—604

Ясенский Бруно (1901—1941), польский писатель 207

Яшин (Попов) Александр Яковлевич (1913—1968), писатель 132

Barruel 575

Blanché R. 500

Cohen K. I. 465

Dinaux A. 637

Eliason A. U. 465

Epois J. 651

Rhenman E. 465

Shubik M. 465

Simonelli 631

ХРОНОЛОГИЧЕСКИЙ УКАЗАТЕЛЬ*

1940

23.12 — 31

1942

22.06 — 1
31.12 — 32

1943

22.05 — 33
20.07 — 34
15.08 — 35
19.08 — 36
30.12 — 37

1944

15.01 — 38
23.01 — 39
8.02 — 40
1.03 — 41
15.03 — 42
30.03 — 43
21.08 — 2
20.09 — 3
18.11 — 4

1945

26.02 — 94
27.03 — 95
31.03 — 5
5.04 — 6
17.04 — 96
18.04 — 7
19.04 — 8
21.04 — 97
25.04 — 98
10.05 — 99
11.05 — 9
21.05 — 100
22.05 — 101
31.05 — 115
5. 06 — 10
10.06 — 11
25. 06 — 12
22.07 — 102
4.08 — 13
17.09 — 103

1946

3.05 — 116

1949

4.09 — 14
10.09 — 15
19.09 — 16
27.09 — 17

1950

7.09 — 18
10.09 — 19
11.09 — 20
15.09 — 21
17.09 — 22
22.09 — 23
26.09 — 24
29.09 — 25
14.10 — 26
17.10 — 26а
8.12 — 27
9.12 — 44

1951

9.05 — 28

1956

декабрь — 45
28.12 — 163
29—30.12 — 164
конец 1963 — 688

* Слева в строке приведены число и месяц (или приблизительный временной интервал, если точная дата не установлена), справа — номера писем.

1958

4.08 — 117
5.09 — 118
11.11 — 119
17.11 — 120

1959

2.02 — 121
17—18.07 — 122
24.07 — 123
30—31.07 — 124
30.11 — 125

1960

8.01 — 126
9.01 — 127
26.08 — 128
17.09 — 129
21.09 — 130
26.09 — 131
4.10 — 132
6.10 — 133
10.11 — 134
15.11 — 135

1961

до 10.04 — 136
30.08 — 137
осень — 138
31.12 — 139

1962

18—19.01 — 140
17—18.02 — 141
26—27.02 — 142
23.03 — 143
11.04 — 144
14.04 — 145
до 15.04 — 146
18.04 — 147
19—20.04 — 148
25.06 (?) — 29
16.07 — 149
15.09 — 150
24—25.10 — 151
8.11 — 152
10.12 — 153

1963

нач. 01 — 154
24.01 — 155
1.02 — 156
март — 157
12.03 — 684
2.04 — 158, 685
18.04 — 159
22.04 — 686
26.04 — 160
3.05 — 161
9.05 — 687
16.08 — 653
окт.—ноябрь — 162

1964

24.01 — 165
30—31.01 — 166
31.01 — 654
2.02 — 167
7.03 — 168
14.03 — 169
31.03 — 170
2.04 — 46, 171
13.04 — 172
27.04 — 173
3.05 — 655
9—10.05 — 174
14.05 — 175
начало лета — 176
4—10.06 — 177
12—13.06 — 656
17.06 — 178
12.07 — 179
23.07 — 657
29.07 — 658
11.08 — 180
15.09 — 181
17.09 — 474
20.09 — 689
13.10 — 182
20.10 — 659
28.10 — 475
12.11 — 183
16.11 — 184
18.11 — 476
декабрь — 477
27.12 — 185
30.12 — 660
конец дек. — 478

1965

нач. янв. — 186
18—19.01 — 479
21.01 — 661
31.01 — 187
4.02 — 188
9.02 — 189
14.02 — 190
4—5.04 — 191
8—9.04 — 192
конец мая — 193
июнь — 194
31.08 — 195
18.10 — 480
конец окт. — 196
ноябрь — 481
6.11 — 197
23.12 — 198
28.12 — 662, 690
30.12 — 482

1966

6.01 — 483
16—17.01 — 199;
февраль — 484
конец дек. — нач. марта — 485
15.03 — 200
16.05 — 486
4.06 — 663
30.07 — 664
1.08 — 665
осень — 487
18.09 — 201
9.10 — 202
5—6.11 — 203
6.11 — 488

1967

4.01 — 489
4—5.01 — 204
7.01 — 205
середина янв. — 490
7.02 — 491
9—10.02 — 206
14.02 — 492
23.02 — 207
1.04 — 208
10.04 — 209
май — 47
4.05 — 210
25.05 — 493
9—10.06 — 211
19.06 — 212
21—22.06 — 213
10—11.09 — 214
20.09 — 494
22.09 — 495
28.09 — 215
начало ноября — 48
10.11 — 216
19.11 — 496
20—21.11 — 217
9—10.12 — 218
21.12 — 219
23.12 — 220

1968

1.01 — 497
11.02 — 498
15.02 — 221
15—16.02 — 222
сер. февр. — 499
22.02 — 500
28.02 — 501
весна 1968 или 1970 — 240
1—2.03 — 223
конец марта — 502
24—25.04 — 224
июнь — 503
10—11.06 — 225
29.06 — 226
нач. июля — 227
12.08 — 228, 504
20.08 — 229
нач. сент. — 230
19.09 — 231
28.09 — 691
5.11 — 49
14.11 — 505
декабрь — 50, 506
29.12 — 232
1968 — нач. 1969 — 507

1969

1969—1970 — 233
нач. 1969 — 508
январь — 234
конец февр. — нач. марта — 509
13.03 — 510
16.03 — 666
17—18.03 — 511
после 18.03 — 512
21.03 — 235

2—3.04 — 236
23.04 — 237
нач. мая — 513
28.07 — 514
осень — 518, 519
10.09 — 238, 515
12.09 — 516
23.10 — 517
16.12 — 239, 667
конец 1969 — 520

1970

1.01 — 521
11.01 — 668
12.01 — 522
25.01 — 692
29.01 — 523
2.03 — 524
12.03 — 669
31.03 — 525
25.05 — 241
конец мая — нач. июня — 242
июнь — 243
17.06 — 526
18.06 — 670
22.09 — 244
27.09 — 245, 527, 528
29.09 — 529
4.10 — 246
20—21.10 — 530
22—25.10 — 531

1971

17.01 — 532
8.03 — 104
1-я пол. мая — 533
май — 247
июнь — 534, 535
1.07 — 536
20.08 — 537
до 27.08 — 538
27.08 — 539
сент. — 248
15.09 — 540
1.10 — 249
9.11 — 250
7.12 — 251
31.12 — 252
конец 1971 — 541
конец 1971 — нач. 1972 — 253
1971—1972 — 542

1972

1.01 — 543
10.01 — 693
19—20.01 — 254
3—11.02 — 105
11.02 — 694
12.02 — 544
24.02 — 545
апрель — 51(?)
28.04 — 372
30—31.05 — 255
конец мая — нач. июня — 546
9.06 — 547
10.06 — 548
16.06 — 256
1.07 — 257
8.07 — 549
24.08 — 258, 550
октябрь — 551
17.11 — 552
24.11 — 259
2.12 — 373, 553
4.12 — 695
28.12 — 52
конец 1972 — 554

1973

январь — 555
11—12.01 — 106
13.02 — 556
февр.-март — 557
24—25.03 — 260
25.03 — 558
конец марта — нач. апреля — 261
2.04 — 559
18.04 — 262
20.04 — 671
15.05 — 263
май — июнь — 560
12.06 — 264, 265
18—19.06 — 266
30.06 — 267
12.07 — 53
20.07 — 561
25.08 — 562
21.09 — 704
21—22.09 — 268
24—25.09 — 269
30.09 — 705
сент.-окт. — 563
27.10 — 672

3.11 — 564
декабрь — 271
11.12 — 270
26.12 — 374
28.12 — 272

1974

первая половина — 566
нач. января — 273
январь — 54
3.01 — 565
3.02 — 274
21.02 — 375
нач. марта — 706
13—14.03 — 376
14—15.03 — 275
16.03 — 707
16—17.03 — 276
23.03 — 708
27—28.03 — 277
28.04 — 567
13.05 — 55
27.05 — 377
13.06 — 278
24.06 — 568
июль — 57
18.07 — 56, 279, 569
вторая пол. августа — 570
первая пол. сент. — 58
сентябрь — 571
9.09 — 709
18.10 — 280
20.10 — 710
5.11 — 711
8.11 — 572
8.12 — 712
23.12 — 713
конец 1974 — нач. 1975 — 573
середина 70-х — 574(?)

1975

март — 59
8.03 — 575
9.03 — 378
22.03 — 576
24.03 — 281
11.04 — 282
конец апр. — 577
май — 579
4.05 — 578
30.05 — 580
нач. июня — 283
8.06 — 581
7.07 — 582
24.07 — 284
1.08 — 285
авг. — нач. сент. — 60
6.09 — 286
окт.-ноябрь — 61
13.11 — 583
12.12 — 673
конец 1975 — нач. 1976 — 287

1976

январь — 62
февр.-март — 288
7.03 — 584
после 7.03 — 585
19.04 — 289
лето — 30
июнь — 63, 64
6.07 — 290
26.07 — 586
30.07 — 291
август — 587
2.08 — 65
9—10.09 — 292
27.09 — 674
5—6.10 — 379
27.10 — 293
30.10 — 696
31.10 — 380
22.11 — 107
сер. декабря — 589
25.12 — 590
28.12 — 294
конец 1976 — 588
конец 1976 — нач. 1977 — 66

1977

1.01 — 714
20.01 — 591
26.01 — 295
17.02 — 592
22.02 — 593
6.03 — 594
12.03 — 595
конец марта — нач. апреля — 596
10.04 — 296
17.04 — 597
28.04 — 381
1.06 — 382, 465

18.06 — 598
19.09 — 383
декабрь — 67
30.12 — 108
декабрь 1977 — январь 1978 — 297

1978

13.01 — 298
8.02 — 599
24.02 — 466
25.02 — 600
весна — 299
март — нач. апреля — 601
апрель — 300; 4.04 — 467
24.05 — 602
7.06 — 603
нач. авг. — 468
26.08 — 301
29.08 — 604
9.09 — 605
октябрь — 606
14.11 — 715
22.11 — 384
25.12 — 302
конец 1978 — 675

1979

10.01 — 109
20—21.02 — 303
21.02 — 68
22.02 — 304
26.02 — 607
весна — 70
1.03 — 726
6.03 — 306
14.03 — 69
март — нач. апреля — 305
16.04 — 608
29.04 — 307
14.06 — 308
20.06 — 609
22.06 — 309
конец лета — осень — 71
12.10 — 72
15.10 — 310
ноябрь — 311
3.12 — 312
28.12 — 313
30.12 — 610, 716
конец 1970 — начало 1980 гг. — 611
80-е гг. — 650, 651

1980

10.01 — 385
24.01 — 314
1.02 — 315
10.02 — 612
23.02 — 717
2-я пол. февраля — нач. марта — 613
8.03 — 316; 15.03 — 614
17.03 — 615
28.03 — 616
14.04 — 617
16.04 — 317
23.04 — 386
9.05 — 318
30.06 — 319
10.07 — 618
26.08 — 619
2.09 — 320
26.09 — 321
29.09 — 620
30.09 — 621
2.10 — 718, 727
9.10 — 622
17—18.10 — 322
26.10 — 623
2.11 — 323
12.12 — 624
17.12 — 73, 324
20.12 — 325
28.12 — 625

1981

начало 1981 — 326
сер. января — 327
29.01 — 626
13.02 — 627
20—21.02 — 628
8.03 — 74, 328
17—18.03 — 676
27.03 — 629
5.04 — 630
7.05 — 329
17.05 — 677
18.05 — 631
10.06 — 330
12.06 — 387
20.06 — 75
1.07 — 469
3.08 — 388
7.08 — 76
11.08 — 632

14.08 — 331
28.08 — 633
30.08 —332
5.09 — 389
18.09 — 390
24.09 — 391, 634
7.10 — 635, 719
после 7.10 — 636
24—25.10 — 333
25.10 — 637
1.11 — 334
4.11 — 335
5.11 — 638
16.11 — 392
28.12 — 393

1982

начало 1982 — 639
1982 — 645
10.01 — 728
15.03 — 729
19.03 — 640
22.03 — 641
26.03 — 720
29.03 — 77
5.04 — 394
10.04 — 336
май — 337
26—27.05 — 338
1.06 — 78, 395
3.06 — 642
4.06 — 79
25.06 — 339
5.07 — 643
15.07 — 340
5.08 — 80
28.08 — 81, 644
18—19.09 — 341
6.10 — 678
10.10 — 342

1983

начало 1983 —646
конец февр. — нач. марта — 647
5.03 — 396
21.03 — 697
10.04 — 679
апр.-май — 343
1.05 — 730
7.05 — 798
12.06 — 397
27.06 — 680
15.07 — 331
19.07 — 699
23.09 — 648
10.10 — 82
25.11 — 344
14.12 — 345

1984

12.03 — 346
19.04 — 347
лето 1984 — 649
10.07 — 398
23.07 — 83
31.07 — 348
7.10 — 349
26.10 — 84
16.11 — 399

1985

16.01 — 350
20.02 — 721
9.03 — 400
15.03 — 401
25.03 — 722
5.04 — 402
1.05 — 110
11—12.06 — 352
июнь—июль — 351
2.08 — 353
11.08 — 354; 17.08 — 403
авг. — сентябрь — 355
сентябрь — 681
25.09 — 404
конец сент. — нач. окт. — 85
4.10 — 405; 20.10 — 470
3.11 — 356, 682
1—2.12 — 683

1986

6.01 — 357
20.01 — 406
17.02 — 111
18.02 — 358
23.02 — 407
март — апр. — 86
10.05 — 359
3.07 — 723
20—21.10 — 360
21.10 — 732

1987

20.03 — 408
2.05 — 724
6.05 — 112
19.05 — 113
12.07 — 409
6.08 — 410
8.11 — 411
17—18.11 — 412

1988

5.03 — 114
30.03 — 361
1.08 — 413
19.08 — 414
21.09 — 362

1989

22.01 — 725
20.02 — 415
23.02 — 87
28.02 — 416
10.03 — 417
13.03 — 88
30.03 — 363, 418
3.04 — 89
6.04 — 419
12.04 — 471
30.04 — 90, 420
1.05 — 91
5.05 — 421
9.05 — 422
июль — 92
осень — 93
3.09 — 364
17—18.09 — 423
8—9.10 — 424
21.11 — 425

1990

21.08 — 365
8.12 — 426
15.12 — 700
31.12 — 427

1991

21.01 — 428
9.02 — 429
10.03 — 430
14.03 — 431
20.03 — 432
7—10.04 — 433
27.04 — 434
10.05 — 472
19.05 — 435
июнь — 473
2.06 — 436
20.07 — 437
8—9.08 — 438
27—28.08 — 439
конец авг. — нач. сент. — 440
20.09 — 441
18—19.11 — 442
21.11 — 443
21.12 — 444

1992

9.01 — 445
3—9.02 — 446
19.02 — 701
25.02 — 447
1.03 — 448
14.03 — 449
апрель — 450
лето — 366
3.07 — 702
29—30.08 — 451
28—29.09 — 452
28.11 — 453
3.12 — 367

1993

21.01 — 652
19.02 — 368
11.03 — 454
25—26.04 — 455
6.05 — 456
13.05 — 457
21.05 — 458
1.06 — 369
2.06 — 370
14.06 — 459
2.07 — 371
3.07 — 460
16.08 — 461
26.08 — 703
2—3.09 — 463
16.09 — 462
1.10 — 464

СПИСОК СОКРАЩЕНИЙ

АН — Академия наук
англ. — английский (-ая)
АПН — Агентство печати «Новости»
архиеп. — архиепископ
архим. — архимандрит
БСЭ — Большая советская энциклопедия
в. — выпуск
ВААП — Всесоюзное агентство по охране авторских прав
ВАК — Высшая аттестационная комиссия по присуждению ученых степеней
«Вопли» — «Вопросы литературы»
ГДР — Германская Демократическая республика (советская зона Германии)
ГПБ — Государственная публичная библиотека им. М. Е. Салтыкова-Щедрина (Ленинград) — ныне РНБ
гр. — граф, графиня
греч. — греческий язык
дисс. — диссертация
докт. — докторская
доц. — доцент
ж. — журнал
зав. — заведующий(-ая)
зам. — заместитель
з. о. — заочное отделение
изд. — издательство, издательский (-ая)
ИМЛИ — Институт мировой литературы им. А. М. Горького (Москва)
ин-т — институт
ИРЛИ — Институт русской литературы (Пушкинский Дом)
исп. — испанский язык
итал. — итальянский (-ая)
канд. — кандидат (-ский)
каф. — кафедра
КГБ — Комитет государственной безопасности
КЛЭ — Краткая литературная энциклопедия. Т. 1—9. М., 1962—1978.
кн. — князь, княгиня
лат. — латинский язык
ЛБ — Государственная библиотека СССР им. В. И. Ленина (ныне РГБ)
ЛГПИ — Ленинградский государственный педагогический институт; в 1960-х гг. соединились два пед. ин-та Ленинграда: «просто» ин-т (бывший им. М. Н. Покровского) влился в ин-т им. А. И. Герцена, поэтому в комментариях применительно к 1970—1980-м гг. можно употреблять лишь ЛГПИ, не боясь путаницы
ЛГУ — Ленинградский университет
ЛИАП — Ленинградский институт авиаприборов
лит. — литературный
ЛН — «Литературное наследство»

Лотм. сб. 1 — «Лотмановский сборник». 1. М., 1995.
мат. — математический
МГУ — Московский университет
мед. — медицина
муз. — музыкальный
наст. — настоящее
науч. — научный
нем. — немецкий (-ая)
ОБХСС — Отдел борьбы с хищениями социалистической собственности
оконч. — окончил (-ла)
ОЛЯ — отделение литературы и языка
отд. — отдел, отделение
п. — письмо
п. л. — печатные листы (один п. л. = 40 000 печатных знаков)
ПАН — Польская Академия наук
пед. — педагогический
пп. — письма
преп. — преподаватель
проф. — профессор
РАН — Российская Академия наук
РГАЛИ — Российский государственный архив литературы и искусства (Москва)
РГБ — Российская государственная библиотека (Москва) — бывшая ЛБ
РГИА — Российский государственный исторический архив (Петербург)
РГГУ — Российский государственный гуманитарный университет (Москва)
рец. — рецензия
РЛ — «Русская литература»
РНБ — Российская национальная библиотека (СПб) — бывшая ГПБ
рус. — русский (-ая)
сб. — сборник
Семиотика <и № арабской цифрой> — «Семиотика. Труды по знаковым системам». Тарту. ТГУ. 1—25, 1964—1992
СЛЯ — серия литературы и языка
СПб. — Санкт-Петербург
стих. — стихотворение
ТГУ — Тартуский университет
«Труды...» <и № римской цифрой> — «Труды по русской и славянской филологии». Тарту. ТГУ. I—XXXII, 1958—1981.
ун-т — университет
уч. зап. — ученые записки
физ. — физический
филол. н. — филологических наук
филфак — филологический факультет
ФПК — факультет повышения квалификации
фр. — французский (-ая)
ф-т — факультет
хим. — химический
худ. — художественный
ЦГАЛИ — Центральный государственный архив литературы и искусства (Москва) — ныне РГАЛИ

ЦГИА — Центральный государственный исторический архив (Ленинград) — ныне РГИА
чл.-корр. — член-корреспондент
эст. — эстонский (-ая)
ЭСХА — Эстонская сельскохозяйственная академия (Тарту)
Ю. М. — Ю. М. Лотман
яз. — язык (-ка, -ков)

Норвежский русист
Мартин Наг

Шарж на
М. Б. Мейлаха

Автопортрет

Шут Фарнос -
красный нос
Я детина небогатый -
А имею нос горбатый
Собой весьма важеватый
Москва, 1979 г.
Випперовские чтения
в Музее изящных искусств
(им. А.С. Пушкина)

Лубочные ассоциации

Без очков
12/VII-1972, Латвия, Кемери.

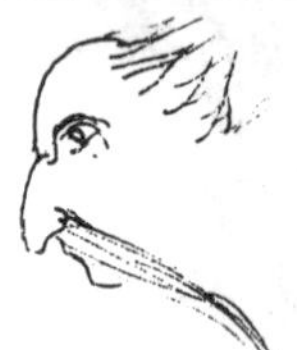
Рыцарь науки
Из книжки
„Алиса в стране
чудес"
Дом Учёных. Москва
24/I-79

Зарисовки на каком-то заседании

Зарисовки на каком-то заседании

Черноволосый — Л. Н. Столович

Образы
Б. Ф. Егорова

Шарж: Б. Ф. «под Аполлона Григорьева»

Шаржи и фантазии
(IV Международный конгресс славистов. Москва, 1958)
В нижнем ряду второй слева — Г. В. Краснов

«Распределение оттисков на конгрессе»

Шаржи и фантазии
(IV Международный конгресс славистов. Москва, 1958)

Школа «Языки русской культуры»
Во второй половине 1995 — начале 1997 года вышли:

1. ***С.С. АВЕРИНЦЕВ*.** ПОЭТЫ.
   Переплет, формат 70x90/16, 368 с.
2. ***С.С. АВЕРИНЦЕВ*.** РИТОРИКА И ИСТОКИ ЕВРОПЕЙСКОЙ ЛИТЕРАТУРНОЙ ТРАДИЦИИ.
   Сб. ст., Переплет, формат 70x90/16, 448 с.
3. ***Ю.Д. АПРЕСЯН*.** ИЗБРАННЫЕ ТРУДЫ, тома 1, 2.
   Том 1 «Лексическая семантика. Синонимические средства языка», изд. 2-е, исп., с указателями. Переплет, формат 70x90/16, 480 с.
   Том 2 «Интегральное описание языка и системная лексикография». Переплет, формат 70x90/16, 768 с.
4. ***И.М. БОГУСЛАВСКИЙ*.** СФЕРА ДЕЙСТВИЯ ЛЕКСИЧЕСКИХ ЕДИНИЦ.
   Переплет, формат 60x90/16, 464 с.
5. ***Т.В. БУЛЫГИНА, А.Д. ШМЕЛЕВ*.** ЯЗЫКОВАЯ КОНЦЕПТУАЛИЗАЦИЯ МИРА (на материале русской грамматики).
   Переплет, формат 70x100/16, 476 с.
6. ***ИВАН ГАГАРИН*.** ДНЕВНИК. ЗАПИСКИ О МОЕЙ ЖИЗНИ. ПЕРЕПИСКА.
   Переплет, формат 70x100/16, 352 с.
7. ***М.Л. ГАСПАРОВ*.** ИЗБРАННЫЕ ТРУДЫ.
   Том 1 «О поэтах».
   Переплет, формат 70x100/16, 664 с.
   Том 2 «О стихах».
   Переплет, формат 70x100/16, 504 с.
8. ***А.В. ДЫБО*.** СЕМАНТИЧЕСКАЯ РЕКОНСТРУКЦИЯ В АЛТАЙСКОЙ ЭТИМОЛОГИИ.
   Обложка, формат 70x100/16, 384 с.
9. ***В.М. ЖИВОВ*.** ЯЗЫК И КУЛЬТУРА В РОССИИ XVIII века.
   Переплет, формат 70x100/16, 592 с.
10. ***А.А. ЗАЛИЗНЯК*.** ДРЕВНЕНОВГОРОДСКИЙ ДИАЛЕКТ.
    Переплет, формат 70x100/16, 720 с.
11. ИЗ ИСТОРИИ РУССКОЙ КУЛЬТУРЫ. Т. 3 (XVII — начало XVIII века).
    Переплет, формат 70x100/16, 624 с.
12. ИЗ ИСТОРИИ РУССКОЙ КУЛЬТУРЫ. Т. 4 (XVIII — начало XIX века).
    Переплет, формат 70x100/16, 832 с.
13. ИЗ ИСТОРИИ РУССКОЙ КУЛЬТУРЫ. Т. 5 (XIX век).
    Переплет, формат 70x100/16, 848 с.
14. КЕТСКИЙ СБОРНИК № 4: Лингвистика (ред. С.А. Старостин).
    Переплет, формат 60x90/16, 320 с.
15. ***Ю.М. ЛОТМАН*.** ВНУТРИ МЫСЛЯЩИХ МИРОВ.
    Переплет, формат 70x100/16, 464 с.
16. ***Ю.М. ЛОТМАН*.** ПИСЬМА.
    Переплет, формат 70x100/16, 50 п.л.
17. ***С.И. ЛУБЕНСКАЯ*.** РУССКО-АНГЛИЙСКИЙ ФРАЗЕОЛОГИЧЕСКИЙ СЛОВАРЬ.
    Переплет, формат 84x108/16, 1058 с.

18. ***М.К. МАМАРДАШВИЛИ***. СТРЕЛА ПОЗНАНИЯ
(набросок естественноисторической гносеологии).
Переплет, формат 70x100/16, 20 п.л.

19. ***Е.М. МЕЛЕТИНСКИЙ***. ПОЭТИКА МИФА, изд. 2-е, репр.
Переплет, формат 60x90/16, 408 с.

20. ***И.А. МЕЛЬЧУК***. РУССКИЙ ЯЗЫК В МОДЕЛИ «СМЫСЛ—ТЕКСТ».
Переплет, формат 70x90/16, 684 с.

21. МОСКОВСКИЙ ЛИНГВИСТИЧЕСКИЙ АЛЬМАНАХ, вып. 1.
Обложка, формат 70x100/16, 248 с.

22. ***ЯН МУКАРЖОВСКИЙ***. СТРУКТУРАЛЬНАЯ ПОЭТИКА.
Переплет, формат 70x100/16, 464 с.

23. НОВЫЙ ОБЪЯСНИТЕЛЬНЫЙ СЛОВАРЬ СИНОНИМОВ
РУССКОГО ЯЗЫКА. Первый выпуск. Под ред. акад. Ю.Д. Апресяна.
Переплет, формат 84x108/16, 552 с.

24. ***Е.В. ПАДУЧЕВА***. СЕМАНТИЧЕСКИЕ ИССЛЕДОВАНИЯ.
Семантика времени и вида. Семантика нарратива.
Переплет, формат 70x100 1/16, 464 с.

25. ***А.М. ПЯТИГОРСКИЙ***. ИЗБРАННЫЕ ТРУДЫ,
Переплет, формат 70x100/16, 592 с.

26. ***А.М. ПЯТИГОРСКИЙ***. МИФОЛОГИЧЕСКИЕ РАЗМЫШЛЕНИЯ.
Переплет, формат 70x100/16, 280 с.

27. РУССКИЙ ЯЗЫК КОНЦА XX СТОЛЕТИЯ (1985—1995).
Коллективная монография. Отв. ред. Е.А. Земская.
Переплет, формат 70x100/16, 480 с.

28. ***В.Н. ТЕЛИЯ***. РУССКАЯ ФРАЗЕОЛОГИЯ.
Семантический, прагматический и лингвокультурологический аспекты.
Переплет, формат 70x100/16, 288 с.

29. ***В.Н. ТОПОРОВ***. СВЯТОСТЬ И СВЯТЫЕ В РУССКОЙ ДУХОВНОЙ КУЛЬТУРЕ.
Том 1 «Первый век христианства на Руси».
Переплет, формат 70x90/16, 876 с.

30. ***Т.В. ТОПОРОВА***. КУЛЬТУРА В ЗЕРКАЛЕ ЯЗЫКА:
ДРЕВНЕГЕРМАНСКИЕ ИМЕНА СОБСТВЕННЫЕ.
Обложка, формат 70x100/16, 256 с.

31. ***Б.А. УСПЕНСКИЙ***. СЕМИОТИКА ИСКУССТВА. Поэтика композициии.
Семиотика иконы. Статьи об искусстве.
Переплет, формат 70x90/16, 480 с., 76 илл.

32. ***Б.А. УСПЕНСКИЙ***. ИЗБРАННЫЕ ТРУДЫ (в трех томах).
изд. 2-е, исправленное, переработанное и дополненное.
Том 1 «Семиотика истории. Семиотика культуры».
Переплет, формат 70x100/16, 608 с.
Том 2 «Язык и культура».
Переплет, формат 70x100/16, 780 с.
Том 3 «Общее и славянское языкознание».
Переплет, формат 70x100/16, 800 с.

33. ***И.Б. ШАТУНОВСКИЙ***. СЕМАНТИКА ПРЕДЛОЖЕНИЯ
И НЕРЕФЕРЕНТНЫЕ СЛОВА.
Переплет, формат 70x100/16, 400 с.

В мае — сентябре 1997 года выйдут следующие книги:

Юрий Михайлович Лотман

ПИСЬМА

Составление, подготовка текста,
вступительная статья, комментарии Б. Ф. Егорова

Издатель А. Кошелев

Редактор Н. Зорина
Корректор Л. Ю. Аронова

Издательство благодарит за предоставление
иллюстративных материалов для этой книги
К. М. Азадовского, Г. Г. Амелина, В. С. Баевского, О. Н. Гречину,
Б. Ф. Егорова, Л. М. Лотман и Ф. С. Сонкину.

Подписано в печать 20.04.97. Формат 70x100 1/16.
Бумага офсетная № 1, печать офсетная, гарнитура «Школьная».
Усл. п. л. 64,5. Заказ № 1589 **Тираж 3000.**

Издательство Школа «Языки русской культуры».
119847, Москва, Зубовский бульвар, 17; ЛР № 071105 от 02.12.94.
Тел. 207-86-93. Факс: (095) 246-20-20 (для аб. М153).
E-mail: sch-Lrc.msk.ru

Отпечатано с оригинал-макета во 2-й типографии РАН.
121099, Москва, Г-99, Шубинский пер., 6.

*

В мае — сентябре 1997 года выйдут следующие книги:

ВВЕДЕНИЕ В ХРАМ. Сб. статей по искусствоведению, культурологии, филологии и пр.
Переплет, формат 84x108/16, 60 п.л. 200 илл.

ВЗЫСКУЮЩИЕ ГРАДА. Переписка русских религиозных философов начала XX века.
Переплет, формат 70x100/16, 52 п.л.

В.Г. ГАК. ТЕОРИЯ ЯЗЫКОВЫХ ПРЕОБРАЗОВАНИЙ.
Переплет, формат 70x100/16, 45 п.л.

М.Л. ГАСПАРОВ. ИЗБРАННЫЕ ТРУДЫ.
Том 3 «О стихе».
Переплет, формат 70x100/16. 37 п.л.

Н.А. ЗАМЯТИНА. ТЕРМИНОЛОГИЯ РУССКОЙ ИКОНОПИСИ.
Переплет, формат 70x100/16, 18 п.л.

ИЗ РАБОТ МОСКОВСКОГО СЕМИОТИЧЕСКОГО КРУГА. Сб. статей (А.А. Зализняк, В.В. Иванов, Т.М. Николаева, В.Н. Топоров и др.).
Переплет, формат 70x100/16, 53 п.л.

Б.Н. ЛЮБИМОВ. ДЕЙСТВА И ДЕЙСТВИЯ.
Переплет, формат 70x100/16, 32 п.л.

Н.И. ТОЛСТОЙ. ИЗБРАННЫЕ ТРУДЫ (в трех томах).
Том 1 «Славянская лексикология и семасиология».
Переплет, формат 70x100/16, 33 п.л.
Том 2 «Славянская литературно-языковая ситуация».
Переплет, формат 70x100/16, 35 п.л.
Том 3 «Очерки по славянскому языкознанию».
Переплет, формат 70x100/16, 31 п.л.

В.Н. ТОПОРОВ. СВЯТОСТЬ И СВЯТЫЕ В РУССКОЙ ДУХОВНОЙ КУЛЬТУРЕ.
Том 2 «XII—XVII века».
Переплет, формат 70x90/16, 50 п.л.

Е.А. ЯБЛОКОВ. РОМАН МИХАИЛА БУЛГАКОВА «БЕЛАЯ ГВАРДИЯ».
Обложка, формат 60x90/16, 12 п.л.

Юрий Михайлович Лотман

ПИСЬМА

Составление, подготовка текста,
вступительная статья, комментарии Б. Ф. Егорова

Издатель А. Кошелев

Редактор Н. Зорина
Корректор Л. Ю. Аронова

Издательство благодарит за предоставление
иллюстративных материалов для этой книги
К. М. Азадовского, Г. Г. Амелина, В. С. Баевского, О. Н. Гречину,
Б. Ф. Егорова, Л. М. Лотман и Ф. С. Сонкину.

Подписано в печать 20.04.97. Формат 70x100 1/16.
Бумага офсетная № 1, печать офсетная, гарнитура «Школьная».
Усл. п. л. 64,5. Заказ № 1589 Тираж 3000.

Издательство Школа «Языки русской культуры».
119847, Москва, Зубовский бульвар, 17; ЛР № 071105 от 02.12.94.
Тел. 207-86-93. Факс: (095) 246-20-20 (для аб. М153).
E-mail: sch-Lrc.msk.ru

Отпечатано с оригинал-макета во 2-й типографии РАН.
121099, Москва, Г-99, Шубинский пер., 6.

*